PROGRAMME 2016

Vivre les MATHS

W0415011

CE2
CYCLE 2 • ANNÉE 3

COLLECTION LOUIS CORRIEU

Guide pédagogique

Jacqueline Jardy
Professeure des écoles, enseignante formatrice

Jacky Jardy
Directeur d'école d'application

Thierry Fayette
Directeur d'école

Loïc Rouy
Inspecteur de l'Éducation Nationale

Cet ouvrage est conforme à la nouvelle orthographe
www.orthographe-recommandee.info

Le papier de cet ouvrage est composé de fibres naturelles, renouvelables, fabriquées à partir de bois provenant de forêts gérées de manière responsable.

Nathan

Sommaire

Nombres et calculs — Grandeurs et mesures — Espace et géométrie — Exploiter l'information

ISBN : 978-2-09-123974-3

PÉRIODE 4

PÉRIODE 5

Évaluations

Sommaire par domaine

Nombres et calculs

Grandeurs et mesures

Espace et géométrie

Exploiter l'information

Avant-propos

Le CE2, troisième année du cycle des apprentissages fondamentaux, assure la continuité et la cohérence des apprentissages conduits au CP et au CE1. C'est aussi une classe charnière dans laquelle l'élève va consolider puis élargir ses connaissances et ses compétences dans l'attente de nouvelles notions à découvrir au CM.
Comme dans les cours précédents, on veillera à conserver la variété des situations afin de permettre la diversité des approches des notions qui favorise une attitude de recherche, et les procédures personnelles.

Ces observations dégagent **quelques règles pour la démarche d'apprentissage** :
- donner la priorité aux activités : manipulations, constructions, dessins, etc. ;
- varier les rythmes et les situations pour éviter la lassitude ;
- solliciter l'imagination et la créativité ;
- exploiter les possibilités de situations de jeu ;
- organiser une approche spiralaire des notions ;
- mettre en œuvre une pédagogie largement différenciée, avec soutien et approfondissement ;
- rechercher progressivement la rigueur dans l'organisation, la formulation, la représentation et la mémorisation ;
- considérer que pour l'enfant, un résultat n'est important que s'il correspond à une question qu'il s'est posée.

Les démarches d'apprentissage s'inscrivent ainsi dans le cadre général d'une pédagogie qui vise à favoriser le développement global de l'enfant et qui s'appuie sur ses centres d'intérêt et ses motivations. En un mot, il convient que l'enfant puisse « vivre les mathématiques ».

Ce guide pédagogique constitue le complément essentiel au fichier de l'élève. En parfaite cohérence avec celui-ci, il couvre tous les temps de l'acte pédagogique.

➡ Ainsi, **pour chaque fiche du fichier élève**, ce guide pédagogique :
- précise les compétences et les connaissances du programme du cycle 2 concernées ;
- apporte une information didactique qui éclaire les notions introduites et les démarches préconisées ;
- fournit deux séries de calcul mental (*cf.* page 8) ;
- propose plusieurs activités préparatoires (au choix) avec estimation de la durée, description du matériel et consignes de travail verbalisées dans un niveau de langue accessible aux élèves. Les activités peuvent aussi s'appuyer sur des feuilles d'activité fournies sur le site compagnon vivrelesmaths.nathan.fr ;
- commente les exercices du fichier. Pour chaque exercice, les obstacles éventuels sont listés et associés à des propositions d'étayage ou de remédiations.

Comme il est important, de formaliser à l'oral le travail réalisé par la classe, une rubrique « **Faisons le point** » conclut chaque fiche. Dès lors que ce travail peut être complété par l'utilisation du **Mémo-Maths**, cela est précisé dans la fiche concernée.

Enfin, chaque fiche du guide pédagogique propose une gamme d'activités et d'exercices supplémentaires différenciés (soutien et approfondissement), suivi souvent d'un « défi », situation de recherche adaptée à un travail par deux ou plus.

➡ **À la fin de chacune des cinq périodes**, se trouvent tous les corrigés des exercices des pages « **Je m'entraine +** » ainsi qu'une **synthèse des apprentissages** qui indique le niveau susceptible d'être atteint dans les différents domaines.

➡ **Cinq évaluations** photocopiables sont proposées à la fin de ce guide. Chacune de ces évaluations aura été préparée avec la fiche « **Je prépare l'évaluation** » du fichier élève. L'enseignant-e pourra trouver sur le site compagnon la grille d'évaluation de compétences correspondante.

Tout en respectant la liberté de chaque enseignant-e, ce guide pédagogique se veut une aide pour diversifier vos choix et élargir votre champ d'action.

Les auteurs

Nos choix pédagogiques

Sur le site compagnon vivrelesmaths.nathan.fr

Tableau de correspondance entre le programme et les fiches du fichier élève.

Le programme 2016 comporte quelques spécificités générales importantes :
❶ Dans la continuité du programme de cycle 1, les élèves sont pris en compte dans leur dimension enfantine.
❷ Un nouveau cycle 2 est mis en place, couvrant les niveaux CP-CE1-CE2.
❸ L'expression orale et l'expression écrite doivent être renforcées dans toutes les disciplines.
La nouvelle édition 2016 intègre toutes ces spécificités. Ainsi :
• Dans la continuité des éditions précédentes, nous avons dégagé quelques règles pour la démarche d'apprentissage (voir l'avant-propos).
• Les trois fichiers de CP, CE1 et CE2 ont été conçus en même temps, et sur la même organisation, afin d'assurer une pleine cohérence pour l'apprentissage des mathématiques au cycle 2.
• Des exercices sont dédiés à une **activité langagière orale**, de groupe ou collective. Ces activités permettent de travailler les explications, les reformulations et la présentation des procédures par les élèves. À ce niveau, la composante écrite prend de plus en plus d'importance. Elle est présente dans les différentes étapes du travail de l'élève. C'est d'abord une plus grande utilisation de l'écrit sur le cahier dans les activités préparatoires, les activités supplémentaires, les défis, puis dans les phases de recherches liées à la résolution de problèmes, plus nombreux ( ). C'est aussi une place plus importante de l'écrit pour rédiger des réponses sur le fichier et une demande d'explication et de justification plus fréquentes concernant certaines de ces réponses.

➡ Nombres

Nous avons réservé une large place du fichier élève **à la compréhension, à l'écriture et à la représentation des nombres entiers.**

→ À travers des activités de codage, de décodage, des décompositions et des recompositions s'appuyant sur les unités de numération (unités simples, dizaines, centaines, milliers) :
– l'élève approfondit sa compréhension de la structure des nombres à trois chiffres puis à 4 chiffres (valeur des chiffres dans l'écriture chiffrée usuelle et nombre de dizaines, de centaines, dans un nombre à 3 ou 4 chiffres) ;
– il reconnait et utilise les différentes désignations d'un nombre ;
– la synthèse des aspects cardinal et ordinal se poursuit parallèlement à l'approfondissement de la pratique de la numération décimale et les propriétés des nombres sont utilisées pour comparer, ranger, encadrer, intercaler.

→ **Progression**
– La **période 1** est consacrée à une rapide révision des nombres jusqu'à 100 puis à une reprise des nombres à 3 chiffres : aspect algorithmique de la suite, structure des nombres à partir de décompositions et recompositions.
– La **période 2** consolide la connaissance des nombres jusqu'à 999 : valeur des chiffres, comparaison, rangement, encadrement. Elle débute l'étude des nombres à 4 chiffres : nombre 1000, groupements par 1 000, mise en évidence de la structure de nombres.
– La **période 3** continue l'étude des nombres à 4 chiffres : suite des nombres jusqu'à 10 000, situation d'un nombre entre deux milliers, comparaison, rangement, encadrement, travail sur les différentes désignations, structure des nombres à partir des unités de numération et repérage du nombre de dizaines, de centaines de milliers.
– La **période 4** approfondit le travail sur la structure des nombres par les décompositions en unités de numération et sur les comparaisons, rangements, encadrements, intercalations. Elle aborde les notions d'ordre de grandeur, d'arrondi et de multiple.
– La **période 5** permet de consolider toutes les connaissances requises en CE2.

➡ Calcul

L'élève mémorise tout au long de l'année, régulièrement et progressivement, **des faits numériques** (tables d'additions avec les compléments et différences associés, tables de multiplication avec les quotients exacts associés, doubles, moitiés, multiplication par 10, 100, 1 000…) et **des procédures pertinentes de calculs élémentaires** (décompositions pour calculer des sommes, des différences, des doubles ou moitiés, …, compléments à la dizaine ou à la centaine supérieure, associations astucieuses de termes ou de facteurs, …).
Il s'appuie sur **les propriétés des opérations** (commutativité, associativité, distributivité) qui **sont utilisées** de manière implicite.
Il utilise la demi-droite graduée comme mode de représentation des nombres grâce au lien entre nombres et longueurs.
Les calculs se font en lien avec une bonne **connaissance de la numération et de la structure des nombres**. Ainsi, l'élève s'appuie sur sa capacité à produire différentes décompositions des nombres en unités de numération.
L'élève commence à être sensibilisé à l'utilisation de l'ordre de grandeur comme outil de prévision et de vérification d'un calcul.
Il apprend à choisir le moyen de calcul approprié en fonction du calcul à effectuer (calcul mental, calcul écrit, calculette).
Il utilise la calculette pour vérifier ou pour effectuer des calculs.

→ Le **calcul mental** quotidien occupe une place privilégiée dans notre méthode. Il est développé dans le guide pédagogique sous la forme de séances courtes ou de séances plus longues permettant d'**analyser les procédures** et de dégager les plus adaptées. Il est proposé **de manière classique** mais aussi dans des contextes de **problèmes simples**.

→ Nous accordons une place importante au **calcul réfléchi**, mental ou écrit, qui met en jeu les propriétés des nombres et des opérations. Il fait appel à des procédures variées à travers lesquelles l'élève s'approprie des stratégies adaptées aux nombres et au problème posé.
Le calcul réfléchi mérite d'être pratiqué dans toutes les activités numériques. Il est largement abordé dans les séances de calcul mental et dans 13 fiches dédiées.

→ Le **calcul en ligne** permet de mobiliser les compétences des élèves dans les différentes écritures, additives/ soustractives, multiplicatives, mixtes, en unités de numération, etc.

→ L'apprentissage des **techniques opératoires posées** de l'addition, de la soustraction et de la multiplication se poursuit tout au

long du CE2 en lien avec les propriétés de la numération et des opérations.
Ainsi, la **période 1** fixe le calcul posé de l'addition à retenue. La **période 2** revoit la technique de la soustraction posée sans retenue et présente la multiplication posée d'un nombre à deux chiffres par un nombre à un chiffre après un travail de préparation en appui sur la multiplication en ligne. La **période 3** présente deux techniques de la soustraction posée à retenue (technique de l'emprunt et technique »usuelle » dite des écarts constants) et la multiplication posée d'un nombre à trois chiffres par un nombre à un chiffre. La **période 4** présente la multiplication posée d'un nombre à deux chiffres par un nombre à deux chiffres.

➠ **La résolution de problèmes** dans le domaine numérique occupe une place centrale : 13 fiches « Problèmes » sont proposées en Nombres et Calculs et abordent différents volets –méthodologie, réinvestissement, entrainement, catégorisation des problèmes (problèmes d'ajout, de retrait, de comparaison, de partition, problèmes multiplicatifs,…).
→ Quelques problèmes référents sont présents dans le **Mémo-Maths** qui accompagne le fichier élève.
→ De nombreux « **problèmes ouverts** » sont proposés dans le guide pédagogique (sous forme de « défis »).

➠ **L'exploitation de l'information, l'organisation et la gestion des données** font l'objet d'une attention particulière : 8 fiches leur sont dédiées, ce qui souligne l'importance que nous accordons à l'interdisciplinarité et aux compétences transversales. À travers une situation globale proche des élèves ou en liaison avec les enseignements *Questionner le monde* et *Éducation physique et sportive* chaque fiche s'appuie sur des **supports d'information variés** : tableaux, textes, images, diagrammes (initiation).

➠ **Grandeurs et mesures**
Au CE2, le travail porte sur la mesure des différentes grandeurs au programme, sur l'appropriation progressive des principales unités usuelles correspondantes et des relations entre elles.
Le système métrique, en accord avec notre système de numération, est décimal et les unités dérivées multiples ou sous-multiples sont obtenues à partir de l'unité principale à l'aide de multiplications par une puissance de 10. Ainsi, les **unités de mesure commencent à être mises en cohérence avec les unités de numération**.
Le programme 2016 accorde une grande importance à ce domaine et de nombreux problèmes s'appuient sur des situations liées à la mesure de grandeurs qui offrent la possibilité d'établir un lien entre les nombres et le réel. Des fiches problèmes spécifiques sont dédiées à chacune des grandeurs (*longueur, durée, masse, contenance, monnaie*) et la plupart des fiches du domaine de l'exploitation de l'information s'inscrivent dans un contexte qui met en relation la mesure de plusieurs grandeurs.
Les problèmes dans des situations additives, soustractives, multiplicatives ou de partage, sont le support de calculs sur les grandeurs.
→ Nous proposons un travail approfondi sur la **longueur**. Les principales unités usuelles (m, dm, cm, mm et km) sont maintenant connues et mises en relation dans les problèmes impliquant le mètre et ses sous-multiples et de nombreuses situations sur les distances en kilomètres. L'étude des longueurs est privilégiée car elle est le support d'activités variées. Ainsi, les élèves :
– réalisent des estimations, des encadrements ;
– utilisent les instruments de mesure en prenant conscience de l'approximation de la mesure ;
– effectuent des calculs de sommes, d'écarts, de partage.
→ La mesure des **masses** est étudiée sur le même principe que les longueurs.
Le gramme (g) et le kilogramme (kg) sont mis en relation dans des problèmes de la vie courante, impliquant des conversions simples. Les élèves découvrent la tonne (t) et sa relation avec le kg.
→ L'étude **des contenances** se poursuit. Le dL et le cL sont introduits et mis en relation avec le litre dans des problèmes impliquant contenances et masses.
→ La mesure **des durées** fait l'objet d'une attention particulière : 8 fiches lui sont consacrées dans des contextes interdisciplinaires variés. Elle fait appel à une gamme d'unités associées à des temps courts (seconde, minute, heure, jour) et des temps longs (année, siècle, millénaire) qui sont mises progressivement en relation dans des problèmes.
Enfin les élèves apprennent à lire l'heure sur des montres et horloges à aiguilles.

➠ Dans le domaine **Espace et géométrie**, une place plus importante a été consacrée à l'orientation et au repérage dans l'espace : au croisement de la géométrie et de l'enseignement *Questionner le monde* et *Éducation physique et sportive*. Dans la suite du travail commencé au CP et CE1, l'espace réel est mis en relation avec des représentations géométriques (maquette, plan).
→ Nous proposons des repérages qui repartent des espaces vécus proches (classe, école) puis qui s'inscrivent dans des espaces familiers plus éloignés (village, quartier) ou inconnus (sorties pédagogiques, voyages scolaires,…). Lors de ces activités le vocabulaire permettant de définir positions et déplacements est progressivement fixé.
Deux fiches sont consacrées au décodage et au codage de déplacements sur un quadrillage. Les élèves vont avoir à représenter et programmer le déplacement d'un robot à partir d'un codage spécifique que l'on pourrait retrouver dans des logiciels de programmation.
→ Les élèves en CE2 doivent être capables de reconnaitre, nommer, décrire, reproduire les **solides usuels** tels que la boule, le cylindre, le cône, le cube, le pavé droit, et la pyramide et de décrire des polyèdres en utilisant le vocabulaire adapté (face, sommet, arête). Les élèves vont avoir une première approche de la notion de patron du cube.
→ Les élèves reconnaissent et construisent le **triangle rectangle**, le **rectangle** et le **carré** sur différents supports à partir de leur propriétés (l'étude du losange n'est plus au programme) et apprennent à construire un cercle à partir d'un diamètre.
– Ils construisent le **milieu d'un segment**.
– Nous insistons sur les **alignements de points** qui vont permettre de dégager la **notion de droite** comme un ensemble de points alignés entre eux.
→ Les activités mêlent **observation**, **description**, **reproduction** et **construction** ; elles établissent un équilibre entre les moments d'investigation et les moments de réalisation, entre les phases d'analyse et les phases de synthèse.
→ Une attention particulière a été portée à **l'utilisation des outils** pour tracer, pour reproduire et pour vérifier : règle, règle graduée, règle des formes, bande report, gabarits d'angle droit et de figures, compas, papier calque, papier quadrillé…
→ Les activités de tracés ont été conçues sur un **format en largeur** (à l'italienne) pour un meilleur confort.

➠ **Concernant l'évaluation**
La plupart des notions se construisent dans la durée. Ainsi, l'**évaluation** des compétences doit se faire au quotidien, en observant et en analysant les productions des élèves. Des évaluations ponctuelles sont également nécessaires. Nous les avons organisées en deux temps :
– la page « **Je fais le point** » est une évaluation rapide. Facilement exploitable, elle permet de situer les élèves à mi-période. Il est ainsi possible de procéder aux remédiations nécessaires ;
– à la fin de chaque période, la fiche « **Je prépare l'évaluation** » permet de réviser en collectif l'ensemble des compétences de la période. **Les vraies évaluations** reprennent les types d'exercice vus dans la fiche de préparation et **se trouvent à la fin de ce guide pédagogique** (pp. 343 à 353).

Le calcul mental dans Vivre les Maths

La pratique du calcul mental automatisé ou réfléchi est primordiale à l'école élémentaire. Cette pratique doit ainsi occuper une place importante et quotidienne dans l'enseignement des mathématiques ; elle se décline à travers divers types d'activités.

– **Le calcul mental automatisé** s'appuie, dans **des séances courtes** (10 à 15 minutes), sur la restitution de résultats mémorisés (répertoires additif et multiplicatif, doubles et moitiés, produits par 10 et par 100, connaissance des unités de numération et de leurs relations, etc.). La rapidité dans les réponses peut être, ici, un objectif visé.

À noter que ces résultats, avant d'être mémorisés et de pouvoir être fournis directement, sont construits dans des activités de calcul réfléchi ; c'est le cas en particulier pour le répertoire additif. Ainsi les sommes jusqu'à 10 auront été mémorisées au CP, les sommes au-delà de 10 auront été construites tout au long du CE1 et devront être mémorisées seulement en fin de CE1 ou au début du CE2.

– **Le calcul réfléchi** nécessite **des séances plus longues** (une séance hebdomadaire de 30 minutes). Un travail par deux ou par groupes, qui favorise les échanges et enrichit la réflexion, s'avère dans ce cas très bénéfique.

Une place importante doit être réservée à l'analyse et à l'exploitation collective des résultats. Durant cette phase, les élèves explicitent leurs procédures personnelles dont on pourra souligner la diversité. Il conviendra ensuite de repérer les procédures les plus efficaces ; celles-ci seront privilégiées et feront l'objet d'un entraînement.

On fera remarquer que, selon les calculs proposés, telle ou telle procédure est plus ou moins efficace. Il conviendra donc d'apprendre à choisir des stratégies adaptées aux calculs et aux nombres en jeu.

– Régulièrement, tout au long de l'année, des séances proposent la **résolution de petits problèmes simples**, dans un champ numérique bien maîtrisé. Elles permettent d'associer au calcul mental un travail contextualisé afin de consolider la maîtrise du sens des opérations.

Le calcul réfléchi est largement travaillé **dans le fichier**, **à travers une quinzaine de fiches** qui lui sont entièrement consacrées. On y travaille des procédures spécifiques.

Par exemple : utiliser les sommes 10, prendre appui sur les doubles, compléter à une dizaine, à une centaine, procédures variées pour additionner deux nombres à 2 chiffres, procédures pour effectuer un produit en ligne, etc.

Plus généralement, comme au CP, **les élèves devront fréquemment utiliser le calcul mental dans les fiches des domaines « nombres et calculs »** ainsi que dans les fiches dédiées à la résolution de problèmes.

Progression

Se référer aux tableaux pp. 10 à 14 et aux synthèses des apprentissages à la fin de chacune des cinq périodes (pp. 78, 144, 210, 274, 315).

Tous les domaines sont travaillés à chaque période : Numération, comparaison, rangement, encadrement / Addition, soustraction / Complément / Multiplication, division / Autres.

Dans les tableaux pages suivantes, **les séances longues**, support d'analyse de procédures **sont surlignées en jaune**.

Les calculs proposés ont le plus souvent été précédés d'un travail de calcul réfléchi conduit sur le fichier de l'élève, la réflexion précédant toujours l'automatisation et l'entraînement.

Concernant la **mémorisation du répertoire additif**, comme le programme le préconise, nous ne nous limitons pas à un travail sur les sommes : « *très tôt, il convient de ne pas limiter les interrogations à l'obtention des sommes, mais de demander également les compléments, les décompositions et les différences qui sont associées aux éléments des tables travaillées* ».

Comme pour le répertoire additif, l'évaluation du **répertoire multiplicatif** se fera à partir d'un questionnement qui devra prendre différentes formes. Par exemple, le produit 3×7 peut conduire aux questions suivantes :

– « 3 fois 7 ? », « 7 fois 3 ? », « 3 multiplié par 7 ? », « 7 multiplié par 3 ? »

– « Combien de fois 3 pour faire 21 ? », « Combien de fois 7 pour faire 21 ? »

– « En 21 combien de fois 3 ? », « En 21, combien de fois 7 ? »

– « 21, c'est … »

On travaillera aussi la mémorisation des **décompositions additives et multiplicatives** de 10 et 100 et les **compléments** à la dizaine et à la centaine supérieure, qui sont indispensables pour mettre en place des regroupements, des associations de termes ou de facteurs pour calculer une somme ou un produit plus rapidement.

Description des activités

Pour chaque fiche du fichier élève, vous trouverez **deux activités** de calcul mental dans le guide pédagogique.

➡ La **première activité** est présentée dans le fichier élève.
– L'**objectif de la séance** est indiqué dans la fiche de l'enseignant-e. Par exemple, fiche 92 : « **Donner une écriture soustractive d'un nombre proche d'une dizaine entière** ».
– Dans la fiche élève est détaillée la façon dont la séance se déroule. Parfois, le travail est précédé d'un exemple : « 19 → 20 – 1 ; 28 → 30 – 2 ».
– La **consigne en caractère gras** du fichier élève indique le **type de réponse attendue** : « **Donner une écriture soustractive de ce nombre** ».
– Tous les calculs à réaliser sont fournis sur la fiche de l'enseignant-e : « *39 ; 99 ; 98 ; 77 ; 88.* »
– Les résultats sont écrits directement sur le fichier, dans les cadres de couleur.

➡ La **deuxième activité** permet d'approfondir la première activité ou de faire travailler un autre aspect de la notion. Elle est réalisée à l'oral ou sur l'ardoise.
Pour la fiche 92 : « **Donner une écriture soustractive d'un nombre proche d'une centaine entière.** »

➡ Chaque fois, les modalités de mise en œuvre sont précisées :
– forme de travail (individuel, par deux, etc.) ;
– moyens utilisés pour la transmission des consignes et les réponses (part de l'oral et de l'écrit) ;
– exploitation des résultats et des procédures (séances courtes ou séances plus longues de calcul réfléchi).

➡ **Une séance de calcul mental est prévue pour chaque évaluation**. Vous les trouverez page 343.

Mise en œuvre des séances

– **Les consignes sont données à l'oral.** Dans le cadre d'une différenciation, elles **peuvent éventuellement être écrites** partiellement ou intégralement, au tableau ou sur fiche, pour aider la mémoire. Elles peuvent rester visibles en permanence ou peu de temps.
– **Les calculs sont effectués mentalement.**
– Le temps accordé pour répondre est plus court dans les calculs automatisés.
– **Les réponses sont données par écrit**, dans les cadres dessinés sur la fiche, sur une ardoise (procédé La Martinière) **ou oralement**, « à la volée » ou « en cascade » (type jeu du furet : les élèves sont interrogés rapidement au fur et à mesure).

Dans le cas du calcul réfléchi, les résultats intermédiaires peuvent être écrits par l'élève.

Dans un souci de différenciation, **des supports variés peuvent être utilisés** : matériel détachable à la fin du fichier, bandes numériques, répertoires, etc.
Cependant, si l'on veut conserver le caractère spécifique du calcul mental, on évitera de fournir des collections d'objets (cubes, jetons, etc.) comme aide au calcul ; en revanche, ce matériel pourra être utilisé pour valider un résultat.

Conseils

Le calcul mental est une activité qui peut facilement, si l'on n'y prend garde, générer des blocages chez certains élèves qui prennent peur devant la tâche à accomplir, vite jugée insurmontable.
Il peut y avoir plusieurs raisons à cela :
– les réponses attendues dans un temps limité ;
– une demande d'attention importante pour enregistrer et garder en mémoire les données fournies et les résultats intermédiaires ;
– parfois, la peur d'être jugé par l'enseignant-e ou par les camarades.
On risque alors une perte d'assurance, un jugement négatif sur ses propres compétences et un découragement peut en découler.

Face à ce risque, on peut proposer des adaptations ou de la différenciation (sans dénaturer l'objectif poursuivi) :
– proposer des calculs **très simples** en début de séance (temps d'échauffement) ;
– évoluer **très progressivement** vers des temps de réponse plus courts ;
– proposer des exercices **pour développer l'attention et la mémorisation**. Par exemple, repérer ou retranscrire dans l'ordre une suite de nombres qui vient d'être proposée par l'enseignant-e ;
– répéter ou faire répéter les consignes, ne pas hésiter à écrire les nombres au tableau ;
– accepter que **certains résultats intermédiaires** soient **notés** par les élèves ;
– proposer un **travail par groupes** de deux ou trois qui rassure et enrichit la réflexion ;
– analyser les procédures de calcul et les erreurs sans porter de jugement de valeur ;
– faire **prendre conscience de l'utilité du calcul mental** dans de nombreuses situations de la vie courante.

Nous espérons que ces conseils vous aideront afin que tous vos élèves abordent ces moments de calcul mental sans appréhension et avec plaisir.

Progression annuelle de calcul mental

	Numération / Comparaison / Rangement / Encadrement	Addition / Soustraction	Compléter	Multiplication / Division	Autres
Période 1	1 Dictée de nombres ≤ 200. 2 • Écrire le nombre précédent d'une dizaine entière ≤ 200. • Situer un nombre par rapport au nombre qui précède et au nombre qui suit.	3 • Ajouter 2 ou enlever 2 à un nombre inférieur ou égal à 30. • Ajouter 2 ou enlever 2 à un nombre inférieur ou égal à 30. 4 Problèmes : ajouter 5 à un nombre inférieur à 30.	5 Compléter à la dizaine supérieure. 6 Problèmes : compléter une dizaine à un nombre inférieur à la dizaine suivante.		
		7 • Ajouter une dizaine entière à un nombre < 10. • Retrancher les unités d'un nombre à 2 chiffres. 9 • Réviser la table d'addition sur les sommes < 15. • Calculer des différences associées. 10 Problèmes : réviser la table d'addition jusqu'à 15 dans un contexte ordinal.	8 • Problèmes : compléter à 20. • Problèmes : retrouver la position initiale d'un pion sur la ligne numérique.		
	13 Connaitre les unités de numération. 14 Problèmes : calculer une somme d'argent donnée en billets de 10 € et en euros. 15 Compter de 2 en 2 sur les nombres < 100. 16 Problèmes : compter de 5 en 5 sur les nombres < 100.	11 Réviser la table d'addition. 12 Problèmes : réviser la table par les différences.	11 Calculer les compléments associés. 12 Problèmes : réviser la table d'addition par les compléments.		
	19 Dictée de nombres < 1 000. 20 Problèmes : trouver le nombre de dizaines contenues dans une collection. 21 Comparer des nombres > 1 000.	17 Calculer des différences associées à la table d'addition. 18 Problèmes : calculer des différences associées à la table d'addition jusqu'à 14 dans un contexte ordinal.			
		22 Problèmes : ajouter trois nombres de somme < 20.		23 Réviser les tables de multiplication par 2 et par 5. 24 Problèmes : utiliser la table de multiplication par 5. 25 Revoir les tables de 3 et de 4. 26 Problèmes : utiliser la table de 2 pour calculer un quotient exact.	27 Effectuer des transformations entre cm et mm. 28 Problèmes : calculer sur les longueurs.

Les fiches dont le numéro est surligné correspondent à des séances plus longues avec travail sur les procédures.
Les séances indiquées en vert concernent l'aspect ordinal des nombres.

	Numération / Comparaison / Rangement / Encadrement	Addition / Soustraction	Compléter	Multiplication / Division	Autres
Période 2		**29** Problèmes : sens des opérations, recherche de l'état final dans des situations d'ajout et de retrait. **30** Calculer des sommes < 20. Calculer des sommes de dizaines entières < 100.		**31** Compléter un produit dans la table de 5. **32** Problèmes : utiliser la table de 5 pour calculer un quotient exact.	
	33 • Indiquer la centaine qui suit un nombre donné. • Compter de 10 en 10, de 100 en 100 (jeu du furet). **34** • Problèmes : encadrer un nombre par les dizaines les plus proches. • Problèmes : situer un nombre par rapport aux deux centaines les plus proches.				
		38 Ajouter et retrancher des dizaines entre elles. **40** Ajouter et retrancher des centaines entre elles. **41** Problèmes : ajouter et retrancher 100 à un nombre à 2 ou 3 chiffres.	**39** Problèmes : compléter une dizaine à 100.	**35** Problèmes : diviser par 10. **36** Utiliser les tables de 2, 5, 3, 4.	**37** Problèmes : utiliser addition et multiplication.
	42 Ranger quatre nombres < 1 000 dans l'ordre croissant.				**43** Ranger quatre mesures dans l'ordre croissant.
		48 Ajouter un nombre à un chiffre. **50** Retrancher un nombre à un chiffre. **51** Problèmes : recherche de la transformation dans une situation d'ajout ou de retrait (contextes cardinal et ordinal).		**44** Calculer des moitiés de nombres ≤ 20 et de nombres clés. **45** Problèmes : problèmes impliquant des moitiés. **46** Calculer la moitié de nombres pairs inférieurs à 100. **47** Problèmes : calculer la moitié de nombres pairs inférieurs à 100.	**49** Problèmes : sens des opérations.
	52 Décomposer un nombre à trois chiffres en centaines, dizaines et unités. **54** • Problèmes : payer une somme en billet de 100 €, de 10 € et pièces de 1 €. • Problèmes : extraire les centaines d'un nombre à 3 chiffres. **56** Ajouter des unités de numération.		**53** Calculer des compléments de dizaines, de centaines, de milliers. **55** • Problèmes : compléter un multiple de 5 à 60. • Problèmes : compléter à 100.		

Les fiches dont le numéro est surligné correspondent à des séances plus longues avec travail sur les procédures.
Les séances indiquées en vert concernent l'aspect ordinal des nombres.

	Numération / Comparaison / Rangement / Encadrement	Addition / Soustraction	Compléter	Multiplication / Division	Autres
Période 3	**57** • Dictée de nombres < 10 000. • Produire des suites de 10 en 10, de 100 en 100, de 1 000 en 1 000.				
	61 Problèmes : comparer des nombres à 2 ou 3 chiffres en justifiant.	**58** Ajouter un nombre entier de dizaines, de centaines à un nombre de 2 ou 3 chiffres. **59** Problèmes : résoudre une situation additive sur la monnaie. **60** Calculer des différences associées à la table d'addition.	**60** Calculer des compléments associés à la table d'addition.		
				62 Construire et mémoriser la table de 6.	**63** Problèmes : ajouter une durée.
				64 Construire et mémoriser la table de 7.	**65** Problèmes : résoudre des problèmes variés.
		66 Retrancher un nombre entier de dizaines, de centaines à un nombre à 2 ou 3 chiffres. **67** Problèmes : retrancher un nombre entier de dizaines, de centaines.			
				68 Réviser les tables de 2, 3, 4, 5. **69** Problèmes : utiliser la table de multiplication par 4, par 3. **70** Compléter un produit associé aux tables de 3 et 4. **71** Problèmes : utiliser la table de 4 pour calculer un quotient exact.	
		72 Problèmes : reconnaitre une situation additive ou soustractive ordinale. **73** Soustraire, ajouter un nombre entier d'unités, de dizaines, de centaines, de milliers.	**74** Problèmes : compléter à 50, à 60.		
				75 Calculer le double d'un nombre inférieur à 50 sans retenue. **76** Calculer le double d'une somme < 100 sans retenue. **77** Calculer le double d'un nombre inférieur à 50 avec retenue. **78** Problèmes : calculer le double d'une somme inférieure à 50 avec retenue.	
		79 Calculer la somme de deux nombres à 2 chiffres sans retenue.	**80** Problèmes : calculer le complément entre deux dizaines.		
		81 Calculer la somme de deux nombres à 2 chiffres.	**82** Problèmes : calculer le complément entre deux centaines.		
		84 Calculer la différence de deux nombres à 2 chiffres.		**83** Construire et mémoriser la table de 8.	

Les fiches dont le numéro est surligné correspondent à des séances plus longues avec travail sur les procédures.
Les séances indiquées en vert concernent l'aspect ordinal des nombres.

	Numération / Comparaison / Rangement / Encadrement	Addition / Soustraction	Compléter	Multiplication / Division	Autres
Période 4				**85** • Problèmes : résoudre une situation multiplicative. • Problèmes : utiliser la table de 3 pour calculer un quotient exact.	
		86 Problèmes : résoudre un problème en deux étapes (contextes cardinal et ordinal). **87** Calculer la différence de 2 nombres à 2 chiffres.		**88** Construire et mémoriser la table de 8. **89** Problèmes : utiliser la table de multiplication par 6, par 8.	**90** Problèmes : rendre la monnaie, résoudre un problème d'achat.
		91 Additionner 2 nombres à 2 chiffres. **92** Donner une écriture soustractive d'un nombre proche d'une dizaine entière, d'une centaine entière. **93** Ajouter un nombre proche d'une dizaine entière, d'une centaine entière.			
	97 Indiquer la dizaine la plus proche. **98** Indiquer la dizaine, la centaine, le millier le plus proche.			**94** Calculer la moitié d'une somme, d'une dizaine entière. **95** Problèmes : calculer la moitié d'un nombre pair inférieur à 100, d'un nombre entier de centaines. **96** Calculer la moitié d'un nombre pair < 100.	**97** Contrôler un calcul par l'ordre de grandeur du résultat.
				99 Problèmes : résoudre une situation multiplicative. **100** Multiplier par 10, 100, 1 000 **101** Problèmes : multiplier par 10, par 100. **102** Problèmes : utiliser la table de multiplication par 7, par 9.	
	103 Problèmes : écrire un nombre à partir de sa décomposition en dizaines et unités.				**104** Écrire une suite de mesures de durée. **105** Effectuer des transformations entre t et kg.
		106 Calculer un écart entre 2 nombres à 2 chiffres. **107** Problèmes : calculer un écart entre 2 nombres à 2 chiffres.	**106** Calculer un complément entre 2 nombres de 2 ou 3 chiffres.		
					108 Calculer une somme de mesures de longueur. **109** Calculer une somme, une différence de deux prix. **110** Problèmes : contrôler le sens des opérations.
	111 Diviser par 10, 100, 1 000.			**112** Problèmes : situations de division.	

Les fiches dont le numéro est **surligné** correspondent à des séances plus longues avec travail sur les procédures.
Les séances indiquées en vert concernent l'aspect ordinal des nombres.

	Numération / Comparaison / Rangement / Encadrement	Addition / Soustraction	Compléter	Multiplication / Division	Autres
Période 5	113 Problèmes : diviser par 10, par 100.				
				114 Utiliser le répertoire multiplicatif.	
		115 Calculer des sommes de trois nombres, en s'appuyant sur des regroupements astucieux.			
			116 Problèmes : compléter une somme d'argent.		
		117 Problèmes : calculer des sommes de produits.		117 Problèmes : calculer des sommes de produits.	
		118 Ajouter des nombres proches d'un nombre entier rond.			
		119 Soustraire un nombre proche d'un nombre entier rond.			
					120 Arrondir à la mesure en m, en km la plus proche.
		121 Trouver une somme de 2 ou 3 dizaines entières égales à 100, de 3 centaines entières égales à 1 000.			
				122 Écrire un nombre sous la forme d'un produit de la table. **123** Associer des facteurs pour calculer plus rapidement un produit. 124 Problèmes : situations de division.	
					125 Donner l'ordre de grandeur d'un calcul parmi 3 propositions.
			126 Trouver le complément d'un nombre à 100, à 1 000.		
		127 • Problèmes : retrancher un produit ou une somme à 100. • Problèmes : retrancher un nombre à 1 000.			
					128 Problèmes : problèmes impliquant des conversions de mesures de longueur.
				129 Calculer la moitié d'un nombre pair.	
					130 Problèmes : ajouter une durée. 131 Problèmes : calculer une durée.
		132 • Problèmes : calculer le périmètre d'un carré, d'un rectangle. • Problèmes : calculer le côté d'un carré, d'un rectangle connaissant le côté.			
				133 Multiplier un nombre à 2 chiffres par un nombre à 1 chiffre.	
		134 Dans une somme, regrouper les termes qui vont bien ensemble.			
				135 Problèmes : situations multiplicatives (proportionnalité).	
			136 Problèmes : compléter à 1 000, à 10 000.		
	137 Vérifier des comparaisons mettant en jeu des écritures mixtes.				
					138 Problèmes : sens des opérations.

MISE EN ŒUVRE DES LEÇONS DU FICHIER

1 Se repérer dans l'école

Programme 2016

- Se repérer dans son environnement proche.
- Situer des objets ou des personnes les uns par rapport aux autres ou par rapport à d'autres repères.
- Produire des représentations des espaces familiers.

Objectifs spécifiques de la séance

- Se repérer sur un dessin.
- Situer des éléments sur un plan correspondant à un dessin.
- Aborder la notion de point de vue.

Information didactique

L'observation des objets dans l'espace relève de la géométrie, dont l'étude commence par deux activités complémentaires importantes :

- **la description**, qui consiste à élaborer un message précisant les informations observées. Progressivement, ce message évoluera vers un langage mathématique ;
- **la représentation sur une feuille de papier d'un espace à trois dimensions** selon des procédés conventionnels (perspective cavalière, qui relève du collège, ou le plan).

Le passage d'un espace tridimensionnel à un plan a déjà été abordé en CE1, notamment dans l'espace familier (classe, école). Cette première fiche permet de reprendre et de réactiver les notions spatiales déjà vues – notamment celles concernant le repérage et l'utilisation du vocabulaire permettant de définir des positions.

Le travail sur l'espace se fait aussi en forte interrelation avec « Questionner le monde » et « Éducation physique et sportive ».

CALCUL MENTAL

Dictée. Écrire un nombre ≤ 200

❶ Dire : *« 15, 48, 72, 95, 87, 103, 168, 199. »*

L'élève écrit le nombre. Repérer les nombres qui posent encore problème.

❷ Lire des nombres que l'enseignant aura préalablement écrits au tableau.

Activités préparatoires

1. Observer l'école et restituer la disposition d'ensemble — 10 min

▶ Se déplacer dans la cour de l'école, faire observer les bâtiments, les différents lieux.

Consigne : *« Nous sommes dans la cour de l'école, montrez et nommez les différents lieux de l'école. »*

Selon les écoles, les élèves peuvent monter le bâtiment principal, la cantine, le préau, l'école maternelle, le gymnase… Les situer les uns par rapport aux autres : « L'école maternelle est à côté de la cantine, à gauche…. »

▶ Demander aux élèves où se situe leur classe : « Elle est au premier étage, à droite. » ; *« Quelle est la classe au dessous, à gauche ? »*

Rappeler les notions de « droite », de « gauche », « à côté »… Faire observer que les notions de « droite/gauche » ne sont pas forcément identiques aux notions de « à droite de / à gauche de ».

2. Reconnaitre différentes vues de la cour de récréation — 10 à 15 min

Matériel collectif : photographies de l'école prises par l'enseignant de différents endroits de la cour de récréation (varier l'orientation).

Consigne : *« Voici différentes photographies que j'ai prises ; j'étais dans la cour de l'école et j'ai pris en photo différents endroits. Montrez-nous d'où je les ai prises. »*

▶ Donner à deux élèves une première photographie, puis leur demander de se positionner là où l'enseignant l'a prise.

▶ Il faut repérer d'abord ce qu'il y a sur la photographie (exemple : un banc), puis se placer là d'où l'on voit la vue comme sur la photo. Faire justifier et valider. (L'appareil photo numérique peut servir pour la validation.)

3. Observer des vues et un plan simple de l'école — 15 min

Matériel collectif : photocopie d'un plan (simple) de l'école, montrant les bâtiments et la cour de récréation, la rue…

De retour en classe.

▶ Dans un premier temps, faire observer une vue aérienne ou partir d'un site de cartographie en ligne (type « Google map »). Faire observer cette vue aérienne (à partir du TNI, par exemple), repérer l'école dans le quartier, puis les différentes parties de l'école (cour de récréation, bâtiments,…), les nommer.

▶ Distribuer ensuite une photocopie du plan de l'école. Demander de repérer les éléments déjà identifiés. Demander de nommer, dans la partie correspondant à la cour de l'école, un élément particulier familier (un banc, un panneau de basket, un bac de fleurs, un but…).

Travail sur le fichier

1 Décrire une image.

Laisser découvrir l'image individuellement, puis faire reformuler la tâche à accomplir dans cet exercice. Il s'agit de décrire l'école.

« Que voit-on ? » Une cour, des bâtiments.

« Combien y a-t-il de bâtiments ? » Repérer leur nom. Les nommer de gauche à droite. Les faire situer les uns par rapport aux autres : *« Où est le préau ? Dans quel bâtiment ? Quels sont les bâtiments qui sont face à face ? Combien d'étages a le bâtiment B ? Combien y a-t-il d'arbres dans la cour ? ».*

Faire repérer l'arrière-plan de la cour : le muret, l'escalier.

Repérer les 3 enfants, les nommer. *« Que font-ils ? »* Préciser leur position et leur orientation. *« Comment sont-ils placés par rapport à nous ? »* (De face, de dos, de côté.)

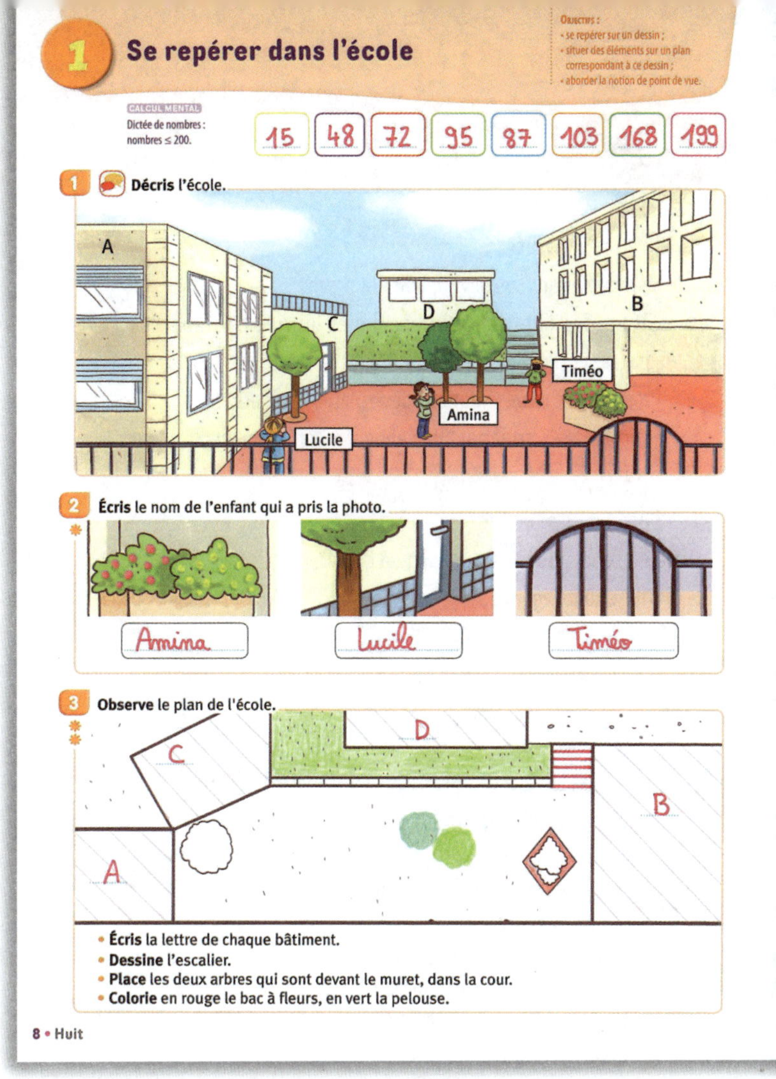
1 Se repérer dans l'école

Objectifs :
- se repérer sur un dessin ;
- situer des éléments sur un plan correspondant à ce dessin ;
- aborder la notion de point de vue.

CALCUL MENTAL
Dictée de nombres : nombres ≤ 200.

15 | 48 | 72 | 95 | 87 | 103 | 168 | 199

1 **Décris** l'école.

2 **Écris** le nom de l'enfant qui a pris la photo.

Amina | Lucile | Timéo

3 **Observe** le plan de l'école.

- **Écris** la lettre de chaque bâtiment.
- **Dessine** l'escalier.
- **Place** les deux arbres qui sont devant le muret, dans la cour.
- **Colorie** en rouge le bac à fleurs, en vert la pelouse.

8 • Huit

Obstacles possibles :
- Le repérage des lieux.
- La perspective cavalière qui peut rendre difficile la perception de la position des bâtiments A, B et C.
- Le vocabulaire spatial en cours d'acquisition.

Aides proposées :
- Faire décrire la cour de l'école à partir d'une photographie.
- Repartir de la maquette de l'école.

2 Repérer des points de vue.

Demander de préciser les éléments qui permettent de déduire qui a pris la photographie.

Faire observer la place des enfants :

- Lucile est dos à la grille, elle photographie la partie gauche de la cour où il y a un arbre et la porte du bâtiment C.
- Amina est tournée vers le bâtiment B ; entre elle et ce bâtiment, il y a le bac à fleurs.
- Timéo est face au grillage.

Obstacle possible : la notion de point de vue est encore difficile.

Aides proposées :
- Travailler sur des photos de différents lieux de l'école ; retrouver le lieu de prise de vue.
- Faire verbaliser les procédures.

3 Repérer des éléments sur un plan.

Les élèves doivent repérer les numéros de bâtiment et repérer des lieux.

Les bâtiments sont vus d'en haut et leur projection est représentée sur un plan horizontal.

Bien faire correspondre les éléments de l'image et les éléments à déterminer sur le plan.

Demander d'exprimer les procédures utilisées pour le repérage des éléments.

Aide proposée : prendre appui sur la disposition sur la page du fichier : image de l'exercice 1 et plan de l'exercice 3 (bien faire repérer les éléments correspondants).

Faisons le point

- Nous avons décrit une image qui présentait une vue de l'école.
- Nous avons repéré quel enfant avait pris la photographie montrant un endroit de la cour de l'école.
- Nous avons placé sur un plan les numéros des bâtiments et repéré des endroits de la cour.

Pistes d'activités supplémentaires

Avec toute la classe

- Poursuivre l'exploitation de l'image et du plan : demander de positionner sur le plan chacun des trois élèves.
- Travailler la notion de point de vue en demandant aux élèves de se déplacer et de décrire ou de dessiner ce qu'ils voient.
- Sur le stade utilisé par l'école, prendre des photos, repérer les points de vue, faire un plan du stade, y repérer les éléments importants (buts, tribune, entrée, vestiaires…).

Soutien

- Photographier un objet dans différentes positions ou selon différents points de vue.
- Faire une maquette avec des cubes ou des pavés représentant la disposition de l'école issue de la situation (ou celle des élèves).

Approfondissement

- Prolonger l'exercice 2 en imaginant d'autres points de vue et positions pour chacun des trois élèves, et demander de dessiner ou représenter son point de vue.
- Demander de dessiner simplement le plan de l'école de l'élève et demander de repérer des lieux particuliers.

2 Se repérer dans la classe

Programme 2016

- Se repérer dans son environnement proche.
- Situer des objets ou des personnes les uns par rapport aux autres ou par rapport à d'autres repères.
- Produire des représentations des espaces familiers.
  » Vocabulaire permettant de définir des déplacements.

Objectifs spécifiques de la séance

- Dessiner un plan de classe.
- S'en servir pour communiquer un déplacement.
- Utiliser une légende.

Information didactique

Dans la suite du travail commencé à la fiche précédente, il s'agit de travailler sur un espace différent : la classe. La démarche reste la même puisqu'il s'agit de passer, à partir d'une image, d'un espace tridimensionnel à un plan. **Tracer un plan est une opération encore délicate :** certaines propriétés sont conservées et d'autres ne le sont pas. Le plan ne prend pas en compte les volumes, comme le fait la maquette. La représentation sur un plan peut être seulement topologique (c'est-à-dire respecter seulement les positions relatives des différents éléments) ou métrique avec respect des proportions. Ainsi, sur cette fiche, afin de respecter les proportions, nous prendrons appui sur le dallage en carré de la salle de classe pour représenter le plan de classe à l'aide du quadrillage.

CALCUL MENTAL

❶ **Écrire le nombre précédent d'une dizaine entière ≤ 200**

Dire ou écrire : 10, 30, 90, 70, 100, 180, 110, 200.
L'élève écrit le nombre qui précède.

❷ **Situer un nombre par rapport au nombre qui précède et au nombre qui suit.**

Dire ou écrire un nombre ≤ 200.
Ex. : 36, 49, 101, 120, 0, 100, 1, 199…
Compléter des phrases du type : « 36 est le nombre qui précède le nombre 37. » « 36 est le nombre qui suit le nombre 35. »

Activités préparatoires

1. Observer et décrire la salle de classe — 15 min

▶ Regrouper les élèves à l'avant de la classe (ou à l'arrière selon la configuration de la salle).

Consigne : *« Je vais demander à quelques élèves de me décrire la salle de classe, il faut être précis dans la description. »*

Les élèves vont dire qu'il y a des tables alignées ou regroupées. Demander de préciser selon l'organisation de la classe : le nombre de rangées de tables, le nombre de tables par rangée, le nombre d'élèves par rangée, le nombre de tables par ilot…

▶ Demander de préciser où sont situés certains éléments de la classe : les fenêtres, la porte d'entrée, le bureau de l'enseignant, le coin bibliothèque, les ordinateurs…

Les recenser au tableau. Les élèves doivent utiliser un lexique spatial précis (Ex. : « Les fenêtres de la classe sont au fond de la classe et à notre gauche. », « La porte d'entrée est à notre droite. », « Le bureau du maitre est devant. » …).

Les élèves s'intéresseront aussi aux éléments qui ne sont pas positionnés sur le sol de la classe : affiches, tableau mural…

Orienter l'analyse sur les objets et éléments qui sont positionnés sur le sol.

▶ Faire revenir les élèves à leur place, redemander de préciser le placement des objets décrits ; certains objets seront positionnés différemment : « La porte d'entrée est maintenant à ma gauche. »

2. Analyser une maquette de la classe — 15 min

Matériel collectif : feuille A3 (espace de la classe) ; boites, solides ou dominos représentant les tables ou les meubles.

▶ La réalisation d'une maquette par un élève demandant plusieurs séances, on pourra au choix mettre à disposition une maquette de la classe déjà faite (d'une taille moyenne – type format A3) par l'enseignant. La fabrication de la maquette de la classe a du déjà être effectuée en CE1.

▶ Faire analyser collectivement cette maquette. Veiller à positionner la maquette dans la classe dans le même sens que la classe elle-même. Repérer les objets en demandant ce qu'ils représentent, les associer aux objets/meubles réels (Ex. : « Ce domino est la table de Simon et Loana ; cette boite, c'est l'étagère où on range les classeurs… »).

3. Indiquer un déplacement sur la maquette de la classe — 15 min

Matériel collectif : la maquette de la classe ; une figurine représentant un élève.

▶ Regrouper les élèves devant la maquette (et non autour) de façon à voir à la fois la maquette et la salle de classe.

▶ Demander à un élève de se déplacer dans la classe (Ex. : aller du tableau à sa table ou du bureau du maitre au coin bibliothèque. Demander à l'élève d'effectuer le déplacement deux fois : la première fois, le reste de la classe regarde seulement le déplacement dans la classe ; la seconde fois, demander de regarder le déplacement réel et celui qui correspond sur la maquette. Demander à un autre élève de déplacer la figurine sur la maquette. Il peut être intéressant de faire verbaliser le déplacement (« Antoine part du bureau, puis passe entre les tables de…»).

▶ Refaire faire deux ou trois déplacements différents par d'autres élèves.

Travail sur le fichier

1 Terminer le plan de classe correspondant à une image.

Laisser découvrir l'image (la vidéoprojeter si possible).

Demander collectivement aux élèves de la décrire : il s'agit d'une salle de classe.

Préciser les éléments : nombre de rangées, nombre de tables par rangée, nombre d'élèves par rangée, dans la classe (24 élèves). Préciser aussi le mobilier scolaire : écrire les éléments et demander de les situer (Ex. : « La table de l'ordinateur est à gauche… »).

Faire observer le sol de la classe : il est constitué d'un dallage carré, c'est comme un quadrillage. « La salle de classe est un carré qui a 14 dalles sur chaque longueur ». Le dallage va nous donner des informations sur les dimensions du mobilier scolaire. Par exemple, les tables d'élèves, qui ont une forme rectangulaire, sont positionnées sur trois dalles carrées exactement.

Faire lire la légende, ce sont des renseignements qui vont donner des informations sur le codage du plan. Identifier sur l'image les différents éléments de la légende.

Observer le plan, qui n'est pas terminé. Faire repérer les éléments déjà tracés ou représentés : un meuble, 4 tables d'élèves, la porte, la chaise et les deux fenêtres. Faire les correspondances entre les éléments du dessin et ceux déjà tracés sur le plan : *« Des éléments ont déjà commencé à être tracés : le bureau du maitre, l'étagère, la table d'ordinateur »*.

Bien faire observer que le plan est tracé en s'aidant du quadrillage, qui correspond au dallage de la classe (si besoin, faire compter les 14 dalles de la classe, puis les 14 carreaux de la longueur du plan).

Insister aussi sur l'espace à respecter entre les différents mobiliers en comptant le nombre de dalles/carreaux.

Laisser les élèves terminer en utilisant le quadrillage.

Pour le tracé du déplacement, demander aux élèves d'effectuer le déplacement, d'abord avec le doigt sur le dessin, puis sur le plan.

Obstacles possibles :

- La longueur de la tâche.
- Le non-respect des longueurs.
- Le non-respect des positions relatives des tables des élèves.

Aides proposées :

- Découper des bandes de papier qui représentent les meubles et les positionner sur le plan, les bandes servant de gabarit.
- Positionner un point pour marquer le point de départ pour les tracés à effectuer.

2 Réaliser le plan de sa classe.

Le plan de la classe est à effectuer par groupes de deux ; on ne demandera qu'un tracé à main levée en respectant globalement les proportions. Selon les classes, il pourra être possible de prendre appui sur le dallage ou le carrelage, ce qui permettra d'avoir un plan plus précis.

Demander de recenser les éléments présents dans la classe. Utiliser la légende de l'exercice 1. L'enseignant, en termes d'aide, pourra déjà tracer le cadre général de la classe.

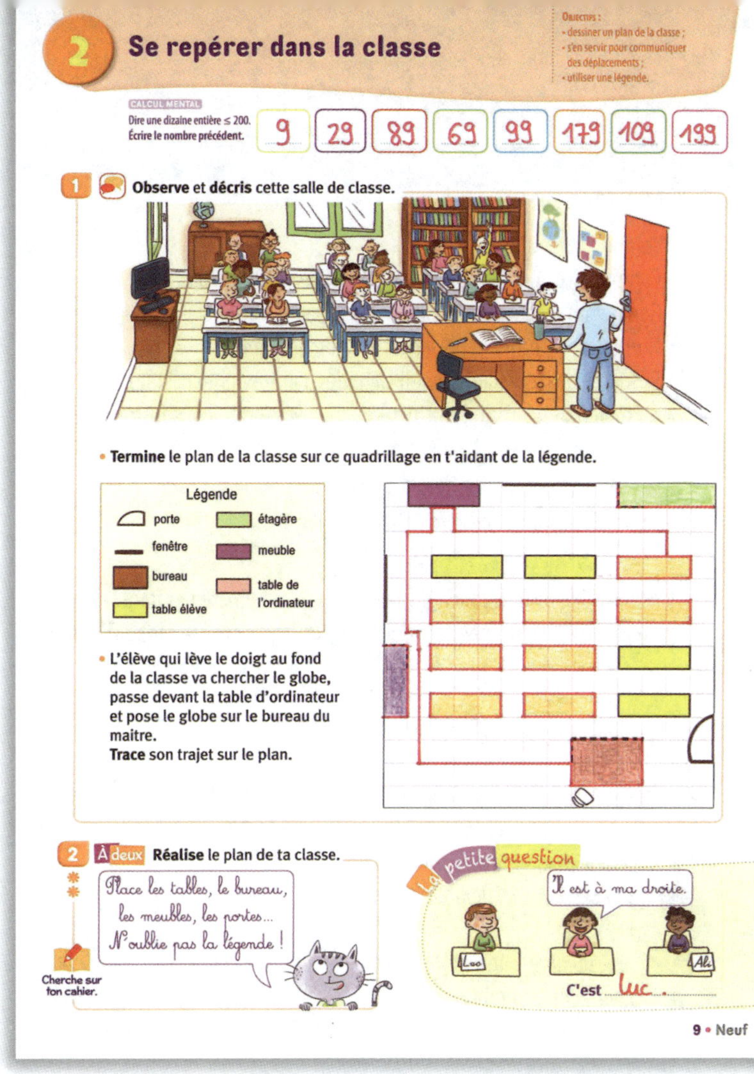

2 Se repérer dans la classe

Objectifs :
- dessiner un plan de la classe ;
- s'en servir pour communiquer des déplacements ;
- utiliser une légende.

CALCUL MENTAL
Dire une dizaine entière ≤ 200. Écrire le nombre précédent.

9	29	89	69	99	179	109	199

1 **Observe** et **décris** cette salle de classe.

• **Termine** le plan de la classe sur ce quadrillage en t'aidant de la légende.

Légende : porte ; fenêtre ; bureau ; table élève ; étagère ; meuble ; table de l'ordinateur

• L'élève qui lève le doigt au fond de la classe va chercher le globe, passe devant la table d'ordinateur et pose le globe sur le bureau du maitre.
Trace son trajet sur le plan.

2 À deux **Réalise** le plan de ta classe.

Place les tables, le bureau, les meubles, les portes… N'oublie pas la légende !

Cherche sur ton cahier.

La petite question

Il est à ma droite.

Léo — Ali

C'est Luc.

9 • Neuf

La petite question

Il s'agit de repérer lequel des deux élèves est situé à la droite de l'élève du milieu ; ces élèves sont en face de l'observateur. Les élèves peuvent avoir du mal à distinguer les notions de position relative.

Faisons le point

- Nous avons décrit une image d'une salle de classe.
- Nous avons terminé le plan qui correspond à cette classe ; nous avons utilisé une légende.
- Nous avons tracé un déplacement sur ce plan.
- Nous avons, par groupes de deux, tracé le plan de notre classe.

Pistes d'activités supplémentaires

Avec toute la classe

- Proposer un autre déplacement dans la classe et demander de le tracer sur le plan.
- Placer un objet particulier dans la classe, les élèves doivent aussi le positionner sur le plan (procéder à l'inverse également : marquer un point sur le plan, demander de localiser où cela se situe dans la classe).
- Faire réaliser la maquette de la classe, la prendre en photo du dessus, puis arriver au plan.

Approfondissement

- Tracer le plan d'une autre classe, ou de la bibliothèque, de la salle de jeux…
- Observer des plans du quartier, de la ville, du village.

3 Les nombres jusqu'à 30 (1)

Programme 2016

- Comprendre et utiliser des nombres entiers pour repérer.
- Repérer un rang ou une position dans une file ou sur une piste.
- Nommer, lire, écrire, représenter des nombres entiers.
- Résoudre des problèmes en utilisant des nombres entiers et le calcul.
  » Problèmes relevant des structures additives (addition/ soustraction).

Objectifs spécifiques de la séance

- Revoir l'écriture des nombres jusqu'à 30.
- Utiliser leurs propriétés ordinales et cardinales.

Information didactique

Il est possible de distinguer plusieurs domaines numériques dont l'étendue varie selon l'âge. On peut ainsi **distinguer les nombres visualisables** (jusqu'à 4 ou 5), **familiers** (jusqu'à 30), **fréquentés** (jusqu'à 1 000), et **enfin les grands nombres** qui seront abordés et étudiés au cycle 3.

On considère que les trois premiers nombres ont un statut particulier et sont appris avant le comptage. En plus, quelques collections simples (4 en carré, 5 en quinconce) sont appréhendées directement (constellations).

Par la suite, il est nécessaire de compter ou de diviser les collections. La taille des nombres est une variable didactique. Elle a donc une influence sur les procédures utilisées.

Si la numération écrite obéit à un algorithme rigoureux, ne souffrant aucune exception, il n'en est pas de même de la numération parlée, héritage de traditions séculaires. En plus du nom des chiffres, elle utilise des mots supplémentaires : « dix », « onze » [...] « seize »... À partir de 17, une construction logique apparait et se poursuivra sans faille jusqu'à 69.

CALCUL MENTAL

Ajouter 2 ou enlever 2 à un nombre inférieur ou égal à 30

❶ Dire : « *16 – 2 ; 16 + 2 ; 14 + 2 ; 12 – 2 ; 11 – 2 ; 18 + 2 ; 20 – 2.* »
L'élève écrit la somme ou la différence.

❷ Dire : « *À quel nombre faut-il ajouter 2 pour obtenir : 12 ; 15 ; 29 ; 20 ; 21 ; 30 ?*
À quel nombre faut-il enlever 2 pour obtenir : 10 ; 18 ; 9 ; 16 ; 11 ; 28 ? »
L'élève écrit le nombre.

Activités préparatoires

1. Revoir le nom des nombres de 0 à 30 — 10 min

Matériel individuel : bandes numériques et tableau de nombres à compléter. SITE COMPAGNON

Consigne : « *Vous devez compléter ces deux bandes numériques en écrivant d'abord les nombres manquants, en chiffres, puis en écrivant quelques nombres en lettres. Vous complèterez ensuite le tableau des nombres.* »

▶ La suite orale des nombres présente des irrégularités. On insistera sur le nom des nombres de 11 à 16 et sur leur écriture en lettres qui est encore source de difficultés pour les élèves.

▶ Il pourra être intéressant de faire quelques comparaisons d'écritures.

16 seize / 26 vingt-six → pas de cohérence entre les deux écritures.

17 dix-sept / 27 vingt-sept → apparition d'une construction logique.

2. Jeu du « nombre oublié » — 5 min

Matériel : l'enseignant prépare quelques suites numériques.

Consigne : « *Je vais vous lire une partie de la suite des nombres. Soyez bien attentifs car je vais oublier un nombre dans cette suite. Je vous demande de le repérer et de le retenir « dans votre tête ». À la fin, vous l'écrirez sur l'ardoise.* »

Ex. : 17-18-19-20-22-23-24-25 (**21**) /
29-28-27-25-24-23-22 (**26**) /

▶ Quelques variantes du jeu :
- On peut écrire tout de suite le nombre oublié ou le retenir « dans sa tête » ;
- On peut faire retrouver deux nombres oubliés ;
- On peut proposer des suites décroissantes ;
- On peut proposer des suites écrites qu'on laisse visibles peu de temps.

3. Dégager différentes statégies de dénombrement — 5 à 10 min

Matériel : reprendre l'image de la classe de la fiche n° 2.

▶ Question 1 : « *Combien y a-t-il d'élèves présents dans cette classe ?* »
Écrire le nombre d'élèves : 24.

▶ Question 2 : « *Comment avez-vous dénombré les élèves ?* »
Faire oraliser les différentes procédures :
- « Je les ai comptés un par un. »
- « Moi, table par table : 2, 4 , 6... »
- « Moi, j'ai vu qu'il y avait 2 élèves par table et comme il y a 12 tables... »
- « Moi, j'ai compté 8 élèves par rangée et comme il y 3 rangées... »

Faire formuler les opérations qui correspondent à ces procédures ; les écrire au tableau.
12 fois 2 élèves → $2 \times 12 = 24$ / 3 fois 8 élèves → $8 \times 3 = 24$ ou $8 + 8 + 8 = 24$.
Faire effectuer le même travail pour l'effectif de la classe.

▶ Questions : « *Combien êtes-vous dans la classe ? Comment pouvons-nous calculer ? Par rangées ? Par tables ?* »

Travail sur le fichier

1 Situation de type partition (3 parties) avec recherche du cardinal d'une des parties.
Laisser un temps de découverte individuelle puis d'appropriation par deux.
Ensuite, faire lire l'énoncé et décrire l'image en la mettant en relation avec l'énoncé du problème.
Laisser chercher et analyser collectivement toutes les procédures.

→ « J'ai cherché le nombre d'enfants qui sont à l'extérieur du gymnase (6 + 10 = 16), puis j'ai calculé le nombre d'enfants qui sont au gymnase en enlevant 16 à 24. (24 – 16 = 8) »

→ « J'ai aussi cherché le nombre d'enfants qui sont à l'extérieur : 16. Puis j'ai cherché combien il en manquait pour faire 24. » (16 + … = 24   16 + 8 = 24)

Obstacle possible : la résolution du problème nécessite deux étapes.

Aides proposées : Dans la phase de synthèse ou dans la phase d'appropriation pour certains élèves, formuler oralement l'algorithme de résolution sans utiliser les nombres.

• Pour trouver le nombre d'élèves au gymnase, on enlève au nombre total, le nombre d'élèves qui sont à l'extérieur.

• Pour trouver le nombre d'élèves à l'extérieur, on additionne le nombre d'élèves qui courent et le nombre d'élèves qui jouent au basket.

Commencer à travailler sur des situations sans nombre pour se concentrer sur le raisonnement.

2 Lire les nombres écrits en lettres puis les écrire en chiffres.

3 Écrire les nombres 19 et 26 en chiffres en utilisant les écritures chiffrées des mots-nombres qui la composent.
Indiquer qu'il faut toujours mettre un tiret entre les mots.

Obstacle possible : dans ce contexte particulier de décomposition de l'écriture des nombres, certains élèves risquent de partir de la lecture de chacun des chiffres des nombres et d'écrire « deux-six » à la place de « vingt-six ».

Aide proposée : faire oraliser les nombres.

4 Écrire le numéro d'une case de la bande numérique en s'appuyant sur la numérotation des dizaines.
Si possible, sans compléter la bande, repérer les positions des dessins et reporter les nombres dans le tableau. On pourra vérifier les réponses en faisant compléter toute la bande.

5 Compléter une suite croissante de 2 en 2 et une suite décroissante de 3 en 3.
Les suites sont définies par récurrence, c'est-à-dire en définissant un terme en fonction du ou des précédents, ce qui suppose une bonne analyse du début des suites sur les trois premiers nombres.

Obstacles possibles :

• La production de suites décroissantes.

• Le calcul mental (enlever 3) qui demeure incertain.

Faisons le point

• Nous avons revu l'écriture des nombres jusqu'à 30, en chiffres et en lettres.

• Nous avons résolu un problème de partition où il fallait retrouver une des parties.

• Nous pouvons retrouver le numéro d'une case sur la bande numérique, si les cases dizaines sont déjà complétées.

• Nous avons complété des suites croissantes ou décroissantes.

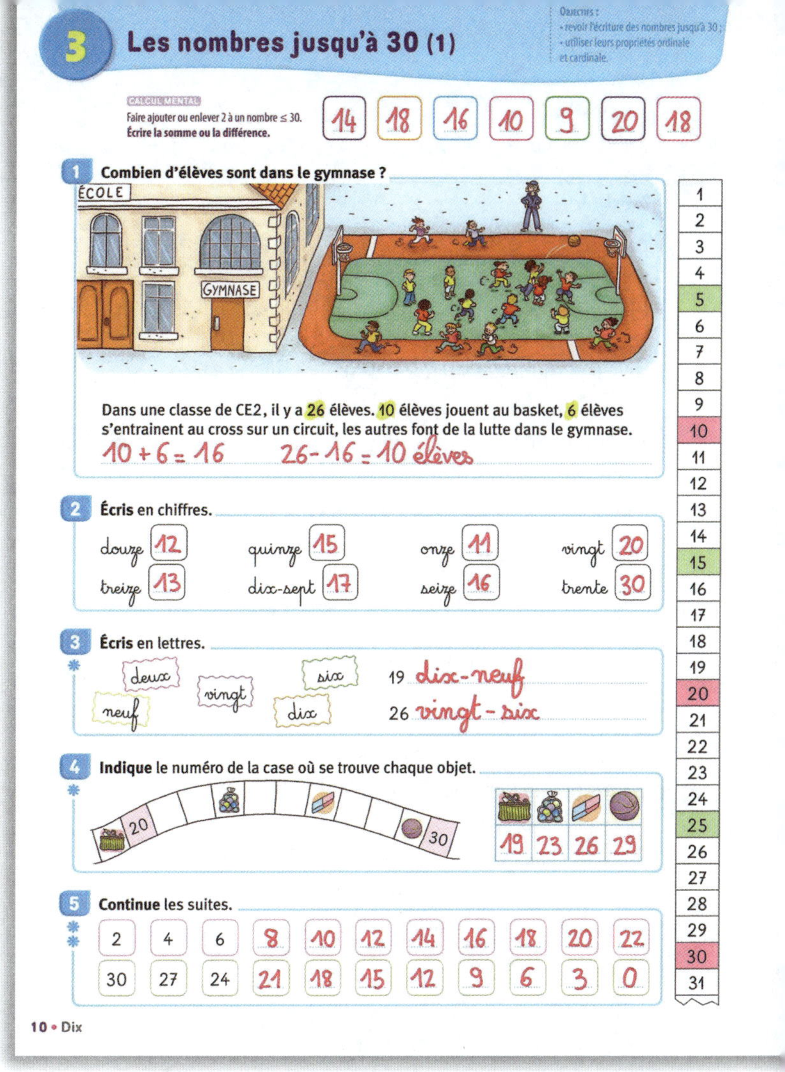

3 Les nombres jusqu'à 30 (1)

OBJECTIFS :
- revoir l'écriture des nombres jusqu'à 30 ;
- utiliser leurs propriétés ordinale et cardinale.

CALCUL MENTAL
Faire ajouter ou enlever 2 à un nombre ≤ 30.
Écrire la somme ou la différence.
14 18 16 10 9 20 18

1 Combien d'élèves sont dans le gymnase ?

ÉCOLE — GYMNASE

Dans une classe de CE2, il y a 26 élèves. 10 élèves jouent au basket, 6 élèves s'entrainent au cross sur un circuit, les autres font de la lutte dans le gymnase.
10 + 6 = 16   26 – 16 = 10 élèves

2 Écris en chiffres.
douze 12 — quinze 15 — onze 11 — vingt 20
treize 13 — dix-sept 17 — seize 16 — trente 30

3 Écris en lettres.
deux — vingt — six — neuf — dix
19 dix-neuf
26 vingt-six

4 Indique le numéro de la case où se trouve chaque objet.
20 … 30
19 23 26 29

5 Continue les suites.

2	4	6	8	10	12	14	16	18	20	22
30	27	24	21	18	15	12	9	6	3	0

1 2 3 4 5 6 7 8 9 10 11 12 13 14 15 16 17 18 19 20 21 22 23 24 25 26 27 28 29 30 31

10 • Dix

Pistes d'activités supplémentaires

Avec toute la classe

Énoncer les suites des nombres pairs et des nombres impairs entre 0 et 30.

Soutien

• Dictées de nombres de 0 à 30.

• Jeu du furet : énoncer la suite numérique dans l'ordre croissant et décroissant.

Approfondissement

• Dans l'ordre croissant et décroissant, produire des suites de 3 en 3, de 4 en 4, de 5 en 5.

• Dictée de nombres écrits en lettres portant sur les nombres jusqu'à 30.

• Pour écrire les nombres de 0 à 30, il y a deux chiffres qui sont écrits 13 fois. Quels sont ces deux chiffres ?

1 le défi

Paul et Jane ont ensemble 27 €. La somme que possède Jane est double de celle de Paul.
Combien possède chacun d'eux ?

4 Les nombres jusqu'à 30 (2)

Programme 2016

- Comparer des nombres entiers en utilisant les symboles <, >, =, ≠.
  » Égalité traduisant l'équivalence de deux désignations d'un même nombre.
- Mémoriser des fait numériques et des procédures.
- Élaborer et choisir des stratégies de calcul à l'oral et à l'écrit.

Objectif spécifique de la séance

Revisiter les nombres jusqu'à 30 sous différents aspects (désignations, comparaisons, calculs…).

Information didactique

Cette fiche vise à revoir, à travers des types d'exercices qui sont familiers aux élèves, un certain nombre de notions sur lesquelles ils ont déjà travaillé au cours des deux années précédentes : décomposition et recomposition des nombres, comparaisons en utilisant les symboles <, >, = et ≠, étude des différentes désignations d'un nombre, notions de double et de moitié, utilisation des écritures additives de 10 dans un calcul réfléchi.

CALCUL MENTAL

❶ **Problème : ajouter 5 à un nombre inférieur à 30**

Dire : « *Actuellement Luc a 20 ans, Enzo a 13 ans, Clément a 7 ans, Manon a 16 ans, Noémie a 19 ans, Fanny a 11 ans. Quel âge auront ces personnes dans 5 ans ?* »

L'élève écrit l'âge de chaque personne.

❷ **Problème : enlever 5 à un nombre inférieur à 30**

Dire : « *Actuellement, Pierre a 15 ans, Louise a 12 ans, Sophie a 17 ans, Ahmed a 11 ans, Moussa a 13 ans, Léa a 24 ans, Claire a 30 ans. Quel âge avaient ces personnes il y a 5 ans ?* »

L'élève écrit l'âge de chaque personne.

Activités préparatoires

1. Jeu : « le nombre cible »

10 à 15 min

▶ Travail par deux.

Matériel individuel : fiche d'activité SITE COMPAGNON

▶ L'enseignant écrit au tableau 5 nombres.

Ex. : 20 5 8 3 10

Consigne : « *On doit atteindre le nombre 38 en ajoutant 4 de ces nombres…* »

Les élèves échangent par deux et recopient sur leur ardoise les 4 nombres. Ex. : 38 = 20 + 10 + 3 + 5.

On fera remarquer que ceux qui n'ont utilisé que trois nombres (20, 10 et 8), n'ont pas respecté la consigne.

À partir de ces 5 nombres, faire d'autres demandes :

« *On doit atteindre 16 en utilisant 3 nombres.* » → 16 = 8 + 5 + 3.

« *On doit atteindre 26 avec 4 nombres.* » → 26 = 10 + 8 + 5 + 3.

Dire aux élèves qu'un groupe peut faire une demande à la classe.

Ex. : « *On veut obtenir 23 avec 3 nombres.* »

▶ Utiliser la fiche d'activité. L'enseignant peut demander de colorier, d'entourer ou de découper les étiquettes.

10 7 3 30 5 → « *On veut atteindre 45 avec 4 nombres.* »

20 6 40 8 2 → « *On veut atteindre 62 avec 3 nombres.* »

6 9 50 8 5 → « *On veut atteindre 64 avec 3 nombres.* »

10 30 9 20 7 → « *On veut atteindre 46 avec 4 nombres.* »

2. Les désignations d'un nombre

10 à 15 min

▶ Travail par deux.

Matériel : placer au tableau, « en vrac », les différentes désignations des trois nombres (écritures additives et soustractives) ; fiche d'activité SITE COMPAGNON

Consigne : « *Vous allez classer ces étiquettes. Elles représentent trois nombres.* »

- 73 : 80 – 7 ; 3 + 70 ; 50 + 20 + 3 ; 3u 7d ; 60 + 10 + 3
- 34 : 3 + 1 + 30 ; 20 + 10 + 4 ; 3d 4u ; 40 – 6 ; 10 + 4 + 10 + 10
- 28 : 3d – 2u ; 10 + 10 + 8 ; 30 – 2 ; 4 + 4 + 20

3. Jeu du double et de la moitié

5 à 10 min

▶ Travail par deux.

Matériel : une ardoise pour deux.

Consigne 1 : « *Je vais vous demander le double d'un nombre ou la moitié d'un nombre. À mon premier signal, vous écrirez ce double ou cette moitié sur l'ardoise. À mon second signal, vous lèverez l'ardoise.* » Faire un essai.

Consigne 2 : « *Si votre résultat n'est pas exact, vous pourrez faire les exercices suivants, les écrire sur votre ardoise, mais vous n'aurez plus le droit de lever l'ardoise. Je vais vous demander 10 calculs. On verra à la fin combien de groupes peuvent toujours lever leur ardoise.* »

Exemple de demandes :

Doubles → de 4 ; de 10 ; de 6 ; de 9 ; de 12.

Moitiés → de 10 ; de 6 ; de 14 ; de 20 ; de 30.

Travail sur le fichier

1 Ajouter des unités à 10 ou à 20.

Soustraire des unités ou des dizaines d'un nombre à 2 chiffres (calculs de la colonne de droite). Ces calculs s'appuient sur la connaissance de la structure « dizaines et unités » des nombres à 2 chiffres.

Aide proposée : passer par les unités de numération.

10 + 7 = 1d 7u = 17 / 20 + 6 = 2d 6u = 26 / 5 + 20 = 5u 2d= 2d 5u = 25

19 – 9 = 1d 9u – 9u = 1d = 10 / 23 – 20 = 2d 3u – 2d = 3u = 3

2 Calcul réfléchi.

Pour calculer plus vite, on fait des regroupements astucieux en associant les termes de somme égale à 10.

Aide proposée : revoir les écritures additives de 10.

3 Comparer des écritures additives en utilisant les symboles = et ≠ (égal ; pas égal).

On pourra lire le symbole ≠ (« n'est pas égal ») pour bien marquer la différence avec le signe « égal ».

Cet exercice demande des qualités d'observation, d'analyse, de logique et une première connaissance, non formalisée, des propriétés de l'addition. Il est intéressant que ces comparaisons puissent se faire sans calculer.

30 + 5 ≠ 3 + 5 → Il y a le nombre 5 de chaque côté mais, à gauche, on ajoute 30 alors qu'à droite on ajoute 3.

7 + 20 = 20 + 7 → Des deux côtés, il y a les mêmes nombres et la même opération. On sait que, dans l'addition, l'ordre dans lequel les nombres sont écrits ne change rien au total.

Pour cet exercice, la phase de synthèse nous parait indispensable pour pouvoir dégager et consolider les arguments des choix.

4 Comparer différentes écritures avec les symboles <, > et =.

Au niveau du CE2, on pourra commencer, tout en conservant les expressions « plus grand que », « plus petit que », à utiliser les expressions « supérieur à », « inférieur à ».

Obstacle possible : la variété des écritures (additives, soustractives, usuelles).

5 Classer différentes désignations d'un même nombre.

Il s'agit de repérer, parmi ces différentes écritures, celles (3) qui ne sont pas des désignations du nombre « vingt-six ».

Il s'agit de 13 – 13 = 0, de 30 – 6 = 24 et de 2u 6d = 62.

Obstacle possible : les désignations sous la forme d'unités de numération.

Aide proposée : expliquer ces écritures :

26, c'est 2d + 6u, c'est 20u + 6u, c'est 26u.

2u 6d = 6d 2u = 62 → dans une écriture sous la forme d'unités de numération, la présentation de ces unités peut se faire dans n'importe quel ordre.

6 Écrire la moitié et le double d'un nombre.

Remarquons que, pour que les élèves de CE2 puissent trouver la moitié d'un nombre entier, il faut que celui-ci soit un nombre pair (divisible par 2).

Les nombres proposés ici sont des nombres familiers. Leurs doubles et leurs moitiés doivent être connus des élèves.

Obstacle possible : double du nombre 14.

7 Calcul réfléchi. Cet exercice correspond à l'activité préparatoire n° 1 : « le nombre cible ». Il faut repérer, parmi 4 nombres, 3 nombres dont la somme est égale à 20.

Obstacles possibles :

- L'élève doit procéder par essais et erreurs. Cette démarche n'est pas spontanée chez les élèves.
- Le calcul de tête de certaines sommes de la table (« 9 + 7 », « 7 + 6 ») n'est pas toujours maitrisé.
- Les élèves ne repèrent pas toujours les associations de termes les plus judicieuses.

La petite question

20 + 5 + 4 + 4 = 33 points.
Comprendre que la valeur des points dépend de la zone dans laquelle ils sont situés. Cet exercice demande de travailler avec méthode et de réaliser un comptage des points zone par zone. Les élèves peuvent être gênés par la taille du dessin.

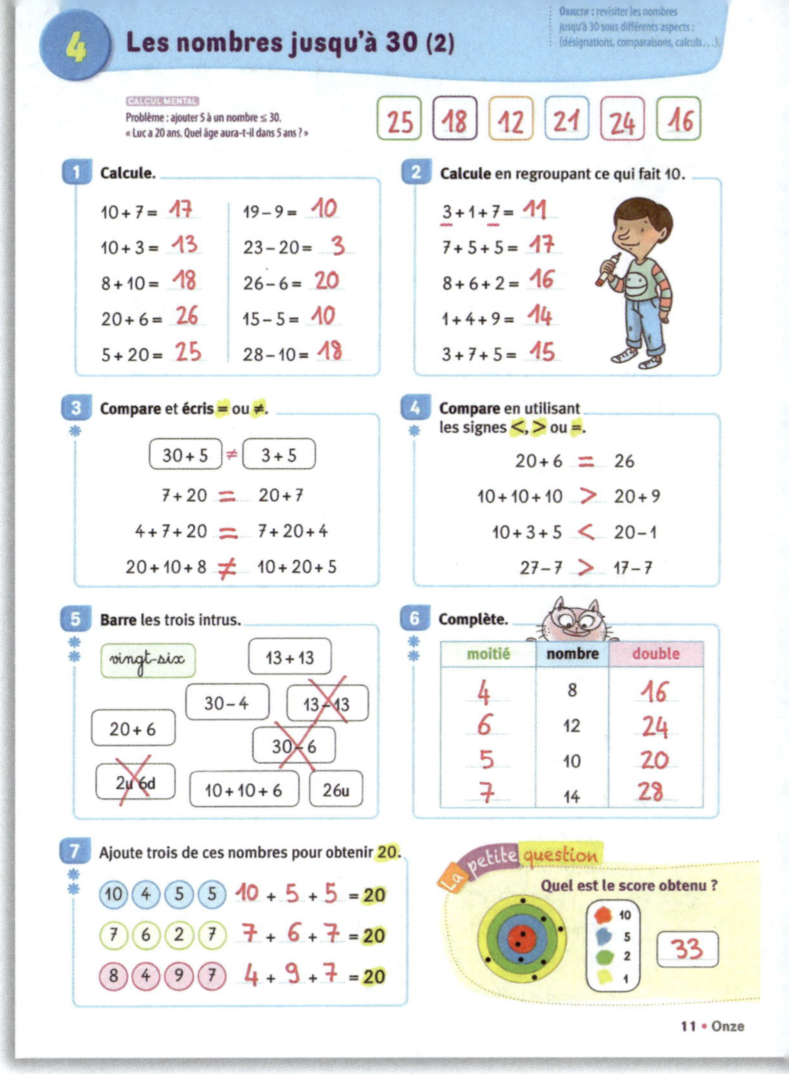

4 Les nombres jusqu'à 30 (2)

Objectif : revisiter les nombres jusqu'à 30 sous différents aspects : (désignations, comparaisons, calculs…).

CALCUL MENTAL
Problème : ajouter 5 à un nombre ≤ 30.
« Luc a 20 ans. Quel âge aura-t-il dans 5 ans ? »

25 | 18 | 12 | 21 | 24 | 16

1 Calcule.

10 + 7 = 17
10 + 3 = 13
8 + 10 = 18
20 + 6 = 26
5 + 20 = 25
19 – 9 = 10
23 – 20 = 3
26 – 6 = 20
15 – 5 = 10
28 – 10 = 18

2 Calcule en regroupant ce qui fait 10.

3 + 1 + 7 = 11
7 + 5 + 5 = 17
8 + 6 + 2 = 16
1 + 4 + 9 = 14
3 + 7 + 5 = 15

3 Compare et écris = ou ≠.

30 + 5 ≠ 3 + 5
7 + 20 = 20 + 7
4 + 7 + 20 = 7 + 20 + 4
20 + 10 + 8 ≠ 10 + 20 + 5

4 Compare en utilisant les signes <, > ou =.

20 + 6 = 26
10 + 10 + 10 > 20 + 9
10 + 3 + 5 < 20 – 1
27 – 7 > 17 – 7

5 Barre les trois intrus.

vingt-six | 13 + 13 | 30 – 4 | 13 – 13 | 20 + 6 | 30 – 6 | 2u 6d | 10 + 10 + 6 | 26u

6 Complète.

moitié	nombre	double
4	8	16
6	12	24
5	10	20
7	14	28

7 Ajoute trois de ces nombres pour obtenir 20.

10 4 5 5 → 10 + 5 + 5 = 20
7 6 2 7 → 7 + 6 + 7 = 20
8 4 9 7 → 4 + 9 + 7 = 20

La petite question
Quel est le score obtenu ?
10 5 2 1
33

11 • Onze

Faisons le point

- Nous avons fait des exercices de révision : des comparaisons en utilisant les symboles, du calcul réfléchi.
- Nous avons revu le double et la moitié et travaillé sur les différentes désignations d'un nombre.

Pistes d'activités supplémentaires

Soutien

- Comparer deux écritures en utilisant les symboles « = » ou « ≠ »
20 + 3 … 23 / 15 + 4 … 4 + 15 / 10 + 8 + 7 … 10 + 15 / 5 + 8 + 4 … 5 + 8 + 2 / 7 + 9 + 8 … 8 + 7 + 9
- Compléter des égalités
4 + 2 = 2 + … / 5 + 6 + 8 = 8 + 5 + … /
7 + 6 + 3 = 10 + … / 8 + 7 + 2 + 7 = 14 + …
- Trouver deux écritures additives et deux écritures soustractives pour désigner les nombres 18 et 25.
- Donner l'écriture usuelle de nombres exprimés en unités de numération : 2d 5u/ 1d 2u / 3d / 8u 2d /3u 1d

Approfondissement

Proposer des désignations pour le nombre 12 :
deux écritures additives / deux écritures soustractives / une désignation avec le mot « double » / une désignation avec le mot « moitié » / l'écriture en lettres.

1 le défi

Qui suis-je ? Si on m'ajoute mon double, on obtient 18. Et si on m'ajoute ma moitié, on obtient 9.

5 Les nombres jusqu'à 100 (1)

Exercices différenciés – Nombres 1

Programme 2016

- Nommer, lire, écrire, représenter des nombres entiers.
- Utiliser différentes représentations des nombres (écritures en chiffres et en lettres, noms à l'oral, graduations sur une demi-droite…).
- Passer d'une représentation à une autre, en particulier associer les noms des nombres à leurs écritures chiffrées.
- Associer un nombre entier à une position sur une demi-droite graduée.

Objectif spécifique de la séance

Revoir les nombres de 0 à 100 sous leur aspect ordinal.

Information didactique

Au début du CE2, il convient de contrôler et de consolider les connaissances relatives aux désignations orale, littérale et chiffrée des nombres entiers naturels.

Alors que la numération écrite s'appuie sur un algorithme stable quel que soit le domaine numérique envisagé, la numération orale est plus complexe car elle a une coloration culturelle. Toutefois, après les apprentissages linguistiques nécessités par la manipulation des nombres jusqu'à 16, une certaine régularité apparait. De nouvelles irrégularités se manifestent en arrivant à 70 qu'il faudrait remplacer par « septante » si l'on voulait ne pas rompre le rythme précédent. À partir de 70, il faut faire de nouveau référence aux nombres de 11 à 19. Tout se passe comme si l'on comptait, de 60 à 79, puis de 80 à 99 à l'aide d'un paquet de 20, par adjonction à 60 puis à 80 de chacun des 19 premiers nombres.

Les travaux sur les suites numériques favorisent la maitrise de la notion d'ordre.

CALCUL MENTAL

❶ Compléter à la dizaine supérieure 10, 20 ou 30

Dire : *« 7 ; 4 ; 12 ; 16 ; 25 ; 21. »*

L'élève écrit le complément.

❷ Compléter à 20 à partir des nombres 4, 6, 2, 8, 5.

Compléter à 30 à partir des nombres 14, 13, 7, 2, 8.

Dans cette activité, il y a franchissement d'une ou deux dizaines entières pour atteindre le nombre-cible. Laisser la bande numérique en étayage si nécessaire.

Activités préparatoires

1. Jeu du furet — 5 min

Consigne : *« Vous allez vous déplacer sur la suite numérique de 0 à 100 dans un jeu du furet. Je fixe le nombre de départ : 23. Le premier élève continue la suite à partir de ce nombre : 23, 24, 25… À mon signal : "Stop", si je dis « avance », le suivant continue la suite ; si je dis "recule", l'élève recule dans la suite… »*

▶ Recommencer le jeu pour que tous les élèves puissent participer.

2. Le nombre caché — 5 à 10 min

Matériel : tableau des nombres affiché ou projeté au tableau.

▶ Présenter les consignes.

Consigne 1 : *« Je vous montre un nombre. Quelqu'un me dit son nom. »*

Consigne 2 : *« Je cache un nombre, vous écrivez ce nombre sur votre ardoise. Quelqu'un me dit son nom. »*

Consigne 3 : *« J'ai mis plusieurs caches différents sur le tableau. Il faut retrouver le nombre qui se trouve sous chaque cache. »*

Les caches peuvent être des papiers de différentes couleurs ou des objets découpés (une fleur, un fruit, un animal…). *« Quel nombre est sous la fleur ? »* Vérifier en enlevant le cache.

▶ Variante

Matériel : tableau ne faisant apparaitre que les dizaines entières ou quelques nombres repères (doubles, les nombres se terminant par 5…).

Cacher une case. Les élèves, cette fois, n'auront pas les nombres les plus proches comme point d'appui. Ils devront situer la case du nombre caché à partir des cases dizaines par exemple, ou de cases encore plus éloignées.

3. Compléter un tableau des nombres — 5 à 10 min

Matériel individuel : fiche d'activité. SITE COMPAGNON

▶ Faire compléter la ligne et la colonne qui ne sont pas remplies. On remarquera que sur la ligne des « quatre-vingts », le chiffre des dizaines ne change pas, les nombres se suivent de 1 en 1.

Dans la colonne à compléter, les nombre se suivent de 10 en10 dans l'ordre croissant , le chiffre des dizaines augmente toujours de 1 et le chiffre des unités ne change pas.

▶ Pendant la phase de correction, faire lire à haute voix :

- dans une colonne : *« sept, **dix**-sept, **vingt**-sept, **trente**-sept »*
→ On entend bien que c'est le nom de la dizaine qui change.
- dans une ligne : *« quatre-vingt-**un**, quatre-vingt-**deux**, quatre-vingt-**trois** … »* → Ici, on entend le changement sur le chiffre des unités.

4. Situer un nombre sur la suite numérique — 5 à 10 min

Matériel collectif : afficher au tableau le tableau des nombres ou la bande numérique jusqu'à 100.

Consigne 1 : *« Observez la bande numérique et écrivez sur votre ardoise le nombre qui suit 26, le nombre qui précède 26. Le suivant de 79… »*

Faire remarquer, en prenant un nombre au hasard (Ex. : 27), qu'il est à la fois le précédent d'un nombre (28) et le suivant d'un autre nombre (26).

Consigne 2 : *« Écrivez les deux nombres qui encadrent 35. »*

Faire constater qu'entre 85 et 87, 79 et 81, 89 et 91, il n'existe qu'un nombre sur la bande et qu'entre deux nombres qui se suivent (Ex. : 59 et 60), on ne peut pas placer d'autres nombres.

Travail sur le fichier

1 Revoir la suite des nombres de 0 à 100 (présentés dans un tableau) et leur écriture en chiffres et en lettres.

Laisser les élèves compléter seuls le tableau et les écritures. Corriger.

Faire relire les nombres ligne par ligne et colonne par colonne (voir activité préparatoire n° 3).

Poser quelques questions : *« Comment passe-t-on d'un nombre au nombre situé juste à sa droite ? (+ 1), juste à sa gauche (– 1) ? juste au-dessous (+ 10) ? juste au-dessus (– 10) ? »*

Obstacles possibles :

- Difficulté à se repérer dans le tableau.
- Lecture des nombres en lettres, noms composés de deux ou trois mots dont la globalité est difficile à appréhender.

2 Compléter une suite croissante de 10 en 10 et une suite décroissante de 5 en 5.

Corriger en faisant observer les caractères croissant (les nombres augmentent) ou décroissant (les nombres diminuent) des suites.

Obstacle possible : la production de suites décroissantes.

Aide proposée : prévoir des suites croissantes et décroissantes tout au long de l'année dans des activités rituelles.

3 Associer un nombre entier à une position sur une demi-droite graduée.

On peut situer chaque nombre à l'aide des graduations, en partant des dizaines, puis vérifier que les nombres sont bien rangés de gauche à droite dans l'ordre croissant ou adopter la démarche inverse. Observer les procédures des élèves. Barrer les nombres au fur et à mesure pour ne pas en oublier.

Partir d'un nombre et chercher la case correspondante.

Situer une case dans la suite numérique et y inscrire le nombre correspondant.

Obstacle possible : difficulté à se repérer sur la ligne numérique graduée.

Faisons le point

- Nous avons revu les nombres jusqu'à 100 présentés dans un tableau ou sur la bande numérique.
- Nous avons lu et écrit ces nombres en chiffres et en lettres.
- Nous avons placé des nombres sur la ligne numérique graduée.
- Nous avons complété des suites croissantes et décroissantes.

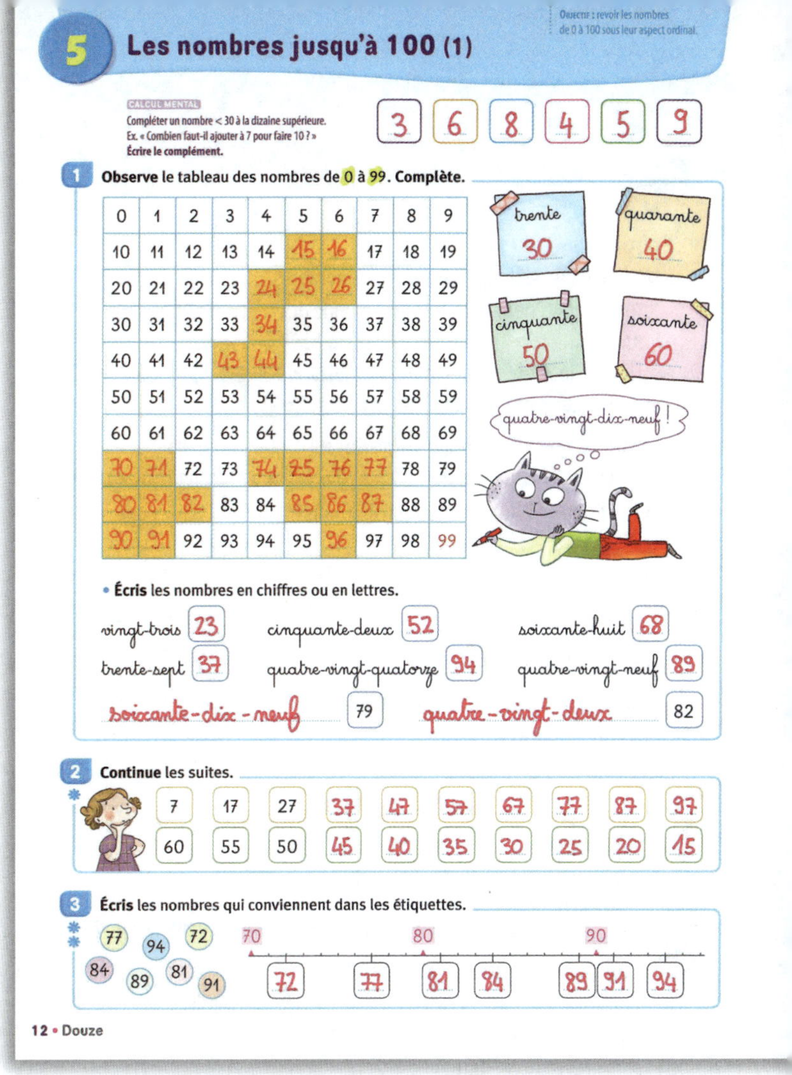

5 Les nombres jusqu'à 100 (1)

Objectif : revoir les nombres de 0 à 100 sous leur aspect ordinal.

CALCUL MENTAL
Compléter un nombre < 30 à la dizaine supérieure.
Ex. « Combien faut-il ajouter à 7 pour faire 10 ? »
Écrire le complément.

3 6 8 4 5 9

1 Observe le tableau des nombres de 0 à 99. **Complète.**

0	1	2	3	4	5	6	7	8	9
10	11	12	13	14	15	16	17	18	19
20	21	22	23	24	25	26	27	28	29
30	31	32	33	34	35	36	37	38	39
40	41	42	43	44	45	46	47	48	49
50	51	52	53	54	55	56	57	58	59
60	61	62	63	64	65	66	67	68	69
70	71	72	73	74	75	76	77	78	79
80	81	82	83	84	85	86	87	88	89
90	91	92	93	94	95	96	97	98	99

trente 30 — quarante 40 — cinquante 50 — soixante 60

quatre-vingt-dix-neuf !

• **Écris** les nombres en chiffres ou en lettres.

vingt-trois 23 — cinquante-deux 52 — soixante-huit 68
trente-sept 37 — quatre-vingt-quatorze 94 — quatre-vingt-neuf 89
soixante-dix-neuf 79 — quatre-vingt-deux 82

2 Continue les suites.

7 – 17 – 27 – 37 – 47 – 57 – 67 – 77 – 87 – 97
60 – 55 – 50 – 45 – 40 – 35 – 30 – 25 – 20 – 15

3 Écris les nombres qui conviennent dans les étiquettes.

77 94 72 84 89 81 91

70 … 80 … 90
72 77 81 84 89 91 94

12 • Douze

Pistes d'activités supplémentaires

Soutien

- Retrouver un nombre dicté.
- Demander d'ouvrir le fichier à la page 48, 75, 67, 94, 84, 81…
- Retrouver le précédent, le suivant : *« Ouvrez votre fichier à la page qui précède la page 80.»*
- Donner un nombre et faire écrire le précédent ou le suivant sur l'ardoise.
- Faire ranger sur l'ardoise, dans un ordre croissant ou décroissant, quatre ou cinq nombres < 100 écrits au tableau.

Approfondissement

- Repérer les deux dizaines les plus proches d'un nombre (encadrement par les dizaines).
- Encadrer ainsi une mesure (une somme d'argent, une longueur, la capacité d'un récipient).
- Proposer de petites énigmes pour différencier les notions de chiffre et de nombre.

Ex. : *« C'est un nombre qui a 2 chiffres. Le chiffre des unités est 7. Le nombre est situé entre soixante et soixante-dix. Quel est ce nombre ? » « Le chiffre des dizaines est double de celui des unités et la somme des 2 chiffres est 6. Quel est ce nombre ? »*

- Dans une suite, repérer des intrus.

Ex. : 0, 6, 12, 18, 26, 30, 36

- Compléter une suite : 30 - 27 - 24 - 21 - … - 15 … - … - 6 - … - … -
- Dans un ensemble de nombres, repérer les nombres pairs et les nombres impairs.

6 Les nombres jusqu'à 100 (2)

Exercices différenciés – Nombres 2

Programme 2016

- Nommer, lire, écrire, représenter des nombres entiers.
- Interpréter les noms des nombres à l'aide des unités de numération et des écritures arithmétiques.
  » Unités de numération (unités simples, dizaines...) et leurs relations (principe décimal de la numération en chiffres)

Objectif spécifique de la séance

Travailler la structure des nombres de 0 à 100 à travers leurs désignations, des décompositions, des recompositions et des calculs.

Information didactique

Notre système de numération positionnelle est à base dix. On peut y préparer les élèves en leur faisant effectuer le groupement par dix des éléments de collections de cardinal compris entre dix et cent. Le nombre total d'éléments sera alors donné sous la forme d'un certain nombre de groupes de dix, suivi d'un nombre d'éléments inférieur à dix. L'idée du groupement est complétée par celle du codage à l'aide de chiffres placés dans un ordre déterminé.
Pour consolider les connaissances acquises dans les deux premières années du cycle, il convient de procéder à des décompositions et des recompositions, le chiffre des dizaines étant mis en relation avec le groupement d'unités correspondant.

CALCUL MENTAL

Problème : compléter une dizaine à un nombre inférieur à la dizaine suivante

❶ Dire : *« Lou possède 20 €. Combien lui manque-t-il pour acheter un jouet qui coute 28 € ? 26 € ? 27 € ? »*
« Pierre possède 10 €. Combien lui manque-t-il pour acheter un livre à 15 € ? 17 € ? 19 € ? »
L'élève écrit ce qui manque.

❷ Dire : *« Léa possède 70 €. Il lui manque 8 € pour acheter une paire de chaussures. Quel est le prix des chaussures ? »*
« Un réservoir contient 60 litres de carburant et il manque 7 L pour qu'il soit plein. Quelle est la contenance de ce réservoir ? »...
L'élève écrit le résultat.

Activités préparatoires

1. Utiliser les doigts de la main pour dénombrer une collection

10 min

Matériel collectif : une collection de plus de 20 objets assez visibles.

▶ Placer, face à la classe, 4 élèves (Ali, Tom, Léa et Anna) et une collection d'objets devant eux, qu'ils doivent dénombrer.
Consigne : *« Les élèves vont compter les bouchons qui sont sur la table. Tom déplacera les bouchons un par un, au fur et à mesure du comptage. Ali et Léa, avec leurs doigts, seront les compteurs... Léa fera le compteur des unités et Ali sera le compteur des dizaines. Anna écrira les nombres au tableau. »*
▶ Placer les élèves-compteurs dans la même disposition que les chiffres des unités et des dizaines dans un nombre à 2 chiffres. Puis commencer le comptage.
Chaque fois que Tom prend un élément, Léa déplie un doigt. Anna code (écrit au tableau) le nombre : 1, 2, 3, ... Au dixième élément, Léa a déplié tous ses doigts. Alors Ali, le compteur de dizaines, déplie un doigt qui indique que l'on a obtenu une dizaine et Léa replie tous ses doigts. Anna code le nouveau nombre « un et zéro » 10. Continuer ainsi jusqu'à 25.

2. Exprimer le cardinal d'une collection avec plusieurs désignations

10 min

Matériel par groupes de 3 : une série d'objets pour chaque groupe.
Ex. : 64 bouchons, 47 trombones, 58 buchettes.

Consigne : *« Chaque groupe a une collection d'objets. Vous devez écrire le nombre d'objets de votre collection avec le plus de désignations possible. »*
Laisser un temps suffisant pour que chacun s'exprime à l'intérieur du groupe et qu'une discussion s'instaure entre les élèves.
▶ Conduire une phase de présentation des différentes écritures.
Ex. pour 47 : en plus de l'écriture chiffrée usuelle, on pourra avoir : quarante-sept ; 40 + 7 ; 7 + 40 ; 4d 7u ; 7u 4d ;
20 + 20 + 7 ; 10 + 10 + 10 + 10 + 7 ...
▶ Lorsqu'il y a des propositions erronées, expliquer et corriger.
Ex. : pour 47, on peut écrire 7u et 4d mais on ne peut pas écrire 4u et 7d.
▶ Noter au tableau les écritures proposées et les transformer pour mieux expliquer.
7u et 4d, c'est 7 + 40, c'est 40 + 7, c'est 47.
À ce stade, on pourra rencontrer aussi des écritures qui font intervenir la multiplication comme :
(10 × 4) + 7 ; (9 × 5) + 2 ou (10 × 5) – 3.

3. Compléter des écritures

10 min

▶ Travail individuel ou en binôme.

Matériel : fiche d'activité SITE COMPAGNON

Consigne : *« Vous devez compléter chaque désignation. »*
Ex. : 59 = 10 + 20 +...+ 4 + ...
92 = quatre-vingt- ...
88 = 10 + 10 + 4 + 10 +...+ ... + 2
Lors de la correction, faire émerger les difficultés rencontrées.

Travail sur le fichier

1 Dénombrer en groupant par dix, puis écrire le nombre dans un tableau faisant apparaitre le nombre de groupes de dix et le nombre d'unités restant non groupées.
Les groupes sont volontairement déjà constitués pour éviter les erreurs de comptage et se fixer uniquement sur le principe de la numération.
Faire rappeler la place des unités de numération dans l'écriture chiffrée usuelle.
Faire compléter d'autres écritures équivalentes de ce nombre qui s'appuient elles aussi sur sa structure décimale.

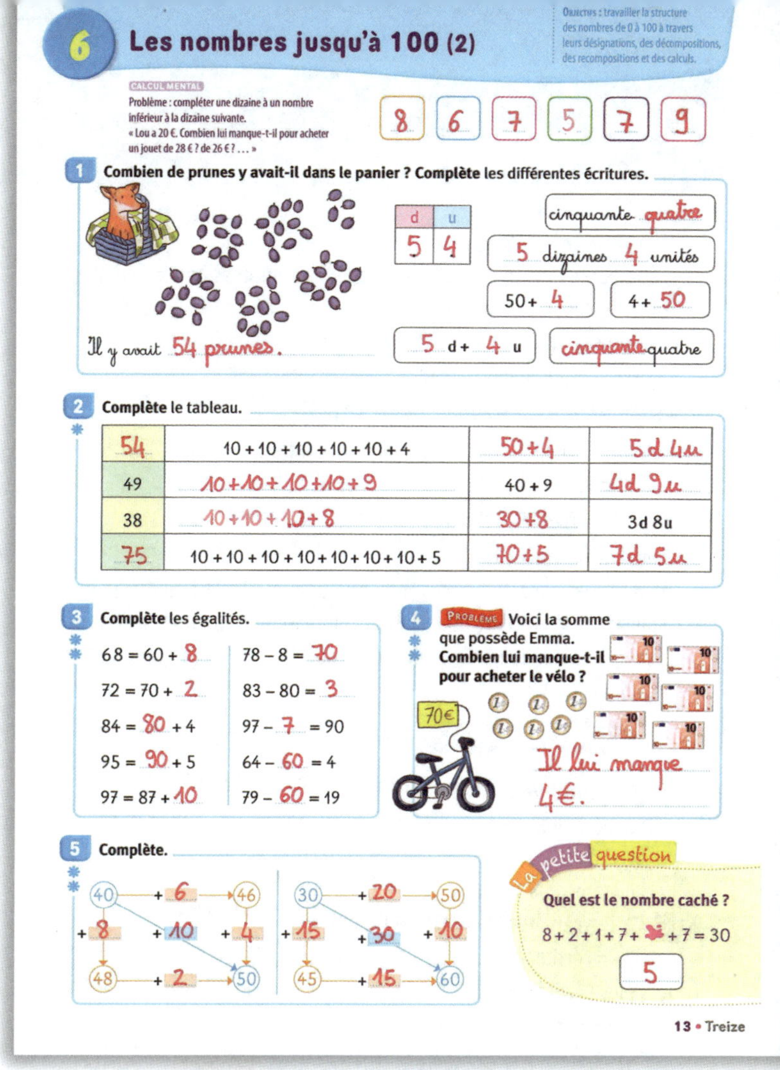
6 Les nombres jusqu'à 100 (2)

Objectifs : travailler la structure des nombres de 0 à 100 à travers leurs désignations, des décompositions, des recompositions et des calculs.

CALCUL MENTAL
Problème : compléter une dizaine à un nombre inférieur à la dizaine suivante.
« Lou a 20 €. Combien lui manque-t-il pour acheter un jouet de 28 € ? de 26 € ? … »

8 6 7 5 7 9

1 Combien de prunes y avait-il dans le panier ? Complète les différentes écritures.

d	u
5	4

cinquante quatre
5 dizaines 4 unités
50 + 4 — 4 + 50
5 d + 4 u — cinquante-quatre

Il y avait 54 prunes.

2 Complète le tableau.

54	10 + 10 + 10 + 10 + 10 + 4	50 + 4	5 d 4 u
49	10 + 10 + 10 + 10 + 9	40 + 9	4 d 9 u
38	10 + 10 + 10 + 8	30 + 8	3 d 8 u
75	10 + 10 + 10 + 10 + 10 + 10 + 10 + 5	70 + 5	7 d 5 u

3 Complète les égalités.

68 = 60 + 8 — 78 – 8 = 70
72 = 70 + 2 — 83 – 80 = 3
84 = 80 + 4 — 97 – 7 = 90
95 = 90 + 5 — 64 – 60 = 4
97 = 87 + 10 — 79 – 60 = 19

4 PROBLÈME Voici la somme que possède Emma. **Combien lui manque-t-il pour acheter le vélo ?**

70 €

Il lui manque 4 €.

5 Complète.

40 + 6 → 46 ; 40 + 8 → 48 ; 40 + 10 → 50 ; 46 + 4 → 50 ; 48 + 2 → 50
30 + 20 → 50 ; 30 + 15 → 45 ; 30 + 30 → 60 ; 50 + 10 → 60 ; 45 + 15 → 60

La petite question
Quel est le nombre caché ?
8 + 2 + 1 + 7 + 5 + 7 = 30

13 • Treize

2 Compléter un tableau.

Chacune des lignes présente des décompositions ou des recompositions de nombres à 2 chiffres autour de sa structure décimale et propose, par là-même, différentes désignations de ce nombre.

Aide proposée : avant de commencer l'exercice, passer par une analyse du type de désignation spécifique à chaque colonne.

3 Compléter des écritures additives ou soustractives en s'appuyant sur la structure décimale des nombres.

Obstacle possible : la méconnaissance de la valeur des chiffres dans un nombre à 2 chiffres.

Aide proposée : décomposer les nombres en unités de numération.

Ex. : Dans 68, le chiffre 6 représente 6 dizaines. / 6 dizaines, c'est 6 paquets de 10, c'est 60.

4 Résoudre un problème impliquant la monnaie.

Laisser découvrir le problème individuellement, puis faire présenter la situation par un élève.

« De quoi s'agit-il ? » S'assurer que la tâche est bien comprise.

Calculer la somme possédée : 6 billets de 10 € + 6 pièces de 1 € / 60 € + 6 € = 66 €.

Puis calculer la somme manquante 66 € + 4 € = 70 €.

Obstacle possible : mauvaise prise d'indices sur l'image.

Aide proposée : procéder à une analyse plus poussée de l'image.

5 Compléter des écritures additives présentées sous la forme d'un réseau.

Analyser le premier réseau avec la classe : repérer les nombres, le sens des flèches, les cases à remplir.

En montrant le schéma (tableau), faire formuler la question sous jacente à chaque élément du parcours.

Ex. : *« Combien pour aller de 40 à 46 ? Que faut il ajouter à 40 pour obtenir 46 ? »*

Aide proposée : procéder à des complémentations simples sur 2 nombres.

La petite question

Choisir des regroupements astucieux.

8 + 2 + 1 + 7 + … + 7 = 30

10 + 14 + 1 + … = 30 → 25 + … = 30

Faisons le point

- Nous avons revu comment sont formés les nombres à deux chiffres, avec le chiffre des dizaines à gauche et à droite le chiffre qui indique le nombre d'unités isolées.
- Nous avons décomposé et recomposé des nombres à 2 chiffres.
- Ce travail nous a aidés pour faire nos calculs.

MÉMO-MATHS **« Je connais les nombres à 2 chiffres », page 2.**

Pistes d'activités supplémentaires

Avec toute la classe

- Proposer des exercices de décomposition et de recomposition à l'écrit.
- Effectuer des dictées de nombres à partir de différentes désignations.

Ex. : L'enseignant dit : « 4d 5u, 10 + 10 + 10 + 5, 3 unités 2 dizaines, … », l'élève écrit les nombres correspondant.

- Procéder à des décompositions ou recompositions à l'oral en calcul mental ou dans les petits rituels en début de journée.

Ex. : L'enseignant dit un nombre : *« 24 »*.

Les élèves répondent :

« 2 dizaines, 4 unités » ou « 2d 4u » ou « 20 + 4 » ou « 10 + 10 + 4 » …

- Compléter des collections (on veut 37 billes, on propose une collection incomplète d' 1 paquet de 10 billes et 3 billes).
- Compléter des écritures additives présentées sous la forme d'un réseau. SITE COMPAGNON

1 el défi

Lino et Lola mettent toutes leurs perles dans la même boite. Avec toutes ces perles, ils peuvent fabriquer 6 bracelets de 10 perles et il reste 4 perles. Au début, Lola avait 2 paquets de 10 perles et 3 perles. Combien Lino avait-il de perles ? Réponse : 41.

7 Comparer, ranger, encadrer, intercaler (1)

Programme 2016

- Comparer, ranger, encadrer, intercaler des nombres entiers, en utilisant les symboles =, ≠, <, >
  » Ordre.
  » Sens des symboles >, < et =.

Objectifs spécifiques de la séance

- Revoir la comparaison des nombres à 2 chiffres.
- Utiliser les symboles <, >, =.
- Situer un nombre entre deux dizaines consécutives.

Information didactique

Dans l'ensemble des nombres entiers naturels, désignés traditionnellement par la lettre ℕ, il existe une relation d'ordre total qui permet de déterminer lequel, de deux nombres quelconques donnés, est le plus petit ou le plus grand. Les exercices consistent à ranger les nombres d'une suite du plus petit au plus grand (ou inversement), à situer des nombres dans une suite ordonnée et à encadrer un nombre par deux autres.

Pour préparer la notion de valeur approchée, il est conseillé de travailler l'encadrement par deux entiers (le précédent et le suivant), par 2 dizaines consécutives, par 2 centaines consécutives, par 2 milliers consécutifs…

La ligne des nombres donne une image géométrique de l'ensemble rangé des éléments de ℕ, qui peut ainsi être graduée de 10 en 10, de 100 en 100, de 1 000 en 1 000, les nombres pouvant y être placés en respectant l'ordre sans respecter nécessairement la proportionnalité.

Les élèves commencent à utiliser le vocabulaire « plus petit », plus grand » ou bien « inférieur à », « supérieur à ». L'usage des trois symboles « < », « > » et « = » renforce la notion d'égalité.

CALCUL MENTAL

❶ Ajouter une dizaine entière à un nombre < 10

Dire ou écrire : 10 + 7 ; 20 + 3 ; 9 + 20 ; 5 + 40 ; 66 + 5 ; 50 + 8 ; 7 + 70.

L'élève écrit la somme.

❷ Retrancher les unités d'un nombre à 2 chiffres

Dire ou écrire : 28 – 8 = … ; 36 – 6 = … ; 42 – 2 = … ; 79 – 9 = …

L'élève écrit le résultat.

Activités préparatoires

MATÉRIEL CARTONNÉ

1. Comparer et ranger des prix — 10 min

Matériel : pièces et billets du matériel cartonné, publicités de prix (jouets, vêtements, matériel de bureau, découpés et collés sur une feuille). Un seul prix dépassera 100 euros ; un seul prix contiendra des centimes.

SITE COMPAGNON

▶ Distribuer une feuille pour deux élèves.

Consigne 1 : « *Dans chaque groupe, il faut d'abord observer cette feuille de publicité puis lire tous les prix et comparer 3 ou 4 prix.* »

Consigne 2 : « *Découpez chaque article, puis rangez tous les articles en commençant par le moins cher, c'est-à-dire celui qui a le prix le plus bas.* »

▶ Lors de la phase de correction, faire lire chaque prix et demander d'utiliser le matériel cartonné pour réaliser la somme correspondant à deux ou trois prix marqués.

Relever les erreurs commises et faire expliquer.

Ex. : Ne pas confondre, dans 8 € 50, 50 centimes d'euro et 50 €.
8 € 50, c'est un prix qui est situé entre 8 € et 9 €.

2. Situer un nombre dans la suite numérique — 10 min

▶ Dire un nombre (Ex. : 34). Dire aux élèves d'écrire un nombre plus grand. Noter au tableau certaines propositions des enfants (Ex. : 35 ; 50 ; 38 ; 40). Constater qu'un nombre plus grand ne veut pas dire « le nombre suivant ».

Faire le même travail en demandant un nombre plus petit.

▶ Noter deux nombres au tableau (Ex. : 38 ; … ; 50). Les faire recopier en laissant un espace entre eux. Demander de placer un nombre situé entre les deux (Ex. : 41 ; 48 ; …).

On pourra réduire l'écart pour ne laisser qu'une possibilité (Ex. : 38 ; … ; 40).

▶ Dicter deux dizaines consécutives (Ex. : 30 et 40). Demander de proposer un nombre situé entre ces dizaines.

▶ Dire un nombre. Demander d'écrire les deux dizaines les plus proches qui l'encadrent.

3. « Qui a le plus ? » « Qui a le moins ? » — 5 min

▶ Travail par deux.

Matériel : pièces et billets du matériel cartonné.

Consigne 1 : « *Chaque groupe doit placer devant lui une somme comprise entre 20 € et 50 €.* »

Consigne 2 : L'enseignant montre 45 € et dit : « *Les enfants qui pensent qu'ils ont moins que moi le disent et annoncent leur somme.* »

« Nous avons moins ; nous avons 26 €. »

Consigne 3 : « *Qui a plus ?* » « *Qui a autant ?* »

4. Jeu : « C'est plus ou c'est moins ? » — 5 à 10 min

▶ L'enseignant choisit un nombre qu'il met dans la boite.

Consigne : « *J'ai choisi un nombre que j'ai mis dans la boite et que vous devez trouver.*

Un groupe me propose un nombre. Je répondrai en disant si mon nombre est plus petit ou plus grand ou égal au nombre que le groupe vient de proposer.

Le premier groupe qui trouve le nombre exact a gagné. Ce sera à lui de faire trouver le nombre qu'il va cacher. »

Travail sur le fichier

1 Comparer, ranger des prix ; revoir les symboles > et <.

Découvrir la situation individuellement. Échanger en collectif.

Pour comparer les prix des différentes fournitures, on utilise les symboles > et <. Faire remarquer que la pointe du symbole est dirigée vers le nombre le plus petit et le côté ouvert vers le nombre le plus grand.

Faire rappeler la signification de l'expression « Ranger dans l'ordre croissant » → « Ranger du plus petit au plus grand », ici « Ranger du prix le plus bas au prix le plus élevé ».

Obstacles possibles : Le rangement des prix

- Manque de méthode : les élèves sont influencés par la hiérarchie des valeurs qu'ils attribuent a priori aux objets.
- Difficulté à situer le prix 7 € 50.

Aides proposées :

- Dire de commencer par placer le prix le moins élevé et barrer les prix au fur et à mesure qu'ils sont rangés.
- Fichier fermé, faire ranger sur la table les sept étiquettes-prix, puis recopier le rangement.

2 Situer un nombre entre deux dizaines entières en s'appuyant sur la ligne numérique.

Aide proposée : faire énoncer la suite des dizaines entières jusqu'à 100. Remarquer que 100 est à la fois une dizaine entière (10 d) et une centaine entière.

3 Classer les nombres en les plaçant entre des dizaines consécutives.

Deux nombres sont à placer entre 80 et 90 et deux nombres sont à placer entre 90 et 100. Remarquer qu'il n'y a que quatre cases pour cinq nombres, donc un des cinq nombres n'est pas situé entre ces dizaines (78).

Dès qu'un nombre est placé, il est conseillé de le barrer dans la liste initiale.

4 Comparer des nombres ou des écritures additives.

Certaines comparaisons peuvent se faire directement, d'autres nécessitent un calcul.

Ex. : 50 + 36 et 40 + 56 → 86 < 96 donc 50 + 36 < 40 + 56.

5 Problème sur la monnaie dont la solution passe par une comparaison de deux sommes.

Laisser découvrir individuellement puis échanger par deux pour bien définir de quoi il s'agit.

Alan veut acheter la peluche et le ballon. Les prix sont marqués. La somme qu'il possède est représentée. On nous demande s'il peut acheter les deux objets avec cette somme.

Il faut comparer la somme avec le total des deux prix.

15 € + 7 € … 20 € + 10 € + 4 €

Aide proposée : préciser la question : *« Peut-il acheter ces deux objets ensemble ? »*

Faisons le point

- Nous avons revu la comparaison et le rangement des nombres jusqu'à 100.
- Nous avons utilisé les symboles >, <.
- Nous savons placer un nombre entre deux dizaines sur la ligne graduée de 10 en 10.

MÉMO-MATHS **« J'utilise les signe <, >, = et ≠ », page 1.**

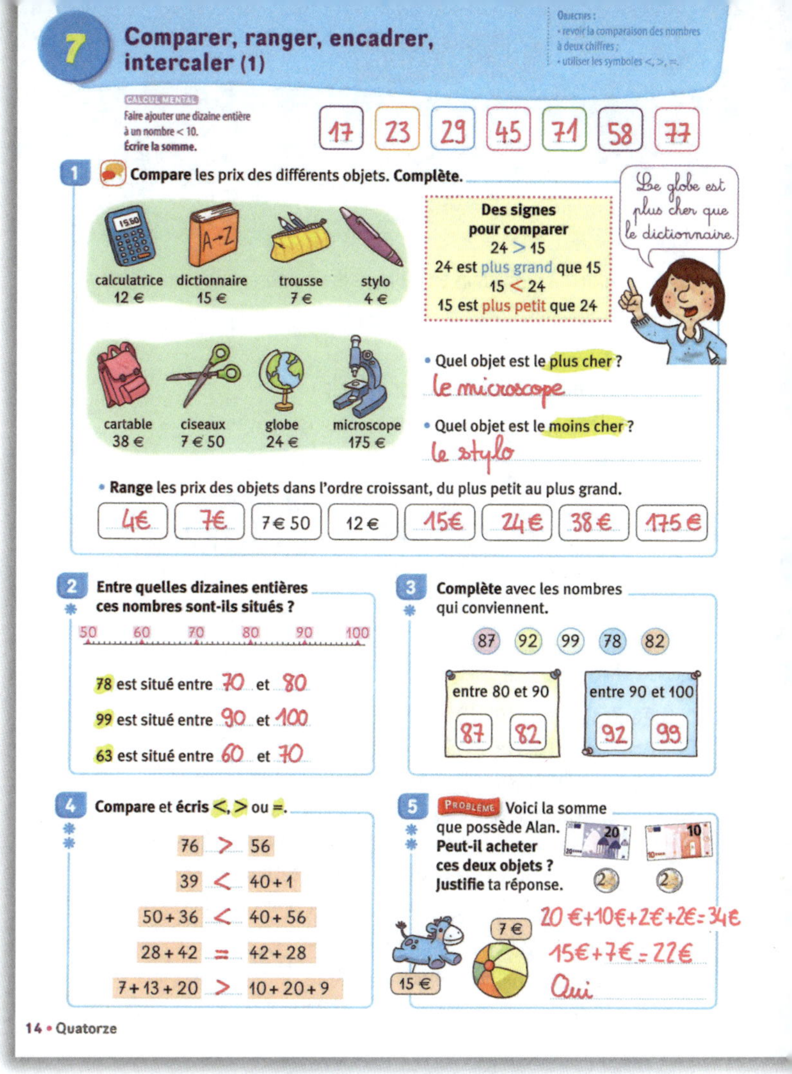

7 Comparer, ranger, encadrer, intercaler (1)

Objectifs :
- revoir la comparaison des nombres à deux chiffres ;
- utiliser les symboles <, >, =.

CALCUL MENTAL
Faire ajouter une dizaine entière à un nombre < 10.
Écrire la somme.
17 23 29 45 71 58 77

1 **Compare** les prix des différents objets. **Complète.**

calculatrice 12 € — dictionnaire 15 € — trousse 7 € — stylo 4 €
cartable 38 € — ciseaux 7 € 50 — globe 24 € — microscope 175 €

Des signes pour comparer
24 > 15
24 est plus grand que 15
15 < 24
15 est plus petit que 24

Le globe est plus cher que le dictionnaire.

- Quel objet est le plus cher ? le microscope
- Quel objet est le moins cher ? le stylo
- **Range** les prix des objets dans l'ordre croissant, du plus petit au plus grand.

4€ 7€ 7 € 50 12 € 15€ 24 € 38 € 175 €

2 **Entre quelles dizaines entières ces nombres sont-ils situés ?**

50 60 70 80 90 100

78 est situé entre 70 et 80
99 est situé entre 90 et 100
63 est situé entre 60 et 70

3 **Complète** avec les nombres qui conviennent.

87 92 99 78 82

entre 80 et 90 : 87 82
entre 90 et 100 : 92 99

4 **Compare** et **écris** <, > ou =.

76 > 56
39 < 40 + 1
50 + 36 < 40 + 56
28 + 42 = 42 + 28
7 + 13 + 20 > 10 + 20 + 9

5 PROBLÈME Voici la somme que possède Alan. **Peut-il acheter ces deux objets ? Justifie** ta réponse.

15 € — 7 €

20 € + 10 € + 2 € + 2 € = 34 €
15 € + 7 € = 22 €
Oui

14 • Quatorze

Pistes d'activités supplémentaires

Avec toute la classe

- Utiliser le matériel cartonné pour composer des sommes d'argent (travail par 2). → 5 à 10 min

Consigne 1 : *« Avec la monnaie de votre matériel cartonné, placez sur votre table une somme de 65 €. »*

L'enseignant note au tableau les différentes propositions.

Ex. : 50 10 5 ou 20 20 20 2 2 1 ou 10 10 10 10 10 10 2 2 1 etc.

Consigne 2 : *« Que se passe-t-il si pour payer 65 €, on donne au marchand un billet de 50 € et un billet de 20 € ? »*

Soutien

- Placer les nombres convenablement : 18 et 81 … < … ; 80 et 75 … < … ; 2u 3d et 23 … > …

Approfondissement

- Prolongement de l'exercice n° 1 : dans son portemonnaie, l'enfant a 1 billet de 20 €, 1 billet de 10 € et 3 pièces de 2 €. Peut-elle acheter le dictionnaire, la trousse et la calculatrice ? Explique ta réponse.
- Encadrer, entre deux euros consécutifs, des prix avec des euros et des centimes. 6 € 30 ; 4 € 20 ; 9 € 75 ; 18 € 20…
- Ranger des prix comprenant des centimes.

4 € 20 ; 4 € 15 ; 4 € 55 ; 4 € 68 ; 4 € 09 ; 4 € 90.

1 défi

Problème de recherche (Par groupes de 2 ou 3)

Eliot vient d'acheter des stylos. Dans son sachet, il a mis des stylos à 7 € l'un et des stylos à 5 € l'un.

À la caisse, la libraire lui dit : « Ça fait 50 € ». Combien Eliot a-t-il acheté de stylos de chaque sorte ?

PROBLÈMES

8 Le sens des opérations

Programme 2016

- Résoudre des problèmes en utilisant des nombres entiers et le calcul.
  - » Sens des opérations.
  - » Sens des symboles +, −, ×.
  - » Problèmes relevant des structures additives.
  - » Problèmes relevant des structures multiplicatives.

Objectifs spécifiques de la séance

- Conduire une première analyse de problèmes simples.
- Travailler sur le sens des opérations en associant un problème à une opération.

Information didactique

À partir des nombres inférieurs à 100, en s'appuyant sur le calcul mental, une série de problèmes simples permet de faire un rappel du sens des opérations. On constate que l'enfant a compris un problème en vérifiant qu'il est capable d'associer à une situation donnée, parmi un certain nombre d'opérations qui lui sont proposées, l'opération qui convient.

Il est souhaitable que les données des problèmes conduisent à prendre des indices sur des supports variés (énoncés classiques sous forme de texte, bulles associées à des illustrations, schémas...)

Il est intéressant pour les élèves de pouvoir s'appuyer sur des problèmes de référence associés à une opération donnée.

CALCUL MENTAL

❶ Problème : compléter à 20

Dire : *« Tom fait une promenade de 20 km. Quelle distance lui reste-t-il à parcourir lorsqu'il a fait 2 km, 6 km, 9 km, 12 km, 15 km, 17 km ? ».*

L'élève écrit la distance qui reste à parcourir.

❷ Problème : retrouver la position initiale, connaissant la position finale « 20 » et l'amplitude du déplacement positif

Dire : *« Un pion arrive sur la case 20. Sur quelle case était-il s'il a avancé de 1 ? de 5 ? de 10 ? de 7 ? de 15 ? de 9 ? de 12 ? ».*

L'élève écrit le numéro de la case de départ.

Activités préparatoires

1. Résoudre des problèmes simples lus par l'enseignant

15 à 20 min

▶ On peut mettre les élèves par deux pour favoriser les échanges et la confrontation des stratégies.

La réponse à chaque problème sera fournie sur l'ardoise. Une correction collective interviendra immédiatement après chaque problème.

▶ L'enseignant propose à l'oral, dans le désordre, de petits problèmes additifs, soustractifs, multiplicatifs ou présentant des situations de groupement ou de partage.

a) Lina possède 17 €. John a 11 € de plus que Lina. Quelle somme possède John ?

b) Louna a dépensé 15 € à la librairie. Quelle somme possède-t-elle en sortant si elle avait au départ 25 € ?

c) Pour arroser ses fleurs, Jules a versé 7 arrosoirs de 5 L. Combien de litres a-t-il versés ?

d) Quatre enfants veulent se partager équitablement 15 chocolats. Quelle sera la part de chacun ? Combien de chocolats restera-t-il ?

e) Combien peut-on remplir de boites de 5 balles avec 32 balles ? Combien restera-t-il de balles ?

f) Quatre enfants se sont partagé équitablement une collection de billes. Chaque enfant a reçu 7 billes et il reste 2 billes. Combien y avait-il de billes dans cette collection ?

2. Proposer 6 problèmes comportant les mêmes nombres mais faisant intervenir des opérations différentes

15 à 20 min

▶ Travail par deux.

Matériel : fiche d'activité SITE COMPAGNON

Consigne : *« Je distribue à chaque groupe une fiche avec 6 problèmes et 6 étiquettes-opérations. Vous devez découper les étiquettes-opérations et coller à la fin de chaque problème celle qui convient.»*

- **Problème 1 :** Aminata a reçu 4 cartons contenant 12 verres chacun. Combien de verres Aminata a-t-elle reçus ?
- **Problème 2 :** Sur la table de Samir, il y a 12 crayons et 4 stylos. Quel est le nombre d'objets sur la table ?
- **Problème 3 :** Anna avait un paquet de 12 gâteaux. Il en reste 4 dans le paquet. Combien de gâteaux Anna a-t-elle mangés ?
- **Problème 4 :** À l'animalerie, 4 souris ont été vendues dans la matinée. Il reste 12 souris à vendre. Combien de souris y avait-il en début de matinée ?
- **Problème 5 :** Dans la classe, il y a 12 enfants. On donne 4 chocolats à chaque enfant. Combien de chocolats seront distribués ?
- **Problème 6 :** Pierre a 12 billes. Sarah en a 4 de moins que lui. Quel est le nombre de billes de Sarah ?

Travail sur le fichier

1 Associer une opération à un problème.

Dans une phase de découverte collective, faire lire, successivement, les trois problèmes à haute voix. Repérer les trois dessins et les trois opérations. Lire la consigne et s'assurer qu'elle est comprise de tous.

On pourra remarquer que les énoncés contiennent la description de la situation suivie de la question. Faire remarquer que, pour chacun des problèmes, les données numériques sont les mêmes (en surlignage jaune).

Laisser écrire les opérations qui conviennent sous les problèmes. Dans un premier temps, le calcul des résultats n'est pas exigé de manière à concentrer toute l'attention sur le sens des opérations.

• Le problème des gâteaux relève d'une structure multiplicative (5 fois 20 gâteaux) qui découle de l'addition réitérée :

$$5 + 5 + 5 + 5 + 5$$

et correspond à l'opération 20 × 5, « 20 multiplié par 5 ».

• Le problème des poules est un problème de partition avec recherche d'une des parties. On dira : *« Dans le poulailler, il y a les 20 poules moins les 5 poules qui sont toujours dehors »* (20 – 5).

• Le problème du blouson peut être considéré comme un problème de comparaison. Le blouson coute 5 € de plus que l'argent possédé par le garçon (10 + 5).

Obstacle possible : les structures opératoires concernées ici ne sont pas toujours associées aux types de problèmes les mieux maitrisés par les élèves (partition, comparaison).

2 Exercice d'application.

Laisser résoudre les problèmes en totale autonomie. Demander d'écrire dans le cadre l'opération et le résultat. Ces trois problèmes sont des problèmes de partition.

Lors de la correction, on peut collectivement faire formuler le raisonnement sans utiliser les nombres.

• Pour trouver le nombre total de ballons, on additionne le nombre de ballons de basket et celui des ballons de hand-ball → nombre ballons basket + nombre ballon hand-ball.

• Pour trouver le nombre de balles qui ne sont pas rouges, on enlève au nombre total des balles le nombre de celles qui sont rouges → nombre total – nombre balles rouges.

• Pour trouver le nombre total de balles, on multiplie le nombre de balles dans un carton par le nombre de cartons → nombre de balles d'un carton × nombre de cartons.

Aides proposées :

- Lire les énoncés avec les élèves.
- Passer par la manipulation.

Faisons le point

• Nous avons résolu des problèmes. Il fallait associer à un problème la bonne opération.

• Avant de résoudre un problème et d'écrire l'opération, nous avons vu qu'il fallait lire l'énoncé pour comprendre la situation et ensuite lire la question pour savoir ce que l'on doit chercher.

• Ensuite, il faut chercher la façon de résoudre le problème et choisir l'opération qui convient.

Pistes d'activités supplémentaires

Avec toute la classe

• Reprendre un ou deux problèmes de la fiche. Faire varier les données numériques pour constater que les opérations ne changent pas.

Consigne : *« Mettez-vous par deux. Nous allons reprendre le premier problème, en changeant les nombres. Vous écrirez sur votre ardoise l'opération que vous proposez pour trouver la réponse. La première rangée prendra 15 gâteaux par boite et 4 boites ; 2e rangée : 30 gâteaux par boite et 3 boites, 3e rangée : 25 gâteaux et 10 boites… »*

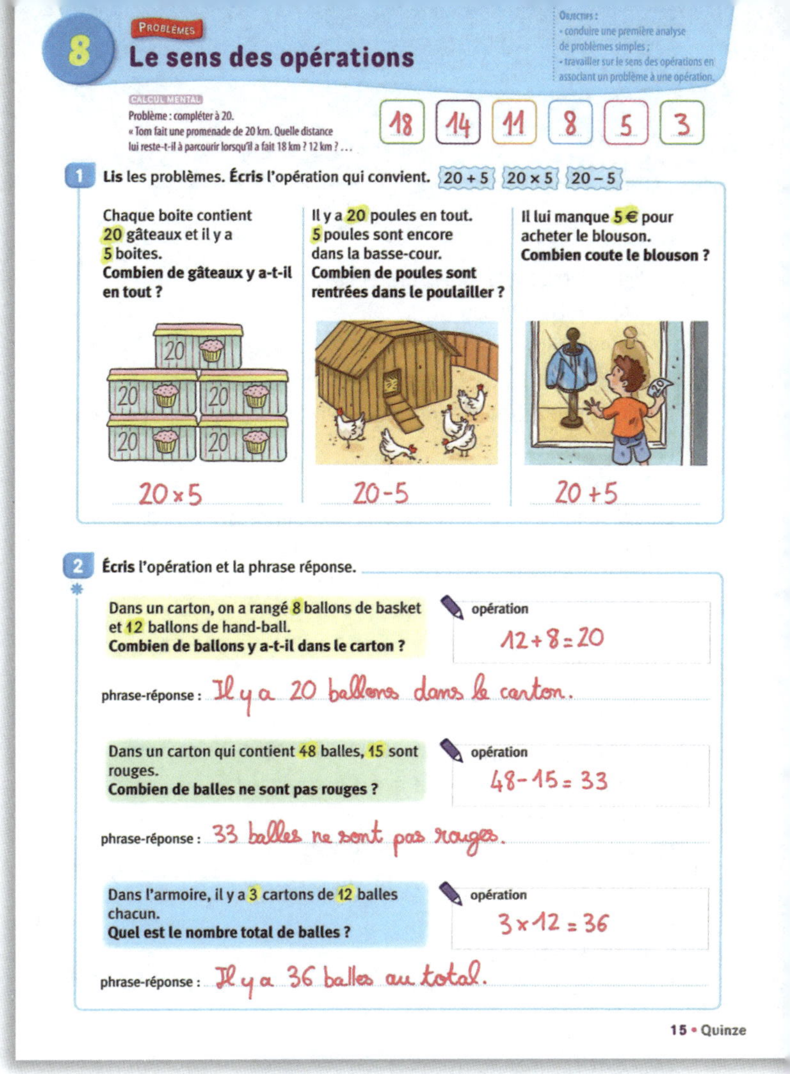

Recopier toutes les opérations l'une sous l'autre et constater que l'on a toujours la même « structure » opératoire : la multiplication du nombre de gâteaux par boite par le nombre de boites.

• Proposer un problème auquel on peut faire correspondre plusieurs écritures opératoires.

- « Dans un carton, on place 15 balles rouges et 6 balles bleues. Combien de balles en tout ? »

« Quelles opérations conviennent : 15 + 6 ? 15 – 6 ? 15 × 6 ? 6 + 15 ? »

- « Dans un carton on place 6 paquets de 8 balles. Combien de balles en tout ? »

« Quelles opérations conviennent : 8 + 6 ? 8 + 8 + 8 + 8 + 8 + 8 ? 8 × 6 ? 8 – 6 ? 6 × 8 ? »

Approfondissement

• Demander d'imaginer un énoncé de problème qui corresponde à une opération :

« 10 € + 7 € », « 15 € × 3 », « 50 € – 13 € ».

9 La table d'addition

- Activité de manipulation 13
- Exercices différenciés – Calculs 1 et 2

Programme 2016
- Mémoriser des faits numériques et des procédures.
  - » Tables de l'addition.
  - » Décompositions additives.

Objectif spécifique de la séance
Revoir le répertoire additif (calcul des sommes, des différences et des compléments associés).

Information didactique
Le répertoire additif mémorisé est un outil indispensable au calcul dans les différentes opérations.
La construction du répertoire additif se fait progressivement tout au long du cycle 2.

Mémoriser le résultat d'un calcul passe par des étapes qu'il convient de favoriser par le biais de stratégies. La maitrise du répertoire additif ne se limite pas à une récitation des tables. Elle doit s'accompagner de la connaissance des compléments et des différences associés à chacune des sommes de la table. Ex. : 8 + 4 = … ; 8 + … = 12 ; 4 + … = 12 ; 12 – 4 = … ; 12 – 8 = …
Cet apprentissage se fait à des vitesses différentes selon les élèves. Mais la classe de CE2 doit permettre à la grande majorité des élèves de maitriser le répertoire additif.
Des temps de calcul mental seront dédiés à la consolidation et à l'entretien de ces compétences de calcul automatisé.

CALCUL MENTAL

Réviser la table d'addition sur les sommes < 15

❶ Dire : « *3 + 7 ; 7 + 7 ; 6 + 6 ; 6 + 5 ; 8 + 4 ; 3 + 8 ; 5 + 7 ; 9 + 5.* »
L'élève écrit la somme.

❷ **Calculer des différences associées**
Dire : « *7 – 2 ; 10 – 3 ; 14 – 7 ; 12 – 6 ; 11 – 5 ; 12 – 8 ; 12 – 3 ; 12 – 7 ; 14 – 9 ; 14 – 6.* »
L'élève écrit la différence.

Activités préparatoires

Ces activités vont fournir une première évaluation en début de CE2 du niveau de maitrise du répertoire additif et des calculs qui lui sont associés (compléments et différences).

1. Révision des calculs jusqu'à 9 : sommes, compléments et différences associés

5 min

Moment de calcul mental automatisé.
Réponse très rapide des élèves sur l'ardoise.
Ex. : « *4 + 5 ? 7 – 4 ? de 2 pour aller à 9 ? Ou 2 plus combien pour faire 9 ?* »

2. Autour des compléments à 10

5 min

Consigne : « *Nous allons maintenant travailler sur des compléments à 10. Je vais vous montrer des nombres. Vous devrez écrire rapidement sur votre ardoise le nombre qu'il faut ajouter pour faire 10.* »
Dicter ensuite des soustractions d'un nombre à 10 (10 – 2 ; 10 – 7 ; …).

3. Calcul des doubles jusqu'à 18

2 min

Au début du CE2, les calculs relatifs aux trois domaines précédents doivent être parfaitement maitrisés. Les résultats doivent être donnés rapidement, sans hésitation.

4. Calcul des sommes du répertoire supérieures à 10

5 à 10 min

Consigne : « *Je vais vous proposer maintenant de calculer des sommes du répertoire supérieures à 10. Vous en connaissez sans doute beaucoup, les doubles par exemple. Il y en a d'autres que vous connaissez moins bien, que vous n'avez pas encore bien mémorisées.* »
L'enseignant pourra pointer sur un papier, pour chacune des sommes, le nombre d'erreurs et repérer ainsi l'état d'avancement de la classe ainsi que les sommes qu'il lui faudra plus particulièrement travailler.

▸ Commencer par demander des sommes égales à 11 et 12, qui sont, en dehors des doubles, les plus connues. Ex. : 9 + 2 ; 8 + 3 ; 5 + 6 ; 7 + 4 ; 2 + 9 ; 3 + 8 ; 9 + 3 ; 8 + 4 ; 7 + 5 ; 6 + 6 ; …

▸ Continuer pour les sommes 13, 14, 15, 16, 17, 18.

Faire remarquer que plus le nombre augmente, moins il y a de sommes correspondantes.
6 sommes font 13 ; 5 font 14 ; 4 font 15 (9 + 6 ; 6 + 9 ; 8 + 7 ; 7 + 8) ; 3 font 16 (9 + 7 ; 7 + 9 ; 8 + 8) ; 2 font 17 (9 + 8 et 8 + 9) et 1 seule somme fait 18 (9 + 9).

Travail sur le fichier

1 Retrouver des sommes du répertoire présentées dans un tableau d'addition à double entrée.
Laisser observer individuellement.
Comprendre le principe de fonctionnement d'un tableau de ce type.
Faire observer la première case +.
Faire retrouver à quelles sommes correspondent certaines cases du tableau. Ex. : La case qui contient le nombre 10 correspond à la somme « 6 + 4 ou 4 + 6 » car elle est située au croisement de la ligne du « 6 » et de la colonne du « 4 ».
Demander à quelle somme correspond la case du nombre 15 (9 + 6 ou 6 + 9), la case où se trouve la tache bleu clair…
Faire compléter le résultat caché par chacune de ces taches.

Obstacles possibles :
- Fonctionnement du tableau d'addition mal maitrisé.
- Calcul des sommes au-delà de 10 mal maitrisé.

Aides proposées :
- Utiliser des points d'appui pour retrouver, puis fixer, les sommes qui résistent.
- Commutativité de l'addition (3 + 9 → 9 + 3 = 12), complément à 10 (9 + 6 → 9 + 1 + 5 → 10 + 5 = 15), doubles (6 + 7 → 6 + 6 + 1 → 12 + 1 = 13).

9 La table d'addition

Objectifs : revoir le répertoire additif (calcul des sommes, des différences et des compléments associés).

CALCUL MENTAL
Réviser la table d'addition : sommes < 15.

10 14 12 11 12 11 12 14

1 Trouve les nombres cachés.

6 + 3 = ?

+	3	6	5	4
6		12		10
7			12	11
8	11		13	
9		15		13

9 14
11 12
10 12
13 14

2 Complète la pyramide.

On commence par le bas
1 + 2 = 3
2 + 3 = ?

48
20 28
8 12 16
3 5 7 9
1 2 3 4 5

3 Complète le tableau.

+	8	7	9
8	16	15	17
7	15	14	16
9	17	16	18

4 Complète les égalités.

9 + 3 = 12 ; 12 = 8 + 4
9 + 5 = 14 ; 12 = 9 + 3
8 + 7 = 15 ; 13 = 5 + 8
7 + 6 = 13 ; 14 = 5 + 9

5 Calcule.

15 − 9 = 6 ; 13 − 4 = 9
14 − 8 = 6 ; 12 − 3 = 9
12 − 7 = 5 ; 11 − 3 = 8
13 − 9 = 4 ; 12 − 4 = 8

6 Le train des 9 ! Ajoute toujours 9.

Pour ajouter 9, j'ajoute 10 puis j'enlève 1.

9 18 27 36 45 54 63

16 • Seize

2 Calculer une pyramide de sommes.
Recopier ou projeter la pyramide au tableau.
Laisser observer, puis demander à un élève qui a compris de venir expliquer comment on forme les sommes. On additionne toujours deux nombres qui sont côte à côte. Et la somme s'écrit au-dessus.
S'assurer que tout le monde a compris, puis laisser compléter la pyramide des sommes.
La somme finale valide le travail.

3 Compléter un tableau d'addition.
Observer les différents stades de maitrise de ces tables.
Repérer les élèves en difficulté. Effectuer une correction collective.

Aides proposées :
- Analyser les procédures et sur les points d'appui pour construire les sommes non maitrisées.
- Solliciter plus souvent les élèves pour mémoriser le répertoire.

4 Compléter des sommes appartenant au répertoire additif.
Lors de la correction, analyser les procédures :
- Réponse automatique. L'élève a mémorisé que 9 + 3 = 12.
- Appui sur 10. L'élève passe par 10 et calcule le complément en deux étapes : « 9 + 1 = 10 puis 10 + 2 = 12 ».
• Utilisation du surcomptage à partir de 9 jusqu'à 12.
Essayer d'aller d'abord vers des procédures plus expertes puis d'atteindre la mémorisation.

5 Calculer ou compléter des différences associées au répertoire additif.
L'automatisation de ces calculs va de pair avec la mémorisation du répertoire additif.
Si 9 + 6 = 15 alors 15 – 9 = 6 et 15 – 6 = 9.
On peut aussi passer par un calcul réfléchi et faire constater qu'enlever 9, 8 ou 7, c'est enlever 10 et rajouter 1, 2 ou 3.
Ex. : 15 – 9 = (15 – 10) + 1 = 5 + 1 = 6.
Pour les calculs de la colonne de droite, on peut s'appuyer sur la somme 9 + 4 = 13 donc 13 – 4 = 9.
On peut aussi effectuer le calcul en deux étapes avec un passage par 10.
Ex. : 13 – 3 = 10 puis 10 – 1 = 9 → 13 – 4 = 9

Aide proposée : associer régulièrement aux calculs additifs du répertoire les calculs soustractifs.

6 Ajouter 9.
Cet exercice nous propose une méthode efficace pour ajouter 9 : « Ajouter 10 puis enlever 1 » mais on pourrait aussi « enlever 1 puis ajouter 10. »

Faisons le point

- Nous avons revu le répertoire additif que l'on doit mémoriser.
- Nous avons complété des tableaux d'addition et nous avons calculé des compléments et des différences.

MÉMO-MATHS « J'utilise la table d'addition », page 1.

Pistes d'activités supplémentaires

Avec toute la classe

- Par deux. L'enseignant fixe un nombre ≤ 18.

Les élèves doivent trouver le maximum de sommes du répertoire égales à ce nombre.
Pour 12 → 9 + 3 ; 3 + 9 ; 8 + 4 ; 4 + 8 ; 7 + 5 ; …

- Dans un ensemble d'écritures additives, repérer un intrus :

7 + 4 ; 5 + 6 ; 3 + 8 ; 9 + 2 ; 4 + 7 ; 5 + 7 ; 8 + 3 (rép. 5 + 7)

Soutien

- Classer des écritures additives à deux termes du nombre 10.
- Classer des écritures additives de la table de nombres supérieurs à 10.
- Compléter une somme de la table en deux étapes, en s'appuyant sur le passage par 10.
- Jeu : L'enseignant fixe un nombre cible que l'on doit atteindre par complémentation, par exemple 12. Les élèves ont devant eux des cartes-nombres jusqu'à 9. L'enseignant dit ou écrit un nombre au tableau, par exemple 7 : les élèves doivent montrer le complément à 12.
- Compléter des tableaux d'addition.

Approfondissement

- Séances de calcul mental sur les compléments et les différences associées aux sommes du répertoire.
- Compléter des tableaux du type :

+	…	8	…
…	16	…	…
6	13	…	…
…	…	15	12

10 Le parc animalier

Programme 2016

- Organisation et gestion de données.
  - » Exploiter des données numériques pour répondre à des questions.
  - » Présenter et organiser des mesures sous forme de tableaux
- Résoudre des problèmes impliquant des durées.

Objectifs spécifiques de la séance

- Prélever des informations sur des documents mêlant textes et images.
- Associer des données à un type de grandeur.

Information didactique

La lecture et l'analyse de documents complexes sont des exercices susceptibles de développer des compétences transversales : qualité d'attention, d'observation et de logique. La présentation aux élèves de tels documents les oblige à un travail d'organisation et de sélection.
La traduction des résultats obtenus est souvent l'occasion de faire appel à des modes de représentation nouveaux, comme les diagrammes, tableaux, graphiques.
Cette fiche permet d'utiliser les connaissances sur les nombres et le calcul, associées à celles sur les grandeurs. La résolution de problèmes se fait en lien avec « Questionner le monde » (croisements entre enseignements).

CALCUL MENTAL

Problème : réviser la table d'addition jusqu'à 15

❶ Dire : *« Un pion avance sur la piste des nombres. Où arrive-t-il s'il part de 9 et avance de 4 ? de 2 et avance de 8 ? de 9 et avance de 6 ? de 7 et avance de 8 ? de 8 et avance de 7 ? de 6 et avance de 8 ? de 7 et avance de 7 ? de 3 et avance de 9 ? »*
L'élève écrit le numéro de la case d'arrivée.

❷ Dire : *« De combien faut-il se déplacer pour se rendre de la case 5 à la case 8 ? de 7 à 12 ? de 6 à 13 ? de 9 à 14 ? de 13 à 10 ? de 12 à 7 ; de 15 à 8 ; de 14 à 5 ? »*
L'élève écrit le nombre de cases.

Activité préparatoire

• Découverte en analyse collective du document : « Parc animalier des Monts »

5 min

Phase orale.

▶ Lecture silencieuse du document (panneau d'affichage).

▶ Procéder à une analyse dirigée sur la forme du document.
« Comment ce document est-il construit ? » « Combien de parties voyez-vous ? »

TITRE	
Infos pratiques	**Le loup**
Le chameau	

Remarquer que ce panneau est formé de quatre parties et demander de délimiter ces quatre espaces en schématisant leur disposition sur une feuille.

Consigne : *« Vous allez représenter ces quatre espaces sur une feuille en conservant à peu près les mêmes proportions et la même disposition que sur le document. Vous indiquerez sur votre schéma, par un ou deux mots, ce que nous présente chacune de ces parties du panneau. »*

- Un bandeau pour le titre.
- Un rectangle qui donne des informations pratiques :
  - sur les périodes d'ouverture du parc ;
  - sur les horaires d'ouverture dans la journée ;
  - sur les tarifs.
- Deux autres rectangles où l'on fournit des renseignements sur deux espèces d'animaux présents dans le parc.

▶ Procéder à présent à une analyse dirigée sur le contenu du document.

- Un temps d'expression libre : *« De quoi s'agit-il ? » « De quels animaux parle-t-on ? » « Qu'apprenez- vous sur le loup ? Sur le chameau ? »*
- Réponses individuelles sur l'ardoise à des questions plus précises, par OUI /NON.
  - « Les crocs du loup peuvent mesurer 6 mm. »
  - « On peut commencer la visite du parc à 11 h le matin. »
  - « Les bosses du chameau sont des réserves d'eau. »
  - « Le parc est ouvert en avril. »
  - « À la naissance, les louveteaux pèsent moins d'un kilo. » …
- Trouver des informations numériques dans le document.
  - « À quelle heure ferme le parc l'après-midi ? »
  - « Combien de dents possède le loup ? »
  - « Combien pèsent les louveteaux à la naissance ? »
- Exercice sur les grandeurs mesurables à partir du document

euros	kilomètres	centimètres	minutes	litre
€	km	cm	min	L

Consigne 1 : *« J'ai écrit au tableau des unités de mesure de grandeur que j'ai relevées dans le document. Pour donner les mesures exactes, vous devez recopier ces unités avec les nombres qui les accompagnent dans le document. »*

euros	kilomètres	centimètres	minutes	litre
7 €	8 km	6 cm	10 min	120 L

Consigne 2 : *« Rangez les durées suivantes de la plus courte à la plus longue. »*

10 minutes   1 heure   2 semaines   8 jours

Travail sur le fichier

1 Travail de différenciation des grandeurs mesurables.

L'exercice porte sur les cinq grandeurs mesurables présentes dans ce document (la durée, la longueur, le prix, la masse, la contenance). Les élèves ont déjà travaillé sur ces grandeurs dans les deux premières années du cycle. Ils doivent être capables d'associer une mesure à la grandeur qui convient et de relever dans le document toutes les mesures qui se rapportent à une grandeur donnée.

2 Repérer des mois sur une frise.

Laisser découvrir l'exercice individuellement, puis faire expliciter la tâche par les élèves.

À partir des informations fournies concernant la période d'ouverture du parc, il s'agit de colorier, sur la frise du temps représentant les 12 mois de l'année, les mois d'ouverture en vert et les mois de fermeture en marron. Constater que le parc est ouvert pendant une durée de 8 mois consécutifs et qu'il est fermé pendant une durée de 4 mois consécutifs, même si, ici, la continuité ne se voit pas avec cette représentation linéaire du temps.

Obstacle possible : une interprétation erronée du document. Certains élèves, pour les mois d'ouverture, ne retiennent que les mois cités sur le panneau (mars et octobre), d'autres peuvent oublier l'un de ces deux mois car pour l'un, on cite le 1er jour et pour l'autre le dernier jour.

Aides proposées :

- Repérer la place du 1er mars et du 31 octobre sur la frise.

Aller d'un point à l'autre avec le doigt.

- Proposer de définir d'autres plages mensuelles plus courtes en situant le début et la fin.

3 Effectuer des problèmes impliquant des durées.

S'assurer que les élèves ont compris l'expression « durée d'ouverture ». *« Combien de temps le parc reste-t-il ouvert dans la matinée ? »* « C'est le temps qui s'est écoulé entre l'heure d'ouverture (10 h) et l'heure de fermeture (12 h 30). »

Faire expliciter les procédures mises en œuvre.

On raisonne par complémentation.

De 10 h à 12 h, il s'écoule 2 heures et de 12 h à 12 h 30, il s'écoule 30 min, donc en tout, il s'est écoulé 2 h 30 min.

Aide proposée : Il est utile d'étayer le raisonnement à l'aide d'un schéma.

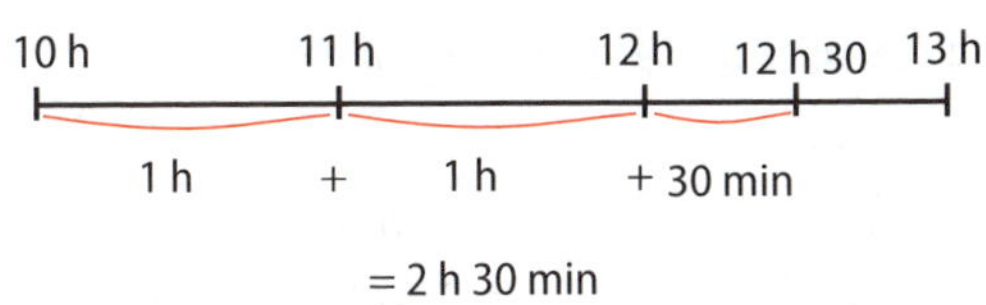

Obstacle pour le second problème : il faut tenir compte du temps prévu pour visiter le parc.

« Si un visiteur rentrait à 18 h 29, il n'aurait qu'une minute pour visiter le parc. »

Faisons le point

- Nous avons fait des mathématiques à partir d'un document.
- Nous nous sommes surtout intéressés aux mesures : durée, longueur, prix, masse et contenance.
- Nous avons fait des problèmes où il fallait calculer des durées.

MÉMO-MATHS **« J'étudie des grandeurs mesurables », page 1.**

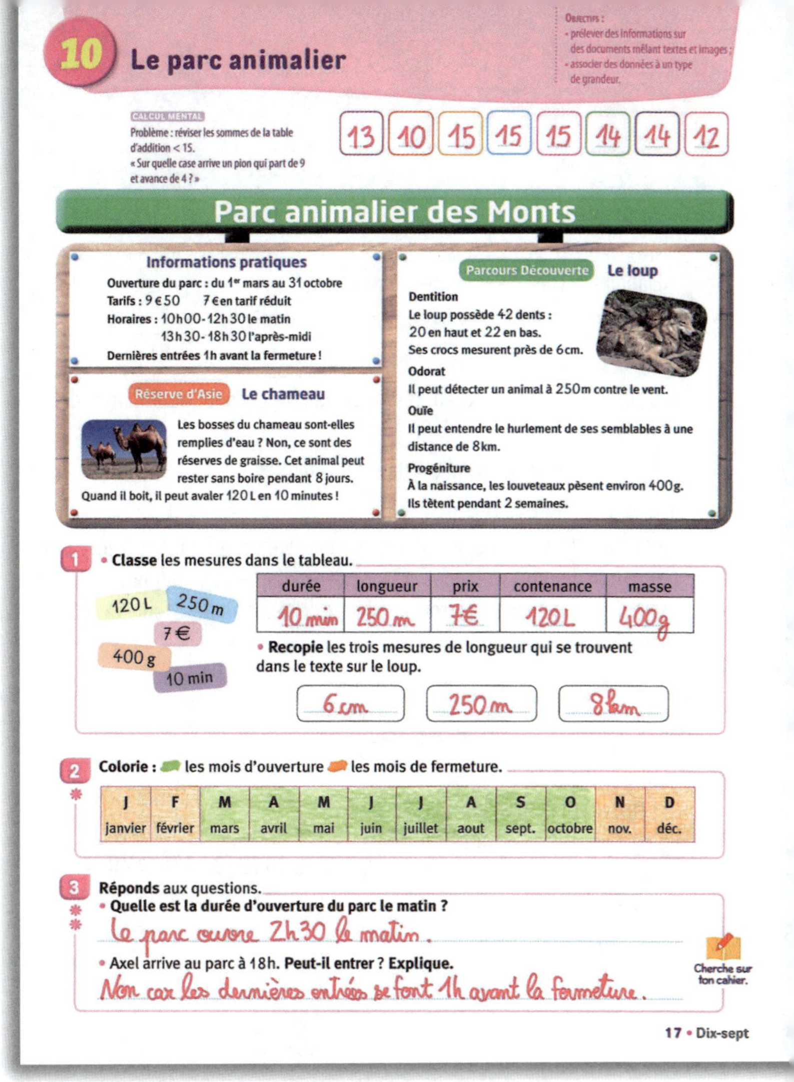

10 Le parc animalier

Objectifs :
- prélever des informations sur des documents mêlant textes et images ;
- associer des données à un type de grandeur.

CALCUL MENTAL

Problème : réviser les sommes de la table d'addition < 15.

« Sur quelle case arrive un pion qui part de 9 et avance de 4 ? »

13 10 15 15 15 14 14 12

Parc animalier des Monts

Informations pratiques

Ouverture du parc : du 1er mars au 31 octobre

Tarifs : 9 € 50 7 € en tarif réduit

Horaires : 10h00 - 12h30 le matin

13h30 - 18h30 l'après-midi

Dernières entrées 1h avant la fermeture !

Réserve d'Asie **Le chameau**

Les bosses du chameau sont-elles remplies d'eau ? Non, ce sont des réserves de graisse. Cet animal peut rester sans boire pendant 8 jours. Quand il boit, il peut avaler 120 L en 10 minutes !

Parcours Découverte **Le loup**

Dentition

Le loup possède 42 dents : 20 en haut et 22 en bas. Ses crocs mesurent près de 6 cm.

Odorat

Il peut détecter un animal à 250 m contre le vent.

Ouïe

Il peut entendre le hurlement de ses semblables à une distance de 8 km.

Progéniture

À la naissance, les louveteaux pèsent environ 400 g. Ils tètent pendant 2 semaines.

1 • **Classe** les mesures dans le tableau.

120 L 250 m 7 € 400 g 10 min

durée	longueur	prix	contenance	masse
10 min	250 m	7€	120 L	400g

• **Recopie** les trois mesures de longueur qui se trouvent dans le texte sur le loup.

6 cm 250 m 8 km

2 **Colorie :** les mois d'ouverture les mois de fermeture.

J	F	M	A	M	J	J	A	S	O	N	D
janvier	février	mars	avril	mai	juin	juillet	aout	sept.	octobre	nov.	déc.

3 **Réponds** aux questions.

• **Quelle est la durée d'ouverture du parc le matin ?**

Le parc ouvre 2h30 le matin.

• Axel arrive au parc à 18h. **Peut-il entrer ? Explique.**

Non car les dernières entrées se font 1h avant la fermeture.

Cherche sur ton cahier.

17 • Dix-sept

Pistes d'activités supplémentaires

Avec toute la classe

- Mettre les élèves par deux et demander à chaque groupe de préparer une question qui n'a pas encore été posée pour la proposer à la classe.

Répondre à ces questions collectivement ou par groupes.

- Voici quelques questions supplémentaires qui peuvent être posées à partir de ce document.

- Quelle est la durée d'ouverture du parc l'après-midi ?
- Quelle est la différence de prix entre le tarif normal et le tarif réduit ?
- Un loup peut-il entendre le hurlement d'un autre loup qui est à 1900 m ? Explique ta réponse.

- À partir des renseignements recueillis sur des documents, rédiger, dans un travail de groupe, la fiche d'identité de différents animaux.

le défi

Un groupe de quatre personnes paie ses entrée au parc animalier au tarif normal. Quelle somme ce groupe a-t-il payée en tout ?

CALCUL RÉFLÉCHI

11 Additionner les nombres à deux chiffres

Programme 2016

- Élaborer et choisir des stratégies de calcul.
- Calculer en utilisant des écritures en ligne additives.

Objectifs spécifiques de la séance

- Utiliser différentes procédures de calcul réfléchi pour additionner deux nombres à 2 chiffres.
- Apprendre à choisir la procédure la plus adaptée.

Information didactique

Le calcul réfléchi fait appel à des procédures variées et, dans chaque cas, il permet de déterminer la méthode la mieux adaptée. La multiplication des exemples est la meilleure façon pour l'élève de se confronter à toutes les situations. Lorsqu'il aura une vue de toutes les possibilités offertes par les outils mathématiques, il pourra construire les automatismes indispensables à l'obtention d'une rapidité et d'une assurance satisfaisante dans les calculs.

En faisant découvrir que, pour une opération à effectuer, le calcul réfléchi offre différents cheminements pour trouver un résultat, on fait prendre conscience aux élèves qu'il existe plusieurs manières d'obtenir une solution. Ce premier niveau de la réflexion sera suivi de l'analyse de ces solutions qui seront de plus en plus expertes et performantes.

La procédure choisie pour telle opération ne conviendra pas dans tous les cas et pourra s'avérer être totalement inadaptée pour une autre opération, d'où la nécessité d'analyser le calcul à effectuer avant de choisir la procédure à utiliser.

CALCUL MENTAL

1 Réviser la table d'addition

Dire : « *3 + 9 ; 2 + 8 ; 7 + 4 ; 8 + 8 ; 9 + 2 ; 9 + 9 ; 9 + 7 ; 7 + 9.* »

L'élève écrit la somme.

2 Calculer les compléments associés

Dire : « *Combien pour aller de 3 à 12 ? de 2 à 10 ? de 8 à 16 ? de 9 à 18 ? de 9 à 15 ? de 7 à 15 ?* » ...

L'élève écrit le complément.

Activités préparatoires

1. Revoir l'addition de dizaines entières en calcul mental

5 à 10 min

Opérations proposées par l'enseignant à l'oral, réponses individuelles des élèves sur l'ardoise.

▶ Addition de dizaines entre elles

Ex. 1 : 3 dizaines + 2 dizaines ? Réponse → 5d = 50

3 dizaines + 3 dizaines ? 4 dizaines + 3 dizaines ? 2 dizaines + 7 dizaines ? 3 dizaines + 5 dizaines ?

Ex. 2 : 30 + 20 ? Réponse → 5d = 50

30 + 30 ? 40 + 20 ? 30 + 40 ? 50 + 30 ? 20 + 50 ? 40 + 50 ?

▶ Addition d'un nombre à 2 chiffres et d'une dizaine entière

Ex. 1: 36 + 2 dizaines ? Réponse → 56

46 + 3 dizaines ? 29 + 4 dizaines ? 37 + 3 dizaines ?

Ex. 2 : 45 + 20 ? Réponse → 65

15 + 20 ? 46 + 30 ? 21 + 40 ? 37 + 50 ? 35 + 30 ? 19 + 60 ?

2. Jeu : « Ajoute 9 »

5 à 10 min

Consigne : « *Je vais vous dire un nombre. Vous devrez toujours lui ajouter 9. Vous écrirez le résultat sur votre ardoise.* »

L'enseignant dit : « **36** ». Les élèves calculent : « **36 + 9** » et écrivent : « **45** ».

▶ Échanger sur différentes procédures que l'on fera expliciter.

36 + 9 = 30 + 6 + 9 = 30 + 15 = 45

36 + 9 = 36 + 4 + 5 = 40 + 5 = 45

36 + 9 = 36 + 10 – 1 = 46 – 1 = 45

▶ S'intéresser à la 3e procédure qui est très efficace.

« *9 est très proche de 10, c'est 10 – 1. C'est très facile d'ajouter 10 à un nombre.*

Dans cette méthode, au lieu d'ajouter 9, on décide d'ajouter 10, mais comme on ajoute 1 de trop, à la fin on enlève 1 au résultat que l'on a trouvé. ».

3. Ajouter un nombre qui précède une dizaine entière

10 min

Consigne : « *Maintenant, à un nombre à 2 chiffres, nous allons ajouter 19. Par exemple, pour ajouter 19 à 35, avez-vous une méthode rapide et efficace ? Je vous laisse chercher par deux.* »

Examiner les différentes propositions et s'intéresser à celle qui prend en compte la proximité de 19 avec la dizaine entière 20 (19, c'est 20 – 1). 35 + 19 = 35 + 20 – 1 = 55 – 1 = 54.

« Pour ajouter 19, on peut ajouter 2 dizaines puis enlever 1. »

Proposer : 48 + 19 ; 26 + 19 ; 57 + 19 ; ...

Consigne : « *Vous allez travailler par deux. Maintenant, à un nombre à 2 chiffres, nous allons ajouter 29, 39 en utilisant cette méthode, car 29, c'est 30 – 1 et 39, c'est 40 – 1.* »

37 + 29 ? 37 + 30 – 1 = 67 – 1 = 56

23 + 39 ? 23 + 40 – 1 = 63 – 1 = 62

4. Jeu : La machine qui « ajoute 8 »

10 min

▶ L'enseignant dessine la « machine » au tableau.

« *Lorsqu'on met un nombre dans la "machine", celle-ci ajoute 8 et le nombre ressort. Il faut trouver le nombre qui ressort.* »

▶ Poser le problème :

« *Comment faire le calcul ?* »

Laisser les enfants chercher et découvrir qu'ils peuvent appliquer la même méthode que pour « ajouter 9 ». Mais, pour l'ajout de 8, on ajoute une dizaine, puis on enlève 2 unités.

▶ Proposer plusieurs nombres ; demander un calcul de tête et la réponse sur l'ardoise.

Travail sur le fichier

1 Analyser trois méthodes différentes pour additionner deux nombres à 2 chiffres.

Écrire les trois calculs au tableau et expliquer chacun d'eux collectivement.

40 + 20 + 3 + 9

Anna a décomposé les deux nombres en dizaines entières et unités. 43 → 40 + 3 et 29 → 20 + 9.

Elle peut calculer la somme des dizaines 40 + 20 → **60**, puis la somme des unités 3 + 9 → **12**.

Elle va ensuite additionner ces deux sommes : **60 + 12 = 72**.

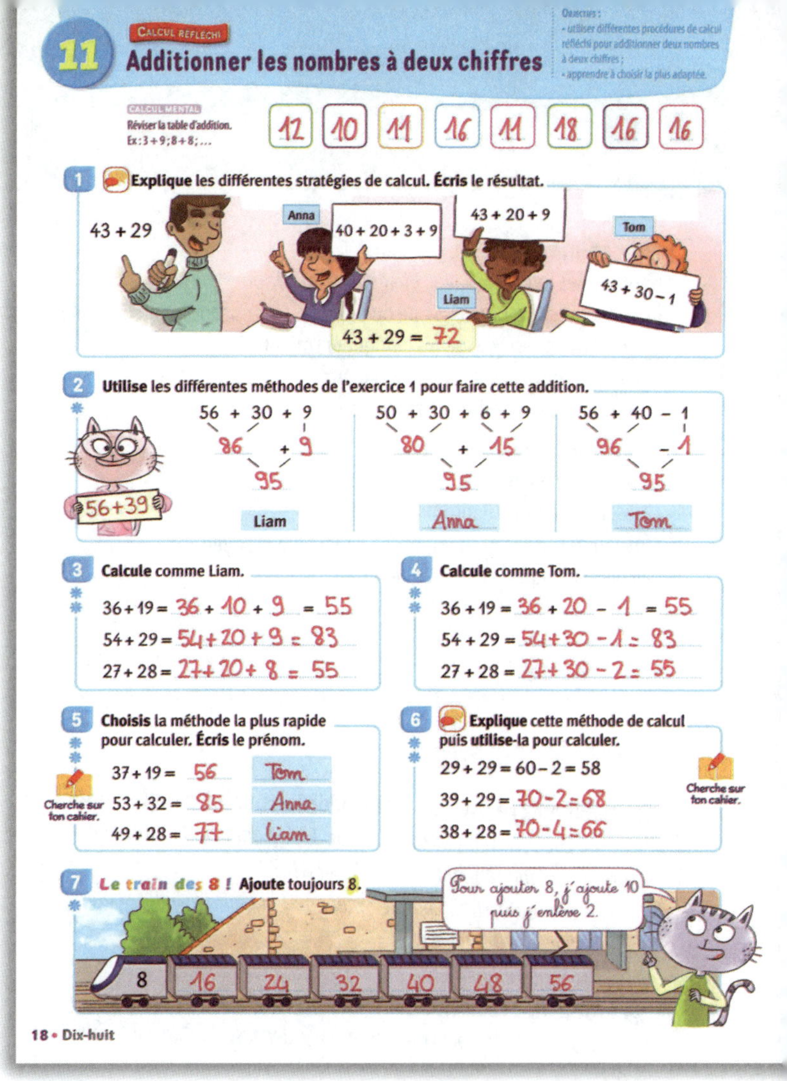
CALCUL RÉFLÉCHI

11 Additionner les nombres à deux chiffres

Objectifs :
- utiliser différentes procédures de calcul réfléchi pour additionner deux nombres à deux chiffres ;
- apprendre à choisir la plus adaptée.

CALCUL MENTAL Réviser la table d'addition. Ex : 3 + 9 ; 8 + 8 ; …

12 | 10 | 11 | 16 | 11 | 18 | 16 | 16

1 Explique les différentes stratégies de calcul. Écris le résultat.

2 Utilise les différentes méthodes de l'exercice 1 pour faire cette addition.

3 Calcule comme Liam.

36 + 19 = 36 + 10 + 9 = 55
54 + 29 = 54 + 20 + 9 = 83
27 + 28 = 27 + 20 + 8 = 55

4 Calcule comme Tom.

36 + 19 = 36 + 20 − 1 = 55
54 + 29 = 54 + 30 − 1 = 83
27 + 28 = 27 + 30 − 2 = 55

5 Choisis la méthode la plus rapide pour calculer. Écris le prénom.

Cherche sur ton cahier.

37 + 19 = 56 Tom
53 + 32 = 85 Anna
49 + 28 = 77 Liam

6 Explique cette méthode de calcul puis utilise-la pour calculer.

29 + 29 = 60 − 2 = 58
39 + 29 = 70 − 2 = 68
38 + 28 = 70 − 4 = 66

Cherche sur ton cahier.

7 Le train des 8 ! Ajoute toujours 8.

18 • Dix-huit

43 + 20 + 9

Liam n'a décomposé que le nombre 29 → 20 + 9.
À 43, il ajoute d'abord les dizaines 43 + 20 → 63 ;
puis il ajoute ensuite les unités **63 + 9 = 72.**

43 + 30 − 1

Tom a donné une autre désignation de 29 → 30 − 1.
Il ajoute 30 ou 3d à 43 43 + 3d → 73
Il enlève ensuite l'unité qu'il a ajoutée en trop 73 − 1 = 72.
La désignation (30 − 1) est intéressante, car elle permet de passer par un calcul rapide (ajouter des dizaines et enlever 1). Avec cet exercice, les élèves doivent prendre conscience qu'une opération peut s'effectuer en passant par des « chemins » différents. Il faudra progressivement qu'ils apprennent à analyser le calcul initial et à choisir le « chemin » le plus rapide. Pour bénéficier de ces procédures, l'élève doit pouvoir s'appuyer sur un certain nombre de prérequis concernant la numération, les calculs et les propriétés des opérations.

2 Mettre en œuvre des stratégies en utilisant des arbres de calcul.
Cette présentation développe ici la présentation des trois méthodes de l'exercice 1.
Le calcul en arbre est d'une plus grande lisibilité. Il permet de bien rendre compte du cheminement suivi dans un calcul, de mieux comprendre les différents regroupements effectués ainsi que leur succession. Le tracé d'un arbre de calcul par les élèves reste délicat au cycle 2.

Obstacle possible : la maitrise du fonctionnement d'un arbre de calcul.
Aide proposée : procéder à une correction collective au tableau.

3 On décompose le 2e nombre et l'on ajoute successivement au premier nombre dizaines et unités du second nombre.

Obstacle possible : les calculs intermédiaires n'apparaissent pas.

4 Calculs qui s'appuient sur une désignation soustractive du 2e terme.

Obstacles possibles :
- Les calculs intermédiaires n'apparaissent pas.
- Les élèves sont peu habitués à manipuler des désignations soustractives.

5 Analyser un calcul pour choisir la procédure la plus rapide.
Pour des élèves qui maitrisent bien les désignations soustractives, le 1er et le 3e calcul se feront avec la méthode de Tom, le 2e calcul pourra être effectué avec la méthode d'Anna.

6 Calcul de sommes avec appui sur les dizaines immédiatement supérieures.
Dans ces calculs, les deux nombres sont très proches de la dizaine supérieure.
On va utiliser cette situation pour proposer un calcul rapide.
- En remplaçant les deux nombres 29 par 30, on ajoute 2 unités de trop qu'il faut soustraire du résultat obtenu.
D'où 60 − 2 = 58.
- Même démarche pour 39 + 29 = 40 + 30 − 2 = 70 − 2 = 68.
- Pour le dernier calcul 38 + 28 = (40 + 30) − 4 = 70 − 4 = 66 (on doit retirer 4 : 2 de trop pour 38 et 2 de trop pour 28).

Obstacle possible : Le double ajout sur les deux termes de l'addition.

7 Suivre la méthode indiquée dans la bulle.
Voir Activité préparatoire n° 4 : La machine qui « ajoute 8 ».

Faisons le point

- En calcul réfléchi, nous avons utilisé trois méthodes pour calculer la somme de deux nombres à 2 chiffres.
- Pour calculer, nous avons décomposé les nombres en dizaines et unités.
- Pour les nombres proches d'une dizaine (terminés par 9 ou par 8), nous avons utilisé des décompositions soustractives.

MÉMO-MATHS **« J'utilise différentes méthodes pour additionner », page 2.**

Pistes d'activités supplémentaires

Soutien

- Ajouter des dizaines à un nombre à 2 chiffres 45 +3d = 75.
- Proposer des calculs du type 3d + 4d = 7d = 70.
- Écrire des désignations soustractives d'un nombre proche d'une dizaine. Ex. : 49 = 50 − 1 / 58 = 60 − 2.

Approfondissement

- Effectuer des sommes de deux nombres à 2 chiffres en calcul mental. 23 + 32 ; 41 + 17 ; 25 + 29 ; 39 + 26 ; 18 + 28 ; …
- Calculer des sommes de trois nombres à 2 chiffres : 42 + 33 + 24 ; 25 + 34 + 26 ; 45 + 22 + 29 ; …

le défi

Proposer un calcul en arbre pour cette opération : 56 + 37, en décomposant ces deux nombres.

12 Le millimètre

Exercices différenciés – Grandeurs et mesures 1 à 4

Programme 2016
- Mesurer des longueurs avec un instrument adapté.
- Exprimer une mesure dans une ou plusieurs unités choisies ou imposées.
  - » Unités de mesures usuelles : longueur cm, mm.
  - » Relations entre les unités de longueur.
- Résoudre des problèmes de mesurage.

Objectifs spécifiques de la séance
- Introduire le millimètre.
- Utiliser la relation 10 mm = 1 cm.
- Mesurer et tracer (en cm et mm) avec la règle graduée.
- Calculer la longueur d'une ligne brisée.

Information didactique

Après avoir effectué des activités de comparaison et défini ainsi la grandeur, on pratique le mesurage au moyen d'un étalon arbitraire. Puis on utilise les unités officielles dans un souci de communication facilitée. L'unité officielle de longueur est le mètre (m) dont on utilise aussi les sous-multiples (dm, cm, mm) et les multiples (dam, hm, km).
Pour les tracés sur une feuille de papier, on a recours au centimètre (cm) et au millimètre (mm) et on utilise la règle graduée. Les élèves doivent repérer la place du zéro qui ne coïncide presque jamais avec l'extrémité de la règle.
Se rappeler que, dans la pratique, une mesure est toujours donnée avec une approximation.
Au CE2, on peut se contenter d'une valeur entière « exacte » ou d'un encadrement. L'introduction ultérieure d'autres ensembles de nombres permettra d'augmenter la précision.

CALCUL MENTAL

❶ Problème : réviser la table d'addition par les compléments
Dire : • « *Luc veut remplir un bidon de 14 L. Combien de litres doit-il ajouter si le bidon contient déjà 9 L ? 6 L ? 8 L ?* »
• « *Un jouet coute 16 €. Combien manque-t-il pour l'acheter si on ne possède que 7 € ? 9 € ? 8 € ?* »
L'élève écrit le complément.

❷ Problème : réviser la table par les différences
Dire : « • *J'ai 12 €. Combien me reste-t-il si je dépense 7 € ? 3 € ? 6 € ? 5 € ? 9 € ?*
• *J'ai 15 €. Combien me reste-t-il si je dépense 7 € ? 8 € ? 6 € ? 9 € ?* »
L'élève écrit ce qui reste.

Activités préparatoires

1. Mesurer en cm
15 min

Matériel (pour 2) : règle graduée ou bande de papier cartonné de 30 cm, graduée en centimètres. Cette solution présente l'avantage de n'avoir qu'une graduation en centimètres sur l'instrument de mesure.

Consigne : « *Avec votre règle, vous devez mesurer la longueur, la largeur et l'épaisseur de votre fichier de mathématiques. Pendant le mesurage, vous ne devez prendre en compte que les graduations en centimètres et vous devez exprimer vos mesures en utilisant comme unité uniquement le centimètre.* »
Cette dernière recommandation n'est valable que si l'on travaille avec la règle graduée.
▶ Noter les mesures au tableau, par exemple longueur : entre 29 cm et 30 cm ; largeur : 21 cm ; épaisseur : 1 cm.
Des divergences peuvent apparaitre.
Exemple pour l'épaisseur : « Moi, c'est moins d'un centimètre » / « Moi, c'est plus d'un centimètre. »
▶ Poser la question : « *Votre règle graduée peut-elle donner une mesure plus précise ?* »

2. Observer la règle graduée. Mesurer en cm et mm
10 min

Consigne 1 : « *Vous allez observer de plus près, sur votre règle graduée, un intervalle entre deux graduations de centimètres. Que remarquez-vous ? Comptez le nombre d'intervalles qu'il y a entre les petites graduations.* » *Laisser compter les intervalles.*
« *La longueur de 1 cm est divisée en 10 petits intervalles. Ce sont des millimètres (mm).*
Le millimètre est une unité de mesure de longueur 10 fois plus petite que le cm. Dans un cm, combien y a-t-il de millimètres ? »
Dans 1 cm, il y a 10 mm. **1 cm = 10 mm**
Consigne 2 : « *Maintenant, mesurez de nouveau votre fichier, avec plus de précision, en utilisant les millimètres.* »
Noter les mesures au tableau.
Longueur : 29 cm 5 mm ou 29 cm 6 mm.
Largeur : 21 cm ou 20 cm 9 mm ou 21 cm 1 mm.
Épaisseur : 9 mm ou 1 cm ou 1 cm 1 mm.
En comparant les mesures des groupes, on s'aperçoit qu'elles varient souvent de 1 mm, parfois de 2 mm. Commencer à mettre en place l'idée d'une approximation inhérente à la mesure.
Rechercher avec les élèves quelles peuvent en être les causes : la petite taille de l'unité, la qualité de la graduation de la règle, une erreur de lecture, le placement de la règle pour prendre la mesure, les limites de la longueur à mesurer pas nettes.

3. Mesurer des segments en cm et mm
5 min

Matériel individuel : fiche d'activité. SITE COMPAGNON

Retrouver à quel segment correspond chaque mesure.
Comparer les différentes mesures trouvées pour le segment G.

4. Changer d'unité pour exprimer une mesure
10 min

▶ L'enseignant écrit ces deux phrases au tableau :
– Le lucane cerf-volant mâle est un coléoptère dont la longueur peut atteindre 75 mm.
– L'envergure du sphinx à tête de mort peut dépasser 130 mm (expliquer le terme d'envergure).
Consigne : « Écrivez ces deux mesures en les transformant en cm ou en cm et mm. »
75 mm, c'est… cm et … mm   130 mm, c'est … cm
Puis, faire tracer deux segments de cette longueur.
▶ Effectuer des transformations
Consigne 1 : « *J'écris une longueur en millimètres, vous devez la transformer en centimètres et millimètres ou en centimètres sur votre ardoise.* »
12 mm → 1 cm 2 mm   120 mm → 12 cm

Consigne 2 : « *J'écris en cm et mm, vous transformez en mm.* »

4 cm 3 mm → 43 mm   5 cm → 50 mm

Travail sur le fichier

1 Mesurer des segments pour calculer la longueur d'une ligne brisée.

Lire l'affiche indiquant la relation entre cm et mm (*cf.* activité préparatoire n° 2). On peut aussi vérifier cette relation sur l'une des règles dessinées.

Vérifier les mesures de Julia en plaçant bien le zéro de la règle en face de l'extrémité des segments.

Observer l'écriture avec les deux unités et la disposition dans l'addition. Constater que la longueur de la ligne brisée est égale à la somme des longueurs de chacun des segments qui la composent.

Effectuer les calculs. Vérifier le résultat de l'addition 13 cm 7 mm.

En appui sur la règle graduée, tracer un segment 13 cm 7 mm, de la même longueur que la ligne brisée.

Obstacle possible : difficulté au niveau du mesurage : placement du zéro de la règle ; repérage des extrémités du segment B.

2 Mesurer des segments en cm et mm.

Avant de faire les transformations d'unité, faire rappeler la relation 1 cm = 10 mm.

Pour le segment O, la mesure proposée peut être de 2 cm 4 mm ou 2 cm 5 mm.

Obstacle possible : une mesure approximative peut perturber.

3 Problème impliquant des longueurs.

Relire le problème.

Laisser tracer le segment et noter sa longueur.

Dégager les procédures des élèves.

Procédure 1 : Les élèves tracent d'abord un autre segment de longueur égale au segment S puis le prolongent par un petit segment de 8 mm. Pour la mesure de ce segment, ils peuvent mesurer le nouveau segment qu'ils viennent de tracer.

Procédure 2 : Les élèves calculent d'abord la mesure du nouveau segment (5 cm 2 mm + 8 mm = 5 cm10 mm = 6 cm), puis ils tracent un segment de cette longueur. Cette méthode, qui s'appuie sur le calcul, a l'avantage d'éviter les étapes de mesurage qui sont source d'approximations et d'erreurs.

Obstacle possible : les erreurs dues aux trois mesurages si les élèves choisissent la 1re méthode.

4 Encadrement d'une mesure par les centimètres les plus proches.

Analyser le premier encadrement avec les élèves.

On pourra le lire de différentes façons : 8 cm 6 mm est situé entre 8 cm et 9 cm / 8 cm 6 mm est plus grand que (supérieur à) 8 cm mais plus petit que (inférieur à) 9 cm.

5 Ranger des longueurs en ordre croissant.

Faire rappeler le sens de l'expression « ordre croissant ».

Prévenir les élèves que les mesures ne sont pas toutes exprimées avec la même unité.

Obstacle possible : Certains élèves comparent les nombres 9 > 3 sans tenir compte des unités.

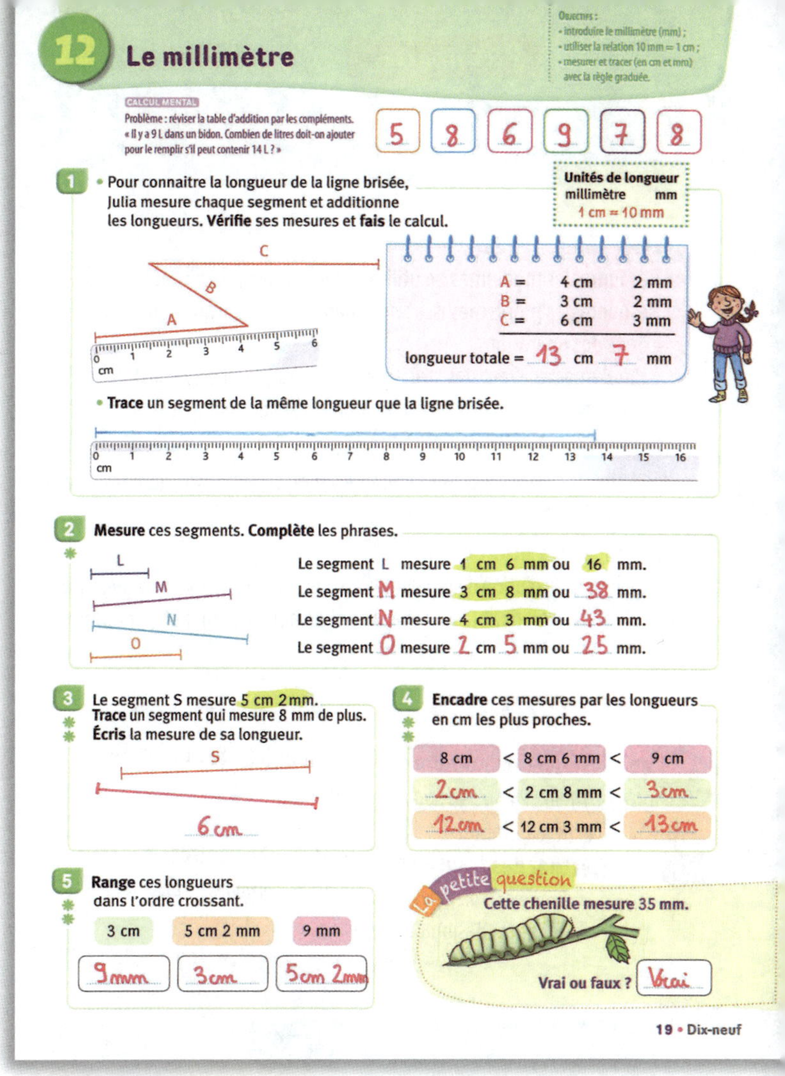

12 Le millimètre

Objectifs :
- introduire le millimètre (mm) ;
- utiliser la relation 10 mm = 1 cm ;
- mesurer et tracer (en cm et mm) avec la règle graduée.

CALCUL MENTAL
Problème : réviser la table d'addition par les compléments.
« Il y a 9 L dans un bidon. Combien de litres doit-on ajouter pour le remplir s'il peut contenir 14 L ? »
5 8 6 9 7 8

1 • Pour connaitre la longueur de la ligne brisée, Julia mesure chaque segment et additionne les longueurs. **Vérifie** ses mesures et **fais** le calcul.

Unités de longueur
millimètre mm
1 cm = 10 mm

A = 4 cm 2 mm
B = 3 cm 2 mm
C = 6 cm 3 mm
longueur totale = 13 cm 7 mm

• **Trace** un segment de la même longueur que la ligne brisée.

2 **Mesure** ces segments. **Complète** les phrases.

Le segment L mesure 1 cm 6 mm ou 16 mm.
Le segment M mesure 3 cm 8 mm ou 38 mm.
Le segment N mesure 4 cm 3 mm ou 43 mm.
Le segment O mesure 2 cm 5 mm ou 25 mm.

3 Le segment S mesure 5 cm 2 mm. **Trace** un segment qui mesure 8 mm de plus. **Écris** la mesure de sa longueur.
6 cm

4 **Encadre** ces mesures par les longueurs en cm les plus proches.
8 cm < 8 cm 6 mm < 9 cm
2 cm < 2 cm 8 mm < 3 cm
12 cm < 12 cm 3 mm < 13 cm

5 **Range** ces longueurs dans l'ordre croissant.
3 cm 5 cm 2 mm 9 mm
9 mm 3 cm 5 cm 2 mm

La petite question
Cette chenille mesure 35 mm.
Vrai ou faux ? Vrai

19 • Dix-neuf

La petite question

Il est très difficile de vérifier cette mesure en comptant 35 fois 1 mm. Tout devient possible si l'on fait la transformation en cm et mm.
35 mm = 3 cm 5 mm. La réponse est : VRAI.

Faisons le point

- Nous avons mesuré des longueurs en cm et mm.
- Nous savons qu'il y a 10 millimètres dans 1 centimètre.
- Nous avons vu qu'entre nos mesures, il peut y avoir des écarts de 1 ou 2 millimètres.

MÉMO-MATHS **« Je mesure en cm et en mm », page 2.**

Pistes d'activités supplémentaires

Soutien

- Effectuer de nombreux exercices de mesurage en cm et mm.
- Dessiner l'un au-dessous de l'autre des segments de 1 mm, 1 cm, 1 dm.
- Effectuer des transformations d'unités cm / mm.

Approfondissement

- Faire tracer une ligne brisée de 14 cm 5 mm de long. Constater la diversité des productions.
- Calculer le périmètre de différents polygones.
- Effectuer des sommes de mesures exprimées en cm et mm.
- Tracer un segment « S » de 10 cm 8 mm et un segment « T » de 1 cm 5 mm de moins.

1 e d é f i

Tracez un segment « A » de 9 cm 8 mm et un segment « B » qui a une longueur moitié de celle du segment « A ». Expliquez comment vous avez fait.

13 Problèmes variés

Exercices différenciés – Problèmes 1 et 2

Programme 2016

- Résoudre des problèmes en utilisant des nombres entiers et le calcul.
- Résoudre des problèmes issus de situations de la vie quotidienne.
  - » Sens des opérations.
  - » Problèmes relevant des structures additives (addition / soustraction).
  - » Problèmes relevant des structures multiplicatives (multiplication / division).

Objectif spécifique de la séance

Résoudre des problèmes de typologie variée (solutions réclamant une ou plusieurs étapes).

Information didactique

Au Cycle 2, la résolution de problèmes est au centre de l'activité mathématique des élèves, développant leur capacité à chercher, raisonner et communiquer.

Les problèmes permettent d'aborder de nouvelles notions, de consolider des acquisitions, de provoquer des questionnements.

S'il est souhaitable de consacrer des séances dédiées à telle ou telle typologie de problèmes pour arriver à dégager et fixer les procédures les plus adaptées aux différentes catégories, il est aussi nécessaire de prévoir un certain nombre de séances qui vont proposer aux élèves des problèmes de typologies variées dans le cadre d'une découverte de nouvelles typologies, d'un rebrassage, d'un réinvestissement ou d'une évaluation des acquis concernant les différentes catégories de situations déjà abordées.

Dans cette fiche, les situations amènent les élèves à revisiter des typologies déjà étudiées au CE1 et commencent à les confronter à des problèmes plus complexes à deux étapes, conformément au programme.

CALCUL MENTAL

❶ Retrouver un nombre exprimé en unités de numération

Dire : *« 1d 3u ; 2d 5u ; 4d ; 6d ; 6u 4d ; 6d 4u ; 3u 9d. »*

L'élève écrit le nombre.

❷ Effectuer des transformations dizaines - unités

Dire : *« 4 dizaines ; 7 dizaines ; 80 ; 60 ; 100 ; 8 dizaines ; 9 dizaines ; 10. »*

L'élève écrit l'autre désignation (40 ; 70 ; 8 d...)

Activité préparatoire

Apprendre à raisonner sur les situations problèmes sans les nombres

5 à 10 min

▸ Travail par deux.

Consigne : *« Vous allez travailler par deux. Je vais vous poser quelques problèmes et nous allons réfléchir ensemble à la manière de s'y prendre pour les résoudre. »*

▸ **Problème 1**

Luc a des billes. À la récréation, il en gagne d'autres.

a. Comment faire pour trouver le nombre de billes qu'il a après ?

Il faut ajouter au nombre de billes qu'il avait avant la récréation, le nombre de billes qu'il a gagné à la récréation.

b. Quels sont les renseignements qui nous manquent pour répondre ?

Le nombre de billes au départ / Le nombre de billes gagnées.

▸ **Problème 2**

Dans la cour, devant sa maison, Nadia compte les pigeons. Elle s'approche de la fenêtre. Quelques pigeons s'envolent.

a. Comment faire pour trouver le nombre de pigeons restants, qui ne se sont pas envolés ?

Il faut enlever au nombre de pigeons qu'il y avait au départ le nombre de pigeons qui se sont envolés.

b. Quels sont les renseignements qui nous manquent ?

Le nombre de pigeons au départ / Le nombre de pigeons envolés.

▸ **Problème 3**

Ali plante ses salades par rangées. Toutes les rangées ont le même nombre de salades.

a. Comment faire pour trouver le nombre de salades qu'il a plantées ?

Il faut multiplier le nombre de salades plantées sur une rangée par le nombre de rangées.

b. Quels sont les renseignements qui nous manquent ?

Le nombre de salades par rangée / Le nombre de rangées.

▸ **Problème 4 (problème à étapes)**

Noa et Eliot réunissent leur argent pour acheter un vélo.

a. Comment faire pour trouver l'argent qui reste après l'achat ?

Déjà, on peut dire que s'il leur reste de l'argent, c'est que la somme qu'ils possèdent est plus élevée que le prix du vélo.

Il faudra comparer cette somme avec le prix du vélo et calculer ce qu'ils ont en plus.

b. Quels sont les renseignements qui nous manquent pour répondre ?

Ce que possède Noa / Ce que possède Eliot / Le prix du vélo.

Après le travail de réflexion, à la fin de chacun de ces problèmes, on peut fournir les données numériques manquantes.

Travail sur le fichier

Pour chacun des problèmes, laisser un temps de découverte individuelle, puis faire lire le problème oralement par un ou deux élèves. Pour s'assurer de l'appropriation, une analyse plus poussée sera parfois nécessaire pour l'ensemble de la classe ou pour un groupe d'élèves. On peut prévoir diverses modalités pour la phase de résolution, en particulier un travail par deux. Ménager ensuite un temps de synthèse autour des procédures, de l'analyse des résultats.

1 Situation de partition avec recherche d'une des parties.

Le contexte (assiettes cassées) et la formulation de la question « Combien... reste-t-il ? » induisent la soustraction.

2 Situation de partition avec recherche d'une des parties. Dégager les deux procédures.

Procédure « soustractive » : J'obtiens le nombre de bonbons du 2e bocal en enlevant au nombre total le nombre de bonbons du 1er bocal : « 58 – 32 = 26 ».

Procédure par complémentation : le nombre de bonbons du 2e bocal, c'est le nombre de bonbons qu'il faut ajouter pour arriver à 58 : « 32 + 26 = 58 ».

Pour trouver la solution par cette procédure, on pourra faire un schéma type « saut de puces ».

3 Situation de division de type groupement impliquant la monnaie.

« Avec 10 € ou 1 dizaine d'euros, je peux acheter un kimono. »

On peut alors se poser la question : *« Combien y a-t-il de dizaines d'euros dans 67 € ?* ou *« Combien faut -il de billets de 10 € pour faire 67 € ? »* ou *« Dans 67, combien y a-t-il de fois 10 ? »*

67 € = 10 € + 10 € + 10 € + 10 € + 10 € + 10 € + 7 € ou 67, c'est 6d 7u.

Le club de judo peut acheter 6 kimonos et il lui reste 7 €.

Il lui manque donc 3 € pour acheter un autre kimono.

4 Situation de comparaison, associée à une situation multiplicative.

On va comparer le nombre de cahiers que possède la maitresse avec le nombre de cahiers qu'elle doit distribuer aux élèves.

À ce problème, on ne peut pas répondre directement.

Il faut d'abord connaitre le nombre de cahiers qui doivent être distribués : (23 fois 2) → 2 × 23 = 46

46 cahiers < 50 cahiers. La maitresse a suffisamment de cahiers.

5 Situation d'ajout associée à une situation de comparaison.

Il manque le prix du livre sur les planètes.

Dans une première étape, on va le calculer : 12 € + 8 € = 20 €

Dans une seconde étape, on ajoutera le prix des deux livres : 12 € + 20 € = 32 €.

Obstacles possibles :

- Le fait que le prix du second livre n'apparaisse pas dans l'énoncé. Beaucoup d'élèves risquent de prendre 8 € comme prix.
- La solution qui demande un calcul intermédiaire.

Aide proposée : Dans un travail collectif, raisonner avec la classe sur la formulation des solutions sans les nombres.

6 Problème complexe. Situation de retrait associée à des situations multiplicatives.

Pour trouver le nombre de chocolats restants, il faut enlever le nombre de chocolats mangés au nombre total, donc il faut calculer :

- 1re étape : Combien de chocolats contient la boite au début ? → 10 × 3 = 30 chocolats
- 2e étape : Combien Lou et Sacha ont-ils mangé de chocolats durant la semaine ? → 4 × 7 = 28 chocolats
- 3e étape : Combien de chocolats reste-t-il dans la boite ? → 30 – 28 = 2 chocolats.

Obstacles possibles :

- La complexité de ce problème (3 étapes).
- Véritable problème de recherche pour certains.

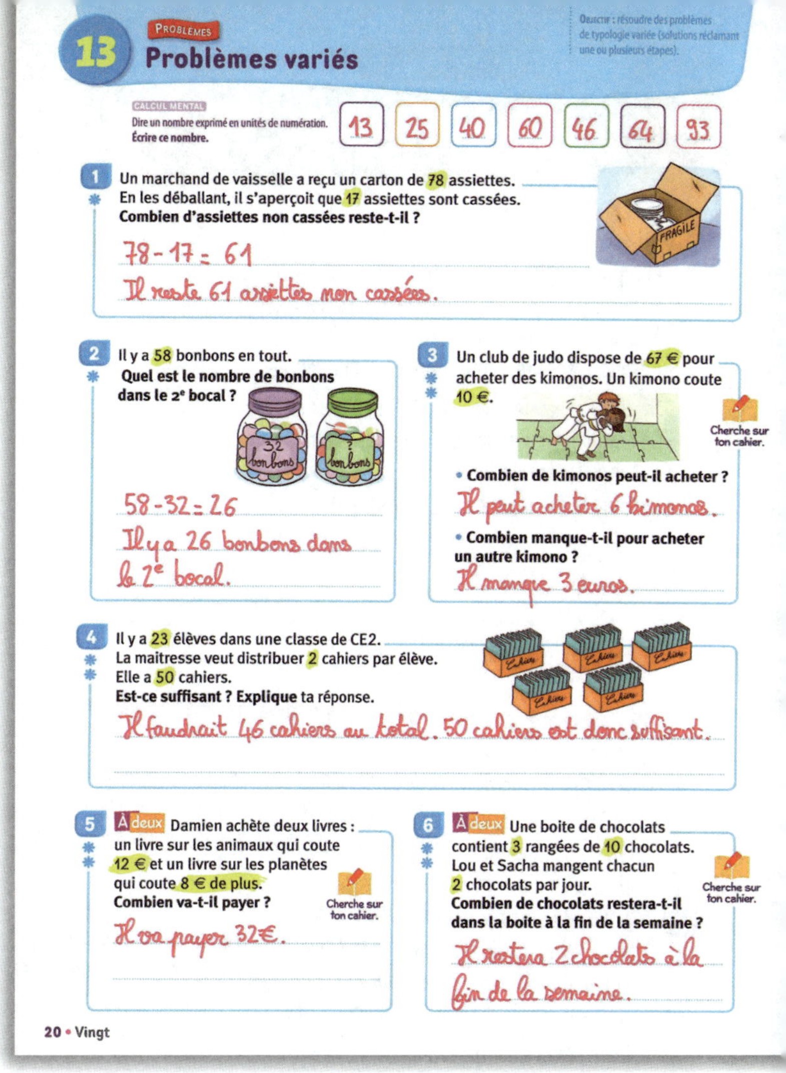

PROBLÈMES

13 Problèmes variés

OBJECTIF : résoudre des problèmes de typologie variée (solutions réclamant une ou plusieurs étapes).

CALCUL MENTAL

Dire un nombre exprimé en unités de numération. Écrire ce nombre.

13 25 40 60 46 64 93

1 Un marchand de vaisselle a reçu un carton de 78 assiettes. En les déballant, il s'aperçoit que 17 assiettes sont cassées. **Combien d'assiettes non cassées reste-t-il ?**

78 - 17 = 61

Il reste 61 assiettes non cassées.

2 Il y a 58 bonbons en tout. **Quel est le nombre de bonbons dans le 2e bocal ?**

58 - 32 = 26

Il y a 26 bonbons dans le 2e bocal.

3 Un club de judo dispose de 67 € pour acheter des kimonos. Un kimono coute 10 €.

- **Combien de kimonos peut-il acheter ?**

Il peut acheter 6 kimonos.

- **Combien manque-t-il pour acheter un autre kimono ?**

Il manque 3 euros.

Cherche sur ton cahier.

4 Il y a 23 élèves dans une classe de CE2. La maitresse veut distribuer 2 cahiers par élève. Elle a 50 cahiers. **Est-ce suffisant ? Explique** ta réponse.

Il faudrait 46 cahiers au total. 50 cahiers est donc suffisant.

5 À deux Damien achète deux livres : un livre sur les animaux qui coute 12 € et un livre sur les planètes qui coute 8 € de plus. **Combien va-t-il payer ?**

Cherche sur ton cahier.

Il va payer 32€.

6 À deux Une boite de chocolats contient 3 rangées de 10 chocolats. Lou et Sacha mangent chacun 2 chocolats par jour. **Combien de chocolats restera-t-il dans la boite à la fin de la semaine ?**

Cherche sur ton cahier.

Il restera 2 chocolats à la fin de la semaine.

20 • Vingt

Aide proposée : conduire la résolution de ce problème collectivement après avoir laissé chercher les groupes.

Faisons le point

- Nous avons fait des problèmes variés.
- Nous avons vu que, pour certains problèmes, on peut trouver la réponse directement.
- Pour d'autres, il faut 2 ou 3 étapes pour trouver la réponse.

Pistes d'activités supplémentaires

Soutien

- Reprendre certains problèmes en changeant les données numériques. Constater que les opérations utilisées ne changent pas.
- Imaginer des problèmes :

- à partir d'un contexte. Les élèves choisissent l'histoire, les données numériques, la question…

- le type d'opération est imposé. Par exemple : imaginer un problème où il y aura à effectuer une multiplication ;

- le programme opératoire est fourni. Par exemple : 65 – 23 ; 19 + 21 + 12…

1 défi

Imaginer un problème qui va se résoudre en faisant chacune de ces opérations : 120 – (15 × 2)   120 + (15 × 2).

14 La journée et les heures

• Fiche Outils « L'heure »
• Exercices différenciés – Grandeurs et mesures 11

Programme 2016

- Comparer, estimer, mesurer des durées.
  » Unités de mesure usuelles de durées (jour, semaine, heure, minute…).
  » Relations entre ces durées.
- Résoudre des problèmes impliquant des durées.

Objectifs spécifiques de la séance

- Se familiariser avec les divisions sociales du temps.
- Reconnaitre la relation 1 j = 24 h.
- Lire une heure (avant midi, après midi).

Information didactique

Parmi les compétences transversales, on trouve la construction du concept de temps. L'élève doit passer progressivement du temps « vécu » au temps « pensé », gérer son temps, distinguer le temps linéaire (chronologie) et le temps cyclique (journées, saisons, années).
Afin de se situer dans le passé et le futur proche puis, progressivement, par rapport à un passé et à un futur plus lointains, l'élève doit se familiariser avec les divisions sociales du temps : année, mois, jour, heure, minute.
On distingue les **notions d'instant et de durée** :
- L'instant est un point sur la ligne du temps que l'on peut repérer par rapport à une origine arbitraire.
- La durée, intervalle entre deux instants, est une grandeur mesurable.

CALCUL MENTAL

❶ Problème : calculer une somme d'argent donnée en billets de 10 € et en euros
Dire : « *Quelle somme possède Louis s'il a : 3 billets de 10 € et 4 pièces de 1 € ? 8 billets de 10 € et 1 € ? 7 billets de 10 € ? 4 pièces de 1 € et 6 billets de 10 € ? 3 pièces de 1 € et 7 billets de 10 € ? 8 billets de 10 € et 5 € ?* »
L'élève écrit la somme.

❷ Problème : ajouter des dizaines
Dire : « *Pierre a 37 € ; Paul lui donne 2 billets de 10 €. Quelle somme a-t-il maintenant ? Même calcul pour 21 €, plus 2 billets de 10 € ; 43 €, plus 4 billets de 10 € ; 25 €, plus 3 billets de 10 €…* »
L'élève écrit la somme.

Activités préparatoires

MATÉRIEL CARTONNÉ

1. Dégager les rythmes de vie d'une journée de 24 heures (journée de classe)

15 min

Matériel individuel : bande cartonnée de 24 cm, graduée tous les centimètres.
Matériel collectif : grande bande tracée au tableau, graduée en 24 parties de même longueur.

Consigne : « *Cette bande représente la journée. Dans une journée, il y a 24 heures. Vos bandes sont déjà graduées en 24 intervalles de 1 cm. Chaque intervalle de 1 cm représente une durée d'une heure. Nous allons ensemble essayer de voir comment nous occupons notre temps dans une journée où il y a classe comme aujourd'hui.* »

▶Conduire un échange collectif concernant l'occupation du temps sur une journée de 24 heures entre l'heure du lever à 7 heures du matin, jusqu'au lendemain matin à la même heure. On suivra le déroulement des occupations dont on ne retiendra que les grandes plages.
- « De 7 h à 9 h : lever, toilette, petit déjeuner préparation pour l'école »
- « De 9 h à 12 h : la classe du matin »
- « De 12 h à 14 h : déjeuner et interclasse »
- « De 14 h à 15 h 30 : la classe de l'après-midi »
- « De 15 h 30 à 16 h 30 : activités périscolaires »
- « De 16 h 30 à 21 h : activité de loisirs, détente, repas »
- « De 21 h à 7 h le lendemain : sommeil »

▶Placer ces plages sur la bande avec des codes couleur. En calculer les durées et constater la place importante, donc nécessaire, occupée par le sommeil dans une journée de notre vie.

- On peut comparer avec le rythme de vie d'une journée sans école, le dimanche par exemple.

- On aura aussi la possibilité d'analyser plus précisément la plage consacrée au temps passé à l'école.

2. Travailler sur l'horloge et faire lire des heures en les mettant en relation avec une bande représentant un jour

15 min

Matériel : bande dessinée au tableau, graduée en 24 heures, de minuit à minuit.
Horloge déplaçable (horloge de la classe ou horloge en carton).
Horloge des fiches cartonnées.

▶Mettre en relation l'heure indiquée sur l'horloge et une position sur la bande du temps de la journée.

Consigne 1 : « *Voilà où nous sommes sur la bande du temps de la journée, c'est le matin, voilà ce qu'indique l'horloge. Quelle heure est-il ?* ».

Ex. : « C'est le matin, il est 7 heures. »

Consigne 2 : « *Maintenant voilà où est placée l'horloge. C'est le soir et les aiguilles sont dans la même position que le matin.* »

Ex. « C'est le soir ; il est 19 heures. »

▶Placer les aiguilles sur les horloges.

Consigne 3 : « *Je vais vous dire des heures, vous devrez chaque fois placer vos aiguilles correctement sur vos horloges.* »

Ex. : « *Il est 10 h → La petite aiguille est sur le 10 ; la grande est sur le 12* ».

Il est 15 heures, 11 heures, 17 heures, 18 heures, 6 heures, 1 heure, 13 heures ; ….

Il est 8 h 30 ; 17 h 30 ; 20 h 30 ; 21 h 30 ; 11 h 30.

Travail sur le fichier

1 Associer la représentation de la durée d'un jour (24 heures) au codage, avec des horloges à aiguilles, de quelques instants (heures exactes) dans cette journée.

Laisser observer la bande du temps individuellement, échanger par deux puis, faire suivre d'un échange collectif.

Décrire la bande représentant la durée d'un jour avec ses temps de nuit et ses temps de jour.

Faire compter et dire les heures à partir de minuit jusqu'au « minuit suivant » :

0 h – 1 h – 2 h... 5 h – 6 h – 7 h – ... 11 h – 12 h – 13 h... 14 h – 15 h – ... 18 h – 19 h ... 22 h – 23 h – 24 h.

Faire remarquer que minuit est une heure spéciale puisqu'elle correspond a la fois à 24 h car c'est la fin d'un jour, et à 0 h car c'est le début du jour suivant. Ce travail pourra être mené en liaison avec « Questionner le monde » (alternance jour/nuit).

Repérer la plage de temps avant midi avec une partie nuit (de 0 h à 6 h environ) puis une partie jour (de 6 h à midi) et la plage après-midi avec une partie jour de (midi à 21 h environ) et une partie nuit de 21 h à 24 h (minuit).

Obstacle possible : La présentation de la bande qui ne rend pas compte de la continuité du temps et du caractère cyclique de l'alternance jour/nuit.

Aide proposée : Présenter, affichée au tableau ou sur un mur de la classe, une bande qui représente plusieurs jours.

2 Différencier dans la lecture de l'heure les heures situées avant midi et les heures situées après midi.

Pour lire correctement une heure sur une horloge à aiguilles, il faut d'abord être capable de situer la position de l'instant correspondant par rapport à midi.

Obstacle possible : Des difficultés pour lire des heures au-delà de midi.

3 Calculer une durée.

Lire et décrire le panneau. L'entrainement débute à 14 h et continue (dure, se poursuit) jusqu'à 16 h 30.

Dans une phase de synthèse, dégager plusieurs procédures. Proposer celle utilisant un schéma qui décompose cette durée en deux, voire trois parties.

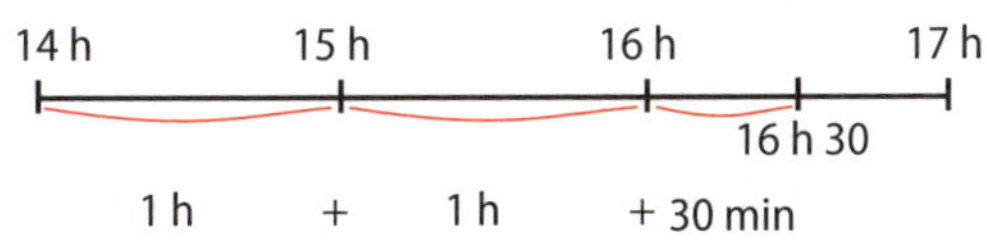

De 14 h à 16 h → 2 heures puis de 16 h à 16 h 30 → 30 minutes ; durée totale : 2 h + 30 min = 2 h 30 min.

4 Estimation de durées qui concernent le vécu de l'enfant.

Les propositions fournies sont des ordres de grandeur.

Attention ! La durée de la présence à l'école est souvent bien supérieure à la durée des cours et peut être très différente d'un élève à l'autre (temps de restauration, de garderie, d'activités hors temps scolaire).

Cet exercice peut être un déclencheur pour une prise de conscience par l'enfant de la répartition de son temps de vie.

La petite question

Les images montrent bien qu'à une même position des deux aiguilles correspondent deux moments très éloignés dans la journée.

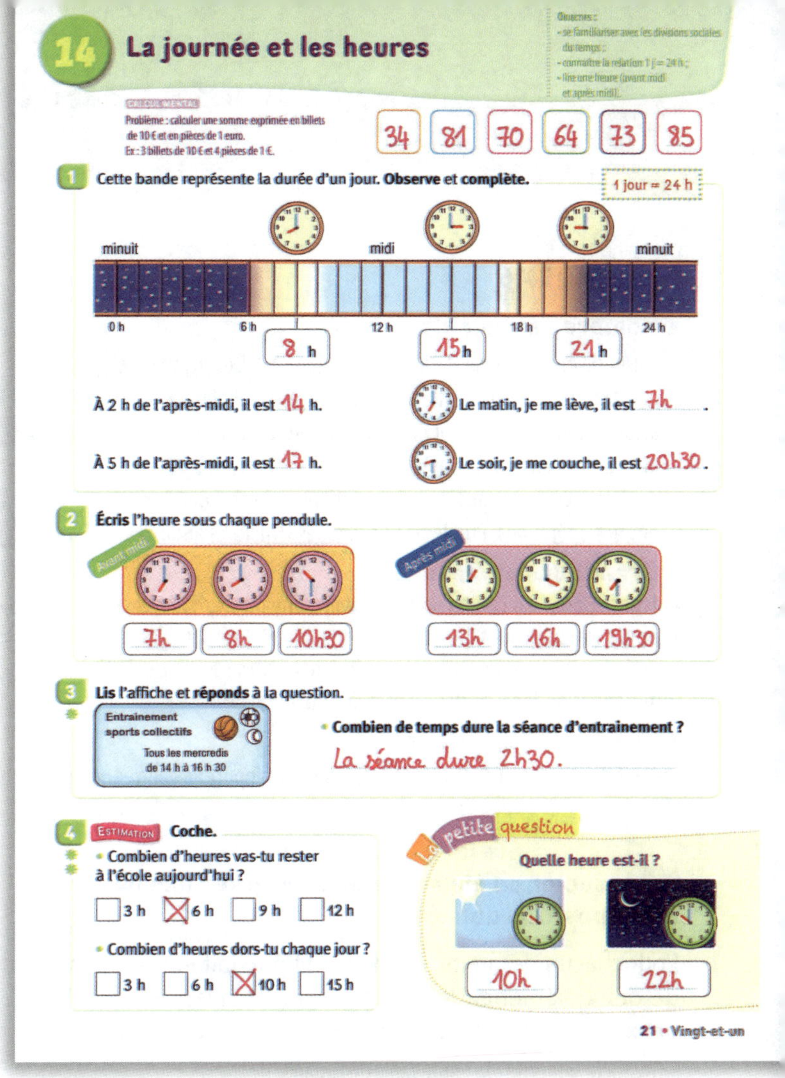

14 La journée et les heures

Objectifs :
- se familiariser avec les divisions sociales du temps ;
- connaître la relation 1 j = 24 h ;
- lire une heure (avant midi et après midi).

CALCUL MENTAL
Problème : calculer une somme exprimée en billets de 10 € et en pièces de 1 euro.
Ex : 3 billets de 10 € et 4 pièces de 1 €.

34 81 70 64 73 85

1 Cette bande représente la durée d'un jour. **Observe** et **complète.** 1 jour = 24 h

minuit — midi — minuit
0 h — 6 h — 12 h — 18 h — 24 h
8 h — 15 h — 21 h

À 2 h de l'après-midi, il est 14 h.
Le matin, je me lève, il est 7h.
À 5 h de l'après-midi, il est 17 h.
Le soir, je me couche, il est 20h30.

2 **Écris** l'heure sous chaque pendule.

Avant midi : 7h — 8h — 10h30
Après midi : 13h — 16h — 19h30

3 **Lis** l'affiche et **réponds** à la question.

Entrainement sports collectifs
Tous les mercredis de 14 h à 16 h 30

• Combien de temps dure la séance d'entrainement ?
La séance dure 2h30.

4 ESTIMATION **Coche.**

• Combien d'heures vas-tu rester à l'école aujourd'hui ?
☐ 3 h ☒ 6 h ☐ 9 h ☐ 12 h

• Combien d'heures dors-tu chaque jour ?
☐ 3 h ☐ 6 h ☒ 10 h ☐ 15 h

La petite question
Quelle heure est-il ?
10h — 22h

21 • Vingt-et-un

Faisons le point

• Nous avons travaillé sur la durée de la journée et sur la lecture des heures de la journée.
• Nous avons appris que, dans une journée, il y a 24 heures.
• Nous avons calculé une durée.

MÉMO-MATHS **« Je sais lire l'heure », page 2.**

Pistes d'activités supplémentaires

Avec toute la classe

• Calculer des durées en relation avec la vie de la classe, en notant l'heure en début et en fin d'activité.
• Dire d'observer chez soi, un fois par mois tout au long de l'année, le moment où il commence à faire nuit et de noter l'heure sur un cahier.

Soutien

• Inviter les élèves de temps en temps dans la journée, dans la matinée et dans l'après-midi, à lire l'heure indiquée par l'horloge.
• Placer les aiguilles convenablement sur les pendules photocopiées ou sur les pendules du matériel cartonné.

Approfondissement

• Travailler sur des calculs de durées en utilisant un schéma (type saut de puce).
Manon est partie en promenade à 15 h 30. Elle est de retour à 17 h 15 . Quelle est la durée de sa promenade ?
• Calculer le nombre d'heures dans 2 jours, dans 3 jours.
• Calculer le nombre d'heures de sommeil dans une semaine.
• Calculer le nombre d'heures de classe dans une semaine.
• Calculer la durée qui s'est écoulée entre les deux instants représentés par les deux images de la petite question.

Je fais le point (1)

→ Fichier élève, p. 22

Programme 2016

• Nombres et calculs

- Utiliser diverses représentations des nombres → Exercices 2 3
- Comparer des nombres entiers en utilisant les symboles >, <, = → Exercice 4
- Calculer mentalement pour obtenir un résultat exact → Exercices 2 4 5 7
- Élaborer ou choisir des stratégies de calcul → Exercice 7
- Résoudre des problèmes issus de situations de la vie quotidienne → Exercice 10
- Sens des opérations. Problème relevant des structures additives → Exercice 10

• Grandeurs et mesures

- Identifier quand il s'agit d'une longueur, d'une masse, d'une contenance ou d'une durée → Exercice 6
- Comparer, ranger des mesures de longueurs → Exercice 8
- Exprimer une mesure dans une ou plusieurs unités → Exercice 8
- Utiliser des horloges et des montres à aiguille → Exercice 9

• Espace et géométrie

- Situer des objets ou des personnes les uns par rapport aux autres ou par rapport à d'autres repères → Exercice 1

1 Associer un élément représenté sur une image à une position donnée

Pour chacun des items, le choix doit être fait entre la position de deux éléments de l'image (deux escaliers, deux arbres, deux bâtiments). Chaque élément est nommé par une lettre.

Obstacle possible : la petite taille de l'image.

Remédiations proposées :

- Travailler sur d'autres documents plus grands ou projetés.
- Analyser, en sortant de la classe ou de l'école, une portion de « paysage » de l'environnement proche.

2 Découvrir différentes désignations d'un même nombre (48)

Les désignations offrent de nombreux visages : écriture en lettres, écriture usuelle en chiffres, décompositions rendant compte de la structure décimale du nombre, écriture soustractive, écriture en unités de numération, désignation sous la forme du double de.

Le fait qu'il y ait deux intrus parmi ces désignations « 4 + 8 » et « 80 + 4 » oblige à vérifier toutes les propositions.

Dans la phase de synthèse, on pourra s'intéresser plus particulièrement à quelques désignations.

- Ex. : 8u 4d et 4d 8u.

L'ordre ici n'a pas d'importance et 8u 4d = 4d 8u.

Les deux écritures sont équivalentes alors que l'écriture chiffrée usuelle est positionnelle. Il y a un ordre à respecter et $84 \neq 48$.

- Ex. : 4 + 8 (intrus).

On est en train d'additionner les chiffres du nombre, or, dans 48, le 4 vaut 40 et le 8 vaut 8 donc $48 = 40 + 8$ mais $48 \neq 4 + 8$.

Remédiations proposées :

- Reproduire régulièrement ce travail sur d'autres nombres.
- Travail de groupe. Fixer un nombre ; demander aux groupes de trouver une dizaine de désignations pour ce nombre.

Exercices différenciés – Nombres 1

3 Associer écriture littérale et écriture usuelle chiffrée d'un nombre

Obstacle possible : maitrise incertaine de la lecture des mots et/ou de la lecture des nombres en chiffres.

Aide proposée : Lecture de nombres.

Exercices différenciés – Nombres 1

4 Utiliser les symboles de comparaison

Effectuer les calculs pour chaque écriture et placer le signe qui convient.

Obstacles possibles :

- Compétences en calcul mental pas toujours bien acquises. 40 + 9 + 50 ou 74 – 14.
- Erreur dans l'utilisation des symboles < et >.

Remédiations proposées :

- Additionner des dizaines entières.
- Prendre appui sur la structure et le nom des nombres : 74 = 60 + 14 → 74 – 14 = 60 : soixante-quatorze moins quatorze = soixante

5 Additionner

- Ce type d'exercice a déjà été proposé dans la fiche n° 9, « La table d'addition » exercice n° 2.
- Redemander à un élève comment on forme les sommes. On additionne toujours deux nombres qui sont côte à côte. Et la somme s'écrit au-dessus. La somme finale valide le travail.
- On fera remarquer que la somme qui est en haut de la pyramide (28) n'est pas égale à la somme des quatre nombres du départ (14). Elle est égale au double.

Obstacles possibles :

- Certaines sommes du répertoire additif sont encore mal maitrisées : « 5 + 7 », « 7 + 9 ».
- Calcul de la somme de deux nombres à deux chiffres.

Activité de manipulation 13

Exercices différenciés – Calculs 1 et 2

6 Associer une mesure à une grandeur mesurable

« 300 grammes est une mesure de masse. »
« 2 L est une mesure de capacité. » …

Remédiations, prolongements proposés :

• Par groupes de deux, demander d'imaginer une phrase pour chacune de ces mesures :
« Le pêcheur a pris un poisson de 300 grammes. »
« Cet arbre a une hauteur de 15 mètres. » …

• Montrer les trois unités : « un gramme », «un litre », « un mètre ». Pour l'unité de durée, on pourra « faire vivre » une copie durant « une minute » ou une course d'une minute…

Activité de manipulation 22

7 Exercice de calcul réfléchi. Ajouter un nombre terminé par 9 (proche d'une dizaine entière)

Voir la fiche n° 11 « Additionner les nombres à deux chiffres » (méthode de Tom).

• La méthode la plus efficace est celle qui s'appuie sur une écriture soustractive du nombre : 10 – 1 pour 9 / 20 – 1 pour 19 / 30 – 1 pour 29.
15 + 9 = 15 + 10 – 1 = 25 – 1 = 24 / 34 + 9 = 44 – 1 = 43.
28 + 19 = 28 + 20 – 1 = 48 – 1 = 47.
57 + 29 = 57 + 30 – 1 = 87 – 1 = 86.

• Pour 28 + 19, on peut utiliser une écriture soustractive des deux nombres :
30 – 2 + 20 – 1 = 50 – 3 = 47.

• Les élèves pourront utiliser d'autres stratégies avec lesquelles ils se sentent plus à l'aise.

Obstacle possible : la manipulation d'écritures soustractives dans le cadre d'un calcul réfléchi.

Remédiations proposées :

• Écrire des désignations soustractives d'un nombre proche d'une dizaine.
• Dégager et faire expliciter les différentes procédures mises en œuvre.
Ex. : 28 + 19 = 20 + 10 + 8 + 9 = 30 + 17 = 47.
28 + 19 = 28 + 10 + 9 = 38 + 9 = 47.
28 + 19 = 2d + 1d + 9u + 8u = 3d +17 u = 4d +7u = 47.

8 Ranger des mesures de longueur dans l'ordre croissant

Faire lire les quatre mesures et laisser effectuer le rangement.

Obstacles possibles :

• Les mesures ne sont pas exprimées avec la même unité. On utilise le mm (9 mm, 15 mm), le cm (2 cm), le mm et le cm (1 cm, 2 mm). On ne peut les comparer sans effectuer une conversion par écrit ou dans la tête. Si on ne prenait que le nombre en compte, on aurait le rangement suivant :
1 cm 2 mm ; 2 cm ; 9 mm ; 15 mm.

• Certains élèves vont choisir 1cm 2 mm comme plus grande longueur parce que la mesure est exprimée à l'aide de deux nombres ou parce que c'est l'écriture la plus longue.

Remédiation proposée : effectuer les transformations dans la même unité pour pouvoir comparer : 9 mm ; 12 mm ; 15 mm ; 20 mm ; on aura donc le rangement suivant : 9 mm ; 1 cm 2 mm ; 15 mm ; 2 cm.

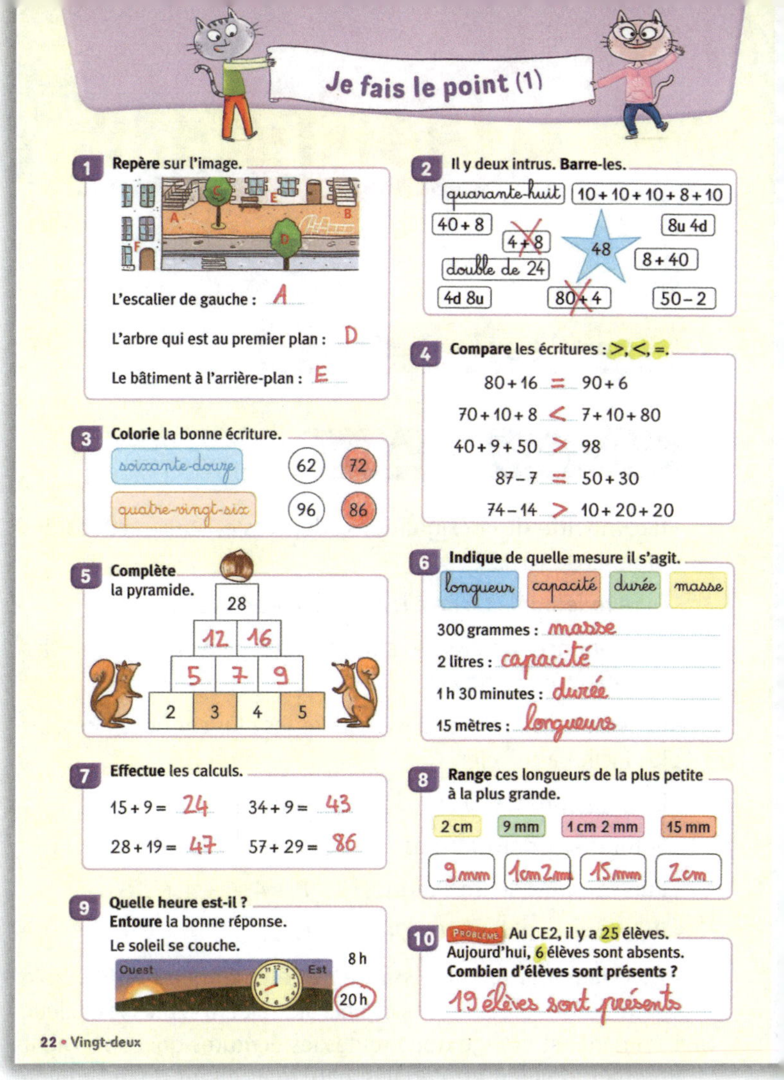

9 Lire l'heure à partir de l'affichage sur une horloge à aiguilles, en tenant compte du moment de la journée qui correspond à cet affichage

Exercice à caractère interdisciplinaire.

Dans le cas présent nous avons des indices : « le soleil se couche » ; nous sommes le soir, donc après midi.

Il est 20 heures. Ce renseignement n'est pas indispensable. L'image suffit car on ne voit qu'une partie du soleil et il est à l'ouest, donc il se couche.

Obstacle possible : l'élève fait une lecture directe de la position des aiguilles ; il voit 8 et non 20.

10 Situation de partition avec recherche d'une des parties

Procéder à une vérification en additionnant absents (6) et présents (19) pour retrouver le total (25).

Exercices différenciés – Problèmes 1 et 2

RÉCRÉ EN MATHS !

Travail sur le fichier

Coloriage magique

• Reconnaitre des désignations additives et soustractives des nombres de 10 à 22.

• Faire redéfinir la tâche à réaliser par les élèves.

• Faire énoncer différentes stratégies qui peuvent être choisies pour effectuer ce travail.

- Repérage d'abord des désignations les plus connues, donc les plus faciles à calculer.

- Désignations de 10 (5 + 5 ; 3 + 7 ; 8 + 2).

- Sommes de deux termes : 7 + 7 ; 8 + 6 ; … 20 + 2 ; 11 + 11.

- Puis sommes de trois termes : 4 + 8 + 4 ; 6 + 4 + 2.

- Puis soustractions : 40 – 20 ; 30 – 12…

• Coloriage par reconnaissance des éléments du tableau : le renard, les arbres. Le motif à colorier aide alors à vérifier la couleur. Le renard est orange donc toutes les écritures qui concernent le renard doivent être égales à 20, mais il faut quand même vérifier.

• Une fois le coloriage terminé, on pourra comparer les productions et voir la répartition des différentes couleurs. *« Que représente la couleur jaune ? »*

Obstacles possibles :

• La longueur de la tâche liée au nombre important des désignations.

• Maitrise incertaine de certains calculs, difficulté à calculer de tête et une mauvaise maitrise du calcul réfléchi.

Aides proposées :

• Demander à chaque élève comment il compte s'organiser, s'il a une méthode pour colorier ce tableau.

• Rappeler les différents points d'appui qui peuvent permettre de calculer plus rapidement.

• Repérer des doubles, des compléments à 10.

Fruits casés

Les fruits présentés sont : le gland du chêne, la bogue du châtaignier, la pomme de pin, la samare (fruit de l'érable).
Ce jeu fait partie de la famille des sudokus. Le but du jeu est de compléter la grille avec la série des quatre fruits qui sont présentés, de telle façon que chaque fruit ne se trouve toujours une seule fois sur la même ligne et dans la même colonne.
Quelques fruits sont déjà placés dans la grille, ce qui permet une résolution progressive du problème.

Obstacle possible : ce jeu qui s'appuie sur la logique peut poser des difficultés.
Aide proposée : tracer un carré de 16 cases au tableau avec quatre formes différentes (ex. : triangle, disque, carré, croissant) et le faire remplir, les élèves venant tour à tour placer une forme en justifiant à chaque fois son choix.

Parcours fléchés

Dans ce paysage représenté sur un fond quadrillé, les deux enfants doivent se déplacer (pour arriver à la maison) en suivant un itinéraire fléché : « l'unité » est le côté du carreau. La flèche donne le sens du déplacement. Bien faire repérer la position initiale des deux enfants. On peut le faire décoder à l'oral avant de commencer.
- En rouge, le trajet d'Emma.
Elle avance : de 1 vers la droite / de 2 vers le haut / de 1 vers la droite / de 4 vers le haut.
- En bleu, le trajet de Gabin.
Il avance de 4 vers le bas / de 6 vers la gauche / de 1 vers le haut / de 4 vers la gauche.
Emma et Gabin arrivent tous les deux à la cabane.

Obstacle possible : la longueur des flèches qui n'est pas proportionnelle à la longueur des déplacements.

Terminer une frise

Ici, il faut reproduire, sur du papier pointé, le motif (feuille) en alternant les couleurs rouge et vert.

RÉCRÉ EN MATHS !

Coloriage magique

Fruits casés

Complète : un seul fruit de chaque par ligne et par colonne.

Parcours fléchés

Trace les parcours d'Emma et de Gabin.

15 Assemblages de polygones

Programme 2016

- Décrire, reproduire des figures ou des assemblages de figures planes sur papier quadrillé.
- Reconnaitre, nommer les figures usuelles.
- Reconnaitre et décrire à partir des côtés et des angles droits, un carré, un rectangle, un triangle.

Objectifs spécifiques de la séance

- Identifier triangles, carrés, rectangles dans un assemblage de polygones.
- Reproduire un assemblage de polygones sur un quadrillage.

Information didactique

En plus de son rôle de structuration de l'espace vu dans les deux dernières fiches, la géométrie doit aider à développer un certain nombre de compétences dans l'analyse des figures, leur reproduction, ou leur construction à partir de consignes en utilisant correctement les instruments.

Une figure plane importante est le **polygone** dont le pourtour est constitué par une ligne fermée de segments, appelés côtés.

L'identification d'une figure peut se faire de manière globale ou par vérification de propriétés (présence d'angles droits, égalité de longueurs de segments…). Le recours aux instruments permet de valider les conjectures. Un lien sera fait entre propriétés géométriques et instruments de tracé. Par ailleurs, les problèmes de description de figures permettent de développer le langage géométrique.

CALCUL MENTAL

❶ **Compter de 2 en 2 sur les nombres < 100**

Travail par deux ou en cascade.

Ex. : de 16 à 30 ; de 17 à 41 ; …

❷ **Compter de 2 en 2 en reculant sur les nombres < 100**

Ex. : de 50 à 32 ; de 69 à 45 ; …

Produire ces suites à l'oral. Éventuellement, les copier.

Activités préparatoires

1. Réactiver les connaissances sur les figures de base déjà vues en CE1

15 min

Matériel : formes géométriques (plastiques ou découpées) ou photocopies de formes (triangles, triangles rectangles, quadrilatères, rectangles, carrés) que les élèves découperont. SITE COMPAGNON

Consigne : « *Par deux, vous allez essayer de classer ces figures. Vous mettrez ensemble celles qui ont la même forme.* »

De manière naturelle, les élèves vont obtenir la classe des triangles (avec les triangles rectangles ou pas), celles des quadrilatères quelconques, celles des carrés, celles des rectangles.

Repréciser le vocabulaire : côtés, nombres de côtés, triangles rectangles (les triangles qui ont un angle droit), carrés (rappeler les propriétés sur les angles droits et l'égalité des quatre côtés), rectangles (quatre angles droits et les côtés opposés de même longueur) et quadrilatères (quelconques).

Faire observer que les carrés et les rectangles sont des quadrilatères particuliers.

2. Identifier des figures de base dans une figure complexe

15 min

Matériel individuel : photocopie d'une figure complexe de type mosaïque (plus simple que celle présentée sur le fichier), composée de rectangles, carrés, triangles rectangles, et d'autres quadrilatères voire autres polygones. SITE COMPAGNON

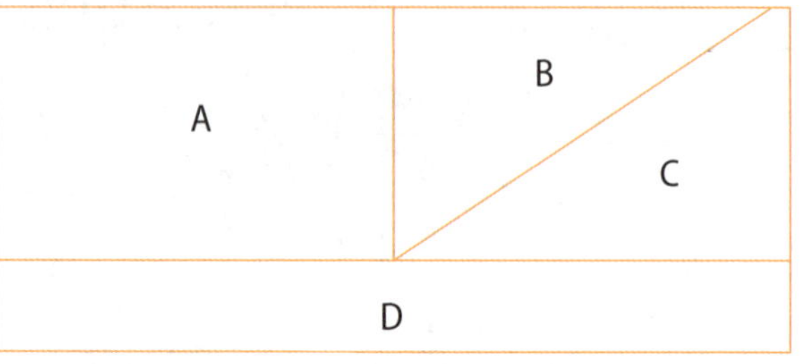

Demander de repérer les carrés, les triangles et les rectangles.

Consigne : « *Dans cet assemblage, vous devez retrouver le nom de la figure qui est un carré, un rectangle et un triangle rectangle.* »

▶ Faire rappeler les propriétés de chacune des figures.

▶ Étudier plus spécifiquement la figure C. « *Pourquoi n'est-elle pas un carré, un rectangle ?* »

▶ Dégager ses propriétés, c'est un quadrilatère qui a deux angles droits.

3. Reproduire l'assemblage sur du papier quadrillé

15 min

Matériel individuel : papier quadrillé, matériel de géométrie, papier calque.

▶ La figure ayant déjà été analysée précédemment, il s'agit de dégager une méthode pour retracer l'assemblage.

▶ Collectivement donner une méthode :

- Tracer d'abord le grand rectangle en comptant les carreaux, puis tracer le petit rectangle D en procédant de même.
- Pour finir de construire le carré A, il suffit de tracer le dernier côté, qui part du milieu du grand côté du rectangle D.
- Il ne reste plus qu'à tracer un segment oblique, en repérant les deux extrémités, pour reproduire les figures B et C.

Du papier calque peut être utilisé pour vérifier l'exactitude des tracés et la fidélité de la reproduction. En rappeler l'utilisation si besoin.

Travail sur le fichier

1 Analyser les polygones d'un assemblage.

Laisser observer individuellement, puis faire lire la consigne et observer la figure (si possible vidéoprojetée).

Demander aux élèves « *De quoi s'agit-il ?* » : il s'agit d'un assemblage de figures, d'une espèce de puzzle composé de figures (certaines sont connues comme les carrés, les rectangles et les triangles rectangles).

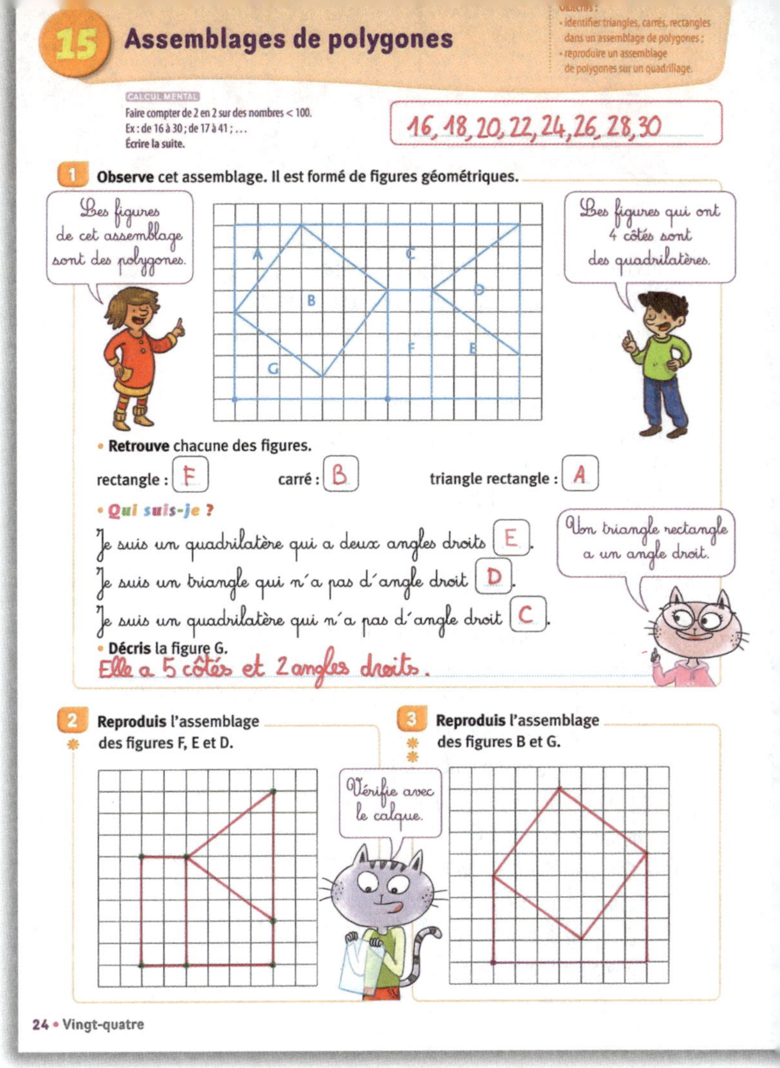

15 Assemblages de polygones

Objectifs :
- identifier triangles, carrés, rectangles dans un assemblage de polygones ;
- reproduire un assemblage de polygones sur un quadrillage.

CALCUL MENTAL
Faire compter de 2 en 2 sur des nombres < 100.
Ex : de 16 à 30 ; de 17 à 41 ; …
Écrire la suite.

16, 18, 20, 22, 24, 26, 28, 30

1 **Observe** cet assemblage. Il est formé de figures géométriques.

• **Retrouve** chacune des figures.

rectangle : F carré : B triangle rectangle : A

• **Qui suis-je ?**

Je suis un quadrilatère qui a deux angles droits E.
Je suis un triangle qui n'a pas d'angle droit D.
Je suis un quadrilatère qui n'a pas d'angle droit C.

• **Décris** la figure G.
Elle a 5 côtés et 2 angles droits.

2 **Reproduis** l'assemblage des figures F, E et D.

3 **Reproduis** l'assemblage des figures B et G.

24 • Vingt-quatre

Faire lire les trois bulles et refaire formuler en insistant sur les termes de « polygones », de « quadrilatères ».
Laisser les élèves répondre individuellement au repérage des trois types de figures et aux trois questions.
Pour décrire la figure G, demander aux élèves de repasser ses côtés et de marquer ses sommets. Rappeler aux élèves qu'ils doivent utiliser du vocabulaire géométrique.

Obstacles possibles :
- Le nombre de figures composant l'assemblage.
- L'orientation des figures (le carré en particulier).

Aides proposées :
- Colorier les différentes figures pour mieux les repérer.
- Reproduire l'assemblage et demander de découper certaines pièces.

2 Reproduire une partie d'un assemblage.
Cet exercice est le premier du fichier qui demande l'utilisation du papier calque, si cela n'a pas déjà été fait dans l'activité préparatoire n° 3.
Les sommets sont déjà marqués, ce qui devrait aider les élèves. Ils doivent repérer les sommets qui appartiennent à chaque figure.

Aides proposées :
- Faire repasser les trois figures dans l'assemblage initial.
- Passage de l'enseignant pour guider les gestes de l'élève.

3 Reproduire une partie d'un assemblage.
Il s'agit de la même situation que l'exercice précédent, mais seuls un côté et un sommet sont représentés.

Obstacle possible : L'orientation du carré.

Aides proposées :
- Marquer certains sommets.
- Tracer les deux côtés latéraux de la figure G.

Faisons le point

- Nous avons repéré dans un assemblage des carrés, des rectangles et des triangles rectangles.
- Nous avons utilisé les mots « polygone » et « quadrilatère ».
- Nous avons reconnu ou décrit des polygones.
- Nous avons reproduit des parties de l'assemblage sur du papier quadrillé.

MÉMO-MATHS **« Je reconnais des polygones », page 2.**

Pistes d'activités supplémentaires

Avec toute la classe

- Demander de reproduire l'assemblage des figures A, B et C.
- Demander de décrire la figure C (de manière différente que dans l'exercice 1).

Soutien

- Faire photocopier la figure de l'exercice 1 et découper les pièces, puis demander de retrouver les figures connues.
- Proposer un assemblage plus simple pour identifier des carrés, des rectangles ou des triangles rectangles.
- Repérer sur une feuille des carrés, des rectangles, des triangles rectangles parmi d'autres polygones.

Approfondissement

- Reproduire sur papier quadrillé tout l'assemblage de l'exercice 1 (possibilité de proposer un quadrillage plus petit ou plus grand).
- Imaginer d'autres puzzles constitués de figures géométriques simples.
- Demander de décrire la figure obtenue dans l'exercice 2 (polygone à 5 côtés avec trois angles droits) ou dans l'exercice 3 (polygone à 5 côtés avec deux angles droits).

le défi

Tracer sur quadrillage un quadrilatère qui a ses cotés de même longueur, mais aucun angle droit.

16 Les polygones

- Fiche Outils « Étude d'une figure »
- Activité de manipulation 18
- Exercices différenciés – Espace et géométrie 1 et 2

Programme 2016
- Reconnaitre, nommer les figures usuelles.
  » Vocabulaire approprié : polygone, côté, sommet.
- Reconnaitre et utiliser la notion d'égalité de longueurs.

Objectifs spécifiques de la séance
- Consolider la notion de polygone.
- Connaitre le vocabulaire : sommet, côté.
- Associer un polygone à sa description.
- Repérer des égalités de longueurs.

Information didactique
Cette leçon s'inscrit dans la continuité de la précédente et va permettre de consolider les connaissances réactivées sur les polygones. On classe les polygones d'après le nombre de côtés (triangle, quadrilatère, pentagone…) ; le nombre de sommets est égal au nombre de côtés, cela constitue un moyen de contrôle. La particularité de tel ou tel polygone viendra de son nombre de côtés, de la présence d'angles droits et de longueurs de côtés de même mesure. Dans cette fiche, le travail se fera sur papier uni sans quadrillage.

CALCUL MENTAL

Problème : compter de 5 en 5 sur les nombres < 100

❶ Dire : « *Zoé a un entrainement de natation tous les 5 jours.*
- Zoé commence le 1er mars. Donne les dates des 5 séances suivantes.
Compare avec ton (ta) camarade. »
L'élève écrit le jour du mois de mars.

❷ Dire : « *Sophie a 48 € pour faire des tours de manège.*
Chaque tour coute 5 €.
- Combien d'argent lui restera-t-il après 1 tour ? 2 tours ? 3 tours ? 4 tours ? 5 tours ?
- Combien de tours pourra-t-elle faire avec ses 48 € ? »
L'élève écrit les réponses.

Activités préparatoires

1. Décrire des polygones (10 min)

Matériel : une photocopie de différents polygones (quelconques de 3 à 6 côtés). SITE COMPAGNON

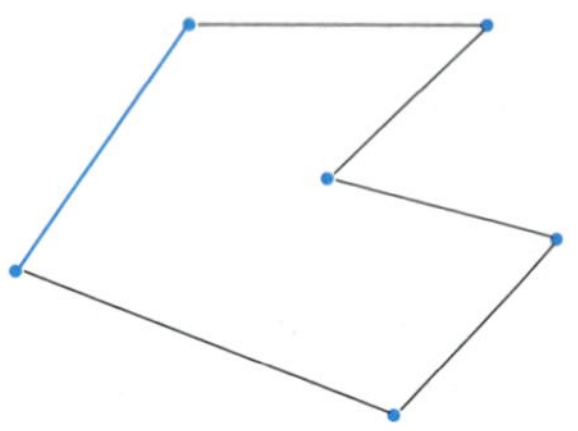

▶ Dans un premier temps, tracer un polygone quelconque au tableau, demander collectivement aux élèves de repérer les côtés, les sommets. Un élève vient repasser avec son doigt, un à un, chacun des côtés (possibilité de les repasser en couleurs différentes). Bien faire repérer qu'il s'agit de segments (« traits droits »), puis marquer les sommets (donner une méthode : les compter dans le sens du déplacement des aiguilles d'une montre pour ne pas en oublier ou en compter deux fois).

▶ Distribuer la fiche d'activité.

Consigne : « *Par deux, vous allez classer ces polygones en fonction de leur nombre de côtés ; vous repasserez à la règle chacun de leur côté et marquerez leurs sommets. Chaque polygone a une lettre qui le désigne* ».

▶ Corriger en faisant afficher la feuille des différents polygones. Arriver à un classement : les polygones qui ont trois côtés sont des triangles, ceux qui ont quatre côtés sont des quadrilatères, ceux qui ont cinq côtés, six côtés…

Faire constater que le nombre de sommets est égal au nombre de côtés.

2. Construire des polygones (20 min)

Matériel individuel : feuille blanche ou unie, matériel de tracé.

Consigne 1 : « *Sur une feuille blanche, vous allez tracer un quadrilatère quelconque, un polygone à 5 côtés et un polygone à 6 côtés.* »

Préciser le terme « quelconque » : qui n'a pas d'angles droits ou de côtés de même longueur.

Être attentif à la qualité des tracés en particulier lors de la « jonction » de deux côtés.

Consigne 2 : « *Je vous demande de tracer maintenant un polygone à 5 côtés, mais il doit y avoir un angle droit.* »

Demander de quel instrument les élèves ont besoin en plus (l'équerre qui permet de tracer des angles droits).

Consigne 3 : « *Je vous demande de tracer maintenant un polygone à 5 côtés, il doit avoir un angle droit et deux côtés de la même longueur.* »

Un rappel sur l'utilisation de la règle graduée peut être fait.

▶ Analyser collectivement les figures obtenues. Les élèves ont obtenu des pentagones différents, de différentes tailles, de différentes formes, avec un angle droit positionné de manière différente, et surtout des côtés de longueur égale positionnés différemment (consécutifs ou pas, au niveau de l'angle droit ou pas…). Faire verbaliser les élèves en faisant utiliser un vocabulaire géométrique précis.

Travail sur le fichier (MATÉRIEL CARTONNÉ)

1 Décrire un polygone selon son nombre de côtés et de sommets.

Laisser observer individuellement, puis faire lire la consigne et observer la figure (si possible vidéoprojetée). Faire lire les deux bulles. Rappeler ou faire rappeler l'utilisation de la bande report pour comparer les longueurs. Deux techniques sont possibles : découper une bande correspondant au côté bleu et voir celui qui lui est égal, ou bien marquer sur une bande la longueur du segment bleu et voir celui qui lui égal. Intuitivement, les élèves peuvent remarquer que ce sont les deux côtés consécutifs en « haut à gauche » qui sont de même longueur, puis vérifier leurs hypothèses.

16 Les polygones

Objectifs :
- consolider la notion de polygone ;
- connaitre le vocabulaire sommet, côté ;
- associer un polygone à sa description ;
- repérer des égalités de longueurs.

CALCUL MENTAL
Problème : compter de 5 en 5 sur les nombres < 100. (Travail par deux)
« Zoé a un cours de natation tous les 5 jours.
Elle commence le 1er mars. Donne les dates des 5 séances suivantes. »
6 | 11 | 16 | 21 | 26

1 Décris ce polygone puis réponds aux questions. MATÉRIEL CARTONNÉ
Tous les côtés d'un polygone sont des segments.
• Combien de sommets ? 6
• Combien de côtés ? 6
• Quel côté a la même longueur que le côté bleu ? Repasse-le en rouge.
Utilise la bande-report pour comparer les longueurs.

2 Colorie : quadrilatère
polygone à 5 côtés
A B C D E F G H I J K

3 Qui suis-je ?
J'ai 5 sommets, un angle droit et 3 côtés de même longueur.
X Y Z
Je suis le polygone X.

4 Trace deux polygones différents en utilisant ces 5 sommets.

La petite question
Où est le carré ? Repasse ses côtés en rouge.

25 • Vingt-cinq

Lors de la correction, faire remarquer que le nombre de côtés est égal au nombre de sommets.

Obstacles possibles :

- Compter deux fois le même sommet ou le même côté.
- L'utilisation de la bande-report mal maitrisée.

Aides proposées :

- Numéroter chacun des sommets pour ne pas les compter deux fois ou en oublier.
- Découper préalablement une bande-report de la longueur du segment bleu.

2 Reconnaitre des quadrilatères et des pentagones parmi des polygones.

Pour classer ces polygones, les élèves peuvent soit raisonner en dénombrant le nombre de côtés (procédure induite par la consigne) ou en dénombrant les sommets.

Obstacles possibles :

- La présence de triangles.
- La forme quelconque des polygones.

Aides proposées :

- Agrandir la situation.
- Faire repasser en couleur chacun des côtés, en les numérotant pour gérer la tâche.

3 Reconnaitre un polygone.

Il faut reconnaitre le polygone qui correspond aux trois contraintes données : c'est un pentagone, il a un angle droit et 3 côtés de même longueur. Les élèves peuvent procéder par élimination ou en recherchant la figure qui correspond exactement à la devinette. La première contrainte permet d'éliminer la figure Y ; la figure Z a deux angles droits et deux paires de deux côtés de même longueur. Faire justifier oralement les procédures des élèves.

Obstacle possible : Dans la figure Z, les longueurs de certains côtés sont très proches.

Aide proposée : Demander de repérer, pour chaque figure, le nombre de sommets, le nombre d'angles droits et le nombre de côtés de même longueur.

4 Tracer des polygones différents à partir d'un nuage de points.

La difficulté de l'exercice réside dans le fait que les élèves rejoignent les points sans se soucier d'obtenir un polygone (non croisé).

En fait, il est possible de construire quatre pentagones différents en jouant sur les côtés du pentagone qui peuvent être tracés à partir du point du « milieu ». Préciser que les côtés ne doivent pas se croiser.

La petite question

Quatre figures (un carré, un triangle rectangle et deux rectangles) sont entremêlées ; il faut repérer le carré qui n'est pas dans sa position prototypique.

Faisons le point

- Nous savons repérer les côtés et les sommets d'un polygone et les dénombrer.
- Nous savons repérer des quadrilatères et des polygones à cinq côtés.
- Nous avons repéré le polygone qui correspond à sa description.
- Nous avons tracé des polygones différents à partir de points.

MÉMO-MATHS « **Je repère des longueurs égales** », **page 3.**

Pistes d'activités supplémentaires

Soutien

- Demander de construire des polygones avec un nombre de côtés donnés et une contrainte sur la présence, ou non, d'angles droits et de côtés de même longueur.
- Reprendre la « petite question » et reconnaitre les deux rectangles (en vert) et le triangle rectangle (en bleu).

Approfondissement

- Demander d'écrire une devinette qui permette de reconnaitre les figures Y et Z de l'exercice 3.
- Imaginer d'autres puzzles constitués de figures géométriques simples.
- Proposer un nuage de 6 points et demander de tracer le maximum de polygones à 6 côtés.

17 Les nombres à trois chiffres (1)

• Activité de manipulation 1
• Exercices différenciés – Nombres 3 et 4

Programme 2016
- Nommer, lire, écrire, représenter des nombres entiers.
- Utiliser diverses représentations des nombres (écritures en chiffres et en lettres…).
  » Unités de numération (unités simples, dizaines, centaines) et leurs relations (principe décimal de la numération en chiffres).

Objectifs spécifiques de la séance
- Revoir l'écriture en chiffres et en lettres des nombres à 3 chiffres.
- Comprendre leur structure à travers des décompositions / recompositions.

Information didactique
La base de notre système de numération étant dix, chaque ensemble de dix unités constitue une unité de l'ordre immédiatement supérieur. Au CP, les enfants ont découvert les nombres jusqu'à cent et ont donc travaillé sur la transformation de dix unités simples en dizaines. Au CE1, la limite de la numération est traditionnellement fixée à mille, ce qui permettait déjà d'entrevoir la règle générale d'écriture de tous les nombres. Pour consolider ces connaissances, il convient d'illustrer centaines, dizaines et unités avec du matériel approprié, de procéder à des décompositions et des recompositions. La valeur de chaque chiffre est ainsi mise en relation avec les groupements correspondants.

CALCUL MENTAL

❶ Calculer des différences associées à la table d'addition
Dire : *« 7 – 5 ; 8 – 6 ; 14 – 7 ; 12 – 5 ; 12 – 6 ; 11 – 3 ; 11 – 5 ; 13 – 7. »*
L'élève écrit la différence.

❷ Retrouver un des nombres d'une somme à partir de la connaissance du résultat et de l'autre nombre
Dire : *« Quel est ce nombre ? J'ajoute 4, j'obtiens 9 ; j'ajoute 7, j'obtiens 14 ; j'ajoute 8, j'obtiens 12. »*
L'élève écrit le nombre-mystère.

Activités préparatoires

MATÉRIEL CARTONNÉ

1. Associer des nombres à 3 chiffres et des unités de numération — 10 min

Matériel individuel : plaques centaines (100), barres dizaines (10), carrés unités (1) du matériel cartonné.

▶ **Coder une collection d'unités de numérations**

Consigne : *« Prenez votre matériel cartonné qui représente les unités de numération et placez devant vous 2 plaques centaines, 5 barres dizaines et 8 carrés unités. Quel est le nombre total de carreaux qui correspond à l'ensemble des unités de numération que vous avez placées devant vous ? Écrivez ce nombre dans un tableau* **c d u** *pour bien faire apparaitre les différentes unités de numération. »*

c	d	u
2	5	8

Regardons avec plus de précision le matériel :
- Dans une barre dizaine, nous comptons 10u.
- Dans une plaque centaine, nous comptons 10 barres de 10, c'est-à-dire 10 dizaines.
- Dans une plaque centaine, nous comptons aussi 100u.

▶ **Représenter un nombre avec les unités de numération du matériel cartonné**

Travail par groupes de 3 pour regrouper le matériel afin de pouvoir représenter des nombres plus grands.

Consigne : *« Placez sur votre table, avec le matériel cartonné, une collection de 346 carreaux. »*

Chaque groupe doit représenter ces nombres avec le matériel cartonné.

Demander à chaque fois à un groupe d'indiquer quel matériel il a utilisé.

Recommencer avec d'autres nombres écrits au tableau : 853 ; 709 ; 560…

2. Associer l'écriture chiffrée usuelle et l'écriture en lettres — 15 min

Matériel individuel : fiche d'activité SITE COMPAGNON, mots-nombres du matériel cartonné.

▶ Dix nombres à 3 chiffres sont proposés avec leur écriture en lettres et en chiffres. Il s'agit d'associer les deux écritures d'un même nombre. Lors de la correction, faire relire les nombres à haute voix. Insister sur le découpage du type :

six cent / quarante et un ➝ 6c / 41u ➝ 600 + 41

Consigne : *« Prenez les mots-nombres de vos fiches cartonnées. Avec ces mots-nombres, vous devez écrire le nom du nombre que j'écris au tableau : 746. »*

▶ Avant de choisir les étiquettes mots-nombres qui conviennent, il faut être capable de :
- lire le nombre en chiffres ;
- retrouver sa segmentation en mots-nombres. Pour l'exemple de 746, dire à voix basse le nom de ce nombre pour découvrir qu'il est constitué de quatre mots-nombres : sept / cent / quarante / six ;
- lire ces mots-nombres sur les étiquettes ;
- les placer pour reconstituer le nom du nombre.

▶ Proposer plusieurs nombres à réaliser successivement : 508 ; 376 ; 879 ; 680 ; 999…

3. Recomposer un nombre à partir de sa structure décimale — 10 min

Matériel : préparer des étiquettes-nombres comportant des centaines entières, des dizaines entières et des unités.
Ex. : 200 700 80 9 30 6 40 70
300 60 5 400 7

▶ Distribuer des étiquettes à quelques élèves. Et dire un nombre.

Consigne : *« Je veux que l'on place au tableau les étiquettes "centaines" "dizaines " et "unités" nécessaires pour obtenir le nombre 468. Les élèves qui pensent avoir une de ces étiquettes viennent la placer au tableau. »*

On peut mettre ces étiquettes dans l'ordre de l'écriture du nombre : 400 + 60 + 8

Mais on peut aussi les placer dans un autre ordre : 60 + 8 + 400. Elles désignent toujours le nombre, mais dans l'écriture chiffrée usuelle, les unités de numération sont placées dans un ordre imposé : c d u.

▶ Recommencer plusieurs fois, en redistribuant les étiquettes à d'autres enfants et en proposant des nombres de structure variée. Faire en sorte, par exemple, que certaines unités de numération ne soient pas représentées : 408 ; 750 ; 98.

Travail sur le fichier

1 Représentation et désignation d'un nombre à 3 chiffres à partir de sa structure décimale.

Observer le tableau qui rappelle la représentation des unités de numération sous forme de carreaux-unités, barres-dizaines, plaques-centaines et les relations entre elles.

Analyser ensuite la représentation et le codage de la collection de 425 éléments. Repérer les 4 centaines, les 2 dizaines et les 5 unités isolées. Les associer aux chiffres correspondants dans l'écriture chiffrée usuelle.

Montrer sur la collection à quelle répartition des unités de numération correspond l'écriture du nombre sous la forme « 400 + 25 » → 4c + 2d 5u → 4c + 25u. Noter où se situe la coupure correspondante dans l'écriture du nombre en lettres : « quatre-cent-vingt-cinq ».

Laisser compléter sur le même modèle le codage des quatre collections à droite.

Obstacle possible : Le codage des collections dans lesquelles une unité de numération n'est pas représentée (304, 450).
Insister sur la nécessité de représenter ces unités manquantes par un zéro dans l'écriture chiffrée usuelle. 304 ≠ 34.

2 Tableau à compléter.

Chacune des lignes présente des décompositions d'un nombre à 3 chiffres autour de sa structure décimale.

Dans la première colonne, le nombre est désigné en unités de numération.

Dans la seconde, les unités de numération sont transformées en centaines entières, dizaines entières et unités simples ; dans la colonne de droite, on retrouve le codage de la décomposition de l'exercice n° 1.

Pour les nombres 710 et 805, nous conseillons de faire apparaitre l'unité manquante dans les décompositions : 7c 1d 0u et 8c 0d 5u.

Obstacle possible : La décomposition des nombres dans lesquelles une unité de numération est codée par un zéro.

3 Associer l'écriture chiffrée d'un nombre et son écriture littérale.

Obstacle possible : La lecture des nombres écrits en lettres. Dans ces noms composés, les mots sont dans un premier temps détachés du sens global du nom et l'on peut avoir du mal, à la fin, à retrouver cette globalité.

4 Calculs autour de la structure décimale des nombres.

Dans la colonne de gauche, on propose des recompositions de nombres à 3 chiffres à partir de sommes de centaines, dizaines, unités.

La colonne à droite est réservée à des soustractions qui, mis à part le dernier calcul, s'appuient sur la structure du nombre.

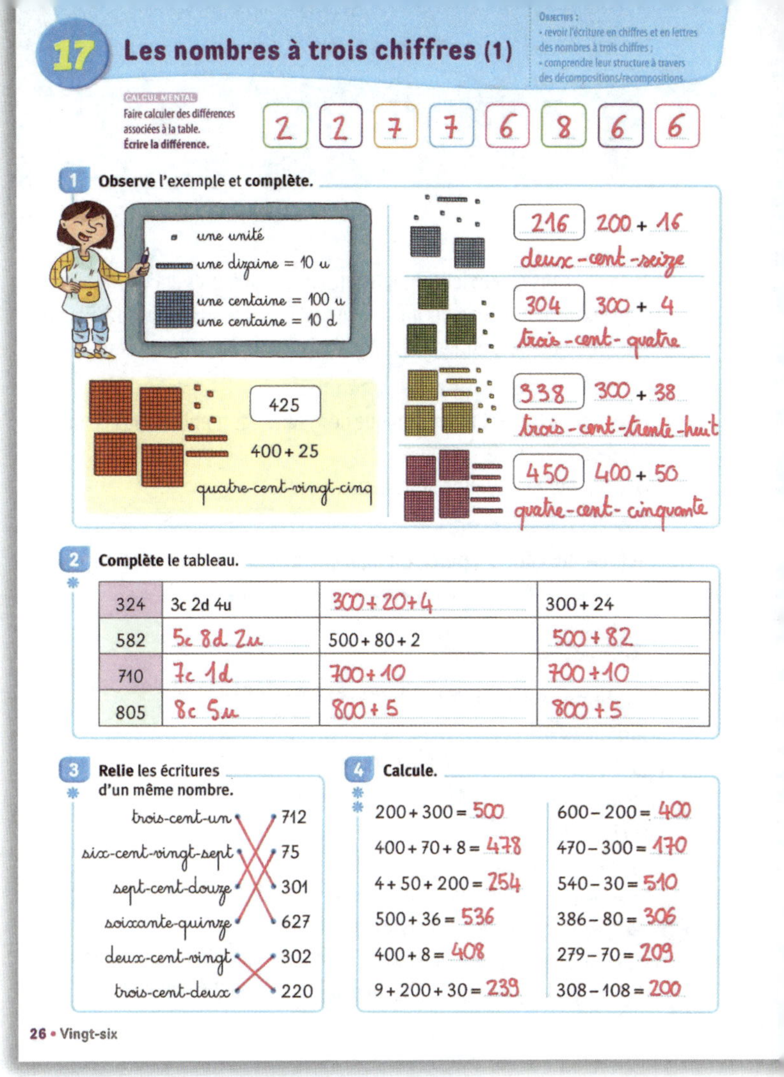

Faisons le point

• Nous avons commencé à revoir les nombres à 3 chiffres et les différentes écritures de ces nombres.

• Nous avons surtout travaillé sur leur décomposition à partir des unités de numération.

• Nous avons vu qu'il y a plusieurs façons d'écrire les décompositions et de désigner un nombre.

MÉMO-MATHS **« Je peux écrire en lettres les nombres jusqu'à 1 000 », page 1 et « Je connais les nombres à 3 chiffres », page 3.**

Pistes d'activités supplémentaires

Soutien

• Dictée de nombres proposés avec différentes désignations. Ex. : 426 ; 400 + 26 ; 4c 2d 6u ; quatre-cent-vingt-six…

• Effectuer des transformations autour des unités de numération :
2c = …u ; 3c = …u
500 = …c ; 600 = …c / 500 = …d ; 600 = …d

Approfondissement

• Compléter : 2d 5u … = 625 ; 2d 5c …= 521 ; 8d … …= 387

• Calculer : 745 – 4d =… ; 745 – 7c = … ; 745 – 5u = … ;

• Ajoute toujours 2d : 423 ; … ; … ; … ; …

• Enlève toujours 1c 1d 1u : 768 ; … ; … ; … ; … ; …

le défi

Qui suis-je ? Mon chiffre des centaines et mon chiffre des unités sont les mêmes. La somme de tous mes chiffres est 14 et je suis situé entre 700 et 800. Réponse : 707.

18 Les nombres à trois chiffres (2)

Exercices différenciés – Nombres 5 et 6

Programme 2016

- Les élèves consolident leur compréhension des nombres entiers.
- L'étude de la numération décimale écrite est étendue au CE2 jusqu'à 10 000.
- Associer un nombre entier à une position sur une demi-droite graduée.

Objectifs spécifiques de la séance

- S'intéresser à l'aspect algorithmique de la suite des nombres, aux changements de dizaine et de centaine.
- Placer un nombre sur une ligne numérique.

Information didactique

L'ensemble des entiers naturels est totalement ordonné. Deux nombres étant donnés, on peut déterminer le plus grand. Par ailleurs, si le nombre *a* est supérieur au nombre *b* et si le nombre *b* est supérieur au nombre *c*, alors le nombre *a* est supérieur au nombre *c* (transitivité).

La bande numérique est l'image géométrique de l'ensemble des entiers naturels, dont le compteur donne une image dynamique, que les élèves ont parfois eu l'occasion d'observer, en voiture par exemple.

La remise à zéro du chiffre des unités au franchissement de la dizaine correspond à l'affichage du chiffre immédiatement supérieur sur le compteur des dizaines et la remise à zéro du chiffre des dizaines se fait simultanément avec l'affichage du chiffre immédiatement supérieur sur le compteur des centaines.

CALCUL MENTAL

Problème : calculer des différences associées à la table d'addition jusqu'à 14

❶ Dire : « *Un pion se déplace en reculant. De combien recule-t-il s'il passe : de 10 à 7 ? de 12 à 8 ? de 11 à 9 ? de 12 à 6 ? de 14 à 8 ? de 11 à 2 ? de 12 à 5 ?* »

L'élève écrit la réponse.

Cela revient à trouver la transformation dans une situation de retrait.

❷ Dire : « *Que reste-t-il dans le portemonnaie ?* »

Somme de départ 14 €, dépense 5 €. / Somme de départ 13 €, dépense 6 €. / Somme de départ 12 €, dépense 5 € / Somme de départ 16 €, dépense 9 €.

L'élève écrit ce qui reste.

Cela revient à trouver l'état final dans une situation de retrait. On se situe ici dans le champ des tables de l'addition.

Activités préparatoires

MATÉRIEL CARTONNÉ

1. Comprendre la transformation de l'écriture chiffrée des nombres dans la suite numérique

20 min

▶ Travail par deux.

Matériel individuel : le compteur du matériel cartonné, les unités de numération du matériel cartonné.
Si possible, un grand compteur pour la classe, que l'on peut voir de loin.

Consigne 1 : « *Avec votre matériel cartonné, vous devrez placer sur votre table une collection de 356 carreaux.* »

Consigne 2 : « *Vous prendrez votre compteur et vous ferez en sorte que ce nombre apparaisse sur le compteur. Observons d'abord le fonctionnement du compteur.* »

Placer la roue des unités (bleue) puis celle des dizaines (rose) et celle des centaines (verte). Remarquer qu'une autre roue est prévue mais elle sera utilisée plus tard.

Consigne 3 : « *Ajoutons une unité à notre collection, nous atteignons maintenant le nombre 357. Que va-t-il se passer pour notre compteur ?* »

Il faut faire tourner la roue des unités. Le 6 disparait et le chiffre 7 le remplace.

Consigne 4 : « *Continuons à ajouter 1, observons en même temps chaque fois le changement de chiffre des unités sur le compteur.* »

Les élèves font les manipulations. On s'arrête pour faire le constat des changements après chaque ajout d'une unité dans la collection. Ils constatent aussi que les chiffres des dizaines et des centaines ne changent pas.

Consigne 5 : « *Décrivons et essayons d'expliquer ce qui se passe à 359 + 1.* »

Dans la collection, nous remplaçons 10 unités par une barre-dizaine. Nous avons une barre-dizaine de plus et il n'y a plus d'unités isolées pour le moment.

Sur le compteur, après 9, on ne peut pas afficher 10 unités (il n'y a la place que pour mettre 1 chiffre), avec 10 unités, on fait une dizaine (voir la transformation sur la collection). Sur notre compteur, nous allons faire tourner la roue des dizaines. Le chiffre des dizaines augmente de 1. En faisant tourner la roue des unités, le compteur des unités affiche « 0 ».

Continuer à écrire la suite des nombres jusqu'à 371.

L'enseignant écrit cette suite au tableau.

357 – 358 – 359 – 360 – 361 – 362 – 363 – 364 – 365 – 366 – 367 – 368 – 369 – 370 – 371

2. « Sur mon compteur, j'affiche le nombre dicté, puis j'affiche le nombre qui suit »

10 min

Matériel : compteur individuel. Si possible grand compteur pour la classe.

Consigne : « *Je vous dicte un nombre, vous l'affichez sur votre compteur, puis vous affichez le nombre suivant.* »

1 5 7	2 4 9	1 9 9	3 9 9
1 5 8	**2 5 0**	**2 0 0**	**4 0 0**

Faire s'exprimer les élèves sur ce qu'il se passe dans chaque exemple et notamment lorsque l'on change de centaine :

199 + 1 = 1c 9d 9u + 1u → 1c + 9d + 10u → 1c +10d + 0u → 2c + 0d + 0u = 200.

Travail sur le fichier

1 Compléter une suite de nombres à 3 chiffres.

S'intéresser à la transformation au niveau de l'écriture chiffrée lors du franchissement de la dizaine. (Voir activité préparatoire n° 1.)

L'entretien peut se faire en deux temps :

- le constat des changements sur les chiffres ;
- la justification de ces changements.

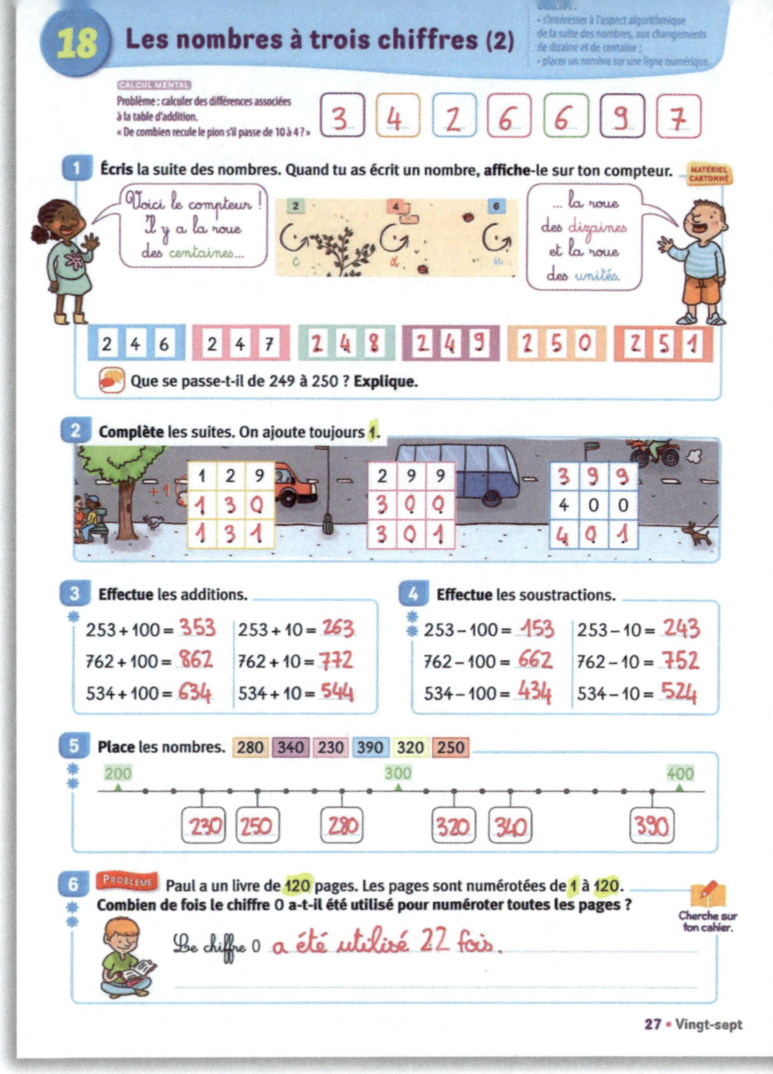

18 Les nombres à trois chiffres (2)

- s'intéresser à l'aspect algorithmique de la suite des nombres, aux changements de dizaine et de centaine ;
- placer un nombre sur une ligne numérique.

CALCUL MENTAL
Problème : calculer des différences associées à la table d'addition.
« De combien recule le pion s'il passe de 10 à 4 ? »
3 4 2 6 6 9 7

1 **Écris** la suite des nombres. Quand tu as écrit un nombre, **affiche**-le sur ton compteur. MATÉRIEL CARTONNÉ

246 – 247 – 248 – 249 – 250 – 251

Que se passe-t-il de 249 à 250 ? **Explique.**

2 **Complète** les suites. On ajoute toujours 1.

129	299	399
130	300	400
131	301	401

3 **Effectue** les additions.

253 + 100 = 353 | 253 + 10 = 263
762 + 100 = 862 | 762 + 10 = 772
534 + 100 = 634 | 534 + 10 = 544

4 **Effectue** les soustractions.

253 – 100 = 153 | 253 – 10 = 243
762 – 100 = 662 | 762 – 10 = 752
534 – 100 = 434 | 534 – 10 = 524

5 **Place** les nombres. 280 340 230 390 320 250

200 … 300 … 400
230 250 280 320 340 390

6 PROBLÈME Paul a un livre de 120 pages. Les pages sont numérotées de 1 à 120.
Combien de fois le chiffre 0 a-t-il été utilisé pour numéroter toutes les pages ? Cherche sur ton cahier.

Le chiffre 0 a été utilisé 22 fois.

27 • Vingt-sept

2 Compléter des suites de nombres situées au franchissement d'une dizaine ou d'une centaine.

La présentation verticale de haut en bas du déroulé des suites permet de mieux visualiser, sous la forme de colonnes, la variation des chiffres de chaque unité de numération.

- Dans un premier temps, la plupart des élèves complètent les suites car ils maitrisent l'écriture de la suite numérique sur les nombres à 3 chiffres (vue au CE1).

- Dans le prolongement de l'activité préparatoire n° 2, et dans la suite logique de la réflexion conduite dans l'exercice 1, on s'interessera aux modifications qui interviennent au niveau de l'écriture chiffrée lors du franchissement d'une centaine.

3 et **4** Ajouter ou enlever 100 ; ajouter ou enlever 10 à un nombre à 3 chiffres.

• Laisser les élèves effectuer le n° 3 puis ménager un temps pour faire expliciter les procédures.

Constater ensuite qu'ajouter 100, c'est ajouter 1 centaine (1c) : 253 +100 = 253 + 1c.

Il suffit d'augmenter de 1 le chiffre des centaines et, pour ajouter 10, il suffit, ici, d'augmenter de 1 le chiffre des dizaines. Les élèves auront constaté que c'est une méthode simple et efficace (certains l'auront peut être utilisée pour leurs calculs).

• Laisser effectuer le n° 4. À la fin, faire dégager les différentes procédures. Voir dans quelles proportions la procédure présentée dans l'exercice 3 a été réinvestie sur les soustractions de 100 et de 10. Constater de nouveau son efficacité ici.

5 Associer un nombre entier à une position sur la ligne numérique graduée.

S'assurer que les élèves ont compris l'exercice. Observer la ligne numérique graduée. Remarquer qu'il s'agit de la portion de la ligne entre 200 et 400 et qu'elle est graduée de 10 en 10. Laisser compléter. Plusieurs procédures sont possibles :

- partir des cases vierges, repérer leur position sur la ligne numérique grâce aux graduations. Chercher le nombre correspondant dans la liste , l'inscrire dans la case et le barrer ;

- partir des nombres de la liste. Prendre un nombre, par exemple 280. Chercher la case correspondante placer le nombre et le barrer ;

- ranger les nombres à placer dans l'ordre croissant : 230 – 250 – 280 – 320 – 340 – 390. Les placer dans cet ordre, de gauche à droite, dans les cases.

Obstacle possible : difficulté à se repérer sur la ligne numérique graduée.

Aide proposée : faire lire toutes les graduations de 10 en 10, de 200 à 400.

6 Problème.

Laisser lire le problème silencieusement. Échanger par deux pour voir si on a compris la même chose. Faire lire le problème oralement. Faire expliquer ce qu'il y a à faire.

S'assurer que tout le monde a compris puis laisser chercher la solution par deux.

Repérer les réponses exactes. Faire expliquer les stratégies. Pour les réponses inexactes, on pourra chercher les causes des erreurs et corriger.

Faisons le point

- Nous avons travaillé sur des suites de nombres à 3 chiffres.
- Nous avons utilisé le compteur.
- Nous avons observé ce qui change dans le nombre lorsqu'on franchit une dizaine ou une centaine.

Pistes d'activités supplémentaires

Soutien

Construire une longue bande numérique verticale, par exemple de 285 à 305. Repérer le passage des dizaines et le franchissement de la centaine.

- Écrire des suites croissantes ou décroissantes de 10 en 10, de 100 en 100, constater les changements.
- Trouver le nombre qui précède et le nombre qui suit.

Approfondissement

Ajouter ou enlever, à un nombre donné, des unités de numération.

Ex. : 534

« Ajoute 5 dizaines, ajoute 3 unités, ajoute 1 centaine 5 unités. »

« Enlève 2 dizaines, enlève 3 centaines et 3 unités. »

- Écrire la suite numérique décroissante de 3d en 3d de 284 à 74.

le défi

Expression orale (par deux) : Expliquer à d'autres élèves pourquoi le nombre qui suit 199 s'écrit 200.

19 L'addition posée

Exercices différenciés – Calculs 7 et 8

Programme 2016

- Mettre en œuvre un algorithme de calcul posé pour l'addition.

Objectif spécifique de la séance

Consolider la technique de l'addition posée à retenue.

Information didactique

La maitrise de la technique de l'addition, déjà abordée au CP et consolidée au CE1 avec des nombres plus grands et de taille différente, est une compétence qui doit être acquise en fin de cycle 2. Elle suppose une bonne lecture de la structure du nombre (valeur positionnelle des chiffres) et une bonne compréhension du système de numération dans lequel l'apparition d'un groupe de dix unités d'un certain ordre déclenche sa transformation en une unité de l'ordre immédiatement supérieur, principe illustré par la « retenue ».
La connaissance des tables d'addition est indispensable.
La disposition de l'addition en colonnes avec séparation des unités des divers ordres a le mérite de la clarté.

CALCUL MENTAL

❶ **Dictée de nombres < 1 000**
Dire : *« 76 – 700 – 630 – 880 – 305 – 901 – 767 – 499. »*

❷ **Placer un nombre approximativement sur la ligne numérique photocopiée, graduée de 100 en 100**
50 – 650 – 480 – 320 – 730 – 875 – 820 – 250 – 515 – 399.
Ménager un temps de correction. Faire justifier les positions en repérant les dizaines les plus proches puis la position dans l'intervalle.

Activités préparatoires (MATÉRIEL CARTONNÉ)

1. Résoudre une situation additive. Calculer une somme. Revoir la technique de l'addition posée (15 à 20 min)

Matériel : énoncé d'un problème additif écrit au tableau.
Matériel individuel : unités de numération du matériel cartonné.

▸ Écrire un énoncé de problème au tableau.
« Un marchand a reçu deux cartons contenant 175 et 98 boites de conserves. Combien a-t-il reçu de boites en tout ? »

▸ Calculer le total avec le matériel.
Consigne 1 : *« Placez sur votre table le matériel de numération. Avec ce matériel, vous allez représenter les deux collections de boites de conserves reçues par le marchand.»*
Question : *« Comment faire le calcul avec le matériel ? »*
Laisser les élèves s'exprimer et tâtonner.
« On regroupe tout. On a alors 1 centaine, 16 dizaines et 13 unités. »
Remarquer que l'on doit échanger 10 unités contre une barre dizaine.
On a alors 1 centaine 17 dizaines et 3 unités.
Consigne 2 : *« Continuez les échanges. »*
On doit échanger 10 barres-dizaines contre une plaque centaine. On obtient alors 2 centaines 7 dizaines et 3 unités, c'est-à-dire 273. Par cette méthode, on vient de trouver que le marchand a reçu 273 boites de conserves.

▸ Calcul au moyen de l'addition posée.
Consigne 3 : *« Maintenant, vous allez faire ce calcul en posant l'opération sur votre ardoise. »*
Observer les opérations posées. Insister sur la nécessité de bien disposer les chiffres qui représentent les mêmes unités de numération (unités, dizaines, centaines) les uns sous les autres, dans une même colonne.

c	d	u
1	1	
1	7	5
+	9	8
2	**7**	**3**

- Faire formuler : « On place les unités sous les unités, les dizaines sous les dizaines, les centaines sous les centaines. »
- Effectuer le calcul en dégageant trois étapes :
  - le calcul de la somme des unités ;
  - le calcul de la somme des dizaines ;
  - le calcul de la somme des centaines.
- Mettre en correspondance le calcul et la manipulation. Lorsqu'on a 13 unités, on décompose : 13u = 1d 3u.
Cette nouvelle dizaine va se placer dans la colonne des dizaines.
C'est la retenue. On dit : « Je retiens une dizaine. »
- Pour le calcul sur les dizaines, on remarquera que, comme pour les unités, lorsqu'on a 10 dizaines, on doit les transformer en une centaine que l'on retient dans la colonne des centaines.
17 d = 1c + 7d.

2. Effectuer quelques additions à retenue (5 à 10 min)

Consigne : *« J'écris trois additions au tableau. Vous devez les poser et les effectuer sur votre cahier. Attention à bien recopier les bons nombres, à placer les chiffres convenablement en colonnes, à ne pas oublier d'écrire les retenues. »*
Proposer les additions suivantes :
256 + 329 ; 428 + 305 + 204 ; 267 + 57 + 157.

Travail sur le fichier

1 Utilisation de l'addition posée pour calculer la longueur d'un trajet.
- Mettre en place une phase de découverte individuelle puis par deux. Un groupe décrit cette situation.
- S'intéresser au schéma. Le reproduire ou le projeter au tableau si nécessaire.
Préciser les renseignements qu'il fournit ; repérer les trois itinéraires.
- Effectuer la recherche par deux.
- Corriger en faisant précéder la réponse à la première question par l'analyse du calcul concernant la longueur de l'itinéraire 1.
Observer la disposition des deux nombres dans l'addition posée. Faire lire la bulle qui explique la présence de la retenue.
- Des élèves effectuent au tableau les additions pour calculer la longueur des itinéraires 2 et 3.
- Pour la seconde question, additionner les itinéraires 1 et 3.
Remarquer qu'une erreur de calcul sur la longueur de l'itinéraire 3 entraine automatiquement une erreur dans le résultat à la question 2.

Objectif : consolider la technique de l'addition posée à retenue.

19 L'addition posée

CALCUL MENTAL
Dictée de nombres : nombres < 1 000.

76 700 630 880 305 901 767 499

1 Un bus de touristes a le choix entre trois itinéraires pour se rendre aux cascades de Melgi.
• **Calcule** la longueur de chaque itinéraire.

itinéraire 1	itinéraire 2	itinéraire 3
c d u : 1 2 6 + 5 6 = 1 8 2	49 + 102 = 151	23 + 137 + 65 = 225

• À l'aller, le bus passe par la ville A et, au retour, il passe par les villes C et D. **Calcule** la distance parcourue pendant la journée par ce bus.

Cherche sur ton cahier.

Le bus a parcouru 407 km.

2 **Pose** et **effectue** les additions.

148 + 29	357 + 185	634 + 76	125 + 48 + 287
177	542	710	460

3 **Complète** les additions.

75 + 24 = 99	28 + 61 = 89	57 + 30 = 87	268 + 461 = 729	138 + 24 = 162

28 • Vingt-huit

Obstacles possibles :
- Disposer une addition avec des nombres de taille inégale.
- Gestion de la retenue.

2 Poser et calculer, sur un quadrillage Seyes, des additions à retenue.

Cet exercice est une bonne évaluation pour définir le niveau de compétences des élèves dans la maitrise de cette technique. Aussi les laissera-t-on en totale autonomie après les avoir invités à bien observer la disposition de la première opération à gauche.

Les critères de l'évaluation porteront sur la capacité à :
- disposer les nombres ;
- respecter la taille des chiffres (2 interlignes) ;
- restituer automatiquement les sommes de la table d'addition ;
- gérer des retenues, y compris des retenues supérieures à 1.

L'enseignant pourra procéder, pendant la séance ou en différé, à un recueil des erreurs qu'il analysera pour définir les obstacles qui demeurent et prévoir une remédiation ciblée.

3 Compléter des additions à trou.

Lorsque l'addition est sans retenue, dans chaque colonne, les chiffres du nombre total sont toujours supérieurs aux chiffres des autres nombres, ce qui facilite la complémentation.

Lorsque l'addition présente une ou plusieurs retenues, certains chiffres du total sont inférieurs.

Dans l'avant dernière opération, colonne des dizaines, on a :

$$6 + ? = 2$$

qui est impossible.

Il faut lire alors 6 + ? = 12 et placer une retenue dans la colonne des centaines.

Nous avons là un obstacle important dont le franchissement peut être hors de portée des élèves.

Faisons le point

- Nous avons revu la technique de l'addition posée avec des retenues.
- Nous devons faire attention à bien placer les chiffres des mêmes unités de numération dans les mêmes colonnes.
- Nous devons bien connaitre les tables de l'addition.
- Lorsque le total d'une colonne dépasse 9, nous devons penser à la retenue.

MÉMO-MATHS **« Je calcule une addition posée à retenue », page 3.**

Pistes d'activités supplémentaires

Avec toute la classe

- Réviser les tables de l'addition régulièrement pour parvenir à des résultats parfaitement mémorisés.
- Pour parfaire la compréhension du principe de la retenue, proposer une série d'additions du genre :
  237 + 21 ; 237 + 22 ; 237 + 23 ; 237 + 24…
- Adopter une progression en jouant sur les variables didactiques :
  - le support d'écriture (papier uni, feuille réglure Seyes) ;
  - le nombre de nombres additionnés (2, 3 jusqu'à 4 ou 5) ;
  - la taille des nombres, homogène ou de taille différente (nombres à 3 chiffres et nombres à 2 chiffres) ;
  - la plus ou moins grande difficulté des sommes des chiffres : 9 + 7 est plus difficile que 2 + 3 ;
  - la gestion de la retenue (pas de retenue, 1 retenue de 1 sur les dizaines, 1 retenue de 1 sur les centaines, 2 retenues, retenues supérieures à 1).
- Dans une batterie d'additions proposée, faire repérer les additions qu'il ne faut pas calculer par un calcul posé car on obtient le résultat beaucoup plus rapidement par un calcul mental, puis poser les autres.
  148 + 51 + 175 =… ; 200 + 30 + 6 = … ;
  39 + 400 = …

le défi

Retrouver puis expliquer les erreurs commises par ces élève, puis effectuer ces opérations sans erreur.

```
  279        1
+ 424       262
  693     + 476
            639
```

Corrigé :
(1) Oubli de la retenue
(2) L'addition a été calculée à l'envers. On a commencé par les centaines.

20 L'addition : différents modes de calculs

Programme 2016

- Vérifier la vraisemblance d'un résultat, notamment en estimant son ordre de grandeur.
- Calculer mentalement pour évaluer un ordre de grandeur.
  » Problèmes relevant des structures additives.
- Calculer en utilisant des écritures en ligne.
- Résoudre des problèmes impliquant des masses.

Objectifs spécifiques de la séance

- Se familiariser avec le calcul approché.
- Effectuer des calculs posés et des calculs en ligne.

Information didactique

Cette fiche convoque différentes entrées autour de l'addition qui devient ici la notion support à la mise en place des multiples facettes d'une démarche spiralaire. C'est l'activité de rebrassage (exercice n° 4), avec le calcul rapide de sommes en ligne par des regroupements judicieux, travaillée régulièrement depuis le cours préparatoire. Ce sont les exercices d'application et d'entrainement aux techniques de calcul posé et de calcul en ligne de l'addition (exercices n° 1 et 3), techniques que les élèves connaissent depuis le CE1 et qu'ils viennent de revisiter pour ce qui est de l'addition posée à retenue. Entrainement aussi au calcul réfléchi sur les sommes (exercice n° 2). Enfin, ce sont des activités de fréquentation d'une notion (ordre de grandeur et de calcul approché ; 2e partie de l' exercice n° 1) qui prépare l'élève à l'étude qui aura lieu plus tard dans l'année, en garantissant par cette fréquentation préalable une meilleure réceptivité au moment de l'étude de la notion.

CALCUL MENTAL

❶ Problème : trouver le nombre de dizaines

Dire : « *Combien Tom peut-il remplir de pages de 10 images avec 40 images ? 60 images ? 70, 30 images ?*
Combien de pages complètes de 10 images avec 82 images ? 53 images ? »
L'élève écrit le nombre de dizaines.

❷ Problème : retrouver le cardinal d'une collection connaissant le nombre de dizaines et le nombre d'unités restantes

Dire : « *Boris a planté des salades par rangées de 10. Combien a-t-il planté de salades s'il a 5 rangées et 8 salades ? 8 rangées ? 12 rangées ? 9 rangées et 4 salades ? 10 rangées ?* »
L'élève écrit le nombre exact.

Activités préparatoires

Notons que le recours au calcul mental est recommandé dans la détermination d'un ordre de grandeur. Soulignons l'importance du calcul rapide, qui, dans chaque situation, va permettre de mobiliser les connaissances et les compétences adéquates pour prévoir *a priori* ou contrôler *a posteriori* un résultat.

1. Repérer la dizaine, la centaine la plus proche d'un nombre

5 min

Consigne 1 : « *Je vous dis un nombre, vous écrivez sur l'ardoise la dizaine la plus proche.* » 28 ; 49 ; 61 ; 78 ; 97 ; 162 ; 428…

Consigne 2 : « *Je vous dis un nombre, vous écrivez sur l'ardoise la centaine la plus proche.* » 375 ; 412 ; 698 ; 99 ; 706 ; 489…

2. Par un calcul réfléchi, trouver l'ordre de grandeur d'un calcul

20 min

▸ Travail par deux.

Consigne : « *Je vais vous dire un calcul à faire, par deux. Je ne vais pas vous demander de me donner le résultat exact mais, par une observation de ce calcul, de me donner un ordre de grandeur de ce résultat facile à retenir, c'est-à-dire : "ça fait environ… ou ça fait à peu près…", après, vous devrez expliquer pourquoi vous donnez cette réponse.* »

Ex. : Un propriétaire veut acheter 2 machines qui coutent 195 € et 308 €. Il voudrait avoir un ordre de grandeur de ce qu'il va payer. « Ça va me couter à peu près combien ? »

▸ Recherche de l'ordre de grandeur : 195 €, c'est environ 200 € ; 308 €, c'est environ 300 € ; sa dépense s'élève donc à environ 500 €.

Donner un ordre de grandeur de la dépense pour deux achats de 98 € et 199 €, de la masse totale de deux colis de 49 kg et 97 kg ; le prix de 10 carnets à 0 € 99 l'un ; le prix de quatre chaises à 52 € et d'une table à 196 €.

Travail sur le fichier

1 L'exercice est composé de deux parties bien distinctes. Faire lire silencieusement la première partie du problème et observer l'image qui situe bien le contexte et fournit les renseignements utiles pour répondre à la question.
Puis un élève viendra présenter la situation à la classe.
Laisser chercher et résoudre individuellement. Il faut additionner la masse des trois caisses en disposant l'addition en colonnes sur le feuillet réglure Seyes. Faire procéder à la correction de cette partie au tableau par un élève. Repérer les erreurs. Faire corriger le résultat qui va être utile pour répondre à la 2e question.

Obstacles possibles :

- La disposition des nombres.
- Un nombre n'a que 2 chiffres.
- La maitrise des sommes de la table.
- La gestion des retenues (2 retenues).

La seconde partie du problème va nous conduire à utiliser calcul réfléchi et calcul approché.
Lire l'énoncé et poser des questions pour faire émerger le problème posé.
- *Que veut faire Pierre ? Quelle question se pose-t-il ?*
(Est-ce que je peux ajouter cette caisse au chargement ?)
- *Quels sont les renseignements qui vont lui être utiles ?*
(La charge maximale qu'on a le droit de transporter dans cette remorque (600 kg), la masse du chargement déjà installé (485 kg), la masse de la caisse que l'on veut ajouter (98 kg))
- La question peut se poser sous la forme :
« Est-ce que 485 + 98 c'est moins que 600 ? »
Pour trouver la réponse sans poser l'opération, Pierre a fait un calcul approché. Voilà ce qu'il a pu se dire : 600, c'est 500 + 100. 485 + 98, c'est « moins que 600 » parce que 485 c'est moins que 500 et 98, c'est moins que 100.

Il aurait pu dire aussi 485 +100 = 585 (moins que 600) donc 485 + 98 c'est moins que 600 (car 98 < 100).

2 Les élèves vont utiliser le calcul mental (automatisé ou réfléchi) pour trouver la masse totale de chaque ensemble de meubles.
209 + 99 = 209 + 100 – 1 = 309 – 1 = 308
50 + 50 + 100 = 200
205 + 190 = 200 + (190 + 5) = 200 + 195 = 395
ou **205 + 190** = 205 + 200 – 10 = 405 – 10 = 395
52 + 52 + 52 + 52 = 50 + 50 + 50 + 50 + 2 + 2 + 2 + 2
= 200 + 8 = 208
ou 52 × 4 = 50 × 4 + 2 × 4 = 200 + 8 = 208
Entrainer le plus souvent possible les élèves à ce genre de calculs. Une correction collective s'impose pour développer les différents calculs et montrer l'utilité d'un calcul réfléchi.

3 Calcul en ligne d'une somme de deux nombres à 2 ou 3 chiffres.
Il existe de nombreuses façons d'effectuer un calcul en ligne. Ici, le fait d'avoir souligné de 2 couleurs indique que le calcul se fait à partir du regroupement des dizaines et des unités. Là encore, il y a plusieurs façons d'effectuer le calcul. La réponse étant demandée directement, on peut choisir la technique identique à celle du calcul posé. Il faudra alors toujours commencer par additionner les unités et ne pas oublier de gérer les retenues, de la même manière que dans le calcul posé.

4 Somme de nombreux termes dont certains, qui se suivent, peuvent être regroupés astucieusement pour former une dizaine entière.
Le calcul ne s'effectue pas en additionnant les nombres les uns après les autres, mais en additionnant le plus souvent des paires de nombres sous la forme d'une dizaine entière.
Voici les trois additions après regroupement :
20 + 10 + 20 + 10 + 30 = 90 / 30 + 10 + 10 + 12 + 10 = 72 / 20 + 10 + 10 + 30 + 8 = 78

Obstacles possibles :
- La longueur des sommes qui peut entrainer des oublis ou l'utilisation répétée d'un même nombre.
- La difficulté à regrouper les nombres pour réaliser des dizaines.

La petite question

On ne dit pas ici que la pomme cache un nombre. On dit qu'elle représente un nombre. C'est un nombre inconnu. Il faut retrouver sa valeur.
30 + 500 = 530. La pomme représente le nombre 500.

Faisons le point

- Nous avons vu que dans un problème, pour trouver des réponses à certaines questions, il fallait faire un calcul réfléchi ou un calcul approché et qu'il n'est pas toujours nécessaire de poser l'opération.
- Pour calculer des additions en ligne, nous avons additionné les unités avec les unités, les dizaines avec les dizaines.
- Nous avons calculé rapidement des additions en ligne en regroupant des nombres pour former des dizaines.

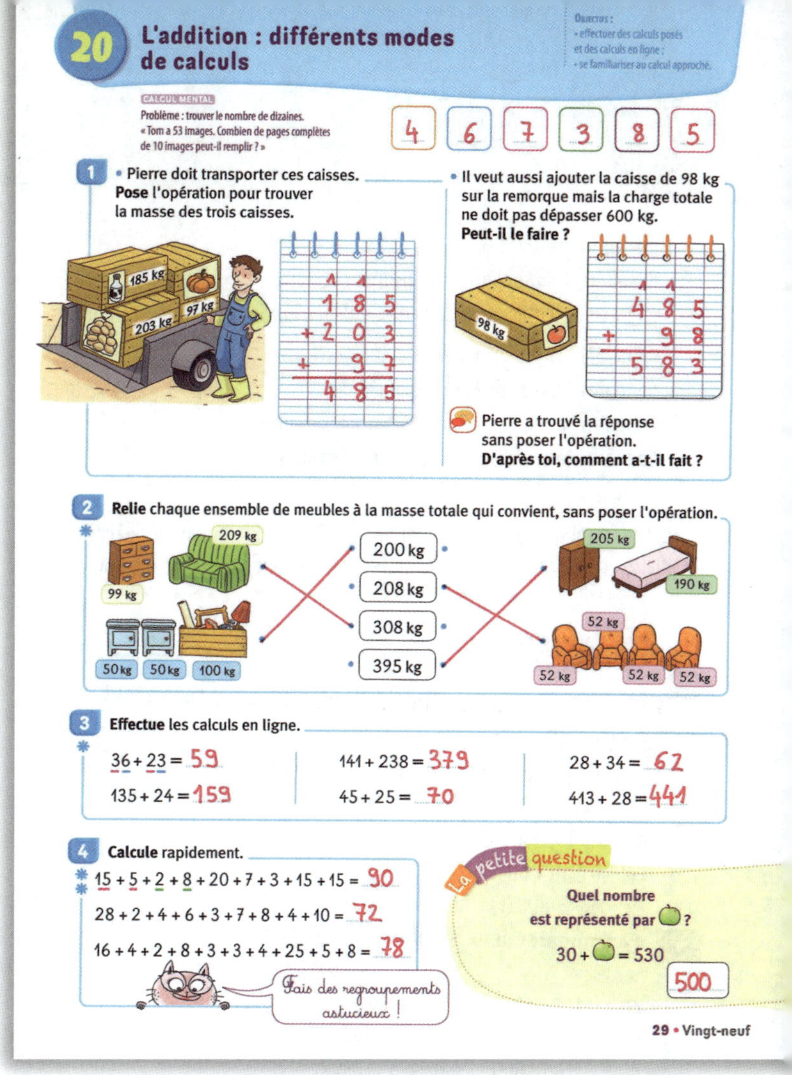
20 L'addition : différents modes de calculs

Objectifs :
- effectuer des calculs posés et des calculs en ligne ;
- se familiariser au calcul approché.

CALCUL MENTAL
Problème : trouver le nombre de dizaines.
« Tom a 53 images. Combien de pages complètes de 10 images peut-il remplir ? »
4 6 7 3 8 5

1 • Pierre doit transporter ces caisses. **Pose** l'opération pour trouver la masse des trois caisses.
185 kg 97 kg 203 kg
185 + 203 + 97 = 485
• Il veut aussi ajouter la caisse de 98 kg sur la remorque mais la charge totale ne doit pas dépasser 600 kg. **Peut-il le faire ?**
98 kg
485 + 98 = 583
Pierre a trouvé la réponse sans poser l'opération. **D'après toi, comment a-t-il fait ?**

2 **Relie** chaque ensemble de meubles à la masse totale qui convient, sans poser l'opération.
99 kg 209 kg — 50 kg 50 kg 100 kg — 200 kg 208 kg 308 kg 395 kg — 205 kg 190 kg — 52 kg 52 kg 52 kg 52 kg

3 **Effectue** les calculs en ligne.
36 + 23 = 59
135 + 24 = 159
141 + 238 = 379
45 + 25 = 70
28 + 34 = 62
413 + 28 = 441

4 **Calcule** rapidement.
15 + 5 + 2 + 8 + 20 + 7 + 3 + 15 + 15 = 90
28 + 2 + 4 + 6 + 3 + 7 + 8 + 4 + 10 = 72
16 + 4 + 2 + 8 + 3 + 3 + 4 + 25 + 5 + 8 = 78
Fais des regroupements astucieux !

La petite question
Quel nombre est représenté par 🍏 ?
30 + 🍏 = 530
500

29 • Vingt-neuf

Pistes d'activités supplémentaires

Soutien

- Calcul mental : revoir les compléments à 10, les compléments à la dizaine supérieure 6 + … = 10 ; 16 + … = 20 ; 21 + … = 30 ; …
- Effectuer des additions en ligne sans retenue avec les unités de numération :
36 + 23 = 3d + 2d + 6u + 3u = 5d 9u = 59…
- Effectuer des additions en ligne à retenue avec les unités de numération :
25 + 37 = 2d + 3d +5u + 7u = 5d + 12u = 6d + 2u = 62
38 + 47 = …
- Effectuer des additions en ligne en décomposant les nombres en dizaines entières et unités :
28 + 43 = 20 + 8 + 40 + 3 = 60 + 11 = 71 / 35 + 37 = …
- Calcul réfléchi : ajouter un nombre proche d'une dizaine entière.
43 + 29 = 43 + 30 – 1 = … ; 17 + 39 = … ; 56 + 28 = …

Approfondissement

- Retrouve la valeur des lettres a et b puis effectue les calculs :
$25 + a = 70$ $a = …$ $35 + b = 50$
$b = ….$ $a + b = …$ $a - b = …$
- Une famille dispose de 200 € pour acheter 4 raquettes qui coutent 49 € l'une. Ont-ils assez d'argent ? Justifie ta réponse.

1 el défi

Mélissa achète 3 albums qui coutent 19 € l'un. Pour payer, elle donne 60 € au libraire. Quelle somme doit-il lui rendre ? Trouvez le résultat par un calcul réfléchi. Expliquez comment vous avez fait.

21 Les euros et les centimes d'euros

• Activité de manipulation 7
• Exercices différenciés – Grandeurs et mesures 13 et 14

Programme 2016

- Résoudre des problèmes impliquant des prix.
  » Principes d'utilisation de la monnaie (en euros et centimes d'euros).

Objectifs spécifiques de la séance

- Connaitre l'usage de la monnaie.
- Connaitre la relation 1€ = 100 centimes d'euros.
- Connaitre le prix de quelques objets familiers.

Information didactique

L'euro (symbole €), unité monétaire de 19 pays de l'Union européenne, est divisé en 100 centimes. Dès le CP, les enfants sont habitués à manipuler des sommes en euros avec la monnaie du matériel cartonné du fichier. Au CE1, ils étudient le centime d'euro (c), découvrent et utilisent la relation

1 € = 100 centimes.

Dans cette fiche, **la monnaie est largement utilisée pour renforcer des notions du domaine numérique ou du calcul** (recomposition d'un nombre, rangement, addition et soustraction en ligne).

La recomposition, la comparaison, l'encadrement, l'addition et la soustraction de prix exprimés à l'aide de 2 unités (euro et centième d'euro) est une très bonne préparation à l'introduction des décimaux au début du Cycle 3. On dit : « Ce livre coute 5 euros 30 centimes ». On dira : « Ce livre coute 5,30 euros. »

CALCUL MENTAL

❶ Vérifier une proposition de comparaison en répondant par Vrai (V) ou Faux (F)

Écrire les propositions au tableau : 420 + 100 > 500 ; 203 < 302 ; 500 < 499 ; 700 – 100 = 600 ; 4 fois 20 = 80 ; 100 – 40 < 50 ; 800 + 99 < 900 ; 100 + 780 < 900

L'élève écrit V ou F.

Ex. : 789 > 800 (F)

❷ Comparer deux nombres inférieurs à 1 000 en utilisant > et <

40 ... 100 ; 60 ... 50 ; 43 ... 37
59 ... 78 ; 450 ... 99 ; 299 ... 300
620 ...700 ; 800 ... 80 ; 475 ... 469

Au départ, dire les nombres ou les écrire au tableau ou sur feuille photocopiée pour un travail à faire en temps limité.
Éventuellement, corriger avec le support de la ligne numérique graduée.

Activités préparatoires (MATÉRIEL CARTONNÉ)

1. Recomposer une somme d'argent avec la monnaie du matériel cartonné (5 à 10 min)

▶ Travail par groupes de 3.

Matériel par groupe de 3 : monnaie du matériel cartonné, fiche d'activité. SITE COMPAGNON

Consigne 1 : *« Je distribue une feuille à chaque groupe. Sur votre feuille, trois objets sont représentés avec leur prix. Avec la monnaie de votre matériel cartonné, vous devez recomposer chacun de ces prix. Vous placerez vos sommes sous les objets. »*

▶ Faire émerger les difficultés rencontrées et expliquer les démarches.

« On place d'abord les euros et ensuite les centimes d'euro. »

Faire apparaitre et écrire au tableau les différentes manières d'obtenir les sommes. Par exemple, pour 5 €, on pourra avoir : 1 billet de 5 € ou 2 pièces de 2 € et 1 pièce de 1 € ; 5 pièces de 1 €, etc.

2. Comparer deux sommes d'argent (10 min)

▶ Travail par deux.

Matériel individuel : monnaie du matériel cartonné.

Consigne : *« Je vais dire une somme, par exemple 17 € 70. Chaque élève doit composer cette somme . Ensuite, vous vérifierez si les deux sommes sont bien équivalentes. »*

La différence peut venir d'erreurs de l'un des élèves ou des deux qui font que la somme demandée n'est pas réalisée. À la fin, ils n'ont pas tous les deux 17 € 70 devant eux. On peut dire que *leurs sommes ne sont pas équivalentes*.

On peut aussi noter des différences au niveau des billets et des pièces utilisés pour constituer la somme. Par exemple, pour faire 10 €, Paul aura pris un billet de 10 € et Lucie 5 pièces de 2 €. Ils obtiennent cependant tous les deux 10 €. On peut dire que *leurs sommes sont équivalentes*.

▶ Comparaison de deux sommes (par deux) : « Quelle somme est la plus grande ? » « Quelle somme est la plus petite ? » Chaque enfant place la somme qu'il veut devant lui.

Consigne : *« Comparez vos deux sommes. Lequel de vous deux a la somme la plus petite ? (ou la plus grande ?) »*

L'élève qui a la somme la plus petite répond oralement : « J'ai 3 € 40 et Paul a 10 € 50 ; c'est moi qui ai la somme la plus petite. »

3. Additionner deux sommes d'argent (10 min)

Matériel individuel : monnaie du matériel cartonné.

▶ La somme des centimes est inférieure à 100

Proposer une addition : 8 € 50 + 15 € 30.

Prendre le matériel et faire dégager et formuler une méthode à suivre pour additionner deux sommes :

« On met les euros avec les euros, les centimes d'euros avec les centimes d'euros. »

▶ La somme des centimes est égale ou supérieure à 100

Proposer une addition : 6 € 50 +12 € 80

Laisser calculer. Les élèves obtiennent 18 € et 130 centimes.

Question : *« Comment faire lorsque la somme des centimes dépasse 100 ? »*

« Quand on a 100 c, on doit les remplacer par 1 €. »

6 € 50 + 12 € 80 = 18 € 130 c = 19 € 30 c

4. Estimer un prix (5 à 10 min)

Consigne : *« Je vais vous proposer trois prix pour des objets que vous connaissez bien. Vous devrez écrire sur votre ardoise celui qui convient. »*

Donner plusieurs exemples de la vie courante.

Un vélo : 6 € 50 - 125 € - 19 €.
Un album : 30 c - 15 € - 125 €.
Un pain : 130 € - 13 € - 1 € 30 c.

▶ Toujours fournir après cette estimation un document pour vérification mais ce dernier proposera plusieurs prix possibles (tous les albums ne sont pas au même prix) qui, de toute façon, élimineront de fait les deux autres propositions.

Travail sur le fichier

1 Associer l'image d'une somme au prix correspondant.
Commencer par faire lire l'encadré. Observer la pièce de 1 € et la pièce d'1 centime d'euro. Lire l'égalité.
Poser une petite question. *« À la boulangerie, une baguette coute 1 euro. Tom veut payer avec des pièces de 1 centime d'euro. Combien doit-il donner de pièces ? »*
Laisser découvrir l'exercice. Les trois sommes qui sont présentées ont été préparées pour acheter les trois objets dont les prix sont marqués.
Il s'agit de calculer chaque somme en additionnant la valeur des billets et des pièces.

Obstacle possible : Confusion entre les euros et les pièces en centimes.
Aide proposée : Avant qu'ils calculent, demander aux élèves de repérer dans chaque somme les euros et les centimes d'euros.

2 Ranger des sommes exprimées en euros et en centimes.
Attention, pour ranger des sommes, la comparaison des nombres ne suffit pas. Il faut aussi prendre en compte l'unité choisie pour exprimer la somme. Ici, le nombre le plus grand (50) correspond à la somme la plus petite (50 c).
Il serait intéressant, à l'issue d'une phase de synthèse, de faire dégager une procédure à appliquer pour ranger des sommes (ranger les sommes en comparant le nombre d'euros).

Obstacle possible : Le rangement lorsque les mesures sont exprimées avec des unités différentes.

3 Encadrer une somme exprimée en euros et centimes d'euros par les euros les plus proches.
Cet exercice est une préparation à l'encadrement des décimaux. Dans le cadre de la mesure, on s'aperçoit qu'entre deux nombres entiers consécutifs, on peut intercaler d'autres nombres.

Aide proposée : Partir d'un nombre entier d'euros, par exemple 5€, et lui ajouter successivement des pièces de 10 c.
On obtiendra 5 € 10, 5 € 20, 5 € 30… 5 € 90 puis 6 €. On voit qu'entre 5 € et 6 €, on peut placer d'autres sommes.

4 Additions et soustractions de sommes d'argent exprimées en euros et centimes d'euros.
Calculer séparément la somme ou la différence sur les euros et la somme et la différence sur les centimes d'euros.

Obstacle possible : Le travail avec des mesures exprimées avec deux unités.

5 Comparaisons de sommes d'argent.
Faire porter la comparaison sur les euros.

Obstacle possible : La présence des centimes

6 Compléter une somme inférieure à 100 c à 1 euro.
Il convient ici de s'appuyer sur la relation 1 € = 100 c.

7 Associer à un objet le prix qui convient parmi plusieurs prix proposés.
Les élèves peuvent procéder par élimination : 1 € 30 est un petit prix, ce ne peut pas être le prix d'une tente ni d'un chapeau.

21 Les euros et les centimes d'euro

OBJECTIFS :
• consolider l'usage de la monnaie ;
• connaitre la relation 1€ = 100 €.

CALCUL MENTAL
Écrire une proposition de comparaison.
Ex : 789 > 800 ; 420 + 100 > 500 ; …
Répondre par vrai (V) ou faux (F).

V V F V V F V V

1 Sous chaque somme, **écris** le nom de l'objet correspondant.

36€ sac à dos — 12€50 lunettes — 2€35 gourde

un euro 1 €
un centime d'euro 1 c
1 € = 100 c

gourde — lunettes — sac à dos

2 **Range** ces prix dans l'ordre croissant.

6 € 18 € 1 € 20 c 50 c → 50c 1€20c 6€ 18€

3 **Situe** les prix entre les euros les plus proches.

7€ 7 € 50 8 € — 12€ 12 € 30 13€ — 26€ 26 € 80 27€

4 **Calcule.**

5 € + 2 € 30 = 7€30
12 € + 3 € 20 = 15€20
7 € 50 + 3 € + 8 € 20 = 18€70
18 € 50 − 3 € = 15€50
24 € 30 − 12 € 10 = 12€ 20
15 € 40 − 2 € 40 = 13€

5 **Compare** les sommes : >, < ou =

7 € 50 > 7 € — 50 c + 50 c = 1 €
2 € 80 < 3 € — 1 € 80 + 1 € < 3 €

6 **Complète** pour faire 1€.

80 c + 20c = 1 € — 75 c + 25c = 1 €
50 c + 50c = 1 € — 90 c + 10c = 1 €

7 ESTIMATION **Écris** le prix de chaque objet.

1 € 30 — 13 € — 130 €

une barre chocolatée 1€30 — une tente 130€ — un chapeau 13€

30 • Trente

Faisons le point

• Nous avons étudié la monnaie, avec les euros et les centimes d'euros.
• Nous savons qu'1 euro = 100 centimes.
• Nous savons comparer, ranger des sommes d'argent.
• Nous savons qu'entre deux sommes en euros, on peut toujours placer une autre somme.

MÉMO-MATHS **« Je connais l'euro et le centime d'euro », page 3.**

Pistes d'activités supplémentaires

Avec toute la classe

• Faire estimer des prix d'objets familiers des enfants.
• Demander d'écrire des sommes, situées entre des euros consécutifs.
• Encadrer des sommes en euros et centimes par des euros consécutifs.
• Compléter une somme à l'euro supérieur :
4 € 30 c + … = 5 € ; 1 € 80 c + … = 2 € ; 2 € 75 c + … = 3 €.
• Transformer en centimes d'euro :
2 € = … c ; 4 € = … c ; 1 € 25 c = … c ; 2 € 37 c = … c.
• Transformer en euros et centimes d'euro :
150 c ; 125 c ; 245 c ; 95 c.
• Additionner des sommes avec des retenues :
2 € 50 + 3 € 50 = … ; 3 € 75 + 1 € 25 = … ; 2 € 40 + 12 € 80 = …

le défi

Calculer le total d'une addition (type supermarché) disposée en colonnes. Vérifier le total avec la calculette.

PROBLÈMES

22 La monnaie

- Activité de manipulation 7
- Exercices différenciés – Grandeurs et mesures 13 et 14

Programme 2016

- Résoudre des problèmes impliquant des prix.
  » Principes d'utilisation de la monnaie (en euros et centimes d'euros).

Objectif spécifique de la séance

- Utiliser des compétences sur la monnaie dans des problèmes d'achat liés à la vie courante.

Information didactique

Le travail sur la monnaie présente un intérêt à la fois mathématique et culturel. La pratique des **échanges commerciaux** constitue un cadre familier pour l'élève, susceptible de donner aux calculs une justification pratique.

Du point de vue mathématique, l'utilisation de la monnaie les place dans des **situations de la vie courante**. En effet, le bon sens et la motivation constituent une aide à la compréhension des situations proposées et favorise le bon choix des nombres et des opérations.

Il est souvent commode et usuel d'utiliser simultanément une unité et l'un de ses sous-multiples, ici l'euro et le centime d'euro, ce qui évite le recours aux nombres décimaux. Ainsi, on dira plus volontiers « Ce livre coute 5 euros 30 centimes » que « ce livre coute 5,30 euros ».

Ce travail commence à préparer l'introduction au Cycle 3 des nombres décimaux.

CALCUL MENTAL

Problème : additionner 3 nombres de somme < 20

❶ Dire : « *Dans un magasin, des élèves font 3 achats chacun. Calcule chaque dépense.*
4 €, 3 €, 2 € / 8 €, 7 €, 2 € / 6€, 2 €, 6 € / 3 €, 7 €, 9 € / 6 €, 4 €, 9 €. »
L'élève écrit la somme.

❷ Dire : « *Pierre lance 3 dés. Quel total obtient-il si les 3 dés indiquent : 1, 5 et 4 / 2, 3 et 6 / 5, 5 et 5 / 6, 6 et 6 ?* »
L'élève écrit la somme.

Activités préparatoires MATÉRIEL CARTONNÉ

1. Faire de la monnaie — 5 à 10 min

▶ Travail par deux.

Matériel individuel : monnaie du matériel cartonné (pièces et billets).

Consigne : « *À la place de ma pièce de 2 €, je voudrais la monnaie en pièces de 10 c, de 20 c et de 50 c.* »

Faire énoncer les différentes façons qui ont été proposées pour obtenir cette somme. Vérifier à chaque fois que l'on a toujours 2 €. Revenir sur les pièces de monnaie en centimes si besoin.

2. Composer et valider des sommes — 10 min

▶ Travail par deux.

Matériel individuel : monnaie du matériel cartonné.

Consigne : « *Je vous dis une somme. Chaque groupe doit placer cette somme devant lui. Puis chaque groupe nous dira les billets ou les pièces qu'il a pris pour réaliser cette somme.* »

Faire valider les propositions d'un groupe par les autres groupes.

▶ On pourra proposer aux élèves les sommes suivantes : 5 € 80 c ; 37 € ; 29 € 45 c ; 1 € 30 c.

3. Calcul d'une somme — 10 min

▶ Travail par deux.

Matériel individuel : monnaie du matériel cartonné.

Consigne : « *Placez devant vous : 1 billet de 10 €, 1 billet de 5 €, 3 pièces de 2 € et 2 pièces de 1 €. Quelle somme avez-vous ? Écrivez-la sur votre ardoise.* ». Donner plusieurs exemples.

4. Rendre la monnaie — 10 min

▶ Travail par deux.

Matériel individuel : monnaie du matériel cartonné.

Consigne : « *Vous êtes des marchands. Vous venez de vendre à un client une casquette qui coute 27 €. Pour vous payer, il vous a donné deux billets de 20 €. Il vous a donné trop d'argent. Vous devez lui rendre la monnaie, c'est-à-dire l'argent qu'il vous a donné en plus du prix de la casquette. Mettez la monnaie qui doit être rendue devant vous.* »

▶ « *Un achat coute 12 € 99. Le client paie avec 20 €. Rendez-lui la monnaie.* »

Prendre d'autres exemples si nécessaire.

Travail sur le fichier

1 Type de situation travaillée avec les élèves depuis le CP (rebrassage).

Il faut réaliser une somme donnée avec les billets et les pièces.

2 La connaissance de la somme totale n'est pas nécessaire. Il suffit d'entourer les pièces pour obtenir 1 € 30 et de constater qu'il reste 1 pièce de 2 € et une pièce de 50 centimes, soit une somme de 2 € 50 c

Obstacle possible : travail avec des euros et des centimes d'euros.

Aide proposée : comprendre que la valeur de la pièce dépend de l'unité que porte cette pièce 2 € > 50 c.

Dans la somme 2 € + 50 c = 2 € 50 c, on ne peut pas additionner les deux nombres pour obtenir 250 € ou 52 c.

3 Problème impliquant des prix.

Dans ce problème à deux questions, les informations sont fournies sur l'image.

Demander à un groupe de le présenter à la classe.

- La somme totale passe par le calcul de l'addition 57 + 68.

Les élèves peuvent poser l'addition et doivent alors gérer la retenue.

Ils peuvent aussi utiliser le calcul réfléchi en décomposant les deux nombres.

57 + 68 = 50 + 60 + 7 + 8 = 110 + 15 = 125.

- La question posée nous montre que la somme possédée par monsieur Duval est inférieure à la somme qu'il doit payer. Il lui manque de l'argent. On sait combien coutent les deux appareils (125 €). Il faut calculer la somme que possède M. Duval (additionner mentalement : 120 €). Il lui manque 5 €.

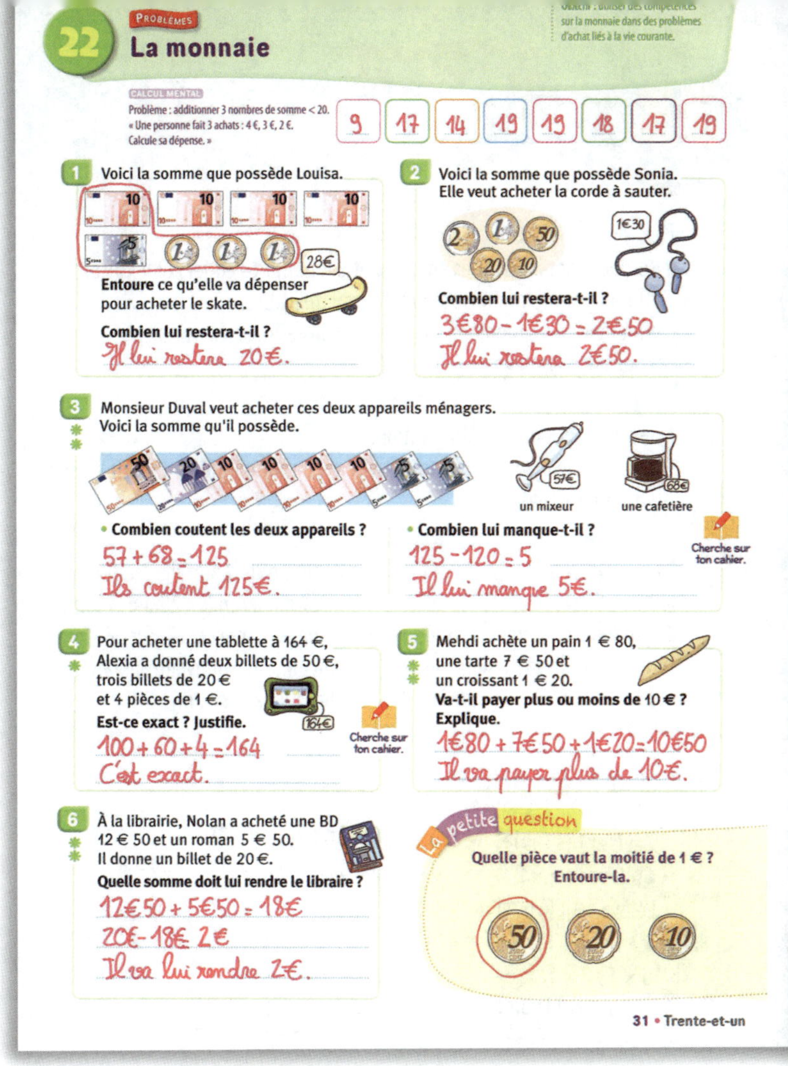

Obstacles possibles :

- Le nombre important des données à gérer.
- Le fait que la réponse à la deuxième question passe par deux étapes.

4 Problème impliquant des prix.

Faire lire le problème à voix haute et laisser les élèves en totale autonomie.

Alexia a donné la bonne somme :

50 + 50 + 20 + 20 + 20 + 1 + 1 + 1 + 1 = 100 + 60 + 4 = 164.

Le calcul peut aussi se faire mentalement.

5 Problème impliquant des prix.

C'est un problème de comparaison entre une somme de 10 € et le montant d'une dépense pour 3 achats. On peut, par un calcul mental, constater que la dépense est supérieure à 10 €.

Somme des euros : 7 € + 1 € + 1 € = 9 € ; additionnons les centimes : 80c + 20 c = 100 c = 1 €, ce qui fait 10 € et il reste encore 50 c à payer. Medhi va donc payer plus de 10 €.

Obstacle possible : additions de sommes d'argent contenant deux unités.

Aide proposée : effectuer ces sommes en deux temps ; somme des euros puis somme des centimes.

6 Situation de comparaison.

Il s'agit de comparer un prix à payer à la somme donnée pour payer. Dans ce type de problème, la somme donnée au marchand est toujours supérieure au prix à payer. Il est donc logique que le marchand redonne au client ce que celui-ci lui a donné en trop. C'est ce qu'on appelle « rendre la monnaie ».

Ex. : Je dois 9 €, je donne 1 billet de 10 € pour payer. J'ai donné 1 € de trop. Le marchand doit donc me rendre cet euro que j'ai donné en trop.

Ici, la réponse passe par deux étapes :

- le calcul de la somme à payer :

12 € 50 + 5 € 50 = 17 € + 1 € = 18 € (calcul mental réfléchi) ;

- le calcul de la monnaie (différence entre 18 € et 20 € → 2 €).

Obstacle possible : La situation - rendre la monnaie - est souvent difficilement comprise.

Aides proposées :

- Travailler sur des exemples simples, sans difficulté de calcul.
- Faire vivre ces situations aux élèves avec la monnaie cartonnée.

La petite question

1 € = 100 c ; 50 est la moitié de 100. 50 c c'est la moitié de 1 €.

Faisons le point

- Nous avons fait des problèmes où l'on utilisait la monnaie.
- Nous savons payer un objet avec des billets et des pièces.
- Nous savons vérifier si une somme versée correspond bien au prix indiqué.
- Nous avons cherché la somme qui manque pour acheter un objet.
- Nous avons appris à rendre la monnaie.

Pistes d'activités supplémentaires

Avec toute la classe

- Manipulations avec la monnaie

- Vous avez 28 € 30. Je vous demande de ne garder que 20 €. Que devez-vous enlever ? Continuer avec d'autres nombres.

- Vous avez 46 € 50. Je vous demande d'ajouter de l'argent pour avoir 50 €. Quelle somme devez-vous ajouter ?

- Organiser une activité « Jouons à la marchande » pour réinvestir des situations abordées dans la séance, avec la monnaie. Fournir la somme exacte pour acheter un objet ; rendre la monnaie.

Soutien

- Constituer une somme avec le moins de billets et de pièces possible : 10 € ; 25 € ; 45 € ; 13 € 75 ; 19 € 99…

Approfondissement

Activité spécifique « rendre la monnaie »

- Que doit me rendre le marchand si pour un achat de 25 € 90, je lui donne 27 € ?

Si je lui donne 30 € ? Si je lui donne un billet de 50 € ?

- Léo achète un livre qui coute 11 € 50.

À la caisse, le marchand lui rend 3 € 50.

Quelle somme Léo avait-il donnée au marchand pour payer ?

- Jan a 10 € et achète tous les jours un journal à 1 € 50.

A-t-il assez d'argent pour une semaine complète ?

1 défi

Problème de recherche par groupes de 2 ou 3 : La somme des économies de Julie et d'Elios est de 300 €. Elios a 60 € de plus que Julie. Combien chacun possède-t-il ? Réponse : Julie → 120 € ; Elios → 180 €.

23 La multiplication

Activité de manipulation 16

Programme 2016

- Résoudre des problèmes en utilisant des nombres entiers et le calcul.
  » Problèmes relevant de structures multiplicatives.
  » Modéliser ces problèmes à l'aide d'écritures mathématiques.
  » Sens des symboles +, -, ×, : .

Objectifs spécifiques de la séance

- Revoir le sens de la multiplication.
- Mettre en évidence la commutativité de la multiplication dans des dispositions lignes/colonnes.

Information didactique

La multiplication peut se définir comme une réitération de l'addition. La réunion de plusieurs ensembles de même cardinal conduit à faire la somme de plusieurs nombres égaux. Une telle somme peut être écrite sous une forme simplifiée utilisant le signe « × ». On définit ainsi une nouvelle opération : la multiplication. On a ajouté ***a***, ***n*** fois, ce qui est égal à ***a* × *n***.

La multiplication, présentée comme une addition réitérée, apparait d'abord comme une simplification d'écriture avant d'être perçue comme une opération à part entière. Au début, l'écriture sous forme multiplicative reste symbolique, le calcul ne pouvant se faire que par des additions. Progressivement, se mettra en place, à côté du répertoire additif, un répertoire multiplicatif sous forme de « tables » dont la mémorisation permettra de procéder directement à la multiplication de deux nombres.
Une seconde présentation, à partir d'un quadrillage ou d'un réseau comportant *n* lignes et *m* colonnes, permet de mettre en évidence une propriété essentielle de l'opération : **la commutativité**. Le résultat de la multiplication est appelé produit et les nombres utilisés sont appelés facteurs.
Cette fiche permet de revisiter cette notion dont l'étude a été abordée assez largement au CE1.

CALCUL MENTAL

Réviser les tables de multiplication par 2 et par 5

❶ Dire : *« 5 × 2 ; 7 × 2 ; 6 × 2 ; 5 × 5 ; 7 × 5 ; 1 × 5 ; 0 × 2 ; 8 × 2 »*
L'élève écrit le produit.

❷ Dire : *« 9 × 2 ; 1 × 2 ; 3 × 2 ; 0 × 5 ; 4 × 5 ; 9 × 5 ; 4 × 2 ; 2 × 2 ; 6 × 5 ; 2 × 5. »*
L'élève écrit le produit.

Activités préparatoires

1. Associer une écriture multiplicative à un schéma

10 à 15 min

Matériel individuel : différentes collections. SITE COMPAGNON

▶ Des collections dont le cardinal pourra s'écrire sous la forme d'une écriture multiplicative :
- avec disposition d'addition réitérée (Ex. : 4 tas de 6 jetons chacun) ;
- avec une disposition lignes-colonnes (Ex. : 3 rangées de 4 figurines).

▶ Des collections dont la disposition des éléments n'appelle pas un codage par une écriture multiplicative (Ex. : collections formées de trois paquets contenant respectivement 4, 6, 3 bouchons).

Consigne 1 : *« Écrivez sous chaque collection une opération pour indiquer le nombre d'éléments qu'elle contient. »*

▶ Noter les propositions au tableau.

▶ Rappeler, comme on l'avait déjà vu au CE1, qu'une addition de nombres égaux peut être remplacée par une multiplication 6 + 6 + 6 + 6 = 6 × 4 (6 multiplié par 4) ou 4 fois 6 ou 6, 4 fois.

▶ Constater que pour les figurines, on peut dire qu'il y a 3 rangées de 4 figurines ou (4 + 4 + 4) ou 4 colonnes de 3 figurines (3 + 3 + 3 + 3) et que l'on peut écrire pour le nombre de figurines 4 × 3 ou 3 × 4.

Matériel individuel : une ardoise ou une feuille blanche.

Consigne 2 : *« Je vous dicte une opération. Vous devez faire un schéma sur votre ardoise (ou sur votre feuille) qui pourra correspondre à cette multiplication. »*

▶ Dicter par exemple « 3 × 7 ». Pour cette multiplication, plusieurs représentations sont possibles. Soit sous la forme « addition réitérée », soit dans une disposition « lignes – colonnes ».

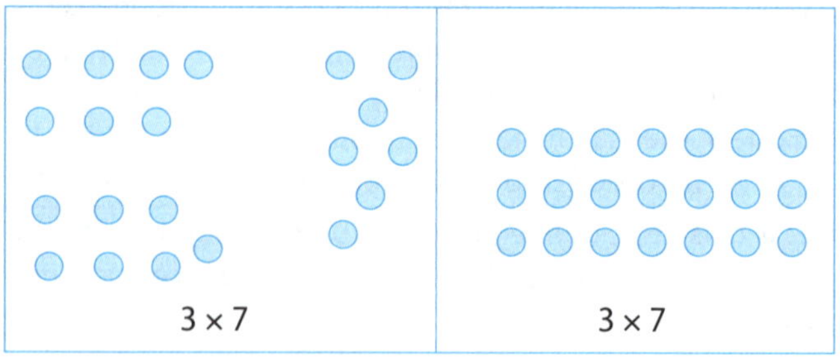

2. Approcher la commutativité de la multiplication

5 à 15 min

▶ Demander de dessiner rapidement :
- 3 paquets de 5 jetons. Écrire le nombre d'éléments sous la forme d'une multiplication : 5 × 3 = 15.
- 5 paquets de 3 jetons. Écrire le nombre d'éléments sous la forme d'une multiplication : 3 × 5 = 15.

Constater que les deux écritures sont équivalentes.

▶ Demander de dessiner rapidement 3 rangées de 5 jetons (qui forment aussi 5 colonnes de 3 jetons). Écrire les deux multiplications qui correspondent à cette disposition : 5 × 3 et 3 × 5. On peut écrire 3 × 5 = 5 × 3 et dire que dans une multiplication, l'ordre dans lequel on écrit les nombres n'a pas d'importance.

Travail sur le fichier

1 Remplacement de l'écriture d'une addition réitérée par l'écriture d'une multiplication.
- Observer la situation et faire lire le problème posé.
- Faire compléter les deux opérations qui permettent de trouver le résultat.

- Insister sur la transformation de l'addition réitérée :

$$12 + 12 + 12 + 12$$

sous la forme de l'écriture plus réduite de la multiplication 12×4 qui se lit « 12 multiplié par 4 » ou « 4 fois 12 ».

Introduire les mots « somme » et « produit ».

Constater à nouveau l'avantage d'utiliser l'écriture de la multiplication (plus courte) par rapport à l'addition réitérée.

Cet exercice est un rappel de l'introduction de la multiplication à partir de l'addition réitérée abordé dès le CE1 (rebrassage).

Obstacle possible : Calcul de la somme.

Aide proposée : Passer par un calcul réfléchi :

$12 + 12 + 12 + 12 = 4d\ 8u = 48$

ou $10 + 10 + 10 + 10 + 2 + 2 + 2 + 2 = 40 + 8 = 48$

ou $(10 \times 4) + (2 \times 4) = 40 + 8 = 48$

12×4 est une autre écriture de l'addition réitérée, le résultat est le même.

2 Exercice d'application : passage d'une addition réitérée à l'écriture d'une multiplication.

3 Repérer différentes désignations correspondant à une collection représentée dans une disposition lignes-colonnes ($20 ; 4 + 4 + 4 + 4 + 4 ; 5 + 5 + 5 + 5 ; 4 \times 5 ; 5 \times 4$).

Faire expliciter ces écritures en les mettant en correspondance avec le schéma.

Ex. : $5 + 5 + 5 + 5$ c'est 5 dans la 1re rangée + 5 dans la 2e rangée + 5 dans la 3e rangée + 5 dans la 4e rangée.

Mettre en opposition les deux écritures $5 + 4$ et 5×4.

Compléter les égalités qui mettent en évidence la commutativité de la multiplication : $5 \times 4 = 4 \times 5$.

Obstacle possible : Le dessin des pommes qui peut gêner le dénombrement.

4 Écrire les deux multiplications équivalentes, associées à la représentation d'une collection dans une disposition lignes-colonnes.

Faire formuler pour chaque collection les deux lectures multiplicatives .

4 rangées de 6 balles / 6 colonnes de 4 balles //

5 rangées de 6 éclairs / 6 colonnes de 5 éclairs //

3 rangées de 9 tartelettes / 9 colonnes de 3 tartelettes.

Obstacle possible : Les élèves maitrisent encore mal les tables.

Faisons le point

- Nous avons revu l'écriture de la multiplication.
- La multiplication peut remplacer une addition qui a tous ses nombres égaux.
- Nous avons vu que : $6 \times 3 = 3 \times 6 ; 4 \times 5 = 5 \times 4 ; ....$
- Dans une écriture de multiplication, l'ordre des nombres n'a pas d'importance. On a le même résultat. 6×3 et 3×6 sont des écritures équivalentes.

MÉMO-MATHS **« J'utilise la multiplication », page 4.**

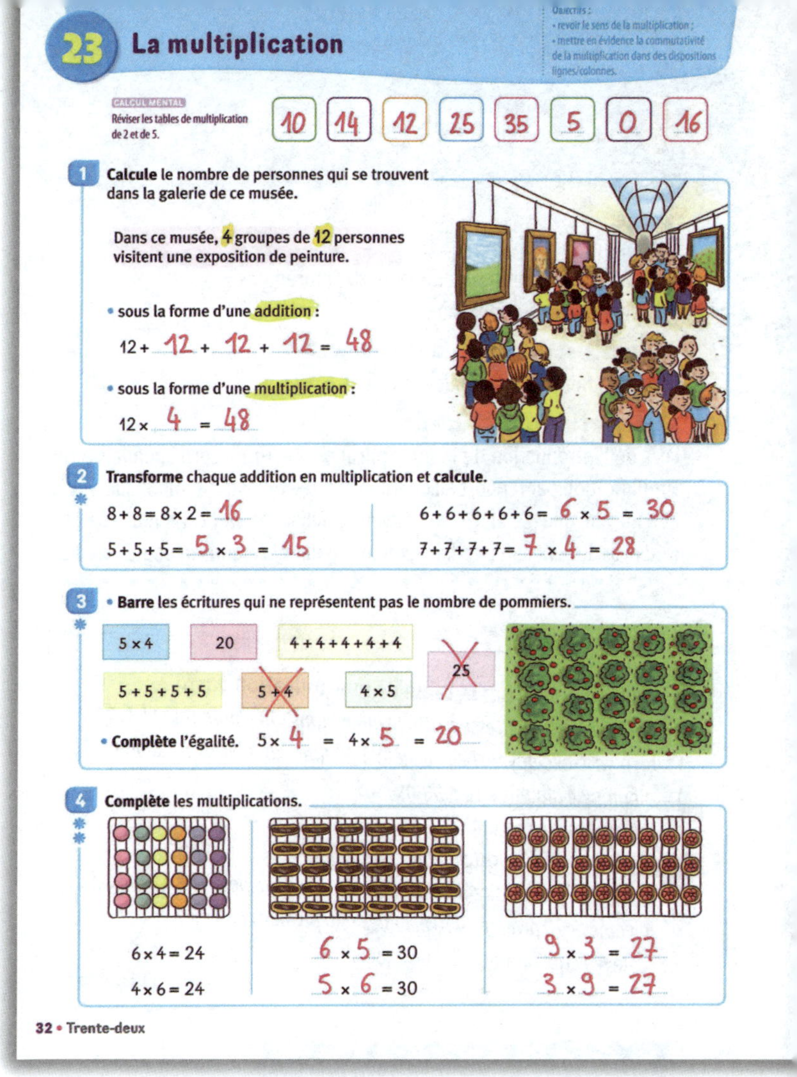

23 La multiplication

Objectifs :
- revoir le sens de la multiplication ;
- mettre en évidence la commutativité de la multiplication dans des dispositions lignes/colonnes.

CALCUL MENTAL
Réviser les tables de multiplication de 2 et de 5.
10 14 12 25 35 5 0 16

1 **Calcule** le nombre de personnes qui se trouvent dans la galerie de ce musée.

Dans ce musée, 4 groupes de 12 personnes visitent une exposition de peinture.

- sous la forme d'une addition :
12 + 12 + 12 + 12 = 48
- sous la forme d'une multiplication :
12 × 4 = 48

2 **Transforme** chaque addition en multiplication et **calcule**.

8 + 8 = 8 × 2 = 16
5 + 5 + 5 = 5 × 3 = 15
6 + 6 + 6 + 6 + 6 = 6 × 5 = 30
7 + 7 + 7 + 7 = 7 × 4 = 28

3 • **Barre** les écritures qui ne représentent pas le nombre de pommiers.

5 × 4 | 20 | 4 + 4 + 4 + 4 + 4 | 25 | 5 + 5 + 5 + 5 | 5 + 4 | 4 × 5

• **Complète** l'égalité. 5 × 4 = 4 × 5 = 20

4 **Complète** les multiplications.

6 × 4 = 24
4 × 6 = 24

6 × 5 = 30
5 × 6 = 30

9 × 3 = 27
3 × 9 = 27

32 • Trente-deux

Pistes d'activités supplémentaires

Avec toute la classe

- Rechercher des exemples mettant en évidence l'écriture produit : carreaux de fenêtre, fauteuils de cinéma, carrelage...
- Donner des écritures de produits et demander de les illustrer en présentant des collections dans la disposition « lignes-colonnes ».
- Compléter des égalités pour montrer la commutativité de la multiplication : $8 \times 2 = ... \times ... ; 10 \times 8 = ... \times ...$

Approfondissement

Proposer une photocopie sur fond quadrillé de tracés de rectangles, de carrés, d'assemblages de carrés et de rectangles. Les élèves devront, pour chaque figure, écrire le produit correspondant et, pour chaque assemblage, écrire la somme des produits.

1 e d é f i

Calculer le nombre de carreaux d'une grande page quadrillée. Écrire la multiplication correspondant à l'espace quadrillé. Effectuer le calcul avec la calculette.

24 Les tables de multiplication (1)

Activité de manipulation 9

Programme 2016

- Mémoriser des faits numériques et des procédures.
  » Tables de la multiplication.

Objectif spécifique de la séance

Revoir les tables de multiplication par 2, 3, 4 et 5.

Information didactique

Lors de l'introduction de la multiplication, l'écriture correspondait à une simplification par rapport à l'addition répétée et restait symbolique. Au fur et à mesure que les élèves se trouvent familiarisés avec cette nouvelle opération, ils doivent l'utiliser directement et pour cela maitriser progressivement les tables de multiplication de 0 à 9. La construction de la table de multiplication fait apparaitre la **notion de multiples**. On appelle multiple d'un nombre entier *n*, tout nombre obtenu en multipliant *n* par un nombre entier quelconque. Le mot « multiple » fait appel aux deux écritures d'un même produit (4 × 3 et 3 × 4) et s'appuie donc sur la commutativité de la multiplication. Les multiples de 2 et de 5, diviseurs de notre base de numération, sont particulièrement simples à reconnaitre : les premiers sont les nombres pairs tandis que l'écriture décimale des seconds se termine par 5 ou 0.
Au CE1, les élèves ont mémorisé les tables de 2, 3, 4 et 5 qui sont revisitées et consolidées dans cette fiche.

CALCUL MENTAL

Problème : utiliser la table de multiplication par 5.

❶ Dire : *« La maitresse a acheté des albums. Un album coute 5 €. Combien va-t-elle payer si elle achète 3 albums ? 6 albums ? 2 albums ? 8 albums ? 4 albums ? 10 albums ? »*
L'élève écrit le produit.

❷ Dire : *« Un fleuriste prépare des bouquets de 5 pivoines. Combien peut-il faire de bouquets s'il a 10 pivoines ? 15 pivoines ? 25 pivoines ? 20 pivoines ? 40 pivoines ? 50 pivoines ? »*
L'élève écrit le nombre de bouquets.

Activités préparatoires

1. Revoir les tables de 2, de 3, de 4 et de 5

10 min

▸ Revoir les tables de 2 et de 5

Matériel collectif : diagramme de Venn au tableau
- un ensemble pour les nombres de la table de 2 ;
- un ensemble pour les nombres de la table de 5 ;
- une intersection dans laquelle viendront se placer les nombres qui appartiennent aux deux tables.

Matériel individuel : une ou deux étiquettes par enfant (suivant le nombre d'élèves) avec les nombres de la table de 2 et les nombres de la tables de 5.

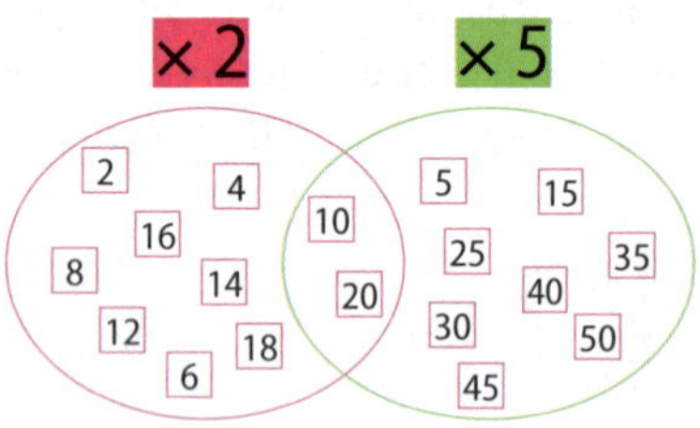

Les nombres 10 et 20 qui appartiennent aux deux tables, ne seront fournis qu'une fois.

Consigne 1 : *« J'ai dessiné au tableau deux ensembles. À l'intérieur du premier, à gauche, on placera les nombres de la table de 2. À l'intérieur du second à droite, on placera les nombres de la table de 5. Vous pouvez remarquer que ces deux ensembles ont une intersection. Qu'allons-nous mettre dans cette intersection ? »*

Consigne 2 : *« Je donne 1 ou 2 étiquettes-nombres à chacun de vous. Vous allez les placer au tableau dans l'ensemble qui convient. »*

Corriger. Constater que les nombres 10 et 20 appartiennent aux deux tables.

▸ Revoir les tables de 3 et de 4

Procéder de la même manière que pour les tables de 2 et de 5. Remarquer, là aussi, que les nombres 12 et 24 appartiennent aux deux tables.

2. Compléter des tableaux multiplicatifs

5 à 10 min

Matériel individuel : deux tableaux photocopiés ou construits par les élèves à partir d'un modèle.

×	2	5	3	4	6	8	9	7
2								
5								

×	2	5	3	4	6	8	9	7
3								
4								

3. Consolider la maitrise des tables en variant les entrées

5 à 10 min

▸ Compléter une égalité de la table

Consigne : *« J'écris au tableau une égalité d'une table, incomplète. Vous écrivez sur votre ardoise le nombre qui manque. »*

7 × … = 14	2 × … = 18	15 = … × 5
12 = … × 4	4 × 8 = …	… × 4 = 36
35 = 5 × …	… × … = 21	9 × … = 27
45 = … × …	8 × … = 0	8 × … = 8

Jeu : Chaque enfant écrit un nombre des tables de 2, 3, 4 ou 5 sur son ardoise.

Ex. : Tom écrit 21. L'enseignant demande : *« Qui pense avoir écrit 3 fois 7 sur son ardoise ? »*

Celui qui a écrit le nombre 21 (Tom) doit lever son ardoise.

▸ Associer un produit de la table à une démarche de division

Poser des questions du type :
- Combien de fois 5 pour faire 15 ? Combien de fois 2 pour faire 18 ? Combien de fois 7 pour faire 21 ?
- Combien de fois 3 dans 18 ? Combien de fois 4 dans 32 ?
- Dans 12, combien de fois 2 ? Dans 40, combien de fois 5 ?

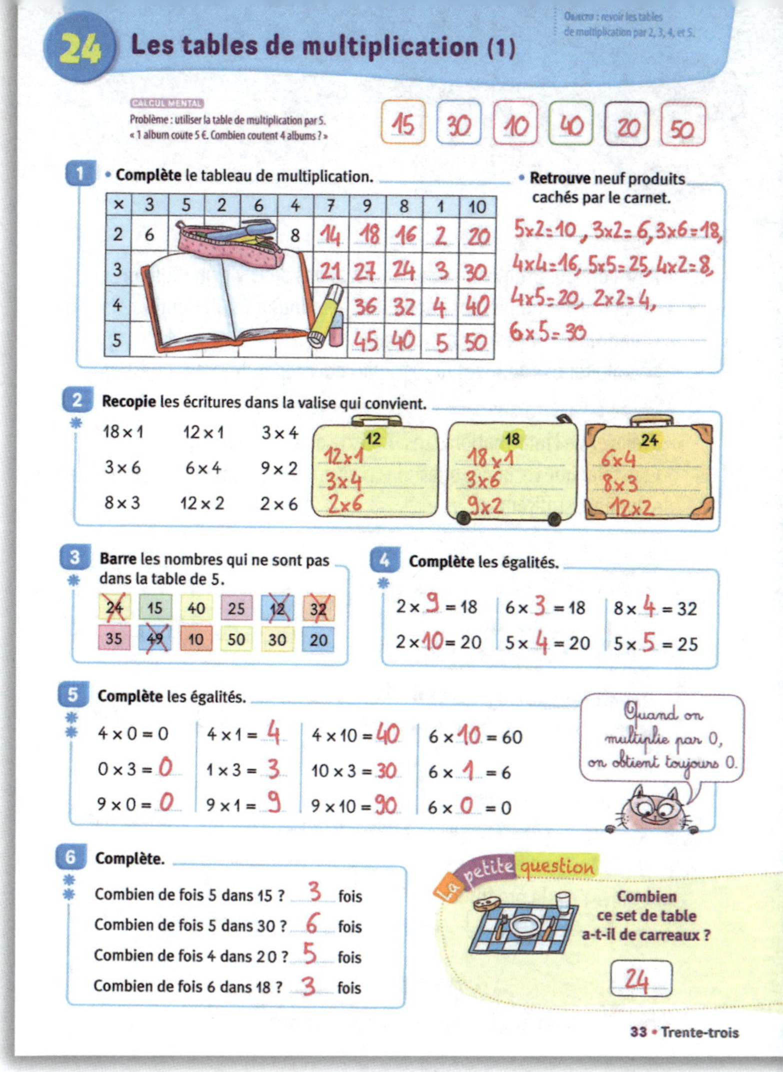
24 Les tables de multiplication (1)

Objectif : revoir les tables de multiplication par 2, 3, 4, et 5.

CALCUL MENTAL

Problème : utiliser la table de multiplication par 5.
« 1 album coute 5 €. Combien coutent 4 albums ? »

15 | 30 | 10 | 40 | 20 | 50

1 • **Complète** le tableau de multiplication.

×	3	5	2	6	4	7	9	8	1	10
2	6				8	14	18	16	2	20
3						21	27	24	3	30
4							36	32	4	40
5							45	40	5	50

• **Retrouve** neuf produits cachés par le carnet.

5x2=10, 3x2=6, 3x6=18, 4x4=16, 5x5=25, 4x2=8, 4x5=20, 2x2=4, 6x5=30

2 **Recopie** les écritures dans la valise qui convient.

18 × 1   12 × 1   3 × 4
3 × 6   6 × 4   9 × 2
8 × 3   12 × 2   2 × 6

12 : 12x1, 3x4, 2x6
18 : 18x1, 3x6, 9x2
24 : 6x4, 8x3, 12x2

3 **Barre** les nombres qui ne sont pas dans la table de 5.

24 (barré) 15 40 25 12 (barré) 32 (barré)
35 49 (barré) 10 50 30 20

4 **Complète** les égalités.

2 × 9 = 18 | 6 × 3 = 18 | 8 × 4 = 32
2 × 10 = 20 | 5 × 4 = 20 | 5 × 5 = 25

5 **Complète** les égalités.

4 × 0 = 0 | 4 × 1 = 4 | 4 × 10 = 40 | 6 × 10 = 60
0 × 3 = 0 | 1 × 3 = 3 | 10 × 3 = 30 | 6 × 1 = 6
9 × 0 = 0 | 9 × 1 = 9 | 9 × 10 = 90 | 6 × 0 = 0

Quand on multiplie par 0, on obtient toujours 0.

6 **Complète.**

Combien de fois 5 dans 15 ? 3 fois
Combien de fois 5 dans 30 ? 6 fois
Combien de fois 4 dans 20 ? 5 fois
Combien de fois 6 dans 18 ? 3 fois

La petite question

Combien ce set de table a-t-il de carreaux ?

24

33 • Trente-trois

Travail sur le fichier

1 Compléter un tableau multiplicatif.

Analyser la situation collectivement. Les fournitures posées sur le tableau empêchent de remplir certaines cases. D'autres cases sont bien visibles et peuvent être remplies.

Noter que, dans cet exercice, il y a deux tâches à accomplir :
- renseigner les cases visibles ;
- retrouver 9 produits cachés par le carnet. Une quinzaine de cases sont suffisamment cachées pour rendre difficile l'écriture des produits. Demander aux élèves de choisir les plus cachés.

Obstacle possible : dans les zones cachées, il peut être difficile de repérer les cases.

2 Classer des écritures multiplicatives de 12, 18 et 24.

Procéder avec méthode.

S'intéresser à une écriture, calculer le produit, placer l'écriture dans la valise qui convient, barrer l'écriture initiale.

3 Repérer des nombres de la table de 5.

Les produits de la table de 5 sont terminés par 5 ou 0.

24 ; 12 ; 32 ; 49 sont donc des intrus.

4 Compléter des produits de la table.

Un des facteurs et le produit sont connus. Il s'agit de trouver l'autre facteur.

Interroger les élèves pour connaitre leurs procédures. *« Quelles questions se posent-ils pour trouver le 2e nombre ? »*

« Par combien faut-il multiplier 2 pour obtenir 18 ? Combien de fois 2 dans 18 ? Quel produit de la table de 2 est égal à 18 ? »

Obstacle possible : les produits $6 \times \ldots = 18$ et $8 \times \ldots = 32$ (Les égalités commençant par 6 et 8 font tout de suite penser aux tables de 6 et de 8 qui n'ont pas encore été étudiées.)

Aide proposée : inverser le sens de l'égalité : $18 = 6 \times \ldots$ / $32 = 8 \times \ldots$

5 Multiplications particulières par 0, par 1 et par 10.

Les trois premières colonnes permettent de dégager les règles. La quatrième fait fonction d'application de ces règles.
- Quand on multiplie un nombre par 0, le résultat est toujours 0.
- Quand on multiplie un nombre par 1, le nombre ne change pas.
- Quand on multiplie un nombre par 10, on écrit un zéro à la droite du nombre.

Obstacle possible : La manipulation du nombre 0 est toujours délicate pour les élèves, surtout au Cycle 2. Dans le cadre d'une démarche spiralaire, il est souhaitable de l'utiliser de temps en temps, dès le Cycle 2, puis plus fréquemment au Cycle 3.

Pour 4×0, dire : 4 fois 0 → $0 + 0 + 0 + 0 = 0$; 4 fois rien, c'est rien.

Pour $4 \times 1 = 4$, on peut dire : 1 fois 4 → c'est 4.

6 Associer à un produit de la table un questionnement relevant aussi de la division.

Voir Activité préparatoire n° 2.

Rappelons que : connaitre le produit 5 multiplié par 3, c'est aussi connaitre le produit 3 multiplié par 5, 3 fois 5, 5 fois 3 ou pouvoir répondre aux questions *« En 15 combien de fois 3 ? »* ou *« En 15, combien de fois 5 ? »*

Obstacle possible : la forme de la question.

Aide proposée : dans les activités liées à la mémorisation de la table, s'attacher à varier dès le début, les formes de questionnement.

La petite question

24 carreaux : 6×4 ou $4 \times 6 = 24$.

Faisons le point

• Nous avons revu les tables de multiplication par 2, 5, 3 et 4 en faisant des exercices variés.

MÉMO-MATHS **« Je connais les tables de multiplication jusqu'à 5 », page 4.**

Pistes d'activités supplémentaires

Soutien

• Compter de 2 en 2, de 0 à 20 / de 3 en 3, de 0 à 30 / de 4 en 4, de 0 à 40 / de 5 en 5, de 0 à 50.

• Ménager des moments dédiés à la mémorisation des tables.

• Découper dans du papier quadrillé des carrés et des rectangles mettant en évidence des produits de la table de multiplication.

Approfondissement

• Problème 1 : Jean a 3 boulets. Il échange chaque boulet contre 8 billes. Combien de billes aura-t-il ?

• Problème 2 : Un marchand a 4 bouquets comportant chacun 5 œillets blancs et 7 œillets roses. Calcule de deux manières le nombre total d'œillets.

• Trouve toutes les écritures sous la forme de produit de 24 et 36.

le défi

Dans un jardin se trouvent 3 massifs de tulipes comprenant chacun 2 rangées de 12 tulipes, 4 rangées de 8 tulipes et 5 rangées de 11 tulipes. Calcule le nombre total de tulipes. (Réponse : 333).

25 Jules va à la piscine

Programme 2016
- Résoudre des problèmes issus de situations de la vie quotidienne.
- Résoudre des problèmes impliquant des longueurs, des durées, des prix.
- Organisation et gestion des données.
  » Exploiter des données numériques pour répondre à des questions.

Objectifs spécifiques de la séance
- Prélever de l'information dans un texte ou sur une image.
- Constater que certaines questions peuvent rester sans réponse en l'absence de données suffisantes.

Information didactique
L'enseignement traditionnel des mathématiques à l'école élémentaire fait généralement appel à des problèmes d'un type bien défini. Pour éviter le « danger » des automatismes, il est intéressant de proposer des situations qui obligent l'élève à effectuer un travail de lecture et de recherche afin de sélectionner les informations utiles parmi un ensemble de renseignements nombreux et éparpillés. Dans ces problèmes, certaines questions pourront rester sans réponse faute de renseignements suffisants comme cela peut être le cas dans la vie courante.
L'environnement social est une source intéressante de problèmes qui mettent en œuvre de manière vivante les connaissances mathématiques des élèves.

CALCUL MENTAL

Revoir les tables de 3 et de 4.
❶ Dire : *« 4 fois 3 ; 3 fois 6 ; 4 fois 8 ; 6 fois 4 ; 4 fois 9 ; 3 fois 3 ; 7 fois 3 ; 4 fois 4. »*
L'élève écrit le produit.
❷ Dire : *« 3 fois 0 ; 3 fois 7 ; 3 fois 8 ; 4 fois 0 ; 4 fois 6 ; 4 fois 8 ; 3 fois 9 ; 3 fois 1 ; 7 fois 4 ; 9 fois 4. »*
L'élève écrit le produit.

Activité préparatoire

• Expression orale pour préparer les élèves à la situation proposée

10 min

▶ **Échange autour des trajets pour venir à l'école**

• Quels sont les élèves dans la classe qui empruntent le car de ramassage pour venir à l'école ?

• Est-ce que vous l'empruntez aussi pour revenir de l'école ? (En général, oui.)

Donc vous faites deux fois le trajet en car.

• Où attendez-vous le car ? L'abribus est-il devant chez vous ou devez-vous parcourir une certaine distance à pied de chez vous à l'abribus ? Est-ce que c'est loin ?

• Lorsque le car vous dépose le soir, vous devez aussi repartir à pied chez vous. Vous faites deux fois le trajet à pied.

• Théo, est-ce que tu peux nous dire à quelle heure le car te prend le matin ?

• Est-ce que tu sais à quelle heure il arrive à l'école ?

▶ **Échange autour de la fréquentation de la piscine**

• Qui va à la piscine en dehors des séances que nous avons avec l'école ? Quel jour ?

• Combien de temps restez-vous à la piscine ?

• Est-ce que quelqu'un connait le tarif des entrées à la piscine pour les enfants ? Pour les adultes ?

• Calculons l'écart entre le prix d'une entrée enfant et le prix d'une entrée adulte.

Travail sur le fichier

Projeter ou écrire le texte au tableau, noter aussi les informations fournies par l'image.

La trame du texte respecte la chronologie : du départ de la maison à l'arrivée à la piscine. Mais les données numériques sont nombreuses et variées, représentant des mesures de grandeurs (longueur, durée, prix) et des mesures de quantités (nombre de places de parking, nombre d'entrées). Elles sont aussi éparpillées, ce qui va nécessiter un tri. Enfin, les informations sont réparties sur deux supports : le texte et l'image.

La gestion de cette complexité demande des compétences spécifiques que ce type de fiche va contribuer à développer (lecture et compréhension de texte, traitement d'une information éparpillée, nécessité de travailler avec méthode).

▶ Laisser un temps de lecture silencieuse individuelle pour découvrir le texte et commencer à s'approprier la situation.

▶ Ménager un temps d'échange par deux pour confronter ce qui a été retenu.

▶ Après cette première phase de découverte, effectuer un premier point à partir d'un questionnement rapide sans faire référence encore aux données numériques.

- Comment s'appelle le petit garçon ? Où va-t-il ?

- Comment se rend-il à la piscine ? Est-ce qu'il fait tout le trajet en car ?

- À quelle personne parle-t-il ? De quoi parlent-ils ?

▶ Faire lire le texte oralement par quelques élèves. Constater qu'il nous fournit beaucoup de renseignements, mais qu'il y a aussi des informations données en dehors.

▶ À ce stade, on pourra organiser un tri et classer les données numériques en les soulignant de couleur différente selon leur nature.

Par exemple : les prix en bleu, les distances en rouge, les heures et durées en vert et, en noir, les autres données.

▶ Faire lire les dix questions, expliquer ce qu'il faut écrire dans les petits rectangles jaunes, puis laisser les élèves, individuellement ou par deux, répondre aux questions en rappelant que pour certaines questions, nous n'avons pas suffisamment d'informations pour répondre.

Dans la phase de synthèse, reprendre ces questions une par une.

Réponse	Source et/ou justificatif
1. 9 h 30	Texte
2. Pas de réponse	Manque d'information …….
3. 2 €	Pancarte
4. 2 € + 3 € = 5 €	Entrée piscine + Transport (entrée) T (bus)
5. 300 m + 150 m = 450 m	Distance maison-bus + distance arrêt bus – piscine I (300 m) T (150 m)
6. 450 m × 2 = 900 m	Réponse précédente
7. 70 places ou 70 – 20 = 50 places car on peut aussi comprendre « combien de places libres dans le parking ? »	Texte
8. Pas de réponse	Manque d'information ……….
9. 10 + 25 = 35 entrées	Nombre entrées adultes + nombre entrées enfants Texte
10. 4 € × 10 + 2 € × 25 = 40 € + 50 € = 90 €	Recette pour les adultes + recette pour les enfants Réponses précédentes + pancarte

▶ Faire chercher les données qui nous ont manqué pour les réponses aux questions 2 et 8.
Et celles qui étaient fournies et qui n'ont pas été utilisées (n° 17 de l'arrêt de bus, 5 min, temps mis pour aller de l'arrêt de bus à la piscine). On peut considérer que 9 ans est une donnée utile pour comprendre le prix de l'entrée de Jules.

Faisons le point

• Nous avons travaillé sur un problème qui comportait de nombreuses informations assez « éparpillées » ; il y en avait dans un texte et d'autres sur l'illustration.
• Nous avons du lire plusieurs fois le texte et nous avons trié ces informations.
• Dans le problème, il manquait des informations et nous n'avons pas pu répondre à toutes les questions. Il y avait aussi des informations que l'on n'a pas utilisées.

25 Jules va à la piscine

Objectifs :
• prélever des informations dans un texte ou sur une image ;
• constater que certaines questions peuvent rester sans réponse en l'absence de données suffisantes.

CALCUL MENTAL
Réviser les tables de multiplication de 3 et de 4.
12 18 32 24 36 9 21 16

Jules va à la piscine. Il part de chez lui à 9h30.
Il parcourt 300 m à pied pour aller jusqu'à l'arrêt du bus n°17. Le ticket de bus, valable pour l'aller-retour, coute 3 €.
Jules descend du bus à 150 m de la piscine. Il passe devant un parking. La pancarte indique 70 places, et il y a 20 voitures garées. Jules met 5 minutes pour parcourir 150 m à pied.
Au moment de payer son entrée, il regarde les tarifs. Il se dit : « J'ai 9 ans, je paie donc le tarif enfant ». Le caissier lui dit : « Depuis ce matin, il y a eu 10 entrées adultes et 25 entrées enfants ».

• **Réponds** aux questions quand c'est possible.
• **Indique** où tu as trouvé les renseignements : T texte I image.

Cherche sur ton cahier.

1. À quelle heure Jules part-il de chez lui ? À 9h30 — T
2. À quelle heure arrive-t-il à la piscine ?
3. Quelle somme va-t-il payer à la piscine ? 2€ — I
4. Combien va-t-il dépenser en tout ? 5€ — T I
5. Quelle distance parcourt-il à pied pour aller à la piscine ? 450 m — T
6. Quelle distance aura-t-il parcourue à pied pour l'aller-retour ? 900 m — T
7. Combien y a-t-il de places dans le parking ? 70 places — T
8. Quelle distance parcourt-il avec le bus ?
9. Quel est le nombre total d'entrées à cette heure-là de la matinée ? 35 entrées — T
10. Quelle est la somme reçue pour toutes les entrées ? 90 € — T

34 • Trente-quatre

Pistes d'activités supplémentaires

Avec toute la classe
• Demander aux élèves de proposer des informations qui nous permettraient de répondre à la question 2.
• Demander aux élèves de proposer des informations qui nous permettraient de répondre à la question 8.
• Faire trouver d'autres questions, avec ou sans réponse.

le défi
Garder la structure de la situation, modifier toutes les données numériques et proposer la résolution en totale autonomie dans le cadre d'un réinvestissement.

26 Le milieu d'un segment

Programme 2016

- Repérer ou trouver le milieu d'un segment.

Objectifs spécifiques de la séance

- Aborder la notion de milieu d'un segment.
- Trouver le milieu d'un segment en manipulant puis en mesurant.

Information didactique

Mathématiquement, le **milieu d'un segment** est le point de ce segment qui est à égale distance des deux extrémités de ce segment. La recherche du milieu d'un segment peut s'obtenir en utilisant la règle graduée en lien avec la mesure, mais cette recherche doit d'abord pouvoir se faire sans règle graduée. Ainsi, il convient dans un premier temps, indépendamment de la mesure et de l'usage de la règle graduée, que les élèves sentent intuitivement où peut se situer le milieu d'un segment ; parallèlement, la recherche du milieu passera par la technique de la bande de papier avec un bord droit qui plié en deux permettra d'obtenir le milieu. Dans un second temps, la construction des milieux se fera avec la droite graduée. Au niveau du vocabulaire, les élèves utilisent parfois le terme de « centre » (qui est impropre dans ce cas-là) à la place de celui de « milieu ».

CALCUL MENTAL

Problème : utiliser la table de 2 pour calculer un quotient exact

❶ Dire : « *En EPS, les élèves se mettent par deux pour faire des passes de basket. Combien y a-t-il de groupes de 2 s'il y a 16 élèves ? 18 élèves ? 14 élèves ? 10 élèves ? 20 élèves ? 12 élèves ?* »
L'élève écrit le nombre de groupes.

❷ Dire : « *Un magasin de sport vend les boules de pétanques dans des boites par paires. Un client lui demande 12 boules. Combien va-t-on lui donner de boites (ou de paires) ?* » Même question si on lui demande 8 boules, 10 boules, 16 boules, 14 boules, 18 boules.
L'élève écrit le nombre de paires.

Activités préparatoires

1. Partager une bande de papier en deux parties égales — 10 min

Matériel individuel : bandes de papier de différentes longueurs (pas trop épaisses, pas plus de 1 à 2 cm de largeur).

Consigne : « *Vous allez prendre une bande de papier, vous allez la plier en deux ; les deux parties doivent se superposer exactement. Vous marquerez l'endroit du pli.* »

▶ Laisser les élèves agir et contrôler la justesse du geste pour le pliage exact.

Dire que, de chaque côté du pli, la bande est partagée en deux parties identiques. Le pli partage la bande en deux parties égales, le pli représente le « milieu » de la bande.

▶ Poursuivre le travail avec d'autres bandes et vérifier la qualité du pli et son marquage.

▶ Montrer une bande pliée en deux : dire que c'est la moitié d'une bande. Ouvrir et fermer la bande, conclure que le pli est « le milieu » de la bande.

2. Rappeler l'utilisation de la règle — 10 min

Matériel individuel : photocopie avec des longueurs de segments en cm (8 cm, 10 cm, 11 cm, 12 cm).

▶ Prendre la règle de classe et rappeler son fonctionnement (cela a du être fait dans la fiche 12).

▶ Demander de mesurer les longueurs de segments (en insistant sur le fait que l'une des extrémités du segment, celle de gauche généralement, doit être bien positionnée au niveau du zéro de la règle).

3. Déterminer le milieu d'un segment avec la règle graduée — 15 min

Matériel individuel : reprendre la photocopie du 2.

Consigne : « *Voici des segments ; vous allez chercher le milieu de chacun d'entre eux avec la règle. Comment allez-vous faire ?* »

▶ Laisser les élèves répondre et proposer une méthode :
- il faut d'abord mesurer la longueur du segment ;
- puis chercher la moitié de cette longueur (demander pourquoi la moitié → car le milieu est à égale distance des deux extrémités du segment) ;
- on place le point du milieu à la moitié du segment ;
- on peut vérifier qu'il y a la même longueur entre le milieu et chaque extrémité.

▶ Laisser les élèves agir et vérifier l'exactitude du placement du point du milieu.

Travail sur le fichier

1 Déterminer le milieu d'un segment à partir d'une bande de papier.

Laisser découvrir la situation et le dessin. Analyser collectivement le dessin, qui donne une méthode pour déterminer le milieu d'un segment. Faire rappeler la méthode qu'utilise Iliès :
- construire une bande de papier de la longueur du segment : les élèves auront à disposition trois bandes de papier d'une quinzaine de centimètres (une pour l'exemple et deux autres pour les segments rouge et vert) ou devront découper sur des feuilles, quadrillées de préférence, afin que le quadrillage aide à la découpe ;
- la plier exactement en deux ;
- positionner la bande pliée (demi-bande) sur l'une des extrémités (celle de gauche généralement) ;
- marquer par un trait sur le segment le bord de la demi-bande ; ce sera le milieu de segment.

Il peut être utile de faire remarquer que la demi-bande se positionne exactement sur l'autre partie du segment, ce qui constituera un moyen de contrôle de l'exactitude de la construction.

Faire appliquer cette méthode sur les deux autres segments.

Obstacle possible : l'imprécision des gestes des élèves (découpe, pliage de la bande, positionnement…).

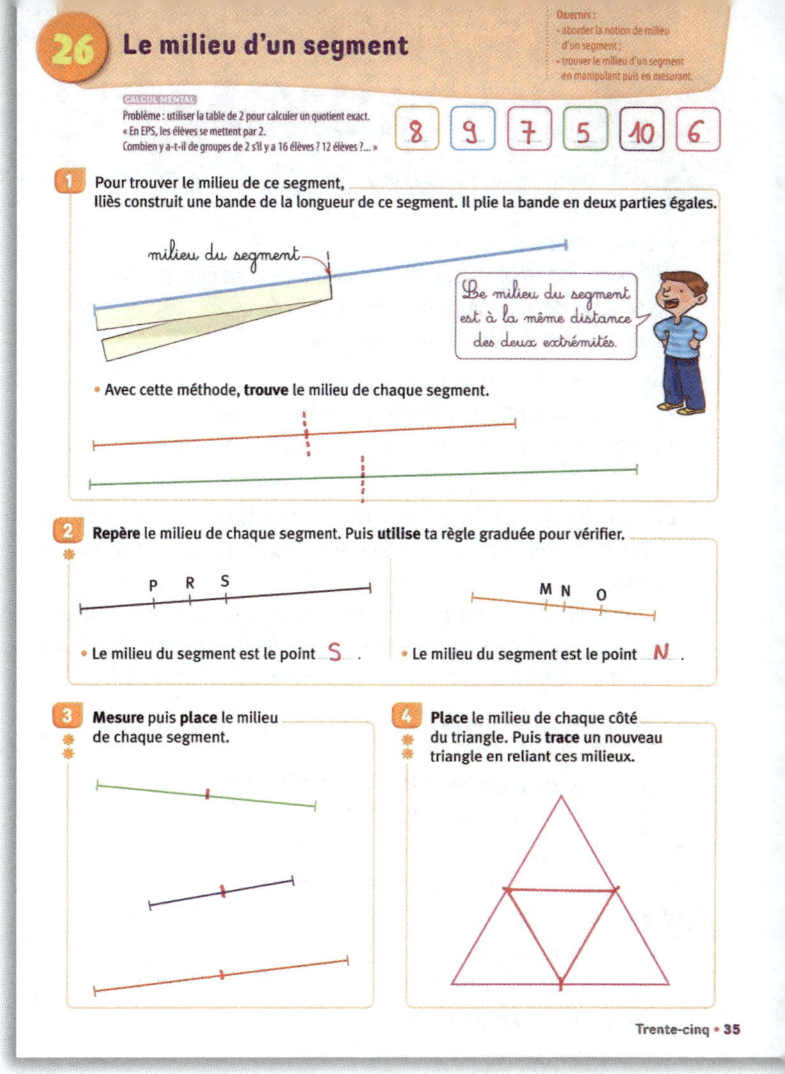

26 Le milieu d'un segment

Objectifs :
- aborder la notion de milieu d'un segment ;
- trouver le milieu d'un segment en manipulant puis en mesurant.

CALCUL MENTAL

Problème : utiliser la table de 2 pour calculer un quotient exact.
« En EPS, les élèves se mettent par 2.
Combien y a-t-il de groupes de 2 s'il y a 16 élèves ? 12 élèves ?... »

8 9 7 5 10 6

1 Pour trouver le milieu de ce segment,
Iliès construit une bande de la longueur de ce segment. Il plie la bande en deux parties égales.

• Avec cette méthode, **trouve** le milieu de chaque segment.

2 **Repère** le milieu de chaque segment. Puis **utilise** ta règle graduée pour vérifier.

• Le milieu du segment est le point S.
• Le milieu du segment est le point N.

3 **Mesure** puis **place** le milieu de chaque segment.

4 **Place** le milieu de chaque côté du triangle. Puis **trace** un nouveau triangle en reliant ces milieux.

Trente-cinq • 35

Aides proposées :
• Proposer, dans un premier temps, des bandes de papier dont la mesure de longueur correspond à celle de chaque segment : donner des gabarits.
• Proposer de décalquer le segment et réaliser le pliage en superposant et par transparence.

2 Repérer le milieu d'un segment parmi des points proposés.
Pour chacun des segments sont proposés trois milieux possibles. Les élèves doivent, dans un premier temps, repérer à l'œil nu lequel des trois points peut être le milieu du segment, puis vérifier leur hypothèse avec l'utilisation de la règle graduée. Ils peuvent utiliser deux procédures :
- mesurer la longueur de segment et vérifier si le point est bien situé à la moitié de la longueur mesurée ;
- voir si le point est bien situé à égale distance des deux extrémités du segment.

Obstacle possible : le deuxième segment a une longueur plus petite et les points M et N sont très proches.
Aide proposée : repasser par la technique des bandes.

3 Construire le milieu d'un segment.
Les élèves doivent mesurer les longueurs de chacun des segments (nombres entiers de cm), puis calculer la moitié de cette longueur afin de positionner le milieu à égale distance des extrémités du segment.

Obstacle possible : le mesurage des segments.
Aide proposée : proposer de positionner, d'abord au crayon à papier, la position estimée du milieu, puis vérifier à la règle l'estimation.

4 Construire le milieu de chaque côté d'un triangle.
Le triangle proposé a ses côtés de même longueur, l'élève devra réaliser trois fois le placement du milieu mais sur des segments qui ont des orientations différentes.

Faisons le point

• Nous savons placer le milieu d'un segment en utilisant une bande de papier ou en utilisant la règle graduée.
• Nous avons appris que le milieu d'un segment est à égale distance des deux extrémités.
• Nous savons repérer le milieu d'un segment parmi plusieurs points proposés.
• Nous avons placé le milieu de chacun des côtés d'un triangle.
MÉMO-MATHS **« Je sais placer le milieu d'un segment », page 4.**

Pistes d'activités supplémentaires

Avec toute la classe
• Proposer des polygones avec des mesures de longueurs en cm (Ex. : un rectangle de 6 cm sur 4 cm) et demander de déterminer le milieu de chaque côté.
• Proposer de trouver les milieux de longueurs ou dimensions de certains objets ou meubles de la classe (table, tableau, armoire…).
• Proposer un rectangle, demander de tracer ses diagonales (segments qui joignent deux sommets opposés). Ces segments se coupent-ils au niveau des milieux ?

Soutien
• Demander de déterminer les milieux des bords d'une feuille A4 (en réalisant des pliages).
• Reprendre l'exercice 1 avec la méthode proposée sur d'autres exemples.

Approfondissement
• Connaissant une extrémité et le milieu du segment, demander de terminer le tracé d'un segment en déterminant la deuxième extrémité.
• Proposer de trouver le milieu de segment ayant une mesure de longueur en cm et mm (Ex. : des segments de longueur 4 cm et 8 mm, 6 cm et 4 mm).
• Proposer de trouver le milieu de segment nécessitant le passage aux millimètres (Ex. : segment de mesure de longueur : 5 cm et 4 mm → 54 mm donc le milieu est à 27 mm de chaque extrémité).

CALCUL RÉFLÉCHI

27 Compléter à une dizaine, compléter à 100

Programme 2016
- Résoudre des problèmes issus de situations de la vie quotidienne.
- Mémoriser des faits numériques et des procédures.
- Élaborer ou choisir des stratégies de calcul.

Objectifs spécifiques de la séance
- Compléter un nombre à une dizaine entière ou à 100.
- S'appuyer sur une ligne numérique pour calculer un complément.

Information didactique

La résolution de problèmes est au centre de l'activité mathématique des élèves et les problèmes sont de bons supports pour aborder de nouvelles notions.

Il est toujours intéressant de s'appuyer sur des situations de la vie courante qui ont pu être vécues par les élèves, qui ont pu les interroger, leur poser problème, déclencher chez eux un questionnement, un besoin de savoir, qui vont les placer dans un état de réceptivité propice à la mise en place d'un nouvel apprentissage.

C'est le cas lorsqu'ils sont chez la marchande qui leur « rend la monnaie », opération qui demeure encore mystérieuse pour beaucoup. « Comment la marchande s'y prend-elle pour me rendre la monnaie ? »

Nous allons partir de cette situation pour mettre en place avec les élèves des **procédures de complémentation à une dizaine entière ou à 100**, en prenant appui sur la ligne numérique graduée.

Cette dernière permet de visualiser la succession des bornes dizaines (ou des bornes centaines) et d'illustrer certaines complémentations par des bonds successifs.

CALCUL MENTAL

Effectuer des transformations entre cm et mm.

❶ Dire : « *Combien de mm dans 1 cm ; 3 cm ; 12 cm ? Combien de cm dans 20 mm ; 40 mm ; 150 mm ?* »

L'élève transforme la mesure en mm ou en cm.

❷ Dire d'exprimer en mm : 1 cm 4 mm ; 3 cm 6 mm ; 8 cm ; 4 mm 2 cm (écrire les mesures au tableau).

Dire d'exprimer en cm et mm : 15 mm ; 42 mm ; 60 mm ; 105 mm (écrire les mesures au tableau).

Activités préparatoires

MATÉRIEL CARTONNÉ

1. Encadrer un nombre par les dizaines les plus proches — 5 min

Matériel : ligne numérique graduée de 10 en 10, de 0 à 100, au tableau. Quelques étiquettes-nombres pour affichage par un élève.

Consigne : « *Je vous propose un nombre. Vous devez écrire sur votre ardoise entre quelles dizaines entières les plus proches il est situé.* »

Ex. : 37 → 37 est situé entre 30 et 40.

On peut présenter la réponse sous différentes formes.

30 – **37** – 40   30 < **37** < 40 (présentation déjà vue fiche n° 12, exercice n° 4 – encadrement d'une longueur).

Un élève vient placer l'étiquette au tableau entre 30 et 40.

▶ Faire plusieurs propositions : 52 – 67 – 98 – 75 et placer les étiquettes sur la ligne.

2. Compléter une dizaine entière à 100 — 5 min

Matériel : ligne numérique graduée de 10 en 10, de 0 à 100, au tableau. Une figurine.

Consigne : « *Je vais placer une figurine sur une dizaine entière. Je vous demande de me dire de combien elle doit avancer pour arriver à 100. Écrivez la réponse sur votre ardoise.* »

▶ Proposer : 80 ; 60 ; 70 ; 20 ; 50…

3. Compléter à la dizaine supérieure, à une dizaine entière, à 100 — 5 à 10 min

Matériel : ligne numérique graduée de 10 en 10, de 0 à 100, au tableau. Une figurine.

▶ Compléter à la dizaine immédiatement supérieure. Compléter à 100

Consigne : « *Maintenant, je vais placer la figurine sur un nombre quelconque, par exemple sur 87. Je vous demande de me dire de combien elle doit avancer si elle veut arriver à 90. Et à 100 ? Écrivez lez réponses sur votre ardoise.* »

Continuer avec d'autres nombres en proposant toujours de compléter à la dizaine immédiatement supérieure puis à 100.

« *Je place la figurine sur 62. De combien doit-elle avancer pour arriver à 70 ? à 100 ?* »

▶ Compléter à une dizaine quelconque

Consigne : « *Je place la figurine sur 32. De combien doit-elle avancer pour arriver à 60 ?* »

▶ Un élève vient placer la figurine au tableau et choisir le nombre d'arrivée qui doit être une dizaine ou 100.

4. Rendre la monnaie — 10 min

Un travail semblable a été proposé en activité préparatoire de la fiche 22. Nous allons voir dans quelle mesure les élèves le réinvestissent quelques jours plus tard (démarche spiralaire).

▶ Travail par deux.

Matériel pour deux : monnaie du matériel cartonné.

Consigne : « *Vous êtes les marchands. Je suis un client. J'achète un stylo 8 € ; je vous donne un billet de 10 €. Mettez sur votre table ce que vous devez me rendre.* »

▶ Donner plusieurs exemples avec des euros.

- Je vous dois 15 €.	Je paie avec un billet de 20 €.
- Je vous dois 36 €.	Je paie avec un billet de 50 €.

▶ Pour les élèves qui peuvent aller plus loin, rendre la monnaie avec des centimes.

Je dois 8 € 70.	Je paie avec 10 €.
Je dois 3 € 75.	Je paie avec 10 €.
Je dois 17 € 45.	Je paie avec 20 €.

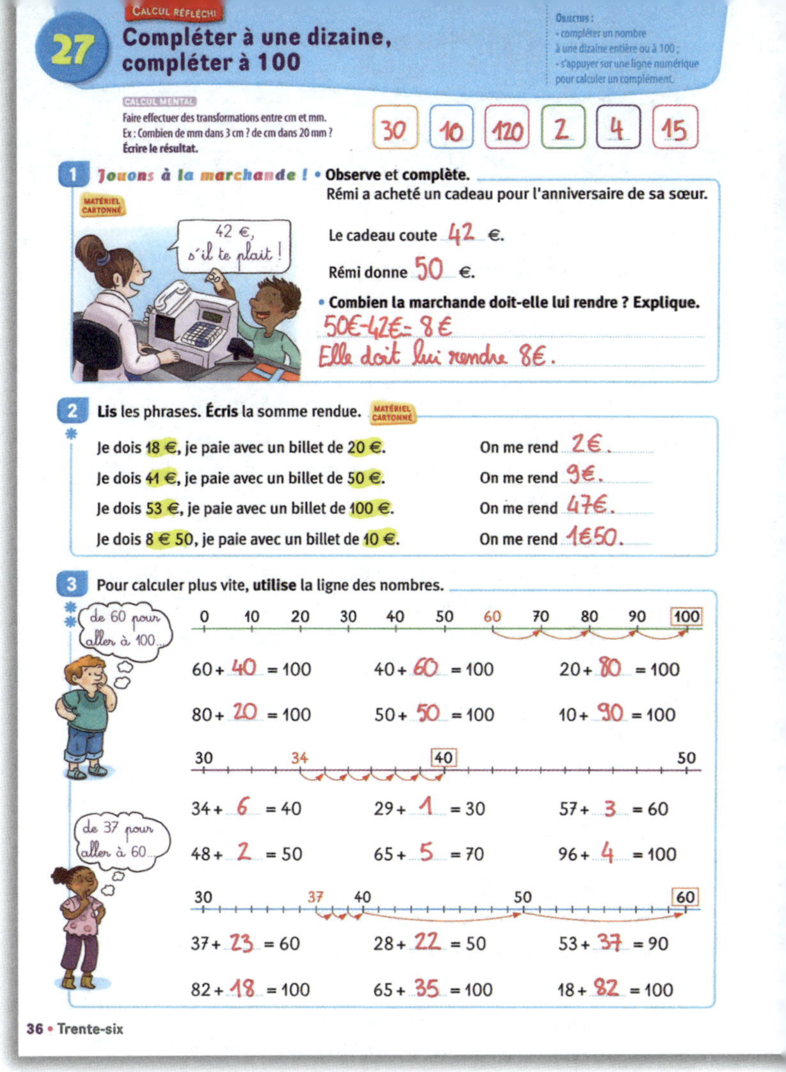

CALCUL RÉFLÉCHI

27 Compléter à une dizaine, compléter à 100

Objectifs :
- compléter un nombre à une dizaine entière ou à 100 ;
- s'appuyer sur une ligne numérique pour calculer un complément.

CALCUL MENTAL
Faire effectuer des transformations entre cm et mm.
Ex : Combien de mm dans 3 cm ? de cm dans 20 mm ?
Écrire le résultat.

30 | 10 | 120 | 2 | 4 | 15

1 **Jouons à la marchande !** • **Observe** et **complète.**
MATÉRIEL CARTONNÉ

Rémi a acheté un cadeau pour l'anniversaire de sa sœur.

Le cadeau coute 42 €.

Rémi donne 50 €.

• **Combien la marchande doit-elle lui rendre ? Explique.**

50€-42€= 8 €
Elle doit lui rendre 8€.

2 **Lis** les phrases. **Écris** la somme rendue. MATÉRIEL CARTONNÉ

Je dois 18 €, je paie avec un billet de 20 €.	On me rend 2€.
Je dois 41 €, je paie avec un billet de 50 €.	On me rend 9€.
Je dois 53 €, je paie avec un billet de 100 €.	On me rend 47€.
Je dois 8 € 50, je paie avec un billet de 10 €.	On me rend 1€50.

3 Pour calculer plus vite, **utilise** la ligne des nombres.

60 + 40 = 100	40 + 60 = 100	20 + 80 = 100
80 + 20 = 100	50 + 50 = 100	10 + 90 = 100

34 + 6 = 40	29 + 1 = 30	57 + 3 = 60
48 + 2 = 50	65 + 5 = 70	96 + 4 = 100

37 + 23 = 60	28 + 22 = 50	53 + 37 = 90
82 + 18 = 100	65 + 35 = 100	18 + 82 = 100

36 • Trente-six

Travail sur le fichier

1 Compléter une somme d'argent à une somme supérieure : « rendre la monnaie ».

Voir activité préparatoire n° 4.

• S'approprier la situation. Rémi doit payer 42 € pour l'achat d'un cadeau. En donnant 50 € à la marchande, il a donné trop d'argent. Il faut que la marchande lui rende ce qu'il a donné en trop : cela s'appelle « rendre la monnaie ».

• Faire jouer la scène par deux élèves avec le matériel cartonné. Constater que Rémi a donné 8 € de trop. C'est « la monnaie » que doit lui rendre la marchande.

• Demander aux élèves pourquoi Rémi a donné 50 € au lieu de 42 €.

« Il n'avait pas la somme exacte dans son portemonnaie, alors, il a donné plus et c'est donc normal que la marchande lui rende ce qu'il a donné en trop. »

Obstacle possible : difficulté à comprendre la logique de l'action de « rendre la monnaie ».

Aides proposées :
• Travailler sur des exemples simples, sans difficulté de calcul.
• Faire vivre ces situations aux élèves avec la monnaie cartonnée.

2 Appliquer l'action de rendre la monnaie à d'autres cas.

Pour être davantage dans la réalité, il est conseillé de faire résoudre cet exercice à deux en vivant la scène avec la monnaie du matériel cartonné.

Les deux premiers cas sont les plus simples. La complémentation se fait à la dizaine immédiatement supérieure. Pour les deux autres cas, dégager des procédures.

On doit rendre « tout ce qu'il y a en plus de 53 € pour faire 100 €. »

- Complémentation par étapes balisées par les dizaines entières. Je rends 7 € pour faire 60 €, puis 10 € pour faire 70 €, puis 10 € pour faire 80 €, puis 10 € pour faire 90 €, puis 10 € pour faire 100 €.
- Complémentation à la dizaine supérieure puis à 100. Je rends 7 € pour faire 60 €, puis 40 € pour faire 100 €.
- Calcul de tout le complément de tête, éventuellement en visualisant la ligne numérique.
- Pour l'achat avec les centimes, on commence par compléter à l'euro supérieur « 9 € », puis de 9 € à 10 €.

3 Compléter à une dizaine entière. Compléter à 100.

Projeter l'exercice ou redessiner les lignes numériques pour faciliter les échanges avec le groupe classe.

Il s'agit de compléter des dizaines à 100.

Observer la ligne des nombres et expliquer à quoi elle sert.

Faire observer la deuxième série de complémentations et demander ce qu'elle a de particulier : on complète les nombres à la dizaine immédiatement supérieure. La ligne numérique illustre la première complémentation. C'est une procédure tout à fait basique puisque l'on complète « pas à pas » de 34 à 40. Nous sommes dans du surcomptage. On peut trouver directement, donc plus rapidement, qu'il faut ajouter 6 à 34 pour faire 40. La ligne numérique ne sert ici que pour deux calculs.

Dans la dernière partie, on doit compléter un nombre à une dizaine entière plus éloignée. La ligne illustre le premier calcul et la méthode adoptée. Les élèves pourront calculer les autres compléments de tête en appliquant cette procédure ou s'appuyer sur une ligne numérique allant de 0 à 100.

Ménager une phase de synthèse.

Obstacle possible : Difficulté à se détacher de l'appui de la ligne numérique et à calculer sans support les compléments entre dizaines entières.

Aide proposée : Mettre à disposition la ligne numérique graduée.

Faisons le point

• Nous avons utilisé la ligne numérique graduée pour compléter un nombre à une dizaine ou à 100.

• Dans des situations d'achat, nous avons rendu la monnaie par une méthode de complément.

MÉMO-MATHS **« Je connais des décompositions de 100 », page 4.**

Pistes d'activités supplémentaires

Soutien

• Revoir les compléments à 10.

• Compléter une dizaine entière à une dizaine entière.

Approfondissement

• Compléter un nombre à 2 chiffres à 100.

35 + … = 100 ; 42 + … = 100 ; 27 + … = 100 ; 71 + … = 100 ;

• Compléter un nombre à 2 chiffres à un autre nombre à 2 chiffres par la procédure des sauts de puce.

Ex. : 42 + … = 78 42 + (8 + 20 + 8) = 78 + 36 = 78

• Problème : John achète un vase 25 €. À la caisse, la marchande lui rend 15 €. Quelle somme John a-t-il donnée à la marchande pour payer le vase ?

PROBLÈMES

28 Situations d'ajout ou de retrait

Programme 2016

- Résoudre des problèmes en utilisant des nombres entiers et le calcul.
- Résoudre des problèmes issus de situations de la vie quotidienne.
  » Problèmes relevant des structures additives (addition / soustraction).

Objectifs spécifiques de la séance

- Rechercher l'état final, l'état initial ou la transformation dans des situations d'ajout ou de retrait.
- Se constituer un socle de problèmes référents illustrant les différentes catégories abordées.

Information didactique

Dans cette fiche, les problèmes amènent les élèves à revisiter des typologies déjà étudiées au CE1 et qui concernent les structures additives (addition/soustraction), en prenant pour support des situations d'ajout ou de retrait qui sont des problèmes d'action : il y a une situation initiale, une transformation et une situation finale. Les différentes catégories abordées ici sont les suivantes :

1er type : problèmes où l'on connait l'état initial et la transformation (ce que l'on ajoute ou ce que l'on retire) et dans lesquels **on doit chercher l'état final**.

2e type : problèmes où l'on connait l'état initial et l'état final et dans lesquels **on doit chercher la transformation** (ce que l'on a ajouté ou ce que l'on a retiré).

3e type : problèmes où l'on connait l'état final et la transformation et dans lesquels **on doit chercher l'état initial.**

Dans chaque type, on peut dégager deux sous-catégories : les situations où l'on ajoute (transformation positive) et les situations où l'on retire (transformation négative).

Les problèmes du 1er type (recherche de l'état final) sont les plus simples et sont accessibles aux élèves dès le cours préparatoire. Les problèmes du type 2 et du type 3 sont accessibles plus tardivement et doivent continuer à être travaillés au Cycle 3.

CALCUL MENTAL

Problèmes (Travail par deux).

❶ Calculer sur les longueurs exprimées en cm et mm

Dire : « • *Pierre colle bout à bout 1 bande de 4 cm 5 mm et une bande de 8 cm. Quelle est la longueur de la nouvelle bande ?*
• *D'un ruban de 30 cm, on retire 5cm. Quelle longueur de ruban reste-t-il ?*
• *Paul a construit un triangle qui a deux côtés de 6 cm et un côté de 7 cm. Calcule le périmètre de ce triangle.*
• *Sur un segment de 14 cm, Ali place un point à 7 cm d'une extrémité. Où se situe ce segment ? Explique ta réponse.*
• *Julie trace un segment de 11 cm 5 mm puis elle en coupe un bout de 1 cm 5 mm. Quelle est la longueur du segment restant ?* »
L'élève écrit la réponse.

❷ Multiplier des longueurs

Dire : « *Tom coupe une bande de 3 cm, Line coupe une bande 4 fois plus longue que celle de Tom, Louise une bande 2 fois plus longue que celle de Line. Quelle est la longueur de la bande de Louise ?* »
Possibilité d'écrire les données au tableau sans écrire tout le problème.

Activité préparatoire

• Résolution de problèmes dans une activité de calcul mental

10 à 15 min

• Pour faciliter l'appropriation de ces trois types de situations, nous proposons des activités préparatoires dans un champ numérique maitrisé par les élèves.

• Nous favoriserons la présentation sous forme de calcul mental qui permet de multiplier les exemples, élimine le problème lié à la lecture des énoncés et privilégie le travail sur le sens des opérations. On demandera aux élèves d'écrire l'opération avec le résultat sur leur ardoise.

Consigne : « *Je vais vous dire des petits problèmes, vous allez travailler par deux et vous mettre d'accord sur la réponse à donner. Vous écrirez l'opération avec le résultat sur votre ardoise.* »

▸ ***Proposition de problèmes***

1. « *Il y a 25 L d'eau dans une cuve. Luc verse encore 10 L d'eau. Quelle quantité d'eau y a-t-il maintenant dans la cuve ?* »
Réponse : 25 + 10 = 35 → 35 L .

2. « *Au départ d'un trajet, Elsa a 62 L de carburant. Durant le trajet, la voiture a consommé 12 L de carburant. Combien de litres de carburant y a-t-il à la fin du trajet ?* »
Réponse : 62 – 12 = 50 → 50 L.

3. « *Tom avait 12 cerises. Il en prend une poignée. Il a maintenant 20 cerises. Combien a-t-il pris de cerises dans le panier ?* »
Réponse : 12 + 8 = 20 → 8 cerises.

4. « *Zoé et Ali achètent une boite de 60 chocolats. À la fin de la semaine, il reste 35 chocolats dans la boite. Combien de chocolats ont été mangés durant la semaine ?* »
Réponse : 35 + 25 = 60 ou 60 – 25 = 35 → 25 chocolats.

5. « *Pour son anniversaire, Lisa a reçu 15 €. Elle a maintenant 45 € dans sa tirelire. Quelle somme avait-elle avant ?* »
Réponse : 45 – 15 = 30 → 30 € ou 15 + 30 = 45.

6. « *Noé a donné 12 billes à son frère. Il lui reste maintenant 27 billes. Combien de billes avait-il avant ?* »
Réponse : 27 + 12 = 39 → 39 billes.

Les six sous-catégories de problèmes sont proposées aux élèves.
On peut commencer à procéder à un premier travail d'analyse de la structure des différents types de problèmes.

Travail sur le fichier

1 Problème d'ajout avec recherche de l'état final.
Il ne devrait pas y avoir de difficulté. Certains élèves pourront utiliser le cadre de droite pour dessiner la monnaie.

2 Problème de retrait avec recherche de l'état final.
Il faut enlever au nombre de roses initial le nombre des roses vendues (qu'il faut calculer).
Nous sommes dans un problème à deux étapes, ce qui rend cette solution un peu plus complexe.
50 – (5 × 4) = 50 – 20 = 30.

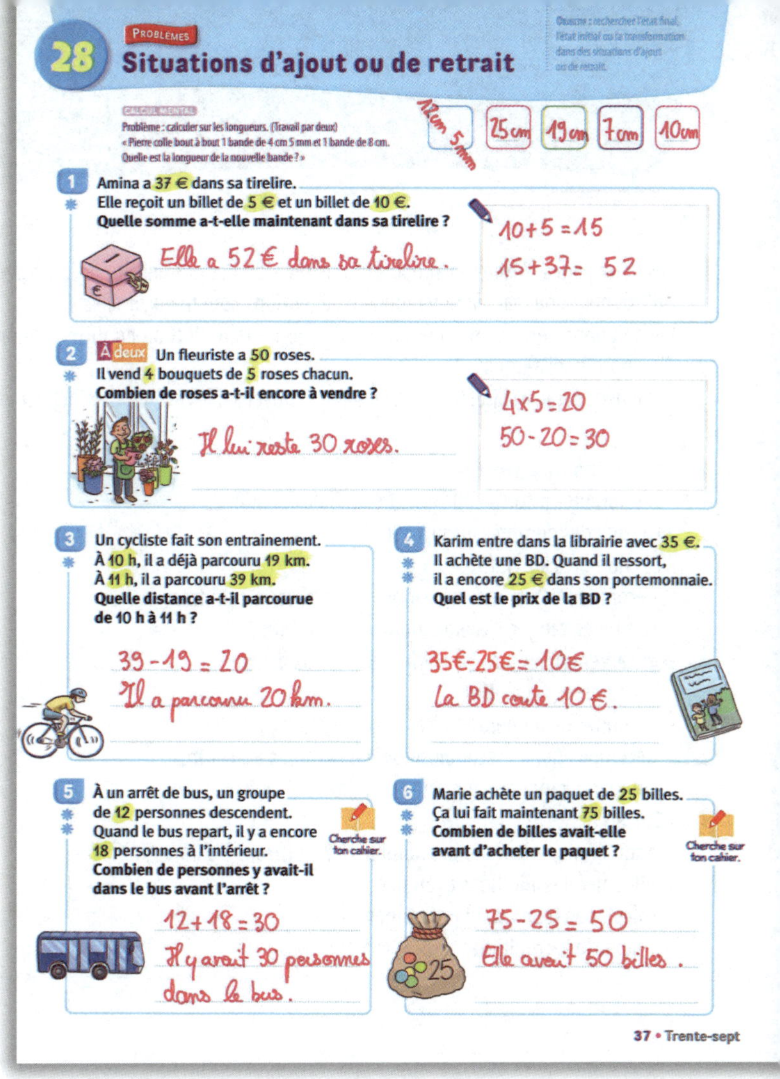

Problèmes

28 Situations d'ajout ou de retrait

Objectif : rechercher l'état final, l'état initial ou la transformation dans des situations d'ajout ou de retrait.

CALCUL MENTAL

Problème : calculer sur les longueurs. (Travail par deux)
« Pierre colle bout à bout 1 bande de 4 cm 5 mm et 1 bande de 8 cm. Quelle est la longueur de la nouvelle bande ? »

12 cm 5 mm | 25 cm | 19 cm | 7 cm | 10 cm

1 Amina a 37 € dans sa tirelire.
Elle reçoit un billet de 5 € et un billet de 10 €.
Quelle somme a-t-elle maintenant dans sa tirelire ?

Elle a 52 € dans sa tirelire.

10 + 5 = 15
15 + 37 = 52

2 À deux Un fleuriste a 50 roses.
Il vend 4 bouquets de 5 roses chacun.
Combien de roses a-t-il encore à vendre ?

Il lui reste 30 roses.

4 × 5 = 20
50 − 20 = 30

3 Un cycliste fait son entrainement.
À 10 h, il a déjà parcouru 19 km.
À 11 h, il a parcouru 39 km.
Quelle distance a-t-il parcourue de 10 h à 11 h ?

39 − 19 = 20
Il a parcouru 20 km.

4 Karim entre dans la librairie avec 35 €.
Il achète une BD. Quand il ressort, il a encore 25 € dans son portemonnaie.
Quel est le prix de la BD ?

35 € − 25 € = 10 €
La BD coute 10 €.

5 À un arrêt de bus, un groupe de 12 personnes descendent.
Quand le bus repart, il y a encore 18 personnes à l'intérieur.
Combien de personnes y avait-il dans le bus avant l'arrêt ?

Cherche sur ton cahier.

12 + 18 = 30
Il y avait 30 personnes dans le bus.

6 Marie achète un paquet de 25 billes.
Ça lui fait maintenant 75 billes.
Combien de billes avait-elle avant d'acheter le paquet ?

Cherche sur ton cahier.

75 − 25 = 50
Elle avait 50 billes.

37 • Trente-sept

Aides proposées :

- Faire énoncer la procédure de résolution, d'abord sans les nombres : « Il faut enlever le nombre de roses qui ont été vendues au nombre de roses que l'on avait au départ. »
- Poser la question : *« Comment trouver le nombre de roses vendues ? »*

3 Recherche de la transformation.

Laisser lire le texte silencieusement puis réserver un temps d'échange pour renforcer l'appropriation du contexte. Poser quelques questions :

« Que fait ce cycliste ? A-t-il commencé son entrainement à 10 h ? Avant 10 h ? Ou après 10 h ?
Combien avait-il déjà parcouru de kilomètres à 10 h ? Une heure plus tard, quelle distance avait-il parcourue ? Qu'est-ce que l'on nous demande de chercher ? »

Laisser résoudre à deux, utiliser le cahier si nécessaire.

Nous sommes dans une situation d'ajout, dans un contexte de déplacement avec recherche de la transformation (matérialisée ici par une distance).

Ménager une phase de synthèse en s'intéressant aux différentes procédures mises en œuvre.

Obstacle possible : la situation est rendue complexe par la présence de deux familles de grandeurs (les longueurs et les durées). Cette action s'inscrit dans un ordre chronologique, mais on ne sait pas à quelle heure elle débute, or toutes les distances fournies sont les distances parcourues depuis le départ.

Aide proposée : faire un schéma.

4 Situation de retrait dans un contexte d'achat avec recherche d'une transformation négative.

Lire le problème.

Karim a acheté une BD. On sait combien il possédait au début (35 €). On sait ce qui lui reste après son achat (25 €). On demande le prix de la BD (ce qu'il a dépensé).

Voici deux façons de raisonner. Le prix de la BD :
- c'est la somme que je dois ajouter à 25 € pour retrouver 35 €.
25 € + prix de la BD = 35 €
- c'est la somme que l'on enlève à 35 € pour qu'il reste 25 €.
35 € – prix de la BD = 25 €

Aides proposées :

- Faire illustrer la situation avec la monnaie cartonnée.
- Représenter cette situation par un schéma.

5 Situation de retrait avec recherche de l'état initial connaissant l'état final et la transformation négative.

Lire le texte. Reformuler :

« Après un arrêt, il reste 18 personnes dans le car. 12 personnes viennent de descendre à l'arrêt.
Donc avant l'arrêt, il y avait 12 personnes de plus dans le car. »

Il y avait les 18 personnes qui ne sont pas descendues + les 12 personnes qui sont descendues = 30 personnes.

18 p + 12 p = 30 personnes.

Aide proposée : faire vivre la situation avec des nombres plus petits.

6 Situation d'ajout avec recherche de l'état initial connaissant l'état final et la transformation positive.

« Maintenant, Marie a 75 billes. Avant, elle avait 25 billes de moins, donc elle avait : 75 billes – 25 billes = 50 billes. »

Aide proposée : faire vivre cette situation sur plusieurs exemples pour bien s'approprier ce type de problème.

- La situation peut être collective. L'enseignant dit : *« J'ai mis dans ce sac un certain nombre de balles. Je rajoute 5 balles. Je voudrais savoir combien il y avait de balles dans le sac au début. »*
- On vide le sac, on compte le nombre de balles. Ex. : 17.
Pour trouver le nombre de départ, on enlève : 17 – 5 = 12.
- On peut faire le même travail en utilisant la monnaie (matériel cartonné).
Ex. : Ajouter 15 € à une somme non visible. Demander de retrouver la somme de départ.

Faisons le point

- Nous avons travaillé sur des situations où l'on ajoute et des situations où l'on enlève.
- Nous avons travaillé sur plusieurs types de problèmes.

MÉMO-MATHS **« Problèmes où l'on ajoute », « Problèmes où l'on retire », page 2.**

Pistes d'activités supplémentaires

Avec toute la classe

- Mettre en forme des problèmes référents conservés dans la classe pour être affichés si besoin.
- Proposer une série de problèmes d'une même catégorie de manière à consolider les procédures.

Approfondissement

Rédiger un problème de tel ou tel type en fournissant quelques éléments à partir d'un contexte ou en fixant le type de problème : « on cherche le total » ; « on cherche ce qu'on a ajouté » ; « on cherche ce qu'il y avait au début ».

Je m'entraine +

→ Fichier élève, pp. 38-39

Ces deux pages d'exercices proposent une révision des notions étudiées en période 1. Les exercices permettent de **vérifier les acquis** mais peuvent aussi être utilisés pour une réactivation régulière des notions pour mieux les fixer.
L'enseignant peut les donner en fin d'étude de la notion ou en différé selon les besoins de chaque enfant (le même exercice peut être de « soutien » ou d'« approfondissement »).
Cette pédagogie « spiralaire » permet de s'appuyer sur les acquis, de réactiver les apprentissages pour aller plus loin dans l'approche de la notion.

Nombres et calculs
- Les nombres jusqu'à 100 : écriture littérale et chiffrée.
- La suite des nombres jusqu'à 100.
- Les nombres à 2 chiffres :
  – décomposition et recomposition des nombres à 2 chiffres ;
  – comparer, ranger, situer un nombre à 2 chiffres ;
  – encadrer un nombre à 2 chiffres entre deux dizaines ;
- Les nombres à 3 chiffres :
  – les unités de numération (centaines, dizaines, unités) ;
  – décomposition et recomposition des nombres à 3 chiffres ;
  – comparer, ranger un nombre à 3 chiffres ;
- Calculs :
  – additionner, soustraire des nombres à 2 chiffres, à 3 chiffres ;
  – effectuer des additions à retenue ;
  – calculer en regroupant des termes ;
  – connaitre les multiples de 2, 3, 4, 5.

Grandeurs et mesures
- Mesurer et tracer un segment en cm et mm.
- Connaitre la relation 1 cm = 10 mm.
- Ranger et encadrer des longueurs exprimées en cm et mm.
- Lire l'heure (matin, après-midi).
- Résoudre des situations problèmes portant sur les durées et sur les euros.

Espace et géométrie
- Revoir la notion de polygone et le vocabulaire spécifique : côté, sommet, angle droit.
- Tracer et reproduire un polygone.
- Revoir la notion de milieu d'un segment.
- Coder un déplacement sur un support quadrillé représentant un espace défini (école, cour).

Nombres et calculs

1 **En lettres :** sept • douze • seize • vingt-quatre.
En chiffres : 14 • 19 • 26.

2 0 • 3 • 6 • 9 • 12 • 15 • 18 • 21 • 24 • 27 • 30
30 • 28 • 26 • 24 • 22 • 20 • 18 • 16 • 14 • 12 • 10

3 41 < 3 + 40 — 20 + 30 > 47
30 + 15 = 15 + 30 — 30 – 7 = 20 + 3

4 **a.** 2 **b.** 6 **c.** 3
d. 11 **e.** 8 **f.** 5
g. 5 **h.** 7 **i.** 18

5 Désignations de **32** :
32 – 10 + 10 + 10 + 2 • 30 + 2 • 40 – 8 • double de 16 • 3 d 2 u • 2 u 3 d • moitié de 64

6 8 dizaines + 4 unités = 84 /quatre-vingt-quatre
7 dizaines + 2 unités = 72 /soixante-douze
9 dizaines + 8 unités = 98 /quatre-vingt-dix-huit

7 **a.** 46 = 40 + 6 = 10 + 10 + 10 + 10 + 6 = 4 d 6 u
b. 54 = 50 + 4 = 10 + 10 + 10 + 10 + 10 + 4 = 4 d 4 u
c. 78 = 70 + 8 = 10 + 10 + 10 + 10 + 10 + 10 + 10 + 8 = 7 d 8 u

8 **a.** 10 **b.** 20 **c.** 40
d. 10 **e.** 30 **f.** 10
g. 40 **h.** 20 **i.** 50

9 50 < 59 < 50 — 70 < 75 < 80 — 40 < 46 < 50
60 < 62 < 70 — 30 < 33 < 40 — 90 < 96 < 100

10 **a.** 13 + 8 + 7 = 28 — **b.** 21 + 8 + 9 = 38
c. 34 + 9 + 6 + 11 = 60 — **d.** 55 + 17 + 3 + 5 = 80
e. 17 + 15 + 13 + 25 = 70

11

$$\begin{array}{rccc} & {}^{1} & {}^{1} & \\ & 3 & 5 & 7 \\ + & 1 & 8 & 5 \\ \hline = & 5 & 4 & 2 \end{array} \qquad \begin{array}{rccc} & {}^{1} & {}^{1} & \\ & 1 & 2 & 2 \\ + & & 4 & 6 \\ & 2 & 8 & 7 \\ \hline = & 4 & 5 & 5 \end{array} \qquad \begin{array}{rccc} & {}^{1} & {}^{2} & \\ & 4 & 7 & 8 \\ + & 2 & 3 & 8 \\ + & & 6 & 5 \\ \hline = & 7 & 8 & 1 \end{array}$$

12 Pour 358 : il faut ajouter 2 c 2 d 6 u.

Pour 144 : il faut ajouter 3 d 3 u.

13 **347** = 100 + 100 + 100 + 10 + 10 + 10 + 10 + 7
347 = 300 + 40 + 7
347 = 3 c + 4 d + 7 u

14
a. 458 = 400 + 8 + 50 — **b.** 300 + 207 ≠ 300 + 30
c. 308 + 100 = 307 + 101 — **d.** 49 + 49 ≠ 100

15

7 × 2 = 14	7 × 3 = 21	9 × 3 = 27
9 × 2 = 18	5 × 3 = 15	7 × 4 = 28
6 × 5 = 30	8 × 4 = 32	9 × 4 = 36
9 × 5 = 45	5 × 4 = 20	7 × 5 = 35

16 PROBLÈME 159 – 107 = 42
42 coureurs ont abandonné.

17 346 • 364 • 436 • 463 • 634 • 643

Grandeurs et mesures

18 a. b. c. d.

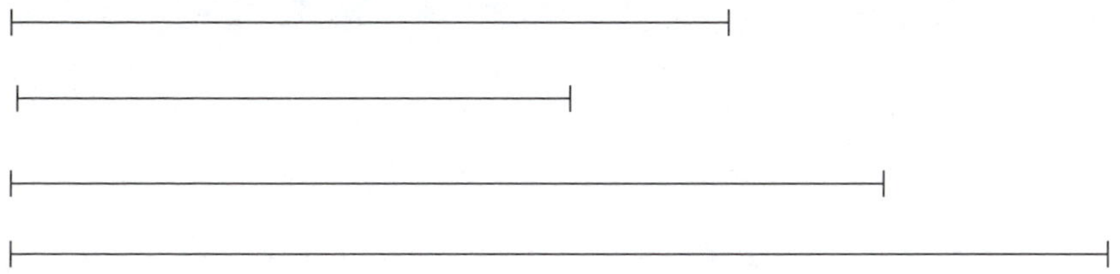

19 10 mm • 3 cm 5 mm • 7 cm 2 mm • 8 cm

20 Par exemple :

6 cm < **6 cm 5 mm** < 7 cm
4 cm 7 mm < **4 cm 8 mm** < 4 cm 9 mm

21 Avant midi : 7 h • 8 h 30
Après-midi : 19 h • 15 h 30

22 PROBLÈME Hadrien est parti à 8 h 10.

23 PROBLÈME La durée de son absence est 29 heures.

24 PROBLÈME Le marchand lui rendra 60 c.

25 PROBLÈME • Lola a 10 pièces de 50 c.
• Stella a 25 pièces de 20 c.

Espace et géométrie

26 La figure A a deux angles droits.

27 Exemple de polygones possible :

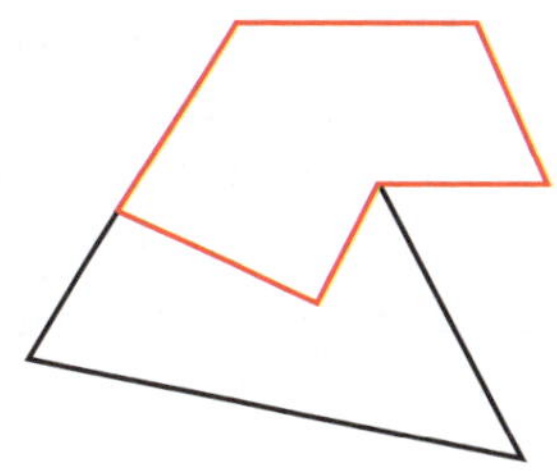

28 Voir fichier élève, page 39.

29 Le point P est le milieu du segment.

30 Avance de 2, tourne à gauche.
Avance de 6, tourne à droite.
Avance de 2, tourne à droite.
Avance de 3, tourne à gauche.
Avance de 3.

Corrigé de la frise

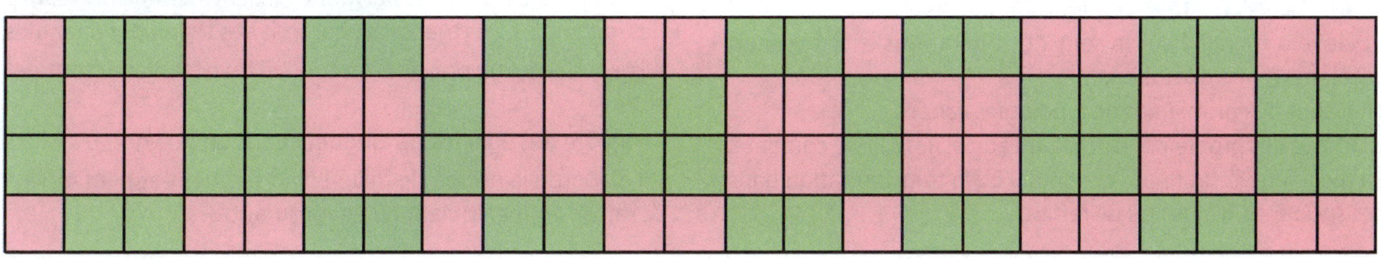

Synthèse des apprentissages Période 1

Nombres et calculs

- Dans cette première période, l'élève revoit les nombres jusqu'à 30 sous différents aspects, écriture littérale et chiffrée, en utilisant leurs propriétés ordinale et cardinale.
- Il reprend la suite des nombres jusqu'à 100 et travaille la structure de ces nombres à travers des décompositions, des recompositions, des désignations différentes.
- Il utilise les symboles >, <, = ou ≠ pour comparer des nombres à deux chiffres.
- Il revoit l'écriture en chiffres et en lettres des nombres à trois chiffres et comprend leur structure à travers les décompositions et des recompositions.
- Il approfondit l'algorithme de la suite des nombres et plus précisément le franchissement d'une dizaine, d'une centaine.
- Il sait placer un nombre sur une ligne numérique et le situer entre deux centaines entières.
- Il revoit le répertoire additif (somme, différence).
- Il consolide la technique de l'addition posée à retenue.
- Il utilise différentes procédures pour additionner deux nombres à deux chiffres. Il apprend à choisir la procédure la plus adaptée.
- Il se familiarise avec le calcul approché.
- Il revoit le sens de la multiplication et met en évidence la propriété de « commutativité » de la multiplication.
- Il revoit les tables de 2, 3, 4 et 5.
- Il sait compléter un nombre à une dizaine entière ou à 100.
- Il calcule un complément en s'appuyant sur la ligne numérique.

➤ En résolution de problèmes

- L'élève a travaillé sur le sens des opérations et associe un problème à une opération.
- Il résout des problèmes de typologies variées.
- Il résout des problèmes d'achat (en euros) liés à la vie courante.
- Il recherche l'état final, l'état initial ou la transformation dans des situations d'ajout ou de retrait.

➤ Organisation et gestion des données

- L'élève prélève des informations sur des documents (texte ou image) et associe des données à un type de grandeur.
- Il constate que, parfois, un document ne fournit pas de réponse à une question qu'on se pose.

Grandeurs et mesures

- L'élève sait mesurer un segment en utilisant une règle graduée.
- Il peut tracer un segment d'une longueur donnée et connait la relation 1 cm = 10 mm.
- Dans un contexte « social », il se familiarise avec la division de la journée en heures.
- Il connait la relation 1 jour = 24 heures.
- Il apprend à lire l'heure (matin et après-midi).
- Il consolide ses connaissances sur la monnaie et son usage.
- Il connait la relation 1 euro = 100 centimes d'euro.

Espace et géométrie

- L'élève se repère sur un plan de l'école, de la classe.
- Il code et décode un déplacement dans un espace.
- Il aborde la notion de point de vue.
- Il utilise une légende.
- Dans un assemblage de polygones, il peut identifier des carrés, des rectangles, des triangles y compris des triangles rectangles.
- Il peut décrire un polygone et connait le vocabulaire : sommet, côté.
- Il repère des égalités de longueur dans un polygone.
- Il a abordé la notion de milieu d'un segment et peut repérer ce milieu en manipulant ou en mesurant.

Je prépare l'évaluation (1)

→ Fichier élève, pp. 38-39

Programme 2016

• Nombres et calculs
- Associer le nom des nombres à leur écriture chiffrée. → Exercice 2
- Égalité traduisant l'équivalence de deux désignations du même nombre. → Exercice 1
- Écritures additives ou multiplicatives. → Exercice 8
- Interpréter le nom des nombres à l'aide des unité de numération et des écritures arithmétiques. → Exercice 1
- Calculer en utilisant les propriétés de la numération. → Exercice 3
- Mettre en œuvre un algorithme de calcul posé pour l'addition. → Exercice 4
- Élaborer ou choisir des stratégies de calcul. → Exercice 5
- Sens des symboles +, -, × ... → Exercice 6
- Sens des opérations. Problème relevant des structures additives. → Exercices 9 11

• Grandeurs et mesures
- Principes d'utilisation de la monnaie (en euros et en centimes d'euros). → Exercice 7
- Mesurer des longueurs avec un instrument adapté. → Exercice 10
- Encadrer une grandeur par deux nombres entiers d'unités. → Exercice 10

• Espace et géométrie
- Repérer ou trouver le milieu d'un segment. → Exercice 12
- Utiliser la règle, l'équerre comme instrument de tracé. → Exercice 12
- Utiliser le vocabulaire approprié pour décrire des figures planes usuelles. → Exercice 13

Je prépare l'évaluation (1)

CALCUL MENTAL
Évaluation : voir le guide pédagogique.

13 | 9 | 35 | 708 | 3 | 12 | 6 | 19

1 **Complète** le tableau.

234	200 + 34	200 + 30 + 4	2c + 3d + 4u	230 + 4
456	400 + 56	400 + 50 + 6	4c + 5d + 6u	450 + 6
387	300 + 87	300 + 80 + 7	3c + 8d + 7u	380 + 7

2 **Relie** les écritures d'un même nombre.

trois-cent-quarante-six • • 634
six-cent-trente-quatre • • 346
quatre-cent-soixante-trois • • 463

3 **Effectue** les opérations.

399 + 100 = 499 | 300 − 100 = 200
389 + 10 = 399 | 300 − 10 = 290
399 + 1 = 400 | 300 − 1 = 299

4 **Pose** et **effectue**.

275 + 147
309 + 92 + 135
275 + 152 + 56

```
  2 7 5      3 0 9      2 7 5
+ 1 4 7    +   9 2    + 1 5 2
  4 2 2    + 1 3 5    +   5 6
             5 3 6      4 8 3
```

5 **Calcule** en regroupant.

12 + 9 + 8 = 29
25 + 8 + 5 = 38
38 + 7 + 2 + 13 = 60
55 + 19 + 11 + 5 = 90

6 **Transforme** l'addition en multiplication. **Écris** le résultat.

3 + 3 + 3 + 3 + 3 = 3 × 5 = 15
5 + 5 + 5 = 5 × 3 = 15
12 + 12 = 12 × 2 = 24
20 + 20 + 20 + 20 = 20 × 4 = 80

7 **Écris** la somme.

18 € et 88 centimes

8 **Barre** les écritures qui ne représentent pas le nombre de carreaux.

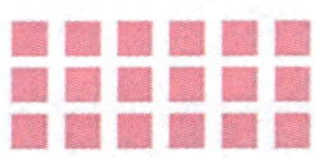

~~9~~ | 6 × 3 | 3 × 6 | 18 | 6 + 6 + 6 | ~~3 + 6~~ | 3 + 3 + 3 + 3 + 3 + 3

9 PROBLÈME
Ce matin, au marché, une éleveuse de volaille a vendu 70 poussins. Il lui en reste encore 50 à vendre. **Combien de poussins avait-elle au début de la matinée ?**

70 + 50 = 120
Au début de la matinée, elle avait 120 poussins.

10 **Mesure** la longueur du segment puis **complète** les phrases.

La longueur du segment se situe entre 6 cm et 7 cm.
Le segment mesure 6 cm et 3 mm.

11 PROBLÈME
À la kermesse de l'école, les élèves ont vendu des objets fabriqués en classe. Ils ont gagné 124 €. Maintenant, il y a 356 € dans la caisse de la coopérative. **Quelle somme y avait-il avant ?**

356 € − 124 € = 232 €
Il y avait 232 € dans la caisse avant.

12 **Place** le milieu de chaque côté de cette figure. **Trace** le rectangle qui joint les points.

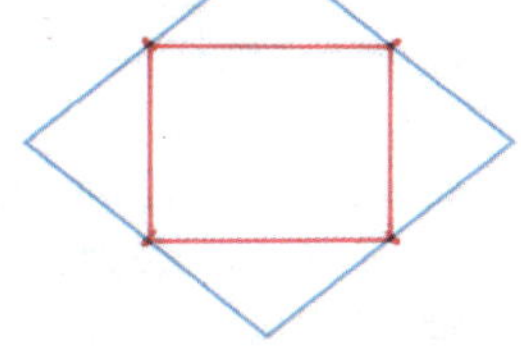

13 **Décris** ce polygone. **Utilise** les mots : sommet, côté, angle droit.

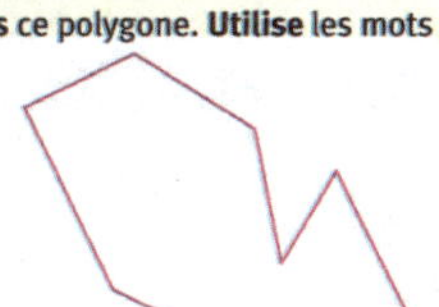

Ce polygone a 8 sommets, 8 côtés et 2 angles droits.

CALCUL MENTAL

❶ **Calculs :** 7 + 6 ; 14 – 5 ; 5 fois 7.
❷ **Dictée des nombres :** 708.
❸ **Problèmes :** - Combien peut-on faire de bracelets de 10 perles avec 39 perles ?
- Jules va à la librairie avec 20 €. Il achète un album 8 €. Quelle somme a-t-il en sortant de la librairie ?
- Combien peut-on faire de barres de 5 cubes avec 30 cubes ?
- Alice a acheté 3 gâteaux à 7 €, 9 €, 3 €. Combien a-t-elle dépensé ? Écrire les nombres au tableau.

1 Tableau à compléter

Chacune des lignes présente des décompositions d'un nombre à 3 chiffres autour de sa structure décimale.

Activité de manipulation 1

Exercices différenciés – Nombres 3 et 4

2 Associer l'écriture littérale et l'écriture chiffrée exacte d'un nombre à 3 chiffres

Remarquer que les nombres sont écrits avec les mêmes chiffres.

Obstacle possible : la lecture des nombres écrits en lettres.
Dans ces noms composés de quatre mots, les mots, dans un premier temps, sont détachés du sens global du nom et l'on peut avoir du mal, à la fin, à retrouver cette globalité.
Aide proposée : faire relire à voix basse.

Activité de manipulation 1

Exercices différenciés – Nombres 3 et 4

3 Ajouter ou enlever une centaine entière, une dizaine entière, une unité à un nombre à 3 chiffres

Remarquer, dans les deux premières sommes, qu'ajouter 100 ou 10 revient à augmenter de 1 les chiffres des centaines ou des dizaines. De même, enlever 100 revient à diminuer de 1 le chiffre des centaines.

Obstacle possible : les opérations qui provoquent un changement de centaine, passage à la centaine supérieure ou à la centaine inférieure.
Remédiations proposées :
• Les opérations 399 + 1 et 300 – 1 s'inscrivent dans le cadre du travail fait dans la fiche n° 18, « Les nombres à 3 chiffres (2) » (exercices 1 et 2).
• L'opération 300 – 10 est plus délicate car ici le retrait d'une dizaine entraine le changement des chiffres des dizaines et des centaines dans le nombre.
On pourrait l'expliquer en disant que 300, c'est 30d
30d – 1d = 29d = 290 mais cet aspect de la structure des nombres ne sera abordé que dans la fiche 29.
• Il sera plus simple de s'assurer que les élèves sont capables de produire la suite des dizaines entières dans l'ordre croissant : 250 260 270 280 290 300 310 … et décroissant : 330 320 310 300 290 280 …

Exercices différenciés – Nombres 5 et 6

2 Poser et effectuer des additions sur un support à réglure Seyes

Cet exercice va nous permettre d'évaluer :
- la capacité à disposer correctement l'opération sur le cahier (place des nombres dans le rectangle, espacement régulier des chiffres, bonne gestion des colonnes, taille des chiffres, bon placement des signes « + » et du trait) ;
- la capacité à calculer les sommes à l'intérieur des colonnes et la gestion des retenues ;
- la capacité à vérifier un résultat (recomptage, vraisemblance).

Remédiation proposée : analyser les erreurs et proposer une remédiation différenciée qui pourra porter sur différents points puis procéder à une nouvelle évaluation.

Exercices différenciés – Calculs 7 et 8

5 Calcul astucieux

Pour calculer plus rapidement, regrouper les termes dont la somme est égale à une dizaine entière.

Obstacles possibles :
• Dans cette présentation, l'élève n'écrit pas les résultats intermédiaires ; le calcul est entièrement mental, ce qui risque de poser problème dans les deux derniers calculs.
• Difficulté à repérer les termes complémentaires.
Aides proposées :
• Laisser le cahier ou l'ardoise pour écrire les résultats intermédiaires.
• Dans les deux dernières sommes, prendre deux couleurs pour souligner.

6 Écrire des additions réitérées sous la forme d'une multiplication et calculer le produit

3 + 3 + 3 + 3 + 3 c'est 5 fois 3, c'est 3 multiplié par 5 ; c'est 3 × 5. La multiplication est commutative. On pourra aussi écrire 5 × 3.

7 Calculer une somme d'argent représentée par des billets et des pièces de monnaie en euros ou en centimes d'euro

Calculer d'abord les euros (18 €), puis les centimes d'euros (88 c).

Obstacles possibles :
• Le fait qu'il y ait deux unités en présence : l'euro et le centime d'euro.
• Le mélange des unités sur l'image.

Activité de manipulation 7

Exercices différenciés – Grandeurs et mesures 13

8 Associer des écritures à une collection présentée dans une disposition lignes-colonnes

On retiendra l'écriture chiffrée usuelle, les additions réitérées et les écritures multiplicatives.
9 et 9 + 6 sont des intrus.

9 Situation de retrait avec recherche de l'état initial

Au début de la matinée, l'éleveuse avait plus de poussins qu'à la fin puisqu'elle en a vendu pendant la matinée. Elle avait 70 poussins de plus. Pour trouver ce qu'elle avait, il faut ajouter au nombre de poussins qui restent (50), le nombre de poussins qui ont été vendus (70).
50 + 70 = 120. Elle avait 120 poussins.

Obstacle possible : Situation mal comprise.
Remédiation proposée : résoudre d'autres situations du même type.
Ex. : L'enseignant a une boite opaque dans laquelle ont été placés un nombre inconnu de petits cubes. Il plonge sa main dans la boite et retire une poignée de cubes qu'il compte (7 cubes). Il voudrait savoir combien il y avait de cubes au début. Il regarde et compte devant la classe le nombre de cubes qui restent

dans la boite (10 cubes). Pour trouver le nombre de cubes qu'il y avait au début, il faut additionner le nombre de cubes restants et le nombre de cubes que l'on a enlevés. 10 + 7 = 17. Faire la manipulation et compter le total des cubes.

10 Mesurer la longueur d'un segment

• Dans un premier temps, donner un encadrement de cette mesure par les cm les plus proches, puis donner une mesure plus précise en cm et mm.

• Pour que les élèves ne soient pas en difficulté, il faudrait d'abord effectuer la mesure avec un instrument gradué uniquement en cm (bande de papier cartonné par exemple). Les élèves vont alors constater que la mesure est supérieure à 6 cm mais inférieure à 7 cm. La longueur du segment se situe entre 6 cm et 7 cm.

• Faire ensuite mesurer le segment avec la règle graduée en cm et mm pour avoir une mesure plus précise. Les mesures peuvent alors varier, certains trouvant 6 cm 2 mm, d'autres 6 cm 3 mm.

• D'autres pourront dire aussi qu'elle est située entre 6 cm 2 mm et 6 cm 3 mm.

Remédiation proposée : Faire plusieurs mesures de ce type où l'on passe d'un encadrement à une mesure plus précise.

Exercices différenciés – Grandeurs et mesures 3

11 Situation d'ajout avec recherche de l'état initial

• Laisser lire le problème silencieusement puis le faire lire oralement.

• S'assurer que les élèves ont compris la situation.

• En vendant des objets à la kermesse de l'école, la coopérative a gagné de l'argent.

Avant la kermesse, il y avait moins d'argent dans la caisse de la coopérative. Il y avait 124 € de moins.

356 € – 124 € = 232 €.

Cette soustraction peut s'effectuer de différentes manières :

- poser l'opération en colonnes sur le cahier ;
- calculer en s'appuyant sur les unités de numération.

3c 5d 6u – 1c 2d 4u = 2c 3d 2u = 232

Obstacles possibles :

• La technique de la soustraction proposée n'a pas encore été revue au CE2.

• Mauvaise compréhension de la situation avec une difficulté à s'appuyer sur la chronologie des actions et des états. Les élèves peuvent être gênés par le mélange des temps : « ont vendu » ; « ont gagné » ; « Maintenant, il y a » ; « Quelle somme y avait-il avant ? ».

Remédiations proposées :

• Par rapport au sens, comme pour l'exercice n° 9.

L'enseignant a dans sa boite un certains nombre de jetons. Il rajoute 8 jetons dans la boite. On retire, puis on compte, tous les jetons de la boite.

Ex. : on en compte 19. Pour retrouver le nombre initial de jetons, on enlève les 8 jetons que l'on avait rajoutés. Il reste alors 11 jetons. → 19 – 8 = 11.

• Par le calcul

Demander à des élèves de venir montrer et appliquer la technique de la soustraction en colonnes, sans retenue.

• Par un schéma

Passer par un schéma ou par la manipulation avec la monnaie cartonnée (3 billets de 100 €, 5 billets de 10 €, 6 pièces de 1 €). On enlève ou on barre sur le schéma 1 billet de 100 €, 2 billets de 10 € et 4 pièces de 1 €.

12 Placer des milieux. Tracer un rectangle

Observer le quadrilatère. Lire l'énoncé et laisser les élèves résoudre le problème en autonomie.

Normalement, ils doivent mesurer chaque côté avec la règle graduée (4 cm).

Placer le milieu à 2 cm des deux extrémités et joindre les milieux pour former un rectangle.

Obstacles possibles :

• Méthode pour trouver l'emplacement des milieux (imprécision d'un repérage à vue d'œil).

• Respect de la consigne : « Trace le rectangle qui joint les points ». On peut joindre les points et obtenir un quadrilatère croisé.

Remédiations proposées :

• Trouver le milieu de segments dont la mesure de la longueur est un nombre exact de centimètres.

• Travail identique à l'exercice 12 à partir d'un carré, d'un rectangle.

Fiche Outils « Étude d'une figure »

Activité de manipulation 18

Exercices différenciés – Espace et géométrie 1 et 2

13 Décrire une figure en utilisant le vocabulaire approprié (sommet, côté, angle droit)

Cette figure est un polygone. Il a 8 côtés, 8 sommets et 2 angles droits.

Fiche Outils « Étude d'une figure »

Activité de manipulation 18

Exercices différenciés – Espace et géométrie 1 et 2

29 Les nombres à trois chiffres (3)

- Activité de manipulation 1
- Exercices différenciés – Nombres 3 à 6

Programme 2016

- Interpréter les noms des nombres à l'aide des unités de numération et des écritures arithmétiques.
  » Unités de numération et leurs relations (principe décimal de la numération écrite).
  » Valeur des chiffres en fonction de leur rang dans l'écriture chiffrée (principe de position).

Objectifs spécifiques de la séance

- Travailler les décompositions/ recompositions en unités de numération (c,d,u).
- Connaitre la relation entre la position d'un chiffre et sa valeur.

Information didactique

Dans la continuité des fiches 17 et 18, cette fiche insiste particulièrement sur la structure des nombres à 3 chiffres à travers des décompositions et recompositions, d'abord illustrées à l'aide du matériel (plaques centaines, barres dizaines, cubes unités), puis avec des étiquettes unités de numération (c,d,u).

Les décompositions d'un nombre demeurent souvent trop restrictives. Exemple : la décomposition d'un nombre à 3 chiffres en centaines, dizaines et unités : 459 = 4c 5d 9u avec l'expression « 9 est le chiffre des unités ». Si elle n'est pas associée à d'autres décompositions comme 459 = 4c 59u ou 45d 9u, elle s'oppose à une compréhension réelle de la numération.

D'autre part, il s'agit ici de faire comprendre que si, dans certaines écritures, on peut présenter les unités de numération dans n'importe quel ordre, dans l'écriture chiffrée usuelle, il y a un ordre imposé lié au caractère positionnel de notre système de numération. Il faut que les élèves soient entrainés à retrouver la valeur d'un chiffre en fonction de sa position.

CALCUL MENTAL

Problèmes : sens des opérations - recherche de l'état final dans des situations d'ajout et de retrait

❶ *Par groupes de 2.*

Dire : « *• Ali avait 15 billes ; il en a gagné 5. Combien de billes a-t-il maintenant ? • Sophie a 30 bonbons dans son paquet. Elle en donne 10 à ses amis. Combien de billes a-t-elle maintenant ? • Un pion qui est sur la case 12 avance de 8. Sur quelle case arrive-t-il ? • Un pion qui est sur la case 18 recule de 8. Sur quelle case arrive-t-il ? • Dans un sac, on a placé 10 boules rouges. On ajoute 6 boules bleues et 4 boules jaunes. Combien y a-t-il de boules dans le sac ?* »

L'élève écrit la réponse.

❷ *Par groupes de 4.*

Deux élèves imaginent et proposent un problème aux deux autres qui doivent répondre puis on inverse les rôles. Certains problèmes sont retenus pour être posés à la classe entière.

Activités préparatoires

MATÉRIEL CARTONNÉ

1. Travailler la décomposition et la recomposition en unités de numération des nombres à 3 chiffres

20 min

Matériel par groupe de 3 : mettre en commun le matériel de numération cartonné (plaques centaines, barres dizaines, carreaux unités).

Consigne 1 : « *Placez sur votre table, avec votre matériel cartonné, une collection qui doit représenter le nombre 327.* »

Faire énoncer par quelques groupes le matériel qui a été utilisé : « 3 plaques centaines, 2 barres dizaines, 7 carreaux unités ». Constater que la majorité des groupes a utilisé les mêmes unités de numération : centaines, dizaines, unités.

Faire lire le nombre et l'écrire au tableau en chiffres et en lettres : « 327 » « trois-cent(s) vingt-sept ». Puis noter les écritures de numération.

300 20 7 → 3c + 2d + 7u

Consigne 2 : « *Maintenant, vous allez placer 235, mais vous n'avez pas le droit d'utiliser les barres dizaines* ».

Consigne 3 : « *Nous pouvons prendre 2 centaines et 5 unités, mais nous ne pouvons pas prendre 3 dizaines* ».

Ici, va apparaitre un obstacle qui sera facilement surmonté par certains. Il va falloir prendre 30 unités, à la place de 3 dizaines. On se rend compte alors que l'on a décomposé le nombre autrement. Écrire cette décomposition au tableau :

200 + 35 = 235   2c + 35u = 235
2c   35u   deux-cent(s)   trente-cinq

Consigne 4 : « *Nous allons maintenant placer le nombre 438, mais nous allons avoir une autre contrainte : nous ne devrons pas utiliser de plaques centaines… Le problème qui va se poser, c'est comment faire 4 centaines ? Que faut-il prendre à la place ?* »

Laisser les élèves trouver seuls la solution. Il est plus difficile d'admettre que l'on peut remplacer 4 centaines par 40 dizaines. Mais on peut recompter les barres dizaines d'une, puis de plusieurs centaines et se rendre compte alors que 4 centaines, c'est aussi 40 dizaines.

Énoncer : « *Dans 438, il y a 43 dizaines et 8 unités* ». On doit donc placer 43 barres de 10 et 8 unités.

On peut écrire : 430 + 8   43d 8u = 438

2. Recomposer un nombre à partir d'unités de numération

10 min

Matériel collectif : étiquettes unités de numération affichées en vrac au tableau.

50u   7c   3c   12d   8d   5u   23u   34d

▶ L'enseignant fait venir un élève au tableau. Les autres doivent l'aider.

Consigne : « *Je voudrais le nombre 125, quelles étiquettes faut-il prendre ?* » 125 → 12d 5u

Proposer d'autres nombres : 380 → 3c 8d // 350 → 3c 50u

Travail sur le fichier

1 Comprendre différentes écritures d'un nombre à 3 chiffres en unités de numération et associer à chaque écriture les regroupements correspondants.

Les élèves doivent d'abord reconnaitre les images correspondant à ces trois unités de numération.

Trois décompositions différentes du nombre 245 sont proposées ici : la plus courante « 2c 4d 5 u », et deux autres écritures « 2c 45u » et « 24d 5u ».

Obstacle possible : les deux dernières décompositions, moins courantes.

Aides proposées :

- Expliquer dans l'écriture 2c 45u que 45 u = 4 dizaines 5unités.
- Manipuler avec du matériel qui permet de « casser » la dizaine en 10 unités.
- Procéder de même pour l'écriture 24d 5u qui demandera que l'on « casse » les deux centaines pour retrouver 20 dizaines.

2 Retrouver l'écriture chiffrée usuelle d'un nombre à 3 chiffres à partir de son expression en unités de numérations.

Analyser avec les élèves. Faire rappeler la valeur des chiffres selon leur position dans l'écriture usuelle.

À droite, les unités ; à gauche, les centaines et au milieu les dizaines, avec un seul chiffre par unité.

Prévoir une phase de correction.

Obstacles possibles :

- La présentation des unités de numération dans le désordre : « 6d 3c 4u ».
- L'absence d'une des trois unités de numération : « 6c 5d » ;w « 5c 3u ».
- Les écritures du type : « 12d4u » « 4c 23u ».

Aides proposées :

- Travail par deux ; aide différenciée de l'enseignant durant l'exercice.
- Représenter les collections ou manipuler.

3 Indiquer sur une écriture chiffrée usuelle d'un nombre à trois chiffres, l'unité de numération que représente chaque chiffre.

« Dans 239, le chiffre 2 représente 2 centaines , sa valeur est de 200 ; le chiffre 3 représente 3 dizaines, sa valeur est de 30 ; le chiffre 9 représente 9 unités, sa valeur est de 9 ».

Ce type d'exercice est à renouveler assez fréquemment .

4 Calculs de sommes et de différence en prenant appui sur la structure des nombres.

Aides proposées :

- Récrire les additions en replaçant les nombres dans l'ordre des unités de numération dans l'écriture chiffrée usuelle.
- Transformer les nombres en unités de numération :

237 – 30, c'est 2c 3d 7u – 3d = 2c 7u = 207

5 Compléter une désignation additive d'un nombre à 3 chiffres avec les unités manquantes.

Aide proposée : repasser par la décomposition des nombres en unités de numération et voir alors ce qui manque dans l'écriture.

- 435, c'est 400 + 30 + 5 ; il manque 30.
- Pour 375 (300 + 75) ; il manque 75.

6 Compléter des décompositions et des recompositions, sous la forme de produits.

L'utilisation des parenthèses permet ici de mieux cerner chaque unité de numération.

Aide proposée : écrire des centaines entières ou des dizaines entières sous la forme de produits : 400 = 4 × 100 50 = 5 × 10

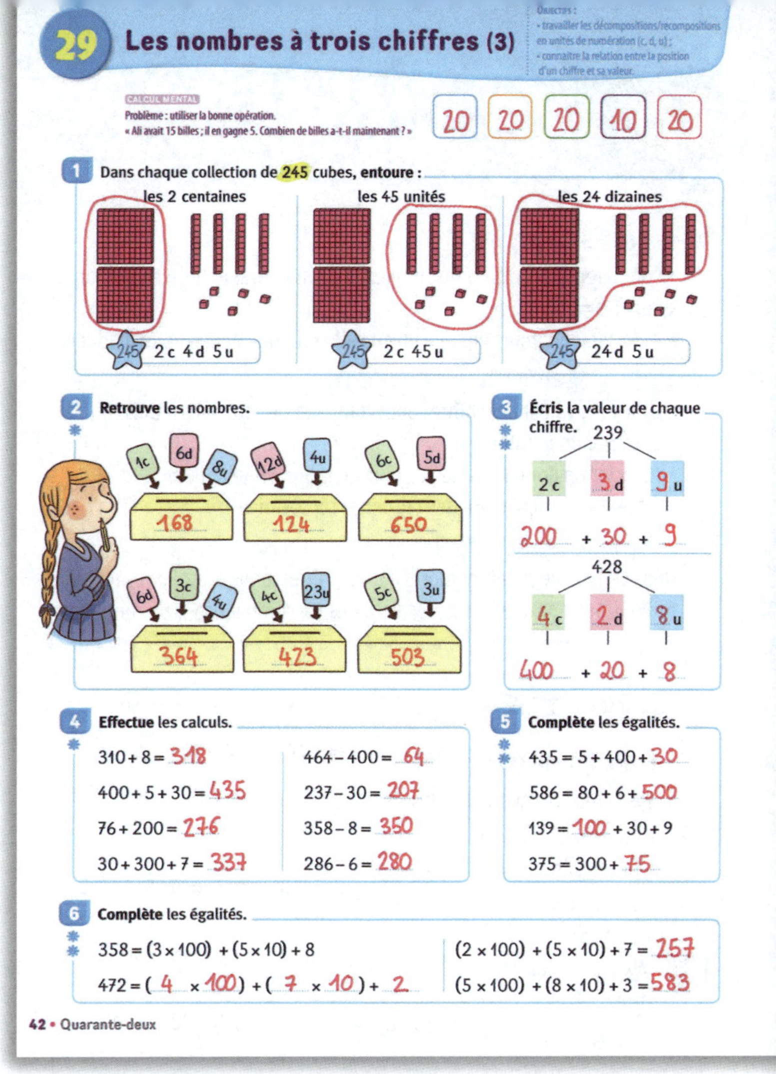

29 Les nombres à trois chiffres (3)

Objectifs :
- travailler les décompositions/recompositions en unités de numération (c, d, u) ;
- connaître la relation entre la position d'un chiffre et sa valeur.

CALCUL MENTAL
Problème : utiliser la bonne opération.
« Ali avait 15 billes ; il en gagne 5. Combien de billes a-t-il maintenant ? »

20 20 20 10 20

1 Dans chaque collection de 245 cubes, **entoure** :

les 2 centaines — 2c 4d 5u
les 45 unités — 2c 45u
les 24 dizaines — 24d 5u

2 **Retrouve** les nombres.

4c 6d 8u → 168
12d 4u → 124
6c 5d → 650
6d 3c 4u → 364
4c 23u → 423
5c 3u → 503

3 **Écris** la valeur de chaque chiffre.

239 : 2c 3d 9u → 200 + 30 + 9
428 : 4c 2d 8u → 400 + 20 + 8

4 **Effectue** les calculs.

310 + 8 = 318	464 – 400 = 64
400 + 5 + 30 = 435	237 – 30 = 207
76 + 200 = 276	358 – 8 = 350
30 + 300 + 7 = 337	286 – 6 = 280

5 **Complète** les égalités.

435 = 5 + 400 + 30
586 = 80 + 6 + 500
139 = 100 + 30 + 9
375 = 300 + 75

6 **Complète** les égalités.

358 = (3 × 100) + (5 × 10) + 8
472 = (4 × 100) + (7 × 10) + 2
(2 × 100) + (5 × 10) + 7 = 257
(5 × 100) + (8 × 10) + 3 = 583

42 • Quarante-deux

Faisons le point

- Nous avons décomposé des nombres à trois chiffres en unités de numération, de différentes manières.
- Nous avons retrouvé l'écriture d'un nombre à partir des unités de numération.
- Nous savons retrouver la valeur des chiffres dans un nombre à 3 chiffres.
- Nous avons complété des écritures d'un nombre en nous appuyant sur les unités de numération.

↘ MÉMO-MATHS **« Je décompose un nombre en centaines, dizaines et unités », page 5.**

Pistes d'activités supplémentaires

Soutien

- Faire des décompositions du type 423 = 4c 2d 3u ou 423 = 400 +20 + 3 ou 423 = 4c + 23u 423 = 400 + 23.
- Indiquer la valeur du chiffre 2 dans chacun des nombres : 423 ; 532 ; 298 ; 828.
- Écrire sous la forme d'un produit 300 = (3 x 100) ; 600 = … ; 800 = … ; 60 = … ; 90 = … ; 40 = …

Approfondissement

- Compléter : 453 = …d …u ; 294 = …d …u ; 108 = …d …u.
- Retrouver le nombre : 4c 8u 9d= … ; 45u 2c…

1 le défi

Julie et Noa comptent leurs billes. Julie a 7 dizaines de billes de moins que Noa. Elle a 136 billes. Combien ont-ils de billes à eux deux ?

30 Comparer, ranger, encadrer, les nombres à trois chiffres

Exercices différenciés – Nombres 11 et 13

Programme 2016

- Comparer, ranger, encadrer, intercaler des nombres entiers, en utilisant les symboles =, ≠, <, >.
- Associer un nombre entier à une position sur une demi-droite graduée.

Objectifs spécifiques de la séance

- Utiliser la valeur des chiffres pour comparer des nombres à trois chiffres.
- Encadrer un nombre.
- Associer un nombre à une position sur la ligne numérique.
- Situer un nombre entre deux dizaines consécutives.

Information didactique

Dans cette fiche sur les nombres à trois chiffres, nous travaillons sur l'aspect ordinal des nombres dans des activités de comparaison, de rangement, d'encadrement par deux dizaines ou deux centaines consécutives, et d'intercalation entre deux dizaines ou deux centaines.

Pour faciliter la tâche et consolider ces notions, nous utilisons la ligne numérique graduée en centaines et en dizaines. La graduation demande de fixer les extrémités et de diviser le segment obtenu en segments de même longueur, les nombres peuvent alors être placés « approximativement », c'est-à-dire en respectant l'ordre mais sans respecter nécessairement la proportionnalité. Un exemple de ce type d'activité est donné par « la frise historique » ou la graduation d'un instrument de mesure des longueurs.

Il convient, dans le prolongement de ces activités sur les nombres à 2 chiffres, de dégager une procédure de comparaison des nombres à 3 chiffres.

CALCUL MENTAL

Écrire 3 nombres dont la somme fait 20 (par deux)

❶ Écrire chaque ensemble de 4 nombres au tableau : 5, 8, 5, 10 / 6, 10, 13, 4/ 7, 3, 6, 7.
L'élève écrit ces 3 nombres.
Continuer avec d'autres nombres sur l'ardoise : 5, 5, 8, 7/ 8, 4, 7, 9 / 4, 7, 8, 5/ 12, 4, 2, 4/ 7, 0, 7, 6.

❷ Parmi 4 dizaines entières, trouver celles dont la somme est égale à 100.
20 ; 60 ; 80 ; 10/ 40 ; 30 ; 10 ; 30/ 50 ; 30 ; 50 ; 70/ 20 ; 20 ; 20 ; 40/. . .

Activités préparatoires

1. Comparer des nombres à 3 chiffres (20 min)

Matériel collectif : 6 étiquettes nombres. Ex. : 439 - 705 - 291 - 456 - 465 - 199.

▶ L'enseignant fait venir 6 élèves au tableau et donne à chacun d'eux, une étiquette-nombre. Ils observent leurs étiquettes puis les montrent à l'ensemble de la classe.

Dans un premier temps, travailler sur le repérage du nombre le plus petit et du nombre le plus grand.

Consigne 1 : *« Quel est le nombre le plus petit ? Écrivez ce nombre sur votre ardoise. »*

Noter les réponses et faire justifier les choix.

« C'est 199, parce qu'il a moins de centaines que les autres nombres. Il n'a qu'une centaine et tous les autres nombres ont plus d'une centaine. »

Consigne 2 : *« Quel est le nombre le plus grand ? Écrivez ce nombre sur votre ardoise. Je vous demanderai pourquoi vous avez choisi ce nombre. »*

« C'est 705, parce qu'il a plus de centaines que les autres nombres. Il a 7 centaines et tous les autres nombres ont moins de 7 centaines. »

▶ Puis procéder au rangement de ces 6 nombres.

Consigne 3 : *« Nous allons maintenant ranger ces six nombres dans l'ordre croissant, c'est-à-dire du plus petit au plus grand. Les six élèves qui ont les nombres vont se mettre au fond de la classe pour préparer leur rangement. Pendant ce temps, les autres écriront le rangement sur leur ardoise. »*

Passer à la vérification : 199 – 291 – 439 – 456 – 466 – 705.

Consigne 4 : *« Les nombres 439, 456, 466 ont le même nombre de centaines, comment avez-vous fait pour les ranger ? »*

« Le plus petit, c'est 439 parce qu'il a moins de dizaines et le plus grand, c'est 466 parce que c'est celui qui a le plus de dizaines. »

▶ Dans un troisième temps, essayer de dégager une méthode pour comparer deux nombres à 3 chiffres.

On compare d'abord les chiffres des centaines ; s'ils sont égaux on compare les chiffres des dizaines.

Si les chiffres des centaines et des dizaines sont égaux, on compare les chiffres des unités.

2. Encadrer un nombre par les centaines, par les dizaines les plus proches (10 min)

Matériel : donner à 10 élèves un nombre situé entre 300 et 500.

▶ Tracer au tableau une ligne graduée de 10 en 10 par exemple de 300 à 500.

Comme dans l'exercice n°4 du fichier, demander de lire les nombres de 10 en 10 de 300 à 500.

Consigne : *« Ceux qui ont des nombres viennent les placer au tableau sur la ligne numérique graduée. »* Faire vérifier le placement. Recommencer avec 10 autres nombres.

3. Jeu : « le nombre caché » (5 à 10 min)

L'enseignant choisit un nombre qu'il met dans la boite.

Consigne : *« J'ai choisi un nombre que j'ai mis dans la boite et que vous devez trouver. Pour trouver ce nombre, vous devez me poser des questions qui portent uniquement sur des encadrements par des centaines, par des dizaines, puis par le nombre qui suit et le nombre qui précède.*

Par exemple : « Est-ce que le nombre caché est situé entre 200 et 300, entre 220 et 230 ? Entre 225 et 227 ? Le premier groupe qui trouve le nombre exact a gagné. Ce sera à lui de faire trouver le nombre qu'il va cacher. »

Travail sur le fichier

1 Comparer des mesures de longueur dans l'ordre croissant.

Laisser découvrir l'exercice, puis demander à un élève d'expliquer la situation.

30 Comparer, ranger, encadrer les nombres à trois chiffres

Objectifs :
- utiliser la valeur des chiffres pour comparer les nombres à trois chiffres ;
- encadrer un nombre ;
- associer un nombre à une position sur la ligne numérique.

CALCUL MENTAL
Donner 4 nombres dont 3 ont pour somme 20.
Ex : 5, 8, 5, 10
Écrire ces 3 nombres. (Travail par deux)

5, 5, 10 | 6, 10, 4 | 7, 6, 7

1 Voici la longueur de quelques ponts en France. **Range** ces longueurs dans l'ordre croissant.

Viaduc de Nogent-sur-Marne	830 m
Viaduc de Garabit	565 m
Pont Valentré de Cahors	138 m
Viaduc de la Sioule	990 m
Pont suspendu de Tonnay-Charente	636 m
Pont de Noirmoutier	583 m
Pont du Gard	274 m

Le pont du Gard

138 m – 274 m – 565 m – 583 m – 636 m – 830 m – 990 m

2 **Complète** avec >, < ou =.

786 > 286
319 < 349
200 + 9 < 200 + 90
30 + 400 = 200 + 30 + 200
7 + 40 + 300 > 3 + 4 + 7
259 = (100 × 2) + 59

3 **Place** les nombres entre les centaines qui conviennent.

375 – 128 – 430 – 170 – 253

0 – 100 – 200 – 300 – 400 – 500
Au-dessus de la ligne : 170 (entre 100 et 200), 375 (entre 300 et 400)
Au-dessous de la ligne : 128 (entre 100 et 200), 253 (entre 200 et 300), 430 (entre 400 et 500)

4 **Situe** les nombres entre les dizaines les plus proches. **Utilise** la ligne graduée.

200 – 244 – 300 – 400

244 est situé entre 240 et 250.
282 est situé entre 280 et 290.
372 est situé entre 370 et 380.
315 est situé entre 310 et 320.

5 • **Écris** deux nombres situés entre 400 et 500.

400 – 433 – 476 – 500

• **Écris** deux nombres situés entre 450 et 460.

450 – 452 – 459 – 460

La petite question
Quel est le plus petit nombre à 3 chiffres ?
100

43 • Quarante-trois

Faire rappeler la méthode utilisée pour comparer des nombres à 3 chiffres (voir activité préparatoire n° 1).

Insister sur la méthode de travail : on barre les nombres au fur et à mesure qu'ils sont rangés.

Dans le cadre d'un travail interdisciplinaire, la photographie du pont du Gard pourra être exploitée : description, à l'oral ou à l'écrit, fonctions…

On pourra également faire des recherches par groupes sur tous les ponts qui sont indiqués dans ce tableau.

2 Comparer des nombres présentés sous différentes désignations, à l'aide des symboles >, <, =.

Faire rappeler l'utilisation des symboles de comparaison (côté pointu du symbole vers le nombre le plus petit).

Pour les nombres désignés par leur écriture chiffrée usuelle, appliquer la règle dégagée dans l'activité préparatoire n° 1.

Pour les autres comparaisons, il n'est pas toujours nécessaire d'effectuer les calculs.

Ex. : $200 + 9 < 200 + 90$ car $9 < 90$;

et il est évident que $7 + 40 + 300 > 3 + 4 + 7$.

Obstacle possible : la dernière comparaison avec l'écriture multiplicative.

Aide proposée : retravailler l'écriture des centaines entières sous la forme d'un produit.

3 Situer un nombre à trois chiffres sur la ligne numérique graduée de 100 en 100.

Recueillir les procédures des élèves.

- En partant des emplacements vierges sur la ligne numérique. Le premier emplacement est réservé au plus petit nombre : 128.
- En partant des nombres de la liste : recherche de la place du nombre 375 (situé entre 300 et 400).
- Le placement est effectué après un rangement de tous les nombres (128 - 170 - 253 - 375 - 430) qu'il suffit d'écrire dans cet ordre dans les cases.

Obstacle possible : le placement des cases vierges de part et d'autre de la ligne numérique et leur éloignement de la ligne.

4 Placer un nombre entre deux dizaines consécutives sur une ligne numérique graduée en dizaines.

Recopier au tableau cette ligne numérique graduée et l'analyser avec la classe. Faire lire la suite de 10 en 10 en suivant les graduations. Laisser compléter les phrases.

Aide proposée : écrire au tableau ou faire écrire sur la ligne numérique du fichier, les dizaines entières.

5 Proposer deux nombres situés entre deux centaines consécutives ou entre deux dizaines consécutives en respectant l'ordre des positions.

Indiquer que les deux nombres choisis devront être écrits dans l'ordre de la suite numérique.

Noter les propositions des élèves et vérifier si elles sont correctes.

La petite question

Le plus petit nombre à 3 chiffres n'a qu'une centaine. Il n'a pas de dizaines et pas d'unités, c'est donc le nombre 100 (cent).

Faisons le point

- Nous avons comparé, rangé, intercalé des nombres à 3 chiffres.
- Pour comparer des nombres à 3 chiffres, on compare d'abord les chiffres des centaines puis, s'ils sont égaux, on compare les chiffres des dizaines. Si les chiffres des centaines et des dizaines sont égaux, on compare les chiffres des unités.
- Nous avons placé des nombres sur la ligne numérique graduée en centaines et en dizaines.

MÉMO-MATHS **« Je sais comparer, ranger, situer », page 5.**

Pistes d'activités supplémentaires

Soutien

- Comparer avec les signes > et <. 459 … 348 ; 126 … 305 ; 259 … 270 ; 301 … 299 ; 598 … 591.
- Comparer avec les symboles >, <, = : 100 + 50 + 2 … 152 ; 50 + 300 … 530 ; 4 + 600 + 80 … 684 ; 400 + 7 … 400 + 70 ; 9 + 9 + 9 … 999 ; 8 + (100 × 5) … 508…
- Continuer cette suite jusqu'à 600 : 500 - 510 - 520 - …
- Placer trois nombres dans l'ordre entre 400 et 500 ; entre 460 et 470.
- Encadrer ces nombres par les centaines les plus proches : 389 ; 756 ; 806.
- Encadrer ces nombres par les dizaines les plus proches : 379 ; 786 ; 805.

CALCUL RÉFLÉCHI

31 Multiplier des dizaines ou des centaines entières

Programme 2016
- Calculer avec des nombres entiers.
- Mémoriser des faits numériques.
  - » Tables de la multiplication.
  - » Multiplication par une puissance de 10.
- Résoudre des problèmes relevant des structures multiplicatives.

Objectif spécifique de la séance

S'appuyer sur les unités de numération pour multiplier des dizaines entières, des centaines entières par un nombre inférieur à 10.

Information didactique

Cette fiche de calcul réfléchi traite de la multiplication d'une dizaine entière ou d'une centaine entière par un nombre à 1 chiffre. Il est souhaitable qu'à la fin du Cycle 2, ce type de calcul soit mémorisé.
À ce niveau, il suppose un certains nombre de prérequis :
- la maitrise des transformations entre dizaines entières, centaines entières et unités de numération (Ex. : 40 = 4d ; 800 = 8c ; 12 d = 120) ;
- la capacité à restituer rapidement les produits de la table.

Le programme 2016 nous fournit un exemple de procédure (produit 4 × 60) avec appui sur les unités de numération, que nous allons appliquer ici : *« 4 × 60, c'est 4 × 6 dizaines, c'est 24 dizaines, c'est 240 ».*
L'avantage de l'utilisation des unités de numération est de revenir, dans un premier temps, à des produits de deux nombres à un chiffre, qui ne demandent que la connaissance des tables.

CALCUL MENTAL

Compléter un produit dans la table de 5

❶ Dire : *« 10 égale 5 fois ? 20 égale 5 fois ? 15 égale 5 fois ? 25 égale 5 fois ? 30 égale 5 foi ? 5 égale 5 fois ? 40 égale 5 fois ? »*
L'élève écrit le nombre.

❷ Écrire les nombres sous la forme d'un produit de la table de 5.
15 = … × … ; 30 = … × … ; 10 = … × … ; 20 = … × … ;
40 = … × … ; 50 = … × … ; 25 = … × … ; 45 = … × … ;
35 = … × … ; 5 = … × …

Activités préparatoires

1. Multiplier des dizaines entières en appui sur les unités de numération (20 min)

▶ Par groupes de 4.

Matériel par groupe de 4 :
- Distribuer dans la moitié des groupes 4 étiquettes « 30 » par groupe. On dira que chaque étiquette représente un nombre de billes.
- Distribuer dans l'autre moitié des groupes 4 étiquettes « 3d » par groupe. On dira que chaque étiquette représente des dizaines de billes.

Consigne : *« Vous avez dans chaque groupe 4 étiquettes qui représentent un certain nombre de billes. Notez sur votre ardoise les opérations que vous pouvez écrire pour calculer le nombre total de ces billes. »*

▶ Réponses attendues :

30 + 30 + 30 + 30 ou 30 × 4 3d + 3d + 3d + 3d ou 3d × 4

L'enseignant écrit les propositions de chaque groupe.

▶ Faire collectivement les calculs de façon très progressive.

- 30 + 30 + 30 + 30 → 30 + 30 = 60 → 60 + 30 = 90 → 90 + 30 = 120 } 30 × 4 = 120
- 3d + 3d + 3d + 3d = 3d × 4

4 fois 3d, c'est 12 d et 12 d, c'est 120.

▶ Dégager une règle qui permet de faciliter le calcul en utilisant les unités de numération.

« Pour calculer 30 × 4, on transforme 30 en 3 dizaines que l'on multiplie par 4 : on obtient 12 dizaines que l'on transforme en unités ; 12 dizaines = 120u = 120 »

2. Repérer les écritures d'une dizaine, d'une centaine entière (10 à 15 min)

Matériel individuel : fiche d'activité. SITE COMPAGNON

Exemples :
- Écritures de 80 :
  4d × 2 40 + 40 2d × 4 20 + 20 + 20 + 20 20 x 4
- Écritures de 600 :
  200 × 3 2c × 3 200 + 200 + 200 300 × 2

3. Multiplier des centaines entières par un nombre à un chiffre (10 min)

▶ Travail en binômes.

« Comment calculer plus rapidement ces produits ? »

Ex. : 40 × 3, c'est 3 fois 4 dizaines ; c'est 12 dizaines, c'est 120.
200 × 4, c'est 4 fois 2 centaines ; c'est 8 centaines, c'est 800.

Comparer des produits et faire remarquer les similitudes :

3 × 2 → 30 × 2 = 60 → 300 × 2 = 600
3u × 2 → 3d × 2 = 6d = 60 → 3c × 2 = 6c = 600

Travail sur le fichier

1 Montrer l'utilisation des unités de numération pour calculer le produit d'une dizaine entière par un nombre à 1 chiffre.
Analyser collectivement l'affichage de la collection, le codage des éléments et l'écriture des calculs. On veut calculer le nombre total de cubes de cette collection. Ils sont répartis en 6 groupes de 20 ou 6 groupes de 2 dizaines. Le total se calcule par la multiplication 20 × 6.
Lire la bulle de la petite fille. Elle nous indique la procédure utilisée, et en particulier la transformation de l'écriture « 20 » en 2 dizaines « 2d », ce qui va faciliter le calcul.
On obtient à la fin un nombre de dizaines que l'on transforme en unités.
S'assurer que tous les élèves ont compris. Vérifier en faisant effectuer les deux produits suivants.

Obstacle possible : les transformations de dizaines (12d, 14d, 15d) en unités de numération.

2 Application de la procédure dégagée dans le n° 1. Analyser au tableau la première ligne de calculs collectivement.

Obstacles possibles :

- L'espace occupé par la ligne « modèle » qui ne correspond pas aux espaces proposés pour les calculs qui suivent.
- Risque d'oublier l'unité « d » dans les produits.
- La transformation des dizaines en unités simples.
- Mémorisation des tables de multiplication.

Aides proposées :

- Recopier les produits à compléter au tableau en égalisant les espaces avec le modèle.
- Transformer en repassant par des manipulations.

3 S'appuyer sur la ressemblance entre des produits du type 6 × 2 = 12 et 60 × 2 = 120.
La similitude est plus forte lorsque l'on transforme la dizaine entière en unités de numération.
Observer la différence au niveau des résultats et faire justifier la présence du zéro.

Obstacles possibles :

- La mémorisation des tables de multiplication.
- Le fait que l'on doive donner directement la réponse.

4 Multiplication de centaines entières par un nombre à un chiffre.
Là encore, on transforme les centaines entières en unités de numération pour une meilleure compréhension des calculs et des résultats. Ici, le dessin montre bien que 200 × 3, c'est 3 fois 2 plaques centaines, ce qui fait 6 centaines donc 600.

Aide proposée : transformation de centaines en unités et vice versa.

5 Résoudre un problème de type multiplicatif avec des produits impliquant des dizaines entières.
Faire lire le problème silencieusement, puis oralement, et demander à un élève de présenter la situation à la classe et de dire ce que l'on demande de chercher. Noter qu'il y a deux questions indépendantes l'une de l'autre.

Aides proposées :

- Pour éviter des réponses du type 30 + 8 ou 6 + 40, on pourra faire expliquer ce que signifie « 8 colis contenant chacun 30 boites » et « 6 colis contenant chacun 40 paquets de biscuits » et illustrer ces deux informations par un schéma.
- Prendre des exemples encore plus simples : « 2 packs de 6 bouteilles d'eau, ça fait combien de bouteilles d'eau ? »

Faisons le point

- Nous avons appris à calculer la multiplication d'une dizaine ou d'une centaine par un nombre à 1 chiffre.
Ex. : « 30 × 6 » « 200 × 4 »
- Pour faciliter le calcul, nous avons vu que l'on pouvait transformer les dizaines et les centaines en unités de numération.
Ex. : 3d × 6 = 18d = 180 2c × 4 = 8c = 800

MÉMO-MATHS **« Je sais multiplier des dizaines, des centaines », page 5.**

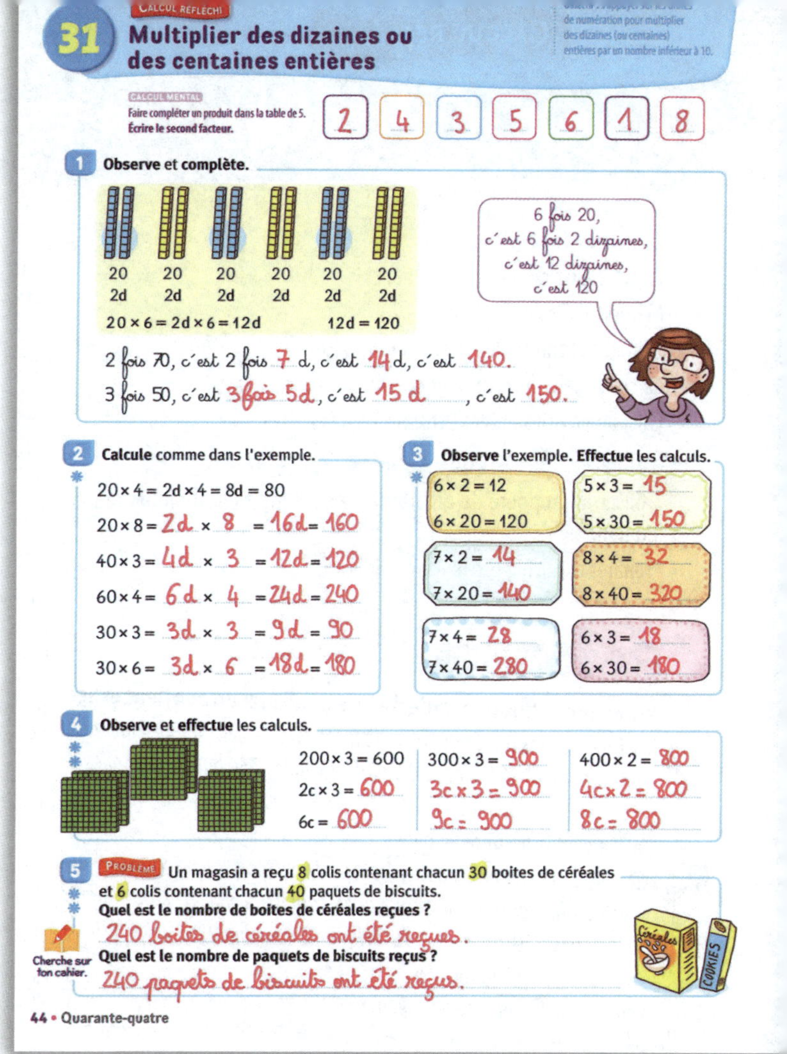

CALCUL RÉFLÉCHI

31 Multiplier des dizaines ou des centaines entières

de numération pour multiplier des dizaines (ou centaines) entières par un nombre inférieur à 10.

CALCUL MENTAL
Faire compléter un produit dans la table de 5.
Écrire le second facteur.

2 4 3 5 6 1 8

1 Observe et complète.

20 20 20 20 20 20
2d 2d 2d 2d 2d 2d
20 × 6 = 2d × 6 = 12d 12d = 120

6 fois 20, c'est 6 fois 2 dizaines, c'est 12 dizaines, c'est 120

2 fois 70, c'est 2 fois 7 d, c'est 14 d, c'est 140.
3 fois 50, c'est 3 fois 5d, c'est 15 d, c'est 150.

2 Calcule comme dans l'exemple.

20 × 4 = 2d × 4 = 8d = 80
20 × 8 = 2d × 8 = 16d = 160
40 × 3 = 4d × 3 = 12d = 120
60 × 4 = 6d × 4 = 24d = 240
30 × 3 = 3d × 3 = 9d = 90
30 × 6 = 3d × 6 = 18d = 180

3 Observe l'exemple. Effectue les calculs.

6 × 2 = 12 / 6 × 20 = 120
5 × 3 = 15 / 5 × 30 = 150
7 × 2 = 14 / 7 × 20 = 140
8 × 4 = 32 / 8 × 40 = 320
7 × 4 = 28 / 7 × 40 = 280
6 × 3 = 18 / 6 × 30 = 180

4 Observe et effectue les calculs.

200 × 3 = 600	300 × 3 = 900	400 × 2 = 800
2c × 3 = 600	3c × 3 = 900	4c × 2 = 800
6c = 600	9c = 900	8c = 800

5 PROBLÈME Un magasin a reçu 8 colis contenant chacun 30 boites de céréales et 6 colis contenant chacun 40 paquets de biscuits.
Quel est le nombre de boites de céréales reçues ?
240 boites de céréales ont été reçues.
Cherche sur ton cahier.
Quel est le nombre de paquets de biscuits reçus ?
240 paquets de biscuits ont été reçus.

Céréales COOKIES

44 • Quarante-quatre

Pistes d'activités supplémentaires

Soutien

- Transformer : 400 = 4c ; 500 = ... ; 600 = ... ; 900 = ...
- Transformer : 3c = ... ; 7c = ... ; 8c = ... ; 2c = ...
- Transformer : 50 = ... ; 60 = ... ; 140 = ... ; 210 = ...
- Transformer : 3d = ... ; 6d = ... ; 14d = ... ; 16d = ... ; 25d = ...
- Calculer en suivant l'exemple : 40 × 4 = 4d × 4 = 16d ; 20 × 7 = ... ; 30 × 8 = ... ; 50 × 6 = ...
- Dans une salle de spectacle, il y a 8 rangées de 20 spectateurs. Combien y a-t-il de spectateurs dans cette salle ?
- Combien de jetons dans : 3 piles de 30 jetons ? 6 piles de 20 jetons ? 3 paquets de 70 jetons ?

Approfondissement

- Calculer : (30 × 4) + (20 × 8) ; (60 × 6) + (40 × 9) ; (200 × 3) + (70 × 4)
- Calculer : (30 × 6) – (20 × 7) ; (50 × 5) – (20 × 6) ; (200 × 3) – (70 × 5)
- Compléter : 300 × ... = 900 ; 20 × ... = 140 ; 40 × ... = 200 ; ... × 5 = 300
- Abdel a 6 paquets de 40 billes ; Lisa a 2 paquets de 20 billes de moins qu'Abdel. Combien a-t-elle de billes ?

1 le défi

Alice et Mara veulent acheter ensemble une table de tennis de table qui coute 450 €.
Alice donne 7 billets de 20 € et Mara 5 billets de 50 €.
Combien faut-il rajouter de billets de 20 € pour acheter cette table ?

Calcul réfléchi

32 La multiplication en ligne

Programme 2016

- Calculer avec des nombres entiers.
- Mémoriser des procédures.
- Élaborer et choisir des stratégies de calcul.
- Calculer mentalement pour obtenir un résultat exact.
- Calculer en utilisant des écritures en ligne.

Objectifs spécifiques de la séance

- Utiliser la propriété de distributivité de la multiplication par rapport à l'addition.
- Préparer le calcul posé de la multiplication.

Information didactique

Pour aborder dans de bonnes conditions la technique opératoire de la multiplication, il est nécessaire de présenter et de manipuler **la propriété de distributivité de la multiplication par rapport à l'addition.**

Cette propriété permet d'écrire que $a \times (b + c) = (a \times b) + (a \times c)$ ou encore que $(b + c) \times a = (b \times a) + (c \times a)$. Dans un premier temps, elle peut être mise en évidence en utilisant la décomposition additive d'un nombre à 2 chiffres. On peut alors constater, à l'aide d'une représentation graphique du nombre, que le multiplier par 3 par exemple, revient à multiplier par 3 respectivement le nombre de ses dizaines et le nombre de ses unités puis à faire l'addition des nombres obtenus.

CALCUL MENTAL

Problème : utiliser la table de 5 pour calculer un quotient exact

❶ Dire : « *Dans une boite, Théo peut ranger 5 balles. Combien lui faut-il de boites pour 20 balles ? 10 balles ? 15 balles ? 50 balles ? 40 balles 35 balles ?* »
L'élève écrit le nombre de balles.

❷ Dire : « *Dans une brouette, Clara peut transporter 5 briques. Combien lui faudra-t-il de voyages pour transporter 20 briques ? 50 briques ?10 briques ? 30 briques ? 45 briques ? 25 briques ? 35 briques ? 500 briques ?* »
L'élève écrit le nombre de voyages.

Activités préparatoires

MATÉRIEL CARTONNÉ

1. Manipuler pour appréhender la distributivité de la multiplication par rapport à l'addition

20 min

▶ Travail par deux.

Matériel : unités de numération du matériel cartonné.

Consigne 1 : « *Avec les unités de numération de votre matériel cartonné, placez devant vous une collection de 36 carreaux en séparant bien barres dizaines et carrés unités. Écrivez la décomposition de 36 sur votre ardoise.* »

« 36, c'est 3 dizaines et 6 unités donc 36 = 30 + 6. »

Consigne 2 : « *Maintenant, représentez devant vous, avec votre matériel, la multiplication 36 multiplié par 3 ou 3 fois 36. Mettez les trois collections l'une au-dessous de l'autre en les séparant bien et en plaçant les dizaines sous les dizaines et les unités sous les unités.*

En regardant cette présentation de 36 × 3, que remarquez-vous ? »

« On a 3 paquets de 3 dizaines (3 paquets de 30) et 3 paquets de 6 unités (3 paquets de 6). »

L'enseignant formule ou fait formuler l'opération correspondant à cette constatation : « 36 multiplié par 3, c'est 30 multiplié par 3 plus 6 multiplié par 3.» ou « 3 fois 36, c'est 3 fois 20 plus 3 fois 6. »

« *Pour faire la multiplication, on décompose le nombre 36 en 3 dizaines et 6 unités et l'on multiplie les dizaines par 3 et les unités par 3.* »

Écrire les calculs :

- dans une disposition en ligne :

36 × 3 = (30 × 3) + (6 × 3) = 90 + 18 = 108

- dans une disposition en arbre qui permet de bien visualiser les produits partiels (résultats pour les unité et pour les dizaines).

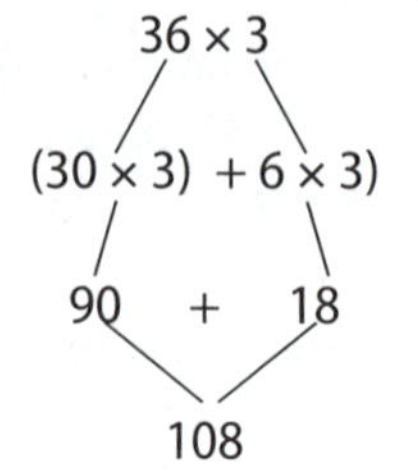

Indiquer que l'on aurait pu utiliser les unités de numération :

36 × 3 = (3d × 3) + (6u × 3) = 9d +18u = 10d 8u = 108.

Consigne 3 : « *Maintenant, avec le matériel, représentez une collection de 26 × 4 en effectuant les regroupements en dizaines et unités comme pour 36 × 3 et donnez l'écriture de la multiplication en décomposant 26* ».

26 × 4 = (20 × 4) + (6 × 4) = 80 + 24 = 104

ou (2d × 4) + (4u × 4) = 8d + 24u = 10d 4u = 104

Consigne 4 : « *Maintenant, vous devez effectuer par cette méthode les multiplications 27 × 5 et 34 × 4 mais sans vous aider du matériel cartonné* ».

2. Retrouver le nombre qui a été multiplié à partir des produits partiels

10 min

▶ Écrire au tableau 40 × 2 6 × 2 puis 30 × 5 9 × 5.

Consigne : « *J'ai écrit les produits partiels de deux multiplications. À vous de retrouver les multiplications du départ.* »

Réponse attendue : 46 × 2 et 39 × 5.

Faire venir deux élèves au tableau pour résoudre ce « problème » et expliquer leurs procédures.

3. Retrouver la multiplication à partir des produits partiels en unités de numération

10 min

Consigne : « *J'ai écrit les produits partiels de 2 multiplications en unités de numération. À vous de retrouver les multiplications du départ.* »

(6d × 4) + (3u × 4) et (7d × 3) + (8u × 3)

Les élèves devront dire :

(6d × 4) + (3u × 4) c'est 6d 3u multiplié par 4, c'est 63 × 4.

(7d × 3) + (8u × 3) c'est 7d 8u multiplié par 3, c'est 78 × 3.

Travail sur le fichier

1 Multiplication en ligne d'un nombre à deux chiffres par un nombre à un chiffre en appui sur la distributivité de la multiplication par rapport à l'addition.

Effectuer cet exercice collectivement. Vidéoprojeter ou redessiner au tableau les trois collections. Constater que chaque collection de 54 cubes est présentée sous la forme de 5 dizaines de cubes (50 cubes) et 4 cubes isolés.

Rappeler la question posée. Lire la bulle du petit garçon qui nous indique comment il procède.

Observer sur l'image ce que représente chacun des produits partiels.

Compléter, après analyse, le calcul en arbre : écriture de la multiplication à effectuer, distribution des deux produits, résultat des produits partiels, écriture de la somme des produits partiels, résultat de la multiplication.

S'assurer que les élèves ont bien compris en demandant à quoi correspond telle ou telle partie du calcul.

2 Application de la procédure de calcul présentée dans l'exercice 1 pour le calcul en ligne d'une multiplication.

Avant d'effectuer les calculs, on pourra faire formuler oralement, pour les quatre multiplications, la distribution du produit comme dans la bulle de l'exercice 1.

« 4 fois 26, c'est 4 fois 20 plus 4 fois 6 » ou « 26 multiplié par 4, c'est 20 multiplié par 4 plus 6 multiplié par 4 ».

Obstacles possibles :

- La forme complexe des écritures (égalités, produits, sommes, parenthèses, calcul sur deux lignes, arbre).
- La décomposition des nombres à 2 chiffres en dizaines entières et unités (opérations de droite).
- La maitrise des tables.
- La multiplication des dizaines entières.
- Le calcul de l'addition de deux nombres à 2 chiffres (somme des produits partiels).

Aide proposée : bien expliquer la présentation au tableau.

3 Calcul d'un produit en présentant les produits partiels verticalement.

Cette disposition est peut-être plus lisible pour les élèves qu'un calcul en ligne. Elle prépare la disposition de la multiplication posée.

Attention pour l'addition des produits partiels à bien placer les unités sous les unités et les dizaines sous les dizaines.

4 Calcul en ligne en s'appuyant sur les unités de numération.

Analyser le premier calcul collectivement. Les produits entre parenthèses montrent que le nombre 12 a été décomposé en unités de numération (1d + 2u) et que l'on a multiplié 1d par 4 et 2u par 4.

Obstacles possibles :

- Une certaine complexité dans la présentation des calculs qui fait que l'élève a du mal à maitriser son espace de travail.
- La recomposition des nombres lorsque le nombre de dizaines dépasse 9.

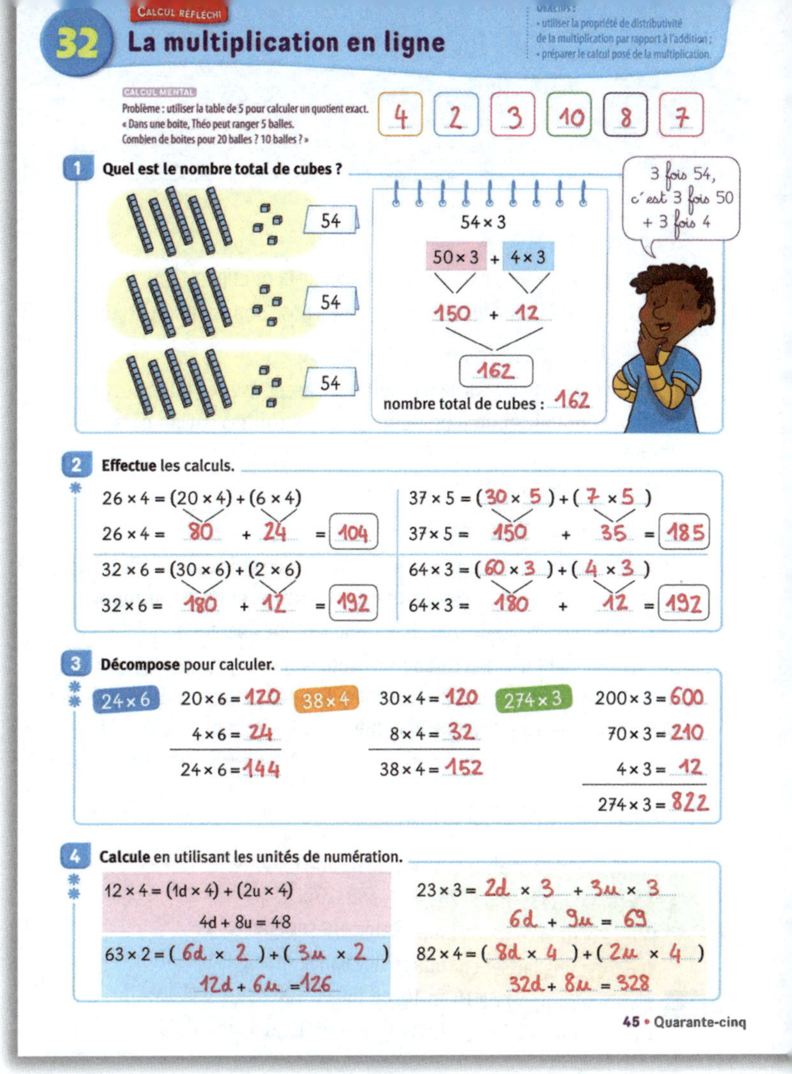
CALCUL RÉFLÉCHI

32 La multiplication en ligne

OBJECTIFS :
- utiliser la propriété de distributivité de la multiplication par rapport à l'addition ;
- préparer le calcul posé de la multiplication.

CALCUL MENTAL
Problème : utiliser la table de 5 pour calculer un quotient exact.
« Dans une boite, Théo peut ranger 5 balles. Combien de boites pour 20 balles ? 10 balles ? »
4 | 2 | 3 | 10 | 8 | 7

1 Quel est le nombre total de cubes ?
54 | 54 | 54
54 × 3
50 × 3 + 4 × 3
150 + 12
162
nombre total de cubes : 162
3 fois 54, c'est 3 fois 50 + 3 fois 4

2 Effectue les calculs.
26 × 4 = (20 × 4) + (6 × 4)
26 × 4 = 80 + 24 = 104
37 × 5 = (30 × 5) + (7 × 5)
37 × 5 = 150 + 35 = 185
32 × 6 = (30 × 6) + (2 × 6)
32 × 6 = 180 + 12 = 192
64 × 3 = (60 × 3) + (4 × 3)
64 × 3 = 180 + 12 = 192

3 Décompose pour calculer.
24 × 6 : 20 × 6 = 120 ; 4 × 6 = 24 ; 24 × 6 = 144
38 × 4 : 30 × 4 = 120 ; 8 × 4 = 32 ; 38 × 4 = 152
274 × 3 : 200 × 3 = 600 ; 70 × 3 = 210 ; 4 × 3 = 12 ; 274 × 3 = 822

4 Calcule en utilisant les unités de numération.
12 × 4 = (1d × 4) + (2u × 4)
4d + 8u = 48
23 × 3 = 2d × 3 + 3u × 3
6d + 9u = 69
63 × 2 = (6d × 2) + (3u × 2)
12d + 6u = 126
82 × 4 = (8d × 4) + (2u × 4)
32d + 8u = 328

45 • Quarante-cinq

Faisons le point

- Nous avons multiplié en ligne un nombre à 2 chiffres par un nombre à un chiffre.
- Pour faire le calcul, nous avons décomposé le nombre à 2 chiffres en dizaines et en unités, puis nous avons multiplié les dizaines et les unités par le nombre à un chiffre et enfin, nous avons additionné les deux produits partiels.

Pistes d'activités supplémentaires

Soutien

- Décomposer un nombre à 2 chiffres en dizaines et unités :
36 = …+… ; 68 = …+… ; 79 = …+… ; 87 = …+… ; …
- Multiplier une dizaine entière par un nombre à 1 chiffre.
20 × 4 ; 30 × 3 ; 40 × 2 ; 30 × 4 ; 40 × 3 ; 70 × 5 ; …
- Calculer les sommes : 40 + 12 ; 30 + 25 ; 80 + 20 ; 80 + 24 ; 70 + 30 ; 70 + 35 ; 80 + 30…
- Compléter les produits :
6 × 4 = … ; 9 × 5 = … ; 6 × 3 = … ; 9 × 2 = … ; 5 × 9 = … ; 7 × 5 = … ; 4 × 8 = … ; 7 × 5 = …

Approfondissement

- Avec la technique de l'exercice 3, calculer les produits : 226 × 4 et 135 × 7.
- Avec la technique de l'exercice 4, calculer :
67 × 4   158 × 5   245 × 4
- Calculer un produit dont l'un des facteurs est une somme en utilisant la distributivité de l'addition par rapport à l'addition :
(20 + 7) × 4 = (… × …) + (… × …) = …+… = …
(200 + 40 + 2) × 2 =

33 La multiplication posée (1)

Exercices différenciés – Calculs 13

Programme 2016

- Mémoriser des faits numériques : tables de la multiplication.
- Mettre en œuvre un algorithme de calcul posé pour la multiplication.

Objectifs spécifiques de la séance

- Aborder la technique de la multiplication posée avec addition des produits partiels (multiplication d'un nombre à deux chiffres par un nombre à un chiffre).
- Aborder la technique usuelle.

Information didactique

Nous avons toujours insisté sur l'importance du calcul réfléchi. Néanmoins, il est aussi nécessaire de **construire des techniques opératoires** permettant dans tous les cas de trouver le résultat d'une opération.

La mise au point d'une technique constitue un excellent exercice de raisonnement, de compréhension et d'application des propriétés des nombres et des opérations. La technique doit être comprise, puis mémorisée. Le cas de la multiplication par un nombre à un chiffre doit être maitrisé avant de pouvoir traiter le cas général. La connaissance des tables de multiplication va devenir indispensable.

Nous proposons ici deux techniques pour effectuer la multiplication posée :

1. Technique avec les produits partiels

La fiche précédente a permis d'appréhender en situation la distributivité de la multiplication par rapport à l'addition et de constater que cette propriété fournit une méthode pour effectuer un produit. On poursuit ici le travail amorcé pour effectuer un produit, en proposant de « poser » l'opération en colonne. On dispose les produits partiels pour les additionner et obtenir le résultat de la multiplication.

2. Technique usuelle

Dans la technique usuelle, la multiplication se fait sur les unités de numération. Cette technique est apparemment plus simple mais nécessite la gestion de la retenue et elle oblitère le passage par les produits partiels essentiels dans le calcul réfléchi.

CALCUL MENTAL

Indiquer la centaine qui suit un nombre donné < 1 000

❶ Dire : « *843 ; 386 ; 778 ; 450 ; 650 ; 236.* »

L'élève écrit la centaine immédiatement supérieure.

Si nécessaire, laisser en soutien une bande graduée de 100 en 100.

❷ Faire compter de 10 en 10, de 100 en 100 (entre 0 et 1 000) sous la forme du jeu du furet. A partir de 15 ; 28 ; 132 ; 97 ; …

Activités préparatoires

1. Combien de carreaux dans le rectangle ? 1er exemple

15 min

▶ Travail par deux.

Matériel par groupe : un rectangle de 13 carreaux sur 6 carreaux.

Consigne 1 : « *Vous avez, sur votre feuille, un rectangle avec des carreaux. Comptez le nombre de carreaux qu'il y a sur la longueur du rectangle* (13). *Comptez le nombre de carreaux sur la largeur* (6). »

Consigne 2 : « *Il s'agit de trouver le nombre total de carreaux qu'il y a dans ce rectangle. Mais vous ne devez pas compter les carreaux un par un. Vous devez trouver ce nombre en faisant des calculs. Écrivez l'opération qu'il faut faire pour trouver le nombre total de carreaux.* »

Certains écriront l'addition réitérée, d'autres la multiplication.

$13 + 13 + 13 + 13 + 13 + 13$;

$6 + 6 + 6 + 6 + 6 + 6 + 6 + 6 + 6 + 6 + 6 + 6 + 6$; 13×6.

Dire : « *Ces trois écritures sont correctes, mais nous allons garder la multiplication. Et pour calculer le résultat, nous allons décomposer 13 en 1 dizaine et 3 unités : 13 = 10 + 3.* »

Consigne 3 : « *Vous allez faire la même chose sur votre rectangle. Vous allez partager la longueur de 13 carreaux en deux parties de 10 carreaux et de 3 carreaux. Vous partagerez aussi votre rectangle en deux rectangles. Observons les dimensions de chaque rectangle.* »

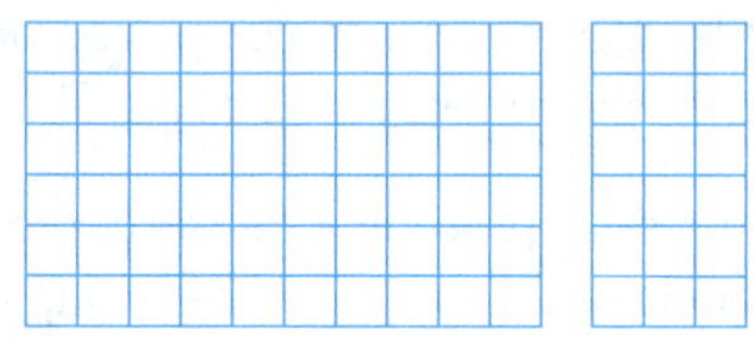

« Nous avons un rectangle de 10 carreaux sur 6 carreaux et un rectangle de 3 carreaux sur 6 carreaux. »

Consigne 4 : « *Écrivez les deux multiplications qui nous permettent de trouver le nombre de carreaux de chacun de ces deux rectangles.* »

Écrire les deux produits correspondant à chacun des morceaux

→ $10 \times 6 = 60$

$3 \times 6 = 18$

$13 \times 6 = 78$

On peut aussi écrire cette opération sous la forme :

$13 \times 6 = 10 \times 6 + 3 \times 6 = 60 + 18 = 78$.

2. Combien de carreaux dans le rectangle ? 2e exemple

10 min

▶ Travail par deux.

Matériel par groupe : un rectangle de 24 carreaux sur 8 carreaux.

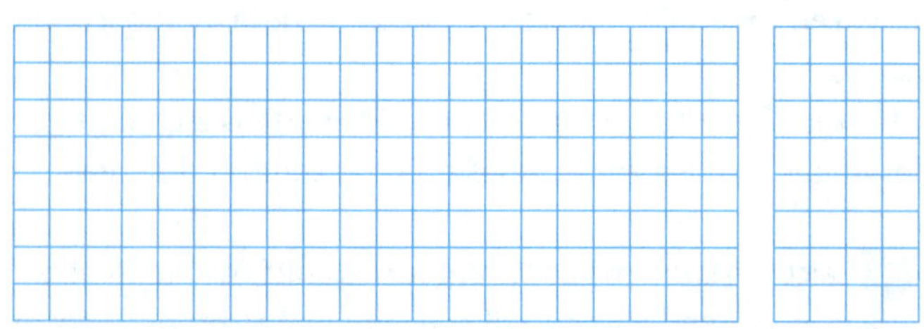

Consigne 1 : « *Voici maintenant un rectangle de 24 carreaux de long et 8 carreaux de large. Nous devons calculer le nombre total de carreaux en faisant la multiplication 24 × 8. Observez comment le rectangle a été partagé.* »

→ « On a décomposé 24 en 20 + 4. »

Consigne 2 : « *Écrivez les deux multiplications correspondant à ce partage.* »

20 × 8 = 160 On additionne
4 × 8 = 32 les deux produits.
24 × 8 = 192

On peut aussi écrire cette opération sous la forme :
24 × 8 = 20 × 8 + 4 × 8 = 160 + 32 = 192.

Travail sur le fichier

1 Présentation de la multiplication posée à partir d'une « situation de carrelage ».

Faire lire le problème à haute voix.

Décrire le carrelage : « Il y a 5 rangées de 14 carreaux. Le nombre total de carreaux est donc de 14 × 5. Le carrelage a été partagé en deux parties : un rectangle rouge avec 5 rangées de 10 carreaux et un rectangle bleu avec 5 rangées de 4 carreaux. »

Observer les deux façons de calculer :

- Avec un arbre de calcul, comme dans la fiche précédente.
- Avec une disposition différente mais qui conserve les mêmes multiplications : 4 × 5 et 10 × 5 ainsi que la somme de leurs résultats. Lire la bulle d'Aria qui indique l'ordre du calcul.

Dans la disposition « posée », en gardant toujours à l'esprit que 14, c'est 10 + 4, remarquer que :

- le premier produit correspond au produit des unités 4 × 5 = 20 ;
- le second produit correspond au produit des dizaines 10 × 5.

Obstacles possibles :

- L'appropriation d'une nouvelle disposition.
- La prise en compte de la valeur des chiffres. Ici, le chiffre « 1 » vaut 10 et c'est ce dernier nombre qui sera utilisé dans le produit.

Aide proposée : écrire la décomposition (10 + 4) au-dessus de 14.

2 Application de la technique de la multiplication posée avec les produits partiels.

Faire décomposer 27 et 43 pour réutiliser ces décompositions pour les calculs des produits partiels.

Obstacles possibles :

- La décomposition du nombre multiplié.
- La multiplication des dizaines lorsque le produit est supérieur à 100.

3 Présentation de la technique usuelle de la multiplication posée.

Observer la multiplication posée de « 18 multiplié par 3 ».

Les produits partiels n'apparaissent plus. Le résultat est écrit directement.

Lire la bulle que l'on aura vidéoprojetée ou affichée au tableau.

Remarquer l'ordre du calcul. On multiplie d'abord les unités mais on ne copie pas la totalité de ce produit ; s'il est supérieur à 9, on retient les dizaines.

Attention, cette retenue ne sera ajoutée aux dizaines qu'après avoir calculé le produit de celles-ci.

Obstacle possible : la gestion des retenues, différente la gestion de la retenue de l'addition.

Aide proposée : pour éviter que les élèves n'ajoutent prématurément la retenue aux dizaines avant qu'elles soient multipliées, il peut être plus prudent, dans un premier temps, de la placer à côté de la multiplication.

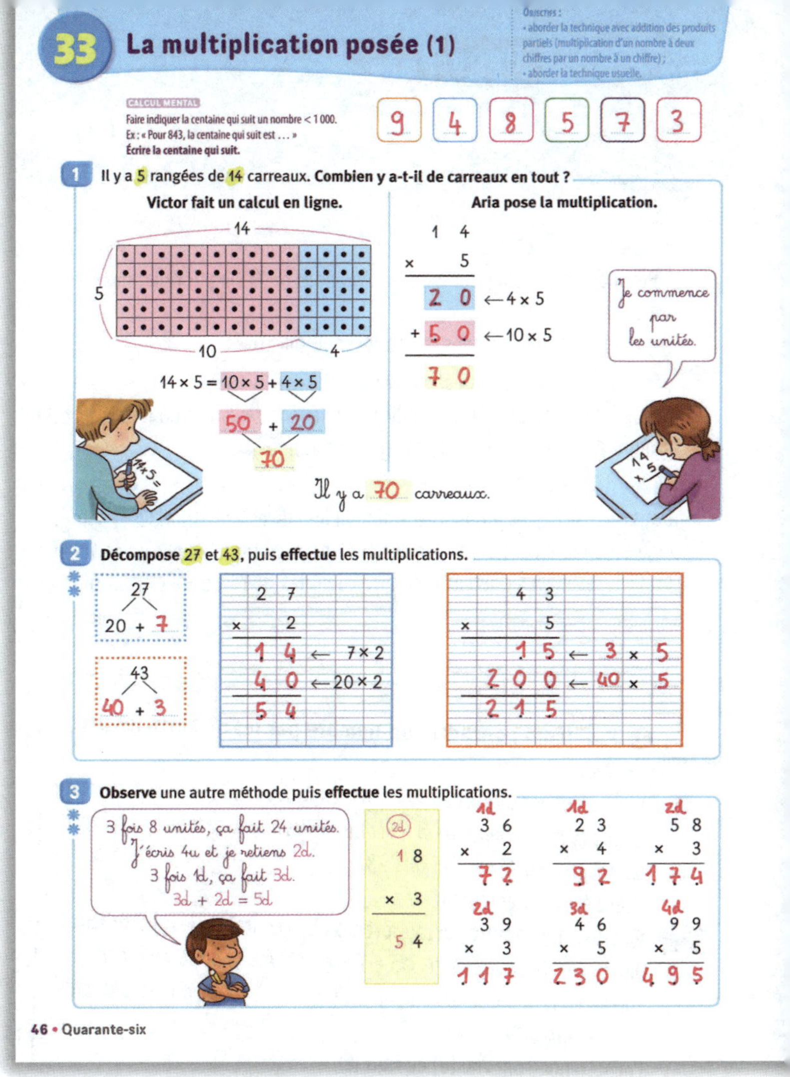

33 La multiplication posée (1)

Objectifs :
- aborder la technique avec addition des produits partiels (multiplication d'un nombre à deux chiffres par un nombre à un chiffre) ;
- aborder la technique usuelle.

CALCUL MENTAL
Faire indiquer la centaine qui suit un nombre < 1 000.
Ex : « Pour 843, la centaine qui suit est … »
Écrire la centaine qui suit.

9 4 8 5 7 3

1 Il y a 5 rangées de 14 carreaux. **Combien y a-t-il de carreaux en tout ?**

Victor fait un calcul en ligne.

14 × 5 = 10 × 5 + 4 × 5
50 + 20
70

Aria pose la multiplication.

Il y a 70 carreaux.

2 **Décompose** 27 et 43, puis **effectue** les multiplications.

27 = 20 + 7 ; 43 = 40 + 3

3 **Observe** une autre méthode puis **effectue** les multiplications.

18 × 3 = 54 ; 36 × 2 = 72 ; 23 × 4 = 92 ; 58 × 3 = 174 ; 39 × 3 = 117 ; 46 × 5 = 230 ; 99 × 5 = 495

46 • Quarante-six

Faisons le point

- Nous avons appris à effectuer la multiplication posée avec deux méthodes :
  - en écrivant les produits partiels ;
  - directement, sans poser les produits partiels, mais en utilisant la retenue.
- Dans la multiplication posée, on commence toujours par multiplier les unités.

MÉMO-MATHS « **Je calcule une multiplication posée (1)** », **page 6.**

Pistes d'activités supplémentaires

Soutien

- Multiplier une dizaine entière par un nombre à 1 chiffre.
- Réviser les tables de 2, 3, 4, 5.
- Compléter les produits suivants :
  - 6 × 4 = … ; 9 × 4 = … ; 4 × 3 = … ; 4 × 2 = … ; 4 × 1 = … ; 7 × 4 = … ; 4 × 8 = … ; 4 × 4 = … ; 4 × 0 = …
  - 3 × 5 = … ; 6 × 3 = … ; 3 × 8 = … ; 3 × 9 = … ; 7 × 3 = … ; 3 × 2 = … ; 4 × 3 = … :

Approfondissement

- Effectuer d'autres multiplications posées en utilisant les deux techniques : 29 × 3 ; 36 × 4 ; 47 × 5.
- En EPS, les élèves de CM ont fait 3 tours de stade. Un tour de stade mesure 325 mètres. Quelle distance les élèves ont-ils parcourue ?

PROBLÈMES

34 Problèmes multiplicatifs

Exercices différenciés – Problèmes 9 et 10

Programme 2016

- Résoudre des problèmes issus de situations de la vie quotidienne.
  - » Sens des opérations.
  - » Problèmes relevant des structures multiplicatives.

Objectif spécifique de la séance

Résoudre des problèmes multiplicatifs relevant de l'addition réitérée et du produit de mesures (disposition lignes / colonnes).

Information didactique

Dans cette fiche, les problèmes amènent les élèves à revisiter des typologies déjà étudiées au CE1 et qui concernent les structures multiplicatives. À la fin du CE1, les élèves doivent déjà être capables de résoudre des problèmes multiplicatifs très simples. Le CE2 poursuit ce travail en complexifiant les situations.

Dans le cadre de la multiplication, on peut distinguer deux catégories de problèmes :

- les problèmes qui présentent des situations relevant d'additions réitérées ;
- les problèmes qui relèvent du produit de mesures. Ces situations peuvent être illustrées par une disposition lignes / colonnes ou sous la forme d'un carrelage rectangulaire.

La présentation, à partir d'un quadrillage ou d'un réseau comportant ***n*** lignes et ***m*** colonnes, permet de bien mettre en évidence la commutativité de la multiplication.

Dans cette fiche, nous travaillerons toujours ces deux catégories de problèmes.

CALCUL MENTAL

❶ **Problème : encadrer un nombre par les dizaines les plus proches**

Dire : « *Dans une course de 150 km, on a placé les bornes indiquant tous les 10 km : 10 km ; 20 km ; 30 km... Entre quelles bornes se trouve un coureur qui a déjà couru 26 km ? 55 km ? 78 km ?* »

L'élève écrit l'encadrement.

❷ **Situer un nombre par rapport aux deux centaines les plus proches**

Dire : « *Une bicyclette coute 385 €. Elle coute : moins de 400 € ? moins de 300 € ? entre 300 € et 400 € ? entre 200 € et 300 € ? Son prix est plus près de 300 € que de 400 € ?* »

L'élève répond par Vrai (V) ou Faux (F).

Activités préparatoires

1. Trier puis résoudre des problèmes de différentes typologies

30 min

▶ Par groupes de trois.

Matériel par groupe : fiche d'activité SITE COMPAGNON.

Consigne : « *Vous devez lire les problèmes. Lorsque vous les aurez lus, vous compléterez le tableau "types de problèmes" en inscrivant, pour chaque type, le ou les problèmes qui correspondent.*

Je donnerai ensuite à chaque groupe un ou deux de ces problèmes à résoudre rapidement. »

→ Pour la correction, vidéoprojeter, si possible, la fiche d'activité au tableau.

Remarquer que le problème n° 6 est à la fois un problème qui présente une situation multiplicative et une situation de retrait.

2. Imaginer et rédiger un problème multiplicatif

20 à 30 min

▶ Par groupes de deux ou trois.

Consigne : « *Dans chaque groupe, je vous demande d'écrire un petit problème qui pourra se résoudre en faisant une multiplication.* »

→ Chaque groupe lit son texte et la classe vérifie s'il s'agit bien d'un problème multiplicatif.

Travail sur le fichier

1 Résoudre un problème multiplicatif illustré par une disposition lignes / colonnes.

Cette situation, qui s'appuie sur un fait historique bien connu, le siège d'Alésia par les Romains, peut s'accompagner d'un travail interdisciplinaire qui se prolongera dans le domaine « Questionner le monde ».

Laisser observer, puis lire le texte explicatif du dessin à voix haute. Faire une analyse du texte pour bien situer le contexte. Il s'agit d'une reconstitution d'une partie du camp de l'armée romaine de Jules César qui encerclait la ville d'Alésia où se trouvait l'armée des Gaulois commandée par Vercingétorix.

Expliquer ou faire chercher le sens de légionnaire (soldat sans grade), centurion (officier romain qui commande un groupe de légionnaires) et général (chef de l'armée), personnage le plus important ici.

La taille des tentes dépend du grade des militaires, le général a une très grande tente, les centurions ont des grandes tentes et les légionnaires ont de petites tentes.

Mettre les élèves par deux pour préparer une description qui sera faite à l'oral dans un temps de travail avec le groupe classe.

L'enseignant note au tableau les éléments fournis par les groupes jusqu'à obtenir la description la plus complète et précise possible.

Les petites tentes sont disposées en 10 rangées de 10 à droite, et 8 rangées de 8 à gauche.

Laisser chercher le nombre de tentes de légionnaires et, dans la phase de synthèse, recueillir les procédures.

Il y aura certainement :

- des écritures sous forme d'addition itérée de 10 et de 8 :

$$8 + 8 + 8 + 8 + 8 + 8 + 8 + 8$$
$$10 + 10 + 10 + 10 + 10 + 10 + 10 + 10 + 10 + 10$$

- et des écritures multiplicatives :

$$8 \times 8 \qquad \text{et} \qquad 10 \times 10$$

Le nombre total de tentes peut s'écrire : $(8 \times 8) + (10 \times 10)$.

Le calcul de $10 \times 10 = 100$ est connu des élèves qui savent que 10 dizaines « ça fait » 100 .

Le produit 8×8 n'est pas accessible directement aux élèves qui ne connaissent pas la table de 8. C'est un véritable problème. Une solution est de l'effectuer en plusieurs étapes en remarquant sur le dessin que c'est aussi 4 rangées de 8 (8×4), plus encore 4 rangées de 8 (8×4), c'est-à-dire : $32 + 32 = 64$.

D'autres décompositions sont d'ailleurs possibles.
Ex. : $8 + (8 \times 2) + (8 \times 3) + (8 \times 2) = 8 + 16 + 24 + 16 = 64$.

Obstacles possibles :
- Le calcul des tentes à gauche si l'on choisit la procédure multiplicative.
- Le comptage des cases dans les rangées du « fond ».

2 Résolution de problème en autonomie.

Obstacles possibles :
- Le sens du mot « douzaine » que certains peuvent confondre avec le mot « dizaine ».
- Le décodage de l'expression « 5 douzaines d'œufs » (5 boites de 12 œufs ; 5 fois 12 œufs ; 12×5).
- Recueillir les procédures de calcul et les faire expliciter.
Ex. : 12×5 peut se calculer de différentes façons :
- $12 + 12 + 12 + 12 + 12$;
- $(10 \times 5) + (2 \times 5)$;
- en posant la multiplication avec deux techniques possibles.

3 Calcul d'une masse totale en passant par une somme de produits.
On remarquera que les caisses sont groupées par masses.
La masse totale des caisses peut être codée sous la forme d'une somme de trois produits :
(8 kg × 4) + (100 kg × 3) + (50 kg × 3) = 32 kg + 300 kg + 150 kg = 482 kg

Obstacle possible : le calcul de la somme des produits.

4 Résolution de problème en autonomie.
Repérer les différentes procédures de calcul. On pourra constater que le calcul à partir d'une addition itérée (8 termes) est compliqué, ce qui met bien en évidence l'intérêt d'utiliser la multiplication.
La multiplication peut être effectuée :
- en ligne : $23 \times 8 = (20 \times 8) + (3 \times 8) = 160 + 24 = 184$;
- par une des deux techniques de cette opération posée (technique avec les produits partiels ou technique usuelle).

Obstacle possible : le calcul.

5 Calcul d'une somme d'argent en passant par une somme de produits.
Laisser lire le problème silencieusement. Faire fermer le fichier et poser des questions pour évaluer ce que les élèves ont retenu de leur lecture. On pourra demander aux élèves de noter les réponses sur leur ardoise au fur et à mesure.
Ex. : *« Où se passe cette scène ? Combien y a-t-il de personnes dans cette famille ? Combien d'enfants ? Quel est le prix d'un repas enfant ? d'un repas adulte ? Qu'est-ce que l'on nous demande de chercher ? »*
Calculs possibles : 24 € + 24 € + 12 € + 12 €
ou (24 € × 2) + (12 € × 2),
voire directement par un calcul mental :
48 € + 24 € = 60 € + 12 € = 72 €.
Il ne faut pas hésiter à explorer et décortiquer avec les élèves les multiples procédures de calculs qui s'offrent à nous.

Obstacle possible : la complexité de la situation.

PROBLÈMES

34 Problèmes multiplicatifs

Objectif : résoudre des problèmes multiplicatifs relevant de l'addition réitérée et du produit de mesures (disposition lignes/colonnes).

CALCUL MENTAL
Problème : encadrer un nombre par les dizaines les plus proches.
« Dans une course de 150 km, on a placé des bornes tous les 10 km : Entre quelles bornes se trouve un coureur qui a déjà couru 26 km ? … »

20	26	30	50	55	60	70	78	80

1 **Décris** le dessin et **lis** le texte.

Voici la reconstitution d'une partie du camp qui encerclait la ville gauloise d'Alésia, assiégée par les Romains en 52 avant J.-C. Il y a la tente du général, les grandes tentes des centurions, les petites tentes des légionnaires.

• **Calcule** le nombre de tentes de légionnaires.

(8×8)+(10×10)
64 + 100 = 164

Il y a 164 tentes de légionnaires.

2 Au restaurant scolaire, on a reçu 5 douzaines d'œufs.
Quel est le nombre d'œufs reçus ?

Le nombre d'œufs reçus est de 60.

5×12 = 60

3 Un transporteur doit charger tous ces colis dans son camion.
Quelle est la masse totale des caisses à charger ?

(8×4)+(100×3)+(50×3)=474

La masse totale est de 474 kg.

4 Dans la salle de spectacle de l'école, il y a 8 rangées de 23 chaises.
Combien y a-t-il de chaises dans cette salle ?

Cherche sur ton cahier.

Il y a 184 chaises dans cette salle.

5 Une famille est au restaurant.
Elle choisit 2 repas à 24 € et 3 repas enfant à 12 €. **Quelle sera la dépense ?**

Cherche sur ton cahier.

La dépense sera de 84 €.

47 • Quarante-sept

Faisons le point

- Nous avons fait des problèmes de type multiplicatif, c'est-à-dire qui peuvent se résoudre à l'aide de calculs multiplicatifs.
- Nous avons constaté que le calcul d'une multiplication pouvait s'effectuer de plusieurs manières : en ligne ou posée.

MÉMO-MATHS **« Je fais des problèmes où je multiplie » (1) et (2), pages 22 et 23.**

Pistes d'activités supplémentaires

Par deux ou trois.
- Faire imaginer une situation multiplicative à partir de ce qu'il y a dans la classe, de ce qu'on fait dans la classe.
- Problème : 6 paquets de 35 billes chacun, combien cela fait-il de billes en tout ?
Vous devez effectuer vos calculs de trois manières différentes.
- Reprendre les exercices 2, 3, 4, 5 en changeant les variables numériques.

Le défi

Au restaurant, 5 personnes ont commandé chacune un menu à 27 euros. À la caisse, lorsqu'elles paient, on leur rend 15 € en tout. Quelle somme avaient-elles donnée au restaurateur ?

35 Doubles et moitiés

- Activité de manipulation 10
- Exercices différenciés – Nombres 17

Programme 2016

- Mémoriser des faits numériques et des procédures : doubles et moitiés de nombres d'usage courant.
- Élaborer ou choisir des stratégies de calcul.

Objectifs spécifiques de la séance

- Connaitre les doubles et les moitiés des nombres d'usage courant.
- Calculer un double et une moitié par un calcul réfléchi.

Information didactique

La **connaissance de certains doubles** joue un rôle important en calcul mental.

- À la fin du cycle 2, les élèves doivent connaitre les doubles et moitiés des nombres d'usage courant : doubles des nombres inférieurs à 10 et des dizaines entières inférieures à 100, moitiés des nombres pairs inférieurs à 20 et des dizaines entières 20, 30, 40, 50, 60, 80.

- Les élèves doivent aussi connaitre certaines relations entre des nombres d'usage courant : entre 5 et 10 ; entre 25 et 50, entre 50 et 100 ; entre 15 et 30 ; entre 30 et 60 ; entre 12 et 24.

Le début de cette fiche sera consacré à des calculs automatisés sur certains doubles et certaines moitiés.

Dans la seconde partie, on s'attachera à utiliser des procédures de calcul réfléchi déjà abordées au CE1 pour obtenir un double ou une moitié de quelques nombres à deux ou trois chiffres.

CALCUL MENTAL

Problème : diviser par 10

❶ Dire : « *Léa colle 10 photos par page. Elle a collé 27 photos. Combien de pages sont remplies ? Combien a-t-elle collé de photos sur la dernière page ?* »
Même question pour 49 photos, 62 photos, 75 photos.
Écrire au tableau les nombres de photos que l'on propose.
L'élève écrit le quotient entier et le reste.

❷ Dire : « *Combien peut-on remplir de bidons de 10 L avec une bonbonne de 24 L d'huile ? Combien reste-t-il de litres d'huile dans la bonbonne après avoir rempli les bidons ?* »
Même question avec d'autres nombres inférieurs à 100.
L'élève écrit le quotient entier et le reste.

Activités préparatoires

1. Jeu des doubles

⏱ 15 à 20 min

▶ Travail par groupes de deux.

Matériel : une cinquantaine d'étiquettes nombres (cinq étiquettes par groupes).
1 2 3 4 5 6 7 8 9 10 12 14 16 18 20 22 24 26 28 30 32 34 36 38 40 50 60 70 80 90 100 110 120 130 140 150 160 170 180 190 200 210 220 230 240 250 300 400 500.

Consigne 1 : « *J'écris un nombre au tableau. Ceux qui ont l'étiquette double, la lèvent* ». → 9 - 7 - 12 - 15 - 25 - 50…
On valide « *oui, c'est juste* » ou non « *non, c'est faux* » (ces doubles doivent être mémorisés).

Consigne 2 : « *Je vais vous écrire une dizaine ou une centaine entière au tableau ; tous les groupes écrivent le double sur leurs ardoises et ceux qui ont l'étiquette double la lèvent* ». (Ces doubles sont mémorisés ou en cours de mémorisation.)
→ 10 - 20 - 30 - 50 - 60 - 100 - 200 - 150…

Consigne 3 : « *J'écris au tableau le nombre 45. Je voudrais son double. Comment trouver le double de 45 ?* »
L'enseignant explique : « *Nous allons décomposer 45 : 45, c'est 40 + 5. Nous allons chercher le double de 40 et le double de 5 et les ajouter.* »

Double de 45 = double de 40 + double de 5
80 + 10
90

Les groupes qui ont le double de 40 lèvent leur carte (80) ainsi que ceux qui ont le double de 5 (10) et ceux qui ont le double de 45 (90).

▶ Proposer plusieurs calculs de ce type :
- le double de 18 ? C'est le double de 10 plus le double de 8
→ 20 + 16 = 36
- le double de 25 ? de 36 ? de 135 ?

2. Jeu des moitiés

⏱ 10 à 15 min

▶ Travail par groupes de deux.

Matériel : même matériel que pour l'activité 1.

Consigne 1 : « *Maintenant, nous allons travailler sur les moitiés. Je vais vous écrire un nombre au tableau, ceux qui ont l'étiquette moitié la lèvent.* »
Quelle est la moitié de 12 ? (6) La moitié de 20 ? (10) La moitié de 40 ? (20) La moitié de 100 ? (50) La moitié de 60 ? (30) La moitié de 400 ? (200)

Consigne 2 : « *Maintenant, comment trouver la moitié de 86 ?* »
L'enseignant explique : « *Nous allons décomposer 86.* »
« *86, c'est 80 + 6. Nous allons chercher la moitié de 80 et la moitié de 6 et les ajouter.* »

Moitié de 86 = moitié de 80 + moitié de 6
40 + 3
43

Les groupes qui ont la moitié de 80 (40) lèvent leur carte ainsi que ceux qui ont la moitié de 6 (3) et ceux qui ont la moitié de 86 (43).

▶ Proposer plusieurs calculs de ce type :
La moitié de 68 ? de 54 ? de 76 ? de 150 ? de 250 ? de 376 ?

Travail sur le fichier

1 Associer un nombre à son double ou à sa moitié.
Décrire la situation. Il faut compléter le tableau des doubles et moitiés avec les nombres écrits dans les bulles à gauche. S'assurer que le tableau est compris : montrer une case du tableau et demander ce que l'on nous demande de trouver dans cette case. Ex. : « Dans cette case, on nous demande d'écrire la moitié de 30. »

Obstacle possible : le repérage dans le tableau. Pour compléter la colonne « moitié », les élèves peuvent avoir du mal à revenir au nombre de départ et repartir du double qu'ils viennent d'écrire.

Aide proposée : toujours se poser la question : « Qu'est-ce qu'on me demande de chercher dans cette case ? ».

2 Calculer un double par un calcul réfléchi.

Lire la consigne qui nous indique les quatre nombres dont on veut chercher le double.

Méthode de calcul fondée sur la propriété : *« Le double d'une somme est égal à la somme des doubles de ses termes »*. Lorsque l'on n'a pas mémorisé le double d'un nombre à deux ou trois chiffres, une méthode de calcul réfléchi consiste à décomposer ce nombre en centaines entières, dizaines entières et unités, à calculer le double de chaque partie, puis à ajouter ces doubles.

Remarquer la forme de l'exercice qui facilite le calcul.

La bulle donne la règle sur un exemple et fournit la décomposition « dizaines-unités ».

Le calcul au-dessous illustre la règle et peut se lire : *« Le double de 20 est 40 ; le double de 4 est 8 donc le double de 24 est égal à 40 + 8 = 48 »*.

Double de 68 : c'est le double de 60 plus le double de 8 donc 120 + 16 = 136.

Obstacles possibles :

- Reprendre les décompositions en centaines, dizaines et unités.
- Manipuler avec des collections d'objets.

3 Calculer une moitié par un calcul réfléchi.

Remarquer que l'on ne sait calculer que les moitiés des nombres pairs, c'est-à-dire des nombres dont le chiffre des unités est 0, 2, 4, 6, ou 8.

Lire la consigne qui nous indique les quatre nombres dont on veut chercher le double.

Méthode de calcul fondée sur la propriété : *« la moitié d'une somme est égale à la somme des moitiés de ses termes »*. Lorsque l'on ne connait pas la moitié d'un nombre à 2 chiffres, une méthode de calcul réfléchi consiste à décomposer ce nombre (dizaines entières + unités), à calculer la moitié de chaque partie et à les ajouter.

C'est la même démarche que pour les doubles.

4 et **5** Calculer le double ou la moitié d'un nombre à deux ou trois chiffres par un calcul réfléchi.

Laisser compléter les tableaux et faire expliciter les procédures pour chaque calcul.

Aide proposée : utiliser si nécessaire le cahier de recherche pour écrire les décompositions et les étapes des calculs.

Faisons le point

- Nous avons calculé des doubles et des moitiés.
- Nous avons mémorisé les doubles des nombres d'usage courant et les moitiés de quelques nombres pairs.
- Pour trouver le double ou la moitié d'un nombre à deux ou trois chiffres (ex. : 86), nous le décomposons en dizaines et unités (80 + 6) et nous calculons d'abord le double ou la moitié de chaque partie. Puis nous faisons la somme.

MÉMO-MATHS **« Je sais calculer le double, la moitié d'un nombre », page 6.**

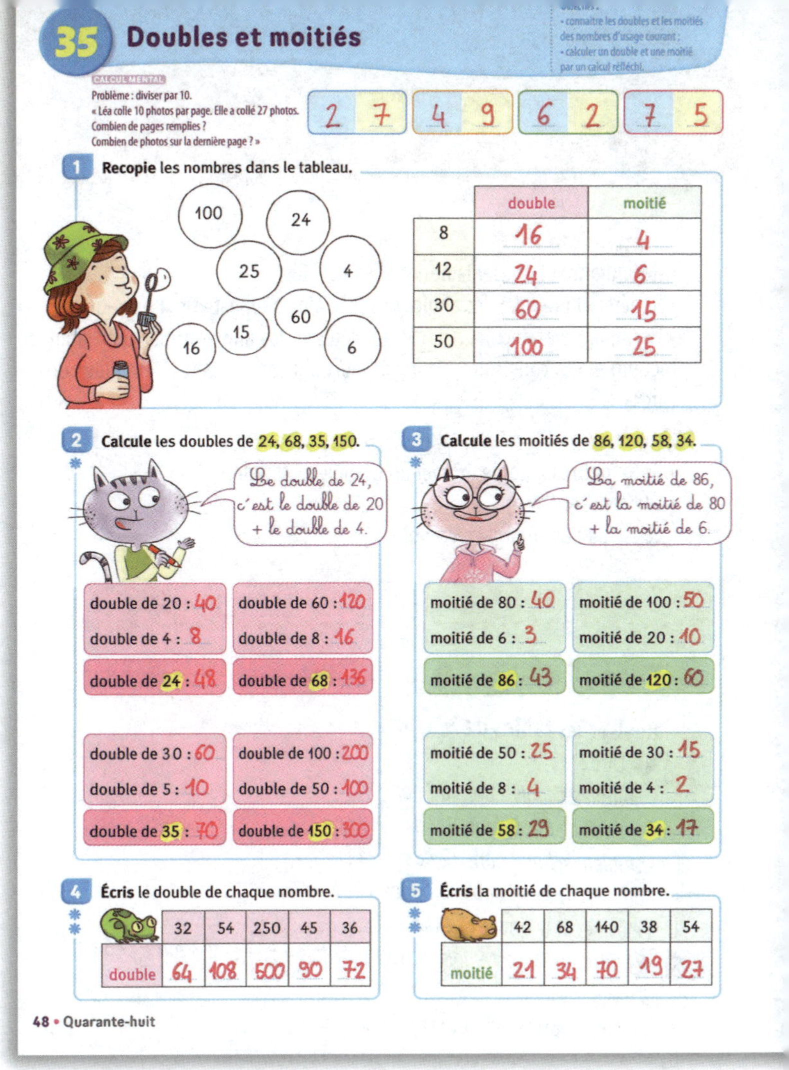

35 Doubles et moitiés

- connaitre les doubles et les moitiés des nombres d'usage courant ;
- calculer un double et une moitié par un calcul réfléchi.

CALCUL MENTAL

Problème : diviser par 10.
« Léa colle 10 photos par page. Elle a collé 27 photos. Combien de pages remplies ? Combien de photos sur la dernière page ? »

2 7 | 4 9 | 6 2 | 7 5

1 **Recopie** les nombres dans le tableau.

100, 24, 25, 4, 60, 15, 16, 6

	double	moitié
8	16	4
12	24	6
30	60	15
50	100	25

2 **Calcule** les doubles de 24, 68, 35, 150.

Le double de 24, c'est le double de 20 + le double de 4.

double de 20 : 40
double de 4 : 8
double de 24 : 48

double de 60 : 120
double de 8 : 16
double de 68 : 136

double de 30 : 60
double de 5 : 10
double de 35 : 70

double de 100 : 200
double de 50 : 100
double de 150 : 300

3 **Calcule** les moitiés de 86, 120, 58, 34.

La moitié de 86, c'est la moitié de 80 + la moitié de 6.

moitié de 80 : 40
moitié de 6 : 3
moitié de 86 : 43

moitié de 100 : 50
moitié de 20 : 10
moitié de 120 : 60

moitié de 50 : 25
moitié de 8 : 4
moitié de 58 : 29

moitié de 30 : 15
moitié de 4 : 2
moitié de 34 : 17

4 **Écris** le double de chaque nombre.

	32	54	250	45	36
double	64	108	500	90	72

5 **Écris** la moitié de chaque nombre.

	42	68	140	38	54
moitié	21	34	70	19	27

48 • Quarante-huit

Pistes d'activités supplémentaires

Soutien

- Calcul mental : réviser les doubles des nombres ≤ 10 et les moitiés des nombres pairs ≤ 20.
- Calculer le double de dizaines en utilisant les unités de numération :
double de 3 d → 6d → 60 double de 8d → 16d → 160…
- Écrire le double des nombres suivants :

7	5	15	12	40	11	25	50	60	100	200	300

- Écrire la moitié des nombres suivants :

6	8	10	12	16	14	18	24	40	80	800

Approfondissement

- Calculer la moitié des nombres suivants : 24 ; 26 ; 48 ; 66 ; 30 ; 38 ; 52 ; 72
- De quels nombres ces nombres sont-ils les doubles ? 12 ; 48 ; 180 ; 76 ; 112…
- De quels nombres ces nombres sont-ils les moitiés ? 7 ; 21 ; 35 ; 45 ; 143….
- Trouver deux décompositions pour calculer les doubles de 78 et 97.
- 98 est égal à 100 – 2 ; le double de 98 est égal au double de 100 (200) moins le double de 2 (4) donc 200 – 4 = 196.
Calculer le double de 97, de 95, de 199 à partir d'une écriture soustractive de ces nombres.

36 L'angle droit, le triangle rectangle

- Fiche Outils – « Étude d'une figure »
- Activité de manipulation 19
- Exercices différenciés – Espace et géométrie 3 et 4

Programme 2016
- Reconnaitre et utiliser la notion d'angle droit.
- Repérer et produire des angles droits à l'aide d'un gabarit, d'une équerre.
- Reconnaitre et décrire, à partir des côtés et des angles droits, un triangle rectangle. Les construire sur un support uni connaissant la longueur des côtés.

Objectifs spécifiques de la séance
- Reconnaitre un angle droit et un triangle rectangle.
- Utiliser l'équerre.
- Construire un triangle rectangle.

Information didactique
L'année de CE1 a permis d'introduire la notion d'angle droit (du latin *angulus rectus*, qui signifie « angle debout » ; cela renvoie à l'image d'une droite perpendiculaire à une ligne horizontale). Le gabarit de l'angle droit a été l'outil de référence pour reconnaitre et construire des angles droits en CE1, l'équerre n'a été introduite que dans un second temps et devient en CE2 l'outil à privilégier. L'équerre permettra, entre autres, de reconnaitre les particularités sur les angles des polygones, comme le triangle rectangle (forme géométrique de base déjà introduite en CE1). Ainsi, les notions de cette fiche visent à réamorcer et à consolider les connaissances des élèves sur la reconnaissance et la construction de triangles rectangles dans des conditions diverses à l'aide de l'équerre.

CALCUL MENTAL

Réviser les tables de 2, 5, 3, 4

❶ Dire :
« Combien de fois 2 dans 8 ? dans 14 ?
Combien de fois 5 dans 10 ? dans 40 ?
Combien de fois 3 dans 12 ? dans 24 ?
Combien de fois 4 dans 20 ? dans 36 ? »
L'élève écrit le quotient exact.

❷ Dire : *« 18 c'est 9 fois 2 ; 16 c'est 4 fois 4 ; 21 c'est 3 fois 8 ; 45 c'est 8 fois 5 ; … »*
L'élève répond par Vrai(V) ou Faux (F).

Activités préparatoires

1. Réactiver les connaissances sur la reconnaissance d'angles droits dans une figures

15 min

Matériel individuel : un gabarit d'angle droit, l'équerre de la classe, une équerre pour deux élèves, fiche d'activité. SITE COMPAGNON

Consigne 1 : *« Observez cette figure, décrivez-la nous. »*
La figure sera vidéoprojetée ou reproduite au tableau.

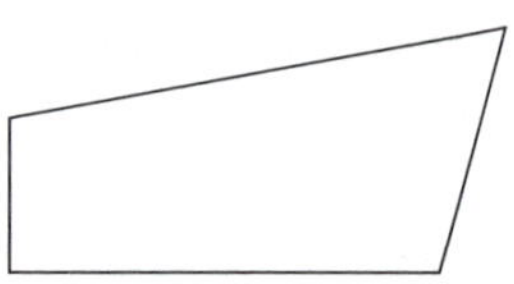

Les élèves doivent reconnaitre un polygone qui a quatre côtés (c'est donc un quadrilatère), et il semble posséder un angle droit. Faire compter le nombre de côtés.

Consigne 2 : *« Comment peut-on vérifier qu'il y a bien un angle droit ? »*

Faire rappeler le rôle du gabarit de l'angle droit (en présenter un, construit à l'aide d'une feuille de papier A4, et plié deux fois comme dans la situation 1 du fichier) et de l'équerre.

Bien faire observer la partie qui permet de repérer l'angle droit, en particulier pour l'équerre. Marquer cette partie par un petit carré rouge.

Faire vérifier par un élève la présence d'un angle droit sur la figure au tableau.

Rappeler l'utilisation de l'équerre.

2. Reconnaitre des triangles rectangles avec l'équerre

15 min

▶ Travail par groupes de deux.

Matériel par groupe : fiche d'activité avec différents triangles, équerres. SITE COMPAGNON

Consigne : *« Observez la fiche : que voyez-vous ?* (Des triangles.) *Par deux, vous allez chercher les triangles rectangles, c'est-à-dire ceux qui ont un angle droit. Vous utiliserez l'équerre et vous marquerez l'angle droit par un petit carré rouge. »*
Demander aux élèves de repérer visuellement les angles droits, puis de vérifier.
Laisser les groupes chercher.
Faire une correction collective à partir de la fiche vidéo-projetée.
La meilleure méthode consiste à travailler triangle par triangle, à essayer de repérer un angle droit, et à vérifier avec l'équerre, puis à marquer l'angle droit…
Constater que, pour un triangle, on a aucun ou un angle droit (jamais plus).

3. Construire des triangles rectangles sur différents supports

20 min

Matériel individuel : feuille blanche, équerre, papier pointé (à maille carrée), papier quadrillé.

Consigne 1 : *« Sur une feuille blanche, vous allez poser votre équerre et vous allez reproduire les bords de cette équerre en traçant chacun de ses trois côtés. »*
Les élèves auront ainsi reproduit un triangle rectangle.
Consigne 2 : *« Vous allez tracer des triangles rectangles en utilisant la règle et le papier pointé (ou papier quadrillé) ; vous vérifierez avec votre équerre pour voir s'il y a bien un angle droit. »*
Laisser les élèves travailler seuls, puis corriger au tableau avec la fiche vidéoprojetée.
Le papier utilisé permet d'utiliser uniquement la règle graduée et il n'est pas nécessaire d'avoir recours à l'équerre.

Travail sur le fichier

1 Construire un angle droit et reconnaitre si des triangles sont rectangles.

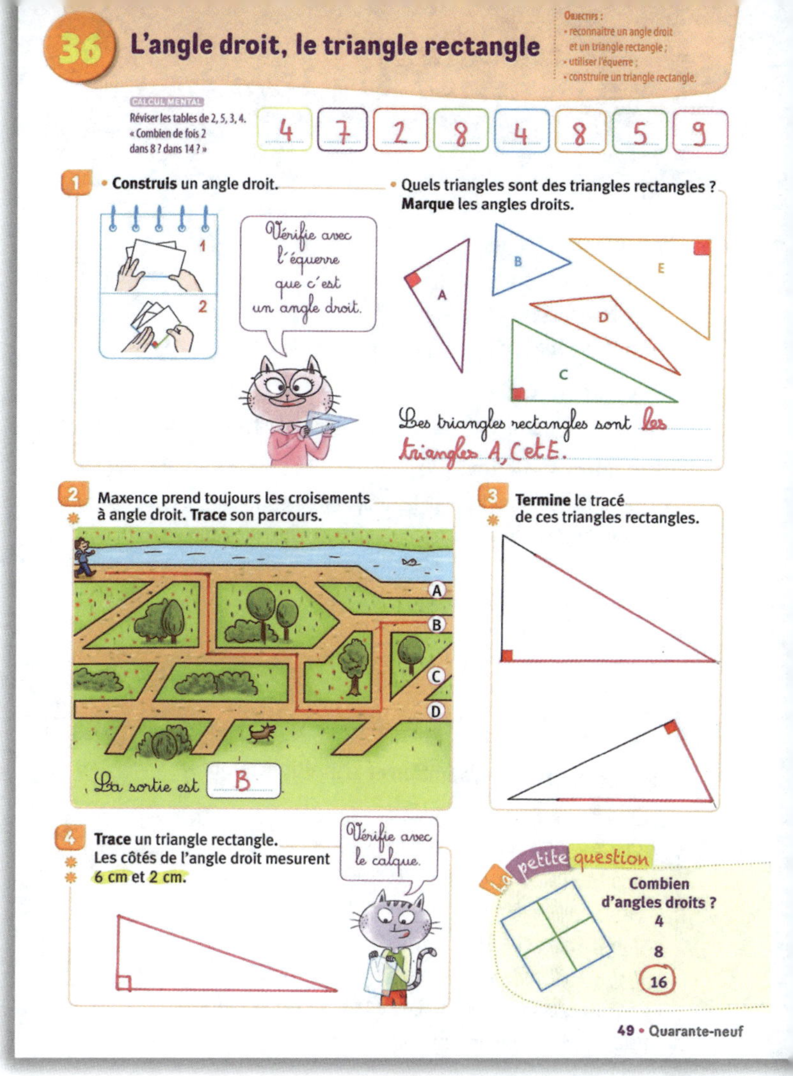

36 L'angle droit, le triangle rectangle

Objectifs :
- reconnaitre un angle droit et un triangle rectangle ;
- utiliser l'équerre ;
- construire un triangle rectangle.

CALCUL MENTAL
Réviser les tables de 2, 5, 3, 4. « Combien de fois 2 dans 8 ? dans 14 ? »

4 7 2 8 4 8 5 9

1 • **Construis** un angle droit.

Vérifie avec l'équerre que c'est un angle droit.

• Quels triangles sont des triangles rectangles ? **Marque** les angles droits.

Les triangles rectangles sont les triangles A, C et E.

2 Maxence prend toujours les croisements à angle droit. **Trace** son parcours.

La sortie est B

3 **Termine** le tracé de ces triangles rectangles.

4 **Trace** un triangle rectangle. Les côtés de l'angle droit mesurent 6 cm et 2 cm.

Vérifie avec le calque.

La petite question
Combien d'angles droits ?
4
8
16

49 • Quarante-neuf

Laisser les élèves découvrir l'exercice qui est constitué de deux situations :
- dans la première, les élèves doivent construire un angle droit à partir d'une feuille de papier, en la pliant une première fois, puis en pliant de nouveau (les deux plis étant placés l'un sur l'autre). Bien faire observer le petit carré rouge, dans la deuxième étape de la construction, qui désigne la présence de l'angle droit ;
- dans la deuxième, les élèves doivent reconnaitre, parmi cinq triangles, lesquels sont rectangles. Le triangle A est dans une position non classique (côtés de l'angle droit non horizontaux ou verticaux). Le recours à l'équerre n'est pas mentionné pour vérifier les angles droits, mais cet outil est à privilégier, sinon utiliser le gabarit construit. Les élèves doivent marquer la présence des angles droits par le codage habituel.

Obstacles possibles :
- La position du triangle A.
- La maitrise encore insuffisante de l'équerre.

Aide proposée : reprendre l'activité préparatoire n° 2.

2 Tracer un trajet en repérant les angles droits.
Les élèves doivent tracer le trajet d'un enfant, Maxence.
À chaque croisement, il tourne toujours à l'angle droit ; il n'y a qu'un trajet possible.
Demander aux élèves d'effectuer d'abord le trajet avec le doigt. La reconnaissance des angles droits se fera de manière perceptive. Maxence arrive en B.

Obstacles possibles :
- Les nombreux carrefours et la complexité de certaines organisations de carrefours.
- Le carrefour situé juste avant D peut conduire les élèves à aller directement tout droit.

Aide proposée : utiliser l'équerre pour confirmer l'angle droit.

3 Terminer le tracé de triangles rectangles sur un support uni.
Deux triangles sont à tracer : l'angle droit est précisé, un côté est déjà tracé, et un deuxième est amorcé. Le premier est le plus facile à trouver car les côtés de l'angle droit sont parallèles aux bords de la page. Faire vérifier les constructions avec le papier calque.

Aides proposées :
- Amorcer le tracé du deuxième côté de l'angle droit.
- Utiliser le papier calque, non pour vérifier, mais pour aider à tracer le triangle rectangle.

4 Tracer un triangle rectangle dont on connait les mesures des côtés de l'angle droit.
Il semble préférable d'indiquer aux élèves de commencer la construction par le côté qui mesure 6 cm, de façon à ce qu'ils ne soient pas gênés par l'espace de construction. Les élèves pourront vérifier l'exactitude de leur construction (respects des deux mesures de longueur et de l'angle droit) avec le papier calque (à noter que deux triangles sont possibles selon la position de l'angle droit).

La petite question

Dans ce grand carré, il y a 4 petits carrés.
Dans chaque petit carré, on compte 4 angles droits donc, dans cette figure, on a en tout 4 × 4 = **16 angles droits.**

Faisons le point

- Nous savons repérer un angle droit et reconnaitre un triangle rectangle.
- Nous avons appris à utiliser l'équerre.
- Nous avons tracé des triangles rectangles avec l'équerre.

MÉMO-MATHS **« Je repère un angle droit avec l'équerre », page 6.**

Pistes d'activités supplémentaires

Soutien

- Construire des triangles rectangles sur du papier quadrillé.
- Repérer des angles droits dans la classe.
- Repérer des triangles rectangles parmi des différentes formes découpées (triangles ou autres).

Approfondissement

- Construire des triangles rectangles sur papier blanc à l'aide de la règle et du gabarit ou de l'équerre.
- Décomposer un carré en quatre triangles rectangles ; un losange en quatre triangles rectangles ; un rectangle en deux triangles rectangles.
- Construire une ligne brisée formée d'angles droits.

le défi

Trace un triangle rectangle avec la règle et l'équerre et décompose-le en deux autres triangles rectangles.

CALCUL RÉFLÉCHI

37 Ajouter, enlever des unités, des dizaines, des centaines entières

Programme 2016
- Mémoriser des procédures.
- Élaborer et choisir des stratégies de calcul.
  » Propriétés de la numération.

Objectif spécifique de la séance
S'appuyer sur la structure des nombres pour effectuer des calculs en ligne.

Information didactique
Le **calcul réfléchi** met en jeu les propriétés des nombres et des opérations et mérite d'être pratiqué dans toutes les activités numériques.

La **maitrise de la numération décimale** est décisive pour l'apprentissage du calcul, donc l'aptitude à reconnaitre la valeur d'un chiffre en fonction de sa position dans l'écriture d'un nombre doit constituer un exercice essentiel. L'habilité dans le calcul passe par une **bonne connaissance des différentes écritures des nombres**. Décomposer et recomposer un nombre en utilisant les unités de numération (centaines, dizaines et unités) sont des activités utiles susceptibles de faciliter les opérations.
En prenant appui sur la décomposition des nombres, nous allons, dans cette séance, calculer sur les ajouts et retraits de centaines entières, de dizaines entières et d'unités.

CALCUL MENTAL

Problème : utiliser l'addition et la multiplication

❶ Dire :
« Quelle somme possède chacun de ces cinq enfants ?
- Anna a 2 billets de 10 € et un billet de 5 € ;
- Lise a 2 billets de 5 € et 3 pièces de 2 € ;
- Tom a 6 pièces de 2 € et 3 pièces de 1 € ;
- Bob a 2 billets de 5 € et 5 pièces de 2 € ;
- Léa a 4 billets de 5 € et 3 pièces de 2 € et 4 pièces de 1 €. »
L'élève écrit la somme possédée.

❷ Dire :
« - Pierre achète 3 ballons à 10 € l'un. Combien a-t-il dépensé ?
- Marie achète 1 livre à 10 € et 1 cahier à 3 €. Combien a-t-elle dépensé ?
- Louis a 10 € et veut acheter des cahiers à 3 €. Combien peut-il acheter de cahiers ?
- Luc a 12 € achète 1 cahier à 3 €. Combien lui reste-t-il ?
- Ali a 30 €. Combien peut-il acheter d'albums à 5 € ? »
L'élève écrit le résultat.

Activités préparatoires

MATÉRIEL CARTONNÉ

1. Réviser la structure des nombres à trois chiffres

5 à 10 min

Matériel individuel : plaques centaines, barres dizaines, carrés unités.

Consigne 1 : *« J'écris des nombres au tableau. Vous devez représenter ces nombres avec le matériel cartonné et vous écrirez le nombre de centaines, de dizaines et le nombre d'unités. Par exemple, pour 437, vous écrirez : 4c 3d 7u. »*

L'enseignant écrit : 437 ; 238 ; 371 ; 528 ; 476 ; …

Faire exprimer ces décompositions oralement.

Consigne 2 : *« J'écris au tableau des nombres à trois chiffres. Vous les représentez avec votre matériel et vous écrirez une décomposition de ces nombres en centaines entières, dizaines entières et unités. Par exemple, 426 = 400 + 20 + 6 »*. Faire exprimer ces décompositions oralement.

2. Enlever des centaines entières, des dizaines entières, des unités à un nombre à trois chiffres

10 min

▶ Par groupes de deux.

Matériel : plaques centaines, barres dizaines, carrés unités.

Consigne 1 : *« Faites devant vous, avec le matériel cartonné, le nombre 567. Décrivez votre collection.»*

« Pour réaliser le nombre 567, nous avons pris 5 plaques centaines, 6 barres dizaines et 7 carreaux unités. »

Consigne 2 : *« Enlevez 200. Comment faites-vous pour retirer 200 de votre collection ? Que vous reste-t-il ? »*

« Pour enlever 200, nous retirons 2 plaques centaines. Il reste 3 centaines ; les dizaines et les unités n'ont pas changé ; nous obtenons le nombre 367. »

Écrire l'opération au tableau : 567 – 200 = 367.

Reprendre le nombre initial et faire retirer de ce nombre 300 ; 400… Constater à chaque fois que l'on retire 3 centaines ou 4 centaines.

Consigne 3 : *« Enlevez 20. Comment faites-vous pour retirer 20 de votre collection ? Que vous reste-t-il ? »*

« Pour enlever 20, nous retirons 2 barres dizaines. Il reste 4 dizaines. Les centaines et les unités n'ont pas changé ; nous obtenons le nombre 547. »

Écrire l'opération au tableau : 567 – 20 = 547.

Reprendre le nombre initial et faire retirer de ce nombre 30 ; 40… Constater à chaque fois que l'on retire 3 dizaines ou 4 dizaines.

Faire le même travail en retirant uniquement des unités.

3. Ajouter centaines, dizaines, unités à un nombre à trois chiffres

10 min

▶ Travail avec le groupe classe.

Écrire les opérations 324 + 200 ; 324 + 40 ; 324 + 5 au tableau et constater que, comme pour la soustraction, on ajoute respectivement 2c, 4d et 5u.

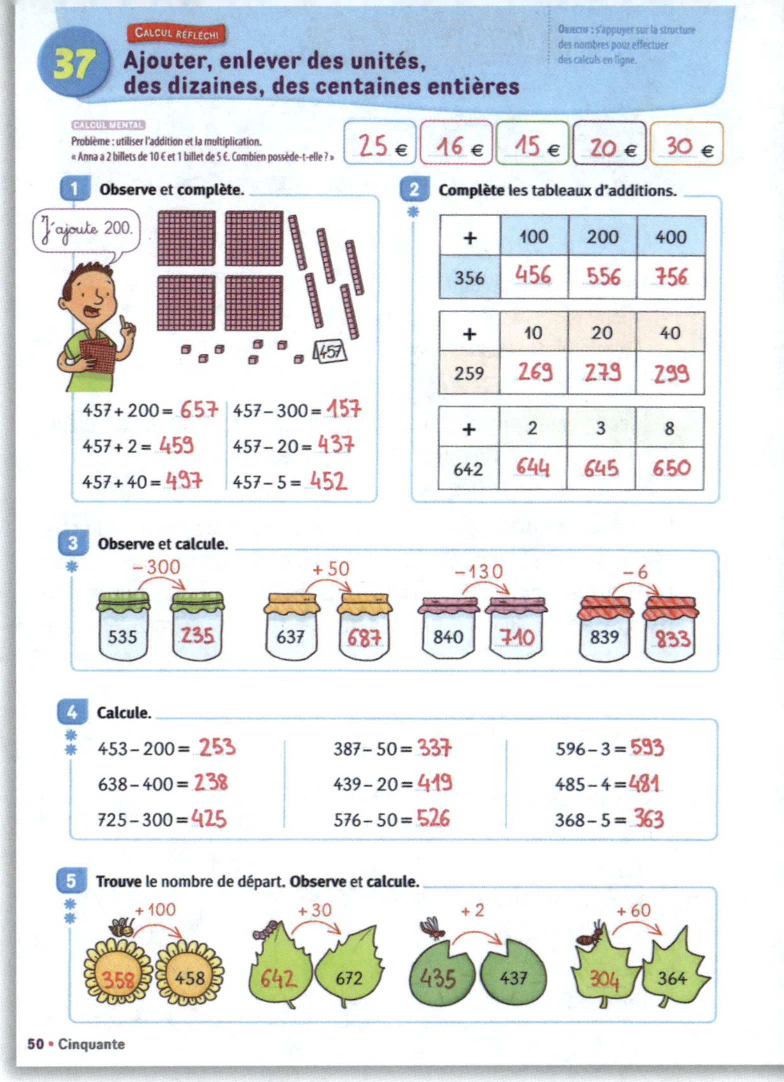

Calcul réfléchi

37 Ajouter, enlever des unités, des dizaines, des centaines entières

Objectif : s'appuyer sur la structure des nombres pour effectuer des calculs en ligne.

CALCUL MENTAL
Problème : utiliser l'addition et la multiplication.
« Anna a 2 billets de 10 € et 1 billet de 5 €. Combien possède-t-elle ? »

25 € | 16 € | 15 € | 20 € | 30 €

1 Observe et complète.

457 + 200 = 657 | 457 − 300 = 157
457 + 2 = 459 | 457 − 20 = 437
457 + 40 = 497 | 457 − 5 = 452

2 Complète les tableaux d'additions.

+	100	200	400
356	456	556	756

+	10	20	40
259	269	279	299

+	2	3	8
642	644	645	650

3 Observe et calcule.

4 Calcule.

453 − 200 = 253 | 387 − 50 = 337 | 596 − 3 = 593
638 − 400 = 238 | 439 − 20 = 419 | 485 − 4 = 481
725 − 300 = 425 | 576 − 50 = 526 | 368 − 5 = 363

5 Trouve le nombre de départ. Observe et calcule.

50 • Cinquante

Travail sur le fichier

1 Ajouter ou enlever des centaines, des dizaines ou des unités à un nombre à trois chiffres.
Observer la collection et le nombre. Repérer les chiffres des centaines, des dizaines et des unités.
Commencer par travailler sur les soustractions qui vont nous permettre de mieux voir les transformations sur la collection. Remarquer qu'enlever 300, c'est retirer 3 centaines aux 4 centaines du nombre ; enlever 20, c'est retirer 2 dizaines aux 5 dizaines du nombre, et qu'enlever 5, c'est retirer 5 unités aux 7unités.
Pour les additions, on ajoute 2 centaines, 2 unités et 4 dizaines.
Aide proposée : s'appuyer sur les activités préparatoires.

2 Ajouter des centaines entières, des dizaines entières, des unités.
Rappeler le fonctionnement du tableau d'addition. Montrer une ou deux cases vierges et demander : *« Quelle somme nous demande-t-on d'effectuer pour remplir cette case ? »*
Remarquer que, dans chacun de ces tableaux, on ajoute toujours le même type d'unité de numération.
Une fois les tableaux renseignés, faire colorier ou souligner le chiffre qui a changé.
Constater que, pour un même tableau, c'est toujours le même chiffre qui change.
Recueillir les procédures. Ex. : « Pour ajouter 400, on ajoute 4 centaines. »
Obstacle possible : la transformation en unités de numération.

3 Enlever des centaines entières, des dizaines entières, des unités à un nombre à trois chiffres.
Obstacle possible : le retrait de 130.
Aide proposée : décomposer 130 en unités de numération : 130 = 1c 3d. Enlever 1c 3d à 8c 4d pour obtenir 7c 1d = 710. Passer par la manipulation.

4 Enlever des centaines entières, des dizaines entières, des unités à un nombre à trois chiffres.
Application de la procédure dégagée précédemment : s'appuyer sur les unités de numération et la structure des nombres à 3 chiffres.
La répétition des calculs fixe la procédure qui va être mémorisée.

5 Retrouver, dans le codage d'un ajout, le nombre initial connaissant le résultat de l'ajout et le nombre ajouté.
En fait, cela revient à retirer du résultat le nombre ajouté et à calculer ici :
458 – 100 = 358 ; 672 – 30 = 642 ; 437 – 2 = 435 ; 364 – 60 = 304.
Obstacles possibles : le raisonnement, la maitrise du lien entre addition et soustraction.

Faisons le point

• Nous avons enlevé des centaines entières, des dizaines entières et des unités à un nombre à trois chiffres en utilisant les unités de numération.
MÉMO-MATHS **« J'ajoute, j'enlève des unités, des dizaines, des centaines », page 5.**

Pistes d'activités supplémentaires

Pour la classe

Jeu : construire une « chaine » : j'ajoute toujours 2 dizaines. Un élève vient au tableau avec une ardoise avec le nombre 116. Un autre vient se placer à côté de lui. Il doit avoir écrit sur son ardoise 136. Un autre vient se placer, il doit avoir écrit 156, puis un autre 176… À la fin, vérifier que tous les maillons de la chaine sont exacts. Constater que le nombre des dizaines augmente toujours de 2 et que le chiffre des unités ne change pas.
Recommencer en franchissant la centaine supérieure. Proposer une chaine décroissante.

Soutien

• Décomposer un nombre à trois chiffres :
245 = 200 + 40 + 5 ; 542 = … ; 452 =… ; 608 = … ; 420 = … ; 777 = …
245 = 2c + 4d + 5u ; 378 =… ; 951 =… ; 650 = … ; 800 = …
• Recomposer les nombres :
500 + 60 + 8 = … ; 200 + 80 + 7 = … ; 300 + 80 = … ; 20 + 700 + 8= … ; 5 + 50 + 500 = …
9 + 400 = … ; 5d + 4c + 6u =… ; 3u + 5c + 8d = … ; 5d 9c = … ; 5u 9c = …
• Dans ces nombres, colorier en rouge les chiffres qui ont pour valeur 30 : 234 ; 325 ; 803 ; 433 ; 323 ; 333.

Approfondissement

• Ajouter toujours 120 jusqu'à ce que tu dépasses 800 : 116 – …
• Ajouter toujours 102 jusqu'à ce que tu dépasse 800 : 116 – …
• Compléter : 424 + … = 524 ; 424 + … = 454 ; 424 – … = 229 ; 424 – … = 404
• Compléter :
475 + 30 = … ; 369 + 60 = … ; 578 + 7 = …

CALCUL RÉFLÉCHI

38 Ajouter, enlever un nombre à deux ou trois chiffres

Programme 2016

- Mémoriser des procédures.
- Élaborer et choisir des stratégies de calcul.
  » Propriétés de la numération.

Objectif spécifique de la séance

Utiliser différentes procédures de calcul réfléchi s'appuyant sur la structure des nombres, sur des décompositions et des recompositions.

Information didactique

Le programme 2016 insiste sur la nécessité de « l'**appropriation de stratégies de calcul adaptées aux nombres et aux opérations en jeu** ». Ces stratégies s'appuient sur la **connaissance de faits numériques mémorisés** (répertoire additif et multiplicatif, connaissance des unités de numération et de leurs relations, etc.) et sur celle des **propriétés des opérations et de la numération**.

Cette fiche de calcul réfléchi est construite dans cet esprit ; elle s'inscrit dans la continuité de la fiche précédente. Elle s'appuie sur la connaissance de la structure décimale, du caractère positionnel de notre système de numération et sur l'utilisation des unités de numération dans les calculs.

Nous découvrons ici une procédure de calcul mental.

Nous décomposons le nombre à ajouter ou à soustraire en centaines, dizaines et unités. L'opération se fait alors en deux temps pour la soustraction d'un nombre à deux chiffres : ajout ou retrait de dizaines entières, puis ajout ou retrait d'unités ; en trois temps, pour l'addition ou la soustraction d'un nombre à trois chiffres.

CALCUL MENTAL

❶ **Faire ajouter des dizaines entre elles**
Dire : *« 50 + 20 ; 30 + 40 ; 60 + 20 ; 50 + 30 ; 50 + 40 ; 20 + 70 ; 120 + 30. »*
L'élève écrit la somme.

❷ **Faire retrancher des dizaines entre elles**
Dire : *« 30 – 10 ; 70 – 10 ; 40 – 30 ; 50 – 20 ; 60 – 40 ; 90 – 50 ; 80 – 40 ; 60 – 40 ; 160 – 30 ; 680 – 60. »*
L'élève écrit le résultat.

Activités préparatoires

1. Rappel : enlever, ajouter des centaines entières, des dizaines entières, des unités

5 à 10 min

▶ L'enseignant écrit les deux séries d'opérations au tableau en numérotant chaque opération :

1) 856 – 300	4) 512 + 200
2) 375 – 40	5) 327 + 60
3) 549 – 4	6) 523 + 5

Les élèves écrivent rapidement les six résultats sur leur ardoise.
L'enseignant note les résultats et fait expliquer les procédures.
« 1) On enlève 3 centaines. 2) On enlève 4 dizaines… 4) On ajoute 2 centaines… »

2. Réfléchir sur une procédure de calcul mental

20 min

▶ Par groupes de deux ou trois.

Consigne 1 : *« Vous avez le nombre 543. Vous voulez ajouter, dans votre tête par un calcul mental, 34 à ce nombre. Expliquez comment vous allez vous y prendre pour faire ce calcul dans votre tête. »*

Recueillir les procédures présentées par les groupes. On retiendra celles qui s'appuient sur les unités de numération.

- « On ajoute d'abord 30, ça fait 573, puis on ajoute 4, ça fait 577. »
- « On ajoute d'abord 4, ça fait 547, puis on ajoute 30, ça fait 577. »
- « On ajoute 3 dizaines, ça fait 573, puis on ajoute 4 unités, ça fait 577. »
- « On ajoute 4 unités, ça fait 547, puis on ajoute 3 dizaines, ça fait 577. »

Consigne 2 : *« Vous avez le nombre 234. Vous voulez ajouter, dans votre tête par un calcul mental, 245 à ce nombre. Expliquez comment vous allez vous y prendre pour faire ce calcul dans votre tête. »*

Procéder de la même manière.

Travail sur le fichier

1 Utiliser la représentation d'une collection en unités de numération pour illustrer le retrait d'un nombre à trois chiffres.

Lire la soustraction que l'on doit effectuer.

Observer la collection de 356 billes, représentée par 3 paquets de 100 (3 centaines), 5 paquets de 10 (5 dizaines) et 6 billes isolées (6 unités).

Lire les deux bulles qui expliquent la procédure utilisée par le petit garçon. Il nous explique comment il fait le calcul dans sa tête.

Il doit enlever 132 billes, c'est-à-dire 1 centaine de billes, 3 dizaines de billes et 2 billes. Il enlève d'abord 100 billes, puis 30 billes puis 2 billes.

Faire compléter le calcul en ligne qui nous montre les différentes étapes de son calcul avec les résultats intermédiaires.

Compléter les soustractions de droite. Les élèves seront invités à appliquer la méthode présentée. Ils utilisent le cahier de recherche pour noter les résultats intermédiaires. Ils peuvent aussi s'appuyer sur la collection mais le calcul est alors moins présent.

Obstacle possible : le passage par la notation des résultats intermédiaires qui n'est pas fréquent à l'écrit et qui illustre un cheminement de calcul mental.

2 Soustraction d'un nombre à deux chiffres en utilisant les unités de numération.

Faire lire les deux soustractions et justifier les retraits successifs de 2d et 4u (qui correspondent à la décomposition de 24).

Obstacles possibles :

- Le repérage dans l'exercice et le nombre des « actions » à accomplir.
- La notation des résultats intermédiaires.

3 Addition d'un nombre à deux chiffres en utilisant les unités de numération.

On notera ici le franchissement de la dizaine supérieure dans l'addition des unités.

4 Addition d'un nombre à trois chiffres en s'appuyant sur la décomposition de ce nombre.

Faire lire les opérations et repérer dans chacune d'elles le nombre qu'il va falloir décomposer.

Observer la disposition du premier calcul, l'emplacement des résultats intermédiaires et du résultat final. Compléter la ligne, puis procéder de même pour les deux autres calculs.

Obstacle possible : le nombre des tâches à accomplir.

Aide proposée : pour bien fixer la démarche, la faire formuler oralement pour chaque opération.

« Pour ajouter 234, j'ajoute 200 puis 30 puis 4. »

5 Situation de retrait avec recherche de l'état final.

Cette situation implique un travail avec les unités de numération. Lire le problème silencieusement, puis demander à un élève de venir le présenter à la classe : *« De quoi s'agit-il ? Quelle est la question ? »*

Recueillir les différentes procédures :

$$685 \xrightarrow{-100} 585 \xrightarrow{-50} 535$$

$$685 \xrightarrow{-1c} 585 \xrightarrow{-5d} 535$$

6c 8d 5u − 1c 5d = 5c 3d 5u = 535.

Aide proposée : passer par une manipulation avec le matériel cartonné.

Faisons le point

- Nous avons ajouté et soustrait un nombre à deux chiffres ou un nombre à trois chiffres par un calcul dans la tête (calcul mental).
- Pour effectuer ces ajouts ou ces retraits, nous décomposons le nombre que l'on veut ajouter ou que l'on veut enlever en centaines, dizaines et unités.
- Nous ajoutons ou nous enlevons les centaines, puis les dizaines, puis les unités en faisant trois additions ou trois soustractions dans notre tête.

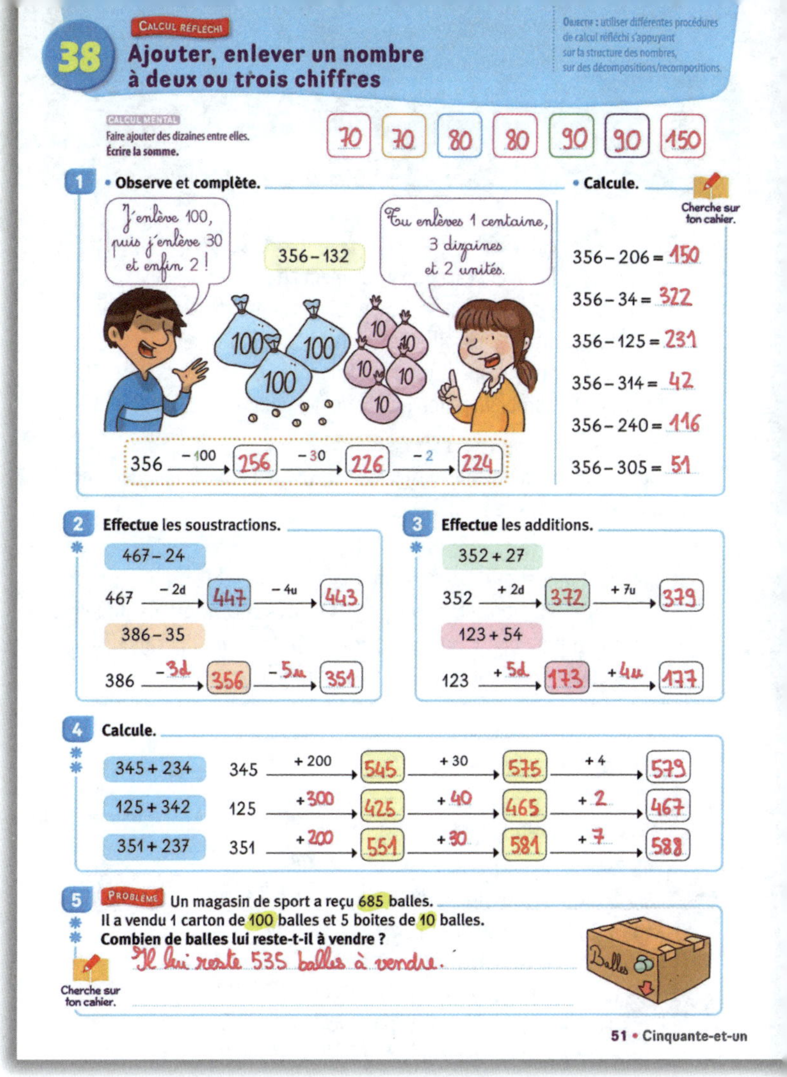
CALCUL RÉFLÉCHI

38 Ajouter, enlever un nombre à deux ou trois chiffres

OBJECTIF : utiliser différentes procédures de calcul réfléchi s'appuyant sur la structure des nombres, sur des décompositions/recompositions.

CALCUL MENTAL — Faire ajouter des dizaines entre elles. Écrire la somme.

70 | 70 | 80 | 80 | 90 | 90 | 150

1 • Observe et complète.

356 − 132

356 —(− 100)→ 256 —(− 30)→ 226 —(− 2)→ 224

• Calcule. Cherche sur ton cahier.

356 − 206 = 150
356 − 34 = 322
356 − 125 = 231
356 − 314 = 42
356 − 240 = 116
356 − 305 = 51

2 Effectue les soustractions.

467 − 24
467 —(− 2d)→ 447 —(− 4u)→ 443

386 − 35
386 —(− 3d)→ 356 —(− 5u)→ 351

3 Effectue les additions.

352 + 27
352 —(+ 2d)→ 372 —(+ 7u)→ 379

123 + 54
123 —(+ 5d)→ 173 —(+ 4u)→ 177

4 Calcule.

345 + 234 : 345 —(+ 200)→ 545 —(+ 30)→ 575 —(+ 4)→ 579
125 + 342 : 125 —(+ 300)→ 425 —(+ 40)→ 465 —(+ 2)→ 467
351 + 237 : 351 —(+ 200)→ 551 —(+ 30)→ 581 —(+ 7)→ 588

5 PROBLÈME Un magasin de sport a reçu 685 balles.
Il a vendu 1 carton de 100 balles et 5 boites de 10 balles.
Combien de balles lui reste-t-il à vendre ?
Cherche sur ton cahier.
Il lui reste 535 balles à vendre.

51 • Cinquante-et-un

Pistes d'activités supplémentaires

Soutien

- Calcul mental par deux. On se concerte avant de fournir la réponse.
  - → 732 – 400 ; 843 – 500 ; 987 – 800 ; 513 – 300
  - → 456 – 20 ; 547 – 40 ; 678 – 30 ; 589 – 70
  - → 459 – 8 ; 42 6 – 5 ; 917 – 7
  - → 865 – 4c ; 865 – 4d ; 865 – 4u
  - → 325 + 200 ; 325 + 20 ; 325 + 2
- Calcul mental par deux. On se concerte avant de fournir la réponse.

Quelle opération a-t-on fait pour passer : de 175 à 275 ? de 259 à 279 ? de 342 à 382 ?

Approfondissement

- Calcul mental par deux. On se concerte avant de fournir la réponse.

Quelle opération a-t-on fait pour passer : de 425 à 635 ? de 504 à 824 ? de 222 à 333 ? de 333 à 555 ?

Expliquer la procédure de calcul.

Ex. : « Pour passer de 425 à 635, on ajoute 2c et 1d, c'est-à-dire 200 + 10 = 210. »

1 le défi

Complète ce calcul :

$$\ldots \xrightarrow{+100} \ldots \xrightarrow{+20} 336 \xrightarrow{+\ldots} 339$$

39 Mesurer des longueurs en dm, cm, mm

Exercices différenciés – Grandeurs et mesures 3 et 4

Programme 2016
- Mesurer des longueurs avec un instrument adapté.
- Exprimer une mesure dans une ou plusieurs unités choisies ou imposées
  - » Unités de mesures usuelles de longueur : dm, cm et mm.
  - » Relation entre les unités usuelles de longueur.
- Résoudre des problèmes impliquant des longueurs.

Objectif spécifique de la séance

Résoudre des problèmes de mesurage et de comparaison de longueurs impliquant le dm, le cm, le mm.

Information didactique

L'unité de longueur du Système International (SI) est le mètre (m). Notre système de numération étant décimal, les **unités secondaires** s'obtiennent à partir du mètre et, de proche en proche, par des multiplications par 10 (multiples) ou des divisions par 10 (sous-multiples).

À l'école élémentaire, on utilise les unités secondaires suivantes :
- comme sous-multiples, le millimètre (mm), le centimètre (cm), le décimètre (dm) ;
- comme multiples, le décamètre (dam), l'hectomètre (hm), le kilomètre (km).

Concernant les sous-multiples, les élèves ont déjà vu toutes les unités du programme (cm et dm) au CE1, et le mm au début du CE2, en fiche 12 en relation avec le cm. Cette fiche, en les regroupant, met en relation le dm et le mm et débute la construction de la famille des unités de longueur.
Le décimètre est une unité peu utilisée. Elle sert parfois à exprimer des mesures inférieures à 1 mètre.
Mais sa connaissance va surtout permettre d'aborder le **lien entre les unités de mesure décimales et les unités de numération**.

CALCUL MENTAL

Problème : compléter une dizaine à 100

❶ Dire : « *Un cycliste doit parcourir 100 km.*
Quelle distance reste-t-il à parcourir lorsqu'il a fait 20 km ? 40 km? 80 km ? 90 km ? 10 km ? 50 km ? »
L'élève écrit le complément.

❷ Dire : « *Louise veut acheter un jeu qui coute 100 €.*
Combien lui manque-t-il si elle possède déjà :
60 € ? 70 € ? 80 € ? 50 € ? 10 € ? 20 € ? 90 € ? 40 € ? 30 € ? »
L'élève écrit le complément.

Activités préparatoires

1. Manipuler la règle graduée en cm et mm. Dégager les relations entre mm, cm et dm

10 min

Matériel collectif : 4 balises ; 1 banc.

Observer la règle graduée, repérer les intervalles correspondant à 1 mm, 1 cm, 1 dm.
Revoir l'écriture des abréviations.
Tracer sur le cahier, un segment de 1 mm, de 1 cm, de 1 dm.
Compléter les relations suivantes entre ces unités de mesure de longueur :

1 cm = … mm   1 dm = … cm   1 dm = … mm

Les deux premières sont connues des élèves, l'autre est à construire.
Les élèves vont se rendre compte qu'il n'est guère possible de compter sur la règle tous les millimètres contenus dans un décimètre.
Ils savent qu'1 cm = 10 mm et que dans 1 dm, il y a 10 cm, donc 10 fois 10 mm, c'est-à-dire 100 mm.
Écrire ces relations au tableau.

2. Mesurer des segments avec la règle graduée

10 min

Matériel individuel : fiche d'activité SITE COMPAGNON

Exprimer cette mesure avec différentes unités.

3. Ranger cinq mesures de longueur. Vérifier en traçant les segments

10 min

▶ Écrire au tableau, en vrac, les cinq mesures suivantes :

1 dm ; 15 cm ; 18 mm ; 2 cm 3 mm ; 1 dm 2 cm 5 mm

Consigne 1 : « *Vous devez ranger ces mesures dans l'ordre croissant de leur longueur, c'est-à-dire de la plus petite à la plus grande.* »
Consigne 2 : « *Vous allez vérifier votre rangement en traçant ces cinq segments à partir d'un même trait.* »
Le rangement correct est :

18 mm – 2 cm 3 mm – 1 dm – 1 dm 2 cm 5 mm – 15 cm.

Travail sur le fichier

1 Associer une mesure à une longueur.
Lire le titre de la fiche et le panneau des relations entre les unités, lesquelles ont été travaillées dans l'activité préparatoire n° 1.
Faire lire les mesures. Expliquer les mesures exprimées avec deux unités.
Ex. : 1 dm 2 cm, c'est 1 dm + 2 cm ou 12 cm.
Mesurer chaque côté avec la règle graduée et recopier les mesures de chaque segment.
Vérifier la bonne utilisation de la règle graduée.

Obstacles possibles :
- La gestion de la mesure en dm, unité qui n'apparait pas sur la règle graduée.
- La gestion des mesures exprimées avec deux unités.

2 Calcul du périmètre d'un polygone à partir de la mesure de chacun de ses côtés.
Il s'agit de calculer le périmètre du polygone de l'exercice 1.
Observer la disposition de l'addition des mesures. On remarquera que le dm n'apparait pas. Il faut donc transformer les mesures exprimées en dm, en cm.

1 dm = 10 cm et 1 dm 2 cm = 12 cm.

En revanche, le mm apparait dans cette addition.
Se pose alors le problème du traitement de la mesure 43 mm.
Plusieurs attitudes sont possibles :
- Laisser faire les élèves. La plupart risquent alors de placer les 43 mm dans la « colonne » des mm et l'on aura une longueur

totale désignée sous la forme « 34 cm 45 mm » que l'on transformera dans un deuxième temps en « 38 cm 5 mm ».

- Faire transformer 43 mm en « 4 cm 3 mm » pour obtenir directement la somme « 38 cm 5mm ».
- On pourra laisser les élèves les plus à l'aise en autonomie et procéder aux transformations de mesures en amont avec les autres.

Obstacle possible : l'harmonisation des unités pour arriver à une disposition classique de l'addition.

3 Compléter deux tableaux de conversion d'unités impliquant les relations 1 cm = 10 mm pour le premier tableau et 1 dm = 10 cm pour le second.

Laisser compléter les tableaux puis lors de la correction faire justifier les réponses.

Ex. : 2 cm, c'est 2 fois 10 mm → 20 mm ;

1 cm 3 mm, c'est 10 mm + 3 mm → 13 mm ;

36 mm, c'est 30 mm + 6 mm → 3cm 6 mm.

Adopter la même démarche pour les conversions du second tableau.

Obstacle possible : les conversions qui aboutissent à une décomposition d'une mesure en mm en une mesure en cm et mm (lorsque le nombre de mm est supérieur à 10). Même remarque pour des conversions de cm en dm et mm.

4 Ranger des mesures de longueur exprimées avec différentes unités, dans l'ordre croissant.

Rappeler le sens de l'expression « ordre croissant ».

Obstacles possibles :

- Confusion entre grandeur d'une mesure et taille des nombres exprimant cette mesure.

Ex. : 15 > 12 mais 15 mm < 12 cm

- Confusion entre la longueur de l'écriture exprimant une mesure et la « valeur » de cette mesure.

Ex. : 9 cm 5 mm < 12 cm.

Aides proposées :

- Insister sur le repérage des unités utilisées.
- Lorsque c'est possible, convertir toutes les mesures dans la même unité.

Faisons le point

- Nous avons travaillé sur les longueurs avec les unités : dm, cm, mm.
- Nous avons transformé l'écriture des mesures en changeant l'unité. Par exemple, nous avons exprimé en mm des mesures qui étaient exprimées en cm.

3 cm = 30 mm ou 3 cm 8 mm = 38 mm.

- Pour faire ces transformations, il faut bien connaitre les relations entre les unités de mesure.

Nous les devons les retenir : 10 mm = 1 cm ; 10 cm = 1 dm ; 1 dm = 100 mm.

- Nous avons appris à ranger des mesures de longueur exprimées dans différentes unités.

MÉMO-MATHS **« Je connais le décimètre », page 7.**

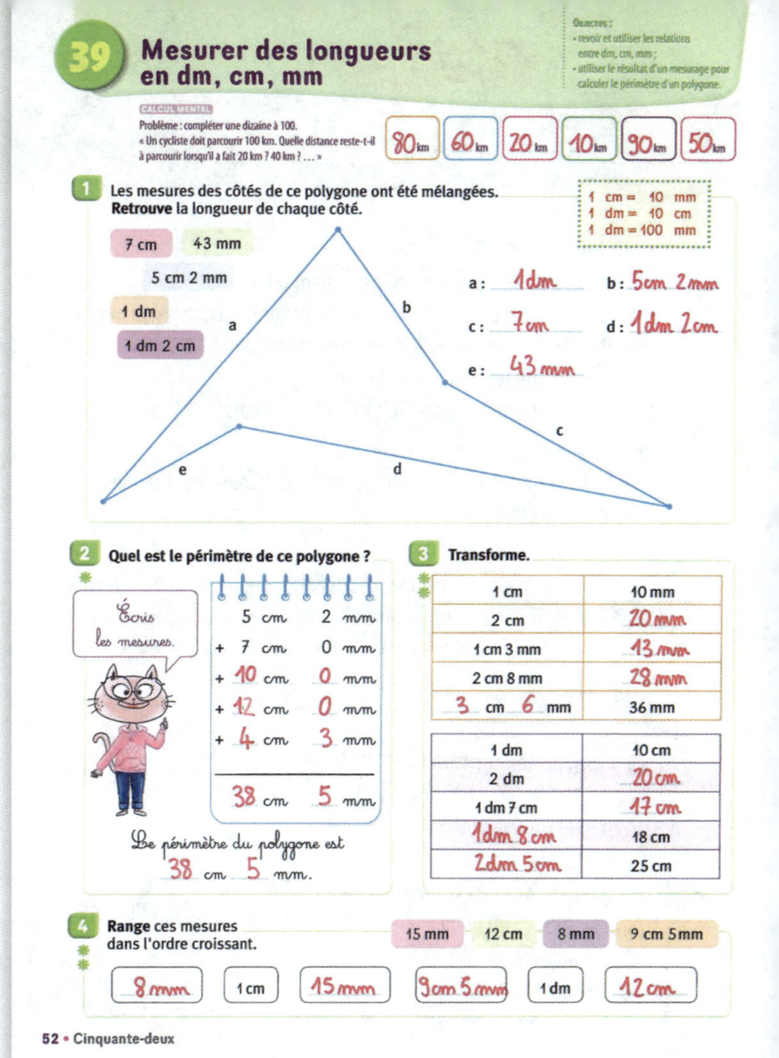

39 Mesurer des longueurs en dm, cm, mm

Objectifs :
- revoir et utiliser les relations entre dm, cm, mm ;
- utiliser le résultat d'un mesurage pour calculer le périmètre d'un polygone.

CALCUL MENTAL

Problème : compléter une dizaine à 100.
« Un cycliste doit parcourir 100 km. Quelle distance reste-t-il à parcourir lorsqu'il a fait 20 km ? 40 km ? … »

80 km | 60 km | 20 km | 10 km | 90 km | 50 km

1 Les mesures des côtés de ce polygone ont été mélangées. **Retrouve** la longueur de chaque côté.

1 cm = 10 mm
1 dm = 10 cm
1 dm = 100 mm

7 cm | 43 mm | 5 cm 2 mm | 1 dm | 1 dm 2 cm

a : 1dm   b : 5cm 2mm
c : 7cm   d : 1dm 2cm
e : 43 mm

2 Quel est le périmètre de ce polygone ?

Écris les mesures.

5 cm 2 mm
\+ 7 cm 0 mm
\+ 10 cm 0 mm
\+ 12 cm 0 mm
\+ 4 cm 3 mm
38 cm 5 mm

Le périmètre du polygone est 38 cm 5 mm.

3 Transforme.

1 cm	10 mm
2 cm	20 mm
1 cm 3 mm	13 mm
2 cm 8 mm	28 mm
3 cm 6 mm	36 mm

1 dm	10 cm
2 dm	20 cm
1 dm 7 cm	17 cm
1dm 8 cm	18 cm
2dm 5cm	25 cm

4 **Range** ces mesures dans l'ordre croissant.

15 mm | 12 cm | 8 mm | 9 cm 5mm

8 mm | 1 cm | 15 mm | 9cm 5 mm | 1 dm | 12 cm

52 • Cinquante-deux

Pistes d'activités supplémentaires

Pour toute la classe

- Mesurer des objets de la classe. Ex. : la largeur et la longueur de sa table. Exprimer cette mesure en cm, puis en dm et cm.

Soutien

- Transformer en mm : 2 cm ; 4 cm, 10 cm ; 1 cm 2 mm ; 2 cm 7 mm.
- Transformer en cm : 30 mm ; 40 mm ; 10 mm ; 70 mm ; 120 mm ; 150 mm.
- Transformer en cm et mm : 25 mm ; 32 mm ; 18 mm ; 55 mm.
- Transformer en cm : 1 dm ; 5 dm ; 7 dm ; 15 dm ; 1 dm 3 cm ; 2dm 5cm ; 1dm 30 mm
- Transformer en dm et cm : 25 cm ; 42 cm ; 35 cm ; 125 cm.

Approfondissement

- Transformer en dm, cm et mm : 135 mm ; 257 mm ; 408 mm.
- Comparer le périmètre de deux polygones.
- Quel est le périmètre d'une plaque carrée qui mesure 2 dm 6 cm de côté ?

Exprimer cette mesure en cm.

le défi

Sur une planche de 3 dm de long, un escargot a déjà parcouru une longueur de 1 dm 7 cm 5 mm. Quelle longueur lui reste-t-il à parcourir pour arriver au bout de cette planche ?

PROBLÈMES

40 Les longueurs

Programme 2016

- Mesurer des longueurs avec un instrument adapté.
- Exprimer une mesure dans une ou plusieurs unités choisies ou imposées.
  - » Unités de mesures usuelles : dm, cm et mm.
  - » Relation entre les unités usuelles de longueur.
- Résoudre des problèmes impliquant des longueurs.

Objectif spécifique de la séance

Résoudre des problèmes de mesurage et de comparaison de longueurs impliquant le dm, le cm, le mm.

Information didactique

Les activités de mesurage font appel à des notions numériques et à des notions géométriques. Elles ont dès lors un double objectif : contribuer à une meilleure maitrise de ces notions et faire acquérir les compétences spécifiques mises en jeu dans ce type d'activités.

C'est dans ces activités de mesurage que **l'élève doit prendre progressivement conscience du caractère approximatif de toute mesure.** Les mesures avec la règle graduée varient souvent de 1 mm, parfois de 2 mm. Il est important alors d'en rechercher les causes, qui peuvent être multiples :
- liées à l'instrument (règle abimée, qualité de la graduation) ;
- liées à l'unité choisie qui peut être de petite taille, peu visible (mm) ;
- liées à l'objet à mesurer (extrémités mal définies) ;
- liées à l'utilisation de l'instrument (instrument mal placé, lecture de la mesure erronée).

CALCUL MENTAL

❶ **Ajouter des centaines entre elles**

Dire : « *300 + 100 ; 400 + 200 ; 400 + 400 ; 700 + 100 ; 500 + 400 ; 200 + 600 ; 300 + 500.* »

L'élève écrit la somme.

❷ **Retrancher des centaines entre elles**

Dire : « *300 – 100 ; 400 – 200 ; 500 – 100 ; 500 – 300 ; 600 – 400 ; 800 – 400 ; 900 – 200 ; 700 – 600.* »

L'élève écrit la différence.

Activités préparatoires

1. Procéder à des activités de mesurage. Exprimer la mesure avec différentes unités

20 à 30 min

▶ Travail par groupes de trois.

Matériel par groupe : règle graduée en cm et mm ; fiche d'activité. SITE COMPAGNON

Procéder en plusieurs étapes.

Consigne 1 : « *Mesurez la longueur de ces quatre segments. Écrivez les mesures en cm et mm dans la première colonne du tableau.* »

Noter les résultats au tableau. Comparer ces mesures, constater les différences qui peuvent être de 1 ou 2 mm. Pour des écarts plus importants, demander une vérification du groupe qui devra refaire sa mesure. Pour les autres (écarts de 1 ou 2 mm), essayer d'en trouver les causes (voir « Information didactique ») et en déduire que, pour ces nombreuses raisons, lorsque l'on fait une mesure, il est très difficile d'obtenir la mesure exacte de la longueur. Dire que ces écarts entre les résultats sont acceptables.

Consigne 2 : « *Vous devez compléter les colonnes 2 et 3 du tableau : exprimez les mesures que vous avez relevées en dm, cm et mm dans la 2e colonne (sauf pour la mesure du segment A, inférieure à 1 dm) et en mm dans la 3e.* »

Analyser et expliquer les conversions avec la classe :

12 cm 8 mm = 10 cm + 2 cm + 8 mm = 1 dm 2 cm 8 mm

1 cm = 10 mm

donc 12 cm = 120 mm donc 12 cm 8 mm = 128 mm.

2. Rajouter un segment à une ligne brisée pour obtenir une ligne brisée de longueur donnée

15 à 20 min

▶ Travail par groupes de deux.

Matériel pour deux : une bande cartonnée de 15 cm ou utiliser le segment de 15 cm tracé sur la fiche d'activité. SITE COMPAGNON

Consigne : « *Vous devez rajouter un segment aux quatre lignes brisées pour qu'elles aient une longueur totale de 15 cm. Pour vérifier, prenez votre bande de 15 cm ou utilisez le segment dessiné sur la fiche.* »

Travail sur le fichier

1 Lire la mesure de la longueur d'objets placés de différentes manières sur une règle graduée en cm et en mm.

Laisser les élèves compléter les mesures. Noter les résultats des mesures, puis procéder à une correction collective. Si possible vidéoprojeter l'image pour optimiser les échanges du groupe classe autour d'une même image.

Observer la position des quatre objets par rapport à la règle.

- Seul le crayon orange est dans une position de mesurage ordinaire, une des extrémités de ce crayon coïncidant avec la graduation « 0 » de la règle, ce qui permet de faire une lecture directe de sa mesure : « 9 cm 4 mm ».
- La bande jaune a bien une extrémité qui coïncide avec une « première » graduation de la règle mais il s'agit de la graduation 20. La graduation 8 cm 5 mm correspondant à l'autre extrémité de la bande n'indique pas la mesure de la longueur de cette bande. Il faut compter les intervalles de 1 cm (11 cm + 5 mm). La mesure est de 11 cm 5 mm ou 1 dm 1 cm 5 mm.
- Pour la mesure de la gomme, compter les intervalles de 1 cm (5). La gomme mesure 5 cm.
- Pour le crayon violet, même démarche : 7 intervalles et 5 mm. Le crayon violet mesure 7 cm 5 mm.

Vérifier ces quatre mesures en utilisant la règle graduée.

Obstacle possible : le positionnement inhabituel des objets à mesurer.

2 Construire des segments à partir d'une comparaison des mesures.

Lire le texte et remplir le tableau des trois mesures.

A = 1 dm ou 10 cm ; B = 1 dm + 3 cm = 13 cm ;

C = 1 dm – 2 mm ou 10 cm – 2 mm ou 9 cm + (1 cm – 2 mm) = 9 cm 8 mm.

On peut aussi partir de la relation 1 dm = 100 mm et calculer 100 mm – 2 mm = 98 mm, soit 9 cm 8 mm.

Tracer les trois segments avec la règle graduée.

Faire remarquer, ici, les deux fonctions de la règle graduée, une fonction de mesure d'un segment et celle de tracé d'un segment de mesure donnée.

Obstacles possibles :
- Le calcul 1 dm – 2mm.
- L'amorce du tracé des segments qui fixe leur direction mais peut gêner les élèves.

3 Problème de partition impliquant les longueurs, avec recherche d'une partie.

Faire lire le texte et laisser les élèves échanger par deux sur la compréhension de la situation.

« Avez-vous compris de quoi il s'agit et ce que l'on nous demande ? »

Arriver collectivement à éclairer cette situation, pas toujours très explicite.

Il s'agit de terminer la construction d'une ligne brisée formée de trois segments. On sait que la ligne doit avoir une longueur totale de 1 dm 25 mm et que les deux premiers segments mesurent chacun 4 cm, soit 8 cm pour les deux. Il faut donc calculer ce qu'il faut ajouter à 8 cm pour arriver à une longueur totale de 1 dm 25 mm. La transformation de cette mesure s'avère nécessaire.

1 dm 25 mm = 12 cm 5 mm.

Calculer le complément : 8 cm + 4 cm 5 mm = 12 cm 5 mm.

Obstacles possibles :
- La compréhension de la situation.
- le calcul du complément qui passe par une conversion.

La petite question

Là encore, il faut convertir.

1 cm, c'est 10 mm ; donc la moitié de 1 cm, c'est la moitié de 10 mm ; c'est 5 mm.

Faisons le point

- Nous savons mesurer la longueur d'objets ou de segments avec une règle graduée en cm et en mm.
- Nous pouvons exprimer les mesures en dm, cm ou mm et exprimer une mesure avec plusieurs unités.
- Nous pouvons tracer un segment dont on connait la mesure de la longueur.

Pistes d'activités supplémentaires

Pour toute la classe

- Activités de mesurage par petits groupes de trois élèves.

Exemple de matériel à mesurer : baguette de bois de 80 cm ; ruban de 14 cm de long et 12 mm de large, pince à linge, trombone, bande de papier de 46 cm…

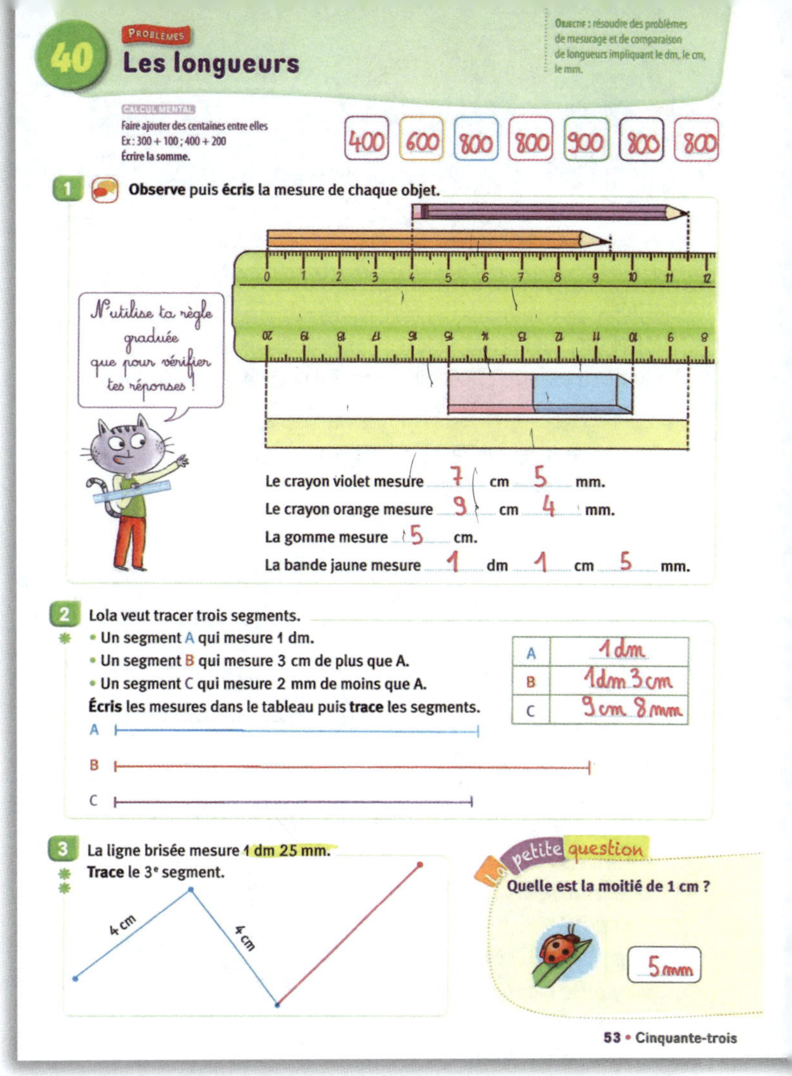
PROBLÈMES

40 Les longueurs

Objectif : résoudre des problèmes de mesurage et de comparaison de longueurs impliquant le dm, le cm, le mm.

CALCUL MENTAL

Faire ajouter des centaines entre elles
Ex : 300 + 100 ; 400 + 200
Écrire la somme.

400 | 600 | 800 | 800 | 900 | 800 | 800

1 Observe puis écris la mesure de chaque objet.

Le crayon violet mesure 7 cm 5 mm.
Le crayon orange mesure 9 cm 4 mm.
La gomme mesure 5 cm.
La bande jaune mesure 1 dm 1 cm 5 mm.

2 Lola veut tracer trois segments.
- Un segment A qui mesure 1 dm.
- Un segment B qui mesure 3 cm de plus que A.
- Un segment C qui mesure 2 mm de moins que A.

Écris les mesures dans le tableau puis trace les segments.

A	1 dm
B	1 dm 3 cm
C	9 cm 8 mm

3 La ligne brisée mesure 1 dm 25 mm.
Trace le 3e segment.

La petite question
Quelle est la moitié de 1 cm ?
5 mm

53 • Cinquante-trois

Instruments de mesure : mètre à ruban, règle en bois de la classe, règle cassée (sur laquelle il manque les premiers centimètres), un décimètre en carton, une règle graduée.

Noter les mesures dans un tableau. SITE COMPAGNON

Recenser dans le tableau les différentes mesures lorsqu'elles sont possibles. Comparer les résultats.

Recueillir les difficultés rencontrées, en particulier avec la règle cassée.

Soutien

Tracer des segments de longueur donnée avec différentes unités : 7 cm, 1 dm, 35 mm, 1 dm 5 cm, 1 dm 3 cm, 1 dm 4 cm 5 mm, 125 mm.

Approfondissement

- Compléter une mesure à 1 dm :

4 cm + … cm = 1 dm ; 3 cm 5 mm + … cm … mm = 1 dm ; 75 mm + … mm = 1 dm…

- Calculer :

1 dm – 3 cm ; 1 dm – 2 cm 4mm ; 2 dm – 1 dm 6 cm ; 2 dm – 1 dm 2 cm 5 mm ; 1 dm – 40 mm…

- Exprimer une mesure par un encadrement.

Distribuer une bande cartonnée de 275 mm et faire mesurer cette bande :
- avec le dm en carton. On obtient une mesure comprise entre 2 dm et 3 dm → 2 dm < L < 3 dm ;
- avec un instrument gradué en cm. La mesure est comprise entre 27 cm et 28 cm → 27 cm < L < 28 cm ;
- avec un instrument gradué en cm et mm. La mesure est de 27 cm 5 mm.

Plus l'unité utilisée est petite, plus la mesure est précise.

41 La soustraction posée sans retenue

Exercices différenciés – Calculs 9 et 10

Programme 2016

- Résoudre des problèmes relevant de structures additives (addition / soustraction).
- Mémoriser des faits numériques : tables de l'addition.
- Mettre en œuvre un algorithme de calcul posé pour la soustraction.

Objectifs spécifiques de la séance

- Revoir la technique de la soustraction posée sans retenue.
- Vérifier le résultat par l'addition.

Information didactique

Cette fiche présente la **soustraction en colonnes** déjà vue au CE1. Au cycle 2, se mettent ainsi progressivement en place les trois opérations : addition, soustraction, multiplication. Rappelons la correspondance entre addition et soustraction, cette dernière pouvant être considérée comme une addition complémentaire, ce qui procure un moyen simple de vérification. C'est ainsi une occasion de consolider le lien entre addition et soustraction.
La vérification procède du souci d'habituer les élèves à toujours contrôler un résultat, attitude très peu développée chez les élèves qui considèrent que lorsqu'ils ont fait un calcul ou écrit une phrase, le travail est terminé, qu'ils ne peuvent rien faire de plus pour l'améliorer.
La disposition en colonnes qui propose, comme pour l'addition, une parfaite séparation des unités des différents ordres, a le mérite d'être claire.
D'autre part, on devra toujours veiller à comparer les deux nombres avant de la poser la soustraction n'ayant pas la propriété de commutativité.

CALCUL MENTAL

❶ Problème : ajouter 100 à un nombre à 2 ou 3 chiffres

Dire : « *- Max a gravi 248 marches. Il reste 100 marches à gravir. Combien l'escalier a-t-il de marches ?*
- Claire retire 100 € au distributeur. Combien possède-t-elle maintenant si elle avait 125 € ? 247 € ?
- Pierre a roulé 230 km. Il reste 100 km à parcourir. Quelle est la longueur de son trajet ?
- Luc possède 329 € et Aïcha 100 € de plus. Quelle somme possède-t-elle ?
- Il y a 750 g de cerises sur le plateau de la balance. Le marchand ajoute 100 g. Quelle masse de cerises y a-t-il maintenant sur la balance ? »
L'élève fait l'addition.

❷ Retrancher 100 à un nombre de 2 ou 3 chiffres

Dire : « *On retire 100 L d'eau de la citerne. Quelle quantité d'eau reste-t-il, s'il y avait 500 L ? 425 L ? 670 L ? 720 L ? 1 000 L… dans la citerne ?* »
L'élève fait la soustraction.

Activités préparatoires

1. Revisiter la soustraction posée sans retenue

15 min

Il s'agit d'évaluer les acquis des élèves qui doivent pouvoir :
- ordonner les deux nombres, la soustraction n'ayant pas, comme l'addition, la propriété de commutativité. On ne peut pas retrancher le grand nombre du petit ;
- disposer correctement les deux nombres en colonnes en séparant bien les unités de chaque ordre ;
- effectuer, dans chaque colonne, les soustractions de deux nombres à un chiffre.

Consigne : « *Vous devez poser et effectuer la soustraction de ces deux nombres 234 et 579.* »
Le nombre le plus petit a, volontairement, été fourni en premier pour obliger les élèves à rétablir l'ordre.
Lors de la correction au tableau, en profiter pour rappeler qu'il y a un ordre pour effectuer l'opération : toujours commencer par soustraire les unités, puis les dizaines, puis les centaines, même si l'ordre n'a pas d'incidence sur le résultat d'une soustraction sans retenue, il est bon de les habituer car cet ordre devra être respecté dans le calcul des soustractions à retenue.
Repérer les erreurs et procéder à une remédiation immédiate.
Proposer les soustractions d'un nombre à deux chiffres d'un nombre à trois chiffres.
Ex. : 458 – 37 ; 897 – 77.

2. Vérifier le résultat d'une soustraction

15 à 20 min

Proposer une soustraction à effectuer par chaque élève sur l'ardoise : 789 – 356.
Faire effectuer cette opération par un élève au tableau :

```
  7 8 9
– 3 5 6
  4 3 3
```

Consigne : « *Comment faire pour vérifier si le résultat est correct ?* »
- « On recompte l'opération. »
- « On fait le calcul avec la calculette. »
- « On prend notre matériel cartonné. »

Si elle n'a pas été fournie par des élèves, proposer le contrôle de la soustraction par l'addition du résultat trouvé avec le nombre enlevé, ce qui doit nous redonner le grand nombre. Cette addition peut être effectuée sur place par un calcul « en remontant ». Faire expérimenter la méthode sur une ou deux autres soustractions.

Travail sur le fichier

1 Présentation de la soustraction sans retenue et de sa vérification par l'addition.
Voir les activités préparatoires 1 et 2.
En profiter pour rappeler la place du grand nombre dans la soustraction, la disposition des trois types d'unités en colonne.
Dans la vérification, en ajoutant au petit nombre (nombre enlevé) le résultat, on doit retrouver le grand nombre. Noter qu'il n'est pas nécessaire de poser l'addition (voir activité préparatoire n° 2).

Obstacle possible : le principe de la vérification par l'addition.
Aide proposée : passer par une manipulation sur de petites collections. D'une collection (12 cubes), on retire une partie (4 cubes) ; il reste 8 cubes. Si l'on additionne les 4 cubes enlevés aux 8 cubes qui restent, on doit retrouver tous les cubes qu'il y avait au début.

2 Application de la technique et de la procédure de vérification présentées dans l'exercice n° 1.

Obstacle possible : le principe de la vérification par l'addition.

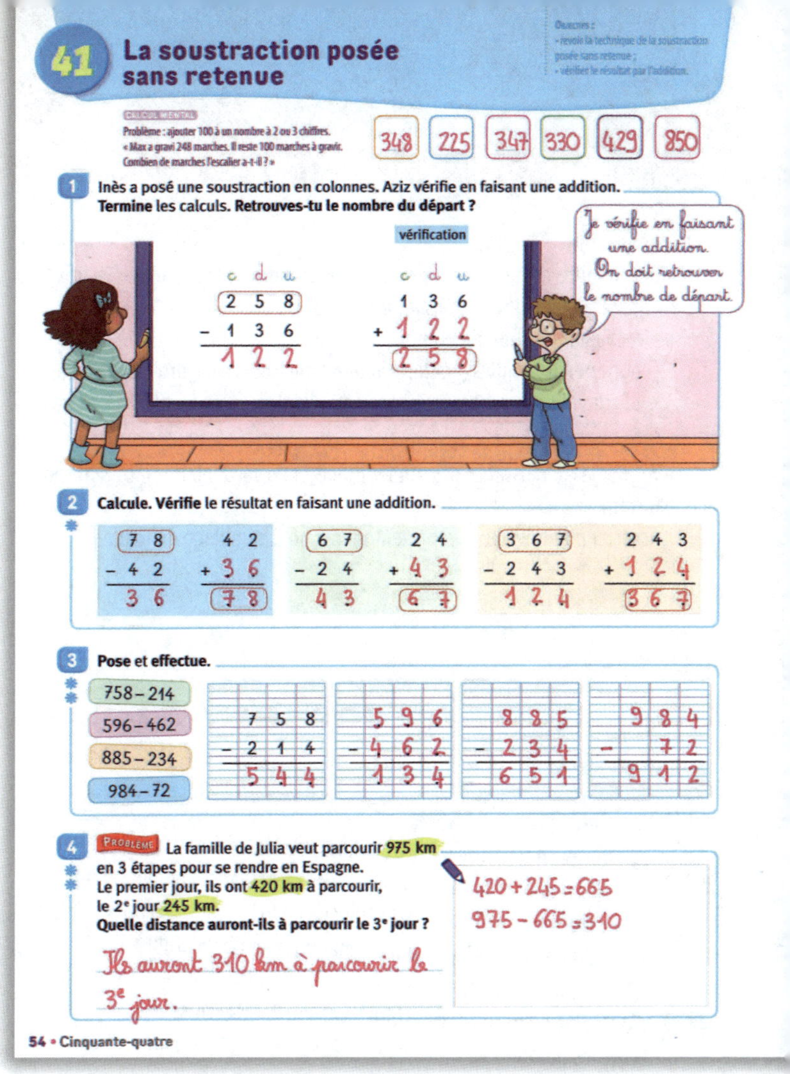

41 La soustraction posée sans retenue

Objectifs :
- revoir la technique de la soustraction posée sans retenue ;
- vérifier le résultat par l'addition.

CALCUL MENTAL

Problème : ajouter 100 à un nombre à 2 ou 3 chiffres.
« Max a gravi 248 marches. Il reste 100 marches à gravir. Combien de marches l'escalier a-t-il ? »

348 225 347 330 429 850

1 Inès a posé une soustraction en colonnes. Aziz vérifie en faisant une addition. **Termine** les calculs. **Retrouves-tu le nombre du départ ?**

vérification

c	d	u
2	5	8
− 1	3	6
1	2	2

c	d	u
1	3	6
+ 1	2	2
2	5	8

2 **Calcule. Vérifie** le résultat en faisant une addition.

78 − 42 = 36 ; 42 + 36 = 78
67 − 24 = 43 ; 24 + 43 = 67
367 − 243 = 124 ; 243 + 124 = 367

3 **Pose et effectue.**

758 − 214 ; 596 − 462 ; 885 − 234 ; 984 − 72

758 − 214 = 544 ; 596 − 462 = 134 ; 885 − 234 = 651 ; 984 − 72 = 912

4 PROBLÈME La famille de Julia veut parcourir 975 km en 3 étapes pour se rendre en Espagne. Le premier jour, ils ont 420 km à parcourir, le 2e jour 245 km. **Quelle distance auront-ils à parcourir le 3e jour ?**

420 + 245 = 665
975 − 665 = 310

Ils auront 310 km à parcourir le 3e jour.

54 • Cinquante-quatre

3 Poser et effectuer des soustractions sans retenue en colonnes.
Cet exercice permet de vérifier si les élèves sont capables de bien disposer les soustractions et calculer.

Obstacles possibles :
- La disposition lorsqu'il n'y a plus de repères.
- La disposition de la dernière opération (nombres de tailles différentes).
- La vérification.

Aide proposée : proposer de vérifier en effectuant l'addition « en remontant » (voir activité préparatoire).

4 Problème complexe, de partition, avec la recherche d'une partie, impliquant des distances.
C'est un problème à étapes qui demande la recherche d'un résultat intermédiaire : la distance totale parcourue les deux premiers jours. Il peut être traité par complémentation ou par soustraction.
Laisser lire l'énoncé silencieusement. Échanger par deux sur le sens du texte.
Demander à un binôme de venir le présenter à la classe : *« De quoi s'agit-il ? Qu'est-ce qu'on nous demande de chercher ? »*
Lorsque les calculs sont terminés, demander à chaque groupe de vérifier en additionnant les trois distances par un calcul posé ou avec la calculette.

Aides proposées :
- Après la lecture et la présentation du problème, rechercher avec la classe ou un groupe d'élèves un « programme de résolution » sans forcément impliquer les données numériques.
« Pour trouver la distance qui reste à parcourir, le troisième jour, il faut enlever à la distance totale, la distance qui a déjà été parcourue les deux premiers jours. »
- Schématiser la situation avec des segments.

Faisons le point

- Nous avons revu la soustraction posée en colonnes sans retenue.
- Nous avons vu qu'il faut toujours vérifier ses calculs et nous avons vérifié nos soustractions par l'addition.

MÉMO-MATHS **« Je calcule des soustractions posées sans retenue », page 6.**

Pistes d'activités supplémentaires

Soutien

- Calcul mental
Dire deux nombres. L'élève écrit le plus grand sur son ardoise :
432, 511 299, 405 628, 588
- Calculer très rapidement des différences entre deux nombres à un chiffre.
- Écrire deux soustractions qui correspondent à cette addition : 32 + 24 = 55.
- Effectuer des soustractions en ligne en décomposant en unités de numération.
- 275 - 153 = 2c 7d 5u - 1c 5d 3u = ….

- Louise part faire ses courses avec 95 €.
Elle fait trois achats : un de 26 €, un de 18 € et un autre de 39 €. Quelle somme a-t-elle dans son portemonnaie lorsqu'elle revient chez elle ?

Approfondissement

- Écrire deux soustractions qui correspondent à cette addition : 256 + 331 = 587.
- Écrire et effectuer toutes les soustractions que l'on peut calculer avec ces trois nombres :
578 ; 257 ; 134.
- Complète ces soustractions à trous.

4 7 8	5 7 9	6 7 6
− . . .	− . . .	− . . .
3 2 4	4 0 5	1 1 1

- Compléter : 215 + 109 + … = 667 136 + 288 + … = 744

le défi

Observe la soustraction. Écris le chiffre qui manque : 5 6 ou 7.

5 9 2
− 4 2 8
1 . 4

42 Les solides

Exercices différenciés – Espace et géométrie 5

Programme 2016

- Reconnaitre et trier les solides usuels parmi des solides variés. Décrire et comparer des solides en utilisant le vocabulaire approprié.
  - » Vocabulaire approprié pour :
    - nommer des solides (boule, cylindre, cône, cube, pavé droit, pyramide) ;
    - décrire des polyèdres (face, sommet, arête).

Objectifs spécifiques de la séance

- Vérifier la connaissance des solides usuels et du vocabulaire ; face, sommet et arrête.
- Associer point de vue et représentation d'un assemblage de solides.

Information didactique

L'espace dans lequel évolue l'enfant contient des solides aux formes et aux dimensions les plus diverses. Au Cycle 2, les connaissances sur les solides se développent à travers des activités de tri, d'assemblages et de fabrications d'objets. Depuis le CP, les élèves observent et apprennent à reconnaitre, trier et nommer des solides variés et le vocabulaire nécessaire pour les décrire (face, sommet, arête) est progressivement exigible au cours du cycle. À la fin du cycle, les élèves doivent être capables de nommer les solides : boule, cylindre, cône, cube, pavé droit, pyramide et être capables de décrire des polyèdres (face, sommet, arête). Une des difficultés de la géométrie de l'espace concerne le problème du point de vue ; en effet, dans l'espace réel, selon l'endroit d'où l'on regarde un assemblage de solides, on ne verra pas la même chose. Selon la position de l'observation, la vue que l'on aura du solide ou de l'assemblage de solides varie. Cette première fiche sur les solides vise ainsi à consolider les connaissances abordées au cours des deux premières années de cycle.

CALCUL MENTAL

❶ Ranger 4 nombres < 1 000 dans l'ordre croissant

Écrire les nombres au tableau ; les élèves recopient ces nombres dans l'ordre croissant : 301 ; 646 ; 97 ; 199 / 637 ; 763 ; 367 ; 673. Faire rappeler la démarche utilisée pour comparer les nombres jusqu'à 1000. L'élève écrit le rangement.

❷ Ranger 4 nombres < 1000 dans l'ordre décroissant

Écrire les nombres au tableau ; les élèves recopient ces nombres dans l'ordre décroissant.
408 ; 308 ; 803 ; 830 / 79 ; 100 ; 957 ; 597 / 399 ; 500 ; 720 ; 401.

Activités préparatoires

1. Reconnaitre un solide usuel et le décrire

15 min

▶ Travail par groupes.

Matériel : solides variés (cubes, pavés droits), autres polyèdres variés (pyramides…), cylindres, boules (boites issues du commerce : boites de gâteaux, boites de chaussures, boites de conserves…), des jeux de constructions, du matériel pédagogique de la classe.

Laisser les élèves manipuler et observer ces solides.

Consigne : *« Chaque groupe va avoir un solide ; vous devez reconnaitre son nom et le décrire. »*

Laisser les groupes chercher ; des réponses écrites seront demandées par groupe.

Chaque groupe présentera son solide. Faire valider au fur et à mesure les descriptions et les noms des solides présentés.

Dégager les différents aspects qui ont été abordés dans la description : forme, taille…

Relever au tableau le lexique utilisé (pointu, rond, face, sommet, arête...). Demander également de comparer certains solides, pour voir les ressemblances, les différences.

Arriver au constat que certains solides peuvent rouler (solides en forme de boule, cône, cylindre), d'autres non et n'ont donc que des faces planes.

Repréciser, si besoin, ce que sont les sommets, les faces, les arêtes.

Demander à un ou deux groupes (ceux qui ont un pavé droit, un cube, en particulier) de décrire plus précisément leur solide avec le vocabulaire dédié.

2. Revoir la notion de point de vue

20 min

Matériel : boites de forme parallélépipédique ou cubique, en nombre suffisant, un lot pour chaque groupe de 4 ou 5 élèves. Des photographies (ou des représentations) des vues « de devant », « de derrière » et des « deux côtés ».

Exemple de représentation :

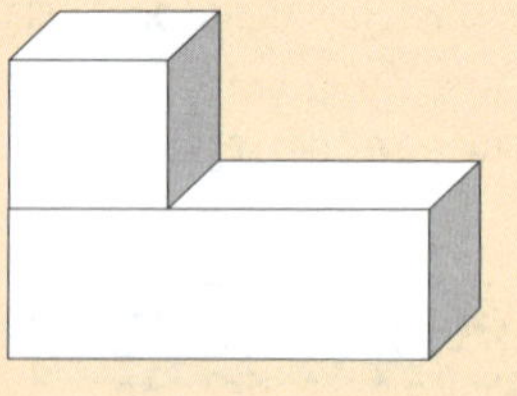

Exemple de représentation « de devant » :

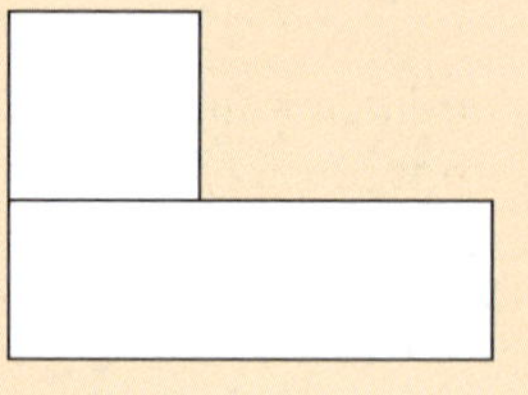

Consigne : *« Chaque groupe va décrire ce qu'il voit de l'endroit où il est. »*

Terminer par le groupe qui est positionné de manière « latérale » du côté du pavé droit : il ne verra pas (ou peu) le cube caché par le pavé droit.

Faire observer que, selon la position où se trouve chaque groupe, on ne voit pas la même chose. Demander à chaque groupe de retrouver le point de vue correspondant.

Chaque groupe aura utilisé une vue différente. Faire déplacer les groupes autour de l'assemblage pour faire observer le changement de point de vue.

Faire également décrire la forme des faces que l'on voit à chacune des positions. Donner les quatre points de vue possibles ; chaque groupe devra reconnaitre celui qui correspond à ce qu'il voit.

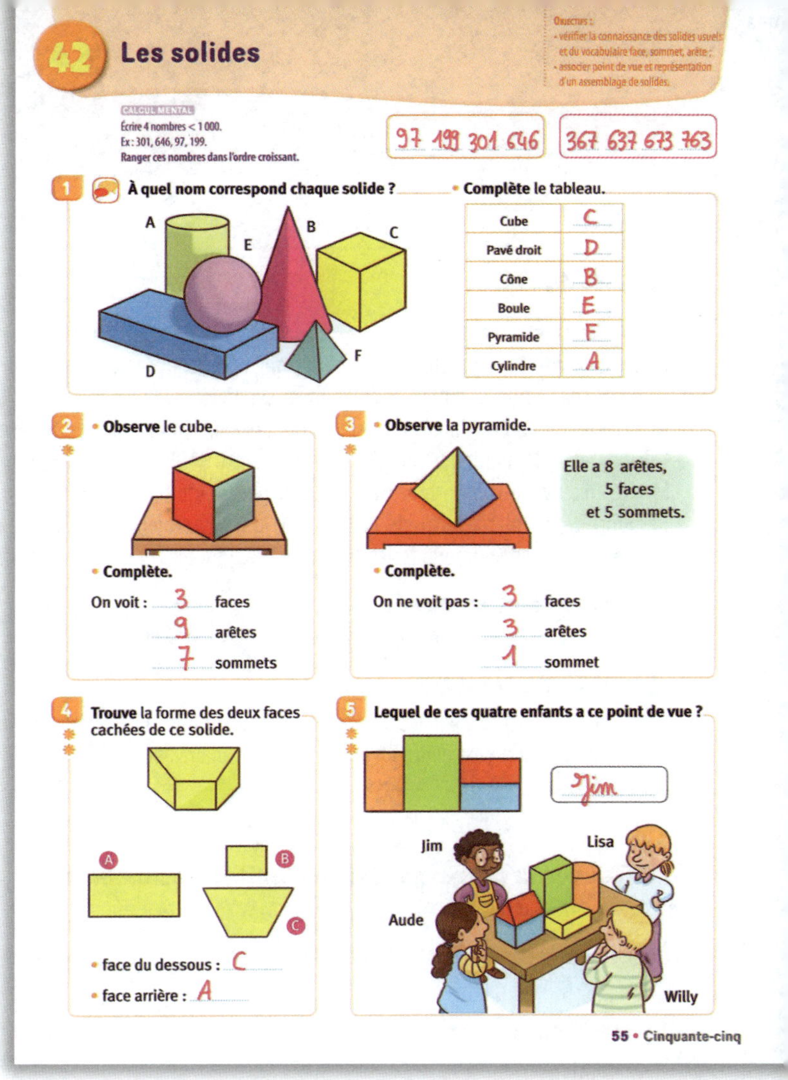

42 Les solides

Objectifs :
- vérifier la connaissance des solides usuels et du vocabulaire face, sommet, arête ;
- associer point de vue et représentation d'un assemblage de solides.

CALCUL MENTAL
Écrire 4 nombres < 1 000.
Ex : 301, 646, 97, 199.
Ranger ces nombres dans l'ordre croissant.

97 199 301 646 | 367 637 673 763

1 À quel nom correspond chaque solide ?

• Complète le tableau.

Cube	C
Pavé droit	D
Cône	B
Boule	E
Pyramide	F
Cylindre	A

2 • Observe le cube.

• Complète.
On voit : 3 faces
9 arêtes
7 sommets

3 • Observe la pyramide.

Elle a 8 arêtes, 5 faces et 5 sommets.

• Complète.
On ne voit pas : 3 faces
3 arêtes
1 sommet

4 Trouve la forme des deux faces cachées de ce solide.

• face du dessous : C
• face arrière : A

5 Lequel de ces quatre enfants a ce point de vue ?

Jim

Jim — Lisa — Aude — Willy

55 • Cinquante-cinq

Travail sur le fichier

1 Reconnaitre des solides usuels.

Laisser découvrir la situation individuellement. Il serait préférable de faire agrandir la situation au vidéoprojecteur ou au TNI. Collectivement, à partir de la représentation agrandie, repérer les six représentations de solides (chacune a une couleur différente et une lettre associée : veiller à bien préciser que la lettre E est associée à la boule). Laisser les élèves compléter le tableau.

Obstacles possibles :

• Les positions et les formes des représentations sont parfois différentes de la figure de base.

• La représentation en perspective cavalière qui peut perturber les élèves.

Aide proposée : Donner du matériel pour repérer les caractéristiques de chacune des six formes présentées.

2 Repérer les éléments visibles d'une représentation d'un cube.

Dans cet exercice, les élèves doivent déterminer le nombre de faces, d'arêtes et de sommets visibles pour un cube positionné sur une table. La représentation en perspective cavalière fait que certains éléments seront visibles et d'autres non (comme dans la réalité).

Aide proposée : Utiliser des codes couleurs pour aider au dénombrement des arêtes (dont le repérage est le plus difficile).

3 Repérer les éléments cachés dans la représentation d'une pyramide.

Il est difficile de repérer des éléments qui sont cachés. Ainsi, pour répondre au problème, les élèves doivent prendre appui sur les éléments données : nombre total d'arêtes, de faces et de sommets de la figure et sur les éléments visibles. La pyramide a 5 faces, on en voit 2, donc 3 sont non visibles.

4 Identifier la forme d'une face d'un solide.

Un solide est représenté en perspective cavalière ; les élèves doivent déterminer deux faces qui ne sont pas visibles dans la représentation proposée. Les élèves doivent comprendre que la face du « dessous » est identique à celle du « dessus », et que la face « arrière » (différente par sa taille de la face « avant ») est un rectangle plus grand.

5 Identifier la vue d'un assemblage selon la position de l'observateur.

Un assemblage de différents solides (à décrire) est proposé. Quatre élèves sont positionnés autour de la table. Il s'agit de reconnaitre quel élève voit le point de vue proposé.

Deux méthodes sont possibles : procéder par élimination (« Ce n'est pas Lisa, car le cylindre est à sa gauche, elle ne peut pas voir les solides rouge et bleu, mais voit le solide jaune ») ou repérer lequel voit bien ce point de vue.

Aide proposée : Réaliser l'assemblage réel dans la classe.

Faisons le point

• Nous savons reconnaitre différents solides.

• Nous avons repéré les faces, les sommets et les arêtes visibles ou cachés de certains solides.

• Nous avons reconnu la forme des faces cachées d'un solide.

• Nous savons reconnaitre un point de vue dans un assemblage.

MÉMO-MATHS **« Je connais le nom de quelques solides », page 6.**

Pistes d'activités supplémentaires

• Demander la forme des cinq faces de la pyramide de l'exercice n° 3.

• Demander de décrire (nombres de sommets, arêtes, faces) le solide de l'exercice n° 4, puis les éléments cachés.

• Demander la nature de la forme des faces latérales du solide de l'exercice n° 4.

• Réaliser des assemblages de cubes et les faire dénombrer (travail par deux).

• Réaliser un assemblage de solides à partir de différentes vues proposées.

• Demander de représenter les points de vue observés par les trois autres élèves de l'exercice n° 4.

Je fais le point (2)

→ Fichier élève, p. 56

Programme 2016

• Nombres et calculs

- Unités de numération et leurs relations (principe décimal de la numération en chiffres). → Exercice 1
- Comparer des nombres entiers en utilisant les symboles >, <, =. → Exercice 2
- Associer un nombre entier à une position sur une demi-droite graduée. → Exercice 3
- Calculer mentalement pour obtenir un résultat exact. → Exercices 2 4 5
- Mettre en œuvre un algorithme de calcul posé pour la multiplication. → Exercice 5
- Résoudre des problèmes issus de situations de la vie quotidienne. → Exercice 6
- Mémoriser des faits numériques et des procédures (doubles et moitiés de nombres d'usage courant). → Exercice 7

• Grandeurs et mesures

- Comparer, ranger des mesures de longueurs. → Exercice 9

• Espace et géométrie

- Reconnaitre et décrire à partir des côtés et des angles droits, un triangle rectangle. → Exercice 8
- Décrire et comparer des solides en utilisant le vocabulaire approprié. → Exercice 10

1 Trouver la correspondance d'unités de numération en un nombre chiffré.

Un code couleur permet de différencier centaines, dizaines et unités.

Obstacle possible : l'ordre des unités de numération.

Remédiations proposées :

• Travailler sur des nombres à deux chiffres puis trois chiffres, en reproduisant le code couleur utilisé.

• Comparer les différents résultats obtenus en tenant compte de la valeur du chiffre en fonction de sa position. Par ex, la valeur de 9 dans 169, 691, 916…

Exercices différenciés – Nombres 3 à 6

2 Utiliser les symboles de comparaison.

Effectuer les calculs pour chaque écriture et placer le signe qui convient.

Obstacles possibles :

• Mauvaise maitrise du calcul mental.

• Confusion de la valeur des chiffres en fonction de leur rang dans l'écriture d'un nombre.

Remédiation proposée : passage par les unités de numération :

439 c'est 4c 3d 9u ; 700 + 28 c'est 7c + 2d 8u.

Exercices différenciés – Nombres 13

3 Encadrer un nombre par deux centaines successives.

Obstacles possibles :

• Maitrise incorrecte de la lecture des nombres en chiffres.

• Incompréhension du système de graduation.

Remédiation proposée : utiliser des écritures en unités de numération :

475 c'est 4c 7d 5u, donc plus grand que 4c et plus petit que 5c.

Exercices différenciés – Nombres 3 à 6

4 Enlever des unités, des dizaines, des centaines entières.

Effectuer les calculs en ligne en s'appuyant sur la structure des nombres.

Obstacles possibles :

• Maitrise imparfaite du répertoire soustractif.

• Confusion dans la valeur des chiffres.

Remédiations proposées :

• Passer par la schématisation en centaines, dizaines, unités.

• Procéder par décomposition (*cf.* exercice 1 fiche 38).

5 Vérifier la mise en œuvre de deux techniques pour la multiplication posée (addition des produits partiels et technique usuelle).

Obstacles possibles :

• Mauvaise décomposition du nombre à multiplier.

• Maitrise aléatoire des tables de multiplication.

• Difficultés dans la gestion des retenues.

Remédiations proposées :

• Commencer par des multiplications n'impliquant pas de retenues pour conforter la maitrise de la technique opératoire.

• Passer par la schématisation des nombres en unités de numération

• Vérifier les résultats par l'addition itérée des nombres

(34 × 3 c'est 30 + 30 + 30 + 4 + 4 + 4)

Exercices différenciés – Calculs 13

6 Situation de partition avec recherche d'une des parties.

Procéder à une vérification en additionnant les nombres donnés (36 pommiers et 24 poiriers, soit 60 arbres) et le nombre à trouver (15 cerisiers) pour retrouver le total (75).

Il sera possible de confronter les procédures des élèves : ceux-ci pourront par la suite réinvestir les différentes techniques abordées, en fonction des problèmes proposés par l'enseignant.

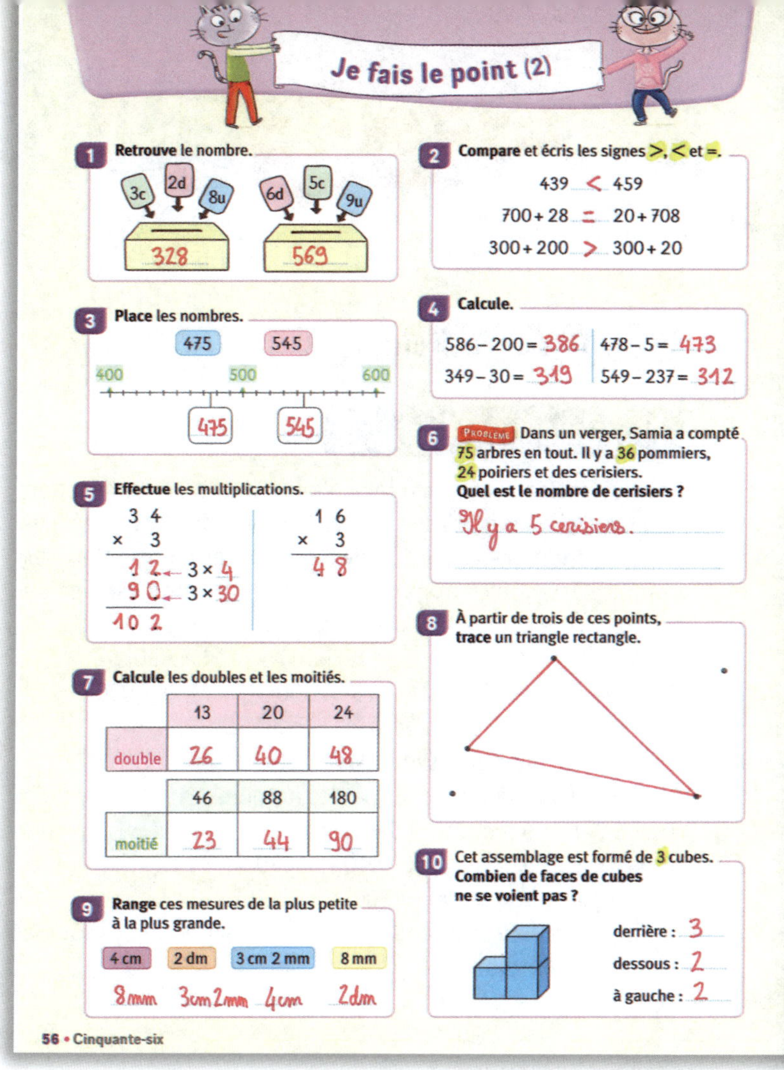
Je fais le point (2)

1 **Retrouve** le nombre.
3c 2d 8u → 328
6d 5c 9u → 569

2 **Compare** et écris les signes >, < et =.
439 < 459
700 + 28 = 20 + 708
300 + 200 > 300 + 20

3 **Place** les nombres.
475 545
400 500 600
475 545

4 **Calcule.**
586 – 200 = 386 | 478 – 5 = 473
349 – 30 = 319 | 549 – 237 = 312

5 **Effectue** les multiplications.
3 4 × 3 : 1 2 ← 3 × 4 ; 9 0 ← 3 × 30 ; 1 0 2
1 6 × 3 = 4 8

6 PROBLÈME Dans un verger, Samia a compté 75 arbres en tout. Il y a 36 pommiers, 24 poiriers et des cerisiers.
Quel est le nombre de cerisiers ?
Il y a 5 cerisiers.

7 **Calcule** les doubles et les moitiés.

	13	20	24
double	26	40	48

	46	88	180
moitié	23	44	90

8 À partir de trois de ces points, **trace** un triangle rectangle.

9 **Range** ces mesures de la plus petite à la plus grande.
4 cm 2 dm 3 cm 2 mm 8 mm
8 mm 3 cm 2 mm 4 cm 2 dm

10 Cet assemblage est formé de 3 cubes.
Combien de faces de cubes ne se voient pas ?
derrière : 3
dessous : 2
à gauche : 2

56 • Cinquante-six

Obstacles possibles :
- Erreur dans le mode opératoire utilisé ; difficultés à gérer le nombre de données fournies.
- Mauvaise maitrise du calcul mental.

Remédiations proposées :
- Reproduire le même type de problème en utilisant des données inférieures à la dizaine (passage par la schématisation en utilisant des crayons de couleur ou des craies par exemple) ; par la suite, on pourra utiliser des dizaines entières pour éviter les problèmes de retenues.
- Calcul par étapes : en partant du total, soustraction partielle (par exemple, 75 arbres – 36 pommiers, il reste 39 arbres ; 39 – 24 poiriers = 15 arbres).

7 Utiliser le calcul réfléchi pour calculer un double ou une moitié.

Cette activité pourra être menée comme dans la fiche 35 (exercices 2 et 3) en utilisant la décomposition du nombre.

Obstacles possibles :
- Confusion dans les termes nécessitant un travail préalable sur la terminologie.
- Maitrise incorrecte des doubles et moitiés des nombres d'usage courant.

Remédiations proposées :
- Travailler régulièrement les doubles et moitiés des nombres d'usage courant, en commençant par les petits nombres (< 10), puis les dizaines entières avant d'aborder les centaines entières. Un recours à la manipulation pourra être possible pour les élèves présentant le plus de difficultés.
- Faire des liens entre les différents apprentissages (« Le double de 10 c'est 20, donc le double de 100, c'est 200. La moitié de 4 c'est 2, donc la moitié de 40 c'est 20 »).

Activité de manipulation 10

Exercices différenciés – Nombres 17

8 Construire un triangle rectangle à partir d'un ensemble de points donnés.

Joindre trois points permet toujours d'obtenir un triangle. Les élèves doivent ici repérer les trois points parmi les cinq proposés qui permettront d'obtenir un triangle rectangle. Les élèves pourront procéder par essais-erreurs avec le crayon à papier. Une fois les trois points choisis, ils devront vérifier que le triangle obtenu a bien un angle droit (mettre à disposition l'équerre).
À noter que le triangle obtenu avec en joignant les deux points « du bas » au point à « droite » permet d'obtenir un triangle dont un angle est assez proche de l'angle droit.

Remédiation proposée : donner un des trois points (celui en « haut à gauche »).

Activité de manipulation 10

Exercices différenciés – Nombres 17

9 Ranger des mesures de longueur dans l'ordre croissant.

Faire lire les quatre mesures et laisser effectuer le rangement.

Obstacles possibles :
- Les mesures ne sont pas exprimées avec la même unité. On utilise le mm (8 mm), le cm (4 cm), le cm et le mm (3 cm 2 mm), le dm (2 dm). Une conversion par écrit ou dans la tête est nécessaire. Si on ne prenait que le nombre en compte, le plus grand serait 8 mm, alors que c'est le plus petit. Inversement, 2 dm serait le plus petit alors que c'est le plus grand.
- Connaissance incorrecte des unités de longueur.

Remédiation proposée : effectuer les transformations dans la même unité pour pouvoir comparer :

8 mm ; 32 mm ; 40 mm ; 200 mm ;

on aura donc le rangement suivant :

8 mm ; 3 cm 2 mm ; 4 cm ; 2 dm.

10 Identifier le nombre de faces visibles d'un assemblage selon la position d'observation.

Un assemblage de trois cubes est proposé. Pour réussir cet exercice difficile, les élèves doivent initialement savoir combien cet assemblage possède de faces de cubes totales visibles. Deux possibilités :
- raisonner cube par cube : celui de gauche : 4, celui du dessous à droite : 3 et celui du dessus à droite : 5, soit 12 faces visibles potentiellement ;
- raisonner selon les cinq vues possibles : de face : 3, de gauche : 2, de derrière : 3, de droite : 2 et de dessus : 2, soit 12 faces de cubes visibles potentiellement.

Pour répondre au problème, les élèves doivent enlever à 12, le nombre de faces visibles pour chaque orientation proposée.

Remédiation proposée : raisonner à partir de l'assemblage réel.

Travail sur le fichier

Nombre mystère

La numération romaine relève d'un système de numération additive ; elle était utilisée par les Romains de l'Antiquité. Les chiffres sont représentés à l'aide de symboles représentant les nombres (symboles apparentés à des lettres majuscules de l'alphabet), le chiffre 0 n'existe pas.

I → 1	V → 5	X → 10	L → 50
C → 100		D → 500	M → 1 000

Observer les différents symboles et leur valeur.
Expliquer comment sont formés les nombres :
VI → 5 + 1 → 6 mais IV → 5 – 1 → 4
XII → 10 + 2 → 12 mais IX → 10 – 1 → 9
CCC → 100 + 100 + 100 → 300
Mener des exercices de codage et de décodage simples sous la forme de devinette.
Ex : 39 XXXIX
30 9
Quel nombre se cache ?
XL → 50 – 10 → 40
XC → 100 – 10 → 90

Pour trouver le nombre mystère, il suffit d'ajouter les valeurs de chaque symbole :

M		C C		X X X		V I I
1 000	+	100 + 100	+	10 + 10 + 10	+	7
1 000	+	200	+	30	+	7
1 237						

Faire expliciter les procédures.

Obstacle possible : s'approprier un nouveau code.
Remédiation proposée : proposer des codages et décodages de nombres situés entre 0 et 100.
Ex : LIV (54) C L IV (154)
100 50 4

Mosaïques romaines

La mosaïque est l'art décoratif romain par excellence. On utilise des fragments de pierres colorées pour former des motifs ou des figures.
Observer la mosaïque qui est présentée et retrouver le fragment qui manque. Il s'agit du fragment du milieu : on doit voir un morceau des trois motifs horizontaux (orange, rouge et violet) et un moreau du motif vertical orange.

Obstacle possible : repérage dans la continuité d'un motif complexe.
Remédiation proposée : pour vérifier, on peut décalquer le fragment et le replacer.

Dans l'arène

Cette suite de nombres de 1 à 97 permet un rebrassage. Ces nombres doivent être connus, mais l'exercice demande une attention soutenue car les nombres sont parfois très proches dans l'espace et les segments pour les relier, très courts.

Obstacle possible : risque de relier deux nombres proches dans l'espace mais éloignés dans la suite (par ex : 9 et 97, 78 et 87).
Remédiation proposée : faire tracer au crayon à papier et prévoir d'effacer.

Tracé d'une frise

Tracé sur quadrillage

Analyser le début de la frise collectivement. Elle est formée de trois parties.
- Partie supérieure : on repasse sur la ligne supérieure avec le tracé d'un segment vertical de carreaux tous les 4 carreaux.
- Partie inférieure : même principe.
- Partie centrale : une ligne continue en forme de créneau dont le motif se reproduit tous les 4 carreaux.

Obstacle possible : une certaine imbrication des différents tracés qui nécessitent un traitement séparé.
Remédiation proposée : apporter une aide personnalisée suivant les besoins et les difficultés rencontrées.

RÉCRÉ EN MATHS !

Nombre mystère

Les chiffres romains s'écrivent avec les lettres de l'alphabet.

Quel est ce nombre ?

M C C X X X V I I

1237

Mosaïque romaine

Entoure le fragment qui manque.

Dans l'arène

Relie de 1 à 97.

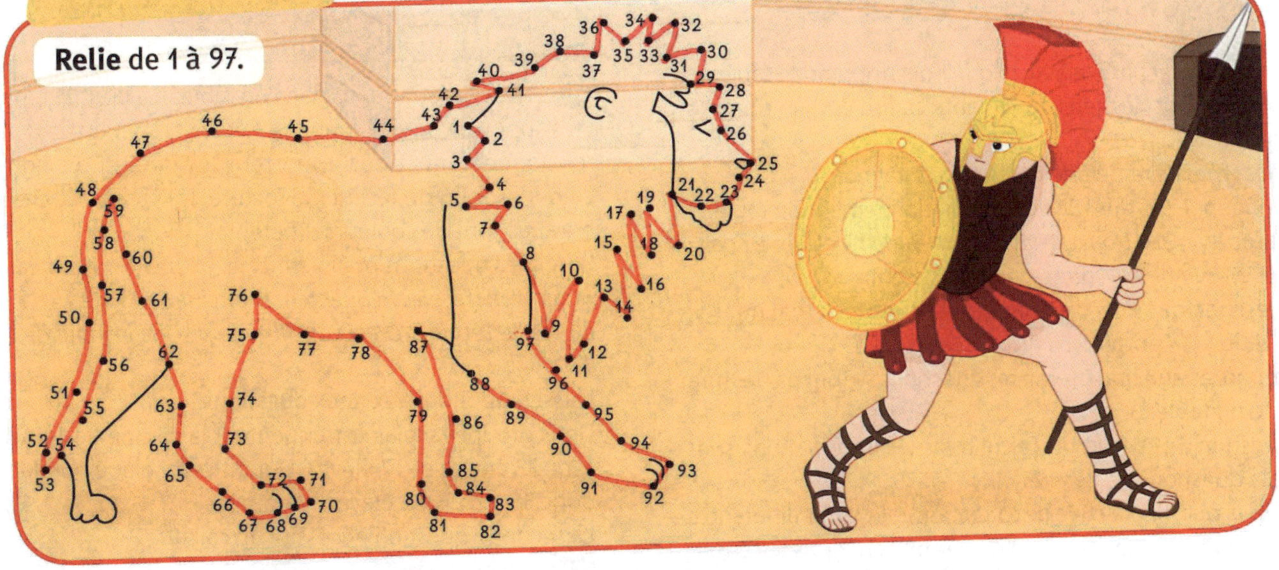

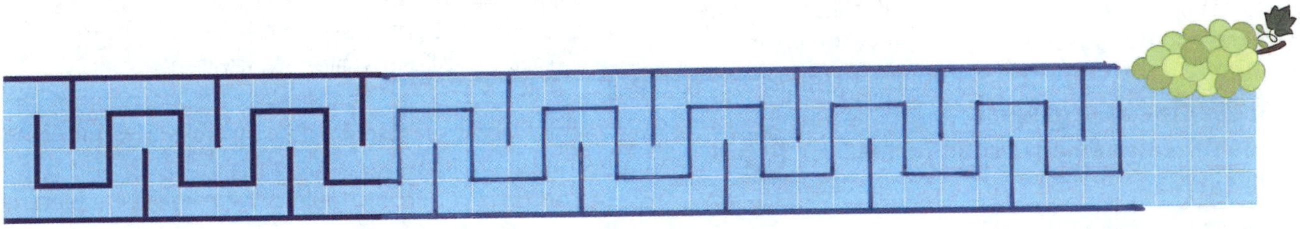

43 Tableaux (1)

Exercices différenciés – Problèmes 1 à4

Programme 2016

- Organisation et gestion de données.
  » Exploiter des données numériques pour répondre à des questions.
  » Présenter et organiser des mesures sous forme de tableaux.

Objectifs spécifiques de la séance

- Prélever et utiliser des données présentées dans un tableau.
- Effectuer des calculs simples pour compléter un tableau.

Information didactique

L'organisation et la gestion de données participent à la fois comme objectif et comme moyen à la résolution de problèmes qui est une activité fondamentale. Elle comporte différentes tâches : prise de connaissance et organisation des données, mise au point d'une démarche, obtention, contrôle et présentation des résultats.
Il est utile de varier la forme des énoncés en proposant éventuellement des textes complexes ou des documents de différentes formes.
La présentation des données en tableaux à double entrée, qui permet d'introduire de façon claire des résultats dépendant de deux paramètres est un des moyens utilisés dans cette fiche.

CALCUL MENTAL

Ranger 4 mesures dans l'ordre croissant

❶ Écrire les mesures au tableau ; les élèves recopient ces nombres dans l'ordre croissant :
7 cm ; 15 mm ; 10 cm ; 10 mm
Sur l'ardoise : 5 € ; 50 c ; 1 € ; 90 c   2 € ; 1 € 20 c ; 20 € ; 19 € 99 c

❷ Écrire les mesures au tableau ; les élèves les recopient dans l'ordre croissant:
1 dm ; 5 cm ; 15 mm ; 9 cm 7 mm 20 cm ; 3 dm ; 6 cm 3 mm ;
25 mm 2 dm 4 cm ; 6 cm 8 mm ; 1 dm 5 cm 2 mm ; 125 mm.

Activités préparatoires

1. Prélever des informations dans un tableau

20 min

▶ Travail par groupes de trois.

Matériel par groupe : fiche d'activité SITE COMPAGNON

▶ Faire exprimer par la classe ce que nous apprend ce tableau. « Il nous fournit des renseignements sur un certain nombre d'animaux. »
« Quels types de renseignements ? quels animaux ? »
▶ Vérifier par des questions si le fonctionnement du tableau est compris. *« Que trouve-t-on dans la troisième colonne ? dans la troisième ligne ? à l'intersection des deux ? »*
Rechercher dans le dictionnaire les mots « maximal », « gestation », « portée ».
Les réponses aux cinq premières questions se font par lecture directe du tableau.
La question 6 réclame un calcul mais les informations sont dans la question.
▶ Dans la phase collective de correction, relever les différentes propositions. Demander de montrer où l'on a pris le renseignement pour la réponse. Recueillir les difficultés rencontrées et les lister pour analyser les erreurs et les causes d'erreurs.

2. Présenter et organiser des renseignements sous forme de tableau

15 min

▶ Écrire le texte suivant au tableau :
La guitare est un instrument à cordes comme le violon. Les timbales font partie de la famille des percussions. La flute et la clarinette sont de la famille des instruments à vents.
▶ Faire lire le texte à voix haute. Poser des questions.
- *« De quoi parle-t-on ? »* « D'instruments de musique »
- *« Combien ? Lesquels ? »* Les souligner.
- *« Quelles informations apprenons-nous ? »*
- *« Chaque instrument fait partie d'une famille. Il y a trois familles d'instruments. Les souligner avec trois couleurs différentes. »*

Consigne : « *Vous allez construire un tableau en utilisant les lignes pour désigner les familles d'instruments et les colonnes pour placer les noms des cinq instruments. Puis vous remplirez le tableau en cochant les cases qui conviennent.* »

	Flute				
À vent					
À cordes					
Percussions					

Travail sur le fichier

1 Prise d'informations dans un tableau à double entrée.
En s'appuyant sur les couleurs, faire exprimer quels types de renseignements nous apportent les différentes lignes et colonnes. Afin de faciliter la lecture, les cases des créneaux horaires sont de couleurs différentes.
Poser des questions pour vérifier la lecture de ce tableau. Ex. : *« Combien d'écoles fréquentent la piscine de 15 h à 16 h ? » « Les élèves de l'école Prévert vont-ils à la piscine le lundi de 16 h à 17 h ? »…*
Laisser répondre aux deux questions.
Deux groupes scolaires fréquentent la piscine de 14 h à 15 h avec 38 élèves et 17 élèves. Durant cette plage horaire, il y a donc 38 + 17 = 55 élèves à la piscine.
La seconde question nécessite un calcul.

Obstacles possibles :
- Lecture d'un tableau à double entrée.
- Calcul des additions (sommes avec retenues).

2 Placer correctement dans un tableau les renseignements fournis par un texte.
Lors de la correction, toujours faire justifier le placement de quelques données.
Ex. : 52 kg va se placer dans la case située dans la colonne des poids et sur la ligne concernant Lucas.

3 Compléter un tableau à double entrée à partir des données déjà connues.

Il est prévu une ligne pour inscrire les effectifs par classe et une colonne pour noter le nombre de filles et de garçons au Cycle 2 (classes de CP, CE1 et CE2). La dernière case, en bas à droite, donne l'effectif total et permet une vérification.

Passer par une phase de lecture du tableau et demander à quel type de renseignement correspond telle ou telle case vide. Lors de la correction, faire expliciter les procédures de calcul.

À la fin, bien vérifier que la somme des effectifs de chaque classe est égale à la somme totale des filles et des garçons.

Obstacles possibles :

- La recherche d'une partie connaissant un total et l'autre partie (nombre de filles du CE2).
- La vérification de l'égalité des totaux.

4 Placer correctement dans un tableau les renseignements fournis par un texte.

Faire lire les trois textes.

Observer le tableau : chaque colonne correspond à une fleur et chaque ligne à un type de renseignement (mois du semis, taille, mois de floraison).

Compléter en premier le troisième critère manquant : la taille (ou la hauteur).

Lorsque le tableau est complété, énoncer, à partir du tableau, pour chaque fleur, un petit texte qui doit correspondre au texte écrit.

Obstacle possible : retrouver le critère taille.

Faisons le point

- Nous savons lire un tableau à double entrée.
- Nous savons utiliser les renseignements fournis dans un tableau.
- Nous savons placer des renseignements fournis par un texte, dans un tableau.

MÉMO-MATHS **« Je sais utiliser un tableau », page 7.**

43 Tableaux (1)

Objectifs :
- prélever et utiliser des données présentées dans un tableau ;
- effectuer des calculs simples pour compléter un tableau.

CALCUL MENTAL
Écrire 4 mesures. Ex : 7 cm, 15 mm, 10 cm, 10 mm.
Ranger ces mesures dans l'ordre croissant. (Travail à deux)

10 mm | 15 mm | 7 cm | 10 cm

1 Observe le planning de fréquentation de la piscine par les écoles le lundi après-midi.

	de 14 h à 15 h	de 15 h à 16 h	de 16 h à 17 h
école Prévert	38 élèves		
école Marie Curie		25 élèves	57 élèves
école Camille Claudel		16 élèves	
école Jules Ferry	17 élèves		
école Saint-Exupéry		15 élèves	

- **Combien d'élèves viennent à la piscine de 14 h à 15 h ?** 55 élèves
- **Pendant quelle plage horaire y aura-t-il le plus d'élèves ?** De 16h à 17h

Cherche sur ton cahier.

2 Lis les renseignements puis **complète** le tableau.

Lucas a 14 ans, pèse 52 kg et mesure 1 m 63 cm.

Son père mesure 1 m 84 cm et pèse 85 kg. Il a 37 ans.

	âge	taille	poids
Lucas	14	1m 63cm	52kg
le père	37	1m 84cm	85kg

3 Ce tableau indique la répartition des élèves dans les classes de CP, de CE1 et de CE2. **Complète**-le.

	CP	CE1	CE2	total
filles	10	12	13	35
garçons	15	12	9	36
total	25	24	22	71

4 Lis les renseignements et **complète** le tableau.

La capucine est semée en avril et fleurit en aout. Elle mesure environ 40 cm de hauteur.

Le tournesol est semé en mai. Il mesure environ 150 cm de hauteur et fleurit en septembre.

La tulipe est semée en octobre et commence à fleurir en mars. Elle mesure environ 30 cm.

	tournesol	capucine	tulipe
semis	mai	avril	octobre
taille	150 cm	40 cm	30 cm
floraison	septembre	aout	mars

58 • Cinquante-huit

Pistes d'activités supplémentaires

Pour toute la classe

- Observer un emploi du temps présenté dans un tableau.
- Proposer des tableaux utilisés dans la vie courante : tarifs, horaires de trains…
- Dresser le tableau des effectifs de l'école.
- S'entrainer à tracer, à main levée, un tableau ayant 3 lignes et 4 colonnes.

Approfondissement

- D'après le tableau de l'activité préparatoire n° 1, quel est le nombre minimal et le nombre maximal de petits que chaque espèce peut avoir en une année ?

Par exemple, pour la souris, ces nombres sont respectivement 4 × 4 et 5 × 10, c'est-à-dire de 16 à 50.

1 défi

Par groupes.

Trois sportifs sont dans un camping. Antoine habite à Rouen, il est installé dans une tente et il pratique la voile. Paul est dans un camping-car, il vient de Lyon et pratique la course à pied. Julie est dans une caravane. Elle habite Marseille et fait de la plongée.

Complète ce tableau à partir de ce texte.

	Installation		Domicile
Antoine			

44 Diagrammes (1)

Exercices différenciés – Problèmes 1 à 4

Programme 2016
- Organisation et gestion des données.
  » Exploiter des données numériques pour répondre à des questions.
  » Modes de représentation de données numériques : tableaux, graphiques simples, etc.

Objectifs spécifiques de la séance
- Comprendre le fonctionnement d'un diagramme en bâtons.
- Lire et interpréter les données d'un diagramme en bâtons.

Information didactique
Une opération importante dans le travail scientifique est le traitement de l'information que l'on doit savoir organiser quand on pose un problème, puis traiter quand on veut le résoudre. Nous avons déjà utilisé le tableau à double entrée (fiche 43) comme moyen de disposer clairement des données dépendant de deux paramètres.

L'organisation des données statistiques demande une présentation simple que l'on réalise à l'aide de diagrammes en bâtons, de diagrammes circulaires ou semi-circulaires, d'histogrammes, de courbes… Le public est familiarisé avec ces représentations, largement utilisées par la presse et la télévision, et que la couleur rend encore plus parlantes.
Il est important, dès le Cycle 2, de familiariser les élèves avec différentes formes de présentation des données ; cela permet d'une part de montrer la variété des outils avec un mode de lecture différente (plus simple car plus visuel), mais aussi d'être confronté à des situations variées : soit dans d'autres champs disciplinaires (Questionner le monde…) ou plus sociales et donc proches de la vie courante.
On ne fera pas la différence entre diagramme en bâtons et en rectangles ou en barres.

CALCUL MENTAL

❶ **Calculer des moitiés de nombres ≤ 20 et de nombres-clés**
Dire : « *12 ; 10 ; 14 ; 20 ; 18 ; 40 ; 60* ».
L'élève écrit la moitié.

❷ **Calculer des moitiés de nombres ≤ 20 de dizaines et de centaines entières**
Dire : « *16 ; 18 ; 2 ; 200 ; 30 ; 300 ; 50 ; 200 ; 600 ; 800 ; 70 ; 700 ; 90 ; 900.* »
L'élève écrit la moitié.

Activités préparatoires

1. Construire avec les élèves un diagramme

20 min

Matériel individuel : une étiquette par élève.

L'enseignant propose au tableau cinq ou six sports que les enfants pratiquent ou regardent à la télé :
rugby, football, tennis, natation, gymnastique.

Consigne 1 : « *Parmi les cinq sports que j'ai écrits au tableau, écrivez sur une étiquette celui que vous préférez.* »

Relever les étiquettes et faire le décompte des choix pour chaque sport.

Question : « *Quel sport a obtenu le plus d'avis favorables ? le moins ?* »

Consigne 2 : « *Nous allons représenter ces résultats sur notre cahier en construisant un diagramme en bâtons.* »

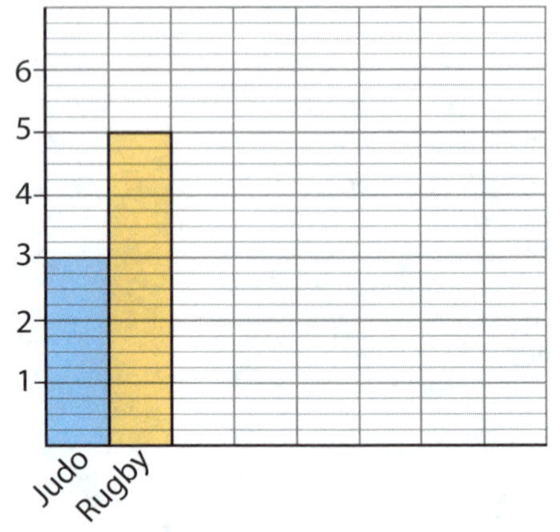

Pour chaque sport, présenter le score obtenu et faire colorier autant de carreaux que de choix obtenus.
Faire colorier chaque bâton de couleur différente de manière à bien les distinguer.
Faire constater la bonne lisibilité de cette représentation. On voit tout de suite les sports qui ont été le plus choisis et ceux qui l'ont été moins.
Remarque : si les élèves sont peu nombreux, leur demander de choisir deux sports.

2. Lire la représentation de données numériques sur un diagramme

10 min

Matériel individuel : fiche d'activité. SITE COMPAGNON

▶ Observer le document. Le faire décrire, puis l'analyser.
C'est un diagramme en bâtons sur lequel on a représenté combien de personnes sont venues à la piscine chaque jour de la semaine.
Faire repérer les deux axes, celui sur lequel on a noté les sept jours de la semaine, celui qui indique le nombre de personnes.
▶ Poser quelques questions :
- « *Quel est le jour où la fréquentation a été la plus faible ?* »
- « *C'est le jeudi : à quoi le voyez-vous ?* » « C'est le jour où le trait est le plus petit. »
- « *Pouvez-vous m'indiquer les jours où il y a eu plus de 300 personnes ? plus de 400 personnes ?* »
Faire expliquer comment se lit ce diagramme.
Consigne : « *En lisant ce diagramme, vous devez retrouver le jour qui correspond à chaque nombre de personnes indiqué.* »
Faire justifier le choix du jour.

Travail sur le fichier

1 Représenter les données d'un tableau sous la forme d'un diagramme.
Laisser lire l'exercice.
« *Quels renseignements nous fournit le tableau ? Comment construit-on le diagramme ?* »
Noter que chaque journée ensoleillée est représentée par un petit rectangle. En juin, le tableau indique 18 jours de soleil.

Dans la colonne du mois de juin, 18 petits rectangles sont coloriés.
Pour dénombrer plus vite les rectangles, s'appuyer sur les lignes rouges des dizaines.
Pour répondre à la question, chercher les écarts. S'appliquer pour colorier éventuellement en changeant de couleur chaque mois.

2 Lire un diagramme en bâtons pour en extraire des données.

Vidéoprojeter le diagramme et l'analyser collectivement.
- *« Quelle sorte de renseignements nous fournit-il ? »*
La hauteur de pluie ou de neige qui est tombée à chacun des mois de l'année.
- *« Comment est-il présenté ? »*
Il s'appuie sur deux axes : un axe horizontal qui porte, dans l'ordre, les 12 mois de l'année. (Faire montrer le mois mars , le mois de septembre…) et un axe vertical, gradué de 10 en 10, qui indique les hauteurs des précipitations en mm.
Observer le questionnement du fichier. *« Que nous demande-t-on ? »*
Les hauteurs exactes en février et juillet, un encadrement de la hauteur en mars, une différence des hauteurs entre septembre et octobre.
Recueillir les procédures pour trouver la différence.

Obstacles possibles :
- La lecture de l'encadrement.
- Les hauteurs des bandes ne sont pas égales aux hauteurs réelles des précipitations.

3 Retrouver les rectangles du diagramme correspondant aux différentes données numériques.

On peut formuler chaque recherche sous la forme : *« Quel est l'avion qui transporte 535 passagers ? »*
L'axe indiquant le nombre de passagers est gradué de 100 en 100. Pour retrouver l'avion concerné par un nombre de passagers, il faut repérer entre quelles centaines consécutives se situe ce nombre (travail d'encadrement par les centaines les plus proches).
Une autre méthode pourrait consister à ranger les rectangles du plus petit au plus grand :

C – F – D – A – E – B

et à associer ce rangement au rangement du nombre de passagers dans l'ordre croissant :

257 – 390 – 535 – 665 –756 – 923.

Obstacle possible : le repérage qui se fait par la lecture d'un encadrement.

Faisons le point

- Nous avons travaillé sur les diagrammes.
- Nous avons vu que l'on pouvait représenter un ensemble de nombres, de mesures avec un diagramme.
- Avec un diagramme, on peut comparer facilement les nombres en comparant la taille des « bâtons ».
- Dans les diagrammes, il y a deux axes : un horizontal et un vertical.
- Sur l'axe vertical de nos diagrammes, on avait placé les nombres.

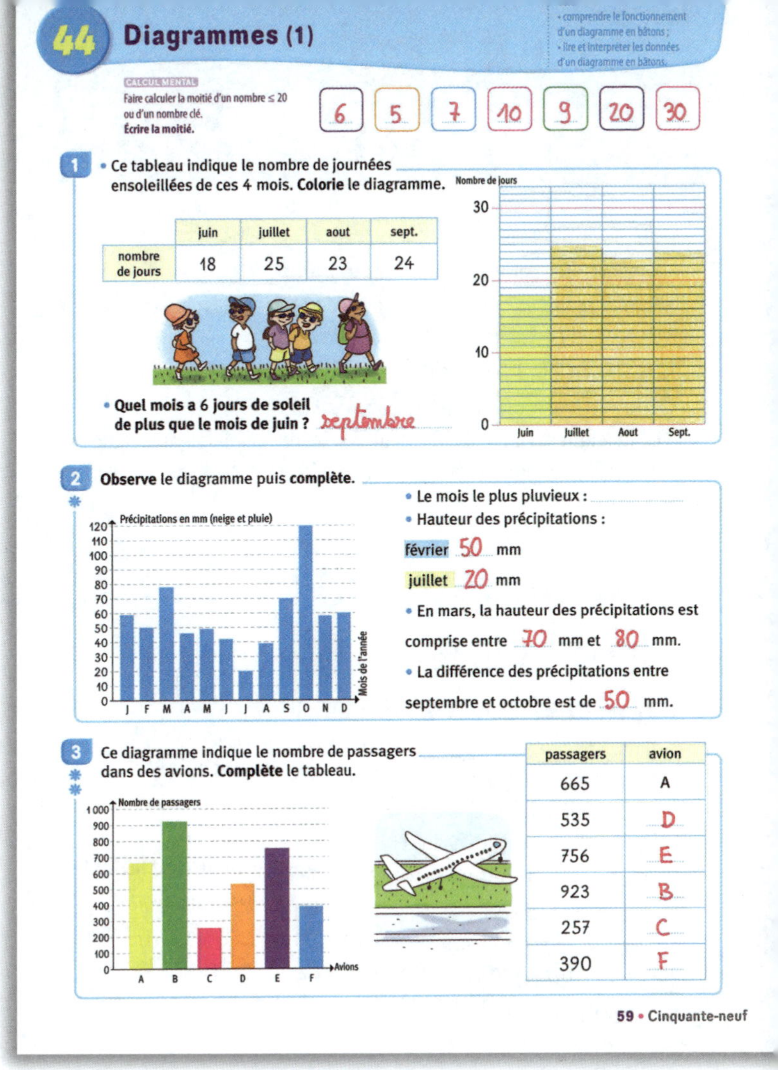

44 Diagrammes (1)

- comprendre le fonctionnement d'un diagramme en bâtons ;
- lire et interpréter les données d'un diagramme en bâtons.

CALCUL MENTAL
Faire calculer la moitié d'un nombre ≤ 20 ou d'un nombre clé.
Écrire la moitié.

6 5 7 10 9 20 30

1 • Ce tableau indique le nombre de journées ensoleillées de ces 4 mois. **Colorie** le diagramme.

	juin	juillet	aout	sept.
nombre de jours	18	25	23	24

• **Quel mois a 6 jours de soleil de plus que le mois de juin ?** septembre

2 **Observe** le diagramme puis **complète**.

• Le mois le plus pluvieux : ……
• Hauteur des précipitations :
février 50 mm
juillet 20 mm
• En mars, la hauteur des précipitations est comprise entre 70 mm et 80 mm.
• La différence des précipitations entre septembre et octobre est de 50 mm.

3 Ce diagramme indique le nombre de passagers dans des avions. **Complète** le tableau.

passagers	avion
665	A
535	D
756	E
923	B
257	C
390	F

59 • Cinquante-neuf

Pistes d'activités supplémentaires

Activité pour toute la classe
- Dans l'exercice n° 2, calculer la hauteur totale d'eau tombée durant l'année.
- Représenter le nombre des élèves de l'école, par classe, à l'aide d'un diagramme en bâtons.
- Proposer divers documents présentant des informations sous la forme de diagrammes en bâtons.
- Montrer des diagrammes circulaires.

le défi

Voici le nombre de pains vendus par une boulangerie tout au long de la semaine. Sur le modèle de l'exercice n° 3, construis un diagramme en bâtons qui représente la vente de chaque journée.

	Lundi	Mardi	Mercredi	Jeudi	Vendredi	Samedi	Dimanche
Nombre de pains	470	640	380	fermé	500	700	260

PROBLÈMES

45 Analyser des stratégies

Programme 2016
- Étudier le lien entre addition et soustraction.
- Mémoriser progressivement des procédures de calculs élémentaires.
- Élaborer et choisir des stratégies de calcul.

  » Propriétés de la numération.

Objectifs spécifiques de la séance
- Comprendre qu'un problème peut se résoudre par différentes stratégies.
- Analyser deux procédures (calcul de la différence, calcul du complément).

Information didactique

De nombreux **travaux de complémentation** ont été effectués, en liaison avec l'addition à trous et la soustraction a été mise en place. La soustraction correspond à divers types de situations : suppression, partition, complémentation, différence entre les cardinaux de deux ensembles ou les mesures de deux grandeurs. La soustraction se présente comme réciproque de l'addition et **il est donc essentiel de travailler simultanément les deux opérations.**

Le passage de $a + b = c$ à $a = c - b$ est un simple changement de notation. La notion de différence correspond aussi à celle de distance sur une droite graduée. La considération de la ligne des nombres permet de visualiser l'opération.

CALCUL MENTAL

❶ Problème : calculer la moitié d'un nombre-clé

Dire : « *Marie et Pierre organisent un vide grenier. À la fin, ils se partagent l'argent gagné. Calcule la part de chacun si le montant de la vente est de 100 €, 20 €, 60 €, 80 €, 200 €, 50 €.* »

L'élève écrit la part de chaque enfant.

❷ Problème : retrouver le nombre initial connaissant la moitié

Dire : « *Tom et Louna se partagent un paquet de billes en deux parts égales. Retrouve combien il y avait de billes dans le paquet s'ils reçoivent chacun 5 billes ; 9 billes ; 20 billes ; 25 billes ; 50 billes ; 15 billes ; 40 billes.* »

L'élève écrit la part de chaque enfant.

Activités préparatoires

1. Rechercher différentes procédures pour calculer un complément

30 min

▶ Proposer à l'oral quelques problèmes simples à résoudre par deux et comparer les méthodes.

« Matthieu veut faire un achat de 152 € mais il n'a que 128 €. Il faut trouver, par un calcul réfléchi, la somme qui lui manque. »

Voici différentes façons de procéder.

• On cherche ce qu'il faut ajouter à 128 pour faire 152.

Compléter 128 à 152, en passant par les étapes 130, puis 150 pour atteindre 152.

Soit : 128 + **2** = 130   130 + **20** = 150   150 + **2** = 152

128 + (**2** + **20** + **2**) = 128 + **24** = 152

Pour ce type de stratégie, la ligne numérique peut être un réel appui.

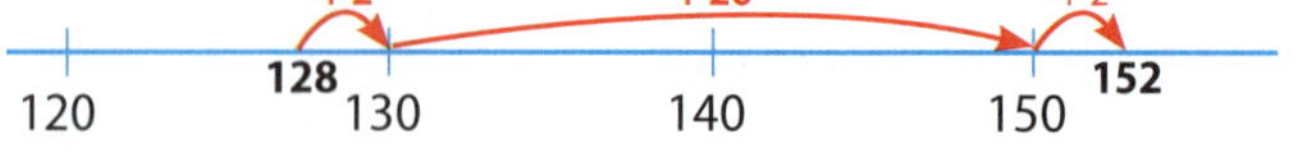

• De ce que l'on doit payer en tout, on enlève ce que l'on a. On obtient alors ce qu'il nous reste à payer.

On peut, là encore, procéder en plusieurs étapes, en décomposant 128.

Pour effectuer 152 – 128, on va enlever 100, puis 20, puis 8 (voir la fiche de calcul réfléchi n° 138) :

152 – **100** = 52   52 – **20** = 32 et 32 – **8** = 24

• Une autre possibilité consiste à enlever 130 au lieu de 128. Le calcul est plus simple, mais à la fin, il faut rajouter au résultat les 2 que l'on a enlevé en trop.

(152 – 130) + 2 = 22 + 2 = 24.

→ Ce genre d'activité, où l'on doit arriver bien sûr au même résultat, présente l'intérêt de faire prendre conscience aux élèves que, pour résoudre un même problème arithmétique, il y a souvent plusieurs stratégies possibles, entre lesquelles on peut choisir.

2. Autres problèmes simples du même type à résoudre par un calcul réfléchi

15 min

▶ Travail par groupes de trois.

1) Une coureuse de 1500 m a déjà parcouru 850 m. Quelle distance doit-elle encore parcourir pour terminer la course ?

2) Dans une année normale, 185 jours se sont écoulés. Combien de jours doivent encore s'écouler pour terminer l'année ?

Travail sur le fichier

1 Découvrir la situation seul dans une phase d'analyse collective, puis demander à des élèves de présenter la situation.

Maël monte dans un phare. On connait le nombre total de marches qu'il y a à monter pour atteindre le sommet du phare (376 marches) et le nombre de marches que Maël a déjà gravies (253 marches). Il faut trouver combien il lui reste de marches à monter.

Deux méthodes sont présentées pour calculer le nombre de marches qui ne sont pas encre montées. Par deux, faire analyser ces deux procédures.

- 1re procédure : on complète 253 à 376 en écrivant une addition à trou.

- 2e procédure : on enlève le nombre de marches déjà montées en faisant une soustraction.

Faire analyser ensuite les techniques de calcul utilisées :

- l'addition se fait par des ajouts avec passage par dizaines et centaines immédiatement supérieures ;

- la soustraction se fait par des retraits successifs. On enlève les centaines entières, les dizaines entières puis les unités.

Faire effectuer les calculs pour Iris en utilisant ces deux procédures. Corriger et comparer.

- 1re procédure : par l'addition

232 + … = 376

De 232 à 240 → **8**

De 240 à 300 → **60**

De 300 à 376 → **76**

144

- 2e procédure : par la soustraction

376 – 232

J'enlève 200 → 376 – 200 = **176**

J'enlève 30 → 176 – 30 = **146**

J'enlève 2 → 146 – 2 = **144**

Aides proposées :
- Travailler par deux.
- On peut utiliser la ligne numérique pour la première méthode.

2 Problème de partition avec recherche d'une partie impliquant les distances.

Faire lire le problème et expliquer la situation par un élève.

La voiture a déjà parcouru 32 km c'est-à-dire qu'elle est au 32e kilomètre.

La double flèche représente la distance qu'il lui reste à parcourir pour arriver au 85e kilomètre.

Faire effectuer le problème en laissant les élèves libres de leur choix.

Les résultats intermédiaires seront écrits sur le cahier.

Lors de la correction, présenter les deux méthodes qui peuvent s'effectuer par calcul réfléchi :

1) 32 + … = 85

32 à 40 → 8 40 à 80 → 40 80 à 85 → 5

Total : 8 + 40 + 5 = 53 km

2) 85 – 32 = …

85 – 30 = 55 puis 55 – 2 = 53 km

Obstacle possible : le fait de travailler sur des distances.

Aides proposées :
- Manipuler des bandes sur lesquelles on va représenter des partitions en utilisant des couleurs.
- Vivre une situation identique lors d'un trajet à effectuer à pied ou en courant. On s'arrête pour faire un point. Qu'avons-nous parcouru ? Que nous reste-t-il à parcourir ?

Faisons le point

- Nous avons fait des problèmes qu'il fallait résoudre avec du calcul réfléchi.
- Pour résoudre nos problèmes, il y avait toujours au moins deux méthodes et dans chaque méthode, on faisait notre calcul en plusieurs étapes. Il y avait une méthode où l'on complétait et dans l'autre méthode, on enlevait.

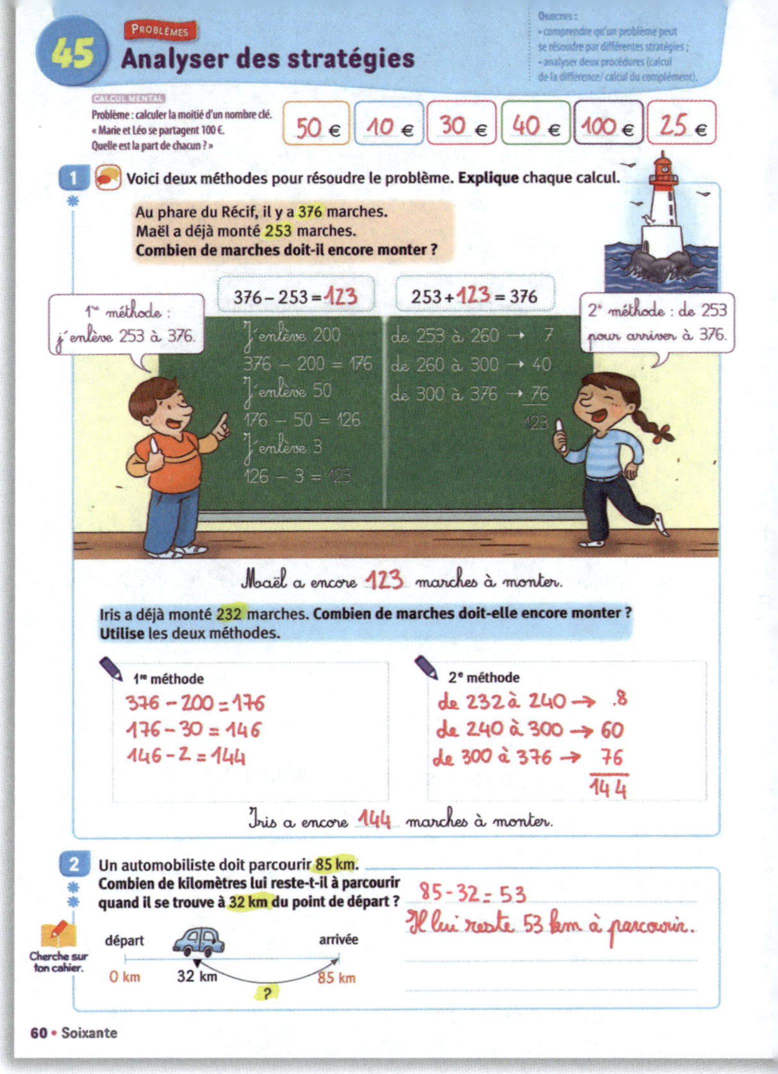

45 PROBLÈMES
Analyser des stratégies

Objectifs :
- comprendre qu'un problème peut se résoudre par différentes stratégies ;
- analyser deux procédures (calcul de la différence/ calcul du complément).

CALCUL MENTAL
Problème : calculer la moitié d'un nombre clé.
« Marie et Léo se partagent 100 €.
Quelle est la part de chacun ? »

50 € | 10 € | 30 € | 40 € | 100 € | 25 €

1 Voici deux méthodes pour résoudre le problème. **Explique** chaque calcul.

Au phare du Récif, il y a 376 marches.
Maël a déjà monté 253 marches.
Combien de marches doit-il encore monter ?

Maël a encore 123 marches à monter.

Iris a déjà monté 232 marches. **Combien de marches doit-elle encore monter ? Utilise** les deux méthodes.

1re méthode
376 – 200 = 176
176 – 30 = 146
146 – 2 = 144

2e méthode
de 232 à 240 → 8
de 240 à 300 → 60
de 300 à 376 → 76
144

Iris a encore 144 marches à monter.

2 Un automobiliste doit parcourir 85 km.
Combien de kilomètres lui reste-t-il à parcourir quand il se trouve à 32 km du point de départ ?

85 – 32 = 53
Il lui reste 53 km à parcourir.

60 • Soixante

Pistes d'activités supplémentaires

Activités pour toute la classe

- Un cycliste doit parcourir 145 km. Il a déjà parcouru 98 km. Quelle distance lui reste-t-il à parcourir ?
- Le livre de bibliothèque de Boris a 224 pages. Tous les jours, Boris lit 15 pages de son livre. Combien de pages lui restera-t-il encore à lire à la fin de la semaine ?
- D'une citerne de 950 L, James retire chaque jour 4 arrosoirs de 12 L d'eau pour arroser les fleurs de son jardin. Combien restera-t-il d'eau dans la citerne au bout de 10 jours d'arrosage ?
- Charlotte demande 750 g de cerises au marchand. Le marchand met deux poignées de cerises sur la balance qui indique 325 g. Quelle masse de cerises le marchand doit-il rajouter sur la balance ?

1 el défi

Pierre pense à un nombre. Il lui ajoute 15 puis retranche 8 au résultat.

Il trouve 10.

Quel est le nombre auquel Pierre a pensé au départ ?

46 Durées : heures et minutes

Exercices différenciés – Grandeurs et mesures 12

Programme 2016
- Comparer, estimer, mesurer des durées.
  » Unités de mesures usuelles de durées : heure, minutes.
  » Relation entre ces unités.
- Résoudre des problèmes impliquant des durées.

Objectifs spécifiques de la séance
- Revoir et utiliser la relation 1 h = 60 min.
- Lire l'heure sur une horloge à aiguilles.
- Calculer la durée écoulée entre deux instants.

Information didactique
Relire l'information didactique de la fiche 14 qui introduit le concept de temps et les notions d'instant et de durée.

À la fin du CE2, une grande majorité des élèves commencent à maitriser convenablement la lecture de l'heure sur une horloge et une montre à aiguilles. Dans cette fiche, l'apprentissage couvre toutes les heures de la journée (les heures de la journée situées avant midi et celles situées de midi à minuit) mais, ici, se limitent plutôt aux heures entières, demi-heures et quarts d'heure. Parallèlement, les situations font toujours référence à la mesure des durées (intervalles entre deux instants). Les relations entre heure, demi-heure et quart d'heure sont abordées.
La durée est une grandeur mesurable avec des unités que sont les heures et les minutes ; l'heure que donne la pendule indique une position, un repère par rapport à une origine (le 0 h de minuit).

CALCUL MENTAL

Calculer la moitié de nombres pairs inférieurs à 100

❶ Dire : « *24 ; 26 ; 40 ; 44 ; 48 ; 62 ; 80 ; 84.* »
L'élève écrit la moitié.

❷ Dire : « *20 ; 30 ; 32 ; 36 ; 38 ; 40 ; 50 ; 54 ; 58 ; 70 ; 72 ; 90 . . .* »
L'élève écrit la moitié.

Activités préparatoires

MATÉRIEL CARTONNÉ

1. Analyser un document impliquant heures et durées

15 min

Matériel individuel : fiche d'activité (horaire d'ouverture de la piscine pour le public) SITE COMPAGNON

▶ Distribuer la fiche d'activité. Remarquer que ces plages horaires se situent tôt le matin et tard le soir.
Les plages de 9 h 30 à midi et de 14 h à 19 h ne sont pas occupées. Elles sont réservées aux écoles.
▶ Poser des questions qui vont permettre :
- de repérer des instants (heure d'ouverture, de fermeture) :
« *À quelle heure ouvre la piscine le matin ?* » « *À quelle heure ferme la piscine pour le public le lundi matin ?* »
- de calculer des durées :
« *Combien de temps est-elle ouverte le mardi matin ?* » « *Combien de temps la piscine est elle ouverte en tout le vendredi ?* »
- de mettre en relation les heures du matin et les heures de l'après-midi.
Constater que pour 7 h 30 le matin et 19 h 30 le soir, les aiguilles sont dans la même position.

2. Rappeler la relation 1 heure = 60 min

15 min

Matériel collectif : la pendule de la classe.
Matériel individuel : la pendule du matériel cartonné.

Consigne 1 : « *Prenez votre pendule cartonnée du côté matin. Placez les aiguilles sur 9 h.* »
Faire rappeler le placement des aiguilles. La petite aiguille rouge sur le 9 et la grande aiguille bleue sur le 12. Faire de même sur la pendule de la classe.

Consigne 2 : « *Sur la pendule de la classe, je vais faire avancer les aiguilles pour passer de 9 h à 10 h. Nous nous arrêterons chaque fois que la grande aiguille arrivera sur un nouveau nombre. Lorsqu'elle arrive sur le 1, il est 9 h et 5 min ; sur le 2, il est 9 h et 10 min. . .* »

Continuer ainsi en avançant de 5 min en 5 min, en écrivant les heures au fur et à mesure au tableau :

9 h *; 9 h et 5 min ; 9 h et 10 min ; 9 h et 15 min ; 9 h et 20 min ; 9 h et 25 min ; 9 h et 30 min ; 9 h et 35 min ; 9 h et 40 min ; 9 h et 45 min ; 9 h et 50 min ; 9 h et 55 min ;* ***9 h et 60 min*** *(il est 10 h).*

Constater que lorsque l'on est passé de 9 h 00 à 10 h 00, la petite aiguille indique une heure de plus ; la grande aiguille (aiguille des minutes) a fait le tour du cadran, ce qui correspond normalement à une durée de 60 minutes.

Encadrer au tableau la relation **1 h = 60 minutes**.

Ceci est visible sur la pendule en carton du fichier qui indique bien dans la couronne bleue le nombre des minutes de 0 à 60.

3. Faire vivre la relation 1 h = 60 min

60 min

Matériel collectif : horloge de la classe.

Consigne : « *Nous allons vivre une heure de 9 h à 10 h. Nous allons faire notre travail, comme d'habitude, mais, exceptionnellement, toutes les 5 minutes, nous nous arrêterons pour noter l'heure jusqu'à ce que l'heure entière se soit écoulée. Comme cela nous nous rendrons mieux compte de la durée d'une heure, de 60 minutes.* »

4. Associer à une position des aiguilles sur l'horloge les deux heures correspondantes dans une journée

10 min

Matériel individuel : fiche d'activité. SITE COMPAGNON

Travail sur le fichier

1 Lire l'heure sur une horloge à aiguilles et calculer les durées.

Bien dégager la situation.

Lors de la correction, analyser les images des horloges, rappeler le rôle des deux aiguilles.

Toutes les deux sont arrivées à 9 heures. Selma est repartie la première à 10 h 15 (10 h et quart) et Chloé à 10 h 35. Selma est restée au gymnase 1 h et 15 min et Chloé 1 h et 35 min.

Obstacle possible : le calcul de la durée.

Aides proposées :
- De temps en temps, repérer des heures du début et de la fin d'une activité, puis calculer la durée de l'activité.
- Faire observer le trajet effectué par les aiguilles entre deux instants.

2 Associer à l'image d'une horloge à aiguilles les deux heures correspondantes dans un jour.

Le fichier restant fermé, dessiner au tableau une pendule qui aura la petite aiguille sur le 8 et la grande aiguille sur le 12.

Demander aux élèves d'écrire sur l'ardoise, quelle est, d'après eux, l'heure indiquée par cette pendule.

Les réponses des élèves pourront être : 8 h ou 20 h. Faire constater que, dans une journée de 24 heures (de minuit à minuit), les aiguilles passent deux fois par la même position. Illustrer ce phénomène en faisant tourner devant la classe les aiguilles de la pendule comme elles le font sur 24 heures et en énonçant les heures au fur et à mesure.

Les pendules qui sont représentées indiquent des heures qui se succèdent de 3 h à 4 h ou de 15 h à 16 h.

On peut voir, à chaque fois, en violet, l'augmentation de la surface balayée par la grande aiguille jusqu'à la totalité du disque qui représente l'heure entière.

Obstacle possible : les heures après midi.

Aide proposée : pour rassurer les élèves, leur dire que, comme c'est un peu compliqué, dans la vie courante, on précise parfois à quel moment de la journée se situe l'heure que l'on indique.

Ex. : 4 heures de l'après-midi (au lieu de 16 h), 8 heures du soir (au lieu de 20 heures), 2 heures du matin.

3 Calcul d'une durée entre deux instants indiqués sur un réveil à aiguilles.

Aide proposée : faire lire les heures, puis faire formuler une question pour chaque durée ; même si elle peut être maladroite, elle exprime parfois très bien la notion.

Ex. : « Combien ça a duré de 3 heures à 5 heures ? »

On pourra dire aussi : *« Combien de temps s'est-il écoulé entre 3 h et 5 h ? »*

4 Conversion d'heures et de fractions d'heure en minutes.

Lire la bulle qui rappelle la durée d'un quart d'heure en minutes.

On connait la relation entre heure et minute : 1 h = 60 min.

1 heure et quart (1 h et 1 quart d'heure) = 60 min + 15 min = 75 min.

1 heure et demie (1 h et 1 demi- heure) = 60 min + 30 min = 90 min.

2 heures = 60 min × 2 = 120 min.

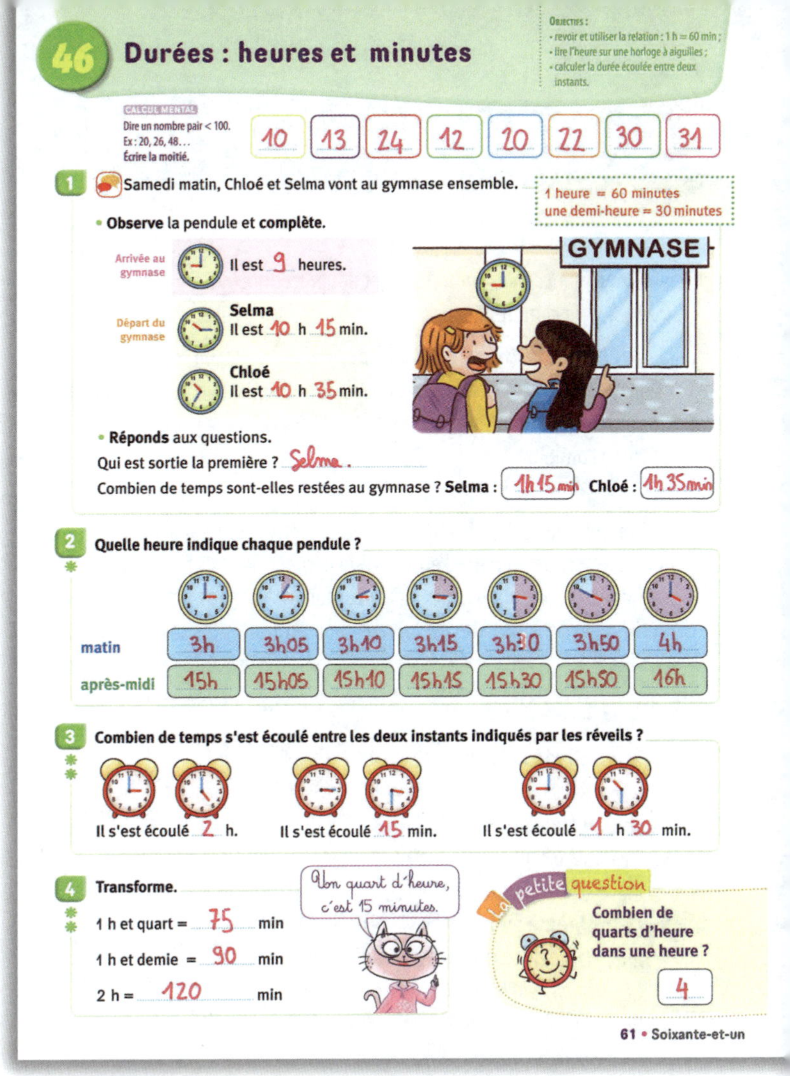

La petite question

Les quarts s'obtiennent en partageant équitablement en 4. Donc dans une heure, il y a 4 quarts d'heures.

Vérification : 15 min + 15 min + 15 min + 15 min = 60 min = 1h.

Faisons le point

- Nous savons que **1 heure = 60 min.**
- Nous avons lu l'heure sur la pendule à aiguilles.
- Maintenant, nous savons bien lire les heures entières, les demi-heures et les quarts d'heure.
- Nous savons lire les heures situées avant midi et les heures situées après midi.
- Nous avons calculé des durées.

MÉMO-MATHS **« Je sais calculer une durée », page 7.**

Pistes d'activités supplémentaires

Pour toute la classe
- Inviter les élèves, de temps en temps dans la journée, à lire l'heure indiquée par l'horloge.
- Calculer des durées en relation avec la vie de la classe, en notant l'heure en début et en fin d'activité.
- Faire lire l'heure ou montrer une heure en utilisant la pendule de la fiche cartonnée du fichier ou de la classe.
- Imposer une durée à un exercice pour apprendre aux élèves à gérer leur temps.
- Travailler en groupe sur des documents pour calculer des durées.

47 Les tables de multiplication (2)

- Activité de manipulation 9
- Exercices différenciés – Calculs 13

Programme 2016

- Mémoriser des faits numériques et des procédures.
  » Tables de la multiplication.

Objectifs spécifiques de la séance

- Consolider la connaissance des tables de multiplication par 2,3,4 et 5 .
- Parmi les autres tables, repérer les produits déjà mémorisés et ceux qui restent à connaitre.

Information didactique

La multiplication a été définie et commence à être utilisée. Il devient à présent nécessaire de rechercher l'efficacité maximale dans l'utilisation de cette opération, ce qui suppose une parfaite connaissance des tables.

En fin de Cycle 2, les élèves doivent avoir vu toutes les tables et doivent pouvoir retrouver le plus rapidement possible le **produit de deux nombres à un chiffre**. Dans ce but, ils essaieront de situer les résultats sur lesquels ils éprouvent encore des difficultés et de fournir à leur sujet un effort de mémorisation particulier.

Ces tables ne sont vraiment mémorisées que si l'élève peut les associer à différentes formes de questionnement. Par exemple, il devra pouvoir répondre à 7 fois 5 ; 5 fois 7 ; 5 multiplié par 7 ; 7 multiplié par 5 ; combien de fois 5 pour faire 35 (5 × ... = 35); combien de fois 7 pour faire 35 (7 × ... = 35); dans 35 combien de fois 5 ?

La connaissance des tables permet de reconnaitre les multiples d'un nombre, de savoir décomposer un nombre en produit de facteurs, d'identifier les « carrés parfaits » jusqu'à 100 et de repérer les doubles, triples ou quadruples des petits nombres.

CALCUL MENTAL

❶ Problème : calculer la moitié d'un nombre pair ≤ 100

Dire : « *Tcheng et Ahmed se partagent une collection de cubes en 2 parts égales. Combien de cubes recevra chaque enfant s'il y a 28 cubes ? 18 cubes ? 68 cubes ? 30 cubes ? 38 cubes ? 50 cubes ? 52 cubes ?* »

L'élève écrit la part de chacun.

❷ Problème : vérifier le calcul d'une moitié

Dire : « *Lucie et Lola voyagent ensemble et achètent les billets pour deux. Ils calculent ensuite le prix de chaque billet. Calcule le prix d'un billet quand deux billets coutent : 18 € ; 30 € ; 46 € ; 24 € ; 66 € ; 50 € ; 58 €.* »

L'élève écrit le prix d'un billet.

Activités préparatoires

MATÉRIEL CARTONNÉ

1. Découverte de la table de Pythagore

15 à 20 min

Matériel individuel : table de Pythagore du matériel cartonné.
Matériel collectif : table vidéoprojetée ou reproduite au tableau.

Consigne : « *Observez votre table des produits. Que remarquez-vous ?* »

Relever les différentes remarques :

- « Il y a deux bandes bleues où sont écrits les nombres de 1 à 10 et qui se multiplient. »

- « Le résultat de la multiplication est située au croisement de ces deux bandes .»

▶ Faire fonctionner la table en posant des questions. Les élèves doivent repérer les cases réponses.

Ex. : 3 fois 5 → Réponse : 15 (il y a 2 cases).

6 fois 7 → Réponse 42 (il y a 2 cases).

▶ Faire lire les produits de la table de 6 : « 6 12 18 24 30 36 42 48 54 ».

Constater que certains produits apparaissent deux fois sur la table de façon symétrique donc, en réalité, il n'y en a que la moitié à retenir. (Par ex., 6 × 3 et 3 × 6 donnent le même nombre produit : c'est la commutativité de la multiplication.)

▶ Faire lire les produits qui sont dans les cases oranges. « *Ceux-là, on ne les voit qu'une fois. Regardons à quelles multiplications ils correspondent.* »

25 ? 5 × 5 **16** ? 4 × 4 **36** ? 6 × 6 **49** ? 7 × 7 **64** ? 8 × 8

« *Que peut-on constater ? Dans ces produits, il y a les deux mêmes nombres : c'est le nombre multiplié par lui-même. Ces produits sont appelés des carrés. 25 est le carré de 5 ; 16 est le carré de 4.* »

2. Travail sur les roues des multiples

15 min

Matériel individuel : roue des multiples du matériel cartonné.

▶ Détacher le matériel, le monter, c'est-à-dire superposer les deux roues : la grande roue avec « fenêtres » vient s'appliquer sur la roue sur laquelle sont écrits les multiples. Fixer les deux roues avec une attache parisienne.

▶ Prenons les multiples de 6 et de 7. Les multiples de 6 sont vert pâle. Placer 6 dans la fenêtre 1. On voit alors apparaitre tous les multiples de 6.

Faire lire : 1 fois 6 → 6 / 2 fois 6 → 12 / 3 fois 6 → 18 ....

Placer 7 dans la fenêtre 1. On voit alors apparaitre tous les multiples de 7.

Faire lire : 1 fois 7 → 7 / 2 fois 7 → 14 / 3 fois 7 → 21...

Faire lire ensuite la suite des multiples de 8 et de 9.

Les élèves pourront conserver ce matériel cartonné sur leur table et s'en servir en cas de besoin.

Tous ces produits des tables de multiplication de 6 à 9 et les écritures associées ne seront vraiment parfaitement mémorisées qu'au cours moyen.

▶ Travail en binôme en utilisant le matériel.

Un élève qui a la roue des multiples demande un produit, l'autre répond... Faire dix demandes. Changer les rôles et comparer le nombre de réponses exactes.

Travail sur le fichier

1 Recopier ou vidéoprojeter cette portion de table au tableau pour une observation et une analyse collective et comme support de la correction.

Remarquer le signe « multiplié » qui indique qu'il s'agit d'un « tableau de multiplication ».

Faire repérer où sont situés les nombres que l'on multiplie. Prendre une case au hasard (exemple 18) et demander de donner le produit correspondant 3 × 6 ou 6 × 3.

Laisser ensuite les élèves faire le travail individuellement.

Corriger sur le tableau préparé pour la classe et remarquer, comme dans l'activité préparatoire n° 1 :

- qu'un nombre d'une case orange correspond toujours à la multiplication d'un nombre par lui-même ;

- que 12 est présent 4 fois (2 × 6 ; 6 × 2 ; 4 × 3 ; 3 × 4) ; le nombre 12 est dans les tables de 2, 3, 4, 6 (Les écritures multiplicatives de 12 illustrent bien la commutativité de la multiplication.) ;

- qu'un nombre est souvent présent dans deux cases.

Prolonger en demandant de repérer où se trouvent les multiples de 3, de 5…

On retrouve chaque famille de multiples sur une ligne horizontale et une ligne verticale.

Faire compléter les égalités et les cases vierges du tableau.

Obstacle possible : la gestion des quatre écritures multiplicatives du 12 .

2 Compléter les produits de la table de Pythagore.

Observer de nouveau rapidement la table qui pourra être vidéoprojetée pour optimiser la communication.

Observer les propriétés de la table : augmentation des résultats par ligne ou par colonne, symétrie par rapport à la diagonale passant par les carrés parfaits, symétrie liée à la commutativité de la multiplication.

Donner des conseils pour favoriser la mémorisation : façon de retrouver un résultat oublié, inscription sur un aide-mémoire de certains résultats particulièrement résistants…

Faire compléter les cases vierges du tableau.

Pour les produits encore inconnus, rechercher la case symétrique dans l'autre partie de la table.

Ex. : pour trouver le produit 6 × 8 (si l'on admet que l'on écrit d'abord les nombres de la partie gauche), on va rechercher les deux intersections des lignes et colonnes 6 et 8. L'une d'elle est remplie (48). Mettre le même résultat dans l'autre case.

Procéder de même pour les produits 42 et 56 (sans doute le produit le plus rebelle).

Contrôler les résultats avec la table de Pythagore cartonnée du fichier.

Obstacle possible : difficulté de repérage dans la table de Pythagore.

3 Compléter des produits de la table.

Les produits de la colonne de gauche concernent particulièrement les tables de 6, 7, 8 et 9, encore peu connues des élèves. On peut demander de remplir les produits qui sont mémorisés directement et les autres avec l'aide de la table.

Dans la colonne de droite, on connait un facteur et le résultat. Il faut retrouver l'autre facteur.

Plusieurs formulations sont possibles :

- Par combien faut-il multiplier 5 pour obtenir 20 ?

- Combien de fois 5 pour faire 20 ?

- Dans 20, combien de fois 5 ?

Obstacle possible : la recherche d'un des facteurs (recherche du quotient entier exact associé à un produit).

47 Les tables de multiplication (2)

OBJECTIFS :
- consolider la connaissance des tables de multiplication par 2, 3, 4, et 5 ;
- repérer les produits déjà mémorisés et ceux qui restent à connaitre.

CALCUL MENTAL
Problème : calculer la moitié d'un nombre pair < 100.
« On partage une collection de 28 cubes en 2 parts égales. Combien de cubes dans chaque part ? »

14 | 5 | 9 | 10 | 12 | 34 | 15

1 Observe ce tableau. **Complète-le.**

×	1	2	3	4	5	6	7
1	1	2	3	4	5	6	7
2	2	4	6	8	10	12	14
3	3	6	9	12	15	18	21
4	4	8	12	16	20	24	28
5	5	10	15	20	25	30	35
6	6	12				36	

• **Recopie** les produits qui correspondent aux cases oranges.

1 = 1 × 1
4 = 2 × 2
9 = 3 × 3
16 = 4 × 4
25 = 5 × 5
36 = 6 × 6

• **Recopie** les produits qui correspondent aux cases « 12 ».

12 = 2 × 6
12 = 3 × 4
12 = 4 × 3
12 = 6 × 2

2 Complète les cases de la table qui ne sont pas remplies.

×	1	2	3	4	5	6	7	8	9
1	1	2	3	4	5	6	7	8	9
2	2	4	6	8	10	12	14	16	18
3	3	6	9	12	15	18	21	24	27
4	4	8	12	16	20	24	28	32	36
5	5	10	15	20	25	30	35	40	45
6	6	12	18	24	30	36	42	48	54
7	7	14	21	28	35	42	49	56	63
8	8	16	24	32	40	48	56	64	72
9	9	18	27	36	45	54	63	72	81

3 Utilise la table pour compléter.

6 × 6 = 36	5 × 4 = 20
9 × 9 = 81	7 × 5 = 35
8 × 8 = 64	3 × 6 = 18
7 × 7 = 49	7 × 4 = 28
6 × 7 = 42	3 × 9 = 27
8 × 7 = 56	7 × 8 = 56
9 × 6 = 54	5 × 9 = 45
7 × 9 = 63	8 × 9 = 72

4 Complète les suites.

6 | 12 | 18 | 24 | 30
15 | 20 | 25 | 30 | 35

24 | 30 | 36 | 42 | 48
14 | 21 | 28 | 35 | 42

62 • Soixante-deux

4 Compléter des suites de multiples des tables de 5, 6 et 7.

Repérer, dans chaque suite, de quelle table il s'agit en calculant l'écart entre les deux nombres qui sont fournis.

Obstacle possible : les suites qui ne proposent pas les deux premiers nombres.

Aide proposée : retrouver les nombres sur la table cartonnée.

Faisons le point

• Nous avons vu toutes les tables de multiplication présentées dans un tableau.
• Nous avons vu que nous connaissons beaucoup de produits.
• Nous avons repéré les produits que nous ne connaissons pas encore.

Pistes d'activités supplémentaires

• Réviser les tables par le procédé « La Martinière » (ardoise).
• Réviser les tables de 2, 3, 4 et 5 et les quotients entiers exacts associés
4 × 3 = … ; Combien de fois 4 pour faire 12 ? Dans 12, combien de fois 4 ? …
• Reconstituer la liste des multiples des tables de 6, de 7, de 8, de 9.
• Classer les étiquettes multiples de 3, multiples de 5.
• Quels sont les trois produits qui apparaissent le plus souvent dans le tableau des tables de multiplication ?
• 9 personnes se partagent équitablement une somme de 81 €. Combien chacune aura-t-elle ?
• Jeux autour de tableaux multiplicatifs. SITE COMPAGNON

48 Le carré et le rectangle

- Fiche Outils – « Étude d'une figure »
- Activité de manipulation 18
- Exercices différenciés – Espace et géométrie 7 et 8

Programme 2016

- Reconnaitre, nommer les figures usuelles.
- Reconnaitre et décrire, à partir des côtés et des angles droits, un carré, un rectangle.

» Propriété des angles et égalités de longueur des côtés pour les carrés et les rectangles.

Objectifs spécifiques à la séance

- Reconnaitre un rectangle, un carré, en s'appuyant sur leurs propriétés (angles droits, égalité de longueur de certains côtés).
- Justifier qu'une figure est ou n'est pas un carré ou rectangle.

Information didactique

Les deux quadrilatères particuliers que sont le rectangle et le carré (ce dernier n'étant d'ailleurs qu'un rectangle particulier) ont déjà fait l'objet d'une étude spécifique en CE1. Dans cette fiche, on révisera les propriétés de ces deux quadrilatères pour les reconnaitre ou pour justifier de leur reconnaissance ou non : ainsi, on identifiera les propriétés relatives aux angles droits (communes aux rectangles et aux carrés) et celles relatives à l'égalité des longueurs : des côtés opposés pour le rectangle et de tous les côtés pour le carré. Il est prématuré, à ce stade, de formaliser que le carré est un rectangle particulier. On pourra tout au plus le confirmer si des élèves relèvent cet aspect. Le rôle des instruments (règle graduée et équerre) en tant qu'outils de vérification est réaffirmé dans le travail demandé. La reconnaissance ne se faisant plus de manière perceptive, mais à l'aide d'instruments de géométrie.

CALCUL MENTAL

Faire ajouter un nombre à un chiffre

❶ Dire : « *41 + 4 ; 58 + 3 ; 109 + 9 ; 22 + 8 ; 41 + 9 ; 68 + 6 ; 85 + 8 ; 78 + 9.* »
L'élève écrit la somme.

❷ Dire : « *16 + 2 ; 17 + 3 ; 49 + 1 ; 27 + 4 ; 68 + 5 ; 59 + 9 ; 121 + 5 ; 209 + 4 ; 596 + 4 ; 299 + 3.* »
L'élève écrit la somme.

Activités préparatoires

1. Reconnaitre des carrés et des rectangles

20 min

▶ Travail par groupes de deux.

Matériel par groupe : fiche d'activité avec différents quadrilatères. SITE COMPAGNON

Consigne 1 : « *Observez la fiche, que voyez-vous ?* » (Des quadrilatères)
« *Par deux, vous allez repérer les carrés et les rectangles.* »
Demander de repérer les carrés et les rectangles de manière perceptive (sans avoir recours, dans un premier temps, aux instruments).
Laisser les élèves agir. Collectivement, se mettre d'accord sur les quadrilatères qui sont des carrés et ceux qui sont des rectangles, puis dégager des critères de reconnaissance : « *Pourquoi est-ce un carré ?* », « *Pourquoi est-ce un rectangle ?* ».
Arriver à une justification par les angles droits et les égalités de longueur :
- Le carré a quatre angles droits et ses côtés sont de même longueur.
- Le rectangle a quatre angles droits et ses côtés opposés de la même longueur.

Repréciser ce que sont des côtés opposés (ce sont des côtés « face à face »).

▶ Demander comment vérifier ces éléments.

Consigne 2 : « *Avec l'équerre et la règle graduée, vous allez vérifier que les figures que vous avez trouvées sont bien des carrés ou des rectangles.* »
Laisser les élèves travailler par deux.
Observer les méthodes des élèves. Demander de marquer les angles droits par un petit carré rouge et de noter les longueurs de côtés sur les côtés.

2. Justifier les caractéristiques d'un quadrilatère particulier

15 min

▶ Travail par groupes de deux.

Matérie par groupe : feuille avec un parallélogramme (nommé A), un trapèze (nommé B), un trapèze rectangle (nommé C).

Consigne : « *Voici trois figures, elles ont toutes quatre côtés ; vous allez chercher pourquoi ces trois figures ne sont ni un rectangle, ni un carré. Vous écrivez les explications sur votre cahier* ».
Les élèves cherchent par deux. Inciter les groupes à utiliser les outils de géométrie pour justifier ou non des propriétés.
Établir la synthèse en justifiant.
- La figure A ne peut pas être un rectangle, ni un carré car il n'a pas d'angle droit.
- La figure B ne peut pas être un rectangle car elle n'a pas d'angle droit et les côtés opposés ne sont pas de la même longueur. Ces justifications peuvent être aussi utilisées pour le fait que B ne peut être un carré (en plus du fait que tous ses côtés ne sont pas égaux).
- La figure C ne peut pas être un rectangle car elle n'a qu'un angle droit, ses côtés opposés ne sont pas de même longueur.

Travail sur le fichier

1 Justifier la reconnaissance d'un rectangle et d'un carré.
Laisser découvrir la situation : un rectangle et un carré sont tracés. Les élèves doivent écrire ce qui leur permet dire que ce sont bien un carré et un rectangle. Les élèves disposent, pour justifier, de la règle graduée (pour les égalités de longueur) et de l'équerre (pour les angles droits). Rappeler, si besoin, ce que sont des côtés opposés.

Obstacles possibles :
- La mauvaise utilisation de l'équerre.
- L'inversion ou la confusion entre le rectangle et le carré.

Aide proposée : reprendre une à une les figures et verbaliser les critères de reconnaissance.

2 Reconnaitre un carré et un rectangle parmi d'autres quadrilatères.
Les figures proposées étant très proches du carré ou du rectangle, une démarche initiale perceptive ne conduira vraisemblablement pas les élèves à repérer les figures correctes. Préciser qu'il faut bien vérifier tous les angles pour repérer

ceux qui sont droits et toutes les longueurs de côtés. Demander aux élèves d'être précis dans la vérification : certaines longueurs de côté sont très proches mais différentes, parfois de 2 mm seulement. Demander aux élèves de marquer, au-dessus de chaque côté, la longueur trouvée, afin de repérer ceux qui sont de même longueur. Il peut être utile de vérifier deux fois chaque longueur. Les côtés de même longueur seront repassés de la même couleur.
Le quadrilatère A ressemble à un rectangle (il a deux angles droits et ses deux autres angles sont très proches de 90°).
Le quadrilatère B (qui est un parallélogramme) n'a aucun angle droit mais ses côtés opposés sont bien de la même longueur.
Le quadrilatère C (un losange) a tous ses côtés de la même longueur sans avoir d'angle droit.

Aides proposées :
- Procéder par étapes : travailler figure par figure, en commençant par le repérage des angles, puis par le repérage des longueurs de côtés.
- Refaire faire des exercices de mesurage de longueurs de segments (cm et mm).

3 Justifier pourquoi une figure (un quadrilatère) n'est pas un carré.
La figure proposée est un losange : c'est-à-dire un quadrilatère qui a ses quatre côtés de même longueur (3 cm) ; il ne possède aucun angle droit.
Les élèves ne reconnaitront pas un carré dans la mesure où la position du losange ne permet pas d'y voir un carré dans sa position classique, mais la justification doit prendre appui sur le fait que la figure ne possède aucun angle droit.

Obstacles possibles :
- Une justification fondée sur des éléments non présents.
- Vérifier qu'il n'y a pas quatre angles droits, alors que le fait qu'il n'y en ait pas un suffit.
- L'absence de l'indication des instruments nécessaires à la justification.

Aide proposée : établir la justification à partir des critères de reconnaissance du carré de l'exercice n° 1.

La petite question

Repasser avec des couleurs différentes chaque carré peut être une aide dans le repérage et le dénombrement des carrés dont deux sont dans une position non prototypique.
On peut inciter à s'appuyer sur la taille des différents carrés.

Faisons le point

- Nous avons appris à reconnaitre un rectangle en utilisant la règle et l'équerre : il a quatre angles droits et ses côtés opposés sont de même longueur.
- Nous avons appris à reconnaitre un carré en utilisant la règle et l'équerre : il a tous ses côtés de même longueur et a quatre angles droits.
- Nous avons reconnu un rectangle ou un carré particulier parmi d'autres quadrilatères.
- Nous avons commencé à justifier pourquoi une figure ne pouvait pas être un carré.

MÉMO-MATHS **« Je reconnais un rectangle et un carré », page 8.**

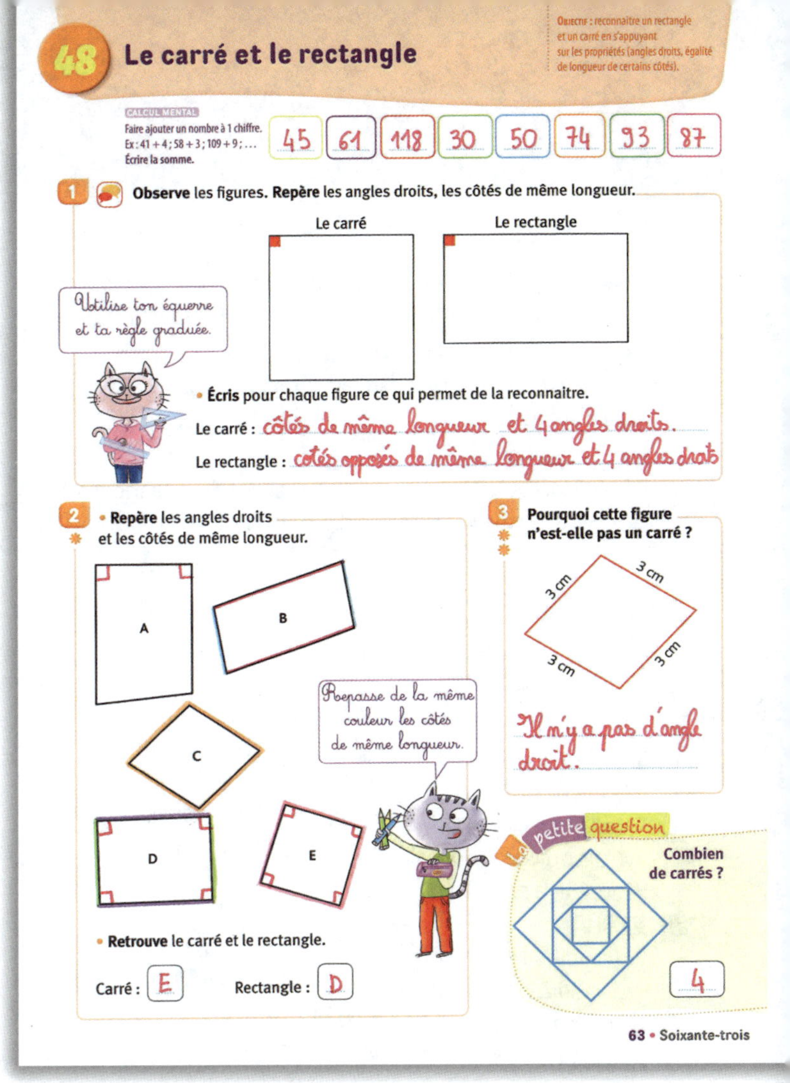
48 **Le carré et le rectangle**

OBJECTIF : reconnaitre un rectangle et un carré en s'appuyant sur les propriétés (angles droits, égalité de longueur de certains côtés).

CALCUL MENTAL
Faire ajouter un nombre à 1 chiffre.
Ex : 41 + 4 ; 58 + 3 ; 109 + 9 ; …
Écrire la somme.

45 | 61 | 118 | 30 | 50 | 74 | 93 | 87

1 **Observe** les figures. **Repère** les angles droits, les côtés de même longueur.

Le carré — Le rectangle

Utilise ton équerre et ta règle graduée.

• **Écris** pour chaque figure ce qui permet de la reconnaitre.
Le carré : côtés de même longueur et 4 angles droits.
Le rectangle : côtés opposés de même longueur et 4 angles droits

2 • **Repère** les angles droits et les côtés de même longueur.

A B C D E

Repasse de la même couleur les côtés de même longueur.

• **Retrouve** le carré et le rectangle.
Carré : E Rectangle : D

3 **Pourquoi cette figure n'est-elle pas un carré ?**
3 cm 3 cm 3 cm 3 cm
Il n'y a pas d'angle droit.

La petite question
Combien de carrés ?
4

63 • Soixante-trois

Pistes d'activités supplémentaires

Activité pour toute la classe
- Associer textes de description de deux ou trois carrés et de deux ou trois rectangles aux figures les décrivant.
- Proposer différents carrés ou rectangles et donner leurs mesures en utilisant la règle et faire vérifier les angles droits avec l'équerre.

Approfondissement
- Demander de justifier pourquoi les figures A et B de l'exercice n° 2 ne sont pas des rectangles.
- Construire des carrés et des rectangles sur du papier quadrillé, demander d'écrire une description.

le défi

Par deux
Partager ce rectangle en six carrés.

PROBLÈMES

49 Recherche du tout ou d'une partie

Programme 2016

• Résoudre des problèmes en utilisant des nombres entiers et le calcul.

» Problèmes relevant des structures additives (addition/ soustraction).

Objectif spécifique de la séance

Chercher, dans des situations de partition, la somme de toutes les parties ou la valeur d'une partie.

Information didactique

Il est important que l'élève soit confronté à la **variété des situations additives et soustractives**. Dans cette fiche, nous abordons les problèmes de partition ou problèmes de composition de plusieurs états avec recherche du total des parties ou recherche d'une des parties. Ces problèmes traitent d'un état. Il n'y a pas d'action d'ajout ou de retrait, donc pas de transformation ni d'état initial ni d'état final.

Ce type de problème a été abordé dès le CP puis au CE1. Ici, le travail se complexifie un peu, car la solution n'est pas directe et passe par plusieurs étapes, même si les nombres et les calculs, pour la plupart, restent simples. D'autre part, à la partition vient s'associer dans deux problèmes, un caractère multiplicatif (n° 1 et 2).

CALCUL MENTAL

Problème : résoudre une situation additive ou soustractive

❶ Dire :

- *« Combien y a-t-il d'élèves en tout dans chaque classe ? Au CP, il y a 13 garçons et 9 filles ; au CE1, 15 filles et 9 garçons ; au CE2, 14 garçons et 8 filles. »*
- *« Combien de garçons au CM1 ? Il y a 25 élèves dont 10 filles. »*
- *« Combien de garçons au CM2 ? Il y a 21 élèves dont 8 filles. »*

L'élève écrit la réponse.

❷ Dire :

- *« Léa achète 4 gâteaux à 3 € l'un. Combien doit-elle payer ? »*
- *« Tom achète un bouquet de fleurs à 15 €. Il donne un billet à la fleuriste qui lui rend 5 €. Quel billet a-t-il donné ? »*
- *« Quelle est la dépense pour 2 cahiers à 3 € et 1 stylo à 5€ ? »*
- *« Avec un billet de 20 €, Tom peut-il payer 3 albums à 7€ ? »*

L'élève écrit la réponse.

Activité préparatoire

• Résolution de problèmes dans une activité de calcul mental

10 à 15 min

▶ Travail par groupes de deux.

Matériel individuel : une étiquette par élève.

Nous favoriserons la présentation sous forme de calcul mental qui permet de multiplier les exemples, élimine le problème lié à la lecture des énoncés et privilégie le travail sur le sens des opérations.

Après la séance, conserver des problèmes référents que l'on pourra afficher dans la classe. Voir aussi le mémo page 21.

Consigne : *« Je vais vous dire des petits problèmes, vous allez travailler par deux et vous mettre d'accord sur la réponse à donner. Vous écrirez l'opération avec le résultat sur votre ardoise. »*

Problèmes

• *« Dans la classe du CM1, il y a 15 filles et 11 garçons. Combien y a-t-il d'élèves dans cette classe ? »*

Réponse : 15 + 11 = 26 → **26** élèves

• *« Au CM2, il y a 27 élèves dans la classe. 14 élèves sont des garçons. Combien y a-t-il de filles au CM2 ? »*

On peut trouver le résultat par une soustraction ou par complémentation.

Réponse : 27 – 14 = **13** filles (ou 14 + **13** = 27)

• *« Aujourd'hui, 8 élèves de la classe sont en atelier poterie, 7 sont dans l'atelier informatique et 13 dans l'atelier lecture à la BCD. Combien y a-t-il d'élèves dans cette classe ? »*

Réponse : 8 + 7 + 13 = **28** → 28 élèves.

• *« La semaine dernière, dans cette même classe de 28 élèves, il y avait 7 élèves à la poterie et 12 à la lecture. Combien d'élèves étaient en informatique ? »* (Problème de partition, avec recherche d'une partie, avec une solution à deux étapes.)

Réponse : 7 + 12 + **9** = 28 ou 28 – (7 + 12) = **9** → 9 élèves en informatique.

• *« Dans l'armoire d'EPS, il y a 3 sacs de 5 balles rouges et 2 sacs de 7 balles bleues. Combien y a-t-il de balles dans l'armoire ? »* (Problème de partition avec recherche du tout, à étape et à caractère multiplicatif.)

Réponse : 5 × 3 + 7 × 2 = 15 + 14 = **29** → 29 balles

• *« Dans un parterre, Emma a planté 38 fleurs : 4 groupes de 5 jonquilles chacun et des tulipes. Combien Emma a-t-elle planté de tulipes ? »* (Problème de partition avec recherche d'une partie, à caractère multiplicatif avec une solution à 2 étapes.)

Réponse : 38 – (5 × 4) = 38 – 20 = **18** ou (5 × 4) + **18** = 38

Travail sur le fichier

Faire lire chaque problème silencieusement, puis oralement.

1 Recherche du tout, mais une multiplication est nécessaire pour obtenir le nombre d'éléments de chaque partie.

Obstacle possible : la compréhension des expressions (« 3 piles de 20 cahiers » et « 3 piles de 10 cahiers »).

Aides proposées :
- Faire expliciter : 20 cahiers + 20 cahiers + 20 cahiers.
- Faire un schéma.
- Matérialiser les collections par des jetons ou des cubes.

2 Recherche du tout, mais une multiplication est nécessaire pour obtenir le nombre d'éléments de chaque partie.

La solution passe par un calcul en plusieurs étapes.

Les calculs intermédiaires se font mentalement. Le total est une somme de trois produits.

3 Problème de partition impliquant des longueurs, avec calcul de la longueur totale.

Observer les procédures de calcul.

6 cm 5 mm + 10 cm + 4 cm 3 mm = 20 cm 8 mm.

Pas de problème de conversion puisque le total des millimètres ne dépasse pas 9 mm.

Obstacle possible : addition de longueurs exprimées avec plusieurs unités (cm et mm).

4 Recherche d'une partie.
Il y a 47 élèves de moins dans l'école puisqu'ils sont en voyage. Il reste donc 147 – 47 = 100 → 100 élèves dans l'école aujourd'hui.

5 Recherche d'une partie avec une solution en deux étapes.
13 + 16 = 29   49 – 29 = 20 → Il y a 20 garçons.

Aides proposées :
- Après une lecture silencieuse, poser des questions :
- « *Combien y a-t-il d'élèves dans les deux classes réunies ?* » 49
- « *Que savons-nous d'autre sur les élèves présents dans cette chorale ?* » On sait combien il y a de filles de CE1 et de filles de CE2.
- « *Que pouvons-nous déjà calculer ?* » Le nombre total de filles.
- Faire formuler la solution sans utiliser les nombres : pour trouver le nombre de garçons, il faut enlever au nombre total des élèves de la chorale, le nombre des filles mais il faut avant calculer le nombre de filles.

6 Recherche d'une partie avec une solution en deux étapes.
Sur les 360 m qu'il y avait à creuser, il faut enlever la longueur totale de tranchée qui a été creusée les deux premiers jours. Mais pour cela, il faut d'abord calculer cette longueur :
125 m + 115 m = 240 m.
360 m – 240 m = 120 m.

Aide proposée : faire un schéma, chaque longueur étant représentée par un segment.

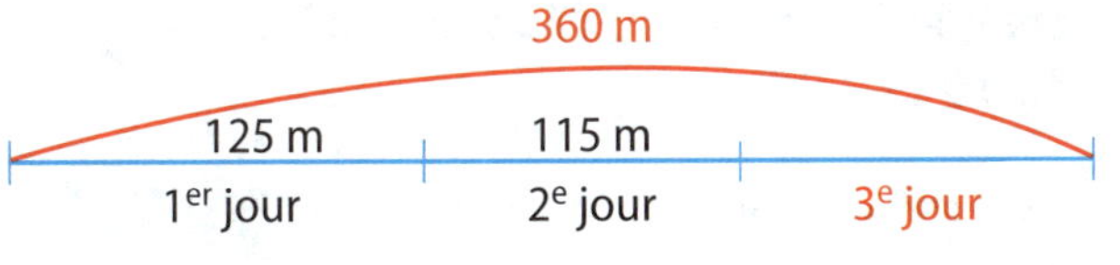

Faisons le point

- Nous avons fait des problèmes où il fallait calculer le total et d'autres problèmes où l'on connaissait le total et il fallait chercher une partie.
- Parfois, on devait faire le problème en plusieurs étapes.

MÉMO-MATHS **« J'ajoute des parties pour trouver un total » et « Je cherche les parties d'un tout », page 21.**

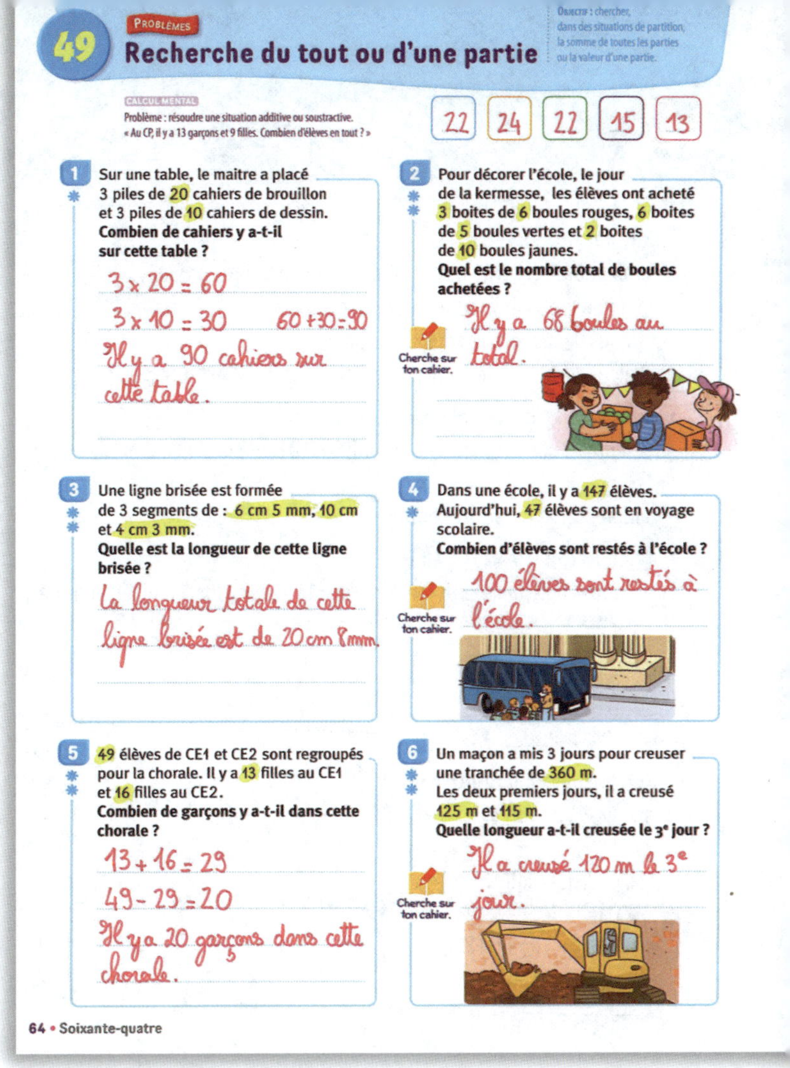
PROBLÈMES
49 Recherche du tout ou d'une partie
OBJECTIF : chercher, dans des situations de partition, la somme de toutes les parties ou la valeur d'une partie.

CALCUL MENTAL
Problème : résoudre une situation additive ou soustractive.
« Au CP, il y a 13 garçons et 9 filles. Combien d'élèves en tout ? »
22 | 24 | 22 | 15 | 13

1 Sur une table, le maitre a placé 3 piles de 20 cahiers de brouillon et 3 piles de 10 cahiers de dessin.
Combien de cahiers y a-t-il sur cette table ?
3 x 20 = 60
3 x 10 = 30   60 + 30 = 90
Il y a 90 cahiers sur cette table.

2 Pour décorer l'école, le jour de la kermesse, les élèves ont acheté 3 boites de 6 boules rouges, 6 boites de 5 boules vertes et 2 boites de 10 boules jaunes.
Quel est le nombre total de boules achetées ?
Cherche sur ton cahier.
Il y a 68 boules au total.

3 Une ligne brisée est formée de 3 segments de : 6 cm 5 mm, 10 cm et 4 cm 3 mm.
Quelle est la longueur de cette ligne brisée ?
La longueur totale de cette ligne brisée est de 20 cm 8 mm.

4 Dans une école, il y a 147 élèves. Aujourd'hui, 47 élèves sont en voyage scolaire.
Combien d'élèves sont restés à l'école ?
Cherche sur ton cahier.
100 élèves sont restés à l'école.

5 49 élèves de CE1 et CE2 sont regroupés pour la chorale. Il y a 13 filles au CE1 et 16 filles au CE2.
Combien de garçons y a-t-il dans cette chorale ?
13 + 16 = 29
49 – 29 = 20
Il y a 20 garçons dans cette chorale.

6 Un maçon a mis 3 jours pour creuser une tranchée de 360 m. Les deux premiers jours, il a creusé 125 m et 115 m.
Quelle longueur a-t-il creusée le 3e jour ?
Cherche sur ton cahier.
Il a creusé 120 m le 3e jour.

64 • Soixante-quatre

Pistes d'activités supplémentaires

Activité pour toute la classe
- Résoudre les mêmes problèmes en changeant les données numériques.
- Mettre en forme des problèmes référents conservés dans la classe pour être affichés si besoin.
- À partir de données numériques simples, proposer une série de problèmes d'une même catégorie de manière à consolider les procédures.
- Proposer des problèmes impliquant des grandeurs mesurables.

Approfondissement
Imaginer un problème où l'on connait le total et où l'on doit chercher une des parties.
Ce problème devra porter sur les longueurs ou sur les masses.

le défi
Par deux.
Malika doit faire un trajet de 288 km. Au bout de 136 km, elle fait un arrêt repos. Elle a roulé 1 h 30 min. Pour faire la deuxième partie du trajet, elle roule encore 1 h 50 min.
Combien de temps a-t-elle roulé en tout ?
Quelle est la longueur de la deuxième partie de son trajet ?

50 Le nombre 1 000 / mille

Activité de manipulation 2

Programme 2016

- Comprendre et utiliser des nombres pour dénombrer, ordonner.
- Nommer, lire, écrire, représenter des nombres entiers.
  - » Unités de numération et leurs relations.
  - » Valeur des chiffres en fonction de leur rang dans l'écriture d'un nombre.

Objectifs spécifiques de la séance

- Présenter 1 000 sous son aspect cardinal (10 centaines) et ordinal (suivant de 999).
- Comprendre son écriture chiffrée.

Information didactique

Le nombre 1 000 (mille) a déjà été vu au CE1 sous un aspect ordinal, comme premier nombre à 4 chiffres, suivant du dernier des nombres à 3 chiffres 999, et sous son aspect cardinal comme égal à 10 plaques de 100 :

100 + 100 + 100 + 100 + 100 + 100 + 100 + 100 + 100 + 100 = 1 000.

Mais la notion de millier et le renvoi au système décimal et à la structure des nombres à 4 chiffres n'a pas été abordée.

Dans cette fiche, les élèves travailleront sur les deux aspects. En manipulant d'une part le compteur de leur fiche cartonnée, et d'autre part en travaillant sur des collections d'objets, ils découvriront comment se construit l'écriture chiffrée usuelle de 1 000 à partir de l'ajout d'une unité à 999.

Dans les fiches qui suivront, la considération de nombres supérieurs à mille permettra de consolider la compréhension du système de numération positionnelle en prolongeant le travail fait lors du passage des dizaines aux centaines.

CALCUL MENTAL

Retrancher un nombre à un chiffre

❶ Dire : *« 27 – 2 ; 65 – 5 ; 32 – 4 ; 41 – 5 ; 43 – 4 ; 63 – 5 ; 32 – 6 ; 25 – 7. »*

L'élève écrit la différence.

❷ Dire : *« 135 – 1 ; 678 – 2 ; 915 – 5 ; 30 – 9 ; 50 – 8 ; 200 – 3 ; 72 – 4 ; 91 – 5 ; 31 – 9 ; 82 – 8. »*

L'élève écrit la différence.

Activités préparatoires

MATÉRIEL CARTONNÉ

1. Comment passe-t-on de 999 à 1 000 ?

15 min

▶ Travail par groupes de trois.

Matériel par groupe : matériel cartonné (centaines, dizaines, unités).

Consigne : « *Avec le matériel cartonné, placez devant vous 900. Comment faites-vous 900 ? Écrivez 900 sur l'ardoise.* » « C'est 9 centaines ».

« *Ajoutez 90, c'est 9 barres de 10. Vous obtenez le nombre 990. de quoi ce nombre est-t-il formé ?* »

« Il est formé de 9 centaines et 9 dizaines. »

« *Écrivez de nouveau ce nombre sur l'ardoise. Maintenant, ajoutez 9 à 990, vous obtenez le nombre 999. De quoi ce nombre est-il formé ?* »

« Il est formé de 9 centaines et 9 dizaines et 9 unités.»

Écrivez de nouveau ce nombre sur l'ardoise.

« Que se passe-t-il maintenant si vous ajoutez 1 unité ? »

Faire énoncer par un élève ce qu'il se passe.

- « J'ai 10 unités. »

« Que fait-on avec 10 unités ? »

- « On remplace 10 unités par une dizaine. »

Faire l'échange. Il reste 0 unité.

Faire énoncer que l'on a maintenant 10 dizaines que l'on va échanger contre 1 centaine. Il reste 0 dizaine.

Faire constater que l'on a maintenant 10 centaines.

Trouver différentes façons d'écrire ce résultat.

- 10 centaines
- 100 + 100 + 100 + 100 + 100 + 100 + 100 + 100 + 100 + 100
- 1 000, c'est le nombre mille déjà vu au CE1. Lorsque l'on a 10 centaines, on doit les grouper, comme on l'a fait pour 10 unités ou 10 dizaines… C'est la règle de notre système de numération.

Avec 10 centaines, nous formons une nouvelle unité de numération : le millier.

Repérer les unités de numération représentées dans 1 0 0 0
m c d u

2. Décompositions du nombre 1 000, comparées avec les décompositions de 10 et 100

10 min

Matériel par groupe de deux : fiche d'activité. SITE COMPAGNON

Comparer les décompositions.

Travail sur le fichier

1 Observer le passage de 999 à 1 000.

Dans la continuité de l'activité préparatoire, faire expliquer l'image de droite. Si possible, la vidéoprojeter ou la redessiner au tableau pour un travail collectif efficace.

Une collection de billes est représentée par 9 gros sacs de 100 billes, 9 sacs de 10 billes et 9 billes isolées. Il y a donc neuf-cent-quatre-vingt-dix-neuf billes (999).

À ces 999 billes, **on ajoute une bille**.

Et là tout s'enchaine, selon la règle attachée au système de numération décimale, qui veut que pour 10 unités d'un certain ordre, on doit former automatiquement une unité de l'ordre immédiatement supérieur.

9 billes isolées + 1 bille, ça fait 10 billes que l'on regroupe aussitôt pour former une dizaine de billes et il ne reste plus d'unités. Le chiffre des unités dans le nouveau nombre sera « 0 ».

Avec cette nouvelle dizaine que l'on vient de former, on a maintenant 10 dizaines que l'on regroupe en une centaine. Il ne reste plus de dizaine. Le chiffre des dizaines est aussi « 0 ».

Avec cette nouvelle centaine, on a maintenant 10 centaines que l'on regroupe pour une nouvelle unité, le millier (de billes). Le chiffre des centaines est aussi « 0 ».

Le nouveau nombre s'écrit 1 000 = 1 millier 0 centaine 0 dizaine 0 unité.

Dire que pour faciliter la lecture du nombre 1 000, on laisse un espace entre le un et les zéros.

À gauche, le calcul est fait sous la forme d'une addition posée en colonnes.

Les trois retenues permettent de comprendre comment l'ajout de 1 à 999 engendre la formation en cascade des trois nouvelles unités.

Faire représenter les nombres 999 et 1 000 avec le compteur cartonné.

Faire terminer la suite de 998 à 1003 en s'appuyant sur le compteur cartonné.

Obstacle possible : l'écriture des premiers nombres après 1 000.

Aides proposées :

- Expliquer les écritures des nombres 1001, 1002… Si j'ajoute 1 bille à 1000 billes, j'ajoute 1 unité, donc la place des unités affichera « 1 », les autres chiffres n'auront pas changé.
- Faire vivre la manipulation 999 + 1 avec de petits objets.

2 Recomposer une somme de deux centaines entières égale à 1 000.

Les élèves pourront s'appuyer sur la représentation des 10 plaques centaines.

3 Calculs sur les milliers.

Aide proposée : passer par les unités de numération

1 m + 1 m = 2 m = 2 000 5 m – 1 m = 4 m = 4 000

1 m × 2 = 2 m = 2 000.

4 Écrire la suite des nombres de 1 000 en 1 000 de 1 000 à 10 000.

Obstacle possible : la forme générale de la suite qui oblige à des changements de sens qui peuvent perturber les élèves.

Aide proposée : faire énoncer la suite avant de l'écrire.

La petite question

10 sacs de 100 billes, c'est 10 centaines de billes. Ça fait 1000 billes.

Faisons le point

- Nous avons étudié le nombre 1 000.
- Nous avons vu que mille était le suivant de 999, que 1 000 est égal à 999 + 1 : 1 000 = 999 + 1.
- Nous avons vu que 1 000 était le premier nombre à 4 chiffres.
- Nous avons décomposé 1 000 en centaines entières.
- Nous avons vu que dans 1000, il y a 10 centaines : 1 000 = 10 c.
- Nous avons additionné, soustrait, multiplié des milliers.

MÉMO-MATHS « **Je décompose le nombre 1 000** », **page 8.**

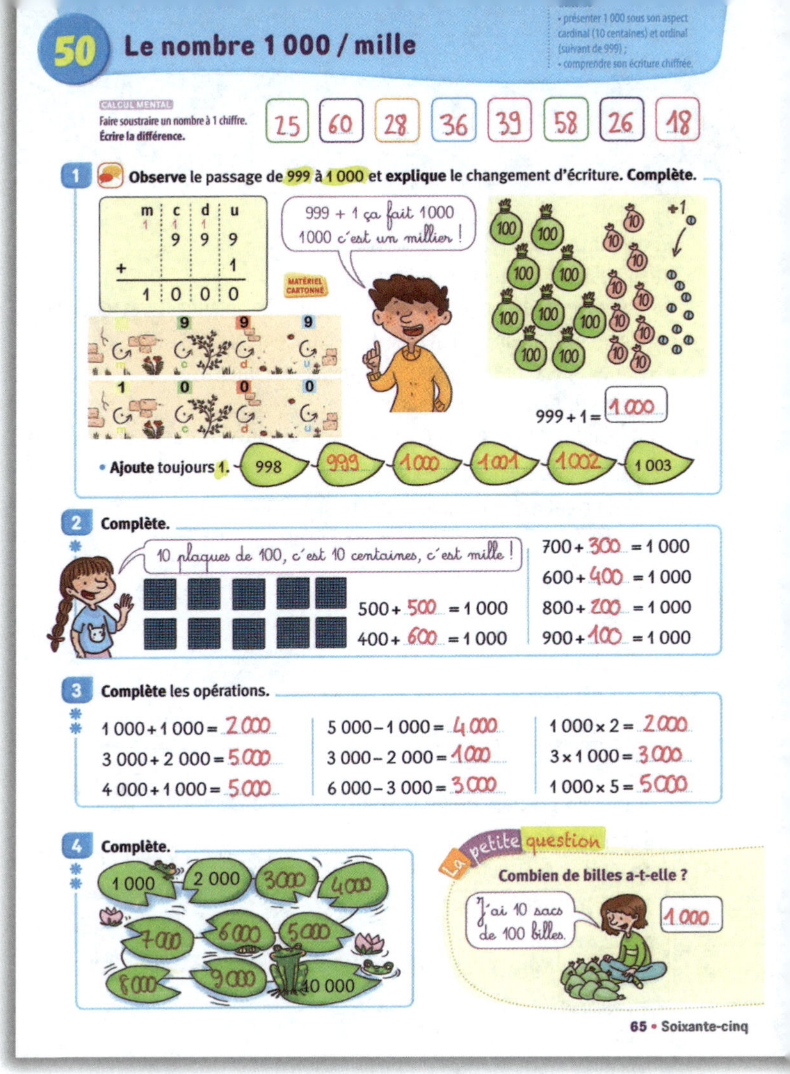
50 Le nombre 1 000 / mille

- présenter 1 000 sous son aspect cardinal (10 centaines) et ordinal (suivant de 999) ;
- comprendre son écriture chiffrée.

CALCUL MENTAL Faire soustraire un nombre à 1 chiffre. Écrire la différence. 25 60 28 36 39 58 26 18

1 **Observe** le passage de 999 à 1 000 et **explique** le changement d'écriture. **Complète.**

999 + 1 ça fait 1000
1000 c'est un millier !

999 + 1 = 1 000

• Ajoute toujours 1. 998 999 1000 1001 1002 1 003

2 **Complète.**

10 plaques de 100, c'est 10 centaines, c'est mille !

500 + 500 = 1 000
400 + 600 = 1 000
700 + 300 = 1 000
600 + 400 = 1 000
800 + 200 = 1 000
900 + 100 = 1 000

3 **Complète** les opérations.

1 000 + 1 000 = 2 000
3 000 + 2 000 = 5 000
4 000 + 1 000 = 5 000
5 000 – 1 000 = 4 000
3 000 – 2 000 = 1 000
6 000 – 3 000 = 3 000
1 000 × 2 = 2 000
3 × 1 000 = 3 000
1 000 × 5 = 5 000

4 **Complète.**

1 000 2 000 3000 4000 5000 6000 7000 8000 9000 10 000

La petite question

Combien de billes a-t-elle ?

J'ai 10 sacs de 100 billes. 1 000

65 • Soixante-cinq

Pistes d'activités supplémentaires

Activités pour toute la classe

- Écriture : 1 000 (une ligne). Rappeler l'espace laissé entre le chiffre 1 et les trois zéros.
- Écriture : mille (une ligne).
- Si possible, refaire la manipulation 999 + 1 avec de petits objets (trombones, haricots, petits cailloux).
- Écrire sans appui sur la bande numérique la suite des nombres de 990 à 1 010.
- Dictée de nombres : 998 ; 1 000 ; 1 005 ; 1 010 ; 1 001 ; 999 ; 1 020 ; 1 023 ; 1 251 ; …
- Lire une suite de nombres.

Approfondissement

- Compléter à 1 000 un nombre à trois chiffres :
400 + … = 1 000 ; 650 + … = 1 000 ; 720 + … = 1 000 ; 875 + … = 1 000 ; 130 +… = 1 000
- Soustraire de 1 000 :
1 000 – 200 ; 1 000 – 700 ; 1 000 – 250 = …. ;
1 000 – 320 = … ; 1 000 – 70 ; 1 000 – 7 = …
- Poser et effectuer les additions :
5 238 + 4 357 ; 1 598 + 56 + 257.

1 défi

Quatre amies veulent entourer d'arbres leurs propriétés. Elles décident d'acheter et de se partager équitablement un lot de 1 000 plants de conifères. Combien chacune d'elles recevra-t-elle de plants ?

51 Groupements par mille

Programme 2016

• Dénombrer, constituer des collections.

» Procédures de dénombrement (utilisation d'unités intermédiaires : dizaines, centaines, en relation ou non avec des regroupements).

• Nommer, lire, écrire, représenter des nombres entiers.

» Unités de numération et leurs relations.

» Valeur des chiffres en fonction de leur rang dans l'écriture d'un nombre.

Objectif spécifique de la séance

Faire le lien entre groupements par 10, par 100, par 1 000 et numération de position.

Information didactique

Une solide connaissance des nombres entiers est indispensable dans toutes les activités numériques. Elle est conditionnée par une compréhension de leur structure et de leurs systèmes de désignation, ainsi que du rôle joué par la base dix.

L'élève doit **savoir nommer et écrire les nombres, associer écriture littérale et écriture chiffrée, décomposer le nombre suivant les puissances de dix.** Cette connaissance conduit à la maitrise de l'ordre, donc à la réalisation de rangements, d'intercalations et d'encadrements, ainsi qu'à une bonne compréhension des techniques opératoires.

Le champ numérique a été progressivement élargi : jusqu'à 100 au CP, 1 000 au CE1. Nous arrivons à présent à l'étude des nombres à quatre chiffres, qui ne devrait pas poser de gros problèmes dans la mesure où les enfants sont capables de prolonger d'un rang l'ensemble des unités déjà connues.

CALCUL MENTAL

Problème : recherche de la transformation dans une situation d'ajout ou de retrait

❶ Dire : « *Au début d'une partie, Pierre, Bill, Zoé, Léo, Max et Lou ont 23 billes chacun. Indique ce que chaque enfant a gagné ou perdu durant la partie.*

À la fin de la partie : Pierre a 30 billes ; Tom a 17 billes ; Zoé a 31 billes ; Sophie a 14 billes ; Max a 23 bille ; Lou a 15 billes. »

L'élève écrit la transformation.

❷ Dire : « *Un pion est sur la case 15. Indique quel est son déplacement s'il arrive sur la case 14 ; 16 ; 20 ; 12 ; 7 ; 21, 25 ; ...* »

L'élève écrit le déplacement.

Activités préparatoires

1. Coder une collection de plusieurs milliers d'objets

10 min

Matériel individuel : fiche d'activité. SITE COMPAGNON

▶ **Phase collective :** décrire la situation : « *Comment faire pour dénombrer une quantité aussi grande ?* »

Faire énoncer la méthode : le pirate fait des paquets de 10, puis des paquets de 100 et enfin des paquets de 1 000.

« Dans un paquet de 10, le pirate va mettre 10 pièces, dans un paquet de 100, il met 10 paquets de 10 pièces. Dans un paquet de 1 000, il met 10 paquets de 100 pièces. »

▶ **Individuellement :** coder cette collection après avoir dénombré et noté le nombre de paquets de 1000, de paquets de 100 isolés, de paquets de 10 isolés et d'unités isolées. Remplir le tableau.

Remarquer la nouvelle unité de numération : le millier.

Le passage d'une unité à l'unité immédiatement supérieure se fait en multipliant par 10 :

1 dizaine = 10 unités

1 centaine = 10 dizaines = 100 unités

1 millier = 10 centaines = 100 dizaines = 1 000 unités

2. Décoder un nombre d'éléments et représenter la collection

10 min

▶ Travail par groupes de deux.

Consigne : « *Vous devez représenter par un schéma une collection de 3 248 pièces avec des sacs de 1 000, de 100, de 10 et des unités. Vous ne représentez pas, bien sur, les pièces à l'intérieur des sacs. Vous écrivez simplement de nombre de pièces sur les sacs.* »

Pour 3 248 pièces, les élèves dessineront 3 paquets de 1 000, 2 paquets de 100, 4 paquets de 10 et 8 pièces.

3. Fabriquer un matériel pour illustrer un nombre à quatre chiffres

25 min

▶ Travail par groupes de quatre.

Matériel : disposer d'objets variés de couleurs différentes, de feuilles de couleur cartonnées, etc. Ce matériel sera utilisé par les groupes pour symboliser les unités de numération.

▶ Chaque groupe doit fabriquer son matériel de numération en attribuant une couleur par unité de numération. Puis il présente au groupe classe une collection formée avec son matériel (attention : tous les chiffres doivent être différents, par ex. : présenter le nombre 4 265) : « Voici le nombre 4 265. » Les autres élèves devront dire par quel objet chaque unité de numération est codée.

▶ Effectuer un rangement de ces nombres : « *Qui a écrit le nombre le plus petit ?* »

« *Comment fait-on pour comparer deux nombres à quatre chiffres ?* »

Travail sur le fichier

1 Revisiter le principe des groupements pour le codage des collections (système décimal).

Faire lire le texte, puis s'assurer collectivement de l'appropriation en faisant rappeler qu'on doit regrouper 10 unités pour faire une dizaine, 10 dizaines pour faire une centaine et 10 centaines pour faire un millier.

Observer la collection, entourer les paquets 1 000 (10 paquets de 100).

Compléter le nombre de paquets, le tableau et lire le nombre qui est écrit dans la bulle.

Compléter les différentes écritures qui donnent les recompositions du nombre 2 348.

À partir de la somme de tous les éléments représentés, on va vers une écriture de plus en plus condensée qui regroupe les unités d'un même ordre.

Noter le rôle des parenthèses qui permettent ici de mieux séparer les trois produits des milliers, des centaines et des dizaines.

Obstacles possibles :

- L'entourage des groupes 1 000 (paquets de 100 assez serrés).
- L'écriture du nombre de paquets de 100. En réalité, on voit sur ce dessin 23 paquets de 100.
- La présence de billes en dehors de la collection.
- L'écriture de la 1re ligne.
- Le passage par les transformations en produits.

Aides proposées :

- Repérer les deux groupes de 10 centaines que l'on veut entourer avant de commencer cet entourage.
- indiquer que les paquets de 100 que l'on veut compter, ce sont ici les paquets de 100 qui n'ont pas pu être groupés dans les paquets de 1 000. Ce sont les paquets de 100 isolés. En revanche, les 23 paquets de 100 représentent l'ensemble des centaines qui se trouvent dans le nombre.
- Aider les élèves en leur indiquant la suite de la recomposition (pour les centaines).
- Rappeler que 1000 + 1000, c'est 2 fois 1000 ou 1000 × 2.

2 Retrouver un nombre à partir de la position des impacts dans les différentes zone d'une cible.

Dans chaque cible, il y a quatre couleurs. On a attribué une valeur à chaque couleur.

Un premier travail consiste à calculer le total obtenu sur chacune de ces cibles, puis ensuite à ranger ces nombres dans l'ordre croissant c'est-à-dire du plus petit score au plus gros score.

Demander aux élèves d'expliquer leur méthode pour ranger les nombres.

On considérera d'abord les chiffres des milliers. Le plus grand nombre est 3 300 et le plus petit 1 311.

2 301 → 2 000 + 301 est plus petit que 2 310 → 2 000 + 310

Obstacle possible : la lecture et le codage des impacts sur les cibles.

Faisons le point

- Nous avons étudié les nombres à quatre chiffres.
- Nous avons vu une nouvelle unité : le millier.
- Lorsqu'on a 10 centaines, on fabrique un millier.
- Dans un nombre à quatre chiffres, le chiffre des milliers est le chiffre placé à gauche.

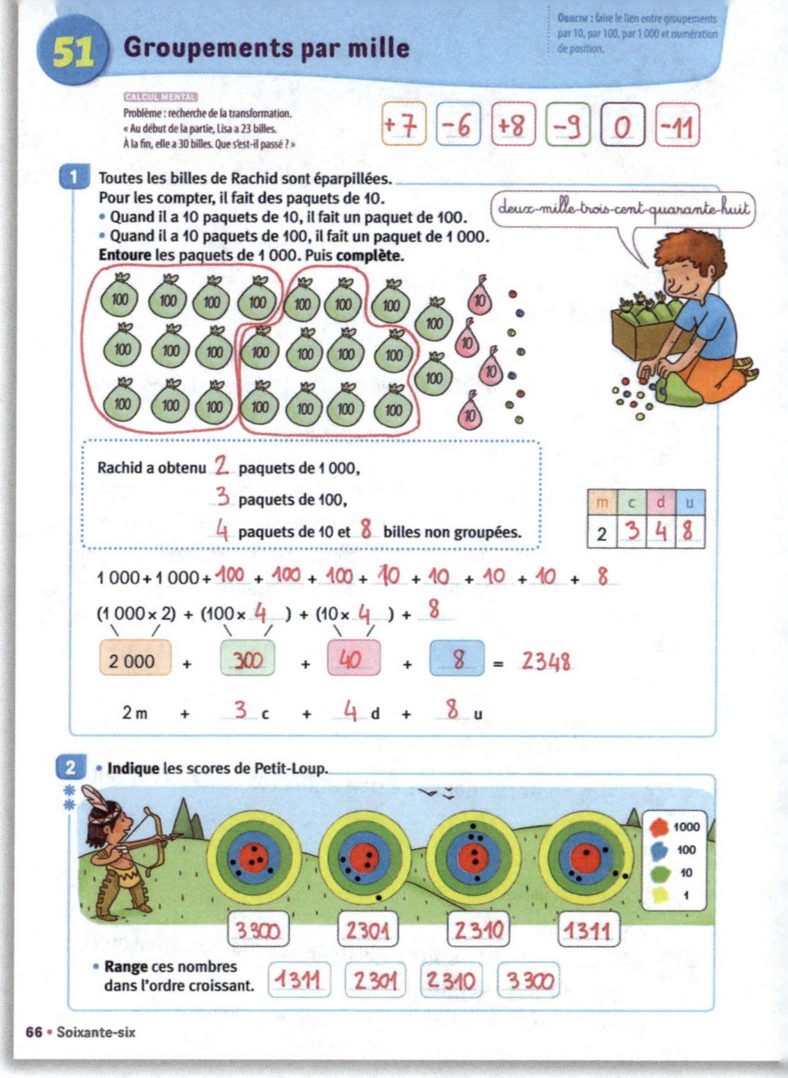

51 Groupements par mille

OBJECTIF : faire le lien entre groupements par 10, par 100, par 1 000 et numération de position.

CALCUL MENTAL
Problème : recherche de la transformation.
« Au début de la partie, Lisa a 23 billes.
À la fin, elle a 30 billes. Que s'est-il passé ? »

+7 | -6 | +8 | -9 | 0 | -11

1 Toutes les billes de Rachid sont éparpillées.
Pour les compter, il fait des paquets de 10.
• Quand il a 10 paquets de 10, il fait un paquet de 100.
• Quand il a 10 paquets de 100, il fait un paquet de 1 000.
Entoure les paquets de 1 000. Puis **complète.**

deux-mille-trois-cent-quarante-huit

Rachid a obtenu 2 paquets de 1 000,
3 paquets de 100,
4 paquets de 10 et 8 billes non groupées.

m	c	d	u
2	3	4	8

1 000 + 1 000 + 100 + 100 + 100 + 10 + 10 + 10 + 10 + 8

(1 000 × 2) + (100 × 4) + (10 × 4) + 8

2 000 + 300 + 40 + 8 = 2348

2 m + 3 c + 4 d + 8 u

2 • **Indique** les scores de Petit-Loup.

1000 · 100 · 10 · 1

3300 · 2301 · 2310 · 1311

• **Range** ces nombres dans l'ordre croissant. 1311 · 2301 · 2310 · 3300

66 • Soixante-six

Pistes d'activités supplémentaires

Activités pour toute la classe

- Compléter : 2 milliers = 2 000 ;
  4 centaines = … dizaines = … ; 6 milliers = …
- Compléter :
  4 m = … c ; 2 m = … c ; 5 m = … c ;
  20 c = … m ; 30 c = … m ; 50 c = … m
- Retrouver les nombres :
  2000 + 600 + 40 + 7 ; 500 + 60 + 9 + 3 000 ;
  80 + 200 + 4000 ; 20 + 7 + 5000.
- Décomposer les nombres :
  1 345 ; 4 758 ; 4 200 ; 4 079 ; 7 305.
- Calculer : 2 500 – 500 = … ; 1 458 – 58 ; 3 598 – 90 ;
  4 875 – 800 ; 3 456 – 450.
- Ranger dans l'ordre croissant : 799 ; 2 200 ; 1 090 ; 3 500 ; 1 100.
- Trouver tous les nombres à quatre chiffres dont la somme des chiffres est égale à 2, à 3, à 4.

1 défi

Écrire tous les nombres à 4 chiffres possibles en utilisant une seule fois chacun des chiffres 1, 2, 3, 4.

Réponse : Il y en a 24.

1 234 – 1 243 – 1 324 – 1 342 – 1 423 – 1 432
2 134 – 2 143 – 2 341 – 2 314 – 2 413 – 2 431
3 124 – 3 142 – 3 214 – 3 241 – 3 412 – 3 421
4 123 – 4 132 – 4 213 – 4 231 – 4 312 – 4 321

52 La carte de France

Programme 2016
- Se repérer en utilisant des repères.
  » Quelques modes de représentation de l'espace.

Objectif spécifique de la séance
Utiliser l'outil mathématique (repérage sur quadrillage) dans le domaine de la géographie.

Information didactique
Cette fiche a un caractère interdisciplinaire. Elle se situe, comme le préconise le programme, au croisement des enseignements et traite ici, en mathématiques comme dans « Questionner le monde », du **repérage dans l'espace**.
En mathématiques, on aborde le codage et le décodage des cases d'un quadrillage au service du repérage ; dans l'enseignement « Questionner le monde », on s'intéresse au repérage d'un lieu sur une carte, ici la carte de la France.
Il est fréquent, pour se repérer sur une carte, d'utiliser le support d'un quadrillage, avec codage des lignes et des colonnes.
Le repérage nécessite le choix d'éléments fixes (repère) par rapport auxquels on va situer les objets.
La transmission de l'information demande la mise au point d'un code. Le repérage dans le plan se fait à l'aide de cases ou de nœuds dont la position est déterminée par la donnée d'un couple. Dans un premier temps, le code peut être différent sur les lignes et les colonnes (lettres et nombres), ce qui évite une éventuelle confusion dans l'ordre des deux nombres (abscisse et ordonnée).

CALCUL MENTAL

❶ **Décomposer un nombre à trois chiffres en centaines, dizaines et unités**
Dire : « *328 = … ; 452 = …* »
L'élève écrit la décomposition.
Continuer sur l'ardoise : 888 = … ; 583 = … ; 760 = … ; 607 = …

❷ **Retrouver un nombre à partir de sa décomposition en centaines, dizaines et unités**
Dire ou écrire : « *200 + 30 + 4 ; 400 + 20 + 8 ; 900 + 90 + 9 ; 700 + 50 + 1 ; 800 + 20 ; 700 + 7 ; 200 + 9 ; 20 + 600 + 8.* »
L'élève écrit le nombre.

Activités préparatoires

1. Repérer sur un plan représenté sur une trame quadrillée — 15 min

Matériel individuel : photocopie d'un plan quadrillé et, si possible, à vidéoprojeter. SITE COMPAGNON

Analyser le système de repérage utilisé pour situer plus facilement les différents lieux sur ce plan.
Montrer une case et demander son code sur l'ardoise ou faire repérer une case de code donné.
Demander de coder l'emplacement de lieux précis : mairie, piscine, école, parc, gare… sur le plan d'une ville.
Repérer le tracé d'une rue ou le trajet d'un cours d'eau qui traverse la ville par le codage des cases traversées sur le plan.
Repérer l'espace occupé par un parc en codant les cases sur lesquelles il se trouve.

2. Quadriller une carte ou un plan pour pouvoir se repérer plus facilement sur ces documents — 15 à 20 min

Matériel individuel : plan ou carte non quadrillés.

Deux possibilités :
- On peut marquer les points qu'il faudra joindre pour fabriquer la trame que les élèves construiront. Ils noteront ensuite le codage des lignes et des colonnes.
- On peut tracer uniquement le cadre du quadrillage et fournir la largeur des bandes.

Faire fonctionner ce quadrillage pour repérer des lieux sur la carte.

3. Procéder à un premier repérage sur la carte de la France — 10 min

Matériel collectif : carte murale de la France ou carte vidéoprojetée (celle du fichier).

Poser des questions qui permettent de situer les grands éléments géographiques en utilisant les points cardinaux.
« *Où sont placées les Pyrénées ? le Jura ? les Vosges ? Où est situé l'océan Atlantique ? la mer Méditerranée ? Dans quelle direction coule le Rhône ?* »
Demander de repérer la région ou la ville où l'on habite.

Travail sur le fichier

1 Utiliser un quadrillage pour repérer des lieux sur la carte de la France.
Faire observer l'image collectivement et dégager les différentes remarques : « C'est une carte de France. Il y a des noms de ville, de fleuves, de montagnes. »
Faire citer ces noms.
Remarquer que la carte est dessinée sur un quadrillage. Lire le codage des cases. Il permet de repérer la place de certains éléments.
Choisir une ville (exemple : Tours) et la situer sur le quadrillage.
« *Où se trouve-t-elle ?* »
Accepter les réponses « dans la case D5 » et « sur la Loire ».
Suivre le tracé des fleuves et les nommer. Prendre l'exemple du Rhône et citer les cases qui sont concernées par son tracé :
(h ; 4) (g ; 4) (f ; 4) (g ; 3) (g ; 2).
Demander ensuite de répondre aux questions de façon individuelle.
Retrouver les villes à partir du codage de la case dans laquelle elles se trouvent.
Coder la case dans laquelle se trouve une ville donnée.
Il est conseillé de respecter l'ordre dès maintenant (abscisse et ordonnée).

52 La carte de France

Objectif : utiliser l'outil mathématique (repérage sur quadrillage) dans le domaine de la géographie.

CALCUL MENTAL
Faire décomposer un nombre à 3 chiffres.
Ex : 275 = 200 + 70 + 5
Écrire la décomposition.

328=300+20+8 | 452=400+50+2

La carte de France a été dessinée sur un quadrillage.

1 Les villes
• Écris le nom de la ville située :
en (b ; 5) Nantes
en (d ; 2) Toulouse
en (e ; 6) Paris
• Indique dans quelles cases du quadrillage sont situées les villes.
Lyon (f ; 4)
Bordeaux (c ; 3)
Lille (e ; 8)
Marseille (g ; 2)
• Trouve trois villes qui sont alignées sur la carte. Il y a deux possibilités.
Rouen Tours Toulouse

2 Fleuves et rivières
• Ce bateau circule sur une rivière. Il est en d.3.
Quelle est cette rivière ? C'est la Dordogne.
• Repère le tracé de la Seine. Dans quelles cases passe ce fleuve depuis sa source jusqu'au Havre ?
f;5 f;6 e;6 e;7 d;7 c;7

3 Les montagnes
• Cette photographie correspond à un massif montagneux situé en g.3 et g.4 sur la carte.
Quel est son nom ? Les Alpes

La petite question
Sur quel nœud est l'araignée ? (a ; 4)

67 • Soixante-sept

Trouver trois villes alignées sur la carte.

Faire rappeler que des points sont alignés lorsqu'ils sont sur une même droite. On repère l'alignement avec la règle.. Ici, les villes de Bordeaux, Tours et Paris sont alignées sur la carte, mais c'est aussi le cas des villes de Toulouse, Tours et Rouen. Conduire une correction collective.

Obstacle possible : trouver deux alignements de trois villes.

2 Repérer le trajet des cours d'eau avec le codage des cases.

Le seul cours d'eau visible dans la case (d ; 3) est la Dordogne. Exercice un peu difficile car le trajet de la Seine sur la carte ne fait parfois qu'effleurer certaines cases.

Ex. : (e ; 7) et (c ; 7) ; on peut admettre que cette 6e case ne soit pas relevée.

Obstacle possible : le codage du trajet de la Seine.

Aide proposée : suivre le trajet des fleuves avec un crayon bien fin, en allant de la source vers l'embouchure, de l'amont vers l'aval, dans le sens du courant.

3 Retrouver une montagne à partir du codage des cases dans lesquelles elle est située.

On pourra remarquer que les cases (g ; 2), (h ; 2) et (h ; 1) sont aussi concernées, mais dans une moindre mesure.

Obstacle possible : le fait que dans les trois exercices de cette fiche, le codage serve à repérer des éléments très différents : des points pour les villes, des lignes pour les trajets des cours d'eau, des surfaces pour les massifs montagneux, avec, dans ces deux derniers cas, plusieurs cases concernées.

La petite question

Un nœud se situe à l'intersection de deux lignes. Ici, l'araignée est placée à l'intersection de la ligne rouge, codée a et de la ligne 4.

Elle est positionnée sur le nœud (a ; 4).

Faisons le point

• Nous avons repéré des villes, des fleuves, des montagnes sur la carte de la France en codant les cases d'un quadrillage.

Pistes d'activités supplémentaires

Activités pour toute la classe

• Mettre en place une situation de bataille navale. SITE COMPAGNON

• Coder la position d'une pièce sur un jeu d'échecs. Fournir la règle de déplacement d'une pièce et demander, à partir d'une case, si elle peut atteindre une case donnée.

Soutien

• Coder le trajet de la Loire.

• Coder l'emplacement de Rouen et du Havre.

• Reproduire une figure sur quadrillage en s'appuyant sur le codage. SITE COMPAGNON

• Faire construire sur quadrillage une figure dont les sommets sont donnés par leur code.

• Faire coder un alignement.

Approfondissement

• Entrainer les élèves à bien interpréter un codage fait de deux nombres. Ces deux nombres constituent un couple dans lequel l'ordre est déterminé. Par exemple, la case (2 ; 5) est située à l'intersection de la deuxième colonne en partant de la gauche et de la cinquième ligne en partant du bas.

53 Mesurer des longueurs en m et en cm

Programme 2016
- Comparer des longueurs.
- Encadrer une grandeur par deux nombres entiers d'unités.
- Exprimer une mesure dans une ou plusieurs unités choisies ou imposées.
  » Unités de mesures usuelles de longueur : m, cm.
  » Relations entre les unités de longueur.
- Résoudre des problèmes impliquant des longueurs.

Objectifs spécifiques de la séance
- Connaitre et utiliser la relation 1 m = 100 cm.
- Ranger, encadrer, additionner des mesures de longueur exprimées en m et en cm.

Information didactique
La plus grande partie de cette fiche sera consacrée à la **comparaison, au rangement et à l'encadrement de mesures de longueur**, mesures souvent exprimées avec des expressions complexes. Il est important que les élèves soient à l'aise avec la relation entre mètre et centimètre et qu'ils parviennent à faire aisément les transformations qui en découlent.

CALCUL MENTAL

Calculer des compléments de dizaines, de centaines, de milliers

❶ Dire : *« Combien faut-il ajouter à 20 pour obtenir 50 ? à 100 pour obtenir 400 ? à 30 pour obtenir 50 ? à 400 pour obtenir 900 ? à 2 000 pour obtenir 9 000 ? »*
L'élève écrit le complément.

❷ Dire : *« Combien pour aller de 10 à 60 ? de 20 à 80 ? de 30 à 90 ? de 200 à 700 ? de 300 à 600 ? de 600 à 900 ? de 1 000 à 7 000 ? de 2 000 à 5 000 ? de 4 000 à 7 000 ? »*
L'élève écrit le complément.

Activités préparatoires

1. Présenter le mètre et la relation 1 m = 100 cm

10 min

▶ Travail collectif.

Matériel : un mètre pour 2 ou 3 élèves. La règle plate de la classe d'un mètre.

Consigne 1 : *« Qui peut me dire ce que c'est qu'un mètre ? »*
Les réponses peuvent être de deux ordres et sont toutes les deux exactes.
- « C'est un instrument qui sert à mesurer des longueurs. »
- « C'est une unité de mesure de longueur. »

Consigne 2 : *« Écrivez sur votre ardoise "un mètre" en toutes lettres, puis sous la forme d'une abréviation. »*

Consigne 3 : *« Elios, viens tracer sans instrument un segment d'une longueur d'environ 1 mètre au tableau. Est-ce qu'il y en a parmi vous qui ne sont pas d'accord ? Un autre va venir tracer au-dessous un autre segment dont la longueur lui parait plus proche d'1 mètre. Tatiana et Jules, venez tracer maintenant, avec la grande règle d'1 mètre, un segment qui mesure exactement 1 mètre. »*
Observer les mètres dans les groupes. Constater qu'ils portent de petites graduations. Ce sont des centimètres. Vérifier à nouveau (cela avait été vu au CE1) que dans 1 m, il y a 100 cm.

2. Ranger des longueurs exprimées en m et cm dans un ordre croissant

15 à 20 min

▶ Travail par groupes de deux ou trois.

Matériel collectif : grandes étiquettes portant des mesures en m et cm à fixer au tableau.
85 cm   2 m 50 cm   3 m   1 m 15 cm   25 cm   1 m
Matériel par groupe : mêmes étiquettes de format plus réduit.

▶ Laisser les groupes travailler en autonomie et échanger pour se mettre d'accord sur la comparaison des longueurs. *« Pourquoi 1 m est-il plus grand que 85 cm ? »* Certains élèves sont attirés uniquement par la grandeur du nombre et oublient de prendre en compte l'unité.

▶ Pendant la phase de correction, insister sur les difficultés rencontrées, sur les différentes méthodes de comparaison utilisées. Ici, on pourra dire que toutes les mesures inférieures à 100 cm sont inférieures à 1 m et que pour toutes les mesures qui comportent des m, les plus grandes sont celles qui affichent le nombre de m le plus grand :   3m > 2 m 50 cm.

3. Encadrer une longueur par deux nombres entiers d'unités

20 min

Matériel : si possible, deux grandes règles plates de 1m (emprunter une règle à une autre classe).

▶ Mesurer la longueur et la largeur de la classe.
L'enseignant demande à deux élèves de mesurer la largeur de la classe et à deux autres élèves d'en mesurer la longueur. Les résultats obtenus sont écrits au tableau.
Ex. : Longueur : 6 m 80 cm   Largeur : 4 m 35 cm
Faire exprimer les élèves sur la méthode adoptée pour effectuer ces mesures : « On a reporté 6 fois le mètre… »

▶ Exprimer ces deux longueurs par un encadrement :
6 m 80 cm, c'est plus de 6 m mais, c'est moins de 7 m :
6m < 6 m 80 cm et 6 m 80 m < 7 m
Écrire au tableau : 6 m < 6 m 80 cm < 7 m.
Faire lire : « 6 m 80 m est situé entre 6 m et 7 m ».

Travail sur le fichier

1 Ranger des mesures puis associer chaque mesure à la représentation qui lui correspond.
Lire l'exercice, puis redéfinir le travail demandé : il faut replacer les quatre mesures présentées sous les arbustes.
On pourra remarquer que ces arbustes sont de tailles différentes et que, bien sur, la plus petite mesure sera celle du plus petit arbuste. Avant de poursuivre, faire relire les deux relations entre m et cm qui sont affichées. Puis laisser effectuer. À la fin, recueillir les procédures mises en œuvre.
Remarquer qu'une solution pour ranger les mesures est de toutes les exprimer en cm.

Obstacle possible : les mesures exprimées avec des unités différentes.
Aide proposée : prendre appui sur l'affiche de conversion et proposer des transformations m / cm.

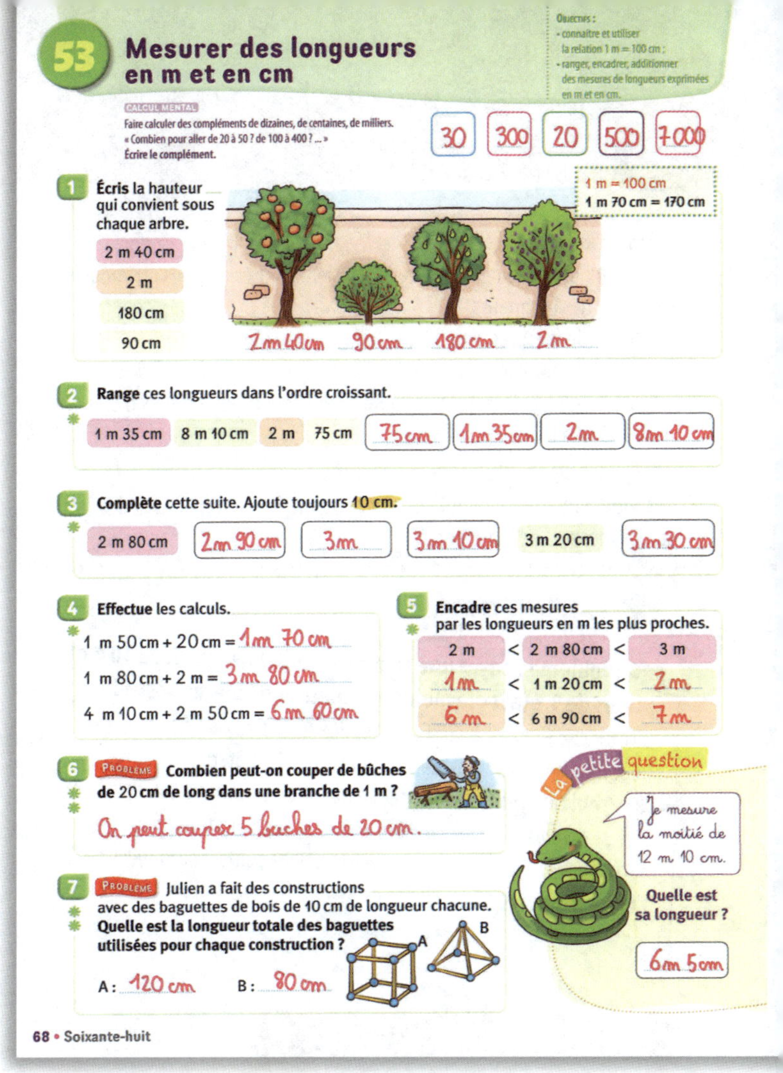

53 Mesurer des longueurs en m et en cm

Objectifs :
- connaître et utiliser la relation 1 m = 100 cm ;
- ranger, encadrer, additionner des mesures de longueurs exprimées en m et en cm.

CALCUL MENTAL
Faire calculer des compléments de dizaines, de centaines, de milliers.
« Combien pour aller de 20 à 50 ? de 100 à 400 ? ... »
Écrire le complément.

30 | 300 | 20 | 500 | 7 000

1 **Écris** la hauteur qui convient sous chaque arbre.

2 m 40 cm — 2 m — 180 cm — 90 cm

1 m = 100 cm
1 m 70 cm = 170 cm

2 m 40 cm — 90 cm — 180 cm — 2 m

2 **Range** ces longueurs dans l'ordre croissant.

1 m 35 cm — 8 m 10 cm — 2 m — 75 cm

75 cm | 1 m 35 cm | 2 m | 8 m 10 cm

3 **Complète** cette suite. Ajoute toujours 10 cm.

2 m 80 cm | 2 m 90 cm | 3 m | 3 m 10 cm | 3 m 20 cm | 3 m 30 cm

4 **Effectue** les calculs.

1 m 50 cm + 20 cm = 1 m 70 cm
1 m 80 cm + 2 m = 3 m 80 cm
4 m 10 cm + 2 m 50 cm = 6 m 60 cm

5 **Encadre** ces mesures par les longueurs en m les plus proches.

2 m < 2 m 80 cm < 3 m
1 m < 1 m 20 cm < 2 m
6 m < 6 m 90 cm < 7 m

6 PROBLÈME **Combien peut-on couper de bûches de 20 cm de long dans une branche de 1 m ?**

On peut couper 5 buches de 20 cm.

7 PROBLÈME Julien a fait des constructions avec des baguettes de bois de 10 cm de longueur chacune. **Quelle est la longueur totale des baguettes utilisées pour chaque construction ?**

A : 120 cm B : 80 cm

La petite question
Je mesure la moitié de 12 m 10 cm.
Quelle est sa longueur ?
6 m 5 cm

68 • Soixante-huit

2 Ranger des longueurs exprimées en m et cm dans l'ordre croissant.

Plusieurs procédures sont possibles :

- Transformer toutes les mesures en cm, puis ranger.
- Constater que 75 cm < 100 cm donc < 1m et pour les trois autres comparer le nombre de mètres.

Obstacle possible : le rangement de mesures exprimées avec des unités différentes.

3 Construire une suite de mesures croissante de 10 cm en 10 cm.

Laisser les élèves effectuer sans aide puis observer les suites obtenues dans une phase de synthèse.

Constater qu'un certain nombre d'élèves auront ajouté les 10 cm sans se préoccuper de convertir et aboutissent à la suite suivante : 2 m 80 cm - 2 m 90 cm - 2 m 100 cm - 2 m 110 cm - 3 m 20 cm - 3 m 30 cm.

Corriger en insistant sur la nécessité, dès que l'on atteint 100 cm, de les convertir en mètres : 2 m 100 cm = 3m.

Obstacle possible : la gestion de la transformation des centimètres en mètres.

4 Additions en ligne de mesures de longueur exprimées en m et cm.

Il suffit ici d'additionner les centimètres avec les centimètres et les mètres avec les mètres. Aucune transformation n'est nécessaire (la somme des centimètres n'atteint jamais 100).

5 Encadrer des mesures exprimées en m et cm par les nombres de mètres les plus proches.

Lire le premier encadrement. On pourra donner plusieurs formulations :

- 2m 80 cm, c'est plus grand que 2 m mais plus petit que 3 m.

En effet, 2 m = 200 cm ; 3 m = 300 cm

et 2 m 80 cm = 200 cm + 80 cm = 280 cm

- 2 m 80 cm, c'est entre 2 m et 3 m.
- 2 m 80 cm est situé entre 2 m et 3 m.

Appliquer le même raisonnement pour encadrer les deux autres mesures.

Aide proposée : vivre des encadrements en mesurant des longueurs, de préférence supérieures à 5 m, dans la cour, le couloir par exemple.

6 Résoudre un problème impliquant des mesures de longueur.

Lire le problème silencieusement, puis à voix haute. Il s'agit d'une situation de division impliquant des longueurs, qui s'apparente à une situation de type groupement.

Il est nécessaire de s'appuyer sur la relation 1 m = 100 cm. On se posera ensuite la question : *« Combien de fois 20 cm pour faire 100 cm ? ou combien de fois 20 cm dans 100 cm ? ou dans 100, combien de fois 20 ? »*

Obstacles possibles :

- Penser à convertir 1 m en cm.
- La recherche du quotient (relation entre 20 et 100).

Aide proposée : itérer l'addition de 20 jusqu'à atteindre 100.

7 Calculer la longueur des arêtes de deux polyèdres (cube et pyramide à base carrée).

Il faut multiplier la mesure d'une baguette (10 cm) par le nombre d'arêtes de chaque polyèdre. On obtient 120 cm ou 1 m 20 cm pour le cube et 80 cm pour la pyramide.

Obstacle possible : le comptage des arêtes.

La petite question

La moitié de 12 m 10 cm, c'est la moitié de 12 m + la moitié de 10 cm, soit 6 m 5 cm.

Faisons le point

- Nous connaissons la relation 1 m = 100 cm.
- Nous avons vu que, pour ranger, encadrer, écrire des suites de mesures, il est souvent nécessaire de transformer les mètres en centimètres pour avoir toutes les mesures dans la même unité.

MÉMO-MATHS « **Je sais mesurer en mètres et centimètres », page 8.**

Pistes d'activités supplémentaires

Soutien

- Calcul mental / transformer en cm : 2 m ; 3 m ; 5 m ; 1 m 20 cm ; 1 m 40 cm ; 1 m 75 cm ; 2 m 5cm.
- Calcul mental / transformer en m : 100 cm ; 700 cm ; 300 cm ; 500 cm.
- Transformer en m et cm : 125 cm ; 180 cm ; 108 cm ; 250 cm ; 190 cm ; 350 cm.
- Continuer la suite à partir de 1 m 20 cm de 20 cm en 20 cm jusqu'à 3 m.
- Encadrer ces mesures par les mètres les plus proches : 3 m 75 cm ; 4 m 38 cm ; 18 m 80 cm.

Approfondissement

- Continuer la suite à partir de 2 m 30 cm, de 20 cm en 20 cm, jusqu'à 4 m 30.
- Calculer 3 m 50 cm – 1 m 80 cm.

54 Le jardin d'école

Programme 2016
- Exprimer une mesure dans une ou plusieurs unités choisies ou imposées.
- Estimer des longueurs.
  » Unités de mesures usuelles : m, cm.
  » Relations entre les unités de longueur.
- Résoudre des problèmes impliquant des conversions simples d'une unité usuelle à une autre.

Objectif spécifique de la séance
Résoudre une situation problème nécessitant des conversions et des calculs sur les mesures de longueurs.

Information didactique
La mesure des grandeurs donne un lien des nombres avec le réel : on parlait autrefois de « nombres concrets ». Elle permet d'utiliser les outils mathématiques dans des situations vécues, ce qui consolide de nombreuses notions et facilite la compréhension du sens des opérations. De plus, l'étude de la mesure ouvre des possibilités considérables d'interdisciplinarité avec les sciences, la technologie, la géographie, la biologie…

CALCUL MENTAL

❶ **Problème : payer une somme en billet de 100 €, de 10 € et pièces de 1 € (avec le moins de billets et de pièces possible)**
Dire : *« 253 € ; 475 € ; 320 € ; 500 € ; 209 € ; 590 € ; 808 € ; 444 €. »*
Répondre à l'oral et illustrer la réponse avec le matériel cartonné.

❷ **Problème : extraire les centaines d'un nombre à trois chiffres**
Dire : *« Combien le confiseur peut-il faire de paquets de dragées de 100 g avec 750 g , 820 g ; 530 g 910 g, 990 g, 400 g de dragées ? »*
L'élève écrit la réponse.

Activités préparatoires

1. Calculer un périmètre en mètre et centimètre

40 min

▶ Travail collectif.

Lieu : dans la salle de sport ou sous le préau.

Tracer à la craie, un circuit de la forme d'un quadrilatère. Les dimensions sont prises au hasard mais les quatre côtés n'auront pas la même longueur et un seul côté aura une mesure exacte en mètres.
Placer un repère à chaque sommet.
Faire asseoir les élèves autour du circuit et demander à deux élèves de venir mesurer la longueur d'un côté et d'écrire le résultat de la mesure sur une ardoise.
Poser le problème du choix de l'outil le plus adapté : le mètre de la classe ou la règle individuelle. Énoncer la mesure trouvée (ex. : 2 m 60 cm) et la faire expliciter.
Procéder de la même façon pour les trois autres côtés. Afficher les quatre mesures, corriger si besoin.
On pourra faire valider ces mesures en les doublant par des mesures faites par d'autres groupes.
Consigne : *« Paul, tu vas partir de ce sommet et faire le tour du quadrilatère. À vous de trouver (par deux) quelle longueur a parcourue Paul. »*
Pendant la phase de correction, faire expliciter les procédures utilisées et comparer.
- 1re procédure : 8 m + 4 m 50 cm + 8 m 20 cm + 2 m 60 cm.
« On a regroupé les mètres ensemble :
8 m + 4 m + 8 m + 2 m = 22 m. »
« On a regroupé les centimètres ensemble :
50 cm+ 20 cm + 60 cm = 130 cm. »
« On a transformé les cm en m et cm parce que le nombre de cm dépassait 100 : 100 cm = 1 m 130 cm = 1m 30 cm
et on a ajouté 22 m + 1 m 30 cm = 23 m 30 cm. »
- 2e procédure : « Dans une addition en colonnes, on a additionné les mètres ensemble et les centimètres ensemble :

	8 m	
+	2 m	60 cm
+	8 m	20 cm
+	4 m	50 cm
	22 m	130 cm

On constate qu'il y a 1 m dans 130 cm. On écrit :
2 m 130 cm = 22 m + 1 m + 30 cm = 23 m 30 cm. »
- 3e procédure : « On a tout transformé en cm et on a fait l'addition. »

8 m =	800 cm
2 m 60 cm =	260 cm
8 m 20 cm =	820 cm
4 m 50 cm =	450 cm
	2 330 cm

puis on a transformé en m et cm ; ça fait 23 m 30 cm. »

2. Revoir les différentes unités de mesure

5 min

Consigne : *« Louis a effectué quatre mesures. Voici ses mesures : 5 mm 1 dm 18 cm 4 m. »*
Faire replacer les mesures à la place qui convient.
La longueur du grand tableau de la classe ouvert : …
La longueur de son tube de colle : …
La longueur de sa trousse : …
L'épaisseur de son cahier : …

Travail sur le fichier

Analyse de la situation
Laisser les élèves s'approprier la situation. Les faire échanger par deux sur ce qu'ils ont compris.
Faire lire le texte à haute voix, puis faire le point collectivement.
- *« Quel groupe veut nous indiquer de quoi il s'agit et le travail que nous avons à faire ? »*

« Les élèves d'une école veulent aménager un coin jardin. Ils veulent mettre du grillage autour de leur jardin. Pour acheter le grillage, il ont une somme de 100 €. Ils voudraient savoir si c'est suffisant pour payer le grillage. »
- *« Quels renseignements nous donne-t-on qui pourraient nous aider à trouver la réponse ? »*

« Les élèves ont dessiné un schéma avec les dimensions des côtés du jardin, ce qui peut nous permettre de trouver la longueur de grillage qu'ils doivent acheter. Et puis, on voit sur une étiquette le prix du mètre de grillage (6 €). »

1 Calculer un périmètre.
Faire lire les consignes fournies pour cet exercice.
Il s'agit de recopier les mesures des côtés, de toutes les transformer en cm pour calculer le périmètre et d'effectuer la transformation inverse pour exprimer ce périmètre en m et cm.
Laisser les élèves effectuer le travail par deux.
Dans une phase de synthèse, recueillir les résultats et les procédures mises en œuvre pour calculer le périmètre qui passe par l'addition de quatre nombres à trois chiffres.
• Le calcul peut être effectué en ligne par un calcul réfléchi :
$400 + 520 + 340 + 460 = (400 + 500 + 300 + 400) + (20 + 40 + 60) = 1\,600 + 120 = 1\,720.$
ou $(4c + 5c + 3c + 4c) + (2d + 4d + 6d) = 16c + 12d = 17c\ 2d = 1\,720.$
• Il peut aussi être effectué par une addition posée en colonnes.
Pour la conversion de 1 720 cm, on pourra remarquer que 1 720 cm, c'est 17 centaines de cm et 20 cm et que 17 centaines de cm, c'est 17 m.

Obstacles possibles :
• Le calcul de l'addition de quatre nombres à trois chiffres de somme supérieure à 1 000.
• La conversion d'un nombre de cm supérieur à 1 000 en m et cm.

2 Résoudre un problème impliquant plusieurs grandeurs : la longueur et le prix.
Lire le problème silencieusement, puis oralement.
- *« Quels renseignements importants nous fournit-on ici ? »*
« On nous dit qu'ils mettent du grillage tout autour du jardin mais qu'ils laissent une entrée de 1 m 20 cm de large. »
- *« Est-ce qu'il faut mettre du grillage à la place de l'entrée ? »*
« Non, car on ne pourrait plus entrer. »
- *« Faut-il 17 m 20 cm de grillage ?»*
« Non, Il en faut moins. Il faut enlever les 1 m 20 cm de l'entrée. »
- *« Vous devez donc calculer 17 m 20 cm – 1 m 20 cm. »*
Laisser effectuer le calcul.
17 m 20 cm – 1 m 20 cm = 16 m.
Laisser répondre à la seconde question par deux en autonomie.
Pour répondre, il faut calculer le prix de 16 m de grillage, sachant que le prix du mètre de grillage est de 6 €.
6 € × 16 = 96 €
Comme les élèves disposent de 100 €, ils ont suffisamment d'argent.

3 **Estimation** Parmi plusieurs mesures, repérer celle qui convient pour exprimer la longueur d'un tuyau d'arrosage.
20 mm, c'est 2 cm, c'est la longueur d'un trombone.
20 cm, c'est la longueur d'une feuille de papier.
20 m correspond bien à la longueur du tuyau d'arrosage.

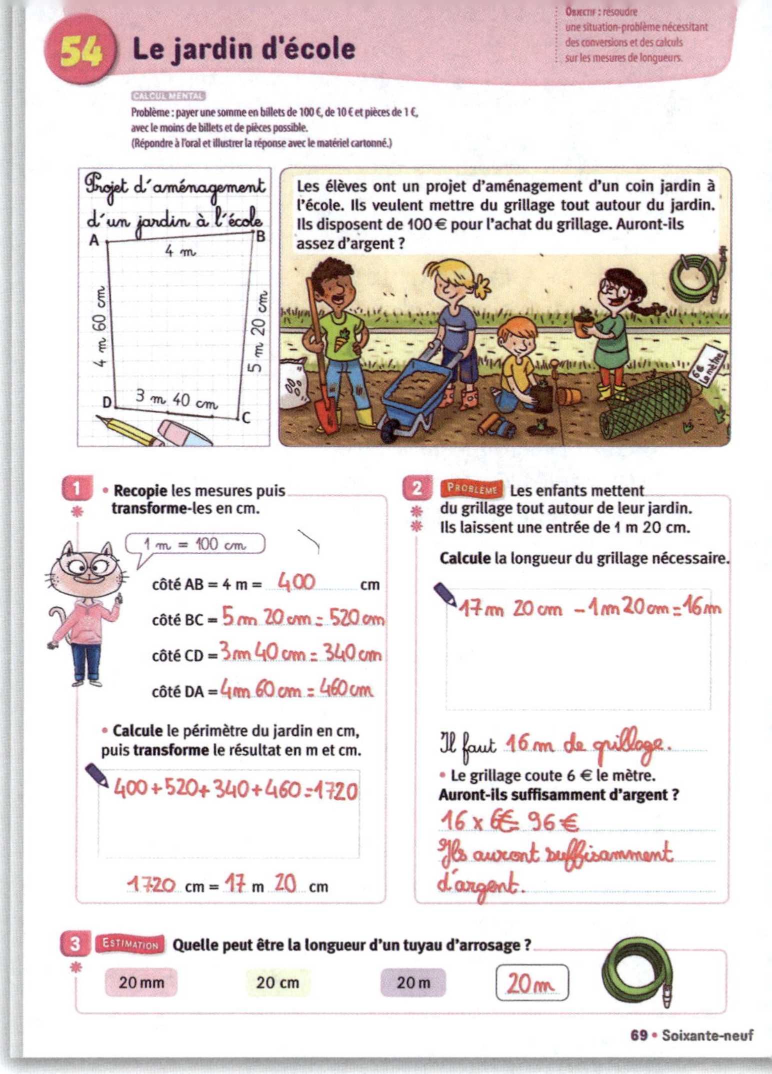
54 Le jardin d'école

Objectif : résoudre une situation-problème nécessitant des conversions et des calculs sur les mesures de longueurs.

CALCUL MENTAL
Problème : payer une somme en billets de 100 €, de 10 € et pièces de 1 €, avec le moins de billets et de pièces possible.
(Répondre à l'oral et illustrer la réponse avec le matériel cartonné.)

Projet d'aménagement d'un jardin à l'école
A B 4 m ; 5 m 20 cm ; C D 3 m 40 cm ; 4 m 60 cm

Les élèves ont un projet d'aménagement d'un coin jardin à l'école. Ils veulent mettre du grillage tout autour du jardin. Ils disposent de 100 € pour l'achat du grillage. Auront-ils assez d'argent ?

6 € le mètre

1 • Recopie les mesures puis transforme-les en cm.
1 m = 100 cm
côté AB = 4 m = 400 cm
côté BC = 5 m 20 cm = 520 cm
côté CD = 3 m 40 cm = 340 cm
côté DA = 4 m 60 cm = 460 cm
• Calcule le périmètre du jardin en cm, puis transforme le résultat en m et cm.
400 + 520 + 340 + 460 = 1720
1720 cm = 17 m 20 cm

2 Problème Les enfants mettent du grillage tout autour de leur jardin. Ils laissent une entrée de 1 m 20 cm.
Calcule la longueur du grillage nécessaire.
17 m 20 cm – 1 m 20 cm = 16 m
Il faut 16 m de grillage.
• Le grillage coute 6 € le mètre.
Auront-ils suffisamment d'argent ?
16 x 6 € = 96 €
Ils auront suffisamment d'argent.

3 Estimation Quelle peut être la longueur d'un tuyau d'arrosage ?
20 mm | 20 cm | 20 m | 20 m

69 • Soixante-neuf

Faisons le point

• Nous avons résolu un véritable problème, assez compliqué. Il y avait des longueurs et des prix. Il a fallu faire des transformations d'unités et effectuer trois sortes d'opérations : addition, soustraction et multiplication.

Pistes d'activités supplémentaires

Activités pour toute la classe
• Barrer les longueurs invraisemblables.
Lit d'adulte : 82 cm ; 3 m 50 cm ; 1 m 95 cm.
Longueur d'une voiture : 4 m 50 cm ; 12 m 85 cm.
Distance parcourue par une voiture en 1 heure : 450 km ; 80 km ; 25 m.
• Sur un plan de maison, calculer la longueur du pourtour de la maison, la longueur du pourtour d'une pièce.
• Jeu par trois : l'enseignant fixe une longueur à tracer dans la cour, sans instrument de mesure, par exemple : 4 m.
Chacun des trois enfants trace un trait qui doit avoir une longueur la plus proche possible de 4 m.
On vérifie ensuite les mesures avec un mètre pour déterminer le gagnant. Au lieu de faire tracer un trait, on peut demander de placer deux objets à 4 mètres l'un de l'autre, puis vérifier.

55 Les nombres à quatre chiffres (1)

Programme 2016

- Nommer, lire, écrire, représenter des nombres entiers.
- Interpréter les noms des nombres à l'aide des unités de numération et des écritures arithmétiques.
  » Valeur des chiffres en fonction de leur rang dans l'écriture d'un nombre (principe de position).

Objectif spécifique de la séance

S'appuyer sur des décompositions / recompositions pour mettre en évidence la structure des nombres à quatre chiffres.

Information didactique

Dans cette fiche qui traite des nombres à quatre chiffres, nous travaillons à la fois les caractères décimal et positionnel de notre numération : le caractère décimal dans les décompositions et recompositions en appui sur la structure décimale des nombres et sur les unités de numération, le caractère positionnel à travers le codage à l'aide des abaques.

Les exercices proposent un rebrassage et une consolidation des connaissances déjà largement abordées dans le cadre des nombres à trois chiffres au CE1 et en ce début d'année de CE2.

CALCUL MENTAL

❶ Compléter un multiple de 5 à 60

Dire : « *Une nageuse s'entraine 1 heure. Combien de temps lui reste-t-il à nager si elle a déjà nagé 30 min ? 45 min ,55 min, 5 min ? 10 min ?* »

Rappeler que 1 heure égale 60 min.

L'élève écrit le complément.

❷ Compléter à 100

Dire : « *Ahmed veut acheter un jouet qui coute 100 €. Quelle somme lui manque-t-il s'il a déjà économisé 50 € ? 70 € ? 90 € ? 20 € ? 85 € ? 75 € ? 68 € ? 49 € ? 37 € ? 58 € ?* »

L'élève écrit le complément.

Activités préparatoires

1. Représenter des nombres à quatre chiffres sur des abaques

10 à 15 min

Matériel par groupe : abaques (ou abaques dessinés au tableau), étiquettes-nombres. SITE COMPAGNON

▶ Le nombre en trop

Présenter 5 abaques et 6 nombres écrits au tableau (2 534 ; 5 024 ; 3 614 ; 5 204 ; 2 305 ; 3 154)

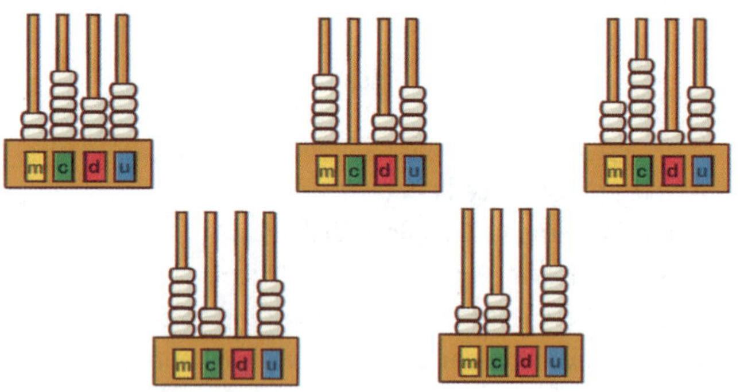

Consigne : « *Observez ces 5 abaques et ces 6 nombres. Un nombre n'est pas représenté sur un abaque : lequel ? Écrivez-le sur votre ardoise.* »

Laisser un temps suffisant, puis montrer le nombre. Faire justifier le choix à l'oral.

Insister sur le fonctionnement de l'abaque et sur la façon de repérer les quatre unités de numération qui composent obligatoirement un nombre à quatre chiffres. Sur l'abaque, il n'y a pas de couleur pour différencier les unités de numération, c'est la place de la tige qui indique la catégorie d'unités qu'elle reçoit. Les unités simples sont sur la tige de droite puis, en allant vers la gauche, on trouve successivement les tiges des dizaines, des centaines et des milliers.

▶ Trouver l'étiquette-nombre qui manque sous forme de jeu en temps limité

Présenter quatre abaques, trois étiquettes-nombres (3 512 ; 3 125 ; 5 321) et une étiquette vierge.

2. Décomposer et recomposer des nombres à quatre chiffres

15 min

Matériel : des étiquettes assez grandes, avec une désignation (recto-verso) d'un nombre. Varier le type de désignation.

Ex. : Au recto → (3 × 1 000) + (6 × 100) + (3 × 10) + 8 // 1m 8c 5d 3u // 2500 + 40 + 3 // 500 + 60 + 3 000 + 7...

Au verso → 3 638 ; 1 853 ; 2 543 ; 3 567.

À tour de rôle, chaque élève montre le recto de son étiquette. Les autres élèves doivent trouver le nombre à partir de cette désignation et l'écrire sur leur ardoise. L'élève retourne alors son étiquette.

Repérer ceux qui n'avaient pas écrit le bon nombre et rechercher l'origine de l'erreur.

Travail sur le fichier

1 Associer un nombre à sa représentation sur un abaque.

Sur chaque abaque, un des cinq nombres écrits à droite est représenté. Il y a un nombre de plus que d'abaque. Rappeler le fonctionnement d'un abaque.

Normalement, la seule indication sur laquelle on peut s'appuyer pour décoder les nombres représentés sur un abaque est la position des tiges sur l'abaque. Il y a ici surabondance d'informations (couleur et nom de l'unité).

Il sera intéressant de faire remarquer que certaines tiges n'ont pas reçu d'anneau. Cette absence de certaines unités sera codée par des zéros dans les écritures en chiffres des nombres.

Remarquer aussi que ce n'est pas forcément l'abaque qui porte le plus d'anneaux qui représente le nombre le plus grand (Ex. : 3 000 > 1 999). Le plus grand est celui qui a le plus d'anneaux sur la tige des milliers.

2 Décompositions et recompositions de nombres à quatre chiffres.

Observer et analyser le tableau collectivement en s'appuyant sur les trois cases qui sont renseignées. Le tableau a trois colonnes. À gauche, les nombres sont notés dans leur écriture chiffrée usuelle, dans la colonne du milieu, ils sont désignés sous la forme d'une décomposition en milliers, centaines entières, dizaines entières et unités, dans la colonne de droite, ils sont désignés en unités de numération.

Obstacles possibles :
- La recomposition de 7 738 dans la 3e ligne.
- L'écriture de 3 890 en unités de numération (absence d'unités simples).

3 Recomposition d'un nombre à quatre chiffres à partir de désignations comportant des sommes de produits selon les puissances de 10.

Obstacles possibles :
- La longueur des écritures.
- La recomposition du nombre 6 082 qui ne comporte pas de centaines.

Aide proposée : faire écrire, en petit, au crayon à papier, au-dessus de chacun des termes des sommes, sa valeur. Ex. : 3 000 + 200 + 40.

4 Repérer le terme maquant dans la décomposition d'un nombre à quatre chiffres.

Laisser effectuer en autonomie et analyser les procédures.

S'appuyer sur les unités de numération présentes dans le nombre et sur leur valeur.

Dans 4 234, on a 4 milliers (4 000), 2 centaines (200), 3 dizaines (30) et 4 unités (4). On voit que dans la somme, il manque les centaines « 200 ».

Obstacle possible : le fait que l'ordre des termes des sommes ne respecte pas l'ordre des unités de numération dans l'écriture chiffrée usuelle du nombre.

Aide proposée : entrainer les élèves à recomposer des nombres à partir de sommes dont les termes sont dans le désordre.

5 Problème dont la résolution s'appuie sur la structure des nombres.

Faire lire l'énoncé silencieusement, puis oralement. Demander à un ou deux élèves d'expliquer à la classe de quoi il s'agit et ce que l'on demande.

On pourra collectivement faire retrouver la stratégie de résolution, sans utiliser les nombres.

« Pour trouver le nombre de tuiles qui vont rester lorsque le toit sera couvert, que faut-il faire ? »

- « Il faut connaitre combien il y avait de tuiles avant de commencer le chantier. Il faut trouver combien de tuiles ont été utilisées pour couvrir le toit. Il faut enlever le nombre de tuiles utilisées au nombre de tuiles qu'il y avait au départ. »

Noter ces étapes du raisonnement au tableau et faire résoudre le problème par deux.

Relever les procédures de calcul.

- Par un calcul réfléchi , à partir des unités de numération :

3m 5c 8d – 2m 5c = 1m 8d = 1 000 + 80 = 1 080

- En utilisant une opération posée en colonnes.

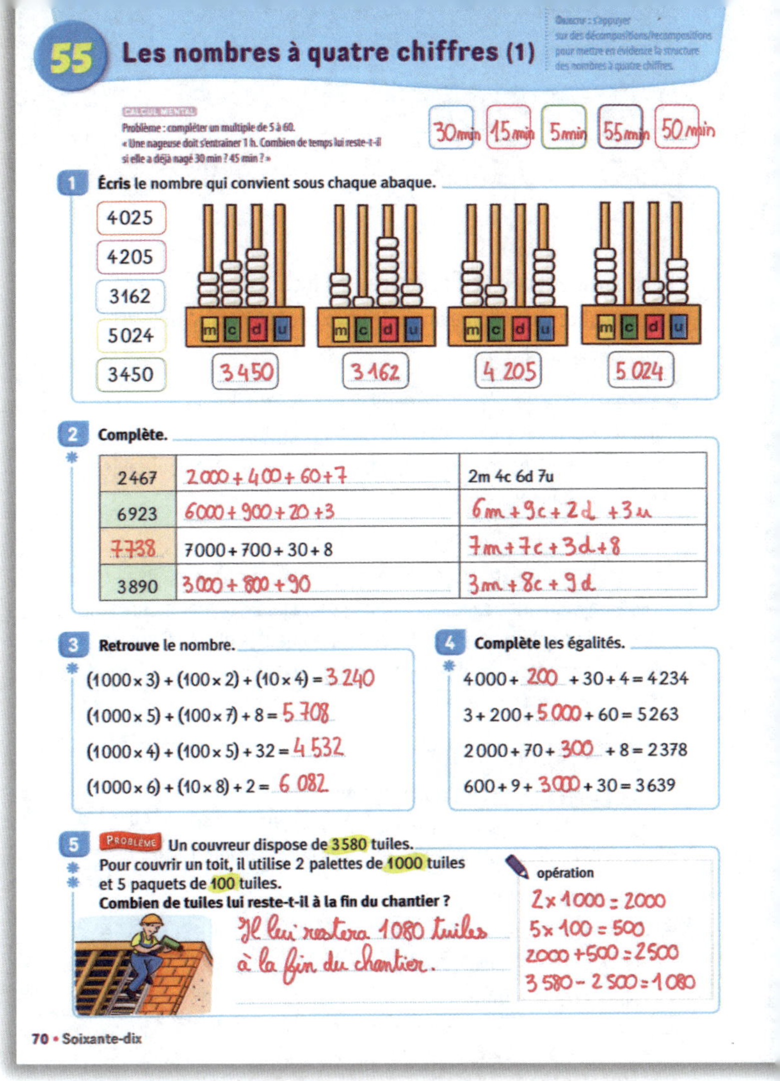

55 Les nombres à quatre chiffres (1)

Objectif : s'appuyer sur des décompositions/recompositions pour mettre en évidence la structure des nombres à quatre chiffres.

CALCUL MENTAL
Problème : compléter un multiple de 5 à 60.
« Une nageuse doit s'entrainer 1 h. Combien de temps lui reste-t-il si elle a déjà nagé 30 min ? 45 min ? »

30 min | 15 min | 5 min | 55 min | 50 min

1 **Écris** le nombre qui convient sous chaque abaque.

4025 / 4205 / 3162 / 5024 / 3450

m c d u — 3 450 | m c d u — 3 162 | m c d u — 4 205 | m c d u — 5 024

2 **Complète.**

2467	2 000 + 400 + 60 + 7	2m 4c 6d 7u
6923	6 000 + 900 + 20 + 3	6m + 9c + 2d + 3u
7738	7000 + 700 + 30 + 8	7m + 7c + 3d + 8
3890	3 000 + 800 + 90	3m + 8c + 9d

3 **Retrouve** le nombre.

(1000 × 3) + (100 × 2) + (10 × 4) = 3 240
(1000 × 5) + (100 × 7) + 8 = 5 708
(1000 × 4) + (100 × 5) + 32 = 4 532
(1000 × 6) + (10 × 8) + 2 = 6 082

4 **Complète** les égalités.

4000 + 200 + 30 + 4 = 4234
3 + 200 + 5 000 + 60 = 5263
2000 + 70 + 300 + 8 = 2378
600 + 9 + 3 000 + 30 = 3639

5 PROBLÈME Un couvreur dispose de 3 580 tuiles.
Pour couvrir un toit, il utilise 2 palettes de 1000 tuiles et 5 paquets de 100 tuiles.
Combien de tuiles lui reste-t-il à la fin du chantier ?

Il lui restera 1080 tuiles à la fin du chantier.

opération
2 × 1000 = 2000
5 × 100 = 500
2000 + 500 = 2500
3 580 – 2 500 = 1 080

70 • Soixante-dix

Obstacle possible : problème à étapes faisant intervenir plusieurs types d'opérations, peut être difficiles à résoudre pour beaucoup d'élèves s'ils ne bénéficient pas d'un étayage préalable.

Faisons le point

- Nous savons utiliser un abaque pour lire un nombre ou pour représenter un nombre à quatre chiffres.
- Nous savons décomposer et recomposer des nombres à quatre chiffres de différentes façons :

Ex. : 2 467 = 2 000 + 400 + 60 + 7
ou 2 467 = (1 000 × 2) + (100 × 4) + (10 × 6) + 7
ou 2 467 = 2m + 4c + 6d + 7u

MÉMO-MATHS **« Je connais les nombres jusqu'à 10 000 », page 8.**

Pistes d'activités supplémentaires

Activités pour toute la classe

- Faire dessiner un abaque et placer les boules sur les tiges pour représenter le nombre 4 025 du n° 1.
- Calculer : 4 867 – 2 000 ; 4 867 – 200 ; 4 867 – 20 ; 4 867 – 2.
- Calculer : (1 000 × 4) + (100 × 6) + (10 × 8) + 7 ; (1 000 × 4) + (10 × 7) + 9 ; (1 000 × 5) + (100 × 2) + 4
- Calculer : 23 + (100 × 5) + (1 000 × 5) ; 6 + (1 000 × 6) + (10 × 6) + (100 × 6) ; 7 + (1 000 × 8).
- Calculer : 5 + 3 000 + 50 + 800 ; 40 + 800 + 3 000 ; 9 + 4 000 + 70 + 100 ; 9 + 90 + 9 000.
- Changer les nombres du problème n° 5, montrer que le raisonnement pour la résolution ne change pas.

56 La symétrie (1)

Programme 2016
- Reconnaitre et utiliser la notion de symétrie.
- Reconnaitre si une figure présente un axe de symétrie (à trouver).

Objectifs spécifiques
- Reconnaitre si une figure présente un axe de symétrie.
- Tracer l'axe (ou les axes) de symétrie d'une figure.
- Reconnaitre dans son environnement des situations modélisables par la symétrie (papillons, bâtiments, etc.).

Information didactique

Parmi les transformations géométriques, la symétrie par rapport à un axe est facile à appréhender, car elle s'assimile à un pliage, opération qui peut être réalisée physiquement. Par ailleurs, le fait que des objets ayant un axe de symétrie abondent dans l'environnement naturel ou culturel, rend cette transformation familière aux enfants. Deux principales situations sont présentes lors de l'étude de la symétrie :

- **recherche, s'il existe, un axe de symétrie d'une figure** : c'est-à-dire rechercher l'axe qui permet de partager la figure en deux parties qui se superposeront exactement (si on les met l'une par-dessus l'autre, en pliant selon l'axe), on aura l'impression qu'il n'y aura qu'une partie.
- **rechercher le symétrique d'une figure par rapport à un axe** (ce travail sera plus spécifiquement vu dans la fiche 72).

L'année de CE1 a déjà permis de travailler cette notion par l'appropriation entre autres de techniques simples permettent la vérification si une figure possède bien un axe de symétrie : par pliage autour de l'axe et visualisation simultanée des deux parties ou en utilisation du papier calque.

On admettra à ce niveau qu'une figure symétrique est une figure qui admet un axe (au moins) de symétrie.

CALCUL MENTAL

Ajouter des unités de numération

❶ Dire : « *À 453 ajoute 3 dizaines ; à 512 ajoute 3 c ; ajoute 7 u à 423 ; ajoute 4d 504 ; ajoute 3c à 35 ; ajoute 8u à 415 ; ajoute 12u à 213.* »
L'élève écrit la somme.

❷ Dire : « *Ajoute 2d 3u à 415 ; ajoute 2c 5d à 321 ; ajoute 4c 5u à 732 ; ajoute 16u à 324 ; ajoute 24u à 145 ; ajoute 14d à 813 ; ajoute 23d à 175.* »
L'élève écrit la somme.

Activités préparatoires

1. Revoir la notion de symétrie axiale

15 min

▶ Travail par groupes.

Matériel par groupe : photocopie d'une forme figurative ayant un axe de symétrie SITE COMPAGNON

Consigne 1 : « *Observez cette figure, décrivez-la.* »

Les élèves vont reconnaitre l'as de pique ; si les élèves n'utilisent pas les termes « symétrique » ou « axe de symétrie », demander : « *La partie de droite et celle de gauche sont-elles identiques ?* »

La figure sera vidéoprojetée pour permettre une meilleure visualisation.

Les élèves doivent observer que les deux parties se ressemblent mais sont inversées.

« *Comment être certain que les deux parties sont pareilles, mais inversées ?* »

La méthode de pliage sera introduite si elle n'est pas proposée par les élèves.

En pliant la feuille de manière verticale, les élèves pourront observer par transparence que les deux parties du cœur se superposent exactement. On peut repasser en rouge le pli de la feuille : c'est l'axe de symétrie.

Proposer également la méthode avec le papier calque. La rappeler ou la faire rappeler : reproduire la figure, puis plier en deux de façon à avoir les deux parties symétriques qui se superposent exactement (la transparence du papier calque permet de le constater). Tracer l'axe de symétrie, qui correspond au pli du papier calque.

2. Utiliser la technique du calque

15 min

Matériel individuel : fiche d'activité avec différentes figures ; papier calque. SITE COMPAGNON

Consigne : « *Voici différentes figures géométriques. Vous allez chercher si elles ont un axe de symétrie. Pour cela, on va utiliser le papier calque. Vous allez décalquer la figure, puis vous essayerez de voir si, en pliant le papier calque, les deux parties se superposent exactement.* »

Laisser les élèves travailler, puis corriger au tableau avec la fiche vidéoprojetée.

Penser à fixer le morceau de papier calque avec un point de colle ou un trombone afin d'en garantir la stabilité lors du tracé.

Repérer les trois figures qui ont un axe de symétrie et celle qui n'en a pas. Faire justifier.

Demander de tracer sur chacune des trois figures qui sont symétriques, l'axe de symétrie en rouge, en s'aidant de l'axe de pliage du calque.

Travail sur le fichier

1 Revoir la notion de symétrie.

Laisser observer individuellement la situation. Il s'agit de décalquer un insecte dont on sait qu'il a un axe de symétrie. Faire découvrir les informations sur l'insecte qui figurent dans le cartouche vert.

Faire lire le contenu de la bulle.

Les élèves doivent utiliser le papier calque qui figure dans une vignette du « papier calque » dans le matériel élève. Le début du tracé sur le calque est déjà réalisé ; demander d'être minutieux dans le tracé (en particulier celui des pattes de l'insecte).

Une fois la figure décalquée, les élèves doivent vérifier que les deux parties latérales de l'insecte se superposent exactement. La ligne de pliage sera l'axe de symétrie que les élèves peuvent tracer (en rouge, de préférence).

Le papier calque pourra être collé sur un côté de façon à conserver la possibilité de vérifier l'exactitude de la superposition des deux parties.

Obstacle possible : l'opération de décalquage : qualité et précision des tracés.
Aide proposée : fixer le morceau de papier calque avec un point de colle ou un trombone afin d'en garantir la stabilité lors du tracé.

2 Repérer le ou les axes de symétrie d'une figure.
Trois figures sont présentées ; elles ont toutes (au moins) un axe de symétrie ; les informations de la bulle nous précisent qu'une figure en possède deux (il s'agit de la figure jaune).
L'exercice peut être mené de deux façons :
- d'abord par recherche intuitive des axes de symétrie potentiels, puis vérification à l'aide du papier calque (cette méthode est induite par la consigne) ;
- ou utilisation directe du papier calque pour chaque figure pour déterminer l'axe de symétrie de la figure (cette méthode sera davantage proposée pour les élèves qui ont des difficultés de repérage).

Obstacle possible : l'orientation des figures.
Aide proposée : prendre plus appui sur les figures décalquées en les pliant pour observer où se trouve l'axe de symétrie.

3 Vérifier si une figure présente un axe de symétrie.
Cinq figures sont présentées, chacune a un axe tracé en pointillé, il s'agit de repérer si cet axe est bien un axe de symétrie de la figure, c'est-à-dire si en pliant le long de cet axe, les deux parties de la figure se superposeront exactement.
Sur les cinq figures, seules les figures bleue et jaune ont chacune un axe de symétrie et l'axe proposé est bien axe de symétrie de la figure.
Faire expliquer aux élèves, lors de la correction, pourquoi les trois autres figures ne sont pas symétriques. Ces trois figures n'étant pas symétriques, les axes proposés ne peuvent être axe de symétrie.

Aide possible : reproduire les figures sur du papier et effectuer des opérations de pliage, pour vérifier.

La petite question

En fonction des polices utilisées, des lettres peuvent avoir un axe de symétrie (ici, c'est la lettre M).

Faisons le point

- Nous savons reconnaitre des figures qui ont un axe de symétrie : quand on plie suivant cet axe, les deux parties de la figure se superposent exactement.
- Nous avons appris à utiliser le papier calque pour repérer l'axe de symétrie : quand on plie, les deux parties de la figure décalquée se superposent exactement.

MÉMO-MATHS « Je repère un axe de symétrie », page 9.

Pistes d'activités supplémentaires

Soutien
- Recherche des axes de symétrie sur des figures géométriques simples.
- Plier une feuille en deux, découper une forme et observer le résultat obtenu en dépliant la feuille.

56 La symétrie (1)

Objectifs :
- reconnaitre si une figure présente un axe de symétrie ;
- tracer l'axe (ou les axes) de symétrie d'une figure.

CALCUL MENTAL
Faire ajouter des unités de numération.
Ex : « À 453 ajoute 3 dizaines ; à 512 ajoute 3 c … »
Écrire le résultat. (Travail à deux)
483 812 430 544 335 423 225

1 Observe cet insecte. **Décalque, plie** et **trace** son axe de symétrie.
Que remarques-tu ?

2 Repère puis **trace** les axes de symétrie. Vérifie avec du papier calque.

3 Repasse en rouge quand c'est un axe de symétrie.

La petite question
Quelle lettre a un axe de symétrie ?

- Au préalable : plier une feuille en deux et tracer une forme d'un côté du pli sur la feuille dépliée.
Demander de tracer à main levée la partie symétrique, puis de vérifier par pliage.
- Réaliser des ribambelles à partir de bandes de feuilles pliées...
- S'exercer à décalquer des figures.

Approfondissement
- Faire rechercher des objets de notre entourage qui ont des axes de symétrie.
- Rechercher des axes de symétrie dans des logos ou des panneaux de signalisation.
- Demander de déterminer dans des lettres majuscules (A, C, D, E…) l'axe de symétrie.
- À partir d'une feuille pliée en deux, découper un morceau et anticiper le motif que l'on veut obtenir (feuille, papillon, bonhomme…)
- Déterminer la partie symétrique connaissant l'axe de symétrie et la partie à symétriser.

le défi

Demander de trouver le ou les axes de symétrie d'un carré.
« Par deux, vous allez chercher les axes de symétrie de ce carré. Attention, il en a plusieurs. »

Solution

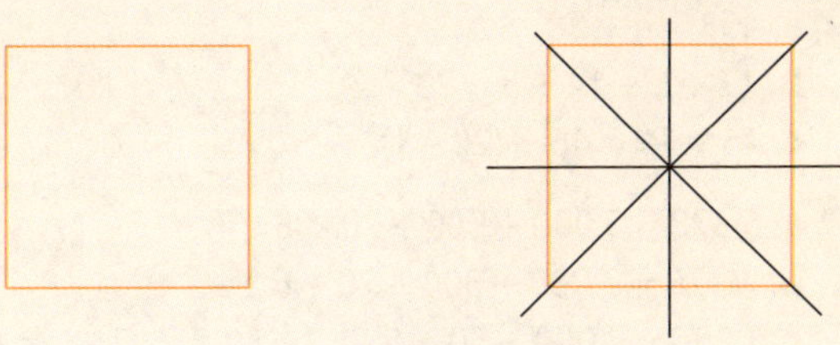

Je m'entraine +

→ Fichier élève, pp. 72-73

Ces deux pages d'exercices correspondent à des notions qui ont été étudiées en période 2. Elles permettent une réactivation des connaissances pour une acquisition plus sure.

Nombres et calculs

- Les nombres à trois chiffres :
  – écriture littérale et chiffrée ;
  – décomposition et recomposition (unités de numération) ;
  – suites (ajouter 1, ajouter 10, ajouter 100) ;
  – comparer, ranger, situer un nombre,
  – utiliser les symboles : =, ≠, >, <.
- Les nombres à quatre chiffres :
  – décomposition et recomposition (unités de numération).
- Calculs :
  – compléter à la dizaine supérieure, à la centaine ;
  – compléter des égalités.
  – étudier la table de multiplication ;
  – aborder la technique de la multiplication avec addition de produits partiels et directement avec retenues.

Grandeurs et mesures

- Mesures de longueur :
  – les unités de longueur dm, cm et mm déjà étudiées en CE1 sont revues
  – transformer en cm une mesure donnée en dm ;
  – transformer en dm une mesure donnée en cm ;
  – tracer un segment dont la mesure est donnée en dm, cm, mm ;
  – encadrer une longueur ;
  – calculer des distances en mètres.
- L'heure :
  – indiquer une heure en différenciant le matin (7 h) et le soir (19 h).

Espace et géométrie

- Reconnaitre les figures géométriques (carré, rectangle, triangle, triangle rectangle) en s'appuyant sur les propriétés.
- Reconnaitre les solides usuels (pavé droit, cylindre).
- Se repérer sur un quadrillage (coder et décoder des nœuds).

Nombres et calculs

1 **En chiffres :** 430 • 663 • 508
En lettres : cinq-cent-quarante-trois • sept-cent-vingt-neuf • six-cent-quatre-vingt

2 **a. 582** = 5 c 8 d 2 u • **582** = 500 + 80 + 2
b. 637 = 6 c 3 d 7 u • **637** = 600 + 30 + 7
c. 710 = 7 c 1 d • **710** = 700 + 10
d. 805 = 8 c 5 u • **805** = 800 + 5

3 **a.** Ajoute **1** : 297 • 298 • 299 • 300 • 301 • 302
b. Ajoute **10** : 297 • 307 • 317 • 327 • 337 • 347
c. Ajoute **100** : 297 • 397 • 497 • 597 • 697 • 797

4 **b.** C'est le nombre 127.

5 **a.** 20 + **80** = 100 **b.** 60 + **40** = 100
c. 75 + **5** = 80 **d.** 34 + **6** = 40
e. 81 + **9** = 90 **f.** 23 + **7** = 30

6 **a.** 78 + **22** = 100 **b.** **55** + 45 = 100
c. 83 + **17** = 100 **d.** 19 + **81** = 100
e. 36 + 64 = 100 **f.** **38** + 62 = 100

7 **a.** 300 + 40 + 5 = 45 + **300**
b. **30** + 806 = 6 + 30 + 800
c. 29 + 600 = 620 + **9**
d. 400 + 2 + 70 = **400** + 72

8 **a.** 475 > 393 **b.** 290 > 209
c. 716 = 700 + 16 **d.** 300 + 5 < 500 + 3

9 87 • 198 • 201 • 428 • 899 • 900

10 **a.** 458 ≠ 4 + 58
b. 17 + 6 + 14 + 3 = 20 × 2
c. 46 + 19 = 46 + (20 – 1)

11 **a.** 5 378 = 5 000 + 300 + 70 + 8
b. 7 326 = 7 000 + 300 + 20 + 6
c. 2 056 = 2 000 + 50 + 6

12

×	2	8	7	9
4	**8**	**32**	**28**	**36**
5	**10**	**40**	**35**	**45**
3	**6**	**24**	**21**	**27**

13 On veillera à vérifier les arbres.
a. 47 × 3 = (40 × 3) + (7 × 3) = 120 + 21 = 141
b. 26 × 4 = (20 × 4) + (6 × 4) = 80 + 24 = 104
c. 35 × 5 = (30 × 5) + (5 × 5) = 150 + 25 = 175

14

$$\begin{array}{rl} 15 & \\ \times\ 5 & \\ \hline 25 & \leftarrow 5 \times 5 \\ 50 & \leftarrow 5 \times 10 \\ \hline 75 & \end{array} \qquad \begin{array}{rl} 78 & \\ \times\ 2 & \\ \hline 16 & \leftarrow 2 \times 8 \\ 140 & \leftarrow 2 \times 70 \\ \hline 156 & \end{array}$$

$$\begin{array}{rl} 34 & \\ \times\ 5 & \\ \hline 20 & \leftarrow 5 \times 4 \\ 150 & \leftarrow 5 \times 30 \\ \hline 170 & \end{array} \qquad \begin{array}{rl} 56 & \\ \times\ 4 & \\ \hline 24 & \leftarrow 4 \times 6 \\ 200 & \leftarrow 4 \times 50 \\ \hline 224 & \end{array}$$

15

$$\begin{array}{r} (2\,d) \\ 17 \\ \times\ 3 \\ \hline 51 \end{array} \qquad \begin{array}{r} (1\,d) \\ 52 \\ \times\ 6 \\ \hline 312 \end{array}$$

$$\begin{array}{r} (3\,d) \\ 28 \\ \times\ 4 \\ \hline 112 \end{array} \qquad \begin{array}{r} (4\,d) \\ 19 \\ \times\ 5 \\ \hline 95 \end{array}$$

16 PROBLÈME Il faut 56 œufs.
5 boites de 12 œufs : 12 × 5 = 60 œufs.
Le cuisinier a reçu 60 œufs.
60 – 56 = 4.
4 œufs ne seront pas utilisés.

Grandeurs et mesures

17 **a.** 1 dm = 10 cm **b.** 2 dm = 20 cm
c. 3dm = 30 cm **d.** 4 dm = 40 cm

18 **a.** 80 cm = 8 dm **b.** 50 cm = 5 dm
c. 60 cm = 6 dm **d.** 70 cm = 7 dm

19 **a.** 15 cm = 1 dm 15 cm **b.** 43 cm = 4 dm 3 cm
c. 27 cm = 2 dm 7 cm **d.** 59 cm = 5 dm 9 cm

20 1 dm 3 cm 7 mm = 13 cm 7 mm
Le segment à tracer mesure 13 cm 7 mm.

21 Par exemple :
4 cm < **4 cm 3 mm** < 5 cm
1 dm 6 cm < **1 dm 6 cm 5 mm** < 1 dm 7 cm

22 Chloé a raison. Le périmètre du triangle est 12 cm 4 mm.
12 cm < 12 cm 4 mm < 13 cm

23 Pendule du matin : 7 h.
Pendule du soir : 19 h.
Il s'est écoulé 12 heures.

24 PROBLÈME 25 m × 3 = 75 m.
Timéo a parcouru une distance de 75 m.

Espace et géométrie

25 La figure B est un triangle rectangle.

26 Exemples d'objets qui ont la forme d'un cylindre : tube de colle, pot à crayons, la corbeille à papier…
Exemples d'objets qui ont la forme d'un pavé droit : la boite de mouchoirs, un livre, une gomme …

27 Coordonnées des points :
(b, 6) • (f, 6) • (b, 2) • (f, 2)

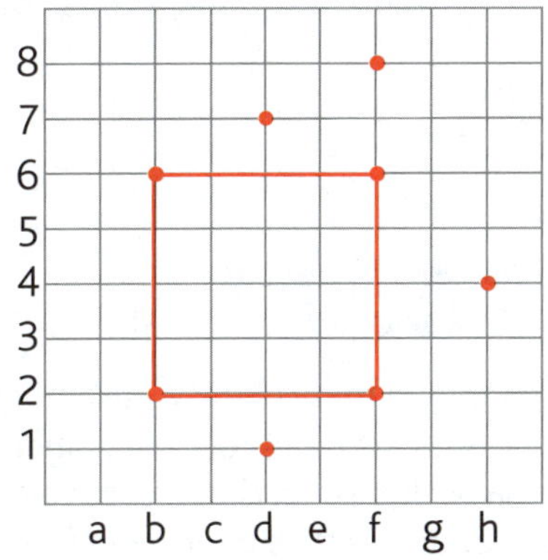

Remarque : aucun ordre n'est imposé pour le codage des points ; les réponses des élèves différeront les unes des autres.

28 Cette figure ressemble à un rectangle car ses côtés opposés sont de même longueur.
Cette figure n'est pas un rectangle parce qu'elle n'a pas d'angle droit.

29 Exemple :

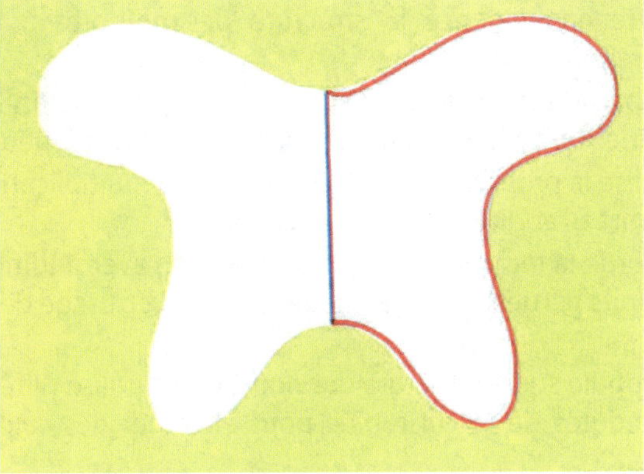

L'axe de symétrie est porté par le pli.

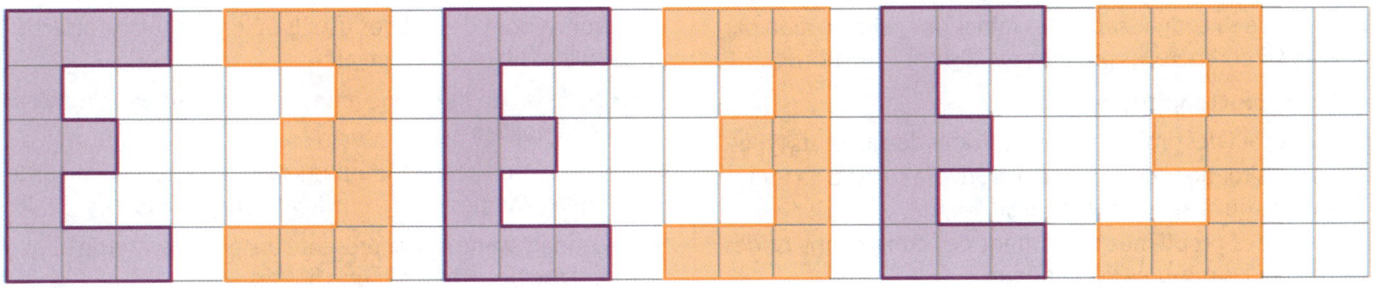

Synthèse des apprentissages
Période 2

Nombres et calculs

- L'étude des nombres à trois chiffres a été approfondie.
- L'élève a travaillé sur les unités de numération et connait la relation entre la position d'un chiffre et sa valeur.
- Il utilise la valeur des chiffres pour comparer des nombres, pour encadrer un nombre, pour associer un nombre à une position sur la ligne numérique.
- Il connait les doubles et les moitiés des nombres d'usage courant et peut calculer un double ou une moitié par un calcul réfléchi.
- Il connait le nombre 1 000 sous son aspect ordinal et cardinal.
- Il fait le lien entre groupements par 10, par 100, par 1 000 et la numération de position.
- Il s'appuie sur des décompositions et recompositions pour mettre en évidence la structure des nombres à quatre chiffres.
- Il s'appuie sur les unités de numération pour multiplier des dizaines ou centaines entières par un nombre inférieur à 10.
- Il utilise la propriété de distributivité de la multiplication par rapport à l'addition.
- Il aborde la technique de la multiplication avec addition des produits partiels et la technique usuelle avec usage des retenues.
- Il s'appuie sur la structure des nombres et utilise différentes procédures de calcul rapide pour effectuer des calculs en ligne.
- Il revoit la technique de la soustraction posée sans retenue et apprend à vérifier en faisant une addition.
- Il utilise des stratégies différentes pour un même calcul (différence ou complément).
- Il consolide sa connaissance des tables de multiplication par 2, 3, 4 et 5 et repère les produits qui restent à mémoriser.

➤ En résolution de problèmes

- L'élève résout des problèmes multiplicatifs de différents types.
- Dans des situations de partition, il trouve la somme de toutes les parties ou la valeur d'une partie.
- Il résout des problèmes nécessitant des conversions et des calculs sur les mesures de longueur.

➤ Organisation et gestion des données

- Dans un souci d'interdisciplinarité, l'élève sait prélever et utiliser des données présentées dans un tableau.
- Il comprend le fonctionnement d'un diagramme en bâtons et peut lire et interpréter les données.
- Il utilise l'outil « repérage sur quadrillage » dans le domaine géographique.

Grandeurs et mesures

- L'élève revoit les unités dm, cm, mm et les relations entre elles.
- Il utilise le résultat d'un mesurage pour calculer un périmètre.
- Il résout des problèmes de mesurage et de comparaisons de longueurs.
- Il revoit et utilise la relation 1 heure = 60 minutes. Il continue l'apprentissage de la lecture de l'heure et calcule des durées.
- Il connait la relation 1 m = 100 cm et peut ranger, encadrer, additionner ou soustraire des longueurs exprimées en m et cm.

Espace et géométrie

- L'élève revoit l'angle droit et reconnait un triangle rectangle.
- Il utilise l'équerre pour vérifier un angle droit ou tracer un triangle rectangle.
- Il revoit le nom des solides usuels et le vocabulaire attaché à ces solides : face, sommet, arête.
- Il associe un point de vue à une représentation d'un assemblage de solides.
- Il reconnait un rectangle ou un carré en s'appuyant sur les propriétés (angles droits, égalité de longueurs).
- Il reconnait si une figure présente un axe de symétrie et peut tracer l'axe de symétrie d'une figure.

Je prépare l'évaluation (2)

→ Fichier élève, p. 74-75

Programme 2016

• Nombres et calculs

- Écrire une suite de nombres dans l'ordre croissant. → Exercice 1
- Calculer avec des nombres entiers : décompositions additives de 1 000. → Exercice 2
- Calculer avec des nombres entiers : tables de multiplication. → Exercice 7
- Interpréter les noms des nombres à l'aide des unités de numération et des écritures arithmétiques. → Exercices 3 6
- Mettre en œuvre un algorithme de calcul posé pour l'addition, la soustraction, la multiplication. → Exercice 4
- Ranger des nombres entiers. → Exercice 5
- Modes de représentation de données numériques. → Exercice 9

• Grandeurs et mesures

- Mesurer des longueurs avec un instrument adapté. → Exercice 8
- Exprimer une mesure dans une ou plusieurs unités imposées. → Exercice 8
- Unités de mesures usuelles de durées : heures, minutes. → Exercice 10

• Espace et géométrie

- Reconnaitre si une figure présente un axe de symétrie (à trouver). → Exercice 11
- Utiliser la règle, l'équerre comme instrument de tracé. → Exercice 12
- Construire un carré, un rectangle sur un support uni connaissant la longueur des côtés. → Exercice 12

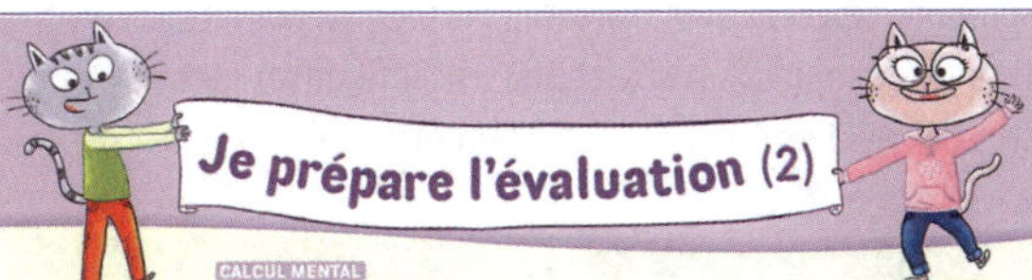

Je prépare l'évaluation (2)

CALCUL MENTAL
Évaluation : voir le guide pédagogique.

80 | 55 | 135 | 30 | 40 | 30 | 12 | 8

1 **Complète** les suites.

489	490	491	492
1 598	1 599	1600	1601
3998	3 999	4 000	4001

2 **Colorie** les cases « 1 000 ».

+	500	400	300	200	100
500	■				
900					■
800				■	
700			■		
600		■			

3 **Complète** les égalités.

3682 = 3000 + 600 + 80 + 2
2735 = 2000 + 700 + 30 + 5
5604 = 5000 + 600 + 4
(4 × 100) + (3 × 1000) + (7 × 10) = 3 470
(1000 × 5) + (100 × 8) = 5800

4 **Effectue** les opérations.

```
  2 4 6 5      8 6 9 7      3 5
+   3 0 8    - 3 1 5 3    ×   3
+ 1 1 7 2    ---------    -----
---------      5 5 4 4    1 0 5
  3 9 4 5
```

5 **Range** dans l'ordre croissant.

3990 | 1280 | 695 | 4001

695 | 1 280 | 3 990 | 4 001

6 **Écris** les nombres en lettres.

mille | cent | cinq | trois | vingt

3520 trois-mille-cinq-cent-vingt
1325 mille-trois-cent-vingt-cinq
5103 cinq-mille-cent-trois

7 **Complète** ce tableau multiplicatif.

×	6	5	8	9
3	18	15	24	27
4	24	20	32	36
5	30	25	40	45

8 Pour mesurer la longueur d'un mur, on a reporté 5 fois un bâton de 65 cm.
Quelle est la longueur de ce mur ?
Donne la réponse en cm puis en m et cm.

Cherche sur ton cahier.

Le mur mesure 325 cm ou 3 m 25 cm.

9 Ce diagramme représente le nombre d'habitants de cinq villages A, B, C, D, E.
Réponds aux questions.

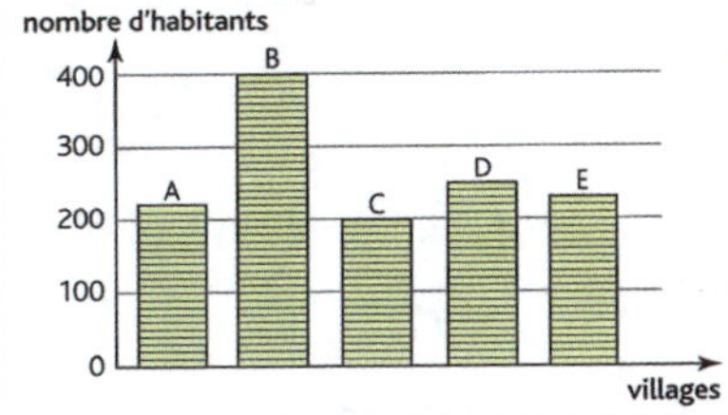

- Quel village a 400 habitants ? B
- Quel village a 200 habitants ? C
- Quel village a 250 habitants ? D
- Quel village a 20 habitants de plus que le village C ? A

10 • C'est le matin. **Écris** l'heure sous chaque réveil.

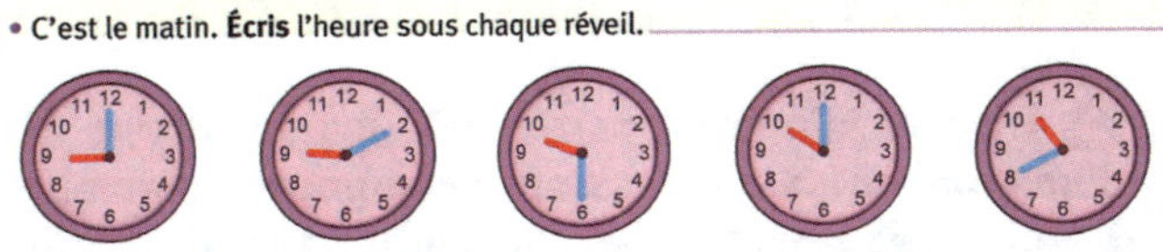

9 h | 9 h 10 | 9 h 30 | 10 h | 10 h 40

• La séance de lecture a commencé à 9 h et s'est terminée à 10 h 15 min.

Combien de temps a duré cette séance ? 1 h 15 min ou 75 min

11 **Repère** les figures avec des axes de symétrie.
Trace-les en rouge. **Complète** le tableau.

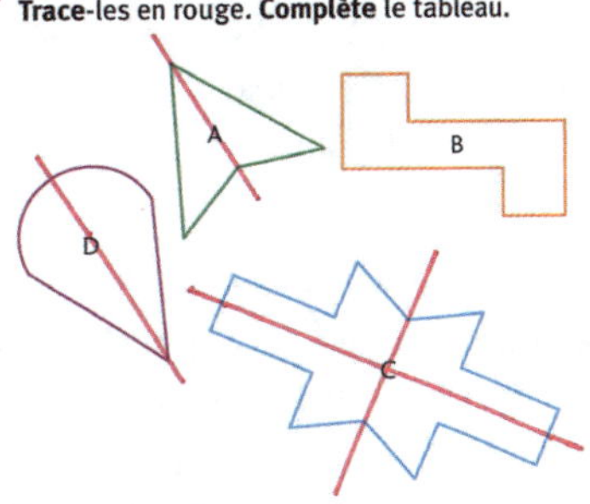

nombre d'axes	0	1	2
figures	B	A ; D	C

12 • **Trace** un carré de 4 cm de côté.

• **Termine** le tracé du rectangle.

CALCUL MENTAL

❶ **Calculs :** 50 + 30 ; 47 + 8 ; 235 – 100 ; moitié de 60.

❷ **Problèmes :** Louna a 3 billets de 10 € et 2 billets de 5€. Quelle somme possède-t-elle ?

- Une cycliste doit parcourir 100 km. Elle a déjà parcouru 70 km. Quelle distance lui reste-t-il à parcourir ?
- Malo a acheté 4 verres à 3€ l'un. Quelle somme a-t-il payée ?
- Pour payer 12 €, Lou donne un billet de 20 €. Combien la marchande doit-elle lui rendre ?

1 Compléter des suites numériques dans l'ordre croissant, en ajoutant au nombre précédent ou en retranchant 1 au nombre suivant.

Les suites proposées sont simples, il s'agit d'ajouter 1 au nombre précédent ou de retrancher 1 au nombre suivant.

Obstacle possible : le changement de dizaine, de centaine, de millier lié à l'ajout ou au retrait d'une unité.

Remédiation proposée : un travail identique au travail demandé pourra être mené sur des suites numériques plus petites, sur les dizaines et unités : 17 - 18 - 19 - 20 / 47 - 48 – 49 - 50 / 87 - 88 - 89 - 90, puis sur les centaines, dizaines et unités : 297 - 298 - 299 - 300 / 697 - 698 - 699 - 700, et enfin sur les milliers, centaines, dizaines et unités : 1 997 - 1 998 - 1 999 - 2 000 / 3 997 - 3 998 - 3 999 - 4 000.

L'utilisation du compteur découvert dans la fiche 50 pourra renforcer cet apprentissage.

2 Retrouver les décompositions additives de 1 000.

Obstacles possibles : une mauvaise maitrise des compléments à 1 000 peut entrainer des erreurs de calcul.

Remédiation proposée : revoir les décompositions additives de 10 et 100 afin de transposer les apprentissages.

Activité de manipulation 2

3 Trouver la décomposition décimale additive d'un nombre à 4 chiffres ou recomposer un nombre à 4 chiffres à partir de sa décomposition décimale multiplicative.

Obstacles possibles :

- La gestion du 0 dans un nombre à 4 chiffres (5 604) peut entrainer des erreurs dans la décomposition additive.
- L'ordre des produits de facteurs ne respecte pas la décomposition décimale des nombres d'où des confusions possibles, par exemple :

$$(4 \times 100) + (3 \times 1\ 000) + (7 \times 10) \neq 4\,370.$$

Le résultat correct est 3 470.

- L'absence de dizaines ou unités comme dans (1 000 × 5) + (100 × 8).

Remédiation proposée : la fréquentation régulière du compteur découvert dans la fiche 50, lors de moments libres, permettra aux élèves de construire la connaissance des nombres. Cette activité pourra se faire par deux : travail sur le nombre et/ou sur le chiffre de milliers, centaines, dizaines, unités, à donner oralement ou sur l'ardoise ; inversement, un élève pourra proposer une décomposition additive ou multiplicative, et le second devra reconstituer ce nombre avec le compteur.

Exercices différenciés – Nombres 7 à 10

4 Effectuer une addition à retenue de trois nombres, une soustraction sans retenue, et une multiplication d'un nombre à deux chiffres par un nombre à un chiffre.

L'apprentissage de la technique de l'addition est abordé au CP et consolidé au CE1. La technique de calcul posé pour la soustraction est apprise dès le CE1 et renforcée au CE2. Enfin, les élèves abordent une technique de calcul posé pour la multiplication au CE2. Ces techniques seront poursuivies au cycle 3.

Remédiations proposées :

- Pour l'addition, le recours aux calculs intermédiaires peut rassurer l'élève (effectuer en premier 2 465 + 308, puis ajouter le résultat obtenu à 1 172, pour obtenir le total de 3 945).
- Pour la soustraction, il suffira de vérifier le résultat en posant l'addition, alors que pour la multiplication, on pourra avoir recours à l'addition itérée :

$$35 + 35 + 35 = 105.$$

Exercices différenciés – Calculs 7 à 10, 13

5 Ranger des nombres entiers dans l'ordre croissant.

Il pourra être utile de rappeler oralement la distinction entre croissant et décroissant, plus petit et plus grand. Il est important d'habituer les élèves à utiliser une technique précise, d'autant plus lorsqu'ils auront à ranger des listes plus fournies de nombres.

Remédiation proposée : commencer par repérer le nombre de chiffres dans chaque nombre, ce qui permet d'identifier le premier nombre à écrire à gauche (695). Pour les nombres à quatre chiffres, il suffit de les ranger ensuite selon les chiffres des milliers qui sont tous différents.

Exercices différenciés – Nombres 7 à 10

6 Passer de l'écriture chiffrée d'un nombre à son écriture littérale à l'aide de mots-nombres proposés.

Cet exercice repose avant tout sur une bonne lecture des nombres faisant apparaitre les mots nécessaires à la correspondance. En effet, pour 3 520, il ne suffit pas d'écrire trois cinq vingt. La lecture orale permet de faire apparaitre les mots mille et cent.

Obstacle possible : il n'est pas nécessaire d'utiliser toutes les étiquettes mots-nombres pour reconstituer les nombres (seulement quatre étiquettes pour 5 103 alors que les autres nombres nécessitent l'ensemble des étiquettes). Également, chaque étiquette ne sera utilisée qu'une seule fois dans chaque nombre.

Remédiations proposées :

- S'entrainer à lire des listes de nombres indépendamment de cet exercice en repérant les mots qui n'apparaissent pas dans les nombres en chiffres.
- Donner un exemple au tableau ne faisant pas appel à l'ensemble des étiquettes. Par exemple pour 453, donner les mots « cinquante » « mille » « quatre » « vingt » « trois » « cent ».

Exercices différenciés – Nombres 7 à 10

7 Restituer dans un tableau les produits mémorisés.

Les tables de multiplication de 3, 4 et 5 ont déjà été abordées au CE1. Il s'agit donc de vérifier la bonne maitrise de ces tables, indispensables pour les apprentissages futurs.

Activité de manipulation 9

Exercices différenciés – Calculs 13

8 Mesurer des longueurs à partir d'un étalon de longueur donnée.

L'utilisation d'un objet intermédiaire permet de résoudre des situations sans avoir recours systématiquement aux objets usuels qu'utilisent les élèves (règle, mètre de la classe...).

Obstacles possibles :

- L'élève doit bien se représenter la situation pour mettre en place la bonne stratégie de résolution. Il suffit de reporter 5 fois un bâton de 65 cm pour obtenir la longueur du mur, c'est-à-dire calculer le produit 65 cm $\times$ 5 = 325 cm.
- Bien maitriser les relations entre dm, cm et mm.

Remédiation proposée : le recours à un schéma pour se représenter la situation. Dans notre situation, l'élève pourra représenter 5 bâtons de 65 cm, ce qui donnera par un calcul itéré 65 + 65 + 65 + 65 + 65 = 325, avant de parvenir à 65 $\times$ 5.

9 Prélever et utiliser des données présentées dans un diagramme.

Afin de favoriser la compréhension, laisser les élèves observer le diagramme et faire reformuler : par rapport aux axes (nom des villages et nombre d'habitants), par rapport à l'unité utilisée.

Remédiation proposée : on pourra prendre le village E à titre d'exemple : le nombre d'habitants est compris entre 200 et 300 habitants, chaque unité vaut 10 habitants, on compte 3 unités au-dessus de 200, donc il y a donc 230 habitants dans le village E.

10 Écrire l'heure à partir d'une pendule et calculer une durée simple.

Les heures présentées se succèdent dans le temps.

Temps écoulé de 9 h à 10 h : 1 h ;

de 10 h à 10 h 15 min : 15 min ;

total : 1 h 15 min ou 75 min.

Obstacle possible : lorsque les élèves ont bien compris que l'aiguille rouge correspond aux heures et l'aiguille bleue aux minutes, les erreurs sont moins fréquentes. La difficulté réside essentiellement dans la position de l'aiguille rouge en fonction des minutes écoulées ; par exemple pour 9 h 30, l'aiguille rouge est entre le 9 et le 10, de même pour 10 h 40, entre le 10 et le 11.

Remédiations proposées :

- La lecture de l'aiguille rouge correspond systématiquement au nombre le plus petit.
- Préalable indispensable pour la 2e partie de l'exercice : avoir bien mémorisé qu'une heure est égale à 60 minutes.

Exercices différenciés – Grandeurs et mesures 12

11 Repérer le ou les axes de symétrie d'une figure.

Quatre polygones sont tracés, il s'agit de repérer le nombre d'axe de symétrie (s'il y en a un) des différentes figures. Seule la figure B ne possède pas d'axe de symétrie. Les figures A et D possèdent chacune un axe de symétrie. La figure C possède deux axes de symétrie (perpendiculaires).

Obstacle possible : la position des axes (oblique).

Remédiation proposée : utilisation du papier calque comme outil de reconnaissance des axes.

Exercices différenciés – Espace et géométrie 9

12 Terminer la construction d'un carré et d'un rectangle en s'appuyant sur les propriétés (angles droits, égalité de longueur de certains côtés).

Les élèves connaissent les propriétés de chacune des deux figures ; il s'agit à ce stade de les appliquer pour terminer la construction des figures.

Pour le carré, un côté (dont on connait la longueur) est tracé, il s'agit de construire les trois autres côtés en utilisant le fait qu'il y aura des angles droits et que chaque côté aura la même longueur.

Pour le rectangle, deux côtés sont déjà tracés (un de 6 cm et l'autre de 2 cm). En utilisant le fait que le rectangle a quatre angles droits et les côtés opposés de même longueur, les élèves doivent construire les deux derniers côtés.

Obstacle possible : l'orientation des figures.

Remédiation proposée : analyser collectivement les étapes de construction.

Fiche Outils – « Étude d'une figure »

Activité de manipulation 18

Exercices différenciés – Espace et géométrie 7 et 8

57 L'année, les mois, les jours

Programme 2016
- Comparer, estimer, mesurer des durées.
  - » Unités de mesures usuelles de durées : jour, mois, année.
  - » Relations entre ces unités.
- Résoudre des problèmes impliquant des durées.

Objectifs spécifiques de la séance
- Connaitre le découpage de l'année en mois et les relations entre année, mois et jour.
- Résoudre des problèmes de durée.
- Se repérer sur une calendrier civil (en lien avec « Questionner le monde »).

Information didactique
Les concepts fondamentaux d'espace et de temps se construisent au cours de toutes les activités pratiquées à l'école primaire. Au CE2, **l'enfant se situe progressivement par rapport à un passé et un futur plus lointains.** Il connait le calendrier qui rythme l'année. La rotation de la Terre sur elle-même conduit à la notion de jour. La notion de mois prend sa source dans le retour périodique de la pleine lune (durée moyenne d'une lunaison : 29,5 jours). L'observation de la périodicité de la hauteur du Soleil donne naissance à la notion d'année. Tous les calendriers expriment une image cyclique (jour, mois…) qui coexiste avec le temps linéaire de la chronologie.
C'est l'astronome grec Sosigène d'Alexandrie (Ier siècle av. J.-C.) qui établit à la demande de Jules César un calendrier solaire, dit calendrier julien, comportant 365 jours, un jour supplémentaire étant ajouté tous les quatre ans (l'année est alors dite bissextile). Notre calendrier actuel, dit grégorien, comporte la suppression de certaines années bissextiles.

CALCUL MENTAL

❶ **Écrire un nombre < 10 000 sous la dictée.**
4 528 ; 3 000 ; 9 406 ; 6 800 ; 6 008 ; 6 085.
❷ - Produire des suites croissantes de 10 en 10, de 100 en 100, de 1 000 en 1 000 à partir de 2 753.
- Produire des suites décroissantes de 10 en 10, de 100 en 100, de 1 000 en 1 000 à partir de 9 675.

Activités préparatoires

1. Dégager la structure de l'année (année, mois, jour)

20 min

Matériel pour un groupe de deux : un calendrier de l'année, fiche d'activité SITE COMPAGNON

▸ **Conduire une analyse du document.**
Deux options sont possibles.
• Sous la forme d'un questionnaire écrit (fiche d 'activité).
• À l'oral, de manière collective, sous la forme d'un questionnement dirigé. Après chaque question, si nécessaire, les élèves (par deux) consulteront leur calendrier pour donner la réponse.
Consigne 1 : « *À quoi sert le calendrier ?* » Lister les usages proposés.
Consigne 2 : « *Vous allez lire tous les mois de l'année. Combien y a-t-il de mois dans une année ?*
Lisez-les bien. Je vais ensuite demander à quelques groupes, qui s'en sentent capables, de nous donner les noms des mois de l'année dans l'ordre. »
Les écrire au fur et à mesure au tableau.
Consigne 3 : « *Observez le nombre de jours dans les mois. Ont-ils tous le même nombre de jours ? Quels nombres voyez-vous sur le calendrier ?* [30, 31, 28 (ou 29)] »
Faire observer le découpage en semaines et rappeler qu'une semaine à une durée de sept jours.
▸ **Se repérer sur le calendrier**
Repérer quelques dates : la date de la fête nationale française (14 juillet), de la fête du Travail (1er mai), des anniversaires. Faire rechercher les dates de début des quatre saisons : printemps, été, automne, hiver. Faire rechercher les dates des deux équinoxes et des deux solstices (en lien avec l'enseignement « Questionner le monde »). Faire repérer sur le calendrier les dates et les durées des vacances d'hiver et de printemps. Noter les dates de sortie, les dates de rentrée et calculer la durée qui les séparent. Faire colorier les jours de vacances sur un calendrier.

2. Se repérer sur des frises représentant une année, dix années ou plus

20 min

Matériel collectif : bandes « année » de 18 cm divisées en douze parties de 1,5 cm ; bandes « dix années » de 24 cm, divisées en dix parties de 2,4 cm graduées elles-mêmes tous les 2 mm ; frise au tableau.

▸ Sur la bande « année », faire placer les initiales des mois de l'année dans l'ordre en commençant par janvier, puis faire placer par les élèves leur date anniversaire et quelques dates déjà repérées sur le calendrier dans l'activité précédente.
▸ Sur la frise des dix années, faire inscrire le numéro de chaque année en partant, à droite, de l'année actuelle. Remonter le temps en numérotant les années jusqu'à l'année de naissance. Chaque élève doit noter par un point sa date de naissance en repérant le mois. Lui faire indiquer son âge en coloriant la bande de la date de naissance à la date actuelle. On peut faire travailler sur l'âge d'un grand frère ou d'une grande sœur, en utilisant bout à bout deux frises de dix années.
▸ À partir d'une frise plus longue, construite au tableau, faire matérialiser les âges de personnes de plusieurs générations.

Travail sur le fichier

1 Découvrir la répartition des mois de l'année et leur nombre de jours. Définir une année bissextile.
Lire la première phrase et observer l'illustration. Essayer de comprendre ce que fait l'enfant. Dégager une explication du procédé utilisé.
S'assurer au préalable que les élèves peuvent énoncer dans l'ordre les noms des douze mois. Les écrire au tableau.

57 L'année, les mois, les jours

OBJECTIFS :
- connaître le découpage de l'année en mois et les relations entre année, mois et jour ;
- se repérer sur un calendrier civil.

CALCUL MENTAL
Dictée de nombres : nombres < 10 000.

4258 | 3 000 | 9406 | 6 800 | 6008 | 6085

1 Tu peux utiliser la main fermée pour te souvenir du nombre de jours des mois de l'année.

1 année = 365 jours
1 année = 12 mois

- **Utilise** ce procédé et **complète** les trimestres.

janvier : 31 jours	avril : 30 jours	juillet : 31 jours	octobre : 31 jours
février : 28 ou 29 jours	mai : 31 jours	aout : 31 jours	novembre : 30 jours
mars : 31 jours	juin : 30 jours	septembre : 30 jours	décembre : 31 jours

- **En quelle année sommes-nous ?** 2017
- **Est-ce une année bissextile ?** Non
- **Écris** la définition de bissextile : année de 366 jours, dont le mois de février a 29 jours.
- **Calcule** le nombre de jours de cette année.

(30 × 5) + (31 × 7) + 28 = 365

2 **Observe** ce calendrier.
Écris la date des trois prochains jours.

30 janvier
31 janvier
01 février

3 **Écris** la date à laquelle débute chaque saison de cette année.

printemps : lundi 20 mars 2017
été : mercredi 21 juin 2017
automne : vendredi 22 septembre 2017
hiver : jeudi 21 décembre 2017

4 **Barre** les réponses fausses puis **complète** la phrase.

1 an — ~~1 mois~~ — ~~1 jour~~ — ~~6 mois~~ — ~~300 jours~~ — 365 jours — 12 mois

La Terre tourne autour du Soleil en 1 an ou 365 jours ou 12 mois

76 • Soixante-seize

Reprendre le procédé en désignant tous les mois sur la main de janvier à décembre.
Montrer, sur la main fermée, là où l'on placerait les mois de juin, septembre, décembre… Compter tous les mois qui ont 30 jours, puis ceux qui ont 31 jours.
Faire remplir le tableau. Corriger en vérifiant sur un calendrier. Compléter les renseignements concernant une année bissextile. Faire situer l'année en cours par rapport aux années bissextiles précédente et suivante.
Lire la dernière consigne et laisser résoudre le calcul, seul ou par deux. Corriger en demandant d'expliquer les produits entre parenthèses : quatre mois de 30 jours, sept mois de 31 jours plus les 28 ou 29 jours de février. Comparer le résultat avec l'encadré qui donne la relation entre les unités année et jour.

Obstacle possible : la gestion des douze mois de l'année et le calcul du nombre de jours.

2 Fournir les dates de trois jours qui se succèdent dans le cadre d'un changement de mois (passage de janvier à février). Cet exercice permet de vérifier si l'élève prend bien en compte la durée du mois de janvier (31 jours).

Obstacle possible : le sens du mot « prochain ». L'élève part du 29 janvier.

3 Situer les quatre saisons dans l'année.
Rechercher les dates sur un calendrier de l'année en cours.

4 Dégager la relation entre l'année, les mois, les jours et la rotation de la Terre autour du Soleil (notion à travailler en liaison avec l'enseignement « Questionner le monde »).
On retiendra que l'année est le temps mis par la Terre pour faire le tour du Soleil.
Expliquer aux élèves que, comme nous vivons sur la Terre, nous nous déplaçons avec elle autour du Soleil. Lorsqu'il s'est déroulé une durée d'un an, nous avons fait un tour du Soleil. Par exemple, si nous avons huit ans, nous avons fait avec la Terre huit fois le tour du Soleil.

Aide proposée : modéliser de manière très approximative le déplacement de la Terre autour du Soleil, par exemple avec une petite balle en mousse que l'on déplace autour d'un gros ballon. Placer une épingle sur la balle pour représenter un personnage que la Terre emporte avec elle dans son déplacement.

Faisons le point

- Nous avons travaillé sur la durée d'une année.
- Nous savons que la Terre met une année pour faire le tour du Soleil.
- Nous savons que dans une année, il y a douze mois et 365 jours, sauf les années bissextiles qui ont 366 jours.
- Nous savons que les mois ont 31 jours ou 30 jours, sauf le mois de février qui a 28 jours, ou 29 jours les années bissextiles.

MÉMO-MATHS **« Je me repère dans l'année », page 10.**

Pistes d'activités supplémentaires

Activités pour toute la classe

- Écrire les dates en suivant le modèle suivant : 8 avril 2017 → 08/04/2017.
15 mai 2012 ; 10 juillet 2016 ; 7 octobre 2015 ; 2 aout 2013 ; 11 mars 2005 ; 11 novembre 1918 ; 20 décembre 2019.
- Les vacances durent quinze jours. Demander : *« Si elles commencent le 8 février au soir, quel sera le jour de la rentrée ? »*
- Rechercher, sur un ou deux mois, les différents quartiers de lune.

le défi

Problème de recherche par groupe
Retrouver le jour qui situé au milieu de l'année. On prendra une année normale de 365 jours.

58 Une expédition en Islande

Programme 2016
- Comparer, estimer, mesurer des durées.
  » Unités de mesures usuelles de durées : jour, mois, année, heure.
- Résoudre des problèmes impliquant des durées.

Objectifs spécifiques de la séance
- Prélever des informations dans un texte.
- Résoudre des problèmes de durée impliquant l'ensemble des unités connues.
- Connaitre le découpage de l'année en mois et les relations entre mois et jour.
- Se repérer sur un calendrier civil.

Information didactique
Le programme de mathématiques du cycle 2 précise dans son introduction que les problèmes peuvent être issus de situations rencontrées dans d'autres enseignements. Cette fiche a donc un caractère interdisciplinaire et se situe au croisement des enseignements. Le travail proposé peut être mené en **lien avec l'enseignement « Questionner le monde »**.
Les problèmes de cette fiche, qui s'appuient sur un même cadre géographique (l'Islande), font tous intervenir les durées dans des situations impliquant les dates, le calcul de durée et les relations entre les unités.

CALCUL MENTAL

Ajouter un nombre entier de dizaines, de centaines à un nombre de 2 ou 3 chiffres.

❶ Dire : *« 25 + 20 ; 138 + 30 ; 216 + 400 ; 54 + 20 ; 500 + 200 ; 543 + 200. »*
L'élève écrit la somme.

❷ Dire : *« 125 + 20 ; 210 + 40 ; 435 + 30 ; 65 + 30 ; 27 + 40 ; 32 + 30 ; 721 + 60 ; 200 + 300 ; 226 + 300 ; 200 + 400 ; 259 +400 ; 413 + 400 ; 400 + 300 ; 450 + 300. »*
L'élève écrit la somme.

Activité préparatoire

Se repérer, s'orienter et se situer dans un espace géographique

Séance longue avec travail de groupe sur documents et compte-rendu qui pourra précéder, quelques jours avant, la séance de mathématiques.

Matériel collectif : mappemonde, documents sur l'Islande.

Présenter l'Islande, une grande ile de l'Atlantique nord frôlée par le cercle polaire arctique, située entre le Groenland et la Norvège. Elle se situe à la limite des plaques tectoniques eurasienne et nord-américaine.

C'est un pays de glaciers, de volcans et de montagnes : ses paysages sont grandioses, avec des grands espaces, de nombreux cours d'eau, des lacs et de puissantes chutes d'eau. La composition du sol de l'Islande est essentiellement volcanique. C'est un pays peu peuplé mais très touristique.

Les élèves pourront faire des recherches, en s'appuyant sur des photos, des petits textes ou des recherches sur Internet. Chaque groupe pourra présenter un aspect particulier de l'île.

Travail sur le fichier

1 Calculer une durée en jours.

Laisser observer l'image et lire le texte silencieusement. Observer la position de l'Islande. Elle est située, sur le globe, dans l'hémisphère nord, à proximité du pôle, ce qui explique ce paysage de glace. Dans la vignette au-dessous, on nous présente une image grossie de l'île. Remarquer ses côtes très découpées et faire situer le nord de l'île, où s'est déroulée l'expédition. Préciser que les noms sur la carte sont ceux de lieux que l'on va retrouver dans les exercices qui suivent.

Lire le texte à haute voix. Préciser : *« Ce texte nous fournit des renseignements qui vont nous permettre de calculer la durée de l'expédition. »*

Relever les procédures des élèves : il faut ajouter le nombre de jours des mois d'avril (30), de mai (31) et les 23 jours en juin, soit une expédition d'une durée de 84 jours.

Obstacle possible : perception d'une durée de plusieurs mois.

2 Calcul de la durée du jour à deux dates opposées dans l'année par deux calculs différents.

La situation géographique de l'Islande, très au Nord, fait que la durée des jours varie beaucoup dans l'année. En décembre et en janvier, le jour ne dure pas plus de 3 ou 4 heures et, en juin et juillet, on peut voir le soleil de minuit.

Observer la position de Reykjavik, la capitale, au sud-ouest de l'Islande.

On doit trouver la durée du jour dans cette ville à la mi-juin et au 20 décembre.

- Pour répondre à la 1re question, il faut connaitre la relation 1 j = 24 h. La durée où il fait jour est de 24 h – 4 h = 20 h.

Obstacle possible : polysémie du mot « jour », entre le jour « astronomique » (durée de la rotation de la Terre sur elle-même, soit 24 h) et la durée de l'éclairage de la Terre par le Soleil. Le mot est utilisé dans les deux sens dans le problème.

- Dans la 2e question, le calcul s'appuie sur les heures du lever et du coucher du Soleil.

Il faut calculer la durée qui s'écoule entre 11 h 20 et 15 h 30. Le calcul peut se résoudre par complémentation, par étapes, en s'appuyant sur un schéma.

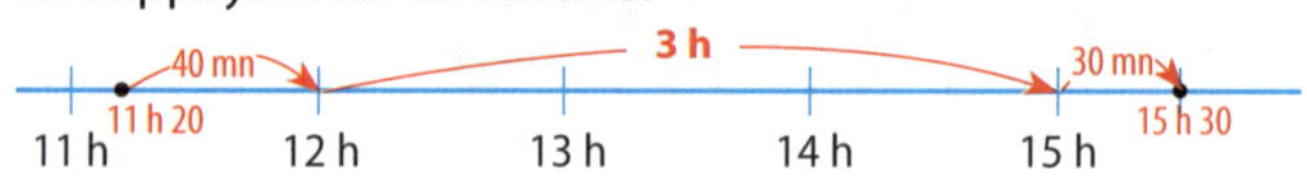

De 11 h 20 à 12 h 00, il y a 40 min ; puis de 12 h à 15 h, 3 h ; puis de 15 h à 15 h 30, 30 min.

40 min + 3 h + 30 min = 3 h 70 min, soit 4 h 10 min.

Obstacles possibles :
- Calcul d'une durée impliquant des heures et des minutes.
- Complémentation à l'heure immédiatement supérieure, qui suppose la maitrise de la relation 1 heure = 60 minutes.
- Conversion des minutes en heures dans le résultat.

3 Situation de division impliquant des durées.

L'élève doit calculer combien de fois une durée est contenue dans une durée plus grande. Ici, combien de fois y a-t-il 5 min dans 60 min ? Ou bien, dans 60 min, combien de fois y a-t-il 5 min ?

Le mot geyser vient de l'islandais geysir qui signifie « qui jaillit ». Un geyser est une source d'eau chaude qui jaillit par intervalle en projetant en l'air à haute température et à haute pression un jet brulant d'eau et de vapeur. Pour trouver combien de fois le geyser Strokkur jaillit en une heure, il faut trouver combien de fois il y a 5 min dans une heure, c'est-à-dire dans 60 min.

Recueillir les procédures des élèves et les analyser pour repérer la plus efficace.

• 5 + 5 + 5 + 5 + 5 + 5 + 5 + 5 + 5 + 5 + 5 + 5 : addition itérée de 5 en calculant toutes les sommes intermédiaires.

• Comptage par 10 : 10 + 10 + 10 + 10 + 10 + 10.

10, c'est 2 fois 5. Pour 6 fois 10 min, cela fait 12 fois 5 min.

• Passer par la table de 5 :

60, c'est 30 + 30 ou 6 fois 5 + 6 fois 5 = 12 fois 5.

• 60, c'est 50 + 10 ou 10 fois 5 + 2 fois 5 = 12 fois 5.

Obstacle possible : le sens de l'opération « quotient de 60 par 5 ».

4 Ajouts itérés de cinq ou six jours à partir d'une même date.

Höfn est un port de pêche du sud-est de l'Islande. Dans cette petite ville, on compte beaucoup d'usines de transformation du poisson.

Situer la scène. Deux bateaux partent le même jour du port. Ils y reviennent régulièrement, mais la durée passée en mer n'est pas la même pour ces deux bateaux. Il s'agit de trouver quel jour ils repartiront de nouveau ensemble.

L'élève doit compléter le tableau de cinq en cinq pour le bateau rouge et de six en six pour le bateau bleu jusqu'à retomber sur la même date (ici, le 1er aout).

Obstacle possible : le passage du mois de juillet au mois d'aout. On ne peut pas, dans les additions, dépasser le nombre 31 : il n'y a pas de mois de 32 jours. Le jour après le 31 est le 1er du mois suivant.

Faisons le point

• Toutes les situations proposées dans les problèmes se passent en Islande, un pays que nous avons appris à connaitre. Ce sont tous des problèmes très différents, où l'on se sert des dates pour calculer des durées.
• Pour résoudre ces problèmes, nous avons utilisé plusieurs unités de durée : les mois, les jours, les heures, les minutes et les relations entre ces unités.

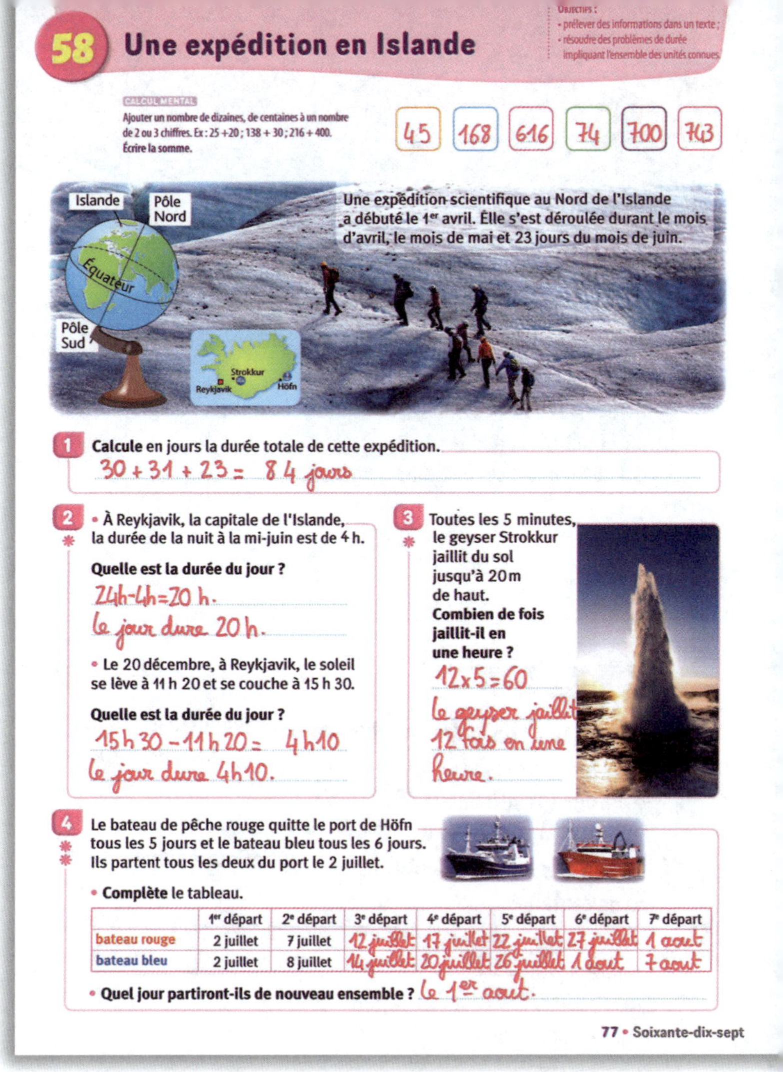

58 Une expédition en Islande

Objectifs :
• prélever des informations dans un texte ;
• résoudre des problèmes de durée impliquant l'ensemble des unités connues.

CALCUL MENTAL
Ajouter un nombre de dizaines, de centaines à un nombre de 2 ou 3 chiffres. Ex : 25 + 20 ; 138 + 30 ; 216 + 400.
Écrire la somme.

45 | 168 | 616 | 74 | 700 | 743

Une expédition scientifique au Nord de l'Islande a débuté le 1er avril. Elle s'est déroulée durant le mois d'avril, le mois de mai et 23 jours du mois de juin.

1 **Calcule** en jours la durée totale de cette expédition.
30 + 31 + 23 = 84 jours

2 • À Reykjavik, la capitale de l'Islande, la durée de la nuit à la mi-juin est de 4 h.
Quelle est la durée du jour ?
24h - 4h = 20 h.
le jour dure 20 h.
• Le 20 décembre, à Reykjavik, le soleil se lève à 11 h 20 et se couche à 15 h 30.
Quelle est la durée du jour ?
15 h 30 - 11 h 20 = 4 h 10
le jour dure 4 h 10.

3 Toutes les 5 minutes, le geyser Strokkur jaillit du sol jusqu'à 20 m de haut.
Combien de fois jaillit-il en une heure ?
12 x 5 = 60
le geyser jaillit 12 fois en une heure.

4 Le bateau de pêche rouge quitte le port de Höfn tous les 5 jours et le bateau bleu tous les 6 jours. Ils partent tous les deux du port le 2 juillet.
• **Complète** le tableau.

	1er départ	2e départ	3e départ	4e départ	5e départ	6e départ	7e départ
bateau rouge	2 juillet	7 juillet	12 juillet	17 juillet	22 juillet	27 juillet	1 aout
bateau bleu	2 juillet	8 juillet	14 juillet	20 juillet	26 juillet	1 aout	7 aout

• **Quel jour partiront-ils de nouveau ensemble ?** le 1er aout.

77 • Soixante-dix-sept

Pistes d'activités supplémentaires

Soutien

• Interroger les élèves sur les mois de l'année. Ils doivent les connaitre dans l'ordre avec leur nombre de jours.
• Associer à chaque mois un numéro d'ordre.
• Coder une date en chiffres et décoder une date écrite en chiffres.
• Écrire en h et min : 70 min ; 90 min ; 100 min ; 120 min ; 150 min…

Approfondissement

• Faire ranger des dates écrites en chiffres de la plus ancienne à la plus récente :
27/12/2006 ; 01/01/2006 ; 07/08/2009 ; 10/09/2010.
• Calculer la durée restant pour atteindre 10 h s'il est :
9 h 30 min ; 9 h 15 min ; 9 h 25 min ; 9 h 05 min ; 8 h 50 min.
• Calculer la durée qui s'est écoulée entre 11 h 15 et 13 h 30, puis entre 10 h 40 et 14 h 20.
• Un train qui devait arriver à Lyon à 7 h 25 a un quart d'heure de retard. À quelle heure arrivera-t-il à Lyon ?
• L'horloge indique midi mais elle avance d'une minute.
En réalité, quelle heure est-il ?

59 La suite des nombres jusqu'à 10 000

• Activité de manipulation 6
• Exercices différenciés – Nombres 7 à 14

Programme 2016
- Comparer, ranger, encadrer, intercaler des nombres entiers.
- Associer un nombre entier à une position sur une demi-droite graduée.
  » Calculer mentalement pour obtenir un résultat exact.

Objectifs spécifiques de la séance
- Aborder la suite des nombres jusqu'à 10 000 en s'appuyant sur la régularité de la suite des nombres.
- Placer un nombre sur une suite numérique.

Information didactique
Au CP, les élèves étudient la numération décimale jusqu'à 100. Au CE1, ils revoient particulièrement les nombres de 70 à 100, puis jusqu'à 200, 600 et enfin jusqu'à 1 000. Au CE2, **ils poursuivent cette étude avec les nombres à quatre chiffres jusqu'à 10 000**.
Dans les fiches 51 et 55, nous avons déjà prolongé la numération au-delà de 1 000. Il nous a suffi de faire fonctionner le principe de la numération à base 10 et d'introduire les milliers après les unités, les dizaines et les centaines. La prolongation de l'algorithme de la numération décimale à l'unité des mille consolide ainsi, chez les élèves, la connaissance de l'écriture des nombres. Cette fiche, qui s'intéresse particulièrement à la suite numérique, revêt une dominante ordinale.

CALCUL MENTAL

❶ **Problème : résoudre une situation additive sur la monnaie.**
Dire : *« Marco a déjà 132 € dans son portemonnaie. Combien aura-t-il après s'il dépense 40 € ? 50 € ? 60 € ? 32 € ? 100 € ? »*
L'élève écrit le résultat.

❷ **Calculer une augmentation ou une diminution de dizaines ou de centaines.**
Dire : *« Au jeu de Monopoly, Alice avait 650 €. Indique quelle somme elle a gagnée ou perdue si elle possède maintenant 600 € ; 750 € ; 670 € ; 620 € ; 700 € ; 950 € ; 680 € ; 610 € ; 250 € ; 50 €. »*
L'élève écrit la somme.

Activités préparatoires

1. Situer un nombre sur la ligne numérique graduée de 1 000 en 1 000

10 min

Matériel par groupe de deux : une étiquette-nombre à quatre chiffres (exemples : 5 630 ; 2 845 ; 3 218 ; 4 450 ; 1 975 ; 739 ; 6 500 ; 7 200 ; 9 800 ; 8 099 ; 4 810 ; 4 100), un aimant.

▶Tracer au tableau une ligne numérique graduée de 1 000 en 1 000.

Consigne 1 : *« Chaque groupe de deux doit venir placer son étiquette-nombre au bon endroit sur cette ligne numérique graduée de 1 000 en 1 000. »*

Faire justifier chaque fois le placement selon deux critères : le choix de l'intervalle et la position dans l'intervalle.

Consigne 2 : *« Pourquoi avez-vous placé le nombre 3 218 entre 3 000 et 4 000 ? Pourquoi l'avez-vous mis à cet endroit dans l'intervalle ? »*

- « 3 218 est supérieur à 3 000 et inférieur à 4 000. 3 218 est donc situé entre 3 000 et 4 000. »

Écrire au tableau 3 000 < 3 218 < 4 000.

- « On a placé 3 218 ici, car il est situé plus près de 3 000 que de 4 000. Le nombre qui est juste au milieu de l'intervalle entre 3 000 et 4 000 est le nombre 3 500 ; 3 218 est avant 3 500, donc 3 218 est plus près de 3 000 que de 4 000. »

Continuer ainsi pour les autres nombres.

2. Jeu « Retrouver le nombre auquel je pense »

10 à 15 min

▶Écrire une vingtaine de nombres au tableau.

Consigne : *« Je pense à un nombre écrit au tableau. Vous devez retrouver le nombre auquel je pense en me posant des questions. Mais vous ne devez pas me proposer directement un nombre sans avoir posé des questions qui vont vous aider petit à petit à situer ce nombre. »*

Chacun doit écouter la question des autres et la réponse et en tenir compte. Par exemple : « Est-ce que le nombre est plus petit que 5 000 ? » ; « Est-ce qu'il est plus grand que 2 000 ? » ; « Est-ce qu'il est entre 2 500 et 3 000 ? », etc.

3. Travail d'évaluation sur les passages de dizaines, de centaines, de milliers

15 à 20 min

Prévoir une batterie d'exercices rapides.
- Compter de 100 en 100 de 2 000 à 3 000.
- L'enseignant ou un élève écrit la suite énoncée oralement par les élèves (jeu du furet).
- Compter de 10 en 10 de 1 500 à 1 600. Écrire la suite au tableau.
- Dire la suite des nombres de 5 390 à 5 400. L'écrire au tableau.
- Dire la suite des nombres de 3 990 à 4 000. L'écrire au tableau.
- Faire écrire le nombre précédent et le nombre suivant.

Consignes : *« Écrivez sur vos ardoises le nombre 1 250, puis écrivez le nombre qui est juste avant et le nombre qui est juste après. » ;*
« Écrivez le nombre 3 600, puis écrivez le nombre qui est juste avant et le nombre qui est juste après. » ;
« Écrivez le nombre 4 000, puis écrivez le nombre qui est juste avant et le nombre qui est juste après. »
Corriger au fur et à mesure et repérer les erreurs.

Travail sur le fichier

1 Placer des nombres à quatre chiffres sur une ligne graduée de 1 000 en 1 000. Proposer un nombre situé entre deux milliers.
L'élève peut partir d'un nombre et chercher sa place : « 5 480 est un nombre situé entre 5 000 et 6 000. Je cherche le nuage qui est situé entre 5000 et 6 000. »
Il peut partir d'une case vide et chercher le nombre qui correspond. Pour le 1er nuage, il va chercher un nombre situé entre 2 000 et 3 000. Ici, c'est le nombre 2 500.

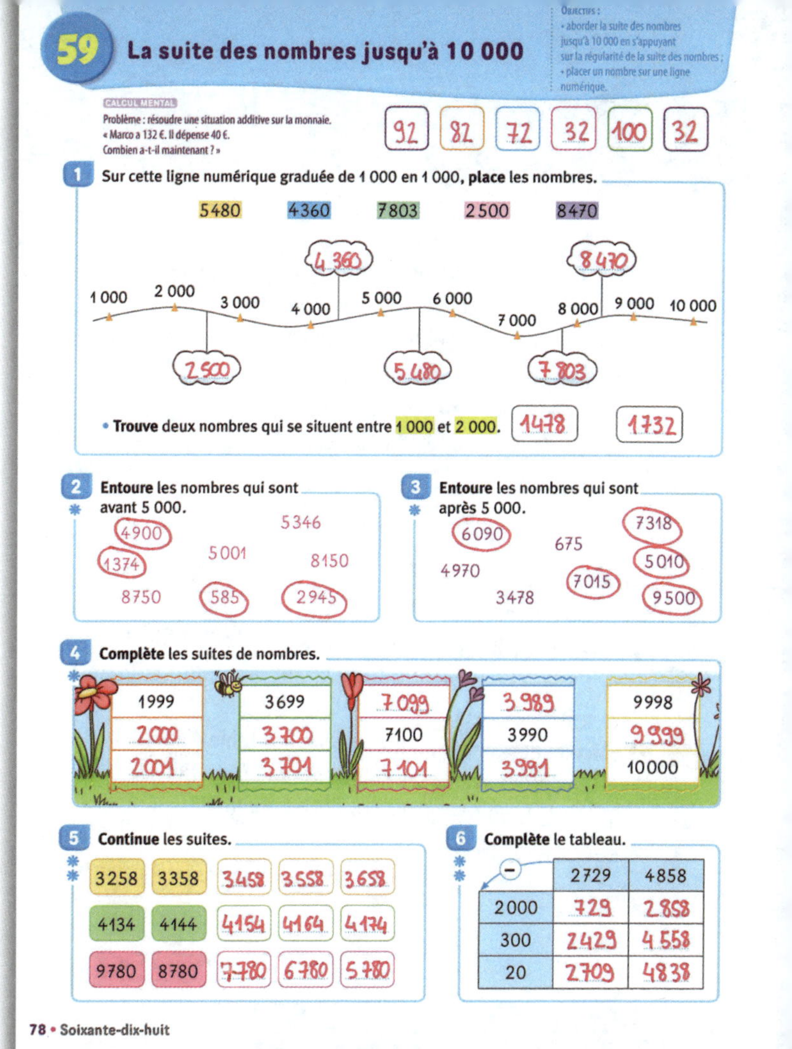

59 La suite des nombres jusqu'à 10 000

Objectifs :
- aborder la suite des nombres jusqu'à 10 000 en s'appuyant sur la régularité de la suite des nombres ;
- placer un nombre sur une ligne numérique.

CALCUL MENTAL

Problème : résoudre une situation additive sur la monnaie.
« Marco a 132 €. Il dépense 40 €.
Combien a-t-il maintenant ? »

92 | 82 | 72 | 32 | 100 | 32

1 Sur cette ligne numérique graduée de 1 000 en 1 000, **place** les nombres.

5480 4360 7803 2500 8470

• **Trouve** deux nombres qui se situent entre 1 000 et 2 000. 1478 1732

2 **Entoure** les nombres qui sont avant 5 000.

4900 5346 1374 5001 8150 8750 585 2945

3 **Entoure** les nombres qui sont après 5 000.

6090 7318 675 5010 4970 7015 3478 9500

4 **Complète** les suites de nombres.

1999	3699	7 099	3 989	9998
2000	3 700	7100	3990	9 999
2001	3 701	7 101	3991	10000

5 **Continue** les suites.

3258	3358	3 458	3 558	3 658
4134	4144	4154	4164	4 174
9780	8780	7 780	6 780	5 780

6 **Complète** le tableau.

−	2729	4858
2000	729	2 858
300	2 429	4 558
20	2 709	4 838

78 • Soixante-dix-huit

Pour la 2e partie, de nombreuses possibilités existent. Faire lire les nombres proposés par chaque élève. La classe valide les propositions. On pourra les noter au tableau. Repérer les nombres les plus choisis et relever les erreurs.

2 et **3** Repérer dans un ensemble de nombres, les nombres inférieurs ou supérieurs à un nombre donné.
On pourra recopier les nombres au tableau en respectant les positions. Pour chaque exercice, s'assurer que les élèves savent lire les nombres.

Obstacle possible : le sens, dans ce cas précis, des mots « avant » et « après ».
Aide proposée : expliquer ces mots avec des expressions équivalentes : « Un nombre qui est avant 100 dans la suite numérique, c'est un nombre qui est plus petit que 100, c'est un nombre qui est inférieur à 100. »

4 Compléter la liste de trois nombres qui se suivent dans la suite numérique dans des zones de franchissement de dizaines, de centaines ou de milliers.
S'assurer que la consigne a été comprise et laisser résoudre en autonomie. Corriger et expliquer les différents passages :
• 1 999, c'est 1 000 + 999.
Le suivant, c'est 1 000 + (999 + 1) = 1 000 + 1 000 = 2 000.
• 3 699 = 3 000 + 699.
Le suivant, c'est 3 000 + (699 + 1) = 3 000 + 700 = 3 700.
• 7 099 = 7 000 + 99.
Le suivant, c'est 7 000 + (99 + 1) = 7 000 + 100 = 7 100.
• 3 989 = 3 900 + 89.
Le suivant, c'est 3 900 + (89 + 1) = 3 900 + 90 = 3 990.
• 9 999 = 9 000 + 999.
Le suivant, c'est 9 000 + (999 + 1) = 9 000 + 1 000 = 10 000.

5 Itérer une suite de 10 en 10, de 100 en 100, de 1 000 en 1 000.
Pour chacune des suites, repérer la règle de sa construction à partir des deux premiers nombres.
Pour passer de 3 258 à 3 358, on ajoute 100, donc on ajoutera toujours 100 dans la suite.
Pour passer de 4 134 à 4 144, on ajoute 10, donc on ajoutera toujours 10 dans la suite.
Pour passer de 9 780 à 8 780, on retranche 1 000, donc on enlèvera toujours 1 000 dans la suite.
Remarquer que pour ajouter ou retrancher 10, 100 ou 1 000, il suffit ici d'ajouter ou de retrancher 1 au chiffre des dizaines, des unités ou des milliers.

Obstacles possibles :
• Le fait de travailler sur des grands nombres.
• Le repérage des unités de numération concernées par les transformations.

6 Compléter un tableau soustractif à double entrée.
Observer le sens de la flèche qui part de la ligne des nombres les plus grands vers la colonne des nombres les plus petits.
On pourra remarquer que l'on retranche des milliers, des centaines entières et des dizaines entières. Laisser effectuer en autonomie, puis corriger et recueillir les procédures.
Le plus rapide est de travailler avec les unités de numération.
Sur la 1re ligne, on enlève deux milliers.
Sur la 2e ligne, on enlève 3 centaines.
Sur la 3e ligne, on enlève 2 dizaines.

Obstacles possibles :
• L'habillage du calcul sous la forme d'un tableau à double entrée.
• L'utilisation des unités de numération.

Faisons le point

• Nous savons replacer des nombres à quatre chiffres sur la ligne numérique graduée de 1 000 en 1 000.
• Nous avons travaillé le passage d'une dizaine, d'une centaine ou d'un millier.
• Nous avons fait des suites de nombres de 10 en 10, de 100 en 100 de 1 000 en 1 000.
MÉMO-MATHS **« Je connais les nombres jusqu'à 10 000 », page 8.**

Pistes d'activités supplémentaires

Activités pour toute la classe

• Faire relever dans l'environnement des nombres à quatre chiffres et leur demander de noter à quoi ils correspondent.
• Énoncer des suites croissantes de 10 en 10, de 100 en 100 et de 1 000 en 1 000 (jeu du furet).
• Énoncer des suites décroissantes de 10 en 10, de 100 en 100 et de 1 000 en 1 000 (jeu du furet).
• Calcul mental : écrire le nombre qui précède une dizaine entière (ex. : 1 690), une centaine entière (ex. : 3 600) ; encadrer une dizaine entière, une centaine entière, un millier par le nombre qui précède et le nombre qui suit.

le défi

Qui suis-je ?
Je suis entre 5 000 et 6 000 ; la somme de mes chiffres est égale à 14 ; mes chiffres des centaines et des unités sont égaux ; mon chiffre des dizaines ne peut pas être plus grand.

60 Situer un nombre entre deux milliers

Exercices différenciés – Nombres 12 et 14

Programme 2016
- Comparer, ranger, encadrer, intercaler des nombres entiers.
- Nommer, lire, écrire, représenter des nombres entiers.
- Associer un nombre entier à une position sur une demi-droite graduée.

Objectifs spécifiques de la séance
- Ranger, encadrer des nombres entre deux milliers consécutifs.
- Associer un nombre à une position sur une ligne graduée de 100 en 100.

Information didactique
En prolongement de la fiche précédente, qui nous a fait travailler sur l'ensemble de la suite des nombres jusqu'à 10 000, nous allons ici, par un effet loupe, nous intéresser à un *intervalle entre deux milliers consécutifs*, à la position d'un nombre dans cet intervalle ainsi qu'à la distance qui sépare ce nombres des deux bornes « mille » qui l'encadrent. On obtiendra par là-même une plus grande précision sur la position de ce nombre.

CALCUL MENTAL

❶ **Calculer des différences associées à la table d'addition.**
Dire : « *12 – 4 ; 13 – 5 ; 14 – 7 ; 16 – 7 ; 18 – 9 ; 16 – 8 ; 16 – 9 ; 18 – 8.* »
L'élève écrit la différence.

❷ **Calculer des compléments associés à la table d'addition.**
Dire : « *De 4 pour aller à 12 ? de 5 à 11 ? de 7 à 13 ? de 9 à 14 ? de 7 à 14 ? de 8 à 15 ? de 2 à 10 ? de 3 à 11 ? de 6 à 15 ? de 8 à 16 ?* »
L'élève écrit le complément.

Activité préparatoire

Situer un nombre à quatre chiffres par rapport aux milliers

30 min

▶ Écrire la liste des sommets avec leur altitude au tableau :

Mont Blanc	4 810 m	Aiguille du Midi	3 842 m
La Meije	3 984 m	Puy de Sancy	1 886 m
Mont Ventoux	1 912 m	Monté Cinto	2 706 m
Grandes Jorasses	4 208 m	Pic du Midi d'Ossau	2 885 m
Ballon d'Alsace	1 247 m	Pic du Canigou	2 786 m

Consigne 1 : « *Voici huit sommets qui se situent dans des massifs montagneux de France. On donne l'altitude de chacun de ces sommets. Est-ce que vous savez dans quels massifs se situent certains d'entre eux ?* »

Organiser une recherche rapide ou montrer l'emplacement de ces sommets sur la carte murale de la France. Cette recherche peut aussi faire l'objet d'un travail ultérieur sur la notion d'altitude dans l'enseignement « Questionner le monde ».

▶ Poser quelques questions à l'oral.

- « *Quel sommet a une altitude de "deux-mille-sept-cent-six mètres" ? de "mille neuf-cent douze mètres" ?* »
- « *Quelle est l'altitude du Puy de Sancy ? du pic du Midi d'Ossau ? des grandes Jorasses ?* »
- « *Quel sommet a une altitude située entre 1 900 m et 2 000 m ? entre 4 200 m et 4 300 m ? entre 3 900 m et 4 000 m ?* »

▶ Faire travailler à l'écrit sur le cahier de recherche.

Consigne 2 : « *Écrivez le nom des sommets dont l'altitude se situe entre 1 000 m et 2 000 m ; entre 2 000 m et 3 000 m ; entre 3 000 m et 4 000 m, entre 4 000 m et 5 000 m* ».

Consigne 3 : « *Vous allez ranger toutes ces altitudes dans l'ordre croissant.* » La réponse est : 1 247 m ; 1 886 m ; 1 912 m ; 2 706 m ; 2 786 m ; 2 885 m ; 3 842 m ; 3 984 m ; 4 208 m ; 4 810 m.

La dernière question portera sur les écarts.

Consigne 4 : « *Quelle altitude est la plus proche de 4 000 m ?* (3 984 m) *de 3 800 m ?* (3 842 m) *de 3 900 m ?* (3 842 m) »

Travail sur le fichier

1 Lire un schéma représentant l'étagement de la végétation. Situer des altitudes entre deux milliers successifs.

Laisser observer le schéma puis en faire une première analyse avec la classe. La végétation que l'on trouve dans les montagnes dépend de l'altitude. À gauche du schéma, on a écrit le type de végétation ou de paysage ; à droite, les altitudes. On pourra remarquer qu'à partir d'une certaine altitude, les forêts disparaissent, puis que pour des altitudes encore plus élevées, la neige remplace la végétation. Faire compléter les cases par les milliers. Pour les placer, tenir compte des altitudes déjà présentes.

Répondre aux questions du fichier.

• Entre 1 000 m et 2 000 m, on trouve la forêt. On notera que, selon l'altitude, les types d'arbres ne sont pas les mêmes. Au fur et à mesure que l'on s'élève, on trouve d'abord les chênes, puis les hêtres et enfin les sapins.

• 2 680 m est une altitude située entre 2 500 m et 2 700 m. Le promeneur est dans la zone des rochers.

Obstacle possible : la lecture d'un schéma de forme peu habituelle qui fait intervenir la notion d'altitude, encore peu maitrisée par les élèves.
Aide proposée : présenter aux élèves la suite numérique orientée autrement que par une ligne horizontale sur laquelle les nombres vont croissant de la gauche vers la droite.

2 Ranger des nombres dans un même intervalle entre deux milliers (ici, entre 2 000 et 3 000).

Faire lire les six nombres oralement. Laisser effectuer le rangement puis corriger en faisant émerger une méthode efficace.

Ces nombres sont tous entre 3 000 et 4 000. On ne peut pas les différencier avec les milliers.

On compare le chiffre des centaines. 3 099 a le plus petit chiffre (0) : c'est le plus petit de ces six nombres ; puis l'on aura dans l'ordre croissant : 3 125 - 3 370 - 3 500 - 3 875 - 3 908.

Obstacle possible : gestion du rangement de six nombres encadrés par les mêmes milliers.
Aide proposée : s'appuyer sur une méthode de rangement maitrisée.

3 Associer un nombre à une position sur la ligne numérique graduée de 100 en 100 de 2 000 à 3 000.
S'assurer que les élèves ont bien compris la tâche à accomplir. Tous les nombres sont situés dans le même intervalle, entre 2 000 et 3 000. Pour se repérer, les élèves peuvent prendre appui sur la graduation de 100 en 100.
Il existe deux façons de faire :
- partir d'une lettre et repérer le nombre correspondant à sa position (ex. : la lettre A est située entre 2 800 et 2 900, il s'agit donc du nombre 2 850).
- partir du nombre (comme semble l'induire la consigne) : 2 460 est situé entre 2 400 et 2 500. On regarde sur la ligne : il est représenté par la lettre E.

Obstacles possibles :
• Une présentation assez complexe qui peut perturber les élèves (quatre strates de données : les nombres, la ligne numérique graduée, les lettres positionnées sur la ligne, les lettres et les appels réponses).
• Le placement des nombres 2 710 et 2 780, qui se trouvent tous les deux entre 2 700 et 2 800.

4 Repérer le millier le plus proche d'un nombre à quatre chiffres.
Laisser effectuer puis demander aux élèves de justifier leurs choix.
Dégager une méthode en faisant nommer les nombres qui se trouvent juste au milieu de l'intervalle, qui sont aussi proches d'une borne que de l'autre, à égale distance des deux milliers : « Le nombre situé à égale distance de 0 et 1 000, c'est est le nombre 500 ; à égale distance de 1 000 et de 2 000, c'est 1 500 ; puis pour les autres intervalles de mille, on trouve 2 500, 3 500, etc. »
Pour trouver le millier le plus proche, il faut donc situer le nombre étudié par rapport à ces « nombres-milieux ». 2 850 est après 2 500 ; il est dans la seconde partie de l'intervalle. Il est plus proche de 3 000.

La petite question

C'est 2 500, car 2 500 – 500 = 2 000 et 2 500 + 500 = 3 000.

Faisons le point

• Nous avons situé des nombres entre deux milliers.
• Nous avons rangé des nombres dans l'intervalle entre deux milliers qui se suivent.
• Nous avons retrouvé les nombres qui correspondaient à des positions désignées par des points sur la ligne numérique.
• Nous savons désigner le millier le plus proche d'un nombre donné.
MÉMO-MATHS **« Je sais ranger des nombres à 4 chiffres », page 10.**

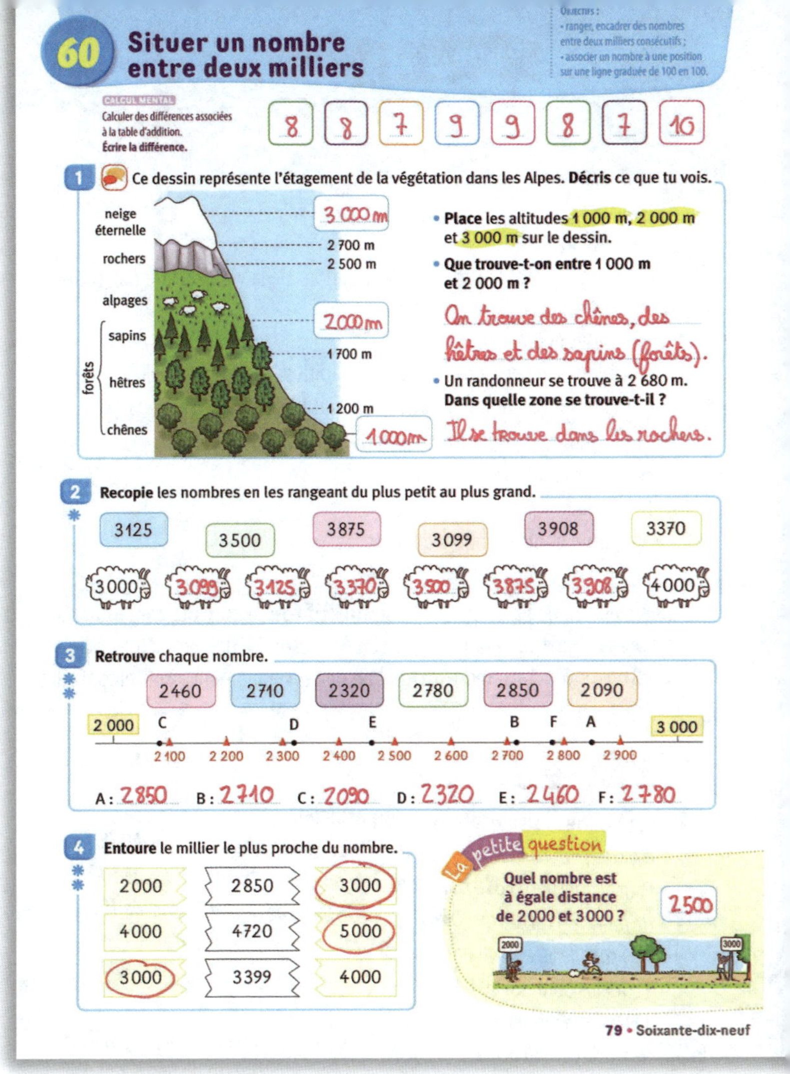

Pistes d'activités supplémentaires

Soutien

• Calcul mental (par groupe de deux) : dire ou écrire au tableau un nombre inférieur à 10 000 au tableau. L'élève écrit alors le millier le plus proche sur son ardoise.
• Encadrer la longueur de quelques grands fleuves du monde par les milliers de kilomètres les plus proches : Nil (6 670 km) ; Niger (4 200 km) ; Fleuve Jaune (5 800 km) ; Danube (2 857 km) ; Gange (2 478 km) ; Volga (3 531 km) ; Amazone (6 150 km).

Approfondissement

• Donner des prix d'objets inférieurs à 10 000 € et demander d'arrondir ces prix au millier d'euros le plus proche (ex. : automobile : 8 950 € ; moto : 4 190 € ; canapé : 2 950 € ; tableau de peinture : 2 250 € ; tondeuse autoportée : 2 780 € ; fauteuil : 999 €, etc.)
• Écrire le nombre situé à la même distance de 2 000 et de 3 000, de 5 000 et de 6 000, de 150 et de 160, de 1 400 et de 1 500.
• Entre 2 000 et 3 000, donner deux nombres situés à la même distance de 2 500.

le défi

Qui suis-je ?
Je suis à la même distance de 1 000 que 1 250.

PROBLÈMES

61 Analyser des solutions

Programme 2016

• Résoudre des problèmes issus de situations de la vie quotidienne, conduisant à utiliser les quatre opérations.

» Sens des opérations.

» Problèmes relevant des structures additives (addition/soustraction).

» Problèmes relevant des structures multiplicatives.

Objectifs spécifiques de la séance

- Analyser des solutions.
- Choisir l'opération appropriée.
- Rédiger un énoncé à partir de données.

Information didactique

La résolution de problèmes est un **objectif fondamental**, car l'utilité des mathématiques apparait lorsque l'on sait résoudre des problèmes. Elle est aussi un moyen d'atteindre les finalités de l'enseignement, car la plupart des notions traitées à l'école primaire peuvent être construites en les considérant comme des outils pour traiter de nouveaux problèmes.

Les situations proposées doivent être variées afin d'**éviter les automatismes**. Le choix de l'opération ne doit pas être fait au hasard mais doit résulter de la bonne appréhension de la situation proposée. Progressivement, l'élève apprend à mettre en œuvre un raisonnement, à formuler et à communiquer sa démarche et à argumenter sur la validité de sa solution.

Dans un souci de vérification, on veillera à initier et habituer l'élève au **contrôle d'une solution** élaborée par lui-même ou d'autres élèves. Par l'analyse, il appréhende la logique d'un raisonnement, apprend à rechercher les causes d'erreurs. Il découvre aussi la diversité des solutions et des présentations de résultats. En cas de difficulté, on suggèrera à l'élève une méthode de vérification (schéma par exemple) pour lui permettre de prendre par lui-même conscience de son erreur.

CALCUL MENTAL

Problèmes : situations de comparaison.

❶ Dire : « *Dans sa remorque, François ne doit pas transporter plus de 500 kg. Peut-il transporter 610 kg de sable ? Un meuble de 180 kg ? 4 sacs de 100 kg de farine ? 5 caisses de 90 kg chacune ? 500 kg de ciment ? 4 sacs de 100 kg et 3 sacs de 50 kg ? 48 pavés de 10 kg ?* »

Écrire les données au tableau.

L'élève répond par oui ou non.

❷ Dire : « *Pour acheter un jeu qui coute 59 €, Tom et Chloé réunissent leurs économies. Peuvent-ils acheter ce jeu s'ils possèdent 20 € et 40 € ? 25 € et 30 € ? 29 € et 20 € ? 30 € chacun ? 25 € chacun ? 29 € et 30 € ?* »

L'élève répond par oui ou non et justifie sa réponse.

Activités préparatoires

1. Rédiger une question à partir d'un énoncé, puis trouver la réponse à cette question — 30 min

Matériel par groupe de deux : fiche d'activité avec quatre énoncés de problèmes (SITE COMPAGNON).

Consigne : « *Vous avez une page avec quatre énoncés de problèmes. Pour chacun de ces énoncés, vous devez écrire une question sur votre page. Ensuite, vous devrez trouver la réponse à chacune de vos questions.* »

Comparer le contenu et la formulation des questions. Vérifier si l'on peut fournir une réponse. Pour certains énoncés, on pourra recueillir plusieurs questions différentes.

2. Proposer un problème — 30 min

Cette activité peut être proposée comme activité préparatoire longue ou, plus tard après la séance, comme une activité de rebrassage et d'évaluation.

À partir d'un problème, on fera expliciter les démarches, comparer les solutions et en rechercher d'autres, puis on dégagera la logique des erreurs rencontrées (mauvaise lecture de l'énoncé, mauvaise compréhension de la question…)

Exemple de problème pouvant servir de support à cette activité : « À la librairie, M. Blanc achète trois cartes postales à 2 € l'une et un roman. Il paie avec un billet de 50 €. Le libraire lui rend 29 €. Quel est le prix du roman ? »

Travail sur le fichier

1 Analyser des solutions. Repérer les solutions erronées et rechercher la logique des erreurs.

• Écrire ou vidéoprojeter l'énoncé du problème au tableau (ne pas faire ouvrir le fichier).

Par deux, faire lire silencieusement et faire échanger au sein des groupes pour que les élèves s'approprient la situation, puis faire résoudre le problème. Ne pas corriger tout de suite.

• Prendre le fichier : faire analyser les réponses des trois enfants, indiquer la réponse exacte et rédiger une explication pour les erreurs commises dans les deux autres réponses, d'abord sur le cahier de recherche puis sur le fichier.

• Corriger ensuite le problème collectivement. On constate que la réponse 2 est exacte. Demander si, parmi les groupes, on a trouvé ce résultat en faisant autrement (exemple : $12 + 12 + 12 + 6 = 42$).

Faire identifier les erreurs ; essayer de les comprendre et de les expliquer (réponse 1 : on n'a compté qu'un pot de peinture ; réponse 3 : on a noté le prix de trois pinceaux alors qu'il n'y en avait qu'un).

Obstacle possible : entrer dans la logique de l'erreur.

Aide proposée : le plus souvent possible, faire justifier les réponses, s'attacher à faire expliquer les erreurs puis essayer de comprendre les erreurs des autres, entrer dans la logique du raisonnement d'autrui, mais toujours sans émettre de jugement de valeur.

2 Parmi plusieurs propositions, choisir la bonne écriture mathématique pour répondre à un problème.

Les élèves peuvent facilement s'imaginer impliqués dans ces situations empruntées à la vie courante. Lors de la correction, faire justifier les choix.

A. Inès a fait trois tours de 400 m chacun.

Elle a parcouru 400 m + 400 m + 400 m, c'est-à-dire trois fois 400 m ou 400 m × 3 = 1 200 m.

B. Louis a fabriqué un collier de 34 perles et un collier de 42 perles. On additionne donc les nombres de perles des deux colliers. 34 + 42 = 76 perles.

C. S'il y a six élèves absents, il faut les enlever au nombre des élèves inscrits pour trouver le nombre des élèves présents. 24 – 6 = 18.

D. Nicolas achète deux tartelettes. Chaque tartelette coute 1 € 30. Il va donc payer deux fois 1 € 30.

1 € 30 × 2 = 2 € 60.

Obstacles possibles : la lecture, la prise d'indices et la variété de la nature des données.

Aide proposée : faire lire les problèmes oralement et s'assurer que la situation et la question sont bien comprises : *« De quoi s'agit-il ? », « Que nous demande-t-on ? »*

3 S'appuyer sur une illustration pour imaginer un énoncé de problème.

Dire aux élèves qu'un surligneur coute 1 € 20. Recueillir toutes les propositions et les analyser.

S'assurer d'abord qu'il s'agit bien de problèmes, avec une partie énoncé et une partie question. Voir si le problème posé peut avoir une réponse avec les données fournies par l'illustration et l'énoncé (ex. : *« Adèle achète tous les surligneurs de la boite. Combien va-t-elle payer ? » ; « Léo achète 4 surligneurs, il paie avec un billet de 5 €. Que doit lui rendre le marchand ? »*)

Aide proposée : habituer les élèves à ce genre d'exercices, ce qui va leur permettre de mieux comprendre le fonctionnement d'un problème : proposer des questions à partir d'un énoncé, imaginer un problème à partir de données, changer les données d'un problème pour changer le raisonnement dans la solution, etc.

Faisons le point

- Nous avons comparé plusieurs solutions qui étaient proposées pour un même problème. Il fallait choisir la bonne solution et expliquer pourquoi. Il fallait aussi trouver les erreurs dans les autres solutions et les expliquer.
- Parmi plusieurs opérations, nous avons choisi celle qui convenait pour résoudre un problème.
- Nous avons imaginé un problème à partir d'une illustration.

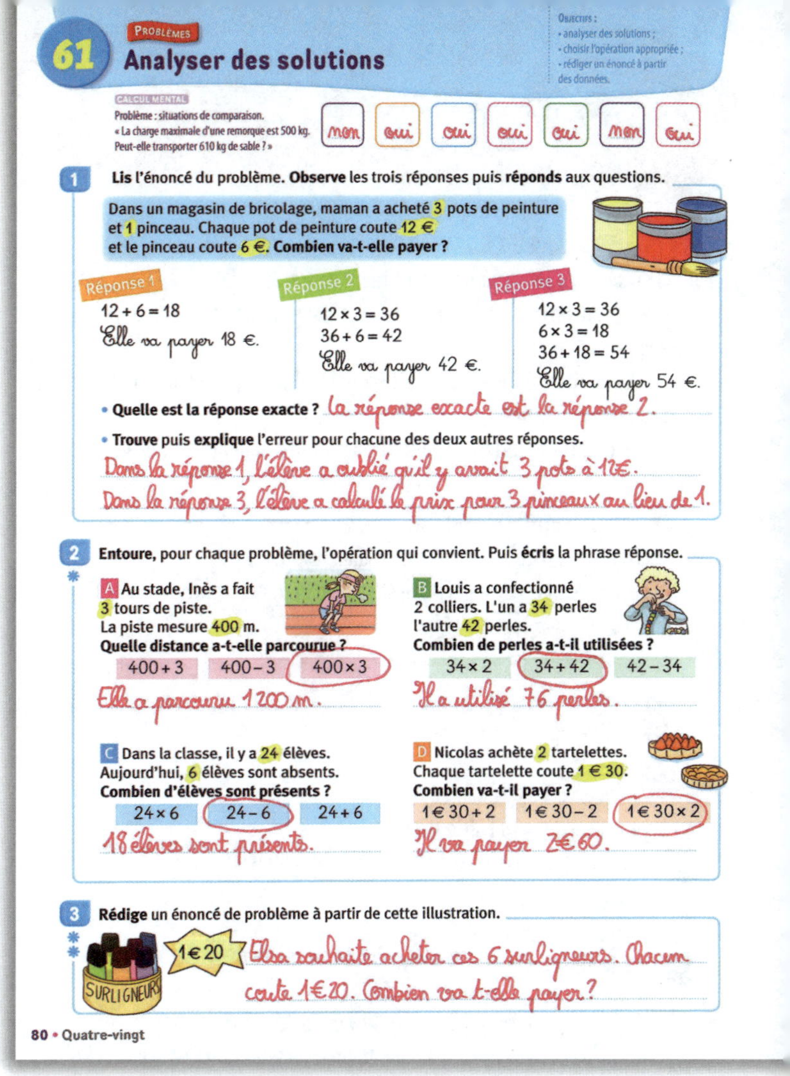
PROBLÈMES

61 Analyser des solutions

Objectifs :
- analyser des solutions ;
- choisir l'opération appropriée ;
- rédiger un énoncé à partir des données.

CALCUL MENTAL

Problème : situations de comparaison.
« La charge maximale d'une remorque est 500 kg. Peut-elle transporter 610 kg de sable ? »

non | oui | oui | oui | oui | non | oui

1 **Lis** l'énoncé du problème. **Observe** les trois réponses puis **réponds** aux questions.

Dans un magasin de bricolage, maman a acheté 3 pots de peinture et 1 pinceau. Chaque pot de peinture coute 12 € et le pinceau coute 6 €. **Combien va-t-elle payer ?**

Réponse 1
12 + 6 = 18
Elle va payer 18 €.

Réponse 2
12 × 3 = 36
36 + 6 = 42
Elle va payer 42 €.

Réponse 3
12 × 3 = 36
6 × 3 = 18
36 + 18 = 54
Elle va payer 54 €.

- **Quelle est la réponse exacte ?** La réponse exacte est la réponse 2.
- **Trouve** puis **explique** l'erreur pour chacune des deux autres réponses.
Dans la réponse 1, l'élève a oublié qu'il y avait 3 pots à 12€.
Dans la réponse 3, l'élève a calculé le prix pour 3 pinceaux au lieu de 1.

2 **Entoure**, pour chaque problème, l'opération qui convient. Puis **écris** la phrase réponse.

A Au stade, Inès a fait 3 tours de piste. La piste mesure 400 m.
Quelle distance a-t-elle parcourue ?
400 + 3 | 400 – 3 | (400 × 3)
Elle a parcouru 1 200 m.

B Louis a confectionné 2 colliers. L'un a 34 perles l'autre 42 perles.
Combien de perles a-t-il utilisées ?
34 × 2 | (34 + 42) | 42 – 34
Il a utilisé 76 perles.

C Dans la classe, il y a 24 élèves. Aujourd'hui, 6 élèves sont absents.
Combien d'élèves sont présents ?
24 × 6 | (24 – 6) | 24 + 6
18 élèves sont présents.

D Nicolas achète 2 tartelettes. Chaque tartelette coute 1 € 30.
Combien va-t-il payer ?
1 € 30 + 2 | 1 € 30 – 2 | (1 € 30 × 2)
Il va payer 2€60.

3 **Rédige** un énoncé de problème à partir de cette illustration.

1 € 20 SURLIGNEURS
Elsa souhaite acheter ces 6 surligneurs. Chacun coute 1€20. Combien va-t-elle payer ?

80 • Quatre-vingt

Pistes d'activités supplémentaires

Pour toute la classe

- Travail par deux. Prolonger le problème de l'exercice 1, en demandant aux élèves à l'oral de transformer l'énoncé pour que la réponse 1 ou la réponse 3 soit exacte, puis comparer les propositions.
- Pour l'exercice 2 B, demander aux élèves de modifier le texte de l'énoncé pour que la réponse 1 soit exacte, puis de le modifier à nouveau pour que la réponse 3 soit exacte.
- Proposer des problèmes très simples à l'oral et plusieurs opérations. Les élèves écrivent sur leur ardoise l'opération qui convient.
- Travail par deux. Fournir une opération (ex. : 10 + 4) et demander, à l'oral, un problème qui pourrait se résoudre en faisant cette opération. Recommencer en proposant d'autres opérations (ex. : 10 × 4 ; 10 – 4).

62 Cercle et disque

Programme 2016

- Utiliser le compas comme instrument de tracé.
- Construire un cercle connaissant son centre et un point, ou son centre et son rayon.

» Vocabulaire approprié pour décrire les figures planes usuelles : cercle, disque, rayon, centre.

» Lien entre propriétés géométriques et instruments de tracé : cercle et compas.

Objectifs spécifiques de la séance

- Connaitre le vocabulaire cercle, disque, rayon, centre.
- Construire un cercle à partir de son rayon et de son centre.

Information didactique

En géométrie plane, un cercle est défini comme une courbe fermée constituée des points situés à égale distance d'un point nommé centre. La valeur de cette distance est appelée rayon du cercle. Le disque est, quant à lui, formé de tous les points situés sur un cercle et à l'intérieur de ce cercle ; c'est une surface.

Le cercle est une figure familière depuis la maternelle. Il a déjà fait l'objet d'une étude en classe de CE1. Les programme 2016 précise qu'on aborde la construction d'un cercle sans contraintes au CE1 ; puis **à partir du centre et d'un point de son rayon** et, au CE2, de son diamètre (étudié plus spécifiquement dans la fiche 88). Il s'agit donc ici de poursuivre le travail amorcé. En particulier, l'élève devra être capable de construire, à l'aide du compas, un cercle à partir de son centre et de son rayon. On notera qu'en mathématiques, le rayon désigne à la fois le segment joignant le centre à un point du cercle et sa longueur. **Le tracé d'un cercle demande un apprentissage car il est difficile**, pour un enfant, de tenir correctement le compas, de maintenir la pointe sur la feuille de papier et de déplacer la branche où il y a la mine ou le crayon en conservant un écartement constant.

CALCUL MENTAL

❶ Construire la table de 6.

Compter de 6 en 6, de 0 à 60. Écrire la suite au tableau. La faire relire à la classe.

L'élève la recopie.

❷ Revoir les produits connus de la table de 6. Commencer à mémoriser les autres.

Dire : *« 6 fois 1 ? 2 fois 6 ? 3 fois 6 ? 4 fois 6 ? 5 fois 6 ? »*

Apprendre 6 fois 6. Associer les 10 premiers multiples de 6 au produit de la table de 6. Faire retrouver, sur la table de Pythagore, des produits pas encore mémorisés.

Activités préparatoires

1. Revoir la figure cercle — 20 min

▶ Réactiver ses connaissances.

Tracer un cercle au tableau.

Consigne 1 : *« Observez cette figure ? Quel est son nom ? Décrivez-la. »*

Les élèves répondront probablement que c'est un cercle (si le terme de « rond » apparait, corriger).

Marquer son centre par une croix. Dire que c'est le centre du cercle.

Laisser les élèves s'exprimer et orienter la formulation vers une ligne courbe ou arrondie fermée. Demander aux élèves de tracer avec leur doigt des cercles dans l'espace afin de s'approprier la forme circulaire.

▶ Vérifier la distance entre le centre et des points du cercle.

Matériel par groupe de deux : règle graduée, fiche d'activité.
SITE COMPAGNON

Consigne 2 : *« Sur cette feuille, par deux, vous allez choisir trois ou quatre points sur chaque cercle et mesurer la distance entre ces points et le centre du cercle. »*

Sur le 1er cercle, les points sont déjà marqués.

Au moment de la correction, arriver au constat que, pour chaque cercle, la distance entre le centre et les points de ce cercle est la même. Tous les points d'un même cercle sont à la même distance du centre : cette distance est le rayon du cercle.

Le 1er cercle a un rayon de 3 cm, son centre est A ; le 2e a un rayon de 4 cm, son centre est B ; le 3e a un rayon de 5 cm et son centre est C.

2. Tracer des cercles avec le compas — 15 à 20 min

Matériel individuel : compas.

Consigne : *« On va s'entrainer à tracer des cercles. Pour cela, on va utiliser le compas. »*

Les élèves doivent connaitre naturellement le nom du compas (il doit d'ailleurs figurer dans la liste des fournitures de l'année depuis la classe de CE1).

Présenter l'outil. Il est composé de deux branches :

- une qui a une pointe que l'on positionnera à l'endroit qui sera le centre du cercle, et qui devra rester stable ;
- une autre branche avec une mine ou un crayon qui tracera le cercle, en faisant « tourner » le compas.

Il comporte aussi un 3e élément, qui est une articulation avec une partie cylindrique au-dessus des deux branches où l'on positionnera le pouce et l'index qui feront tourner le compas. La maitrise de l'outil ne sera véritablement acquise qu'en cours d'année pour certains élèves.

Faire constater que l'écartement du compas correspondant au rayon du cercle, c'est la distance entre chaque point du cercle et le centre. Plus l'écartement du compas sera grand, plus le cercle sera grand.

Faire construire des cercles avec un rayon de 3 à 8 cm environ. Être vigilant sur le fait que la pointe sèche soit bien positionnée sur le centre et sur le respect de l'écartement durant le tracé.

Travail sur le fichier

1 Reconnaitre le centre et le rayon d'un cercle ; construire un cercle connaissant son centre et son rayon.

Laisser observer la situation de manière individuelle, puis passer à l'analyse collective. L'exercice est en fait composé de deux situations : la 1re demande à l'élève de reconnaitre le centre d'un cercle déjà tracé et d'écrire son rayon ; la 2e demande à l'élève de construire un cercle connaissant son centre (déjà marqué) et son rayon. Le compas devra être utilisé.

Faire lire le contenu de la bulle qui précise ce qu'est le rayon.

Faire observer que le deuxième cercle sera plus grand (il a un rayon plus grand).

Aide proposée : guider le tracé du cercle : le geste de l'élève peut être guidé par l'enseignant.

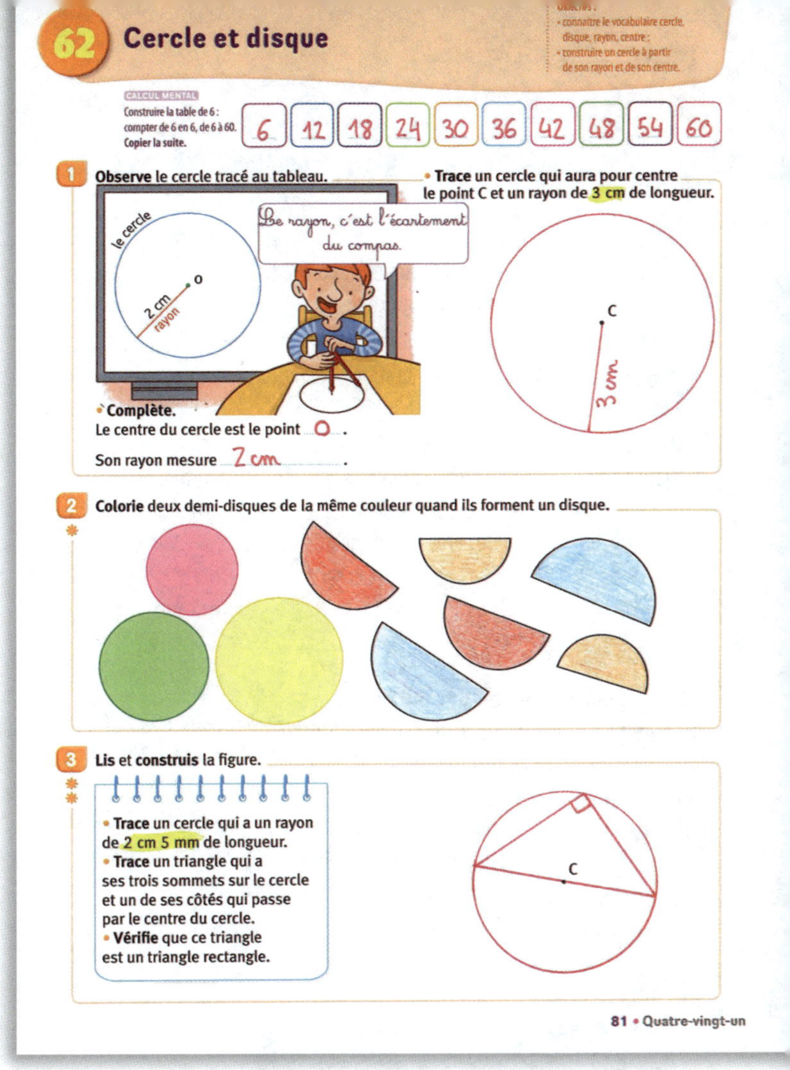

2 Reconnaitre les demi-disques correspondants à un disque.

Faire observer et décrire la situation : trois disques sont présentés, ils sont de différentes tailles (surfaces) et coloriés de manière différente. À côté se trouvent six demi-disques (donner le nom) qu'il faut associer deux à deux pour reconstituer un disque. Les élèves doivent repérer les deux parties qui « vont ensemble » pour faire un disque, puis identifier à quel disque présenté il correspond. Les tailles des différents disques sont suffisamment différentes pour permettre aux élèves de réussir cet exercice.

Aide proposée : demander d'utiliser le papier calque pour reconnaitre les deux demi-disques qui vont ensemble, puis l'associer à celui de départ.

3 Construire une figure à partir d'un programme donné.

Le programme de construction sera réécrit au tableau ou vidéoprojeté afin d'en faire l'analyse.

Le faire lire individuellement, puis collectivement. Passer à l'analyse collective et repérer les deux étapes principales : tracer un cercle de centre et de rayon donnés et tracer un triangle selon des contraintes.

Le dernier point est une vérification et non une étape de la construction de la figure. (À noter que cette construction correspond au théorème de géométrie suivant : « Si le triangle PQR est inscrit dans un cercle de diamètre [PQ], alors le triangle est rectangle en Q. »)

Faire observer que le centre du cercle est déjà tracé. Demander les outils de géométrie nécessaire : le compas, pour le tracé du cercle ; la règle graduée, pour effectuer les tracés rectilignes et avoir l'écartement du compas ; l'équerre, pour vérifier la présence d'un angle droit.

Bien insister sur la 2e étape : les trois points sont sur le cercle et un des côtés passe par le centre. Il s'agit d'une étape délicate pour les élèves. Il peut être utile de préciser qu'il faut placer un sommet du triangle, puis un 2e et que le 3e sera obtenu par alignement avec le 2e point et le centre du cercle.

Aide proposée : aider les élèves à la construction du triangle.

Faisons le point

- Nous savons que le cercle a un centre et un rayon.
- Nous avons construit des cercles avec le compas ; on connaissait leur centre et la longueur du rayon.
- Nous avons retrouvé les deux demi-disques qui permettent d'avoir un disque.
- Nous avons construit une figure avec un cercle.

MÉMO-MATHS **« J'étudie le cercle, le disque », page 9.**

Pistes d'activités supplémentaires

Soutien

- Tracer à main levée des cercles, puis passer à des tracés avec des gabarits.
- Tracer avec le compas des cercles de tailles quelconques sans donner le centre, puis avec un centre fixé.
- Tracer avec le compas des cercles de tailles données (3 cm ; 4,5 cm…) à partir d'un centre fixé.

Approfondissement

- Tracer un cercle. Construire deux diamètres qui se coupent en formant un angle droit. Marquer les quatre points sur le cercle et les joindre.
Quelle figure obtient-on ?
- Tracer des cercles de différentes tailles (de rayons différents), mais de même centre.
- Tracer deux cercles sécants et colorier l'intersection des deux disques.

1 défi

Consigne (par groupe de deux) : Construis un triangle rectangle. Les côtés de l'angle droit mesurent 3 cm et 4 cm. Place le milieu I du côté opposé à l'angle droit. Trace le cercle de centre I et de rayon 2,5 cm.
Que constates-tu ?
(À noter que cet exercice correspond au théorème de géométrie suivant (dit théorème du cercle circonscrit à un triangle rectangle) : « Dans un triangle rectangle, le milieu de l'hypoténuse est le centre du cercle circonscrit à ce triangle. »)

63 Multiplier par 10, par 100, par 1 000

Exercices différenciés – Calculs 17 et 18

Programme 2016

- Mémoriser des faits numériques et des procédures
  » Multiplication par une puissance de 10.

Objectif spécifique de la séance

S'appuyer sur les unités de numération pour mettre en évidence la « règle du zéro ».

Information didactique

Dans notre système de numération à base 10, la multiplication d'un nombre par une puissance de 10 est particulièrement simple et se traduit par l'écriture d'un certain nombre de zéros à la droite de ce nombre.

C'est ainsi que, pour multiplier un nombre par 10, 100 ou 1 000, on écrit respectivement un, deux ou trois zéros à la droite de ce nombre, ce qui a pour effet de décaler tous les chiffres du nombre d'un, deux ou trois rangs vers la gauche. Toutefois, **une bonne compréhension de la numération est nécessaire** si l'on ne veut pas se contenter de mettre en place des automatismes.

Par exemple, pour la multiplication par 100, on justifiera la « **règle des zéros** » en disant que 4 × 100, c'est 4 centaines, donc 400.

CALCUL MENTAL

Problèmes : ajouter une durée.

❶ Dire : « *Un gâteau doit cuire 20 minutes. À quelle heure doit-on le sortir du four si on le met • à 10 h 10 ? • à 10 h 30 ? • à 11 h ? • à 11 h 40 ? • à 11 h 50 ?* »
L'élève écrit l'heure de sortie du four.

❷ Dire : « *Une famille part faire une promenade à 8 heures. À quelle heure reviendra-t-elle si la promenade dure : • 1 h ? • 2 h ? • 1/2 h ? • 1/4 d'h ? • 1 h 1/2 ? • 2 h 1/2 ? • 1 h 1/4 ? • 3 h ? 4 h ? • 3/4 d'h ?* »
L'élève écrit l'heure du retour.

Activités préparatoires

1. Le jeu des robots multiplicateurs

10 à 15 min

Matériel individuel : une étiquette-nombre, entre 1 et 12.

Consigne 1 : « *Théo, Léa et Farah, venez au tableau. Vous allez être des robots multiplicateurs.*

Théo, tu seras un robot multiplicateur par 10. Léa, tu seras le robot multiplicateur par 100 et Farah, tu seras le robot multiplicateur par 1 000. »

Consigne 2 : « *Chacun de vous donnera son nombre à un robot multiplicateur qui le transformera et le lui rendra multiplié, mais il devra lui expliquer ce qu'il a fait. Par exemple, si je donne mon nombre 4 au robot multiplicateur 100 (Léa) elle devra dire : "4 multiplié par 100, c'est 4 fois 100, c'est 4 centaines, c'est 400." et rendre l'étiquette 4 en ajoutant deux zéros pour faire 400.* »

Un 1er élève donne 8 au robot multiplicateur par 10. Le robot rend l'étiquette en rajoutant un zéro à droite du nombre et dit : « 8 × 10, c'est 8 fois 10, c'est 8 dizaines, c'est 80. »

Un 2e élève donne 12 au robot multiplicateur par 100. Le robot rend l'étiquette en rajoutant deux zéros à droite du nombre et dit : « 12 × 100, c'est 12 fois 100, c'est 12 centaines, c'est 1 200. »

Un 3e élève donne 7 au robot multiplicateur par 1 000. Le robot rend l'étiquette en rajoutant trois zéros à droite du nombre et dit : « 7 × 1 000, c'est 7 fois 1 000, c'est 7 milliers, c'est 7 000. »

Écrire au fur et à mesure toutes les multiplications au tableau.

Continuer et dégager une règle de multiplication par 10, 100, 1 000.

2. Trouver par quel robot le nombre est passé

5 à 10 min

▶ Dessiner trois boites au tableau. Chaque boite est un robot multiplicateur : × 10 ; × 100 et × 1 000.

Un élève propose un nombre (ex. : 5), l'enseignant propose le nombre d'arrivée (ex. : 500)

Consigne : « *Dans quelle boite est-il passé ?* ». L'élève écrit la réponse sur l'ardoise : 100. Expliquer pourquoi.

Continuer avec d'autres transformations :
12 → 120 ; 12 → 1 200 ; 3 → 3 000 ; 30 → 3 000.

3. Retrouver le nombre de départ

5 à 10 min

Consigne : « *Tous les nombres que je vais écrire au tableau sont passés par la boite × 10.*
Retrouvez le nombre de départ, écrivez-le sur votre ardoise. »

Proposer les nombres 50, 230 et 400.

Recommencer avec la boite × 100.

Travail sur le fichier

1 Compléter des tableaux multiplicatifs par 10, par 100, par 1 000.

Lire les bulles des robots. Elles indiquent le passage par les unités de numération « dizaines », « centaines » et « milliers ». Lorsque les tableaux seront remplis, on pourra dégager la « règle des zéros ».

Pour multiplier par 10, on écrit un zéro à la droite du nombre.

Pour multiplier par 100, on écrit deux zéros à la droite du nombre.

Pour multiplier par 1 000, on écrit trois zéros à la droite du nombre.

Obstacle possible : retrouver le nombre qui a été transformé dans le tableau des multiplications par 1 000.

2 Multiplier par 10, 100, 1 000 en appui sur les unités de numération.

Faire rappeler que 10 c'est une dizaine, 100 c'est une centaine, 1 000 c'est un millier.

7 fois 10, c'est 7 dizaines, donc 70.

8 fois 100, c'est 8 centaines, donc 800.

4 fois 1 000, c'est 4 milliers donc 4 000.

Objectif : s'appuyer sur les unités de numération pour mettre en évidence la « règle du zéro ».

63 Multiplier par 10, par 100, par 1 000

CALCUL MENTAL
Problème : ajouter une durée.
« Un gâteau doit cuire 20 min. À quelle heure doit-on le sortir du four si on le met à 10 h 10 ? » Écrire l'heure.
10 h 30 | 10 h 50 | 11 h 20 | 12 h | 12 h 10

1 Les robots multiplicateurs Complète.

6 × 10 c'est 6 dizaines c'est 60 — × 10

6	60
3	30
12	120
28	280

6 × 100 c'est 6 centaines c'est 600 — × 100

6	600
14	1400
35	3500
60	6000

6 × 1 000 c'est 6 milliers c'est 6 000 — × 1000

6	6000
2	2000
8	8000
10	10000

2 Complète.
7 × 10 = 7 dizaines = 70
25 × 10 = 25 dizaines = 250
8 × 100 = 8 centaines = 800
13 × 100 = 13 centaines = 1300
4 × 1000 = 4 milliers = 4 000

3 Complète.
12 × 100 = 12 c = 1200
15 × 10 = 15 d = 150
8 × 1000 = 8 m = 8 000
67 × 100 = 67 c = 6 700
358 × 10 = 358 d = 3 580

4 Calcule.
5 × 10 = 50
19 × 10 = 190
35 × 10 = 350
28 × 100 = 2 800
17 × 100 = 1 700
6 × 1000 = 6 000
12 × 1000 = 12 000

Pour multiplier par 10, on écrit 1 zéro à droite du nombre... par 100, on écrit 2 zéros et par 1 000, 3 zéros

5 Complète les égalités.
10 × 8 = 80
100 × 14 = 1400
1000 × 9 = 9000
4 × 10 = 40
37 × 100 = 3700
5 × 1000 = 5000
100 × 10 = 1000

6 Complète.
8 → × 10 → 80 → × 10 → 800 → × 10 → 8 000
8 × 10 = 80
8 × 100 = 800
8 × 1000 = 8000

82 • Quatre-vingt-deux

3 Multiplier par 10, 100, 1 000 en appui sur les unités de numération.
Les unités de numération sont désignées par leurs abréviations. Appliquer la règle des zéros : lorsqu'on a des dizaines, pour avoir le nombre d'unités, on écrit un zéro à la droite du nombre. Si l'on a des centaines, on écrit deux zéros ; si l'on a des milliers, on écrit trois zéros.

Obstacles possibles :
- La transformation des produits en unités de numération.
- Le passage des unités de numération à l'écriture chiffrée usuelle.

4 Application de la règle des zéros pour multiplier par 10, 100, 1 000.
Faire lire la bulle avant de commencer. Dans cet exercice, nous entrons dans le calcul automatisé.

5 Compléter des écritures de produits par 10, 100, 1 000.
Pour chaque écriture, on peut se poser une question : « Quel est le nombre qui, multiplié par 10, est égal à 80 ? » ; « Quel est le nombre qui multiplié par 100 est égal à 1 400 ? »

Obstacle possible : la présentation du produit : recherche du nombre inconnu dans la partie gauche de l'égalité, dans la position du premier ou du second facteur.
Aide proposée : s'efforcer de présenter les égalités dans des dispositions variées.

6 Succession de multiplications par 10.
Constater que « × 10 × 10 » revient à « × 100 » et que « × 10 × 10 × 10 » revient à « × 1 000 ».

Faisons le point

- Nous savons multiplier un nombre par 10, par 100, par 1 000
- Pour multiplier un nombre par 10, par 100, par 1 000, on écrit un, deux, trois zéros à la droite de ce nombre.
- Nous savons retrouver à partir du résultat de la multiplication le nombre qui est multiplié par 10, 100 ou 1 000.

MÉMO-MATHS **« Je sais multiplier par 10, par 100, par 1 000 », page 9.**

Pistes d'activités supplémentaires

Pour toute la classe
- Compléter les égalités :

15 × 100 = …	71 × 100 = …	15 × … = 150
156 × 10 = …	18 × 1 000 = …	26 × … = 2 600
375 × 10 = …	27 × 100 = …	120 × … = 1 200

- Calculer chaque somme d'argent : 10 billets de 5 € ; 20 billets de 10 € ; 25 billets de 10 € ; 40 billets de 100 €.
- Compléter les égalités :
39 = (3 × …) + 9 ; 237 = (2 × …) + 37 ; 586 = (10 × …) + 6 ;
… = (10 × 5) + 9 + (100 × 4) + (5 × 1 000)
- Effectuer les calculs :
(4 × 100) + (3 × 10) + 7 = …
(5 × 10) + 8 + (6 × 100) = …
6 + (7 × 100) + (10 × 8) + (3 × 1 000) = …
(3 × 10) + (5 × 100) + 9 + (1 000 × 2) = …
- Problème : Aujourd'hui, Louisa a transporté tous les livres de la grande bibliothèque dans une nouvelle salle située à l'étage. Elle a dû faire 100 voyages. Chaque fois, elle a monté 17 marches. À la fin, elle dit : « J'ai gravi plus de marches aujourd'hui que si j'étais montée au sommet de la tour Eiffel. » Est-ce vrai ? Justifie ta réponse. (Pour atteindre le sommet de la tour Eiffel, il faut gravir 1 665 marches.)

Le défi

Un serpent mesure 5 m. Une fourmi mesure 5 mm. Complète cette phrase et justifie ta réponse : la fourmi est … fois plus petite que le serpent.
Réponse : 1 000. (1 m = 1 000 mm ; 5 mm × 1 000 = 5 000 mm = 5 m).

64 La multiplication posée (2)

Exercices différenciés – Calculs 13 et 14

Programme 2016

- Calcul posé
  » Mettre en œuvre un algorithme de calcul posé pour la multiplication.
- Mémoriser des faits numériques.
  » Tables de la multiplication.

Objectif spécifique de la séance

Étendre les techniques de la multiplication posée sur les nombres à trois chiffres.

Information didactique

Dans la fiche 33, nous avons vu deux techniques de multiplication posée (technique avec les produits partiels et technique usuelle) en multipliant un nombre à deux chiffres par un nombre à un chiffre.

Au CE2, les élèves apprennent une technique de **calcul posé pour la multiplication**, tout d'abord en multipliant un nombre à deux chiffres par un nombre à un chiffre, puis avec des nombres plus grands.
À ce niveau, la maitrise de ces techniques réclame **quelques prérequis indispensables** : décomposition des nombres, prise en compte de la valeur des chiffres, multiplication d'une dizaine ou d'une centaine entière par un nombre à un chiffre, utilisation de la propriété de distributivité de la multiplication par rapport à l'addition, stockage en mémoire de produits du répertoire multiplicatif et gestion des retenues dans une multiplication.
Dans cette fiche, les élèves vont consolider leur maitrise de ces techniques en les appliquant à des multiplications sur les nombres à trois chiffres.

CALCUL MENTAL

❶ **Construire la table de 7.**
Compter de 7en 7, de 0 à 70. Écrire la suite au tableau. La faire relire à la classe.
L'élève la recopie.

❷ **Revoir les produits connus de la table de 7. Commencer à mémoriser les autres.**
Dire : « *1 fois 7 ? 2 fois 7 ? 3 fois 7 ? 4 fois 7 ? 5 fois 7 ?...* »
Associer les 10 premiers multiples de 7 au produit de la table de 7. Faire retrouver, sur la table de Pythagore, des produits pas encore mémorisés.

Activités préparatoires

1. Consolider sur la multiplication d'un nombre à trois chiffres, la technique avec les produits partiels

20 min

▶ Écrire un problème au tableau : « Baptiste a 3 albums qui contiennent chacun 246 images. Combien Baptiste a-t-il d'images ? »

▶ Faire lire le problème à haute voix par un élève.

Consigne 1 : « *Quelle opération devons-nous faire pour trouver ce nombre d'images ?* »

Accepter les différentes réponses et les faire expliquer (l'addition : 246 + 246 + 246 ; la multiplication : 246 × 3).

Consigne 2 : « *Pouvons-nous faire ce calcul de tête ?* »

Voir les différentes propositions :
- « Non, c'est trop difficile. »
- « Oui, en décomposant 246 en (200 + 40 + 6).
200 + 200 + 200 = 600, puis 40 + 40 + 40 = 120.
600 + 120 = 720, puis 6 + 6 + 6 = 18 et 720 + 18 = 738. »
- On peut dire aussi : « 3 fois 200 + 3 fois 40 + 3 fois 6 ; ça fait 600 + 120 + 18 = 738. »

▶ Arriver à la multiplication posée, plus accessible pour tout le monde.

```
  2 4 6
×     3
-------
    1 8 → 3 fois 6
+ 1 2 0 → 3 fois 40
+ 6 0 0 → 3 fois 200
-------
  7 3 8
```

Expliquer et remarquer qu'on :
- décompose le nombre ;
- multiplie les unités ;
- multiplie les dizaines ;
- multiplie les centaines ;
- additionne enfin les trois résultats (les trois produits partiels).

▶ Faire effectuer plusieurs multiplications : 146 × 3 ; 237 × 4 ; 315 × 3.
L'enseignant écrit une multiplication et demande aux élèves de l'effectuer individuellement sur le cahier ou, éventuellement, en binôme pour s'aider et vérifier. Il fait ensuite la vérification au tableau en insistant sur l'oralisation : « *Que fais-tu ? Explique.* » ; « Je décompose le nombre. Je multiplie d'abord les unités, puis les dizaines, puis les centaines… »

2. Aborder la technique usuelle de la multiplication avec la gestion des retenues

20 min

Prendre le même exemple que précédemment (246 × 3).
Expliquer :
« *Nous allons refaire la multiplication sans calculer les produits partiels.*
3 fois 6 u, ça fait 18 u, 18 u = 1 d 8 u. J'écris 8 et je retiens 1d.
3 fois 4 d, ça fait 12 d. J'ajoute 1d de retenue, ça fait 13 d. 13 d c'est 3 d et 1 c. J'écris 3 d et je retiens 1 c.
3 fois 2 c, ça fait 6 c, j'ajoute 1 c, ça fait 7 c. »
Cette technique avec les retenues permet un calcul plus rapide.
Faire reprendre les opérations de l'activité 1 avec cette technique.

Travail sur le fichier

1 Revoir la technique des produits partiels. Calculer la multiplication posée d'un nombre à trois chiffres par un nombre à un chiffre.
Terminer les calculs de la multiplication posée avec l'aide de l'enseignant.
Lire la bulle qui rappelle bien les différentes étapes du calcul. Les produits partiels sont indiqués. Il faut les calculer. Cet étayage important permet à l'enfant de mieux comprendre le fonctionnement de la multiplication. Il n'y a pas toutes les étapes à faire.
Faire la correction en recopiant au tableau les multiplications, en respectant le code couleur pour chaque unité de numération.
Dégager les trois niveaux : unités, dizaines, centaines.

Obstacles possibles :
- La taille de l'opération (nombre de produits partiels).
- Une connaissance insuffisante des tables de multiplication.
- Les additions en colonnes.

2 Application de la technique de la multiplication posée présentée dans l'exercice 1.

On demande de décomposer 148 et 756 pour pouvoir réutiliser ces décompositions dans les calculs des produits partiels.

Laisser compléter les multiplications sans aide pour évaluer si la technique, qui a été beaucoup travaillée auparavant, a été comprise et peut être reproduite.

Demander de colorier le produit des unités en bleu, le produit des dizaines en rouge et le produit des centaines en vert.

On remarquera que dans la multiplication 756 × 4, le résultat dépasse 1 000. On obtient 3 024, c'est-à-dire 30 c 2 d 4 u.

Obstacles possibles :

- Le repérage spatial.
- La mémorisation des tables de multiplication qui reste encore insuffisante (3 fois 8 → 24).
- Le calcul du produit partiel de certaines dizaines entières (760 × 4 = 280).

Aides proposées :

- Expliquer par la conversion en dizaines : 7 d × 4 = 28 d et 28 d = 280 u.
- Inviter les élèves à vérifier leurs résultats avec la calculatrice.

3 Revoir la technique usuelle de la multiplication posée.

Observer la multiplication posée de « 145 multiplié par 3 ». Les produits partiels n'apparaissent plus. Le résultat est écrit directement. Lire la bulle que l'on aura vidéoprojetée ou écrite au tableau. Elle nous détaille toute la procédure à suivre, dans le cas présent, de la multiplication d'un nombre à trois chiffres par un nombre à un chiffre. Remarquer l'ordre du calcul. On multiplie d'abord les unités mais on ne copie pas la totalité de ce produit : s'il est supérieur à 9, on retient les dizaines.

Attention, cette retenue ne sera ajoutée aux dizaines qu'après avoir calculé le produit de celles-ci !

On obtient 13 d. 13 d, c'est 10 d + 3 d. On garde les 3 d et, avec les 10 d, on fabrique une centaine que l'on met en retenue avec les centaines.

On calcule ensuite le produit des centaines (1 c × 3 = 3 c) auquel on ajoute la centaine de retenue (3 c + 1 c = 4 c).

Effectuer avec cette technique les trois opérations de droite. Volontairement, nous n'avons pas encore proposé de retenue supérieure à 1.

Obstacle possible : la gestion des retenues, différente de celle de la retenue de l'addition.

Aide proposée : pour éviter que les élèves ajoutent prématurément la retenue aux dizaines avant qu'elles soient multipliées, il peut être plus prudent dans un premier temps de la placer à côté de la multiplication.

Faisons le point

- Nous avons continué l'étude de la multiplication posée en multipliant des nombres à trois chiffres par un nombre à un chiffre.
- Nous avons revu les deux techniques :
  - la technique qui utilise les produits partiels ;
  - la technique avec laquelle on calcule directement, sans passer par les produits partiels mais en utilisant les retenues.

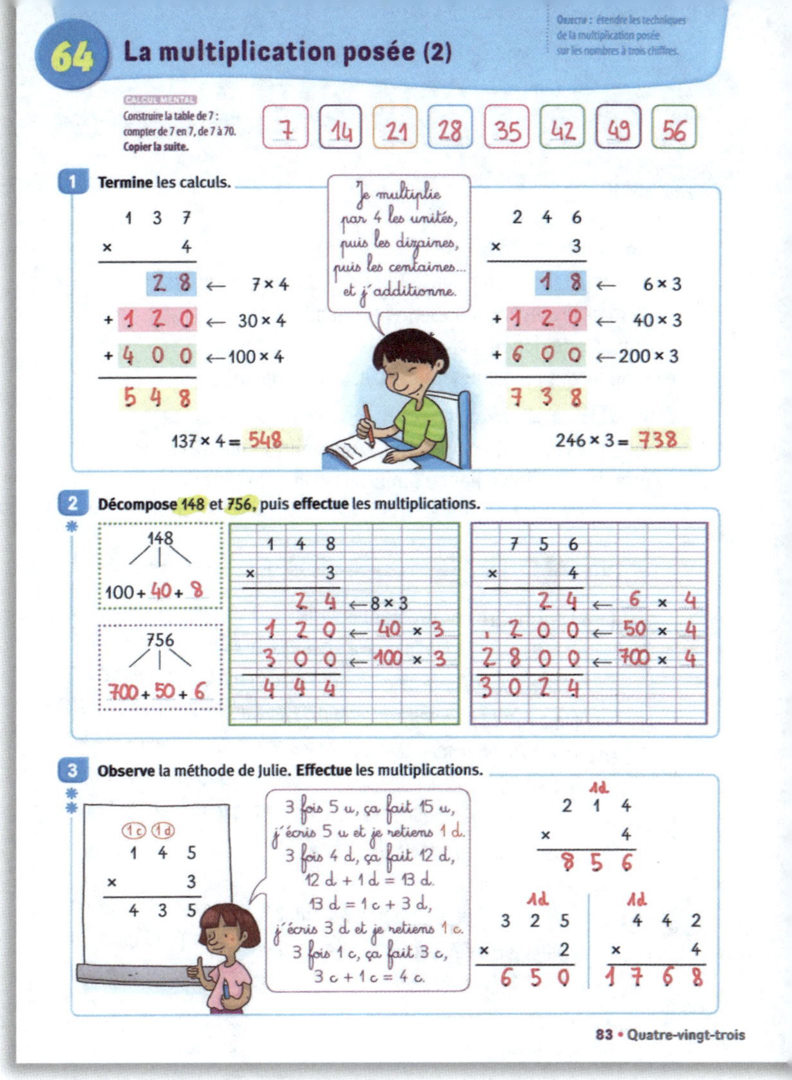
64 La multiplication posée (2)

Objectif : étendre les techniques de la multiplication posée sur les nombres à trois chiffres.

CALCUL MENTAL
Construire la table de 7 : compter de 7 en 7, de 7 à 70. Copier la suite.
7 14 21 28 35 42 49 56

1 Termine les calculs.

2 Décompose 148 et 756, puis effectue les multiplications.

3 Observe la méthode de Julie. Effectue les multiplications.

83 • Quatre-vingt-trois

Pistes d'activités supplémentaires

Soutien

- Multiplier une dizaine entière par un nombre à 1 chiffre.
- Réviser l'ensemble des tables de multiplication.
- Compléter le tableau :

×	4	7	9	8	5
4					
3					
5					

- Poser et effectuer ces multiplications : 45 × 3 ; 83 × 4 ; 37 × 5.
- Compléter les produits :

6 × 6 = … ; 9 × 9 = … ; 4 × 4 = … ; 5 × 5 = … ; 7 × 7 = … ; 8 × 8 = …

3 × 3 = … ; 2 × 2 = … ; 1 × 1 = … ; 6 × 5 = … ; 7 × 4 = … ; 3 × 9 = …

6 × 9 = … ; 7 × 3 = … ; 3 × 2 = … ; 4 × 3 = …

Approfondissement

- Compléter le tableau :

×	6	7	9	8	0
9					
7					
6					

- Effectuer d'autres multiplications posées en utilisant les deux techniques : 129 × 4 ; 236 × 5 ; 543 × 4.
- Effectuer ces multiplications avec la technique usuelle : 708 × 5 ; 970 × 7 ; 666 × 8.

65 Comparer, ranger, encadrer les nombres à quatre chiffres

Exercices différenciés – Nombres 13 et 14

Programme 2016
- Comparer, ranger, encadrer, intercaler des nombres entiers.
- Nommer, lire, écrire, représenter des nombres entiers.
- Comparer des longueurs.
- Résoudre des problèmes impliquant des longueurs.

Objectifs spécifiques de la séance :
- Étendre les règle de comparaison aux nombres à quatre chiffres.
- Résoudre des problèmes de comparaison liés aux distances.

Information didactique

Cette fiche, qui s'appuie sur la mesure des longueurs et plus particulièrement des distances en kilomètres, s'inscrit dans le prolongement des fiches 59 et 60. Elle offre à la fois une consolidation et un rebrassage des notions concernant l'aspect ordinal des nombres à quatre chiffres en proposant des activités de **comparaison, rangement et encadrement** dans un contexte lié à l'enseignement « Questionner le monde ».

CALCUL MENTAL

Problème : résoudre des problèmes variés.

❶ Dire : « • *Monsieur Dujardin achète 4 plantes à 6 € l'une. Combien doit-il payer ?* • *Lou a 100 €. Elle achète 2 ballons à 10 € l'un. Quelle somme a-t-elle maintenant ?* • *Le périmètre du terrain de jeu mesure 75 m. En EPS, les CE2 en ont fait 10 fois le tour. Quelle distance ont-ils parcourue ?* • *Marion doit nager 1 km. Elle a déjà nagé 600 m. Quelle distance doit-elle encore parcourir ?* • *Un magasin reçoit 500 kg de pommes de terre à mettre en sacs de 5 kg. Combien peut-il remplir de sacs ?* »

L'élève écrit le résultat.

❷ Dire : « *Avec 100 €, ai-je suffisamment d'argent pour acheter 12 croissants à 1 € ? 10 albums à 9 € ? 10 rosiers à 10 € ? 10 poteries à 12 € ? 2 pantalons à 48 € 90 l'un ? 3 chemises à 30 € ? un pull 45 € 50 et un maillot 46 € 50 ? 6 plats à 20 € ?* »

L'élève par oui ou non.

Activités préparatoires

1. Travail sur la longueur des plus longs fleuves du monde

15 à 20 min

Préciser qu'il est souvent difficile de mesurer exactement la longueur d'une rivière ou d'un fleuve car cela dépend beaucoup de l'identification de sa source (là où commence le fleuve) et de celle de son embouchure (là où il finit). Le Nil et l'Amazone, les deux fleuves les plus longs du monde, ont des longueurs controversées. On estime que le Nil a une longueur située entre 6 400 km et 6 700 km.

Écrire au tableau la liste suivante :

1. Nil : 6 650 km.
2. Amazone : 6 400 km.
3. Yangzi Jiang : 6 300 km.
4. Mississippi : 6 275 km
5. Ienisseï : 5 539 km.
6. Fleuve Jaune : 5 464 km.
7. Ob : 5 410 km.
8. Congo : 4 700 km.
9. Amour : 4 444 km.
10. Léna : 4 400 km

Consigne : « *J'ai écrit au tableau, dans l'ordre décroissant, la liste des dix plus longs fleuves du monde. Quelques élèves viendront les situer sur la carte du monde en suivant leur cours de la source jusqu'à leur embouchure. Dans quelle mer ou quel océan se jette chacun d'eux ?* »

Faire lire les longueurs oralement. (« *Quelle est la longueur du Mississippi ?* »)

Faire écrire la longueur d'un fleuve en lettres. (« *Écrivez la longueur du fleuve Amour.* »). Repérer les unités de numération.

Quatre-mille-quatre-cent-quarante-quatre

4 000	400	40	4

Poser des questions sous la forme de devinettes, en demandant une réponse sur l'ardoise :

« *Quel fleuve a une longueur située entre 6 200 et 6 300 km ?* » (réponse : le Mississippi) ;

« *Quel fleuve a une longueur située entre 4 400 et 4 700 km ?* » (réponse : l'Amour) ;

« *Qui suis-je ? Le chiffre de mes milliers est le même que celui des centaines, des dizaines et des unités.* » (réponse : l'Amour) ;

« *Qui suis-je ? Mon chiffre des milliers est le double de celui des centaines.* » (réponse : le Yangzi Jiang) ;

« *Qui suis-je ? Mon chiffre des centaines est le même que celui des unités.* » (réponse : le Fleuve Jaune).

2. Travail sur la population des petites villes de moins de 10 000 habitants

10 min

Matériel collectif : liste de villes écrites au tableau ou photocopiée, avec leur population.

Écrire ou distribuer la liste des villes avec leur population :

La Souterraine : 5 320 hab. ; Aubusson : 4 660 hab. ; Fouesnant : 8 063 hab. ; Redon : 9 500 hab. ; Corte : 6 335 hab. ; Bonifacio : 2 661 hab. ; Feurs : 7 671 hab. ; Bourganeuf : 3 163 hab. ; Châteaugay : 2 964 hab. ; Florac : 1 993 hab. ; Langogne : 3097 vhab. ; Felletin : 1 892 hab.

Demander une ville dont la population est située entre 4 000 et 5 000 habitants ; entre 2 000 et 3 000 habitants.

Faire encadrer la population de quelques villes (Felletin, Redon…) par les milliers les plus proches, en demandant à chaque fois aux élèves de faire une phrase.

Travail sur le fichier

1 Recopier des distances inscrites sur une carte de l'Europe, en faisant apparaitre la structure du nombre ; les ranger dans l'ordre décroissant.

Avant de travailler sur le fichier, conduire un échange collectif sur l'Europe. Demander aux élèves de citer des pays d'Europe qu'ils connaissent avec les capitales de ces pays. Écrire les propositions. Vérifier sur la carte murale de la classe.

Faire estimer les distances Paris-Moscou, Paris-Londres et Paris-Madrid, en rappelant que la traversée de la France du nord au sud est longue de 1 000 km.

Laisser observer la carte du fichier (si possible, vidéoprojeter celle-ci au tableau). Comparer les distances marquées avec les estimations. Faire lire à haute voix les distances inscrites sur la carte. Expliquer l'expression « à vol d'oiseau » (en ligne droite).
Laisser recopier en faisant remarquer le marquage de l'emplacement des unités de numération.
Faire rappeler ce que signifie « ranger dans l'ordre décroissant ». Compléter le rangement.

Obstacles possibles :
- Le placement de la distance 340 km dans le tableau.
- Le rangement des distances, souvent comprises dans le même intervalle entre deux milliers consécutifs.

Aide proposée : reprendre la règle de comparaison des nombres à quatre chiffres : comparer les chiffres des milliers puis, si nécessaire, les chiffres des centaines, etc.

2 Encadrer des distances entre les milliers de kilomètres les plus proches.

Obstacles possibles :
- L'encadrement de 2 095 km, qui n'a pas de centaines.
- Le risque d'encadrer par les centaines au lieu d'encadrer par les milliers.

3 Comparer des nombres en utilisant les symboles > et <. Il s'agit, ici, des nombres de kilomètres affichés sur la carte. Cet exercice peut servir d'évaluation sur les nombres à quatre chiffres.

4 Produire un raisonnement pour estimer une distance aller-retour.
4 000 km, c'est le double de 2 000 km.
2 095 km, c'est plus de 2 000 km, donc le double de 2 095 km, ce sera plus de 4 000 km.

Obstacle possible : raisonnement logique.

5 Repérer une distance comprise dans un encadrement donné.
La distance est 1 872 km. Elle a choisi le voyage à Bucarest.

6 Repérer une distance comprise entre deux distances données.
La ville que l'on doit trouver est située à une distance comprise entre 1 050 km et 1 872 km. C'est la ville de Rome, qui est à 1 120 km de Paris.

Faisons le point

- Nous avons comparé et rangé des distances.
- Nous avons révisé la règle de comparaison pour les nombres à quatre chiffres.

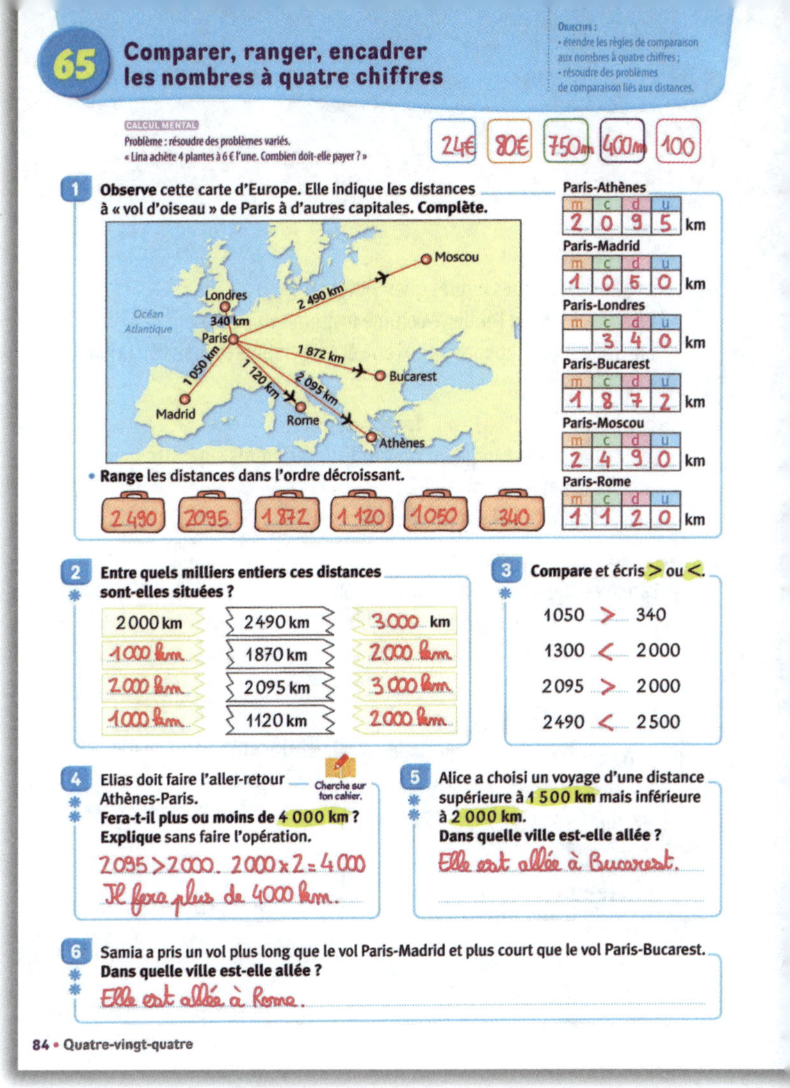

65 Comparer, ranger, encadrer les nombres à quatre chiffres

Objectifs : • étendre les règles de comparaison aux nombres à quatre chiffres ; • résoudre des problèmes de comparaison liés aux distances.

CALCUL MENTAL
Problème : résoudre des problèmes variés.
« Lina achète 4 plantes à 6 € l'une. Combien doit-elle payer ? »
24€ 80€ 750m 400m 100

1 Observe cette carte d'Europe. Elle indique les distances à « vol d'oiseau » de Paris à d'autres capitales. **Complète.**

	m	c	d	u	
Paris-Athènes	2	0	9	5	km
Paris-Madrid	1	0	5	0	km
Paris-Londres		3	4	0	km
Paris-Bucarest	1	8	7	2	km
Paris-Moscou	2	4	9	0	km
Paris-Rome	1	1	2	0	km

• **Range** les distances dans l'ordre décroissant.
2 490 – 2095 – 1 872 – 1 120 – 1050 – 340

2 Entre quels milliers entiers ces distances sont-elles situées ?

2 000 km <	2 490 km	< 3 000 km
1 000 km <	1 870 km	< 2 000 km
2 000 km <	2 095 km	< 3 000 km
1 000 km <	1 120 km	< 2 000 km

3 Compare et écris > ou <.
1050 > 340
1300 < 2000
2095 > 2000
2490 < 2500

4 Elias doit faire l'aller-retour Athènes-Paris. Cherche sur ton cahier.
Fera-t-il plus ou moins de 4 000 km ?
Explique sans faire l'opération.
2095 > 2000. 2000 x 2 = 4000
Il fera plus de 4000 km.

5 Alice a choisi un voyage d'une distance supérieure à 1 500 km mais inférieure à 2 000 km.
Dans quelle ville est-elle allée ?
Elle est allée à Bucarest.

6 Samia a pris un vol plus long que le vol Paris-Madrid et plus court que le vol Paris-Bucarest.
Dans quelle ville est-elle allée ?
Elle est allée à Rome.

84 • Quatre-vingt-quatre

Pistes d'activités supplémentaires

Pour toute la classe
- Encadrer les nombres par les centaines les plus proches (ex. : 1 500 < 1 537 < 1 600) :
… < 1 802 < … ; … < 436 < … ; … < 9 130 < … .
- Trouver un même nombre qui puisse se placer dans ces trois encadrements :
1 000 < … < 2 000 ; 1 400 < … < 1 500 et 1 420 < … < 1 430.
- Retrouver une erreur dans un rangement de nombres à quatre chiffres
2 025 - 2 205 - 2 250 - 2 052 - 2 502 - 2 520.
- Problème : Pour son travail, Anna fait dix fois le voyage aller-retour de Paris à Londres en avion. Combien cela fait-il de kilomètres ?

1 défi

Continuer cette suite : 1 324 - 2 435 - 3 546 - … - … - …
Combien faut-il ajouter à chaque fois ?

66 Construire un carré, un rectangle

Exercices différenciés – Espace et géométrie 7 et 8

Programme 2016

- Construire quelques figures géométriques.
- Utiliser la règle ou l'équerre comme instruments de tracé.
- Construire sur un support uni un carré et un rectangle connaissant la longueur des côtés.

Objectifs spécifiques de la séance

- Construire un rectangle ou un carré sur différents supports (papier uni, quadrillage, papier pointé).
- Utiliser l'équerre et la règle graduée.

Information didactique

À l'école élémentaire, le rôle des instruments de géométrie est double : ils servent bien sûr à construire des figures, mais aussi à vérifier les propriétés des figures géométriques et à les caractériser. Cette dernière fonction a été vue dans la fiche 48 (reconnaissance des propriétés du rectangle et du carré). Dans cette fiche, **la règle graduée et l'équerre** vont reprendre un rôle plus naturel, en tant qu'instruments de construction : l'équerre est utilisée pour construire des angles droits et la règle, pour tracer des segments d'une longueur donnée. La manipulation de ces outils est encore à consolider et leur maitrise parfaite relève du cycle 3, en particulier pour l'équerre.
Il est important de proposer des constructions sur des **supports variés**, qui permettront aux élèves d'être plus au moins guidés (selon le type de supports et l'orientation des figures) ; la construction sur du papier uni étant l'objectif de fin de cycle. Pour ce qui est du rectangle, les notions de longueur et de largeur seront introduites.

CALCUL MENTAL

Retrancher un nombre entier de dizaines, de centaines à un nombre à 2 ou 3 chiffres.

❶ Dire : « *53 – 20 ; 536 – 200 ; 80 – 50 ; 66 – 40 ; 84 – 30 ; 716 – 300 ; 657 – 600.* »
L'élève écrit la différence.

❷ Dire : « *48 – 20 ; 55 – 30 ; 136 – 30 ; 276 – 60 ; 584 – 70 ; 508 – 400 ; 874 – 600 ; 607 – 500 ; 695 – 600 ; 817 – 500 ; 680 – 300 ; 468 – 200.* »
L'élève écrit la différence.

Activités préparatoires

1. Construire des rectangles et des carrés sur des supports particuliers

20 min

▶ Réactiver ses connaissances.

Matériel individuel : règle graduée, papier quadrillé 1 cm × 1 cm, papier pointé SITE COMPAGNON

Consigne 1 : « *Vous allez tracer des rectangles et des carrés en utilisant la règle et le papier quadrillé. Les sommets doivent être sur les nœuds du quadrillage et les côtés sur des lignes du quadrillage ; vous devez respecter les dimensions données.* »

Faire rappeler les propriétés du rectangle et du carré. Préciser ce qu'est la longueur (« le plus grand côté ») et la largeur (« le plus petit ») du rectangle.

Le rectangle 1 a pour longueur 5 cm et largeur 3 cm ; le rectangle 2 a pour longueur 7 cm et largeur 4 cm, le carré 1 a pour longueur 5 et le carré 2 a pour longueur 6 cm.

Le papier quadrillé permet d'utiliser uniquement la règle graduée.

Laisser agir et faire vérifier les constructions en échangeant les feuilles entre deux élèves pour vérification.

Consigne 2 : « *Vous allez refaire la même chose, mais sur du papier pointé. Les sommets doivent être sur des points et les côtés des rectangles et du carré doivent passer par des points ; les côtés doivent être horizontaux ou verticaux.* »

Expliquer la consigne et les termes d'« horizontaux » et « verticaux ».

2. Terminer la construction d'un carré ou d'un rectangle, en repérant le 4e sommet parmi deux possibles

15 min

Matériel par groupe de deux : règle graduée, équerre, feuille d'activité SITE COMPAGNON

Laisser les élèves travailler par deux. Faire justifier les réponses et vérifier les constructions en utilisant l'équerre.

Consigne 1 : « *Voici deux rectangles qui ne sont pas tout à fait terminés. Il y a déjà une longueur et une largeur de tracées et trois sommets. Chaque fois, on vous propose deux points pour le quatrième sommet. Vous devez repérer celui qui convient pour obtenir un rectangle.* ».

Consigne 2 : « *Voici deux carrés qui ne sont pas terminés. Il y a déjà deux côtés de tracés et trois sommets. Chaque fois, on vous propose deux points pour le quatrième sommet. Vous devez repérer celui qui convient pour obtenir un carré.* ».

3. Terminer la construction d'un carré et d'un rectangle

10 min

Matériel individuel : équerre et règle graduée, feuille d'activité SITE COMPAGNON

Consigne 1 : « *Sur cette feuille, vous allez terminer la construction des figures suivantes : les carrés 1 et 2 et les rectangles 1 et 2.* ».
Rectangle 1 (3 cm × 7 cm) : une longueur et une largeur du rectangle sont déjà tracées et un deuxième angle est matérialisé.
Rectangle 2 (4 cm × 6 cm) : une longueur et une largeur du rectangle sont déjà tracées et un seul angle est construit. Cette construction nécessite la construction de deux angles droits.
Carré 1 (5 cm × 5 cm) : un côté est déjà tracé et deux angles droits déjà repérés : les élèves devront terminer de tracer les deux côtés déjà matérialisés, puis tracer le quatrième côté. L'équerre sert ici d'outil de vérification.
Carré 2 (6 cm × 6 cm) : un côté est déjà tracé et un angle droit déjà repéré. C'est la situation la plus difficile : les élèves devront utiliser l'équerre pour tracer les deux côtés perpendiculaires à celui déjà tracé puis respecter les longueurs de 6 cm.
Rappeler les instruments nécessaires. Faire analyser chaque début de construction, puis laisser les élèves agir.
Faire verbaliser de manière collective les étapes de construction et bien rappeler le rôle de chacun des instruments :
- l'équerre pour construire l'angle droit ;

- la règle graduée qui permet de tracer les longueurs de côtés à la dimension voulue.

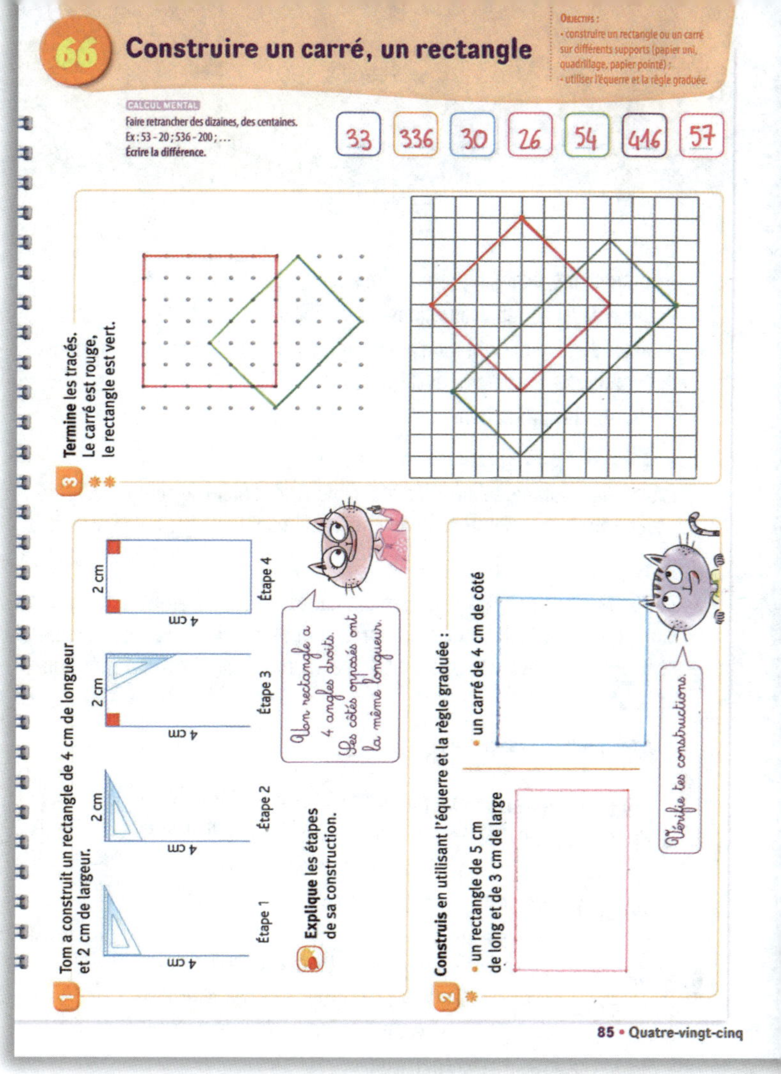

Travail sur le fichier

1 Expliquer les étapes de construction d'un rectangle.

Laisser découvrir et lire la situation : il s'agit d'expliquer les étapes de construction d'un rectangle à l'aide de l'équerre et de la règle graduée. Cette explication se fera de manière collective et à l'oral. Il est important, à chaque étape, de faire le lien entre les propriétés de la figure et l'utilisation des outils. Les propriétés du rectangle sont rappelées dans le contenu de la bulle.

L'étape 1 permet de construire une longueur du rectangle (4 cm) avec la règle graduée et de positionner l'équerre à une de ses extrémités, qui sera un des sommets du rectangle.

L'étape 2 permet de construire une largeur de 2 cm. L'équerre, la plupart du temps, présente sur le « grand côté de l'angle droit » une règle graduée (dont le zéro est généralement positionné au sommet de son angle droit, bien le vérifier sur l'équerre des élèves), ce qui permet de construire la largeur qui formera un angle droit avec la longueur.

L'étape 3 permet de construire la deuxième longueur de 4 cm qui formera un angle droit avec la largeur déjà tracée. Pour cela, les élèves peuvent utiliser la partie de l'équerre qui comporte des graduations ou la règle graduée.

L'étape 4 consiste à tracer la deuxième largeur. Cette étape ne nécessite pas l'utilisation de l'équerre.

Obstacles possibles :

- La lecture des différentes étapes.
- Le respect à la fois des angles droits et des longueurs.

Aide proposée : rajouter les deux dimensions manquantes.

1 Construire un rectangle et un carré de dimensions données sur papier uni avec les instruments de géométrie.

Il s'agit d'appliquer ou adapter les étapes de constructions vues dans la première situation pour construire un rectangle et un carré (le carré aura tous ses côtés de même dimension). Demander aux élèves, pour la construction du rectangle, de commencer par construire une des deux longueurs à partir du côté en partie matérialisé. Les élèves sont aidés par le fait qu'un sommet est déjà positionné et qu'un début de côté est déjà matérialisé.

Obstacles possibles :

- Le respect à la fois des angles droits et des longueurs de côtés différentes.
- La construction successive des angles droits.

2 Terminer les constructions de carrés ou de rectangles sur quadrillage ou papier pointé.

Quatre constructions sont à terminer. La construction du carré rouge sur papier pointé ne pose pas de difficulté ; les trois autres constructions sont plus délicates, en raison de leur position atypique. Pour ces constructions, un angle droit est déjà matérialisé. Demander aux élèves de vérifier la qualité et l'exactitude des tracés avec les instruments de géométrie.

Obstacles possibles :

- L'orientation des figures.
- Le fait que les constructions des figures s'entrecroisent.

Aide proposée : pour les deux dernières constructions, positionner un troisième sommet.

Faisons le point

- Nous avons appris à terminer ou à faire entièrement le tracé d'un carré quand on connait une longueur de côté.
- Nous avons appris à terminer ou à faire entièrement le tracé d'un rectangle.
- Nous avons construit des carrés ou des rectangles sur du quadrillage ou du papier pointé.

MÉMO-MATHS **« Je sais construire un carré, un rectangle », page 10.**

Pistes d'activités supplémentaires

Soutien

- S'exercer à la construction de carrés ou de rectangles sur papier pointé ou sur quadrillage.
- Construire des angles droits dont on précisera les longueurs de côtés (ex. : angle droit de longueurs de cotés 5 cm et 3 cm).
- Terminer un carré et un rectangle à partir de deux côtés perpendiculaires.

Approfondissement

- Construire des carrés et des rectangles en donnant uniquement les dimensions (ex. : un carré de 5 cm de côté).

67 Les désignations des nombres

Activité de manipulation 11

Programme 2016

- Nommer, lire, écrire, représenter des nombres entiers.
- Utiliser diverses représentations des nombres.
- Passer d'une représentation à une autre, en particulier associer les noms des nombres à leurs écritures chiffrées.

» Unités de numération.

Objectif spécifique de la séance

Exprimer un nombre selon différentes désignations (nom du nombre, écriture usuelle en chiffres, somme, produit, utilisation des unités de numération).

Information didactique

Le programme insiste particulièrement sur l'étude des **différentes désignations orales et écrites d'un nombre** : nom du nombre (ex. : mille-deux-cent-quarante) ; écriture usuelle en chiffres (numération décimale de position, ex. : 1 240) ; double de (ex. : double de 620) ; moitié de (ex. : moitié de 2 480) ; somme de (ex. : 1 000 + 200 + 40, 200 + 40 + 1 000) ; produit de (ex. : 620 × 2 ; 124 × 10) ; différence de (ex. : 1 300 – 60) ; quotient et reste de ; multiplicatives (ex. : 31 × 4 × 10) ; mixtes (ex. : 600 × 2 + 40) ; écritures en ligne additives ou soustractives ; en unités de numération (ex. : 1 m 2 c 4 d ; 1 m 24 d), etc.

La variété et la complémentarité qu'apportent les différentes désignations d'un nombre nous renseignent sur sa structure et sont **un appui essentiel pour les calculs.**

Ce travail permet de faire prendre conscience aux élèves de la richesse des possibilités existant pour désigner un même nombre que nous avons tendance à associer aux seules écritures chiffrées usuelles littérales.

Ces désignations d'un même nombre sont équivalentes et peuvent être reliées par le signe « = », qui marque l'équivalence.

CALCUL MENTAL

Problème : retrancher un nombre entier de dizaines, de centaines.

❶ Dire : « *Paul a 460 kg de pommes vendre. Quelle masse de pomme lui reste-t-il s'il vend 1 sac de 100 kg ? 1 sac de 20 kg ? 1 sac de 50 kg ? 2 sacs de 50 kg et 1 sac de 100 kg ? 3 sacs de 20 kg ? 4 sacs de 50 kg ?* »

L'élève écrit la masse restante.

❷ Dire : « *Des amis vont au spectacle. L'entrée coute 20 €. Combien reste-t-il à chacun : Pierre avait 35 € ; Tina avait 50 € ; Aïcha avait 42 € ; Boris avait 20 € ; Sophie avait 47 € ; Michel avait 96 € ; Lucie avait 144 €.* »

L'élève écrit ce qu'il reste à chacun.

Activités préparatoires

1. Associer différentes désignations à un nombre

20 à 25 min

Matériel par groupe de deux ou trois : fiche d'activité

SITE COMPAGNON

Consigne 1 : « *Sur votre fiche, il y a trois nombres : 12, 30 et 28. Chaque groupe va s'occuper d'un seul nombre que je lui indiquerai. Ce nombre est désigné sous la forme de son écriture chiffrée (en chiffres) habituelle, mais on peut désigner ce nombre de bien d'autres manières. C'est ce que je vais vous demander de faire : de trouver d'autres façons de désigner ce nombre.* »

Fournir un exemple pour 18. On peut le désigner en l'écrivant en lettres « dix-huit » ; sous la forme d'une écriture additive « 10 + 8 ou 6 + 6 + 6 » ; d'une écriture soustractive « 20 – 2 » ; d'une multiplication « 6 × 3 ; 9 × 2 » ; d'un double « double de 9 » ; d'une moitié « moitié de 36 » ; d'unités de numération « 1 d 8 u », etc.

Consigne 2 : « *Vous aurez à compléter les désignations qui vous sont demandées dans le tableau pour votre nombre. Nous récapitulerons ensuite toutes les désignations que vous avez trouvées.* »

Ce travail, qui porte sur des petits nombres, participe à consolider et à fixer la notion de désignation.

2. Compléter les désignations d'un nombre à quatre chiffres

10 min

Matériel par groupe de deux ou trois : fiche d'activité

SITE COMPAGNON

Les élèves doivent utiliser les étiquettes-nombres pour compléter les différentes désignations du nombre 1 600.

Travail sur le fichier

1 Repérer, dans une liste, les écritures qui sont des désignations d'un nombre donné et celles qui ne le sont pas.

Ici, les élèves ont à se prononcer par rapport au nombre 2 400.

Corriger et faire justifier les choix. Trois écritures ne sont pas des désignations de 2 400 :

2 m 4 d = 2 000 + 40 = 2 040 ; 2 000 + 4 = 2 004 ; moitié de 4 000 = 2 000.

Voici les justifications de quelques désignations :

1 200 + 1 200 = 1 000 + 1 000 + 200 + 200 = 2 000 + 400 = 2 400 ;

2 m 4 c = 2 000 + 400 = 2 400 ;

double de 1 200 = double de 1 000 + double de 200 ;

3 000 – 600 = (3 000 – 500) – 100 = 2 500 – 100 = 2 400.

Obstacles possibles :

- Le calcul mental sur les nombres à 4 chiffres.
- Le calcul d'un double.
- Le décodage des écritures en unités de numération.

2 Compléter des désignations d'un nombre à quatre chiffres.

Expliquer la tâche aux élèves. Il s'agit de compléter des écritures pour qu'elles soient des désignations du nombre 1 800.

Pour chaque écriture, se poser cette question : « Comment faut-il compléter l'écriture pour qu'elle devienne une désignation de 1 800 ? »

À 1 000, il faut ajouter 800 ; il faut multiplier 9 000 par 2 ; il faut multiplier 18 par 100 ; 1 800, c'est le double de 900 ; à 2 000, il faut retrancher 200, etc.

Obstacle possible : difficulté à cibler, pour chacune d'elles, de quel type de désignation il s'agit.

3 Associer à l'écriture chiffrée d'un nombre son écriture en lettres.

Indiquer qu'il faut un tiret entre chaque mot. Tous les mots-nombres nécessaires étant fournis, on pourra être exigeant sur l'orthographe.

Aide proposée : faire lire les nombres à voix basse pour bien intérioriser les noms.

3 Comparer des nombres ou des écritures avec les symboles = ou ≠.

On pourra faire écrire les résultats au-dessus des écritures :
4 000 + 30 + 600 = 4 630 ; 4 000 + 630 = 4 630 ; 46 + 30 = 76 ; (4 × 1000) + (6 × 100) + (3 × 10) = 4 000 + 600 + 30 = 4 630 ; 46 × 100 = 4 630 ; 463 × 10 = 4 630.

Obstacles possibles :

- L'organisation de la gestion des calculs.
- La longueur de certaines écritures.
- Le calcul de sommes de produits.
- Les multiplications par 10, par 100 et par 1 000 dans les mêmes écritures.

La petite question

Partir du constat qu'il y a quatre pattes par mouton. Compte tenu du nombre de moutons, nous devons nous appuyer sur un calcul multiplicatif (180 × 4). Observer les différentes procédures :
- par un calcul réfléchi : (100 × 4) + (80 × 4) = 400 + 320 = 720 ;
- par la multiplication posée de 180 × 4 ;
- par l'addition posée : 180 + 180 + 180 + 180.

Faisons le point

- Nous avons vu que l'on peut désigner un nombre de différentes façons et avec différentes écritures (additives, soustractives, multiplicatives, avec des unités de numération, en disant que le nombre est le double de… ou la moité de…, etc.)
- Nous avons complété des désignations d'un nombre.

MÉMO-MATHS **« J'écris plusieurs désignations d'un nombre », page 10.**

67 Les désignations des nombres

Objectif : exprimer un nombre selon différentes désignations (nom du nombre, écriture usuelle en chiffres, somme, produit, utilisation des unités de numération…).

CALCUL MENTAL
Problème : retrancher des dizaines, des centaines.
« Paul a 460 kg de pommes à vendre. Il vend 2 sacs de 50 kg. »
Écrire la masse restante.

360kg 440kg 410kg 260kg 400kg 260kg

1 **Ces écritures sont-elles des désignations de 2 400 ? Écris oui ou non.**

2000 + 400	oui	1200 × 2	oui
1200 + 1200	oui	deux-mille-quatre-cents	oui
2m 4d	non	24 × 100	oui
2400 u	oui	2000 + 4	non
2m 4c	oui	3000 − 600	oui
double de 1200	oui	moitié de 4000	non

2 **Complète** les désignations de 1 800.

1800 — 1000 + 800 — 900 × 2 — 18 × 100
900 + 900 — 2000 − 200 — 1m + 8 c — double de 900
1500 + 300 — 18 centaines — mille-huit-cents — 180 × 10

3 **Utilise** ces mots pour écrire les nombres en lettres.

huit — cent — mille — cinquante — sept — deux — trois

2703 deux-mille-sept-cent-trois
3850 trois-mille-huit-cent-cinquante

4 **Écris** = ou ≠.

4630 = 4000 + 30 + 600
4000 + 630 ≠ 46 + 30
(4 × 1000) + (6 × 100) + (3 × 10) = 4630
(46 × 100) + 30 = 463 × 10

La petite question

Combien de pattes dans un troupeau de 180 moutons ?

720

86 • Quatre-vingt-six

Pistes d'activités supplémentaires

Soutien

- Écrire ces nombres en lettres. On pourra utiliser les mots-nombres des fiches cartonnées.
1 450 ; 3 634 ; 2 018 ; 7 777.
- Désigner les nombres suivant avec des unités de numération :
987 ; 2 568 ; 4 900 ; 5 090 ; 3 215.
- Calculer : 3 000 + 420 ; 30 + 42 ; 420 + 30 ; 420 + 300.
- Désigner les nombres suivants par une écriture additive, une écriture soustractive puis une écriture multiplicative :
2 500 ; 4 950.
- Retrouver l'écriture chiffrée de ces nombres :
double de 500 ; moitié de 8 000 ; moitié de 5 000 ; 4 m 3 c ; 3 m 5 d ; 2 000 – 900.

Approfondissement

- Désigner en utilisant les expressions « est ledouble de … » et « est la moitié de… » les nombres suivants : 2 000 ; 3 000 ; 2 500 ; 1 500.
- Désigner sous la forme d'une somme de produits les nombres 3 560 et 4 070.
- Retrouver l'écriture chiffrée de ces nombres :
double de 1 250 ; moitié de 3 500 ; 2 000 – 199 ; 2 000 – 201.

le défi

Problème de recherche par groupe

Retrouver l'écriture chiffrée du nombre « moitié de 9 998 ».
Analyser les procédures utilisées :
- moitié de 998 = moitié de 1 000 – moitié de 2 ;
- moitié de 998 = moitié de 900 + moitié de 90 + moitié de 8.

PROBLÈMES

68 Trier des données

Programme 2016

- Résoudre des problème issus de situations de la vie quotidienne portant sur des grandeurs et leur mesure.
- Organisation et gestion de données.
  » Exploiter des données numériques pour répondre à des questions.
- Résoudre des problèmes impliquant des longueurs, des durées et des prix.

Objectif spécifique de la séance

- Repérer les données utiles, les données inutiles, les données manquantes pour résoudre un problème.

Information didactique

Rappelons que la résolution de problèmes occupe une place essentielle dans l'enseignement des mathématiques. Il est donc nécessaire de ménager des **plages de travail assez longues et régulières** pendant lesquelles les élèves pourront réfléchir à des problèmes de recherche, en particulier à des situations complexes de la vie courante.
Le fait de donner, dans un texte ou un énoncé, des renseignements surabondants, oblige l'élève à trier les données, ce qui lui permet d'avoir une **meilleure appréhension de la relation entre énoncé et solution.**

CALCUL MENTAL

Réviser les tables de 2, 3, 4, 5.

❶ Dire : *« 4 × 5 ; 6 × 3 ; 7 × 2 ; 8 × 4 ; 5 × 3 ; 7 × 3 ; 9 × 4 ; 6 × 4. »*
L'élève écrit le produit.

❷ Dire : *« • Combien de fois 2 dans 12 ? dans 18 ? dans 16 ?*
• Combien de fois 5 dans 10 ? dans 35 ? dans 45 ?
• Combien de fois 3 dans 9 ? dans 21 ? dans 27 ?
• Combien de fois 4 dans 12 ? dans 24 ? dans 32 ? »
L'élève écrit le résultat.

Activités préparatoires

1. Repérer les renseignements nécessaires pour répondre à une question

15 min

Matériel par groupe de deux ou trois : énoncé de problème (aussi écrit au tableau).

« C'est mercredi après-midi. Léa se rend à bicyclette chez son amie Maï. Léa met 15 min à l'aller et 15 min au retour. Elle reste 1 h 30 chez Maï. »

▶ Dans un premier temps, demander à quelle question on peut répondre en utilisant dans la réponse tous les renseignements fournis dans l'énoncé.

La réponse est « Combien de temps Léa est-elle restée absente de chez elle ? » (15 min + 15 min + 1 h 30 min = 30 min + 1 h 30 min = 1 h 60 min = 2 h).

▶ Poser les deux questions suivantes :

1re question : *« Quelle distance a-t-elle parcourue à bicyclette aller-retour ? »*

2e question : *« À quelle heure est-elle de retour chez elle ? »*

Par groupe de deux ou trois, distribuer le problème et faire constater qu'il manque des renseignements pour pouvoir répondre aux questions. Demander à chaque groupe d'indiquer par écrit, à l'enseignant, quel renseignement il lui manque. L'enseignant fournit le renseignement demandé et le groupe essaie de résoudre le problème (par exemple, distance entre les deux domiciles : 5 km ; heure de départ : 14 h). Corriger collectivement.

Certains groupes peuvent demander des renseignements inutiles. Constater alors que l'on ne peut pas répondre à la question.

2. Repérer les données utiles et inutiles

10 min

Matériel individuel : énoncé de problème.

Distribuer un problème avec des données surabondantes. Repérer les données utiles et celles qui sont inutiles, puis répondre à la question.
Exemple d'énoncé : « Pierre part à 14 h de chez lui. Il va en ville à bicyclette. Il fait 2 km, il s'arrête un quart d'heure chez la pâtissière et achète deux pains au chocolat à 1 € 20 l'un et une brioche à 2 €. La marchande lui rend 5 € 80 c. Il reprend son vélo et va avec sa copine Alice au stade. Ils y restent 30 min et font deux tours de pistes. Ils achètent chacun une glace à 2 €. Pierre rentre chez lui à 17 h.
Combien Pierre a-t-il dépensé dans l'après-midi ? »

Travail sur le fichier

1 Trier les données utiles dans un énoncé de problème pour répondre aux questions posées.
Faire précéder d'un travail de lecture silencieuse avec restitution du texte de mémoire pour apprendre aux élèves à se concentrer.
Fermer le fichier et demander, par groupe de deux ou trois, de retrouver « l'histoire ». Un ou deux groupes volontaires viennent dire à la classe ce qu'ils ont retenu. Compléter collectivement les propositions. L'enseignant écrit la proposition finale au tableau (ce qui permet un travail interdisciplinaire avec le français).
Ouvrir le fichier pour contrôler et constater les différences.
Faire énoncer à quoi correspond chacun des renseignements surlignés dans le problème. Par exemple : « 9 h, c'est l'heure d'arrivée au stade ; 3 fois, c'est le nombre de tours de stade effectués ; 600 m, c'est la longueur d'un tour ; 10 h 30 min, c'est l'heure de départ du stade ; 1 € 30, c'est le prix du gâteau. »
Relire les deux questions et laisser répondre.
Corriger. Il est peut-être plus facile de procéder par élimination et dire que les heures et le prix du gâteau sont inutiles pour trouver la distance parcourue.
L'enseignant récapitule en disant : *« Pour trouver la distance parcourue, on a besoin de la longueur de la piste et du nombre de tours effectués. »*
Faire formuler une phrase du même type pour la question 2.

Obstacles possibles :
- La confrontation à un problème complexe avec données surabondantes.
- La forme peu habituelle de l'exercice.
- Le calcul d'une durée par complémentation.

2 Résoudre un problème à partir d'un document de type catalogue, avec illustration et prix.

Laisser observer l'image. Faire lire le nom de chaque article avec son prix.

Laisser résoudre individuellement ou par deux.

Pour la 1re question, il faut ajouter le prix de la robe et le prix du sweat.

Dans la 2e question, on ne donne pas directement la somme dépensée ni ce qui a été acheté.

Si le marchand rend 2 € à Maëlle, c'est qu'elle a dépensé :

20 € – 2 € = 18 €.

C'est le prix du tee-shirt.

Dans la 3e question, il faut trouver quels sont les articles dont les prix ont pour somme 54 € 30. On peut déjà enlever le blouson (58 € > 54 € 30). On peut remarquer que le pull coute 18 € 30. Voir si un autre prix ajouté à celui-ci donne une somme de 54 € 30. Procéder par essais-erreurs. Il s'agit de 36 €, c'est donc le pantalon.

Obstacle possible : le peu d'indices disponibles pour répondre à la dernière question.

3 Répondre à des questions en triant les renseignements fournis par un document.

Laisser un temps de lecture silencieuse, puis demander à un groupe de deux élèves de faire une présentation du document.

Le volet gauche est un texte qui n'apporte aucune information exploitable.

Le volet central est un tableau des horaires d'ouverture dans la journée.

Le volet de droite donne les tarifs des places adultes et des places enfants et la période d'ouverture dans l'année.

Laisser les élèves répondre par deux, puis corriger en prenant appui sur le document.

Obstacles possibles :

- La lecture d'un support inhabituel et la recherche des informations utiles parmi un ensemble d'autres informations.
- Le comptage des mois du 1er juin au 31 aout.
- L'analyse de la situation présentée dans la dernière question.

Faisons le point

- Nous avons appris à trier les informations utiles pour résoudre un problème et à repérer les informations inutiles.
- Nous avons vu que, parfois, on ne pouvait pas répondre à une question parce qu'il nous manquait des renseignements. Nous avons dit quels renseignements il nous manquait pour répondre.
- Pour résoudre des problèmes, nous avons pris les informations dans des textes mais aussi sur différents types de documents comme des catalogues, des prospectus, etc.

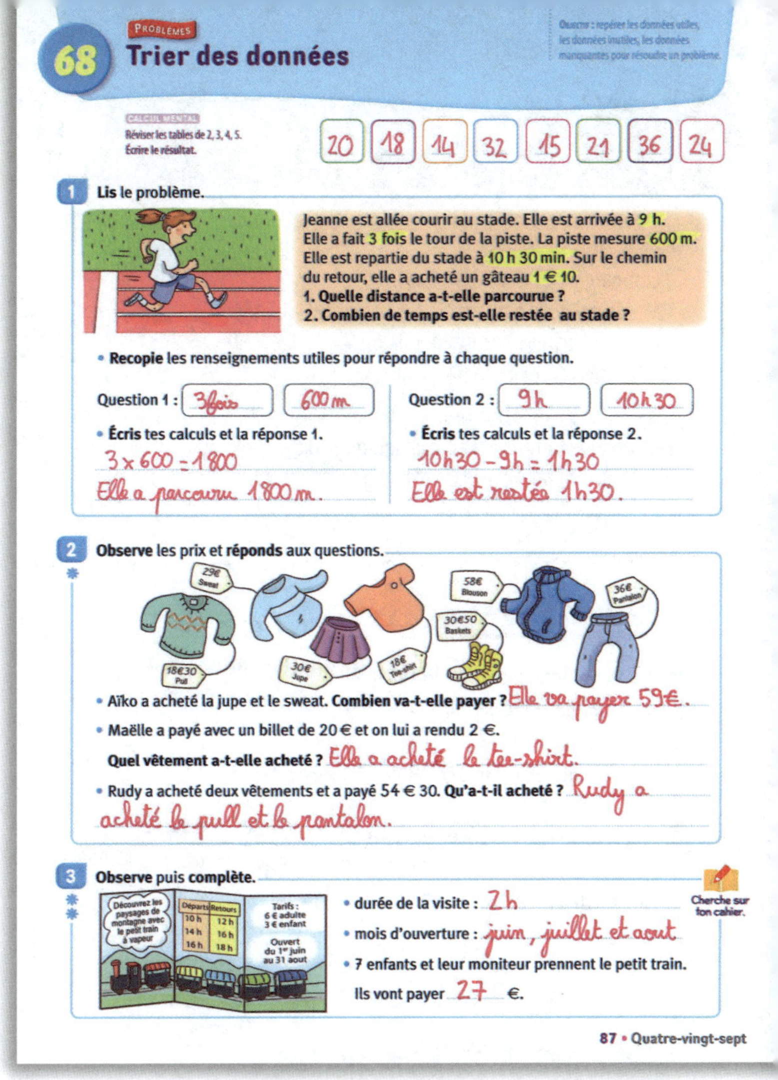

PROBLÈMES

68 Trier des données

Objectif : repérer les données utiles, les données inutiles, les données manquantes pour résoudre un problème.

CALCUL MENTAL

Réviser les tables de 2, 3, 4, 5. Écrire le résultat.

20 | 18 | 14 | 32 | 15 | 21 | 36 | 24

1 Lis le problème.

Jeanne est allée courir au stade. Elle est arrivée à 9 h. Elle a fait 3 fois le tour de la piste. La piste mesure 600 m. Elle est repartie du stade à 10 h 30 min. Sur le chemin du retour, elle a acheté un gâteau 1 € 10.

1. Quelle distance a-t-elle parcourue ?

2. Combien de temps est-elle restée au stade ?

- **Recopie** les renseignements utiles pour répondre à chaque question.

Question 1 : 3 fois | 600 m

Question 2 : 9 h | 10 h 30

- **Écris** tes calculs et la réponse 1.

3 × 600 = 1 800

Elle a parcouru 1 800 m.

- **Écris** tes calculs et la réponse 2.

10 h 30 – 9 h = 1 h 30

Elle est restée 1 h 30.

2 Observe les prix et **réponds** aux questions.

- Aïko a acheté la jupe et le sweat. **Combien va-t-elle payer ?** Elle va payer 59 €.
- Maëlle a payé avec un billet de 20 € et on lui a rendu 2 €. **Quel vêtement a-t-elle acheté ?** Elle a acheté le tee-shirt.
- Rudy a acheté deux vêtements et a payé 54 € 30. **Qu'a-t-il acheté ?** Rudy a acheté le pull et le pantalon.

3 Observe puis **complète**.

- durée de la visite : 2 h
- mois d'ouverture : juin, juillet et aout
- 7 enfants et leur moniteur prennent le petit train. Ils vont payer 27 €.

Cherche sur ton cahier.

87 • Quatre-vingt-sept

Pistes d'activités supplémentaires

Pour toute la classe

- Dans l'exercice 2, poser la question :
« Que faut-il acheter pour payer la plus petite somme possible en achetant 3 de ces articles ? Explique ta réponse. »
- Dans l'exercice 2, poser la question :
« Quelle somme aura recueillie le marchand s'il vend un exemplaire de tous ces articles ? »,
puis « Un mois plus tard, c'est la période des soldes. Sur tous les articles, le marchand fait une remise de 10 €. Sans additionner le prix de tous les articles, comment savoir la somme qu'il recevra s'il vend tous les articles le même jour. »
- Dans l'exercice 3, poser la question :
« Deux parents et leurs enfants ont payé 24 € pour la visite. Combien y a-t-il d'enfants dans cette famille ? »

1 le défi

Atelier de construction de problèmes

Donner un document aux élèves par groupes de trois ou quatre et demander à chaque groupe, à partir de ces documents, de préparer des questions pour les autres groupes.

69 Le gramme et le kilogramme

Exercices différenciés – Grandeurs et mesures 7 et 8

Programme 2016
- Comparer, mesurer des masses.
- Mesurer des masses avec des instruments adaptés.
  - » Unités de mesures usuelles de masse : g, kg.
  - » Relation entre les unités de masse.

Objectifs spécifiques de la séance
- Utiliser le gramme (g) et le kilogramme (kg).
- Connaitre la relation 1 kg = 1000 g.

Information didactique

La masse, qui est une propriété des objets physiques, est liée à la quantité de matière constituant ces objets. Elle est indépendante du lieu où se trouve l'objet, contrairement au poids, qui représente l'effet de l'attraction terrestre et qui varie donc selon le lieu.

La masse, comme la longueur ou la durée, est une grandeur mesurable. Le premier stade du travail, la comparaison, fait appel à divers instruments dont la balance. Le second stade du travail fait lui appel à des unités non conventionnelles (bâton de craie, jeton…). Enfin, le besoin de communication conduit à une unité reconnue de tous : le gramme.

CALCUL MENTAL

❶ **Problème : utiliser la table de multiplication par 4.**
Dire : *« Quel est le périmètre d'un carré dont chaque côté mesure 3 cm ? 4 cm ? 7 cm ? 10 cm ? 8 cm ? 2 cm ? 20 cm ? »*
L'élève écrit le résultat. Avant de commencer, on pourra traiter un exemple en collectif.

❷ **Problème : utiliser la table de multiplication par 3.**
Dire : *« L'enseignante fait travailler les élèves par groupes de 3. Combien y a-t-il d'élèves dans une classe où il y a 6 groupes ? 8 groupes ? 9 groupes ? 7 groupes ?… »*
L'élève écrit le résultat.

Activités préparatoires

1. Estimer la masse d'un objet ; vérifier par une pesée

20 à 30 min

Matériel collectif : balances Roberval, balances de cuisine, masses marquées, quelques objets de l'environnement proche dont on ne connait pas la masse, des produits avec la masse indiquée.

▶ On pourra commencer par un exercice de comparaison de masse. Proposer cinq objets à ranger dans l'ordre croissant ou décroissant de leurs masses. Prévoir des objets plus volumineux qui seront plus légers que d'autres, plus « petits » mais plus denses. Valider ce rangement à l'aide de la balance à plateaux sans utiliser les masses marquées, la comparaison se faisant en plaçant un objet sur chaque plateau de la balance. Observer les différentes procédures.

▶ Soupeser des masses marquées et des produits sur lesquels la masse est inscrite (paquets de café, boites de conserve..) pour constater avec les sens ce que représentent ces masses.

Demander ensuite une estimation de la masse d'objets (cahier, crayons, dictionnaire, boite vide, seau avec de l'eau, roches…).

Faire noter une estimation de la masse de l'objet à vue d'œil, puis une deuxième estimation après l'avoir soupesé et enfin, peser cet objet. Noter la mesure de sa masse.

Calculer l'écart entre l'estimation et la mesure. Présenter l'ensemble sous la forme d'un tableau.

On pourra continuer avec une autre série d'objets pour voir si les estimations s'affinent.

2. Faire relever la masse écrite sur les emballages

20 min

Matériel collectif : des emballages vides pour repérer les masses (en grammes, en kilogrammes) : 125 g ; 250 g ; 500 g ; 1 kg ; 1 kg 200 g.

Attirer l'attention des élèves sur le fait que, quand on achète un produit alimentaire, la masse est écrite sur l'emballage. Inviter les élèves à repérer les masses à la maison, lors des achats dans un magasin. C'est une bonne façon de les familiariser avec les masses des produits que l'on trouve dans la vie courante et de les amener à produire des estimations plus proches de la réalité.

On vérifiera aussi s'il s'agit de la masse du contenu ou la masse totale (emballage + contenu).

Travail sur le fichier

1 Laisser un temps de découverte individuelle. Poser quelques questions sur la première partie de la situation : *« Quel produit est-on en train de peser ? »* ; *« Quelle quantité ? »* (réponse : 1 kg, masse inscrite sur la boite vide) » ; *« Sur la balance Roberval (identique à celle de la classe), à quoi voit-on que la pesée est terminée ? »* ; *« Pour équilibrer le kilogramme de sucre placé sur le plateau, combien faut-il de grammes ? »* (réponse : 500 g + 500 g).

Répondre à la question du fichier et faire rédiger la justification.
À la fin de la recherche, laisser au tableau l'égalité :

1 kg = 1 000 g.

Dans la boite, il y avait 1 kg de sucre. Donc sur la balance, il y a 1 kg de sucre, c'est pareil que la masse de 500 g + 500 g, c'est-à-dire 1 000 g, qui est sur l'autre plateau.
Attirer l'attention des élèves sur la signification du préfixe « kilo », qui signifie mille.

Obstacle possible : la justification de la relation 1 kg = 1 000 g.

2 Transformer des kilogrammes en grammes et inversement.
Faire rappeler la relation 1 kg = 1 000 kg que l'on peut écrire aussi 1 000 g = 1kg.
Laisser faire les transformations en autonomie ou faire effectuer collectivement les transformations plus complexes.
3 kg 200 g = 3 000 g + 200 g = 3 200 g ;
1 500 g = 1 000 g + 500 g = 1 kg 500 g.

Obstacle possible : les transformations qui impliquent des mesures avec plusieurs unités.

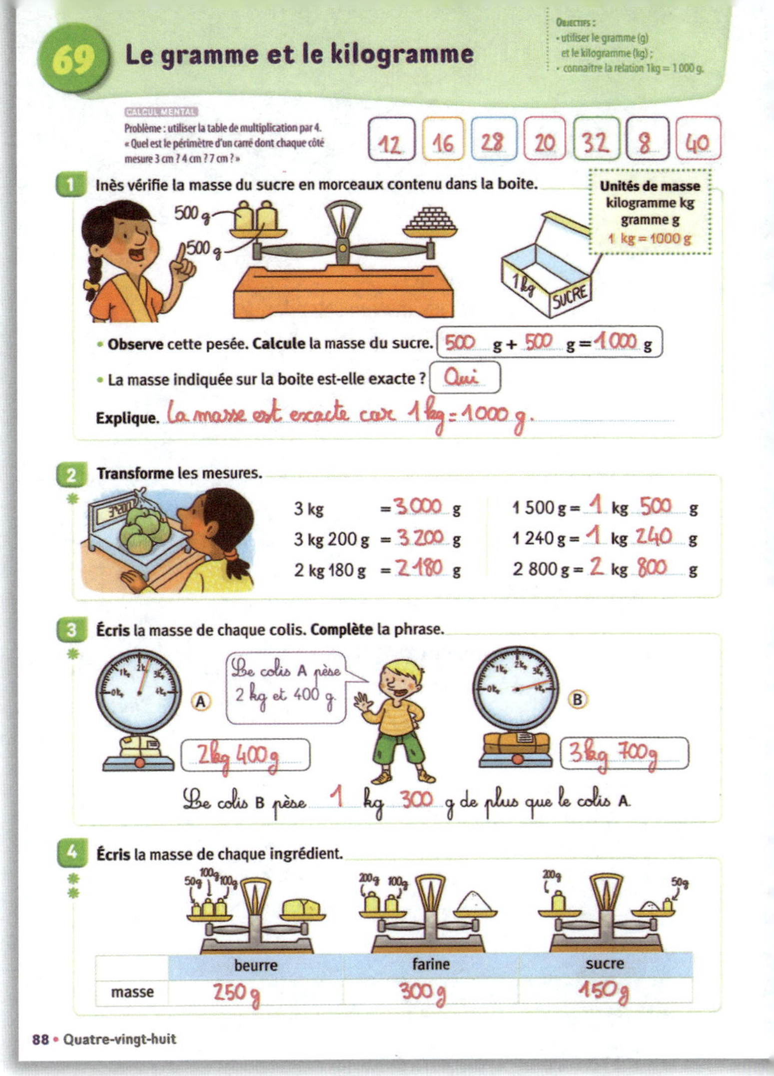

69 Le gramme et le kilogramme

Objectifs :
- utiliser le gramme (g) et le kilogramme (kg) ;
- connaitre la relation 1 kg = 1 000 g.

CALCUL MENTAL
Problème : utiliser la table de multiplication par 4.
« Quel est le périmètre d'un carré dont chaque côté mesure 3 cm ? 4 cm ? 7 cm ? »

12 | 16 | 28 | 20 | 32 | 8 | 40

1 Inès vérifie la masse du sucre en morceaux contenu dans la boite.

Unités de masse
kilogramme kg
gramme g
1 kg = 1000 g

500 g
500 g
1 kg SUCRE

- **Observe** cette pesée. **Calcule** la masse du sucre. 500 g + 500 g = 1 000 g
- La masse indiquée sur la boite est-elle exacte ? Oui

Explique. La masse est exacte car 1 kg = 1000 g.

2 **Transforme** les mesures.

3 kg = 3 000 g
3 kg 200 g = 3 200 g
2 kg 180 g = 2 180 g

1 500 g = 1 kg 500 g
1 240 g = 1 kg 240 g
2 800 g = 2 kg 800 g

3 **Écris** la masse de chaque colis. **Complète** la phrase.

Le colis A pèse 2 kg et 400 g.

A : 2 kg 400 g
B : 3 kg 700 g

Le colis B pèse 1 kg 300 g de plus que le colis A.

4 **Écris** la masse de chaque ingrédient.

50 g 100 g 100 g — 200 g 100 g — 200 g 50 g

	beurre	farine	sucre
masse	250 g	300 g	150 g

88 • Quatre-vingt-huit

3 Lire une masse indiquée sur le cadran d'une balance.
Si possible, vidéoprojeter l'image. Observer les graduations de la balance. Essayer de comprendre la lecture d'une masse sur ce cadran.
« Où se place l'aiguille si la masse que l'on pose sur la balance est de 2 kg ? »
« Combien y a-t-il d'intervalles entre deux graduations successives de kg ? » (réponse : 10 intervalles).
Dire que chaque intervalle représente 100 g.
« Que représente la graduation qui est juste au milieu ? » (réponse : 500 g).
Lire la masse du colis B (3 kg 700 g). Écrire les deux masses et compléter la phrase de comparaison.
Recueillir la procédure de calcul de la différence.
2 kg 400 g + 1 kg 300 g = 3 kg 700 g ;
2 kg 400 g + 1 kg = 3 kg 400 g ;
3 kg 400 g + 300 g = 3 kg 700 g.

Obstacles possibles :
- La lecture des graduations.
- Le calcul de l'écart entre deux masses désignées avec deux unités.

4 Lire la masse d'une marchandise pesée avec une balance à plateaux.
Les plateaux sont en équilibre sur toutes les balances. Poser la question : *« Qu'est-ce que cela signifie ? »*
(Réponse : « Qu'il y a la même masse sur les 2 plateaux. »)
La 3ᵉ pesée pose un véritable problème.
Poser la question : *« Dans cette pesée, qu'est-ce qui pèse 200 g ? »*
(Réponse : « C'est le petit tas de sucre plus la masse de 50 g. »)
Répondre à la question du fichier (« On peut dire que la masse du sucre n'est pas de 200 g. Il faut enlever la masse des 50 g. Donc le sucre pèse 200 g – 50 g = 150 g. »)

Obstacle possible : la 3ᵉ pesée, difficile à comprendre sans explication préalable.
Aide proposée : faire la manipulation. Enlever les 50 g et constater qu'il faut placer alors 150 g sur l'autre plateau.

Faisons le point

- Nous avons effectué des pesées avec la balance à plateaux.
- Nous avons lu des mesures sur une balance avec un cadran gradué en kilogrammes et en centaines de grammes.
- Nous avons vu que 1 kg = 1 000 g.
- Nous avons exprimé une mesure en changeant d'unités.

MÉMO-MATHS **« Je connais le gramme et le kilogramme », page 10.**

Pistes d'activités supplémentaires

Activités pour toute la classe

- S'entrainer à lire sur le cadran d'une balance. SITE COMPAGNON
- Faire effectuer, dans un travail par atelier, de nombreuses pesées avec une balance à plateaux et des masses marquées.
- Entourer les masses situées entre 2 kg et 3 kg.

1 kg 500 g	3 kg 250 g	2 kg 475 g	2 750 g
750 g	2 kg 500 g	3 500 g	2 kg 125 g

- Demander quelle masse de fruits indique chaque balance.

- Utiliser la boite de masses marquées. SITE COMPAGNON

Demander : *« Voici les masses que l'on trouve dans cette boite de masses marquées :*
500 g ; 200 g ; 100 g ; 100 g ; 50 g ; 20 g ; 10 g ; 10 g ; 5 g ; 2 g ; 2 g ; 1 g.
Quelles masses marquées utilises-tu pour peser des objets de 150 g ? 75 g ? 390 g ? 648 g ? 469 g ? 847 g ? 1 kg ?
Chaque fois, utilise le moins de masses marquées possible. »

- Sur un plateau d'une balance, il y a une masse marquée de 1 kg. Sur l'autre plateau, il y a du riz et deux masses marquées de 100 g chacune et une de 50 g. Quelle est la masse du riz ?

le défi

Par groupe de trois

Pour obtenir 1 kg, combien faudrait-il de masses marquées : de 500 g ? de 200 g ? de 100 g ? de 50 g ? de 20 g ? de 10 g ? de 5 g ? de 2 g ? de 1 g ?

PROBLÈMES

70 Les masses

Programme 2016

- Comparer, mesurer des masses.
- Mesurer des masses avec des instruments adaptés.
  - » Unités de mesures usuelles de masse : g, kg.
  - » Relation entre les unités de masse.
- Résoudre des problèmes impliquant des masses.

Objectif spécifique de la séance

Résoudre des problèmes impliquant des masses et des conversions simples dans des situations de la vie courante.

Information didactique

Tous les problèmes de cette fiche impliquent des masses présentées dans des situations très variées, dans des contextes familiers. Aussi, les démarches parfois complexes qu'elles induisent peuvent-elles être introduites dans des activités préparatoires, expliquées ou consolidées par des situations vécues dans les phases de synthèse ou de réinvestissement.

CALCUL MENTAL

❶ **Compléter un produit associé aux tables de 3 et 4.**
Dire : *« 18 égale 3 fois . . . ; 9 égale 3 fois . . . ; 8 égale 4 fois . . . ; 15 égale 3 fois . . . ; 25 égale 5 fois . . . ; 21 égale 3 fois. . . ; 10 égale 2 fois . . . ; 32 égale 4 fois . . . . »*
L'élève écrit le résultat.

❷ **Réviser les tables de 2, 3, 4, 5.**
Réaliser un tableau multiplicatif au tableau avec les tables de 2 à 5.
Le faire compléter en interrogeant les élèves à l'oral.

Activités préparatoires

1. Effectuer des pesées avec un pèse-personne

5 à 10 min

Matériel collectif : un pèse-personne avec affichage à aiguille (ne pas prendre un pèse-personne digital).

Demander à trois ou quatre élèves s'ils sont d'accord pour venir se peser chacun sur le pèse-personne. Choisir des élèves dont le poids reste dans la norme correspondant à leur âge. Éviter des extrêmes qui pourraient mettre mal à l'aise les enfants. L'objectif est ici d'apprendre à lire un « poids » affiché sur le cadran à aiguille d'un pèse-personne. L'élève qui est pesé lit le « poids » affiché. Parallèlement, l'enseignant aura dessiné au tableau le cadran. Il placera l'aiguille dans la position indiquée par le pèse-personne. Les autres élèves devront noter le « poids » correspondant sur leur ardoise.
Faire expliquer comment on lit une mesure sur le pèse-personne, à quoi correspondent les différentes graduations, puis valider la mesure.
Recommencer avec trois ou quatre enfants.

2. Trouver la masse d'eau contenue dans un récipient

30 min

▶ Travail par groupe de trois ou quatre.

Matériel : une balance à plateaux au moins (si nécessaire, en emprunter dans d'autres classes), une boite de masses marquées (avec si possible une masse marquée d'un kilo, pour éventuellement mesurer des masses supérieures à 1 kg), une bouteille (ou un bocal en verre) par groupe, une casserole avec de l'eau, un entonnoir pour verser l'eau dans la bouteille.

▶ Faire peser les récipients vides. Noter la masse sur le cahier de recherche.
▶ L'enseignant passe et verse de l'eau dans les bouteilles.

Consigne : *« Je vous demande de trouver quelle masse d'eau j'ai versée dans votre bouteille. Vous vous mettrez d'accord dans le groupe, puis vous m'expliquerez comment vous voulez faire, avant d'effectuer d'autres mesures. »*
L'enseignant prend connaissance des procédures décidées et laisse effectuer. Il peut aussi ne pas les valider et induire les bonnes démarches.
Arriver à l'idée qu'il faut peser la bouteille avec l'eau, puis retirer à la masse obtenue la masse de la bouteille vide.
▶ Recommencer la mesure en donnant exactement la même quantité d'eau à tous les groupes. Observer les résultats obtenus. Chercher les causes des écarts dans les résultats : raisonnement erroné, erreur de mesure, erreur de calcul.

Travail sur le fichier

1 Calculer les différentes masses d'ingrédients restants après avoir confectionné un gâteau.
Laisser découvrir l'ensemble de cette situation. Échanger par deux pour essayer de bien dégager le sens (*« De quoi s'agit-il ? »*) et quelle est la demande (*« Que nous demande-t-on de chercher ? »*)
Faire présenter la situation par quelques élèves :
« Dans le texte, on nous indique les quantités de produits que possédait Louis avant de commencer à confectionner la brioche. Sur l'affiche, on nous indique les quantités nécessaires pour fabriquer la brioche. On nous demande avec ces renseignements de calculer les quantités restantes après avoir fait la brioche. »
Faire toutes les recherches sur le cahier.
Pour la farine, il faut retirer 250 g de 1 kg. Il faut d'abord convertir : 1 kg = 1 000 g.
1 000 – 250 = (1 000 – 200) – 50 = 800 – 50 = 750. La réponse est 750 g.
Pour le beurre, il faut retirer 170 g à 250 g. Le calcul peut s'effectuer selon plusieurs procédures.
250 – 170 est une opération assez difficile car il y a franchissement de la centaine inférieure. Il y a plusieurs options :
- (250 – 100) – 70 → 150 – 70 → (150 – 50) – 20 → 100 – 20 = 80
- (250 – 200) + 30 → 50 + 30 = 80
- par complémentation : la masse de beurre utilisée (170 g) + la masse restant (? g), c'est égal à la masse du départ (250 g), donc : 170 g + ? g = 250 g.

Combien pour aller de :
170 à 250 ? 170 + 30 = 200 ; 200 + 50 = 250 ; 30 + 50 = 80.
Les élèves ne devraient pas rencontrer de problème particulier pour les calculs des quantités d'œufs et de levure.

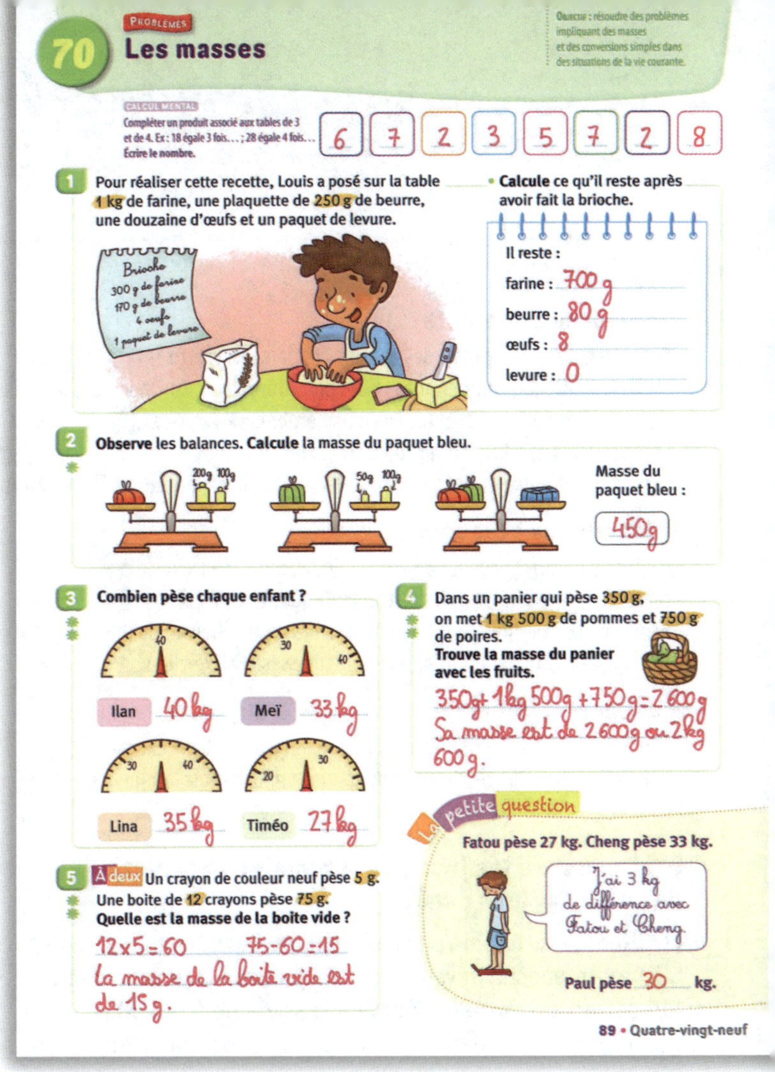
PROBLÈMES

70 Les masses

Objectif : résoudre des problèmes impliquant des masses et des conversions simples dans des situations de la vie courante.

CALCUL MENTAL

Compléter un produit associé aux tables de 3 et de 4. Ex : 18 égale 3 fois… ; 28 égale 4 fois… Écrire le nombre.

6 7 2 3 5 7 2 8

1 Pour réaliser cette recette, Louis a posé sur la table 1 kg de farine, une plaquette de 250 g de beurre, une douzaine d'œufs et un paquet de levure.

Brioche : 300 g de farine, 170 g de beurre, 4 œufs, 1 paquet de levure

• Calcule ce qu'il reste après avoir fait la brioche.

Il reste :
farine : 700 g
beurre : 80 g
œufs : 8
levure : 0

2 Observe les balances. Calcule la masse du paquet bleu.

200 g 100 g — 50 g 100 g

Masse du paquet bleu : 450 g

3 Combien pèse chaque enfant ?

Ilan 40 kg — Meï 33 kg — Lina 35 kg — Timéo 27 kg

4 Dans un panier qui pèse 350 g, on met 1 kg 500 g de pommes et 750 g de poires. Trouve la masse du panier avec les fruits.

350 g + 1 kg 500 g + 750 g = 2 600 g
Sa masse est de 2 600 g ou 2 kg 600 g.

5 À deux Un crayon de couleur neuf pèse 5 g. Une boite de 12 crayons pèse 75 g. Quelle est la masse de la boite vide ?

12 × 5 = 60 75 − 60 = 15
La masse de la boite vide est de 15 g.

La petite question

Fatou pèse 27 kg. Cheng pèse 33 kg.

J'ai 3 kg de différence avec Fatou et Cheng.

Paul pèse 30 kg.

89 • Quatre-vingt-neuf

2 Additionner la masse de deux objets pour obtenir la masse d'un troisième.
S'assurer que les élèves ont compris la tâche.
Demander : *« Quels renseignements nous fournissent les deux premières balances ? »*
Réponse : la masse du paquet rouge (200 g + 100 g = 300 g) et la masse du paquet vert (50 g + 100 g = 150 g).
Demander : *« Quel renseignement nous fournit la dernière balance ? »*
Réponse : la dernière balance nous indique que le paquet bleu a la même masse que les paquets vert et rouge réunis, c'est-à-dire 300 g +150 g = 450 g.

3 Lire une pesée sur un pèse-personne dont le cadran analogique est gradué en kilogrammes.
Analyser les graduations avec les élèves. Les cadrans montrent qu'ils sont gradués en kilogrammes, mais seules les dizaines de kilogrammes sont inscrites. Les masses vont croissant de la gauche vers la droite.

Aide proposée : prolonger les flèches, si besoin, pour mieux repérer la graduation concernée.

4 Calculer la masse d'un panier plein, connaissant la masse du panier vide et la masse des objets qu'il contient.
Laisser effectuer. Lors de la synthèse, faire expliciter la démarche et, ensuite, s'occuper des calculs. La masse du panier avec les fruits, c'est la masse du panier plus la masse des fruits :
350 g + 1 kg 500 g + 750 g = (350 g + 750 g)+ 1 kg 500 g
= 1 100 g + 1 kg 500 g
= 1 kg 100 g + 1 kg 500 g = **2 kg 600 g**

Obstacles possibles :
- Le calcul d'une somme avec deux unités de masse.
- Les conversions.

Aide proposée : effectuer des conversions avec la relation 1 kg = 1 000 g.

5 Problème de recherche, à étapes, faisant intervenir multiplication et soustraction.
Faire lire les problèmes. Faire expliquer la situation par deux élèves mais sans effleurer de solution : « le crayon de couleur est neuf donc on peut penser que la boite de crayons est neuve. Donc tous les crayons de la boite ont la même masse. »
Noter au tableau ce que l'on connait :
- la masse de la boite complète de 12 crayons (75 g) ;
- le nombre de crayons dans la boite (12) ;
- la masse d'un crayon (5 g).
Pour amorcer, on pourra demander de réfléchir « à ce qui pèse 75 g », « à quoi correspond la boite pleine ». Pour résoudre le problème, il faudra penser à décomposer la masse totale (masse des 12 crayons + masse de ce qui contient les 12 crayons : la boite vide).
Dans la phase de synthèse, dégager la stratégie :
masse de la boite vide = masse de la boite pleine – masse des 12 crayons.
On connait la masse d'un crayon et tous les crayons ont la même masse : 5 g.
Masse des 12 crayons = masse d'un crayon × 12.
5 g × 12 = 60 g.
Masse de la boite vide = 75 g – 60 g = 15 g.

La petite question

Si Paul a 3 kg de différence avec Fatou, son poids est 24 kg ou 30 kg.
Si Paul a 3 kg de différence avec Cheng, son poids est 30 kg ou 33 kg.
Le poids de Paul est donc de 30 kg. Il pèse 3 kg de plus que Fatou et 3 kg de moins que Cheng.

Faisons le point

- Nous avons résolu des problèmes sur les masses.
- Certains problèmes ne pouvaient pas se résoudre directement. Il fallait passer par plusieurs étapes.
- Dans les calculs, nous avons fait des conversions entre gramme et kilogramme.

Pistes d'activités supplémentaires

- Transformer en kg et g : 1 500 g ; 1 750 g ; 2 080 g ; 3 720 g …
- Calculer : 1 kg 350 + 450 g ; 1 kg 400 g + 2 kg 270 g …
- Calculer et faire les transformations : 750 g + 520 g ; 2 kg 800 + 1 kg 700 g ; 2 kg 600 + 400 g.
- Compléter au kilogramme supérieur : 450 g + … = 1 kg ; 1 kg 850 + … = 2 kg ; 2 kg 510 g + … = 3 kg.
- Travailler sur l'ordre de grandeur des masses d'objets usuels et sur le bon choix de l'unité.
- Problème : Voici quatre masses : 500 g ; 30 g ; 1 g et 125 g. Les associer aux objets suivants : un cachet de médicament, un yaourt, un stylo, un melon.

Je fais le point (3)

→ Fichier élève, p. 90

Programme 2016

• Nombres et calculs

- Comparer, ranger, encadrer des nombres entiers. → Exercices 2 et 5
- Mémoriser des faits numériques et des procédures : multiplication par une puissance de 10. → Exercice 3
- Utiliser différentes représentations d'un nombre. → Exercice 4
- Comparer des nombres entiers en utilisant les symboles =, ≠. → Exercice 6
- Associer un nombre entier à une position sur une demi-droite graduée. → Exercice 5

• Grandeurs et mesures

- Unités de mesures usuelles de durées : jours, mois. → Exercice 3
- Mesurer des masses avec des instruments adaptés. → Exercice 7
- Exprimer des mesures dans une ou plusieurs unités choisies ou imposées. → Exercice 7
- Résoudre des problèmes impliquant des masses. → Exercice 8

• Espace et géométrie

- Construire un cercle connaissant son centre et un point. → Exercice 9
- Construire un rectangle sur un support uni connaissant la longueur des côtés. → Exercice 10

1 Connaitre les jours de la semaine et la suite des mois (et leur durée).

Cet exercice fait appel à plusieurs notions. Dans un premier temps, l'élève va mener un travail de lecture : il va repérer les abréviations qui correspondent aux jours de la semaine (L, M, M, J, V), le numéro des jours (de 24 à 28) et le mois concerné (avril).

Dans un second temps, il va faire appel à ses connaissances et à sa pratique du calendrier pour répondre à la question.

Obstacle possible : la connaissance des jours de la semaine doit être acquise au CE2 et ne devrait pas poser de difficulté : les trois jours suivants sont S, D et L (samedi, dimanche et lundi). Il faut se souvenir que le mois d'avril possède 30 jours et que le jour suivant le 30e jour est le 1er jour de mai.

Remédiation proposée : un simple rappel de l'utilisation de la main fermée pour se souvenir du nombre de jours dans chaque mois (exercice 1 de la fiche 57) semble suffisant.

2 Encadrer des nombres à quatre chiffres.

Cet exercice ne présente pas de difficulté particulière : par un simple repérage du chiffre des milliers, l'élève sera à même de compléter les phrases. En revanche, il sera intéressant d'attirer l'attention des élèves sur les différents types d'encadrement possibles : 3 675 sera encadré par deux milliers consécutifs, 1 283 sera encadré par deux centaines consécutives, 3 675 sera encadré par deux milliers consécutifs, 10 283 sera encadré par deux centaines consécutives.

Cette activité d'encadrement peut être très utile ultérieurement dans les calculs approchés ou dans la vérification d'opérations.

Activité de manipulation 6

Exercices différenciés - Nombres 13 et 14

3 Multiplier un nombre entier par 10, 100, 1 000.

Il peut être utile de faire rappeler oralement la règle à appliquer dans cet exercice, qui est l'application directe de la règle énoncée dans la bulle de l'exercice 4 de la fiche 63. Un travail préalable sur les unités de numération pourra permettre la mise en évidence de la « règle du zéro ».

Obstacle possible : la lecture de ces deux tableaux peut se faire horizontalement ou verticalement. Dans le premier tableau, il s'agit d'un nombre (8) multiplié par différentes puissances de 10. Dans le second tableau, les nombres sont multipliés par 10.

Remédiation proposée : l'enseignant et/ou un élève peuvent rappeler la règle de commutativité de la multiplication afin de simplifier la compréhension. Ainsi, 10 × 8 est égal à 8 × 10.

Exercices différenciés - Calculs 17 et 18

4 Reconnaitre les différentes désignations (additives ou soustractives) d'un nombre.

L'élève va devoir retrouver les deux propositions qui ne désignent pas le nombre 5 327 : il s'agit de 532 + 7 et de 5 330 – 7.

Cet exercice permet d'évaluer la capacité de chacun à décomposer/recomposer des nombres. L'enseignant pourra rappeler l'intérêt des unités de numération dans ce type d'exercice.

Obstacle possible : la proximité des deux différences (5 330 – 3 et 5 330 – 7) peut être un obstacle à l'identification d'une des propositions erronées, notamment à cause du chiffre 7 commun à 5 337 et (5 330 – 7).

Remédiation proposée : un simple rappel des compléments à 10 devrait permettre de lever cet obstacle.

5 Positionner des nombres sur une droite numérique étalonnée de 100 en 100.

Deux stratégies sont possibles :

- ranger les nombres par ordre croissant et les positionner dans l'ordre des cases ;
- reconnaitre dans quel intervalle chaque nombre se trouve (1 675 a 16 c, il se trouve donc entre 16 c et 17 c).

En prolongement, l'enseignant pourra attirer l'attention des élèves sur la position des nombres sur la droite numérique entre deux bornes, afin de repérer la centaine la plus proche de chaque nombre donné.

Obstacle possible : ces trois nombres se ressemblent beaucoup, sachant qu'ils sont constitués de chiffres identiques (1, 5 et 7 sont communs aux trois nombres et 6 est commun à 1 675 et 1 765).

Remédiation proposée : le passage par les unités de numération est une solution envisageable. Les élèves pourront également utiliser un tableau (m c d u) facilitant la tâche à accomplir par la comparaison immédiate chiffre à chiffre.

Exercices différenciés - Nombres 11 et 12

6 Comparer des sommes, des différences, des produits en utilisant les symboles = ou ≠.

Pour réaliser ces comparaisons, les élèves vont devoir, dans un premier temps, observer les sommes, différences ou produits. Cet exercice est intéressant car il permet de réinvestir différentes stratégies abordées tout au long de ce début d'année (comparaison terme à terme pour les sommes, unités de numération pour les différences, multiplication par une puissance de 10).

Exercices différenciés - Nombres 13 et 14

7 Utiliser le kilogramme (kg) et le gramme (g) pour mesurer une masse.

Une première lecture du cadran montre que la masse du colis est comprise entre 2 kg et 3 kg. L'observation des graduations montre que le résultat est très proche des 3 kg. En approfondissant cette analyse, on constate qu'il y a dix petits intervalles représentant 100 g chacun (100 g × 10 = 1 000 g = 1 kg). L'élève pourra formuler ainsi sa réponse sous la forme 2 kg 900 g.

Exercices différenciés - Grandeurs et mesures 7 et 8

8 Résoudre des problèmes impliquant des masses.

Ce problème consiste à identifier les deux données nécessaires, à savoir 3 kg de pommes et 1 kg 200 g de prunes.

Obstacles possibles :
- Le nombre de données numériques relativement important pour un énoncé assez court.
- La fréquence des unités de grandeurs (le kilogramme est utilisé quatre fois, le gramme une fois).
- Le « mélange » d'unités de familles de grandeurs différentes.

Remédiations proposées :
- Une lecture approfondie du problème devrait permettre de trier les données utiles et inutiles.
- Proposer aux élèves de réécrire ce problème en supprimant les données inutiles pour faciliter la compréhension.

9 Construire des cercles à partir de leur centre, en respectant certaines contraintes.

Les élèves doivent construire deux cercles différents : ils auront le même centre mais passeront par des points différents (ils ont donc un rayon différent). Le dessin présente neuf points organisés : bien faire repérer le centre O (en noir) et les deux autres séries de points de couleurs différentes. Le cercle rouge est plus facile à tracer, car le rayon est plus grand (2 cm). Pour le grand cercle, il convient de bien positionner la pointe sèche du compas sur le point O et de déterminer son écartement en positionnant la pointe du crayon ou de la mine sur un point rouge (les deux pointes devront bien être

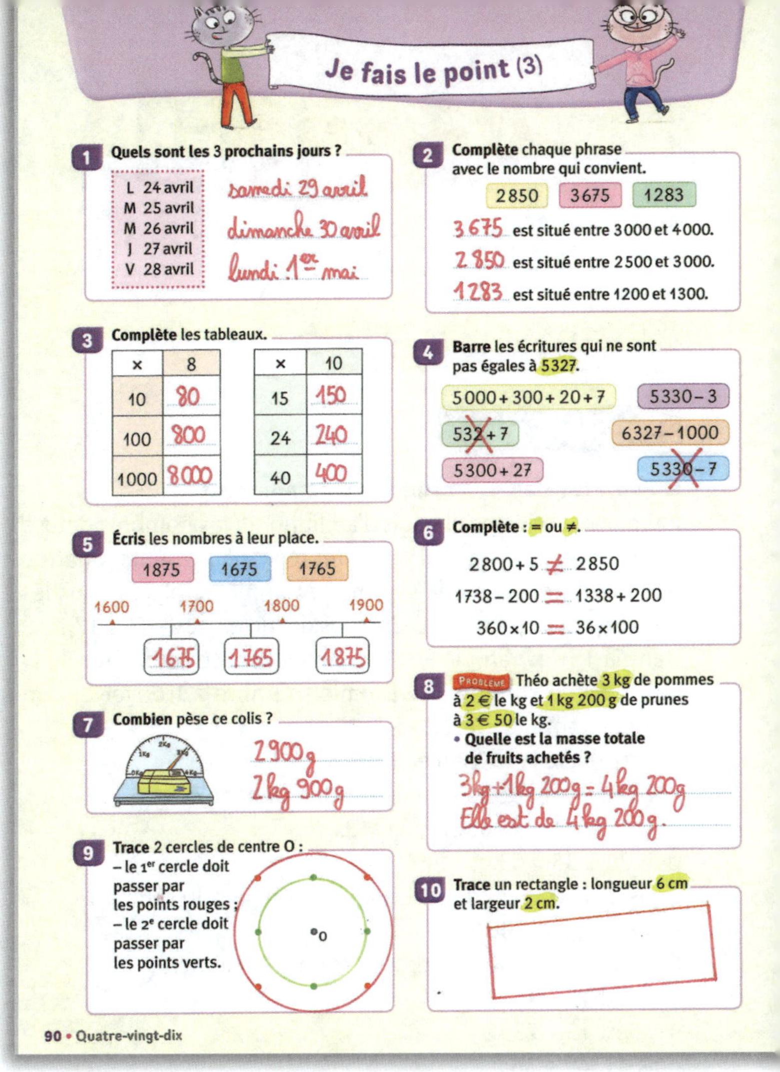
Je fais le point (3)

1 Quels sont les 3 prochains jours ?
L 24 avril
M 25 avril
M 26 avril
J 27 avril
V 28 avril
samedi 29 avril
dimanche 30 avril
lundi 1er mai

2 Complète chaque phrase avec le nombre qui convient.
2850 3675 1283
3675 est situé entre 3000 et 4000.
2850 est situé entre 2500 et 3000.
1283 est situé entre 1200 et 1300.

3 Complète les tableaux.

×	8
10	80
100	800
1000	8000

×	10
15	150
24	240
40	400

4 Barre les écritures qui ne sont pas égales à 5327.
5000 + 300 + 20 + 7
5330 − 3
532 + 7
6327 − 1000
5300 + 27
5330 − 7

5 Écris les nombres à leur place.
1875 1675 1765
1600 1700 1800 1900
1675 1765 1875

6 Complète : = ou ≠.
2800 + 5 ≠ 2850
1738 − 200 = 1338 + 200
360 × 10 = 36 × 100

7 Combien pèse ce colis ?
2900 g
2 kg 900 g

8 PROBLÈME Théo achète 3 kg de pommes à 2 € le kg et 1 kg 200 g de prunes à 3 € 50 le kg.
• Quelle est la masse totale de fruits achetés ?
3 kg + 1 kg 200 g = 4 kg 200 g
Elle est de 4 kg 200 g.

9 Trace 2 cercles de centre O :
– le 1er cercle doit passer par les points rouges ;
– le 2e cercle doit passer par les points verts.

10 Trace un rectangle : longueur 6 cm et largeur 2 cm.

90 • Quatre-vingt-dix

positionnées sur le « centre » de chaque point). Cet exercice demandera de la précision : un léger écart entre le centre et un point fera que le cercle ne passera plus forcément par chaque point.

Exercices différenciés - Espace et géométrie 11 et 12

10 Construire un rectangle sur un support uni en utilisant l'équerre et la règle graduée.

Les élèves doivent tracer un rectangle dont on connait les longueurs et dont une longueur est déjà tracée.

Les élèves devront d'abord construire une largeur qui sera perpendiculaire à la longueur déjà tracée et qui respectera la mesure donnée (2 cm).

Les élèves auront deux possibilités pour construire le 3e côté : soit construire la 2e largeur de l'autre côté de la longueur déjà tracée (cette façon de procéder sera recommandée car elle évite de « partir » d'un côté tracé peut-être de manière imprécise) ; soit construire la 2e longueur à partir de la largeur construite.

En fin de tracé, demander de vérifier la présence des quatre angles droits et des longueurs de côtés opposés égales.

Remédiation proposée : débuter le tracé d'une largeur.

Exercices différenciés - Espace et géométrie 7 et 8

Travail sur le fichier

En plein air

Compléter des « pyramides » de nombres.

Rappeler le principe. Il s'agit d'additionner les nombres deux à deux, en s'appuyant sur les nombres déjà présents. Chaque nombre à trouver est la somme des nombres placés dans les deux alvéoles qui sont au-dessous de lui (ex. : 10 + 7 = 17).

Dans la 1re « pyramide », les nombres vont se compléter de la base vers le sommet. Le premier nombre à trouver est un complément : 24, c'est 20 + ?

On complète la case en écrivant 4,
et cela permet de continuer en additionnant 7 + 4 = 11,
puis 17 + 11 = 28 et 24 + 11 = 35,
puis 28 + 35 = 63.

Dans la 2e « pyramide » de nombres, on part du sommet.
Donc, 100, c'est 40 + 60.
Chaque nombre à trouver va être un complément.
60, c'est 15 + 45 ;
40, c'est 15 + 25 ;
puis 45 = 9 + 36 ;
15 = 9 + 6
et 25 = 6 + 19.

Vérifier en partant de la base si les sommes sont exactes et si l'on retrouve bien 100 au sommet.

Obstacle possible : la recherche, par complémentation, des nombres dans la seconde pyramide.

Aides proposées :

- Aider individuellement les élèves en difficulté
- Reproduire l'exercice au tableau et bien faire expliquer la procédure à suivre.

À chacun son espace

Percevoir les notions de partage à travers des activités dans l'espace ou des tracés.

Il s'agit de tracer trois droites de façon à ce que les sept oiseaux soient tous répartis dans une zone limitée par les trois droites tracées. La tâche demandée est complexe et demandera probablement de raisonner par essais-erreurs. Elle peut être réalisée par deux.

Collectivement, passer à l'analyse de la situation et de la tâche à accomplir.

Faire observer l'oiseau central (en jaune) : il devra bien se trouver seul et séparé des six autres oiseaux.

Aides proposées :

- Proposer une des droites à tracer (celle, horizontale, qui isole les trois oiseaux du bas).
- S'entraîner sur une feuille blanche ou au tableau à tracer trois droites pour délimiter sept espaces, de manière à repérer leur disposition qui pourra être « reproduite » sur l'image que l'on travaille.

Tracé en vol

Reproduire un assemblage de figures représentant une montgolfière.

Cette reproduction nécessite l'utilisation de la règle et du compas. Il faut d'abord analyser la figure pour pouvoir la reproduire. La faire décrire oralement.

Le centre du « demi-cercle » rouge correspond au milieu du segment de 6 cm.

Placer le milieu du segment, puis tracer le demi-cercle.

Le centre de chacun des deux demi-cercles bleus correspond au milieu de chaque segment de 3 cm (1 cm 5 mm).

Construire les triangles.

Après les tracés, effectuer le coloriage.

La frise

Terminer une frise.

Reproduire ou vidéoprojeter le modèle au tableau pour conduire une observation et une analyse collective avant d'aborder le tracé. On peut aussi, pour certains, laisser effectuer le tracé et demander dans une phase de correction d'expliciter la manière dont cette frise a été complétée.

Dégager les formes : rectangle translaté de 3 cm de longueur et triangles dont l'orientation s'inverse. Insister sur le rôle des milieux des longueurs.

RÉCRÉ EN MATHS !

En plein air

Complète les cerfs-volants.

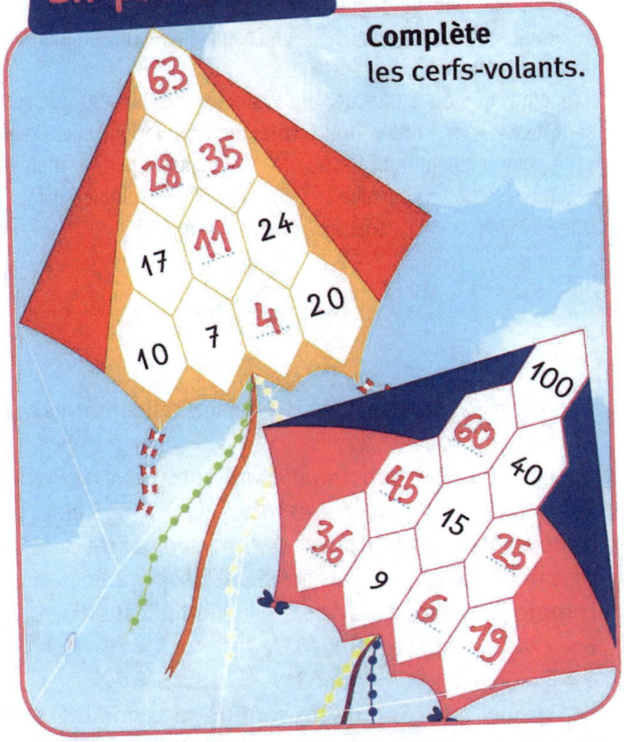

À chacun son espace

Trace 3 droites pour obtenir 7 zones.
Chaque oiseau doit être seul dans son espace.

Tracé en vol

Reproduis la montgolfière.

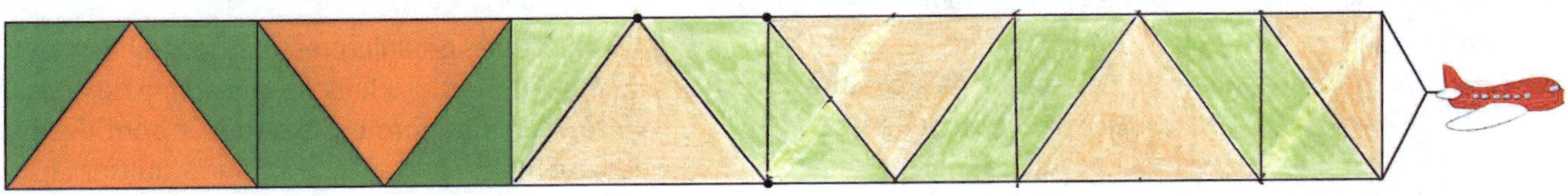

71 Les tables de multiplication (3)

Activité de manipulation 9

Programme 2016

- Mémoriser des faits numériques.
  » Tables de la multiplication.

Objectifs spécifiques de la séance

- Compléter les tables de multiplication par 6, 7, 8, 9.
- Poursuivre la mémorisation des tables à travers des présentations variées.

Information didactique

L'ensemble des tables de multiplication a été abordé dans la 2e période (voir l'information didactique de la fiche 47). Certaines tables et leurs écritures associées doivent être maintenant parfaitement mémorisées. C'est le cas des tables de 2, 5, 3 et 4.

Pour les autres, beaucoup de produits le sont déjà. Il convient, au niveau de la classe ou au plan individuel, d'être conscient des produits qui résistent encore et sont difficilement retenus (7 fois 8, 8 fois 9, etc.). Il faut donc procéder à un **rebrassage continu des tables de multiplication**, sous différentes formes. Il est conseillé de repérer régulièrement, au fur et à mesure sur la table de Pythagore, au moyen de couleurs par exemple, les produits déjà mémorisés et ceux qui sont encore à travailler. On s'apercevra ainsi que beaucoup sont sus et qu'il en reste peu à apprendre, constatation qui a un impact essentiel sur l'apprentissage.

Rappelons que ces tables ne sont vraiment mémorisées que si l'élève peut les associer à différentes formes de formulations : par exemple, il devra pouvoir répondre à 7 fois 5 ; 5 fois 7, 5 multiplié par 7 ; 7 multiplié par 5 ; combien de fois 5 pour faire 35 ? (5 × … = 35) ou combien de fois 7 pour faire 35 ? (7 × … = 35) ; dans 35, combien de fois 5 ?

CALCUL MENTAL

Problème : utiliser la table de 4 pour calculer un quotient exact.

❶ Dire : *« Dans son album de photos, Louna place 4 photos par page. Combien va-t-elle remplir de pages avec 20 photos ? 8 photos ? 12 photos ? 32 photos ? 16 photos ? avec 40 photos ? avec 24 photos ? »*
L'élève écrit le nombre de pages remplies.

❷ Dire : *« Retrouver la longueur du côté d'un carré dont le périmètre mesure : 12 cm ; 8 cm ; 4 cm ; 40 cm ; 20 cm ; 16 cm ; 24 cm ; 32 cm ; 36 cm. »*
L'élève écrit la longueur du côté. Avant de commencer, on pourra traiter un exemple en collectif.

Activité préparatoire

Compléter une table de Pythagore de manière collective au tableau et individuelle

10 min

Matériel individuel : table de Pythagore (aussi écrite au tableau).

▸ Les tables que l'on connait bien.

Consigne 1 : *« Samir, tu vas venir au tableau et remplir les deux lignes horizontale et verticale qui correspondent aux produits de la table de 2 (× 2). Les autres, vous faites la même chose sur votre table de Pythagore. »*

Faire relire « la table de 2 ». Ce sont les multiples de 2 que l'on connait bien : 2 ; 4 ; 6 ; 8 ; 10 ; 12 ; 14 ; 16 ; 18.

Procéder de la même manière pour « la table de 5 ». Ce sont les multiples de 5 que l'on connait bien : 5 ; 10 ; 15 ; 20 ; 25 ; 30 ; 35 ; 40 ; 45.

Faire déjà fonctionner ces deux tables en posant les questions sous différentes formes (voir « Information didactique »).

Procéder de même pour « la table de 3 » et « la table de 4 ».

▸ Les « carrés ».

Les carrés (produits des nombres par eux-mêmes comme 2 × 2 ; 3 × 3 ; 4 × 4 ; … ; 8 × 8 ; 9 × 9) sont des produits assez faciles à retenir. Faire observer leur position sur la table de Pythagore (diagonale du carré).

Les faire écrire et représenter par des carrés sur du papier quadrillé ou sur le quadrillage du cahier.

▸ Repérer les produits les plus résistants qui seront les derniers à être mémorisés.

Consigne 2 : *« Observons maintenant notre table de Pythagore. Si l'on enlève les produits des tables de 2, 3, 4, 5 et les carrés, combien nous reste-t-il de produits à retenir ? Écrivez-les. »*

Il reste douze cases, mais en réalité six produits (en tenant compte de la commutativité de la multiplication) :

6 × 7 = 42	6 × 8 = 48	7 × 8 = 56
6 × 9 = 54	7 × 9 = 63	8 × 9 = 72

Remarquer que ces produits sont très peu nombreux et que l'on va donc essayer de les retenir le plus rapidement possible, mais que cette mémorisation continuera et se fixera définitivement au CM.

Travail sur le fichier

1 Compléter une partie de la table de Pythagore qui concerne les tables de 5, 6, 7, 8 et 9. Constater la symétrie des produits de part et d'autre de la diagonale des carrés.

Les produits de la table de 5 sont connus depuis le CE1.

Laisser observer la portion de table présentée, les deux bandes bleues qui contiennent les nombres à multiplier et la « diagonale » orange qui contient les carrés (5 × 5 = 25 ; 6 × 6 = 36 ; 7 × 7 = 49 ; 8 × 8 = 64 ; 9 × 9 = 81). Ces carrés partagent la table en deux parties symétriques.

Lire la bulle: « C'est pareil de chaque côté des cases orange ! » et la confirmation avec l'égalité 5 × 6 = 6 × 5 = 30.

On fera rappeler que, dans la multiplication, l'ordre des « facteurs » n'a pas d'importance et que 6 × 5, c'est la même chose que 5 × 6. On se servira de cette constatation pour compléter la partie droite de la table.

Obstacle possible : le repérage des cases symétriques, donc des produits égaux, par rapport à la ligne des doubles.

2 Compléter des produits présentés sous différentes formes.

Les quatre premiers produits de la colonne de gauche sont présentés sous une forme classique. Ce sont des produits particulièrement résistants. On pourra utiliser la table de l'exercice 1 pour compléter ou vérifier.

Les cinq produits suivants sont des carrés. Dans ces produits, les facteurs sont identiques.

Dans la colonne de droite, il faut retrouver un des facteurs connaissant le résultat et l'autre facteur. On pourra formuler la recherche : *« Par quel nombre faut-il multiplier 5 pour obtenir 20 ? » ou « Dans 20, combien de fois 5 ? »*
Cette présentation s'apparente à une écriture de la division exacte. Dans l'écriture 5 × … = 20, il y a une recherche du quotient exact de 20 par 5 (20 : 5 = 4).

Obstacle possible : la recherche d'un des facteurs, qui s'éloigne plus de la présentation classique des produits des tables.
Aide proposée : comme pour la table de l'addition, proposer très tôt différentes formes de questionnement en rapport avec les tables.

3 Questionnement sur les tables de multiplication apparenté à la recherche d'un quotient entier exact.
Cette formulation prépare le lien entre multiplication et division exacte (fiche 103).
On pourra aussi formuler : *« Dans 12, combien de fois 6 ? »*

4 Multiplication d'un nombre par une dizaine entière.
Cette compétence a déjà été utilisée pour le calcul des multiplications posées avec passage par les produits partiels (fiches 33 et 64). On peut passer par les unités de numération (ex. : 7 × 20 = 7 fois 2 dizaines = 14 dizaines = 140).

5 Associer des nombres à leurs désignations sous la forme d'écritures multiplicatives.
Obstacle possible : méthode pour classer les écritures.
Aide proposée : faire formuler par les élèves la méthode qu'ils vont utiliser.

6 Compléter un tableau multiplicatif.
Dans ce tableau, les produits sont assez variés. Laisser compléter puis procéder à la correction. On fera remarquer le cas particuliers des multiplications par zéro, qui ont toujours un résultat égal à zéro et celui des multiplications par 1 qui ne changent pas le nombre de départ.
Obstacle possible : la multiplication par zéro.
Aide proposée : ne pas oublier d'en proposer aux élèves de temps en temps.

Faisons le point

- Nous avons continué à travailler sur les tables de multiplication.
- Nous avons vu que nous connaissions déjà beaucoup de produits et que certains produits restent difficiles à mémoriser :
6 × 7 = 42 ; 6 × 8 = 48 ; × 8 = 56 ; 6 × 9 = 54 ; 7 × 9 = 63 ; 8 × 9 = 72.

MÉMO-MATHS **« J'apprends les tables de multiplication », page 11.**

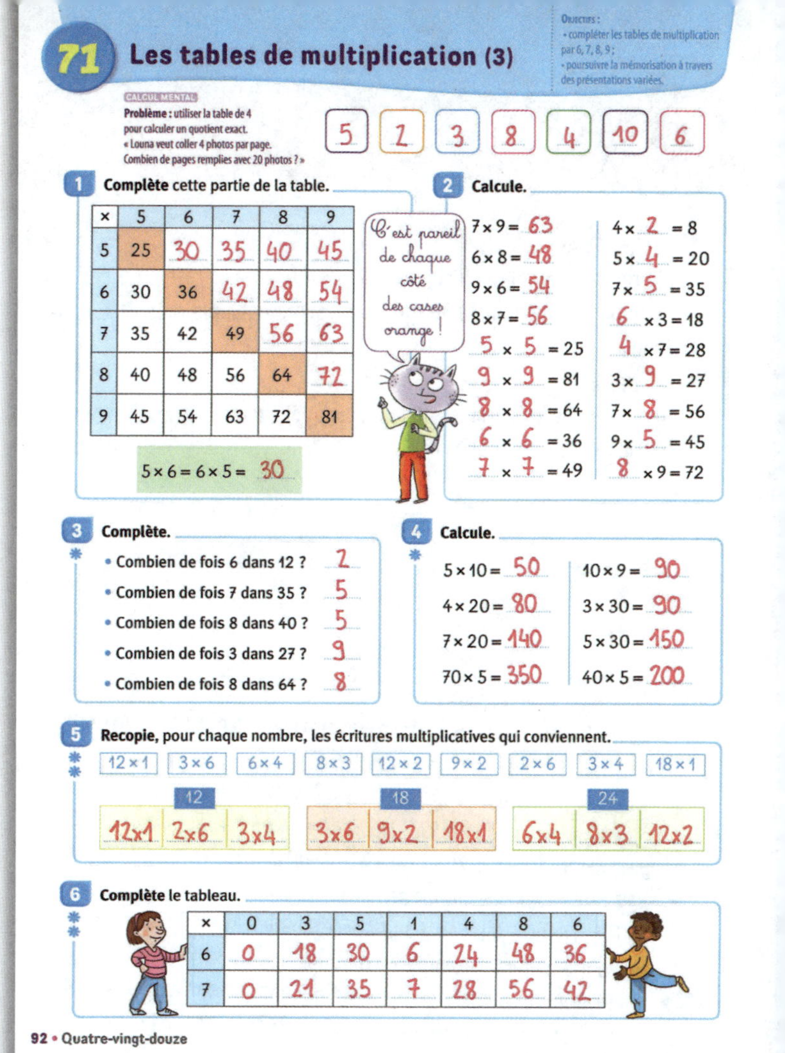
71 Les tables de multiplication (3)

Objectifs :
- compléter les tables de multiplication par 6, 7, 8, 9 ;
- poursuivre la mémorisation à travers des présentations variées.

CALCUL MENTAL
Problème : utiliser la table de 4 pour calculer un quotient exact.
« Louna veut coller 4 photos par page. Combien de pages remplies avec 20 photos ? »

5 2 3 8 4 10 6

1 Complète cette partie de la table.

×	5	6	7	8	9
5	25	30	35	40	45
6	30	36	42	48	54
7	35	42	49	56	63
8	40	48	56	64	72
9	45	54	63	72	81

5 × 6 = 6 × 5 = 30

C'est pareil de chaque côté des cases orange !

2 Calcule.

7 × 9 = 63
6 × 8 = 48
9 × 6 = 54
8 × 7 = 56
5 × 5 = 25
9 × 9 = 81
8 × 8 = 64
6 × 6 = 36
7 × 7 = 49

4 × 2 = 8
5 × 4 = 20
7 × 5 = 35
6 × 3 = 18
4 × 7 = 28
3 × 9 = 27
7 × 8 = 56
9 × 5 = 45
8 × 9 = 72

3 Complète.
- Combien de fois 6 dans 12 ? 2
- Combien de fois 7 dans 35 ? 5
- Combien de fois 8 dans 40 ? 5
- Combien de fois 3 dans 27 ? 9
- Combien de fois 8 dans 64 ? 8

4 Calcule.

5 × 10 = 50 | 10 × 9 = 90
4 × 20 = 80 | 3 × 30 = 90
7 × 20 = 140 | 5 × 30 = 150
70 × 5 = 350 | 40 × 5 = 200

5 Recopie, pour chaque nombre, les écritures multiplicatives qui conviennent.

12 × 1 | 3 × 6 | 6 × 4 | 8 × 3 | 12 × 2 | 9 × 2 | 2 × 6 | 3 × 4 | 18 × 1

12 : 12×1 2×6 3×4
18 : 3×6 9×2 18×1
24 : 6×4 8×3 12×2

6 Complète le tableau.

×	0	3	5	1	4	8	6
6	0	18	30	6	24	48	36
7	0	21	35	7	28	56	42

92 • Quatre-vingt-douze

Pistes d'activités supplémentaires

Soutien

- S'assurer de la parfaite mémorisation des tables de 2, 3, 4 et 5 par le calcul mental automatisé (procédé La Martinière) et à travers des tableaux multiplicatifs.
- Proposer des exercices destinés à mémoriser les carrés.
- Trouver deux écritures multiplicatives différentes désignant chacun des nombres 20, 16, 24 et 30.
- Compléter :
4 × 5 = … ; 5 × 4 = … ; 6 × 7 = 42 ; 7 × 6 = … ;
8 × 6 = … ; 6 × 8 = … ; … × 4 = 12 ; 5 × … = 30
… × 9 = 45 ; … × … = 36 ; … × 8 = 32.

Approfondissement

- Compléter :
7 × 6 = … ; 9 × … = 63 ; 8 × … = 56 ; … × 7 = 56 ;
81 = … × … ; 72 = … × 7 ; 9 × … = 9 ; … × 8 = 0.
- Répondre aux questions : *« Dans 64, combien de fois 8 ? » ; « Dans 48, combien de fois 8 ? » ; « Dans 63, combien de fois 7 ? ».*
- Observer et compléter :
12 = 2 × 3 × 2 ; 30 = … × … × … ;
18 = … × … × … ; 60 = … × … × … .

72 La symétrie (2)

• Activité de manipulation 20
• Exercices différenciés – Espace et géométrie 9 et 10

Programme 2016
• Reconnaitre et utiliser les notions de symétrie.
• Compléter une figure pour qu'elle soit symétrique par rapport à un axe donné.

Objectif spécifique
Compléter une figure sur quadrillage pour qu'elle soit symétrique par rapport à un axe donné (vertical ou horizontal).

Information didactique
La fiche 56 a déjà permis de rappeler ce qu'était la symétrie et de repérer ou de déterminer des axes de symétrie. Le programme précise qu'« une figure décalquée puis retournée qui coïncide avec la figure initiale est symétrique (elle a un axe de symétrie) » et qu'« une figure symétrique pliée sur son axe de symétrie se partage en deux parties qui coïncident exactement ». Dans cette fiche, il s'agira pour les élèves, à partir de la première partie de la figure, de construire la deuxième partie par symétrie, ou de **compléter une figure par symétrie.** Ces constructions se feront sur quadrillage afin de faciliter le repérage des éléments « qui coïncident » et à partir d'un axe qui sera horizontal et vertical. **La position ou l'orientation de l'axe et la forme de la figure constituent des variables didactiques de la situation.**

CALCUL MENTAL

❶ Problème : recherche de la transformation dans un contexte ordinal.
Dire : « *Le pion avance-t-il ou recule-t-il ? De combien de cases ? - Il part de 61 et arrive à 59. - Il part de 46, arrive à 58. - Il part de 50, arrive à 39. - Il part de 79, arrive à 90. - Il part de 100, arrive à 80. - Il part de 132, arrive à 165. - Il part de 155, arrive à 111.* »
L'élève écrit le résultat (+ 2 ou - 2 par exemple). Avant de commencer, on pourra traiter un exemple en collectif.

❷ Problème : recherche de l'état final dans un contexte ordinal.
Dire : « *- Où arrive le pion s'il part de la case 23 et avance de 4 ? de la case 23 et avance de 14 ? de la case 23 et avance de 24 ?*
- Où arrive le pion s'il part de 48 et recule de 5 ? de 48 et recule de 15 ? de 48 et recule de 25 ? »
L'élève écrit le résultat.

Activités préparatoires

1. Reconnaitre les deux parties symétriques d'une figure

15 à 20 min

Matériel par groupe de deux : fiche d'activité avec six cartes à associer par deux. SITE COMPAGNON

Consigne : « *Voici une fiche, il y six cartes que vous allez découper. Vous devez les regrouper par deux pour retrouver les parties symétriques.* »
Faire observer chacune des six cartes. Faire constater qu'il y a trois cartes avec une partie « gauche » et trois autres cartes avec une partie « droite » et qu'il s'agit d'associer celles qui vont « ensemble », c'est-à-dire celles qui sont symétriques (si l'on retourne l'une sur l'autre, les deux parties doivent coïncider exactement).

Laisser les élèves travailler, puis corriger au tableau avec la fiche vidéoprojetée.

Les cartes proposées présentent des parties assez proches ; lors de la correction, faire justifier les élèves sur leurs choix (faire référence à la taille des différentes parties de la tête : forme et orientation des oreilles, forme de la tête, en utilisant le nombre de carreaux).

Faire observer que lorsque les deux cartes sont regroupées, la « zone de contact » est une ligne qui est l'axe de symétrie de la figure.

2. Compléter sur quadrillage une figure par symétrie

15 min

Matériel individuel : papier calque, fiche d'activité. SITE COMPAGNON

Consigne : « *Voici une fiche. Il y a trois quadrillages avec des figures qui ont été tracées d'un côté de la ligne rouge. Vous allez terminer la figure en traçant la partie manquante pour que la figure soit bien symétrique par rapport à l'axe rouge.* »

Faire observer chacun des axes : deux sont verticaux et un est horizontal. L'axe de symétrie est à chaque fois aussi axe de symétrie du quadrillage, ce qui devrait aider les élèves.

Laisser les élèves travailler sur la première figure, puis corriger au tableau avec la fiche vidéoprojetée.

Corriger la première figure, qui représente une forme de maison, pour dégager les stratégies des élèves. Deux méthodes existent :

• Construire les points symétriques un à un par la méthode de comptage des carreaux à partir de l'axe de symétrie. Les élèves peuvent marquer les points remarquables de la figure qui sont tous sur les nœuds du quadrillage (ce sont des sortes de « sommets »). Les élèves doivent déterminer le point symétrique sur la partie droite qui lui correspond (par miroir), puis joindre petit à petit les segments qui constituent la figure. On peut, par exemple, partir du bas de la figure, identifier les points, tracer les points symétriques au fur et à mesure, puis les segments, et enfin aboutir au haut de la figure. Pour déterminer les points symétriques, il est nécessaire de compter le nombre de carreaux jusqu'à l'axe, puis de se déplacer de manière identique de l'autre côté de l'axe avec le même nombre de carreaux (ou partir de l'axe : « Je compte trois carreaux à gauche ; donc de l'autre côté, je me déplace de trois carreaux à droite. »).

• Partir d'un point de l'axe et reproduire de manière symétrique directement point par point, segment par segment (en utilisant les carreaux) sans passer par l'axe (méthode plus difficile, car les élèves se déplacent sur la partie à compléter directement en appliquant une symétrie intuitive).

Demander de vérifier avec le papier calque : décalquer la partie déjà tracée et la retourner selon l'axe pour observer que la partie décalquée coïncide exactement avec la partie tracée.

Procéder de même avec les deux autres figures.

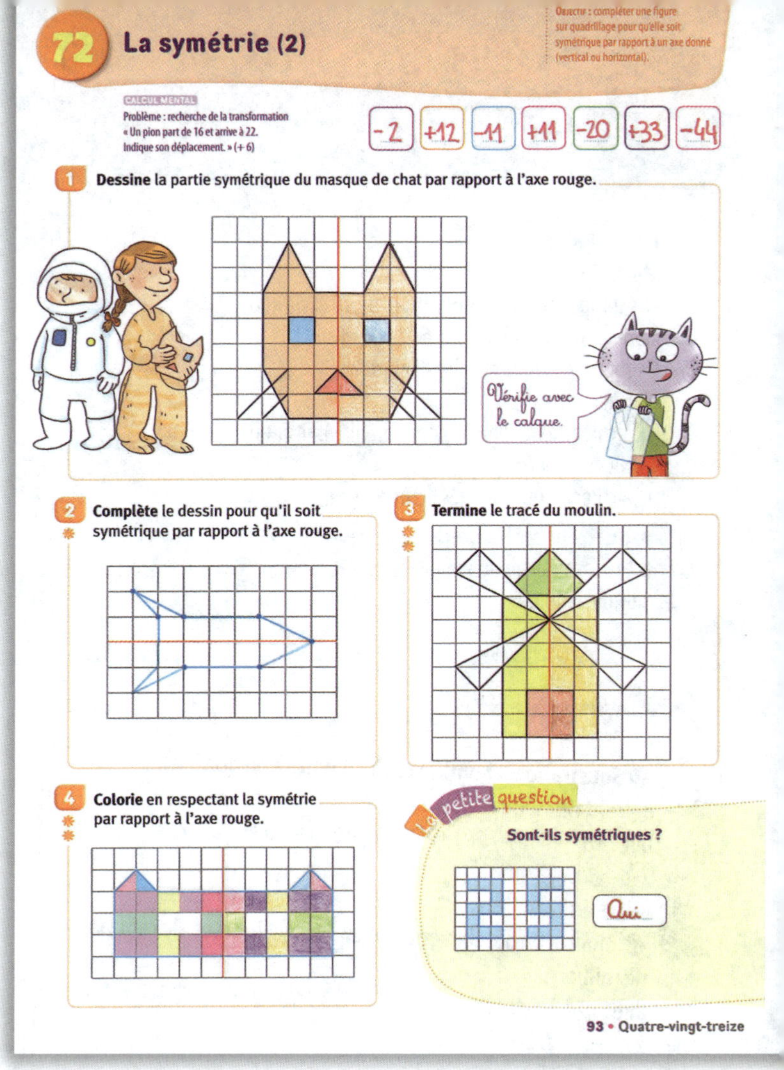

Travail sur le fichier

1 Construire la partie symétrique d'une forme figurative.
Laisser observer individuellement la situation, qui pourra être vidéoprojetée ou reproduite au tableau. Il s'agit de construire par symétrie la partie droite d'un masque de chat.
Faire observer la partie gauche et ses éléments : la forme globale avec les oreilles en orange, l'œil avec le carré bleu, les deux moustaches et le nez en triangle (rectangle). Après avoir analysé la partie gauche, demander de construire la partie droite en s'aidant du quadrillage. Faire observer l'axe rouge, qui sera l'axe de symétrie de la figure. Les deux parties doivent être symétriques, c'est-à-dire se superposer exactement si on plie le masque selon l'axe. Laisser les élèves agir.
Corriger en faisant verbaliser les stratégies.
Le papier calque, qui servira pour vérifier, pourra être ensuite découpé et collé le long de l'axe pour permettre de bien voir le retournement possible de la partie gauche de l'autre côté.

Obstacle possible : le repérage sur le quadrillage.
Aide proposée : marquer les points remarquables ; positionner un ou deux points symétriques, l'œil droit, etc.

2 Compléter une figure symétrique par rapport à un axe horizontal.
Dans cette situation, il s'agit de compléter de part et d'autre la figure de façon à ce qu'elle soit symétrique. Une partie n'est jamais entièrement tracée. Les élèves doivent reconstituer globalement la figure pour pouvoir tracer les éléments manquants. Les points remarquables sont marqués et devraient constituer une aide. Le segment horizontal dans la partie « basse » peut être le premier élément à construire dans l'autre partie pour avoir une partie entière.

Aide proposée : prendre appui sur du papier calque.

3 Construire la partie symétrique d'une figure par rapport à un axe vertical.
Les élèves doivent construire la partie droite du moulin par symétrie. Faire analyser la partie déjà construite : une partie de toit (en vert), les deux ailes du moulin, la partie centrale en jaune, la moitié de porte en rose. Une aide est donnée au niveau d'une des ailes à construire. Procéder avec méthode, partie par partie, pour ne pas oublier d'éléments et bien respecter leur positionnement.

Aide proposée : positionner des points ou des éléments remarquables sur la partie droite (notamment aux niveaux des ailes).

4 Compléter une figure par symétrie selon un axe vertical, en respectant le codage couleur.
La forme globale du château est reproduite et l'axe est bien identifié. Les élèves doivent compléter la partie droite du château au niveau des carreaux de couleur. Dégager une méthode : partir des carreaux qui sont sur l'axe pour aller vers ceux les plus éloignés de l'axe.

La petite question

Les chiffres 2 et 5 reproduits sur le quadrillage sont bien symétriques. Faire vérifier en utilisant le papier calque.

Faisons le point

- Nous savons tracer la partie symétrique d'une figure sur quadrillage.
- Nous avons complété des figures par symétrie en utilisant le quadrillage et en comptant les carreaux par rapport à l'axe.
- Nous avons complété les couleurs d'une figure en respectant la symétrie.

↘ MÉMO-MATHS **« Je complète une figure par symétrie », page 11.**

Pistes d'activités supplémentaires

Soutien

- Plier une feuille en deux, découper une forme et observer le résultat obtenu en dépliant la feuille.
- Proposer une feuille pliée en deux avec, d'un côté du pli, une forme dessinée. Demander de tracer à main levée la partie symétrique, puis de vérifier par pliage.
- Réaliser des ribambelles à partir de bandes de feuilles pliées.

Approfondissement

- Observer des objets de notre entourage et voir s'ils ont un axe de symétrie (ex. : logos ou panneaux de signalisation).
- Par deux, chacun trace une figure sur un quadrillage d'un côté de l'axe (vertical ou horizontal) et l'autre doit construire la figure symétrique.

CALCUL RÉFLÉCHI

73 Calculs multiplicatifs (1)

Programme 2016

- Mémoriser des faits numériques.
  » Décompositions multiplicatives de 10 et de 100.
- Élaborer ou choisir des statégies de calcul.
  » Propriétés implicites des opérations.
- Calcul mental.
  » Calculer mentalement pour obtenir un résultat exact.
- Calcul en ligne.
  » Calculer en utilisant des écritures en ligne.

Objectif spécifique de la séance

Effectuer des calculs en s'appuyant sur la commutativité et l'associativité de la multiplication.

Information didactique

Le **calcul rapide** est utile dans la vie de tous les jours et présente aussi l'avantage de pouvoir contrôler un résultat obtenu par d'autres moyens. Il développe les compétences, car il fait appel à une utilisation souvent originale des propriétés des nombres et des opérations.

Cette fiche propose des recompositions à partir de calculs multiplicatifs comportant trois ou quatre facteurs. Ces calculs s'appuient sur deux propriétés de la multiplication : la commutativité et l'associativité (ces deux termes sont définis dans le lexique, page 351 de ce guide).

Le **calcul en arbre** est d'une plus grande lisibilité. Il nous permet de bien nous rendre compte du cheminement suivi dans un calcul, de mieux comprendre les différents regroupements effectués ainsi que leur succession. Le tracé d'un arbre de calcul par les élèves reste délicat au cycle 2.

CALCUL MENTAL

❶ Soustraire un nombre entier d'unités, de dizaines, de centaines, de milliers.

Dire : *« 37 – 5 ; 64 – 20 ; 354 – 200 ; 6 800 – 2 000 ; 48 – 7 ; 46 – 30 ; 756 – 600. »*

L'élève écrit la différence.

❷ Ajouter un nombre entier d'unités, de dizaines, de centaines, de milliers.

Dire : *« 24 + 5 ; 142 + 20 ; 354 + 300 ; 3 540 + 2 000 ; 252 + 7 ; 252 + 30 ; 252 + 400 ; 4 728 + 4 000. »*

L'élève écrit la somme.

Activité préparatoire

• Calculer les produits de trois nombres en utilisant les propriétés de la multiplication

15 min

▶ Écrire au tableau le même produit de trois nombres en associant différemment les facteurs. Dessiner au tableau les arbres suivants.

```
6  ×  3  ×  10      3  ×  10  ×  6      6  ×  10  ×  3
 \   /      |        \   /       |       \   /       |
  ...   ×  ...        ...   ×  ...        ...   ×  ...
    \      /            \      /            \      /
      ...                 ...                 ...
```

Diviser la classe en trois groupes. Dans chaque tiers de la classe, les élèves travaillent en binômes sur le même calcul. Avant de commencer le calcul, faire remarquer que ces calculs sont des calculs multiplicatifs de trois facteurs, que les nombres qui sont multipliés sont les mêmes mais qu'ils ne sont pas écrits dans le même ordre. Enfin, signaler que l'ordre des calculs est imposé par la « disposition en arbre ».

En réalité, l'arbre remplace des parenthèses, en guidant la priorité des calculs.

Un binôme vient au tableau pour le premier calcul et explique : « Nous avons multiplié 6 par 3, ça fait 18 ; puis 18 par 10, ça fait 180. » (Faire rappeler la règle de multiplication par 10).

Un binôme vient au tableau pour le 2e calcul et explique : « Nous avons multiplié 3 par 10, ça fait 30 ; puis 30 par 6, ça fait 180. »

Un binôme vient au tableau pour le 3e calcul et explique : « Nous avons multiplié 6 par 10, ça fait 60 ; puis 60 par 3, ça fait 180. »

Comparer les résultats obtenus. Constater qu'ils sont les mêmes. En déduire que, dans une multiplication de plusieurs nombres, on peut changer l'ordre des calculs et déplacer les nombres sans changer le résultat.

Proposer un autre calcul à effectuer par groupe de deux :

$$4 \times 7 \times 10.$$

Travail sur le fichier

1 Effectuer un produit de trois facteurs à partir d'un calcul en arbre et constater qu'il existe plusieurs façons d'associer les facteurs.

Recopier ou vidéoprojeter les trois calculs au tableau pour faciliter les échanges dans la classe. Laisser observer les trois calculs affichés. Les calculs se font bien sûr toujours en deux étapes.

Faire analyser le fonctionnement induit par un arbre de calcul. Lorsque deux nombres sont reliés, il faut calculer leur produit : ce calcul est à faire en priorité. Le produit est placé sur la 2e ligne pour être réutilisé dans la 2e étape du calcul. Un nombre qui n'est pas relié à un autre n'est pas utilisé dans cette 1re étape. Il est placé directement sur la 2e ligne.

Les élèves expliquent oralement pour chaque calcul comment ils vont procéder, puis effectuent ces calculs.

On constate en premier lieu que même si l'on change l'ordre des calculs ou les associations de facteurs, le résultat reste toujours le même.

On constate ensuite qu'avec certaines associations, on peut effectuer le calcul plus facilement donc plus rapidement qu'avec d'autres. On aura donc toujours intérêt à rechercher des associations qui facilitent les calculs. C'est ici le cas pour le premier calcul, dans lequel on va passer par une multiplication par 10.

CALCUL RÉFLÉCHI

73 Calculs multiplicatifs (1)

OBJECTIF : effectuer des calculs en s'appuyant sur la commutativité et l'associativité de la multiplication.

CALCUL MENTAL
Soustraire un nombre d'unités, de dizaines, de centaines, de milliers.
Écrire la différence.
32 · 44 · 154 · 4 800 · 41 · 16 · 156

1 **Calcule** le produit 10 × 4 × 3.

10 × 4 × 3 → 10 × 12 → 120
10 × 4 × 3 → 30 × 4 → 120
10 × 4 × 3 → 40 × 3 → 120

Pour chaque calcul, **explique** comment tu procèdes.

2 **Calcule.**

A : 9 × 2 × 5 → 18 × 5 → 90
B : 9 × 2 × 5 → 9 × 10 → 90
C : 9 × 2 × 5 → 45 × 2 → 90

Quel calcul a été le plus simple ? **Explique** pourquoi.

3 **Calcule.**

12 × 2 × 5 = 120
2 × 24 × 5 = 240
7 × 50 × 2 = 700
28 × 2 × 50 = 2800
25 × 9 × 4 = 900
20 × 12 × 5 = 1200

4 **Calcule.**

	× 5	× 2
4	20	40
6	30	60
7	35	70
9	45	90

	× 2	× 5
4	8	40
6	12	60
7	14	70
9	18	90

× 10

5 **Remplace** chaque écriture multiplicative par des produits de deux nombres.

5 × 4 × 2 × 6	2 × 3 × 4 × 5	5 × 4 × 10 × 3	20 × 2 × 3 × 5
20 × 12	6 × 20	20 × 30	40 × 15
10 × 24	12 × 10	15 × 40	60 × 10
30 × 8	8 × 15	50 × 12	100 × 6

94 • Quatre-vingt-quatorze

Obstacles possibles :
- Le repérage dans un arbre de calcul.
- La multiplication de dizaines entières.

2 Repérer dans un produit de trois facteurs le calcul le plus simple et le justifier.
Faire énoncer l'ordre dans la 1re étape pour chaque calcul, puis laisser effectuer les calculs. Dire aux élèves qu'ils ne sont pas obligés de commencer par le calcul A, mais qu'ils peuvent les faire dans l'ordre qu'ils veulent.
Constater que le plus simple est le calcul B, dans lequel on a regroupé 2 × 5 pour avoir un facteur 10.
Obstacle possible : le calcul 18 × 5.

3 Repérer dans un produit de trois facteurs les associations qui font passer par un facteur 10 ou 100.
Observer les calculs. Dans les trois premiers, les facteurs à associer sont soulignés. Ces associations permettent d'obtenir les produits 12 × 10, 24 × 10 et 7 × 100, qui ne posent pas de problème.
Dans les trois autres calculs, il faudra associer 50 et 2 ; 25 et 4 ; 20 et 5 pour obtenir le facteur 100.
Obstacle possible : repérage des produits égaux à 100.
Aide proposée : mémoriser les décompositions multiplicatives de 100.

4 Mettre en évidence la commutativité et l'associativité de la multiplication.
Constater que multiplier par 2 puis par 5 équivaut à multiplier par 5 puis par 2, donc l'ordre des facteurs n'a pas d'importance pour le résultat (commutativité de la multiplication).
Constater que l'on peut remplacer « × 2 × 5 » par « × 10 » (associativité de la multiplication).

5 Remplacer une écriture multiplicative de quatre facteurs par trois écritures multiplicatives de deux facteurs.
Observer et faire expliquer comment sont obtenus les trois produits de deux facteurs à partir de la première écriture : (5 × 4) × (2 × 6) → 20 × 12 ; (5 × 2) × (4 × 6) → 10 × 24 ; (5 × 6) × (4 × 2) → 30 × 8.
Faire effectuer les regroupements sur les trois autres écritures.
Obstacle possible : le repérage des regroupements.
Aide proposée : calculer les produits avec la calculette pour vérifier qu'ils sont tous égaux.

Faisons le point

- Nous avons effectué des multiplications de trois nombres en faisant des regroupements.
- Nous avons vu que l'on pouvait changer l'ordre des nombres dans la multiplication sans changer le résultat. Par exemple, 9 × 2 × 5 = 5 × 2 × 9.
- Nous avons vu qu'il fallait choisir la façon de calculer la plus rapide, par exemple en faisant des regroupements pour pouvoir multiplier par 10 ou par 100.
- Nous avons utilisé des arbres de calcul.

MÉMO-MATHS **« Je calcule rapidement un produit de trois nombres », page 11.**

Pistes d'activités supplémentaires

Soutien

- Mémoriser les produits de deux nombres égaux à 100 (2 × 50 ; 4 × 25 ; 20 × 5 ; 10 × 10)
- Effectuer les calculs :
3 × 4 × 2 ; 6 × 3 × 2 ; 2 × 7 × 5 ;
5 × 11 × 2 ; 2 × 8 × 50 ; 50 × 15 × 2 ; 4 × 25 × 2.
- Compléter et calculer :
2 × 7 × 50 × 5 = 100 × … = … ;
8 × 4 × 25 × 2 = 16 × … = …
- Présenter le calcul en arbre et effectuer le calcul 12 × 5 × 2. Choisir le calcul le plus rapide.

Approfondissement

- Désigner les nombres suivants sous la forme d'une écriture multiplicative de deux nombres :
32 ; 45 ; 48 ; 56 ; 81 ; 54 ; 120 ; 125.
- Désigner les nombres suivants sous la forme d'une écriture multiplicative de trois nombres :
32 ; 45 ; 48 ; 81 ; 120 ; 125.
- Désigner les nombres suivants sous la forme d'une écriture multiplicative de quatre nombres :
32 ; 81 ; 100.
- Calculer le nombre 2 × 5 × 2 × 5 × 2 × 5.

PROBLÈMES

74 Comparaisons et compléments

Programme 2016

- Résoudre des problèmes en utilisant des nombres entiers et le calcul.
  - » Sens des opérations.
  - » Problèmes relevant des structures additives (addition/soustraction).
- Résoudre des problèmes impliquant des masses, des contenances, des prix.

Objectif spécifique de la séance

Résoudre des problèmes impliquant des situations variées de comparaison entre deux mesures ou entre les tailles de deux collections.

Information didactique

Cette fiche présente une gamme de problèmes variés qui, concernant leur typologie, peuvent être assimilés à des **problèmes de comparaison d'états.** Dans la majorité de ces problèmes, on est amené à calculer l'écart entre deux mesures ou entre la taille de deux collections. Les problèmes de complément peuvent être associés à cette catégorie. Dans ces types de problèmes, il est toujours possible d'utiliser indifféremment addition ou soustraction et la formulation de la réponse peut emprunter différentes formes.

CALCUL MENTAL

❶ Problème : compléter à 50.

Dire : « *Un bus peut accueillir 50 voyageurs assis. Combien de places libres reste-t-il s'il y a déjà 30 personnes ? 10 personnes ? 20 personnes ? 35 personnes ? 32 personnes ? 19 personnes ?* »

L'élève écrit le complément.

❷ Compléter à 60.

Dire : « *Combien manque-t-il à chaque enfant pour acheter un jeu vidéo à 60 € ? Luc a 50 €, Julie 52 €, Léo 47 €, Chloé 30 €, Fatou 21€, Alex 15 €, Tom 1 €, Lou 25 €.* »

L'élève écrit la somme qui manque.

Activités préparatoires

1. Effectuer une comparaison et la formuler avec les expressions « de plus que » et « de moins que »

5 min

▶ Écrire au tableau les expressions « de plus que » et « de moins que ».

Consigne : « *Je vais vous lire quelques problèmes simples de "comparaison". Pour chaque problème, vous devrez préparer dans votre tête deux phrases réponses : l'une dans laquelle vous devrez employer l'expression "de plus que" et l'autre dans laquelle vous devrez utiliser l'expression "de moins que". Vous devrez aussi écrire sur votre ardoise le nombre qui indique l'écart.* »

L'enseignant lit les problèmes en notant au tableau les renseignements nécessaires à la comparaison.

- Problème 1 : Un chêne mesure 25 m de hauteur. Un châtaignier mesure 30 m. Compare les tailles de ces deux arbres.

- Problème 2 : Théo possède 50 € et Zoé 30 €. Compare les sommes que possèdent Théo et Zoé.

- Problème 3 : Pour faire une course à pied, Fazia a mis 1 h 30 min et Manon a mis 2 h. Compare les durées des courses de Fazia et Manon.

- Problème 4 : Chloé et Max comptent leurs billes. Chloé a compté 75 billes et Max en a 90. Compare le nombre de billes que possèdent Max et Chloé.

2. Résoudre des situations dans lesquelles on doit calculer un complément

5 min

Consigne : « *Je vais vous lire quelques problèmes simples de "complément". Vous devrez aussi écrire le résultat sur votre ardoise.* »

L'enseignant lit les problèmes en notant au tableau les renseignements nécessaires au calcul du complément.

- Problème 1 : Dans une course, Jamad doit effectuer une distance de 1 000 m. Il a déjà parcouru 400 m. Quelle distance lui reste-t-il à effectuer ?

- Problème 2 : Tania veut acheter un jouet à 20 €. Elle possède 12 €. Quelle somme lui manque-t-il ?

- Problème 3 : Sophie veut planter 30 pieds de fraisiers dans son jardin. Elle en a déjà planté 22. Combien de pieds de fraisiers doit-elle encore planter ?

- Problème 4 : Jules demande 1 kg de prunes au marchand. Le marchand a déjà placé 700 g de prunes sur la balance. Quelle masse de prunes doit-il rajouter sur la balance ?

Travail sur le fichier

Tous les problèmes du fichier peuvent être effectués individuellement, par deux ou parfois collectivement selon les objectifs de l'enseignant. Faire précéder la résolution d'une lecture silencieuse, d'une lecture à haute voix et d'échanges qui devront permettre de s'approprier la situation (*« De quoi s'agit-il ? »*) et la question posée (*« Qu'est-ce qu'on nous demande ? »*). Le travail de recherche sera effectué sur le cahier de recherche. Les réponses seront recopiées proprement sur le fichier.

1 Calculer un complément dans une situation impliquant des contenances.

La question est : Combien de litres de fuel faut-il rajouter aux 1 200 L qui sont déjà dans la cuve pour qu'il y ait 2 500 L de fuel et que cette cuve soit pleine ? Cela revient à chercher combien il faut ajouter à 1 200 pour atteindre 2 500.

Dire « *Nous allons écrire une addition à trou :*

1 200 + = … = 2 500. »

Plusieurs procédures de calcul sont possibles :

- 1 200 + 800 = 2 000,

puis 2 000 + 500 = 2 500 et 800 + 500 = 1 300.

- 1 200 + 1 000 = 2 200,

puis 2 200 + 300 = 2 500 et 1 000 + 300 = 1 300.

- 1 m 2 c + … = 2 m 5 c. Il faut ajouter 1 m 3 c = 1 300.
- Par une soustraction (une addition à trou peut s'écrire sous la forme d'une soustraction) :

2 500 – 1 200 = 1 300.

On pourra découvrir ces différentes procédures avec les élèves, qui prendront ainsi progressivement conscience de la pluralité des méthodes de résolution.

Obstacle possible : le sens des opérations et les calculs.
Aide proposée : faire résoudre des problèmes de ce type avec de petits nombres (inférieurs à 20).

2 Dans la comparaison de deux sommes, retrouver la somme la plus petite, connaissant la somme la plus élevée et leur différence.
Madame Martin possède bien une somme d'argent, mais cette somme est inconnue. C'est ce que l'on doit retrouver. Comme il lui manque 350 € pour payer 1 360 €, cela veut dire que madame Martin possède 350 € de moins que la somme à payer pour avoir la tondeuse.
Elle possède 1 360 € – 350 € = 1 010 €. Cette opération peut être faite par un calcul réfléchi, en utilisant les unités de numération. On peut aussi poser l'opération en colonnes.
Obstacle possible : le sens des opérations et les calculs.
Aide proposée : faire résoudre des problèmes de ce type avec de petits nombres (inférieurs à 20).

3 Comparer de la taille de deux collections.
On connait les deux états et on cherche l'écart négatif.
On cherche ce qu'il faut ajouter aux 254 gommettes de Stella pour qu'elle ait 364 gommettes comme Arthur.
254 + … = 264 → 254 + 100 = 354, puis 354 + 10 = 364.
Et 100 + 10 = 110.
Stella a 110 gommettes de moins qu'Arthur.
On pourrait aussi dire que l'on cherche combien il faut enlever de gommettes à Arthur pour qu'il ait le même nombre de gommettes que Stella : 364 – 110 = 254.
Aide proposée : faire résoudre des problèmes de ce type avec de petits nombres (inférieurs à 20).

4 Comparer deux masses.
On connait les deux états ; on cherche l'écart négatif et l'écart positif.
Malo a rapporté plus de poissons que Loïc. On peut dire aussi que Loïc a rapporté moins de poissons que Malo.
120 + **65** = 185 ; Malo a pêché **65 kg de plu**s que Loïc. Loïc a pêché **65 kg de moins** que Malo.
Aide proposée : faire résoudre des problèmes de ce type avec de petits nombres (inférieurs à 20) en faisant formuler la comparaison de deux façons.

5 Calculer une différence (un écart) entre deux nombres.
On peut dire que l'écart ou la différence entre deux nombres, c'est ce qu'il faut ajouter au petit nombre pour atteindre le grand nombre, ou que c'est ce qu'il faut retrancher du grand nombre pour atteindre le petit nombre. De ces deux définitions découlent deux procédures de calcul de la différence :
- l'addition à trou (recherche du complément). Ici :
1 550 + 1 000 = 2 550.
- la soustraction. Ici :
2 550 – 1 550 = 1 000.
La phrase réponse peut revêtir différentes formulations :
- « Il y a plus de véhicules enregistrés sur la route de la forêt. La différence est de 1 000. »
- « Il est passé 1 000 véhicules de plus sur la route de la forêt que sur la route du lac. »
- « Il est passé 1 000 véhicules de moins sur la route du lac que sur la route de la forêt. »
Aide proposée : faire résoudre des problèmes de ce type avec de petits nombres.

Faisons le point

• Nous avons résolu des problèmes de comparaison et de complément et nous avons utilisé les expressions « de plus que » et « de moins que ».
• Nous avons vu qu'il y avait plusieurs façons de résoudre ces problèmes, par une addition ou par une soustraction.
• Nous avons vu que l'on pouvait formuler la phrase réponse de différentes manières.
MÉMO-MATHS **« Je fais des problèmes de comparaison » (1) et (2), page 22.**

Pistes d'activités supplémentaires

Pour toute la classe
• Changer des données numériques dans les problèmes et constater que le programme de résolution ne change pas.
• Modifier le problème 2. Madame Martin possède la moitié de la somme. Quelle somme lui manque-t-il ?
• Dans le problème 4, changer les masses de poissons sans changer la différence.
• Problème : Monsieur Dupré a une cuve qui peut contenir 3 000 L de fuel. Il regarde sa jauge qui lui indique le nombre de litres qui restent. Il décide d'en faire livrer autant qu'il en reste. Après la livraison, la cuve est pleine. Combien restait-il de litres de fuel dans la cuve ?

le défi
Gaspard a 80 billes. Clotilde en a 120. Combien Clotilde doit-elle donner de billes à Gaspard pour qu'ils aient tous les deux le même nombre de billes ?

75 Structure des nombres et unités de numération (1)

Programme 2016

- Interpréter les noms des nombres à l'aide des unités de numération.
  » Unités de numération et leurs relations.

Objectifs spécifiques de la séance

- Consolider la connaissance de la structure des nombres.
- Repérer le nombre de dizaines, de centaines, de milliers dans un nombre.

Information didactique

La parfaite maitrise de l'écriture des nombres entiers est indispensable pour comprendre les mécanismes d'expression des quantités, de comparaison des nombres et de conception des techniques opératoires. Dans cette fiche, on travaille la décomposition de nombres en unités, en dizaines, en centaines… On veillera à bien faire la distinction entre chiffre des centaines, des dizaines, des unités et nombre de centaines, de dizaines et d'unités. Dans 1 257, le chiffre des dizaines est 5 alors que le nombre de dizaines est 125. En réalité, le chiffre des dizaines dans l'écriture chiffrée usuelle d'un nombre est le nombre de dizaines « isolées » qui n'ont pas pu être regroupées pour former une autre centaine.

CALCUL MENTAL

❶ **Calculer le double d'un nombre inférieur à 50 sans retenue.**
Dire : *« Double de 11 ? de 13 ? de 22 ? de 44 ? de 23 ? de 41 ? de 32 ? de 34 ? »*
L'élève écrit le double.

❷ Calculer des doubles d'un nombre inférieur à 50.
Dire : *« Double de 14 ? de 32 ? de 24 ? de 15 ? de 16 ? de 26 ? de 37 ? de 45 ? de 28 ? de 29 ? »*
L'élève écrit le double.

Activité préparatoire

Résoudre un problème de recherche impliquant la structure des nombres — 20 min

▶ Écrire au tableau un problème-défi :

« À la papeterie, on trouve beaucoup de plaques de gommettes autocollantes. Sur le présentoir, il y a des plaques de 10 avec des formes géométriques, des plaques de 100 avec des animaux, des insectes, des fleurs… Le vendeur nous lance ce défi : "Il y a 180 gommettes en forme de triangles, 300 gommettes en forme de carrés, 1 500 gommettes en forme de rectangles. Combien cela fait-il de plaques de 10 pour chaque forme géométrique ?" »

Consigne 1 : « *J'ai écrit au tableau un problème-défi. Vous allez le lire silencieusement et ensuite, je vous le lirai. Puis vous recopierez le tableau que je vais tracer au tableau et, par deux, vous le compléterez.* »

	Triangles	Carrés	Rectangles
Nombre de plaques de 10			

Laisser un moment de réflexion pour compléter le tableau, puis procéder à une synthèse collective. Pour chaque réponse, faire expliquer la démarche et les difficultés rencontrées.
« 180, c'est 18 × 10, c'est 18 dizaines, donc 18 plaques.
300, c'est 30 dizaines, donc 30 plaques de 10.
1 500, c'est 150 dizaines, donc 150 plaques de 10. »

Consigne 2 : « *Le vendeur lance un second défi que je vais copier au tableau. Vous donnerez vos réponses dans un tableau, comme pour le premier défi.* »

Copier au tableau le texte suivant : « Sur le présentoir, il y a 400 gommettes insectes, 1 400 gommettes mammifères et 2 000 gommettes fleurs. Combien y a-t-il de plaques de 100 pour chaque catégorie ? »

Faire au tableau le même cadre pour les réponses.

	Insectes	Mammifères	Fleurs
Nombre de plaques de 100			

Pendant la phase de correction, faire formuler les différentes procédures et corriger les erreurs en faisant émerger les obstacles rencontrés. « 400, c'est 4 × 100, c'est 4 centaines, donc 4 plaques de 100. 1 400, c'est 14 centaines, donc 14 plaques de 100.
2 000, c'est 20 centaines, donc 20 plaques de 100. »

La difficulté apparait pour 2 000, dans lequel il est plus difficile de voir le nombre de centaines.

Travail sur le fichier

1 Repérer le nombre de dizaines, de centaines dans un nombre.

Faire redonner et noter les trois nombres et les deux types de regroupements (par 10 et par 100). Par deux, faire résoudre la situation. Corriger.

Faire reformuler la tâche : « Il faut trouver le nombre de caisses nécessaires pour mettre les 980 amphores. »

« *Chaque fois que l'on a une dizaine d'amphores, peut-on remplir une caisse ?* » (réponse : oui).

« *Si l'on trouve combien il y a de dizaines d'amphores dans 980 amphores, est-ce que ce nombre sera aussi le nombre de caisses nécessaires ?* » (réponse : oui).

On va chercher le nombre de dizaines dans 980.

On sait que 980 = 9 c + 8 d + 0 u.

9 c = 90 d, donc dans 980, on a 90 d + 8 d = 98 d.

Obstacle possible : la confusion dans un nombre entre le chiffre des dizaines (ici, 8) et le nombre de dizaines (ici, 98).

On peut aussi poser l'opération sous la forme : 980 = 10 × … ou dire « *Dans 980, combien de fois 10 ?* ». Cette opération est résolue rapidement si l'on a revu la règle de multiplication par 10, 100 et 1 000.

Procéder de même pour les deux autres collections.

2 Transformer des unités simples en dizaines et en centaines.

Prendre appui sur l'exemple pour compléter la 1re ligne. Laisser compléter la 2e ligne en autonomie. Recueillir les procédures dans la phase de synthèse.

Pour ces transformations, on peut :
- passer par la multiplication par 10 ou par 100 : 370 = 37 × 10 ou **37 dizaines** ; 1 400 = 14 × 100 ou **14 centaines** ;
- utiliser les unités de numération :
370 = 3 c 7 d → 3 c = 30 d, donc 370 = 37 d ;
1 400 = 1 m 4 c → 1 m = 10 c, donc 1 400 = 14 c.

Aides proposées :
- Revoir les multiplications par 10, par 100, par 1 000.
- Effectuer des transformations d'unités de numération.

3 Décomposer un nombre à quatre chiffres en s'appuyant sur la structure des nombres

Observer l'exemple et analyser les trois types de décompositions :

2 000	+	418	2 400	+	18	2 410	+	8
milliers	+	unités restantes	centaines entières	+	unités restantes	dizaines entières	+	unités restantes
2 m	+	418 u	24 c	+	18 u	241 d	+	8 u

Compléter les deux autres séries de décompositions.

Aide proposée : décomposer sur le même principe des nombres à trois chiffres (ex. : 358 = 300 + 58 ; 358 = 350 + 8).

4 Résoudre un problème de division par groupements en appui sur la structure des nombres.

S'assurer que la situation est comprise. Recueillir les démarches des élèves. Remarquer que Manon range ses objets par 10, par dizaines. On nous demande combien elle peut faire de rangées complètes de 10 figurines, ce qui revient à se demander combien il y a de dizaines dans le nombre 357.
357, c'est 3 c + 5 d + 7 u ou 30 d + 5 d + 7 u ou 35 d + 7 u.
Dans 357, il y a 35 dizaines et 7 unités.
Manon pourra faire 35 rangées complètes de 10 figurines.

Obstacle possible : le risque de confusion entre chiffre des dizaines et nombre de dizaines.

5 Résoudre un problème de division par groupements en appui sur la structure des nombres.

Faire lire le problème à voix haute. Deux questions sont posées. Les reformuler pour qu'il n'y ait pas d'ambigüité :
« Avec 2 500 perles, combien peut-on faire de bagues de 10 perles ? » ou « Combien de dizaines dans 2 500 ? » (réponse : 250).
« Avec 2 500 perles, combien peut-on faire de colliers de 100 perles ? » ou « Combien de centaines dans 2 500 ? » (réponse : 25).

Obstacle possible : la recherche du nombre de dizaines, le nombre plus grand que le nombre de centaines et la présence d'un zéro.

Faisons le point

- Nous avons cherché le nombre de dizaines qu'il y a dans un nombre à quatre chiffres.
- Nous avons cherché le nombre de centaines qu'il y a dans un nombre à quatre chiffres.
- Nous avons compris la différence dans un nombre entre le chiffre des dizaines et le nombre de dizaines, et la différence entre chiffre des centaines et le nombre de centaines.
- Nous pouvons trouver le nombre de dizaines et le nombre de centaines de différentes manières.

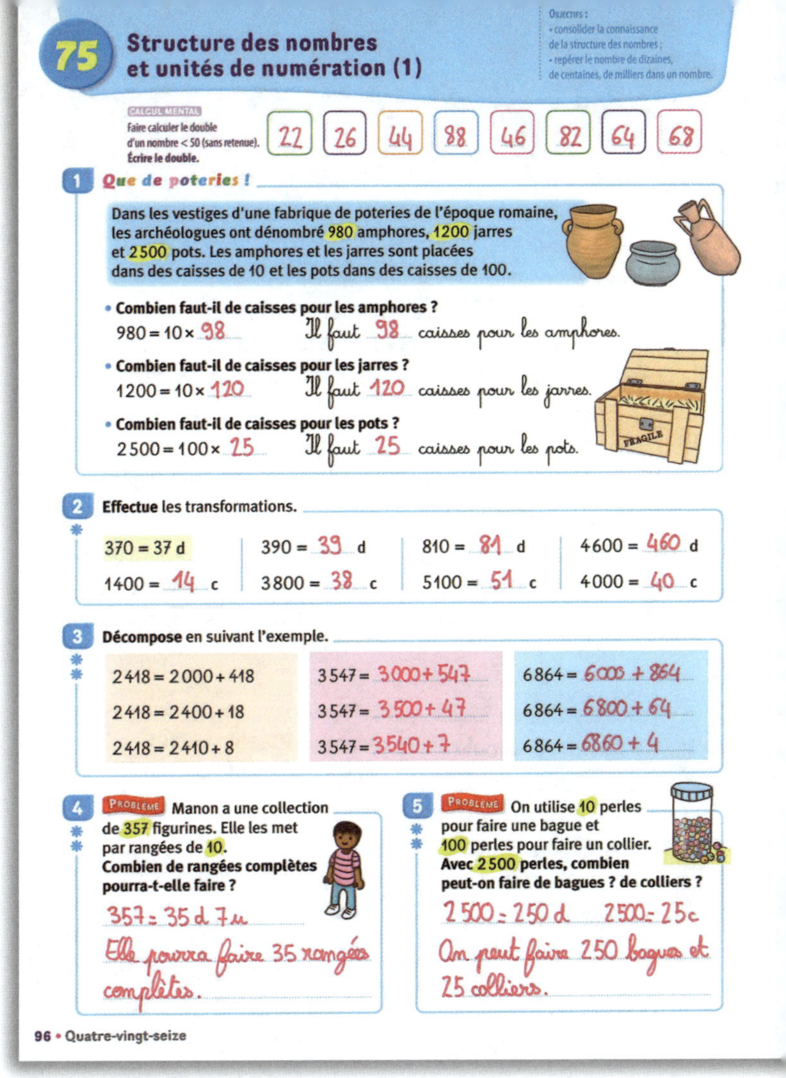

75 Structure des nombres et unités de numération (1)

OBJECTIFS :
- consolider la connaissance de la structure des nombres ;
- repérer le nombre de dizaines, de centaines, de milliers dans un nombre.

CALCUL MENTAL
Faire calculer le double d'un nombre < 50 (sans retenue). Écrire le double.
22 26 44 88 46 82 64 68

1 Que de poteries !

Dans les vestiges d'une fabrique de poteries de l'époque romaine, les archéologues ont dénombré 980 amphores, 1200 jarres et 2500 pots. Les amphores et les jarres sont placées dans des caisses de 10 et les pots dans des caisses de 100.

- **Combien faut-il de caisses pour les amphores ?**
980 = 10 × 98 — Il faut 98 caisses pour les amphores.
- **Combien faut-il de caisses pour les jarres ?**
1200 = 10 × 120 — Il faut 120 caisses pour les jarres.
- **Combien faut-il de caisses pour les pots ?**
2500 = 100 × 25 — Il faut 25 caisses pour les pots.

FRAGILE

2 Effectue les transformations.

370 = 37 d	390 = 39 d	810 = 81 d	4600 = 460 d
1400 = 14 c	3800 = 38 c	5100 = 51 c	4000 = 40 c

3 Décompose en suivant l'exemple.

2418 = 2000 + 418	3547 = 3000 + 547	6864 = 6000 + 864
2418 = 2400 + 18	3547 = 3500 + 47	6864 = 6800 + 64
2418 = 2410 + 8	3547 = 3540 + 7	6864 = 6860 + 4

4 PROBLÈME Manon a une collection de 357 figurines. Elle les met par rangées de 10.
Combien de rangées complètes pourra-t-elle faire ?
357 = 35 d 7 u
Elle pourra faire 35 rangées complètes.

5 PROBLÈME On utilise 10 perles pour faire une bague et 100 perles pour faire un collier.
Avec 2 500 perles, combien peut-on faire de bagues ? de colliers ?
2 500 = 250 d 2500 = 25 c
On peut faire 250 bagues et 25 colliers.

96 • Quatre-vingt-seize

Pistes d'activités supplémentaires

Soutien

- Compléter :
2 837 = … milliers et … unités ;
2 837 = … centaines et … unités ;
2 837 = … dizaines et … unités ;
2 837 = … unités.
- Compléter. Dans le nombre 2 836 :
2 est le chiffre des … ; 8 est le chiffre des … ; 6 est le chiffre des … ; 3 est le chiffre des … .
28 est le nombre de … ; 283 est le nombre de … ; 2 836 est le nombre de … .
- Compléter. Dans le nombre 7 642 :
Le chiffre des centaines est …, le nombre de centaines est…, le nombre de dizaines est… .
Le chiffre des unités est… et le chiffre des dizaines est … .

Approfondissement

- Reprendre l'exemple de l'exercice 1 et emballer les 2 500 pots dans des caisses de 10 pots ou de 25 pots.
Demander : *« Pour chaque type de groupement, combien faudra-t-il de caisses ? »*
- En prolongement de l'exercice 1 : « On charge 15 caisses de jarres, 7 caisses de pots et 25 caisses d'amphores. Combien de poteries de chaque sorte sont transportées ? »
- Utiliser deux de ces étiquettes pour obtenir chaque nombre 125 et 1 250.

25 dizaines | 12 dizaines | 5 unités | 2 centaines | 50 unités | 12 centaines

76 Le cube et le pavé droit

Exercices différenciés – Espace et géométrie 5 et 6

Programme 2016
- Reconnaitre, nommer, décrire quelques solides.
- Reconnaitre les solides usuels parmi des solides variés.
- Décrire et comparer des solides en utilisant le vocabulaire approprié.
  » Vocabulaire approprié pour décrire des polyèdres (face, sommet, arête).

Objectifs spécifiques de la séance
- Décrire et caractériser le cube et le pavé droit.
- Manipuler et décrire des assemblages de cubes et de pavés droits.

Information didactique

Un premier travail sur les solides a été réalisé dans la fiche 42. Il a permis de mener des activités de tri à partir de solides variés, de nommer des solides, d'utiliser le vocabulaire « face », « sommet » et « arête » et d'aborder la notion de point de vue. Nous allons, dans cette fiche, nous intéresser davantage au **pavé droit et au cube afin de les caractériser**, de dresser leur « fiche d'identité » et de les reconnaitre parmi d'autres solides, notamment à partir de la nature des faces. Par ailleurs, on commencera à familiariser les élèves à la représentation « transparente » des solides.

Une autre activité primordiale consiste à travailler sur des assemblages de solides. À la différence des assemblages de polygones, se pose le problème du point de vue. En effet, dans l'espace réel (à trois dimensions), on ne verra pas la même chose selon l'endroit d'où l'on regarde un assemblage de solides. Selon la position de l'observation, la vision du solide ou de l'assemblage de solides varie. De plus, des objets peuvent être visibles ou cachés par d'autres. C'est sur cet aspect qu'il convient de travailler spécifiquement.

CALCUL MENTAL

❶ **Calculer le double d'une somme < 50 sans retenue.**
Écrire : 10 et 4 ; 20 et 4 ; 30 et 3 ; 40 et 4 ; 20 et 1 ; 40 et 3 ; 10 et 1.
L'élève écrit le double de la somme.

❷ **Problème : calculer des doubles.**
Dire : « • *Pierre a lu 23 pages. Il en lit aujourd'hui le double. Combien en a-t-il lues ?* • *Marc pèse 31 kg et sa maman le double. Combien pèse sa maman ?* • *Dans sa recette, papa met toujours le double de farine que de beurre. Il a mis 90 g de beurre. Quelle est la masse de farine ?* • *Sophie a 14 € et Marc a le double. Quelle somme possèdent-ils à eux deux ?* • *Lou a 24 €. Luc dit :* • *Si j'avais 2 € de plus, j'aurais le double de toi. Combien possède-t-il ?* »
L'élève écrit le résultat.

Activités préparatoires

1. Caractériser le pavé droit et le cube par leurs faces

10 min

▶ Réactiver ses connaissances.

Matériel par groupe de deux : un pavé droit (boite, solide en bois…) et un cube (s'il n'y a pas assez de cubes, travailler sur ce solide avec l'ensemble du groupe classe).

Consigne : « *Comptez le nombre de faces, de sommets et d'arêtes de votre pavé, de votre boite.* »

Faire rappeler ce qu'est une face (faire passer si besoin avec la main à plat sur une face du pavé droit pour la « sentir »), un sommet et une arête. Si besoin, présenter un solide et faire rappeler et montrer ce qu'est une arête, un sommet et une face.

Constater que tous les pavés droits ont 12 arêtes, 8 sommets et 6 faces et que celles-ci sont des rectangles.

Faire le même travail sur le cube. Constater que tous les cubes ont également 6 faces (carrées).

2. Jeu du portrait

10 min

Matériel collectif : mettre à disposition des enfants des solides variés : cubes, pavés, autres polyèdres (prismes, pyramides…), cylindres, boules.

Consigne : « *Je vais vous donner une devinette et vous vous devez reconnaitre de quel solide, il s'agit.* »

Les descriptions s'orienteront sur la nature des faces des solides.
Exemples :
« *Mes faces sont des carrés ou des rectangles.* » (réponse : le pavé droit) ;
« *J'ai deux faces qui sont des disques.* » (réponse : le cylindre) ;
« *Toutes mes faces sont des rectangles.* » (réponse : le pavé droit) ;
« *J'ai des faces rectangulaires et triangulaires.* » (réponse : le prisme droit) ;
« *J'ai une face carrée et des faces qui sont des triangles.* » (réponse : la pyramide à base carrée).

3. Dénombrer des cubes dans un assemblage

10 min

Matériel par groupe de deux ou trois : un assemblage d'une dizaine de cubes de taille identique ou de cubes encastrables.

Chaque groupe travaillera avec un assemblage qui sera mis sur une table d'élève.

Il est possible de ne disposer que d'un assemblage pour toute la classe constitué de cubes suffisamment visibles par l'ensemble de la classe (les élèves pourront se déplacer pour observer l'assemblage).

Consigne : « *Chaque groupe aura un assemblage de cubes. Vous devrez, sans toucher à l'assemblage, dénombrer le nombre total de cubes. Vous pouvez vous déplacer si vous le souhaitez pour vous aider. Dans chaque groupe, vous vous mettez d'accord sur le nombre de cubes.* »

Chaque résultat de groupe peut être validé par un autre groupe. Demander les stratégies des élèves. Orienter vers les procédures qui ne demandent pas de se déplacer, mais qui permettent de dénombrer les cubes par raisonnement (dénombrement « par étage » des assemblages).

Un prolongement collectif peut être proposé : le même travail peut être fait à partir de photographies d'assemblages de cubes.

Travail sur le fichier

1 Écrire la fiche d'identité du cube et du pavé droit.

Laisser découvrir la situation. La réalisation de l'activité préparatoire 1 est fortement recommandée. Faire observer la représentation du cube et du pavé droit en perspective cavalière. Il s'agit d'une représentation « transparente » : le cube et le pavé droit sont représentés comme si leurs faces étaient transparentes, ce qui permet de voir tous les sommets, toutes les arêtes et toutes les faces, même ceux et celles qui seraient cachés si l'on observait les deux solides dans la réalité. Faire observer que les arêtes que l'on voit par transparence sont tracées par un trait plus fin que celles visibles. Les élèves doivent vérifier la nature des faces, du moins celles qui sont devant et derrière, les quatre autres sont « déformées » par la perspective cavalière.

Obstacle possible : difficulté à dénombrer les éléments.

Aides proposées :
- Reprendre les activités préparatoires.
- Mettre à disposition des solides.

2 Reconnaitre un solide (jeu du portrait).

Il s'agit d'associer un des quatre solides présentés (deux pavés droits, un cube et un prisme droit) à sa description. Chacune des descriptions présente le solide par rapport à la nature de ses faces. Faire observer les quatre solides et faire repérer la lettre qui les nomme, puis lire les descriptions. Noter que la représentation en perspective cavalière peut « déformer » la nature des faces (notamment les faces latérales).

Obstacle possible : deux pavés droits sont présentés et seule la nature de certaines faces les différencie.

Aide proposée : donner les solides de la situation.

3 Dénombrer le nombre de cubes dans des assemblages.

Deux assemblages sont présentés ; chacun a une orientation différente, mais il est possible à chaque fois de voir « trois faces » de l'assemblage. Il s'agit de dénombrer tous les cubes de l'assemblage alors que certains ne sont pas visibles. Certains élèves peuvent encore confondre carrés (faces) et cubes. Les différentes tonalités de violet et de bleu selon l'orientation des faces du cube constitueront une aide pour l'identification de chaque cube et donc de leur dénombrement. Une des stratégies possible est de raisonner « par étage » : le premier assemblage est constitué de trois étages (le premier contient 3 × 4 cubes, c'est-à-dire 12 cubes, le second, 2 × 3 cubes, c'est-à-dire 6 cubes et le dernier ne comporte que 2 cubes, soit au total 20 cubes).

Aide proposée : proposer de réaliser les assemblages avec des cubes.

4 Reconnaitre des assemblages identiques.

Quatre assemblages sont proposés. Il s'agit de reconnaitre ceux qui sont identiques. Les assemblages vont par paire ; tous sont constitués de quatre cubes, seule la position d'un cube diffère pour chacune des deux paires. La forme de base est constituée d'un niveau de trois cubes juxtaposés et d'un cube positionné soit sur celui du milieu, soit sur celui qui est sur un côté.

Aide proposée : proposer de réaliser les assemblages avec des cubes.

Faisons le point

- Nous avons écrit la fiche d'identité du cube et du pavé droit.
- Nous savons reconnaitre des solides à partir de la description des faces.
- Nous avons dénombré les cubes dans des assemblages.
- Nous avons repéré les deux assemblages identiques.

MÉMO-MATHS **« Je reconnais le cube et le pavé droit », page 11.**

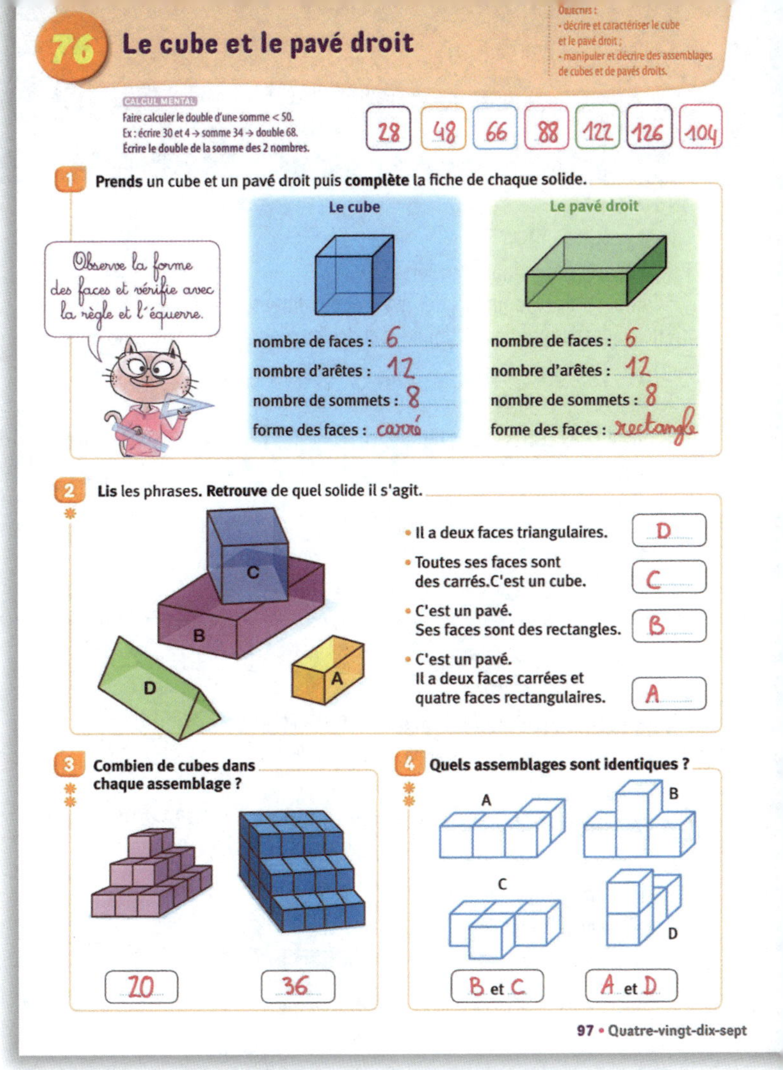

Pistes d'activités supplémentaires

Soutien

- Prendre des photos d'un assemblage selon plusieurs points de vue. Regarder les différences.
- Réaliser un assemblage à partir d'une ou deux photos ou représentations.
- À partir d'un cube en papier, mettre des gommettes de couleur sur chacune des faces, un point de couleur sur les sommets et repasser au feutre les différentes arêtes.

Approfondissement

- Écrire la fiche d'identité du prisme (figure D de l'exercice 2).
- Décrire des assemblages afin de les reconnaitre.
- Construire deux autres assemblages possibles avec quatre cubes (suite de l'exercice 4).

1 le défi

Combien y-a-t-il de petits cubes en tout dans le cube ?

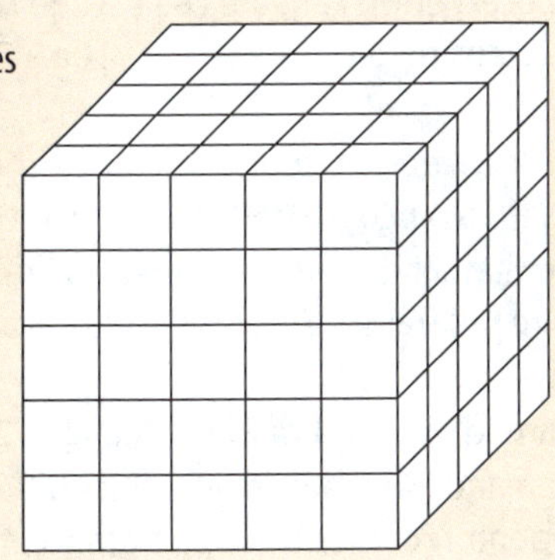

CALCUL RÉFLÉCHI

77 Écarts et différences (1)

Activité de manipulation 14

Programme 2016

- Comparer des nombres entiers.
- Comparer des longueurs, des masses, des durées.
- Résoudre des problèmes impliquant des longueurs, des masses, des durées.

Objectifs spécifiques de la séance

- Relier écart et différence.
- Calculer des écarts et des différences dans des situations ordinales ou cardinales.

Information didactique

Les notions d'écart et de différence entre deux nombres ont fait l'objet d'une première approche au CE1, tant au plan cardinal qu'ordinal.

On peut définir l'écart ou la différence entre deux nombres, deux quantités ou deux mesures comme ce qu'il faut ajouter au plus petit pour atteindre le plus grand, ou ce qu'il faut retrancher du plus grand pour atteindre le plus petit.

Dans cette fiche, nous travaillons, d'une part, sur les **écarts entre des nombres dans des situations ordinales** en prenant appui sur la ligne numérique (ce type de travail trouve des applications importantes en calcul mental et en calcul réfléchi) ; d'autre part sur des **différences portant sur les mesures de longueur, de masse ou de durée.**

CALCUL MENTAL

❶ **Calculer le double d'un nombre inférieur à 50 avec retenue.**

Dire : « *Double de 17 ? de 36 ? de 27 ? de 18 ? de 28 ? de 35 ? de 47 ? de 38 ?* »

L'élève écrit le double.

❷ **Calculer le double d'un nombre inférieur à 100 sans retenue.**

Dire : « *Double de 50 ? de 52 ? de 60 ? de 63 ? de 70 ? de 74 ? de 80 ? de 82 ? de 90 ? de 93 ?* »

L'élève écrit le double.

Activités préparatoires

1. Faire calculer des écarts entre des mesures dans des situations concrètes

20 min

Consigne 1 : « *Il y a trois situations à étudier : l'âge, la distance, la taille. Je vais en attribuer une seule par groupe. Dans chacune de ces situations, il y a trois mesures d'une même famille qui sont fournies. Vous devrez ranger ces mesures dans l'ordre croissant.* »

Consigne 2 : « *Ensuite vous devrez calculer les différences, les écarts, entre ces mesures. Pour chaque situation, vous pouvez calculer trois différences.* »

▶ Écrire les trois situations au tableau.

- L'âge.

Paul a 25 ans ; Léa a 12 ans et Ali a 38 ans. Demander de calculer toutes les différences d'âge, puis faire repérer l'écart entre le plus jeune et le plus âgé. En profiter pour utiliser une large gamme lexicale concernant comparaison, écart ou différence (ex. : « La différence d'âge entre Léa et Ali est de 26 ans. » ; « L'écart entre l'âge de Léa et l'âge d'Ali est de 26 ans. » : « Ali a 26 ans de plus que Léa » ; « Léa a 26 ans de moins qu'Ali. »)

- La distance.

Pedro, Anne et Louis sont sur la route de Bordeaux à Paris. Pedro a parcouru 350 km, Anne 120 km et Louis 250 km. Demander de calculer toutes les différences de distance, puis faire repérer l'écart entre le plus avancé et le moins avancé.

- La taille.

Ahmed mesure 1 m 41 cm, Max 1 m 29 cm et Enora 1 m 50 cm. Demander de calculer toutes les différences de taille, puis faire repérer l'écart entre le plus grand et le moins petit.

2. Rédiger une situation pour faire calculer une différence

10 min

▶ Par groupe de trois.

Consigne : « *Dans chaque groupe, vous devez écrire rapidement une situation dans laquelle vous demanderez de calculer un écart, une différence. Ensuite, chaque groupe lira sa situation à la classe.* »

L'enseignant pourra étayer le travail en fournissant quelques pistes : prix d'articles, masses de fruits, contenance de récipients, taille de plantes, nombre de billes, etc.

Travail sur le fichier

1 Calculer un écart entre deux nombres.

Si possible, afficher ou vidéoprojeter le tableau qui sera utilisé pour la correction. Bien définir la tâche : il faut calculer l'écart (la différence) entre les deux nombres des colonnes A et B situés sur une même ligne.

Observer la ligne numérique qui matérialise l'écart entre les nombres 13 et 19 et son calcul par complémentation (« *Combien pour aller de 13 à 19 ?* »).

Dans le tableau du dessous, les écarts se calculent au moyen de la soustraction, ce qui implique un rappel important fourni dans la bulle : « Dans une soustraction, on enlève toujours le petit nombre du grand nombre. »

Donc, dans la méthode utilisant la soustraction, la première chose à faire est de fixer la comparaison des deux nombres dont on veut calculer l'écart :

19 > 13 ; 38 > 16 ; 130 > 123 ; 236 > 220 ; 299 > 287.

Effectuer ensuite les soustractions mentalement :

38 – 16 = 12 ; 130 – 123 = 7 ; 236 – 220 = 16 ; 299 – 287 = 12.

Obstacles possibles :

- La notion de différence.
- Le passage par la comparaison des nombres avant d'effectuer les soustractions.

2 Trouver la différence de longueur entre deux segments.

Comme les quatre segments ont tous une extrémité alignée avec le zéro de la règle, il suffit de comparer les positions des autres extrémités.

L'extrémité du segment D est positionnée sur 7 cm, celle du segment C sur 8 cm. La différence de longueur de ces deux segments est de 1 cm. Entre C et B, l'écart entre 8 cm et 12 cm est de 4 cm. Entre D et B, l'écart entre 7 cm et 12 cm est de 5 cm. Entre B et A, l'écart entre 12 cm et 14 cm 5 mm est de 2 cm 5 mm.

Obstacles possibles :

- La notion de différence de deux longueurs.
- L'expression d'une différence de longueur avec deux unités (cm et mm).

Aide proposée : matérialiser les différences sur le dessin (« ce qui dépasse »).

3 Trouver les écarts entre des pions sur la bande numérique.

Dans un premier temps, on peut compter le nombre de cases, en partant de la case suivant celle du 1er pion et en terminant sur celle du 2e. On pourra alors écrire l'addition complémentaire (46 + 4 = 50), puis la soustraction (50 – 46 = 4).

Ne pas faire l'erreur de ne compter que les cases situées entre les deux pions ou l'erreur de compter la case sur laquelle se trouve le 1er pion.

On peut faire vérifier que :

écart AB + écart BD = écart AC + écart CD = écart AD.

Obstacle possible : le calcul des écarts sur une bande numérique.

4 Calculer des différences impliquant des durées, des longueurs, des masses.

Laisser lire le problème silencieusement puis demander à un élève une lecture à voix haute.

Faire présenter la situation sans le fichier par deux élèves qui devront expliquer de quoi il s'agit et ce que l'on nous demande de faire. Avant de lancer le travail, s'assurer que tout le monde a compris.

Dans un premier temps, il faut placer correctement dans le tableau les données fournies dans l'énoncé. Il faut ensuite calculer les différences.

Obstacle possible : le placement des données dans le tableau. Les données concernant Zoé sont fournies en première position dans l'énoncé mais sont demandées en dernier dans le tableau (mais le calcul des soustractions est facilité par la disposition des mesures dans le tableau).

Aide proposée : barrer les données dans l'énoncé lorsqu'elles ont été relevées.

Faisons le point

- Nous avons calculé des écarts, des différences entre des nombres ou des mesures.
- Nous avons calculé des écarts sur la bande numérique.
- Nous avons vu que l'on peut calculer une différence en faisant une soustraction mais qu'il faut toujours enlever le petit nombre du grand nombre.

MÉMO-MATHS **« Je calcule des écarts », page 12.**

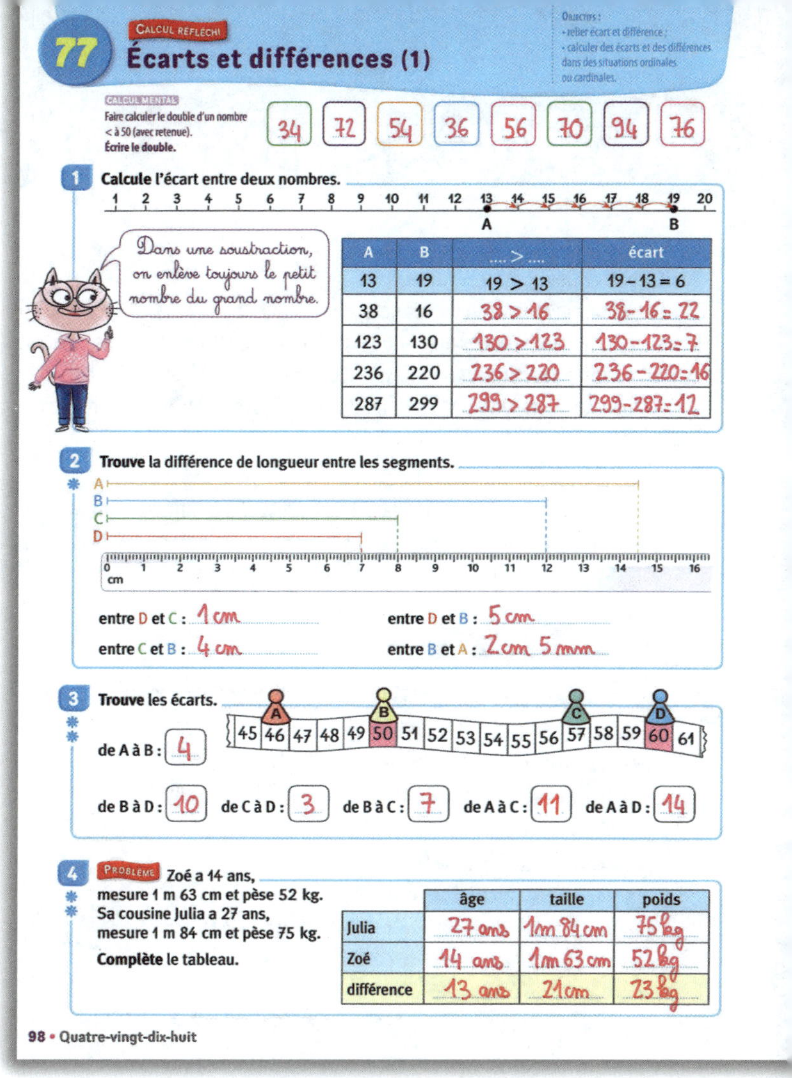

CALCUL RÉFLÉCHI

77 **Écarts et différences (1)**

OBJECTIFS :
- relier écart et différence ;
- calculer des écarts et des différences dans des situations ordinales ou cardinales.

CALCUL MENTAL
Faire calculer le double d'un nombre < à 50 (avec retenue).
Écrire le double.

34 72 54 36 56 70 94 76

1 Calcule l'écart entre deux nombres.

1 2 3 4 5 6 7 8 9 10 11 12 13 14 15 16 17 18 19 20
A B

Dans une soustraction, on enlève toujours le petit nombre du grand nombre.

A	B	.... >	écart
13	19	19 > 13	19 – 13 = 6
38	16	38 > 16	38 – 16 = 22
123	130	130 > 123	130 – 123 = 7
236	220	236 > 220	236 – 220 = 16
287	299	299 > 287	299 – 287 = 12

2 Trouve la différence de longueur entre les segments.

A B C D
0 1 2 3 4 5 6 7 8 9 10 11 12 13 14 15 16
cm

entre D et C : 1 cm
entre D et B : 5 cm
entre C et B : 4 cm
entre B et A : 2 cm 5 mm

3 Trouve les écarts.

A B C D
45 46 47 48 49 50 51 52 53 54 55 56 57 58 59 60 61

de A à B : 4
de B à D : 10
de C à D : 3
de B à C : 7
de A à C : 11
de A à D : 14

4 PROBLÈME Zoé a 14 ans, mesure 1 m 63 cm et pèse 52 kg. Sa cousine Julia a 27 ans, mesure 1 m 84 cm et pèse 75 kg.

Complète le tableau.

	âge	taille	poids
Julia	27 ans	1 m 84 cm	75 kg
Zoé	14 ans	1 m 63 cm	52 kg
différence	13 ans	21 cm	23 kg

98 • Quatre-vingt-dix-huit

Pistes d'activités supplémentaires

Soutien

- Comparer deux nombres sous la forme … > …

Ex. : 45 et 28 ; 21 et 35 ; 164 et 200.

- Comparer deux nombres et calculer leur différence.

Ex. : 80 et 65 ; 50 et 110 ; 35 et 49 ; 240 et 130.

- Calculer l'écart entre les deux nombres dans un tableau :

		Écart
18	28	10
46	39	…
138	158	…

Approfondissement

- Problème 1 : Pour faire une même randonnée, un groupe a mis 2 heures 15 min et l'autre 3 heures. Calcule l'écart de durée.
- Problème 2 : Alex a pêché un poisson de 1 kg 250 g. Léa a pêché un poisson de 2 kg. Calcule la différence de poids.

1 le défi

- Un pion jaune est sur la case 25 de la bande numérique. Son écart avec un pion vert est de 10. Où peut se trouver le pion vert ?
- Un pion bleu est situé plus loin que le pion jaune mais à la même distance du pion jaune et du pion vert. Où se trouvent le pion vert et le pion bleu ?

78 Écarts et différences (2)

Programme 2016
- Comparer des nombres entiers.
- Organisation et gestion de données.
  - » Exploiter des données numériques pour répondre à des questions.
  - » Présenter et organiser des mesures sous forme de tableaux.
  - » Modes de représentation de données numériques : tableaux, graphiques simples, etc.

Objectif spécifique de la séance

Calculer des écarts et des différences en s'appuyant sur différents supports (tableau, diagramme, document réel…).

Information didactique

Dans cette fiche, différents outils sont mis au service de la notion d'écart et de différence. La représentation sous la forme d'un **diagramme** est un excellent support pour visualiser le phénomène étudié. En effet, les diagrammes en bâtons ou en rectangles sont des représentations plus concrètes qui mettent bien en relief les comparaisons et les écarts.
Le **tableau** est aussi un excellent outil qui permet de placer en parallèle, de façon claire et lisible, les données et les écarts.

CALCUL MENTAL

❶ **Problème : jeu des doubles. Calculer le double d'une somme inférieure à 50 avec retenue.**
Dire : « *Enzo prend deux cartes avec des points marqués dessus et doit calculer le double des points obtenus. Quel est le double s'il prend : 10 et 6 ? 30 et 5 ? 20 et 6 ? 10 et 7 ? 20 et 5 ? 20 et 8 ?* »
L'élève écrit le double de la somme.

❷ **Vérifier le calcul d'un double.**
Dire : « *Le double de 33 est 66. Le double de 16 est 36. Le double de 64 est 128. Le double de 25 est 50. Le double de 80 est 160. Le double de 72 est 124. Le double de 26 est 56.* »
Répondre par vrai (V) ou faux (F) ; dans ce cas, donner le double exact.

Activité préparatoire

• Calculer des écarts à partir de supports variés

40 min

▶L'enseignant propose de travailler sur les différents moyens utilisés par les élèves pour se rendre à l'école et sur la durée des trajets.

Consigne 1 : « *Quel moyen utilisez-vous pour venir à l'école ?* »
L'enseignant écrira au fur et à mesure, au tableau, les différents moyens utilisés (à pied, en car scolaire, en voiture, à vélo...) et les cochera tout au long des réponses des élèves.

Consigne 2 : « *Nous allons construire un tableau pour présenter les résultats de cette enquête. Il devra nous permettre de voir rapidement, pour cette classe, le nombre d'élèves correspondant à chacun des moyens de déplacement.* »
Tracer le tableau. Dénombrer le nombre d'élèves pour chaque type de déplacement et le compléter. Par exemple :

Mode de déplacement	Nombre d'élèves
À pied	5
En car	8
En voiture	9
À vélo	2

Constater que le tableau permet de bien visualiser les résultats de l'enquête.

Consigne 3 : « *À partir des résultats inscrits dans le tableau, pouvez-vous faire quelques comparaisons et indiquer des écarts entre les différents modes de déplacement utilisés ?* »
Les élèves répondent oralement (ex. : « Il y a plus de déplacement en voiture qu'à pied. La différence est de 4. »)

Consigne 4 : « *Maintenant, nous allons présenter les résultats de cette enquête à l'aide d'un diagramme en rectangles en réservant un rectangle à chaque déplacement et un carreau par élève. Par groupes de deux, vous allez construire ce diagramme sur une feuille quadrillée.* »

Parallèlement, construire le diagramme au tableau et constater sa lisibilité, le repérage des moyens les plus utilisés ou ceux les moins fréquents, le repérage visuel des écarts. Faire repérer les écarts.

▶Dans un second temps, on pourra travailler sur la durée approximative des trajets, en minutes. Constituer des groupes de quatre élèves pour construire un tableau « Nom de l'élève/ Durée du trajet ».

Consigne 5 : « *Vous allez noter sur votre ardoise combien de temps, approximativement, vous mettez pour venir à l'école, c'est-à-dire la durée de votre trajet de chez vous jusqu'à l'école.* »

Si possible, prévoir ce travail la veille pour que les élèves puissent disposer d'une mesure plus fiable.

Consigne 6 : « *Par groupe de quatre, vous placerez ces durées dans un tableau que vous allez construire. Vous réserverez une colonne pour les noms, l'autre pour les durées.* »

Laisser construire le tableau en aidant les groupes en difficulté.

Exemple :

Nom	Durée
Lukas	12 min
Jean	10 min
Nadia	40 min
Zaher	8 min

Consigne 7 : « *À partir de ce tableau, vous devrez construire un diagramme en rectangles sur votre cahier avec un rectangle pour chaque élève du groupe et un interligne pour chaque minute de déplacement.* »

Dans l'exemple, pour Lukas, il faudra colorier 40 interlignes et pour Zaher, 8 interlignes.

Au niveau de chaque groupe, faire formuler des différences. Entre Lukas et Jean, il y a 2 min de différence. Entre Jean et Nadia, il y a un écart de durée de 30 min. On peut vérifier ces écarts sur le diagramme (à condition qu'il soit correct).

Travail sur le fichier

1 Inscrire dans un tableau des températures relevées à deux instants de la journée dans différentes villes et calculer les écarts pour chacune de ces villes.

Demander aux élèves d'expliquer comment est organisé le tableau, puis quel est l'avantage de ce tableau par rapport à la liste des températures fournie à gauche, qui nous donne pourtant les mêmes renseignements (lisibilité, repérage des données, comparaisons plus aisées, etc.).

Faire calculer pour chaque ville l'écart entre les températures relevées à 9 h et à 14 h. Demander d'expliquer le calcul (de 17 pour aller à 28, ou 28 – 17). Comparer ces écarts.

Obstacle possible : l'inscription des données dans le tableau (repérage des cases et quantité importante de nombres à placer).

2 Recopier les données d'un diagramme en rectangles dans un tableau. Calculer des écarts à partir du diagramme ou du tableau.

Expliquer la situation : *« On nous parle d'une usine de fabrication de VTT. Tous les mois, pendant les six premiers mois de l'année, on a relevé le nombre de VTT fabriqués. On a représenté ce relevé sous la forme d'un diagramme en rectangles. »*

Demander d'expliquer comment est construit ce diagramme (l'axe horizontal sur lequel sont placés les six mois, l'axe vertical gradué sur lequel sont indiqués les nombres de VTT fabriqués).

Faire analyser la graduation de l'axe vertical. On s'aperçoit que chaque petit rectangle correspond à la fabrication de 100 VTT. L'axe est donc gradué de 100 en 100 avec une notation plus marquée tous les 500, ce qui facilite la lecture.

Faire encore remarquer la grande lisibilité de cet outil qui nous permet de voir d'un seul coup d'œil les mois de forte production et les mois « creux ».

Faire compléter le tableau et calculer les écarts. Vérifier avec le diagramme.

Obstacle possible : la lecture des nombres sur le diagramme (il faut bien intégrer l'échelle de la graduation).

3 Calculer des différences de prix et les présenter sous forme de tableau.

Observer qu'il y a deux sortes d'articles (des cerfs-volants et des rollers) et que pour chaque catégorie, il y a des prix différents. Faire repérer le nom de chaque article. On nous demande de calculer la différence de prix entre les deux cerfs-volants et les deux paires de rollers, puis d'inscrire cette différence dans un tableau. La place libre permet d'inscrire aussi dans le tableau l'opération utilisée :

58 € – 37 € = **21 €** (ou 37 € + **21 €** = 58 €) ;

109 € – 87 € = 22 € (ou 87 € + **22 €** = 109 €).

Dans la seconde partie, le prix le plus bas sera obtenu en achetant les articles les moins chers dans les deux catégories : 37 € + 87 € = 124 €.

Obstacles possibles :
- La bonne compréhension du tableau.
- Le calcul des différences.

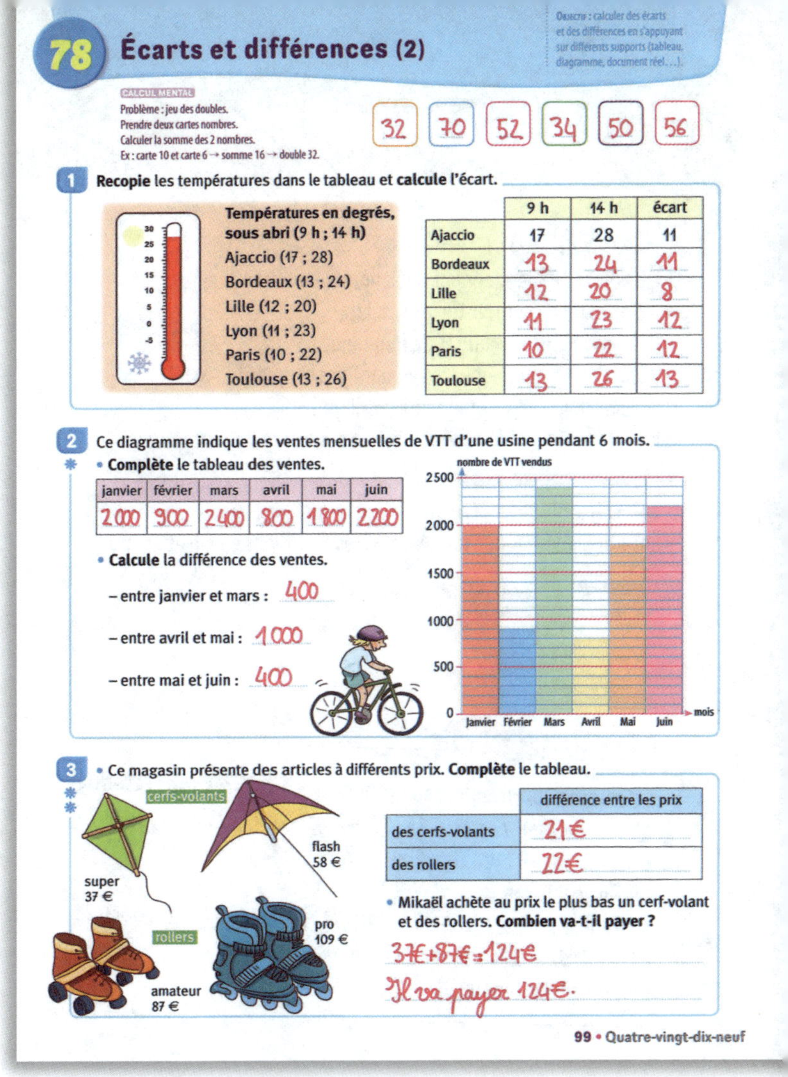

Faisons le point

- Nous avons calculé des écarts ou des différences à partir de tableaux et de diagrammes.
- Nous avons constaté qu'on voyait mieux les différences avec un tableau ou un diagramme en rectangles.
- Nous avons analysé les tableaux et les diagrammes pour mieux comprendre comment ils sont construits et, dans l'activité préparatoire, nous en avons construit.

Pistes d'activités supplémentaires

Pour toute la classe

- Étudier un document météo où la carte de France apparait avec des températures relevées à différents moments. Faire construire le tableau et calculer les écarts.
- Faire calculer des différences de prix entre les articles d'un catalogue.
- Faire relever deux fois par jour, pendant une période donnée, les températures. Les inscrire dans un tableau et noter les différences.

le défi

Par groupe de cinq ou six élèves

Préparer, mettre en place et exploiter une enquête identique à celle conduite dans l'activité préparatoire 1 sur toutes les classes de l'école.

Présenter le résultat à la classe puis, éventuellement, l'afficher dans l'école.

79 Le kilomètre

Exercice différencié – Grandeurs et mesures 6

Programme 2016

- Encadrer une grandeur par deux nombres entiers d'unités.
  - » Unités de mesures usuelles : m, km.
  - » Relation entre les unités de longueur.
- Résoudre des problèmes impliquant des longueurs.
  - » Opérations sur les grandeurs (addition).
- Résoudre des problèmes impliquant des conversions simples.

Objectifs spécifiques de la séance

- Connaitre et utiliser la relation 1 km = 1 000 m.
- Encadrer, additionner sur des mesures exprimées en km et en m.

Information didactique

Nous avons vu que l'unité légale des mesures de longueur est le mètre (m), qui est l'une des sept unités du Système international d'unités.
Actuellement, le mètre est défini à partir de la vitesse de la lumière, qui parcourt 299 792 458 mètres par seconde.
Nous rappelons que les sous-multiples du mètre (dm, cm, mm) et ses multiples (dam, hm, km) sont étudiés à l'école élémentaire.
Dès le CE1, le programme préconise l'introduction des différentes unités légales, avec une mise en relation progressivement au cours du cycle. Pour les longueurs sont prévus les dm, cm, m, et km au CE1, puis le mm au CE2.
Le kilomètre est une unité très présente dans la vie courante. Elle est utilisée pour exprimer des distances parcourues à la surface de la Terre.

CALCUL MENTAL

Calculer la somme de deux nombres à 2 chiffres sans retenue.

❶ Dire : « *24 + 12 ; 21 + 15 ; 13 + 21 ; 25 + 13 ; 23 + 24 ; 34 + 15 ; 32 + 25 ; 43 + 31.* »
L'élève écrit la somme.

❷ Dire : « *25 + 22 ; 23 + 31 ; 24 + 32 ; 31 + 46 ; 44 + 21 ; 56 + 23 ; 61 + 27 ; 52 + 37 ; 44 + 52 ; 35 + 62.* »
L'élève écrit la somme.

Activités préparatoires

1. « Vivre » 1 km sur le terrain

Prévoir une séance spécifique à l'extérieur.

Cette activité sera mise en œuvre dans le cadre d'un croisement entre enseignements (mathématiques et EPS).

Matériel : Pancartes balisant tous les 100 m une distance de 1 km.

L'objectif est de faire parcourir 1 km aux élèves, en marchant ou en courant lentement à leur rythme, en balisant si possible sur des pancartes la distance de 100 m en 100 m (0 m ; 100 m ; 200 m ; 300 m ; … ; 800 m ; 900 m ; 1 000 m ou 1 km).

Pendant que les élèves sont en action, poser des questions sur le parcours pour demander où l'on se trouve. : « *Stop ! Pouvez-vous me dire quelle distance nous avons parcourue ?* (ex. : 300 m). *Quelle distance est-ce qu'il nous reste à parcourir ?* (ex. : 700 m) » Éventuellement, écrire ces distances sur un petit carnet.

On pourra s'arrêter entre deux centaines de mètres et poser des questions sur sa position. On pourra aussi, lorsqu'on arrive au niveau d'une pancarte, faire inscrire la distance qui reste à parcourir sous la distance parcourue.

Il est également possible d'installer dans la cour un circuit de 100 m ou de 200 m. Les élèves devront courir à leur rythme ou marcher jusqu'à ce qu'ils aient parcouru 1 km.

2. Estimer, comparer, encadrer des distances

20 min

Consigne : « *Écrivez sur votre ardoise la distance de votre maison à l'école, ou la longueur du trajet que vous faites pour venir à l'école. Cette distance n'a pas besoin d'être très précise ; elle peut être approximative, mais on a dû déjà en parler à la maison et vous l'avez sans doute retenue.* »
Certains élèves peuvent connaitre cette distance. Les parents en parlent (« On habite à 800 m de l'école. », « Comme nous habitons à 4 km de l'école, Paul prend le car. »). Il est aussi possible de préparer cette activité la veille en demandant aux élèves de se renseigner.
Noter toutes les distances fournies au tableau et les comparer. Demander qui habite le plus loin, qui habite le plus près de l'école. Préciser que la distance de l'école à la maison n'est pas forcément liée au temps de trajet.
Remarquer que pour exprimer ces distances, deux unités sont utilisées : le mètre et le kilomètre.
Parmi les distances, en choisir quelques-unes et demander :
- d'effectuer un rangement (ex. : 750 m - 900 m - 1 km - 1 km 500 m - 3 km) ;
- de faire des encadrements (ex. : 1 km < 1 km 500 m < 2 km).

Travail sur le fichier

1 Calculer et comparer les longueurs de deux trajets composés de plusieurs parties, à partir d'un schéma. Convertir des mètres en kilomètres et mètres.
Laisser observer le schéma, puis demander ce qu'il représente. Dire qu'il s'agit d'une représentation, d'un schéma qui aide au raisonnement et non de la réalité. Poser des questions : « *À quelle distance la maison d'Aïcha se trouve-t-elle de l'école ? Que représente la distance 250 m ? La maison de Marie est-elle à plus de 1 km de celle d'Aïcha ?* » Justifier la réponse.
Faire suivre les deux trajets avec le doigt.
Laisser lire silencieusement l'énoncé et les quatre questions du problème. Fichier fermé, faire reformuler, puis vérifier sur le fichier. Bien comprendre les deux premières questions : il s'agit du trajet pour aller à l'école en passant par deux itinéraires différents.

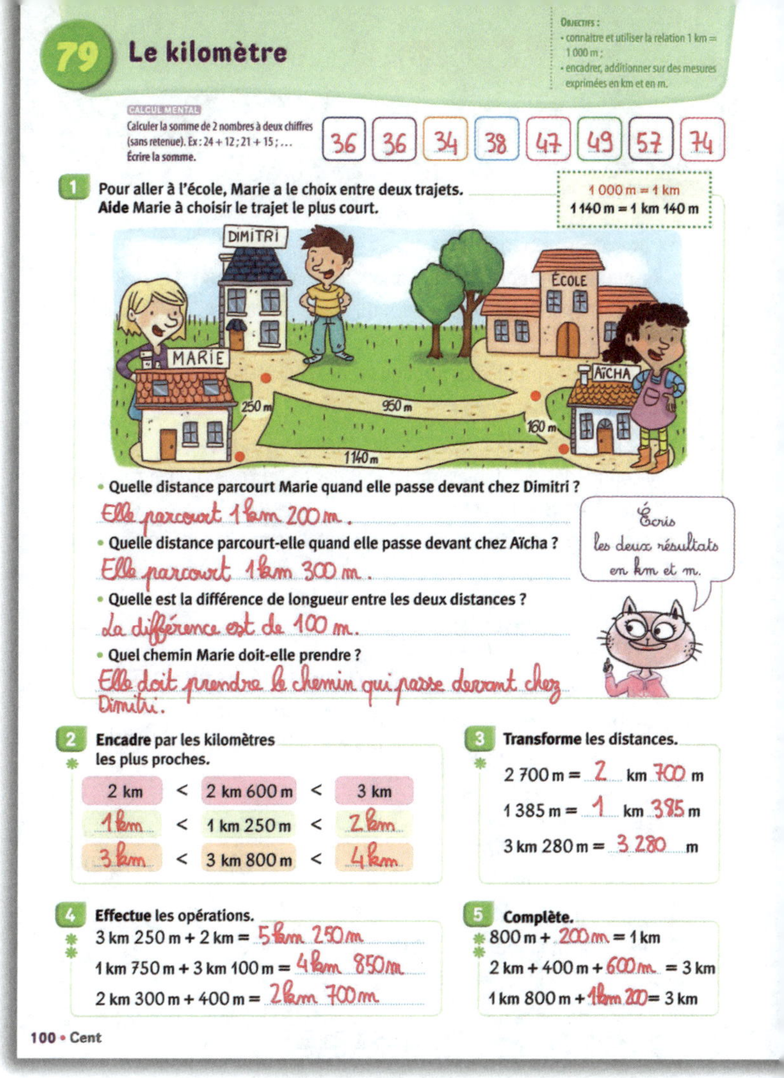
79 Le kilomètre

Objectifs :
- connaître et utiliser la relation 1 km = 1 000 m ;
- encadrer, additionner sur des mesures exprimées en km et en m.

CALCUL MENTAL

Calculer la somme de 2 nombres à deux chiffres (sans retenue). Ex : 24 + 12 ; 21 + 15 ; … Écrire la somme.

36 36 34 38 47 49 57 74

1 Pour aller à l'école, Marie a le choix entre deux trajets. **Aide** Marie à choisir le trajet le plus court.

1 000 m = 1 km
1 140 m = 1 km 140 m

- Quelle distance parcourt Marie quand elle passe devant chez Dimitri ?
Elle parcourt 1 km 200 m.
- Quelle distance parcourt-elle quand elle passe devant chez Aïcha ?
Elle parcourt 1 km 300 m.
- Quelle est la différence de longueur entre les deux distances ?
La différence est de 100 m.
- Quel chemin Marie doit-elle prendre ?
Elle doit prendre le chemin qui passe devant chez Dimitri.

Écris les deux résultats en km et m.

2 **Encadre** par les kilomètres les plus proches.

2 km	<	2 km 600 m	<	3 km
1 km	<	1 km 250 m	<	2 km
3 km	<	3 km 800 m	<	4 km

3 **Transforme** les distances.

2 700 m = 2 km 700 m
1 385 m = 1 km 385 m
3 km 280 m = 3 280 m

4 **Effectue** les opérations.

3 km 250 m + 2 km = 5 km 250 m
1 km 750 m + 3 km 100 m = 4 km 850 m
2 km 300 m + 400 m = 2 km 700 m

5 **Complète.**

800 m + 200 m = 1 km
2 km + 400 m + 600 m = 3 km
1 km 800 m + 1 km 200 = 3 km

100 • Cent

Laisser répondre aux questions individuellement. Les calculs sont faits de tête, par un calcul réfléchi.
Recueillir les résultats obtenus puis corriger :
250 m + 950 m = 1 200 m = 1 km 200 m ;
1 140 m + 160 m = 1 300 m = 1 km 300 m ;
1 km 200 m + 100 m = 1 km 300 m ;
la différence de longueur est de 100 m ; Marie doit passer devant chez Dimitri, c'est le chemin le plus court.

Obstacles possibles :
- Le calcul réfléchi des sommes.
- Les conversions d'unités.

Aide proposée : décomposer les calculs :
250 + 950 = (950 + 50) + 200 = 1 000 + 200 = 1 200.
1 140 + 160 = (1 140 + 60) + 100 = 1 200 +100 = 1 300.

2 Encadrer des distances par les kilomètres les plus proches.
Observer l'exemple et faire relire cet encadrement. Plusieurs formulations sont possibles. Au niveau du cycle 2, la plus parlante et la plus accessible pourrait être « 2 km 600 m est situé entre 2 km et 3 km ». On peut justifier : « 2 km 600 m est supérieur à 2 km, puisque c'est 2 km + 600 m ; c'est aussi inférieur à 3 km, puisque c'est 3 km – 400 m. »

Obstacle possible : l'analyse de la mesure.

3 Utiliser dans des conversions la relation entre mètre et kilomètre.
Rappeler la relation 1 000 m = 1 km, qui peut se lire dans les deux sens.

Aide proposée : décomposer les écritures :
2 700 m = 2 000 m + 700 m = 2 km + 700 m = 2 km 700 m ;
1 385 m = 1 000 m + 385 m = 1 km + 385 m = 1 km 385 m ;
3 km 280 m = 3 000 m + 280 m = 3 280 m.

4 Calculer une somme de mesures.
Additionner les mètres avec les mètres, les kilomètres avec les kilomètres. Il n'y a pas ici à faire de conversions, la somme des mètres n'atteignant jamais 1 000.

Obstacles possibles :
- Le fait de procéder à deux additions séparées.
- Le cas où l'une des unités n'est pas représentée.

5 Compléter une mesure à un nombre entier de kilomètres.

Obstacles possibles :
- La nécessité de transformer les kilomètres à atteindre en milliers de mètres pour harmoniser les calculs :
800 m + … m = 1 000 m ; 2 400 m + … = 3 000 m.
- La dernière complémentation, qui se fait au-delà du kilomètre immédiatement supérieur (1 800 m + … = 3 000 m).

Faisons le point

- Nous avons travaillé sur des distances en mètres et en kilomètres.
- Nous avons rappelé la relation 1 km = 1 000 m.
- Nous savons encadrer une distance en mètres et kilomètres par les kilomètres les plus proches.
- Nous savons convertir des mesures en kilomètres ou en mètres.

MÉMO-MATHS **« Je connais le kilomètre », page 11.**

Pistes d'activités supplémentaires

Pour toute la classe

Lors d'une séance d'EPS, au stade, demander aux élèves de parcourir à leur rythme (course lente, course et marche alternée ou marche seulement) ce qu'ils estiment être 1 km. Lorsqu'ils sont arrêtés, montrer où se situe le kilomètre par rapport au point de départ.

Soutien

- Compléter ces distances à 1 km :
450 m ; 300 m ; 820 m ; 475 m ; 199 m ; 705 m ; 687 m.
- Encadrer ces mesures par les km les plus proches :
2 km 400 m ; 1 km 740 m ; 9 km 540 m ; 2 500 m ; 3 700 m.
- Demander de proposer des lieux situés à moins de 1 km de l'école, des lieux situés à plus de 1 km de l'école.

Approfondissement

- Compléter ces distances à 2 km :
500 m ; 750 m ; 1 200 m ; 1800 m ; 1 km 100 m ; 1 km 830 m.
- Additionner, soustraire ou multiplier :
1 km 950 + 700 m + 5 km 860 ; 4 km 200 – 1 km 800 m ;
125 m × 8.
- Ranger ces mesures dans l'ordre croissant en faisant bien attention aux unités :
1 km ; 100 m ; 2 km ; 1 900 m ; 450 dm ; 8 500 mm ; 1 500 cm.

le défi

Prolongement de l'exercice 1

Marie rentre tous les jours déjeuner chez elle à midi. Le lundi, le mardi et le mercredi, elle passe devant chez Dimitri mais, le mercredi, il n'y a classe que le matin. Le jeudi et le vendredi, elle passe devant chez Aïcha. Quelle distance parcourt-elle en une semaine ?

PROBLÈMES

80 Les distances

Programme 2016

- Résoudre des problèmes en utilisant les opérations sur les grandeurs.
  » Opérations sur les grandeurs : addition, soustraction, multiplication par un entier.
- Résoudre des problèmes impliquant des conversions simples d'une unité usuelle à une autre.

Objectifs spécifiques de la séance

- Résoudre des problèmes impliquant des distances et pouvant nécessiter des conversions entre km et m.
- Résoudre des problèmes de complémentation impliquant des distances.

Information didactique

La résolution de problèmes permet de donner du sens aux connaissances mathématiques, de les réinvestir et de les contrôler en les considérant comme des outils. C'est souvent à partir du réel qu'il est possible de faire comprendre une notion mathématique.
Dans cette fiche, la mesure des longueurs se décline dans une série de problèmes qui proposent des situations autour de la **notion de distance** et qui offrent un réinvestissement et un approfondissement des notions présentées dans la fiche précédente.

CALCUL MENTAL

Problème : calculer le complément entre deux dizaines.

❶ Dire : « *Un automobiliste doit parcourir 150 km. Quelle distance doit-il encore parcourir lorsqu'il a fait 10 km ? 50 km ? 80 km ? 100 km ? 120 km ? 140 km ?* »
L'élève écrit le la somme.

❷ Dire : « *Combien manque-t-il à chaque enfant pour acheter une tenue de sport qui coute 90 € ? Eva a 60 € ; Tom a 40 € ; Kate a 70 € ; Léa a 30 € ; Ahmed a 50 € ; Manon a 20 € ; Luc a 10 € ; Louise a 80 €.* »
L'élève écrit la somme qui manque.

Activités préparatoires

1. Manipuler quelques distances à partir de représentations de circuits de randonnées pédestres

15 à 20 min

Matériel individuel : fiche d'activité. SITE COMPAGNON

Lire la fiche. Observer le tracé des trois circuits et la légende : circuit A en trait plein ; circuit B en petites croix et circuit C en pointillés.
Repérer les longueurs des circuits, puis calculer les différences de longueur et la distance totale parcourue par un randonneur ayant fait les trois circuits.

2. Enquête préparatoire

En préparation de la séance, demander aux élèves la veille, ou quelques jours avant, de repérer dans leur environnement proche (sur le trajet de l'école, lors d'une promenade, en ville) des endroits, des pancartes, des panneaux ou des affiches où sont inscrites des distances, et si possible de les noter. Exploiter ensuite en classe.
Ce travail peut aussi être proposé après la séance en prolongement.

Travail sur le fichier

1 Prendre des indices et s'appuyer sur un schéma pour retrouver des distances.
Laisser observer l'image, puis passer à une analyse collective. Si possible, vidéoprojeter.
Demander le nom des trois villes qui sont sur le schéma. Passer avec le doigt sur le trajet de Nîmes à Alès, puis sur le trajet d'Alès à Florac.
Dire qu'il faut considérer que les deux pancartes qui indiquent les distances sont placées à Nîmes. Faire compléter les deux premières distances : « Distance Nîmes – Alès : 49 km » (la distance est écrite sur la pancarte du haut).
Demander « *Pourquoi n'y a-t-il pas écrit sur la pancarte du dessin "Nîmes – Alès : 49 km ?"* »
Faire expliquer qu'en réalité, la pancarte est à Nîmes et qu'on la lit lorsqu'on est à Nîmes.
Ainsi, lorsqu'on est à Nîmes, une pancarte nous indique qu'Alès est à 49 km (de Nîmes) et que Florac est à 105 km (de Nîmes).
La distance Nîmes – Florac est donc 105 km.
Pour compléter la distance Alès – Florac, nous n'avons aucune pancarte qui nous donne directement cette distance.
Nous sommes dans une situation de partition, avec la recherche d'une partie connaissant le tout et l'autre partie. Laisser les élèves chercher par deux. Si nécessaire, fournir un étayage en rappelant que l'on a connaissance de deux distances (niveau 1 d'étayage), puis en notant ces distances au tableau sur le schéma (niveau 2 d'étayage).
Deux raisonnements peuvent en découler :
- « La distance Alès – Florac, c'est la distance qu'il faut ajouter à 49 km pour atteindre 105 km. » Ce raisonnement débouche sur une addition à trou : 49 km + 56 km = 105 km.
- « Si l'on cache avec la main le tronçon Nîmes – Alès, il reste la partie Alès – Florac. » Ce raisonnement débouche sur une soustraction : 105 km – 49 km = 56 km. Par un calcul réfléchi, enlever 50 et rajouter 1 : (105 – 50) + 1 = 55 + 1 = 56.

Obstacles possibles :
- La lecture du schéma non renseigné.
- Le calcul de la distance manquante.

2 Trouver la moitié d'une distance.
Laisser faire en autonomie, puis faire formuler le raisonnement. Lorsqu'on a parcouru la moitié d'un trajet, il reste l'autre moitié à parcourir. Bien sûr, les deux moitiés ont la même longueur. La moitié de 86 est 43, c'est la moitié de 80 (40) + la moitié de 6 (3).

3 Résoudre un problème de partition dans lequel on doit retrouver le tout et l'une des parties.
Ce problème à étapes peut être travaillé par deux, ce qui favorise les échanges de points de vue. Dans la synthèse, reprendre le raisonnement, d'abord sans les nombres.

Pour trouver la distance totale (entre les villes A et C), il faut ajouter les distances des deux parties : distance entre A et B + distance entre B et C (à chercher).

Pour trouver la distance entre B et C, il faut doubler la distance entre A et B, d'où :

distance entre B et C = 100 km × 2 = 200 km ;

distance entre A et C = 100 km + 200 km = 300 km.

Obstacle possible : la résolution d'un problème à étapes.

4 Résoudre un problème de partition avec recherche d'une partie.

Il faut prendre les renseignements utiles sur le schéma (6 km, c'est la longueur totale du parcours) et dans le texte (800 m, distance restant à parcourir).

Ce coureur a parcouru toute la distance (6 km) moins les 800 m qu'il lui reste à parcourir.

Il a parcouru 6 km – 800 m. Il faut convertir les km en m :

6 km = 6 000 m.

6 000 m – 800 m = 5 200 m = 5 km 200 m.

Obstacles possibles :

• La distance que l'on recherche est la distance déjà parcourue alors que, généralement, on demande la distance restant à parcourir connaissant la distance parcourue.

• La nécessité de passer par des conversions.

Aide proposée : proposer d'autres situations de ce type sans conversion.

5 Résoudre un problème de partition avec recherche d'une partie.

Définir ce que l'on appelle une course d'endurance : c'est une course qui dure longtemps (5 000 m, 10 000 m, marathon…).

Pour trouver ce qu'il lui restait à parcourir, on peut enlever à la distance totale la distance déjà parcourue :

42 km 195 m – 30 km = 12 km 195 m.

La procédure par complémentation aboutit à une opération plus complexe.

Aide proposée : proposer un schéma avec les distances.

6 Rechercher un complément dans un problème impliquant plusieurs opérations.

Faire lire le problème, puis demander à un ou deux élèves de le reformuler.

Il s'agit d'un problème à étapes. Il faut d'abord calculer la distance que Léonie a déjà parcourue. Léonie a parcouru deux fois 400 m, c'est-à-dire 800 m.

1 km = 1 000 m ; il lui reste donc à parcourir 200 m :

800 m + 200 m = 1 000 m ou 1 000 m – 200 m = 800 m.

Obstacle possible : le passage par deux étapes.

La petite question

Dans un échange collectif, définir ce que représentent « un demi-kilomètre » et « un kilomètre et demi ». Un(e) demi signifie une moitié (ex. : une demi-pomme, une demi-heure…). Un demi-kilomètre, c'est la moitié d'un kilomètre ou la moitié de 1 000 m, donc 500 m.

Un kilomètre et demi, c'est un kilomètre plus un demi-kilomètre. C'est 1 000 m + 500 m = 1 500 m.

C'est donc Léo qui est le plus près de l'école.

PROBLÈMES

80 Les distances

Objectif : résoudre des problèmes impliquant des distances et pouvant nécessiter des conversions entre km et m.

CALCUL MENTAL

Problème : calculer le complément entre 2 dizaines.
« Un automobiliste doit parcourir 150 km. Quelle distance doit-il encore parcourir lorsqu'il a fait 10 km ?… »

140 km | 100 km | 70 km | 50 km | 30 km | 10 km

1 Observe le schéma et la pancarte. Calcule.

• Distance Nîmes – Alès : 49 km
• Distance Nîmes – Florac : 105 km
• Distance Alès – Florac : 105 - 49 = 56 km

2 Une cycliste doit parcourir 86 km.
Elle a déjà parcouru la moitié du trajet.
Combien lui reste-t-il de km à parcourir ?
Elle doit encore parcourir 43 km.

3 Madame Dupont part de la ville A pour aller à la ville C.
Quand elle est à la ville B, elle a fait 100 km et il lui reste le double à parcourir.
Quelle est la distance entre les villes A et C ?
Il y a 300 km entre les villes A et C.

4 Il lui reste 800 m à parcourir.
Quelle distance a-t-il déjà parcourue ?
Elle a déjà parcouru 5 km 200 m.

5 Le marathon est une course d'endurance de 42 km 195 m.
Un coureur abandonne après 30 km.
Quelle distance lui restait-il à parcourir ?
Il lui restait 12 km 195 m.

6 Au stade, un tour de piste fait 400 m.
Léonie veut parcourir 1 km.
Elle a déjà fait deux tours.
Quelle distance lui reste-t-il à parcourir ?
Cherche sur ton cahier.
Il lui reste 200 m à parcourir.

La petite question
Léo habite à un demi-kilomètre de l'école et Simon à un kilomètre et demi. Qui habite le plus près de l'école ?
Léo

101 • Cent-un

Faisons le point

• Nous avons résolu des problèmes sur les distances.

• Pour faire les calculs, il fallait souvent faire des transformations entre kilomètres et mètres.

Pistes d'activités supplémentaires

Soutien

• Convertir des km en m.

• Additionner et soustraire des distances exprimées en km et m.

• Problème : Sana doit effectuer un trajet de 10 km à pied. Il lui reste 2 km à parcourir. Quelle distance a-t-elle déjà parcourue ? (Recommencer avec d'autres données numériques simples.)

• Proposer trois exercices du même type que l'exercice 1, en simplifiant les données numériques. Fournir un schéma avec les distances. Dans le 1er exercice, demander de calculer la distance totale. Dans les deux autres, demander la longueur d'une des parties connaissant la distance totale et la longueur de l'autre partie.

Approfondissement

Faire des lectures et des calculs de distances sur une carte.

le défi

Dans une compétition de marche à pied, l'un des concurrents parcourt 200 m en 1 min. Il effectue à vitesse constante la course en 1 h 40 min. Quelle est la longueur de la course ? (Réponse : 20 km.)

81 Préparer la soustraction posée à retenue

Programme 2016

- Calculer avec les nombres entiers.
  » Propriétés implicites des opérations.
- Calcul posé.
  » Mettre en œuvre un algorithme de calcul posé pour la soustraction.

Objectif spécifique de la séance

Constater que la différence entre deux nombres ne change pas si on leur ajoute le même nombre (propriété des écarts constants).

Information didactique

La **propriété des écarts constants** sera mise en évidence dans cette fiche. Notons que la différence de deux nombres ne change pas si l'on ajoute ou si l'on retranche le même nombre aux deux termes :

$$a - b = (a + c) - (b + c) = (a - d) - (b - d).$$

Cette remarque peut permettre de **calculer mentalement une différence, en évitant le problème de la retenue**, par exemple :

$$53 - 17 = (53 + 3) - (17 + 3) = 56 - 20 = 36.$$

Cette propriété sera utilisée lors de la technique usuelle de la soustraction ; lorsqu'à un rang donné, le chiffre à enlever est plus grand que celui où on enlève.

CALCUL MENTAL

Calculer la somme de deux nombres à 2 chiffres avec retenue.

❶ Dire : *« 24 + 13 ; 24 + 15 ; 24 + 16 ; 28 + 14 ; 24 + 38 ; 35 + 16 ; 36 + 26 ; 39 + 29. »*
L'élève écrit la somme.

❷ Dire : *« 14 + 18 ; 16 + 17 ; 27 + 15 ; 28 + 26 ; 39 + 34 ; 47 + 29 ; 41 + 39 ; 32 + 48 ; 54 + 37. »*
L'élève écrit la somme.

Activités préparatoires

1. Résoudre des problèmes simples impliquant une différence

10 à 15 min

Un élève joue le rôle de « banquier ». Les deux autres demandent une somme comprise entre 10 € et 60 €. (ex. : Anne demande 34 € et Timéo : 49 €). Demander qui a le plus d'argent (réponse : Timéo) » puis poser la question *« Quelle est la différence entre les deux sommes ? »* (réponse : 49 – 34 = 15 €).

L'élève banquier dit : « Je vous donne à chacun 10 €. Quelle somme avez-vous maintenant ? » (réponse : Anna a 44 € et Timéo 59 €).

Reposer la question : *« Quelle est la différence entre les deux sommes ? »* (réponse : 59 – 44 = 15 €).

Demander : « Que constatez-vous ? » (réponse : « La différence est toujours 15 €. »).

L'élève banquier dit : « Je reprends les 10 € que je vous ai donnés et on repart des sommes que vous aviez au début. Maintenant, je vous donne à chacun 100 € de plus. Quelle somme avez-vous maintenant ? » (réponse : Anna a 134 € et Timéo 149 €).

Reposer la question : *« Quelle est la différence entre les deux sommes ? »* (réponse : 149 –134 = 15 €).

Demander : *« Que constatez-vous ? »* Remarquer que la différence ne change pas : elle est toujours 15 €.

Faire d'autres essais avec : « on ajoute 5 », « on ajoute 20 », puis faire le constat qu'à chaque fois, la différence n'a pas changé.

Formuler ces informations en recopiant au tableau les opérations qui ont été effectuées.

49 – 34 → 15

(49 + 10) – (34 + 10) → 59 – 44 → 15

(49 + 100) – (34 + 100) → 149 – 134 → 15

2. Travailler sur la ligne numérique

10 min

▶ Dessiner une ligne numérique au tableau.

Matérialiser l'écart entre deux nombres sur la ligne numérique.
On place deux pions sur 14 et 22.
Observer l'écart entre 14 et 22 (22 – 14 = 8).
Déplacer les deux pions : les faire avancer en ajoutant 5. Le premier pion va de 14 à 19. Le second pion va de 22 à 27.
L'écart est 27 – 19 = 8 : il n'a pas changé.
Poser des questions : *« Si les deux pions avancent de 15, quel sera l'écart entre eux ? », « S'ils avancent de 50 ? »*, etc.
Remarquer qu'il n'est pas nécessaire de faire l'opération : la réponse est toujours 8.

Travail sur le fichier

1 Dégager la propriété des écarts constants.

Effectuer l'exercice soit individuellement, soit par petits groupes assistés selon les besoins.

Compléter les deux sommes d'argent à partir de la représentation de la monnaie et calculer la différence par un calcul réfléchi :

73 – 33 = (73 – 3) – 30 = 70 – 30 = 40

ou 7 d 3 u – 3 d 3 u = 4 d 0 u = 40.

Dans la 2e question, on ajoute la même somme aux deux sommes initiales : on obtient 43 € et 83 €. On calcule à nouveau la différence. On constate qu'elle n'a pas changé.

Obstacle possible : le calcul des différences.

2 Ajouter 10 à chacun des termes d'une différence.

Laisser effectuer le calcul de la différence entre les deux nombres initiaux (58 – 42 = 16).

Ajouter 10 à chacun des nombres et calculer de nouveau la différence entre les deux sommes obtenues (68 – 52 = 16). Constater qu'elle n'a pas changé. On vérifie ainsi la constatation faite dans l'exercice précédent.

3 Ajouter 100 à chacun des termes d'une différence.

Calculer la différence entre les deux nombres initiaux (264 – 152 = 112).

Le calcul peut se faire par un calcul réfléchi, un calcul en ligne, un calcul posé en colonnes ou avec la calculette.

Ensuite, on ajoute 100 à chacun des nombres de départ puis on calcule de nouveau leur différence pour aboutir à la même constatation : la différence n'a pas changé.

4 Constater la propriété des écarts constants en appui sur la ligne numérique.

Observer le schéma. Vérifier que l'écart est de 7 en comptant les intervalles entre 18 et 25, puis avec les opérations :

18 + 7 = 25 ou 25 – 18 = 7.

Les deux personnages doivent ensuite avancer du même nombre d'unités. On doit repérer les deux points sur lesquels ils arrivent (23 et 30). On aura à constater que, là encore, l'écart n'a pas changé.

Obstacle possible : l'interférence des positions après le déplacement qui peut gêner la visualisation de l'écart.

Faisons le point

- Nous avons calculé la différence entre deux nombres.
- Ensuite, nous avons ajouté le même nombre à ces deux nombres, par exemple 10 ou 100.
- Nous avons alors constaté que la différence entre les deux nombres que l'on avait obtenus était la même qu'au départ.
- Nous avons alors formulé la règle suivante : « Lorsqu'on ajoute à deux nombres le même nombre, leur différence ne change pas. »

MÉMO-MATHS **« Je prépare la technique de la soustraction à retenue », page 12.**

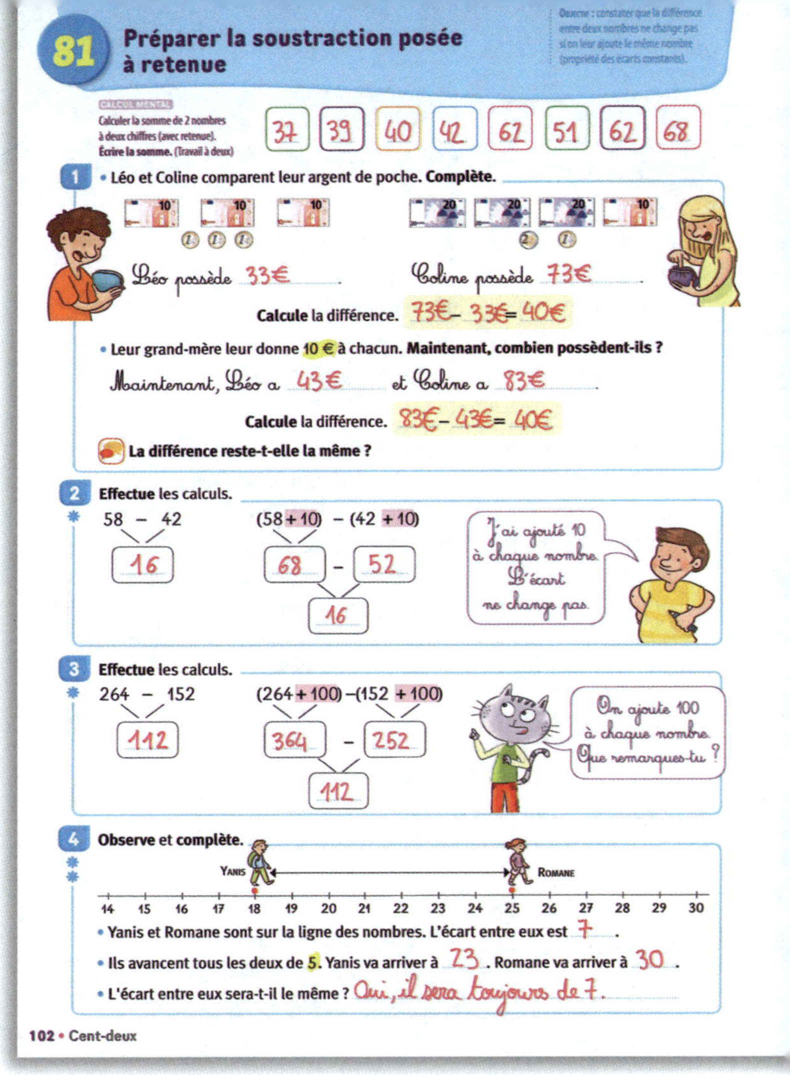
81 Préparer la soustraction posée à retenue

Objectif : constater que la différence entre deux nombres ne change pas si on leur ajoute le même nombre (propriété des écarts constants).

CALCUL MENTAL
Calculer la somme de 2 nombres à deux chiffres (avec retenue).
Écrire la somme. (Travail à deux)

37 | 39 | 40 | 42 | 62 | 51 | 62 | 68

1 • Léo et Coline comparent leur argent de poche. **Complète.**

Léo possède 33 €. Coline possède 73 €.

Calcule la différence. 73 € – 33 € = 40 €

• Leur grand-mère leur donne 10 € à chacun. **Maintenant, combien possèdent-ils ?**

Maintenant, Léo a 43 € et Coline a 83 €.

Calcule la différence. 83 € – 43 € = 40 €

La différence reste-t-elle la même ?

2 **Effectue** les calculs.

58 – 42 → 16

(58 + 10) – (42 + 10) → 68 – 52 → 16

J'ai ajouté 10 à chaque nombre. L'écart ne change pas.

3 **Effectue** les calculs.

264 – 152 → 112

(264 + 100) – (152 + 100) → 364 – 252 → 112

On ajoute 100 à chaque nombre. Que remarques-tu ?

4 **Observe** et **complète.**

Yanis — Romane

14 15 16 17 18 19 20 21 22 23 24 25 26 27 28 29 30

• Yanis et Romane sont sur la ligne des nombres. L'écart entre eux est 7.

• Ils avancent tous les deux de 5. Yanis va arriver à 23. Romane va arriver à 30.

• L'écart entre eux sera-t-il le même ? Oui, il sera toujours de 7.

102 • Cent-deux

Pistes d'activités supplémentaires

Pour toute la classe

- Calculer : 68 – 32 = (68 + 10) – (32 + 10) = ... – ... = ...
- Sur la ligne numérique, le pion jaune est sur le nombre 12 et le pion vert est sur le nombre 20. Le pion jaune avance sur la case 17. Sur quelle case le pion vert doit-il avancer pour que les deux pions conservent entre eux le même écart ?

Approfondissement

- Compléter : 15 – 12 = 3, donc (15 + 20) – (12 + ...) = 3.
- Compléter sans calculer la deuxième différence.

9 – 5 = 4, donc 19 – ... = 4 ;
18 – 6 = 12, donc 218 – ... = 12 ;
30 – 21 = 9, donc 45 – ... = 9.

- Compléter avec les nombres de son choix :

14 – 6 = 8, donc (14 + ...) – (6 + ...) = 8

Comparer les différentes propositions des élèves.

le défi

Par groupe de deux

Observe et calcule avec la même méthode.

73 – 39 = 74 – 40 = 34.

84 – 27 = ... – ... = ... ; 125 – 98 = ... – ... = ...

91 – 46 = ... – ... = ... ; 172 – 138 = ... – ... = ...

82 La soustraction posée à retenue

Exercices différenciés – Calculs 11 et 12

Programme 2016

• Calcul posé.

» Mettre en œuvre un algorithme de calcul posé pour la soustraction.

Objectif spécifique de la séance

Étudier deux techniques de la soustraction à retenue.

Information didactique

La notion de différence est liée à l'idée de complémentation et d'addition à trous. Avec des nombres simples, le calcul mental qui s'appuie sur la complémentation permet d'éviter la difficulté de la retenue. Il est toutefois utile de mettre au point une **technique opératoire valable dans tous les cas et performante lorsqu'on a affaire à de grands nombres**. La compréhension de cette technique demande une bonne connaissance de la structure des nombres (unités, dizaines, centaines…) et des propriétés d'une différence.

Lorsque la retenue porte sur les unités, on peut soit décomposer une dizaine du plus grand nombre en dix unités (technique de l'emprunt présentée au CE1), soit ajouter dix unités au plus grand nombre et une dizaine au plus petit, ce qui ne change pas la différence (propriété des écarts constants). La méthode est analogue si la retenue porte sur les dizaines.

Bien que la technique de l'emprunt nous semble plus facile à comprendre et à utiliser dans les cas les plus simples (retenue sur les unités), la présentation est plus lourde (chiffres ou nombres barrés) et devient rapidement illisible si le nombre de retenues augmente.

Nous avons essayé de préparer les élèves à l'utilisation de la deuxième technique dans la fiche précédente, mais il faut rester modeste et savoir que, pour un certain nombre d'élèves, une bonne maitrise de la soustraction à retenue ne sera véritablement acquise qu'au CM.

CALCUL MENTAL

Problème : calculer le complément entre deux centaines.

❶ Dire : « *Une citerne peut contenir 1 500 L d'eau. Quelle quantité d'eau faut-il ajouter pour la remplir si elle contient déjà 1 200 L ? 1 000 L ? 1 400 L ? 1 300 L ? 900 L ? 500 L ?* »

L'élève écrit le complément.

❷ Travail à deux. Dire : « *Un ordinateur coute 1 200 €.*

- Avec 300 € de plus, Tom pourrait l'acheter. Quelle somme possède-t-il déjà ?

- Illona doit rajouter autant d'argent qu'elle en a déjà. Quelle somme possède-t-elle ?

- Il manque 500 € à Enzo pour acheter cet ordinateur. Combien possède-t-il ? »

L'élève écrit le résultat.

Activités préparatoires

1. Résoudre des problèmes simples impliquant une différence — 10 à 15 min

Consigne : « *En calcul mental, je vais vous proposer quelques petits problèmes soustractifs simples. Vous écrirez les résultats sur votre ardoise. Faites attention ! Dans ces problèmes, certains n'ont pas de solution. Vous répondrez alors "impossible", mais il faudra justifier pourquoi.* »

Exemples de problèmes rapides à écrire au tableau :

1. Lali avait 50 €. Elle a dépensé 20 €. Que lui reste-t-il ?

2. Un fleuriste avait 35 roses. Il a vendu 2 bouquets de 7 roses. Combien lui reste-t-il de roses à vendre ?

3. Claudia veut prendre 12 assiettes dans une pile de 10 assiettes. Calcule le nombre d'assiettes qui resteront. (Ici, la réponse sera « impossible » : écrire la justification sous la forme 10 < 12.)

4. Sur les 24 élèves de la classe, 14 sont au gymnase et les autres dans la cour. Combien y a-t-il d'enfants dans la cour ?

5. Tom possède 37 € et veut acheter un jouet affiché 42 €. Que lui restera-t-il ?

2. Découvrir deux techniques de la soustraction à retenue — 15 à 20 min

▸ Écrire au tableau la soustraction posée ci-après.

```
  5 3
– 1 7
```

Consigne : « *Voici une soustraction difficile à effectuer car on ne peut pas enlever 7 unités à 3 unités. Observons et essayons de bien comprendre les deux méthodes suivantes.* »

• Méthode 1. Paul écrit :

5 d 3 u — 1 d 7 u = 4 d 13 u – 1 d 7 u = 3 d 6 u = 36.

Demander « *Quelle est sa méthode ?* ».

3 u – 7 u, ce n'est pas possible. Alors, Paul a emprunté 1 d à 5 d, qu'il a transformé en 10 u. C'est pour cela qu'il a écrit ensuite « 4 d 13 u »et qu'il a pu faire sa soustraction.

• Méthode 2. Célia écrit :

5 d 3 u – 1 d 7 u = 5 d 3 u – 1 d 7 u = 5 d 13 u – 2 d 7u
= 3 d 6 u = 36.

Demander « *Quelle est sa méthode ?* »

3 u – 7 u, ce n'est pas possible. Alors, Célia a décidé d'ajouter dix unités au grand nombre, ce qui fait 5 d 13 u, mais pour ne pas changer la différence, elle a dû rajouter une dizaine au petit nombre. C'est pour cela qu'elle a écrit « 2 d 7 u » et qu'elle a pu faire sa soustraction.

▸ Proposer un autre exemple à faire par groupes de deux ou de trois, en demandant de proposer les deux techniques.

Travail sur le fichier

1 Présenter deux techniques pour la soustraction à retenue. Écrire ou vidéoprojeter le texte du problème au tableau. Analyser la situation et faire dégager la soustraction correspondante : 592 – 239.

Faire analyser la méthode 1, déjà abordée au CE1. Lire la bulle explicative. Reprendre collectivement. Il n'y a pas suffisamment d'unités dans le nombre du haut. On prend une dizaine dans ce nombre et on la transforme en dix unités, que l'on rajoute aux autres unités du nombre du haut.

Faire analyser la méthode 2, beaucoup plus abstraite. On ajoute dix unités aux unités du haut, et pour ne pas changer la différence, on doit aussi ajouter 10 au petit nombre (règle développée dans la fiche précédente). Faire lire la bulle explicative.

On pourra faire écrire l'égalité :

592 – 239 = (592 + 10) – (239 + 10).

On ajoute 10 au nombre du bas sous la forme d'une dizaine. Être vigilant sur la notation du rajout de ces deux dizaines. En haut, placer la dizaine à gauche du chiffre des unités ; en bas, placer la dizaine sous le chiffre des dizaines. Le premier 1 vaut 10 u et le second vaut 1 d.
Faire appliquer sur une ou deux opérations. Toujours faire vérifier la soustraction en faisant l'addition correspondante.
Obstacle possible : la compréhension de la méthode des écarts constants.

2 Appliquer une technique de la soustraction à retenue.
Laisser le choix de la technique aux élèves ou définir la technique à utiliser par toute la classe (possibilité de différencier suivant les élèves) ; ou bien encore, demander d'effectuer ces soustractions par les deux techniques.
Faire vérifier par l'addition.

3 Poser et effectuer les six soustractions que l'on peut proposer à partir de quatre nombres.
Lire la consigne et s'assurer que l'exercice est compris Dans un premier temps, on peut écrire les six soustractions sur le cahier, puis les poser sur le fichier.
On a trois soustractions à partir du plus grand nombre « 685 », deux soustractions à partir de « 476 » et une soustraction à partir de « 208 ». Faire remarquer que toutes ces soustractions sont à retenue. La dernière a deux retenues. Faire vérifier par l'addition.
Repérer les erreurs pour élaborer, si nécessaire, une remédiation différenciée.
Obstacle possible : la dernière soustraction, qui réclame deux retenues.
Aide proposée : commencer à confronter les élèves à des soustractions avec une retenue sur les dizaines.

4 Compléter le chiffre obtenu après retenue dans le résultat d'une soustraction posée.
Cet exercice est difficile. Les élèves sont souvent piégés car ils raisonnent trop vite par rapport aux chiffres 8 et 1 (8 > 1, donc 8 – 1 = 7), au lieu de raisonner par rapport aux nombres 931 et 408 (931 > 408, donc il faut soustraire les 8 unités : ce sont les « écarts non orientés »).
Il sera conseillé de replacer les retenues dans les soustractions avant de choisir le chiffre. On dira alors « 11 moins 8 » ou « de 8 pour aller à 11 ».

La petite question

En observant bien, on s'aperçoit que la tablette entière avait trois colonnes de huit carrés de chocolat ou huit rangées de trois carrés.
Soit 8 × 3 = 24 carrés.

Faisons le point

- Nous avons appris à effectuer des soustractions posées à retenue.
- Nous avons revu la méthode du CE1 où l'on défait une dizaine.
- Nous avons vu une nouvelle méthode où l'on ajoute 10 au grand nombre et 1 dizaine au petit nombre pour équilibrer.

MÉMO-MATHS **« Je calcule une soustraction posée à retenue », page 12.**

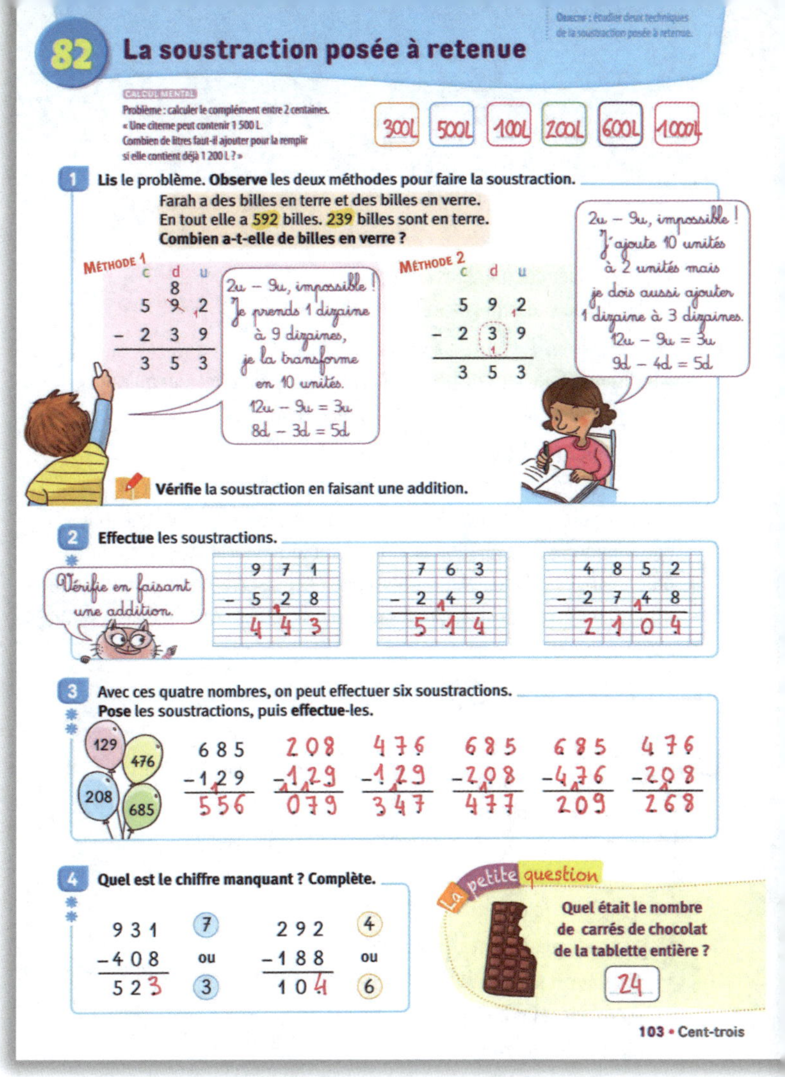

Pistes d'activités supplémentaires

Soutien

- Réviser les compléments à une dizaine supérieure.
- Réviser les soustractions et les compléments associés aux sommes des tables d'addition.
- Proposer des calculs dans lesquels on ajoute ou bien on retranche le même nombre aux deux termes d'une différence. Par exemple : « Pierre, Louna, Tom et Noa ont respectivement 6 ans, 12 ans, 23 ans et 51 ans. Quels seront leurs âges en 2027 ? Vérifier que les différences d'âge n'ont pas changé. »

Approfondissement

- Compléter ces opérations :

```
   7 6 8      9 8 6      4 . 5      3 . .
 – . . .    – . 2 .    – . 6 3    – . 2 9
   4 0 5      3 . 1      6 9 .      6 7 1
```

- Poser et effectuer :
7 635 + 846 + 1 386 ; 5 079 + 3 605 + 812 ;
782 – 579 ; 3 917 – 1 583.

1 le défi

Par groupe de deux
Observe et calcule avec la même méthode.
148 – 23 = 145 – 20 = 125.
81 – 32 = … – … = … ; 71 – 53 = … – … = …
70 – 54 = … – … = … ; 272 – 103 = … – … = …

83 Utiliser la calculette

Programme 2016
- Calculer avec des nombres entiers.
  » Vérifier la vraisemblance d'un résultat.

Objectifs spécifiques de la séance
- Utiliser les fonctions de base de la calculette pour effectuer un calcul.
- Apprendre à utiliser la calculette à bon escient.

Information didactique
Pour éviter les automatismes, il est nécessaire d'habituer les élèves à recourir à toutes les techniques de calcul. Savoir calculer, c'est choisir le moyen le plus approprié à la situation que l'on doit traiter : technique opératoire traditionnelle, calcul mental ou outils modernes que la technologie met à notre disposition. En particulier, il faut savoir utiliser une calculette dans les situations où son usage s'avère pertinent. La calculette permet à l'élève de se libérer de tâches annexes de calcul pour mieux se concentrer sur les stratégies de résolution et, par exemple, procéder par « essais et erreurs ». Elle autorise aussi le recours à des nombres assez grands, sans compliquer inutilement le travail demandé.
Son utilisation dans les premières étapes d'un apprentissage numérique ne doit pas constituer une entrave à l'élaboration de procédures personnelles, nécessaires à la bonne compréhension de la notion en jeu. Il appartient à l'enseignant de distinguer les cas où la calculette peut être mise à la disposition des élèves, ces cas pouvant d'ailleurs varier d'un élève à l'autre.
Il est conseillé de toujours vérifier des opérations faites à la calculette en faisant appel aux ordres de grandeur.

CALCUL MENTAL

❶ **Construire la table de 8.**
Compter de 8 en 8, de 8 à 80. Associer les 10 premiers multiples de 8 au produit de la table de 8.

Ex : 8	16	24	32 …
↓	↓	↓	↓
1 fois 8	2 fois 8	3 fois 8	…

L'élève recopie la suite des produits.

❷ **Revoir les produits connus de la table de 8. Commencer à mémoriser les autres.**
Dire : « *1 fois 8 ? 2 fois 8 ? 3 fois 8 ? 4 fois 8 ? 5 fois 8 ? …* »
Faire retrouver, sur la table de Pythagore ou sur la fiche cartonnée « Les multiples », les produits pas encore mémorisés.

Activités préparatoires

1. Découvrir l'objet calculette
5 à 10 min

Matériel par groupe de deux : une calculette (même modèle pour tous si possible).

Consigne 1 : « *Aujourd'hui, nous allons découvrir la calculette. D'après vous, à quoi ça sert une calculette ?* » Recueillir les réponses des élèves.
Consigne 2 : « *Vous avez devant vous une calculette. Vous allez bien l'observer. Nous allons essayer de la décrire tous ensemble.* »
Inviter les élèves à décrire librement les différentes touches. Retenir celles qui portent des chiffres, celles qui portent des signes d'opération connus (+, –, ×) et le signe =. Indiquer la touche qui sert à la mise en route (ON/C), celle qui sert à éteindre (OFF) et celle qui sert à effacer.
Repérer aussi quelques touches qui ne nous serviront pas.
Pour récapituler, vidéoprojeter si possible l'image d'une calculette.

2. Vérifier un résultat
5 à 10 min

Matériel individuel : une calculette, fiche d'activité. SITE COMPAGNON

Consigne : « *Voici des opérations avec le résultat. Il y a deux erreurs. Vérifiez ces opérations avec votre calculette. Cochez celles qui sont fausses et recopiez le résultat exact. Pour être plus sûr de votre vérification, tapez deux fois l'opération.* »

3. Juger de la pertinence de l'utilisation de la calculette
15 min

Matériel individuel : une calculette (une moitié de classe) ou l'ardoise (autre moitié de classe).

Consigne : « *Je vais vous dicter des calculs simples. Vous devrez écrire vos résultats sur l'ardoise. Nous allons partager la classe en deux. Une partie de la classe devra effectuer les calculs de tête (calcul mental), l'autre moitié devra effectuer les calculs avec sa calculette.* »
On constatera que l'utilisation de la calculette est inadaptée et beaucoup moins rapide dans certains cas (ex. : 10 + 10 ; 6 × 5 ; 200 + 300 ; 632 + 100 ; 78 – 10 ; 46 + 40).
Mélanger les calculs faciles avec des calculs plus difficiles à faire de tête (ex. : 34 + 17 ; 26 + 28 ; 115 + 220 ; 4 × 12 ; double de 86 ; 52 – 24).
En partageant toujours la classe en deux, proposer des calculs de difficulté variée : une moitié d'élèves fait les calculs avec le crayon, d'autres avec la calculette. Observer et comparer les résultats et la durée.

Travail sur le fichier

1 Utiliser la calculette pour résoudre un problème.
Lire le problème et poser des questions permettant d'appréhender la situation (« *Que s'est-il passé ?* », « *Que doit-on chercher ?* », « *Quel est le total de l'addition ?* »).
Effectuer les calculs en utilisant la calculette. Essayer, par deux, de comprendre les démarches des deux méthodes.
Dans la 1re méthode, on enlève successivement de la somme les nombres connus.
Dans la 2e méthode, on calcule la somme des trois nombres connus et on l'enlève du total.
Comparer les résultats. Repérer les différences qui pourraient apparaitre dans le résultat des calculs faits à la calculette (erreurs de frappe). En déduire qu'un calcul à la machine doit lui aussi être vérifié. Vérifier la valeur du nombre effacé en refaisant l'addition du carnet, dans laquelle on aura replacé le nombre trouvé.

Aide proposée : faire précéder le travail sur le fichier d'un travail identique avec des nombres plus simples pour mieux appréhender la démarche de résolution. Par exemple, retrouver le nombre qui manque dans l'addition 10 + 40 + 20 + … = 100.

2 Constater que la calculette n'est pas toujours le moyen le plus adapté pour effectuer un calcul.
Cocher puis effectuer les calculs faits de tête. Corriger les quatre calculs qui sont concernés.
Cet exercice est destiné à faire prendre conscience aux élèves des limites de la calculette dans certains calculs par rapport au calcul mental, beaucoup plus efficace.
Faire effectuer les deux autres calculs avec la calculette.

3 Choisir l'opération qu'il faut mettre en place pour passer d'un nombre à un autre nombre.
S'assurer que la tâche est bien comprise.
« Quelle opération pour passer de 418 à 428 ? »
(Réponse : ajouter 10, donc 418 + 10 = 428.)
« Quelle opération pour passer de 418 à 18 ? »
(Réponse : retrancher 400, donc 418 – 400 = 18).
« Quelle opération pour passer de 418 à 4 180 ? »
(Réponse : multiplier par 10, donc 418 × 10 = 4 180.)
« Quelle opération pour passer de 418 à 836 ? »
(Réponse : multiplier par 2, donc 418 × 2 = 836.)
« Quelle opération pour passer de 418 à 8 360 ? »
(Réponse : multiplier par 20 donc 418 × 20 = 8 360.)
Pour cette opération, s'appuyer sur celle qui précède :
8 360, c'est 836 × 10 donc c'est : 418 × 2 × 10 ou 418 × 20.

Obstacles possibles :
- La compréhension de l'exercice.
- La dernière opération, qui passe par deux étapes.

4 Recherche par la méthode « essais-erreurs » avec la calculette.
Faire relire la question et demander si l'on peut faire des remarques.
Le nombre par lequel il faut multiplier 86 est plus grand que 10, car 86 × 10 = 860.
Le nombre par lequel il faut multiplier 86 ne peut se terminer que par 2 ou 7, si l'on veut obtenir un produit se terminant par 2. Les premiers nombres à essayer après 10 sont donc 12 et 17.
86 × 12 = 1 032. La réponse est donc 12.
Obstacle possible : fixer une méthode de recherche.
Aide proposée : recommencer ce type d'exercice avec d'autres nombres.

Faisons le point

- Nous avons travaillé avec la calculette. Nous l'avons décrite.
- Nous avons utilisé la calculette pour vérifier des calculs.
- Nous avons utilisé la calculette pour effectuer des opérations que l'on ne sait pas encore faire.
- Nous avons vu que, parfois, la calculette n'était pas le procédé le plus rapide : pour certains calculs, on allait plus vite de tête.
- Nous avons vu qu'il faut aussi vérifier un résultat obtenu avec la calculette. Par exemple, si l'on ne tape pas les bons chiffres, le résultat est obligatoirement faux.

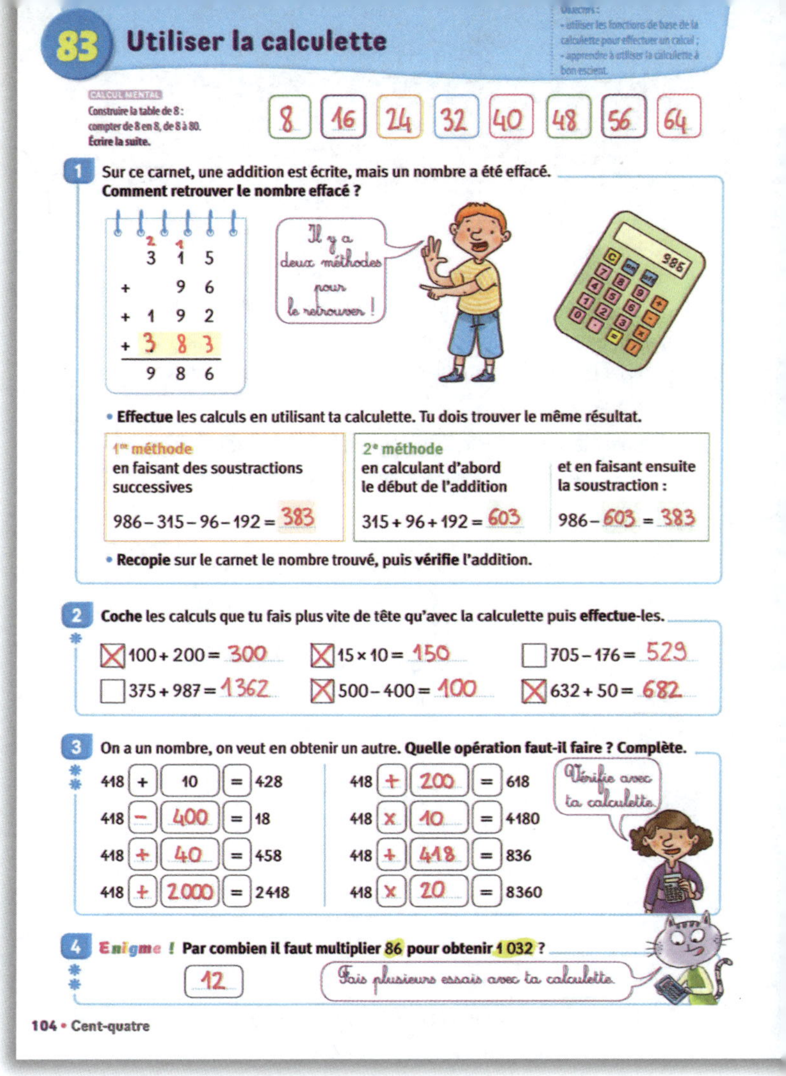

83 Utiliser la calculette

Objectifs :
- utiliser les fonctions de base de la calculette pour effectuer un calcul ;
- apprendre à utiliser la calculette à bon escient.

CALCUL MENTAL
Construire la table de 8 : compter de 8 en 8, de 8 à 80. Écrire la suite.
8 16 24 32 40 48 56 64

1 Sur ce carnet, une addition est écrite, mais un nombre a été effacé. Comment retrouver le nombre effacé ?

• Effectue les calculs en utilisant ta calculette. Tu dois trouver le même résultat.

1re méthode en faisant des soustractions successives	2e méthode en calculant d'abord le début de l'addition	et en faisant ensuite la soustraction :
986 – 315 – 96 – 192 = 383	315 + 96 + 192 = 603	986 – 603 = 383

• Recopie sur le carnet le nombre trouvé, puis vérifie l'addition.

2 Coche les calculs que tu fais plus vite de tête qu'avec la calculette puis effectue-les.
☒ 100 + 200 = 300 ☒ 15 × 10 = 150 ☐ 705 – 176 = 529
☐ 375 + 987 = 1362 ☒ 500 – 400 = 100 ☒ 632 + 50 = 682

3 On a un nombre, on veut en obtenir un autre. Quelle opération faut-il faire ? Complète.
418 + 10 = 428 418 + 200 = 618
418 – 400 = 18 418 × 10 = 4180
418 + 40 = 458 418 + 418 = 836
418 + 2000 = 2418 418 × 20 = 8360

4 Énigme ! Par combien il faut multiplier 86 pour obtenir 1 032 ?
12

104 • Cent-quatre

Pistes d'activités supplémentaires

Pour toute la classe
- Faire réaliser ou compléter un schéma de la calculette et colorier les touches selon leur fonction (nombres, signes opératoires…).
- Poser et effectuer les additions, puis vérifier avec la calculette : 2 158 + 375 ; 397 + 85 + 2 650 ; 437 + 549 ; 778 + 843 ; 7 459 + 37 + 1 675.
- Poser et effectuer les soustractions, puis vérifier avec la calculette : 3 759 – 248 ; 896 – 479 ; 915 – 684 ; 7 903 – 2 589.
- Vérifier avec la calculette la somme totale indiquée sur un ticket de supermarché (avec des nombres entiers).
- Dans un problème, repérer les calculs effectués de tête, ceux qui peuvent l'être par écrit et ceux qui nécessitent l'usage de la calculette.

1 e d é f i

Problème de recherche par deux
Demander à afficher le nombre 18 sur la calculatrice, sans taper 1 ou 9, mais en précisant qu'on peut l'obtenir en tapant une opération (réponses possibles : 3 + 3 + 4 + 6 + 2 ; 5 + 5 + 6 + 2 ; 2 × 9).
Faire de même avec 39, sans utiliser les chiffres 3 et 9.

PROBLÈMES

84 Droites, alignements, prolongements

Exercices différenciés – Espace et géométrie 13 et 14

Programme 2016

- Reconnaitre et utiliser la notion d'alignement.
  » Lien entre propriétés géométriques et instruments de tracé : droite, alignement et règle non graduée.
- Utiliser la règle (non graduée) pour repérer et produire des alignements.

Objectifs spécifiques de la séance

- Dégager la notion de droite comme ensemble de points alignés entre eux.
- Utiliser la règle pour repérer et produire des alignements.

Information didactique

Depuis le CP, les élèves apprennent à reconnaitre si trois points ou plus sont alignés, en utilisant la règle pour tracer une ligne droite qui passera par ces points. Cette fiche aborde la notion de droite comme l'ensemble des points alignés avec deux points donnés. C'est une ligne rectiligne, infinie et sans épaisseur.
Pour tracer une droite ou vérifier un alignement, on utilise la règle et son emploi demande un entrainement. Une difficulté réside dans la matérialisation de cette droite : on ne représente qu'une partie d'une droite, des portions de droites qui représentent en fait des segments de droite.

CALCUL MENTAL

Calculer la différence de deux nombres à 2 chiffres.

❶ Dire : « *45 – 10 ; 45 – 12 ; 68 – 25 ; 45 – 14 ; 68 – 14 ; 68 – 41 ; 39 – 21.* »
L'élève écrit la différence.

❷ Dire : « *48 – 10 ; 48 – 20 ; 48 – 23 ; 48 – 26 ; 57 – 21 ; 69 – 44 ; 88 – 30 ; 88 – 34 ; 96 – 16 ; 84 – 24.* »
L'élève écrit la différence.

Activités préparatoires

1. Repérer des alignements de points dans un nuage de points

5 à 10 min

▶ Tracer au tableau un nuage de points. Faire des séries d'au moins trois points alignés.

Consigne 1 : « *Lou et Thomas, parmi tous les points que j'ai placés au tableau, vous devez repérer un alignement de trois points et tracer la ligne droite qui passe par ces points. Vous utiliserez la règle.* »

Matériel individuel : nuage de points de la fiche d'activité.
SITE COMPAGNON

Consigne 2 : « *Voici un nuage de points. Vous devez trouver des groupes de points alignés.* »
Bien insister sur les gestes de positionnement de la règle qui permettent de repérer exactement les points alignés.

2. Dégager la notion de droite

20 min

▶ Placer deux points (en rouge) pas trop éloignés sur le tableau. Chacun leur tour, les élèves vont venir placer un point aligné avec les deux points de départ. Lorsque tous les points seront placés, ceux-ci donneront l'idée de l'ensemble de tous les points alignés avec les deux points (à savoir la ligne droite qui passe par les deux points).

Consigne 1 : « *J'ai placé deux points sur le tableau. Notre objectif est de placer tous les points alignés avec ces deux points. Les uns après les autres, vous allez venir placer un point aligné avec ces deux points.* »
L'enseignant pourra compléter les consignes au fur et à mesure : « *Loïc, place un point à droite de tous les points déjà placés.* » ; « *Aminata, place un point à gauche de tous les points déjà placés.* » Il est en effet primordial que les points ne soient pas seulement entre les deux points rouges de départ, mais sur tout l'alignement.

Consigne 2 : « *Comment avoir d'un coup tous les points alignés avec nos deux points de départ ?* » Les élèves devraient dire : « On peut tracer le trait qui passe par les deux points avec la règle. »

Tracer la droite avec la règle. Montrer un point sur la droite et dire : « *J'ai pris n'importe quel point sur le trait. Il est bien aligné avec les points de départ.* »

Montrer un point qui n'est pas sur le trait : « J'ai pris un point qui n'est pas sur le trait. Il n'est pas aligné avec les points de départ. On a bien pris tous les points alignés en traçant le trait. »

Dire : « *En géométrie, ce trait s'appelle une droite.* »

3. Utiliser des alignements pour reproduire une figure

15 min

Matériel individuel : règle, fiche d'activité.
SITE COMPAGNON

Consigne : « *Voici une figure à reproduire. Vous allez bien observer les points et les alignements pour la reproduire.* »

Commencer par une analyse collective avec la figure reproduite ou vidéoprojetée. Faire repérer les points alignés.

Travail sur le fichier

1 Repérer quatre points alignés dans un nuage de points.

Laisser un temps d'observation pour s'approprier la situation : il s'agit de tracer une droite qui passe par quatre points parmi les neuf possibles, c'est-à-dire que les élèves doivent repérer quatre points qui sont sur la même droite. Dans un premier temps, les élèves doivent observer l'espace de tracé, puis essayer de voir à l'œil nu quels points peuvent être alignés. Ils peuvent procéder par essais-erreurs. L'utilisation de la règle en la déplaçant pour repérer les quatre points alignés est une stratégie efficace.

Obstacle possible : la multitude des points et la proximité de certains d'entre eux.

Aide proposée : donner un des points possibles (par exemple, le point le plus à gauche).

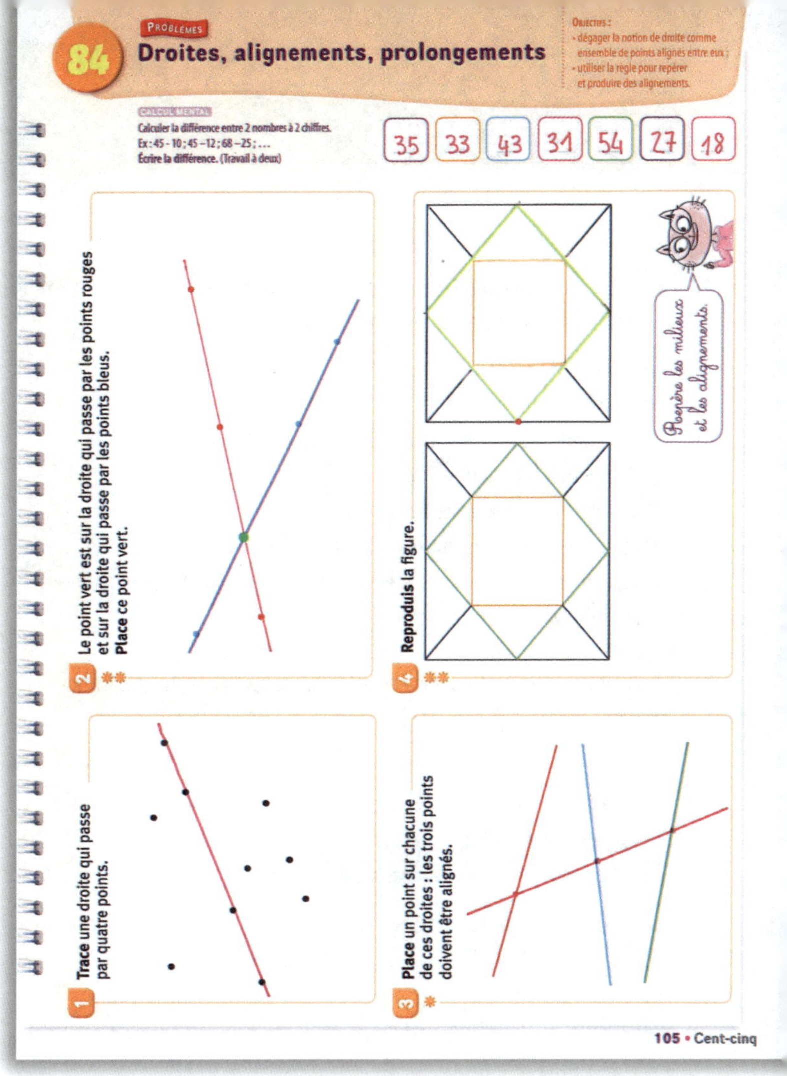
Problèmes

84 Droites, alignements, prolongements

Objectifs :
- dégager la notion de droite comme ensemble de points alignés entre eux ;
- utiliser la règle pour repérer et produire des alignements.

Calcul mental
Calculer la différence entre 2 nombres à 2 chiffres.
Ex : 45 - 10 ; 45 – 12 ; 68 – 25 ; …
Écrire la différence. (Travail à deux)

35 33 43 31 54 27 18

1 Trace une droite qui passe par quatre points.

2 Le point vert est sur la droite qui passe par les points rouges et sur la droite qui passe par les points bleus. Place ce point vert.

3 Place un point sur chacune de ces droites : les trois points doivent être alignés.

4 Reproduis la figure.

Repère les milieux et les alignements.

2 Placer un point répondant à des contraintes d'alignement.
Il s'agit de placer un point commun à deux droites : c'est le point d'intersection de deux droites sécantes. Les élèves doivent tracer chacune des deux droites en respectant bien les points de couleurs par lesquels chacune d'elles passe. Le point d'intersection sera le point vert.

Aide proposée : suivre avec le doigts les points par lesquels chaque droite passe.

3 Construire trois points alignés selon des contraintes.
Les élèves doivent positionner un point sur chacune des trois droites de façon à ce que ces points soient alignés, c'est-à-dire que ces trois points appartiennent à une 4e droite.
Certains élèves auront tendance à vouloir placer un point sur chaque droite sans que ceux-ci soient effectivement alignés. Bien insister sur les deux contraintes de la consigne : ces deux contraintes sont liées.
Une stratégie consiste à positionner un point sur deux droites (deux points seront par définition toujours alignés) et de placer le 3e en respectant la double contrainte : positionné sur la 3e droite et aligné avec les deux premiers points déjà placés. L'espace de travail étant limité, les points devront être placés proches d'une certaine verticalité.

4 Reproduire une figure en prenant appui sur les alignements de points et les milieux.
Il convient dans un premier temps d'analyser la figure de départ (reproduite ou vidéoprojetée). Trois couleurs sont utilisées de façon à mieux repérer les trois parties : un rectangle qui constitue le cadre de la figure, un losange en vert dont les sommets sont les milieux de chacun des côtés du rectangle et un deuxième rectangle (en orange) dont les sommets sont respectivement les milieux de chacun des côtés de la figure verte. Faire observer les alignements des quatre points au niveau de chacune des deux diagonales partiellement tracées du grand rectangle.
La figure reproduite est amorcée : le rectangle noir est déjà tracé et le milieu d'un côté est déjà marqué. Placer, en mesurant, chacun des trois autres milieux (le rectangle a une longueur de 6 cm et une largeur de 5 cm). En joignant ces quatre points, on aura obtenu la figure en vert (le losange).
Pour obtenir les sommets du rectangle orange, on va utiliser les alignements, en joignant partiellement les sommets opposés du rectangle noir. Les points d'intersection avec les côtés verts donneront les sommets du rectangle de couleur orange (à noter que ces points sont respectivement les milieux de chacun des côtés du losange).

Faisons le point

- Nous avons appris que des points sont alignés lorsqu'ils sont sur une même ligne droite.
- Nous avons appris que tous les points sur une droite sont alignés.
- Pour vérifier si des points sont alignés, nous avons utilisé la règle.
- Nous avons tracé des points en respectant des alignements.
- Nous pouvons reproduire une figure en utilisant les milieux et les alignements.

MÉMO-MATHS **« Je repère des alignements de points », page 12.**

Pistes d'activités supplémentaires

Soutien

- En EPS, demander à des élèves par groupes de quatre ou cinq de s'aligner rapidement.
- Repérer des alignements dans la nature : disposition des arbres alignés dans un parc, dans une cour, etc.
- Faire tracer des droites. Placer des points bleus dessus. Placer des points rouges en dehors de la droite. Observer que les points bleus sont tous alignés.
- Repérer dans un nuage de points des alignements de trois ou quatre points.

Approfondissement

- Trouver des points qui sont dans le prolongement d'un segment.
- Compléter un dessin en ajoutant des points alignés avec trois autres points.
- Tracer des pointillés à la règle.
- Tracer trois droites qui se coupent deux à deux ou en un même point.
- Tracer quatre droites différentes passant par un même point.

1 le défi

Problème

Donner un triangle équilatéral de 6 cm de côté. Tracer la droite qui passe par chacun des milieux d'un côté et le sommet opposé. Que constate-t-on ?

→ Fichier élève, pp. 106-107

Ces deux pages d'exercices correspondent à des notions qui ont été étudiées en période 3. Présentées de manière différente, elles permettent une révision pour une meilleure acquisition.

Nombres et calculs
- Les nombres à quatre chiffres :
– décomposer, recomposer un nombre (unités de numération) ;
– situer un nombre sur une droite graduée ;
– encadrer un nombre entre deux milliers ;
– connaitre la valeur des chiffres dans un nombre ;
– trouver le nombre de dizaines, le nombre de centaines dans un nombre à quatre chiffres.
- Calculs :
– technique des opérations posées (addition, soustraction, multiplication) ;
– multiplier par 10, par 100.

Grandeurs et mesures
- Les mois de l'année (notion de date).
- Le gramme et le kilogramme et leur relation.
- Le mètre et le kilomètre et leur relation.

Espace et géométrie
- Tracer un carré et un rectangle de dimensions données sur un papier uni (nécessité d'utiliser les outils règle et équerre).
- Tracer des cercles à partir d'un rayon, à partir d'un diamètre.
- Connaitre du vocabulaire spécifique à un solide donné (cube, pavé droit, arête, sommet).
- Reproduire une figure par symétrie, sur un papier quadrillé.

Nombres et calculs

1 469 = (4 × 100) + (6 × 10) + 9
637 = (6 × 100) + (3 × 10) + 7
306 = (3 × 100) + 6
950 = (9 × 100) + (5 × 10)

2 **a.** Ajouter 1 000 :
3 568 • 4 568 • 5 568 • 6 568 • 7 568
b. Ajouter 100 :
3 568 • 3 668 • 3 768 • 3 868 • 3 968
c. Ajouter 10 :
3 568 • 3 578 • 3 588 • 3 598 • 3 608

3 A : 3 210 ; B : 850 ; C : 4 780 ; D : 3 930 ; E : 2 500

4 **a.** 6 000 < 6 279 < 7 000
b. 3 000 < 3 902 < 4 000
c. 2 000 < 2 198 < 3 000

5 • 4 823 : 4 → 4 000 ; 8 → 800 ; 2 → 20 ; 3 → 3 ;
3 333 : 3 → 3 000 ; 3 → 300 ; 3 → 30 ; 3 → 3

6 **a.** 9 c 4 d 3 u = 943
b. 5 c 3 d = 530
c. 6 c 4 u = 604
d. 3 m 2 c 5 d = 3 250

7 **a.** 120 = 12 d
b. 1 500 = 150 d
c. 450 = 45d
d. 2 800 = 28 c
e. 630 = 63 d
f. 3 000 = 30 c

8 **a.** 287 × 25 = 7 175
b. 708 + 399 + 75 = 1 182
c. 6 438 – 1 789 = 4 649

9 **a.** 30 = 10 × 3
b. 50 = 10 × 5
c. 70 = 10 × 7
d. 300 = 100 × 3
e. 500 = 100 × 5
f. 700 = 100 × 7

10 **a.** 20 × 3 = 60
b. 200 × 6 = 1 200
c. 30 × 7 = 210
d. 400 × 8 = 3 200
e. 40 × 3 = 120
f. 600 × 3 = 1 800
g. 60 × 4 = 240
h. 700 × 5 = 3 500

11

$$\begin{array}{rl} 295 & \\ \times\ 3 & \\ \hline 15 & \leftarrow 3\times5 \\ 270 & \leftarrow 3\times90 \\ 600 & \leftarrow 3\times200 \\ \hline 885 & \end{array} \qquad \begin{array}{rl} 637 & \\ \times\ 4 & \\ \hline 28 & \leftarrow 4\times7 \\ 120 & \leftarrow 4\times30 \\ 2400 & \leftarrow 4\times600 \\ \hline 2548 & \end{array}$$

$$\begin{array}{rl} 315 & \\ \times\ 8 & \\ \hline 40 & \leftarrow 8\times5 \\ 80 & \leftarrow 8\times10 \\ 2400 & \leftarrow 8\times300 \\ \hline 2520 & \end{array} \qquad \begin{array}{rl} 756 & \\ \times\ 6 & \\ \hline 36 & \leftarrow 6\times6 \\ 300 & \leftarrow 6\times50 \\ 4200 & \leftarrow 6\times700 \\ \hline 4536 & \end{array}$$

12

$$\begin{array}{r} \scriptstyle 1d \\ 604 \\ \times\ 3 \\ \hline 1812 \end{array} \qquad \begin{array}{r} \scriptstyle 1c\ 1d \\ 865 \\ \times\ 2 \\ \hline 1730 \end{array}$$

$$\begin{array}{r} \scriptstyle 1c\ 4d \\ 529 \\ \times\ 5 \\ \hline 2645 \end{array} \qquad \begin{array}{r} \scriptstyle 1c\ 4d \\ 717 \\ \times\ 7 \\ \hline 5019 \end{array}$$

13 751 – 129 = 622
642 – 237 = 405
907 – 365 = 542

14 PROBLÈME 850 – 125 = 725.
725 véhicules sont déjà garés.

15 PROBLÈME
26 × 3 = 78.
Il faut 78 crayons en tout.
12 × 7 = 84 ; 12 × 6 = 72.
La maitresse doit commander 7 boites.

Grandeurs et mesures

16 5 mai 2017 : 05/05/2017
11 décembre 2009 : 11/12/2009
23 octobre 2016 : 23/10/2016
1er janvier 2000 : 01/01/2000

17 une vache : kg
un requin : kg
une grenouille : g
un lion : kg
une sardine : g
une sauterelle : g

18 **En g** : 2 kg = 2 000 g • 1 kg 250 g = 1 250 g •
3 kg 500 g = 3 500 g • 5 kg 820 g = 5 820 g
En kg et g : 3 000 g = 3 kg • 2 600 g = 2 kg 600 g •
1 080 g = 1 kg 80 g

19 PROBLÈME 3 kg 600 g + 400 g = 4 kg.
Le chien a grossi de 400 g.

20 4 km < 4 km 800 m < 5 km
7 km < 7 km 600 m < 8 km
49 km < 49 km 500 m < 50 km

21 PROBLÈME
370 m + 550 m = 920 m
1 km 220 m = 1 220 m
1220 m – 80 m = 300 m
La portion de route AC a une longueur de 300 m.

Espace et géométrie

22 Vérifier que le carré tracé fait 6 cm de chaque côté, vérifier les 4 angles droits.

23 Vérifier que les côtés du rectangle tracé mesurent 6 cm et 4 cm ; vérifier les 4 angles droits.

24 Observer l'exemple des trois cercles concentriques.

Remarquer que le centre est le même et les rayons de 3 cm, 4 cm et 5 cm.

25 Deux possibilités. Remarquer qu'il peut s'agir d'un rectangle (à gauche) ou d'un carré (à droite).

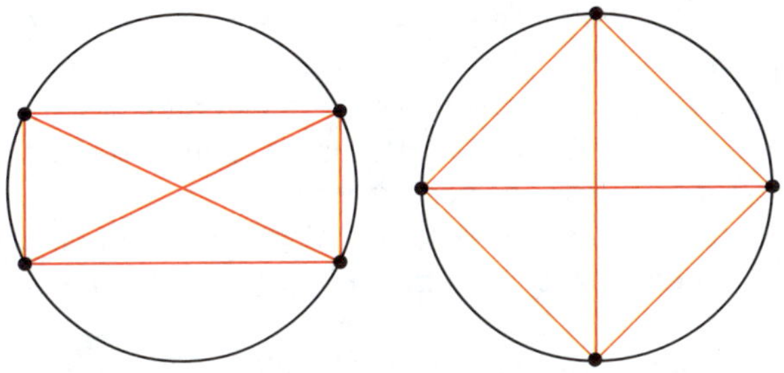

26 Il s'agit de tracer le cercle de diamètre le segment donné. Il faut placer le centre du cercle qui correspond au milieu du segment.

27 Au même sommet d'un cube, il arrive trois arêtes.

Au même sommet d'un pavé droit, il arrive trois arêtes.

28

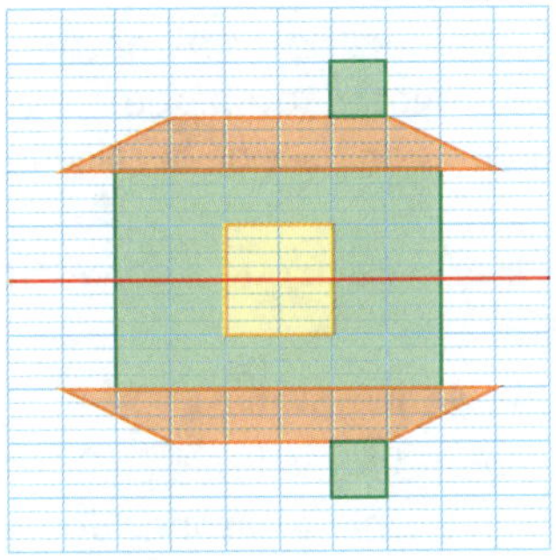

Corrigé de la frise

Synthèse des apprentissages Période 3

Nombres et calculs

- L'élève aborde les nombres à quatre chiffres dans leur aspect ordinal en s'appuyant sur la régularité de la suite des nombres.
- Il place un nombre sur la ligne numérique entre deux milliers consécutifs.
- Il associe un nombre à une position sur une ligne graduée de 100 en 100.
- Il étend les règles de comparaison aux nombres à quatre chiffres.
- Il sait exprimer un nombre selon différentes désignations (nom du nombre, écriture usuelle en chiffres, somme, produit, avec les unités de numération).
- Il consolide la connaissance de la structure du nombre ; il peut repérer, dans un nombre, le nombre de dizaines, de centaines.
- Il sait multiplier un nombre par 10, 100, 1 000 et peut appliquer la « règle du zéro ».
- Il étend la technique de la multiplication posée sur les nombres à trois chiffres.
- Il poursuit la mémorisation des tables de multiplication.
- Il effectue des calculs en s'appuyant sur la commutativité et l'associativité de la multiplication.
- Il peut calculer des écarts entre deux nombres dans des situations ordinales ou cardinales.
- Il prépare la technique de la soustraction à retenue en constatant que la différence entre deux nombres ne change pas si on leur ajoute le même nombre.
- Il étudie deux techniques de la soustraction posée à retenue : technique de l'emprunt et technique des écarts constants.
- Il utilise les fonctions de base de la calculette pour effectuer un calcul.
- Il apprend à utiliser la calculette à bon escient.

➤ En résolution de problèmes

- L'élève peut analyser des solutions, choisir l'opération appropriée et rédiger un énoncé à partir de données.
- Il peut repérer, dans un énoncé, les données utiles pour répondre à la question posée.
- Il résout des problèmes de comparaison entre deux mesures ou entre les tailles de deux collections.
- Il résout des problèmes impliquant des distances et nécessitant des conversions entre km et m.

➤ Organisation et gestion des données

- L'élève prélève des informations dans un texte et résout des problèmes à partir des renseignements fournis et des unités connues.
- Il effectue des calculs, des comparaisons de données à partir de différents supports (tableaux, diagrammes…).

Grandeurs et mesures

- L'élève connait le découpage de l'année en mois et les relations entre année, mois et jour.
- Il se repère sur un calendrier civil.
- Il utilise des unités de masse : le gramme (g) et le kilogramme (kg) et il connait la relation 1 kg = 1 000 g.
- Il connait et utilise la relation 1 km = 1 000 m.
- Il additionne et encadre des mesures exprimées en km et m.

Espace et géométrie

- L'élève retient le vocabulaire *cercle, disque, rayon, centre*.
- Il peut construire un cercle à partir de son centre et de son rayon ou à partir de son diamètre.
- Il construit un rectangle et un carré sur différents supports et utilise l'équerre et la règle graduée.
- Il sait compléter une figure sur quadrillage pour qu'elle soit symétrique par rapport à un axe donné.
- Il décrit et caractérise le cube et le pavé droit.
- Il manipule et décrit des assemblages.
- Il utilise la règle pour repérer et produire des alignements.
- Il dégage la notion de droite comme ensemble de points alignés entre eux.

Je prépare l'évaluation (3)

→ Fichier élève, p. 108-109

Programme 2016

• Nombres et calculs

- Mémoriser des faits numériques et des procédures : tables de la multiplication. → Exercice 12
- Interpréter les noms des nombres à l'aide des unités de numération et des écritures arithmétiques. → Exercices 3 4
- Itérer une suite de nombres de 10 en 10, de 100 en 100, de 1 000 en 1 000. → Exercice 5
- Ranger des nombres entiers. → Exercice 6
- Calculer avec des nombres entiers (décompositions multiplicatives). → Exercice 7
- Mettre en œuvre un algorithme de calcul posé pour l'addition, la soustraction, la multiplication. → Exercices 8 9
- Consolider la connaissance de la structure des nombres. → Exercice 11

• Grandeurs et mesures

- Résoudre des problèmes impliquant des conversions. → Exercice 10

• Espace et géométrie

- Utiliser la règle (non graduée) pour repérer et produire des alignements. → Exercices 12 13
- Repérer et produire des angles droits à l'aide d'un gabarit, d'une équerre. → Exercice 13
- Reproduire des figures ou des assemblages de figures planes. → Exercice 13
- Compléter une figure pour qu'elle soit symétrique par rapport à un axe donné. → Exercice 14
- Décrire des solides en utilisant le vocabulaire approprié. → Exercice 15

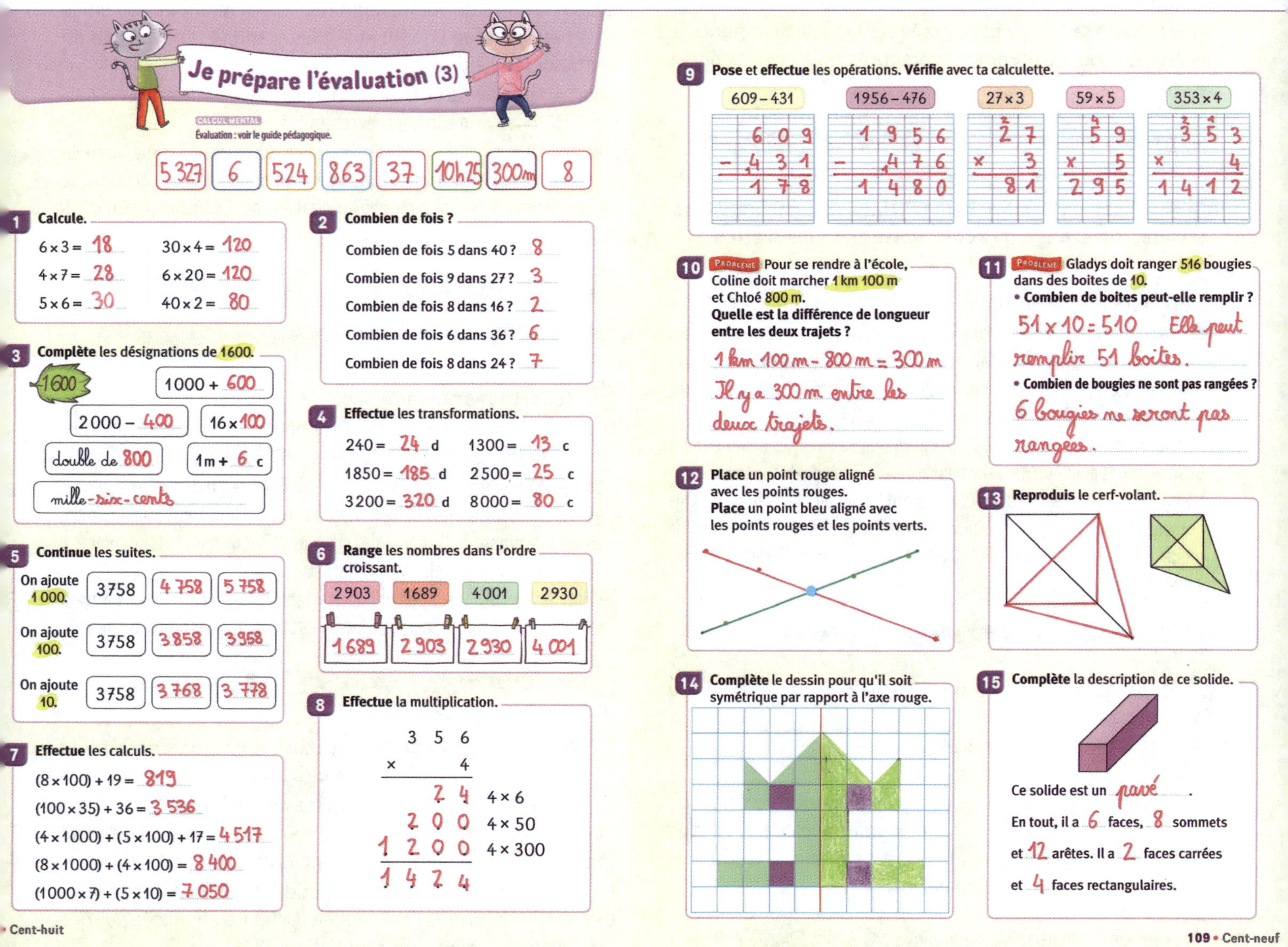

Je préparer l'évaluation (3)

CALCUL MENTAL
Évaluation : voir le guide pédagogique.

5 327 | 6 | 524 | 863 | 37 | 10 h 25 | 300 m | 8

1 Calcule.

6 × 3 = 18 — 30 × 4 = 120
4 × 7 = 28 — 6 × 20 = 120
5 × 6 = 30 — 40 × 2 = 80

2 Combien de fois ?

Combien de fois 5 dans 40 ? 8
Combien de fois 9 dans 27 ? 3
Combien de fois 8 dans 16 ? 2
Combien de fois 6 dans 36 ? 6
Combien de fois 8 dans 24 ? 7

3 Complète les désignations de 1600.

1600 : 1000 + 600 ; 2000 − 400 ; 16 × 100 ; double de 800 ; 1 m + 6 c ; mille-six-cents

4 Effectue les transformations.

240 = 24 d — 1300 = 13 c
1850 = 185 d — 2500 = 25 c
3200 = 320 d — 8000 = 80 c

5 Continue les suites.

On ajoute 1 000. 3758 | 4 758 | 5 758
On ajoute 100. 3758 | 3 858 | 3 958
On ajoute 10. 3758 | 3 768 | 3 778

6 Range les nombres dans l'ordre croissant.

2903 | 1689 | 4001 | 2930

1 689 | 2 903 | 2 930 | 4 001

7 Effectue les calculs.

(8 × 100) + 19 = 819
(100 × 35) + 36 = 3 536
(4 × 1000) + (5 × 100) + 17 = 4 517
(8 × 1000) + (4 × 100) = 8 400
(1000 × 7) + (5 × 10) = 7 050

8 Effectue la multiplication.

356 × 4
24 — 4 × 6
200 — 4 × 50
1200 — 4 × 300
1424

9 Pose et effectue les opérations. Vérifie avec ta calculette.

609 − 431 = 178 ; 1956 − 476 = 1480 ; 27 × 3 = 81 ; 59 × 5 = 295 ; 353 × 4 = 1412

10 PROBLÈME Pour se rendre à l'école, Coline doit marcher 1 km 100 m et Chloé 800 m.
Quelle est la différence de longueur entre les deux trajets ?

1 km 100 m − 800 m = 300 m
Il y a 300 m entre les deux trajets.

11 PROBLÈME Gladys doit ranger 516 bougies dans des boites de 10.
• Combien de boites peut-elle remplir ?

51 × 10 = 510 Elle peut remplir 51 boites.

• Combien de bougies ne sont pas rangées ?

6 bougies ne seront pas rangées.

12 Place un point rouge aligné avec les points rouges.
Place un point bleu aligné avec les points rouges et les points verts.

13 Reproduis le cerf-volant.

14 Complète le dessin pour qu'il soit symétrique par rapport à l'axe rouge.

15 Complète la description de ce solide.

Ce solide est un pavé.
En tout, il a 6 faces, 8 sommets et 12 arêtes. Il a 2 faces carrées et 4 faces rectangulaires.

108 • Cent-huit — 109 • Cent-neuf

CALCUL MENTAL

❶ **Dictée de nombres :** 5 327.
❷ **Calculs :** 14 – 8 ; 324 + 200 ; ajouter 2 dizaines à 843 ; 24 + 13.
❸ **Problèmes :** • Il faut 15 min pour cuire un gâteau. Si on le met au four à 10h10, à quelle heure doit-on le sortir du four ?
• Adèle doit courir 1 km. Elle a déjà couru 700 m. Quelle distance lui reste-t-il à parcourir ?
• Combien de fois 4 dans 32 ?

1 Compléter l'acquisition des tables de multiplication à travers des présentations variées.

Les trois premiers produits permettent de réinvestir directement les tables de multiplication, alors que les trois suivants permettent d'utiliser les tables de multiplication et les unités de numération : 30 × 4, c'est 3 d × 4 = 12 d = 120.

Activité de manipulation 9

2 Questionnement sur les tables de multiplication apparenté à la recherche d'un quotient entier exact.

Cette formulation prépare le lien entre multiplication et division exacte. Afin de rendre la situation plus ludique, on peut proposer un petit jeu aux élèves, par groupe de trois. Deux s'affrontent (face à face, une main dans le dos) pendant que le troisième anime et valide les bonnes réponses. À chaque produit annoncé, le plus rapide saisit une balle posée sur la table et annonce le résultat. Au bout de dix produits proposés, les élèves changent de rôle.

Activité de manipulation 9

3 Exprimer un nombre selon différentes désignations (somme, différence, produit, unités de numération, écriture en lettres).

L'élève doit compléter six désignations du nombre 1 600. Cette activité permet de réinvestir plusieurs notions abordées tout au long de cette année scolaire : la décomposition décimale, la multiplication par une puissance de 10, les unités de numération, les doubles, le complément au millier supérieur…

Obstacle possible : la connaissance des doubles et moitiés de nombres à quatre chiffres peut être partiellement acquise à ce stade de l'année.
Remédiation proposée : rappeler oralement les doubles et moitiés de petits nombres afin de transposer ensuite aux nombres à quatre chiffres. Ainsi, la moitié de 14 est 7 ; la moitié de 140 est 70 ; la moitié de 1 400 est 700. Donc 1 400 sera le double de 700.

Exercices différenciés – Fiche outil 7

4 Repérer le nombre de dizaines ou de centaines dans un nombre.

240, c'est 24 × 10, donc c'est 24 d.
1 300, c'est 13 × 100, donc c'est 13 c.
L'utilisation d'un tableau de numération peut être une aide précieuse : en parallèle, l'enseignant pourra rappeler la distinction entre chiffre des dizaines et nombre de dizaines, chiffre des centaines et nombres de centaines…

Exercices différenciés – Fiche outil 7

5 Itérer une suite de nombres en jouant sur les unités de numération.

Trois suites sont demandées dans cet exercice, avec un point de départ commun : un nombre à quatre chiffres (3 758), les suites étant dans l'ordre croissant.
Les élèves doivent ajouter 10, 100 ou 1 000. Ajouter 10 n'entraine pas de changement de centaines, ajouter 100 n'entraine pas de changement de milliers…

Remédiations proposées :
• Dans chaque situation, repérer le chiffre qui sera amené à varier. Lorsqu'on ajoute 1 000, ce sera le chiffre 3 qui variera, on obtiendra donc 4, 5 et 6 comme chiffre des milliers, les trois autres chiffres ne changeant pas.
• Une autre méthode consiste à passer par les unités de numération.
Par exemple, 3 758, c'est 3 m 758 u. Ajouter 1 000, c'est ajouter 1 m.
Donc, 3 m 758 u + 1 m = 4 m 758 u = 4 758.
• Utiliser un compteur.

Exercices différenciés – Nombres 7 à 10

6 Ranger des nombres entiers.

Les élèves ont appris depuis le début de l'année à ranger des nombres dans l'ordre croissant ou décroissant. Dans cet exercice, l'objectif est de généraliser cet apprentissage aux nombres à quatre chiffres, en employant une technique précise, avant même d'aborder des listes plus fournies de nombres.
Dans cette liste de quatre nombres, ils repéreront facilement le plus petit nombre (1 689) et le plus grand (4 001) à partir du chiffre des milliers.

Obstacle possible : deux nombres sont constitués des mêmes chiffres : 2 903 et 2 930, ce qui peut entrainer des confusions.
Remédiation proposée : en faisant une comparaison terme à terme, les élèves seront à même de résoudre l'exercice (même chiffre des milliers ; même chiffre des centaines ; 0 dizaine pour 2 903, 3 dizaines pour 2 930, comme 0 d < 3 d, on a 2 903 < 2 930).

Activité de manipulation 6

Exercices différenciés - Nombres 11 à 14

7 Recomposer un nombre.

Les élèves doivent reconstituer des nombres à partir de décompositions multiplicatives et additives.

Obstacle possible : cet exercice propose un nombre à trois chiffres et quatre nombres à quatre chiffres. La difficulté principale consiste à retrouver le nombre en tenant compte de l'absence de certaines unités de numération, comme 8 400 et 7 050, et à gérer la place des zéros.
Remédiation proposée : en utilisant un tableau de numération ou en ayant recours aux unités de numération, les élèves obtiendront les résultats attendus.

Exercices différenciés - Nombres 7 et 8

8 Effectuer une multiplication d'un nombre à trois chiffres par un nombre à un chiffre.

La technique de la multiplication avec addition des produits partiels a été abordée lors de la 2e période. Il s'agit ici d'approfondir cette technique en l'étendant aux nombres à trois chiffres.
La multiplication proposée permet de revoir en partie la table de multiplication de 4. La résolution par l'élève est guidée puisque les étapes intermédiaires sont indiquées.

9 Poser et effectuer des soustractions à retenue et des multiplications d'un nombre à deux ou trois chiffres par un nombre à un chiffre.

Cet exercice va permettre d'évaluer l'apprentissage de l'une des deux techniques de la soustraction posée abordées dans la fiche 82. Pour la multiplication, il s'agit de vérifier la capacité des élèves à réinvestir les notions abordées dès la 2e période, en l'étendant aux nombres à trois chiffres.

Obstacle possible : la deuxième soustraction (1 956 – 476) propose d'effectuer la différence entre un nombre à quatre chiffres et un nombre à trois chiffres, ce qui implique d'aligner correctement les nombres.

Remédiation proposée : faire rappeler oralement aux élèves la technique de pose de la soustraction : les unités sous les unités, les dizaines sous les dizaines, les centaines sous les centaines…

Exercices différenciés - Calculs 11 et 12

10 Résoudre un problème impliquant des distances et pouvant nécessiter des conversions entre kilomètre et mètre.

Le calcul direct ne permet pas de résoudre ce problème. L'élève va être amené à effectuer une conversion. La relation :

1 km = 1 000 m

doit à présent être acquise.

1 km 100 m = 1 000 m + 100 m = 1 100 m,

donc 1 100 – 800 = … ou 800 + … = 1 100.

11 Résoudre un problème demandant de repérer le nombre de dizaines dans un nombre.

Plusieurs procédures peuvent être envisagées pour résoudre ce problème. L'élève pourra procéder par tâtonnements, en cherchant un multiple de 10 convenable :

$1 \times 10 = 10$

$5 \times 10 = 50$

…

$10 \times 10 = 100$

$50 \times 10 = 500$

$51 \times 10 = 510$

Il pourra procéder par encadrements successifs : 516 possédant trois chiffres, le nombre de boites recherché (× 10) sera forcément inférieur à 100.

$10 < 516 < 1\,000$, donc $1 \times 10 < \ldots \times 10 < 100 \times 10$.

Avec les unités de numération : 516, c'est 510 + 6 soit 51 d et 6 unités.

Cette dernière solution permet de faire apparaitre le nombre de bougies restantes : 6.

12 Placer des points en respectant un alignement.

Cinq points sont déjà tracés : deux rouges et trois verts. Les élèves doivent positionner un point rouge supplémentaire alignés avec les deux autres et un point bleu aligné d'une part avec les points rouges et les points verts.

Le positionnement du point rouge est simple : il suffit de prendre n'importe quel point sur la droite passant par les points rouges.

Le point bleu est plus délicat à placer puisque les élèves doivent comprendre qu'il est à l'intersection de la droite précédente et de la droite passant par les points verts.

Obstacle possible : respecter les contraintes pour le point bleu.

Remédiation proposée : faire reformuler la consigne en faisant le lien avec les droites.

Exercices différenciés - Espace et géométrie 13 et 14

13 Reproduire une figure en utilisant les points remarquables.

Il s'agit, en fait, de reproduire une figure en l'agrandissant : les élèves doivent donc analyser la figure pour prendre appui sur la présence des angles droits, des milieux et des alignements. La figure étant déjà amorcée, les élèves seront dégagés des éléments liés à la mesure et devront se concentrer sur les relations géométriques des différentes parties de la figure : terminer la figure extérieure en traçant les deux grands côtés ; terminer la partie « carrée » en traçant les deux côtés en utilisant l'équerre ; tracer la deuxième diagonale de la partie carrée.

Activité de manipulation 17

Exercices différenciés - Espace et géométrie 15 à 18

14 Compléter une figure par symétrie.

Les élèves doivent compléter par symétrie la partie droite d'une figure à l'aide du quadrillage.

Faire repérer l'axe de symétrie (en rouge).

Les élèves doivent repérer les sommets de la partie gauche, qui sont tous situés sur des nœuds du quadrillage, et chercher le symétrique de chacun d'eux en comptant le nombre de carreaux jusqu'à l'axe de symétrie.

Une autre stratégie consiste à partir d'un sommet de la figure situé sur l'axe et de se déplacer sur la partie droite de manière symétrique à la partie gauche.

Bien faire repérer les deux carreaux en violet, qui seront aussi à colorier de cette couleur sur la partie droite.

Activité de manipulation 20

Exercices différenciés - Espace et géométrie 9 et 10

15 Décrire les éléments caractéristiques d'un pavé droit.

Les élèves doivent, à partir d'une représentation en perspective cavalière, repérer ou dénombrer les faces, arêtes et sommets d'un pavé droit et dénombrer les faces selon la nature de leurs formes : carrée ou rectangulaire.

Les difficultés proviennent du fait que certains éléments sont cachés et que la perspective cavalière « déforme » la nature de certaines faces. Ainsi, les faces rectangulaires visibles sont représentées par des parallélogrammes et non par des rectangles.

Remédiation proposée : mettre à disposition un pavé droit.

85 Durées : minutes et secondes

Exercices différenciés – Grandeurs et mesures 11 et 12

Programme 2016
- Comparer, estimer, mesurer des durées.
  - » Unités de mesures usuelles de durées : minutes, secondes.
  - » Relation entre ces unités.
- Résoudre des problèmes impliquant des durées.

Objectifs spécifiques de la séance
- Introduire la seconde (s).
- Connaitre et utiliser la relation 1 min = 60 s.
- Comparer, estimer, mesurer des durées en min et s.

Information didactique

La notion de temps est une donnée fondamentale de la pensée de l'enfant. Deux aspects du temps méritent d'être soulignés : la linéarité, marquée par l'apparition successive d'évènements distincts, historiques ou relatifs à un individu (chronologie) ; le caractère cyclique, illustré par les phénomènes périodiques (journées, saisons, années).

La mesure des durées fait partie des compétences à acquérir à l'école primaire. L'unité du Système international est la seconde (s). Le système est sexagésimal : 1 h = 60 min, 1 min = 60 s.

Dans le fichier, huit fiches sont consacrées à l'étude des durées sous différents aspects. Nous avons d'abord vu les durées, qui s'inscrivent dans une journée, accompagnées de la lecture de l'heure (fiche 46) puis le découpage de l'année en mois, semaines et jours (fiche 57).

Dans cette fiche, nous nous intéressons à des durées plus courtes qui font appel à **une unité de mesure plus petite, la seconde**, et nous utiliserons la **relation 1 min = 60 s.**

CALCUL MENTAL

❶ **Problème : résoudre une situation multiplicative.**
Dire : « *Les trois poules de Noé pondent chacune 1 œuf par jour. Combien d'œufs Noé ramasse-t-il en 1 jour ? en 2 jours ? en 5 jours ? en 1 semaine ? en 2 semaines ? en 3 semaines ?* » L'élève écrit le nombre d'œufs.

❷ **Problème : calculer un quotient exact.**
Dire : « *Trois chiens mangent chacun une boite de pâté par jour. Pour combien de jours ont-ils leur repas si on achète 3 boites ? 6 boites ? 12 boites ? 15 boites ? 30 boites ? 9 boites ? 24 boites ? 18 boites ?* »
L'élève écrit le quotient exact.

Activités préparatoires

1. Découvrir la relation 60 s = 1 min — 10 à 15 min

Matériel par groupe de deux : une montre digitale (à affichage numérique) pour une moitié de la classe, une montre à aiguilles (avec trotteuse pour indiquer les secondes) pour l'autre moitié.

Si possible, se renseigner la veille ou les jours qui précèdent pour récupérer le matériel. Si l'on ne dispose pas de montres en nombre suffisant, mettre les élèves par groupe de trois ou établir une rotation assez rapide. On peut aussi travailler avec une ou deux horloges (digitale et/ou analogique avec trotteuse) en groupant les élèves autour du tableau.

Consigne 1 : « *Ceux qui observent une montre sur laquelle les secondes sont indiquées avec des nombres, je vous demande de bien regarder l'affichage à partir de l'instant où il indique zéro seconde. Cet affichage, au bout d'une minute, va indiquer à nouveau zéro seconde. Vous devrez me dire quel était le dernier nombre affiché avant le retour à zéro.* »

Réfléchir sur le passage de 59 à 00. Le 00 correspond à la 60e seconde et au départ de la minute suivante.

Comparer avec le compteur des nombres de la suite numérique sur lequel l'affichage des nombres d'unités ne se fait que jusqu'à 9 (9 u + 1 u = 1 d 0 u).

Consigne 2 : « *Pour ceux qui ont une montre sur laquelle il y a une troisième aiguille pour repérer les secondes, observez le déplacement de cette aiguille pendant qu'elle parcourt un tour du cadran de la montre.* »

Dire que, lorsque l'aiguille a fait un tour du cadran, il s'est écoulé 60 secondes ou 1 minute.

Échanger les deux types de montres entre les groupes.

2. Utiliser les secondes pour mesurer des durées — 20 min

Matériel : une montre permettant de lire les secondes pour deux ou trois élèves, ou une horloge indiquant les secondes ; livre de lecture.

▶ Mesurer la durée que met un élève pour écrire une phrase.

L'enseignant écrit une phrase au tableau (par exemple « Maitre Corbeau, sur un arbre perché, tenait en son bec un fromage. »)

Consigne 1 : « *Un élève doit recopier la phrase qui est écrite. L'autre, avec la montre, doit mesurer, en secondes, la durée mise par son camarade pour écrire la phrase.* »

Faire lire la phrase oralement puis demander aux élèves comment ils comptent procéder.

Noter les résultats au tableau (ex : 29 s ; 30 s ; 35 s ; 45 s...). Repérer les mesures visiblement erronées : repérer les causes de l'erreur et faire recommencer la mesure.

▶ Effectuer une action pendant une durée donnée.

Consigne 2 : « *Prenez votre livre de lecture. Lisez oralement un passage à voix haute ; c'est moi qui définis la durée de la lecture.* »

Choisir des durées allant de 10 s à 1 min. Attribuer à l'avance ces durées. Donner le signal du départ et de la fin de la lecture.

▶ Travail par deux. Un élève doit lire pendant 20 s et s'arrêter lorsqu'il estime avoir atteint cette durée. L'autre élève, muni d'une montre avec trotteuse, doit lui indiquer la durée exacte de sa lecture. Échanger les rôles.

3. Observer puis commencer à utiliser un chronomètre — 10 min

Matériel par groupe de trois ou quatre : un chronomètre de l'école.

▶ Faire observer et décrire collectivement des chronomètres répartis dans des groupes de trois ou quatre.

Repérer les différentes graduations, qui forment un ensemble un peu complexe ; se limiter à une phase de découverte. Repérer en particulier comment sont indiquées les secondes. Remarquer qu'entre les secondes, il y a de petites graduations : ce sont les dixièmes de secondes.

Faire fonctionner le chronomètre : démarrage, arrêt, retour à la position de départ. Demander par exemple de déclencher le chronomètre et de l'arrêter exactement au bout de 10 s.

Travail sur le fichier

1 Comparer des durées exprimées en minutes et secondes. Associer une différence.

Découvrir individuellement la situation et faire le point ensuite avec toute la classe.

« De quoi s'agit-il ? » (réponse : « Cinq enfants font une course. On les a chronométrés et on a noté le temps qu'ils ont mis. »)

« Que nous demande-t-on de faire ? » (réponse : « Il faut les ranger dans leur ordre d'arrivée, du 1er au 5e. »)

« Lorsqu'on connait les temps, comment peut-on savoir qui est arrivé le 1er ? le dernier ? » (réponse : « Le 1er, c'est celui qui a mis le moins de temps ; le dernier, c'est celui qui a mis le plus de temps, donc il faut comparer les temps. »)

Laisser effectuer le rangement et retrouver le nom des cinq coureurs. Comparer par deux les réponses.

Lors de la phase de synthèse, faire expliciter les procédures de rangement. Lire la bulle.

Remarquer la forme des écritures des mesures de durée. On indique le nombre de minutes puis le nombre de secondes. Les durées exprimées avec 1 min sont inférieures à celles exprimées avec 2 min. Si le nombre de minutes est le même, il faut comparer celui des secondes.

La 3e question permet de manipuler des écarts de durée.

5 s après, c'est 5 secondes de plus, soit 2 min + 5 s = 2 min 05 s (temps de Léna).

1 seconde avant, c'est 1 s de moins que 2 min. On pourra faire énoncer la suite des durées de seconde en seconde à partir de 1 min 57 s : 1 min 58 s ; 1 min 59 s ; 2 min ; 2 min 01 s… (temps de Tuan).

Une différence de temps de 10 s, c'est 10 s de plus, soit 2 min 10 s ; ou 10 s de moins, soit 1 min 50 s (temps de Karine).

Procédure : 2 min – 10 s = 1 min 60 s – 10 s = 1 min 50 s.

Obstacles possibles :
- Le fait de travailler sur de petites durées (secondes).
- Les calculs nécessitant le passage par des conversions des minutes en secondes pour effectuer des soustractions.
- L'utilisation du zéro dans des notations du type « 2 min 05 s ».

2 Écrire une suite croissante de 15 s en 15 s.

Obstacle possible : le franchissement des minutes.

Aide proposée : rappeler que dès que l'on a 60 s, on doit transformer ces 60 s en 1 min.

3 Pour la durée d'une action, choisir entre deux propositions.

L'élève doit prendre conscience qu'il a ici à comparer des mesures qui sont à chaque fois exprimées dans des unités différentes et qu'il faut absolument en tenir compte dans la comparaison.

Obstacle possible : attrait des nombres qui généralement sont seuls présents dans les comparaisons.

Aide proposée : faire se poser la question préalable : « Quelles sont les unités utilisées dans ces mesures ? »

4 Comparer des durées à 1 min. Calculer l'écart séparant une durée d'une minute.

S'assurer que la situation est comprise avant de faire compléter. Il faut s'appuyer sur la relation 1 min = 60 s.

Faisons le point

- Nous avons découvert une nouvelle unité de durée : la seconde. Son symbole est s.
- Nous avons découvert, avec différentes montres, la relation : 1 min = 60 s.
- Nous avons rangé des durées exprimées en min et s et calculé des écarts de durées.
- Nous avons utilisé un chronomètre pour mesurer de petites durées.

MÉMO-MATHS **« Je sais mesurer une durée en minutes et en secondes », page 12.**

Pistes d'activités supplémentaires

Pour toute la classe

- Conduire une activité en liaison avec l'EPS, dans la cour, au gymnase ou sur le terrain de sport. Faire chronométrer des temps de course inférieurs puis égaux à 1 min (se pose le problème de la lecture sur le chronomètre). Avec trois chronomètres, mesurer le temps de course de trois coureurs.
- Transformer en secondes : 1 min ; 1 min 15 s ; 1 min 30 s ; 1 min 40 s ; 1 min 25 s ; 2 min ; 2 min 30 s.
- Transformer en min et s : 80 s ; 66 s ; 95 s ; 105 s ; 130 s…
- Calculer :
  1 min 20 s + 35 s ; 2 min 30 s + 1 min 25 s ; 55 s + 30 s ;
  2 min 50 s – 1 min 30 s ; 2 min – 30 s ; 2 min – 1 min 15 s.
- Faire estimer des durées.
- Associer l'unité qui convient à la durée d'une action ou d'un phénomène.

PROBLÈMES

86 Les durées

Exercices différenciés – Grandeurs et mesures 11 et 12

Programme 2016
- Comparer des durées.
  » Utiliser des unités de mesures usuelles de durée : heures, minutes, secondes.
  » Relation entre ces unités.
- Résoudre des problèmes impliquant des durées.
  » Opérations sur les grandeurs.

Objectif spécifique de la séance
Résoudre des problèmes impliquant des durées et des conversions simples dans des situations de la vie courante.

Information didactique
Dans cette fiche, l'élève doit résoudre une série de problèmes variés impliquant tous les durées. Ces problèmes sont l'occasion de procéder à une réactivation des connaissances autour de cette notion à partir de situations prenant en compte instant et durée, dans le cadre d'actions de la vie courante. Ces problèmes de types variés convoquent **différentes procédures** et impliquent largement, dans les calculs, **les relations entre les principales unités de durée (l'heure, la minute et la seconde)**.

CALCUL MENTAL

Résoudre un problème en deux étapes.

❶ Dire : « *Julie et Sarah réunissent leur argent pour acheter un jeu de 30 €. Combien leur manque-t-il si elles ont 11 € chacune ? 10 € et 15 € ? 9 € chacune ? 12 € chacune ? 17 € et 12 € ? 9 € et 16 € ?* »
L'élève écrit le complément.

❷ Dire : « *En partant toujours de la case 67, à quelle case arrivera un pion :*
- s'il recule de 10 puis de 4 ?
- s'il recule de 10 puis de 2 ?
- s'il recule de 2 puis de 10 ?
- s'il recule de 20 puis de 7 ?
- s'il recule de 7 puis de 20 ? »
L'élève écrit le numéro de la case d'arrivée.

Activités préparatoires

1. Exploiter un document pour revoir différents aspects des durées (20 min)

Dessiner au tableau la pancarte ci-dessous.
(Ou la distribuer au élèves. SITE COMPAGNON)

PARC OUVERT
1er avril au 31 octobre : De 9 h à 19 h
1er novembre au 31 mars : De 9 h à 17 h 30

Consigne 1 : « *J'ai reproduit une pancarte qui se trouvait à l'entrée d'un parc. Observez ce qui est écrit. À quoi correspond cette pancarte ? Quelles informations nous donne-t-elle ?* »
Réponse : « Cette pancarte nous indique qu'il y a deux périodes différentes dans l'année et que, dans chacune de ces périodes, les horaires d'ouverture ne sont pas les mêmes. »
En profiter pour réviser les mois de l'année que l'enseignant fait redire dans l'ordre, avec les nombres de jours.
Constater que le parc est ouvert toute l'année mais que les deux périodes d'ouverture ne sont pas de même durée. L'une (période estivale) dure sept mois et l'autre (période hivernale) ne dure que cinq mois.
Consigne 2 : « *Pourquoi le parc ferme-t-il plus tôt de novembre à mars ?* » Remarquer que c'est la période d'hiver. Les jours sont plus courts, les nuits sont plus longues et il fait nuit plus tôt. À 19 h (heure de fermeture du parc d'avril à fin octobre), il fait nuit en hiver.
Consigne 3 : « *Calculons les durées d'ouverture journalière. Quelle est la durée d'ouverture pendant la période d'avril à octobre ? Durant la période de novembre à mars ?* »
Effectuer les calculs par deux et expliciter les procédures.
• Du 1er avril au 31 octobre, de 9 h à 19 h.
9 + 10 = 19 ou 19 – 9 = 10, ou « 3 heures le matin jusqu'à 12 h plus 7 heures de 12 h jusqu'à 19 h, soit 10 h ».
• Du 1er novembre au 31 mars, de 9 h à 17 h 30.
« 3 heures le matin de 9 h à 12 h puis 5 heures 30 min de 12 h à 17 h 30. 3 h + 5 h 30 min = 8 h 30 min. »
Consigne 4 : « *Calculons la différence des durées d'ouverture journalière entre ces deux périodes.* »
Procéder par complémentation : 8 h 30 min + … = 10 h
→ 8 h 30 min + 30 min = 9 h, puis 9 h + 1 h = 10 h.
La différence est de 30 min + 1 h = 1 h 30 min.
Du 1er avril au 31 octobre, le parc est ouvert 1 h 30 min de plus que durant la période hivernale.

2. Prendre appui sur un schéma pour compléter une durée (15 min)

Écrire la situation au tableau : « Des personnes sont parties faire une randonnée à 15 h 15 min. Elles sont de retour à 17 h 35 min. Combien de temps a duré leur randonnée ? »
Laisser réfléchir par deux à la façon de trouver cette durée, puis reprendre la réflexion collectivement. Il faut trouver combien de temps s'est écoulé entre l'heure de départ (15 h 15) et l'heure d'arrivée (17 h 35) ; il s'agit de répondre à : « *de 15 h 15 pour aller à 17 h 35 ?* ».
Consigne : « Essayez de trouver cette durée. Vous devrez ensuite pouvoir nous expliquer votre méthode. »
S'intéresser au calcul par étapes. On cherche combien de temps s'est écoulé de 15 h 15 à 16 h (45 min), puis de 16 h à 17 h (1 h), puis de 17 h à 17 h 35 (35 min), et on effectue la somme de ces trois durées :
45 min + 1 h + 35 min = 1 h + 80 min = 1 h + 1 h + 20 min
= 2 h 20 min.
Montrer que cette démarche peut être illustrée par un schéma :

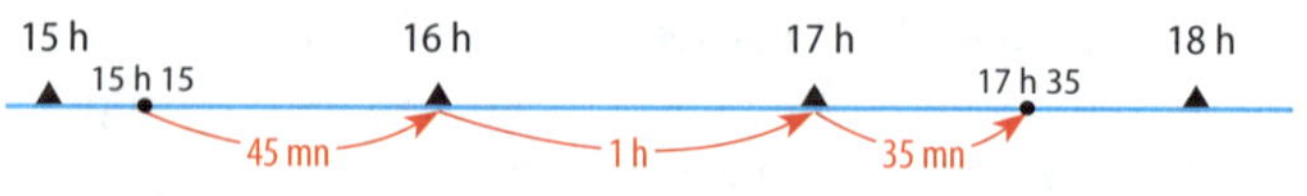

Proposer un autre calcul pour une randonnée de 14 h 30 à 16 h 20 en s'appuyant sur un schéma.

Travail sur le fichier

1 Calculer des différences de durées.
Dans le cadre d'un croisement entre enseignements (mathématiques et éducation musicale), on pourra, soit avant la séance, soit en prolongement, faire écouter ces quatre extraits de musique classique.

• La première différence est bien visible et pourra se calculer de deux manières :
4 min 48 s – 4 min = 48 s. C'est ce qui reste lorsqu'on a enlevé à la durée la plus longue la durée la plus courte.
Ou bien : 4 min + 48 s = 4 min 48 s. C'est la durée que l'on doit ajouter à la durée la plus courte pour obtenir la durée la plus longue.
• Entre « La Flute enchantée » et « Pierre et le Loup » :
4 min 48 s – 2 min 47 s = 2 min 01 s
ou 2 min 47 s + 2 min 01 s = 4 min 48 s.
• Entre « Le Carnaval des animaux » et « Les Quatre Saisons » :
3 min 37 s + 23 s = 3 min 60 s = 4 min
ou 4 min – 3 min 37 s = 3 min 60 s – 3 min 37 s = 23 s (difficile).

Obstacles possibles :
• Utiliser, dans les deux sens, la relation 1 min = 60 s.
• Comprendre le passage par la complémentation à 60.

2 Calculer une somme de durées et l'heure à laquelle se termine une action, connaissant l'heure du début de cette action et sa durée.
S'assurer que l'élève a bien compris quelles sont les trois durées concernées pour le calcul de la durée totale.
On peut déterminer la fin de la 1re période (20 h 45 min), de la pause (21 h) et de la 2e période (21 h 45 min) ou calculer la durée totale et l'ajouter à l'heure du début du match :
(45 min × 2) + 15 min = 90 min + 15 min = 105 min = 1 h 45 min, puis 20 h + 1 h 45 min = 21 h 45 min.

3 Calculer l'heure à laquelle se termine une action, connaissant l'heure du début de cette action et sa durée.
Le gâteau sera cuit 35 min plus tard.
10 h 45 min + 35 min = 10 h 80 min = 11 h 20 min.
Obstacle possible : la conversion de 80 min en 1 h 20 min.

4 Calculer la durée d'une action, connaissant l'heure du début et l'heure de la fin de cette action.
Pour calculer cette durée, l'élève peut s'appuyer sur un schéma (voir l'activité préparatoire 2). Il faut trouver combien de temps s'est écoulé entre 15 h 50 min et 16 h 35 min.
De 15 h 50 min à 16 h, il y a 10 min et de 16 h à 16 h 35 min, il y a 35 min.
Pierrick est resté chez le coiffeur 10 min + 35 min = 45 min.
Obstacle possible : le passage par le complément à l'heure entière immédiatement supérieure.

5 Résoudre un problème à étapes ; utiliser un sablier.
Formuler la stratégie qui va permettre de trouver : il faut ajouter la durée de la tonte à l'heure de départ.
Montrer un sablier et expliquer son fonctionnement. C'est un instrument de mesure du temps. Ici, on dira qu'« un sablier » est la durée d'écoulement du sable. Avec ce modèle de sablier, la durée de l'écoulement du sable est de 3 min.
La durée de la tonte est donc de 3 min × 5 = 15 min.
L'heure de la de fin de la tonte est donc :
16 h 15 min + 15 min = 16 h 30 min (affichage : 16:30).
Aide proposée : présenter et faire fonctionner un sablier.

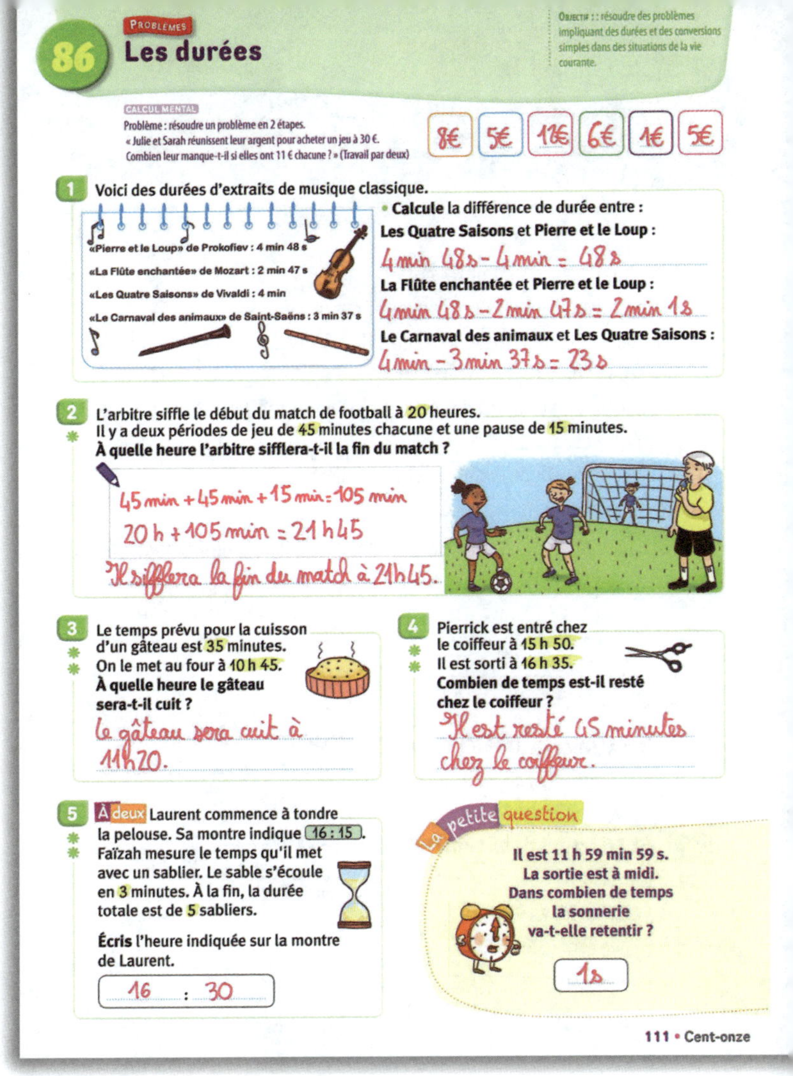
PROBLÈMES
86 Les durées
OBJECTIF : résoudre des problèmes impliquant des durées et des conversions simples dans des situations de la vie courante.

CALCUL MENTAL
Problème : résoudre un problème en 2 étapes.
« Julie et Sarah réunissent leur argent pour acheter un jeu à 30 €. Combien leur manque-t-il si elles ont 11 € chacune ? » (Travail par deux)
8€ | 5€ | 17€ | 6€ | 1€ | 5€

1 Voici des durées d'extraits de musique classique.
«Pierre et le Loup» de Prokofiev : 4 min 48 s
«La Flûte enchantée» de Mozart : 2 min 47 s
«Les Quatre Saisons» de Vivaldi : 4 min
«Le Carnaval des animaux» de Saint-Saëns : 3 min 37 s
• **Calcule** la différence de durée entre :
Les Quatre Saisons et **Pierre et le Loup** :
4 min 48 s – 4 min = 48 s
La Flûte enchantée et **Pierre et le Loup** :
4 min 48 s – 2 min 47 s = 2 min 1 s
Le Carnaval des animaux et **Les Quatre Saisons** :
4 min – 3 min 37 s = 23 s

2 L'arbitre siffle le début du match de football à 20 heures.
Il y a deux périodes de jeu de 45 minutes chacune et une pause de 15 minutes.
À quelle heure l'arbitre sifflera-t-il la fin du match ?
45 min + 45 min + 15 min = 105 min
20 h + 105 min = 21 h 45
Il sifflera la fin du match à 21h45.

3 Le temps prévu pour la cuisson d'un gâteau est 35 minutes.
On le met au four à 10 h 45.
À quelle heure le gâteau sera-t-il cuit ?
Le gâteau sera cuit à 11h20.

4 Pierrick est entré chez le coiffeur à 15 h 50.
Il est sorti à 16 h 35.
Combien de temps est-il resté chez le coiffeur ?
Il est resté 45 minutes chez le coiffeur.

5 À deux Laurent commence à tondre la pelouse. Sa montre indique 16 : 15.
Faïzah mesure le temps qu'il met avec un sablier. Le sable s'écoule en 3 minutes. À la fin, la durée totale est de 5 sabliers.
Écris l'heure indiquée sur la montre de Laurent.
16 : 30

La petite question
Il est 11 h 59 min 59 s.
La sortie est à midi.
Dans combien de temps la sonnerie va-t-elle retentir ?
1 s

111 • Cent-onze

La petite question

La sonnerie va retentir dans 1 seconde.
11 h 59 min 59 s + 1 s = 11 h 59 min 60 s = 11 h 60 min 00 s = 12 h 00 min 00 s

Faisons le point

• Nous avons calculé des sommes et des différences de durées.
• Nous avons calculé l'heure de la fin d'une action à partir de l'heure du début et de la durée de cette action.
• Nous avons calculé la durée d'une action à partir de l'heure du début et de la fin de cette action.

Pistes d'activités supplémentaires

Pour toute la classe
• Compléter une durée à une heure : « *Pierre doit courir une heure. Quelle durée lui reste-t-il à courir au bout de 15 min ? de 20 min ? de 30 min ? de 45 min ? de 59 min de course ?* »
• Compléter une heure exprimée en h et en min à une heure entière : de 7 h 20 à 9 h ; de 9 h 20 à 12 h ; de 10 h 30 à 15 h.
• Calculer la durée d'une action qui dure de 9 h à 10 h 15 ; de 8 h 15 à 10 h ; de 9 h 30 à 12 h 15 ; de 10 h 30 à 15 h…
• Problème : Chaque jour, nous avons une séance d'un quart d'heure de calcul mental dans la classe. Quelle est la durée totale du calcul mental durant une semaine (5 séances) ?

87 Calculs variés (1)

Exercices différenciés – Calculs 25 et 26

Programme 2016

- Calculer avec des nombres entiers.
- Mémoriser des faits numériques et des procédures.
- Élaborer ou choisir des stratégies de calcul adaptées aux nombres et aux opérations en jeu.
  - » Calculer en utilisant des écritures en ligne additives, soustractives, multiplicatives, mixtes.
  - » Recompositions additives et multiplicatives.

Objectif spécifique de la séance

Rebrasser les compétences concernant le calcul et la numération afin de les consolider.

Information didactique

Les calculs sont utilisés dans la résolution de problèmes mais un entrainement systématique est régulièrement nécessaire pour assurer le contrôle et le perfectionnement. Les élèves disposent de trois opérations parmi lesquelles il s'agit de faire un choix. **Il faut donc varier les exercices pour éviter les automatismes.** Les calculs pourront souvent être effectués de différentes façons, ce qui conduit à une meilleure compréhension du sens des opérations. L'enseignant demandera d'effectuer si possible, un contrôle des résultats obtenus.

Il est préférable de proposer aux élèves des nombres de dimension raisonnable, afin de ne pas superposer les difficultés. La calculette peut aussi permettre de contrôler.

CALCUL MENTAL

❶ Calculer la différence de deux nombres à 2 chiffres.
Dire : *« 40 – 12 ; 60 – 15 ; 50 – 14 ; 80 – 25 ; 31 – 18 ; 72 – 15 ; 60 – 35. »*
L'élève écrit la différence.

❷ Effectuer deux soustractions successives.
Dire : *« 46 – 10 – 3 ; 46 – 3 – 10 ; 59 – 20 – 5 ; 59 – 5 – 20 ; 61 – 30 – 2 ; 61 – 2 – 30. »*
L'élève écrit la différence.

Activité préparatoire

● Organiser un jeu inspiré du jeu « Le compte est bon »

Durée variable selon le nombre de calculs proposés.

« Le compte est bon » développe les capacités en calcul mental et les capacités de raisonnement.

On dispose de cinq nombres et on doit atteindre un nombre-cible en combinant ces cinq nombres avec les trois opérations connues : addition, soustraction, multiplication. Chaque nombre ne peut être utilisé qu'une seule fois et tous les nombres doivent être utilisés.

L'enseignant écrit au tableau les cinq nombres et le nombre cible.

Il définira le nombre de calculs qu'il propose en fonction du temps qu'il veut consacrer à l'activité préparatoire. Une partie de ces calculs pourra être effectuée après le travail sur fichier, sous forme d'activité supplémentaire.

• 1er calcul.
Nombre cible : 259. Nombres disponibles : 6 ; 1 ; 10 ; 9 ; 4.
Calcul : 6 × 4 = 24 ; 24 + 1 = 25 ; 25 × 10 = 250 ; 250 + 9 = 259.

• 2e calcul.
Nombre cible : 249. Nombres disponibles : 5 ; 5 ; 5 ; 5 ; 1.
Calcul : 5 × 5 = 25 ; 5 + 5 = 10 ; 25 × 10 = 250 ; 250 – 1 = 249.

• 3e calcul.
Nombre cible : 160. Nombres disponibles : 40 ; 50 ; 10 ; 30 ; 50.
Calcul : 30 + 40 = 70 ; 50 + 50 = 100 ; 100 + 70 = 170 ; 170 – 10 = 160.

• 4e calcul.
Nombre cible : 200. Nombres disponibles : 50 ; 30 ; 40 ; 40 ; 40.
Calcul : 40 + 40 + 40 = 120 ; 50 + 30 = 80 ; 120 + 80 = 200.

• 5e calcul.
Nombre cible : 90. Nombres disponibles : 50 ; 21 ; 20 ; 10 ; 9.
Calcul : 21+ 9 = 30 ; 50 + 20 = 70 ; 70 + 30 = 100 ; 100 – 10 = 90.

• 6e calcul.
Nombre cible : 210. Nombres disponibles : 30 ; 100 ; 7 ; 14 ; 6.
Calcul : 14 + 6 = 20 ; 20 × 7 = 140 ; 140 + 100 = 240 ; 240 – 30 = 210.

Proposer ces calculs l'un après l'autre. Effectuer les premiers calculs collectivement, puis proposer une recherche par deux ou par trois.

Travail sur le fichier

1 Associer un ensemble de nombres par des calculs pour atteindre un nombre cible (exercice du type « Le compte est bon »).

Lire la consigne et analyser l'exemple collectivement.

Remarquer que tous les nombres sont utilisés. Les associations de nombres et les types d'opérations à effectuer sont préparés. Effectuer les calculs au tableau après avoir expliqué que les calculs entre parenthèses sont à effectuer en priorité.

On aura donc :

(2 × 100) + (4 × 10) + (5 + 1) = 200 + 40 + 6 = 246.

Le 2e calcul est construit sur le même modèle que le 1er. Le dernier calcul est plus complexe : il faut atteindre un nombre à quatre chiffres et utiliser la soustraction. Laisser les élèves procéder par essais-erreurs, éventuellement par deux.

Obstacles possibles :
- Le dernier calcul.
- La mémorisation de faits numériques (multiplication par une puissance de 10).

Aide proposée : faire reprendre la règle de multiplication par 10, 100, 1 000.

2 Compléter les écritures d'un même nombre.

Une fois complétées, toutes les étiquettes doivent désigner le nombre 587. Pour chaque étiquette, on pourra faire formuler oralement la question à laquelle on doit répondre : *« Que faut-il ajouter à 507 pour obtenir 587 ? »* ou *« Que faut-il retrancher de 590 pour obtenir 587 ? »*.

Pour les deux dernières écritures, il faut passer par un calcul intermédiaire. On remarquera qu'elles demandent le même complément : 500.

3 Effectuer des calculs impliquant des produits par des puissances de 10.

Ces calculs peuvent être apparentés à des recompositions de nombres en appui sur leur structure décimale.

Les élèves doivent bien maitriser les produits par une puissance de 10 (par 10, 100, 1 000).

Corriger ces calculs au tableau en faisant formuler oralement leur déroulement, qui va s'effectuer par une procédure de calcul mental (ex. : « 8 multiplié par 100, ça fait 800 ; plus 30, ça fait 830 ; plus 7, ça fait 837. »).

Ensuite, ils pourront formuler plus rapidement en se dispensant de l'expression « ça fait ».

4 Dans une addition, associer les nombres dont la somme est égale à une dizaine entière pour calculer plus rapidement.

Obstacles possibles :

- Le repérage des nombres complémentaires pour former des dizaines entières.
- L'ajout d'un nombre à une dizaine entière.
- Le passage par des calculs intermédiaires.

Aide proposée : faire écrire au-dessus de chaque addition les calculs intermédiaires (20 + 19 ; 4 + 47 ; 20 + 80 ; 100 + 100…)

5 Soustraire une unité simple, une dizaine, une centaine, un millier d'un nombre à quatre chiffres.

Cet exercice demande une très bonne maitrise de la structure décimale des nombres et des unités de numération. Lors de la correction, observer les modifications intervenues après chaque retrait : remarquer qu'enlever 1, c'est enlever 1 unité (diminuer de 1 le chiffre des unités) ; enlever 10, c'est enlever une dizaine (diminuer de 1 le chiffre des dizaines), etc.

Les premiers retraits sur les nombres 2 650 et 4 300, qui aboutissent à la modification interne de deux ou trois chiffres pour un seul retrait sont particulièrement délicats.

Aide proposée : s'appuyer sur les unités de numération. Pour 4 300 – 1, passer par « 300 – 1 = 299, d'où 4 300 – 1 = 4 299 » (domaine numérique plus connu), puis adopter la même démarche pour le retrait de 10.

Faisons le point

- Nous avons effectué beaucoup de calculs différents.
- Nous avons effectué des calculs comme dans le jeu « Le compte est bon ».
- Nous avons complété différentes écritures d'un nombre, calculé rapidement en faisant des regroupements astucieux, puis soustrait une unité, une dizaine, une centaine, un millier à un nombre à quatre chiffres.

87 Calculs variés (1)

Objectif : rebrasser les compétences concernant le calcul et la numération afin de les consolider.

CALCUL MENTAL
Faire calculer la différence de 2 nombres à 2 chiffres.
Écrire la différence.

28 45 36 55 13 57 25

1 **Le compte est bon !** **Utilise** tous les nombres pour obtenir le nombre affiché.

246 : 2 4 100 5 10 1

(2 × 100) + (4 × 10) + (5 + 1) = 246

239 : 2 10 3 100 5 4

(2 × 100) + (3 × 10) + (5 + 4)

1839 : 500 1 8 100 2 40

(500 × 2) + (8 × 100) + (40 – 1)

2 **Complète** chaque écriture de 587.

507 + 80
590 – 3
100 + 487
400 + 187
500 + 87
7 + (10 × 8) + (5 × 100)
(20 × 4) + 7 + (25 × 20)

3 **Effectue** les calculs.

(9 × 100) + 7 = 907
(8 × 100) + 30 + 7 = 837
(5 × 100) + (4 × 10) + 8 = 548
(16 × 100) + (8 × 10) + 2 = 1682
(3 × 1000) + (7 × 100) + 3 = 3 703
(81 × 100) + 23 = 8 123
(5 × 1000) + (48 × 10) = 5 480

4 **Calcule** rapidement.

15 + 19 + 5 = 39
39 + 47 + 1 = 87
78 + 15 + 2 + 5 = 100
80 + 75 + 20 + 25 = 200
9 + 37 + 3 + 1 = 50
50 + 38 + 50 = 138
125 + 18 + 25 = 168

5 **Complète** le tableau.

−	3548	2650	4300
1	3 547	2649	4 299
10	3 538	2 640	4 290
100	3 448	2 550	4 200
1000	2 548	1 650	3 300

112 • Cent-douze

Pistes d'activités supplémentaires

Soutien

- Calculer :
  7 × 10 ; 5 × 100 ; 6 × 1 000 ; 15 × 10 ; 100 × 10 ; 100 × 25 ; 10 × 120.
- Effectuer les calculs en regroupant les nombres qui ont pour somme 100.
  10 + 70 + 90 = … ; 20 + 40 + 80 = … ; 70 + 20 + 30 + 80 = … .
- Effectuer ces additions en ligne :
  800 + 30 + 9 = … ; 240 + 7 = … ; 700 + 52 = … ;
  600 + 72 = … ; 37 + 200 = … ; 50 + 309 = … ;
  150 + 8 = … ; 7 + 350 = … .
- Effectuer les calculs :
  (4 × 100) + (3 × 10) + 7 = … ; (5 × 10) + 8 + (6 × 100) = … ;
  6 + (7 × 100) + (10 × 8) + (3 × 1 000) = … ;
  (53 × 10) + (5 × 100) + 9 + (1 000 × 2) = …
- Atteindre le nombre cible en utilisant les quatre nombres.
  Avec 4, 10, 2 et 5, obtenir 29. Avec 3, 2, 10 et 3, obtenir 29.
  Avec 5, 4, 10 et 10, obtenir 90, puis 120, puis 10, puis 29, puis 80.

Approfondissement

- « Le compte est bon » (variante) : demander, pour obtenir le nombre cible, d'utiliser le moins de nombres possible.

1 el défi

Par groupes de deux ou trois

Demander à chaque groupe de proposer un « compte est bon » et d'échanger avec un autre groupe. Vérifier d'abord la validité des propositions.

88 Cercle et diamètre

Programme 2016
- Utiliser le compas comme instrument de tracé.
- Construire un cercle connaissant son centre et un point, ou son centre et son rayon.
  » Lien entre propriétés géométriques et instruments de tracé : cercle et compas.

Objectifs spécifiques de la séance
- Connaitre le vocabulaire diamètre.
- Construire un cercle à partir de son diamètre.

Information didactique
La fiche 62 a permis aux élèves de construire un cercle à partir de son centre et connaissant son rayon. Mathématiquement, le diamètre (comme, d'ailleurs, le rayon) désigne deux éléments au niveau du cercle :
- c'est un segment de droite passant par le centre et limité par les points du cercle ;
- c'est aussi la longueur de ce segment.
Étymologiquement, le diamètre signifie « la mesure à travers » (du grec *dia* « à travers » et *metron* « la mesure »). Connaitre le diamètre (en tant que segment) permettra d'obtenir le centre du cercle (qui sera le milieu du segment) et son rayon (moitié de la longueur du diamètre).
Les repères de progressivité du programme précisent que c'est **en CE2 que la notion de diamètre doit être abordée.**

CALCUL MENTAL

❶ Construire la table de 9.
Compter de 9 en 9, de 9 à 90. Associer les 10 premiers multiples de 9 au produit de la table de 9.

Ex : 9	18	27	36…
↓	↓	↓	↓
1 fois 9	2 fois 9	3 fois 9	…

L'élève recopie la suite des produits.

❷ Revoir les produits connus de la table de 9. Commencer à mémoriser les autres.
Dire : « *1 fois 9 ? 2 fois 9 ? 3 fois 9 ? 4 fois 9 ? 5 fois 9 ?…* »
Faire retrouver, sur la table de Pythagore ou sur la fiche cartonnée « Les multiples », les produits pas encore mémorisés.

Activités préparatoires

1. Introduire la notion de diamètre — 20 min

Matériel par groupe de deux : feuille blanche, matériel de géométrie.

Programme de construction (à reproduire au tableau) :
« Trace un cercle de centre O et de rayon 5 cm.
Place le point O.
Trace un rayon.
Trace une ligne droite qui passe par O.
Marque les deux points d'intersection avec le cercle.
Trace en rouge le segment qui a pour extrémités ces deux points. »

Consigne 1 : « *Vous allez lire de programme de construction et réaliser ce programme de construction.* »
Analyser d'abord collectivement le texte, en particulier les deux dernières actions demandées. Laisser ensuite les élèves agir par deux.
Corriger au tableau (prendre alors un rayon de 50 cm). Demander de mesurer la longueur du segment rouge. Il mesure 10 cm : c'est le double du rayon.
Faire constater que le point O est ainsi le milieu du segment rouge. Préciser que le segment rouge s'appelle « un diamètre ».
Faire tracer un deuxième diamètre (en vert, par exemple). Le mesurer. Ce diamètre mesure aussi 10 cm. S'assurer que les élèves tracent un segment qui passe bien par le centre du cercle.

2. Tracer un cercle connaissant son diamètre — 15 à 20 min

Matériel par groupe de deux : compas.

Consigne : « *Vous allez tracer un segment d'une longueur 8 cm. Par deux, vous allez chercher comment tracer le cercle qui a pour diamètre ce segment de 8 cm.* »
Laisser les élèves échanger quelques instants. De manière collective, échanger sur les propositions des élèves. Arriver à la méthode suivante :
« *Tracer le diamètre.*
Placer le milieu O du diamètre, qui sera le centre du cercle (rappeler si besoin la méthode pour rechercher le milieu d'un segment).
Positionner la pointe du compas sur ce point.
Prendre comme écartement de compas la distance entre le point O et une extrémité du diamètre.
Tracer le cercle. »
Être vigilant sur le vocabulaire utilisé : les élèves peuvent confondre milieu et centre (O est le *milieu* du diamètre mais aussi le *centre* du cercle).
Bien établir la relation entre la longueur du diamètre et celle du rayon. Veiller à l'utilisation correcte du compas. Demander aux élèves de tracer le cercle selon la méthode dégagée.
Demander combien mesure le rayon (4 cm).

Travail sur le fichier

1 Identifier et utiliser correctement les éléments caractéristiques du cercle : centre, rayon et diamètre.
Laisser observer la situation de manière individuelle, puis passer à l'analyse collective. La figure tracée sur le feuillet du calepin peut être reproduite au tableau ou vidéoprojetée.
Faire repérer les quatre éléments : le cercle (en bleu) ; le centre O du cercle (point noir) ; le rayon (segment vert) ; le diamètre (segment rouge).
Faire lire la bulle qui établit le lien entre rayon et diamètre.
Laisser les élèves compléter la 1re partie.
La 2e partie permet aux élèves de constater que le cercle est une figure symétrique et que le diamètre est bien un axe de symétrie ; c'est-à-dire que si on plie le cercle (reproduit sur le papier calque) selon le diamètre, ses deux parties se superposent exactement.

Aide proposée : rappeler la méthode pour vérifier si une figure a bien un axe de symétrie (avec le papier calque).

2 Construire un cercle connaissant son rayon.

Faire observer et décrire la situation. La position du rayon dans l'espace de tracé induit le travail des élèves : l'extrémité du segment la plus « basse » sera le centre du cercle et la longueur du segment donnera l'écartement du compas. Les élèves, sans nécessairement connaitre la valeur du rayon, devront positionner la pointe du compas sur l'extrémité repérée comme le centre du cercle et l'autre pointe sur l'autre extrémité afin que l'écartement coïncide bien avec le rayon.

Obstacle possible : la compréhension de la situation.

Aide proposée : guider l'emplacement du centre du cercle.

3 Construire un cercle à partir de son diamètre.

Faire lire individuellement puis collectivement la consigne. Passer à l'analyse collective : reprendre la méthode dégagée lors de l'activité préparatoire n° 2.

4 Construire un cercle répondant à un programme de construction.

Les élèves doivent construire un cercle dont on connait le centre (le point vert) et passant par un point particulier. Le segment qui a pour extrémités les points vert et rouge est donc un rayon de ce cercle. Les élèves doivent observer et constater que le cercle passe aussi par les trois autres sommets du carré.

Aide possible : mettre en évidence que le segment qui a pour extrémités les points vert et rouge est un rayon du cercle.

La petite question

Les trois disques ont une zone d'intersection commune dans laquelle se trouve la lettre P.

Faisons le point

- Nous savons que le cercle a un centre, un rayon et un diamètre.
- Nous avons vu que la longueur du diamètre est deux fois celle du rayon.
- Nous avons vu que le milieu du diamètre est le centre du cercle.
- Nous savons construire des cercles avec le compas à partir du rayon ou du diamètre.

MÉMO-MATHS **« Je construis un cercle à partir de son diamètre », page 12.**

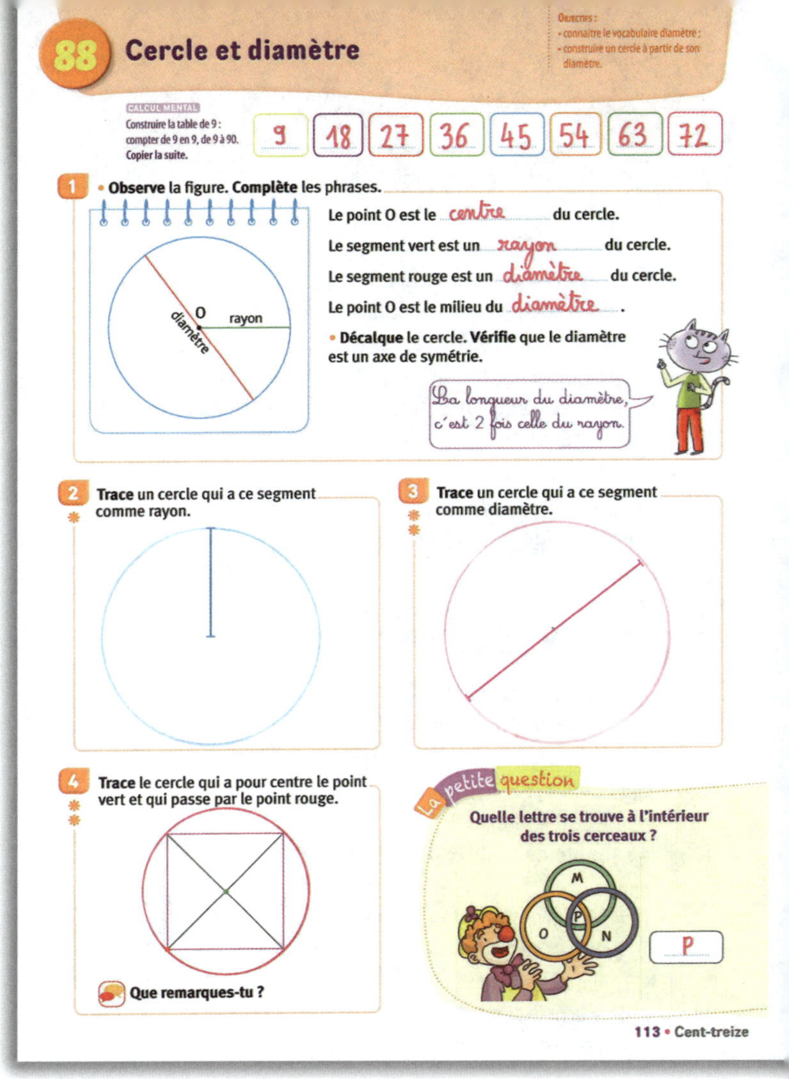

88 Cercle et diamètre

Objectifs :
- connaitre le vocabulaire diamètre ;
- construire un cercle à partir de son diamètre.

CALCUL MENTAL
Construire la table de 9 : compter de 9 en 9, de 9 à 90. Copier la suite.

9 | 18 | 27 | 36 | 45 | 54 | 63 | 72

1 • **Observe** la figure. **Complète** les phrases.

Le point O est le centre du cercle.
Le segment vert est un rayon du cercle.
Le segment rouge est un diamètre du cercle.
Le point O est le milieu du diamètre.

• **Décalque** le cercle. **Vérifie** que le diamètre est un axe de symétrie.

La longueur du diamètre, c'est 2 fois celle du rayon.

2 **Trace** un cercle qui a ce segment comme rayon.

3 **Trace** un cercle qui a ce segment comme diamètre.

4 **Trace** le cercle qui a pour centre le point vert et qui passe par le point rouge.

Que remarques-tu ?

La petite question

Quelle lettre se trouve à l'intérieur des trois cerceaux ?

P

113 • Cent-treize

Pistes d'activités supplémentaires

Soutien

- Proposer de construire des cercles à partir de leur diamètre déjà tracé et avec le milieu du diamètre déjà repéré.
- Tracer des cercles à partir du rayon avec l'une des extrémités repérée comme centre du cercle.
- Tracer un diamètre du cercle, le cercle étant déjà tracé et le centre du cercle repéré.
- Faire repérer deux diamètres dans le cercle de l'exercice 4.

Approfondissement

- Construire un 2e diamètre pour le cercle de l'exercice 3.
- Construire un diamètre perpendiculaire qui forme un angle droit avec le diamètre déjà tracé dans l'exercice 3.
- Prolonger la « petite question » : placer une lettre à l'intérieur du cerceau vert et du cerceau orange, puis une lettre à l'intérieur des cerceaux vert et violet.
- Programme de construction.

« Construis un rectangle de longueur 5 cm et de largeur 6 cm.
Joins les sommets opposés.
Marque le point d'intersection O.
Trace le cercle de centre O et qui passe par chacun des sommets du rectangle. »

89 La tonne

Programme 2016
- Comparer et estimer des masses.
  - » Unités de mesures usuelles de masse : kg, tonne.
  - » Relation entre les unités de masse.
- Résoudre des problèmes impliquant des masses.
- Résoudre des problèmes, notamment de comparaison, en utilisant les opérations sur les grandeurs et les nombres.

Objectifs spécifiques de la séance
- Découvrir une nouvelle unité de masse : la tonne (t).
- Connaitre et utiliser la relation 1 t = 1 000 kg.

Information didactique
La tonne (t) est une unité de mesure de masse égale à 1 000 kg. La tonne n'est pas une unité du système métrique ; elle est cependant très utilisée pour exprimer la masse de certains objets de la vie courante ou de l'environnement (camion, tracteur, bateau, locomotives, chargements de toutes sortes, édifices, rocher…), voire de certains animaux (éléphants, baleines, dinosaures…).
On a ainsi souvent l'occasion d'utiliser la **relation entre la tonne et le kilogramme.** C'est l'essentiel du travail proposé dans cette fiche.

CALCUL MENTAL

❶ **Problème : utiliser la table de 6.**
Dire : « *Dans une course cycliste, le circuit mesure 6 km. Quelle distance ont parcouru les coureurs lorsqu'ils ont fait : 2 tours ? 3 tours ? 4 tours ? 6 tours ? 8 tours ?* »
L'élève écrit le produit.

❷ **Problème : utiliser la table de 8 pour calculer un quotient exact.**
Dire : « *Un fleuriste vend ses tulipes par bouquets de 8. Combien a-t-il fait de bouquets s'il a utilisé 16 tulipes ? 40 tulipes ? 24 tulipes ? 32 tulipes ? 48 tulipes ? 80 tulipes ? 56 tulipes ?…* »
L'élève écrit le quotient exact.

Activité préparatoire

● Estimation autour des masses

20 min

Matériel : divers objets (voir plus bas), fiche d'activité. SITE COMPAGNON

Consigne 1 : « *Rappelons-nous les unités de masse que nous connaissons.* »
Montrer une masse marquée de 1 kg, 1 kg de sucre et une bouteille de 1 L d'eau et ajouter : « *Le sucre qui est dans ce paquet pèse 1 kg. L'eau contenue dans cette bouteille de 1 L pèse 1 kg.* »
Montrer une masse marquée de 1 g, un cinquième de feuille A4 et une pièce d'un centime et ajouter : « *Ce morceau de feuille pèse 1 g ; cette pièce de 1 centime d'euro pèse environ 2 g.* »
Consigne 2 : « *Aujourd'hui, nous allons découvrir une unité de masse beaucoup plus grande : la tonne, de symbole t. Une tonne a la même masse que 1 000 kg. Une automobile pèse environ 1 tonne.* »
Distribuer la fiche d'activité et écrire au tableau les noms d'objets ou d'animaux qu'elle contient : un cheval, une chaise, un chat, une gomme, un camion, un bureau, une baguette de pain, un bonbon, un rhinocéros.
Consigne 3 : « *Inscrivez dans chaque colonne du tableau de la fiche les noms pour lesquels on choisi l'unité de masse indiquée.* »
Écrire dans le désordre les masses correspondantes à ces objets ou animaux :
2 t ; 8 kg ; 25 g ; 820 kg ; 5 g ; 250 g ; 150 kg ; 26 t ; 4 kg.
Consigne 4 : « *En face de chaque nom, mettez la masse qui peut correspondre.* »

Travail sur le fichier

1 Résoudre un problème impliquant des additions et des comparaisons de masses en s'appuyant sur la relation entre la tonne et le kilogramme.
Laisser découvrir le problème individuellement et faire échanger les élèves par deux, sur la situation présentée ici (« *De quoi s'agit-il ?* ») et sur la demande qui est faite (« *Quelle est la question ?* »).
Demander à un ou deux élèves volontaires de venir présenter cette situation à la classe en donnant le moins de nombres possible (on y fera référence dans un second temps) et d'indiquer quelle est la question posée.
Résumer collectivement : « Un camion qui transporte des vachettes veut passer sur un pont. Pour passer sur ce pont, il ne faut pas dépasser une certaine masse. On nous demande, à l'aide des renseignements que l'on nous fournit, de dire si le camion est autorisé à passer sur ce pont. »
« *Quels sont les renseignements que l'on nous fournit ?* »
Réponse : la masse qu'il ne faut pas dépasser (5 tonnes), la masse du camion vide (2 800 kg), les masses des trois vachettes (800 kg, 720 kg et 530 kg), la relation entre tonne et kilogramme (1 t = 1 000 kg).
« *Qu'est-ce qui va passer sur le pont ?* »
Réponse : le camion et les vachettes. Donc, sur le pont, il va y avoir la masse du camion et la masse des vachettes.
Procéder à la résolution individuellement ou par deux en laissant à disposition le cahier de recherche.
L'addition est composée de quatre nombres : un calcul posé en colonnes se justifie. Faire attention à la disposition. On pourra vérifier avec la calculette.
Il suffit ensuite de procéder à la comparaison entre la masse du camion chargé et la masse autorisée, c'est-à-dire entre 4 870 kg et 5 t. Utiliser la conversion 5 t = 5 000 kg.
4 870 kg < 5 000 kg (fournie par l'affiche de Réglisse), donc le camion et les vachettes peuvent passer.

2 Transformation en kg d'une mesure exprimée en t et kg.
Rappeler la relation 1 t = 1 000 kg et laisser effectuer les conversions, puis corriger.
4 tonnes = 4 000 kg ; 3 tonnes = 3000 kg ;
3 tonnes 700 kg = 3 000 kg + 700 kg = 3 700 kg ;
4 tonnes 89 kg = 4 000 kg + 89 kg = 4 089 kg.

Obstacles possibles :
- Ajouter aux kilogrammes présents les kilogrammes provenant de la transformation des tonnes.
- L'opération 4 000 + 89 = 4 089 avec l'absence de centaines (erreurs possibles : 489 ou 4 890).

Aide proposée : analyser ces résultats erronés :
$489 = 400 + 89 \neq 4\,000 + 89$
et $4890 = 4\,000 + 890 \neq 4\,000 + 89$.

3 Transformer en t et kg une mesure exprimée en kg.

Laisser effectuer les conversions, puis corriger. On décomposera d'abord en milliers de kg, puis on fera aisément la conversion en t et kg.

6 130 kg = 6 000 kg + 130 kg = 6 t 130 kg ;
4 050 kg = 4 000 kg + 50 kg = 4 t 50 kg.

Obstacle possible : la décomposition d'un nombre à quatre chiffres en milliers et unités.

4 Rangement de masses exprimées avec différentes unités (t, kg, ou t et kg).

Faire lire la consigne et les masses, puis faire rappeler ce que signifie « ranger dans l'ordre décroissant ».

Laisser effectuer le rangement. Recueillir les procédures.

Les mesures les plus grandes sont celles qui affichent le plus grand nombre de tonnes (3 t 130 kg et 2 tonnes). Ensuite, il faut convertir : 1 950 kg = 1 t 950kg.

1 t 700 kg et 1 t 950 kg ont le même nombre de tonnes. On compare alors les nombres de kg : 1 t 950 kg > 1 t 700 kg.

Il est aussi possible de transformer toutes les mesures en kg, ce qui revient à ranger quatre nombres à quatre chiffres.

Obstacle possible : la présence de plusieurs unités.

5 Associer à des objets connus des élèves l'unité qui convient le mieux pour exprimer leur masse.

Aide proposée : bien préciser qu'il s'agit des vrais objets et non de reproductions en miniatures (jouets).

6 Résoudre un problème, à deux questions, impliquant des additions et des comparaisons de masses en s'appuyant sur la relation entre la tonne et le kilogramme.

Faire lire le problème silencieusement puis oralement par un ou deux élèves. Laisser résoudre en autonomie par deux sur le cahier de recherche. Ménager une phase de synthèse pour exploiter les travaux des élèves. Faire formuler la stratégie mise en œuvre dans les groupes.

La masse totale du chargement a pu se calculer en plusieurs étapes ou regroupée sous la forme d'un seul programme opératoire :

75 kg × 10 + 100 kg + (125 kg × 2) = 750 kg + 100 kg + 250 kg
= 1 100 kg.

(calcul en ligne ou posé, vérifié avec la calculette).

Comme 1 tonne = 1 000 kg et 1 100 kg > 1 000 kg, le livreur ne peut pas tout transporter en un seul voyage.

Obstacle possible : le nombre de données et d'opérations.

Aide proposée : penser à s'appuyer sur les transformations d'unités.

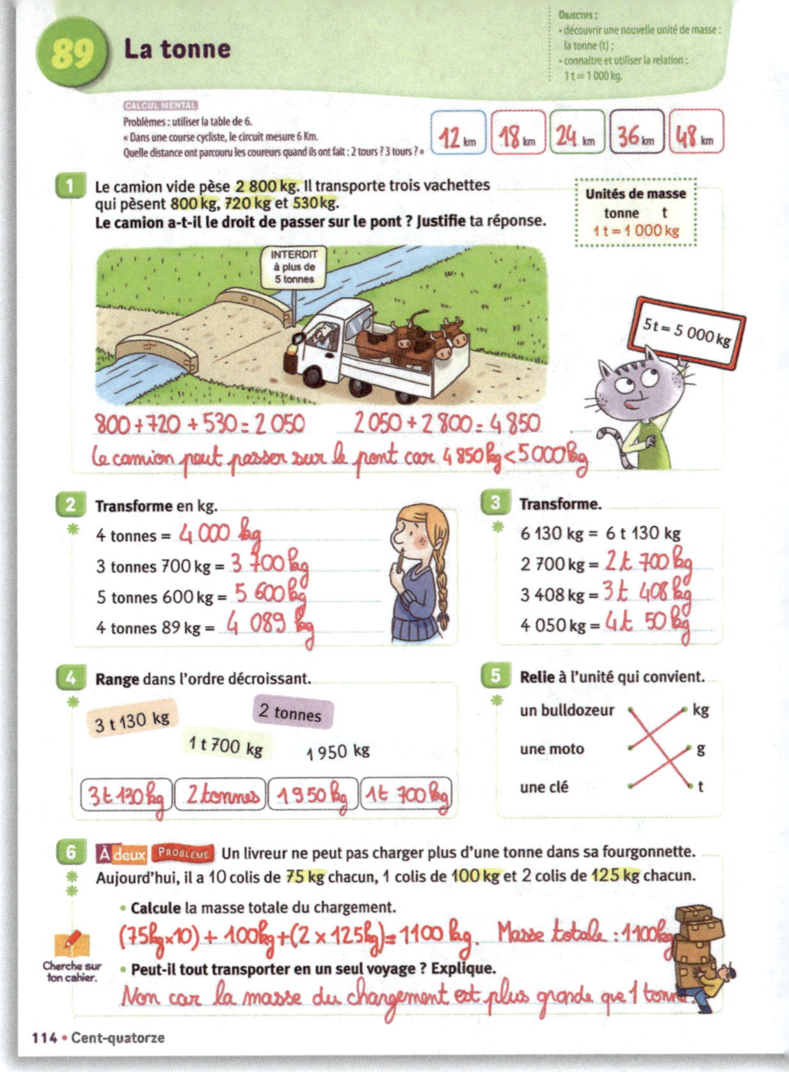

89 La tonne

OBJECTIFS :
- découvrir une nouvelle unité de masse : la tonne (t) ;
- connaître et utiliser la relation : 1 t = 1 000 kg.

CALCUL MENTAL
Problèmes : utiliser la table de 6.
« Dans une course cycliste, le circuit mesure 6 Km. Quelle distance ont parcouru les coureurs quand ils ont fait : 2 tours ? 3 tours ? »
12 km | 18 km | 24 km | 36 km | 48 km

1 Le camion vide pèse 2 800 kg. Il transporte trois vachettes qui pèsent 800 kg, 720 kg et 530 kg.
Le camion a-t-il le droit de passer sur le pont ? Justifie ta réponse.

Unités de masse
tonne t
1 t = 1 000 kg

800 + 720 + 530 = 2 050   2 050 + 2 800 = 4 850
Le camion peut passer sur le pont car 4 850 kg < 5 000 kg

2 Transforme en kg.
4 tonnes = 4 000 kg
3 tonnes 700 kg = 3 700 kg
5 tonnes 600 kg = 5 600 kg
4 tonnes 89 kg = 4 089 kg

3 Transforme.
6 130 kg = 6 t 130 kg
2 700 kg = 2 t 700 kg
3 408 kg = 3 t 408 kg
4 050 kg = 4 t 50 kg

4 Range dans l'ordre décroissant.
3 t 130 kg   2 tonnes   1 t 700 kg   1 950 kg
3 t 130 kg | 2 tonnes | 1 950 kg | 1 t 700 kg

5 Relie à l'unité qui convient.
un bulldozeur — kg
une moto — g
une clé — t

6 À deux PROBLÈME Un livreur ne peut pas charger plus d'une tonne dans sa fourgonnette.
Aujourd'hui, il a 10 colis de 75 kg chacun, 1 colis de 100 kg et 2 colis de 125 kg chacun.
- **Calcule** la masse totale du chargement.

(75 kg × 10) + 100 kg + (2 × 125 kg) = 1100 kg. Masse totale : 1100 kg
- **Peut-il tout transporter en un seul voyage ? Explique.**

Non car la masse du chargement est plus grande que 1 tonne

Cherche sur ton cahier.

114 • Cent-quatorze

Faisons le point

- Nous avons découvert une nouvelle unité de mesure des masses : la tonne (t).
- Nous savons que 1 t = 1 000 kg.
- Cette unité est utilisée pour exprimer des masses importantes, comme la masse d'un camion, d'un rocher ou d'un éléphant.
- Nous avons résolu des problèmes de masses où il fallait faire des comparaisons et utiliser la relation 1 t = 1 000 kg.

MÉMO-MATHS **« Je connais la tonne », page 9.**

Pistes d'activités supplémentaires

Pour toute la classe
- Recherches possibles à faire en classe ou à la maison :
  - relever cinq masses de produits alimentaires ;
  - trouver cinq objets ou animaux dont la masse est inférieure à 1 kg ; cinq objets ou animaux dont la masse est située entre 10 kg et 100 kg ; cinq objets ou animaux dont la masse est supérieure à 1 t.

Approfondissement
- Effectuer les sommes et exprimer le résultat en t et kg :
450 kg + 950 kg ; 1 t 750 kg + 3 t 125 kg ; 780 kg + 623 kg + 3 t.
- Écrire en kg :
7 t ; 4 t 300 kg ; 3 t 245 kg ; 1 t 40 kg ; 1 t 5 kg.
- Combien faut-il de sacs de 50 kg de riz pour faire une tonne de riz ?

90 L'éléphant de la savane

Programme 2016

- Comparer des masses.
  » Relation entre les unités de masse.
- Résoudre des problèmes impliquant des masses, des durées.
- Résoudre des problèmes de comparaison en utilisant les opérations sur les grandeurs.

Objectifs spécifiques de la séance

- Prélever et exploiter les informations fournies par un document.
- Résoudre des problèmes impliquant des masses et des durées.

Information didactique

Le programme du cycle 2 précise, dans son volet 1 : « on apprend à réaliser les activités scolaires fondamentales, que l'on retrouve dans plusieurs enseignements et qu'on retrouvera tout au cours de la scolarité : **résoudre un problème, comprendre un document**, rédiger un texte [...] ». Dans l'introduction du programme de mathématiques, il est indiqué que les problèmes peuvent être issus de situations rencontrées dans d'autres enseignements.
Cette fiche a été construite dans cet esprit et revêt un caractère interdisciplinaire, se situant au croisement des enseignements : « Mathématiques », « Français » et « Questionner le monde » en s'appuyant un contexte motivant pour les élèves.
Au plan mathématique, elle porte largement sur la mesure des grandeurs (masses et durées).

CALCUL MENTAL

❶ **Problème : rendre la monnaie.**
Dire : « *Dans un magasin, Luc paie avec un billet de 50 €. Combien le marchand doit-il lui rendre s'il fait un achat de 40 € ? de 30 € ? de 25 € ? de 45 € ? de 39 € ? de 18 € ?* »
L'élève écrit la somme rendue.

❷ **Problème : résoudre un problème d'achat.**
Dire : « *Marianne a 39 € dans son portemonnaie. Que lui reste-t-il si elle achète : • 20 € de légumes et 10 € de pain ? • 24 € de viande et 9 € de pâtisserie ? • 4 livres à 9 € l'un ? • 6 assiettes à 4 € l'une ?* »
L'élève écrit la somme restante.

Activité préparatoire

• Conduire une recherche sur documents concernant les éléphants

En amont de cette séance, proposer une activité de recherche à effectuer à la maison, à l'étude du soir ou dans une séance dédiée à l'école ou à la BCD sur le thème « Les éléphants dans le monde : recherche sur Internet ou à la médiathèque ».
Orienter la recherche sur leur localisation géographique dans le monde (Afrique, Asie) et leur mode de vie (état sauvage ou domestiqué).
Faire un compte rendu des recherches, à l'oral, dans un moment de partage collectif des informations collectées en demandant « *Alors, qu'avez-vous lu ou appris sur les éléphants ?* »

Travail sur le fichier

1 Exploitation orale puis écrite d'un document pour en extraire les informations utiles à la rédaction d'une fiche d'identité.
Demander une lecture silencieuse du document, puis inviter un élève à lire à haute voix.
Poser des questions portant sur la compréhension du texte : « *Que signifie "herbivore", "espérance de vie", "son poids varie de..." ?* »
Faire chercher dans un dictionnaire la définition des quelques mots qui peuvent poser problème, comme le garrot (chez les quadrupèdes, le garrot est utilisé comme référent pour mesurer la taille ; c'est la zone située sur le dessus du corps, à la jonction du cou et du dos ; la taille au garrot est la distance qui sépare le garrot du sol : elle est mesurée en plaçant la toise à l'arrière de la patte) ou la savane (c'est une étendue de hautes herbes dans laquelle il y a très peu d'arbres ; il y fait très chaud ; il y a de nombreux animaux ; c'est une formation végétale typique de l'Afrique).
Poser des questions sur les données numériques (par exemple : « *Quelle masse journalière de végétaux est nécessaire à un éléphant ?* »).
Demander de rédiger, par deux, la fiche d'identité de l'éléphant. Cette carte d'identité doit faire apparaitre toutes les données qui sont fournies dans le texte sur l'éléphant de la savane.
Après un moment de recherche à deux pour « rédiger » cette fiche, l'enseignant pourra, dans une phase collective, mettre en commun les différentes propositions et en élaborer une qu'il écrira au tableau. Ce travail pourra, dans le cadre du croisement des enseignements, être repris en français pour une présentation soignée.

L'éléphant de la savane

Taille : de 2 m 80 cm à 3 m 30 cm
Poids : de 3 t 700 kg à 6 t
Nourriture et quantité : végétaux, 225 kg par jour
Boisson et quantité : eau, 135 L en une fois
Espérance de vie : de 60 ans à 70 ans

2 Résoudre un problème de comparaison impliquant masse, durée et la relation entre tonne et kilogramme.
S'assurer que la situation est comprise. Proposer une lecture silencieuse de l'énoncé et des questions, puis faire lire à haute voix par un élève.
La question se résume à la formulation suivante : « *Est-ce que 4 tonnes de végétaux suffisent pour nourrir cet éléphant pendant 20 jours ?* »
Poser la question : « *Est-ce que vous pouvez répondre à cette question avec les renseignements fournis par l'énoncé ?* »
Certains élèves répondront peut-être « oui », car « 4 tonnes, c'est 4 000 kg et ça fait beaucoup ». Faire remarquer que cette réponse n'est pas une preuve, mais que l'on va pouvoir faire un calcul pour répondre.

Faire chercher des informations dans le document où l'on nous dit que l'éléphant mange 225 kg de végétaux par jour.

Définir la stratégie : calculer la masse de nourriture nécessaire pour 20 jours, puis comparer la masse nécessaire avec les 4 tonnes commandées.

Effectuer les calculs et répondre : « Ce n'est pas suffisant, car 4 500 kg, c'est plus que 4 tonnes (4 000 kg) ; il manque 500 kg de fourrage. »

Obstacle possible : la multiplication 225 kg × 20 nécessite de passer par un calcul réfléchi.

Aide proposée : dire que, pour trouver la masse de nourriture pour 20 jours, c'est comme si on cherchait la masse de nourriture pour 10 jours et encore pour 10 jours.

Pour 10 jours, il faut : 225 kg × 10 = 2 250 kg.

Pour 20 jours, 2 250 kg + 2 250 kg = 4 500 kg.

Faire vérifier, voire faire effectuer le calcul avec la calculette.

3 Calculer une différence de masse en s'appuyant sur un schéma.

Pour calculer l'écart entre ces deux masses, on complète d'abord à la tonne supérieure la plus proche.

Compléter de 3 t 700 kg à 4 t revient à compléter 3 700 kg à 4 000 kg ou 700 kg à 1 000 kg (300 kg).

De 4 t à 6 t, la différence est de 2 t, soit une différence totale de 2 t 300 kg.

Aide proposée : faire calculer d'autres écarts pour consolider cette procédure.

4 Résoudre un problème associant masse et durée dans une situation de croissance.

Lire l'énoncé silencieusement. L'enseignant en fait ensuite une lecture à haute voix en s'arrêtant avant les questions, qui seront abordées dans un second temps.

Analyser collectivement cet énoncé.

La première partie surlignée nous fournit une information générale sur la croissance « en poids » des éléphanteaux : « augmentation du poids de 25 kg par mois ».

La seconde partie nous fournit des renseignements sur Bimbo (poids à la naissance : 100 kg et poids actuel : 200 kg). Laisser résoudre le problème par deux puis ménager un temps de synthèse collective.

Lire la 1re question présentée sous la forme d'un QCM. La réponse se déduit des informations de l'énoncé.

« Quelle augmentation de poids de Bimbo depuis sa naissance ? ». Réponse : 200 kg – 100 kg = 100 kg.

« Combien de mois faut-il pour atteindre cette croissance en poids ? »

25 kg × 2 = 50 kg ; 25 kg × 3 = 75 kg ; 25kg × 4 = 100 kg.

Il faut 4 mois.

Lire la seconde question. Si Bimbo grossit de 25 kg par mois, pendant une année, son poids va augmenter de 12 fois 25 kg.

25 × 12 = 10 × 25 + 2 × 25 = 250 + 50 = 300 kg.

Son poids à un an sera donc 400 kg, car il ne faut pas oublier d'ajouter le poids à la naissance.

Obstacles possibles :

- La prise en compte, dans les questions, du poids à la naissance.
- Le calcul réfléchi.

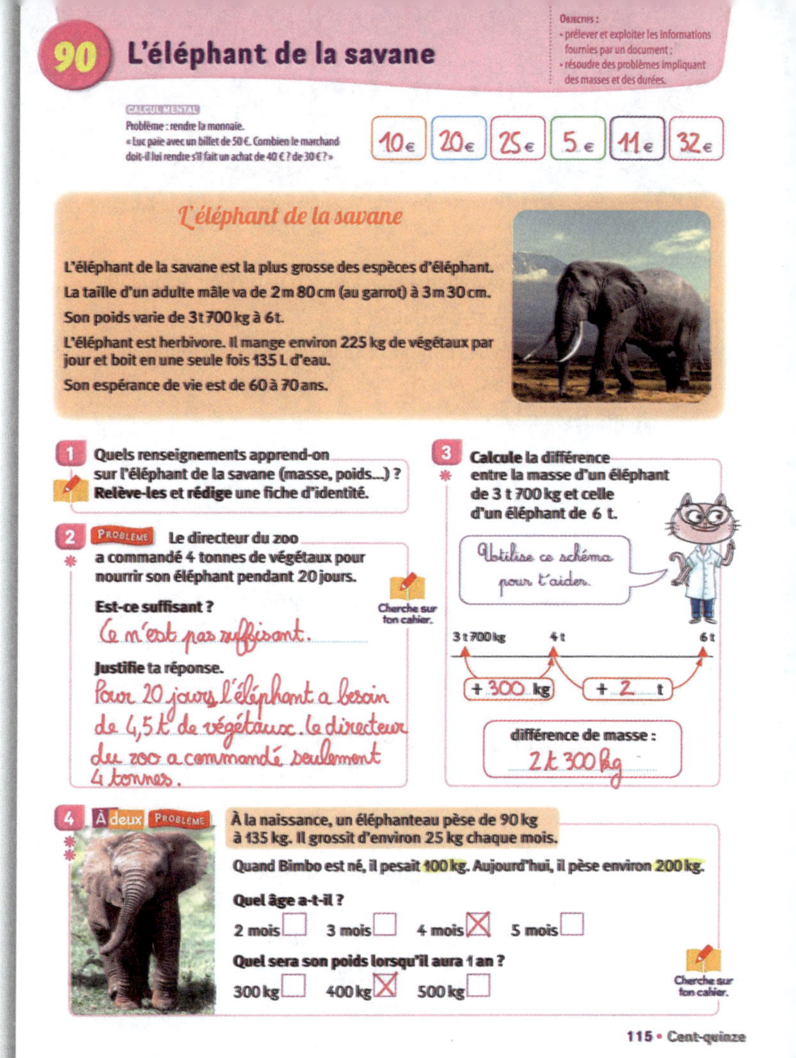

90 **L'éléphant de la savane**

Objectifs :
- prélever et exploiter les informations fournies par un document ;
- résoudre des problèmes impliquant des masses et des durées.

CALCUL MENTAL
Problème : rendre la monnaie.
« Luc paie avec un billet de 50 €. Combien le marchand doit-il lui rendre s'il fait un achat de 40 € ? de 30 € ? »
10 € | 20 € | 25 € | 5 € | 11 € | 32 €

L'éléphant de la savane

L'éléphant de la savane est la plus grosse des espèces d'éléphant.
La taille d'un adulte mâle va de 2 m 80 cm (au garrot) à 3 m 30 cm.
Son poids varie de 3 t 700 kg à 6 t.
L'éléphant est herbivore. Il mange environ 225 kg de végétaux par jour et boit en une seule fois 135 L d'eau.
Son espérance de vie est de 60 à 70 ans.

1 Quels renseignements apprend-on sur l'éléphant de la savane (masse, poids...) ? **Relève-les et rédige** une fiche d'identité.

2 PROBLÈME Le directeur du zoo a commandé 4 tonnes de végétaux pour nourrir son éléphant pendant 20 jours.
Cherche sur ton cahier.
Est-ce suffisant ?
Ce n'est pas suffisant.
Justifie ta réponse.
Pour 20 jours l'éléphant a besoin de 4,5 t de végétaux. Le directeur du zoo a commandé seulement 4 tonnes.

3 **Calcule** la différence entre la masse d'un éléphant de 3 t 700 kg et celle d'un éléphant de 6 t.
Utilise ce schéma pour t'aider.
3 t 700 kg — 4 t — 6 t
+ 300 kg | + 2 t
différence de masse : 2 t 300 kg

4 À deux PROBLÈME À la naissance, un éléphanteau pèse de 90 kg à 135 kg. Il grossit d'environ 25 kg chaque mois.
Quand Bimbo est né, il pesait 100 kg. Aujourd'hui, il pèse environ 200 kg.
Quel âge a-t-il ?
2 mois ☐ 3 mois ☐ 4 mois ☒ 5 mois ☐
Quel sera son poids lorsqu'il aura 1 an ?
300 kg ☐ 400 kg ☒ 500 kg ☐
Cherche sur ton cahier.

115 • Cent-quinze

Faisons le point

- Nous avons fait un travail de mathématiques sur les éléphants de la savane.
- Tous les renseignements qu'il fallait utiliser pour répondre étaient fournis dans un document.
- Le travail a porté sur la masse de nourriture et sur la croissance en poids d'un éléphanteau.
- Il fallait faire le lien entre l'augmentation de poids et l'âge de l'éléphanteau.

Pistes d'activités supplémentaires

Soutien

- Compléter à une tonne :
800 kg + … = 1 t ; 300 kg + … = 1 t ; 740 kg + … : 1 t ;
870 kg + … = 1 t ; 510 kg + … = 1 t.
- Compléter en utilisant un schéma :
1 t 300 kg + … = 5 t ; 3 t 800 kg + … = 10 t ;
2 t 400 kg + … = 6 t 500 kg.
- Comparer avec les symboles < ; > ; =.
750 kg … 7 t ; 2 t 900 kg … 3 t ; 2 875 kg … 2 t 875 kg ;
3 t 50 kg … 3 500 kg.

Approfondissement

- Effectuer ces multiplications par un calcul réfléchi :
125 × 20 ; 140 × 20 ; 250 × 30 ; 132 × 4.
- Combien de fois 25 dans 50 ? dans 100 ? dans 150 ? dans 200 ? dans 500 ?
- Problème : Si on donne à l'éléphant sa nourriture par paquet de 25 kg, combien lui faut-il de paquets par jour ?

91 Les mots-nombres

Activité de manipulation 11

Programme 2016

• Passer d'une représentation à une autre, en particulier associer les noms des nombres à leurs écritures chiffrées.

• Interpréter les noms des nombres à l'aide des unités de numération et des écritures arithmétiques.

» Noms des nombres.

Objectif spécifique de la séance

Interpréter le nom des nombres à quatre chiffres à l'aide des unités de numération et des écritures arithmétiques.

Information didactique

Les nombres peuvent être désignés par des écritures chiffrées ou littérales.

On peut dire que les mots-nombres sont des mots qui désignent des nombres. L'étude de la composition de l'écriture littérale d'un nombre en différents mots-nombres nous éclaire souvent sur sa structure décimale et renvoie à différentes décompositions chiffrées de ce nombre sous la forme de sommes, de produits ou d'écritures en unités de numération (par exemple, deux-mille-cinq-cent-trente-huit, c'est 2 000 + 500 + 30 + 8, c'est 2 m + 5 c + 3 d + 8u, c'est (2 × 1 000) + (5 × 100) + (10 × 3) + 8).

On notera qu'au-delà des mots-nombres, la conjonction « et » est parfois nécessaire (« trente-et-un »). Par ailleurs, les mots nombres sont invariables (sauf « vingt » et « cent », quand ils désignent au pluriel des vingtaines entières ou de centaines entières ; « million » et « milliard », qui s'accordent toujours au pluriel : ils seront vus plus tard dans la scolarité).

CALCUL MENTAL

❶ **Additionner deux nombres à 2 chiffres.**

Dire : *« 34 + 20 ; 34 + 25 ; 34 + 27 ; 48 + 15 ; 17 + 35 ; 18 + 36 ; 49 + 35 ; 58 + 17. »*

L'élève écrit la somme. (Travail par deux)

❷ **Additionner deux nombres dont un nombre à 3 chiffres.**

Dire : *« 150 + 30 ; 152 + 30 ; 120 + 40 ; 125 + 40 ; 130 + 50 ; 130 + 51 ; 210 + 26 ; 320 + 42 ; 550 + 120 ; 240 + 140. »*

L'élève écrit la somme. (Travail par deux)

Activités préparatoires

MATÉRIEL CARTONNÉ

1. Jeu : écrire des nombres à trois ou quatre chiffres avec les mots- nombres

20 min

Matériel par groupe de quatre : étiquettes mots-nombres du matériel cartonné, mises en commun dans une boite.

Consigne 1 : *« Dans chaque groupe, chaque élève tire au sort cinq étiquettes puis, avec ces étiquettes, il doit essayer de proposer un nombre à trois chiffres. Il n'est pas obligé d'utiliser toutes les étiquettes. Il se peut aussi qu'avec cinq étiquettes, il n'arrive pas à écrire un nombre à trois chiffres. »*

Laisser chercher les élèves.

Consigne 2 : *« Les élèves qui ont réussi laissent sur leur table le nombre qu'ils ont réalisé avec les étiquettes et écrivent le nombre en chiffres sur leur ardoise. Je passerai vérifier. »*

Recommencer plusieurs fois. Remarquer qu'il faut obligatoirement avoir l'étiquette « cent ». On pourra constater que le nombre d'étiquettes utilisé varie.

▸Recommencer le jeu, mais chaque enfant doit au départ prendre l'étiquette « cent » puis tirer au sort quatre étiquettes. Comparer puis vérifier au sein du groupe les nombres obtenus. Le (ou les) élève(s) qui ont réussi écrivent le nombre sur l'ardoise.

▸Avec les mots, écrire un nombre à quatre chiffres. On va très vite se rendre compte qu'on ne peut pas écrire de nombres à quatre chiffres si l'on n'a pas l'étiquette « mille » (sauf cas où un élève écrit « quinze-cents » → 1 500).

Remarquer que l'on peut ne pas avoir besoin de l'étiquette « cent » (ex. : 3 056 → « trois-mille-cinquante-six »).

À ce stade, l'enseignant fait dire quelques nombres à quatre chiffres qui ont été obtenus, les écrit au tableau en chiffres et en lettres en mettant bien en évidence les milliers, les centaines : quatre-mille-cinq-cent-trente-huit

4 000 500 30 8

4 538

2. Écrire avec les étiquettes mots-nombres un nombre dont on connait l'écriture chiffrée usuelle

10 à 15 min

Matériel individuel : étiquettes mots-nombres du matériel cartonné.

Consigne : *« J'écris un nombre en chiffres au tableau, vous devez l'écrire en lettres sur votre table avec les étiquettes mots-nombres. » (ex. : 5 442 ; l'élève écrit « cinq-mille-quatre-cent-quarante-deux »).*

Faire remarquer que, dans l'écriture littérale, on retrouve les unités de numération :

deux-mille-quatre-cent-quarante-deux

2 000	400	4	2
2 m	4 c	4 d	2 u

Pour former les dizaines, il faut les étiquettes dizaines « vingt », « trente », « quarante », « cinquante »…

Pour former les centaines, il faut le mot « cent(s) » précédé des mots-nombres de « deux » à « neuf ».

Pour former les milliers, il faut le mot « mille » précédé des mots-nombres de « deux » à « neuf ».

Ce type d'activité peut s'effectuer par groupe de quatre : deux élèves proposent un nombre en chiffres, les deux autres réalisent sur leur table leurs écritures littérales avec les étiquettes mots-nombres.

Travail sur le fichier

1 Recomposer l'écriture littérale d'un nombre à quatre chiffres à partir de deux écritures littérales complémentaires. S'assurer que la tâche est bien comprise. Faire lire oralement par plusieurs élèves, en articulant bien, le nombre 3 924.

Laisser effectuer la première partie de l'exercice individuellement.

Aide proposée : écrire ce nombre en gros au tableau et placer une règle ou tracer un trait vertical pour séparer l'écriture chiffrée usuelle du nombre en deux parties. Faire lire chaque fois le nombre en marquant un temps d'arrêt pour bien faire apparaitre la coupure et la décomposition. Exemple :
3 | 924 : trois-mille / neuf-cent-vingt-quatre
39 | 24 : trois-mille-neuf-cent / vingt-quatre
392 | 4 : trois-mille-neuf-cent-vingt / quatre

Il s'agit ensuite de compléter le tableau en utilisant les décompositions et recompositions des écritures littérales précédentes.
Dans la 1re ligne, les décompositions s'appuient sur les milliers, les centaines entières et les dizaines entières contenues dans le nombre 3 924. Dans la 2e ligne, les mêmes décompositions sont exprimées en unités de numération.

Obstacle possible : l'écriture « 39 c + 24 u ».
Aide proposée : transformer 3 900 en centaines
3 900 = 39 × 100 = 39 centaines.

2 Décompositions dans un tableau de nombres à quatre chiffres autour de leur structure décimale.
La 1re colonne donne l'écriture chiffrée usuelle ; la 2e colonne, la décomposition en milliers et unités ; la 3e colonne, celle en centaines entières et unités et la 4e colonne, celle en dizaines entières et unités.

Obstacle possible : les écritures sous formes de centaines entières et d'unités et de dizaines entières et d'unités.

3 Compléter différentes désignations d'un nombre à quatre chiffres.
Il faut compléter des milliers, des centaines entières, des dizaines entières et des unités de numération pour obtenir une désignation du nombre 2 768. Cet exercice est la suite logique des deux précédents et suppose une bonne maitrise de la structure décimale des nombres à quatre chiffres.

Obstacle possible : la maitrise de la structure des nombres à quatre chiffres.
Aide proposée : lire à haute voix le nombre et le début de certaines écritures, la partie complémentaire apparaitra alors plus nettement.

4 Écrire en lettres un nombre à quatre chiffres en s'appuyant sur les mots-nombres.
Faire lire oralement les nombres et les étiquettes mots-nombres, puis laisser écrire les nombres en lettres.

Aide proposée : lire les nombres à voix basse pour mieux intérioriser les mots-nombres qui les composent.

Faisons le point

- Nous avons écrit des nombres en utilisant nos étiquettes mots-nombres.
- Nous avons vu que, suivant la façon de lire le nombre et de regrouper les mots-nombres, on obtient différentes décompositions de ce nombre. Par exemple, « trois-mille / neuf-cent-vingt-quatre » c'est 3 000 + 924 ; « trois-mille-neuf-cent / vingt-quatre », c'est 3 900 + 24.

MÉMO-MATHS **« Je décompose un nombre à partir de son nom », page 13.**

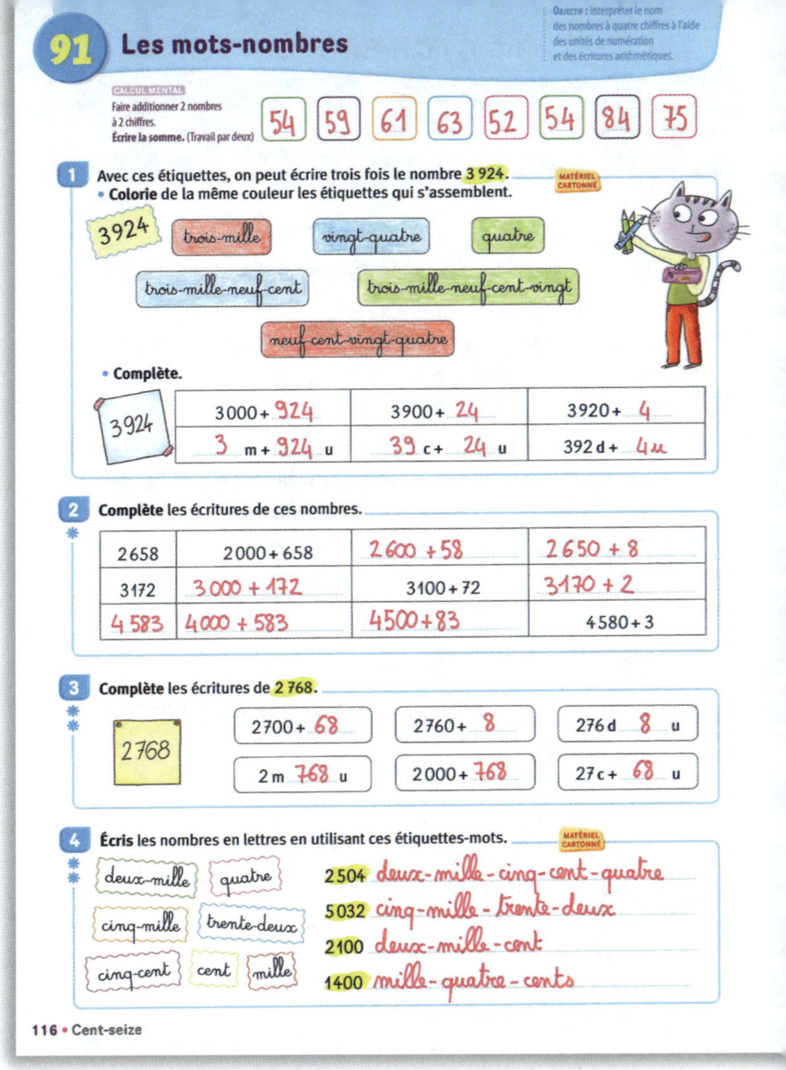
91 Les mots-nombres

Objectif : interpréter le nom des nombres à quatre chiffres à l'aide des unités de numération et des écritures arithmétiques.

CALCUL MENTAL
Faire additionner 2 nombres à 2 chiffres.
Écrire la somme. (Travail par deux)
54 59 61 63 52 54 84 75

1 Avec ces étiquettes, on peut écrire trois fois le nombre 3 924. MATÉRIEL CARTONNÉ
• Colorie de la même couleur les étiquettes qui s'assemblent.
3924 | trois-mille | vingt-quatre | quatre | trois-mille-neuf-cent | trois-mille-neuf-cent-vingt | neuf-cent-vingt-quatre

• Complète.

3924			
	3000 + 924	3900 + 24	3920 + 4
	3 m + 924 u	39 c + 24 u	392 d + 4 u

2 Complète les écritures de ces nombres.

2658	2000 + 658	2 600 + 58	2 650 + 8
3172	3 000 + 172	3100 + 72	3170 + 2
4 583	4 000 + 583	4500 + 83	4580 + 3

3 Complète les écritures de 2 768.
2768
2700 + 68 | 2760 + 8 | 276 d 8 u
2 m 768 u | 2000 + 768 | 27 c + 68 u

4 Écris les nombres en lettres en utilisant ces étiquettes-mots. MATÉRIEL CARTONNÉ
deux-mille | quatre | cinq-mille | trente-deux | cinq-cent | cent | mille
2504 deux-mille-cinq-cent-quatre
5032 cinq-mille-trente-deux
2100 deux-mille-cent
1400 mille-quatre-cents

116 • Cent-seize

Pistes d'activités supplémentaires

Soutien

- À partir des mots-nombres du matériel cartonné, écrire ces nombres en lettres (ne pas oublier de mettre un tiret entre chaque mot-nombre) :
2 525 ; 3 561 ; 8 003 ; 8 310 ; 9 999.
- Proposer des nombres écrits en lettres et demander de fournir leur écriture en chiffres.
- Compléter une écriture en lettres d'un nombre à trois ou quatre chiffres :
1 354 → mille … ; 5 806 → … huit-cent … ;
2 957 → deux-mille … sept.
- Décomposer en milliers et unités :
7 485 ; 2 156 ; 2 004 ; 6 504 ; 3 040.
- Décomposer en centaines entières et unités :
1 453 ; 2 781 ; 2 314 ; 1 515 ; 1 789.

Approfondissement

- Décomposer en dizaines entières et unités :
642 ; 2 549 ; 2 013 ; 1 743.
- Écrire les nombres :
4 m ; 2 c ; 7 d ; 2 m 3 c ; 3 c 4 d ; 5 m 2 d ; 2 d 4 c ; 24 d ;
5 d 51 c 2 u.

le défi

Écris tous les noms de nombres que tu peux former avec les étiquettes « trois », « neuf » et « mille » en utilisant, une, deux ou trois étiquettes. Ensuite, écris tous ces nombres en chiffres.

PROBLÈMES

92 Résoudre un problème à étapes

Programme 2016

• Résoudre des problèmes issus de situations de la vie quotidienne.

Objectif spécifique de la séance

Découvrir que, pour répondre à une question, il est parfois nécessaire de procéder en plusieurs étapes.

Information didactique

Nous dirons qu'un problème à étapes est un problème dans lequel **la réponse à la question posée ne peut pas être trouvée sans passer par des calculs intermédiaires** pour accéder à des informations nécessaires qui n'ont pas été fournies dans l'énoncé.

Dans un problème à étapes, il faut fixer en amont l'algorithme de résolution en partant de la question posée. Il va faire apparaitre quelles sont les données nécessaires, quelles sont les données manquantes et les calculs intermédiaires à effectuer.

Dans ces problèmes, **l'élève doit analyser la situation et en déduire les différentes étapes de la résolution.**

Nous différencierons ce type de problème d'un problème à plusieurs questions, qui vont fixer les différentes étapes par lesquelles il faut passer, éludant par là-même tout l'intérêt de la phase d'analyse et de repérage de ces étapes intermédiaires.

CALCUL MENTAL

❶ Donner une écriture soustractive d'un nombre proche d'une dizaine entière.

Ex : 19 → 20 – 1 ; 28 → 30 – 2.

Dire : « *39 ; 99 ; 98 ; 77 ; 88.* »

L'élève écrit l'écriture soustractive.

❷ Donner une écriture soustractive d'un nombre proche d'une centaine entière.

Ex : 199 → 200 – 1

Dire : « *198 ; 297 ; 490 ; 390 ; 699 ; 980 ; 998 ; ...* »

L'élève écrit l'écriture soustractive.

Activité préparatoire

Analyser un problème à étapes

20 min

Problème : « Claire part faire ses courses avec 48 € dans son portemonnaie. À la boulangerie, elle achète une brioche à 4 € 50 c et deux baguettes à 1 € 10 c chacune. À la librairie, elle achète un livre à 13 € 90 c et une carte postale qui coute 2 € 10 c. Lorsqu'elle revient chez elle, quelle somme reste-t-il à Claire dans son portemonnaie ? »

Consigne : « *Voici un problème, nous allons essayer de le résoudre ensemble. Lisez-le d'abord silencieusement.* »

Faire lire ensuite le problème oralement. Analyser le problème à partir de questions (« *De quoi s'agit-il ?* », « *Quelle est la question ?* »).

Dans un premier temps, on essaiera de résumer la situation et la question sans utiliser les nombres : « Claire va faire ses courses à la boulangerie et à la librairie. On voudrait savoir quelle somme d'argent il lui reste dans son portemonnaie lorsqu'elle a fini ses courses. »

« *Pour trouver la réponse, qu'est-ce que l'on doit connaitre ?* »

Réponse : « Il faut savoir ce qu'elle a dépensé et combien elle avait d'argent dans son portemonnaie au début. On le connait, c'est 48 €. »

« *Comment faire ensuite pour trouver la réponse ?* »

Réponse : « Il faut enlever ce qu'elle a dépensé et on trouvera ce qui lui reste. »

« *Comment faire pour savoir ce qu'elle a dépensé ?* »

Réponse : « On cherche ce qu'elle a dépensé à la boulangerie. On cherche ce qu'elle a dépensé à la librairie. On cherche ce qu'elle a dépensé en tout. »

Les calculs sont les suivants :

• Dépense à la boulangerie : 4 € 50 c + 2 € 20 c = 6 € 70 c.

• Dépense à la librairie : 13 € 90 + 2 € 10 = 15 € 100 c = 16 €.

• Dépense totale : 16 € + 6 € 70 c = 22 € 70 c.

• Somme restante : 48 € – 22 € 70 c = (48 € – 22 €) – 70 c
= 26 € – 70 c = 25 € 30 c

(ou 22 € 70 c + 25 € 30 c = 48 €).

Faire rédiger la phrase-réponse : « À la fin des courses, il reste 25 € 30 c dans le portemonnaie de Claire. »

Constater que l'on n'a pas calculé directement la réponse et qu'il a fallu résoudre le problème en plusieurs étapes.

On peut envisager de présenter un énoncé de ce problème sans proposer de prix avec des centimes pour se focaliser davantage sur la démarche (brioche à 4 €, baguette à 1 €, livre à 14 € et carte postale à 3 €).

Travail sur le fichier

On procèdera d'abord à l'analyse des problèmes sans ouvrir les fichiers. Les trois problèmes seront écrits au tableau et/ou photocopiés pour chaque élève. Chaque problème sera analysé collectivement et l'algorithme de résolution sera dégagé.

1 Résoudre un problème à étapes.

• Sans ouvrir le fichier, lire le problème et la question posée. Pour trouver le nombre de livres restant à transporter, il faut enlever au nombre de livres du départ que l'on connait (85 livres), le nombre de livres qui ont déjà été transportés que l'on ne connait pas mais que l'on peut calculer (15 fois 8 livres). Ce problème se fera donc en deux étapes.

1re étape : recherche du nombre de livres transportés.

2e étape : calcul du nombre de livres restant à transporter.

• Ouvrir le fichier. Laisser compléter les solutions individuellement ou par deux.

Il y a deux possibilités de calcul pour l'étape 2 : la soustraction (185 – 120 = 65) ou la complémentation (120 + 65 = 185).

2 Résoudre un problème à étapes avec des prix.

• Sans ouvrir le fichier, lire le problème et la question posée. La libraire doit rendre à Akim l'argent qu'il lui a donné en trop, c'est-à-dire la différence entre la somme qu'il doit payer pour ses achats et la somme qu'il a donnée. Akim a donné trop d'argent. Pour trouver ce que la libraire doit rendre comme argent à Akim, il faut connaitre deux choses : ce qu'Akim lui doit, le montant total de ses achats (on ne le connait pas, mais on peut le calculer) ; la somme qu'Akim lui a donnée (on la connait : c'est un billet de 20 €).

Ce problème se fera donc en deux étapes.

1re étape : calcul de la somme des achats faits par Akim.

2e étape : calcul de la somme que la libraire doit rendre à Akim.

• Ouvrir le fichier. Laisser compléter les solutions individuellement ou par deux.

Il y a deux possibilités de calcul pour l'étape 2 : la soustraction (20 € – 17 € = 3 €) ou la complémentation (17 € + 3 € = 20 €).

Obstacles possibles :
- La situation « rendre la monnaie ».
- La présence d'une conversion 100 c = 1 € dans le calcul de la somme totale.

Aide proposée : faire vivre des situations plus simples avec la monnaie du matériel cartonné (ex. : *« Pour payer 18 €, Jeff donne 20 € à la marchande. Combien donne-t-il d'argent de trop ? »* ; réponse : « Il donne 2 € de trop. Donc la marchande doit lui rendre 2 €. »)

3 Résoudre un problème à étapes avec des masses.

• Sans ouvrir le fichier, lire le problème et la question posée. Pour trouver la masse de farine restant dans le paquet après avoir fait les gâteaux, il faut enlever à la masse du départ (que l'on connait : 1 kg), la masse totale de farine utilisée (que l'on ne connait pas mais que l'on peut calculer).

1re étape : calcul de la masse totale de farine utilisée.

2e étape : calcul de la masse de farine restant après la fabrication des gâteaux.

• Ouvrir le fichier. Laisser compléter les solutions individuellement ou par deux.

Pour l'étape 2, la solution par complémentation évite la soustraction de 1 000 : 350 g + 650 g = 1 000 g.

Sinon, par soustraction :

1 000 – 350 = (1 000 – 300) – 50 = 700 – 50 = 650.

Obstacle possible : la nécessité de convertir 1 kg = 1 000 g.

Faisons le point

• Nous avons travaillé sur des problèmes à étapes.

• Dans un problème à étapes, on ne peut pas trouver le résultat directement. Il faut passer par des calculs intermédiaires.

• Lorsqu'on doit résoudre un problème de ce type, avant de commencer, il faut bien analyser le problème pour voir les différentes étapes.

MÉMO-MATHS **« Je fais un problème à étapes », page 24.**

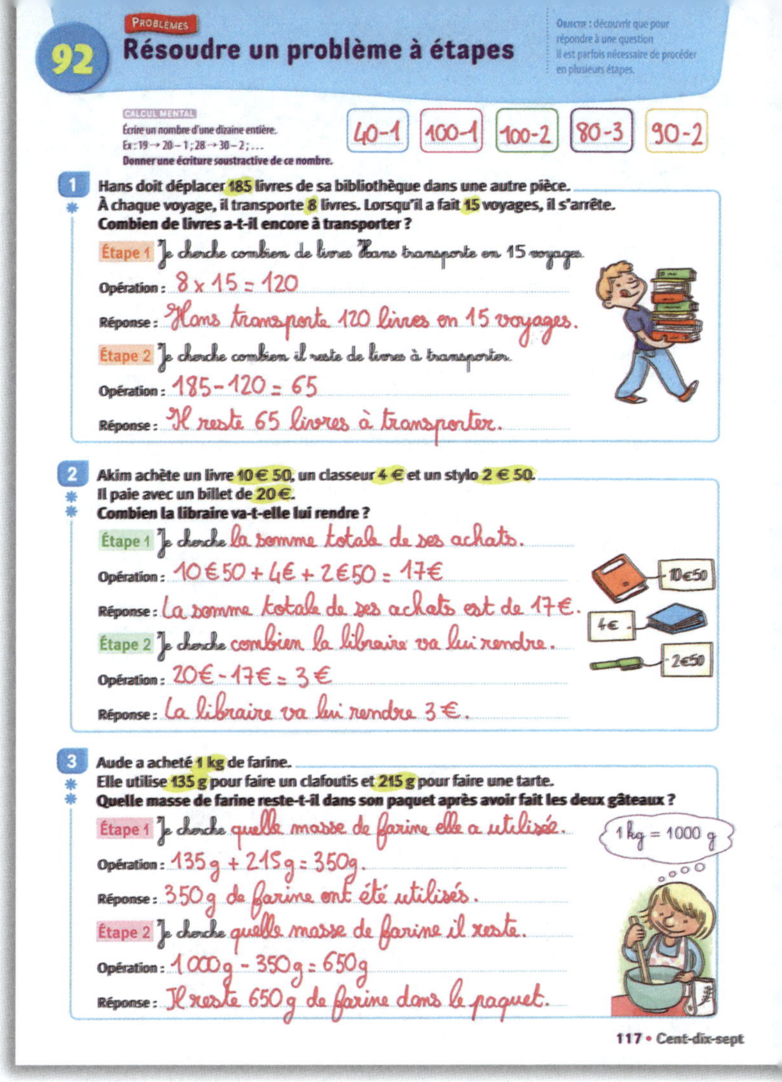

PROBLÈMES

92 Résoudre un problème à étapes

OBJECTIF : découvrir que pour répondre à une question il est parfois nécessaire de procéder en plusieurs étapes.

CALCUL MENTAL

Écrire un nombre d'une dizaine entière.
Ex : 19 → 20 – 1 ; 28 → 30 – 2 ; …
Donner une écriture soustractive de ce nombre.

40-1 | 100-1 | 100-2 | 80-3 | 90-2

1 Hans doit déplacer 185 livres de sa bibliothèque dans une autre pièce. À chaque voyage, il transporte 8 livres. Lorsqu'il a fait 15 voyages, il s'arrête. Combien de livres a-t-il encore à transporter ?

Étape 1 Je cherche combien de livres Hans transporte en 15 voyages.
Opération : 8 x 15 = 120
Réponse : Hans transporte 120 livres en 15 voyages.
Étape 2 Je cherche combien il reste de livres à transporter.
Opération : 185 – 120 = 65
Réponse : Il reste 65 livres à transporter.

2 Akim achète un livre 10 € 50, un classeur 4 € et un stylo 2 € 50. Il paie avec un billet de 20 €. Combien la libraire va-t-elle lui rendre ?

Étape 1 Je cherche la somme totale de ses achats.
Opération : 10 € 50 + 4 € + 2 € 50 = 17 €
Réponse : La somme totale de ses achats est de 17 €.
Étape 2 Je cherche combien la libraire va lui rendre.
Opération : 20 € – 17 € = 3 €
Réponse : La libraire va lui rendre 3 €.

10€50 | 4€ | 2€50

3 Aude a acheté 1 kg de farine. Elle utilise 135 g pour faire un clafoutis et 215 g pour faire une tarte. Quelle masse de farine reste-t-il dans son paquet après avoir fait les deux gâteaux ?

Étape 1 Je cherche quelle masse de farine elle a utilisée.
Opération : 135 g + 215 g = 350 g.
Réponse : 350 g de farine ont été utilisés.
Étape 2 Je cherche quelle masse de farine il reste.
Opération : 1 000 g – 350 g = 650 g
Réponse : Il reste 650 g de farine dans le paquet.

1 kg = 1000 g

117 • Cent-dix-sept

Pistes d'activités supplémentaires

Pour toute la classe

Faire trouver les données manquantes et les étapes à mettre en place pour la résolution d'un problème (ex. : « Léo achète 6 assiettes et 6 bols. Il paie avec 50 €. Combien lui rend-on ? » ; « D'une cuve de 500 L on a retiré 8 arrosoirs. Combien reste-t-il de litres dans cette cuve ? » ; « Boris et Lisa veulent acheter un vélo à 150 € en réunissant l'argent qu'ils possèdent. Combien leur manque-t-il ? »)

Approfondissement

• Changer les données numériques dans les problèmes de la fiche.

• Proposer des problèmes comportant plus de deux étapes.

PROBLÈMES

93 Représenter une grandeur par une longueur

Programme 2016

- Résoudre des problèmes issus de situations de la vie quotidienne.
- Dans des cas simples, représenter une grandeur par une longueur, notamment sur une demi-droite graduée.
  » Des objets de grandeurs égales sont représentés par des segments de longueurs égales.
  » Une grandeur double est représentée par une longueur double.

Objectifs spécifiques de la séance

- Représenter des grandeurs par des longueurs dans des schémas pour résoudre des problèmes.
- Illustrer des situations de comparaison impliquant différentes grandeurs, en représentant les mesures par des segments sur la demi-droite graduée.

Information didactique

Même si certains élèves n'auront pas besoin de passer par des schémas, l'utilisation de schémas comme outil transitoire de représentation peut apporter une aide à la compréhension.
Dans de nombreuses situations, la longueur peut représenter une autre grandeur. C'est le cas fréquemment pour les durées (frises chronologiques). On retrouve cette représentation par la longueur dans tous les diagrammes en bâton, où les mesures des différentes familles de grandeurs sont représentées par des segments verticaux ou horizontaux avec un rapport proportionnel ou une échelle donnée.
La **représentation d'une grandeur par une longueur permet de bien visualiser les rapports entre les mesures**, à condition de conserver la même échelle.
La **représentation sur une demi-droite graduée offre la possibilité de lire les mesures**, de calculer les écarts ou de construire un segment qui va représenter une mesure.

CALCUL MENTAL

❶ Ajouter un nombre proche d'une dizaine entière.
Écrire l'exemple : $35 + 19 = (35 + 20) - 1 = 55 - 1 = 54$.
Dire : « *24 + 19 ; 28 + 29 ; 36 + 19 ; 54 + 39 ; 75 + 99 ; 87 + 98.* »
L'élève écrit la somme.

❷ Ajouter un nombre proche d'une centaine entière.
Écrire l'exemple : $45 + 199 = (45 + 200) - 1 = 245 - 1 = 244$.
Dire : « *120 + 199 ; 140 + 299 ; 280 + 999 ; 580 + 98 ; 915 + 198 ; 618 + 397.* »
L'élève écrit la somme.

Activités préparatoires

1. Comprendre une représentation — 10 min

Matériel individuel : ardoise.

▶ Écrire la situation au tableau :
« Lilou a lu pendant 40 min, Axel pendant 10 min et Baba pendant 20 min. »
▶ Représenter les segments :

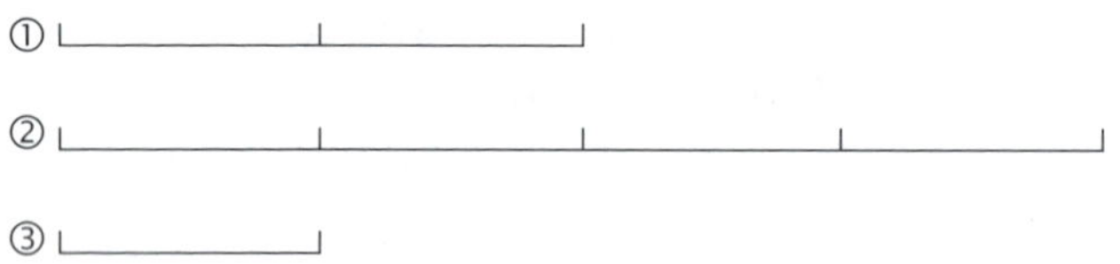

Consigne 1 : « *Ces trois schémas représentent les temps de lecture de Lilou, Axel et Baba. Retrouvez la situation qui correspond à chacun d'eux et écrivez les trois prénoms sur votre ardoise à côté du numéro du schéma.* »
▶ Énoncer les différentes procédures d'analyse : « *Le trait le plus long, c'est le temps de lecture le plus long. C'est celui qui représente 40 min ; c'est le temps de Lilou. Le trait le plus court représente le temps le plus court ; c'est le temps d'Axel.* »
▶ Faire observer le segment associé à Axel, qui lit pendant 10 minutes (segment ③).

.

Dire : « *Baba a lu pendant 20 minutes ; c'est le double de 10 minutes. Le segment qui représente 20 minutes est le double du segment qui représente 10 minutes.*
Lilou a lu pendant 40 minutes ; 40 minutes c'est 4 fois 10 minutes. Le segment qui représente 40 minutes est « égal à 4 fois » le segment qui représente 10 minutes. »

2. Représenter des données par des longueurs — 10 min

Consigne : « *Voici une situation : Pierre a 26 € et Fatou a 13 €. Je vais tracer au tableau un segment qui représente les 26 €. Comment représenter la somme que possède Fatou ?* »
Fatou a 13 €, c'est-à-dire la moitié de 26 €. Il faut représenter la somme possédée par Fatou.
Un élève vient tracer et explique en même temps comment il fait : « Fatou a une somme égale à la moitié de celle de Pierre. Je dois donc tracer un trait qui aura une longueur égale à la moitié du trait de Pierre. »
En profiter pour réactiver la méthode à suivre pour trouver la moitié d'un segment (on peut mesurer et calculer la moitié ; prendre une bande de la même longueur que le trait et la plier en deux parties de même longueur).
▶ Proposer une autre situation à résoudre par deux sur une feuille ou sur l'ardoise. Deux élèves travaillent derrière le tableau.
« *Un poulet pèse 2 kg, un pigeon pèse 1 kg, un lapin pèse 4 kg. Représente les masses de ces trois animaux avec un schéma.* »

Travail sur le fichier

1 Représenter une distance par un schéma.
Lire le texte et la bulle silencieusement, puis oralement. Cette notion de représentation peut perturber les élèves. Demander s'il y a des élèves qui ne comprennent pas bien quelque chose.
Laisser effectuer puis faire justifier les réponses : « C'est Jean qui a parcouru la plus petite distance, 8 km. Cette distance est représentée par le trait le moins long. »
Insister sur le fait que la longueur du trait n'est pas la longueur réelle (il faudrait tracer un trait de 8 km).
Marine a parcouru une distance double, donc 16 km. Le trait a bien une longueur double de celle du trait de Jean.
Obstacle possible : le principe de la représentation.

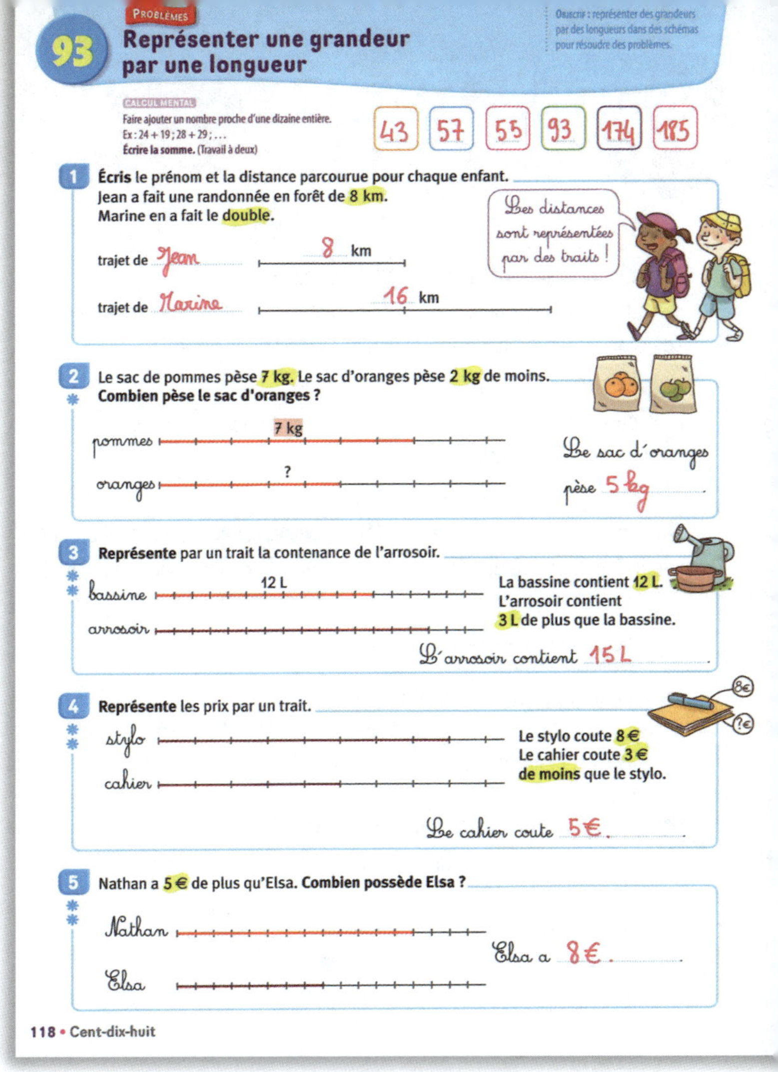
Problèmes

93 Représenter une grandeur par une longueur

Objectif : représenter des grandeurs par des longueurs dans des schémas pour résoudre des problèmes.

CALCUL MENTAL
Faire ajouter un nombre proche d'une dizaine entière.
Ex : 24 + 19 ; 28 + 29 ; …
Écrire la somme. (Travail à deux)

43 57 55 93 174 185

1 **Écris** le prénom et la distance parcourue pour chaque enfant.
Jean a fait une randonnée en forêt de 8 km.
Marine en a fait le double.

trajet de Jean — 8 km
trajet de Marine — 16 km

2 Le sac de pommes pèse 7 kg. Le sac d'oranges pèse 2 kg de moins.
Combien pèse le sac d'oranges ?

pommes — 7 kg
oranges — ?

Le sac d'oranges pèse 5 kg.

3 **Représente** par un trait la contenance de l'arrosoir.

bassine — 12 L
arrosoir

La bassine contient 12 L. L'arrosoir contient 3 L de plus que la bassine.

L'arrosoir contient 15 L.

4 **Représente** les prix par un trait.

stylo
cahier

Le stylo coute 8 €. Le cahier coute 3 € de moins que le stylo.

Le cahier coute 5 €.

5 Nathan a 5 € de plus qu'Elsa. **Combien possède Elsa ?**

Nathan
Elsa

Elsa a 8 €.

118 • Cent-dix-huit

2 Prendre appui sur une demi-droite graduée pour représenter des masses.

Remarquer que chaque kg est représenté par un petit segment unité. Il y a bien sept petits segments pour représenter les 7 kg de pommes. Le sac d'oranges, qui pèse 2 kg de moins, est représenté par un trait qui a deux segments de moins et qui représente donc 5 kg.

Obstacle possible : le principe de la représentation, car les longueurs ici représentent une autre grandeur : les masses.

3 Représenter une contenance sur une demi-droite graduée.

Voici une nouvelle grandeur, la contenance, représentée par une longueur.

Sur ces schémas, chaque segment unité représente 1 L. L'arrosoir contient 15 L. C'est 3 L de plus que la bassine, donc la longueur du trait qui représente sa contenance mesure trois segments unités de plus que celle du trait qui représente la contenance de la bassine.

Obstacle possible : la gestion de l'expression « de plus que ». Certains auront peut-être tracé un trait de trois unités.

4 Représenter des prix sur la demi-droite graduée.

Voici encore une nouvelle grandeur, la monnaie, représentée par une longueur.

Les élèves doivent tracer seuls les segments représentant le prix du stylo et du cahier.

Obstacle possible : la gestion de l'expression « de moins que ». Certains auront peut-être tracé un trait de trois unités.

5 Illustrer la comparaison de deux sommes d'argent en les représentant par deux segments sur la demi-droite graduée.

Lire sur la demi-droite graduée la somme possédée par Nathan et tracer le segment représentant celle que possède Elsa en s'appuyant sur la comparaison.

Obstacle possible : le passage obligé de la prise d'information sur le schéma.

Faisons le point

- Dans des problèmes de comparaison, nous avons représenté des longueurs, des masses, des contenances et des prix par des segments.
- Nous avons tracé ces segments sur des lignes graduées.
- Avec la représentation de ces mesures par des traits, nous avons remarqué que l'on voyait mieux les comparaisons.

MÉMO-MATHS **« Je représente une grandeur par un segment », page 13.**

Pistes d'activités supplémentaires

Pour toute la classe

- Voici la représentation de la contenance de quatre récipients A, B, C et D. Le récipient A contient 20 L. Il faut trouver la contenance des trois autres récipients.
(A : segment de 8 cm ; B : segment de 4 cm ; C : segment de 16 cm ; D : segment de 12 cm).
- Formuler une comparaison à partir d'une représentation de deux masses sur une demi-droite graduée.

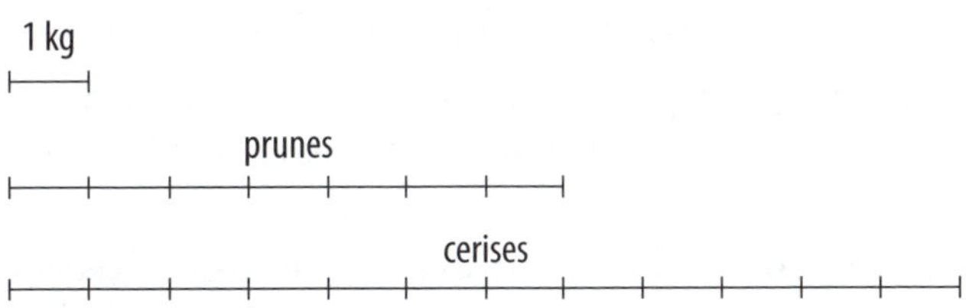

1 défi

Ali possède 10 € ; Cindy possède la moitié de la somme d'Ali ; Tatiana possède le double de la somme d'Ali et Hadrien possède autant que les sommes de Tatiana et Cindy réunies

Sans utiliser la ligne graduée, représente par des segments les sommes de ces quatre personnes.

94 Déplacements programmés (1)

Exercices différenciés – Espace et géométrie 19 et 20

Programme 2016

- S'orienter et se déplacer en utilisant des repères.
- Coder et décoder pour prévoir, représenter et réaliser des déplacements dans des espaces familiers, sur un quadrillage, sur un écran.

Objectifs spécifiques de la séance

- Représenter un déplacement conformément à un programme.
- Programmer un déplacement.

Information didactique

Au cours du cycle 2, les élèves ont développé des connaissances spatiales en étant familiarisés à des déplacements à l'aide de repères (sur quadrillage), mais aussi à la production d'algorithmes élémentaires. Depuis le CP, les élèves ont codé ou effectué des déplacements simples sur quadrillage. Il s'agissait souvent d'une première étape dans la programmation. Le codage y était donné d'un point de vue d'un observateur extérieur (on décrivait le déplacement de l'objet par rapport à soi). À présent, il s'agit d'aller plus loin à partir d'un programme qui traduit le déplacement de l'objet : **on se met à la place de l'objet (robot ou personnage) pour se déplacer sur le quadrillage.** Cela à revient à programmer le trajet d'un objet que l'on observerait sur un écran d'ordinateur. Ce travail sera poursuivi tout au long de la scolarité et initie celui sur des logiciels de programmation adaptés ainsi qu'à la compréhension et la production d'algorithmes simples.

CALCUL MENTAL

❶ **Calculer la moitié d'une somme.**

Dire : *« Quelle est la moitié de 40 + 8 ? de 80 + 6 ? de 30 + 2 ? de 20 + 12 ? de 50 + 6 ? de 40 + 16 ? de 80 + 12 ? de 60 + 18 ? »*

L'élève écrit la moitié.

❷ **Calculer la moitié d'une dizaine entière.**

Dire : *« Écrivez la moitié de 10 ; 30 ; 60 ; 40 ; 50 ; 80 ; 20 ; 90 ; 100 ; 120 ; 140 ; … »*

L'élève écrit la moitié.

Activités préparatoires

1. Réactiver les connaissances sur le codage de nœuds d'un quadrillage et sur des déplacements simples

15 min

Matériel par groupe de deux : fiche d'activité avec un quadrillage de 10 carreaux sur 8 carreaux. SITE COMPAGNON

Consigne 1 : « *Observez ce quadrillage. Que voyez-vous ?* »

Placer deux points de couleurs (vert et rouge, par exemple) sur des nœuds. Les élèves doivent repérer, au niveau du quadrillage :

- les lettres sur les lignes verticales et les chiffres sur les lignes horizontales ;

- les éléments qui sont placés sur des « croisements » de lignes.

On peut mettre en évidence les différentes lignes par des couleurs différentes (ex : rouge pour les lignes horizontales et bleu pour les lignes verticales).

Faire repérer les nœuds par le nom des deux lignes. Dire par exemple : « *Le point vert est au croisement de la ligne b et de la ligne 4.* » Rappeler que le croisement s'appelle un nœud d'un quadrillage et que c'est un point codé b.4.

Écrire au tableau la convention établie « lettre.chiffre » (ex. : b.4).

Consigne 2 : « *Je vais vous écrire le code de deux points : c.5 et d.7. Vous devez les placer sur le quadrillage.* »

Laisser les élèves positionner les points par deux. Corriger.

2. Effectuer des déplacements d'une figurine sur un quadrillage selon un programme

20 min

Matériel par groupe de deux : fiche d'activité avec un quadrillage de 10 carreaux sur 8 carreaux SITE COMPAGNON et une figurine ou un pion (orienté avec une marque pour indiquer un sens). Il est important que l'objet qui sera déplacé soit orienté (c'est-à-dire ait un « avant » et un « arrière »).

Les élèves travailleront par groupe de deux. Reproduire ou vidéoprojeter au tableau le quadrillage.

Consigne 1 : « *Je place une figurine sur un nœud du quadrillage et je veux la faire avancer en suivant un programme de déplacement. Voici le programme de déplacement de la figure. Vous allez la déplacer en respectant les actions.* »

Montrer le programme :

« Avance de 4
Tourne à droite
Avance de 3
Tourne à gauche
Avance de 2 »

▶ Dans un 1er temps, positionner la figure dans le même sens que les deux joueurs (c'est-à-dire « tournée de dos » quand les deux joueurs la regardent). Demander de donner le point de départ (par exemple : b.7). Faire remarquer que l'on se déplace sur les bords des carreaux et que l'on va d'un nœud à l'autre. Proposer deux ou trois déplacements ; vérifier les actions des élèves.

Corriger au tableau en faisant verbaliser les déplacements.

▶ Dans un 2e temps, positionner la figurine non parallèle aux joueurs, c'est-à-dire de côté (tournée du côté gauche ou tournée du côté droit).

Consigne 2 : « *Déplacez la figurine selon le programme ; faites attention à bien respecter le sens dans lequel se dirige le robot.* »

L'orientation de la figurine de départ est importante, les actions doivent être réalisées par rapport à la position orientée de la figurine. Par exemple, si la figurine est tournée vers la droite au départ, quand elle avancera, ce sera vers la droite et non, comme auparavant, vers le haut du quadrillage.

3. Coder collectivement un déplacement sur quadrillage

15 min

Matériel individuel : fiche d'activité. SITE COMPAGNON

Le quadrillage avec le trajet du robot pourra être reproduit ou vidéoprojeté.

Consigne : *« Voici le trajet suivi par un robot. Observez son trajet, puis nous le décrirons. »*

Laisser réfléchir les élèves par deux sur les actions que fait le robot. Collectivement, décrire le trajet du robot. Insister sur les changements d'orientation.

Travail sur le fichier

1 Tracer le déplacement d'un robot à partir d'un programme et écrire un programme à partir d'un déplacement donné.

Laisser observer la situation et vidéoprojeter l'écran. L'exercice est en fait composé de deux situations complémentaires.

Faire lire le programme, noter et repérer le point de départ de la fusée rouge.

Préciser le nombre d'étapes (sept : quatre déplacements et trois changements d'orientation).

Bien faire repérer l'orientation de la fusée rouge et analyser chaque étape du déplacement :

- elle va commencer par se déplacer vers le « haut » de l'écran ;
- puis tourner à gauche ;
- puis avancer de 6 en allant vers la gauche (la fusée sera alors au point e.7) ;
- puis tourner vers la droite ;
- puis avancer de 4 (e.3), puis va tourner à gauche et avancer de 2 (pour arriver en c.3).

On pourra aider les élèves en marquant sur chaque étape du trajet le sens du déplacement par une flèche et comptabiliser le nombre de carreaux, ce qui permettra de vérifier la correspondance avec le codage.

Dans la 2e partie, il s'agit d'écrire le programme de déplacement de la fusée verte (située en c.9). Elle va se diriger vers le point jaune en se déplaçant de 3, puis tourner à droite et se déplacer de 5 pour aller au point bleu, tourner à gauche et se déplacer de 4 pour aller au point vert, puis tourner à droite et se déplacer de 4 pour arriver au point noir. Demander aux élèves de prendre appui sur le programme de la 1re situation pour écrire le programme de déplacement, qui comporte sept étapes.

2 Tracer le déplacement d'un robot à partir de son programme de déplacement.

Faire observer la situation et, si possible, la vidéoprojeter. Faire repérer le point de départ du robot (au bout de la flèche) et surtout l'orientation du robot : il est tourné sur le côté gauche et la flèche indique donc son déplacement initial (vers la gauche). Avant le tracé du déplacement, bien faire lire le programme collectivement.

La figure obtenue est un rectangle. Les orientations initiale et successives du robot constituent des obstacles.

Aide proposée : disposer d'une figurine que les élèves pourront déplacer sur le quadrillage.

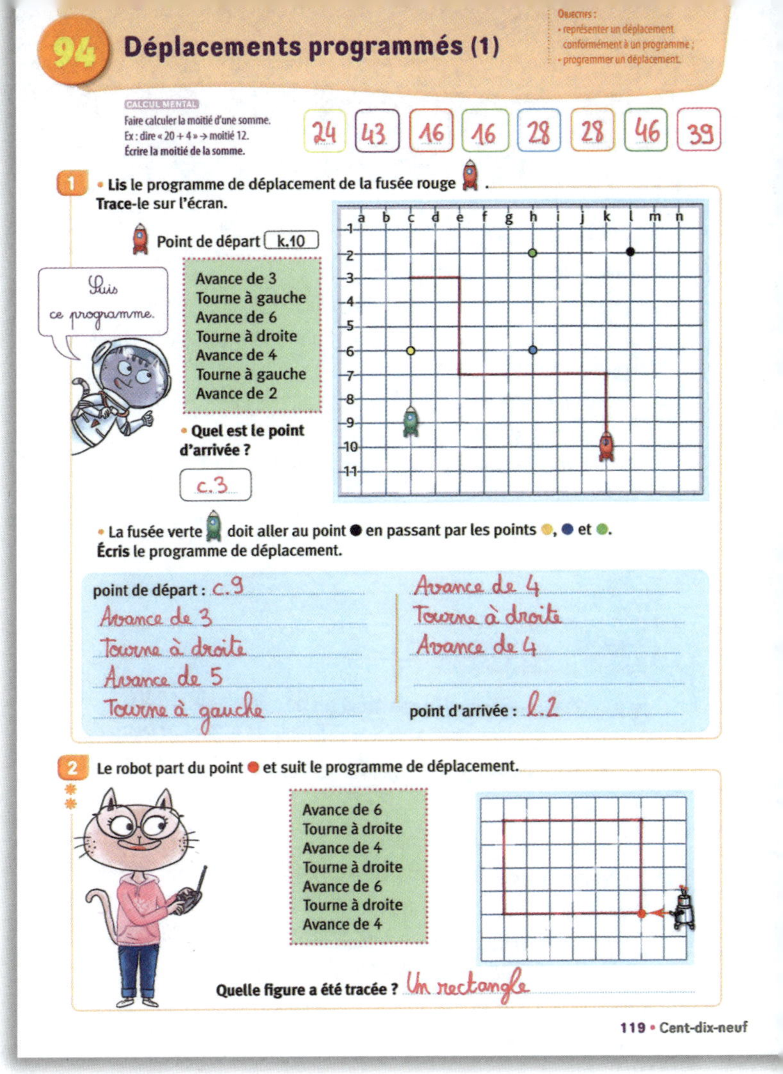

94 **Déplacements programmés (1)**

Objectifs :
• représenter un déplacement conformément à un programme ;
• programmer un déplacement.

CALCUL MENTAL
Faire calculer la moitié d'une somme.
Ex : dire « 20 + 4 » → moitié 12.
Écrire la moitié de la somme.

24 | 43 | 16 | 16 | 28 | 28 | 46 | 39

1 • **Lis** le programme de déplacement de la fusée rouge.
Trace-le sur l'écran.

Point de départ k.10

Avance de 3
Tourne à gauche
Avance de 6
Tourne à droite
Avance de 4
Tourne à gauche
Avance de 2

Lis ce programme.

• Quel est le point d'arrivée ? c.3

• La fusée verte doit aller au point ● en passant par les points ●, ● et ●.
Écris le programme de déplacement.

point de départ : c.9
Avance de 3
Tourne à droite
Avance de 5
Tourne à gauche
Avance de 4
Tourne à droite
Avance de 4
point d'arrivée : l.2

2 Le robot part du point ● et suit le programme de déplacement.

Avance de 6
Tourne à droite
Avance de 4
Tourne à droite
Avance de 6
Tourne à droite
Avance de 4

Quelle figure a été tracée ? Un rectangle

119 • Cent-dix-neuf

Faisons le point

• Nous avons tracé des déplacements de robot ou de fusée à partir d'un programme ; il fallait bien faire attention à l'orientation de la fusée ou du robot quand il ou elle tournait.

• Nous avons aussi écrit un programme de déplacement.

MÉMO-MATHS **« J'écris le programme d'un déplacement », page 14.**

Pistes d'activités supplémentaires

Soutien

• Faire vivre des déplacements réels dans la salle de jeu.

• Dans l'exercice 1, modifier le programme au niveau des déplacements ou des changements de direction.

• Déplacer sur un quadrillage une figurine en respectant le programme demandé.

Approfondissement

• Dans l'exercice 2, demander d'écrire le programme permettant d'obtenir le même rectangle, mais en sens inverse. Positionner le robot tourné vers le haut. Faire comparer ce programme à celui du trajet aller.

• Demander d'écrire des programmes de déplacements pour tracer un carré.

• Utiliser des logiciels de programmation adaptés sur ordinateur.

95 Calculs variés (2)

Exercices différenciés – Calculs 25 et 26

Programme 2016

- Calculer avec des nombres entiers.
- Élaborer ou choisir des stratégies de calcul.
  » Calculer en utilisant des écritures en ligne additives, soustractives, multiplicatives, mixtes.
  » Mettre en œuvre un algorithme de calcul posé pour l'addition, la soustraction, la multiplication.
  » Calculer mentalement pour obtenir un résultat exact.

Objectif spécifique de la séance

Rebrasser les compétences concernant le calcul et la numération afin de les consolider.

Information didactique

Cette fiche présente des exercices de calcul faisant intervenir les trois opérations (addition, soustraction, multiplication).
Le calcul numérique sert d'outil pour résoudre les problèmes, mais il est en lui-même une activité riche, complexe et formatrice. Un entrainement systématique au calcul sous ses différentes formes est nécessaire.

CALCUL MENTAL

❶ Problème : calculer la moitié d'un nombre pair < 100.
Dire : « *Deux jouets identiques coutent ensemble 26 €. Quel est le prix d'un jouet ?* » Même question si les deux jouets coutent : 30 € ; 46 € ; 50 € ; 52 € ; 56 € ; 34 €.
L'élève écrit le prix d'un seul jouet.

❷ Problème : calculer la moitié d'un nombre entier de centaines.
Dire : « *À la fin de la journée, deux vendeurs se partagent la recette. Quelle sera la part de chacun si le montant de la recette est de : 200 € ? 600 € ? 100 € ? 1 000 € ? 800 € ? 300 € ? 500 € ? 1 200 € ?* »
L'élève écrit la part de chacun.

Activité préparatoire

Compléter une grille de nombres croisés

20 min

Matériel par groupe de deux : fiche d'activité SITE COMPAGNON, deux grilles tracées au tableau pour mener la correction.

Consigne : « *Par deux, vous allez devoir remplir une grille de nombres croisés. La moitié de la classe va la compléter horizontalement avec les calculs demandés, l'autre moitié de la classe la complètera verticalement à partir des calculs demandés.* »
L'enseignant trace deux grilles au tableau pour conduire une correction collective.
Commencer par les nombres écrits horizontalement. Pendant cette correction, la 2e moitié de la classe retourne sa feuille.
Un élève vient au tableau, énonce l'opération à effectuer et écrit le résultat dans la grille quand l'ensemble de la classe est d'accord sur la réponse (rappeler qu'il y a un chiffre par case). Continuer ainsi pour tous les calculs. Lorsque la grille est remplie horizontalement, la cacher.
Procéder de la même manière pour le remplissage vertical de la grille : un élève vient inscrire les différents nombres après un accord collectif pour chaque résultat.
À la fin, comparer les deux grilles, qui doivent être identiques. S'il y a des différences, c'est qu'il y a des erreurs. Les repérer et corriger.
De même, chaque binôme doit vérifier si ses résultats sont les mêmes qu'au tableau et trouver d'où viennent ses éventuelles erreurs.

Correction :

	A	B	C	D	E	F
a	7	1	4		4	8
b	8	8	8		9	4
c	6		2	3	5	0
d	4	3		3	0	
e		1	4	0		1
f	4	5	8		2	7
g	9	4		3	0	0
h	0		9	0		8

Obstacles possibles :
- Les calculs liés à la présentation sous forme d'unités de numération (235 d ; 14 dizaines ; 1 c – 1 d ; 17 c 7 u)
- Les calculs suivants : 5 × 0 ; 8 × 1 ; double de 47 ; 10 – 6 ; (31 × 100) + 54 ; 5 000 – 50 ; 42 × 20.

Travail sur le fichier

1 Compléter horizontalement une grille de nombres croisés.
Dessiner ou vidéoprojeter la grille vierge au tableau pour la faire analyser. Demander une description et définir ensemble le fonctionnement : « C'est un quadrillage sur lequel toutes les bandes horizontales sont repérées par une lettre de *a* à *h*. »
Dire que l'on trouve souvent ce type de grilles dans les journaux et des revues pour enfants. En général, ce sont des grilles de mots croisés. Présenter des exemples à la classe. Demander si des élèves ont déjà rempli de telles grilles.
La grille présentée ici est une grille de nombres. Faire repérer les cases correspondant à une « définition » donnée. Par exemple, situer l'emplacement du nombre qui a pour « définition » 200 × 3.
Signaler que l'on ne doit pas écrire dans les cases en couleur.

Obstacles possibles :
- Le repérage dans la grille.
- La disproportion entre la « taille » de certaines définitions et la taille du nombre correspondant (ex : 5 555 – 5 554 = 1).
- Certains calculs : juste avant 10 000 ; 600 – 596 ; (3 × 1 000) + 48 ; 24 × 0.

2 Associer un ensemble de nombres par des calculs pour atteindre un nombre cible (exercice du type « Le compte est bon »).

Lire la consigne. Remarquer que seuls quatre nombres sont utilisés. Il s'agit de retrouver une somme de deux produits qui permet d'atteindre le nombre cible.

Recueillir les procédures :

- essais-erreurs ;
- passer par une décomposition des nombres cibles en appui sur leur structure décimale (400 + 60 ; 500 + 90 ; 5 000 + 140) et associer le produit correspondant à chacun des termes de ces écritures :

100 × 4 et 20 × 3 ; 250 × 2 et 30 × 3 ; 1 000 × 5 et 70 × 2.

Obstacles possibles :

- Compréhension de la tâche demandée.
- L'analyse et la mise en relation des trois types de données fournies : le nombre cible ; les nombres à disposition et la structure du programme opératoire pour l'atteindre.

Aide proposée : collectivement, décomposer le nombre cible (« 460, c'est 400 + 60 ») puis rechercher comment recomposer 400 et 60 avec les nombres à disposition : (100 × 4) + (20 × 3).

3 Comparer des écritures additives, soustractives, multiplicatives au nombre 1 000, sans passer par la valeur exacte de ces écritures.

Cet exercice permet de commencer à faire prendre conscience aux élèves qu'une comparaison impliquant des calculs peut se faire plus rapidement par le calcul d'un ordre de grandeur. C'est un travail de longue haleine qui doit être proposé régulièrement, car on est toujours attiré vers le résultat exact au détriment de l'ordre de grandeur ou du calcul approché, qui devrait toujours le précéder et l'« encadrer ».

Dans la phase de synthèse, indispensable ici, on veillera à faire justifier toutes les comparaisons, sans jamais faire appel aux valeurs exactes des écritures.

Par exemple, 1 000 c'est 500 + 500, donc 508 + 608, c'est plus grand que 1 000.

1 000, c'est 10 fois 100, donc 89 × 9 est inférieur à 100 × 10, donc est inférieur à 1 000.

1 000, c'est 2 000 – 1 000, donc en enlevant 1 500, j'enlève plus de 1 000 et le reste est plus petit que 1 000.

Obstacles possibles : le passage par l'ordre de grandeur, l'intervention d'un raisonnement logique et le codage avec les symboles.

4 Continuer des suites croissantes ou décroissantes.

L'observation et l'analyse de la transformation sur les deux ou trois premiers nombres de la suite est indispensable pour pouvoir continuer. S'assurer que cette démarche est bien comprise.

Par exemple : *« Quelle est la transformation qui fait passer de 168 à 178 ? »*. Réponse : « C'est l'ajout de 10. On est sur une suite croissante de 10 en 10. »

Obstacle possible : présence dans le même exercice de suites croissantes et décroissantes.

5 Effectuer des additions, des soustractions et des multiplications posées.

Penser à faire vérifier les résultats par recomptage, puis avec la calculette.

Obstacle possible : la gestion des retenues.

Aide proposée : procéder à une correction collective au tableau en insistant sur la justification des retenues.

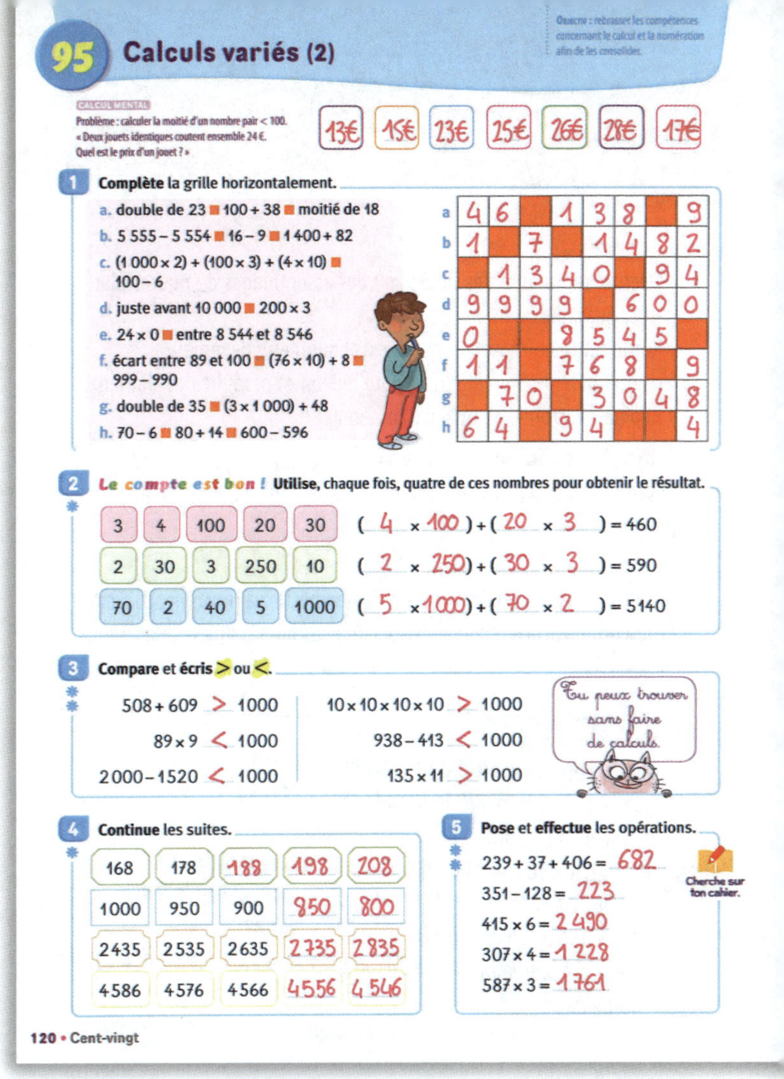

95 Calculs variés (2)

Objectif : rebrasser les compétences concernant le calcul et la numération afin de les consolider.

CALCUL MENTAL

Problème : calculer la moitié d'un nombre pair < 100.
« Deux jouets identiques coutent ensemble 24 €. Quel est le prix d'un jouet ? »

13€ 15€ 23€ 25€ 26€ 28€ 17€

1 Complète la grille horizontalement.

a. double de 23 ■ 100 + 38 ■ moitié de 18
b. 5 555 – 5 554 ■ 16 – 9 ■ 1 400 + 82
c. (1 000 × 2) + (100 × 3) + (4 × 10) ■ 100 – 6
d. juste avant 10 000 ■ 200 × 3
e. 24 × 0 ■ entre 8 544 et 8 546
f. écart entre 89 et 100 ■ (76 × 10) + 8 ■ 999 – 990
g. double de 35 ■ (3 × 1 000) + 48
h. 70 – 6 ■ 80 + 14 ■ 600 – 596

a	4	6	■	1	3	8	■	9
b	1	■	7	■	1	4	8	2
c	■	1	3	4	0	■	9	4
d	9	9	9	9	■	6	0	0
e	0	■	■	8	5	4	5	■
f	1	1	■	7	6	8	■	9
g	■	7	0	■	3	0	4	8
h	6	4	■	9	4	■	■	4

2 Le compte est bon ! Utilise, chaque fois, quatre de ces nombres pour obtenir le résultat.

3 4 100 20 30 (4 × 100) + (20 × 3) = 460
2 30 3 250 10 (2 × 250) + (30 × 3) = 590
70 2 40 5 1000 (5 × 1000) + (70 × 2) = 5140

3 Compare et **écris** > ou <.

508 + 609 > 1000 | 10 × 10 × 10 × 10 > 1000
89 × 9 < 1000 | 938 – 413 < 1000
2000 – 1520 < 1000 | 135 × 11 > 1000

Tu peux trouver sans faire de calculs.

4 Continue les suites.

168	178	188	198	208
1000	950	900	850	800
2435	2535	2635	2735	2835
4586	4576	4566	4556	4 546

5 Pose et **effectue** les opérations.

239 + 37 + 406 = 682
351 – 128 = 223
415 × 6 = 2 490
307 × 4 = 1 228
587 × 3 = 1 761

Cherche sur ton cahier.

120 • Cent-vingt

Faisons le point

- Nous avons effectué différentes sortes de calculs.
- Nous avons fait des comparaisons en utilisant les ordres de grandeurs.
- Nous avons complété des suites croissantes et des suites décroissantes.
- Nous avons posé et effectué des opérations avec retenues.

Pistes d'activités supplémentaires

Pour toute la classe

- Recopier les écritures de 100 :
25 × 4 ; 50 × 2 ; 80 – 20 ; 20 + 5 ; 50 + 50 ; 25 + 25 + 25 + 25 ; 100 – 50 ; 20 × 5 ; 20 + 20 + 20 + 20 + 20.
- Compléter pour faire 1 000 :
600 + … = 1 000 ; 900 + … = 1 000 ; 500 + … = 1 000 ; 800+ … = 1 000 ; 300 + … 1 000 ; 400 + … = 1 000 ; 100 + = 1 000 ; 200 + … = 1 000.
- Calculer :
5 000 + 700 + 30 + 8 = … ; 600 + 2 000 + 90 + 2 = … ; 50 + 8 000 + 1 + 5 000 = … ; 9 + 600 + 4 000 + 80 = … .
- Écrire des nombres inférieurs à 10 000 sous la dictée.
- Compléter : 4 × 2 × 5 × …= 200 ; 7 × 10 × … = 700 ; 8 × 25 × … = 1 000.

le défi

Par groupes de 2 ou 3 élèves

Trouver des définitions pour les nombres écrits verticalement dans la grille de l'exercice 1.

PROBLÈMES

96 Reproduire des figures

Exercices différenciés – Espace et géométrie 15 à 18

Programme 2016

- Décrire, reproduire des figures ou des assemblages de figures planes sur papier quadrillé ou uni.
- Reconnaitre et utiliser les notions d'alignement, de milieu.
- Utiliser la règle (non graduée) pour repérer et produire des alignements.
- Repérer ou trouver le milieu d'un segment.

Objectif spécifique de la séance

Reproduire des figures en s'appuyant sur les milieux et les alignements de points.

Information didactique

Au cycle 2, l'essentiel des activités de géométrie va concerner l'observation, la description et la reproduction d'objets ou de figures simples. Pour reproduire une figure, les élèves disposent de différents techniques ou peuvent utiliser des supports particuliers : calque, reproduction des figures sur du quadrillage par simple translation horizontale, verticale ou oblique, reproduction sur papier pointé (à maille carrée ou triangulaire), reproduction à l'aide de points remarquables... Le point commun à ces différentes techniques est de montrer l'importance du **repérage des points dits « remarquables » de la figure** : ce sont souvent les sommets lorsqu'on est en présence de polygones, des milieux, des points d'intersection, etc. Ces points feront l'objet plus tard de codage par des lettres. **La règle joue un rôle important et sa manipulation demande entrainement et soin.**

Une étape ultérieure sera de pratiquer de véritables constructions sans aide ou support particuliers et de procéder à des agrandissements ou des réductions.

CALCUL MENTAL

❶ **Calculer la moitié d'un nombre pair < 100.**

Dire : *« Écrivez la moitié de 30 ; 34 ; 38 ; 50 ; 52 ; 54 ; 70. »*

L'élève écrit la moitié. (Travail par deux)

❷ **Vérifier le calcul d'un double ou d'une moitié.**

Dire : *« • 24 est le double de 12 et la moitié de 48. • 26 est le double de 16.*

• La moitié de 56 est 23. • La moitié de 56 est 28…

• Pour calculer la moitié de 56, on peut ajouter la moitié de 50 et la moitié de 6.

• Pour calculer la moitié de 56, on peut ajouter la moitié de 40 et la moitié de 16… »

L'élève répond par vrai (V) ou faux (F).

Activités préparatoires

1. Observer une figure et la reproduire en mettant en évidence les milieux et les alignements

15 min

Matériel individuel : fiche d'activité SITE COMPAGNON, règle graduée et équerre.

Consigne 1 : *« Vous allez observer cette figure silencieusement, puis nous allons l'analyser ensemble pour la reproduire. »*

La figure sera reproduite au tableau ou vidéoprojetée.

Les élèves doivent repérer le rectangle global et les quatre lignes droites qui sont à l'intérieur du rectangle. Rappeler que ces lignes droites sont des segments (elles ont une extrémité). Demander de préciser leur position.

Trois segments partent d'un sommet du rectangle : un va au sommet opposé (le repasser en bleu), un autre semble rejoindre le milieu d'un côté du rectangle, c'est sa longueur (le repasser en rouge), le dernier semble rejoindre le milieu d'une largeur d'un rectangle (le repasser en vert). Demander *« Comment être sûr que ce sont des milieux ? »* On va utiliser la règle graduée, mesurer la longueur du côté (6 cm ou 4 cm), et ainsi vérifier si le point est bien situé à la moitié de la longueur.

Un dernier segment joint les deux autres sommets du rectangle.

Procéder à la reproduction de la figure. Conclure que l'on a utilisé les milieux et certains sommets pour la reproduire.

Consigne 2 : *« Observez cette nouvelle figure. À quoi vous fait-elle penser ? »*

Les élèves disposent de la fiche d'activité ; si possible, vidéoprojeter la figure à reproduire.

Ils doivent reconnaitre la figure précédente, mais une partie est un peu différente.

Demander de comparer les deux figures. Faire repérer les points remarquables, marqués par un point rouge.

S'intéresser aux segments obliques. S'interroger : *« Comment les construire sans utiliser les mesures ? »*

Demander aux élèves de vérifier avec la règle que chacun de ces segments est en fait « une partie » de ceux que l'on avait vus dans la figure précédente (les segments qui ont été repassées en couleur). Si l'on prolonge ces segments, ils passent par le sommet « en haut à gauche » du rectangle. Le faire vérifier avec la règle. Arriver au constat que, pour reproduire ces trois segments (ou lignes droites), on va positionner la règle sur le sommet du rectangle et que l'on va utiliser les alignements pour tracer chacun de ces trois segments. Faire repasser de la même couleur que précédemment ces segments, afin que les élèves perçoivent les alignements avec le sommet du rectangle

Faire reproduire la figure.

2. Terminer la reproduction d'une figure à l'aide des points remarquables et en utilisant les alignements

15 min

Matériel individuel : fiche d'activité SITE COMPAGNON, règle graduée et équerre.

Consigne : *« Je voudrais reproduire cette figure. Comment est-ce que je peux faire ? »*

Décrire la figure qui est à reproduire au tableau (ou la vidéoprojeter).

Faire repérer le rectangle (le repasser en vert). Faire repérer le milieu de chaque longueur du rectangle : les marquer en rouge et repasser en rouge la ligne droite (segment) qui joint les deux milieux. Faire repasser en bleu les deux segments qui partent du milieu de la longueur du haut et qui passent par chacun des deux sommets du « bas » du rectangle.

Faire repasser en violet les deux segments restants : lors du tracé avec la règle, faire constater que, si on les prolonge, chacun de ces segments passe par le milieu de la longueur « du bas ». Indiquer que cela nous aidera à reproduire ces deux segments lors dans la reproduction à faire.
Faire terminer la reproduction.

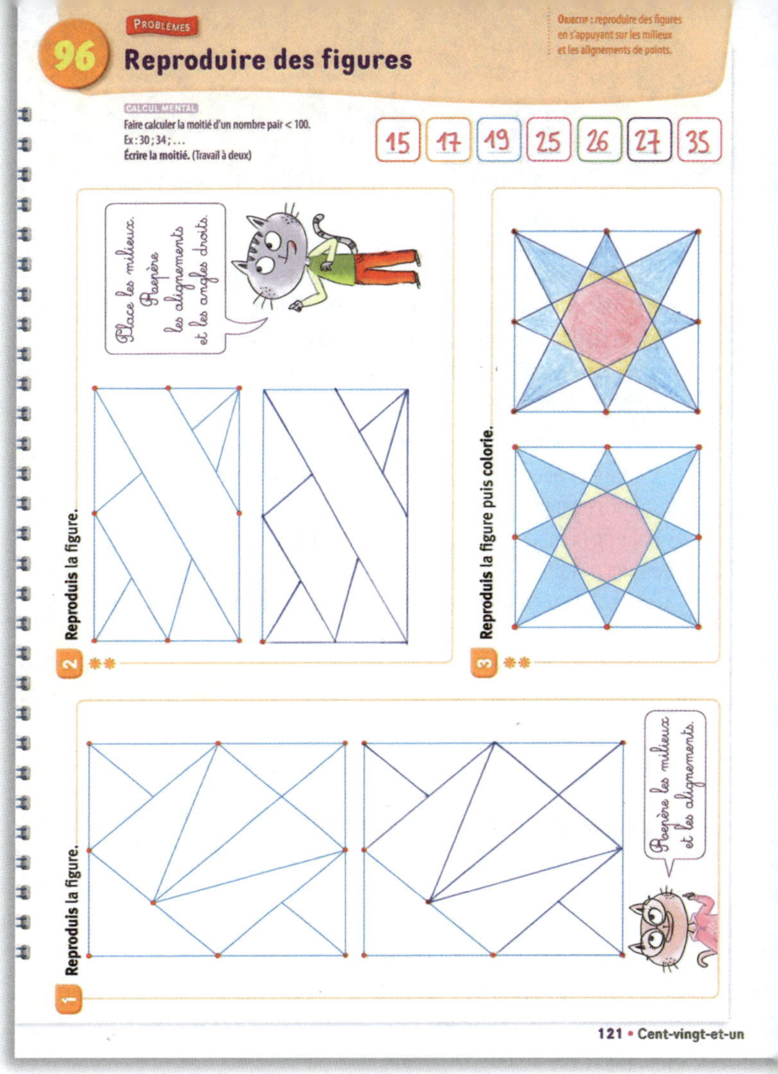

Travail sur le fichier

1 Reproduire une figure en repérant les milieux et les alignements.

Laisser observer la situation de manière individuelle, puis passer à l'analyse collective de la figure, qui sera vidéoprojetée avec le début de la figure reproduite. Faire repérer le rectangle d'ensemble et les différentes lignes droites (ou segments) qui sont à l'intérieur, avec les points remarquables qui sont marqués. Observer le milieu de chaque côté (demander aux élèves de vérifier qu'il s'agit bien du milieu avec la règle graduée) ; chacun de ces milieux sera le sommet d'un autre quadrilatère. Insister et faire repérer le côté de ce quadrilatère qui est déjà reproduit. Faire observer les points : en particulier, le milieu de ce côté est aligné avec deux sommets du rectangle. Le faire vérifier avec la règle, ce qui aidera les élèves à tracer la portion de ligne droite correspondante. De même, faire observer l'alignement des points qui sont sur la deuxième diagonale du rectangle. Laisser les élèves terminer la reproduction.

Obstacle possible : manque de méthode dans le repérage des éléments et dans le programme de construction.

Aide proposée : guider la reproduction en commençant par reproduire le quadrilatère et en terminant par les segments portés par les diagonales.

2 Reconnaitre une figure en repérant les milieux et les alignements.

La figure à reproduire comporte un rectangle et des lignes droites (ou segments) à tracer à l'intérieur. Le tracé du rectangle est à terminer en utilisant l'équerre et la règle, puis il faut reproduire les autres lignes. Reprendre la même méthode vue précédemment, mais insister davantage sur le repérage des différents alignements, en particulier pour les lignes droites qui sont partiellement tracées.

Aide proposée : identifier les points alignés entre eux par une même couleur.

3 Terminer la reproduction d'une figure à l'aide des points remarquables.

Laisser découvrir la situation. Observer la figure et l'analyser collectivement : un carré, les sommets et les milieux sont déjà repérés, aussi bien sur la figure de départ que sur le début de la reproduction. Repérer les segments qui constituent l'étoile. Chacun part d'un sommet et joint le milieu d'un côté opposé au sommet. De chaque sommet partent deux lignes droites. Laisser les élèves terminer la reproduction. Être vigilant sur le coloriage (trois couleurs différentes selon les zones).

Obstacles possibles :
- Le repérage des points remarquables.
- Le manque de méthode.

Aide proposée : préciser qu'il faut partir de chaque sommet du carré.

Faisons le point

- Nous avons reproduit des figures. Il fallait repérer les milieux et les alignements.
- Nous avons vu que, pour certains alignements, on repérait les points alignés mais qu'on ne traçait pas toute la ligne droite.
- Nous avons aussi reproduit une figure en respectant les couleurs de la figure de départ.

Pistes d'activités supplémentaires

Soutien
- Repérer des points alignés, produire des alignements de points.
- Joindre des lignes droites à partir de deux points.
- Construire le milieu de segments.
- Repérer si des points sont dans le prolongement d'un segment.

Approfondissement
- Reproduire la figure de l'exercice 1 en prenant un rectangle qui a une longueur de 14 cm et une largeur de 12 cm.
- Reproduire la figure de l'exercice 4 de la fiche 84 (sans l'aide du début de la reproduction).
- Reproduire ou terminer des figures complexes.

le défi

Reproduire la figure de l'exercice 3 à partir d'un carré de 7 cm de côté.

97 Structure des nombres et unités de numération (2)

• Fiche outil 3
• Activité de manipulation 8

Programme 2016

• Interpréter les noms des nombres à l'aides des unités de numération.

» Unités de numération (unités simples, dizaines, centaines, milliers) et leurs relations (principe décimal de la numération en chiffres).

» Valeur des chiffres en fonction de leur rang dans l'écriture d'un nombre (principe de position).

Objectifs spécifiques de la séance

• Mettre en évidence la structure des nombres à quatre chiffres par des décompositions en unités de numération.

• Dans un nombre, différencier le chiffre représentant une unité de numération (ex. : chiffre des dizaines dans 4 568 : 6) du nombre de ces unités de numérations contenues dans ce nombre (nombre de dizaines dans 4 568 : 456).

Information didactique

Cette fiche, qui traite de la structure des nombres, se situe dans le prolongement de la fiche 75 dont elle est une consolidation et un approfondissement. Les élèves sont invités à effectuer différentes décompositions sur les nombres à quatre chiffres en s'appuyant sur leur structure décimale ; ils doivent particulièrement travailler la distinction entre chiffre des centaines, des dizaines, des unités et nombre de centaines, de dizaines et d'unités.

On peut choisir l'unité de numération avec laquelle on veut désigner un nombre. Par exemple, 3 625 exprimé en milliers, c'est 3 milliers 625 unités ; 3 625 exprimé en centaines, c'est **36 centaines** 25 unités ; 3 625 exprimé en dizaines, c'est **362 dizaines** 5 unités ; 3 625 exprimé en unités, c'est **3 625 unités.**

Lorsqu'on reste dans des désignations faisant apparaitre dans la même écriture les différentes unités (ex. : 3 m 6 c 2 d 5 u), ces unités perdent un peu leur statut d'unité de numération par rapport à la globalité du nombre.

CALCUL MENTAL

❶ Contrôler un calcul par l'ordre de grandeur du résultat.

Dire : *« Sans calculer, choisissez le résultat parmi les trois propositions. »*

Justifier la réponse.

- 127 + 208 = 235 ? 335 ? ou 435 ?
- 112 × 5 = 560 ? 5 600 ? ou 56 ?
- 3 628 – 1 234 = 2 394 ? 394 ? ou 4 394 ?
- 792 : 2 = 396 ? 39 ? 3 960 ?
- 195 + 205 = 500 ? 350 ? 400 ?

L'élève écrit le résultat exact et justifie. (Travail par deux)

❷ Indiquer la dizaine la plus proche.

Donner un exemple : La dizaine la plus proche de 68 est 70.

Dire : *« Quelle est la dizaine la plus proche de 23 ? 26 ? 39 ? 123 ? 288 ? 374 ? 402 ? 399 ? 25 ?... »*

L'élève écrit la dizaine la plus proche.

Activités préparatoires MATÉRIEL CARTONNÉ

1. Représenter un nombre de trois chiffres par une collection formée avec les unités de numération

15 min

Matériel par groupe de trois : mettre en commun les unités de numération (barres dizaines et carrés unités) du matériel cartonné des élèves.

Consigne : *« Vous devez placer sur votre table le nombre 347 en n'utilisant que les barres dizaines et les carrés unités. »*

La difficulté réside dans le fait que l'on a trois centaines dans ce nombre, mais que l'on ne dispose pas des unités centaines correspondantes.

Laisser un temps d'échange au sein de chaque groupe. On doit parvenir au constat qu'il faut fabriquer les centaines avec des barres dizaines. Pour une centaine, il faut 10 barres dizaines, donc pour trois centaines, il faudra 30 barres dizaines.

Pour obtenir 347, il faudra donc 34 dizaines et 7 unités. On pourra écrire : 347 = 34 dizaines 7 unités.

Procéder à une correction collective. Demander aux groupes qui ont trouvé de venir exposer leur procédure.

Recommencer avec d'autres nombres, comme 286 et 187.

2. Représenter un nombre de quatre chiffres par une collection formée avec les unités de numération

15 min

Matériel par groupe de trois : mettre en commun les plaques centaines, barres dizaines et carrés unités du matériel cartonné des élèves. Si possible, photocopier des plaques centaines supplémentaires de manière à disposer d'une dizaine de plaques centaines par élève.

Consigne : *« Vous devez placer sur votre table le nombre 2 546 en n'utilisant que les plaques centaines, les barres dizaines et les carreaux unités. »*

Là encore, laisser un moment de recherche au sein du groupe. Pour faire deux milliers, il faut 20 centaines. Les élèves doivent placer 25 cartes centaines, quatre barres dizaines et six unités. On pourra écrire : 2 546 = 25 centaines 4 dizaines 6 unités.

Recommencer avec d'autres nombres, comme 1 237 et 2 140.

Travail sur le fichier

1 Effectuer différentes décompositions d'un nombre à quatre chiffres en s'appuyant sur sa structure décimale.

• Observer la représentation de la collection de cubes qui fait bien apparaitre la structure décimale du nombre : 2 milliers de cubes, 4 plaques centaines de cubes, 3 barres dizaines de cubes et 8 cubes.

Si l'on analyse le nombre dans l'autre sens, on peut dire que l'on a :

- 8 unités isolées qui n'ont pu être groupées dans une dizaine et que toutes les autres unités ont été groupées ;
- 3 dizaines isolées non groupées en une centaine et que toutes les autres dizaines ont été groupées ;
- 4 centaines isolées non groupées dans un millier et que les autres centaines ont été groupées ;
- 2 milliers.

• Observer les décompositions du nombre 2 438.

Le trait rouge indique l'unité de numération qui a été choisie.

- Le nombre est exprimé en milliers. La décomposition 2|438 se fait après le chiffre 2, qui représente ici le nombre de milliers. Le trait partage 2 438 en un nombre de milliers de cubes (2 milliers) et un nombre de cubes restant (428 unités) et s'écrit :

2 milliers 438 unités ou 2 000 + 438.

- Le nombre est exprimé en centaines. La décomposition 2 4|38 partage le nombre sous la forme 2 400 + 38 ou 24 centaines 38 unités.
- Le nombre est exprimé en dizaines. La décomposition 2 43|8 partage le nombre sous la forme 2 430 + 8 ou 243 dizaines 8 unités.
- Le nombre est exprimé en unités. 2438| indique qu'il n'y a pas de décomposition.

• Laisser effectuer les décompositions du nombre 3 527.

Obstacles possibles :

• Sortir de la décomposition des nombres dans laquelle chaque unité de numération est représentée.

• Dégager le nombre de centaines, de dizaines dans un nombre à quatre chiffres.

2 Décompositions et recompositions, dans un tableau, de nombres à quatre chiffres autour de leur structure décimale.
Reproduire l'exercice au tableau.

Faire lire et analyser la 1re ligne, qui va servir de modèle pour compléter les deux autres lignes.

Les désignations sont classées par colonnes. Dans la 1re colonne, les nombres sont désignés sous la forme de leur écriture chiffrée usuelle. Dans la 2e colonne, on additionne les valeurs de chacune des unités en utilisant des produits. Dans la 3e colonne, les désignations s'appuient sur les centaines et les unités.

Obstacle possible : exprimer la valeur de l'ensemble des centaines contenues dans un nombre à quatre chiffres.

3 Différencier « chiffre de » et « nombre de » de dans un nombre à trois chiffres puis à quatre chiffres.

Observer et analyser la 1re ligne du haut. Dans 234, le chiffre 3 représente des dizaines, mais il ne représente pas le nombre total des dizaines qu'il y a dans ce nombre.

En réalité, le nombre de dizaines est de 23 : 3 dizaines isolées, seules, bien visibles et 20 dizaines qui ont été regroupées pour former 2 centaines (20 d + 3 d = 23 d).

Pour trouver le nombre de dizaines, il suffit de lire jusqu'au chiffre des dizaines compris (voir la séparation à l'intérieur des nombres dans l'exercice 1).

Compléter le 1er tableau. Observer et analyser la 1re ligne du 2e tableau, puis compléter ce tableau sur le même principe.

Aide proposée : ne pas hésiter à revenir à de nombreuses manipulations pour bien faire vivre la réalité du nombre de dizaines présentes dans un nombre à trois chiffres (collections de cubes, de buchettes, de cailloux…).

Faisons le point

• Nous avons désigné les nombres à quatre chiffres en utilisant les unités de numération.

• Nous les avons désignés en utilisant comme unité le millier (ex. : 2 milliers 426 unités), en utilisant comme unité la centaine (ex. : 24 centaines 26 unités), en utilisant comme unité la dizaine (ex. : 242 dizaines 6 unités).

• Nous avons travaillé sur la différence entre le « chiffre de » et le « nombre de ».

MÉMO-MATHS **« Je connais la valeur des chiffres dans un nombre » et « Je connais la structure des nombres », page 14.**

97 Structure des nombres et unités de numération (2)

Objectif : mettre en évidence la structure des nombres à quatre chiffres par des décompositions en unités de numération.

CALCUL MENTAL

Contrôler un calcul par l'ordre de grandeur du résultat.
Ex : 127 + 208 = 235 ? 335 ? ou 435 ?
Choisir le résultat et justifier à l'oral. (Travail à deux)

335 | 560 | 2394 | 396 | 400

1 Combien de milliers, de centaines, de dizaines et d'unités ?

• **Observe** les décompositions du nombre. **Décompose** à ton tour.

2|438 = 2 000 + 438
24|38 = 2400 + 38
243|8 = 2430 + 8

2|438 = 2 milliers 438 unités
24|38 = 24 centaines 38 unités
243|8 = 243 dizaines 8 unités
2438| = 2 438 unités

3|527 = 3000 + 527
35|27 = 3500 + 27
352|7 = 3 520 + 7

3|527 = 3 m 527 u
35|27 = 35 c 27 u
352|7 = 352 d 7 u
3527| = 3 527 u

2 Complète le tableau.

3256	(3 × 1000) + (2 × 100) + (5 × 10) + 6	(32 × 100) + 56
2649	(2×1000)+(6×100)+(4×10)+9	(26×100)+49
6432	(6 × 1000) + (4 × 100) + (3 × 10) + 2	(64×100)+32

3 Complète les tableaux.

	chiffre des dizaines	nombre de dizaines	chiffre des unités	nombre d'unités
234	3	23	4	234
673	7	67	3	673
509	0	50	9	509

m c d u	chiffre des centaines	nombre de centaines	chiffre des dizaines	nombre de dizaines	chiffre des unités	nombre d'unités
3645	6	36	4	364	5	3645
2853	8	28	5	285	3	2853
4729	7	47	2	472	9	4729

122 • Cent-vingt-deux

Pistes d'activités supplémentaires

Pour toute la classe

• Décomposer ces nombres en milliers, centaines, dizaines et unités (ex. : 4 358 = 4 000 + 300 + 50 + 8) :
6 547 ; 1 359 ; 2 598.

• Décomposer 2 674 ; 2 038 ; 4 302 en suivant l'exemple :
2 589 = (1 000 × 2) + (100 × 5) + (10 × 8) + 9.

• Recomposer ces nombres :
(1 000 × 4) + (100 × 2) + (10 × 5) + 8 ;
(1 000 × 8) + (4 × 10) + 9 ; 1 000 × 4 + 100 × 3 + 7.

• Décomposer 3 675 ; 2 070 ; 3 300 en suivant l'exemple :
2 729 = (100 × 27) + 29 u.

• Dire un nombre exprimé dans une unité de numération. L'élève donne l'écriture chiffrée usuelle de ce nombre sur l'ardoise :
4 milliers 612 unités ; 14 centaines 32 unités ; 12 dizaines 3 unités ; 15 centaines ; 15 dizaines.

• Demander d'exprimer les nombres suivants en prenant la centaine comme unité (ex. : 1 245 → 12 centaines 45 unités) :
2 584 ; 3 512 ; 1 561 ; 7 800.

• Problème 1 : Leila a une collection de 1 245 billes. Exprime la taille de toute sa collection de billes en centaines de billes, puis en dizaines de billes. (Réponse : 12 centaines et 45 billes, 124 dizaines et 5 billes.)

• Problème 2 : Un éleveur a 1 350 moutons. Exprime la taille de son troupeau en centaines de moutons, puis en dizaines de moutons. (Réponse : 13 centaines et 50 moutons ; 135 dizaines de moutons.)

• Écrire en chiffres les nombres :
12 c ; 5 m 3 c ; 14 d ; 23 c 2 u ; 2 m 7 u.

98 Problèmes variés et mesures de grandeurs (1)

Programme 2016
- Résoudre des problèmes en utilisant les opérations sur les grandeurs.
- Résoudre des problèmes impliquant des durées, des masses, des longueurs, des prix.
- Utiliser des unités de mesures usuelles de durée, de masse, de longueur.
- Utiliser les opérations sur les durées (heure, minute, seconde).

Objectifs spécifiques de la séance
- Rebrasser des grandeurs connues (durée, masse, longueur, prix).
- Consolider les stratégies concernant la résolution des problèmes à étapes.

Information didactique
La résolution de problèmes, qui a toujours été la finalité de l'enseignement des mathématiques, demeure une activité privilégiée, susceptible de développer le gout de la recherche, l'imagination et l'esprit logique.
Dans les compétences à travailler du domaine des mathématiques, le programme 2016 recommande d'« utiliser des outils mathématiques pour résoudre des problèmes concrets, notamment des problèmes portant sur des grandeurs et leurs mesures. »
Dans cette fiche, l'élève doit résoudre une série de **problèmes variés impliquant les grandeurs mesurables au programme**. Ces problèmes sont l'occasion de procéder à une réactivation des connaissances autour de ces notions à partir de situations relevant des **structures additives** (addition, soustraction) et des **structures multiplicatives**.

CALCUL MENTAL

❶ Indiquer la dizaine la plus proche, la centaine la plus proche.
Donner un exemple : La dizaine la plus proche de 148 est 150 ; la centaine la plus proche est 100. On écrit 150 / 100.
Dire : *« 854 ; 732 ; 1 649 ; 3 774. »*
L'élève écrit la dizaine et la centaine la plus proche. (Travail par deux.)

❷ Indiquer la dizaine la plus proche, la centaine la plus proche, le millier le plus proche.
Donner un exemple : La dizaine la plus proche de 1 874 est 1 870 ; la centaine la plus proche est 1 900 ; le millier le plus proche est 2 000.
Dire : *« 4 828 ; 3 681 ; 3 146 ; … »*
(Travail collectif)

Activités préparatoires

1. Revoir dans des transformations les relations entre les unités

10 à 20 min

Matériel individuel : fiche d'activité. SITE COMPAGNON

Faire compléter, puis corriger.

2. Résoudre quelques situations impliquant les grandeurs en calcul mental

15 min

Matériel individuel : ardoise.

Consigne : *« Je vais vous proposer quelques problèmes variés de calcul mental. Je vous laisserai un petit temps pour effectuer le calcul mental. Au 1er signal "top !", vous devrez écrire votre résultat sur l'ardoise et au 2e signal "top !", vous devez montrer votre ardoise. »*

1. « Pierre met 10 min pour se rendre à l'école. Il arrive à 8 h 30. À quelle heure est-il parti ? »

2. « À 10 h 20, Jules a mis son gâteau au four. Il le sort 10 min plus tard. Quelle heure est-il ? »

3. « Zoé et Alice sont parties faire une promenade à 8 h et reviennent à 10 h. Quelle est la durée de la promenade ? »

4. « À l'imprimerie, il y a une pile de 100 livres qui ont chacun 2 cm d'épaisseur. Quelle est, en m, la hauteur de cette pile ? »

5. « D'un ruban de 1 m, Lise coupe un morceau de 20 cm. Quelle longueur de ruban reste-t-il ? »

6. « De son paquet de 1 kg de farine, Mehdi vient d'utiliser 100 g pour faire des crêpes. Quelle masse de farine lui reste-t-il ? »

7. « James vient d'acheter trois figurines à 2 € l'une. Il paie avec un billet de 10 €. Que doit lui rendre la marchande ? »

Corriger rapidement après chaque problème.

Travail sur le fichier

Pour chaque problème, laisser un temps de découverte et de lecture silencieuse pour que l'élève s'approprie la situation et la question posée. Eventuellement, demander une lecture à haute voix. Accepter, voire solliciter les questions des élèves qui n'auraient pas bien compris.

1 Calculer l'heure du début d'une action connaissant l'heure de la fin et la durée de cette action.
Demander aux élèves quels sont ceux qui sont déjà allés visiter des volcans, ceux qui ont vu les volcans d'Auvergne. Les faire localiser sur une carte de France (croisement entre enseignements).
Recueillir les procédures.
L'heure du départ, au pied du volcan, se situe avant l'heure d'arrivée. Entre l'heure de départ et l'heure d'arrivée, il s'est écoulé une durée de 45 min.
On peut faire représenter le déroulement de cette action dans le temps par un schéma.

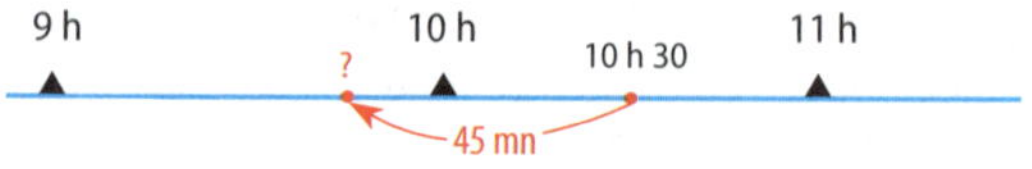

Il s'agit ici, de retrancher 45 min de 10 h 30 min avec le problème du franchissement de l'heure entière 10 h. On peut décomposer ce calcul.
(10 h 30 – 30 min) – 15 min = 10 h – 15 min = 9 h 45 min
ou 10 h 30 min – 1 h + 15 min = 9 h 30 min + 15 min
= 9 h 45 min.

Obstacles possibles :

- Le sens de l'opération pour la recherche du début d'une action.
- Le franchissement des heures entières dans les calculs.
- Confusion entre la durée 45 min et l'heure de départ 9 h 45 min.

2 Résoudre un problème à plusieurs étapes impliquant des masses à partir de la lecture de deux mesures effectuées sur une balance à plateaux.
Faire travailler en groupe de deux. Rappeler la situation et la question. Dégager le raisonnement.
La 1re mesure nous apprend que la boite plus les deux boules pèsent 1 kg 200 g.
La 2e mesure nous apprend que la boite vide pèse 200 g.
Si l'on enlève à la masse totale la masse de la boite, il restera la masse des deux boules (1 kg). Pour trouver la masse d'une boule, on cherche la moitié de 1 kg (ou de 1 000 g) : c'est 500 g.
Obstacle possible : le nombre d'étapes ; le raisonnement.

3 Résoudre un problème à étapes impliquant des prix.
Faire reformuler la situation et la question.
On connait le prix du tigre (5 €) et on sait ce que Lise a donné au marchand (10 €).
Pour trouver le prix du renard, Il faut connaitre combien Lise a payé pour les deux figurines
Elle a donné 10 €, mais comme le marchand lui a rendu 2 €, elle a dépensé 8 € pour les deux figurines.
Le renard coute 8 € – 5 € = 3 €.

4 Résoudre un problème de comparaison de longueurs comportant plusieurs étapes et faisant intervenir une structure multiplicative.
L'image permet de bien comprendre la situation. Pour placer les 40 livres dans l'étagère, il faut que la longueur qu'ils occupent ne soit pas plus grande que celle de l'étagère.
La longueur de la rangée de livres est 4 cm × 40 = 160 cm ou 1 m 60 cm.
1 m 60 cm > 1 m 50 cm.
On ne peut pas placer les 40 livres dans l'étagère.

5 Calculer l'heure de fin d'une action connaissant l'heure du début et la durée de cette action.
Constater que le sablier est un instrument de mesure de durée.
Lire la bulle qui nous dit que l'écoulement du sable de ce sablier dure 3 min.
Donc, pour cinq écoulements, 3 min × 5 = 15 min. Paul arrêtera donc le four à 11 h 45 min + 15 min = 11 h 60 min, c'est-à-dire à 12 h 00 (midi).
Obstacles possibles :

- La transformation des « cinq sabliers » en min.
- Les conversions de minutes en heure.

Faisons le point

- Nous avons résolu des problèmes variés sur les durées, les masses, les longueurs.
- Souvent, il s'agissait de problèmes qu'il fallait faire en plusieurs étapes.

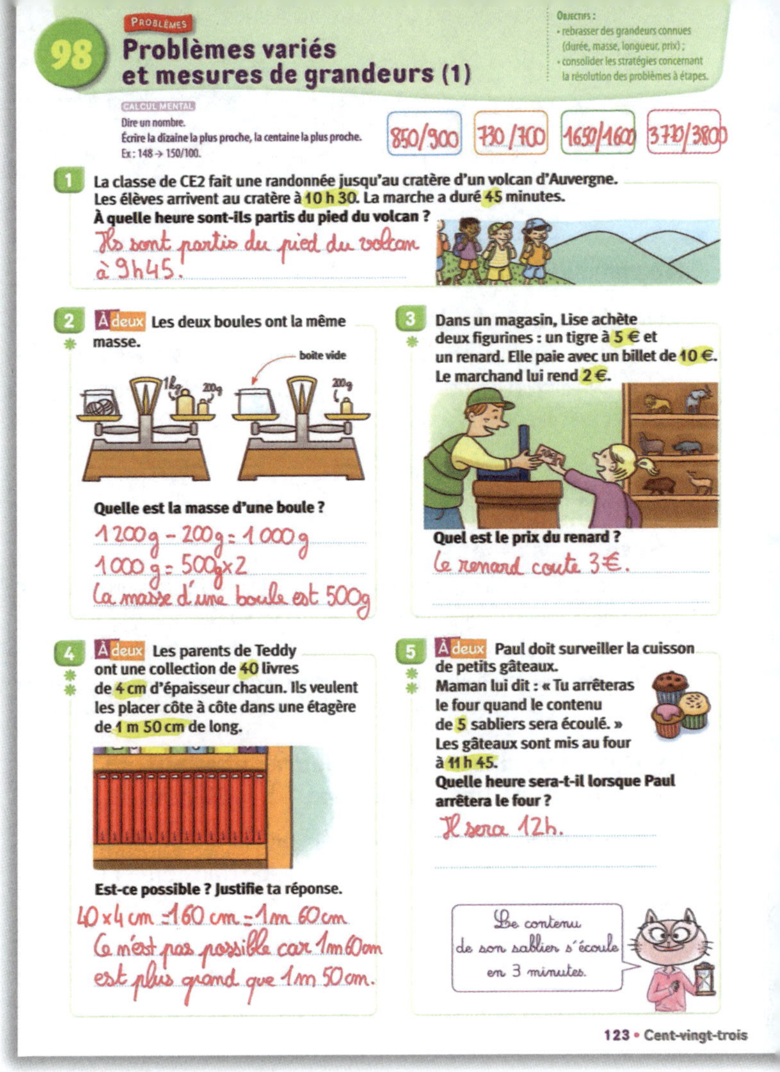
PROBLÈMES

98 Problèmes variés et mesures de grandeurs (1)

OBJECTIFS :
- rebrasser des grandeurs connues (durée, masse, longueur, prix) ;
- consolider les stratégies concernant la résolution des problèmes à étapes.

CALCUL MENTAL
Dire un nombre.
Écrire la dizaine la plus proche, la centaine la plus proche.
Ex : 148 → 150/100.

850/900 | 730/700 | 1650/1600 | 3770/3800

1 La classe de CE2 fait une randonnée jusqu'au cratère d'un volcan d'Auvergne. Les élèves arrivent au cratère à 10 h 30. La marche a duré 45 minutes.
À quelle heure sont-ils partis du pied du volcan ?
Ils sont partis du pied du volcan à 9h45.

2 À deux Les deux boules ont la même masse.

boite vide
1kg 200g 200g

Quelle est la masse d'une boule ?
1 200g – 200g = 1 000g
1000 g = 500g x 2
La masse d'une boule est 500g

3 Dans un magasin, Lise achète deux figurines : un tigre à 5 € et un renard. Elle paie avec un billet de 10 €. Le marchand lui rend 2 €.
Quel est le prix du renard ?
Le renard coute 3€.

4 À deux Les parents de Teddy ont une collection de 40 livres de 4 cm d'épaisseur chacun. Ils veulent les placer côte à côte dans une étagère de 1 m 50 cm de long.
Est-ce possible ? Justifie ta réponse.
40 x 4 cm = 160 cm = 1m 60cm
Ce n'est pas possible car 1m 60cm est plus grand que 1m 50cm.

5 À deux Paul doit surveiller la cuisson de petits gâteaux.
Maman lui dit : « Tu arrêteras le four quand le contenu de 5 sabliers sera écoulé. »
Les gâteaux sont mis au four à 11 h 45.
Quelle heure sera-t-il lorsque Paul arrêtera le four ?
Il sera 12h.

Le contenu de son sablier s'écoule en 3 minutes.

123 • Cent-vingt-trois

Pistes d'activités supplémentaires

Soutien

- Modifier les données de certains problèmes en les simplifiant.
- Travailler sur les conversions.
- Calculer des sommes de mesures :

1 m 50 cm + 2 m 50 cm = … ;
2 g 800 g + 1 kg 700 g = … ;
55 min + 45 min = …

Approfondissement

- Calculer les différences :

2 m 50 – 1 m 20 cm = … ;
2 m – 1 m 75 cm = …
3 kg 500 g – 1 kg 500 g = … ;
2 kg – 1 kg 800 g = …
1 h 45 min – 25 min = … ;
1 h – 30 min = … .

- Prolonger l'exercice 1 avec la question :

Ils s'arrêtent 30 min au sommet et sont de retour à 11 h 30. Combien de temps ont-ils mis pour redescendre du cratère du volcan ?

- Prolonger l'exercice 2 avec la question :

On place une 3e boule dans le sac. Quelle masse totale faudra-t-il mettre sur l'autre plateau pour faire l'équilibre ?

- Prolonger l'exercice 5 avec la question :

À quelle heure faut-il mettre les gâteaux au four si on veut les retirer du four à 11 h 30 ?

Je fais le point (4)

→ Fichier élève, p. 124

Programme 2016

- **Nombres et calculs**
  - Consolider la connaissance de la structure des nombres. → Exercices 4 5 7
  - Valeur des chiffres en fonction de leur rang dans l'écriture d'un nombre (principe de position) → Exercices 7
  - Calculer avec des nombres entiers ; tables de multiplication. → Exercice 10
- **Espace et géométrie**
  - Vocabulaire approprié pour décrire les figures planes usuelles : cercle, centre, rayon. → Exercices 3
- **Grandeurs et mesures**
  - Comparer, estimer, mesurer des durées. Unités de mesure usuelles de durées : heure, minutes, secondes. → Exercices 1 2
  - Unités de mesures usuelles de masse : kg, tonne. → Exercices 6
  - Résoudre des problèmes impliquant des conversions simples d'une unité usuelle à une autre. → Exercices 8
  - Représenter une grandeur par une longueur sur une demi-droite graduée. → Exercices 9

1 Comparer des durées en heures et minutes ; connaitre et utiliser la relation 1 h = 60 min.

Dans ce problème, les élèves vont devoir comparer deux durées. Il est possible, mais non indispensable, de transformer tous les temps en minutes.

Sachant qu'une heure est égale à 60 minutes :

55 min < 1 heure < 1 h 5 min.

Anne aura donc effectué le trajet en 65 minutes :

1h 5 min = 60 + 5 = 65 min

et Jade en 55 minutes. La comparaison devient simple et permet de répondre à la deuxième partie de l'énoncé.

L'utilisation d'une ligne graduée reprenant les minutes et les heures peut également être utile dans le cadre de la différenciation : l'élève procèdera par complémentation (de 55 min à 1 h 00 : 5 min ; de 1 h 00 à 1 h 5 min : 5 min ; soit un total de 10 minutes).

Exercices différenciés - Grandeurs et mesures 11 et 12

2 Comparer des durées en minutes et secondes ; connaitre et utiliser la relation 1 min = 60 s.

Faire lire les quatre durées et laisser effectuer le rangement.

Obstacles possibles :

- Les mesures ne sont pas exprimées avec la même unité. On utilise les secondes (75 s et 120 s) et les minutes et secondes (1 min 20 s et 2 min 5 s). La comparaison entre ces données est partiellement possible :

75 s < 120 s et 1 min 20 s < 2 min 5 s.

En revanche, on ne peut pas les comparer toutes les quatre sans effectuer une conversion par écrit ou dans la tête. Certains élèves pourraient choisir comme plus grandes durées celles exprimées à l'aide de deux nombres ou avec l'écriture la plus longue. On obtiendrait les réponses erronées suivantes :

75 s < 120 s < 1 min 20 s < 2 min 5 s ou 1m 20 s < 2 min 5 s < 75 s < 120 s.

- Le risque de confusion entre 120 s et 1 min 20 s (nous utilisons un système sexagésimal pour les durées).

Remédiations proposées :

- Effectuer les transformations dans la même unité pour pouvoir comparer (1 min 20 s = 80 s et 2 min 5 s = 125 s) ; on aura donc le rangement suivant :

75 s – 1 min 20 s – 120 s – 2 min 5 s.

- Faire rappeler oralement aux élèves la relation 1 min = 60 s.

Exercices différenciés - Calculs 17 et 18

3 Tracer un diamètre et un rayon ; les mesurer.

Les élèves ont abordé au cours de cette période la notion de diamètre. Ils doivent construire un diamètre pour le cercle rouge (veiller à ce qu'il passe bien par le centre, qui est marqué par un point rouge) et un rayon pour le cercle bleu.

Les segments doivent être tracés de manière précise de façon à bien identifier chacune de leurs extrémités, ce qui facilitera la lecture de la mesure de longueur pour chacun.

Exercices différenciés - Espace et géométrie 11 et 12

4 Utiliser la distributivité de la multiplication par rapport à l'addition.

Les élèves vont devoir décomposer 386 en 300 + 80 + 6 dans un premier temps, pour multiplier dans un second temps chaque terme de cette somme par 2. Les produits partiels obtenus permettent de revoir les tables de multiplication et la multiplication par les puissances de 10 :

ainsi 300 × 2 = 3 × 2 × 100 = 600 ;

80 × 2 = 8 × 2 × 10 = 160 ;

et 6 × 2 = 12 ; soit 600 + 160 + 12 = 772.

Obstacles possibles :

- La décomposition du nombre 386.
- La disposition en arbre.

Exercices différenciés - Calculs 15 et 16

5 Positionner des nombres sur une droite numérique étalonnée de 100 en 100.

Comprendre la structure d'un nombre à quatre chiffres.

Plusieurs écritures du nombre 2 918 sont à compléter, soit pour des décompositions additives, soit pour l'écriture littérale. Cet exercice de décomposition permet d'accéder à la maitrise du rôle joué par chaque unité de numération.

Exercices différenciés - Nombres 9 et 10

6 Transformer des mesures de masses impliquant le kg et la tonne

Les élèves ont découvert au cours de cette période une nouvelle unité de masse : la tonne (t). Pour réaliser cet exercice, ils doivent connaitre et utiliser la relation 1 t = 1 000 kg.

Obstacle possible : la grande taille des appels réponse.

7 Mettre en évidence la structure des nombres à quatre chiffres.

Les décompositions et recompositions permettent aux élèves de se familiariser avec la structure des nombres. La distinction entre chiffre et nombre se fait progressivement.

La valeur représentée par un chiffre dépend de sa position dans le codage du nombre.

Dans 4 682, 6 est le chiffre des centaines. Il représente le nombre de centaines qui n'ont pas été groupées en milliers.

Le nombre de centaines comprend les centaines isolées, non groupées en milliers (ici, 6) et les centaines regroupées en milliers (ici, 40), soit pour 4 682 un total de 46 centaines.

46 est le nombre de centaines recherché car :

$$4\,682 = (46 \times 100) + 82.$$

Remédiation proposée : pour le nombre recherché, le recours aux unités de numération est pratique (4 682 = 4 m 6 c 8 d 2 u ; 4 682 = 46 c 82 u).

Exercices différenciés - Nombres 7 à 10

8 Résoudre un problème impliquant des longueurs en réinvestissant les connaissances de calcul mental.

L'élève doit, dans un premier temps, effectuer les calculs en centimètres avant de faire la conversion demandée.

Plusieurs stratégies peuvent être utilisées :

- l'élève peut poser l'opération 25 × 8 pour trouver 200 cm ;

- il peut décomposer ce produit de deux facteurs en un produit de trois facteurs ; trois solutions sont possibles : 5 × 5 × 8 ; 25 × 2 × 4 ; 25 × 4 × 2 ;

- il peut décomposer l'un des deux facteurs, puis utiliser la distributivité :

25 × 8 = (20 + 5) × 8 = (20 × 8) + (5 × 8).

Pour terminer, l'élève utilisera la relation 1 m = 100 cm pour effectuer la transformation dans l'unité demandée.

Exercices différenciés - Grandeurs et mesures 5 et 6

9 Représenter des grandeurs par des longueurs dans des schémas pour résoudre des problèmes.

Il s'agit pour l'élève de valider par la schématisation un problème simple faisant intervenir des euros, plutôt qu'en calculant une moitié par calcul réfléchi.

Remédiation proposée : il faudra amener les élèves à raisonner par rapport au segment représenté en faisant abstraction de la somme donnée, en utilisant le mot-clé de l'énoncé : moitié. Ainsi, sans difficulté, ils pourront aisément tracer la moitié de 6 carreaux, soit 3 carreaux qui représentent 40 €.

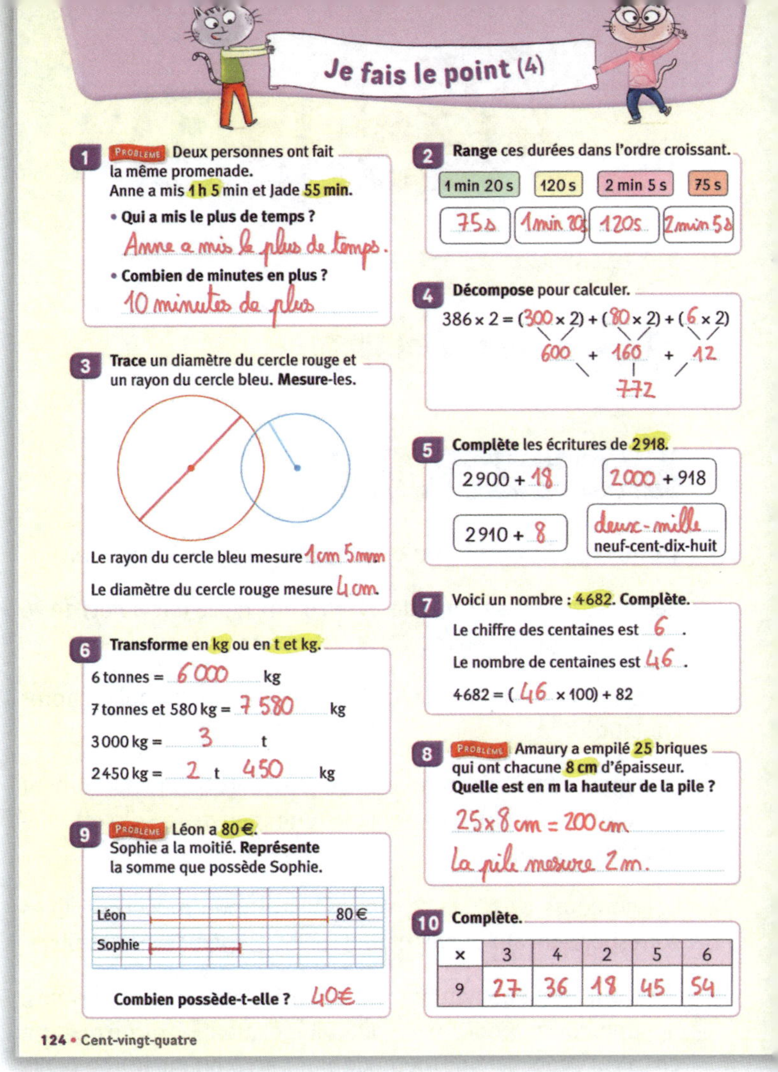

Je fais le point (4)

1 PROBLÈME Deux personnes ont fait la même promenade.
Anne a mis 1 h 5 min et Jade 55 min.
• Qui a mis le plus de temps ? *Anne a mis le plus de temps.*
• Combien de minutes en plus ? *10 minutes de plus*

2 Range ces durées dans l'ordre croissant.
1 min 20 s | 120 s | 2 min 5 s | 75 s
75 s | 1 min 20 | 120 s | 2 min 5 s

3 Trace un diamètre du cercle rouge et un rayon du cercle bleu. Mesure-les.
Le rayon du cercle bleu mesure *1 cm 5 mm*
Le diamètre du cercle rouge mesure *4 cm*

4 Décompose pour calculer.
386 × 2 = (*300* × 2) + (*80* × 2) + (*6* × 2)
600 + 160 + 12
772

5 Complète les écritures de 2918.
2 900 + *18* | *2 000* + 918
2 910 + *8* | *deux-mille* neuf-cent-dix-huit

6 Transforme en kg ou en t et kg.
6 tonnes = *6 000* kg
7 tonnes et 580 kg = *7 580* kg
3 000 kg = *3* t
2 450 kg = *2* t *450* kg

7 Voici un nombre : 4682. Complète.
Le chiffre des centaines est *6*.
Le nombre de centaines est *46*.
4682 = (*46* × 100) + 82

8 PROBLÈME Amaury a empilé 25 briques qui ont chacune 8 cm d'épaisseur.
Quelle est en m la hauteur de la pile ?
25 × 8 cm = 200 cm
La pile mesure 2 m.

9 PROBLÈME Léon a 80 €.
Sophie a la moitié. Représente la somme que possède Sophie.
Léon 80 €
Sophie
Combien possède-t-elle ? *40 €*

10 Complète.

×	3	4	2	5	6
9	*27*	*36*	*18*	*45*	*54*

124 • Cent-vingt-quatre

10 Compléter un tableau pour évaluer les produits mémorisés.

La table de 9 est bien souvent l'une des tables de multiplication les mieux maitrisées. Il s'agit donc de vérifier cet apprentissage avant la fin de l'année scolaire.

Il est également possible de calculer les produits de ce tableau avec les tables de multiplication de 2 à 6, qui ont déjà été abordées.

On peut aussi donner aux élèves une petite astuce amusante pour retenir la table de 9 :

« Vous devez tenir vos deux mains ouvertes devant vous, les paumes vers le haut.

Abaissez le doigt correspondant au chiffre que vous voulez multiplier par 9, et comptez de part et d'autre le nombre de doigts non pliés :

- à gauche, le nombre de doigts non pliés sera le chiffre des dizaines du résultat ;

- à droite, le nombre de doigts non pliés sera son chiffre des unités.

Si on vous demande 6 × 9 : pliez votre 6e doigt (le 6e est l'auriculaire droit) ; à gauche, vous avez 5 doigts non pliés ; tandis qu'à droite, vous en avez 4 non pliés. 5 sera le nombre des dizaines et 4 le nombre des unités : le résultat est 54. »

Activité de manipulation 9

RÉCRÉ EN MATHS !

Travail sur le fichier

Coloriage magique

Coloriage à partir d'un codage numérique des zones.

Reconnaitre les écritures de 24 (en bleu), de 28 (en violet) de 26 (en vert) et de 30 (en rose).

Il est plus facile de colorier de façon méthodique, couleur après couleur.

Il y a quatre couleurs, dont deux qui peuvent être plus facilement perceptibles : on devine l'animal (une pieuvre, en violet) et le fond bleu (la mer).

Les couleurs vert (26) et rose (30) sont peu présentes. Elles correspondent aux algues et sont faciles à repérer et à « calculer ».

Pour que cette activité ne soit pas trop longue pour certains, notamment ceux qui ont des difficultés d'attention ou de maitrise en calcul, proposer une méthode plus « accompagnée » en petits groupes.

- Rechercher les 26. Il y en a 3.

On peut facilement les repérer : $30 - 4$; 2 d 6 u ; $18 + 8$.

- Rechercher les 30. Il y en a 7 et les calculs sont assez faciles :

6×5 ; $26 + 4$; $14 + 16$; 3 d ; 5×6 ; $15 + 15$; $17 + 13$.

Faire remarquer que $6 \times 5 = 5 \times 6$ et analyser les deux écritures : $26 + 4$ et $14 + 16$.

$15 + 15$, c'est le double de 15, c'est 30.

- Pour les écritures du nombre 28, les élèves influencés fortement par le dessin risquent parfois d'attribuer une couleur à une zone avant d'avoir effectué le calcul : « Cette zone fait partie de la pieuvre, elle est violette, l'écriture désigne le nombre 28. »

Il faut vérifier : $16 + 6 + 6 + 6$, c'est $10 + 18$ (18, c'est 3 fois 6).

Faire expliciter par les élèves les différentes procédures utilisées est essentiel pour explorer et constater la diversité dont on dispose pour aborder les calculs.

- Les zones codées 24 sont nombreuses. Elles représentent la mer.

Dessin mystère

Repérer la suite croissante, de 3 en 3, des nombres de 0 à 156 en reliant dans l'ordre tous les nombres de cette suite pour réaliser le dessin d'un hippocampe.

Les élèves sont familiarisés avec ce genre d'exercice. Ici, on compte de 3 en 3. Recopier les nombres au tableau :

0	3	6	9	12	15	18	21	24	27
30	33	36	39	42	45	48	51	54	57
60	63	66	69	72	75	78	81	84	87
90	93	96	99	102	105	108	111	114	117…

Observer les « terminaisons » des nombres qui se répètent régulièrement.

Tracé marin

Tracer une figure symétrique par rapport à un axe horizontal.

Il s'agit de tracer le symétrique du bateau par rapport à un axe horizontal, ici la droite qui matérialise la surface de l'eau. Le bateau se reflète dans l'eau, qui nous renvoie son image.

Décrire le bateau : la coque (bleu foncé), des cabines (partie blanche) avec trois fenêtres, un mât avec filet, deux drapeaux (un rouge et un jaune).

Utiliser le crayon à papier et la gomme. Ne pas trop appuyer pour pouvoir effacer.

Une première vérification peut se faire en « retournant » le fichier. On voit d'un coup d'œil si l'image symétrique est réussie.

Vérifier ensuite avec le papier calque.

La frise

Terminer une frise.

La situation est suffisamment explicite pour que, même en absence de consigne, les élèves comprennent qu'il s'agit d'une frise à poursuivre.

Ils doivent repérer les deux éléments de base à reproduire. Il s'agit de deux poissons, qui ont quasiment la même forme : la queue et le corps sont identiques, seule la forme de la tête diffère légèrement. De plus, le premier poisson présente un quadrillage particulier au niveau du corps. Pour le second poisson, on observera une nageoire dessinée.

Les élèves doivent respecter la forme des poissons qui seront reproduits successivement par translation implicite, ainsi que les couleurs et l'espace d'un carreau entre chacun d'entre eux.

RÉCRÉ EN MATHS !

Coloriage magique

Dessin mystère

Relie
de 3 en 3
de 0 à 156.

Tracé marin

Reproduis le dessin symétrique du bateau.

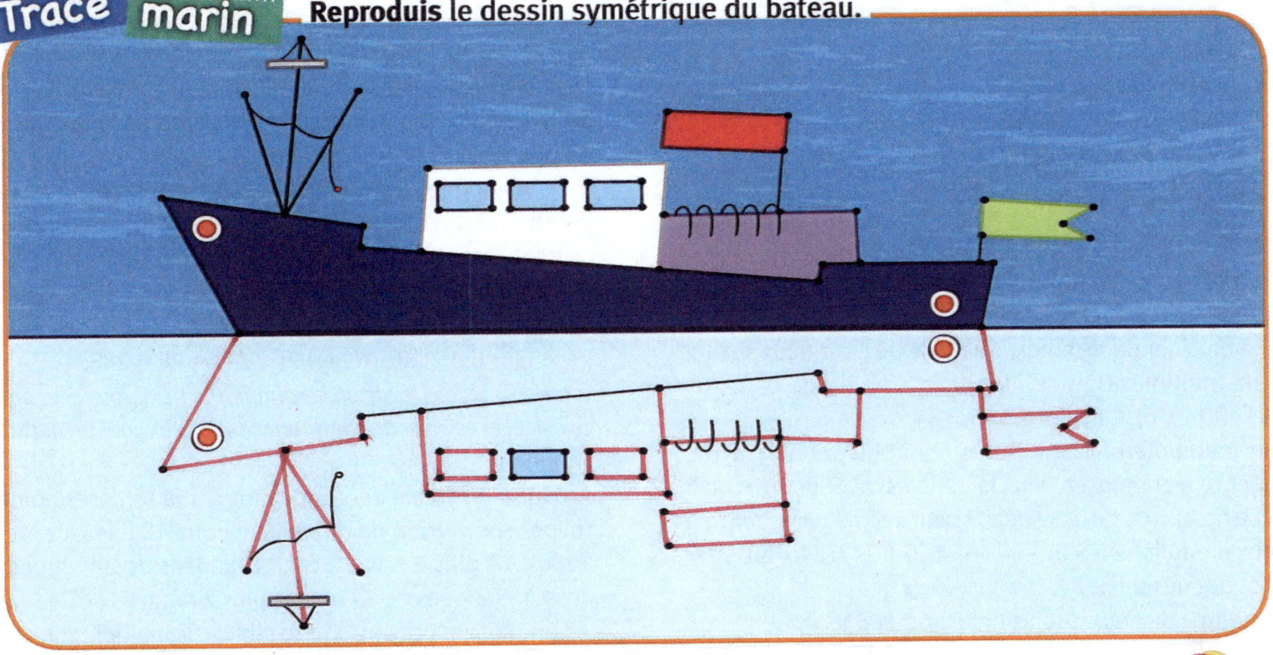

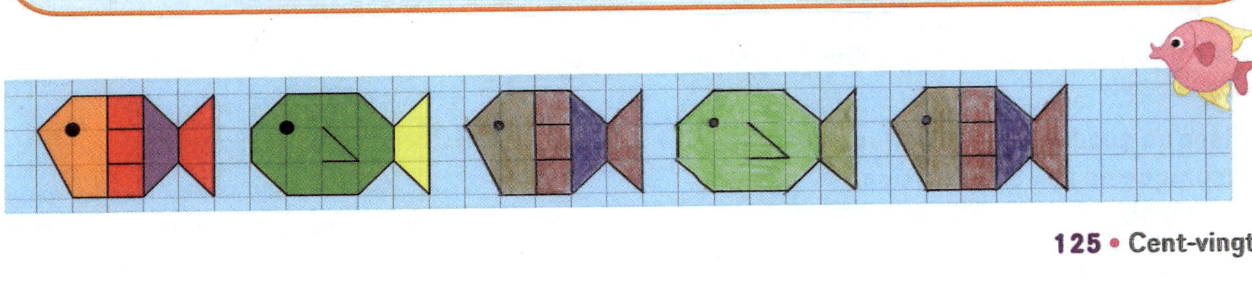

99 La multiplication posée (3)

Programme 2016

- Mémoriser des faits numériques.
  - » Tables de la multiplication.
  - » Mettre en œuvre un algorithme de calcul posé pour la multiplication.

Objectif spécifique de la séance

Poursuivre la mise en place de la multiplication posée (multiplication d'un nombre à deux chiffres par un nombre à deux chiffres inférieur à 20).

Information didactique

Se référer à l'information didactique des fiches 33 et 64.

Même s'il est conseillé d'entrainer les élèves à imaginer des stratégies personnelles adaptées aux calculs qu'ils ont à faire, il est nécessaire de construire aussi des techniques opératoires usuelles. Différentes techniques de la multiplication ont été élaborées et celle utilisée peut varier d'un pays à l'autre. Les prérequis sont une bonne connaissance de la table de multiplication, de la numération décimale, de la règle de multiplication par 10, 100 et 1 000 et des propriétés de l'opération : commutativité, associativité, distributivité par rapport à l'addition, illustrée ici par les travaux sur quadrillage.

Dans cette fiche, afin de ne pas cumuler les difficultés, nous abordons la multiplication d'un nombre à deux chiffres par un nombre à deux chiffres inférieur à 20. Le chiffre des dizaines étant toujours « 1 », nous restons ainsi, pour ce qui est de la multiplication des dizaines, dans le cadre d'une multiplication par 10.

Nous nous efforçons toujours de bien mettre en évidence les deux produits partiels en nous appuyant sur la distributivité de la multiplication par rapport à l'addition.

CALCUL MENTAL

❶ Résoudre une situation multiplicative.

Dire : « *Pour chaque espèce, calcule la quantité de plants vendus au marché : 7 bottes de 100 poireaux ; 8 barquettes de 10 pieds de tomates ; 10 bottes de 50 choux fleurs ; 2 douzaines d'aubergines ; 1 douzaine et demie de melon ; 1 demi-douzaine de poivrons ; 2 barquettes de 25 salades.* »

L'élève écrit le nombre de plants.

❷ Calculer une somme de produits.

Travail par deux.

Dire : « *Combien la fleuriste a-t-elle vendu de roses ?*

Hier ? Elle a vendu 2 bouquets de 5 roses et 2 bouquets de 6 roses.

Ce matin ? Elle a vendu 2 bouquets de 7 roses et 4 bouquets de 5 roses.

Cet après-midi ? Elle a vendu 2 bouquets de 9 roses et 3 bouquets de 4 roses. »

L'élève écrit le nombre total de roses.

Activités préparatoires

1. Revoir la distributivité de la multiplication par rapport à l'addition

10 à 15 min

▶ Décomposer des nombres à deux chiffres en dizaines et unités (ex : 27 = 20 + 7).

▶ Faire dessiner un rectangle quadrillé de 6 carreaux sur 14. Écrire la multiplication qui donne le nombre de carreaux (6 × 14 ou 14 × 6). Calculer 6 × 14 = 84.

Par un trait, ou en faisant glisser une règle ou un crayon, partager ce rectangle en deux rectangles de 6 sur 10 et de 6 sur 4. Le nombre total de carreaux peut s'écrire par la somme de deux produits : (10 × 6) + (4 × 6) = 60 + 24 = 84. Constater l'égalité des résultats : 84.

▶ Par groupe de deux, proposer le produit 4 × 17.

Demander de décomposer le 2e facteur en dizaines et unités. Vérifier qu'il y a égalité des résultats par calcul direct et par somme des produits.

2. Utiliser un quadrillage pour illustrer la technique de la multiplication par un nombre à deux chiffres

20 min

Matériel individuel : feuille quadrillée à petits carreaux.

▶ Écrire le texte du problème au tableau : « Un jardinier a planté 12 rangées de 24 tulipes dans un parterre rectangulaire. Combien a-t-il planté de tulipes ? »

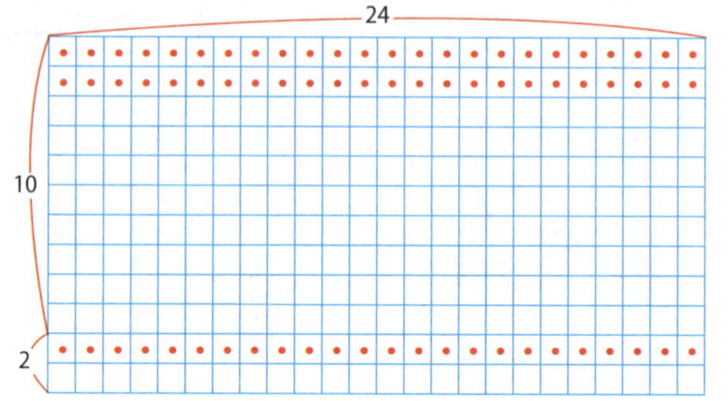

Consigne 1 : « *Sur votre feuille de papier quadrillé, délimitez un rectangle de 24 carreaux sur 12 carreaux. Représentez la première rangée de tulipes en plaçant un point rouge dans chaque carreau.* »

Le jardinier plante 24 tulipes dans chaque rangée. Il y a donc : 24 tulipes dans la 1re rangée ; 24 tulipes dans la 2e rangée ; 24 tulipes dans la 3e rangée, etc.

Dans 10 rangées, il y aura 10 fois 24 tulipes et dans 12 rangées, il y aura 12 fois 24 tulipes.

Dire : « *Il nous faut calculer 12 fois 24 ou la multiplication 24 × 12.* »

▶ L'enseignant écrit au tableau la multiplication en ligne suivante :

24 × 12 = (24 × 10) + (24 × 2) = 240 + 48 = 288.

Consigne 2 : « *Voici le calcul de Laurine. Par trois, vous allez observer ce calcul et essayer de comprendre et d'expliquer la méthode de Laurine.* »

Arriver à formuler, en s'appuyant sur la représentation des tulipes sous forme de quadrillage, que 12 fois 24 c'est aussi 10 fois 24 plus 2 fois 24, car 12 rangées de 24 tulipes, c'est aussi 10 rangées de 24 tulipes plus 2 rangées de 24 tulipes.

▶ L'enseignant écrit ensuite au tableau la multiplication posée :

```
      2 4
  ×   1 2
  -------
      4 8  ← 2 × 24
    2 4 0  ← 10 × 24
  -------
    2 8 8
```

Consigne 3 : « *Enzo a posé la multiplication. Recopiez-la sur votre ardoise, puis essayez des comprendre par groupes de trois. Les groupes qui pensent avoir compris viendront nous expliquer comment il a fait. Sa méthode n'est pas très éloignée de celle de Laurine.* »

Enzo a fait à peu près comme Laurine, mais il a d'abord calculé le nombre de tulipes dans deux rangées (2 fois 24 = 48), puis le nombre de tulipes dans 10 rangées (10 fois 24 = 240). Ensuite, il a additionné ces deux nombres dans une addition en colonnes.
Faire compléter les multiplications des produits partiels.

Travail sur le fichier

1 Découvrir la technique de la multiplication d'un nombre à deux chiffres par un nombre à deux chiffres.
Lire la bulle et observer le schéma. Faire remarquer la mise en relief de la partition de la collection : une partie des fleurs est représentée par 10 rangées de 23 fleurs, l'autre partie est représentée par 4 rangées de 23 fleurs.
Lire ensuite le calcul en ligne du total des fleurs, qui correspond à cette partition. Analyser ce calcul : *« On calcule, puis on ajoute le nombre de fleurs dans chaque partie. On fait donc la somme de deux produits. »*
Faire observer la multiplication posée de Leïla et faire repérer les produits partiels qui correspondent à ceux de l'écriture en ligne, avec une différence cependant dans l'ordre de présentation : dans la multiplication posée, on commence toujours par multiplier par le chiffre des unités.
Faire observer le zéro écrit en rouge, qui provient de la multiplication par 10. À cette occasion, faire rappeler la « règle des zéros ».
Sur le même modèle, effectuer le calcul 28 × 13. Dans la phase de correction, faire expliquer ces calculs.
Obstacle possible : la gestion des retenues dans le premier produit partiel.

2 Multiplier en ligne d'un nombre à deux ou trois chiffres par un nombre à un chiffre.
Cet exercice permet de réactiver le calcul en ligne d'une multiplication d'un nombre à deux ou trois chiffres par un nombre à un chiffre.

3 Mettre en application la technique de la multiplication posée d'un nombre à deux chiffres par un nombre à trois chiffres.
Obstacle possible : la gestion de la retenue dans le premier produit partiel. Il s'agit de ne pas l'oublier, de ne pas la compter deux fois, de ne pas la gérer comme la retenue dans l'addition.
Aides proposées :
- Placer les retenues « en dehors de la multiplication ».
- Le plus vite possible, amener les élèves à gérer ces retenues dans leur tête.

Faisons le point

- Nous avons appris à effectuer les multiplications par un nombre à deux chiffres plus petit que 20.
- Nous multiplions d'abord par le chiffre des unités, puis par les dizaines. Ici, comme le nombre à deux chiffres est plus petit que 20, on multiplie toujours par 10 et il ne faut pas oublier de mettre le zéro. Ensuite, il faut additionner les deux produits pour avoir le résultat. Enfin, il est conseillé de vérifier, par exemple en recomptant.
- Il faut aussi bien faire attention à ne pas oublier les retenues.

MÉMO-MATHS **« Je calcule une multiplication posée (2) », page 15.**

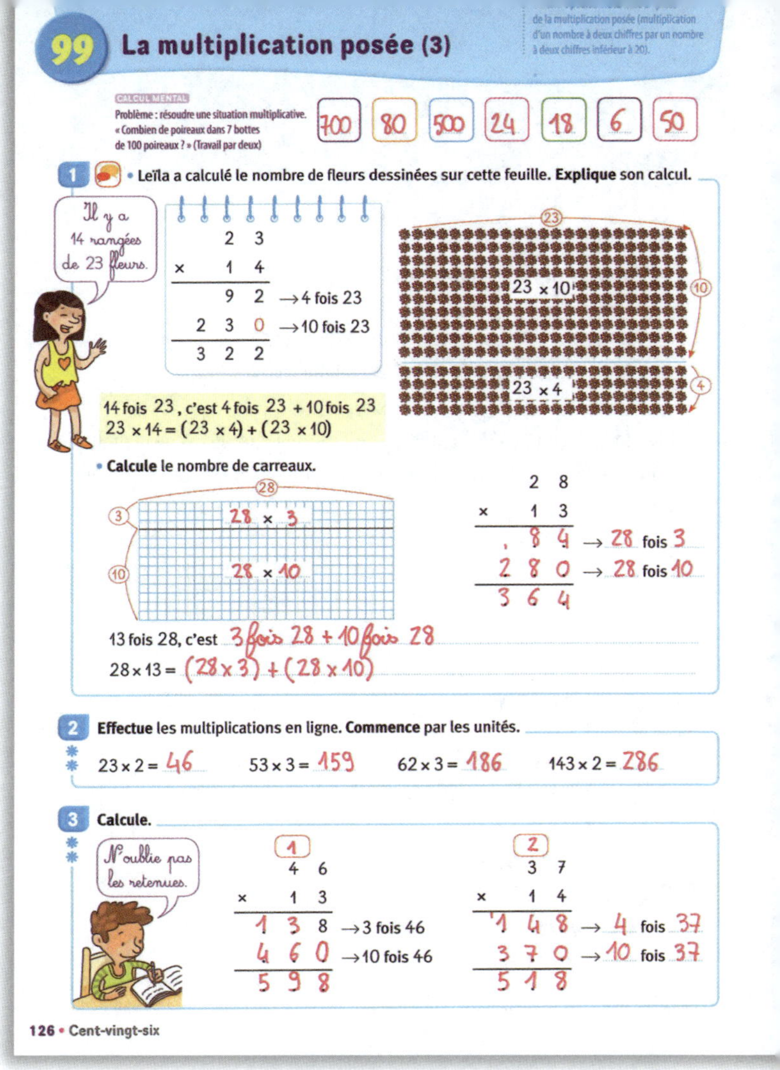
99 La multiplication posée (3)

de la multiplication posée (multiplication d'un nombre à deux chiffres par un nombre à deux chiffres inférieur à 20).

CALCUL MENTAL
Problème : résoudre une situation multiplicative. « Combien de poireaux dans 7 bottes de 100 poireaux ? » (Travail par deux)
700 80 500 24 18 6 50

1 • Leïla a calculé le nombre de fleurs dessinées sur cette feuille. **Explique** son calcul.

Il y a 14 rangées de 23 fleurs.

		2	3	
×		1	4	
		9	2	→ 4 fois 23
	2	3	0	→ 10 fois 23
	3	2	2	

23 × 10 ; 23 × 4 ; 23 ; 10 ; 4

14 fois 23, c'est 4 fois 23 + 10 fois 23
23 × 14 = (23 × 4) + (23 × 10)

• **Calcule** le nombre de carreaux.

28 ; 3 ; 10 ; 28 × 3 ; 28 × 10

		2	8	
×		1	3	
		8	4	→ 28 fois 3
	2	8	0	→ 28 fois 10
	3	6	4	

13 fois 28, c'est 3 fois 28 + 10 fois 28
28 × 13 = (28 × 3) + (28 × 10)

2 **Effectue** les multiplications en ligne. **Commence** par les unités.
23 × 2 = 46   53 × 3 = 159   62 × 3 = 186   143 × 2 = 286

3 **Calcule.**

N'oublie pas les retenues.

①

		4	6	
×		1	3	
	1	3	8	→ 3 fois 46
	4	6	0	→ 10 fois 46
	5	9	8	

②

		3	7	
×		1	4	
	1	4	8	→ 4 fois 37
	3	7	0	→ 10 fois 37
	5	1	8	

126 • Cent-vingt-six

Pistes d'activités supplémentaires

Soutien
- Décomposer les nombres en dizaines et unités.
- Compléter le tableau :

×	6	8	7	9	5	0
4						
5						
3						

Approfondissement
- Calculer en ligne en décomposant le premier facteur : 26 × 3 ; 34 × 4 ; 38 × 5 ; 33 × 7.
- Problème : Dans une salle de spectacle, il y a 25 rangées de 18 fauteuils au parterre et 15 rangées de 12 fauteuils au balcon. Combien y a-t-il de fauteuils en tout ? (Réponse : 630.)
- Observer l'exemple et calculer de tête les multiplications.
Exemple : 13 × 11 = (13 × 10) + 13 × 1 = 130 + 13 = 143.
12 × 11 ; 15 × 11 ; 14 × 11 ; 23 × 11 ; 25 × 11.

le défi

Complète et vérifie :
(75 × 6) + (75 × 6) = 75 × … ; (32 × 5) + (32 × 5) + (32 × 5) = 32 × … ;
(26 × …) + (26 × …) + (26 × …) = 26 × 17

100 La multiplication posée (4)

Exercices différenciés – Calculs 13 et 14

Programme 2016

- Mémoriser des faits numériques.
  - » Tables de la multiplication.
  - » Mettre en œuvre un algorithme de calcul posé pour la multiplication.
  - » Problèmes relevant de structures multiplicatives.

Objectif spécifique de la séance

Étendre la technique de la multiplication posée dans le cas de la multiplication d'un nombre à deux chiffres par un nombre à deux chiffres supérieur à 20.

Information didactique

Se référer à l'information didactique des fiches 33, 64 et 99.
Dans cette fiche, à la différence de la fiche précédente, nous multiplions par un nombre à deux chiffres supérieur à 20. Les élèves doivent donc être capables de multiplier un nombre à deux chiffres par une dizaine entière. Un entrainement portant sur ces produits précèdera les calculs posés.
Ainsi, pour calculer 28 × 20, on procèdera par décomposition de 20 sous la forme 2 × 10, ce qui reviendra à multiplier le nombre de départ par 2 et le produit obtenu par 10.
Dans la multiplication par un nombre à deux chiffres, l'écriture explicite du zéro parait préférable au simple décalage, car elle donne une signification à ce décalage avant de le rendre automatique. Dans le même esprit, dans un premier temps, il est utile de faire indiquer les produits partiels.

CALCUL MENTAL

Multiplier par 10, 100, 1 000

❶ Dire : « *5 × 10 ; 5 × 100 ; 5 × 1 000 ; 9 × 10 ; 9 × 100 ; 9 × 1 000 ; 12 × 10.* »
L'élève écrit le produit.

❷ Dire : « *7 × 10 ; 10 × 7 ; 100 × 6 ; 100 × 15 ; 1 000 × 4 ; 1 000 × 21 ; 75 × 100 ; 100 × 87 ; 10 × 100 ; 1 000 × 20.* »
L'élève écrit le produit.

Activité préparatoire

• Présenter la multiplication par un nombre à deux chiffres supérieur à 20

20 min

Matériel individuel : feuille de papier quadrillé (petits carreaux de 5 mm × 5 mm).

Consigne 1 : « *Sur votre feuille de papier quadrillé, tracez un rectangle de 27 carreaux sur 23 carreaux. Il faudra calculer le nombre de carreaux contenus dans ce rectangle.* »

Consigne 2 : « *Partagez ce rectangle en deux parties. Une partie fait 27 carreaux sur 20 carreaux et l'autre partie fait 27 carreaux sur 3 carreaux.* »

En même temps, l'enseignant trace un schéma au tableau :

Dire : « *Le nombre de carreaux de ce rectangle est de 27 multiplié par 23. 27 × 23 peut se décomposer, comme nous le montre le schéma, en deux produits partiels : 27 × 20 et 27 × 3. Le résultat de la multiplication s'obtient en additionnant ces deux produits partiels.* »

On peut écrire le calcul en ligne : 27 × 23 = (27 × 20) + (27 × 3).

Rappeler la procédure pour multiplier par 20, 30…

On décompose les dizaines entières : 20 = 2 × 10 ; 30 = 3 × 10…

27 × 20 = 27 × 2 × 10 = 54 × 10 = 540

27 × 3 = 81

On additionne les deux produits partiels :

27 × 23 = 540 + 81 = 621.

▶ L'enseignant pose la multiplication au tableau et demande aux élèves de la poser sur leur cahier. Faire oraliser le calcul.

$$\begin{array}{rl} 2\ 7 & \\ \times\ 2\ 3 & \\ \hline 8\ 1 & \leftarrow 27 \times 3 \\ 5\ 4\ 0 & \leftarrow 27 \times 20 \\ \hline 6\ 2\ 1 & \end{array}$$

« Je multiplie 27 par 3. 3 fois 7, c'est 21. Je pose 1 et je retiens 2 d. 3 fois 2 d = 6 d et 6 d + 2 d = 8 d. » Le 1er produit partiel est donc 81.

« Je multiplie 27 par 20. 27 × 20, c'est 27 × 2 dizaines = 54 d = 540. » Le 2e produit partiel est donc 540.

Comme on sait que l'on va toujours obtenir pour ce produit une dizaine entière, on peut commencer par placer un zéro à droite, puis multiplier 27 par 2.

Travail sur le fichier

1 Multiplier un nombre à deux chiffres par des dizaines entières.

Lire la bulle qui nous explique que, pour multiplier par une dizaine entière, on décompose cette dizaine pour faciliter le calcul. Constater que cela revient à multiplier le nombre de départ par un nombre à un chiffre, puis par 10.

Obstacles possibles :

- La disposition des calculs.
- La compréhension de la décomposition des dizaines entières et le calcul des doubles produits qui en découle.

Aide proposée : remplacer les dizaines entières par des unités de numération et transformer les produits après. 28 × 20, c'est 28 multiplié par 2 d, donc 56 d et 56 d = 560.

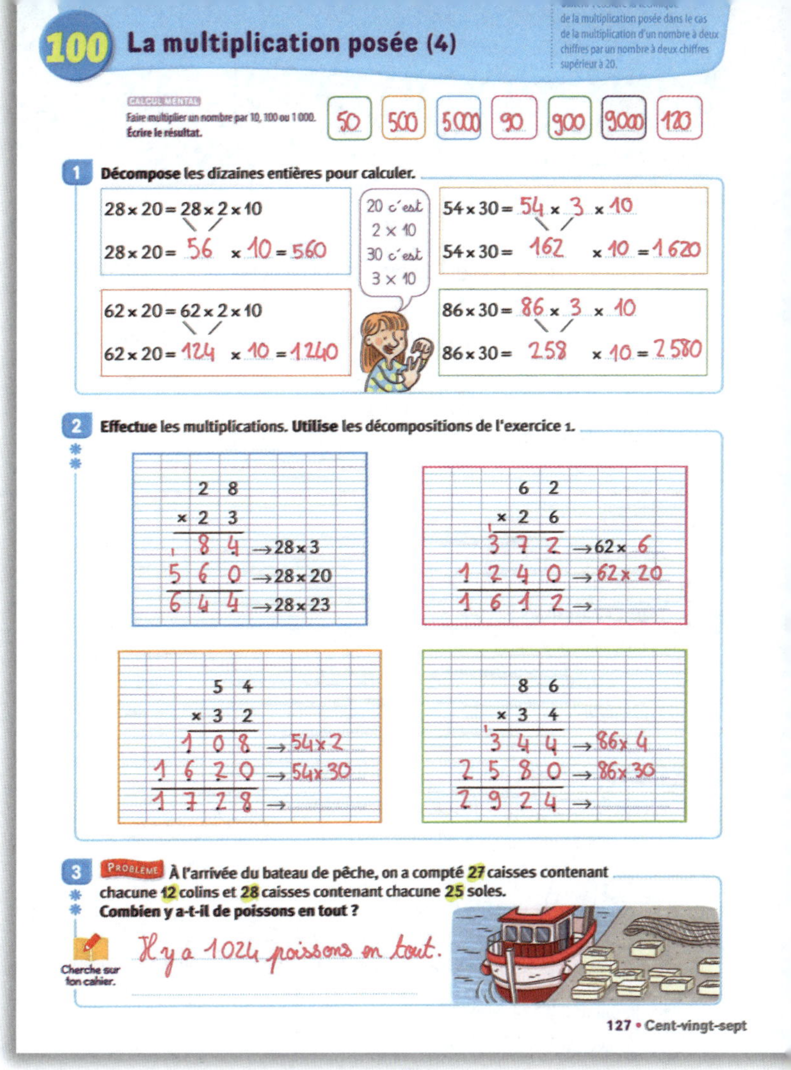
100 La multiplication posée (4)

… de la multiplication posée dans le cas de la multiplication d'un nombre à deux chiffres par un nombre à deux chiffres supérieur à 20.

CALCUL MENTAL
Faire multiplier un nombre par 10, 100 ou 1 000. Écrire le résultat.
50 | 500 | 5 000 | 90 | 900 | 9 000 | 120

1 Décompose les dizaines entières pour calculer.

28 × 20 = 28 × 2 × 10
28 × 20 = 56 × 10 = 560

62 × 20 = 62 × 2 × 10
62 × 20 = 124 × 10 = 1 240

20 c'est 2 × 10
30 c'est 3 × 10

54 × 30 = 54 × 3 × 10
54 × 30 = 162 × 10 = 1 620

86 × 30 = 86 × 3 × 10
86 × 30 = 258 × 10 = 2 580

2 Effectue les multiplications. Utilise les décompositions de l'exercice 1.

  2 8
× 2 3
  8 4 → 28 × 3
5 6 0 → 28 × 20
6 4 4 → 28 × 23

    6 2
  × 2 6
  3 7 2 → 62 × 6
1 2 4 0 → 62 × 20
1 6 1 2 →

    5 4
  × 3 2
  1 0 8 → 54 × 2
1 6 2 0 → 54 × 30
1 7 2 8 →

    8 6
  × 3 4
  3 4 4 → 86 × 4
2 5 8 0 → 86 × 30
2 9 2 4 →

3 PROBLÈME À l'arrivée du bateau de pêche, on a compté 27 caisses contenant chacune 12 colins et 28 caisses contenant chacune 25 soles.
Combien y a-t-il de poissons en tout ?
Cherche sur ton cahier.
Il y a 1024 poissons en tout.

127 • Cent-vingt-sept

2 Multiplication posée d'un nombre à deux chiffres par un nombre à deux chiffres supérieur à 20.

Faire lire les quatre multiplications posées et remarquer que les nombres « qui multiplient » sont tous supérieurs à 20.

Écrire ou vidéoprojeter ces quatre opérations au tableau, puis demander aux élèves d'expliquer comment on va procéder pour effectuer la première multiplication.

« Sur la 1re ligne, on écrit le produit de 3 fois 28 et sur la 2e ligne, le produit de 20 fois 28. Ensuite, on fait la somme de ces deux produits partiels, qui correspond au produit final de 23 fois 28. »

Remarquer que dans les trois multiplications suivantes, les produits partiels sont plus grands (trois et quatre chiffres).

Laisser effectuer les opérations en commençant par noter l'écriture des produits avant de les calculer.

Lorsqu'une opération est terminée, demander aux élèves de faire une vérification en recomptant et/ou en utilisant la calculette.

Obstacles possibles :

- La gestion des retenues que l'on retrouve au niveau des deux produits partiels.
- La multiplication par la dizaine entière.
- La mémorisation des tables de multiplication.

Aide proposée : procéder à une séance de remédiation différenciée par groupes en fonction des erreurs répertoriées.

3 Résoudre un problème à étapes relevant de structures additive et multiplicative.

Laisser lire l'énoncé silencieusement, puis le faire lire à voix haute par un élève. Demander s'il y a des questions par rapport à ce problème, une demande d'explication, quelque chose qui n'a pas été bien compris ou qui aurait besoin d'être un peu éclairé. Les réponses à ces interrogations peuvent être proposées par l'enseignant, mais aussi par les élèves, et permettre des échanges de points de vue enrichissants.

Laisser effectuer individuellement ou par deux.

Obstacles possibles :

- Le sens du mot « chacune ».
- L'élaboration du programme opératoire.

Aide proposée : dégager le raisonnement avec les élèves, à partir de la question posée, sans faire référence aux nombres : « Le bateau de pêche ramène deux sortes de poissons, des colins et des soles, dans des caisses. On connait le nombre de caisses. On sait combien il y a de colins dans une caisse et combien il y a de soles dans une caisse. Pour trouver le nombre total, il faut additionner le nombre total de colins avec le nombre total de soles. Pour trouver le nombre de colins, on multiplie le nombre de colins dans une caisse par le nombre de caisses.

Pour trouver le nombre de soles, on multiplie le nombre de soles dans une caisse par le nombre de caisses. »

Écrire ensuite le programme opératoire avec les différentes étapes.

Faisons le point

- Nous avons multiplié des nombres à deux chiffres par des nombres à deux chiffres plus grands que 20.
- Dans ces multiplications, on calcule toujours les produits partiels en multipliant d'abord avec le chiffre des unités, puis avec le chiffre des dizaines.
- Lorsqu'on multiplie les dizaines, il faut toujours mettre un zéro à droite dans ce produit partiel.

Pistes d'activités supplémentaires

Soutien

- Proposer des multiplications par 10, 20, 30…
- Effectuer les calculs :

4 × 2 ; 67 × 2 ; 53 × 3 ; 41 × 5 ; 86 × 2 ; 42 × 20 ; 67 × 20 ; 53 × 30 ; 41 × 50 ; 86 × 20.

- Poser et effectuer :

59 × 12 ; 74 × 23 ; 86 × 34 ; 82 × 25.

Approfondissement

- Poser et effectuer :

172 × 12 ; 247 × 23 ; 136 × 23 ; 248 × 13.

101 Comparer, ranger, encadrer, intercaler (2)

Exercices différenciés – Nombres 13 et 14

Programme 2016

- Comparer, ranger, encadrer, intercaler des nombres entiers, en utilisant les symboles =, ≠, <, >.
  » Valeur des chiffres en fonction de leur rang dans l'écriture d'un nombre.

Objectifs spécifiques de la séance

- Renforcer la maitrise de la suite numérique.
- Comparer des nombres et des écritures arithmétiques.

Information didactique

Dans cette fiche, nous travaillons sur l'aspect ordinal des nombres à travers des activités de comparaison (en utilisant les symboles >, < et =), de rangement sur les nombres à quatre chiffres et d'encadrement par les centaines les plus proches. En prolongement de cet encadrement et en préparation de l'étude future de la notion d'ordre de grandeur, les élèves sont invités à repérer la position d'un nombre par rapport aux deux centaines qui l'encadrent et à repérer la centaine la plus proche.

CALCUL MENTAL

❶ **Problème : multiplier par 10.**

Dire : « *Chaque semaine, Rania achète une petite voiture de collection à 10 €. Combien va-t-elle dépenser si elle achète 3 voitures ? 7 voitures ? 10 voitures ? 11 voitures ? 17 voitures ? 52 voitures ?* »

L'élève écrit la somme dépensée.

❷ **Problème : multiplier par 100.**

Dire : « *- Un paquet de feuilles perforées contient 100 feuilles. Combien y a-t-il de feuilles dans 4 paquets ? 10 paquets ? 15 paquets ? 20 paquets ? 25 paquets ? 30 paquets ?* »

L'élève écrit le nombre de feuilles.

Dire : « *Cette année, 4 500 feuilles ont été distribuées aux élèves de la classe. Combien de paquets de feuilles ont été utilisés ?* » Même question pour 5 600 feuilles distribuées.

L'élève écrit le nombre de paquets de feuilles.

Activités préparatoires

1. Encadrer un nombre entre les deux centaines les plus proches (10 min)

Matériel : étiquettes centaines entières de 100 à 1 000.

▶ Donner une étiquette à une dizaine d'enfants. Ils seront des « bornes centaines ».

Demander aux autres élèves d'écrire sur leur ardoise un nombre à trois chiffres de leur choix.

Par exemple, Tom a écrit 486.

Consigne : « *Tom, viens au tableau et montre à l'ensemble de la classe le nombre que tu as écrit. Maintenant, les deux bornes centaines les plus proches de ton nombre doivent venir t'encadrer correctement.* »

Les deux « élèves-bornes » 400 et 500 viennent alors se placer de chaque côté de Tom.

L'ensemble de la classe vérifie. L'enseignant écrit l'encadrement au tableau sous la forme 400 < 486 < 500 et procède à l'analyse de cette écriture avec les élèves, en respectant la lecture des signes et en partant du nombre étudié : « *486 est plus grand que 400 mais plus petit que 500, donc 486 est situé entre 400 et 500* ».

▶ L'enseignant, dans un deuxième temps, demande aux « élèves-bornes » de s'écarter et de laisser entre eux une distance suffisamment grande pour que l'enfant qui présente 486 puisse se placer correctement dans cet intervalle après avoir apprécié la distance qui le sépare des deux bornes centaines.

Lui faire formuler sa position : « Je suis plus près de 500 que de 400. », « 486 est plus proche de 500 que de 400. »

On pourra apprendre le vocabulaire « centaine inférieure » et « centaine supérieure ».

Recommencer avec d'autres nombres.

2. Encadrer des nombres en appui sur la ligne numérique (10 min)

Matériel individuel : fiches d'activité. SITE COMPAGNON

▶ Distribuer la première fiche d'activité. Elle consiste à placer des nombres à quatre chiffres dans un intervalle d'un millier gradué en centaines.

Consigne : « *Vous avez à placer des nombres dans les cases qui conviennent entre deux milliers. Pour vous aider, vous pouvez vous repérer avec les graduations en centaines.* »

Recopier ou vidéoprojeter au tableau pour la correction.

▶ Distribuer la 2e fiche d'activité. Il faut compléter un tableau d'encadrement. Laisser effectuer et corriger.

Travail sur le fichier

1 Encadrer un nombre par deux centaines consécutives, repérer la centaine la plus proche.

Observer l'exemple. Il s'agit de repérer les deux centaines consécutives qui encadrent un nombre (centaine inférieure et centaine supérieure), de noter cet encadrement à l'aide des symboles de comparaison (… < …< …) et de repérer la centaine la plus proche de ce nombre, préparant en cela la notion d'ordre de grandeur.

Aide proposée : s'appuyer sur des images de la ligne numérique graduée de 100 en 100. Situer d'abord le nombre sur la ligne graduée de 100 en 100, puis situer le nombre dans son intervalle (effet loupe).

2 Compléter le nombre manquant dans une suite de trois nombres consécutifs à quatre chiffres.

Obstacle possible : le fait que ces suites portent sur des « points charnières » de la suite numérique : zones de franchissement d'une dizaine, d'une centaine ou d'un millier.

Aides proposées :

- Faire énoncer régulièrement des tranches de la suite numérique.
- Faire dire à voix basse les suites avant d'écrire le nombre manquant.
- « Ramener » chacune des suites étudiées à une suite sur des nombres à deux ou trois chiffres. Exemple : suite de 99 à 101 → 99 - 100 - 101 ; sur laquelle on s'appuiera pour écrire : 2 099 - 2 100 - 2 101…

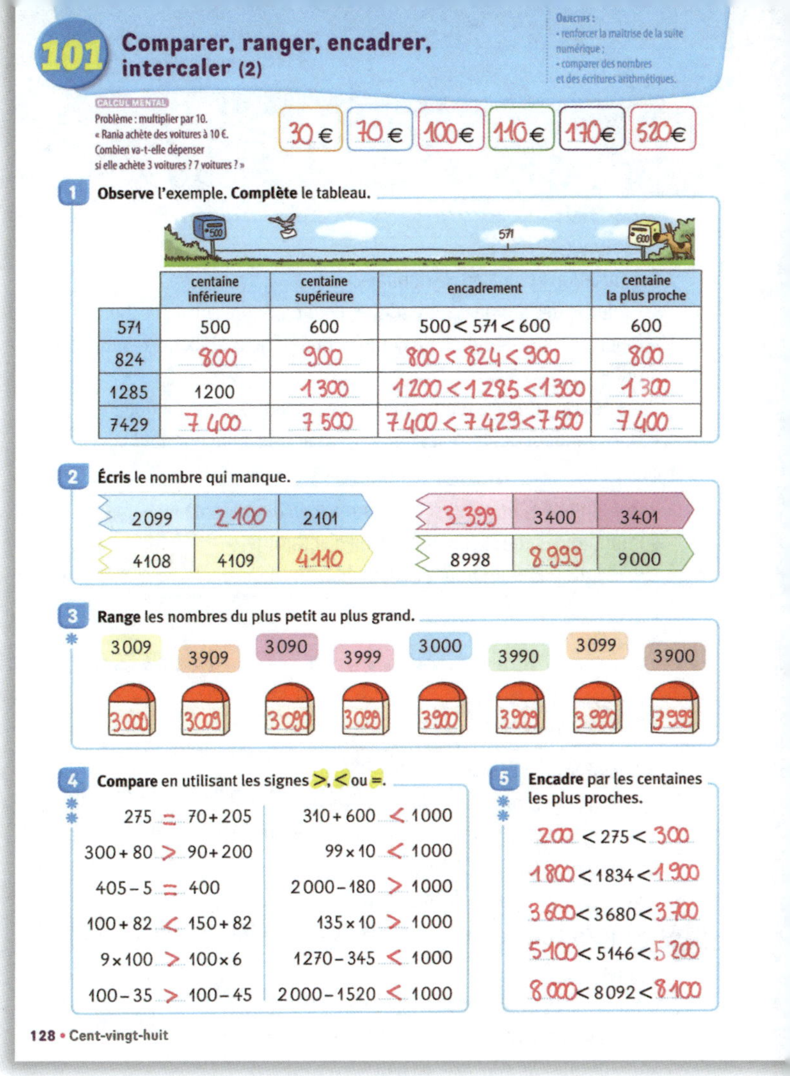

101 Comparer, ranger, encadrer, intercaler (2)

OBJECTIFS :
- renforcer la maîtrise de la suite numérique ;
- comparer des nombres et des écritures arithmétiques.

CALCUL MENTAL
Problème : multiplier par 10.
« Rania achète des voitures à 10 €. Combien va-t-elle dépenser si elle achète 3 voitures ? 7 voitures ? »

30 € | 70 € | 100 € | 110 € | 170 € | 520 €

1 Observe l'exemple. **Complète** le tableau.

	centaine inférieure	centaine supérieure	encadrement	centaine la plus proche
571	500	600	500 < 571 < 600	600
824	800	900	800 < 824 < 900	800
1285	1200	1 300	1 200 < 1 285 < 1 300	1 300
7429	7 400	7 500	7 400 < 7 429 < 7 500	7 400

2 Écris le nombre qui manque.

2099 | 2 100 | 2101
4108 | 4109 | 4110
3 399 | 3400 | 3401
8998 | 8 999 | 9000

3 Range les nombres du plus petit au plus grand.

3009 3909 3090 3999 3000 3990 3099 3900

3000 | 3009 | 3090 | 3099 | 3900 | 3909 | 3990 | 3999

4 Compare en utilisant les signes >, < ou =.

275 = 70 + 205
300 + 80 > 90 + 200
405 − 5 = 400
100 + 82 < 150 + 82
9 × 100 > 100 × 6
100 − 35 > 100 − 45

310 + 600 < 1000
99 × 10 < 1000
2 000 − 180 > 1000
135 × 10 > 1000
1270 − 345 < 1000
2 000 − 1520 < 1000

5 Encadre par les centaines les plus proches.

200 < 275 < 300
1 800 < 1834 < 1 900
3 600 < 3680 < 3 700
5 100 < 5146 < 5 200
8 000 < 8092 < 8 100

128 • Cent-vingt-huit

3 Ranger dans l'ordre croissant huit nombres à quatre chiffres situés dans un même intervalle d'un millier.
Faire rappeler la méthode :
- le plus petit nombre est celui qui a le plus petit chiffre des milliers ;
- si les chiffres des milliers sont égaux, le plus petit nombre est celui qui a le plus petit chiffre des centaines ;
- si les chiffres des centaines sont égaux, etc.
Ici, tous les chiffres des milliers sont égaux. On va donc chercher les nombres qui ont le moins de centaines puis le moins de dizaines puis le moins d'unités. On obtient 3 000, puis 3 009, 3 090 et 3 099.
Les quatre autres nombres sont dans la dernière centaine de l'intervalle, de 3 900 à 3 999.

Obstacle possible : le type de nombres qu'il faut ranger : ce sont des nombres à quatre chiffres toujours construits avec les mêmes chiffres (3, 0 et 9) et présentant tous, sauf un, des unités absentes.

4 Comparer des écritures additives, soustractives, multiplicatives sans passer par la valeur exacte de ces écritures.
L'intérêt de l'exercice est de continuer à faire prendre conscience aux élèves qu'une comparaison impliquant des calculs peut s'effectuer sans qu'il soit nécessaire d'effectuer ces calculs. Ce type d'exercice doit être proposé régulièrement.
Dans la phase de synthèse, indispensable ici, on veillera à faire justifier toutes les comparaisons.
Par exemple, pour 275 = 70 + 205 et 405 − 5 = 400, les calculs exacts sont nécessaires.
Pour les autres comparaisons, les calculs ne sont pas nécessaires.
Par exemple : 100 − 35 > 100 − 45, car en enlevant 35 à 100, on enlève moins qu'en enlevant 45, donc le reste est plus grand.
400 + 600 = 1 000, donc 310 + 600 < 1 000, etc.
Inversement, dans 2 000 − 1 520, on enlève à 2 000 un nombre supérieur à 1 000, donc le résultat sera inférieur à 1 000.
La formulation de ce type de justification est un exercice formateur mais qui reste très difficile pour de jeunes enfants.

Obstacles possibles : le passage par l'ordre de grandeur ; la place de la logique.

Aide proposée : après essai des élèves, l'enseignant formulera le plus clairement possible les justifications.

5 Encadrer un nombre par les centaines les plus proches.
Laisser effectuer en autonomie.
Faire exprimer à l'oral ces encadrements par différentes formulation : « 275 est situé entre 200 et 300 » ; « 275 est supérieur à 200 et inférieur à 300 ».

Obstacle possible : la lecture des encadrements.

Faisons le point

- Nous avons encadré des nombres par les deux centaines les plus proches.
- Dans l'intervalle d'un encadrement, nous avons repéré la centaine la plus proche.
- Nous avons rappelé la règle de comparaison des nombres à 4 chiffres.
- Nous avons comparé des écritures par la logique, sans effectuer forcément les calculs exacts.

MÉMO-MATHS « Je sais encadrer un nombre », page 15.

Pistes d'activités supplémentaires

Soutien

- Demander d'écrire sur l'ardoise un nombre supérieur à 600.
- Demander d'écrire sur l'ardoise un nombre inférieur à 700.
- Demander d'écrire sur l'ardoise un nombre supérieur à 600 et inférieur à 700.
- Demander d'écrire sur l'ardoise un nombre situé entre 700 et 800, mais plus près de 800 que de 700.
- Demander d'écrire sur l'ardoise, en les rangeant dans l'ordre croissant, quatre nombres situés entre 2 000 et 3 000.
- Encadrer les nombres par les centaines les plus proches.
200 < 287 < 300 ; … < 351 < … ; … < 2 364 < …
… < 506 < … ; … < 406 < … ; … < 8 450 < …
… < 812 < … ; … < 676 < … ; … < 1 582 < …
- Comparer en utilisant le signe > ou <.
386 … 299 ; 157 … 175 ;
300 + 2 300 + 8 … 200 + 3 000 + 8 ;
138 × 10 … 138 × 9

Approfondissement

- Demander d'écrire sur l'ardoise, en les rangeant dans l'ordre décroissant, quatre nombres situés entre 2 400 et 2 500.
- Comparer en utilisant >, < ou =.
4 807 … 4 870 ; 5 249 … 4 259 ; 3 916 … 3 961 ;
2 999 … 2 899 ; 5 000 + 800 … 80 + 5 000 ;
2 000 + 100 + 8 … 8 + 100 + 2 000.

102 Diagrammes (2)

Exercices différenciés – Problèmes 3 et 4

Programme 2016

- Organisation et gestion de données.
  - » Exploiter des données numériques pour répondre à des questions.
  - » Mode de représentation de données numériques : tableaux, graphiques simples, etc.
- Dans des cas simples, représenter une grandeur par une longueur.
  - » Une grandeur double est représentée par une longueur double.

Objectifs spécifiques de la séance

- Représenter des mesures sous la forme d'un diagramme en bâtons.
- Comprendre le fonctionnement d'un diagramme.
- Lire et interpréter les données d'un diagramme.

Information didactique

Une opération importante dans le travail scientifique est le **traitement de l'information**, que l'on doit savoir organiser lorsqu'on pose un problème, puis traiter lorsqu'on veut le résoudre.

L'organisation des données demande une présentation simple, que l'on obtient par exemple à l'aide de diagrammes. C'est un moyen de représentation fréquemment utilisé en sciences et dont la lecture puis la construction peuvent être abordées assez tôt par les élèves.

Cette fiche, à travers les thèmes abordés, se situe au croisement entre enseignements (« Mathématiques » et « Questionner le monde »), mais le diagramme en bâtons ou en rectangles est un outil mathématique que l'élève peut retrouver dans toutes les disciplines. Ici, on ne fera pas la différence entre diagramme en bâtons et en rectangles ou en barres.

CALCUL MENTAL

❶ **Problème : utiliser la table de 7.**

Dire : *« Pour parcourir 100 km, la voiture de Lise consomme 7 L d'essence. Combien lui faut-il de litres pour parcourir 200 km ? 300 km ? 500 km ? 600 km ? 800 km ? 1 000 km ? »*

L'élève écrit le nombre de litres nécessaires.

❷ **Problème : utiliser la table de 9 pour calculer un quotient exact.**

Dire : *« Un pâtissier prépare des boites contenant 9 gâteaux chacune. Combien a-t-il rempli de boites s'il a 18 gâteaux ? 36 gâteaux ? 27 gâteaux ? 90 gâteaux ? 54 gâteaux ? 81 gâteaux ? »*

L'élève écrit le nombre de boites.

Activité préparatoire

Effectuer des relevés de température

Étalé sur plusieurs jours.

Matériel collectif : thermomètres.

En préparation de la séance, demander aux élèves quelques jours avant d'effectuer des relevés de température toutes les heures sur une journée (ce travail pourra être effectué par groupes de deux ou trois). Il sera intéressant de varier les emplacements de chaque groupe (intérieur de la classe, cour d'école au plein soleil ou à l'ombre).

Faire un diagramme à partir des données relevées.

Les élèves pourront :

- calculer les écarts de température entre deux heures données : *« Quelle est la différence entre 9 h 00 et 10 h 00 ? 12 h 00 et 15 h 00 ? » ; « À quel moment la température est-elle la plus élevée ? la plus basse ? »*

- comparer les différents diagrammes (intérieur et extérieur ; zone au soleil et ombragée) : *« Quelle est la température à 10 h 00 ? à 15 h 00 ? » ; « Quel est l'écart de température entre la température relevée en classe et dans la cour à 11 h 00 ? »*

L'activité pourra être prolongée par la fourniture, par l'enseignant, d'un diagramme sur des relevés de température en zone tropicale, dans une zone polaire, dans un désert (contraste entre jour et nuit)… mettant en relief des écarts très importants.

Travail sur le fichier

1 Construire un diagramme à partir des données fournies dans un tableau.

• Laisser lire le texte silencieusement, puis le faire lire à haute voix. Observer les trois dessins qui illustrent la croissance du haricot et le dispositif mis en place.

Chaque jour, la hauteur du haricot est matérialisée par une bande. Les bandes sont collées côte à côte et forment un diagramme.

On peut prendre les mesures de manière plus précise à l'aide d'une règle graduée en centimètres et millimètres, les relever dans un tableau comme dans l'exercice et construire le diagramme.

Observer le diagramme, si possible vidéoprojeté, et analyser son fonctionnement. Sur l'axe horizontal, chaque carreau correspond à une journée. Les hauteurs, à échelle réelle, sont représentées sur l'axe vertical.

Le premier travail consiste à construire le diagramme, bande par bande, à partir des mesures inscrites dans le tableau. Définir la méthode pour relever les hauteurs à partir de l'axe gradué. Faire colorier chaque bande avec soin sans appuyer.

Faire constater que le diagramme nous permet de bien nous représenter l'évolution de la taille du haricot et de bien voir les mois durant lesquels la pousse a été la plus forte.

• Répondre aux questions.

Les réponses peuvent toutes se trouver à partir des données inscrites dans le tableau, les deux premières par lecture directe, les autres par un calcul. Les résultats peuvent ensuite être vérifiés sur le diagramme à condition que celui-ci soit exact.

On peut aussi lire les réponses sur le graphique et contrôler par le calcul.

Obstacles possibles :

- La compréhension de la situation de départ.
- Le report des mesures pour la construction du graphique, compte tenu de la taille de l'unité (millimètre).

2 Représenter des masses par des longueurs. Compléter un diagramme dont les bandes sont horizontales.

Lire l'énoncé et les tâches à accomplir.

Elles sont au nombre de trois :
- compléter le diagramme en traçant les bandes correspondant à la masse de l'abricot et du citron ;
- colorier les bandes ;
- calculer la masse de l'abricot et du citron.

Laisser effectuer en autonomie. Passer dans les rangs pour observer les procédures et aider les élèves en difficulté.

Si la masse de l'abricot est moitié de celle du kiwi, la bande représentant la masse de l'abricot aura une longueur moitié de celle représentant la masse du kiwi. Mesurer la bande qui représente la masse du kiwi (6 cm). La bande représentant la masse de l'abricot devra avoir une longueur de 3 cm.

À ce niveau, on n'a absolument pas besoin de connaitre la masse du kiwi pour tracer la bande représentant celle de l'abricot. Il suffit de connaitre le rapport entre les deux masses.

Appliquer le même raisonnement pour le tracé de la bande représentant la masse du citron.

La masse du citron étant le double de celle du kiwi, la bande qui va la représenter sera le double de celle de la masse du kiwi. Elle va donc mesurer 12 cm.

Calculer mentalement la masse de l'abricot : c'est la moitié de 84 g (moitié de 80 + moitié de 4), soit 42 g.

Calculer mentalement la masse du citron : c'est le double de 84 g ou 84 g × 2 (double de 80 + double de 4), soit 168 g.

Obstacles possibles :
- La présence de deux unités de mesure (le gramme et le centimètre).
- Le principe de la représentation des masses par une longueur en cm.

Aide proposée : proposer d'autres exemples avec seulement deux bandes, dont une seule est à compléter.

Faisons le point

- Pour représenter la croissance d'un haricot pendant huit jours, nous avons construit un diagramme.
- Dans le diagramme, il y avait deux axes : un axe horizontal avec les dates et un axe vertical gradué en cm et mm.
- À la fin, le diagramme nous a permis de mieux nous rendre compte de la croissance du haricot.
- Nous avons aussi fait un diagramme qui représentait par des bandes la masse de trois fruits.
- Nous avons vu que si un fruit a une masse double d'un autre, la bande qui représente cette masse doit aussi avoir une longueur double.

MÉMO-MATHS **« Je sais utiliser un diagramme », page 15.**

Pistes d'activités supplémentaires

Pour toute la classe

- Dans l'exercice 1, demander par combien a été multipliée la taille du haricot entre le 15 avril et le 22 avril.
- Proposer divers documents présentant des informations sous la forme de diagrammes en bâtons ou en rectangles et les analyser (fréquentation d'un camping, d'un parc d'attraction ; relevé de performances dans un cours d'EPS).
- Travailler sur des diagrammes circulaires.

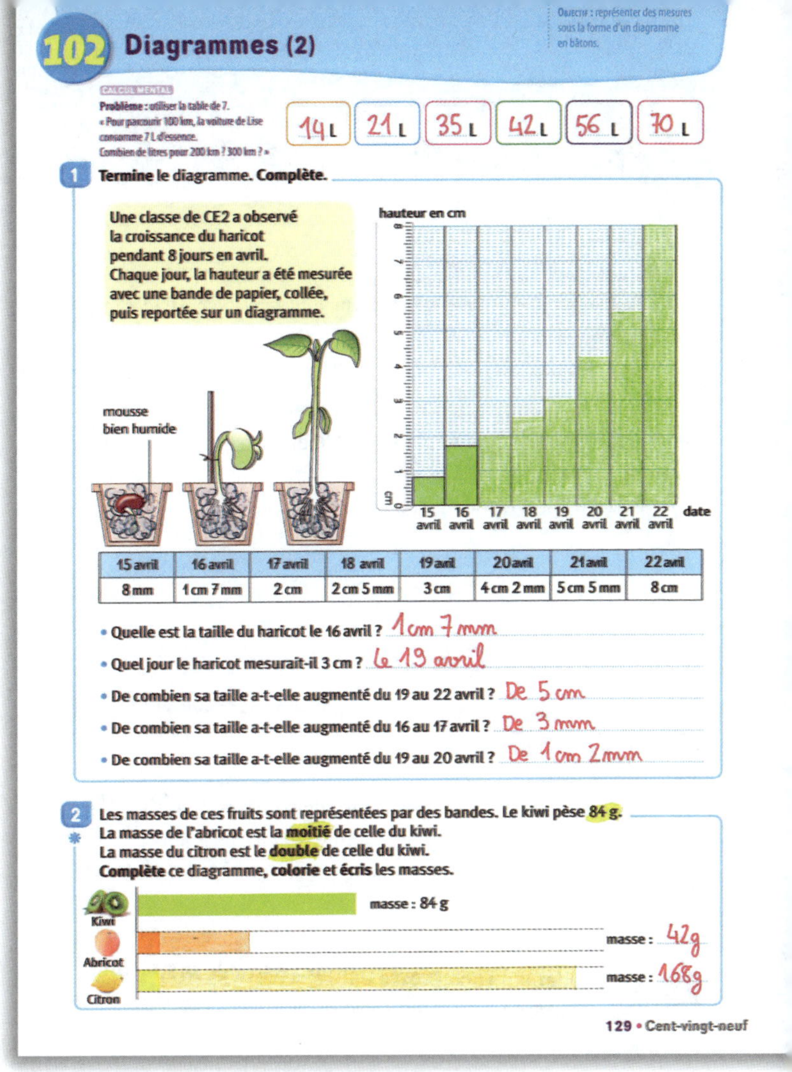

102 Diagrammes (2)

Objectif : représenter des mesures sous la forme d'un diagramme en bâtons.

CALCUL MENTAL
Problème : utiliser la table de 7.
« Pour parcourir 100 km, la voiture de Lise consomme 7 L d'essence.
Combien de litres pour 200 km ? 300 km ? »

14 L | 21 L | 35 L | 42 L | 56 L | 70 L

1 **Termine** le diagramme. **Complète.**

Une classe de CE2 a observé la croissance du haricot pendant 8 jours en avril. Chaque jour, la hauteur a été mesurée avec une bande de papier, collée, puis reportée sur un diagramme.

mousse bien humide

hauteur en cm

date: 15 avril, 16 avril, 17 avril, 18 avril, 19 avril, 20 avril, 21 avril, 22 avril

15 avril	16 avril	17 avril	18 avril	19 avril	20 avril	21 avril	22 avril
8 mm	1 cm 7 mm	2 cm	2 cm 5 mm	3 cm	4 cm 2 mm	5 cm 5 mm	8 cm

- Quelle est la taille du haricot le 16 avril ? 1 cm 7 mm
- Quel jour le haricot mesurait-il 3 cm ? le 19 avril
- De combien sa taille a-t-elle augmenté du 19 au 22 avril ? De 5 cm
- De combien sa taille a-t-elle augmenté du 16 au 17 avril ? De 3 mm
- De combien sa taille a-t-elle augmenté du 19 au 20 avril ? De 1 cm 2 mm

2 **Les masses de ces fruits sont représentées par des bandes. Le kiwi pèse 84 g.**
La masse de l'abricot est la moitié de celle du kiwi.
La masse du citron est le double de celle du kiwi.
Complète ce diagramme, **colorie** et **écris** les masses.

Kiwi — masse : 84 g
Abricot — masse : 42 g
Citron — masse : 168 g

129 • Cent-vingt-neuf

- Activité de croisement entre enseignements (mathématiques et EPS) à travers la construction d'un diagramme. À l'occasion d'une séance d'EPS, faire relever les performances des élèves dans une activité (lancer de balles, saut en longueur, saut en hauteur, course…).

Construire le diagramme de la classe en plaçant, par exemple pour une activité de lancer, sur l'axe horizontal les distances (de 0 à 5 m, de 5 m à 8 m, de 8 m à 10 m, de 10 m à 12 m…) et sur l'axe vertical le nombre d'élèves ayant atteints ces différentes performances.

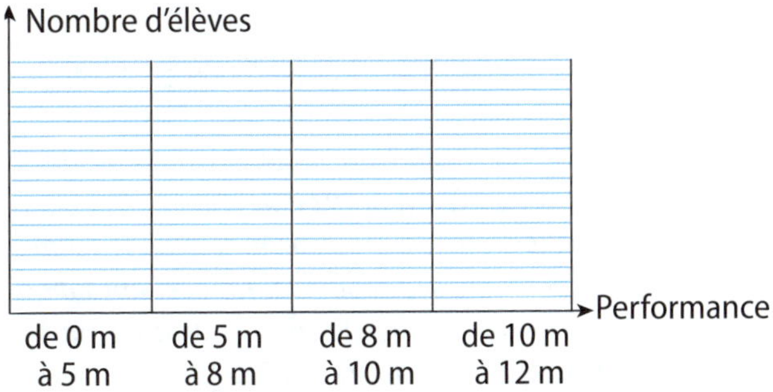

1 e défi

Par groupes

Mettre en place en classe, par groupe, une plantation de haricot. Chaque groupe doit s'organiser pour entretenir sa plantation (arrosage), relever les mesures chaque jour à la même heure. Un élève du groupe pourra l'emmener chez lui pour les mesures du week-end. Inscrire ces mesures dans un tableau et, à la fin, construire un diagramme avec l'aide de l'enseignant si nécessaire.

103 Multiplier, diviser (1)

Exercices différenciés – Calculs 19 et 20

Programme 2016
- Mémoriser des faits numériques.
  » Problèmes relevant des structures multiplicatives, de parages (multiplication/division)
  » Sens des symboles +, −, ×, : .

Objectifs spécifiques de la séance
- Introduire le signe « : » et le sens de la division dans des situations de partages exacts.
- Associer division et multiplication.

Information didactique
L'ensemble des entiers naturels, c'est-à-dire les entiers positifs, est muni de deux opérations « internes » : l'addition qui, aux entiers a et b, fait correspondre l'entier $a + b$, et la multiplication qui, aux entiers a et b, fait correspondre l'entier $a \times b$. À l'addition est associée une opération réciproque : la soustraction qui, aux entiers a et b fait correspondre l'entier $a - b$ à la condition que $a \geq b$. De même, à la multiplication est associée une opération réciproque qui, aux entiers a et b, fait correspondre l'entier $a : b$ à la condition que a soit un multiple de b. **Cette nouvelle opération est appelée division exacte.** Pour effectuer des divisions exactes, il faut maitriser la connaissance des produits simples et, en particulier, des multiples.

CALCUL MENTAL

❶ Problème : écrire un nombre à partir de sa décomposition en dizaines et unités.
Travail par deux.
Dire : *« Sur un gâteau d'anniversaire, une grosse bougie vaut 10 ans et une petite vaut 1 an. Quel est l'âge d'une personne qui a sur son gâteau 3 grosses bougies et 7 petites ? 3 petites et 6 grosses ? 4 grosses ? 2 petites et 4 grosses ? 10 grosses bougies ? »*
L'élève écrit l'âge de la personne.

❷ Compléter un nombre à 2 chiffres à partir de sa structure.
Dire : *« Quelles bougies faut-il ajouter sur le gâteau pour représenter les âges ?*
- Pierre a 52 ans, il a déjà mis 3 grosses bougies et une petite.
- Annie a 68 ans elle a déjà mis 3 grosses bougies et 4 petites.
- Ahmed a 39 ans, il a déjà placé 2 grosses bougies et 3 petites. »
L'élève écrit le nombre de bougies (par ex. : 2 G 3 P).
Dire : *« Alice a déjà placé 2 grosses bougies et 3 petites bougies. Elle doit encore placer 7 petites bougies et 1 grosse bougie. Quel âge a-t-elle ? »*
L'élève écrit l'âge de la personne.

Activité préparatoire

• Mettre en relation des produits et les divisions exactes associées

20 min

Matériel par groupe de deux : une trentaine de petits objets identiques (jetons, cubes, bouchons…).

Consigne 1 : *« Placez 12 objets sur votre table. Les groupes situés dans les rangées qui sont à ma gauche devront diviser leur collection de 12 objets en trois tas qui devront avoir le même nombre d'objets. Les groupes situés dans les rangées qui sont à ma droite devront diviser leur collection de 12 objets en quatre tas qui devront avoir le même nombre d'objets. »*
Passer dans les rangs pour observer les procédures et repréciser la consigne si besoin. Faire comparer les résultats dans chacune des deux parties de la classe et demander de dessiner sur les cahiers la configuration obtenue.
▶ Faire venir deux élèves au tableau pour représenter les deux configurations.

Demander : *« Que pouvons nous dire ou écrire ? »*
Les réponses possibles sont : « On a trois tas de quatre jetons. », « On a quatre tas de trois jetons », ou « Lorsqu'on divise 12 jetons en quatre parties égales, on obtient quatre tas de trois jetons. », « Lorsqu'on divise 12 jetons en trois parties égales, on obtient trois tas de quatre jetons. »
On pourra remarquer aussi que « 12, c'est 3 fois 4 ou 4 fois 3 » ou « 3 × 4 ou 4 × 3 ».
Arriver aux formulations suivantes : « On peut diviser exactement 12 par 3. » et « On peut diviser exactement 12 par 4. » Dire que l'on appelle les divisions « 12 divisé par 4 » et « 12 divisé par 3 » des divisions exactes et faire remarquer qu'elles sont associées à la multiplication 3 × 4 = 12.
Présenter la nouvelle écriture de ces divisions et introduire le symbole « : » qui signifie « divisé par ».
Écrire 12 : 4 = 3 et 12 : 3 = 4.
Consigne 2 : *« Placez sur votre table trois rangées de six objets et écrivez la multiplication correspondante. »*
On obtient les produits 6 × 3 = 18 ou 3 × 6 = 18.
Demander : *« Avec 18, combien peut-on faire de groupes de trois ?* [6] *Combien de groupes de 6 ?* [3] *»*
Remarquer que, dans les deux cas, on vient de faire des divisions exactes qui s'écrivent 18 : 6 = 3 et 18 : 3 = 6.
Tous les objets ont été groupés. Le reste est égal à zéro.

Travail sur le fichier

1 Présenter les deux divisions exactes associées à une multiplication.
Observer la situation et la faire décrire. 24 caramels et 24 bonbons sont disposés en lignes et en colonnes de telle sorte que l'écriture multiplicative 24 = 6 × 4 apparaisse.
Remarquer que les partages ont été faits différemment. La fille a divisé exactement sa collection de 24 caramels en quatre parts égales (24 : 4), ce qui revient à avoir six caramels dans chaque part. On peut donc écrire la division exacte 24 : 4 = 6.
Le garçon a divisé exactement sa collection de 24 bonbons en six parts égales (24 : 6), ce qui revient à avoir quatre bonbons dans chaque part et on peut donc écrire la division exacte 24 : 6 = 4.
Faire lire l'affiche tenue par Méticulo. Bien faire remarquer que l'expression « division exacte » ne signifie pas, comme cela pourrait se comprendre, que la division est juste, mais que

l'on a pu diviser (grouper, partager équitablement) tous les éléments de la collection, donc qu'il n'y a pas de reste ou, plutôt, que le reste est égal à zéro.
Préciser aussi que pour écrire une « division exacte », on peut utiliser le signe « : ».

Obstacle possible : le changement d'écriture.

2 Compléter les deux divisions exactes correspondant à une multiplication.
Cet exercice est une application des transformations d'écritures dégagées dans l'exercice 1. Les deux divisions associées sont données ; seul le résultat est à calculer.
Faire lire oralement l'écriture multiplicative et les deux divisions.

3 Associer à une multiplication les deux divisions exactes correspondantes.
Dans cet exercice, les élèves ont à produire l'écriture complète des deux divisions.
Faire lire oralement la multiplication et les deux divisions.

4 Utiliser la table de multiplication par 9 pour calculer des divisions exactes des produits de cette table.
Faire justifier quelques résultats : « 27 divisé par 9 égale 3, parce que 27 = 9 × 3 ou 9 multiplié par 3 égale 27. »

5 Compléter des divisions exactes en appui sur les tables de multiplication.
Lire les divisions oralement. Essayer de trouver d'autres manières de formuler ces divisions exactes. « 35 : 7 = … , c'est aussi chercher combien il y a de fois 7 pour faire 35. »
Lire la bulle.
« C'est aussi trouver par quel nombre il faut multiplier 7 pour faire 35, ce qui correspond à l'écriture 7 × … = 35. »
Pour trouver le résultat, on peut s'appuyer sur la table de 7 ou la table de 5.

Obstacles possibles :
- La compréhension du sens de l'écriture.
- La connaissance des tables de multiplication.

Faisons le point

- Nous avons vu qu'à partir d'une multiplication, on pouvait écrire deux divisions exactes.
Par exemple, à la multiplication 6 × 5 = 30, on peut faire correspondre les deux divisions exactes « 30 divisé par 5 égale 6 » et « 30 divisé par 6 égale 5 ».
- Nous avons découvert un nouveau signe, « : », qui signifie « divisé par ». Il s'emploie pour écrire les divisions exactes.
- Nous avons vu que, dans une division exacte, tous les éléments sont groupés et qu'après le partage, il n'y a plus d'éléments qui restent.

MÉMO-MATHS **« À une multiplication, j'associe deux divisions », page 16.**

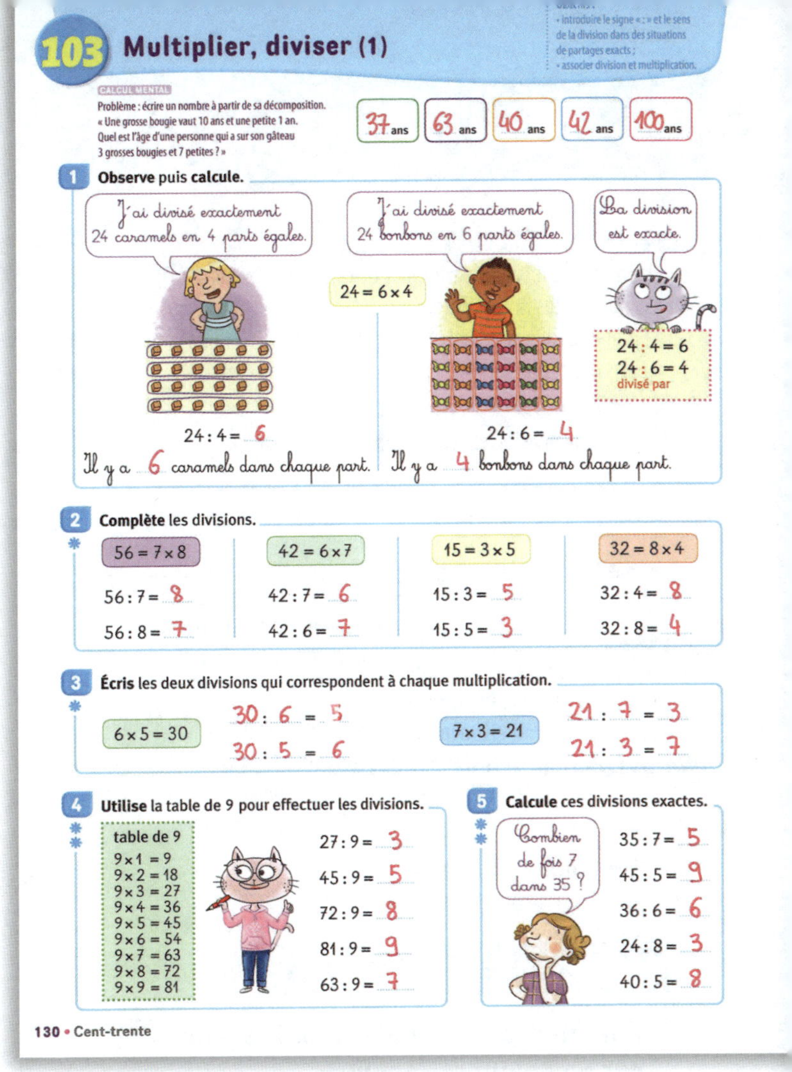

Pistes d'activités supplémentaires

Soutien
- Revoir les tables de multiplication.
- Compléter ces divisions exactes :
20 : 5 = … ; 18 : 2 = … ; 28 : 4 = …; 35 : 5 = … ; 14 : 2 = … ; 32 : 8 = …; 40 : 5 = … .
- Par deux. Un élève écrit une division exacte, l'autre écrit le résultat. Utiliser les tables de multiplication.

Approfondissement
- Problème 1 : Paula veut ranger 35 fichiers dans des piles qui contiennent le même nombre de fichiers. Trouve deux possibilités.
- Problème 2 : Parmi les 30 premiers nombres, quels sont ceux que l'on peut diviser exactement par 3 ? Que remarques-tu ?
- Écrire les divisions exactes possibles de 24 ; de 18 et de 20.

le défi

On peut diviser exactement le nombre d'élèves d'une classe de CE2 en groupes de 2, de 4, de 5 ou de 10. Combien y a-t-il d'élèves dans cette classe de CE2 ?
Poser un problème de ce type pour faire trouver l'effectif d'une autre classe.

104 Multiplier, diviser (2)

Exercices différenciés – Calculs 19 et 20

Programme 2016
- Élaborer ou choisir des stratégies de calcul, à l'oral et à l'écrit.
- Mémoriser des faits numériques.
  » Problèmes relevant de structures multiplicatives (multiplication/division).
  » Sens des symboles +, −, ×, : .

Objectif spécifique de la séance
Effectuer une division exacte par un calcul réfléchi.

Information didactique
Dans cette fiche, nous continuons à travailler sur la **division exacte**, mais en sortant du cadre des produits des tables de multiplication. Comme pour le calcul des moitiés de certains nombres pairs, nous allons procéder par un **calcul réfléchi** en décomposant le nombre à diviser sous la forme d'une somme de multiples du diviseur. Nous utiliserons ensuite l'égalité :

$$(a + b) : c = (a : c) + (b : c).$$

Lorsque le nombre à diviser ne sera plus un multiple du diviseur, nous introduirons une nouvelle opération, appelée « **division euclidienne** ».

CALCUL MENTAL

❶ **Écrire une suite de mesures (en heures et minutes).**
Dire : « *Compte de 30 min en min, à partir de 1 h 20 min.* »
L'élève écrit la suite des heures.
Continuer sur l'ardoise avec les heures de 11 h 45 min à 13 h 15 min.

❷ **Écrire une suite de mesures (en minutes et secondes).**
Dire : « *Compte de 10 s en 10 s : - de 1 min à 3 min ; - de 1 min 05 s à 3 min 05 s.* »
L'élève écrit la suite.

Activités préparatoires

1. Calculer la moitié d'un nombre pair par un calcul réfléchi

15 min

Demander aux élèves de travailler par groupes de deux.

Consigne 1 : « *Nous voulons diviser une collection de 38 jetons en deux parties égales, en deux moitiés. On doit calculer combien il y aura de jetons dans chaque partie, dans chaque moitié. Comme le calcul est un peu difficile, nous allons décomposer 38 sous la forme d'une somme de deux nombres et calculer la moitié de chaque nombre comme nous l'avons déjà vu dans d'autres leçons.* »

Demander : « *Que proposez-vous comme décomposition de 38 pour que la division soit plus facile ?* »

Choisir 30 + 8 et faire calculer (30 : 2) + (8 : 2) = 15 + 4 = 19.
Écrire l'opération 38 : 2 = 19. Vérifier par le calcul de la multiplication : 19 × 2 = 38.

Consigne 2 : « *Avec la même méthode, divisez 56 par 2.* »
56 = 50 + 6 ; 56 : 2 = (50 : 2) + (6 : 2) = 25 + 3 = 28.

2. Calculer une division exacte par un calcul réfléchi

15 min

Diviser la classe en deux et demander aux élèves de travailler par groupes de deux.

À une moitié de classe, proposer la division 45 : 3 et, à l'autre moitié, proposer la division 78 : 6.

Laisser les groupes chercher. Observer s'ils réinvestissent la procédure mise en œuvre pour la division par deux. Aider les élèves pour choisir la décomposition, puis demander à deux groupes de venir présenter leurs calculs.

Voici à quels calculs on pourrait aboutir :
- 45 = 30 + 15. On ne peut pas décomposer en 40 + 5, car 40 et 5 ne sont pas des multiples de la table de 3.
(30 : 3) + (15 : 3) = 10 + 5 = 15, donc 45 : 3 = 15.
- 78 = 60 + 18. On ne peut pas décomposer en 70 + 8, car 70 et 8 ne sont pas des multiples de la table de 6.
(60 : 6) + (18 : 6) = 10 + 3 = 13, donc 78 : 6 = 13.

Éventuellement, travailler sur un autre exemple : 96 : 8.

Travail sur le fichier

1 Présenter une technique de calcul réfléchi pour effectuer une division exacte.

Demander quelle est la division à effectuer. Lire les bulles et observer les calculs pour comprendre la méthode utilisée.
Faire reformuler la méthode utilisée pour diviser 36 par 3. Lire les trois autres divisions à effectuer.
Demander quelles sont les décompositions qui ont été faites pour faciliter les calculs.
On a décomposé :

72 en 60 + 12 ; 88 en 80 + 8 ; 96 en 80 + 16.

Laisser compléter et effectuer les calculs. Vérifier les résultats par la multiplication.
Réfléchir sur les décompositions de 72 et 96. Demander « *Pourquoi n'a-t-on pas choisi les décompositions 70 + 2 et 90 + 4 ?* »
Réponse : « Parce qu'on ne peut pas diviser 70 et 2 par 6. On ne peut pas diviser 90 et 6 par 4. »

2 Diviser un nombre après l'avoir décomposé pour faciliter le calcul et en s'appuyant sur quelques quotients intermédiaires déjà fournis.

Écrire les opérations au tableau, ainsi que les quotients à utiliser. Faire lire oralement les divisions et les trois divisions fournies. Dire que ces trois divisions vont nous être utiles pour nos calculs.
On remarquera que toutes les divisions sont des divisions par 5 et que tous les nombres à diviser sont d'assez grands nombres, qu'il va falloir décomposer.
Rechercher avec les élèves les décompositions que l'on va choisir :

115 = 100 + 15, d'où le calcul :
(100 : 5) + (15 : 5) = 20 + 3 = 23.
130 = 100 + 30, d'où le calcul :
(100 : 5) + (30 : 5) = 20 + 6 = 26 …

Effectuer les multiplications pour vérifier (23 × 5 = 115, etc.).

Obstacles possibles :
- Le nombre des tâches à effectuer mentalement (décomposition, repérage des quotients utiles, somme de ces quotients).
- La décomposition du nombre 145 en trois termes.

3 Diviser une dizaine entière par 10.
On pourra travailler sur les formulations « 30 divisé par 10 » ; « dans 30, combien de fois 10 ? » ; « combien de dizaines dans 30 ? » ; « par combien faut-il multiplier 10 pour faire 30 ? », etc.
Aide proposée : effectuer les multiplications pour vérifier.

4 Vérifier un quotient exact par la multiplication correspondante.
Lire le texte et la solution de monsieur Durand. Il a divisé exactement la somme de 108 € en six parts et il a trouvé que chacun de ses enfants doit recevoir 18 €. On nous demande de vérifier son résultat en effectuant une multiplication. Si ce résultat est exact, en multipliant 18 € par 6, on doit retrouver la somme du départ. Poser et effectuer cette opération.

```
    1 8
 ×    6
 ------
  1 0 8
```

6 fois 8 (unités) → 48 (unités).
Je pose 8 (unités) et je retiens 4 (dizaines).
6 fois 1 (dizaine) → 6 (dizaines) plus 4 (dizaines) → 10 (dizaines)

Obstacle possible : le calcul de la multiplication.

5 Aborder la notion de divisibilité.
Laisser lire le problème silencieusement. Ménager un temps de confrontation par deux et laisser résoudre le problème en binôme, en travaillant d'abord sur la 1re question. Passer dans les rangs pour observer les procédures et relancer la réflexion. Dans la phase de correction, dégager quelques justifications :
- Il n'y a pas de multiplication qui correspond à la division de 20 par 3 ; 3 × … = 20 est impossible.
- 20 n'est pas dans la table de multiplication par 3.
- Jusqu'à 30, les nombres que l'on peut diviser exactement par 3 sont : 3 ; 6 ; 9 ; 12 ; 15 ; 18 ; 21 ; 24 ; 27 et 30. 20 est situé entre 18 et 21 et n'est pas divisible par 3.
- Nous avons essayé avec 20 jetons (ou images) en faisant des tas de trois. Nous avons obtenu six tas de trois jetons et il nous restait deux jetons. Écrire 20 = (3 × 6) + 2. C'est une ouverture sur la division euclidienne.

Obstacle possible : formuler une justification par écrit.
Aides proposées :
- Construire cette formulation avec les élèves.
- Proposer des situations identiques avec d'autres nombres, impliquant d'autres tables de multiplication.

Passer à la 2e question. On peut diviser exactement 21 images en groupes de 3 images parce que 21 est dans la table de 3. À la division 21 : 3 correspond bien une multiplication :
3 × 7 = 21.
Obstacle possible : formuler une justification par écrit.

Faisons le point

- Pour diviser des « grands » nombres, nous les avons décomposés. Par exemple, pour diviser 36 par 3, nous avons décomposé 36 en 30 + 6 ; nous avons divisé 30 et 6 par 3, puis nous avons additionné les résultats.
(30 : 3) + (6 : 3) = 10 + 2 = 12.
À la fin, nous avons vérifié le résultat de notre division en faisant la multiplication 12 × 3 = 36.
- Nous avons vu qu'un nombre n'est pas toujours divisible par un autre nombre. Par exemple, on ne peut pas diviser exactement 20 par 3.

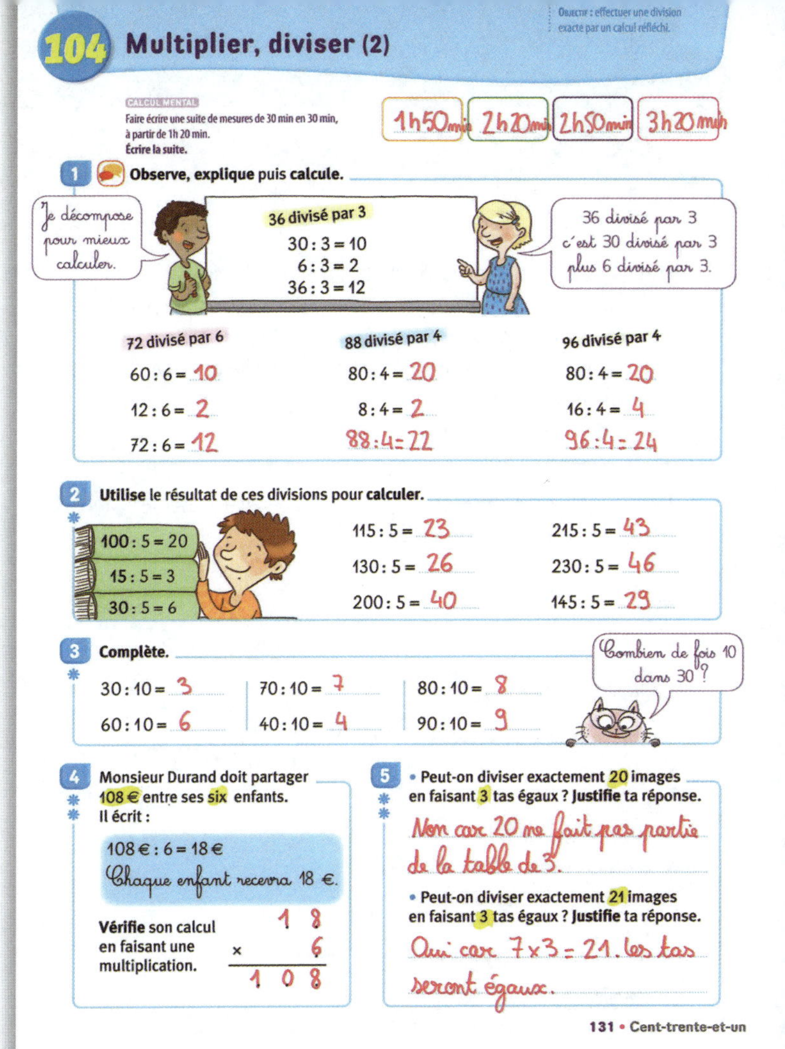
104 Multiplier, diviser (2)

Objectif : effectuer une division exacte par un calcul réfléchi.

CALCUL MENTAL
Faire écrire une suite de mesures de 30 min en 30 min, à partir de 1h 20 min.
Écrire la suite.

1h50min | 2h20min | 2h50min | 3h20min

1 **Observe, explique** puis **calcule.**

72 divisé par 6	88 divisé par 4	96 divisé par 4
60 : 6 = 10	80 : 4 = 20	80 : 4 = 20
12 : 6 = 2	8 : 4 = 2	16 : 4 = 4
72 : 6 = 12	88 : 4 = 22	96 : 4 = 24

2 **Utilise** le résultat de ces divisions pour **calculer.**

115 : 5 = 23	215 : 5 = 43
130 : 5 = 26	230 : 5 = 46
200 : 5 = 40	145 : 5 = 29

3 **Complète.**

30 : 10 = 3	70 : 10 = 7	80 : 10 = 8
60 : 10 = 6	40 : 10 = 4	90 : 10 = 9

4 Monsieur Durand doit partager 108 € entre ses six enfants.
Il écrit :
108 € : 6 = 18 €
Chaque enfant recevra 18 €.
Vérifie son calcul en faisant une multiplication.

```
    1 8
 ×    6
 ------
  1 0 8
```

5 • Peut-on diviser exactement 20 images en faisant 3 tas égaux ? **Justifie** ta réponse.
Non car 20 ne fait pas partie de la table de 3.
• Peut-on diviser exactement 21 images en faisant 3 tas égaux ? **Justifie** ta réponse.
Oui car 7 × 3 = 21. les tas seront égaux.

131 • Cent-trente-et-un

Pistes d'activités supplémentaires

Soutien
- Souligner tous les nombres que l'on peut diviser exactement par 6 :
9 ; 12 ; 20 ; 25 ; 18 ; 24 ; 30 ; 21 ; 15 ; 26 ; 36 ; 40 ; 60 ; 48.
- Trouver deux nombres que l'on peut diviser exactement par 3 et par 4.
- Écrire et calculer les divisions exactes que l'on peut calculer à partir de ces multiplications :
9 × 7 = 63 ; 12 × 4 = 48.

Approfondissement
- Dans l'exercice 4, décomposer le nombre 108 pour effectuer la division par 6.
- Souligner tous les nombres que l'on peut diviser exactement par 9 :
9 ; 12 ; 27 ; 29 ; 39 ; 36 ; 49 ; 63 ; 81 ; 90 ; 100 ; 900.
- Trouver deux nombres que l'on peut diviser exactement par 3 et par 5.
- Compléter :
18 = (3 × 5) + 3 ; 21 = (… × 5) + 1 ;
27 = (… × 5) + 2 ; 32 = (… × 5) + 2.
- Décomposer ces nombres pour pouvoir les diviser plus facilement par 5 :
70 ; 75 ; 85 ; 150.
- Calculer en décomposant :
104 : 8 ; 120 : 8 ; 160 : 8.

105 Les unités de mesure

Programme 2016

- Nommer, lire, écrire, représenter des nombres entiers.
  » Unités de numération (unités simples, dizaines, centaines, milliers) et leurs relations (principe décimal de la numération en chiffres).
- Exprimer une mesure dans une ou plusieurs unités choisies ou imposées.
  » Unités de mesures usuelles.
  » Relation entre les unités.

Objectif spécifique de la séance

Insister sur les régularités du système métrique (en lien avec le système de numération décimale de position).

Information didactique

Autrefois, en France, les unités de mesure différaient selon les régions. À la Révolution, en 1790, il y eut une tentative d'unification commençant par la définition du mètre.

C'est à partir du mètre que se construit le système métrique, obligatoire en France depuis le 1er janvier 1840. Le système métrique, en accord avec notre système de numération, est décimal et les unités dérivées, multiples ou sous-multiples, sont obtenues à partir de l'unité principale à l'aide de multiplications par une puissance de 10.

De leur côté, les unités de numération (unités simples, dizaines, centaines, milliers…) sont des unités de nombre utilisées, par exemple, pour mesurer la taille des collections.

CALCUL MENTAL

Effectuer des transformations entre t et kg.

❶ Dire : « *Transforme en kg ou en t : 2 t ; 7 t ; 3 t ; 4 000 kg ; 8 000 kg ; 1 000 kg.* »
L'élève écrit la mesure.

❷ Dire : « • *Transforme en t et kg :*
1 800 kg ; 2 500 kg ; 3 150 kg ; 1 329 kg.
• *Transforme en kg :*
2 t 150 kg ; 1 t 230 kg ; 4 t 500 kg ; 3 t 750 kg ; 1 t 75 kg. »
L'élève écrit les mesures.

Activités préparatoires

1. Exprimer la taille d'une collection en dizaines, en centaines

10 min

Matériel collectif : une collection d'objets homogènes : deux paquets de 100 buchettes entourés d'un élastique, chaque paquet contenant lui-même 10 dizaines de buchettes entourées chacune d'un élastique, des dizaines isolées et des unités isolées (ou bien des cubes emboitables ; des bouchons par grands paquets de 100, avec 10 petits paquets de 10 à l'intérieur).

▶ Présenter aux élèves une collection de 254 buchettes en écrivant ce nombre au tableau.

Demander aux élèves ce qu'ils voient. Recueillir les réponses au tableau (« Je vois 254 buchettes. » ; « Je vois 2 centaines de buchettes, 5 dizaines de buchettes et 4 buchettes toutes seules. »).

▶ Demander : « *En réalité, combien y a-t-il de dizaines de buchettes en tout dans ce nombre ?* »

Montrer, en défaisant une centaine, qu'il y a 10 dizaines à l'intérieur, donc 20 dizaines dans 2 centaines et 25 dizaines dans le nombre.

Rappeler que l'on peut donner la taille de cette collection de plusieurs manières :

- 254 buchettes ;
- 2 centaines de buchettes, 4 dizaines de buchettes, 4 buchettes ;
- 2 centaines de buchettes 54 buchettes ;
- 25 dizaines de buchettes 4 buchettes.

Nommer des collections et faire exprimer leur taille en centaines et en dizaines : 138 images, c'est 1 centaine d'images et 38 images. Faire de même avec 472 cubes, 1 248 cailloux…

2. Effectuer des transformations d'unités de mesure

15 à 20 min

▶ Écrire au tableau : « À l'animalerie, Alex a vu un lapin papillon. Son poids affiché était de 2 850 g. »

Consigne 1 : « *Pour exprimer cette mesure, nous allons prendre le kg.* »

Faire rappeler que 1 kg, c'est un millier de grammes.

Demander : « *Combien de milliers de grammes dans 2 850 g ?* »

Réponse : « Il y a deux milliers de grammes, donc 2 kg. Le nombre exprimé en kg est de 2 kg 850 g. »

▶ L'enseignant lit : « *Pour se rendre au village voisin, Pierre doit parcourir 9 500 m.* »

Demander « *Quelle unité conviendrait le mieux pour exprimer cette distance ? le mm ? le dm ? le cm ? le km ?* »

Faire rappeler que 1 km, c'est un millier de mètres. Chercher dans le nombre 9 500 où se trouve le nombre de milliers : 9 500, c'est 9 milliers et 500, donc la mesure est de 9 km 500 m.

Consigne 2 : « *Sur le rouleau de ruban, il est écrit : "Longueur : 1 540 cm". Mais nous voudrions exprimer cette mesure en m.* »

Nous savons qu'un mètre est égal à une centaine de centimètres. Nous allons donc chercher combien il y a de centaines de centimètres dans 1 540 cm.

1 5 | 4 | 0 |
m dm cm

Dans 1 540 cm, il y a 15 centaines de cm, c'est-à-dire 15 m.
1 540 cm = 15 m 40 cm.

Travail sur le fichier

1 Rechercher le nombre de dizaines, de centaines, de milliers dans un nombre exprimant la taille d'une collection.

Observer le nombre et l'entourage en rouge. Bien insister en disant qu'il s'agit du nombre de dizaines qu'il y a dans 156.

Lire ce nombre exprimé avec l'unité de numération « dizaine ».

Le nombre 1 563 peut se lire « 156 dizaines 3 unités ».

Faire entourer, dans 1 563, le nombre de centaines puis le nombre de milliers et faire exprimer ce nombre avec ces deux unités de numération : « 15 centaines 63 unités » et « 1 millier 563 unités ».

Faire compléter le tableau.

Obstacle possible : le tableau désignant la place des unités de numération dans le nombre. Le tableau proposé trop tôt risque d'alimenter la confusion, par exemple entre « chiffre des centaines » et « nombre de centaines » dans le nombre. Comme l'élève voit qu'au mot centaine correspond le chiffre 5, il aura tendance à dire qu'il y a un nombre de 5 centaines, alors qu'il ne s'agit que du nombre de centaines qui ne sont pas groupées dans des milliers (le nombre total de centaines étant ici de 15).

2 Exprimer une masse en milliers de grammes soit en kilogrammes.

La masse du chien Filou est exprimée en grammes (3 285 g). On va l'exprimer en milliers de grammes. Faire lire la bulle. On obtient « 3 milliers de grammes et 285 g », donc 3 kg 285 g. Faire remarquer la ressemblance avec les unités de numération.

3 Exprimer une masse en milliers de mètres soit en kilomètres.

Il y a une borne tous les kilomètres, c'est-à-dire tous les 1 000 m. Lire la bulle.

Dans 3 720 m, il y a 3 milliers de mètres, donc Jérémie rencontrera trois bornes.

3 720 m, c'est 3 km et 720 m.

Faire remarquer la ressemblance, là encore, avec les unités de numération

4 Chercher le nombre de centaines de mètres dans une distance donnée.

Faire lire le problème. On doit rechercher le nombre de centaines de mètres dans 4 630 m. Cela revient à chercher le nombre de centaines qu'il y a dans le nombre 4 630.

Il y en a 46 et Marine recevra 46 jetons.

Obstacle possible : la compréhension de la situation.

5 Rechercher le nombre de dizaines de centimètres dans une longueur en centimètres.

Lire le problème. S'assurer que la situation est comprise.

10 cm = 1 dm ; 486 cm = 48 dm 6 cm.

Il faut 48 étoiles.

Obstacle possible : la lecture du tableau. Certains élèves pourront confondre nombre de dm et chiffre des dm.

Faisons le point

- Nous avons vu que les unités de mesure sont organisées comme les unités de numération.
- Comme avec les unités de numération, il ne faut pas, dans un nombre, confondre chiffre et nombre, par exemple le chiffre des dm et le nombre de dm. Dans 486 cm, le chiffre des dm est 8 et le nombre des dm est 48.

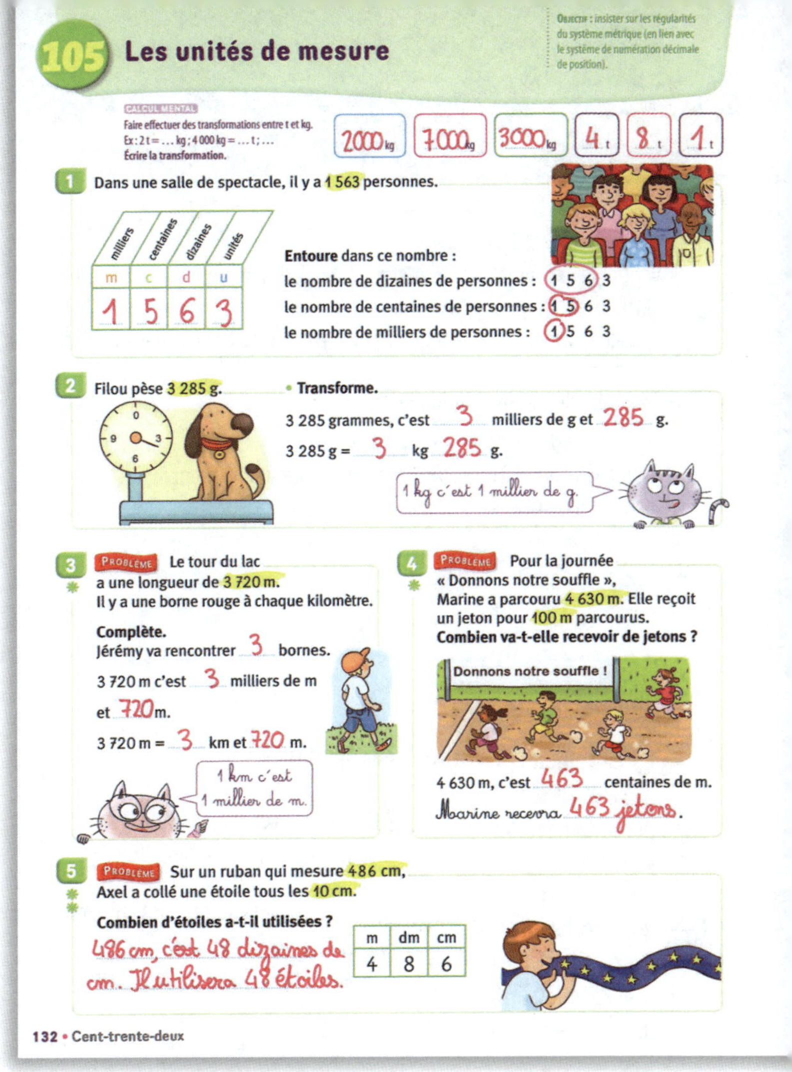

105 Les unités de mesure

Objectif : insister sur les régularités du système métrique (en lien avec le système de numération décimale de position).

CALCUL MENTAL
Faire effectuer des transformations entre t et kg.
Ex : 2 t = … kg ; 4 000 kg = … t ; …
Écrire la transformation.
2000 kg | 7000 kg | 3000 kg | 4 t | 8 t | 1 t

1 Dans une salle de spectacle, il y a 1 563 personnes.

milliers	centaines	dizaines	unités
m	c	d	u
1	5	6	3

Entoure dans ce nombre :
le nombre de dizaines de personnes : (1 5 6) 3
le nombre de centaines de personnes : (1 5) 6 3
le nombre de milliers de personnes : (1) 5 6 3

2 Filou pèse 3 285 g.
Transforme.
3 285 grammes, c'est 3 milliers de g et 285 g.
3 285 g = 3 kg 285 g.
1 kg c'est 1 millier de g.

3 PROBLÈME Le tour du lac a une longueur de 3 720 m.
Il y a une borne rouge à chaque kilomètre.
Complète.
Jérémy va rencontrer 3 bornes.
3 720 m c'est 3 milliers de m et 720 m.
3 720 m = 3 km et 720 m.
1 km c'est 1 millier de m.

4 PROBLÈME Pour la journée « Donnons notre souffle », Marine a parcouru 4 630 m. Elle reçoit un jeton pour 100 m parcourus.
Combien va-t-elle recevoir de jetons ?
Donnons notre souffle !
4 630 m, c'est 463 centaines de m.
Marine recevra 463 jetons.

5 PROBLÈME Sur un ruban qui mesure 486 cm, Axel a collé une étoile tous les 10 cm.
Combien d'étoiles a-t-il utilisées ?

m	dm	cm
4	8	6

486 cm, c'est 48 dizaines de cm. Il utilisera 48 étoiles.

132 • Cent-trente-deux

Pistes d'activités supplémentaires

Pour toute la classe

- Compléter pour le nombre 7 642.

Chiffre des milliers : …	Nombre de milliers : …
Chiffre des centaines : …	Nombre de centaines : …
Chiffre des dizaines : …	Nombre de dizaines : …
Chiffre des unités : …	Nombre d'unités : …

- Compléter avec l'unité de mesure.

456 cm → 4 centaines de cm et 56 cm → 4 … et 56 cm
587 cm → 58 dizaines de cm et 7 cm → 58 … et 7 cm
2 800 cm → 28 centaines de cm → 28 …
1 200 mm → 120 dizaines de mm → 120 …

- Problème 1 : Dans un rouleau de ruban de 3 500 mm de long, on fait des morceaux de ruban de 1 dm. Combien a-t-on fait de morceaux avec le rouleau entier ?
- Problème 2 : Lisa veut fabriquer des buchettes de 1 dm dans une baguette de 2 m 80 cm. Combien peut-elle en fabriquer ? 8, 28 ou 280 ?

1 défi

Lucas mesure 1 m 37 cm et sa sœur mesure 12 dm. Calcule leur différence de taille.

106 Ordres de grandeur et arrondis

Programme 2016

- Vérifier la vraisemblance d'un résultat en estimant son ordre de grandeur.
- Calcul mental.
  » Calculer mentalement pour obtenir un résultat exact ou évaluer un ordre de grandeur.
- Résoudre des problèmes impliquant des prix.

Objectif spécifique de la séance

Accéder à la notion d'ordre de grandeur concernant un nombre, une mesure, le résultat d'un calcul.

Information didactique

Nous avons appris à ranger des nombres et à pratiquer des encadrements, ce qui constitue une bonne préparation à la notion d'ordre de grandeur.
Dans la vie courante, il est souvent plus utile de connaitre l'ordre de grandeur d'une mesure que sa valeur exacte. On pourrait citer l'habitude des commerçants d'afficher des prix comportant 99 centimes, pensant ainsi donner au nombre une influence psychologique sur l'acheteur. L'ordre de grandeur permet aussi de vérifier le résultat d'un calcul, effectué par différents moyens, par exemple avec une machine. Il faudrait donc y entrainer les élèves de façon systématique.
Soulignons, dans cette optique, l'**importance du calcul rapide** qui, dans chaque situation, va permettre de mobiliser les connaissances et les compétences adéquates pour prévoir *a priori* ou contrôler *a posteriori* un résultat.

CALCUL MENTAL

❶ Calculer un écart entre deux nombres à 2 chiffres.
Travail par deux.
Dire : « *Calcule l'écart • entre 18 et 30 ; • entre 25 et 43 ; • entre 27 et 47 ; • entre 19 et 62 ; • entre 30 et 85 ; • entre 36 et 59 ; • entre 55 et 86.* »
L'élève écrit l'écart.

❷ Calculer un complément entre deux nombres de 2 ou 3 chiffres.
Dire : « *Combien pour aller • de 37 à 70 ? • de 49 à 72 ? • de 48 à 65 ? • de 120 à 150 ? • de 132 à 164 ? • de 537 à 637 ? • de 238 à 440 ?...* »
L'élève écrit le complément.

Activités préparatoires

1. Aborder la notion d'« arrondi » à partir de situations vécues dans le quotidien

20 min

Matériel pour deux : fiches d'activité. SITE COMPAGNON

▶ Distribuer la première fiche d'activité et laisser résoudre par deux.

▶ Distribuer la deuxième fiche d'activité. Faire compléter et corriger en faisant justifier le choix des arrondis.

▶ Dans un second temps, proposer une activité par deux, alternant les questions de type « vrai/faux » et les QCM.

Consigne : « *Vous allez choisir l'une des solutions proposées ou répondre par vrai ou faux en vous mettant d'accord avec votre camarade. Puis vous expliquerez les raisons de vos choix* ».

- Le car emmène les élèves au stade, situé à 9 km de l'école. Le trajet aller-retour est d'environ 20 km. Vrai ou faux ?

- La valise de Pierre pèse 28 kg, celle de son frère pèse 19 kg. La différence est approximativement… de 5 kg ? de 10 kg ?

- Le mont Vinson, en Antarctique, a une altitude de 4 897 m ; le mont Blanc culmine à 4 810 m. L'écart entre ces deux montagnes est d'environ 100 m. Vrai ou faux ?

Chaque situation sera l'occasion de travailler les encadrements, à la dizaine, à la centaine, au millier le plus proche. Par exemple, on arrondira l'altitude du mont Vinson à 4 900 m et celle du mont Blanc à 4 800 m, ce qui donnera une différence de 100 m.

2. Vérifier la vraisemblance d'un résultat en estimant son ordre de grandeur

10 min

Matériel par groupe de trois : problème photocopié sur une petite fiche.

Problème : Au supermarché, Justine veut acheter un fromage à 4 € 65, des bonbons à 1 € 75 et un rôti à 12 € 80. Elle a un billet de 20 €. Elle dit à sa sœur Alice : « Je vais avoir assez pour tout acheter. » Sa sœur pense qu'elle se trompe. Qui des deux enfants a raison ?
Consigne : « *Vous allez lire le problème. Vous devrez vous mettre d'accord pour répondre en justifiant vos choix.* »
Faire comprendre que Justine arrive à la bonne solution en arrondissant les sommes à l'euro supérieur : 13 + 5 + 2 = 20.

Travail sur le fichier

1 Arrondir un prix et calculer l'ordre de grandeur d'une somme.
Laisser les élèves répondre aux questions. Corriger en redéfinissant la tâche. Cinq objets sont affichés avec leur prix.
D'autres prix plus parlants et plus proches des prix réels sont proposés. Ce sont des prix arrondis qui sont souvent des « nombres ronds », des dizaines ou des centaines. Lorsque le prix est exprimé en euros et centimes d'euro, le prix arrondi est exprimé par un nombre d'euros proche et facile à retenir.
Le fait d'arrondir s'exprime de différentes façons : « 152 €, c'est environ/à peu près/autour de/approximativement 150 €. »
Noter au tableau les réponses des élèves et demander comment ils ont choisi : « On cherche parmi les prix marqués celui qui nous parait près de 150 €, de 30 €…, c'est-à-dire ici 152 €, 29 €…»
Faire calculer l'écart entre prix réel et prix arrondi (ici, 2 € et 1 €). Faire remarquer que l'écart est faible et que le prix arrondi doit rester proche du prix réel.
Faire de même pour les prix marqués avec deux unités.
L'arrondi demande et favorise en même temps la maitrise des unités, et il prépare l'introduction des nombres décimaux.
Gaëtan a pu acheter le jeu et la boussole, dont le prix total est 47 € (en arrondissant : 30 + 20 = 50 €) ou le sac (prix arrondi à 44 €) et la tasse (prix arrondi à 3 €). Le total réel est de 46 € 70, un peu moins proche de 50 € que le prix total des deux autres articles.

Obstacle possible : notion d'arrondi et, surtout, d'ordre de grandeur d'une somme.
Aide proposée : proposer des activités dans lesquelles on aura à travailler sur les arrondis à partir de prix extraits de divers catalogues.

2 Associer à un prix son « prix arrondi ».
Analyser l'exercice avec la classe pour s'assurer que la tâche est bien comprise.
Faire lire la bulle, qui nous montre que l'on attend un arrondi qui soit une dizaine ou une centaine entière (la plus proche du prix affiché).
9 € 80 a comme prix arrondi 10 € (prix arrondi à la dizaine la plus proche).
39 € 30 a comme prix arrondi 40 € (prix arrondi à la dizaine la plus proche).
899 € a comme prix arrondi 900 € (prix arrondi à la centaine la plus proche).

Obstacles possibles :
- Une mauvaise lecture du prix 39 € 30, lu 3 930, avec comme prix arrondi 4 000 ; ou 30 € retenu comme prix arrondi car la somme se termine par 30.
- Une mauvaise lecture du prix 899 €, confondu avec un nombre à quatre chiffres et arrondi à 8 000 ; ou arrondi à 1 000, plus éloigné de 899 que 900.

3 Choisir l'ordre de grandeur d'une somme parmi plusieurs propositions, puis comparer avec le résultat exact.
Bien expliquer l'exercice en prenant un exemple :
« On nous propose le calcul 1 237+ 502. Avant d'effectuer le calcul pour trouver le résultat exact, on voudrait quand même avoir un ordre de grandeur de ce résultat, une idée de combien "ça va faire à peu près". On nous propose trois ordres de grandeur et il faut choisir celui qui convient. »
Laisser effectuer puis, dans la phase de correction, recueillir les procédures mises en œuvre pour effectuer ce calcul approché :
$1\,200 + 500 = 1\,700$; $50 \times 3 = 150$; $400 - 200 = 200$.
Faire calculer les résultats exacts, et les vérifier à la calculette.

Obstacles possibles :
- Choisir les nombres pertinents pour le calcul approché d'une opération.
- Comprendre la notion de calcul approché.

Faisons le point

- Nous avons appris à arrondir un prix, c'est-à-dire à prendre le « prix rond » le plus proche.
Par exemple : pour 29 €, le prix arrondi sera 30 € ; pour 5 € 99, le prix arrondi sera 6 €.
- Nous avons vu qu'en donnant le prix arrondi, on se rend mieux compte de la valeur des objets.
- Nous avons commencé à calculer un ordre de grandeur d'une somme, d'un produit ou d'une différence en arrondissant les nombres qui sont dans ces opérations.

MÉMO-MATHS **« Je sais chercher un ordre de grandeur », page 16.**

Pistes d'activités supplémentaires

Pour toute la classe

- Arrondir des prix présentés dans un prospectus ou un catalogue.
- Proposer un ordre de grandeur pour les prix suivants :
98 € ; 2 € 87 ; 41€ ; 15 € 09 ; 996 € ; 148 € 50.
- Encadrer ces nombres par les centaines les plus proches :
1 500 < 1 537 < 1 600 ;
… < 1 802 < … ;
… < 2 436 < … ;
… < 7 130 < …
- Pour chaque prix, entourer le prix « arrondi » qui convient le mieux :
59 € 90 → 50 € ; 60 € ; 90 €
238 € 50 → 200 € ; 250 € ; 300 €
1 596 € → 1 600 € ; 1 500 € ; 2 000 €
4 € 90 → 10 € ; 4 € ; 5 €
- Pour chaque opération, entourer le nombre le plus proche du résultat :
1 275 + 3 430 → 600 ; 4 700 ; 4 000
87 × 11 → 800 ; 1 500 ; 900
938 – 386 → 1 200 ; 500 ; 300

107 Multiples (1)

Exercices différenciés – Calculs 21 et 22

Programme 2016

- Résoudre des problèmes en utilisant des nombres entiers et le calcul.
  - » Problèmes relevant des structures multiplicatives, de partages ou de groupements.
- Mémoriser des faits numériques.
  - » Tables de multiplication.
- Calcul en ligne.

Objectifs spécifiques de la séance

- Aborder la notion de multiple.
- Utiliser la ligne numérique pour produire des écritures du type $a = b \times q + r$ (avec $r < b$).

Information didactique

On appelle **multiple d'un nombre entier** *n* tout nombre obtenu en multipliant *n* par un nombre entier quelconque. Les mots « multiplication » et « multiple » sont de la même famille. La structuration de l'ensemble des nombres entiers naturels fait intervenir des expressions liées aux multiples telles que double et moitié, triple et tiers, quadruple... La liste des multiples dépasse largement le petit échantillon fourni par la table de multiplication : elle n'a pas de limite supérieure, on dit qu'elle est infinie.

Établir une liste des multiples de 2, c'est-à-dire des nombres pairs, revient à compter de 2 en 2, ce qui est assez simple. On peut poursuivre par l'étude des multiples de 5, reconnaissables par leur chiffre des unités, 0 ou 5.

Dans cette fiche, **nous travaillons avec les multiples des tables de 6, de 8 et de 4.** En appui sur la suite de ces multiples, les nombres sont situés par rapport aux produits de chacune de ces tables avec des écritures qui préparent à la division euclidienne (par exemple : 19 = (6 × 3) + 1).

CALCUL MENTAL

Problème : calculer un écart entre deux nombres à 2 chiffres.

❶ Dire : *« Pour ces articles, calcule l'écart entre le prix soldé et le prix normal.*
- *Réveil : soldé 47 € ; prix normal 59 €.* • *Radio CD : soldé 63 € ; prix 79 €.*
- *Téléphone : soldé 48 € ; prix 62 €.* • *Casque audio : soldé 56 € ; prix 73 €.*
- *Baladeur MP3 : soldé 78 € ; prix 95 €. »*

Écrire les prix au tableau. L'élève écrit les écarts.

❷ Dire : *« Mounia a monté 42 marches et Chloé 26. Calcule l'écart entre les deux. »*

L'élève écrit l'écart.

Même question pour les cas suivants : Mounia 60 marches et Chloé 33 ; Mounia 38 marches et Chloé 63 ; Mounia 51 marches et Chloé 72.

Activités préparatoires

1. Situer un nombre dans une suite de multiples

10 min

▶ Tracer une ligne numérique vierge au tableau.

Consigne : *« Nous allons écrire au tableau la suite des nombres sur la suite numérique en comptant de 4 en 4 à partir de 0. »*

Sous la dictée de la classe, l'enseignant place les nombres de cette suite sur la ligne numérique. On pourra dépasser les produits de la table de 4 pour éviter le risque de voir la notion de multiple se limiter aux produits des tables de multiplication, alors que la liste des multiples est infinie :

0 ; 4 ; 8 ; 12 ; 16 ; 20 ; 24 ; 28 ; 32 ; 36 ; 40 ; 44 ; 48 ; 52 ...

Faire lire cette suite, puis associer le produit correspondant à chaque nombre. Exprimer à l'oral, chacun des nombres sous la forme d'un produit : « 4, c'est 4 × 1 » ; « 8, c'est 4 × 2 » « 12, c'est 4 × 3 ... et en utilisant le mot « fois » (« 1 fois 4 », « 2 fois 4 », « 3 fois 4 », « 4 fois 4 »...).

Dire que cette suite est une suite de multiples de 4 de 0 à 52, mais qu'elle peut se prolonger.

▶ Demander à une moitié de la classe d'écrire la suite des 12 premiers multiples de 3 et à l'autre moitié d'écrire la suite des 12 premiers multiples de 5.

Deux élèves écriront ces suites parallèlement au tableau.

2. Réaliser des groupements par huit

15 min

Matériel par groupe de deux : au choix du binôme, une collection homogène de 10 à 50 objets (jetons, bouchons...).

Nous prenons l'exemple suivant : Lucas et Mara ont pris 26 jetons ; Paul et Alex ont pris 45 jetons ; Léo et Nadia ont pris 18 jetons ; Samir et Olivia ont pris 39 jetons, etc.

Consigne : *« Avec vos jetons, vous devez faire le plus de tas de huit jetons possible. »*

Au tableau, relever toutes les réponses pour faire une analyse collective.

	Nombre total de jetons	Nombre de tas de 8	Nombre de jetons isolés
Lucas et Mara	26	3	2
Paul et Alex	45	5	5
Léo et Nadia	18	2	2
Samir et Olivia	39	4	7

Pour chaque exemple, faire expliquer ce que l'on a obtenu : « On avait 26 jetons, on a fait trois tas de huit jetons et il reste deux jetons. » On pourra dire *« 26 jetons, c'est 3 fois 8 jetons et 2 jetons »* et écrire : 26 = (8 × 3) + 2.

L'enseignant construit une ligne numérique graduée de 0 à 50 au tableau, écrit sur cette ligne tous les multiples de 8 et indique leurs places par un point rouge.

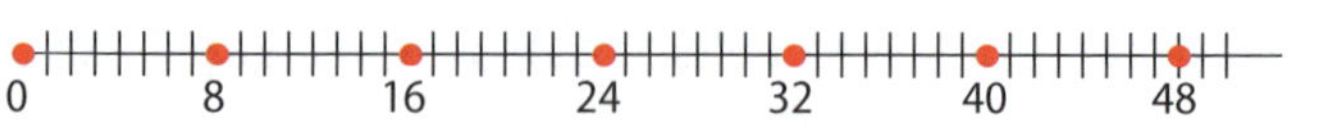

Pour chaque nombre choisi dans les binômes, faire chercher sa place sur la ligne et faire le même constat : *« 26, c'est 3 fois 8 plus 2. »*

Travail sur le fichier

1 Grouper les objets d'une collection par six. Noter le résultat dans un tableau, formuler le résultat oralement en s'appuyant sur la table de multiplication par 6 et la ligne des multiples de 6.

Laisser lire le problème silencieusement et observer les rubriques du tableau dans lequel les élèves vont noter les résultats des recherches.

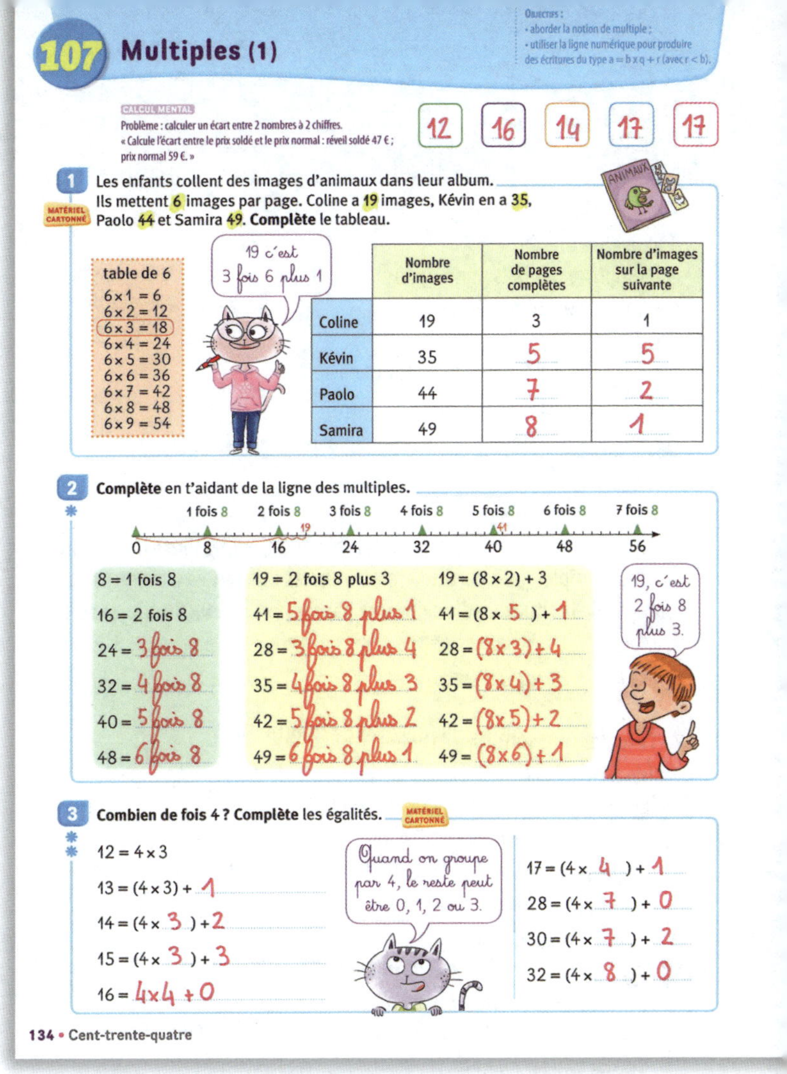
107 Multiples (1)

OBJECTIFS :
- aborder la notion de multiple ;
- utiliser la ligne numérique pour produire des écritures du type a = b x q + r (avec r < b).

CALCUL MENTAL
Problème : calculer un écart entre 2 nombres à 2 chiffres.
« Calcule l'écart entre le prix soldé et le prix normal : réveil soldé 47 € ; prix normal 59 €. »

12 16 14 17 17

1 Les enfants collent des images d'animaux dans leur album. Ils mettent 6 images par page. Coline a 19 images, Kévin en a 35, Paolo 44 et Samira 49. **Complète** le tableau.

MATÉRIEL CARTONNÉ

table de 6
6 × 1 = 6
6 × 2 = 12
6 × 3 = 18
6 × 4 = 24
6 × 5 = 30
6 × 6 = 36
6 × 7 = 42
6 × 8 = 48
6 × 9 = 54

	Nombre d'images	Nombre de pages complètes	Nombre d'images sur la page suivante
Coline	19	3	1
Kévin	35	5	5
Paolo	44	7	2
Samira	49	8	1

2 **Complète** en t'aidant de la ligne des multiples.

1 fois 8 — 2 fois 8 — 3 fois 8 — 4 fois 8 — 5 fois 8 — 6 fois 8 — 7 fois 8
0 — 8 — 16 — 24 — 32 — 40 — 48 — 56 (19, 41)

8 = 1 fois 8	19 = 2 fois 8 plus 3	19 = (8 × 2) + 3
16 = 2 fois 8	41 = 5 fois 8 plus 1	41 = (8 × 5) + 1
24 = 3 fois 8	28 = 3 fois 8 plus 4	28 = (8 × 3) + 4
32 = 4 fois 8	35 = 4 fois 8 plus 3	35 = (8 × 4) + 3
40 = 5 fois 8	42 = 5 fois 8 plus 2	42 = (8 × 5) + 2
48 = 6 fois 8	49 = 6 fois 8 plus 1	49 = (8 × 6) + 1

3 **Combien de fois 4 ? Complète** les égalités. MATÉRIEL CARTONNÉ

12 = 4 × 3
13 = (4 × 3) + 1
14 = (4 × 3) + 2
15 = (4 × 3) + 3
16 = 4 × 4 + 0

17 = (4 × 4) + 1
28 = (4 × 7) + 0
30 = (4 × 7) + 2
32 = (4 × 8) + 0

134 • Cent-trente-quatre

Dégager la question que se pose Colin : « Combien je peux remplir de page d'album avec 19 images ? » Comme les pages peuvent contenir six images, elle va se demander : « Combien de fois six images avec 19 images ? Ou combien de fois 6 dans 19 ? »
Faire énoncer les questions pour les trois autres enfants.
En plus de la table de 6, laisser à disposition la ligne des multiples de 6 du matériel cartonné. Laisser chercher, individuellement ou par deux.
Corriger et recueillir les remarques des élèves concernant leur démarche.
Faire remarquer, en observant la table de 6, que le nombre 19 se situe entre les produits 18 et 24, entre les multiples 18 et 24 sur la ligne des multiples de 6. On voit que 19 est situé entre 3 fois 6 et 4 fois 6.
Sur la ligne graduée des multiples de 6, faire remarquer que 19, c'est 3 fois 6 + 1.
Lire la bulle et utiliser la même formulation pour exprimer les trois autres résultats.

Obstacles possibles :
- La gestion d'une situation de division.
- Le nombre de données.
- Les nouvelles formulations liées à ce type de situations.

2 Situer un nombre dans une suite de multiples.
Analyser cette portion de ligne numérique graduée des multiples de 8. La reproduire ou la vidéoprojeter au tableau.
Retrouver comment l'utiliser pour situer un nombre.
Par exemple, pour le nombre 19, on peut remarquer :
- qu'il est entre les multiples de 8, 16 et 24 : 16 < 19 < 24 ;
- qu'il est entre « 2 fois 8 » et « 3 fois 8 » : 2 fois 8 < 19 < 3 fois 8 ;
- qu'il est égal à « 2 fois 8 plus 3 » : 19 = 2 fois 8 plus 3.

Compléter la suite de l'exercice en prenant appui sur la ligne des multiples de 6.

Obstacles possibles :
- La gestion de toutes les écritures.
- La désignation d'un nombre par rapport à un multiple d'un autre nombre sous la forme du type $19 = (8 \times 2) + 3$.

Aides proposées :
- S'appuyer sur la ligne des multiples.
- Passer par des manipulations.
- Réciter la table de 8 et repérer le multiple de 8 qui précède le nombre.

3 Désigner des nombres qui se suivent par rapport aux multiples de 4. Constater l'évolution du quotient et des valeurs du reste.
Cet exercice est difficile mais peut se faire à deux. On peut partir de questions du type *« Dans 12, combien de fois 4 ? Que reste-t-il ? »*.
Compléter les écritures. Observer les restes et leur variation régulière (0, 1, 2, 3, 0, 1…).
Lire ensuite la bulle de Méticulo.

Obstacle possible : la forme de l'écriture à compléter.

Aides proposées :
- Prendre appui sur la ligne des multiples de 4 du matériel cartonné. Repérer la place du nombre étudié sur cette ligne numérique graduée et désigner ce nombre par rapport au multiple immédiatement inférieur.
- Écrire, sur la ligne numérique, chaque multiple sous la forme d'un produit : 4 × 1 ; 4 × 2 ; 4 × 3…

Faisons le point

- Nous avons travaillé sur les suites de multiples.
- Nous avons utilisé les lignes de multiples pour situer les nombres.

MÉMO-MATHS **« J'utilise les multiples », page 16.**

Pistes d'activités supplémentaires

Soutien

Dans des séances de calcul mental :
- Compter de 2 en 2 de 0 à 50 et de 50 à 0 (jeu du furet).
- Compter de 5 en 5 de 0 à 100 et de 100 à 0 (jeu du furet).
- Compter de 3 en 3 de 0 à 60 (jeu du furet).
- Compter de 4 en 4 de 0 à 80 (jeu du furet).
- Attribuer un nombre et demander de le situer dans une liste de multiples : *« Où se trouve 22 dans la liste des multiples de 6 ? »* ou *« Quels sont les deux multiples de 6 qui encadrent 22 ? »*

Travailler avec, puis sans, la ligne des multiples.

Approfondissement

Dans des séances de calcul mental :
- Compter de 3 en 3 de 60 à 0 (jeu du furet).
- Compter de 6 en 6 de 0 à 90 (jeu du furet).
- Faire nommer tous les nombres qui se trouvent entre deux multiples consécutifs, par exemple entre 3 fois 9 (27) et 4 fois 9 (36) ; entre 6 × 3 et 6 × 4.

1 le défi

Montrer sur une ligne graduée que les multiples de 6 sont multiples de 2 et de 3.

108 Multiples (2)

Exercices différenciés – Calculs 21 et 22

Programme 2016
- Mémoriser des faits numériques.
  » Tables de multiplication.
- Calcul en ligne.
  » Calculer en utilisant des écritures en ligne mixtes.

Objectif spécifique de la séance
S'appuyer sur les multiples pour produire des écritures du type $a = b \times q + r$ (avec $r < b$).

Information didactique
Dans cette fiche, en prolongement de la fiche 107, nous poursuivons le travail sur les multiples, plus particulièrement sur les différentes façons de **rendre compte de la situation d'un nombre par rapport à deux multiples consécutifs d'un même nombre.**
Il s'agit tout d'abord de définir un encadrement de ce nombre et de découvrir différentes notations de cet encadrement. Par exemple, pour l'encadrement du nombre 23 par les multiples de 5 les plus proches, on aura : $20 < 23 < 25$, ou 4 fois $5 < 23 < 5$ fois 5, ou $5 \times 4 < 23 < 5 \times 5$.
Ensuite, il faut préciser la position du nombre par rapport au multiple immédiatement inférieur. On utilisera alors une écriture du type $a = b \times q + r$ (avec $r < b$). C'est l'écriture de la **division euclidienne**, c'est-à-dire la division dans l'ensemble des nombres entiers, qui consiste à situer un nombre appelé « dividende » entre deux multiples consécutifs d'un autre nombre, appelé « diviseur ».

CALCUL MENTAL

Calculer une somme de mesures de longueur.
Travail par deux.
❶ Dire : « • 2 cm 5 mm + 3 cm ; • 4 cm 6 mm + 3 mm ;
• 1 cm 7 mm + 6 mm ; • 4 cm 8 mm + 1 cm 4 mm ;
• 1 cm 5 mm + 1 cm 5 mm. Lorsque la somme des mm dépasse 10, faire la transformation en cm. »
L'élève écrit la somme.
❷ Dire : « *• 1 m 75 cm + 2 m 15 cm ; • 1 m 40 cm + 60 cm ;*
• 2 m 50 cm + 60 cm ; • 6 m 30 cm + 3 m 70 cm ; • 75 cm + 80 cm.
Lorsque la somme des cm dépasse 10, faire la transformation en m. »
L'élève écrit la somme.

Activités préparatoires (MATÉRIEL CARTONNÉ)

1. Entrainement : revoir les suites de multiples des nombres de 0 à 6 dans un jeu du furet (5 min)

Il est souhaitable de débuter quelques séances par un rituel « jeu du furet » à travers lequel on consolide la connaissance de la notion de multiples et la révision des tables.
L'enseignant commence : « 3 ; 6 ; 9… » et un élève continue « 12 ; 15 ; 18 ; 21… » L'enseignant désigne un autre élève qui doit aussitôt prendre la suite. Le reste de la classe reste vigilant et signale les erreurs éventuelles.
Comme variante, on peut envisager que ce soit l'élève « compteur » qui désigne lui-même son successeur. Enfin, l'enseignant fixe la fin du jeu qui peut conduire bien au-delà de la table de multiplication.
L'enseignant peut aussi décider du sens de cette suite, qui peut être décroissante. C'est un exercice plus difficile, mais très intéressant.

2. Se repérer sur les lignes de multiples (15 à 20 min)

Matériel par groupe de deux : les fiches de multiples du matériel cartonné, l'ardoise.

Consigne : « *Placez devant vous votre bande de multiples de 6. Vous allez utiliser cette bande pour répondre à mes questions. Vous noterez vos réponses sur votre ardoise.* »

Demander : « *8 fois 6 ?* » (réponse : 48) ; « *9 fois 6 ?* » (réponse : 54).
Demander « *Comment faites-vous ?* »
Recueillir les différentes procédures : « Je lis tout de suite le nombre en face de "8 fois 6". » ; « Je compte 8 bonds de 6 à partir de 0. »
Poser des questions différentes : « *8 × 6 ?* » ; « *6 × 8 ?* » ; « *54, c'est combien de fois 6 ?* » ; « *Dans 54, combien de fois 6 ?* »
▶ Rendre le jeu plus complexe. Donner un nombre (ex. : 32), puis demander l'encadrement par deux multiples successifs de 6 ($30 < 32 < 36$), sous la forme 5 fois $6 < 32 < 6$ fois 6 ; sous la forme $5 \times 6 < 32 < 6 \times 6$.
Demander : « *32, c'est combien de fois 6 ?* » (réponse : « C'est 5 fois 6 plus 2. »). Pour la réponse à cette question, demander d'expliciter les procédures.

3. Construire les lignes multiples cartonnées de 8 et de 9 (15 à 20 min)

Matériel individuel : bande de carton, règle graduée.

L'enseignant fait les schémas au tableau et guide la manipulation des élèves, qui doivent construire les lignes des multiples de 8 et/ou de 9.
Cette activité peut aussi être placée en prolongement de cette séance ou dans une séance dédiée, un peu décalée dans le temps.

Travail sur le fichier (MATÉRIEL CARTONNÉ)

1 Situer un nombre par rapport à deux multiples successifs de 7 en appui sur la ligne des multiples du matériel cartonné, graduée des premiers de ces multiples.
Observer la ligne graduée des multiples de 7 que l'enseignant aura dessinée ou vidéoprojetée au tableau. Repérer la suite des multiples et la graduation de 1 en 1. Placer les trois nombres 25, 30 et 44 sur cette ligne. Dire aux élèves de s'appliquer et d'écrire petit.
Il s'agit ensuite de situer ces trois nombres par rapport aux multiples de 7, d'abord par des encadrements (sous deux formes), puis à l'aide d'une égalité du type $a = b \times q + r$, et enfin de préciser la position de ces nombres dans un intervalle entre deux multiples consécutifs de 7.
Analyser l'exemple avec le nombre 19. Il peut être plus simple d'analyser et de compléter ligne par ligne. Les premiers encadrements se font par lecture directe des multiples sur la ligne.

Sur la 2e ligne, les multiples sont présentés sous la forme de produits de deux facteurs qui n'apparaissent pas sur la ligne. Sur la 3e ligne, la position du nombre est repérée par une égalité du type $a = b \times q + r$. Ce repérage se fait par rapport au multiple de 7 immédiatement inférieur et la distance à ce dernier (le reste) est indiquée.

Obstacle possible : le deuxième type d'encadrement et, surtout, l'égalité.
Aide proposée : inscrire les écritures multiplicatives (en petit) sous les multiples de la ligne des multiples.

2 Encadrer un nombre par deux multiples de 5 consécutifs.
La ligne des multiples du matériel cartonné peut être utilisée en appui pour compléter les encadrements ou comme outil de vérification.

3 Compléter le quotient et le reste dans une égalité du type $a = b \times q \times r$.
Analyser l'exemple et lire la bulle qui correspond à la recherche du quotient et du reste.
Appliquer ce questionnement à l'écriture incomplète de la deuxième ligne : *« Dans 12, combien de fois 5 ? »*, puis *« Combien faut-il encore ajouter pour atteindre 12 ? »*
Laisser compléter.

Aide proposée : selon les objectifs de l'enseignant et les compétences des élèves, on pourra ou non s'appuyer sur la ligne des multiples pour effectuer l'exercice. Elle sera utilisée dans tous les cas pour vérifier.

Observer les restes : ils varient ici de 1 à 4. Aucun reste n'est égal à zéro, donc aucun de ces nombres n'est un multiple de 7.

Obstacle possible : la complémentation des égalités de la colonne de droite, qui font appel à des produits plus éloignés dans la table de 5.

4 Retrouver, à l'aide de la calculette et par une méthode d'essais-erreurs, un quotient et un reste sur des nombres qui sortent du champ numérique couvert par les tables de multiplication.
Laisser les élèves en autonomie, seuls puis par deux. Pour chaque calcul, il faut toujours partir de la question posée. Prévenir que l'on n'atteindra pas toujours exactement le nombre.
Relever les procédures.
Pour le 1er calcul, on peut illustrer en disant :*« Avec 66 jetons, combien peut-on faire de tas de 6 jetons ?»*
Avant d'utiliser la calculette, il est intéressant de chercher à se donner quelques repères. Ici, on peut dire que c'est plus de 10 fois, car 10 fois 5 = 50 et, à partir de là, essayer des nombres (12 × 5 = 60 ; 13 × 5 = 65 ; 14 × 5 = 70).
Pour 14 fois 5 (jetons), il faut 70 (jetons) et on n'a que 66 (jetons). Avec 66, on ne peut faire que 13 fois 5 et il reste 1, d'où l'écriture : 66 = (5 × 13) + 1.

Obstacles possibles :
- La compréhension de la tâche.
- La démarche de recherche par essais-erreurs à mettre en place.
- L'utilisation de la calculette dans ce contexte de recherche et l'exploitation des résultats qu'elle affiche.

La petite question

C'est le nombre 40, car 8 × 5 = 40.

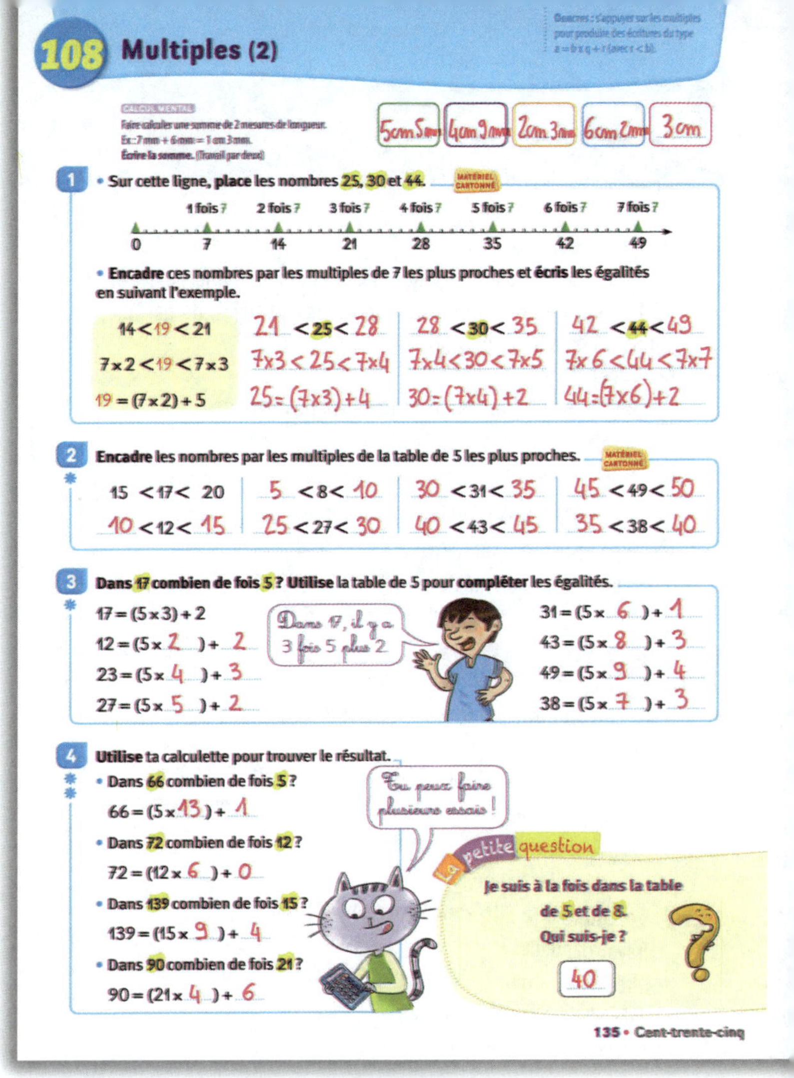

Faisons le point

- Nous avons appris à encadrer, de différentes façons, un nombre par des multiples.
- Nous avons complété des égalités pour situer des nombres dans la suite des multiples.
- Nous avons utilisé la calculette, en faisant plusieurs essais, pour trouver combien de fois 5, combien de fois 6… il y avait dans un nombre.

Pistes d'activités supplémentaires

Soutien

- Par deux, encadrer des nombres par les multiples de 3, 4 et 5 les plus proches avec ou sans l'aide de la ligne des multiples.
- Encadrer 31 par les multiples de 2, 3, 4, 5, 6, 7, 8 et 9.

Approfondissement

- Indiquer tous les restes possibles quand on groupe par 9.
- Demander, lorsqu'on situe des nombres par rapport aux multiples de 5 les plus proches de ce nombre, si l'on peut avoir un « reste » égal à 5.
- Compléter les égalités :

29 = (… × 5) + 4 ; 41 = (5 × …) + 1
32 = (… × 6) + 2 ; 48 = (9 × …) + 3

1 défi

Avec la calculette, par groupe de deux

Combien une période de 100 jours contient-elle de semaines complètes ?
Combien une année contient-elle de semaines complètes ?

109 Situations de groupement (1)

Programme 2016

- Résoudre des problèmes en utilisant des nombres entiers et le calcul.
  » Problèmes relevant de structures multiplicatives, de partages ou de groupements (multiplication/division).
- Calcul en ligne.
  » Calculer en utilisant des écritures en ligne mixtes.

Objectifs spécifiques de la séance

- Approcher la division euclidienne par des situations de groupement.
- Produire des écritures du type $a = b \times q + r$ (avec $r < b$).

Information didactique

De même que la soustraction est liée à l'addition, la division fait intervenir la multiplication, puisqu'il s'agit d'encadrer le dividende entre deux multiples consécutifs du diviseur. L'écriture finale sera : $a = (b \times q) + r$ (avec $r < b$) où a est le dividende, b le diviseur, q le quotient et r le reste.

Dans les repères de progressivité du programme 2016, il est écrit que les élèves établissent puis doivent progressivement mémoriser des procédures élémentaires pour obtenir le quotient et le reste d'une division euclidienne par un nombre à un chiffre et par des nombres comme 10, 25, 50, 100 en fin de cycle.

La technique de la division posée n'est pas au programme du cycle 2, mais cette fiche prépare à la division euclidienne, c'est-à-dire la division dans l'ensemble des entiers, à partir de situations de groupement.

CALCUL MENTAL

1 Calculer une somme de deux prix.

Travail par deux.

Dire : « *• 2 € 50 c + 30 c ; • 4 € 20 c + 10 € ; • 7 € 50 c + 2 € 50 c ; • 1 € 80 c + 1 € 40 c ; • 4 € 80 c + 4 € 20. Lorsque la somme des c dépasse 10, faire la transformation en €.* »

L'élève écrit la somme.

2 Calculer la différence entre deux prix.

Travail par deux.

Dire : « *14 € – 6 € ; 75 c – 20 c ; 4 € 50 c – 1 € 40 c ; 10 – 1 € 50 c ; 1 € – 75 c ; 2 € – 40 c ; 5 € – 2 € 90 c.* »

L'élève écrit la différence.

Activités préparatoires

MATÉRIEL CARTONNÉ

1. Diviser une collection d'objets en groupant ses éléments par 2, 3, 4...

15 à 20 min

Matériel par groupe de deux : une collection homogène de 35 éléments (jetons, bouchons, cubes, ...), les lignes numériques cartonnées.

Chaque groupe de deux possède 35 éléments et doit répondre à une question du type *« Dans 35, combien de fois 8 ? »* L'enseignant attribuera un seul diviseur de 2 à 9 par groupe.

Demander d'illustrer les réponses par la disposition des éléments de la collection sur la table

Écrire une phrase réponse sur le cahier ou l'ardoise : « Avec 35, on peut obtenir 4 fois 8 et il reste trois éléments. »

Recueillir les résultats et noter, pour chacune des divisions effectuées sur la collection, une écriture correspondante :

$$35 = (8 \times 4) + 3.$$

Constater que, souvent, des éléments n'ont pas pu être groupés. On remarquera que dans deux cas (groupements par 5 et groupements par 7), tous les éléments sont groupés : il n'y a pas de reste. On pourra remarquer aussi que lorsqu'on groupe les éléments par 4, il ne peut pas rester plus de trois éléments non groupés.

On pourra recommencer avec un autre nombre (ex. : 42) sans utiliser le support d'une collection d'éléments.

2. Vivre des situations de groupement dans une activité d'EPS

30 mn

Cette activité, qui permet de croiser les enseignements, pourra se dérouler dans la cour, sous le préau ou dans le gymnase.

L'enseignant prépare une affiche. En haut de l'affiche, Il note en début de séance le nombre d'élèves de sa classe (nous prendrons ici comme exemple 23 élèves). Les 23 élèves de la classe se déplacent en marchant ou en trottinant dans l'espace. L'enseignant tape dans ses mains et leur dit : *« Groupez-vous par trois ! »* Une fois le groupement réalisé, établir le constat du nouveau visage de la classe. L'enseignant écrit sur l'affiche : « 7 groupes de 3 élèves et 2 élèves », puis : « 23 = (3 × 7) + 3 ».

Les élèves reprennent tous leur déplacement, puis l'enseignant dit : *« Groupez-vous par quatre ! »* Un nouveau constat est fait à l'oral : « Lorsque les 23 élèves de la classe se groupent par quatre, ils forment cinq groupes de quatre et il reste trois élèves. » Un élève vient ensuite noter l'écriture correspondante sur l'affiche : « 23 = (4 × 5) + 3 ». Continuer sur ce principe en formant et en codant d'autres groupements.

Travail sur le fichier

1 Approcher la division euclidienne dans une situation de groupement.

• Commencer sans ouvrir le fichier. Recopier ou vidéoprojeter au tableau le problème de l'exercice. Faire lire le problème oralement.

Faire reformuler la question de différentes façons : *« Combien peut-on faire d'équipes de six joueurs ? Et combien d'élèves ne seront pas dans une équipe»* ; *« Combien peut-on former de groupes de 6 joueurs ? Combien reste-t-il d'élèves en dehors des groupes ? »* ; *« Dans 27, combien de fois 6 ? Et que reste-t-il ? »*

Poser aussi quelques questions : *« Après la division de la classe en équipe de six, est ce qu'il peut rester six élèves sans équipe ? Plus de six élèves sans équipe ? Pourquoi ? »*

• Ouvrir le fichier où l'on va retrouver le problème. Lire les deux bulles qui résument la situation et la question. Noter l'utilisation du verbe « diviser ».

Corriger en commençant par situer 27 dans la suite des multiples de 6 : 27 est situé entre 24 et 30, c'est-à-dire entre 4 fois 6 et 5 fois 6.

27 est égal à 4 fois 6 plus 3, soit 27 = (6 × 4) + 3.

Faire souligner ou écrire en couleur le nombre de groupes (4) et le reste (3) et faire rappeler que le reste doit être inférieur à 6.

Vérifier le calcul sur la représentation des 27 élèves que l'on groupe par six.

Obstacle possible : l'écriture $a = b \times q + r$.
Aide proposée : prendre appui sur la ligne cartonnée des multiples de 6.

2 et 3 Déterminer le quotient et le reste dans une situation de division-groupement.

Ces deux exercices prolongent et renforcent le travail effectué à l'exercice 1. À partir du même contexte, on change le type de groupement : « on divise la classe en équipes de cinq » ; « on divise la classe en équipes de sept ».
Il s'agit chaque fois de repérer la position du nombre 27 par rapport aux multiples de 5 ou de 7.

Obstacle possible : la formulation de l'encadrement et l'écriture $a = b \times q + r$.
Aides proposées :
- Utiliser les tables et les grilles du matériel cartonné des multiples de 5 et de 7.
- Passer par un schéma, sur lequel on procèdera au groupement.
- Grouper sur une collection homogène de 27 objets (bouchons, jetons...).
- Pour chaque situation, faire formuler la question qui correspond à l'opération demandée (ex. : *« Combien peut-on faire d'équipes de cinq joueurs avec 25 élèves ? »*).

4 Analyser des situations de division exacte.

Nous sommes toujours dans le même contexte de groupement : « On divise la classe de 27 élèves en équipes de trois. » Laisser chercher à partir de la question *« Combien de fois 3 avec 27 ? »*
Constater que le nombre 27 est dans la table de 3 : c'est un multiple de 3.
Avec 27 élèves, on peut former neuf équipes de trois et il ne restera aucun élève. Lire la bulle.
Après cette division, il n'y a pas de reste : le reste est égal à 0.
27 divisé 3 est une division exacte. Elle peut peut s'écrire $27 = (3 \times 9) + 0$ ou $27 : 3 = 9$.
On peut aussi dire que 27 est divisible par 3.
Faire lire la consigne à droite. Un véritable problème est posé : *« Y a-t-il une autre façon de diviser exactement 27 ? de diviser la classe de 27 en groupes égaux sans qu'aucun élève ne reste ? »*
Laisser chercher et recueillir les procédures : à partir d'un résultat mémorisé de la table de 3 (« 27 c'est 9 fois 3 » ou « 27, c'est 9 × 3 ») ; par un schéma ; en comptant de 3 en 3 ; en additionnant (3 + 3 + 3 + 3 + 3 + 3 + 3 + 3 + 3) ; avec la table ou la ligne des multiples ; par la manipulation.
Faire noter les deux écritures : $27 = (9 \times 3) + 0$ ou $27 : 9 = 3$.

Faisons le point

- Nous avons divisé des collections en groupant les éléments de ces collections en groupes égaux.
- Nous savons écrire le résultat de ces divisions. Dans le résultat, il doit y avoir le nombre de groupes que l'on a pu faire et le nombre d'éléments que l'on n'a pas pu grouper, que l'on appelle le reste. Par exemple, la division d'une classe de 27 élèves en équipe de six joueurs s'écrit : $27 = (6 \times 4) + 3$. 4 est le nombre de groupes de six et 3 est le nombre d'élèves qui restent.
- Lorsqu'une division n'a pas de reste, on dit que c'est une division exacte. Par exemple, 27 divisé en groupes de 3 s'écrit : $27 = (9 \times 3) + 0$ ou $27 : 9 = 3$.

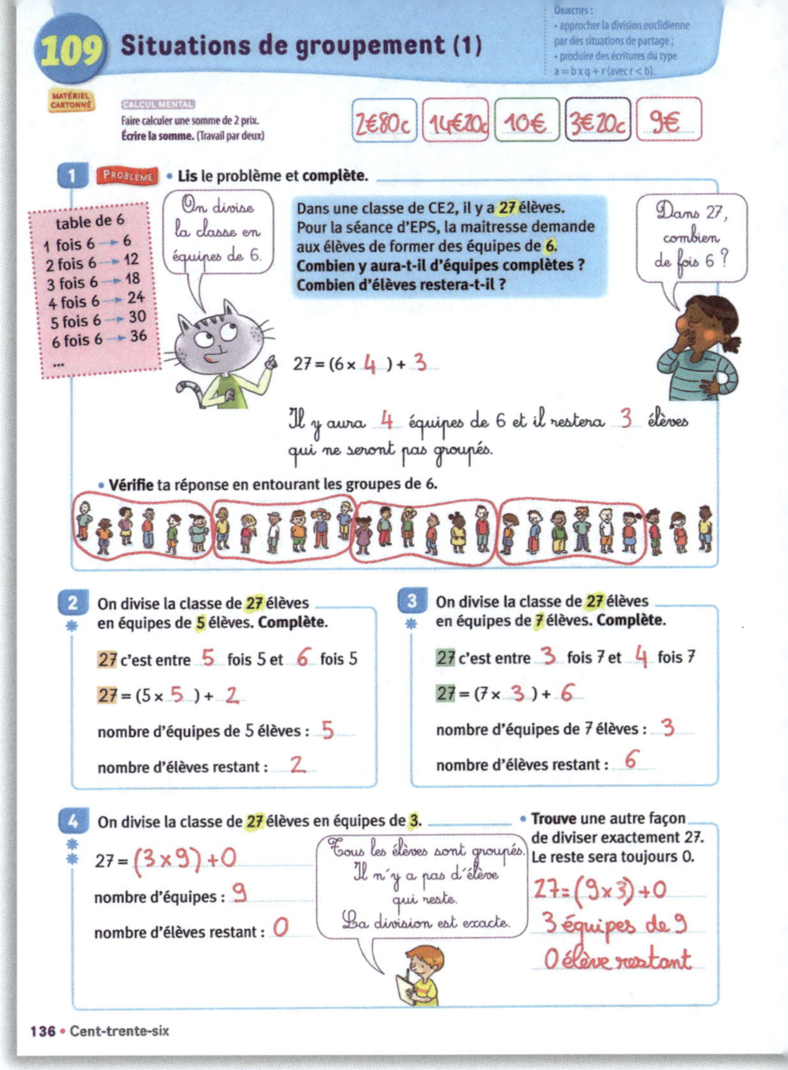
109 Situations de groupement (1)

Objectifs :
- approcher la division euclidienne par des situations de partage ;
- produire des écritures du type $a = b \times q + r$ (avec $r < b$).

MATÉRIEL CARTONNÉ

CALCUL MENTAL
Faire calculer une somme de 2 prix. **Écrire la somme.** (Travail par deux)

2€80c | 14€20c | 10€ | 3€20c | 9€

1 PROBLÈME • **Lis** le problème et **complète.**

table de 6
1 fois 6 → 6
2 fois 6 → 12
3 fois 6 → 18
4 fois 6 → 24
5 fois 6 → 30
6 fois 6 → 36
...

On divise la classe en équipes de 6.

Dans une classe de CE2, il y a 27 élèves.
Pour la séance d'EPS, la maitresse demande aux élèves de former des équipes de 6.
Combien y aura-t-il d'équipes complètes ?
Combien d'élèves restera-t-il ?

Dans 27, combien de fois 6 ?

27 = (6 × 4) + 3

Il y aura 4 équipes de 6 et il restera 3 élèves qui ne seront pas groupés.

• **Vérifie** ta réponse en entourant les groupes de 6.

2 On divise la classe de 27 élèves en équipes de 5 élèves. **Complète.**

27 c'est entre 5 fois 5 et 6 fois 5
27 = (5 × 5) + 2
nombre d'équipes de 5 élèves : 5
nombre d'élèves restant : 2

3 On divise la classe de 27 élèves en équipes de 7 élèves. **Complète.**

27 c'est entre 3 fois 7 et 4 fois 7
27 = (7 × 3) + 6
nombre d'équipes de 7 élèves : 3
nombre d'élèves restant : 6

4 On divise la classe de 27 élèves en équipes de 3.

27 = (3 × 9) + 0
nombre d'équipes : 9
nombre d'élèves restant : 0

Tous les élèves sont groupés. Il n'y a pas d'élève qui reste. La division est exacte.

• **Trouve** une autre façon de diviser exactement 27. Le reste sera toujours 0.

27 = (9 × 3) + 0
3 équipes de 9
0 élève restant

136 • Cent-trente-six

Pistes d'activités supplémentaires

Pour toute la classe
- Calculer 18 : 3 ; 15 : 5 ; 20 : 4 ; 35 : 5 ; 35 : 7.
- Écrire le résultat de la division d'un troupeau de 34 moutons en groupes de 7 moutons.
- On divise une classe de 28 élèves en équipes de 5, de 7, de 8, puis de 10. Déterminer dans chaque cas le nombre d'équipes et le reste.
- Problème : Avec sa classe, un enseignant a pu faire trois équipes de huit et il reste cinq élèves. Combien y a-t-il d'élèves dans cette classe ?
- Proposer un problème où la réponse n'est pas le quotient q, mais $q + 1$: Léa a 87 caisses à transporter. Avec sa remorque, elle ne peut en prendre que 8 par voyage. Combien de voyages doit-elle faire ?

le défi

Problème
Une maitresse dit : « Je peux diviser exactement ma classe en équipes de 2, en équipes de 3, en équipes de 6 et en équipes de 9. Combien y a-t-il d'élèves dans cette classe, sachant qu'il il y a moins de 30 élèves. » Justifie la réponse (18) en écrivant les divisions exactes.

110 Situations de groupement (2)

Exercices différenciés – Problèmes 11 et 12

Programme 2016

- Résoudre des problèmes en utilisant des nombre entiers et le calcul.
  » Problèmes relevant de structures multiplicatives, de partages ou de groupements (multiplication/division).
  » Modéliser ces problèmes à l'aide d'écritures mathématiques.
- Calcul en ligne.
  » Calculer en utilisant des écritures en ligne mixtes.

Objectifs spécifiques de la séance

- Approcher la division euclidienne par des situations de groupement.
- Produire des écritures du type $a = b \times q + r$ (avec $r < b$).

Information didactique

Cette fiche se situe dans le prolongement direct de la fiche précédente. Elle nous présente des situations de « division-groupement » qui s'appuient sur des contextes variés, ce qui favorise l'appropriation de la notion. Ces situations proposent des calculs sur des champs numériques plus grands, qui sortent du cadre des tables de multiplication.
Ici, on insiste particulièrement sur le codage des situations sous la forme $a = b \times q + r$ (avec $r < b$) et sur la lecture et l'exploitation de cette écriture dans des situations concrètes.

CALCUL MENTAL

❶ Problème : contrôler le sens des opérations

Dire : *« - Luc a 50 €. Il dépense 30 €. Que lui reste-t-il ?*
- Le ballon vaut 15 €. Pierre a 8 €. Combien lui manque-t-il ?
- Une bille pèse 10 g. Combien pèsent 9 billes ?
- Zoé a 21 €. Combien peut-elle acheter de posters à 3 € l'un ?
- Un vélo coute 150 €. Un autre coute 250 €. Quelle est la différence de prix ?
- Alex achète 4 plants de fleur à 8 € l'un. Il paie avec un billet de 50 €. Quelle somme la fleuriste doit-elle lui rendre ? »
L'élève écrit le résultat.

❷ Travail par deux. Chaque binôme imagine un petit problème de calcul mental qu'il pose à la classe.

Activité préparatoire

Renforcer la maitrise du codage des situations de division-groupement

25 à 30 min

Matériel par groupe de deux : une collection homogène de 45 éléments (jetons, cubes, bouchons).

Consigne 1 : *« Vous avez tous une collection de 45 éléments. Vous devez réaliser le maximum de groupes de six éléments. »*
Laisser effectuer la manipulation par deux.

Consigne 2 : *« Je vous demande maintenant de décrire en une phrase ce que vous avez obtenu en groupant les 45 éléments de votre collection par six, puis d'écrire au-dessous l'égalité qui correspond à cette situation. Rappelez-vous les écritures que l'on avait notées quand on avait groupé la classe en équipes. »*
Recueillir les différentes propositions et s'accorder sur une phrase qui illustre bien la situation. (Ex. : « Avec 45 jetons, on peut faire sept groupes de six jetons et il reste trois jetons qui ne sont pas groupés. » ; « Lorsqu'on groupe nos 45 jetons par paquets de six jetons, on obtient à la fin sept paquets de six jetons et il reste trois jetons non groupés. »)

Consigne 3 : *« On doit faire le maximum de groupes de 6 avec les éléments d'une collection. À la fin, est-ce qu'il peut rester 7 objets non groupés ? 6 objets non groupés ? 5 objets non groupés ? etc. »*
Aboutir à la conclusion que le reste doit être plus petit que la taille d'un groupe.

▶ S'intéresser à l'écriture de l'opération. Après comparaison, l'enseignant mettra bien en évidence au tableau l'écriture retenue, en indiquant ce que représente chaque nombre dans cette écriture :

45	=	(6	×	7)	+	3
↑		↑		↑		↑
nombre total		taille du groupe		nombre de groupes		nombre d'éléments restants non groupés

Le reste 3 est bien inférieur à 6.

▶ Reprendre le même travail en conservant le groupement par six, mais en changeant le nombre de la collection de départ. Faire venir un élève au tableau pour écrire l'opération.

Travail sur le fichier

1 Grouper les éléments d'une collection par 6, par 10, par 12.
Faire lire le texte. Cette situation, concrète et réaliste, fournit un bon support pour illustrer la notion de groupement, les œufs pouvant être effectivement vendus dans des boites par 4, par 6, par 10, par 12…
Si possible, vidéoprojeter au tableau. Analyser collectivement le tableau. Chaque colonne s'intéresse à un type de groupement. Sur la 1re ligne, il s'agit pour chaque groupement de compléter l'égalité « finale » et d'en déduire, sur les deux lignes suivantes, le nombre de boites d'œufs remplies et le nombre d'œufs qui resteront et ne seront pas emballés.
Laisser compléter. Passer dans les rangs aider les élèves en difficulté. Dans une phase de synthèse, recueillir les procédures mises en œuvre et les difficultés rencontrées.
- 1re opération. Poser la question : *« Avec 68, combien de fois 6 ? »* On peut passer par 60, qui est égal à 10 fois 6 (10 boites). Avec les huit œufs restants, on peut remplir une autre boite et il restera deux œufs.
- 2e opération. 68, c'est 6 fois 10 + 8, donc il y aura six boites de 10 œufs et huit œufs restants.
- 3e opération. 68, c'est 5 fois 12 + 8, donc il y aura donc cinq boites de 12 œufs et huit œufs restants.

Vérifier que, pour chaque opération, le nombre d'œufs restants est inférieur à la taille d'une boite.

Obstacles possibles :
- La complémentation de l'écriture, qui passe par la compréhension de cette écriture.
- La signification de chacun des nombres de l'écriture.
- Trouver le nombre de fois qu'il y a 12 dans 60.

Aide proposée : passer par la schématisation, voire la manipulation.

2 Diviser un nombre par 10 ou par 100 à travers une situation de groupement.

Cet exercice revient à s'appuyer sur la structure des nombres et à rechercher le nombre de dizaines ou de centaines dans un nombre. Cela permet de montrer que, dans ce cadre-là, les élèves fréquentent depuis longtemps des situations de division.

Lors de la correction, on dira que 35 = 3 d + 5 u, soit trois sachets de 10 et cinq objets restants.

142 = 14 d + 2 u, soit 14 sachets de 10 et deux objets restants.

1 580 = 15 c + 80 u, soit 15 sachets de 100 et 80 objets restants.

Aide proposée : réviser la décomposition des nombres en unités de numération.

3 Résoudre un problème de groupement dans lequel le résultat sera égal à « $q + 1$ ».

Lire le problème et s'assurer que la situation est comprise. Laisser chercher individuellement ou par deux sur le cahier.

Lors de la correction, recueillir les résultats et faire expliciter les démarches.

On risque d'avoir comme résultat « 10 soirs ».

Il faut chercher combien il y a de fois 15 pages dans 158 pages. 158, c'est 150 + 8, donc 10 fois 15 + 8 ; 158 = (15 × 10) + 8. Thomas lit 10 fois 15 pages (150 pages) en 10 soirs. Cependant, il lui reste encore huit pages à lire, donc il lui faut un soir de plus pour terminer son livre, soit en tout 11 soirs.

S'il s'arrête au bout de 10 soirs, il n'aura pas terminé son livre.

Obstacle possible : le résultat égal au « quotient + 1 ».

4 Recherche du quotient et du reste dans une situation de groupement.

Laisser lire et effectuer l'exercice sans aide, individuellement ou par deux.

On va se poser la question : *« Dans 75, combien de fois 12 ? »*.

On peut décomposer 75 en 60 + 15.

60 = 12 × 5 (vu à l'exercice 1) et 15 = 12 + 3,

soit 75 = (12 × 6) + 3.

On peut remplir six pots et il reste trois crayons non rangés.

Obstacles possibles :
- Le nombre de fois qu'il y a 12 dans 75.
- L'illustration qui présente un pot incomplet avec sept crayons.

Aide proposée : écrire au tableau la table de 12 ou tracer la ligne des multiples de 12.

Faisons le point

- Nous avons résolu différents problèmes de groupement.
- Nous savons donner l'égalité qu'il faut écrire pour le résultat d'une situation de groupement.
- Nous savons ce que représentent les nombres qui sont dans cette égalité.
- Nous avons vu que le reste devait toujours être inférieur à la taille d'un groupe. Si on groupe par 5, le reste ne peut pas être plus grand que 4.

MÉMO-MATHS **« Je résous des problèmes de groupements », page 16.**

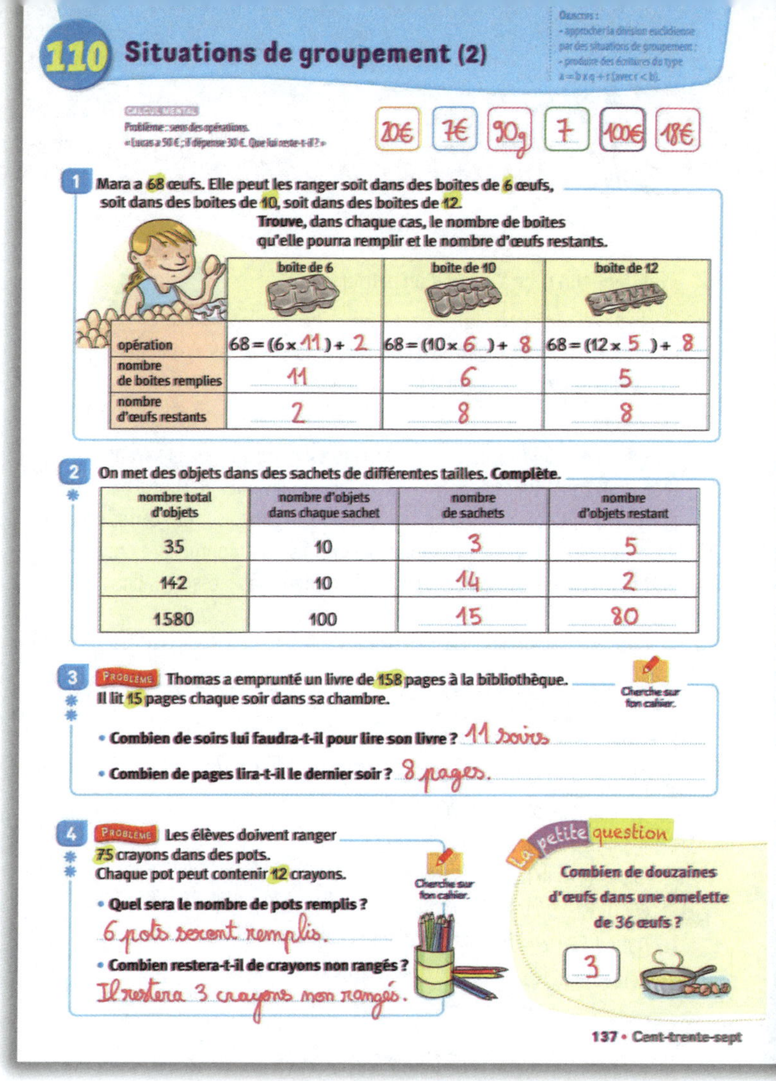

110 Situations de groupement (2)

Objectifs :
- approcher la division euclidienne par des situations de groupement ;
- produire des écritures du type a = b × q + r (avec r < b).

CALCUL MENTAL
Problème : sens des opérations.
« Lucas a 50 € ; il dépense 30 €. Que lui reste-t-il ? »

20€ 7€ 90g 7 100€ 18€

1 Mara a 68 œufs. Elle peut les ranger soit dans des boites de 6 œufs, soit dans des boites de 10, soit dans des boites de 12.
Trouve, dans chaque cas, le nombre de boites qu'elle pourra remplir et le nombre d'œufs restants.

	boite de 6	boite de 10	boite de 12
opération	68 = (6 × 11) + 2	68 = (10 × 6) + 8	68 = (12 × 5) + 8
nombre de boites remplies	11	6	5
nombre d'œufs restants	2	8	8

2 On met des objets dans des sachets de différentes tailles. **Complète.**

nombre total d'objets	nombre d'objets dans chaque sachet	nombre de sachets	nombre d'objets restant
35	10	3	5
142	10	14	2
1580	100	15	80

3 PROBLÈME Thomas a emprunté un livre de 158 pages à la bibliothèque. Il lit 15 pages chaque soir dans sa chambre.

Cherche sur ton cahier.

- **Combien de soirs lui faudra-t-il pour lire son livre ?** 11 soirs
- **Combien de pages lira-t-il le dernier soir ?** 8 pages.

4 PROBLÈME Les élèves doivent ranger 75 crayons dans des pots. Chaque pot peut contenir 12 crayons.

Cherche sur ton cahier.

- **Quel sera le nombre de pots remplis ?**
6 pots seront remplis.
- **Combien restera-t-il de crayons non rangés ?**
Il restera 3 crayons non rangés.

La petite question
Combien de douzaines d'œufs dans une omelette de 36 œufs ? 3

137 • Cent-trente-sept

Pistes d'activités supplémentaires

- Travailler sur les restes :

Je groupe…	Restes possibles
par 2	0 ; 1
par 3 …	

- Construire la ligne numérique des 10 premiers multiples de 12.
- Compléter ce tableau :

Nombre d'éléments à grouper	Nombre d'éléments dans un groupe	Nombre de groupes obtenus	Nombre d'éléments restants
42	10	…	…
61	8	…	…
…	100	4	23

- Demander : *« Combien de buchettes de 7 cm de long peut-on fabriquer dans une baguette de 60 cm ? »* ; *« Combien de quarts d'heure dans 50 minutes ? »* (Écrire l'égalité.)
- Problème : Le train électrique de Rose met 2 min pour faire un tour de circuit. Voilà 11 minutes qu'il est en marche. Combien a-t-il fait de tours complets ?
- Demander aux élèves, par groupes de trois, de proposer des problèmes sur les groupements. Les écrire au tableau et les faire résoudre par toute la classe.

1 el défi

Quels groupements peut-on effectuer sur une collection de 60 objets pour avoir un reste nul ? (Réponse : 2, 3, 4, 6, 10, 12, 15, 20, 30 et 60.)

111 Le patron du cube

Programme 2016
- Fabriquer un cube à partir d'un patron fourni.

Objectifs spécifiques de la séance
- Aborder la notion de patron d'un solide à travers le cas particulier du cube.
- Fabriquer un cube à partir d'un patron fourni.

Information didactique
Les élèves ont déjà appris à reconnaitre et à décrire un cube et savent que ses faces sont constituées de carrés. Il s'agit ici de fabriquer un cube à partir d'un patron. Ils ont appris dès le CE1 à construire un cube avec des carrés ou avec des tiges que l'on peut assembler. Au CE2, ils vont approcher la notion de patron du cube (la discussion sur l'agencement des faces d'un patron relèvera du cycle 3).

De manière générale, en géométrie, on appelle patron d'un solide une figure géométrique plane qui permet d'obtenir ce solide, généralement après des pliages. Ainsi, le développement d'un solide conduit à un « patron » utilisé pour reconstituer ce solide.
À un solide peuvent correspondre plusieurs patrons différents. **C'est ainsi que l'on peut construire un cube à partir de onze patrons différents.** L'observation de la correspondance entre un solide et l'un de ses patrons permet de mieux dégager les propriétés du solide en question. On notera que, malgré le titre de la fiche, il existe plusieurs patrons de cube.

CALCUL MENTAL

Diviser par 10, 100 , 1 000.

❶ Dire : « • *Combien de dizaines dans 80 ? 120 ? 350 ?*
- *Combien de centaines dans 700 ? 1 500 ? 7 800 ?*
- *Combien de milliers dans 9 000 ?* »

L'élève écrit le nombre de dizaines, de centaines, de milliers.

❷ Dire : « *Dans 8 000, combien de milliers ? de centaines ? de dizaines ? Dans 1 500, combien de centaines ? de dizaines ? . . .* »

L'élève écrit le nombre de dizaines, de centaines, de milliers.

Activités préparatoires (MATÉRIEL CARTONNÉ)

1. Réaliser un cube avec des carrés — 20 min

Matériel par groupe de trois ou quatre : cube, papier-carton, ruban adhésif, ciseaux et un cube plus grand pour l'ensemble de la classe.

Consigne 1 : « *Voici un cube. Nous avons déjà travaillé dessus. On va aujourd'hui essayer d'en construire un par groupe.* »
Faire rappeler ce que l'on sait déjà sur le cube : son nombre de faces (six : en montrer une), son nombre de sommets (huit : en montrer un), son nombre d'arêtes (12 : en montrer une). Faire également rappeler que ses faces sont des carrés.
Demander comment on peut construire un cube. Arriver à la proposition (qui sera certainement donnée) de construire six carrés qu'il faudra assembler.
Proposer de dessiner sur une feuille de papier-carton chacune des faces du cube.
Consigne 2 : « *Par groupe, vous allez tracer le tour de chaque face au crayon à papier, puis vous découperez chacun des six carrés obtenus.* »
Demander aux élèves comment procéder pour tracer le tour de chaque face. Il s'agira de poser le cube sur une feuille, puis de tracer le pourtour de la face posée sur la feuille et de renouveler l'opération pour les cinq autres faces. À chaque fois, on pourra coller une gommette sur la face du cube reproduite, pour être sûr de ne pas en oublier une.
Les élèves peuvent aussi tracer cinq autres fois la face déjà tracée, car toutes les faces du cube sont identiques.
Chaque groupe obtient donc six carrés qui sont superposables (les faire bien superposer pour vérifier), donc identiques. Ce sont les six faces du cube.

Consigne 3 : « *Maintenant que l'on a les six faces carrées du cube, on va les remettre ensemble pour construire le cube.* »
Utiliser du ruban adhésif pour réaliser la construction : commencer par assembler quatre faces les unes à côtés des autres, puis terminer par les deux dernières faces ; penser à mettre le ruban adhésif sur le carré avant de le positionner dans le cube. On peut aussi utiliser de la patafix pour coller à l'intérieur les faces carrées.

2. Introduire la notion de patron et manipuler des patrons de cube — 20 min

Matériel individuel : patron en couleur du matériel cartonné (pour l'enseignant : un modèle plus grand déjà réalisé).

Consigne 1 : « *Voici un assemblage de carrés que j'ai réalisé. Combien voyez-vous de carrés ? Je vais le plier d'une certaine façon. Quel solide obtient-on ?* »
Procéder de façon à ce que les élèves observent bien la « transformation » et le passage de la figure plane au cube.
Faire constater que l'assemblage ainsi plié permet d'obtenir un cube. Dire que cet assemblage s'appelle un patron de cube.
Procéder de manière inverse, à partir du cube : redéplier celui-ci pour revenir à l'assemblage de départ.
Distribuer le patron en couleur du matériel cartonné.
Faire observer les six carrés qui seront, une fois l'assemblage plié, les six faces du carré.
Consigne 2 : « *À présent, vous allez effectuer cette manipulation : vous allez plier cet assemblage pour obtenir un cube.* »
Laisser le modèle bien visible. Aider selon la dextérité des enfants. Il est préférable que les patrons aient été détachés du matériel cartonné auparavant.
Les élèves, en exerçant une légère pression sur l'assemblage reconstitué, obtiennent un cube maintenu par les doigts. Faire observer que les faces opposées sont de la même couleur.
Préciser que ce n'est pas le seul patron qui permet d'obtenir un cube, mais qu'il y en a d'autres.

3. Reconnaitre si un assemblage est un patron du cube — 15 à 20 min

Matériel par groupe de deux : fiche d'activité avec différents assemblages. SITE COMPAGNON

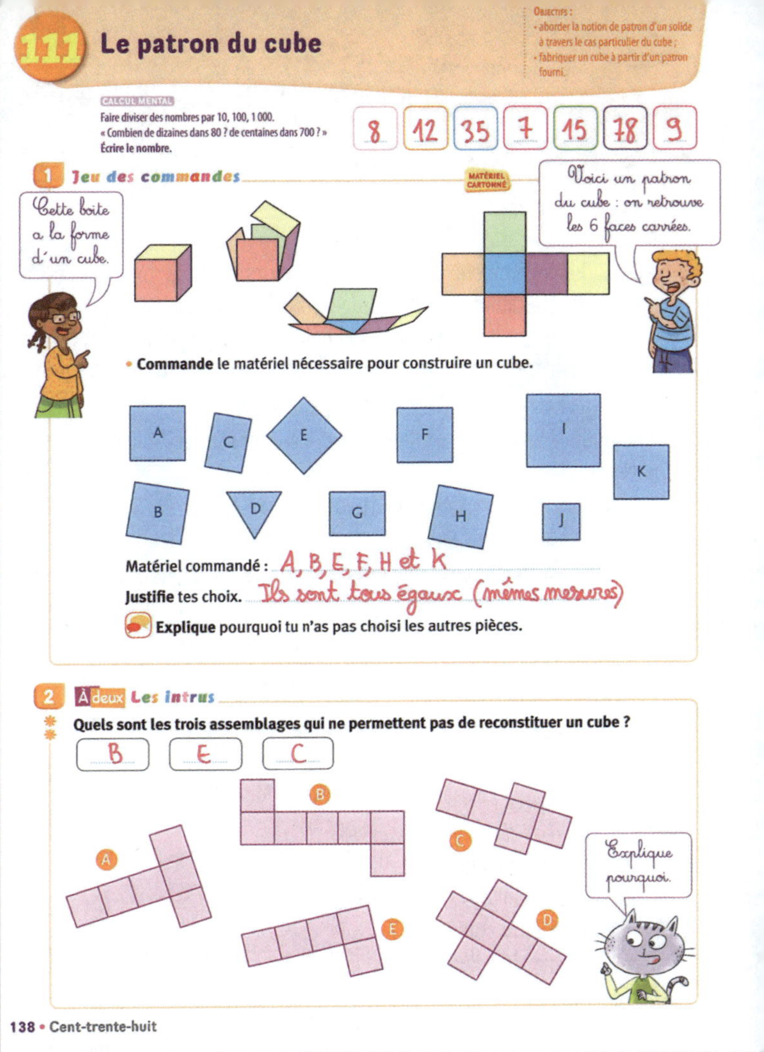
111 Le patron du cube

OBJECTIFS :
- aborder la notion de patron d'un solide à travers le cas particulier du cube ;
- fabriquer un cube à partir d'un patron fourni.

CALCUL MENTAL
Faire diviser des nombres par 10, 100, 1 000.
« Combien de dizaines dans 80 ? de centaines dans 700 ? »
Écrire le nombre.

8 | 12 | 35 | 7 | 15 | 78 | 9

1 Jeu des commandes — MATÉRIEL CARTONNÉ

• **Commande** le matériel nécessaire pour construire un cube.

Matériel commandé : A, B, E, F, H et K

Justifie tes choix. Ils sont tous égaux (mêmes mesures)

Explique pourquoi tu n'as pas choisi les autres pièces.

2 À deux Les intrus

Quels sont les trois assemblages qui ne permettent pas de reconstituer un cube ?

B | E | C

138 • Cent-trente-huit

Consigne : « *Chaque groupe va avoir différents assemblages : certains sont des patrons de cube, d'autres pas. Vous devez vérifier ceux qui sont des patrons de cube et expliquer pourquoi les autres ne sont pas des patrons du cube.* »

Laisser les groupes découper les différents assemblages. Vérifier la qualité du découpage et que l'assemblage ait été effectivement découpé (avec toutes les pièces).

Les groupes doivent repérer les assemblages qui sont des patrons et ceux avec lesquels on ne peut pas obtenir un cube, et expliquer leur choix.

Lors de la synthèse, faire justifier : « il manque une face » ; « il y a une face en trop » ; « il y a le bon nombre de faces, mais le pliage ne permet pas d'obtenir un cube (deux "faces" se superposent) ».

Travail sur le fichier

1 Commander le matériel nécessaire pour construire un cube.

Laisser découvrir la situation individuellement. Il est préférable, si possible, de faire agrandir la situation en la vidéoprojetant. Collectivement, à partir de la représentation agrandie, faire repérer le patron de cube présenté (à droite) : observer les six faces carrées. Faire bien repérer les trois images séquentielles du cube qui se déplie en deux étapes.

Faire lire la consigne. Il y a 11 formes géométriques présentées pour la commande. Les élèves doivent choisir parmi ce matériel quelles figures permettent de constituer un cube. Les élèves doivent comprendre d'une part qu'il faut bien six figures ; d'autre part que ces figures doivent être des carrés tous superposables (de la même taille). Les élèves devront donc commander les figures A, B, E, F, H et K. Les autres figures ne conviennent pas, soit parce qu'elles ne sont des carrés (C, D et G), soit parce que ce ne sont pas des carrés superposables (I et J).

Obstacles possibles :
- Comprendre qu'il faut des carrés superposables.
- La justification à apporter.

Aide proposée : décalquer ces figures pour vérifier lesquelles permettent d'obtenir un cube.

2 Repérer les assemblages qui ne sont pas des patrons du cube.

Les élèves doivent repérer, parmi les cinq assemblages proposés, les trois qui ne sont des patrons du cube. Deux possibilités s'offrent à eux : repérer les deux qui sont potentiellement des patrons ou procéder par élimination (l'assemblage B présente sept faces carrées, l'assemblage E n'a que cinq faces carrées et l'assemblage C est constitué de figures qui ne sont pas toutes des carrés).

On rappelle qu'il faut être vigilant sur le vocabulaire utilisé : on ne peut parler de patron que pour les assemblages qui permettent de reconstituer effectivement un solide.

Obstacle possible : reconstituer mentalement un cube à partir d'une figure plane.

Aide proposée : reproduire ces assemblages pour vérifier s'ils permettent d'obtenir un cube.

Faisons le point

- Nous avons commandé le matériel nécessaire pour construire un cube.
- Nous savons qu'un patron de cube est un assemblage de carrés qui, une fois plié, permet d'obtenir un cube.
- Nous savons reconnaitre les assemblages qui sont des patrons de cubes.

MÉMO-MATHS **« Je fabrique un cube à partir d'un patron », page 17.**

Pistes d'activités supplémentaires

Pour toute la classe — MATÉRIEL CARTONNÉ

Détacher le 2e patron de cube du matériel cartonné. Faire reconstituer le cube. Dire que chaque face présente un nombre qui correspond au nombre d'insectes de chaque face. Dégager la règle de construction d'un dé : la somme de deux faces opposées donne 7. Quand on additionne les points de deux faces opposées, on obtient 7 (par exemple, les faces avec les quantités 1 et 6 sont opposées, car $6 + 1 = 7$).

Soutien

- Construire des cubes avec des tiges, des carrés emboitables.
- Faire tracer des empreintes de différents solides et les comparer.
- Repérer des faces opposées sur un patron et sur un cube.

Approfondissement

- Faire rechercher d'autres patrons possibles de cubes (il y en a onze possibles).
- À partir d'un pavé droit, reprendre les activités préparatoires pour construire un patron de pavé droit.

Problèmes

112 Solides et mesures

Programme 2016

• Résoudre des problèmes, notamment de mesurage et de comparaison, en utilisant les opérations sur les grandeurs ou sur les nombres.

» Opérations sur les grandeurs (addition, soustraction, multiplication par un entier, division : recherche du nombre de parts et de la taille d'une part).

Objectifs spécifiques de la séance

• Résoudre des problèmes impliquant des mesures sur des solides (cubes et pavés droits).

• Approcher les notions d'aire et de volume.

Information didactique

Les solides usuels déjà vus (cube et pavé droit) sont des objets qui permettent de proposer, dans le cadre de la résolution de problèmes, des situations concrètes liant grandeurs et mesures. Le programme 2016 précise qu'il convient « d'utiliser des outils mathématiques pour résoudre des problèmes concrets, notamment des problèmes portant sur des grandeurs et leurs mesures ». Dans cette fiche, l'élève doit résoudre des situations préparant **des grandeurs qui seront abordées en cycle 3** : l'aire et le volume. À partir de notions déjà vues au cours du cycle 2, les élèves sont amenés à mobiliser leurs connaissances pour paver la surface d'un cube ou d'un pavé **(approche de la notion d'aire)**, déterminer le nombre de cubes-étalons pour remplir un pavé droit **(approche de la notion de volume)** et déterminer la mesure d'une longueur particulière sur la surface d'un solide. Le travail demandé prend appui sur les fiches précédentes, en particulier la fiche 111.

CALCUL MENTAL

Problème : calculer le quotient et le reste dans une situation de groupement.

❶ Dire : « *Avec 17 élèves, combien peut-on faire de groupe de 5 élève ? Combien reste-il d'élèves non groupés ?* »
L'élève écrit le nombre de groupes et le nombre d'élèves restants.
Même question avec 28 élèves, 35 élèves, 53 élèves.

❷ **Travail par deux.**
Dire : « *Avec 20 cubes, combien peut-on faire des groupe de 3 cubes ? Combien reste-il de cubes ?* »
L'élève écrit le nombre de groupes et le nombre de cubes restants.
Même question avec : 35 cubes groupés par 8 ; 40 cubes groupés par 8 ; 27 cubes groupés par 7 ; 50 cubes groupés par 9 ; 100 cubes groupés par 11…

Activités préparatoires

1. Paver une surface carrée avec des gommettes carrées

15 min

Matériel par groupe de deux : fiche d'activité SITE COMPAGNON ; un grand carré de 8 cm de côté et une vingtaine de petits carrés de 2 cm de côté, de préférence de couleur. Il est préférable de faire découper ces petits carrés auparavant par l'adulte. On peut aussi utiliser des gommettes-carrées autocollantes.

Consigne : « *Voici une surface. Je vais vous demander, par deux, de la recouvrir entièrement avec les gommettes carrées : vous les collerez sur la surface. Vous devrez me dire combien vous avez utilisé de gommettes.* »

Refaire formuler la consigne. Demander quelle forme a la surface : « C'est un carré de 8 cm de côté. »

Faire repréciser ce que signifie « recouvrir entièrement » : les petits carrés doivent être collés les uns à côté des autres, sans se chevaucher. Ils doivent entièrement cacher la surface du grand carré. Selon le contexte de la salle de classe, on peut faire une correspondance avec le sol dallé ou carrelé.

Laisser les élèves travailler par deux, en vérifiant bien le pavage de la surface.

Lors de la synthèse, conclure qu'il faut 16 petits carrés pour recouvrir entièrement la surface du grand carré.

2. Paver la surface d'un cube, en prenant appui sur un de ses patrons

15 min

Matériel par groupe de deux : un cube de 4 cm d'arête, un patron de ce cube, des petits carrés de 2 cm de côté ou des gommettes autocollantes.

Consigne : « *Voici un cube. On va essayer de le recouvrir entièrement avec des petits carrés. Mais attention ! Pour trouver le nombre de petits carrés, vous ne disposerez pas du cube. Vous allez chercher comment on peut alors procéder.* »

Laisser les élèves réfléchir par deux.

Plusieurs stratégies peuvent être trouvées :

- paver chacune des faces avec les petits carrés (mais on ne dispose pas du cube) ;

- savoir combien il faut de petits carrés pour paver une face puis, comme le cube a six faces carrées identiques, multiplier le nombre de petits carrés pour une face par 6.

Demander de vérifier la dernière stratégie, sans utiliser le cube, mais en disposant d'un patron de ce cube et en pavant chacune de six faces carrées du patron.

3. Déterminer la longueur d'une bande qui entoure un cube

15 min

Matériel par groupe de deux : patron de couleur du matériel cartonné, une bande de papier de 1 cm de large et de 20 cm de long, une règle graduée.

Consigne : « *Voici le patron du cube avec lequel on a déjà travaillé dans la fiche 111. Vous allez mettre cette bande de papier tout autour du cube. Il faut savoir combien va mesurer cette bande pour que ses deux extrémités se touchent, mais sans se superposer.* »

Faire reformuler la consigne. Les élèves ont besoin d'être à deux pour résoudre cette situation : un élève peut tenir avec ses doigts le patron plié de façon à obtenir le cube (poser le cube sur la table, afin d'aider au maintien de la forme) ; l'autre élève s'occupe de la manipulation de la bande.

Selon la précision des manipulations, les élèves arriveront à une longueur de bande d'environ 12 cm (quatre fois la longueur du côté d'une face carrée).

Travail sur le fichier

1 Paver à l'aide d'un étalon la surface d'un cube.

Laisser découvrir la situation individuellement, puis passer à son analyse collective. Faire bien observer le dessin qui représente Ali en train de recouvrir une face du cube avec des gommettes carrées. Analyser la face partiellement recouverte : *« Combien y a-t-il déjà de gommettes carrées ? Combien en manque-t-il ? »*

Visuellement, les élèves peuvent facilement repérer qu'il manque quatre gommettes carrées. Pour les aider, on pourra tracer un quadrillage qui permet de visualiser les gommettes carrées manquantes. La 1re question peut être complétée collectivement, puis la 2e de manière individuelle (les élèves savent que le cube a six faces identiques).

Obstacle possible : seules trois faces du cube sont visibles.

Aide proposée : reprendre les activités préparatoires 1 et 2.

2 Résoudre une situation de calcul d'une longueur sur la surface d'un pavé droit.

Cette situation-problème est assez difficile et sera réalisée par deux. Il est conseillé d'avoir effectué l'activité préparatoire 3 auparavant.

Faire reformuler la situation et la consigne : on a une boite (qui a la forme d'un pavé droit) et l'on va mettre une bande collante « tout autour » de la boite. Le dessin ne montre qu'une partie de la bande adhésive : elle passe également sur la face (cachée) à droite et sur la face (cachée) du dessus. Faire observer les deux indications de longueur donnée : 18 cm et 36 cm (noter qu'il manque une troisième longueur pour le pavé droit, mais que cette donnée ne sera pas nécessaire ici). Oralement, décrire par où passe la bande adhésive et faire donner des indications de longueur sur les faces traversées. La bande adhésive va d'abord traverser une face sur 18 cm de long, puis une 2e sur 36 cm, puis une 3e sur 18 cm à nouveau, et enfin une dernière face sur 36 cm.

Aide proposée : mettre à disposition une boite qui donnera une idée sur la situation et faire verbaliser l'élève sur l'action réalisée.

3 Déterminer le nombre de cubes-étalons contenu dans un pavé droit.

Faire reformuler la situation et la question. Les élèves doivent d'abord compléter le tableau qui donne les trois dimensions du pavé droit (noter que la notion de « hauteur » est introduite). Une couche de cubes-étalons de 5 cm d'arête permet de remplir totalement le pavé droit.

4 Paver à l'aide d'un étalon la surface d'un pavé droit.

Il s'agit d'une situation proche de l'exercice 1, mais cette fois avec un pavé droit. Cet exercice difficile sera effectué par deux.

Les faces de ce solide ne sont identiques que par paire : il faut donc déterminer le nombre de gommettes sur chacun des trois types de faces. Une face contient dix gommettes. Une autre a une partie déjà complétée sur une rangée (quatre gommettes) et il faudra aussi compléter la deuxième rangée. Pour le dernier type de face, une rangée de quatre gommettes est déjà positionnée et il reste encore quatre autres rangées de quatre gommettes à positionner.

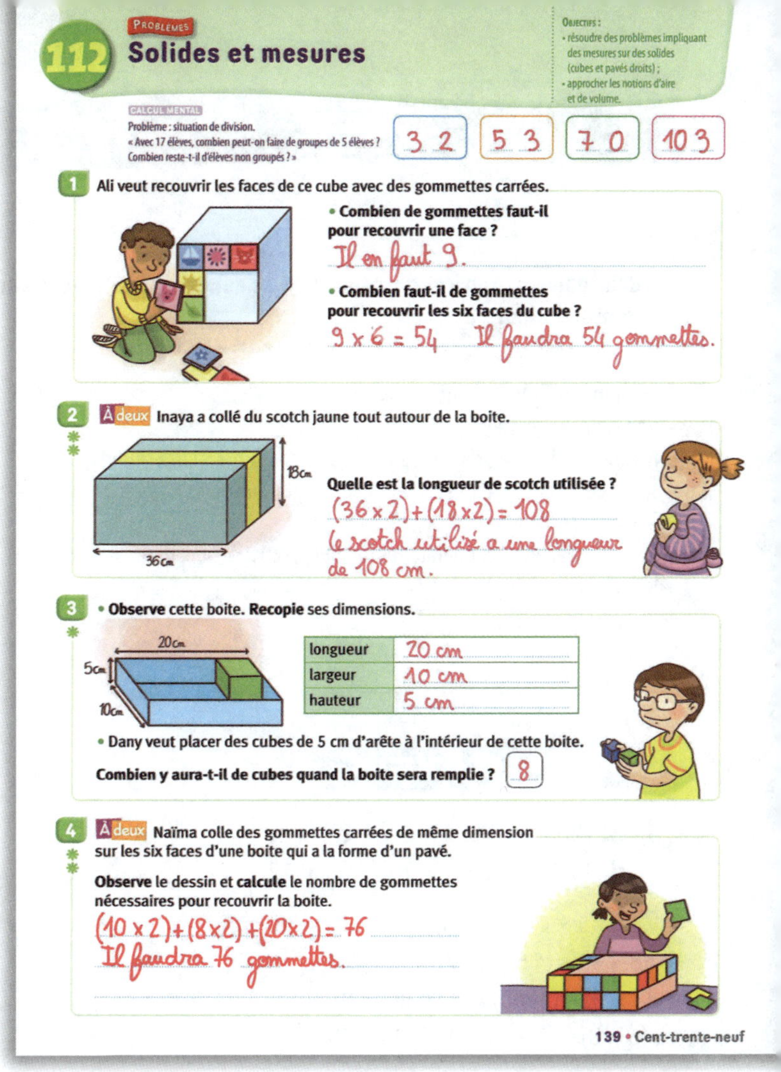
PROBLÈMES

112 Solides et mesures

OBJECTIFS :
- résoudre des problèmes impliquant des mesures sur des solides (cubes et pavés droits) ;
- approcher les notions d'aire et de volume.

CALCUL MENTAL

Problème : situation de division.
« Avec 17 élèves, combien peut-on faire de groupes de 5 élèves ? Combien reste-t-il d'élèves non groupés ? »

3 2 | 5 3 | 7 0 | 10 3

1 Ali veut recouvrir les faces de ce cube avec des gommettes carrées.

- Combien de gommettes faut-il pour recouvrir une face ?
Il en faut 9.
- Combien faut-il de gommettes pour recouvrir les six faces du cube ?
9 x 6 = 54 Il faudra 54 gommettes.

2 À deux Inaya a collé du scotch jaune tout autour de la boite.

18 cm
36 cm

Quelle est la longueur de scotch utilisée ?
(36 x 2) + (18 x 2) = 108
le scotch utilisé a une longueur de 108 cm.

3 • Observe cette boite. Recopie ses dimensions.

20 cm
5 cm
10 cm

longueur	20 cm
largeur	10 cm
hauteur	5 cm

- Dany veut placer des cubes de 5 cm d'arête à l'intérieur de cette boite.

Combien y aura-t-il de cubes quand la boite sera remplie ? 8

4 À deux Naïma colle des gommettes carrées de même dimension sur les six faces d'une boite qui a la forme d'un pavé.

Observe le dessin et **calcule** le nombre de gommettes nécessaires pour recouvrir la boite.
(10 x 2) + (8 x 2) + (20 x 2) = 76
Il faudra 76 gommettes.

139 • Cent-trente-neuf

Obstacles possibles : • Compléter le nombre de gommettes carrées sur les faces non totalement recouvertes.
• Comprendre qu'il y a le même nombre de gommettes carrées sur deux faces opposées.

Faisons le point

- Nous avons calculé le nombre de gommettes carrées nécessaires pour couvrir les six faces d'un cube, puis les six faces d'un pavé droit.
- Nous avons calculé la longueur du scotch qui entourait une boite dont on connaissait les dimensions.
- Nous avons calculé le nombre de cubes nécessaire pour remplir une boite.

Pistes d'activités supplémentaires

Soutien

- Construire un grand cube à partir de plusieurs petits cubes.
- Paver une surface plane à partir de petits carrés et les dénombrer.

Approfondissement

- Déterminer le nombre de gommettes carrées pour une face connaissant le nombre total de gommettes recouvrant le cube (96).

1 le défi

Par deux

Combien un cube de 6 cm d'arête peut-il contenir de petits cubes de 1 cm d'arête ? (réponse : $6 \times 6 \times 6 = 216$).

→ Fichier élève, pp. 140-141

Ces deux pages d'exercices correspondent à des notions qui ont été étudiées en période 4. Elles peuvent être utilisées pour une remédiation ou une consolidation.

Nombres et calculs
- Les nombres à quatre chiffres :
– unités de numération ;
– nombre de dizaines, de centaines dans un nombre à quatre chiffres ;
– situer des nombres entre les centaines les plus proches ;
- Calculs :
– réviser les techniques opératoires (addition, soustraction, multiplication) ;
– les tables de multiplication ;
– le quotient exact.

Grandeurs et mesures
- Les durées : heures, minutes et secondes.
- Les longueurs : km et m et leur relation.
- Les masses : kg et g et leur relation.
- Utilisation de schémas : représenter une grandeur par une longueur.

Espace et géométrie
- Analyser une figure pour la reproduire.
- Le cercle, le demi-cercle : les notions de diamètre, de centre sont revues.
- Reproduire un solide représenté de perspective cavalière, à l'aide d'un papier quadrillé.

Nombres et calculs

1 **a.** 12 × 2 **b.** 4 × 6 **c.** 6 × 4
d. 3 × 8 **e.** 8 × 9 **f.** 2 × 12

2 **a.** (5 × 4) + (6 × 3) = 20 + 18 = 38
b. (8 × 9) + (4 × 2) = 72 + 8 = 80
c. (5 × 6) – (4 × 5) = 30 – 20 = 10
d. (6 × 8) – (7 × 4) = 48 × 28 = 20

3 (8 × 10) + (3 × 4) = 92
(20 × 6) + (2 × 4) = 128
(20 × 7) + (3 × 2) = 146

4

×	5	7	9	8
8	40	56	72	64
6	30	42	54	48
5	25	35	45	40

5 **a.** 15 : 3 = 5 **b.** 32 : 8 = 4 **c.** 18 : 2 = 9
d. 35 : 7 = 5 **e.** 16 : 2 = 8 **f.** 27 : 9 = 3
g. 12 : 3 = 4 **h.** 72 : 8 = 9

6 [800] < 843 < 900
2 500 < 2 576 < [2 600]
1 700 < 1 789 < [1 800]
1 800 < 1 850 < 1 900

7 • 1 900 + 98 proche de **2 000**
1 900 + 98 = **1 998**
• 99 × 5 proche de **500**
99 × 5 = **495**
• 646 – 248 proche de **400**
646 – 248 = **398**

8

a.
$$\begin{array}{r} {\scriptstyle 1\ 1\ 1\ \ } \\ 7\,6\,3\,5 \\ +\ \ 8\,4\,6 \\ +\ 1\,3\,8\,6 \\ \hline 9\,8\,6\,7 \end{array}$$

b.
$$\begin{array}{r} {\scriptstyle 2\ 2\ \ } \\ 5\,0\,7\,9 \\ +\ \ 3\,6\,5 \\ +\ \ \ \ 7\,9 \\ \hline 5\,5\,2\,3 \end{array}$$

c.
$$\begin{array}{r} 7\,8\,{}_1 2 \\ -\ 5\,7\,8 \\ {\scriptstyle 1\ \ } \\ \hline 2\,0\,4 \end{array}$$

d.
$$\begin{array}{r} 3\,9\,{}_1 1\,7 \\ -\ 1\,5\,8\,3 \\ {\scriptstyle 1\ \ \ \ } \\ \hline 2\,3\,3\,4 \end{array}$$

9

$$\begin{array}{r l} 5\,9 & \\ \times\ 1\,3 & \\ \hline 1\,7\,7 & \leftarrow 3 \times 59 \\ 5\,9\,0 & \leftarrow 10 \times 59 \\ \hline 7\,6\,7 & \end{array}$$

$$\begin{array}{r l} 3\,8 & \\ \times\ 1\,5 & \\ \hline 1\,9\,0 & \leftarrow 5 \times 38 \\ 3\,8\,0 & \leftarrow 10 \times 38 \\ \hline 5\,7\,0 & \end{array}$$

$$\begin{array}{r l} 5\,3 & \\ \times\ 2\,1 & \\ \hline 5\,3 & \leftarrow 1 \times 53 \\ 1\,0\,6\,0 & \leftarrow 20 \times 53 \\ \hline 1\,1\,1\,3 & \end{array}$$

$$\begin{array}{r l} 6\,9 & \\ \times\ 2\,6 & \\ \hline 4\,1\,4 & \leftarrow 6 \times 69 \\ 1\,3\,8\,0 & \leftarrow 20 \times 69 \\ \hline 1\,7\,9\,4 & \end{array}$$

10 • Avec 755 gommettes on peut faire 7 plaques de 100 gommettes.
• Avec 1 328 gommettes on peut faire 13 plaques de 100.
• Avec 3 750 gommettes on peut faire 37 plaques de 100.
• Avec 2 000 gommettes on peut faire 20 plaques de 100.

11 Avec 134 cubes, on peut faire 13 dizaines de cubes.
Avec 945 cubes, on peut faire 94 dizaines de cubes.
Avec 1 324 cubes, on peut faire 132 dizaines de cubes.

12 3 927 = 3 milliers 927 unités
3 927 = 39 centaines 27 unités
3 927 = 392 dizaines 7 unités
3 927 = 3 927 unités

13 PROBLÈME 8 × 6 = 48 ; 9 × 6 = 54.
Il va semer 8 groupes de 6 haricots. Il lui manque 4 haricots pour faire un autre groupe.

14 PROBLÈME 6 × 3 = 18 ; 7 × 3 = 21.
20 est situé entre 6 fois 3 et 7 fois 3.
On ne peut pas diviser 20 bonbons en trois tas égaux.

15 Pour transporter 60 sacs, il fera 60 voyages.
Pour transporter 120 sacs, il fera 12 voyages.
Pour transporter 128 sacs, il fera 13 voyages.

16 **À deux** **PROBLÈME** 57 × 2 = 114.
Les élèves ont installé 114 chaises.
Il en faut 125. 125 – 114 = 11.
Il en restera 11 à installer.

17 **Le défi** 11, 12 et 13 sont trois nombres qui se suivent et qui ont pour somme « 36 ».

Grandeurs et mesures

18 10 h 25 min • 10 h 35 min • 10 h 45 min • 10 h 55 min • 11 h 05 min • 11 h 15 min • 11 h 25 min

19 Par exemple :

- 1 km < **1 km 600 m** < 2 km
- 1 km 200 m < **1 km 260 m** < 1 km 300 m

20 • Le segment rouge doit représenter le double de 1 kg (2 kg) ; il doit mesurer 12 cm.

• Le segment vert doit représenter la moitié de 1 kg (500 g) ; il doit mesurer 3 cm.

21 1 630 m = 1 km 630 m
1 630 m = 16 centaines de mètres et 30 m

22 **PROBLÈME** 325 cm = 3 m 25 cm
325 cm = 32 dm 5 cm
3 centaines de cm c'est 3 m.
32 dizaines de cm c'est 32 dm

23 **PROBLÈME** 4 500 kg + 4 300 kg = 8 800 kg.
8 800 kg = 8 tonnes 800 kg.
C'est moins que 10 tonnes. Le camion peut passer sur ce pont.

24 **PROBLÈME** 10 min 40 s + 20 s = 10 min 60 s
10 min 60 s = 11 min
C'est Hans qui a mis le plus de temps. Il a mis 20 secondes de plus.

Espace et géométrie

25 Commencer par reproduire le rectangle. Le centre de chaque demi-cercle sera le milieu de chacun de ses côtés.

26 Tracer un cercle qui passe par les deux extrémités d'un segment nécessite de prendre le segment comme diamètre du cercle. Le milieu du segment sera le centre du cercle.

27 Il est difficile de reproduire ces représentations. Commencer par la face qui est devant : le carré pour le cube et le rectangle pour le pavé droit.
Marquer les sommets en se repérant bien par rapport au quadrillage.

28 Tracer un carré de 5 cm de côté en utilisant la règle et l'équerre. Joindre les sommets opposés (diagonales). Le point d'intersection sera le centre du cercle. Le cercle doit passer par les sommets du carré.

Corrigé de la frise

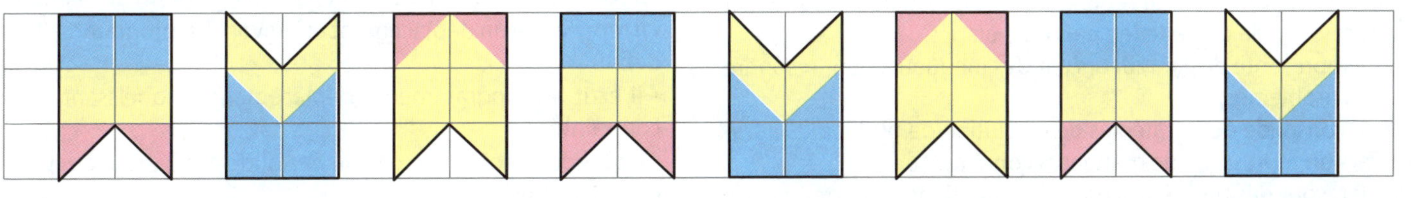

Synthèse des apprentissages Période 4

Nombres et calculs

• Durant cette période, l'élève approfondit sa connaissance du nombre à quatre chiffres.
• Il interprète le nom des nombres à l'aide des unités de numération et des écritures arithmétiques.
• Il met en évidence la structure du nombre à quatre chiffres par des décompositions en unités de numération.
• Il renforce la maitrise de la suite numérique et compare des nombres et des écritures arithmétiques.
• Il aborde la notion de multiple et utilise la ligne numérique pour produire des écritures du type : $a = (b \times q) + r$ avec $r < b$.
• Il consolide ses compétences en calcul automatisé ou réfléchi.
• Il poursuit la mise en place de la technique de la multiplication posée et aborde la technique de la multiplication à deux chiffres par un nombre à deux chiffres supérieur à 20.
• Il aborde la division et le signe « : » (divisé par) et associe division et multiplication.
• Il effectue une division exacte par un calcul réfléchi.
• Il approfondit la notion d'ordre de grandeur concernant un nombre ou le résultat d'un calcul.
• Il approche la division euclidienne dans des situations de partage et dans des situations de groupements.

➤ En résolution de problèmes

• L'élève résout des problèmes impliquant des durées.
• Il découvre que, pour répondre à une question, il est souvent nécessaire de procéder en plusieurs étapes.
• Il représente des grandeurs par des longueurs pour résoudre des problèmes.
• Il consolide des stratégies de résolution de problèmes à travers un rebrassage de grandeurs connues.
• Il résout des problèmes dans des situations de partage et de groupement.

➤ Organisation et gestion des données

• L'élève apprend à prélever et exploiter les informations fournies par un document dans le cadre de l'interdisciplinarité.
• Il représente des mesures (longueurs, masses) sous la forme d'un diagramme en bâtons et en relation avec « Questionner le monde ».

Grandeurs et mesures

• L'élève étudie une nouvelle unité de durée : la seconde (s) et la relation 1 minute = 60 secondes.
• Il compare, estime, mesure des durées en minutes et secondes.
• Il découvre une nouvelle unité de masse : la tonne (t) et la relation 1 tonne = 1 000 kg.
• Il fait des conversions d'unités.
• Il fait le lien entre les régularités du système métrique et le système de numération décimale de position.
• Il approche la notion d'aire et de volume dans des problèmes de la vie courante.

Espace et géométrie

• L'élève reproduit des figures complexes en s'appuyant sur les milieux et les alignements de points.
• Il continue l'étude du cercle et travaille la notion de diamètre.
• Il représente un déplacement en suivant un programme bien défini.
• Il écrit un programme de déplacement en obéissant à des contraintes.
• Il aborde la notion de patron de solide à travers le cas particulier du cube.
• Il fabrique un cube à partir d'un matériel fourni.

→ Fichier élève, p. 140-141

Programme 2016

• Nombres et calculs

- Mettre en œuvre un algorithme de calcul posé pour la multiplication. → Exercice 1
- Comparer, ranger, encadrer, intercaler des nombres entiers en utilisant les symboles <, >, =, ≠. → Exercices 2 4
- Comparer, ranger, encadrer des nombres entiers. → Exercice 5
- Calculer en utilisant des écritures en ligne multiplicatives. → Exercice 8
- Problèmes relevant des structures multiplicatives, de partages ou de groupements (multiplication/division). → Exercices 2 9 10 11
- Organisation et gestion de données. Modes de représentation de données numériques : graphiques simples. → Exercice 13

• Grandeurs et mesures

- Exprimer une mesure dans une ou plusieurs unités choisies ou imposées. → Exercice 6
- Estimer des ordres de grandeur. → Exercice 7

• Espace et géométrie

- S'orienter et se déplacer en utilisant des repères. → Exercice 12
- Fabriquer un cube à partir d'un patron fourni. → Exercice 14
- Utiliser la règle, le compas comme instruments de tracé. → Exercice 15

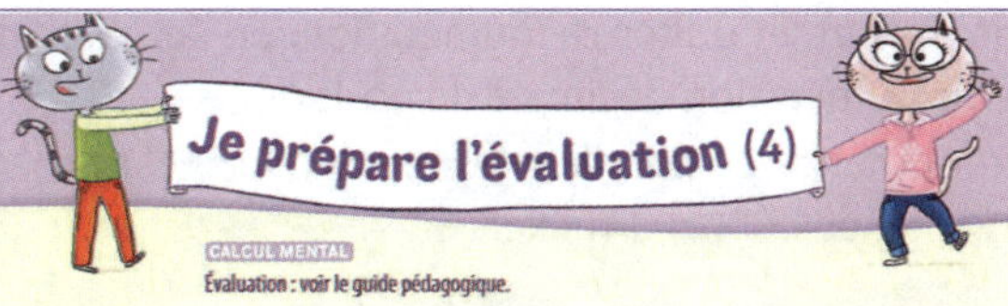

CALCUL MENTAL
Évaluation : voir le guide pédagogique.

64 | 70 | 52 | 163 | 80 | 1500 | 25 | 46

1 Effectue la multiplication.

```
      5 8
    × 1 3
    -----
    1 7 4  → 58 × 3
    5 8 0  → 58 × 10
    -----
    7 5 4
```

2 Calcule ces divisions exactes.

86 : 2
- 80 : 2 = 40
- 6 : 2 = 3
- 86 : 2 = 43

128 : 2
- 100 : 2 = 50
- 20 : 2 = 10
- 8 : 2 = 4
- 128 : 2 = 64

3 Encadre les nombres par les centaines les plus proches.

300 < 375 < 400

2 500 < 2 578 < 2 600

4 Compare et **écris** les signes >, < ou =.

2498 = 2400 + 98

2709 < 2800

5 Place les nombres.

2610 2215 3420 3050

2000 … 3000 … 4000 : 2 215 | 2 610 | 3 050 | 3 420

6 Complète les phrases.

2640 c'est 2 milliers et 640 unités.

3270 m c'est 3 km et 270 m.

5850 g c'est 5 kg et 850 g.

7 Relie le prix à l'ordre de grandeur.

- 59 € 90 → 60 €
- 599 € → 600 €
- 5 € 90 → 6 €

8 Calcule en décomposant.

46 × 30 = 46 × 3 × 10
= 138 × 10
= 1 380

9 Complète en t'aidant de la ligne des multiples.

2 fois 6 : 12 — 3 fois 6 : 18 — 4 fois 6 : 24 — 5 fois 6 : 30

17 = (6 × 2) + 5   28 = (6 × 4) + 4

10 PROBLÈME **Dans une bande de papier de 35 cm de longueur, combien peut-on découper de petites bandes de 8 cm ?**

35 = (8 × 4) + 3

On peut découper 4 bandes de 8 cm

et il restera 3 cm.

11 PROBLÈME On doit emballer 35 flacons de parfum dans des boites de 6.
- **Combien de boites seront remplies ?**
- **Combien de flacons restera-t-il ?**

35 = (6 × 5) + 5

On peut remplir 5 boites et il restera 5 flacons.

12 • **Trace** le déplacement du mobile ▲.

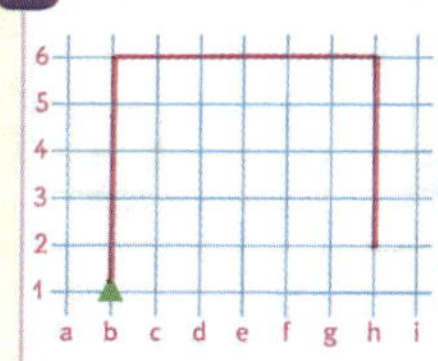

Départ (b ; 1)
Avance de 5
Tourne à droite
Avance de 6
Tourne à droite
Avance de 4
Arrivée (h ; 2)

• **Écris** le programme du mobile ▶.

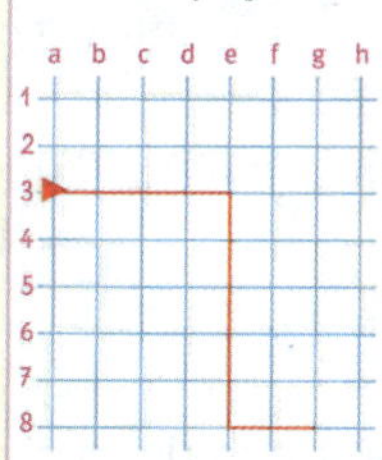

Départ (a ; 3)
Avance de 4
Tourne à droite
Avance de 5
Tourne à gauche
Avance de 2
Arrivée (g ; 8)

13 Complète les phrases ou le diagramme.

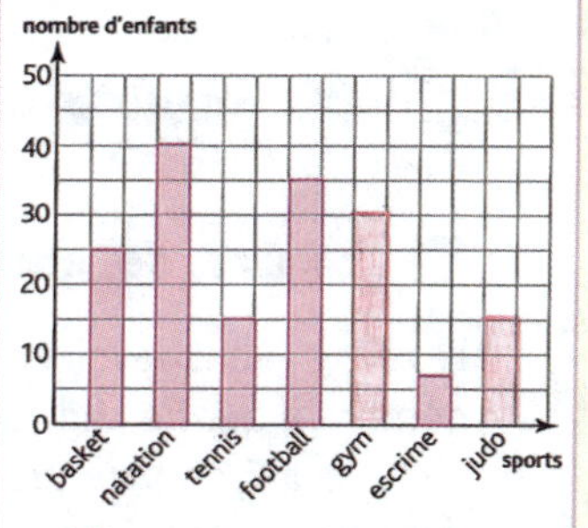

- 40 enfants pratiquent la natation.
- 35 enfants pratiquent le football.
- 15 enfants pratiquent le tennis.
- 30 enfants pratiquent la gym.
- 15 enfants pratiquent le judo.

14 Explique pourquoi ce patron n'est pas un patron de cube.

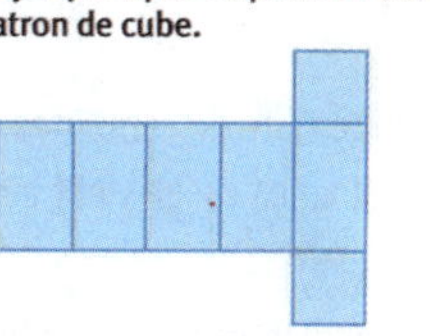

Il y a 7 faces au lieu de 6. En plus, il y a des rectangles.

15 Trace un cercle qui a ce segment comme diamètre.

CALCUL MENTAL

❶ **Calculs :** le double de 32 ; 45 + 25 ; 65 – 13 ; 64 + 99.

❷ Écris la dizaine la plus proche de 77.

❸ **Problèmes.**

- Dans une citerne, il y a 1 200 L d'eau. Pour la remplir, il faut encore rajouter 300 L. Combien de litres d'eau y a-t-il dans cette citerne lorsqu'elle est pleine ?
- Deux jouets identiques coutent ensemble 50 €. Quel est le prix d'un jouet ?
- Sur le gâteau d'anniversaire, une grosse bougie vaut 10 ans et une petite vaut 1 an.

Quel est l'âge d'une personne qui a sur son gâteau 6 petites bougies et 4 grosses bougies ?

1 Effectuer une multiplication d'un nombre à deux chiffres par un nombre à deux chiffres inférieur à 20.

Effectuer cette opération revient à décomposer le deuxième facteur du produit comme si l'on effectuait ce produit en ligne : 58 × 13 = (58 × 10) + (58 × 3).

L'élève va donc retrouver les mêmes produits partiels, mais dans des dispositions différentes, à savoir la multiplication par les unités (3 fois 58) puis par la dizaine entière (10 fois 58), d'où la présence à droite d'un zéro.

Exercice différencié - Calculs 16

2 Effectuer une division exacte par un calcul réfléchi.

Dans le cadre d'un calcul réfléchi, le nombre à diviser est décomposé en une somme de deux ou trois multiples du diviseur.
86, c'est 80 + 6 ; donc 86 : 2, c'est (80 : 2) + (6 : 2).
128, c'est 100 + 20 + 8 ;
donc 128 : 2, c'est (100 : 2) + (20 : 2) + (8 : 2).

Exercices différenciés - Calculs 19 et 20

3 Comparer des nombres.

Les élèves vont devoir encadrer un nombre à trois chiffres et un nombre à quatre chiffres par deux centaines successives. La tâche est simplifiée puisque la centaine inférieure est déjà donnée.

Obstacles possibles :

- La structure des nombres, en cours d'acquisition.
- Certains élèves conservent les dizaines et unités pour encadrer par les centaines les plus proches. On peut ainsi retrouver l'encadrement suivant :

$$275 < 375 < 475.$$

Remédiations proposées :

- La confusion entre chiffre des centaines et nombre de centaines est encore possible en fin de cycle 2. Ne pas hésiter à faire des va-et-vient avec la fiche 97 pour bien mettre en place ces notions.
- Travailler avec une bande numérique faisant apparaitre les centaines entières pour éviter cette erreur (dans cet exercice, la borne inférieure a été donnée afin d'éviter cette situation).

Exercices différenciés - Nombres 11 à 14

4 Comparer des nombres et des écritures arithmétiques.

Effectuer les calculs ou les comparaisons pour chaque écriture et placer le signe qui convient.

La première situation est une décomposition additive du nombre à quatre chiffres. L'élève peut répondre par une simple lecture. Pour la seconde situation, une comparaison terme à terme peut être faite : 2 milliers pour chaque nombre, 7 et 8 centaines (7 < 8, donc 2 709 < 2 800).

Exercices différenciés - Nombres 11 à 14

5 Situer un nombre entre deux milliers successifs.

Quatre nombres à quatre chiffres sont à situer sur une bande numérique faisant apparaitre les milliers entiers (2 000 ; 3 000 ; 4 000). Il y a 10 graduations entre chaque millier, qui sont donc espacées de 100.

Au préalable, les élèves peuvent ranger ces quatre nombres dans l'ordre croissant afin de faciliter leur démarche.

Exercices différenciés - Nombres 11 et 12

6 Comprendre la correspondance entre le système métrique et notre système de numération.

Cet exercice amène les élèves à réfléchir sur la relation entre unités de mesure et unités de numération, en lien avec notre système de numération décimale de position.

Ils pourront mettre en parallèle les relations 1 000 m = 1 km ; 1 000 g = 1 kg et 1 000 = 1 millier.

7 Déterminer des ordres de grandeur.

À partir de trois prix exprimés en euros, les élèves doivent donner des ordres de grandeurs de ces prix, c'est-à-dire des approximations comme il peut en être fait dans la vie courante. Ces valeurs approchées peuvent être travaillées lors d'activités à mettre en œuvre en classe (jeu du marchand). Les planches de monnaie mises à disposition dans le fichier peuvent être utilisées.

Obstacle possible : le nombre de chiffres et la similitude des chiffres dans chaque nombre par rapport aux nombres arrondis à l'entier supérieur.

Remédiation proposée : repérer la partie entière correspondant à l'unité donnée, sans tenir compte de la partie décimale (les centimes) pour 5 € 90 et 59 € 90.

8 Décomposer en ligne pour calculer.

Multiplier par 30, c'est multiplier par 3, puis par 10. Multiplier en ligne par une dizaine entière revient à multiplier par un nombre à un chiffre, puis à multiplier par 10.

9 S'appuyer sur les multiples et la ligne numérique pour produire des écritures du type : $a = b \times q + r$ (avec $r < b$).

Cet exercice est une approche de la division euclidienne en encadrant par des multiples.

À partir des multiples de 6, les élèves vont encadrer 17 et 28. La ligne numérique est un outil précieux qui permet de repérer la place de chaque nombre, et de déterminer ainsi le quotient et le reste. Ainsi, 17 = (6 × 2) + 5 et 28 = (6 × 4) + 4.

Exercices différenciés - Calculs 21 et 22

10 Approcher la division euclidienne par des situations de groupement.

Les élèves sont amenés à résoudre un problème relevant de la division euclidienne à partir d'une situation de la vie courante. Une bonne connaissance des tables de multiplication est indispensable à ce niveau des apprentissages. Les élèves pourront avoir recours aux multiples pour trouver l'encadrement correspondant.

11 Approcher la division euclidienne par des situations de groupement.

La procédure à mettre en œuvre est la même que dans l'exercice précédent. Les élèves doivent être capables d'identifier une situation de division-groupement. En revanche, ils ne sont plus guidés : ils vont d'abord trouver le nombre de boites (c'est-à-dire le quotient) puis le nombre de flacons restants (soit le reste de la division), soit l'écriture suivante : $35 = (6 \times 5) + 5$.

12 Représenter un déplacement conformément à un programme ; programmer un déplacement.

Les élèves doivent d'abord tracer le trajet du mobile vert qui est orienté « vers le haut » : le point de départ est indiqué et le point d'arrivée est donné dans le programme, ce qui constituera un moyen de contrôle pour les élèves.

La 2e partie de l'exercice constitue le travail inverse : il s'agit d'écrire les cinq étapes du programme (trois déplacements et deux changements de direction). Noter qu'il y a plus de lignes que d'étapes, de façon à laisser davantage d'espace de réponses aux élèves.

On peut remarquer que, dans cette situation, le codage des points sur les nœuds est légèrement différent de celui de la fiche 94 (ici, les points sont repérés par un codage ligne-colonne entouré par des parenthèses et séparés par un point-virgule).

Remédiation proposée : pour la 2e situation, donner le nombre d'étapes et prendre appui sur la 1re situation.

Exercices différenciés - Espace et géométrie 19 et 20

13 Lire des informations sur un diagramme.

La représentation graphique est un excellent support pour visualiser un phénomène. Les élèves doivent être habitués à fréquenter les diverses formes données pour traiter de l'information : courbes, diagrammes en rectangles, en bâtons, circulaires (« camembert), etc.

Dans cet exercice, il s'agit d'un diagramme en rectangles. L'axe horizontal représente les activités sportives et l'axe vertical représente le nombre d'enfants pratiquant ces activités. Par une simple lecture de ce diagramme, ils vont pouvoir compléter le texte à trous.

Obstacle possible : faire attention aux graduations de l'axe des ordonnées : les données numériques sont fournies de 10 en 10, mais chaque graduation correspond à cinq enfants.

Exercices différenciés - Problèmes 3 et 4

14 Justifier pourquoi un assemblage n'est pas un patron de cube.

La consigne précise que l'assemblage présenté ne peut pas être un patron de cube et les élèves doivent expliquer pourquoi. Tout d'abord, cet assemblage présente sept éléments au lieu de six. De plus, quatre d'entre eux sont des rectangles. L'assemblage présenté ne peut donc pas être un patron de cube.

15 Construire un cercle connaissant son diamètre.

Il est plus difficile de construire un cercle connaissant son diamètre que lorsqu'on connait son centre et son rayon. Pour arriver à construire le cercle demandé, les élèves doivent en premier lieu construire le milieu du segment puis, une fois le milieu repéré, positionner la pointe du compas sur celui-ci soit avec un écartement de 2 cm, soit en positionnant l'autre branche sur une des extrémités du segment (le cercle devant passer par ces deux extrémités).

Remédiation proposée : l'espace de travail ne devrait pas permettre une confusion entre rayon et diamètre.

Exercices différenciés - Espace et géométrie 11 et 12

113 Situations de partage (1)

Exercices différenciés – Problèmes 11 et 12

Programme 2016

- Résoudre des problèmes issus de la vie quotidienne.
  » Problèmes relevant des structures multiplicatives, de partages ou de groupements (multiplication/division).
  » Modéliser ces problèmes à l'aide d'écritures mathématiques.

Objectifs spécifiques de la séance

- Approcher la division euclidienne par des situations de partage.
- Produire des écritures du type $a = b \times q + r$ (avec $r < b$).

Information didactique

Il convient de se familiariser avec le sens de la division, indépendamment de l'apprentissage de la technique opératoire. Les fiches 109 et 110 nous ont permis d'introduire la division à partir des groupements. Il existe un autre type de situation conduisant à une division : **le partage en parts égales**, c'est-à-dire le partage d'une collection en **un nombre de parties connu** de même cardinal. On recherche alors la taille de ce cardinal.
Les situations de groupement nous paraissent correspondre à des manipulations plus élémentaires que les situations de partage.
Enfin, rappelons que nous dissocions l'impératif de familiarisation au sens de l'opération de l'apprentissage complexe de la technique opératoire de la division, qui est un objectif du programme du cycle 3.

CALCUL MENTAL

❶ **Problème : diviser par 10.**
Dire : « *Combien d'arrosoirs de 10 L faut-il pour vider l'eau d'une cuve qui contient 50 L ? 80 L ? 40 L ? 100 L ? 200 L ? 150 L ? 1 000 L ?* »
L'élève écrit le quotient exact.

❷ **Problème : diviser par 10, diviser par 100.**
Dire : « *Avec ses 357 billes, combien Marc pourrait-il faire de paquets de 100 billes ? Combien de billes resteront en dehors des paquets ? Avec ses 357 billes, combien pourrait-il faire de paquets de 10 billes ? Combien resterait-il de billes en dehors ?* »
L'élève écrit le quotient et le reste.

Activités préparatoires

MATÉRIEL CARTONNÉ

1. Réaliser des partages équitables

30 min

Matériel par groupes de quatre : collection homogène de petits objets (jetons, cubes, bouchons, buchettes…) d'environ 80 éléments ; bandes des multiples du matériel cartonné.

Consigne 1 : « *Dans chaque groupe, prenez 13 éléments. Vous allez faire une distribution entre tous les élèves du groupe. Attention, à la fin de la distribution, tous les élèves doivent avoir le même nombre d'éléments et on ne doit plus pouvoir en distribuer un autre à chacun d'eux.* »
Constater que chaque élève reçoit trois éléments et qu'il reste un élément non distribué.
Consigne 2 : « *Je vous demande d'écrire une égalité qui nous expliquera le résultat et ce qui a été fait.* »
On pourra avoir 13 = 3 + 3 + 3 + 3 + 1 puis 13 = (4 × 3) + 1 (écriture experte).
Recommencer avec 14, 15 puis 16 éléments.
Constater que, pour 16, tous les éléments ont été partagés.
On écrit alors 16 = (4 × 4) + 0.
Faire varier la situation en modifiant le nombre d'éléments (exemple : 39) ou le nombre d'élèves du groupe (trois, cinq ou six).
▸ Faire partager sans matériel ni représentation (par exemple, partager 33 en 7). Les élèves pourront s'appuyer sur la table de 7 ou sur la bande cartonnée des multiples de 7.
On posera la question : « *En 33, combien de fois 7 ?* »
Donner l'écriture : 33 = (7 × 4) + 5.

2. Réfléchir aux restes possibles pour un diviseur donné

5 min

Consigne : « *Lorsqu'on partage équitablement une collection de billes entre quatre enfants, combien peut-il rester de billes ?* »

Il peut rester une, deux, trois billes ou aucune bille (zéro bille).

Demander « *Il ne peut pas rester quatre billes, ni plus de quatre billes. Pourquoi ?* »

Demander quels peuvent être le plus grand reste ou tous les restes possibles dans un partage équitable en deux, en cinq, en huit… On n'oubliera jamais la possibilité du reste égal à zéro, cas particulier de la division exacte où tous les éléments ont été partagés.

Travail sur le fichier

1 Analyser une situation de partage équitable.

Laisser découvrir l'énoncé puis vérifier la compréhension. Expliquer : « partage équitable » (voir l'activité préparatoire). Analyser le tableau.

Après la 1re distribution, chaque enfant a reçu un chocolat. 21 chocolats ont été distribués (il faut bien sûr compter Noah qui se distribue un chocolat). Il reste 65 chocolats (86 – 21) à partager.

Après la 2e distribution, chaque enfant a reçu un autre chocolat. Il reste alors 44 chocolats (65 – 21) à partager.

Laisser compléter les lignes correspondant aux 3e et 4e distributions, ainsi que la phrase réponse et l'égalité (3e distribution : 44 – 21 = 23 chocolats ; 4e distribution : 23 – 21 = 2 chocolats ; le partage est terminé.)

Chaque enfant recevra quatre chocolats et il reste deux chocolats dans la boite :

86 = (21 × 4) + 2.

Noah ne peut pas faire une autre distribution. Il ne reste que deux chocolats. Il ne peut en donner qu'à deux élèves et, alors, le partage ne sera plus équitable. Il faudrait qu'il reste au moins 21 chocolats.

Autre raisonnement possible :

- après la 2e distribution, chaque enfant a reçu deux chocolats. 21 × 2 = 42 chocolats ont été distribués et il reste :

86 – 42 = 44 chocolats à distribuer ;

- après la 3e distribution, chaque enfant a reçu trois chocolats. 21 × 3 = 63 chocolats ont été distribués et il reste :

86 – 63 = 23 chocolats à distribuer ;

- après la 4e distribution, chaque enfant a reçu quatre chocolats. 21 × 4 = 84 chocolats ont été distribués et il reste :

86 – 84 = 2 chocolats à distribuer.

Obstacle possible : le fait que ce soit Noah qui fasse la distribution, car il fait partie des 21 élèves.

Aide proposée : faire distribuer les chocolats par la maitresse.

2 Dans une situation de « division-partage », retrouver le nombre de départ (dividende) connaissant la part de chacun (quotient) et le reste.

Laisser effectuer en autonomie. On multiplie « la part » de chaque enfant par le nombre d'enfants, puis on ajoute les billes restantes.

3 Rechercher le quotient et le reste dans une « division-partage ».

Lire l'énoncé et les deux questions, pour prendre la situation dans sa globalité. Laisser effectuer individuellement ou par deux, puis procéder à la correction et au recueil des procédures.

Lorsqu'on a distribué une brioche à chaque enfant, on a distribué six brioches.

6 + 6 + 6 = 18. On peut faire trois distributions et il reste une brioche.

19 = 6 + 6 + 6 + 1.

On peut se dire que, pour six brioches, on a une brioche par enfant et chercher combien de fois il y a 6 dans 19, puis dire 19 = 3 fois 6 plus 1 ; 19 = (6 × 3) + 1.

Obstacle possible : des situations de partage plus compliquées à appréhender que celles de groupement.

Aide proposée : vivre des activités de partage.

4 Réfléchir sur le statut du reste dans une division euclidienne.

Lire l'énoncé et laisser effectuer l'exercice en autonomie. S'il reste 12 bonbons, le partage n'est pas terminé car il reste plus de bonbons que d'enfants. On peut encore distribuer un bonbon de plus à chaque enfant.

Faisons le point

- Nous avons fait des problèmes de partage équitable.
- Dans un problème de division-partage, toutes les parts doivent être équitables, c'est-à-dire qu'elles doivent contenir le même nombre d'éléments.
- Avec le reste, on ne doit pas pouvoir faire une autre distribution. Il doit être inférieur au nombre de parts.

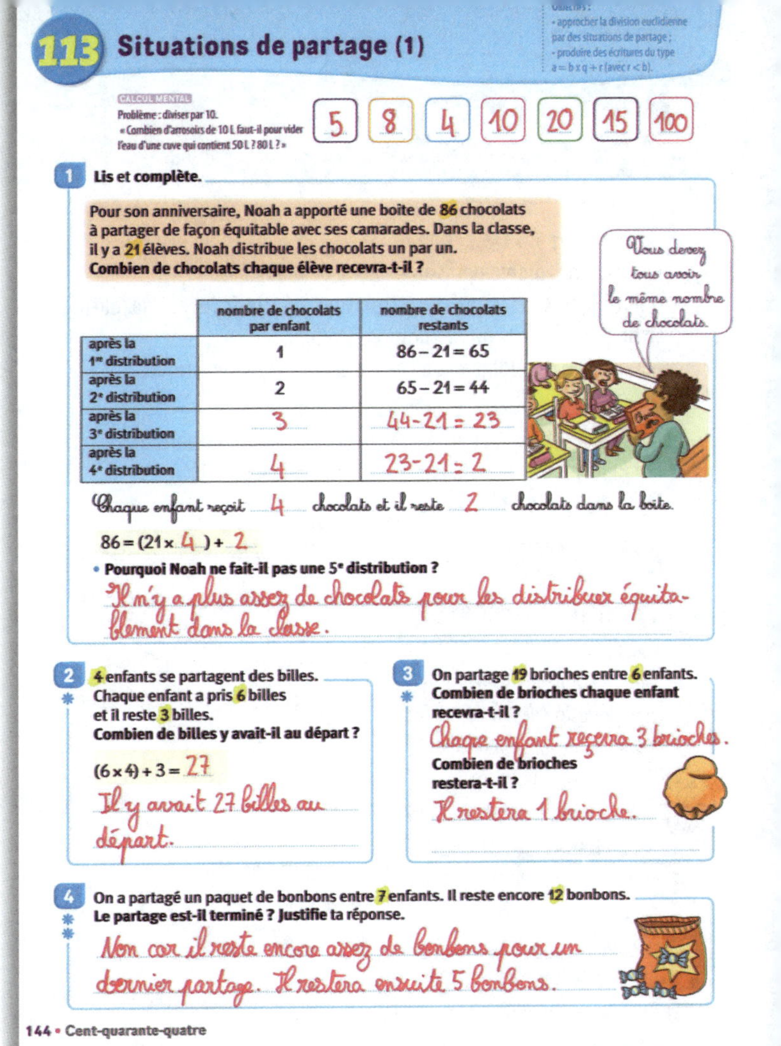

113 Situations de partage (1)

Objectifs :
- approcher la division euclidienne par des situations de partage ;
- produire des écritures du type a = b x q + r (avec r < b).

CALCUL MENTAL

Problème : diviser par 10.
« Combien d'arrosoirs de 10 L faut-il pour vider l'eau d'une cuve qui contient 50 L ? 80 L ? »

5 | 8 | 4 | 10 | 20 | 15 | 100

1 Lis et complète.

Pour son anniversaire, Noah a apporté une boite de 86 chocolats à partager de façon équitable avec ses camarades. Dans la classe, il y a 21 élèves. Noah distribue les chocolats un par un.
Combien de chocolats chaque élève recevra-t-il ?

	nombre de chocolats par enfant	nombre de chocolats restants
après la 1re distribution	1	86 – 21 = 65
après la 2e distribution	2	65 – 21 = 44
après la 3e distribution	3	44-21 = 23
après la 4e distribution	4	23-21 = 2

Chaque enfant reçoit 4 chocolats et il reste 2 chocolats dans la boite.

86 = (21 × 4) + 2

- **Pourquoi Noah ne fait-il pas une 5e distribution ?**

Il n'y a plus assez de chocolats pour les distribuer équitablement dans la classe.

2 4 enfants se partagent des billes. Chaque enfant a pris 6 billes et il reste 3 billes.
Combien de billes y avait-il au départ ?

(6 × 4) + 3 = 27

Il y avait 27 billes au départ.

3 On partage 19 brioches entre 6 enfants.
Combien de brioches chaque enfant recevra-t-il ?

Chaque enfant recevra 3 brioches.

Combien de brioches restera-t-il ?

Il restera 1 brioche.

4 On a partagé un paquet de bonbons entre 7 enfants. Il reste encore 12 bonbons.
Le partage est-il terminé ? Justifie ta réponse.

Non car il reste encore assez de bonbons pour un dernier partage. Il restera ensuite 5 bonbons.

144 • Cent-quarante-quatre

Pistes d'activités supplémentaires

Pour toute la classe

- On veut partager équitablement 37 images entre des enfants. Suivant le nombre d'enfants, trouver la part de chacun et le nombre d'images qui ne seront pas distribuées.

Nombre d'enfants	Part de chacun	Nombre d'images restantes
4	…	…
5	…	…
6	…	…
7	…	…
8	…	…
9	…	…
10	…	…

- Problème 1 : Dans un partage équitable d'un paquet de bonbons entre sept enfants, il reste quatre bonbons. Combien faudrait-il ajouter de bonbons pour que chaque enfant reçoive un bonbon de plus ?
- Problème 2 : Avec 50 tulipes, la fleuriste a fait huit bouquets identiques. Combien y a-t-il de tulipes par bouquet ? Combien manque-t-il de tulipes pour faire un autre bouquet ?
- Entre 10 et 20, demander quels sont les nombres que l'on peut diviser exactement par 2 (réponses : 12, 14, 16, 18), par 3 (réponses : 12, 15 et 18), par 4 (réponses : 12 et 16), par 5 (réponse : 15) et par 6 (réponses : 12 ; 18).

1 le défi

Problème de recherche

Le nombre de billes que j'ai est inférieur à 100 et on peut le diviser exactement par 9 et exactement par 7. Combien ai-je de billes ?

114 Situations de partage (2)

Exercices différenciés – Problèmes 11 et 12

Programme 2016

- Résoudre des problèmes issus de la vie quotidienne.

» Problèmes relevant des structures multiplicatives, de partages ou de groupements (multiplication/division).

» Modéliser ces problèmes à l'aide d'écritures mathématiques.

Objectifs spécifiques de la séance

- Approcher la division euclidienne par des situations de partage.
- Produire des écritures du type $a = b \times q + r$ (avec $r < b$).

Information didactique

Cette fiche se situe dans le prolongement direct de la fiche précédente. Elle nous présente **d'autres problèmes de « division-partage », pour consolider l'appropriation de la notion.**

Les calculs se cantonnent au champ numérique des tables de multiplication. Elle se propose également de revenir sur les encadrements par les multiples les plus proches et sur l'écriture de la division euclidienne qui en découle.

CALCUL MENTAL

❶ Utiliser le répertoire multiplicatif pour calculer un quotient exact.

Dire : *« Combien de fois 5 pour faire 20 ? de fois 6 pour faire 30 ? de fois 6 pour faire 36 ? de fois 7 pour faire 63 ? de fois 8 pour faire 40 ? de fois 9 pour faire 72 ? de fois 7 pour faire 42 ? »*

L'élève écrit le nombre.

❷ Utiliser le répertoire multiplicatif pour calculer une division euclidienne (quotient et reste).

Dire : *« - Combien de fois 5 dans 23 ? dans 32 ? dans 37 ?*

- Combien de fois 6 dans 18 ? dans 32 ? dans 42 ?

- Combien de fois 9 dans 30 ? dans 40 ? dans 63 ? »

L'élève écrit le quotient et le reste.

Activités préparatoires

1. Vivre une situation de partage

30 min

Matériel collectif : un jeu de 32 cartes, un jeu de 52 cartes.

▶ Six élèves sont désignés comme joueurs. Les autres seront observateurs.

Mettre les joueurs autour de la table.

Consigne (à l'attention des joueurs) : *« Voici un jeu de 32 cartes. L'un de vous va distribuer les cartes, sans oublier de se servir. Attention, à la fin, tous les joueurs doivent avoir le même nombre de cartes ! La distribution doit se poursuivre jusqu'à ce qu'elle ne soit plus possible. »*

Lorsque la distribution est censée être terminée, dire que l'on va vérifier que la consigne donnée a bien été respectée.

Demander comment on va procéder.

Il faut faire deux contrôles :

- vérifier que tous les joueurs ont bien le même nombre de cartes ;

- vérifier qu'avec les cartes restantes, on ne peut plus distribuer une carte à chaque joueur.

Demander ensuite aux élèves observateurs, par deux, de préparer une phrase et de noter une égalité pour rendre compte du résultat de cette distribution. (ex. : « On a distribué 32 cartes à six enfants. Chaque enfant a reçu cinq cartes et il reste deux cartes qui n'ont pas pu être distribuées. »)

Les opérations, qui seront écrites au tableau, seront comparées et analysées. Arriver à la présentation suivante :

$$32 = (6 \times 5) + 2.$$

Remarquer qu'avec les 32 cartes, on a pu faire cinq tours de distribution.

▶ Recommencer la distribution en changeant le nombre de joueurs et en demandant aux élèves observateurs, après vérification, de procéder plus rapidement pour noter les résultats.

Pour cinq joueurs : $32 = (5 \times 6) + 2$ (cinq cartes par joueur, reste : deux cartes).

Pour sept joueurs : $32 = (7 \times 4) + 4$ (quatre cartes par joueur, reste : quatre cartes).

Pour quatre joueurs : $32 = (4 \times 8) + 0$ (huit cartes par joueur, reste : 0 carte).

Cette division est exacte et peut s'écrire $32 : 4 = 8$. Rappeler l'utilisation du signe « : ».

Pour trois joueurs : $32 = (3 \times 10) + 2$ (10 cartes par joueur, reste : 2 cartes).

▶ Recommencer en faisant varier le nombre de départ, en distribuant les cartes d'un jeu de 52 cartes.

Pour 6 joueurs : $52 = (6 \times 8) + 4$ (huit cartes par joueur, reste : quatre cartes).

Pour 5 joueurs : $52 = (5 \times 10) + 2$ (10 cartes par joueur, reste : deux cartes).

Pour 9 joueurs : $52 = (9 \times 5) + 7$ (cinq cartes par joueur, reste : sept cartes).

Travail sur le fichier

MATÉRIEL CARTONNÉ

1 Chercher le quotient et le reste dans une situation de division-partage.

Cette situation est parfaitement illustrée par l'activité préparatoire et peut se présenter comme la validation de cette activité.

Laisser résoudre cet exercice en toute autonomie.

2 Parmi deux diviseurs, trouver celui qui divise exactement un nombre donné.

Laisser lire le problème silencieusement puis le faire lire à haute voix. Demander à la classe d'expliciter davantage cette situation : *« De quoi s'agit-il ? Quelle est la question ? »*

Lucie a 30 verres à ranger dans quatre ou cinq boites (elle a le choix du nombre de boites). Elle veut qu'à la fin, tous ses verres soient rangés et qu'il y ait le même nombre de verres dans chaque boite.

Il faut trouver si elle doit prendre cinq boites ou six boites et expliquer le choix que l'on a fait.

Laisser les élèves chercher (ils peuvent utiliser le cahier de recherche).

Passer dans les rangs pour observer les procédures des élèves et apporter de l'aide si besoin.

Organiser à la fin un moment de synthèse pour dégager différentes procédures plus ou moins expertes.

• **1re procédure.**

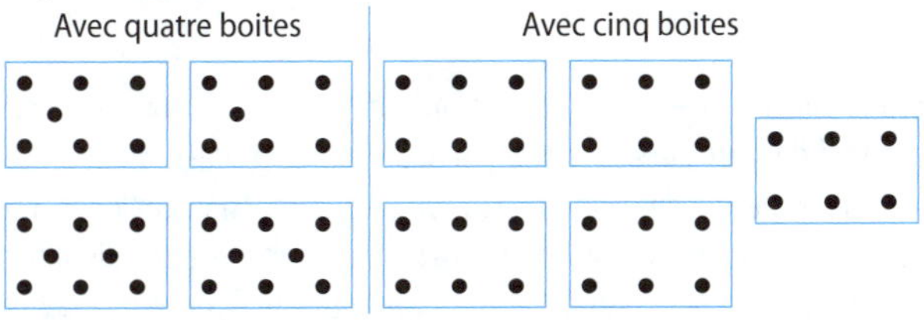

On s'aperçoit qu'avec quatre boites, il n'est pas possible d'avoir le même nombre de verres dans chaque boite. Par contre, on peut placer six verres dans chacune des cinq boites, donc Lucie doit prendre cinq boites.

$5 \times 6 = 30$ ou $30 : 5 = 6$.

• **2e procédure.** On distribue les verres un par un dans les boites, comme les cartes dans l'exercice 1. À chaque « tour » de distribution, on place un verre de plus dans chaque boite. Il y autant de verres dans chaque boite que de distributions. On peut demander :

« Dans 30 combien de fois 4 ? » $(30 = (4 \times 7) + 2)$

et *« Dans 30 combien de fois 5 ? »* $(30 = (5 \times 6) + 0)$.

Il faut donc prendre cinq boites.

• **3e procédure.** Pour qu'il n'y ait pas de reste, il faut que 30 soit un multiple du nombre de boites. 30 est dans la table de 5. $5 \times 6 = 30$. Lucie va prendre cinq boites.

Obstacle possible : la forme de ce problème, dans lequel on ne fournit que le dividende.

3 En appui sur la ligne graduée des multiples de 6, encadrer un nombre par les multiples de 6 les plus proches et compléter les égalités $a = b \times q$ qui en découlent.

Laisser observer la ligne des multiples de 6, que l'on pourra recopier ou vidéoprojeter au tableau.

Faire expliquer l'encadrement du nombre 20 et l'égalité.

20 est situé entre 3 fois 6 et 4 fois 6, d'où l'écriture de l'encadrement : $6 \times 3 < 20 < 6 \times 4$.

Laisser compléter puis corriger.

Obstacles possibles :

• La transformation de l'expression « … fois … » en écriture multiplicative.

• L'écriture de l'égalité.

Aide proposée : utiliser la formule « avec 37, combien de fois 6 ? » ou « dans 37, combien de fois 6 ? » et se référer à la ligne des multiples.

4 Compléter des égalités du type $a = (b \times q) + r$.

Analyser les écritures. Pour chaque écriture, on peut se poser une question. Exemples :

Ligne 1, colonne de gauche : *« Que faut-il ajouter à 36 pour faire 38 ? »*

Ligne 1, colonne de droite : *« Dans 43, combien de fois 5 ? »*

Faire vérifier à la fin les égalités.

Obstacle possible : la mémorisation des tables de multiplication sous différentes formes.

Aides proposées :

• Utiliser les lignes des multiples du matériel cartonnée.

• Faire formuler la question qui correspond à chaque complémentation.

La petite question

Observer les procédures. Il y a 10 € que l'on peut partager équitablement sous la forme d'un billet de 5 € et de pièces de 2 € + 2 € + 1 €. On ajouter une pièce de 50 c pour chaque enfant, ce qui fait 5 € 50 c pour chacun.

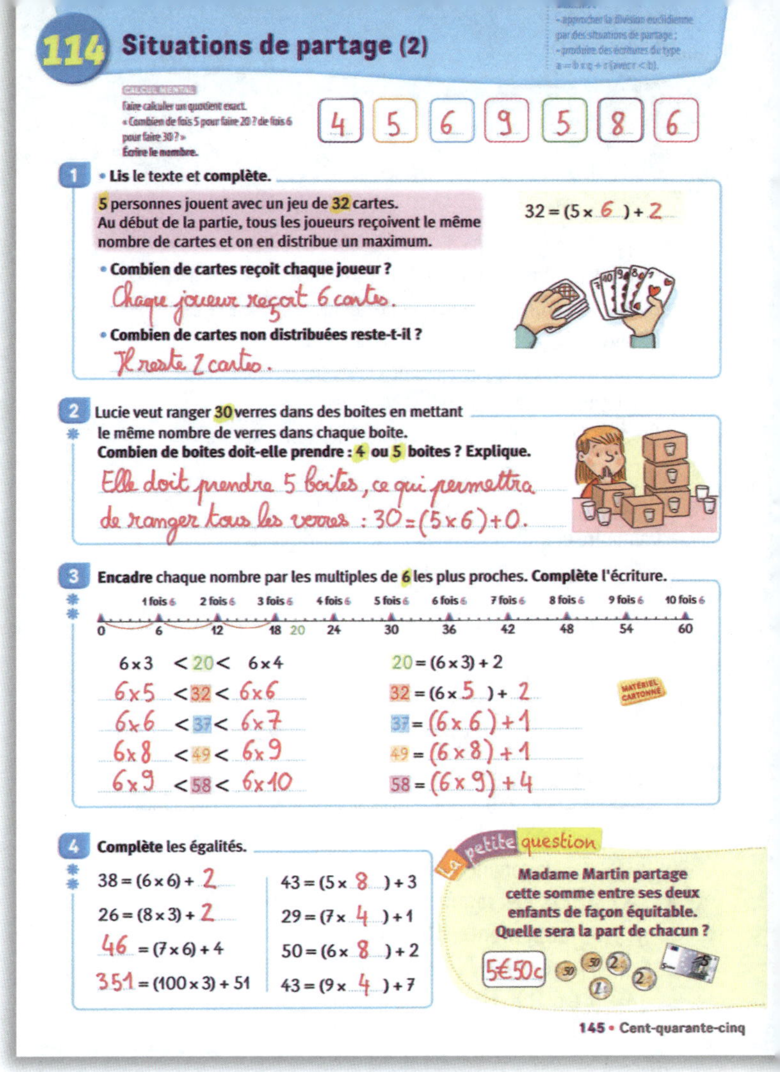

114 Situations de partage (2)

- approcher la division euclidienne par des situations de partage ;
- produire des écritures du type a = b x q + r (avec r < b).

CALCUL MENTAL
Faire calculer un quotient exact.
« Combien de fois 5 pour faire 20 ? de fois 6 pour faire 30 ? »
Écrire le nombre.

4 5 6 9 5 8 6

1 • **Lis** le texte et **complète.**

5 personnes jouent avec un jeu de 32 cartes.
Au début de la partie, tous les joueurs reçoivent le même nombre de cartes et on en distribue un maximum.

32 = (5 × 6) + 2

• **Combien de cartes reçoit chaque joueur ?**
Chaque joueur reçoit 6 cartes.

• **Combien de cartes non distribuées reste-t-il ?**
Il reste 2 cartes.

2 Lucie veut ranger 30 verres dans des boites en mettant le même nombre de verres dans chaque boite.
Combien de boites doit-elle prendre : 4 ou 5 boites ? Explique.
Elle doit prendre 5 boites, ce qui permettra de ranger tous les verres : 30 = (5 × 6) + 0.

3 **Encadre** chaque nombre par les multiples de 6 les plus proches. **Complète** l'écriture.

1 fois 6 | 2 fois 6 | 3 fois 6 | 4 fois 6 | 5 fois 6 | 6 fois 6 | 7 fois 6 | 8 fois 6 | 9 fois 6 | 10 fois 6
0 6 12 18 20 24 30 36 42 48 54 60

6 × 3 < 20 < 6 × 4 — 20 = (6 × 3) + 2
6 × 5 < 32 < 6 × 6 — 32 = (6 × 5) + 2
6 × 6 < 37 < 6 × 7 — 37 = (6 × 6) + 1
6 × 8 < 49 < 6 × 9 — 49 = (6 × 8) + 1
6 × 9 < 58 < 6 × 10 — 58 = (6 × 9) + 4

MATÉRIEL CARTONNÉ

4 **Complète** les égalités.

38 = (6 × 6) + 2 — 43 = (5 × 8) + 3
26 = (8 × 3) + 2 — 29 = (7 × 4) + 1
46 = (7 × 6) + 4 — 50 = (6 × 8) + 2
351 = (100 × 3) + 51 — 43 = (9 × 4) + 7

La petite question
Madame Martin partage cette somme entre ses deux enfants de façon équitable. Quelle sera la part de chacun ?
5€50c

145 • Cent-quarante-cinq

Faisons le point

• Nous avons continué à travailler sur des problèmes de partage équitable.

• Nous avons revu les encadrements par des multiples et complété des égalités qui correspondent.

MÉMO-MATHS **« Je résous des problèmes de partage », page 17.**

Pistes d'activités supplémentaires

Pour toute la classe

• Jeu en liaison avec l'EPS (ce travail peut éventuellement être proposé en activité préparatoire). Placer cinq balises et demander aux élèves de s'organiser pour que la classe soit divisée en groupes de même taille autour des cinq balises. Dire qu'il peut y avoir des élèves qui ne sont pas dans les groupes mais qu'il ne faut pas qu'ils soient plus de quatre ou qu'ils soient plus nombreux que les balises, ce qui voudrait dire que le partage n'est pas terminé.

Demander des partages en quatre groupes, en six groupes, en sept groupes, en deux groupes, en trois groupes. À la fin, inviter les enfants à prévoir en calculant.

• Partager en trois parts égales 13, 14, 15 puis 16 jetons.

• Faire imaginer un problème de partage (par deux). Recueillir les problèmes, les répartir dans la classe pour les faire résoudre.

le défi

Qui suis-je ? Je suis un nombre entre 10 et 20. Lorsqu'on me divise par 3, le reste est de 1 et lorsqu'on me divise par 4, le reste est de 3 (réponse : 19).

115 Le décilitre et le centilitre

Exercices différenciés – Grandeurs et mesures 9 et 10

Programme 2016

- Comparer, estimer, mesurer des contenances.
- Estimer les ordres de grandeur de quelques contenances.
- Mesurer des contenances avec des instruments adaptés.
  - » Unités de mesures usuelles de contenance : L, dL, cL.
  - » Relations entre les unités de contenance.
- Résoudre des problèmes impliquant des contenances.

Objectifs spécifiques de la séance

- Découvrir le décilitre (dL) et le centilitre (cL).
- Connaitre et utiliser les relations entre L, dL et cL.
- Estimer, ranger des contenances.

Information didactique

La contenance d'un récipient est son volume intérieur. Elle permet de connaitre la quantité de marchandise, souvent liquide, que ce récipient peut contenir. L'étude de la mesure des contenances suit une progression analogue à celle utilisée pour les longueurs ou les masses : comparaison directe puis indirecte par transvasement par exemple, recours à une unité non conventionnelle (un verre), emploi d'une unité usuelle pour faciliter la communication. La contenance s'exprime très souvent en litres, qui n'est pas l'unité du Système international, cette unité étant le mètre cube. Il convient de savoir que le litre correspond au décimètre cube et donc qu'un mètre cube est égal à 1 000 L. Dans cette fiche, nous découvrons deux unités sous-multiples du litre : **le décilitre (dL) et le centilitre (cL)** à travers des situations de la vie quotidienne.

CALCUL MENTAL

❶ **Calculer des sommes de trois nombres, en s'appuyant sur des regroupements astucieux.**
Écrire : 7 + 3 + 9 ; 9 + 2 + 9 ; 7 + 6 + 7 ; 6 + 4 + 7 ; 9 + 17 + 1 ; 8 + 15 + 2.
L'élève écrit la somme. (Travail par deux.)

❷ **Calculer des sommes de quatre nombres, en faisant des regroupements astucieux.**
Écrire : 7 + 6 + 4 + 3 ; 8 + 3 + 8 + 3 ; 17 + 10 + 3 + 9 ; 14 + 9 + 6 + 9 ; 31 + 16 + 4 + 9 ; 48 + 15 + 2 + 15.
L'élève écrit la somme. (Travail par deux.)

Activités préparatoires

1. Estimer puis mesurer une contenance avec différentes unités

10 à 15 min

Matériel collectif : une casserole, des unités de mesure non conventionnelles (gobelet, bocal, litre…) ; une réserve d'eau.

Montrer le récipient dont on veut connaitre la contenance et demander des propositions sur la manière de procéder pour y parvenir.

Définir la méthode (remplissage à l'aide d'un récipient plus petit avec comptage). Faire proposer une estimation.

Consigne : « *D'après vous, combien de verres faut-il verser pour remplir la casserole ? Écrivez votre proposition sur votre ardoise.* »

Un élève vient effectuer la mesure devant la classe. Comparer avec les estimations.

Prendre une autre unité de mesure. Si elle est plus grande, l'estimation numérique devrait être inférieure (et inversement). Arriver à dégager le principe suivant : « Si l'on prend une unité de mesure plus petite, il en faudra davantage pour remplir le récipient. Si l'on prend une unité de mesure plus grande, il en faudra moins. »

Constater que la mesure est souvent approximative. Faire chercher les causes et apprendre à donner un encadrement.

Faire mesurer avec le litre en indiquant qu'il s'agit de l'unité usuelle.

2. Manipuler pour appréhender les unités de contenance

30 min

Matériel par groupe de trois ou quatre : bouteilles de lait plastique vides de différentes contenances : 25 cL, 50 cL, 1 L ; flacons divers avec des contenances en cL ; récipients divers (cuillères à café, à soupe) ; verres de différentes contenances (verre à eau, à liqueur) ; verre mesureur ; collection d'unités légales de contenances que l'on peut trouver dans l'école ; petits entonnoirs ; eau dans une cuvette ou dans un seau.

Distribuer le matériel et diriger la manipulation en collectif.

Consigne : « *Je vous demande de relever, sur vos récipients, les informations sur leur contenance lorsqu'elles sont inscrites (le nombre et l'unité).* »

Les écrire au tableau en les lisant (ex. : 1 L, 25 cL, 1 dL). Si, comme c'est souvent le cas, il y a inscrit « 120 mL » sur le flacon, le noter en expliquant que nous n'étudierons pas cette unité de contenance (le millilitre) cette année.

Dégager les trois unités avec leurs abréviations : L ; dL, cL.

▸ Mettre en évidence la relation 1L = 100 cL.

Faire remplir la bouteille de 1 L avec une bouteille de 50 cL. Pour remplir la bouteille de 1 L, il faut deux fois le contenu de la bouteille de 50 cL : 1 L = 50 cL + 50 cL = 100 cL.

Remplir une bouteille de 1 L avec une bouteille de 25 cL. Pour remplir la bouteille de 1 L, il faut quatre fois le contenu de la bouteille de 25 cL : 1 L = 25 cL + 25 cL + 25 cL + 25 cL = 100 cL.

Retenir de ces deux manipulations que 1 litre est égal à 100 centilitres : 1 L = 100 cL.

▸ Présenter les relations 1 L = 10 dL et 1 dL = 10 cL.

Si on possède 1 dL, l'utiliser pour remplir 1 L et constater qu'il faut 10 dL pour remplir 1 L, puis écrire la relation au tableau 1 L = 10 dL ; sinon, fournir cette relation.

Si 100 cL = 1 L, alors 10 dL = 100 cL et 1 dL = 10 cL.

▸ Montrer que 1 cL est une toute petite mesure. C'est la contenance de deux cuillères à café.

C'est aussi la contenance d'une cuillère à dessert.

Remplir une cuillère à soupe avec une cuillère à café : il en faut trois. Une cuillère à soupe contient 1 cL et demi.

▸ Faire chercher combien on peut remplir de cuillères à soupe avec l'eau contenue dans une bouteille de 25 cL. Il faut verser l'eau de la bouteille dans la cuillère (très difficile) ou verser l'eau de la bouteille dans un bol, puis vider le bol avec la cuillère à soupe (environ 17 fois).

Travail sur le fichier

1 Utiliser les contenances dans une recette. Découvrir les relations entre L, cL et dL.

Laisser un temps pour découvrir toutes les informations contenues dans cet exercice. Puis poser des questions :

« Quelle recette Chloé est-elle en train de préparer ? Quels sont les ingrédients qu'elle utilise ? »

« Quelle quantité de lait utilise-t-elle ? Quelle quantité de lait a-t-elle avant de commencer sa recette ? »

« Quelle information nous donne Méticulo ? Quelles informations nous donne l'affiche en haut à droite ? Qu'est-ce que l'on nous demande de trouver ? »

« Quelles sont les informations utiles pour répondre à cette question ? » (réponses : la quantité de lait au début (1 L) et la quantité utilisée ; la relation 1 L = 100 cL.)

Laisser compléter la réponse. Il reste :

1 L – 50 cL ou 100 cL – 50 cL = 50 cL.

Remarquons qu'aucune opération n'est nécessaire : si 50 cL est la moitié de 1 L, il reste l'autre moitié de 50 cL dans la bouteille.

Obstacles possibles :
- Le tri d'informations sur différents supports.
- Les transformations d'unité.

2 Remplir un récipient d'une contenance donnée avec d'autres récipients de contenance connue.

Faire lire le problème et s'assurer que la situation est bien comprise ainsi que la demande, qui revient à répondre aux questions suivantes : *« Pour obtenir 12 L, combien de fois 1 L ? combien de fois 2 L ? Combien de fois 50 cL (ou un demi-litre) ? »*

Pour la dernière réponse, comme 50 cL c'est la moitié de 1 L, il faut verser deux fois plus de casseroles (le double) de 50 cL que de bouteilles de 1 L (soit 24).

Obstacle possible : le calcul du nombre de casseroles et la prise en compte de la relation « 50 cL égale la moitié de 1 L ».

3 Ranger des récipients selon l'ordre croissant de leur contenance.

L'illustration apporte une certaine aide, car elle respecte globalement les tailles.

Expliquer aux élèves que lorsque l'on doit effectuer une comparaison ou un rangement de mesures, le mieux est de transformer ces mesures dans la même unité. On choisira ici le centilitre (cL).

Faire retrouver la relation 1 dL = 10 cL qui n'est pas sur l'affiche de l'exercice 1 (voir l'activité préparatoire 2).

5 dL = 50 cL ; 1 L = 100 cL ; 2 L = 200 cL.

Obstacles possibles :
- L'utilisation de trois unités différentes.
- La relation 1 dL = 10 cL, qui n'apparait pas dans la leçon.

4 Choisir la contenance d'un récipient de l'environnement quotidien à partir de deux propositions de mesure.

L'objectif est ici d'insister sur la lecture d'une mesure et sur la prise en compte de l'unité choisie. Les nombres des mesures comparées étant identiques, la comparaison se fait seulement sur les deux unités proposées.

La comparaison de deux mesures très éloignées sert à renforcer la prise de conscience de la mesure réelle.

115 Le décilitre et le centilitre

Objectifs :
- découvrir le décilitre (dL) et le centilitre (cL) ;
- connaitre et utiliser les relations entre L, dL et cL ;
- estimer, ranger des contenances.

CALCUL MENTAL
Écrire une addition de trois nombres. Ex : 31 + 16 + 4.
Calculer la somme en faisant des regroupements astucieux.
(Travail par deux)

19 | 20 | 20 | 17 | 27 | 25

1 Observe puis réponds à la question.

Unités de contenance
centilitre cL
1 L = 100 cL
décilitre dL
1 L = 10 dL

Chloé entame une bouteille de 1 L de lait.
Quelle quantité de lait restera-t-il dans la bouteille ?
1L = 100 cL 100 cL - 50 cL = 50 cL
Il restera 50 cL dans la bouteille.

2 PROBLÈME Lucas a un arrosoir d'une contenance de 12 L.
Pour le remplir, il peut utiliser chacun de ces trois récipients.
Combien de fois doit-il verser le contenu de chaque récipient pour remplir l'arrosoir ?
- Avec la bouteille de 1 L : 12 fois
- Avec la bouteille de 2 L : 6 fois
- Avec la casserole de 50 cL : 24 fois

3 **Recopie** ces contenances dans l'ordre croissant.

33 cL | 5 dL | 75 cL | 150 cL | 1 L | 2 L

4 ESTIMATION **Coche** la contenance qui te semble convenir.

une bassine : 8 cL ☐ 8 L ☒
un verre : 16 L ☐ 16 cL ☒
une cuillère à soupe : 1 cL ☒ 1 L ☐

146 • Cent-quarante-six

Faisons le point

- Nous avons travaillé sur la contenance des récipients.
- Nous avons utilisé trois unités de contenance : le litre (L) et deux unités plus petites, le décilitre (dL) et le centilitre (cL).
- Nous avons vu que :

1 L = 100 cL ; 1 L = 10 dL et 1 dL = 10 cL.

- Nous avons vu que pour comparer des contenances, comme pour les longueurs ou les masses, il faut transformer les mesures dans la même unité.

MÉMO-MATHS **« J'utilise les unités de contenance », page 17.**

Pistes d'activités supplémentaires

Pour toute la classe

- Faire relever des contenances sur différents récipients de l'environnement proche. Classer toutes ces mesures en classe.
- Dans la cuisine, retrouver les contenances de différents récipients (casseroles, bols…).
- Faire correspondre une liste de contenances à un ensemble de récipients.

le défi

Problème de recherche

Dans l'exercice 2, pour remplir l'arrosoir, Lucas a déjà versé le contenu de trois bouteilles de 1 L, trois bouteilles de 2 L et trois casseroles. Indiquer ce qu'il doit verser pour finir de remplir l'arrosoir. Trouver deux possibilités (selon les récipients utilisés).

PROBLÈMES

116 Les contenances

Exercices différenciés – Grandeurs et mesures 9 et 10

Programme 2016

- Comparer, estimer, mesurer des contenances.
  - » Unités de mesures usuelles de contenance : L, dL, cL.
  - » Relation entre les unités de contenance.
- Résoudre des problèmes impliquant des contenances.
- Résoudre des problèmes impliquant des conversions simples d'une unité usuelle à une autre.

Objectifs spécifiques de la séance

- Résoudre des problèmes de contenance nécessitant des conversions simples.
- Résoudre des problèmes impliquant des contenances et des masses.

Information didactique

La fiche 115, à travers des manipulations et des exercices, nous a fait aborder la mesure des contenances, revoir l'unité principale (le litre) et découvrir deux autres unités : le décilitre (dL) et le centilitre (cL). Ces unités ont été mises en relation pour résoudre différents problèmes simples.

Dans cette fiche, nous allons nous appuyer sur ce travail pour **résoudre des problèmes variés situés dans des contextes qui se prêtent en parallèle à des manipulations** soit pour étayer la recherche, soit pour vérifier les résultats.

CALCUL MENTAL

❶ **Problème : compléter une somme d'argent.**

Dire : « *Anne a 8 € 50 c. Combien lui manque-il pour acheter un ballon à 10 € ?* » Même question si elle a 7 €, 6 € 50 c, 4 € 70 c, 9 € 75 c.

L'élève écrit la somme qui manque. (Travail par deux.)

❷ **Problème : compléter à 1 euro une somme d'argent en centimes.**

Dire : « *Un gâteau coute 1 euro. Combien manque-t-il à chaque enfant pour l'acheter ? Henry a 70 c ; Zoé a 90 c ; Paul a 95 c ; Marie a 75 c ; Pierre a 25 c ; Aïcha a 82 c ; Tcheng a 77 c ; Bob a 1 c.* »

L'élève écrit la somme qui manque.

Activité préparatoire

• Trouver la masse d'un litre d'eau

15 min

▶ Travail collectif. On pourra, selon le matériel disponible, travailler en plusieurs groupes. Dans ce cas, l'activité sera plus riche car les élèves seront plus impliqués. On pourra alors, dans une phase de synthèse, échanger sur différents aspects des manipulations et comparer les résultats.

Matériel collectif : une balance à plateaux de type Roberval, des masses marquées dont la masse totale dépasse largement 1 kg, une bouteille en verre pleine d'eau d'une contenance de 1 L, une casserole.

Consigne 1 : « *Nous allons peser cette bouteille d'un litre d'eau. Tom et Julie vont venir faire cette pesée avec la balance à plateaux.* »

Faire effectuer la pesée devant la classe. Noter le résultat (par exemple : 1 kg 230 g).

Consigne 2 : « *Est-ce que 1 kg 230 g, c'est la masse de 1 L d'eau ?* » (réponse : « Non, c'est la masse de la bouteille en verre plus la masse du litre d'eau qui se trouve à l'intérieur de la bouteille. »).

Consigne 3 : « *Alors, comment faire pour trouver la masse du litre d'eau qui est à l'intérieur de cette bouteille ?* »

Laisser échanger les élèves. Arriver à l'idée qu'il faut retirer de 1 kg 230 g la masse de la bouteille vide.

Pour cela, vider l'eau puis peser la bouteille. On devrait trouver une masse très proche de 230 g, que l'on va retrancher de 1 kg 230 g pour trouver une masse du litre d'eau, très proche du kg.

▶ On peut refaire cette pesée en prenant comme récipient une casserole. Peser d'abord la casserole vide puis verser un litre d'eau dans la casserole et effectuer une nouvelle pesée. Calculer la différence entre les deux masses pour obtenir la masse du litre d'eau. On doit obtenir une masse égale ou très proche de la masse du litre d'eau calculée dans la première expérience.

Travail sur le fichier

1 Mettre en évidence la masse d'un litre d'eau par le calcul.

La démarche est décrite dans l'activité préparatoire. Si celle-ci a pu être réalisée, laisser les élèves lire puis résoudre ce problème en autonomie.

Pour répondre à la 1re question, l'élève doit lire la masse affichée sur le cadran de la balance. Observer la graduation en kg et les petites graduations. Faire compter les intervalles entre 2 kg (il y en a 10) et demander la masse représentée par un petit intervalle (100 g). Observer la position de l'aiguille rouge qui indique la masse (prolonger éventuellement avec la règle pour mieux repérer la graduation).

L'aiguille nous indique une masse de 1 kg et 300 g, qui représente la masse de l'eau plus la masse de la casserole. Pour trouver la masse du litre d'eau, Léa a enlevé à la masse totale la masse de la casserole qui est fournie dans l'énoncé :

1 kg 300 g – 300 g = 1 kg.

Obstacles possibles :

- La lecture de la mesure sur la balance.
- Le raisonnement pour trouver la masse d'un litre d'eau.

2 Comparer une contenance à une somme de deux contenances.

Lire le problème. Constater que les mesures ne sont pas exprimées avec la même unité.

Observer les procédures des élèves :

- décomposition de 75 cL en 50 cL + 25 cL, puis addition des contenus des deux petites bouteilles :

(75 cL + 25 cL) + 50 cL = 100 cL + 50 cL = 1 L 50 cL.

- transformation de 1 L 50 cL en cL (150 cL), que l'on compare à 75 cL + 75 cL = 150 cL.

Aide proposée : effectuer la manipulation avec deux petites bouteilles de 75 cL et une bouteille de 1 L 50 cL.

3 Comparer le contenu de plusieurs verres à 1 L et justifier.

Lire le problème. Le faire reformuler par un élève : « Avec le contenu de six verres de 15 cL, est-ce qu'on peut remplir une bouteille de 1 L ? »

15 cL × 6 = 90 cL et comme 1 L = 100 cL, la bouteille n'est pas pleine.

90 cL + 10 cL = 100 cL. Il manque 10 cL pour remplir la bouteille.

4 Résoudre un problème avec une situation de division impliquant des contenances.

Lire le problème et laisser chercher par deux. Il s'agit de calculer combien de fois une mesure de contenance (2 dL) est contenue dans une autre contenance (1 L).

Pour résoudre ce problème, il convient de convertir toutes les mesures dans la même unité. On peut choisir soit les dL, soit les cL, ce qui aboutit aux questions suivantes : « Combien de fois 2 dL dans 10 dL ? » ou « Combien de fois 20 cL dans 100 cL ? »

Dans les deux cas, la réponse est évidemment la même : « 5 fois ». Margaux mettra donc cinq jours pour boire le litre de jus de fruits contenu dans la bouteille.

Obstacles possibles :

- Le sens du problème (situation de division).
- La nécessité d'opérer des transformations d'unités portant sur le dL, qui est une unité très peu utilisée.

5 Retrouver la masse d'un récipient plein connaissant la masse du récipient vide et la masse du contenu.

Lire le problème et la bulle, puis faire résoudre le problème par deux.

Si 1 L d'eau pèse 1 kg, 12 L pèsent 12 kg.

La masse du seau plein sera de 12 kg + 800 g = 12 kg 800 g.

Remarquer que, comme dans l'exercice 1, ce problème porte davantage sur les masses que sur les contenances.

Obstacle possible : utiliser des indices fournis en dehors de l'énoncé.

La petite question

Pour faire 1 L, il faut deux demi-litres. Donc avec quatre demi-litres (deux demi-litres + deux demi-litres), on peut remplir 2 L.

Faisons le point

- Nous avons eu à résoudre des problèmes sur les contenances, mais aussi sur les masses.
- Nous avons travaillé sur la masse d'un litre d'eau : c'est 1 kg.
- Nous avons vu que lorsqu'il y a plusieurs unités de contenance dans un problème, pour faire les calculs, il faut transformer les mesures de façon à avoir la même unité.

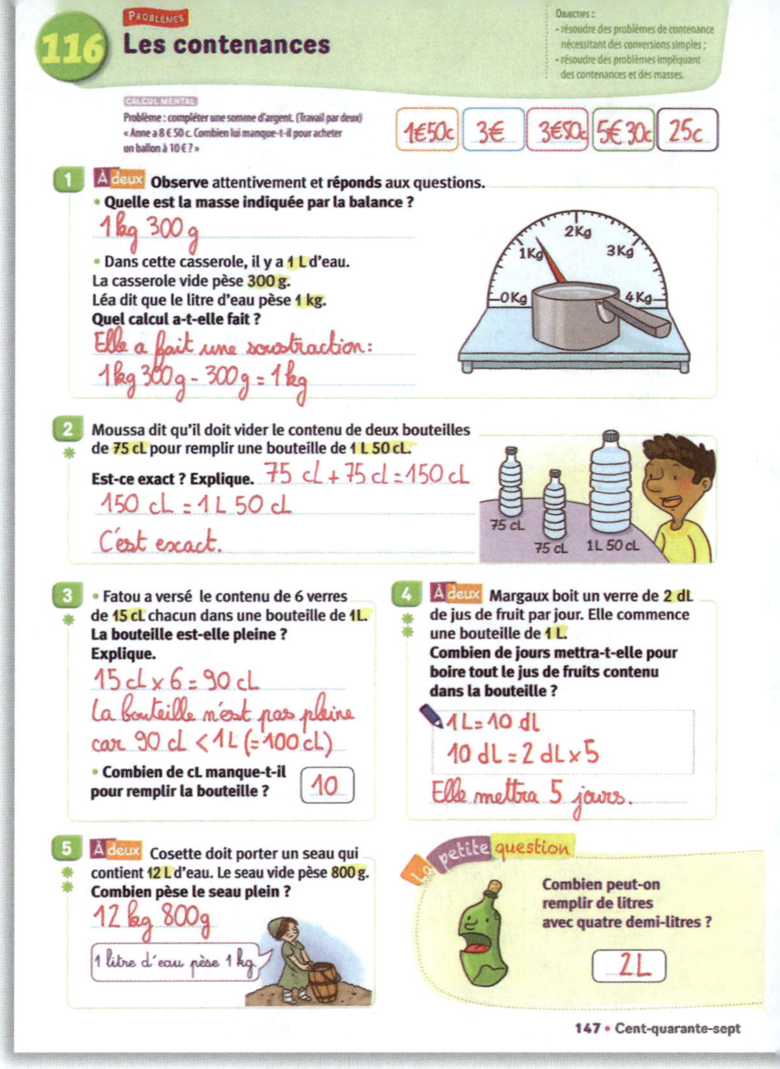

PROBLÈMES

116 Les contenances

OBJECTIFS :
- résoudre des problèmes de contenance nécessitant des conversions simples ;
- résoudre des problèmes impliquant des contenances et des masses.

CALCUL MENTAL
Problème : compléter une somme d'argent. (Travail par deux)
« Anne a 8 € 50 c. Combien lui manque-t-il pour acheter un ballon à 10 € ? »

1€50c | 3€ | 3€50c | 5€30c | 25c

1 À deux **Observe** attentivement et **réponds** aux questions.
- **Quelle est la masse indiquée par la balance ?**
1 kg 300 g
- Dans cette casserole, il y a 1 L d'eau.
La casserole vide pèse 300 g.
Léa dit que le litre d'eau pèse 1 kg.
Quel calcul a-t-elle fait ?
Elle a fait une soustraction :
1 kg 300 g - 300 g = 1 kg

2 Moussa dit qu'il doit vider le contenu de deux bouteilles de 75 cL pour remplir une bouteille de 1 L 50 cL.
Est-ce exact ? Explique. 75 cL + 75 cL = 150 cL
150 cL = 1 L 50 cL
C'est exact.

3 • Fatou a versé le contenu de 6 verres de 15 cL chacun dans une bouteille de 1 L.
La bouteille est-elle pleine ? Explique.
15 cL × 6 = 90 cL
La bouteille n'est pas pleine car 90 cL < 1 L (= 100 cL)
• **Combien de cL manque-t-il pour remplir la bouteille ?** 10

4 À deux Margaux boit un verre de 2 dL de jus de fruit par jour. Elle commence une bouteille de 1 L.
Combien de jours mettra-t-elle pour boire tout le jus de fruits contenu dans la bouteille ?
1 L = 10 dL
10 dL = 2 dL × 5
Elle mettra 5 jours.

5 À deux Cosette doit porter un seau qui contient 12 L d'eau. Le seau vide pèse 800 g.
Combien pèse le seau plein ?
12 kg 800 g

La petite question
Combien peut-on remplir de litres avec quatre demi-litres ?
2 L

147 • Cent-quarante-sept

Pistes d'activités supplémentaires

Pour toute la classe

- Transformer :
  - en dL : 1 L ; 2 L ; 4 L ; 20 cL ; 30 cL ; 120 cL.
  - en L et dL : 17 dL ; 15 dL ; 25 dL.
  - en cL et dL : 37 cL ; 75 cL ; 258 cL.
  - en L et cL : 250 cL ; 320 cL ; 125 cL.
- Calculer en faisant les transformations lorsque c'est nécessaire :
  - 1 L 20 cL + 3 L 60 cL = …
  - 1 L 50 cL + 2 L 50 cL = … = …
  - 40 dL + 2 L + 300 cL = …
  - 25 dL + 1 L 30 cL + 2 dL 8 cL = …
- Calculer :
1 L – 30 cL ; 1 L – 4 dL ; 1 L – 3 dL 8 cL.
- Problème : Combien peut-on remplir de bouteilles de 50 cL d'huile avec le contenu d'un tonneau de 15 L ?

le défi

Pour transporter 150 L d'eau, on a deux seaux. L'un contient 10 L, l'autre 5 L.
Combien de voyages devra-t-on faire si l'on utilise que le plus grand seau ? (Réponse : 15.)
Combien de voyages devra-t-on faire si l'on utilise que le plus petit seau ? (Réponse : 30.)
Combien de voyages devra-t-on faire si l'on utilise les deux seaux en même temps ? (Réponse : 10.)

117 Calculs multiplicatifs (1)

Programme 2016

- Mémoriser des faits numériques et des procédures.
  - » Tables de la multiplication.
  - » Décompositions multiplicatives de 10 et de 100, multiplication par une puissance de 10.
- Élaborer ou choisir des stratégies de calcul.
  - » Propriétés implicites des opérations.
- Calcul mental.
  - » Calculer mentalement pour obtenir un résultat exact.
- Calcul en ligne.
  - » Calculer en utilisant des écritures en ligne multiplicatives.

Objectif spécifique de la séance

Utiliser les propriétés de la multiplication (associativité, commutativité) dans des calculs.

Information didactique

Le développement des compétences en calcul réfléchi nécessite d'exploiter les diverses façons d'effectuer un même calcul, de faire un choix et de le justifier. Les méthodes que l'on considère comme moins performantes peuvent servir de contrôle du résultat obtenu. Les élèves doivent consolider et enrichir le répertoire de leurs connaissances mémorisées concernant les tables, les doubles, les moitiés, les décompositions multiplicatives de 10, de 100 et de 1 000, les multiplications par une puissance de 10, etc.

L'entrainement passe par des exercices systématiques sur la numération, la décomposition des nombres et les opérations.

Dans cette première fiche sur les calculs multiplicatifs, nous utilisons les **propriétés de la multiplication (associativité, commutativité) au service du calcul réfléchi.** On s'efforcera de privilégier les associations de facteurs qui aboutissent par exemple à des produits par des puissances de 10.

CALCUL MENTAL

❶ Problème : calculer des sommes de produits.

Dire : « *Combien possèdent-ils ?*
- *Léa a 4 billets de 20 € et 4 billets de 5 €.*
- *Lise a 4 billets de 100 € et 5 billets de 10 €.*
- *John a 3 billets de 100 €, 2 billets de 10 € et 5 pièces de 1 €.*
- *Oscar a 2 billets de 100 €, 2 billets de 50 € et 3 billets de 20 €.*
- *Louis a 20 billets de 10 € et 10 billets de 20 €.*
- *Mara a 7 pièces de 2 €, 4 billets de 20 € et 3 billets de 5 €.* »

L'élève écrit la somme totale. (Travail par deux.)

❷ Problème : calculer une différence de produits.

Dire : « *Quelle somme leur reste-t-il ?*
- *Tom a 4 billets de 20 €. Il achète 3 livres à 10 € l'un.*
- *Zoé a 3 billets de 50 €. Elle achète 2 habits à 20 € l'un.*
- *Jim a 10 billets de 5 €. Il en dépense 5.* »

L'élève écrit ce qui reste. (Travail par deux.)

Cet exercice va permettre de réactiver les connaissances sur les tables de multiplication et sur la propriété de commutativité de la multiplication (6 × 3 = 3 × 6 = 18). Faire relire les produits.

Activités préparatoires

1. Classer des écritures multiplicatives d'un même nombre. — 5 à 10 min

Matériel individuel : préparer des étiquettes avec des écritures multiplicatives de 16, 18, 20 et 24 (9 × 2 ; 4 × 5 ; 12 × 2 ; 8 × 3 ; 3 × 6...) et distribuer une ou deux de ces étiquettes par enfant.

L'enseignant écrit au tableau les nombres : 16 ; 18 ; 20 ; 24.

Consigne : « *Chacun de vous regarde son étiquette et doit trouver quel nombre se cache sous ce produit.* »

Chaque élève vient ensuite placer son étiquette sous le nombre qui convient.

16	18	20	24
4 × 4	3 × 6	5 × 4	2 × 12
2 × 8	6 × 3	4 × 5	12 × 2
8 × 2	2 × 9	2 × 10	3 × 8
16 × 1	9 × 2	10 × 2	8 × 3
1 × 16	18 × 1	20 × 1	4 × 6
1 × 18	1 × 20	6 × 4	24 × 1
			1 × 24

2. Revoir les produits de trois facteurs en utilisant des arbres de calcul — 5 à 10 min

L'enseignant écrit le produit suivant au tableau : 5 × 19 × 2.

Consigne : « *Voici un produit de trois nombres. Comment faire pour le calculer très vite ?* »

Disposer trois arbres de calcul.

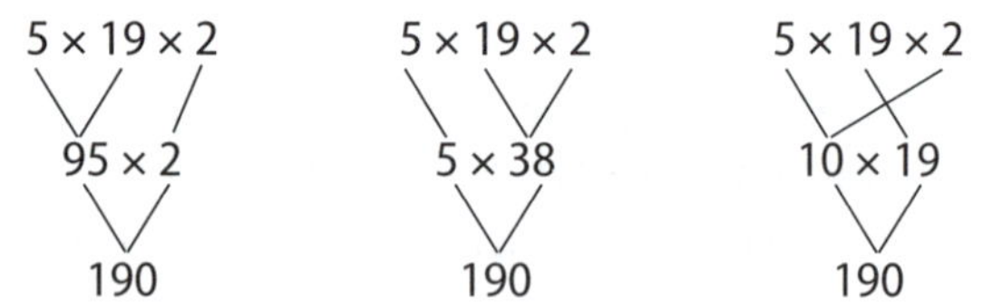

Remarquer que les trois calculs conduisent au même résultat, mais que l'association des facteurs dans l'arbre de droite permet d'atteindre le résultat très rapidement car il passe par le facteur 10.

Proposer les calculs 2 × 46 × 5, puis 50 × 12 × 2.

3. Compléter des chemins multiplicatifs — 5 à 10 min

L'enseignant trace au tableau un rapide schéma multiplicatif à compléter de manière collective.

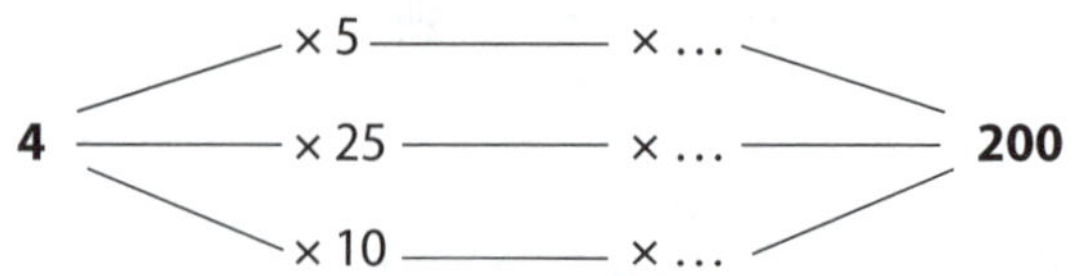

Travail sur le fichier

1 Décomposer un nombre en produits de deux facteurs.

Observer l'exemple : c'est la décomposition de 12 en produits de deux facteurs.

Remarquer les produits particuliers 1 × 12 et 12 × 1 et les écritures symétriques liées à la commutativité de la multiplication.

Compléter les écritures multiplicatives de 18 et 20.

2 Calculer un produit de trois ou quatre facteurs.

Écrire les produits au tableau pour une correction collective. Pour chaque produit, faire trouver différents ordres de calcul.

$4 \times 2 \times 3 \rightarrow 8 \times 3$ ou 4×6 ou $12 \times 2 = 24$.

$4 \times 2 \times 2 \times 2 = 8 \times 2 \times 2 = 16 \times 2 = 32$

ou $(4 \times 2) \times (2 \times 2) = 8 \times 4 = 32$ ou $4 \times (2 \times 2 \times 2) = 4 \times 8 = 32$.

$10 \times 10 \times 10 = 100 \times 10 = 1\,000$.

$2 \times 8 \times 5 \times 4 = (2 \times 5) \times (8 \times 4) = 10 \times 32 = 320$. L'association astucieuse des facteurs 5 et 2, qui donne 10, permet de calculer plus vite.

Obstacle possible : la mémorisation des produits intermédiaires.

3 Procéder à des associations astucieuses pour calculer plus rapidement des produits de trois ou quatre facteurs.

On va chercher ici à passer par des produits intermédiaires qui sont une puissance de 10 (10, 100, 1 000).

Ce travail suppose une bonne connaissance des décompositions et recompositions multiplicatives de 10, 100 et de 1 000 (5×2 ; 50×2, 25×4 ; 20×5 ; 500×2, etc.).

Observer le premier calcul et laisser continuer en autonomie.

Recopier au tableau ou vidéoprojeter pour une phase de synthèse collective. Noter le dernier calcul dans lequel les associations de facteurs permettent d'avoir un produit intermédiaire de deux puissances de 10.

Obstacles possibles :
- La constitution des produits égaux à 100 et 1 000.
- Les associations judicieuses dans le produit de quatre facteurs.

4 Calculer en ligne des produits de trois ou quatre facteurs en prenant appui sur des associations astucieuses de facteurs.

Observer le premier calcul et laisser calculer en autonomie. Continuer, dans les calculs, à souligner les facteurs qui vont être associés pour faciliter le calcul. L'écriture des produits intermédiaires évite l'effort de mémorisation qui est source d'erreur et reflète les regroupements de facteurs choisis.

Obstacles possibles :
- La disposition en ligne et les doubles égalités.
- Le regroupement des facteurs 20 et 5 pour faire 100.

5 Compléter plusieurs chemins multiplicatifs pour relier deux nombres.

Recopier ou vidéoprojeter ce schéma au tableau. Laisser observer le schéma et demander si deux élèves peuvent expliquer ce qu'il faut faire.

Repérer le nombre de départ (4) et le nombre d'arrivée (400).

Faire retrouver les quatre chemins multiplicatifs puis laisser compléter. Apporter de l'aide aux élèves en difficulté.

Lors de la correction, recueillir les difficultés rencontrées.

On observera sur le schéma que $\times 50$ est l'association de « $\times 5 \times 10$ » et que $\times 100$ est l'association de « $\times 2 \times 50$ », de « $\times 10 \times 10$ » ou de « $\times 2 \times 5 \times 10$ ».

Obstacles possibles :
- La forme de l'exercice.
- Le calcul $8 \times \ldots = 400$.

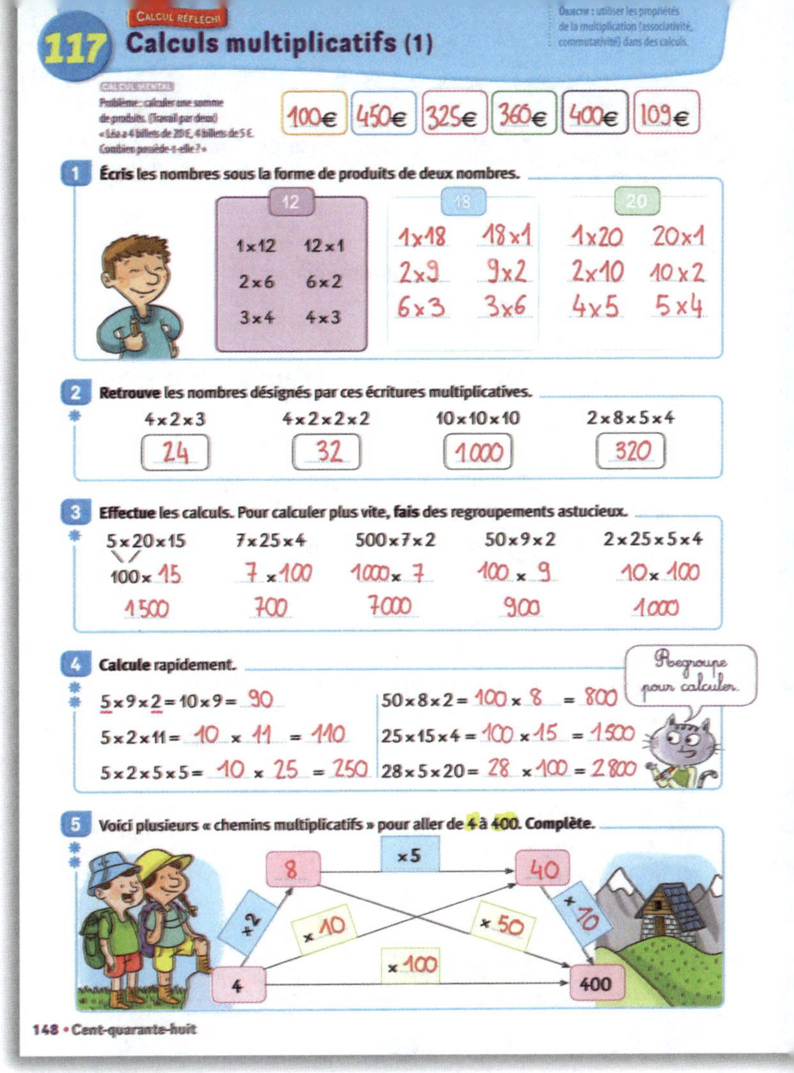
CALCUL RÉFLÉCHI

117 Calculs multiplicatifs (1)

Objectif : utiliser les propriétés de la multiplication (associativité, commutativité) dans des calculs.

CALCUL MENTAL

Problème : calculer une somme de produits. (Travail par deux)
« Léa a 4 billets de 20 €, 4 billets de 5 €. Combien possède-t-elle ? »

100 € | 450 € | 325 € | 360 € | 400 € | 109 €

1 Écris les nombres sous la forme de produits de deux nombres.

12		18		20	
1 × 12	12 × 1	1 × 18	18 × 1	1 × 20	20 × 1
2 × 6	6 × 2	2 × 9	9 × 2	2 × 10	10 × 2
3 × 4	4 × 3	6 × 3	3 × 6	4 × 5	5 × 4

2 Retrouve les nombres désignés par ces écritures multiplicatives.

4 × 2 × 3	4 × 2 × 2 × 2	10 × 10 × 10	2 × 8 × 5 × 4
24	32	1000	320

3 Effectue les calculs. Pour calculer plus vite, fais des regroupements astucieux.

5 × 20 × 15	7 × 25 × 4	500 × 7 × 2	50 × 9 × 2	2 × 25 × 5 × 4
100 × 15	7 × 100	1000 × 7	100 × 9	10 × 100
1500	700	7000	900	1000

4 Calcule rapidement.

5 × 9 × 2 = 10 × 9 = 90
5 × 2 × 11 = 10 × 11 = 110
5 × 2 × 5 × 5 = 10 × 25 = 250
50 × 8 × 2 = 100 × 8 = 800
25 × 15 × 4 = 100 × 15 = 1500
28 × 5 × 20 = 28 × 100 = 2800

Regroupe pour calculer.

5 Voici plusieurs « chemins multiplicatifs » pour aller de 4 à 400. Complète.

Faisons le point

- Nous avons effectué des calculs multiplicatifs.
- Pour calculer plus vite des écritures multiplicatives de trois ou quatre nombres, nous avons vu qu'il fallait associer astucieusement des nombres pour obtenir, par exemple, des multiplications par 10, par 100 ou par 1 000.
- Par exemple, $2 \times 19 \times 5 = (2 \times 5) \times 19 = 10 \times 19 = 190$.

Pistes d'activités supplémentaires

Soutien

- Revoir les tables de multiplication.
- Calculer :

$42 \times 10 = \ldots$; $10 \times 25 = \ldots$; $10 \times 10 = \ldots$; $10 \times 100 = \ldots$; $100 \times 8 = \ldots$; $12 \times 100 = \ldots$; $100 \times 10 = \ldots$; $40 \times 100 = \ldots$; $\ldots \times 6 = 60$; $5 \times \ldots = 500$; $\ldots \times 7 = 7\,000$; $40 \times \ldots = 40$ …

- Calculer rapidement :

$5 \times 17 \times 2 = \ldots$; $2 \times 26 \times 5 = \ldots$; $145 \times 5 \times 2 = \ldots$; $500 \times 9 \times 2 = \ldots$; $25 \times 15 \times 4 = \ldots$; $4 \times 12 \times 25 = \ldots$; …

Approfondissement

- Décomposer les nombres en un produit de deux, trois ou quatre nombres.

$12 = \ldots \times \ldots \times \ldots$; $18 = \ldots \times \ldots \times \ldots$; $16 = \ldots \times \ldots \times \ldots \times \ldots$; $36 = \ldots \times \ldots \times \ldots$; …

- Calculer rapidement :

$5 \times 2 \times 2 \times 5 = \ldots$; $4 \times 8 \times 25 \times 4 = \ldots$; …

- Compléter les chemins multiplicatifs :

$5 \times 10 \times \ldots = 5\,000$; $4 \times \ldots \times 8 = 320$; $7 \times \ldots \times 3 = 2\,100$; $6 \times 4 \times \ldots = 2\,400$.

118 Reporter des longueurs

Activité de manipulation 21

Programme 2016
- Reporter une longueur sur une droite déjà tracée.
- Comparer des longueurs.

Objectif spécifique de la séance
Reporter une longueur sans la règle graduée, avec une bande report ou avec le compas.

Information didactique
En géométrie, les deux instruments les plus utilisés (règle graduée et compas) sont trop souvent limités à des utilisations restrictives en oubliant d'autres aspects aussi utiles. Ainsi, la règle graduée sert à mesurer des longueurs, mais aussi à produire ou à vérifier des alignements ; le compas est le plus souvent vu comme l'instrument qui sert à tracer des cercles, mais il **doit être aussi être considéré comme un instrument pour comparer, reporter ou mesurer des longueurs**. Étymologiquement, le mot compas vient d'ailleurs du verbe « compasser », qui signifie « mesurer avec le pas ».
Dans cette fiche, nous allons nous intéresser à l'utilisation du **compas dans le domaine des longueurs**, notamment pour les comparer ou les reproduire sans mesurer. Le programme 2016 précise que « le report de longueurs sur une droite déjà tracée avec le compas peut être abordé au CE2, mais il relève surtout du cycle 3 ». Il s'agira donc d'une première approche.

CALCUL MENTAL

Ajouter des nombres proches d'un nombre entier rond.
❶ Donner un exemple : 27 + 19 → 27 + 20 – 1 → 47 – 1 → 46.
Dire : *« 36 + 19 ; 48 + 19 ; 57 + 29 ; 39 + 36 ; 120 + 199 ; 247 + 29. »*
L'élève écrit la somme.
❷ Dire : *« 26 + 19 ; 38 + 29 ; 254 + 99 ; 226 + 199 ; 39 + 39 ; 99 + 98 ; 658 + 101 ; 547 + 102 ; 3 541 + 999 ; 1 624 + 1 010. »*
L'élève écrit la somme.

Activités préparatoires

1. Reporter une longueur avec la bande report et le compas

10 min

Matériel par groupe de deux : fiche d'activité SITE COMPAGNON, règle, compas.

Consigne : « *Voici trois segments. Comment allez-vous faire pour les reproduire ? Attention, on ne doit pas utiliser la règle pour mesurer !* »

▶ Laisser les élèves réfléchir par deux. Lors de la phase collective, faire verbaliser les propositions des élèves : l'idée d'utiliser une bande report devrait apparaitre (la proposer sinon).

Rappeler la technique de la bande report : repérer les extrémités du segment, placer le bord de la bande sur une extrémité, puis marquer sur la bande la deuxième extrémité. Déplacer la bande pour reproduire le segment.

Laisser les élèves faire la reproduction des trois segments avec cette méthode

▶ Dans un deuxième temps, présenter la technique de report avec le compas. Le compas ne sert pas qu'à tracer des cercles, mais aussi à reporter des longueurs. Montrer la technique au tableau, avec le compas de classe. On va reproduire le segment sur une ligne droite. La technique consiste à positionner la pointe sèche sur une extrémité du segment, puis à écarter les branches du compas, de façon à avoir la 2e branche exactement sur la 2e extrémité du segment. Dire que l'écartement du compas représente la longueur du segment.

Déplacer le compas en positionnant la pointe sèche sur l'origine de la demi-droite qui portera le segment et marquer avec la 2e branche du compas, par un petit arc de cercle, la position de l'autre extrémité du segment. On aura les deux extrémités du segment, qu'il faudra joindre : on aura ainsi reproduit le segment. Laisser les élèves s'exercer sur la fiche.

2. Comparer des longueurs avec le compas

Matériel par groupe de deux : fiche d'activité SITE COMPAGNON, compas.

Consigne : « *Voici deux lignes brisées, A et B. Chacune est constituée de deux segments. Comment faire, sans mesurer, pour savoir quelle ligne la plus longue ?* »

Laisser les élèves réfléchir par deux.

On va « déplier » les deux lignes en reportant avec la bande report ou le compas chacun de leurs segments sur une ligne droite. On pourra alors comparer les deux « lignes » droites obtenues.

Pour comparer les longueurs des deux lignes brisées, laisser aux élèves le choix entre les deux techniques vues lors de l'activité 1.

Pour la ligne brisée A, si on utilise la bande, on va reporter sur la ligne droite support chaque segment de la ligne brisée, segment par segment ; chacun sera reporté bout à bout.

Pour la technique avec le compas, on va l'utiliser de façon à ce que les deux pointes soient à chacune des extrémités d'un des segments ; on gardera le même écartement du compas pour reproduire/reporter la longueur de ce segment à partir de l'extrémité de la demi-droite support. Il faudra reproduire cette opération pour l'autre segment de la ligne brisée, en veillant à bien reporter chaque longueur du segment à partir de la deuxième extrémité du segment déjà reporté : on reporte ainsi « bout à bout ».

Faire de même pour la 2e ligne brisée. Être attentif aux gestes des élèves.

3. Reproduire une figure sans avoir recours au mesurage

15 min

Matériel individuel : fiche d'activité SITE COMPAGNON, compas et règle non graduée.

Consigne : « *Voici une figure. Vous allez terminer le tracé de la figure de droite, mais attention ! vous n'avez pas le droit de mesurer.* »

Faire observer la figure à compléter : il manque un segment à reproduire. Il faut connaitre la position de ses extrémités pour pouvoir le tracer. Demander comment faire. Orienter les propositions des élèves vers la technique de report : on va repérer la position des deux extrémités de ce segment par rapport au point O. On va, sur la figure partiellement reproduite, utiliser plutôt ici la technique de report avec le compas pour placer les deux extrémités du segment manquant. En joignant avec la règle, on terminera le tracé sans avoir utilisé les graduations de la règle.

Travail sur le fichier

1 Comparer des longueurs de lignes brisées en ayant recours à la technique de report de longueurs.

Laisser découvrir la situation, puis passer à l'analyse collective. Faire bien lire la question. Deux chemins sont proposés : chaque chemin est donc composé de plusieurs segments (quatre pour le chemin A et trois pour le chemin B). Faire observer les deux demi-droites sur lesquelles les élèves reporteront chaque segment des deux chemins. On va reporter chacun des chemins sur ces deux demi-droites : on « déplie » chaque chemin pour en faire un unique segment sur une ligne droite. On pourra ainsi plus facilement comparer sa longueur.

Rappeler la méthode de report avec la bande report (les élèves marqueront sur cette bande la longueur de chaque segment par un trait au crayon à papier et la reporteront sur la ligne droite de couleur) ou avec le compas (faire observer le compas sur un segment du chemin A). Procéder de même pour les trois côtés du triangle.

Obstacles possibles :
- Le fait de bien respecter le « bout à bout » des reports.
- La manipulation du compas et la précision des reports.

2 Reproduire une figure en utilisant la technique de report de longueurs.

Analyser la figure. Elle est constituée de quatre segments : deux sont déjà tracés dans la figure à reproduire et les deux segments obliques sont à reproduire (leurs extrémités sont sur les deux segments de départ). Les élèves ne doivent utiliser la règle que pour tracer des traits. Appeler O le point d'intersection entre les deux segments formant un angle droit. Pour réussir la reproduction, deux possibilités existent :

- reporter, à partir du point O, chacune des deux extrémités des segments à reproduire ;
- reporter, à partir du point O, une seule extrémité des segments à reproduire et obtenir l'extrémité manquante par report de la longueur de chacun des segments manquants.

Aides proposées :
- Marquer les extrémités des segments à reproduire et le point O.
- Donner une extrémité pour chacun des deux segments à reproduire.

3 Poursuivre une frise en utilisant la méthode de report des longueurs.

Faire observer la frise. Repérer globalement la forme principale que l'on va reproduire : il s'agit de reporter des segments obliques de même longueur à partir du motif de base de la frise. Faire bien observer le segment tracé en pointillés : il est obtenu par la technique de report en utilisant le compas (l'écartement sera toujours le même). L'arc de cercle en rouge (dont le centre est une extrémité du segment en pointillés) matérialise la deuxième extrémité.

Aide proposée : marquer les points remarquables qui constitueront les points où les élèves mettront la pointe sèche du compas.

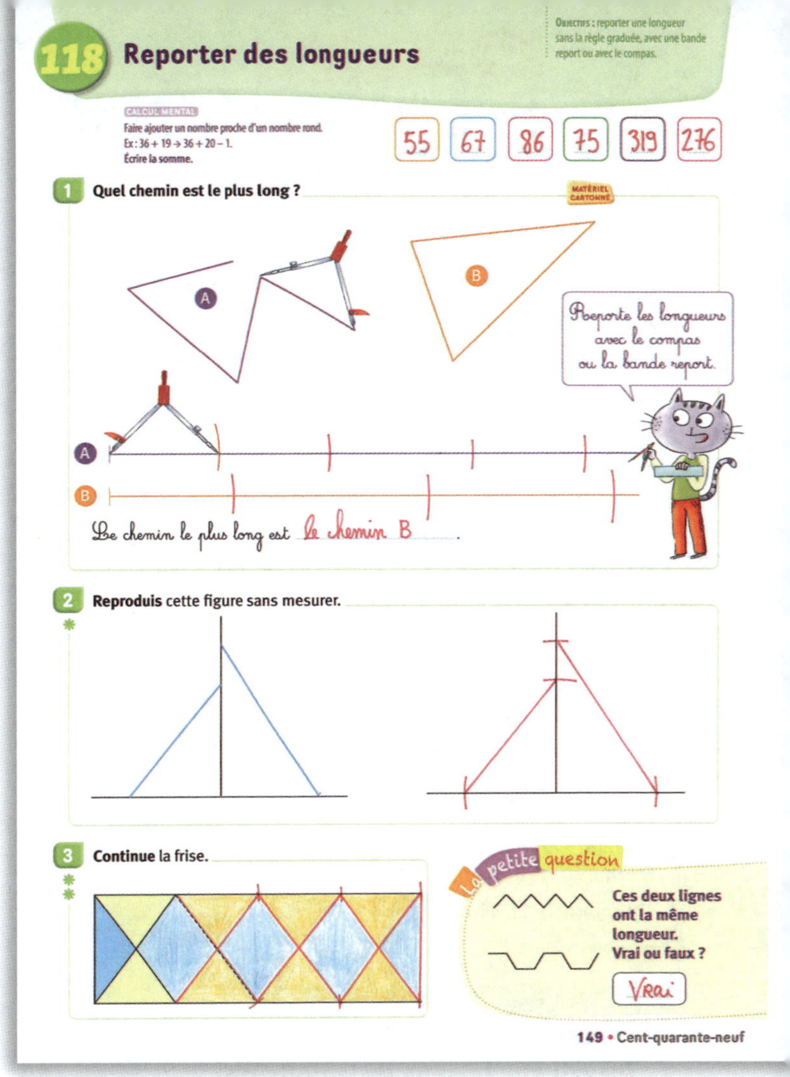

La petite question

En utilisant le compas, et en reportant comme dans l'exercice 1 chacune des deux lignes brisées sur une demi-droite, on observe des longueurs identiques (selon la qualité et la précision des reports).

Faisons le point

- Nous avons comparé des longueurs de lignes brisées en utilisant la bande report ou le compas.
- Nous avons terminé une reproduction de figures sans mesurer, en utilisant la technique de report.
- Nous avons aussi terminé une frise en reportant des longueurs de segment avec le compas.

MÉMO-MATHS **« Je sais reporter des longueurs », page 17.**

Pistes d'activités supplémentaires

Soutien
- Reporter des lignes brisées sur une demi-droite.
- Travailler sur la manipulation du compas : prendre des écartements de longueurs de segments.

Approfondissement
- Reproduire des triangles par la technique de report, à partir d'un côté déjà tracé.
- Comparer des longueurs de lignes brisées constituées de quatre segments, voire plus.

CALCUL RÉFLÉCHI

119 Diviser par 50, par 25

Programme 2016

- Élaborer ou choisir des stratégies de calcul à l'oral et à l'écrit.

Objectif spécifique de la séance

Développer des procédures adaptées pour obtenir le quotient et le reste d'une division par 50 ou par 25.

Information didactique

La division est liée à la multiplication comme la soustraction à l'addition et peut être envisagée comme **une multiplication « à trous »**.

Le programme du cycle 3 prévoit l'étude de la technique opératoire de la division. Au CE2, le travail consiste à obtenir une **bonne compréhension des situations de division à partir des groupements et des partages** et une évolution du processus conduisant, à terme, vers la technique usuelle. On peut procéder à un travail préliminaire en retranchant, du dividende, le diviseur un certain nombre de fois jusqu'à ce que la soustraction ne soit plus possible. Le quotient est alors égal à q et la partie du dividende restante est le reste r, qui est toujours inférieur au diviseur.

Ce processus peut être accéléré en encadrant le dividende a entre deux multiples consécutifs du diviseur b, ce qui exige une parfaite connaissance des tables de multiplication. La division euclidienne s'écrit alors :

$b \times q \leq a < b \times (q + 1)$ ou $a = b \times q + r$, avec $r < b$.

CALCUL MENTAL

Soustraire un nombre proche d'un nombre entier rond.

❶ Donner un exemple : 27 – 19 → 27 – 20 + 1 → 7 + 1 → 8.
Dire : *« 46 – 19 ; 46 – 21 ; 58 – 19 ; 76 – 29 ; 68 – 31 ; 265 – 101. »*
L'élève écrit la différence. (Travail par deux.)

❷ Dire : *« 72 – 19 ; 215 – 99 ; 324 – 99 ; 421 – 101 ; 632 – 202 ; 1 250 – 99 ; 3 842 – 1 002 ; 329 – 98… »*
L'élève écrit la différence. (Travail par deux.)

Activités préparatoires

1. Travail sur le sens de la division à partir de données numériques simples

10 à 15 min

▶ Travail par groupe de trois.

Consigne : *« Je vous demande de résoudre par groupes de trois le problème suivant. »*

Écrire le problème au tableau :

« Nadia a 34 voitures qu'elle range par quatre dans des boites. Combien peut-elle remplir de boites ? Combien reste-t-il de voitures à ranger ? »

Cela revient à chercher « En 34, combien de fois 4 ? »

34 est compris entre 8 fois 4 = 32 et 9 fois 4 = 36.

34 = (4 × 8) + 2.

Nadia peut remplir huit boites et il reste deux voitures à ranger.

Recommencer en faisant varier le nombre total de voitures ou le nombre par boites (ex. : ranger 45 voitures par boites de six).

2. Effectuer une division en utilisant une procédure personnelle

20 à 30 min

▶ Travail par groupe de trois.

Cette activité confronte les élèves à la technique de la division en proposant un problème avec des nombres plus grands qui nécessitent l'utilisation d'une procédure personnelle.

Consigne : *« Je vous demande de résoudre le problème suivant. »*

Écrire le problème au tableau :

« Une imprimerie vient de fabriquer 175 livres qu'elle doit emballer par paquets de 20 livres.

Combien doit-elle faire de paquets de 20 livres ? Combien y aura-t-il de livres dans le dernier paquet ? »

Cela revient à poser la question : « Dans 175, combien de fois 20 ? »

Laisser les élèves chercher par groupes de trois. Faire présenter et analyser les procédures des différents groupes.

Exemple :

- pour 100 livres : cinq paquets de 20 livres ;
- pour 75 livres : trois paquets de 20 livres et il reste 15 livres pour un dernier paquet ;
- pour 175 livres : huit paquets de 20 livres et un paquet de 15 livres.

Travail sur le fichier

1 Diviser par 50 dans une situation de groupement.

Lire le problème, puis le formuler autrement : *« Avec 288 balles, combien peut-on remplir de boites de 50 balles ? »*

Par deux, faire observer les façons de calculer puis répondre aux questions. Demander aux groupes d'expliquer la façon de calculer de chacun des trois enfants.

Corriger.

- **Anna** enlève successivement 50 balles. Chaque fois, elle note qu'elle a rempli une boite puis elle calcule le nombre de balles restantes. Elle s'arrête lorsque le nombre de balles restantes est inférieur à 50, car elle ne peut plus remplir de boite. Elle additionne le nombre de boites remplies. Elle a effectué cinq soustractions.
- **Hugo** enlève directement 100 balles (2 fois 50) puis encore 100 balles et remplit chaque fois deux boites d'un coup. Il lui reste 88 balles ; il peut prélever 50 balles. Il a effectué trois opérations.
- **Marie** enlève directement 200 (4 fois 50) et remplit quatre boites. Il lui reste 88 balles desquelles elle prélève 50. Elle n'a effectué que deux opérations.

Pour aller plus vite, Hugo et Marie essaient d'enlever des multiples de 50.

On peut encore calculer plus rapidement que Marie. Demander comment (réponse : « En enlevant directement 250, c'est-à-dire 5 fois 50).

Dans l'écriture de l'égalité, faire indiquer ce que représente chacun des quatre nombres.

Faire effectuer le calcul pour 325 balles. Relever et analyser les méthodes proposées par les élèves.

325 = (50 × 6) + 25.

CALCUL RÉFLÉCHI

119 Diviser par 50, par 25

OBJECTIF : développer des procédures adaptées pour obtenir le quotient et le reste d'une division par 50 ou par 25.

CALCUL MENTAL

Faire soustraire un nombre proche d'un nombre rond.
Ex : 46 – 19 → 46 – 20 + 1
Écrire la différence. (Travail par deux)

27 | 25 | 39 | 47 | 37 | 164

1 **Lis** le problème. **Explique** les réponses d'Anna, d'Hugo et de Marie.

Un marchand a 288 balles en caoutchouc qu'il met dans des boites de 50. Combien de boites va-t-il remplir ?

Anna : 288 – 50 → 1 boite ; 238 – 50 → 1 boite ; 188 – 50 → 1 boite ; 138 – 50 → 1 boite ; 88 – 50 → 1 boite ; 38 ; 5 boites

Hugo : 288 – 100 → 2 boites ; 188 – 100 → 2 boites ; 88 – 50 → puis 1 boite ; 38 ; 5 boites

Marie : 288 – 200 → 4 boites ; 88 – 50 → puis 1 boite ; 38 ; 5 boites

• **Trouvent-ils le même résultat ?** Oui.
• **Qui a la méthode la plus rapide ?** Marie.
• **Complète.** 288 = (50 × 5) + 38 (nombre de boites ; reste) Il va remplir 5 boites.
• **Calcule** le nombre de boites que l'on peut remplir avec 325 balles. 325 = (50 × 6) + 25. On peut remplir 6 boites.

2 Une fabrique de jouets expédie 130 poupées à un magasin. On emballe 25 poupées par carton.
• **Combien de cartons peut-on remplir ?** On peut remplir 5 cartons.
• **Combien de poupées y aura-t-il dans le dernier carton ?** Il y aura 5 poupées dans le dernier carton.
Cherche sur ton cahier.

3 **Combien de rangées de 25 chaises peut-on faire avec 275 chaises ?** On peut faire 11 rangées de 25 chaises.
Cherche sur ton cahier.

150 • Cent-cinquante

Obstacles possibles :
• Reconnaitre des multiples de 50.
• Extraire un multiple de 50 d'un nombre.
Aide proposée : manipuler avec les unités de numération ou des collections de petits objets.

2 Diviser par 25 dans une situation de groupement.
Faire lire le problème. Nous sommes là aussi dans une situation de division-groupement. Il s'agit de trouver combien on peut remplir de cartons de 25 poupées avec 130 poupées.
Faire reformuler la question : « Avec 130, combien de fois 25 ? » ou « Dans 130, combien de fois 25 ? »
Les élèves doivent réinvestir la démarche de l'exercice 1 et peuvent :
- retrancher du nombre 130, successivement et un certain nombre de fois, le nombre 25 (méthode lente) ;
- retrancher des multiples de 25 (ex : 130 – 100 donne quatre cartons de 25 remplis. Il reste 30 poupées. 30 – 25 → un carton de 25 rempli et il reste 5 poupées). On a pu remplir cinq cartons et il y aura un carton incomplet dans lequel il n'y aura que cinq poupées. Attention, car ici, on place aussi les poupées restantes dans un carton ;
- repérer et retrancher le plus grand multiple de 25 inférieur à 130 (125) : 130 – 125 → cinq cartons remplis et cinq poupées restantes.

Obstacles possibles :
• Reconnaitre des multiples de 25.
• Extraire un multiple de 25 d'un nombre.
Aide proposée : manipuler avec les unités de numération ou des collections de petits objets.

3 Diviser par 25 dans une situation de groupement.
Lire le problème puis faire effectuer la recherche sur le cahier. Lors de la correction, faire expliquer par quelques élèves leur démarche.
Pour faire une rangée, il faut 25 chaises. Il y aura autant de rangées qu'il y a de fois 25 dans 275. La question est donc « Dans 275, combien de fois 25 ? »
On peut retrancher par paquets de 100 chaises et on fera à chaque fois quatre rangées.
275 – 100 → 4 rangées et il reste : 175 chaises.
175 – 100 → 4 rangées et il reste : 75 chaises.
75 – 75 → 3 rangées et il reste : 0 chaise.
On obtient donc 11 rangées de 25 chaises.
On peut aussi retrancher directement 250 (10 fois 25) puis 1 fois 25. Le reste est 0. La division est exacte et on peut écrire 275 = (25 × 11) + 0 ou 275 = 25 × 11 ou 175 : 25 = 11.

Faisons le point

• Nous avons divisé par 50 et par 25 en groupant les éléments par 50 ou par 25.
• On peut effectuer la division plus rapidement en retranchant des multiples de 50 ou de 25 les plus grands possibles.

Pistes d'activités supplémentaires

Soutien

• Calculer : 50 × 2 ; 50 × 3 ; 50 × 4 ; 50 × 6 ; 50 × 8 ; 50 × 10 ; 25 × 2 ; 25 × 3 ; 25 × 4 ; 25 × 8 ; 25 × 10 ; 25 × 5.
• Compléter l'écriture de ces divisions
120 = (50 × …) + … ; 216 = (50 × …) + … ; …
120 = (25 × …) + … ; 151 = (25 × …) + … ; …
• Problème : Une fabrique de jouets doit expédier 180 jeux à un magasin. Elle doit mettre 25 jeux par carton. Combien de cartons pourra-t-elle remplir ? Combien mettra-t-elle de jeux dans le dernier carton ?

Approfondissement

• Calculer 476 divisé par 50, puis compléter l'écriture du résultat : 476 = (50 × …) + …
• Calculer 1 543 divisé par 100, puis compléter l'écriture du résultat : 1 543 = (100 × …) + …
• Un marchand de billes a 798 billes à mettre en paquets de 100. Combien lui manque-t-il de billes pour faire un paquet de plus ?
• Avec 80 paquets de 25 billes, combien peut-on faire de paquets de 50 billes ?
• Avec 8 paquets de 50 billes, combien peut-on faire de paquets de 25 billes ?
• Problème : 340 touristes attendent des cars. Chaque car ne peut prendre que 50 touristes. Combien faut-il de cars ?

le défi

La fermière a moins de 100 œufs. Elle peut les placer tous soit dans des boites de 10, soit dans des boites de 12. Combien a-t-elle d'œufs ?

PROBLÈMES

120 Partager des grandeurs

Programme 2016
- Résoudre des problèmes issus de la vie quotidienne.
  » Problèmes relevant de partages ou de groupements.
- Résoudre des problèmes impliquant des longueurs, des contenances.
  » Opérations sur les grandeurs, division (recherche du nombre de parts et de la taille d'une part).
  » Quatre opérations sur les mesures de grandeurs.

Objectif spécifique de la séance
Résoudre des problèmes sur des collections ou des mesures de grandeur dans des contextes de groupement ou de partage.

Information didactique
Dans cette fiche, nous étendons le champ d'application de la division à des **situations de groupement et de partage qui portent sur des grandeurs mesurables** (longueur, contenance, etc.). Ces situations sont très fréquentes dans la vie courante et peuvent faire l'objet de manipulations. Elles vont consolider la maitrise du sens de la division chez les élèves.

CALCUL MENTAL

❶ **Arrondir à la mesure en mètres la plus proche.**
Dire : *« 3 m 10 cm ; 2 m 95 cm ; 6 m 25 cm ; 4 m 75 cm ; 3 m 45 cm ; 1 m 58 cm. »*
L'élève écrit la mesure arrondie « au mètre le plus proche ».

❷ Arrondir à la mesure en km la plus proche.
Dire : *« 1 100 m ; 3 800 m ; 1 950 m ; 2 050 m ; 4 600 m ; 3 225 m ; 2 km 150 m ; 4 km 900 m ; 1 km 500 m ; 4 500 m. »*
L'élève écrit la mesure arrondie au kilomètre « le plus proche ».

Activités préparatoires

1. Partager une longueur — 15 à 20 min

Matériel par groupe de trois ou quatre élèves : trois bandes de papier (ou bandes cartonnées, ficelles, rubans…) de 100 cm.

Consigne 1 : *« Vous devez partager votre première bande ou votre première ficelle en deux parties égales. »*

Consigne 2 : *« Mesurez chacune de ces parties et complétez l'égalité 100 cm = 2 × … cm. »*

Consigne 3 : *« Vous devez partager votre 2e bande en quatre parties égales. Mesurez chacune de ces parties et complétez l'égalité 100 cm = 4 × ... cm. »*

Recopier ces égalités au tableau :

100 cm = 2 × 50 cm ou 100 cm : 2 = 50 cm.

100 cm = 4 × 25 cm ou 100 cm : 4 = 25 cm.

Consigne 4 : *« On veut partager la 3e bande en cinq parties de même longueur. Avant de découper la bande, je vous demande de calculer la longueur de chacune de ces parties en complétant l'égalité : 100 cm = 5 × … cm. Ensuite, vous ferez le partage. »*

Écrire les égalités 100 cm = 5 × 20 cm et 100 cm : 5 = 20 cm.

Finir par un problème : *« Combien peut-on découper de morceaux de 25 cm dans un ruban de 2 m ? »* Laisser les groupes chercher, puis confronter les résultats et les démarches.

2. Partager des contenances — 15 à 20 min

Matériel collectif : un litre d'eau en bouteille, des bouteilles de 25 cL et de 50 cL, une bouteille de 1 L 50 cL, un petit entonnoir.

Consigne 1 : *« Par deux, vous allez calculer combien on peut remplir de bouteilles de 25 cL, puis de 50 cL, avec 1 L. »*

Demander à trois élèves de venir faire la manipulation au tableau. Écrire les égalités :

1 L = 25 cL × 4 ou 100 cL = 25 cL × 4 ou 100 cL : 4 = 25 cL.

1 L = 50 cL × 2 ou 100 cL = 50 cL × 2 ou 100 cL : 2 = 50 cL.

Consigne 2 : *« Calculez maintenant combien on peut remplir de bouteilles de 25 cL, puis de 50 cL, avec 1 L 50 cL. »*

Demander à trois autres élèves de venir faire la manipulation au tableau. Écrire les égalités :

1 L 50 cL = 25 cL × 6 ou 150 cL = 25cL × 6 ou 150 cL : 6 = 25 cL.

1 L 50 cL = 50 cL × 3 ou 150 cL = 50cL × 3 ou 150 cL : 3 = 50 cL.

Finir par un problème : *« Combien pourrait-on remplir de bouteilles de 25 cL avec le contenu d'un bidon de 10 L ? »* Laisser les groupes chercher, puis confronter les résultats et les démarches.

Travail sur le fichier

1 Résoudre un problème de partage sur un ensemble d'éléments avec recherche de la valeur d'une part.

Laisser lire le problème silencieusement puis poser des questions pour éclairer le sens du texte : *« Que fait la maitresse ? »*, *« Combien y a-t-il d'élèves dans la classe de CE2 ? »*, *« Combien la maitresse veut-elle faire d'équipes ? »*, *« Que signifie : "Elle répartit ses élèves de façon équitable" ? »*, *« Qui seront les arbitres ? »*.

Avec la classe, faire exprimer l'idée qu'il ne peut pas rester plus de trois élèves non répartis dans les équipes. S'il restait quatre élèves ou plus, le partage ne serait pas terminé, car avec quatre élèves, on peut attribuer encore un élève à chacune des quatre équipes.

Laisser chercher et répondre aux questions du fichier, puis ménager un temps de synthèse.

Chaque fois que l'on prend un groupe de quatre élèves, on peut attribuer un joueur de plus à chacune des quatre équipes. Donc il y a autant de fois 4 dans 30 qu'il y aura de joueurs dans chaque équipe. Ce raisonnement peut être difficile à comprendre pour les élèves de CE2.

La question à poser est donc : *« Combien de fois 4 dans 30 ? »*

On peut s'appuyer sur la table de 4 ou la ligne des multiples de 4 du matériel cartonné.

30 est situé entre 28 et 32. 30, c'est 7 fois 4 plus 2.

30 = (4 × 7) + 2.

Il y aura sept joueurs dans chaque équipe et il restera deux joueurs qui auront le rôle d'arbitres.

Obstacle possible : le raisonnement lié à la recherche de la taille d'une part.

Aides proposées :

- Faire partager une collection de 30 éléments (jetons, bouchons…) en quatre parts de même taille.
- Refaire ce partage devant la classe au tableau, avec 30 aimants par exemple.

2 Calculer la longueur du côté d'un carré connaissant son périmètre.

Faire rappeler qu'un carré a ses quatre côtés de même longueur. Pour trouver la longueur d'un côté, plusieurs procédures sont possibles :

- 48 : 4 = (40 : 4) + (8 : 4) = 10 + 2 = 1 (vérification : 12 × 4 = 48).
- 48 divisé par 4, c'est 48 divisé par 2 (24), puis 24 divisé par 2 (12).
- 4 × … = 48. Quel nombre faut-il multiplier par 4 pour obtenir 48 ?

Obstacles possibles :

- La situation de division exacte sur une longueur, assez abstraite. Il est difficile d'appliquer la logique de la division euclidienne.
- Le lien entre multiplication et division.

Aide proposée : passer par la manipulation.

3 Appliquer le principe de la division-groupement dans une situation impliquant des contenances.

Lire le problème silencieusement puis à haute voix. Reformuler la question et s'assurer que la situation est comprise. Il faut chercher : « Combien il y a de fois 12 L dans 125 L ? » ou « Combien de fois il y a 12 dans 125 ? ».

Recueillir les procédures de calcul des élèves.

125, c'est 120 + 5, c'est 10 fois 12 plus 5. 125 = (12 × 10) + 5.

On peut remplir 10 récipients de 12 L chacun et il reste 5 L.

Obstacle possible : le calcul de la division 125 = (12 × …) + … .

4 Effectuer une division exacte de 100 cm en 2, 4, 5, 10, 25, 50 ou 100 parties.

Lire le texte. On partage exactement 100 cm (1 m) de différentes manières. Formuler les questions correspondant à quelques partages. (ex. : *« Lorsqu'on divise exactement 100 cm en deux parties égales, quelle est la longueur d'une partie ? »*)

Laisser remplir le tableau. L'enseignant relève les divisions qui posent problème.

Plusieurs procédures sont possibles pour calculer le résultat de ces divisions exactes.

Obstacle possible : les divisions de 100 par 25, par 50, par 100.

Aides proposées : s'appuyer, pour calculer la longueur de chaque morceau, sur des écritures multiplicatives (100 = … × 2 ; 100 = … × 4, etc.).

5 Chercher combien de fois la longueur de l'unité de mesure est comprise dans la longueur à mesurer.

Lire la situation silencieusement, puis à haute voix. La faire expliciter par un ou deux élèves qui pensent avoir compris. C'est une situation liée à la mesure.

La mesure exprimée en allumettes de 5 cm ou en crayons de 15 cm doit être trouvée sans mesurer, par le seul calcul. L'opération utilisée est une division.

Il faut trouver : « Combien de fois 5 cm pour faire 60 cm ? » (12 fois) et « Combien de fois 15 cm pour faire 60 cm ? » (quatre fois). Remarquer que ces divisions sont des divisions exactes. La table mesure 12 allumettes ou 4 crayons.

120 PROBLÈMES

Partager des grandeurs

Objectif : résoudre des problèmes sur des collections ou des mesures de grandeur dans des contextes de groupement ou de partage.

CALCUL MENTAL
Faire arrondir la mesure à la mesure en mètres la plus proche.
Écrire la mesure arrondie

3 m | 3 m | 6 m | 5 m | 3 m | 2 m

1 Lis et complète.

La maitresse de CE2 organise un tournoi de handball avec les 30 élèves de sa classe. Elle répartit ses élèves de façon équitable dans 4 équipes. À la fin du partage, s'il reste encore des enfants, ils seront arbitres.

30 = (4 × 7) + 2

- **Combien de joueurs y aura-t-il par équipe ?**
  Il y aura 7 joueurs par équipe.
- **Combien d'arbitres y aura-t-il ?**
  Il y aura 2 arbitres.

2 Un terrain carré mesure **48 m** de périmètre.
Quelle est la longueur d'un côté ?

48 = 12 × 4
La longueur d'un côté est de 12 m.

3

- **Combien de récipients de 12 L d'huile d'olive peut-on remplir avec le contenu d'un fût de 125 L ?**
  125 = (10 × 12) + 5
  On peut en remplir 10.
- **Combien de litres restera-t-il ?**
  Il restera 5 L.

4 Cécilia découpe des rubans de **1 m** en plusieurs morceaux de même longueur. **Complète** le tableau.

nombre de morceaux	2	4	5	10	25	50	100
longueur de chaque morceau	50 cm	25 cm	20 cm	10 cm	4 cm	2 cm	1 cm

5 Des enfants doivent mesurer, avec d'autres unités de mesure, la longueur d'une table de **60 cm**. Ils ont à leur disposition deux unités de mesure : une allumette de **5 cm** de long et un crayon de **15 cm**. **Donne** le résultat de leur mesure en utilisant chaque unité.

La table mesure 12 allumettes.
La table mesure 4 crayons.

Cherche sur ton cahier.

Obstacles possibles :

- Le raisonnement qui aboutit à utiliser la division.
- Les deux calculs 60 : 5 et 60 : 15.

Aides proposées :

- Mesurer une longueur en prenant le crayon comme unité.
- Prendre appui sur la ligne des multiples de 5 (10 fois 5 + 2 fois 5).
- Établir la liste des multiples de 15.

Faisons le point

- Nous avons fait des problèmes de partage sur les longueurs et sur les contenances.
- Dans ces problèmes, il y avait des divisions exactes, par exemple lorsqu'on divise 100 cm par 2, par 4 et par 5.
- Dans d'autres problèmes, la division avait un reste.

Pistes d'activités supplémentaires

Pour toute la classe

- Construire une ligne cartonnée des multiples de 11, de 12, de 15, de 25 jusqu'au 10ᵉ multiple.
- Calculer la mesure d'un côté pour des carrés ayant comme périmètre : 20 cm ; 32 cm ; 40 cm ; 60 cm ; 100 cm.
- Problème : Un confiseur veut répartir équitablement 1 kg de dragées dans des paquets de 50 g. Combien va-t-il faire de paquets ?

le défi

Problème de recherche

Combien peut-on remplir de bouteilles de 33 cL avec le contenu d'un bidon de 10 L ? Combien restera-t-il de cL d'eau à la fin dans le bidon ?

121 Contrôler la vraisemblance d'un résultat

Programme 2016

- Vérifier la vraisemblance d'un résultat, notamment en estimant son ordre de grandeur.
- Estimer les ordres de grandeurs de quelques longueurs, masses et contenances en relation avec les unités métriques.

Objectif spécifique de la séance

Contrôler la vraisemblance d'un résultat en réfléchissant au choix de l'unité, au choix de l'opération, à son ordre de grandeur.

Information didactique

Dans le domaine de la résolution de problèmes, il est **important d'acquérir une bonne méthode de travail** en ne négligeant aucun aspect : analyse des données, projets de résolution, programmes opératoires, réalisation des calculs, vérification. Il convient d'insister sur deux points, souvent négligés : **l'exploitation de l'information** qui peut prendre des formes diverses et la **validation des résultats.** Cette dernière phase peut relever du bon sens (en premier lieu, par le contrôle de la vraisemblance d'un résultat), faire intervenir la notion d'ordre de grandeur ou nécessiter le recours à une autre méthode de calcul.

Le contrôle de la vraisemblance d'un résultat devrait se faire de manière automatique. Il met en regard le seul résultat et la question posée. Il est du ressort du bon sens et des connaissances des élèves sur le monde, en répondant à la question simple : « Est-ce possible ou non ? » Les impossibilités qui sautent aux yeux peuvent concerner les nombres, les unités choisies pour exprimer le résultat, ou bien révéler des incohérences flagrantes au niveau du raisonnement.

Il convient d'entrainer les élèves très tôt à s'interroger sur la vraisemblance de leurs résultats.

CALCUL MENTAL

❶ Trouver une somme de 2 dizaines ou 3 dizaines entières égales à 100.

Dire : « *Vous devrez écrire une somme de dizaines égale à 100, ou une somme de centaines égale à 1 000. Par exemple : 80 + 20 ou 400 + 600. Mettez-vous d'accord dans votre binôme.* » (Travail par deux.)

Préciser la demande pour chacune des cinq zones.

❷ Trouver 5 sommes de 3 centaines entières égales à 1 000.

Dire : « *Vous devrez écrire 5 sommes de trois centaines égale à 1 000. Par exemple : 100 + 200 + 700.* »

Activité préparatoire

• Contrôler la vraisemblance d'un résultat à partir d'une résolution de problème

30 min

Matériel individuel : fiche d'activité. SITE COMPAGNON

Écrire le problème au tableau :

« Pour son anniversaire, Manuela a acheté 3 L de jus d'orange et une bouteille de 1 L 50 cL de jus d'ananas. Le prix du litre de jus d'orange est 1 € 20 et le prix de la bouteille de jus d'ananas est 3 €. Combien Manuela va-t-elle payer ? Quelle quantité de jus de fruits a-t-elle achetée ? »

Faire lire le problème silencieusement, puis à voix haute, et s'assurer que tous les élèves ont bien compris la situation.

Aborder un travail sur la vraisemblance d'un résultat, en proposant des résultats qui seront analysés au seul regard de leur vraisemblance ou non.

Consigne : « *Pour chaque question, je vais vous proposer des résultats. Je ne vais pas vous demander si ces résultats sont justes ou faux : vous devrez simplement me dire si les résultats que je vous donne sont vraisemblables ou non, puis pourquoi ils ne vous paraissent pas vraisemblables.* »

Écrire les propositions au tableau.

- Prix payé pour les jus de fruits : 3 120 € ; 4 € 50 ; 4 L 50 cL ; 51 c ; 420 € ; 4 € 20.
- Quantité de jus de fruits achetée : 31 L ; 31 cL ; 4 L ; 30 cL ; 4 € 50 ; 41 L 50.

Repérer les résultats non vraisemblables et justifier.

▶ Puis donner le problème à résoudre individuellement. Demander aux élèves de bien faire attention à la vraisemblance de leurs résultats. Analyser les résultats par ce critère, puis corriger.

Travail sur le fichier

1 Relever une invraisemblance liée au choix de l'unité ou à la cohérence d'un raisonnement.

1er problème. Lire le problème en répétant plusieurs fois la question :

« *Lorsqu'un marchand vend des fruits à un client, qu'est-ce qu'il reçoit ?* »

La réponse écrite n'est pas vraisemblable à cause de l'unité choisie qui transforme une somme de 180 € en une masse de 180 kg.

Conclure en annonçant : « *Vérifiez toujours l'unité dans votre résultat !* »

2e problème. Lire le problème.

On peut demander, pour étayer :

« *Lorsqu'on ressort d'un magasin où l'on a acheté quelque chose, est-ce que l'on a plus d'argent ou moins d'argent qu'en rentrant dans le magasin ?* »

La réponse écrite n'est pas vraisemblable, car le client a plus d'argent en sortant alors qu'il a dépensé 4 € 50.

2 Choisir l'unité dans la famille correspondant à la grandeur mesurée.

Faire énoncer une phrase pour chaque mesure. (ex. : « On donne le prix d'un bicyclette en euros. » ; « On mesure la longueur d'une clôture en mètres. »)

3 Compléter une mesure par l'unité qui convient en tenant compte de l'objet mesuré et du nombre d'unités affiché.

Les élèves doivent repérer d'abord les unités associées à la grandeur, puis l'unité possible.

Dire aux élèves qu'ils peuvent, dans leur tête, faire des « essais » pour voir si leurs propositions sont vraisemblables.

La largeur d'une porte ne peut pas être de 80 m ou 80 mm. Ces deux unités doivent être rejetées.

Procéder de même lors de la correction avec l'ensemble de la classe pour toutes les mesures afin de se familiariser avec une attitude de contrôle.

Obstacle possible : avoir une idée d'un ordre de grandeur, même assez large, d'une mesure.

Aide proposée : travailler, chaque fois que l'occasion se présente dans la classe, sur l'ordre de grandeur.

4 Repérer des mesures « possibles » ou « impossibles ».
Pour chaque proposition, se poser la question : « *Est-ce que c'est possible ?* »
Pour la première proposition, on peut accepter les deux réponses, car dans les zones urbaines, deux villes peuvent se toucher. La bonne réponse serait donc : « possible » (cas difficile).

Obstacles possibles :
- Bien se représenter la valeur des unités.
- La connaissance des réalités.

5 Compléter une mesure connaissant sur quoi porte la mesure et l'unité choisie pour exprimer cette mesure.
Associer à chaque fois la recherche à une question (ex. : « Combien de grammes pèse un crayon ? »).
C'est un exercice en prise directe avec la réalité et l'environnement proche, qui peut déclencher chez les élèves une certaine curiosité pour mieux appréhender les mesures des objets qui les entourent.
À l'issue de l'exercice, apporter des réponses à partir de mesures ou de documents.

Obstacles possibles :
- Bien se représenter la valeur des unités.
- La connaissance des réalités.

6 Choisir parmi trois propositions de mesure celle qui correspond le mieux à la réalité.
Les réponses sont 190 pages et 60 places.

Faisons le point

- Nous avons vu qu'il fallait toujours vérifier si un résultat était vraisemblable.
- Nous avons vu que, dans une mesure, il fallait vérifier le nombre et l'unité.
- Nous avons donné des ordres de grandeur pour des mesures.
- Entre plusieurs mesures, nous avons choisi la mesure qui convient.

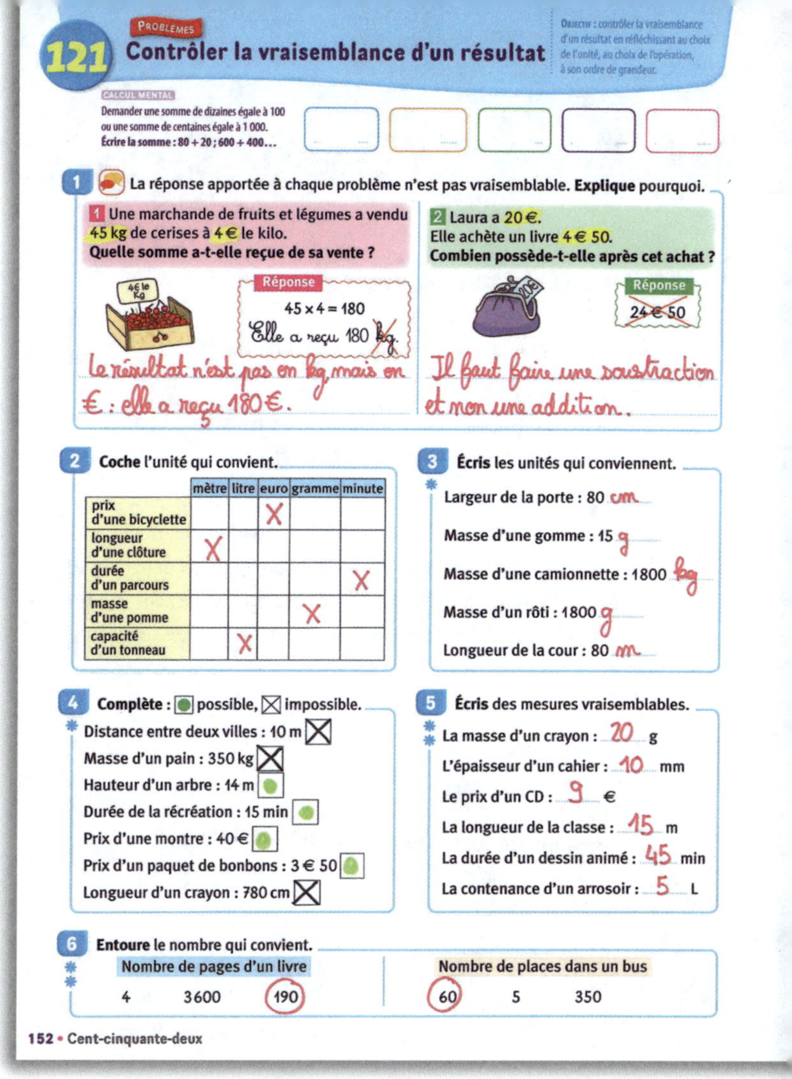

PROBLÈMES

121 Contrôler la vraisemblance d'un résultat

OBJECTIF : contrôler la vraisemblance d'un résultat en réfléchissant au choix de l'unité, au choix de l'opération, à son ordre de grandeur.

CALCUL MENTAL
Demander une somme de dizaines égale à 100 ou une somme de centaines égale à 1 000.
Écrire la somme : 80 + 20 ; 600 + 400…

1 La réponse apportée à chaque problème n'est pas vraisemblable. **Explique** pourquoi.

1 Une marchande de fruits et légumes a vendu 45 kg de cerises à 4 € le kilo.
Quelle somme a-t-elle reçue de sa vente ?

Réponse
45 × 4 = 180
Elle a reçu 180 kg.

Le résultat n'est pas en kg mais en € : elle a reçu 180 €.

2 Laura a 20 €.
Elle achète un livre 4 € 50.
Combien possède-t-elle après cet achat ?

Réponse
24 € 50

Il faut faire une soustraction et non une addition.

2 **Coche** l'unité qui convient.

	mètre	litre	euro	gramme	minute
prix d'une bicyclette			X		
longueur d'une clôture	X				
durée d'un parcours					X
masse d'une pomme				X	
capacité d'un tonneau		X			

3 **Écris** les unités qui conviennent.
Largeur de la porte : 80 cm
Masse d'une gomme : 15 g
Masse d'une camionnette : 1800 kg
Masse d'un rôti : 1800 g
Longueur de la cour : 80 m

4 **Complète** : possible, impossible.
Distance entre deux villes : 10 m ☒
Masse d'un pain : 350 kg ☒
Hauteur d'un arbre : 14 m (possible)
Durée de la récréation : 15 min (possible)
Prix d'une montre : 40 € (possible)
Prix d'un paquet de bonbons : 3 € 50 (possible)
Longueur d'un crayon : 780 cm ☒

5 **Écris** des mesures vraisemblables.
La masse d'un crayon : 20 g
L'épaisseur d'un cahier : 10 mm
Le prix d'un CD : 9 €
La longueur de la classe : 15 m
La durée d'un dessin animé : 45 min
La contenance d'un arrosoir : 5 L

6 **Entoure** le nombre qui convient.
Nombre de pages d'un livre : 4 — 3600 — (190)
Nombre de places dans un bus : (60) — 5 — 350

152 • Cent-cinquante-deux

Pistes d'activités supplémentaires

Pour toute la classe

- Régulièrement, au fil des activités, faire référence à des ordres de grandeur concernant des mesures impliquant les longueurs, les masses, les contenances, les prix, les durées mais aussi la taille des collections.
- Consacrer de courtes plages dédiées à cet objectif.
- Soumettre régulièrement les résultats des problèmes à cette vérification.
- Demander aux élèves de compléter un énoncé à l'aide de données à imaginer ou à trier dans une liste présentée. L'élève apprend ainsi à faire un choix en fonction de l'adaptation des unités et de la vraisemblance, ce qui développe son esprit critique.
- Proposer des énoncés de problèmes dont certaines données auront été effacées.

PROBLÈMES

122 Rechercher et analyser des erreurs

Activité de manipulation 23

Programme 2016
- Vérifier la vraisemblance d'un résultat.
- Calcul mental.
  » Calculer mentalement pour obtenir un résultat exact.

Objectifs spécifiques de la séance
- Dans un problème, analyser les solutions et les réponses proposées.
- Identifier les causes des erreurs pour les corriger.

Information didactique

« La vérité est toujours une erreur rectifiée », disait le philosophe Gaston Bachelard. On pouvait d'ailleurs lire dans les orientations générales de la brochure *Les cycles à l'école primaire (1991)* : « Les erreurs que peut faire l'élève constituent un indicateur privilégié de ses démarches et de ses acquis ; le maitre les utilisera positivement pour mettre en place une aide personnalisée et efficace. Chaque élève, par essais et erreurs corrigés, construit ainsi, avec les maitres, son propre itinéraire. »

Dans la pédagogie « traditionnelle », l'erreur est une faute dont la responsabilité incombe à l'élève. Dans une perspective constructiviste, l'erreur a un autre statut. Il faut considérer que l'élève a des savoirs, à partir desquels seront construites les nouvelles connaissances par un processus de « déconstruction-reconstruction ». L'apprenant réorganise ses acquis en tenant compte des informations nouvelles : c'est l'assimilation et l'accommodation. **L'erreur est ainsi constitutive de la connaissance** : elle renseigne l'enseignant sur l'état du savoir de l'élève.

Il est donc essentiel de donner aux élèves l'habitude de **procéder à des vérifications** et, progressivement, d'analyser eux-mêmes leurs erreurs.

CALCUL MENTAL

Écrire un nombre sous la forme d'un produit de la table.

❶ Donner un exemple : 12 → 2 × 6 ou 3 × 4.
Dire : « *20 ; 32 ; 48 ; 81 ; 45.* »
L'élève écrit le produit.

❷ Dire : « *24 ; 16 ; 56 ; 42 ; 72 ; 36 ; 25 ; 8 ; 27 ; 54 ; ...* »
L'élève écrit le produit.

Activités préparatoires

Résoudre des problèmes et analyser les erreurs.

Durée assez longue (séance entière possible).

Écrire au tableau ou photocopier les problèmes suivants.

Problème 1 : « Léo possède 150 €. Il achète deux jeux vidéo, l'un à 41 € et l'autre à 12 € de plus. Quelle somme lui reste-t-il après cet achat ? »

Problème 2 : « Pour se rendre à Bordeaux, madame Choukri doit parcourir 276 km. Quelle sera la distance parcourue si elle fait un aller-retour ? »

Problème 3 : « Pour la kermesse de l'école, la classe de CE2 a vendu 13 carnets de 10 billets de tombola à 2 € le billet. Quelle somme a-t-elle recueillie ? »

Problème 4 : « À la boulangerie, Jules achète deux pains au chocolat à 1 € 30, une tarte à 9 € et un pain à 1 € 35. Il paie avec un billet de 20 €. Quelle somme lui rendra la boulangère ? »

Organiser un travail par groupe de trois ou quatre. Plusieurs dispositifs sont possibles, selon le temps dont l'enseignant dispose (dispositif 1 : distribuer les quatre problèmes à chaque groupe ; dispositif 2 : distribuer deux problèmes à chaque groupe ; dispositif 3 : distribuer un seul problème par groupe).

Pour faciliter la communication, les échanges et la confrontation des résultats, les solutions seront présentées sur une grande feuille.

La phase de mise en commun doit permettre de détecter les erreurs et de les analyser.

L'enseignant peut aussi proposer des solutions erronées qui seront analysées en collectif.

Par exemple :
- Problème 1 : 41 € + 12 € = 53 € ; 150 € – 53 € = 97 € (erreur de raisonnement).
- Problème 2 : 276 km × 2 = 542 km (erreur d'opération).
- Problème 3 : 2 € × 10 = 20 € ; 20 € + 13 € = 33 € (erreur de raisonnement).
- Problème 4 : 1 € 30 + 9 € + 1 € 35 = 11 € 65 ;
11 € 65 + 9 € 35 = 20 € (oubli d'une donnée, puis erreur de calcul).

Travail sur le fichier

L'élève doit parvenir, à travers ces exercices, à démystifier l'erreur (qui fait partie des conséquences normales de tout travail) et à banaliser le travail sur l'erreur, qui doit lui sembler utile à condition d'en chercher les causes pour y remédier et progresser.

1 Repérer et analyser les erreurs dans un problème.

L'enseignant explique aux élèves la tâche peu habituelle qu'ils vont avoir à accomplir : « *Aujourd'hui, nous allons travailler sur les erreurs dans les problèmes. Dans cette fiche, on nous présente quatre problèmes avec leurs solutions, dans lesquelles les élèves ont fait des erreurs. Le maitre a signalé les erreurs, a barré ce qui était faux, mais il n'a pas expliqué à l'élève de quelle sorte d'erreur il s'agissait. C'est ce que vous allez devoir le faire en cochant dans le tableau les types d'erreurs commises dans chacun de ces problèmes.* »

Demander quels sont les élèves qui n'ont pas compris et expliquer à nouveau si nécessaire.

Travailler d'abord collectivement sur le problème A. Lire le problème et repérer l'erreur. Le maitre a barré le nombre 25. En comparant avec l'énoncé, on s'aperçoit que l'élève a recopié 25 au lieu de 15. On coche dans le tableau la case « nombre mal recopié ». Laisser ensuite les élèves en autonomie pour compléter le tableau d'analyse.

Dans le problème B, deux erreurs sont signalées : une première est une erreur d'opération. Lorsqu'on pousse un peu l'analyse, on va découvrir la cause de l'erreur : l'élève a oublié de mettre la retenue dans cette soustraction. Écrire cette opération au tableau pour justifier cette analyse. Une seconde erreur est le choix de l'unité pour exprimer le résultat. Bien faire constater que 115 km, c'est très différent de 115 m.
Dans le problème C, il y a une erreur. L'élève avait posé la bonne opération et le résultat était exact, mais il a mal recopié le nombre dans la phrase réponse.
Dans le problème D, il y a une erreur. L'élève a bien compris qu'on ajoutait de l'eau dans la cuve, mais il a ajouté des seaux et des litres. Il n'a pas compris à quoi correspondait l'expression « 4 seaux de 10 L », qui correspond en réalité à « 4 fois 10 L » ou « 40 L ». On va donc cocher la case « mauvais choix d'opération ».

Obstacle possible : le travail d'analyse d'erreur.

2 Recopier une solution correcte après analyse des erreurs. Demander aux élèves de bien tenir compte des corrections effectuées et de s'appliquer au niveau de l'écriture et de la présentation.

Faisons le point

- Nous avons étudié les erreurs dans les problèmes.
- Nous avons vu qu'il y avait différentes sortes d'erreurs.
- Nous avons vu qu'en observant bien, on arrivait à comprendre la cause de l'erreur.
- Nous avons vu que, lorsqu'on avait compris nos erreurs, cela nous permettait d'éviter de faire les mêmes ensuite.

MÉMO-MATHS **« J'apprends à contrôler mes résultats », page 24.**

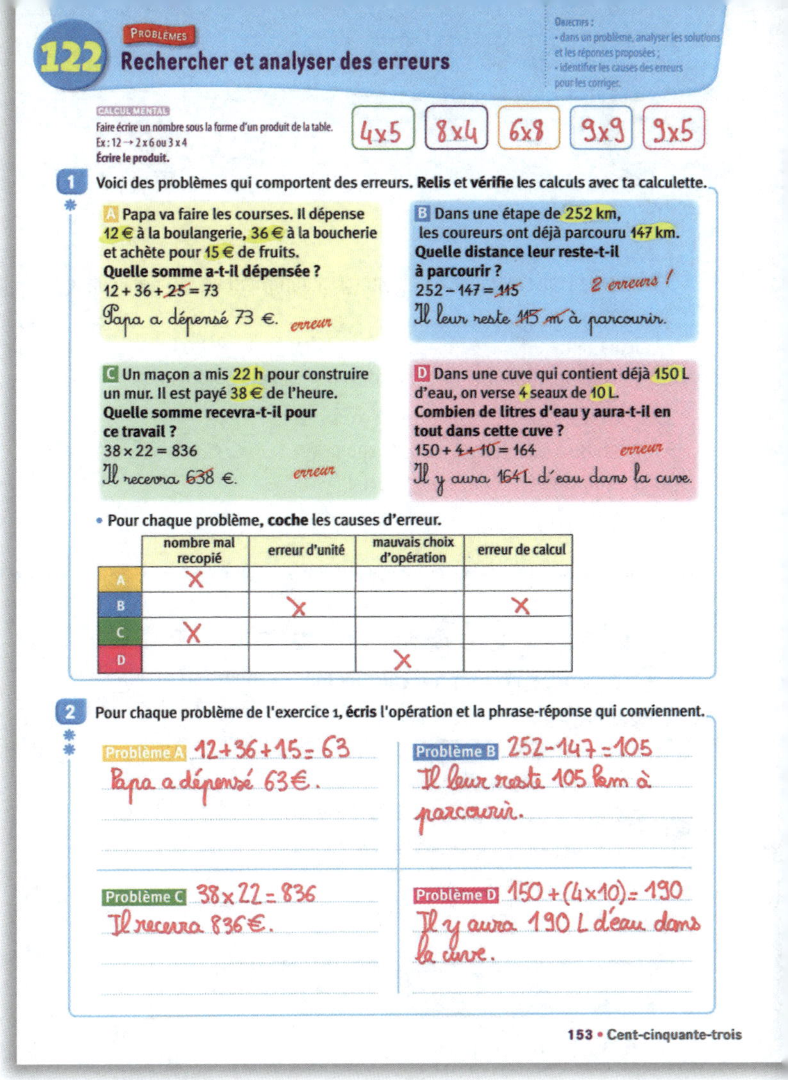
PROBLÈMES
122 Rechercher et analyser des erreurs

Objectifs :
- dans un problème, analyser les solutions et les réponses proposées ;
- identifier les causes des erreurs pour les corriger.

CALCUL MENTAL
Faire écrire un nombre sous la forme d'un produit de la table.
Ex : 12 → 2 x 6 ou 3 x 4
Écrire le produit.

4x5 | 8x4 | 6x8 | 9x9 | 9x5

1 Voici des problèmes qui comportent des erreurs. **Relis** et **vérifie** les calculs avec ta calculette.

A Papa va faire les courses. Il dépense 12 € à la boulangerie, 36 € à la boucherie et achète pour 15 € de fruits.
Quelle somme a-t-il dépensée ?
12 + 36 + 25 = 73
Papa a dépensé 73 €. erreur

B Dans une étape de 252 km, les coureurs ont déjà parcouru 147 km.
Quelle distance leur reste-t-il à parcourir ?
252 – 147 = 115 2 erreurs !
Il leur reste 115 m à parcourir.

C Un maçon a mis 22 h pour construire un mur. Il est payé 38 € de l'heure.
Quelle somme recevra-t-il pour ce travail ?
38 × 22 = 836
Il recevra 638 €. erreur

D Dans une cuve qui contient déjà 150 L d'eau, on verse 4 seaux de 10 L.
Combien de litres d'eau y aura-t-il en tout dans cette cuve ?
150 + 4 + 10 = 164 erreur
Il y aura 164 L d'eau dans la cuve.

- Pour chaque problème, **coche** les causes d'erreur.

	nombre mal recopié	erreur d'unité	mauvais choix d'opération	erreur de calcul
A	X			
B		X		X
C	X			
D			X	

2 Pour chaque problème de l'exercice 1, **écris** l'opération et la phrase-réponse qui conviennent.

Problème A 12+36+15=63
Papa a dépensé 63€.

Problème B 252-147=105
Il leur reste 105 km à parcourir.

Problème C 38x22=836
Il recevra 836€.

Problème D 150+(4x10)=190
Il y aura 190 L d'eau dans la cuve.

153 • Cent-cinquante-trois

Pistes d'activités supplémentaires

Pour toute la classe

S'attacher dans ces activités à ne jamais stigmatiser l'erreur. Au contraire, amener les élèves à prendre conscience que l'analyse des erreurs va permettre à tout le monde de mieux comprendre ce que l'on avait déjà compris.

- Organiser de temps en temps des séances dédiées à l'analyse des erreurs.
- Laisser les élèves échanger par deux sur leurs erreurs et en rechercher les causes. Pierre va par exemple expliquer à Jean son erreur, qu'il n'a pas vue ou qu'il ne comprend pas.
- Proposer des travaux spécifiques sur les erreurs pour apprendre à démonter un raisonnement et à entrer dans la logique de l'autre.
- Jeu par deux : « Je fais une erreur dans ce problème. Tu dois la retrouver et l'expliquer. » Lorsque l'erreur a été retrouvée et expliquée, changer les rôles.

123 Calcul approché, calcul exact

- Activité de manipulation 12
- Exercices différenciés – Nombres 15 et 16 Calculs 23 et 24

Programme 2016

- Vérifier la vraisemblance d'un résultat, notamment en estimant son ordre de grandeur.
- Calcul mental.
  » Calculer mentalement pour évaluer un ordre de grandeur.

Objectifs spécifiques de la séance

- Apprendre à calculer de manière approchée.
- Percevoir l'intérêt du calcul approché.

Information didactique

La recherche d'un encadrement ou d'une valeur approchée est un excellent exercice qui présente l'avantage d'une exécution rapide et qui facilite les vérifications. Dans la vie courante, nous utilisons le calcul approché lorsque la valeur exacte, difficile à obtenir, n'est pas indispensable, par exemple pour une estimation rapide des achats faits ou à faire.

Au niveau des connaissances, nous mobilisons souvent des valeurs approchées (distances, siècle d'un écrivain…). **Il est donc important de sensibiliser les élèves à cette notion d'ordre de grandeur** et à l'estimation de l'erreur ainsi introduite.

CALCUL MENTAL

Associer des facteurs pour calculer plus rapidement un produit.

❶ Écrire : *« 5 × 7 × 2 ; 2 × 16 × 5 ; 50 × 9 × 2 ; 13 × 50 × 2 ; 29 × 2 × 50 ; 2 × 23 × 50 ; 500 × 12 × 2. »*
L'élève écrit le résultat.

❷ Écrire : *« 5 × 6 × 2 × 4 ; 2 × 9 × 5 × 4 ; 50 × 7 × 2 × 6 ; 9 × 25 × 4 ; 20 × 8 × 5 × 4 ; 20 × 15 × 5 ; 4 × 6 × 3 × 25. »*
L'élève écrit le résultat.

Activités préparatoires

1. Arrondir un nombre (10 min)

▶ L'enseignant écrit au tableau : Le berger dit : « Dans mon troupeau, j'ai une centaine de moutons, 98 pour être exact. »

Consigne 1 : *« Que pensez-vous de cette phrase ? Combien le berger possède-t-il de moutons ? »*

Bien montrer qu'« une centaine » n'est pas, ici, le nombre exact, mais signifie plutôt qu'il a un nombre de moutons qui est proche de 100. C'est une approximation, un nombre arrondi à 100. Le nombre exact est 98.

▶ Écrire au tableau : Le berger continue et dit : « Dans mon troupeau, j'ai aussi environ 60 agneaux ; 63 exactement. »

Demander le nombre exact d'agneaux (63), puis le nombre arrondi (60).

Consigne 2 : *« Sur votre ardoise, écrivez le nombre total exact de moutons et d'agneaux réunis dans ce troupeau. Vous pouvez chercher à deux. »*

Le nombre exact est : 98 + 63 = 161.

Consigne 3 : « Maintenant, écrivez le nombre total arrondi. »

Le nombre arrondi est : 100 + 60 = 160.

On peut alors vérifier que le nombre total exact est très proche du nombre total arrondi : 160 est très proche de 161.

2. Calculer un résultat arrondi puis un résultat exact (15 min)

Matériel individuel : fiche d'activité SITE COMPAGNON (vidéoprojetée ou recopiée au tableau pour la phase de synthèse).

Consigne : *« Voici 3 opérations : 495 – 198 ; 209 + 192 et 49 × 3. Retrouvez, pour chacune d'elle, l'écriture approchée des nombres, le résultat approché de l'opération puis utilisez votre calculette pour trouver le résultat exact. »*

Travail sur le fichier

1 « Arrondir » les termes d'une addition et d'une soustraction pour effectuer un calcul approché de la somme ou de la différence. Comparer les résultats du calcul approché et du calcul exact.

Observer les trois affiches des enfants, qui montrent clairement la différence entre le calcul exact, qui se fait avec les « vrais » nombres, et le calcul approché, qui se fait avec des nombres « proches » des « vrais » nombres, c'est-à-dire des nombres « arrondis ».

Ici, on a pris les centaines les plus proches pour faire le calcul approché. À la place de 286, on a pris 300 et à la place de 195, on a pris 200.

Constater que le calcul approché est un calcul beaucoup plus simple, qui peut se faire rapidement de tête.

Procéder à un échange collectif portant sur l'intérêt d'utiliser le calcul approché :

- il est plus facile ;
- il nous permet, avant d'effectuer le calcul exact, d'avoir un ordre de grandeur du résultat. On pourra utiliser cet ordre de grandeur pour vérifier notre calcul.

Ici, pour 286 + 195, on sait que l'on doit avoir un résultat proche de 500 (en réalité 481). On ne peut pas avoir un résultat de 250, de 700 ou de 1 000.

Dire que, dans la vie courante, on utilise souvent le calcul approché, par exemple pour avoir un ordre de grandeur du prix d'une course. On dira que 3 kg de pommes à 2 € 12 le kg, cela fait environ 6 € (= 3 × 2 €).

Pour faire un calcul approché, l'élève doit d'abord être capable d'« arrondir » les nombres initiaux.

Laisser les élèves compléter le tableau de calcul. Ils choisiront l'ordre de leur procédure (par exemple : écrire tous les « arrondis » ; effectuer les calculs approchés puis les calculs exacts et vérifier enfin qu'il y a bien une proximité entre calculs exacts et calculs approchés…).

Les calculs exacts seront effectués à la main puis, après une première comparaison avec les calculs approchés pour vérifier que l'ordre de grandeur est respecté, ils pourront être vérifiés avec la calculette.

Obstacles possibles :

- Choisir la valeur approchée d'un nombre.
- Effectuer les calculs exacts.

Aide proposée : habituer les élèves à situer les nombres sur la ligne numérique, à les encadrer, à repérer les bornes dizaines, centaines et milliers les plus proches.

2 Effectuer un calcul approché d'un produit impliquant des distances.

Lire le texte silencieusement puis à haute voix. Poser la question : *« Pourquoi peut-on dire que quatre fois 975 m, c'est environ 4 km ? »*

Laisser rédiger individuellement ou par deux sur le cahier de recherche.

On pourra ensuite dégager une explication collective qui sera recopiée sur le fichier.

« 1 km = 1 000 m. 975 m, c'est environ 1 km, donc quatre fois 975 m, c'est environ 4 km. »

Obstacle possible : comme 1 km = 1 000 m, « arrondir » 975 m à 1 km (parce que 975 est proche de 1 000).

3 Effectuer un calcul approché d'un produit impliquant des prix.

Faouzia va payer 6 fois 99 €. 99 €, c'est presque 100 €, donc Faouzia va payer environ 600 €.

Obstacle possible : l'enchainement logique des valeurs approchées.

4 Effectuer un calcul approché sur une durée.

Lire le texte. Si possible, le vidéoprojeter au tableau ou recopier les quatre bulles.

Faire rappeler et noter au tableau que midi, c'est 12 heures. Demander quelle durée il faut ajouter à 9 heures pour atteindre 12 heures (3 heures).

À partir de ces constats, on peut analyser les quatre réponses d'Adam.

« J'arriverai vers midi » → la réponse convient car :

9 h 00 + 2 h 51 min = 11 h 51,

ce qui est proche de 12 h (11 h 60).

« J'arriverai à midi » → la réponse ne convient pas car :

11 h 51 min ≠ 12 h 00.

11 h 51, c'est presque midi, mais ce n'est pas midi.

« J'arriverai après midi » → la réponse ne convient pas car :

11 h 51 min < 12 h 00.

« J'arriverai avant midi » → la réponse convient.

Obstacle possible : la compréhension des nuances de langage.

Faisons le point

- Nous avons appris à faire des calculs approchés de tête.
- Nous avons vu que, pour faire un calcul approché, il fallait « arrondir » les nombres, par exemple à la centaine la plus proche.
- Nous avons vu qu'un calcul approché est utile, car il nous donne un ordre de grandeur du résultat d'une opération.

MÉMO-MATHS **« J'apprends à effectuer un calcul approché », page 18.**

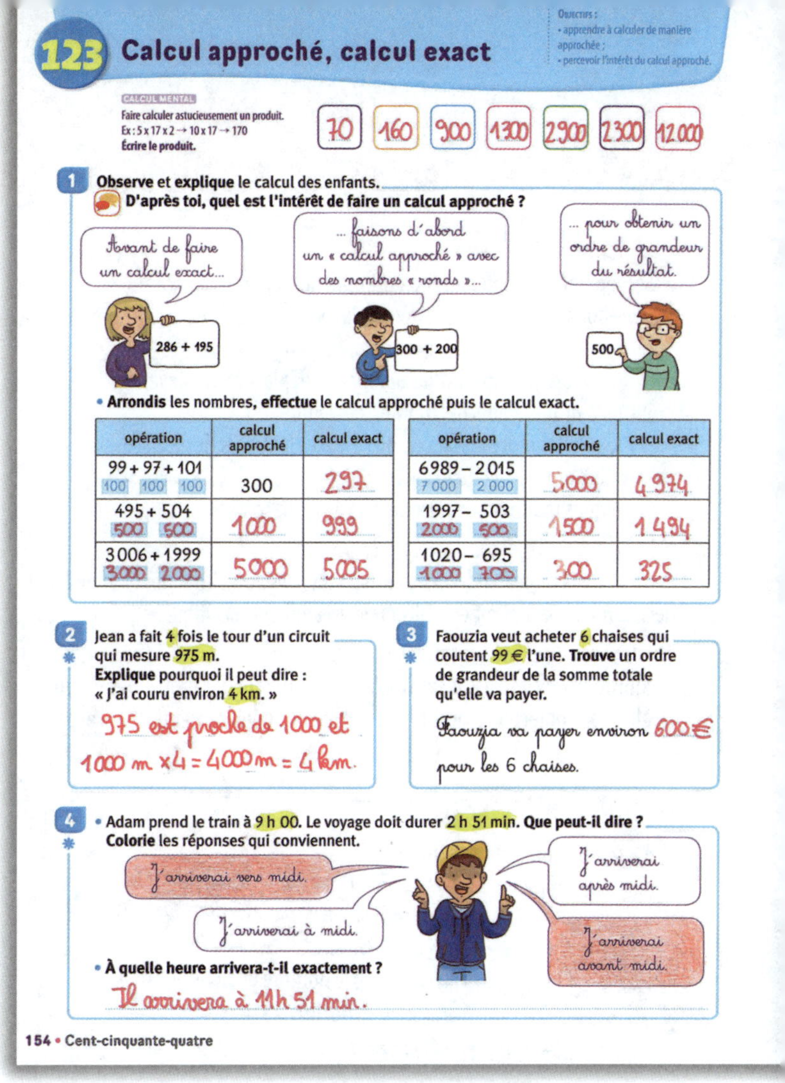
123 Calcul approché, calcul exact

Objectifs :
- apprendre à calculer de manière approchée ;
- percevoir l'intérêt du calcul approché.

CALCUL MENTAL
Faire calculer astucieusement un produit.
Ex : 5 x 17 x 2 → 10 x 17 → 170
Écrire le produit.

70 | 160 | 900 | 1300 | 2900 | 2300 | 12 000

1 **Observe** et **explique** le calcul des enfants.
D'après toi, quel est l'intérêt de faire un calcul approché ?

• **Arrondis** les nombres, **effectue** le calcul approché puis le calcul exact.

opération	calcul approché	calcul exact	opération	calcul approché	calcul exact
99 + 97 + 101 (100 100 100)	300	297	6989 − 2015 (7 000 2 000)	5000	4 974
495 + 504 (500 500)	1000	999	1997 − 503 (2000 500)	1500	1 494
3006 + 1999 (3000 2000)	5000	5005	1020 − 695 (1000 700)	300	325

2 Jean a fait 4 fois le tour d'un circuit qui mesure 975 m.
Explique pourquoi il peut dire : « J'ai couru environ 4 km. »

975 est proche de 1000 et 1000 m x 4 = 4000 m = 4 km.

3 Faouzia veut acheter 6 chaises qui coutent 99 € l'une. **Trouve** un ordre de grandeur de la somme totale qu'elle va payer.

Faouzia va payer environ 600 € pour les 6 chaises.

4 • Adam prend le train à 9 h 00. Le voyage doit durer 2 h 51 min. **Que peut-il dire ?**
Colorie les réponses qui conviennent.

• **À quelle heure arrivera-t-il exactement ?**

Il arrivera à 11 h 51 min.

154 • Cent-cinquante-quatre

Pistes d'activités supplémentaires

Soutien

- Encadrer un nombre entre deux centaines et entourer la plus proche :
… < 475 < … ; … < 1 789 < … ; … < 1 914 < …
- « Arrondir » un nombre à la centaine la plus proche :
489 ; 605 ; 897 ; 778 ; 912 ; 999.
- « Arrondir » un nombre au millier le plus proche :
4 857 ; 7 024 ; 4 898 ; 2 108 ; 975.

Approfondissement

- « Arrondir » ces prix en répondant sur l'ardoise :
99 € ; 48 € ; 5 € 99 c ; 9 € 99 c ; 13 € 09 c ; 4 € 08 c.
- Problème 1 : Violette veut acheter sept stylos qui coutent 1 € 99 l'un. Donner un prix approché de ce qu'elle va payer.
- Problème 2 : Fadi achète un jouet à 9 € 99 et un autre à 5 € 99. Donne un prix approché de ce qu'il va dépenser.

le défi

Problème de recherche

Paule a 100 €. Elle achète un appareil à 39 € 90 et un vêtement à 19 € 99. Donner une valeur approchée à la dizaine d'euros de la somme qui lui reste après ces achats.

124 Se repérer sur le plan d'un village

Exercices différenciés – Espace et géométrie 19 et 20

Programme 2016

• (Se) repérer et (se) déplacer en utilisant des repères.

» Vocabulaire permettant de définir des positions (gauche, droite, près, loin, premier plan, second plan, nord, sud, est, ouest…).

» Vocabulaire permettant de définir des déplacements (avancer, reculer, tourner à droite/à gauche, monter, descendre…).

» Produire des représentations des espaces familiers (les espaces scolaires extérieurs proches, le quartier, le village).

» Quelques modes de représentation de l'espace.

Objectif spécifique de la séance

À partir de la représentation de l'espace d'un village, situer des éléments et décrire un déplacement en utilisant le vocabulaire spécifique.

Information didactique

L'acquisition de connaissances spatiales s'appuie sur des problèmes visant à localiser des objets ou à décrire et produire des déplacements dans l'espace réel (ici, l'espace familier du village ou du quartier étendu) et à partir de représentations symboliques (maquette, images, plan). L'espace réel est ainsi mis en relation avec des représentations. Le travail doit d'abord s'effectuer à l'oral, puis à l'écrit.

Les élèves ont déjà travaillé en début d'année sur le concept de repérage dans l'espace du vécu proche (classe et école). Cette fiche vise à **poursuivre et étendre leurs connaissances spatiales** en considérant l'espace du village et sa représentation. Le passage d'un espace tridimensionnel à un plan n'est pas facile : le plan d'un bâtiment ou d'un quartier est souvent une projection horizontale traduisant essentiellement la disposition au niveau du sol. Il faut comprendre, dans ce passage, que certaines propriétés sont conservées et que d'autres ne le sont pas. De plus, **la lecture d'un plan est spécifique et doit être abordée très tôt pour développer le concept d'espace.**

Le travail sur l'espace se fait aussi en forte interrelation avec les enseignements « Questionner le monde » et « Éducation physique et sportive ».

CALCUL MENTAL

❶ **Problème : diviser par 10.**

Dire : « *Pour faire un collier, Louise utilise 10 perles. Combien peut-elle faire de colliers et combien lui restera-t-il de perles si dans sa boite, elle a 45 perles ? 72 perles ? 50 perles ? 79 perles ? 98 perles ?* »

L'élève écrit le nombre de colliers et le nombre de perles restant.

❷ **Problème : résoudre une situation de division.**

Dire : « *- Tom a 30 €. Combien peut-il acheter de livres à 9 € l'un ? Quelle somme lui restera-t-il ?*

- Il y a 26 élèves dans la classe. La maitresse leur demande de se mettre par groupes de 6. Combien y aura-t-il de groupes ? Combien d'élèves non groupés ? »

L'élève écrit le quotient et le reste.

Activités préparatoires

1. Analyser un plan d'une zone familière : le plan du quartier des environs de l'école

15 min

Matériel individuel : photocopie du plan du quartier ou des environs de l'école.

▶ Dans un premier temps, faire observer une vue aérienne (ou partir d'un site de cartographie en ligne du type Google Maps) du quartier étendu de l'école (à partir du TNI, par exemple).

Consigne : « *Voici une vue aérienne. Regardez-la silencieusement, puis dites-moi de quoi il s'agit. Quels éléments reconnaissez-vous ?* »

Faire repérer l'école dans le quartier, puis les éléments autour de l'école, plus ou moins éloignés : cantine, terrain de sport, mairie, collège, marché, parking, centre commercial…

▶ Distribuer ensuite une photocopie du plan du quartier élargi de l'école. Laisser les élèves l'observer. Disposer d'un agrandissement qui sera vidéoprojeté.

Demander de repérer les éléments déjà vus (le gymnase, le collège, un parc, la mairie...). Les élèves doivent reconnaitre qu'il s'agit du plan du quartier de l'école, des environs de l'école, ou de la partie du village l'école est située.

▶ Faire référence à la maquette de l'école, déjà vue en CP ou en CE1. Demander aux élèves quelles différences il y a entre les deux représentations (ex. : « le plan est tout plat »).

Certains élèves peuvent, par ailleurs, reconnaitre la rue ou la route où ils habitent.

▶ Commenter et expliquer la légende, s'il y en a une. Faire observer la rose des vents s'il y en a une ou une orientation des points cardinaux : souvent, seule l'orientation du nord est précisée. Faire donner les trois autres orientations, et repérer des éléments selon les points cardinaux.

2. Se déplacer et se repérer dans le quartier de l'école

30 min

Matériel individuel : photocopie du plan du quartier ou des environs de l'école.

Cette activité consiste à réaliser un circuit dans le quartier de l'école.

Établir un point de départ qui permet d'avoir une vue dégagée ou une vue d'ensemble avec différents plans à observer (premier plan, second plan, arrière-plan).

Faire définir simplement les trois types de plans : le premier plan (les lieux les plus proches, qui sont juste devant nous), le deuxième plan (ceux un peu plus loin) et enfin l'arrière-plan (ceux qui sont placés le plus loin de notre vue).

Ensuite, muni du plan du quartier, faire un circuit. Repérer les rues, les voies, les routes qui sont empruntées. Repérer quelques bâtiments ou lieux remarquables. Observer en même temps le déplacement effectué sur le plan.

De retour en classe, demander, par groupe de deux, de tracer sur le plan le circuit effectué par la classe, d'entourer les bâtiments ou lieux vus.

3. Utiliser un plan pour décrire un déplacement

20 min

Matériel individuel : photocopie du plan du quartier ou des environs de l'école.

Consigne : « *Vous allez écrire, par groupe de deux, un message qui permet de faire le trajet pour aller de l'école à la piscine (ou à un autre lieu familier proche de l'école : gymnase, bibliothèque, aire de jeux, stade…).* »
Vérifier la bonne maitrise des expressions comme « droite », « à droite », « sur la droite », etc.
Les groupes peuvent travailler sur des lieux différents. Vérifier et comparer les propositions.
Dégager tous les paramètres qui peuvent être pris en compte dans la rédaction de ce type de message. Reconstruire collectivement le message. Faire apparaitre les expressions : « aller tout droit », « tourner à droite », « tourner à gauche », « passer devant le… », « prendre la première à gauche ».

Travail sur le fichier

1 Décrire une image, en repérant les éléments selon leur éloignement de l'observateur.
Laisser découvrir l'image individuellement, puis faire reformuler la tâche à accomplir. Il s'agit de décrire une image qui représente une vue aérienne d'un village. Procéder à l'analyse collective à partir de l'image qui sera vidéoprojetée ou agrandie : *« Que voit-on ? »* (réponse : des rues, des bâtiments…).
Les quatre points cardinaux doivent être repérés, ainsi que les différents plans, qui permettent de dégager trois zones séparées par des pointillés : celui qui est devant nous (le premier plan), celui qui est au second plan (le deuxième plan), celui qui est loin (l'arrière-plan). Faire observer implicitement que plus un bâtiment ou un élément est loin, plus il apparait comme petit sur l'image pour traduire son éloignement. Laisser les élèves compléter individuellement.

Obstacle possible : le repérage des lieux et le repérage des trois plans de l'image.
Aide proposée : écrire le nom des lieux sur l'image.

2 Situer sur un plan des éléments par rapport aux points cardinaux.
Dans un premier temps, passer à l'analyse collective du plan. Rappeler, si besoin, ce qu'est un plan. Établir la correspondance entre les différents éléments de l'image du premier exercice et le plan : faire localiser le musée, le marché, l'école, le parking, la place, la rivière… Bien faire repérer la « rose des vents » en haut à gauche du plan. Indiquer aux élèves qu'il faut compléter par les quatre points cardinaux, mais qu'il faut penser à ajouter « à » ou « au » selon les cas.

Obstacle possible : la lecture du plan : on passe d'une vue aérienne à une vue plane.

3 Écrire le trajet connaissant le point de départ et le lieu d'arrivée.
Repérer le point de départ du déplacement (Max sort à la gare) et les flèches rouges successives qui désignent le trajet qu'il va faire. Le travail est à faire par deux, en raison de la difficulté de la tâche : orientation, repérage et rédaction.

Aides proposées :
• Donner le début du trajet.
• Faire verbaliser le trajet, puis l'écrire.

124 Se repérer sur le plan d'un village

Objectif : à partir de la représentation de l'espace d'un village, situer des éléments et décrire un déplacement en utilisant le vocabulaire spécifique.

CALCUL MENTAL
Problème : diviser par 10.
« Pour faire un collier, Louise utilise 10 perles. Avec 45 perles, combien de colliers peut-elle faire ? Combien de perles lui restera-t-il ? »
4 5 | 7 2 | 5 0 | 7 9 | 9 8

1 **Décris** ce que tu vois.
arrière-plan / deuxième plan / premier plan
Nord / Marché / Ouest / Est / Musée / Sud
Compète les phrases avec les éléments de ce paysage.
musée fontaine marché bois école
• Au premier plan, on voit : le musée et la fontaine
• Au deuxième plan, on voit : l'école et le marché
• À l'arrière plan, on voit : le bois

2 **Situe** les éléments du plan par rapport aux points cardinaux.
N O E S / Bois / Rivière / Marché / Supermarché / École / Mairie / Parking / Musée / Place / Gare
sud nord est ouest
• Le bois est au nord.
• Le marché est à l'ouest.
• La place est au sud.
• Le parking est à l'est
• La rivière coule de l'ouest vers l'est.

3 À deux Max sort de la gare. Il va à la maison marquée par un point rouge. Son trajet est fléché sur le plan. **Décris** son trajet.
Max se dirige vers l'ouest. Après la mairie, il tourne à droite vers le nord puis vers l'est. Il tourne à gauche vers le sud puis à droite vers l'est. Enfin, il tourne vers le nord.

4 À deux **Dessine** l'espace de ton école.
Représente les rues qui l'entourent.
Cherche sur ton cahier.

155 • Cent-cinquante-cinq

4 Dessiner l'espace de l'école.
À deux, les élèves doivent représenter l'espace scolaire extérieur proche (école, rues mitoyennes…). Il est préférable d'avoir fait l'activité préparatoire 2 auparavant. En synthèse, faire comparer les différentes productions des groupes d'élèves.

Faisons le point

• Nous avons décrit une image qui présentait une vue d'un village et repéré les éléments du paysage au premier plan, au second plan et à l'arrière-plan.
• Nous avons placé sur un plan des éléments par rapports aux quatre points cardinaux.
• Nous avons décrit un déplacement sur le plan.
• Nous avons dessiné l'espace de l'école.
MÉMO-MATHS **« Je m'oriente sur un plan », page 18.**

Pistes d'activités supplémentaires

Pour toute la classe
Produire des représentations des espaces familiers (le village ou le quartier) et moins familiers (vécus lors de sorties), en lien avec l'enseignement « Questionner le monde - Se repérer dans l'espace ».

Soutien
• Poursuivre l'exploitation du plan : trouver où est l'école, la place….
• Proposer un itinéraire écrit à trous. Les élèves doivent compléter en écrivant le vocabulaire spatial manquant.
• Proposer des déplacements ou des itinéraires sur un plan d'un espace familier (voir les activités préparatoires).

Je fais le point (5)

→ Fichier élève, p. 156

Programme 2016

• Nombres et calculs

- Élaborer ou choisir des stratégies de calcul, à l'oral ou à l'écrit. → Exercices 1 5
- Problèmes relevant des structures multiplicatives, de partages ou de groupements (multiplication/division). → Exercices 2 8 9
- Vérifier la vraisemblance d'un résultat, notamment en estimant son ordre de grandeur. → Exercice 6
- Écrire une suite de nombres dans l'ordre décroissant. → Exercice 7

• Espace et géométrie

- Reporter une longueur. → Exercice 10

• Grandeurs et mesures

- Unités de mesures usuelles : contenance (L, dL, cL). → Exercices 3
- Unités de mesures usuelles : masse (g, kg, tonne). → Exercices 4

1 Utiliser les propriétés de la multiplication (commutativité et associativité) pour calculer rapidement.

Dans cet exercice, on regroupe les deux facteurs dont le produit est égal à 10, 100 ou 1 000, puis on multiplie 10, 100 ou 1 000 par le troisième facteur. En passant par ces regroupements, le produit des trois nombres peut se faire rapidement et mentalement.

On peut faire effectuer le produit différemment sans regrouper. Par exemple, pour le produit $5 \times 12 \times 2$, on peut associer $(5 \times 12) \times 2 = 60 \times 2 = 120$ ou $5 \times (12 \times 2) = 5 \times 24 = 120$.

Les élèves constateront que les résultats sont identiques, que l'on peut changer l'ordre des facteurs mais que certains regroupements facilitent le calcul.

2 Calculer mentalement pour obtenir le quotient d'une division par 25 ou 50.

Cet exercice est une approche de la division traitée de façon empirique. Pour la première et la troisième ligne, la question à traiter serait : « En 100, combien de fois 50 ? » ou « En 100, combien de fois 25 ? ».

L'élève pourra résoudre cet exercice de différentes façons, en prenant appui sur des résultats connus des tables de multiplication ($15 = 5 \times 3$), sur la règle des zéros ($250 = 25 \times 10$) ou la décomposition multiplicative de 100 ($100 = 25 \times 4$).

Il pourra reproduire l'une de ces démarches pour la suite de l'exercice ou se servir des résultats partiels. Par exemple, $250 = 100 + 150$, c'est-à-dire deux paquets de 50 et trois paquets de 50, soit cinq paquets de 50.

3 Connaitre et utiliser les relations entre litre, décilitre et centilitre.

La contenance d'un récipient étant souvent exprimée en litre, l'élève est amené à utiliser les relations 1 L = 100 cL ou 1 L = 10 dL.

Exercices différenciés – Grandeurs et mesures 9 et 10

4 Repérer l'unité de masse correspondante en tenant compte du nombre choisi pour exprimer la mesure.

Les élèves doivent choisir entre g, kg et t en les associant à des objets appartenant à leur environnement proche ou de proximité et en respectant la codification « g », « kg » et « t ».

Exercices différenciés – Grandeurs et mesures 7 et 8

5 Calculer en utilisant des écritures en ligne multiplicatives.

Trois produits de facteurs sont soumis à l'élève qui doit barrer l'un d'entre eux, inexact.

Il peut être intéressant de comparer les différentes procédures utilisées par les élèves, soit par deux, soit en classe entière, et de réinvestir les techniques proposées dans des exercices analogues afin de constater lesquelles sont les plus rapides et les plus efficaces.

Plusieurs procédures peuvent être utilisées :

- par décomposition puis commutativité :

$120 \times 3 = 12 \times 10 \times 3 = 12 \times 3 \times 10 = 36 \times 10 = 360$;

- par décomposition puis distributivité :

$120 \times 3 = (100 + 20) \times 3 = (100 \times 3) + (20 \times 3) = 300 + 60 = 360$.

Pour les deux autres produits de facteurs, une comparaison facteur par facteur peut être effectuée, les deux présentant le même résultat : $36 \times 1\,000 = 3\,600$ et $36 \times 10 \times 10 = 3\,600$. Cela reviendrait à dire que $1\,000 = 10 \times 10$, ce qui est bien évidemment faux. En réinvestissant les notions acquises dans la fiche 63 (multiplication par une puissance de 10) lors de la troisième période, les élèves pourront éliminer la mauvaise réponse.

6 Calculer une somme et déterminer une valeur approchée.

Dans un premier temps, l'élève doit arrondir chaque nombre qui compose cette somme, puis effectuer le calcul approché, avant d'effectuer la somme des deux termes exacts.

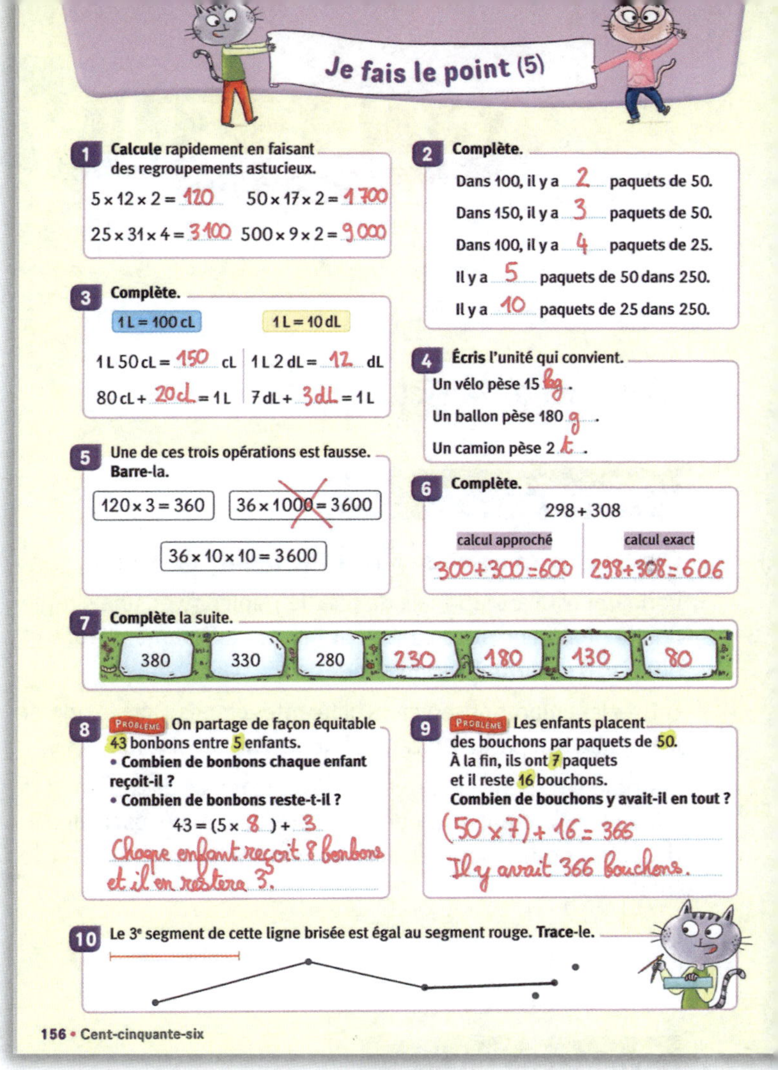

Obstacles possibles :

• Comprendre que deux nombres différents peuvent avoir le même nombre arrondi : 300 est une valeur approchée de 298 et de 308, ce qui donnera 600.

• La gestion des retenues dans le calcul exact.

Remédiations proposées :

• Fréquenter et manipuler régulièrement les nombres pour éviter ce genre d'obstacle : les placer sur une ligne numérique afin de se rendre compte de leur proximité.

• Pour résoudre ce calcul exact, plusieurs possibilités sont offertes aux élèves : en posant l'addition en colonnes, en calculant mentalement en ligne (faire attention à la gestion des retenues pour les dizaines et les centaines), en ayant recours au calcul réfléchi :

$298 + 308 = (298 + 2) + (308 - 2) = 300 + 306 = 606$.

• Activité de manipulation 12

• Exercices différenciés – Calculs 23 et 24

7 Compléter une suite numérique décroissante de 50 en 50.

La première tâche de l'élève est de lire et analyser les trois nombres donnés. En comparant 380 et 330, puis 330 et 280, il va trouver le nombre à déduire (50). Il devra alors reproduire cette séquence dans les quatre cases suivantes (230 ; 180 ; 130 ; 80).

L'enseignant pourra attirer l'attention des élèves sur les nombres obtenus : en retirant 50, le chiffre des dizaines alterne entre le 3 et le 8 et le chiffre des centaines reste le même deux fois de suite. Il pourra leur proposer d'autres nombres pour vérifier ce principe.

8 Approcher la division euclidienne par une situation de partage équitable.

L'approche de la division peut être envisagée sous l'angle du partage en parts égales, c'est-à-dire la répartition des éléments d'un ensemble en sous-ensemble de même cardinal.

Dans la situation proposée, les élèves vont distribuer les éléments (les bonbons) un par un entre les groupes (les cinq enfants) aussi longtemps qu'il est possible de donner un élément à la totalité des groupes. La quantité restante correspondra à ce qu'il n'est plus permis de distribuer, chaque enfant ne pouvant en avoir encore au moins un.

La distribution terme à terme est une procédure possible pour résoudre cet exercice. D'autres méthodes peuvent être proposées aux élèves, par exemple en encadrant par les multiples les plus proches. On obtiendrait ainsi l'encadrement suivant :

$$5 \times 8 < 43 < 5 \times 9.$$

L'écriture finale est : $a = b \times q + r$ (avec $r < b$) où a est le dividende, b le diviseur, q le quotient et r le reste.

• Exercices différenciés – Problèmes 11 et 12

9 Résoudre une situation de type division-groupement.

Les élèves doivent identifier une situation de division par groupement. Il s'agit de retrouver le nombre des éléments de la collection de départ, connaissant le cardinal d'un groupe, le nombre de groupes et le nombre d'éléments restants.

On obtient : $(50 \times 7) + 16 = 366$.

Remédiations proposées :

• Par le traitement d'un grand nombre de situations, proches du vécu, l'enfant pourra dégager le sens de la division.

• Dans le cas présent, faire rappeler aux élèves la condition nécessaire $r < b$ pour valider l'écriture correcte.

• Exercices différenciés – Problèmes 11 et 12

10 Reporter une longueur.

Les élèves doivent d'abord repérer le segment rouge, qui sera celui à reporter. La ligne brisée bleue n'est pas totalement tracée, il manque son 3e segment (celui qui sera de la même longueur que le segment rouge).

L'élève a la possibilité de tracer ce segment à partir d'une extrémité donnée et trois autres proposées.

Il devra utiliser une bande report ou le compas pour reporter la longueur du segment rouge et ainsi repérer, parmi les trois points, celui qui lui permet d'obtenir un segment de la même longueur. Avec le recours au compas, le repérage de l'extrémité correcte est plus direct.

• Activité de manipulation 21

Travail sur le fichier

Origami

Construire un objet en pliant une feuille de papier

L'origami est l'art japonais de plier le papier. Avec une simple feuille de papier carrée, on peut réaliser différents pliages et obtenir, par exemple, toutes sortes d'animaux.

Laisser les enfants observer les différentes étapes. Faire exprimer le fait que l'on part d'un carré pour obtenir un oiseau.

Distribuer des feuilles carrées et étayer le travail des différentes étapes en montrant un modèle au tableau. Terminer par le dessin des ailes, de la queue et des yeux de l'oiseau comme sur le modèle.

Symétrie zen

Compléter une figure par symétrie.

La pagode, construction en bois, est ici formée d'un toit posé sur des piliers.

Il faut tracer la partie symétrique de la pagode. Redéfinir l'axe de symétrie. Les carreaux de différentes couleurs peuvent aider. Le deuxième pilier (violet) doit se trouver à la même distance de l'axe de symétrie.

Demander d'effectuer le tracer avec le crayon à papier avant le coloriage, ce qui permet d'effacer et de recommencer. On peut utiliser le papier calque pour vérifier si la symétrie a été respectée.

Sudoku

Compléter une grille en se repérant.

Reproduire le sudoku au tableau. Rappeler le principe du sudoku. Celui-ci a 36 cases. Chaque case doit recevoir un nombre de 1 à 6. Sur chaque ligne, on doit retrouver chacun des six chiffres 1 ; 2 ; 3 ; 4 ; 5 et 6, utilisé comme un signe différent.
Sur chaque colonne, on doit retrouver aussi 1 ; 2 ; 3 ; 4 ; 5 et 6.
Dans chaque rectangle, on doit retrouver 1 ; 2 ; 3 ; 4 ; 5 et 6.
Il faut donc procéder par analyse et déduction. Malgré la présence de chiffres, ce n'est pas un problème numérique mais une situation de repérage et d'organisation de signes et un exercice de raisonnement et de logique. On complète donc les lignes ou colonnes ou rectangles qui nous paraissent possibles à compléter.
Dans la 1re ligne, il manque les chiffres 1, 2 et 3. Le « 1 » ne peut pas être dans le premier rectangle ; il va automatiquement se placer dans la 4e case de cette ligne.
Dans le 1er rectangle, il reste le « 2 » et le « 3 » à placer. Le « 3 » ne peut pas être dans la 3e case. Il viendra donc dans la 1re case et le « 2 » se placera dans la 3e case. On peut alors compléter le premier rectangle : il manque le « 5 ».
On peut maintenant compléter la 3e colonne, où il manque le « 6 », et ainsi de suite.

La frise

Terminer une frise.

La fleur de cerisier est un symbole du Japon.
Tracer les fleurs à main levée au crayon à papier. Pour éviter des erreurs, cacher la fleur bleue quand on dessine la rouge et cacher la fleur rouge quand on dessine la fleur bleue.

RÉCRÉ EN MATHS !

ORIGAMI

Suis le mode de pliage pour faire un oiseau à partir d'un carré.

Symétrie zen

Termine la pagode.

SUDOKU

Un seul chiffre de 1 à 6 par ligne, par colonne et par rectangle.

3	6	2	1	5	4
1	4	5	6	3	2
2	3	6	5	4	1
5	1	4	2	6	3
4	5	1	3	2	6
6	2	3	4	1	5

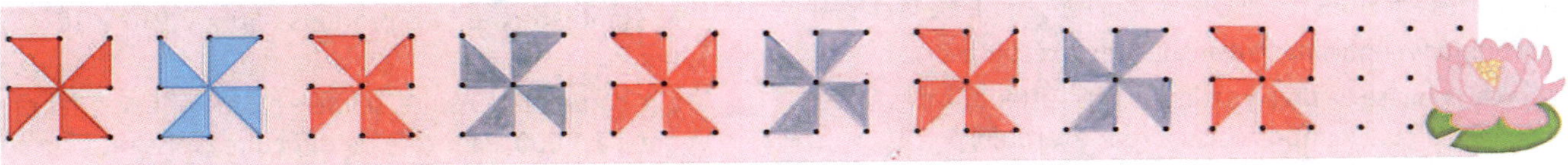

125 Calculs variés (3)

Exercices différenciés – Calculs 19 et 20

Programme 2016
- Calculer avec des nombres entiers.
- Mémoriser des faits numériques.
  » Décompositions multiplicatives de 100.
- Élaborer ou choisir des stratégies de calcul.
  » Propriétés implicites des opérations.
  » Propriétés de la numération.
- Calcul mental : calculer mentalement pour obtenir un résultat exact.
- Calcul en ligne : calculer en utilisant des écritures en ligne (additives, soustractives, multiplicatives, mixtes).

Objectif spécifique de la séance
Réviser les connaissances concernant le calcul et la numération afin de les consolider.

Information didactique
Le calcul rapide est utile dans la vie quotidienne et présente l'avantage de permettre de contrôler un résultat obtenu par d'autres moyens. Il développe les compétences, car il fait appel à une utilisation souvent originale des propriétés des nombres et des opérations.
Il convient de distinguer ce qu'il faut mémoriser (tables, doubles et moitiés, complément à la dizaine supérieure…) de ce qu'il faut reconstruire (et que l'on pourra mémoriser plus tard).
En classe, il convient de ne pas négliger l'aspect ludique du calcul mental, qui constitue une excellente gymnastique intellectuelle, la façon de procéder étant aussi importante que la rapidité.
Il est aussi conseillé de varier la présentation des exercices de façon **à éviter la lassitude ou l'automatisation systématique de certaines procédures.**

CALCUL MENTAL

❶ **Donner l'ordre de grandeur d'un calcul parmi 3 propositions.**
Dire : « *Sans calculer, choisissez le résultat parmi les trois propositions. Justifier la réponse.* » Répéter les propositions si nécessaire. Écrire chaque fois les propositions au tableau.
« 199 + 306 ça fait environ 400, 500 ou 600 ?
59 x 10 ça fait environ 60, 600 ou 6 000 ?
3 fois 98, ça fait environ 100, 300 ou 900 ?
1 00 – 615, ça fait environ 600, 500 ou 700 ?
275 + 635, ça fait environ 400, 900 ou 1 000 ?
1 920 + 2 075 + 996 ça fait environ 5 000, 4 000 ou 6 000 ? »
L'élève écrit le résultat exact et justifie. (Travail par deux)

❷ Demander d'écrire une somme qui sera proche de 500 ou une somme qui sera proche de 1 000.

Activités préparatoires

1. Utiliser des faits numériques et des procédures élémentaires de calcul

15 min

Matériel par groupes de deux ou trois : étiquettes-nombres : 2 ; 4 ; 5 ; 10 ; 20 ; 25 ; 50 et étiquettes-signes : + ; – ; ×.

Consigne : « *Vous allez tirer au sort deux étiquettes-nombres et une étiquette signe, puis vous ferez le calcul. Vous noterez votre opération et son résultat sur votre ardoise.* »

Cette activité peut être conduite de deux façons :
- sous forme de jeu opposant deux élèves, avec éventuellement un « arbitre » pour valider les résultats ou un « secrétaire » pour noter les opérations ;
- sous forme de défi par équipe, chaque équipe devant trouver un maximum de résultats corrects (par exemple, à partir de dix tirages effectués par un élève pour l'ensemble de la classe).

Les équipes confronteront ensuite leurs résultats.

Lors de la phase de présentation, attirer l'attention des élèves sur des calculs « impossibles » (par exemple, 5 – 10 = … ou 2 – 50 = …).

Certains des résultats obtenus permettront aux élèves d'« entrer » plus facilement dans l'exercice 1 de la fiche.

2. Mobiliser des connaissances sur la numération et utiliser les propriétés des opérations

20 min

Matériel par groupe de deux : ardoise.

L'enseignant écrit au tableau un exemple de décompositions d'un nombre s'appuyant sur sa structure décimale. Par exemple, :
6 584, c'est : 6 000 + 500 + 80 + 4 ;   6 000 + 584 ;
6 500 + 84 ; 6 580 + 4 ; 6 504 + 80 ; 6 084 + 500 …

Consigne : « *Vous allez rechercher par deux plusieurs décompositions additives pour les nombres que je vais écrire au tableau.* »
Proposer les nombres 348, 906, 4 158 et 8 307.

Pour chaque nombre, l'enseignant validera au fur et à mesure les différentes propositions en les notant au tableau.

La même démarche peut être adoptée pour des décompositions additives avec produits de deux facteurs. Par exemple,
6 584, c'est (6 × 1 000) + (5 × 100) + (8 × 10) + 4 ;
(6 × 1 000) + 584 ; (65 × 100) + 84 ; (658 × 10) + 4.

Travail sur le fichier

1 Retrouver des écritures multiplicatives de 100 et de 1 000.
S'assurer que les élèves ont compris la tâche à réaliser. Demander à un élève d'expliciter ce qu'il faut faire : « Il faut obtenir le nombre 100, en multipliant deux nombres de la liste. » Observer le premier produit qui a déjà été réalisé : 50 × 2 = 100. Barrer les deux nombres lorsqu'ils ont été utilisés. Faire remarquer que l'on aurait pu écrire aussi 2 × 50. À la fin, il ne doit rester qu'un nombre qui n'a pas été utilisé.

Faire compléter les produits égaux à 100. Par ordre de difficulté croissante, on aura les produits : 50 × 2 ; 10 × 10 ; 25 × 4 ; 20 × 5.

Faire compléter ensuite, selon le même principe, les produits égaux à 1 000. Par ordre de difficulté croissante, on aura les produits : 500 × 2 ; 100 × 10 ; 200 × 5 ; 250 × 4.

On peut attendre aussi des élèves, en fin de CE2, qu'ils aient mémorisé ces écritures multiplicatives de 1 000.

Obstacles possibles :
- La forme de l'exercice.
- Certains produits comme 20 × 5, 200 × 5…

2 Compléter une grille de nombres croisés.
Après avoir complété la grille horizontalement, vérifier les définitions verticales (ou inversement). Laisser remplir la grille en laissant les élèves libres de commencer par les définitions horizontales ou verticales.
On peut aussi partager la classe en deux : une moitié complète à partir des définitions horizontales, l'autre moitié complète à partir des définitions verticales. Pour la correction, préparer deux grilles au tableau et les faire compléter collectivement à l'oral. Constater que l'on arrive à la même grille complète.

3 Repérer, parmi un certain nombre d'écritures, celles qui désignent un nombre à quatre chiffres.
Les élèves doivent faire le calcul pour chaque étiquette. Ils peuvent utiliser leur cahier de recherche, par exemple pour noter quelques résultats intermédiaires correspondant aux calculs entre parenthèses.
Les écritures sont très variées : somme de deux nombres ; somme d'un produit et d'un nombre ; différence de deux nombres ; écriture sous la forme d'unités de numération.
Corriger au tableau en explicitant les calculs :
7 000 + 409 = 7 000 + 400 + 9 = 7 409 ;
7 + 409 = 409 + 7 = 400 + (9 + 7) = 400 + 16 = 416 ;
(74 × 100) + 9 = 7 400 + 9 = 7 409 ;
(74 × 10) + 9 = 740 + 9 = 749 ;
(7 × 1 000) + 400 + 9 = 7 000 + 400 + 9 = 7 409 ;
740 + 9 = 749 ;
74 c 94 u = 74 × 100 + 9 = 7 400 + 9 = 7 409
7 500 – 1 = 7 499
7 m 409 u = 7 000 + 409 = 7 409
7 500 – 91 = (7 500 – 90) – 1 = 7 410 – 1 = 7 409

Obstacles possibles :
- La variétés des écritures.
- Les écritures avec parenthèses.
- Les écritures soustractives où il faut retrancher un nombre à deux chiffres d'une centaine entière à quatre chiffres.
- Les écritures sous forme d'unités de numération.
- Des élèves peuvent associer les écritures 7 + 409 et 740 + 9 au nombre 7 409, qui répond à la suite des chiffres dans l'écriture de ces deux additions.

Aide proposée : repérer et classer les erreurs pour proposer une remédiation différenciée.

4 Dans le produit d'un nombre par une dizaine entière, procéder à la décomposition de la dizaine entière pour simplifier le produit.
Observer la décomposition de la dizaine entière « 30 » en 3 × 10, qui aboutit au calcul :

13 × 30 = (13 × 3) × 10 = 39 × 10 = 390.

Laisser les élèves calculer les deux produits suivants en prenant modèle sur le calcul précédent.
24 × 20 = (24 × 2) × 10 = 48 × 10 = 480.
12 × 40 = (12 × 4) × 10 = 48 × 10 = 480.

Obstacle possible : l'utilisation de la décomposition d'un nombre en un produit de facteurs.

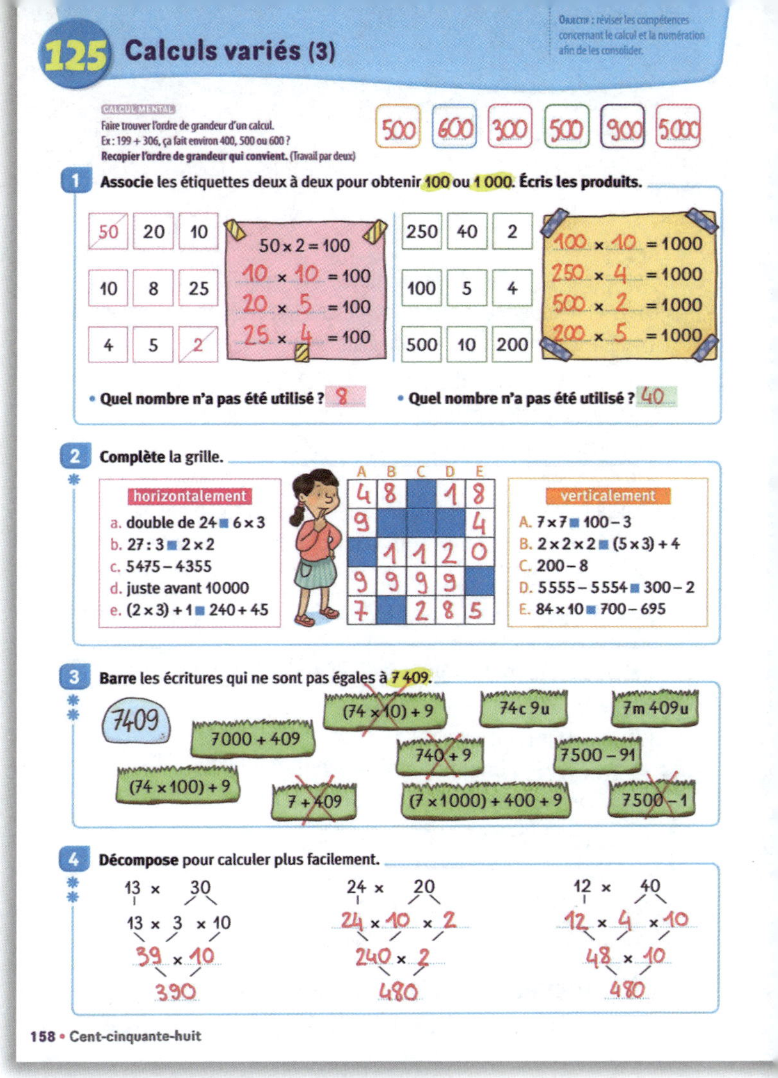
125 Calculs variés (3)

Objectif : réviser les compétences concernant le calcul et la numération afin de les consolider.

CALCUL MENTAL
Faire trouver l'ordre de grandeur d'un calcul.
Ex : 199 + 306, ça fait environ 400, 500 ou 600 ?
Recopier l'ordre de grandeur qui convient. (Travail par deux)

500 | 600 | 300 | 500 | 900 | 5000

1 Associe les étiquettes deux à deux pour obtenir 100 ou 1 000. **Écris les produits.**

50 20 10 / 10 8 25 / 4 5 2

50 × 2 = 100
10 × 10 = 100
20 × 5 = 100
25 × 4 = 100

250 40 2 / 100 5 4 / 500 10 200

100 × 10 = 1000
250 × 4 = 1000
500 × 2 = 1000
200 × 5 = 1000

- Quel nombre n'a pas été utilisé ? 8
- Quel nombre n'a pas été utilisé ? 40

2 Complète la grille.

horizontalement
a. double de 24 ■ 6 × 3
b. 27 : 3 ■ 2 × 2
c. 5475 – 4355
d. juste avant 10000
e. (2 × 3) + 1 ■ 240 + 45

A	B	C	D	E
4	8	■	1	8
9	■	■	■	4
■	1	1	2	0
9	9	9	9	■
7	■	2	8	5

verticalement
A. 7 × 7 ■ 100 – 3
B. 2 × 2 × 2 ■ (5 × 3) + 4
C. 200 – 8
D. 5555 – 5554 ■ 300 – 2
E. 84 × 10 ■ 700 – 695

3 Barre les écritures qui ne sont pas égales à 7 409.

7409
7000 + 409
(74 × 10) + 9
74c 9u
7m 409u
740 + 9
7500 – 91
(74 × 100) + 9
7 + 409
(7 × 1000) + 400 + 9
7500 – 1

4 Décompose pour calculer plus facilement.

13 × 30 → 13 × 3 × 10 → 39 × 10 → 390
24 × 20 → 24 × 10 × 2 → 240 × 2 → 480
12 × 40 → 12 × 4 × 10 → 48 × 10 → 480

158 • Cent-cinquante-huit

Faisons le point

- Nous avons retrouvé des écritures multiplicatives de 100 et de 1 000.
- À partir d'un nombre à quatre chiffres (7 409), nous avons analysé des écritures numériques pour repérer celles qui ne désignaient pas ce nombre.
- Pour multiplier un nombre par une dizaine entière, nous avons décomposé la dizaine entière en un produit de deux nombres pour calculer plus facilement.

Pistes d'activités supplémentaires

Soutien
- Décomposer des dizaines entières :
40 = 4 × … ; 60 = … × … ; 120 = … × … ; 150 = … × …
- Décomposer des centaines entières :
200 = 2 × … ; 400 = … × … ; 500 = … × …
- Calculer en décomposant les dizaines entières :
14 × 20 ; 15 × 30 ; 16 × 50 ; 31 × 40.

Approfondissement
- Calculer en décomposant les centaines entières :
12 × 200 ; 14 × 400 ; 15 × 500 ; 21 × 300.
- Par deux, construire une grille de nombres croisés (quadrillage de 5 sur 5). Créer les définitions horizontales et verticales. L'enseignant pourra fournir la trame.
- Proposer quatre désignations différentes d'un nombre à quatre chiffres sous la forme d'unités de numération : 5 189 ; 3 270 ; 4 080.
- Retrouver les nombres désignés par ces écritures :
5 m ; 47 c ; 2 m 9 d ; 125 d ; 35 c 4 u.

126 Déplacements programmés (2)

Exercices différenciés – Espace et géométrie 19 et 20

Programme 2016

- (Se) repérer et (se) déplacer en utilisant des repères.
- Coder et décoder pour prévoir, représenter et réaliser des déplacements dans des espaces familiers, sur un quadrillage, sur un écran.

Objectifs spécifiques de la séance

- Représenter un déplacement conformément à un programme.
- Programmer un déplacement sur un écran connaissant la valeur d'un pas.

Information didactique

La fiche 94 a permis aux élèves de représenter et de programmer un déplacement d'un robot sur un écran. Celui-ci se déplaçait sur les lignes d'un quadrillage, selon des actions explicites : avancer avec une indication du nombre de pas et tourner soit à gauche, soit à droite. Dans la continuité de cette fiche, il s'agit ici d'aller plus loin. À présent, les déplacements vont se faire sur le quadrillage avec **un codage particulier pour traduire les déplacements** : Av pour « avance », TG pour « tourne à gauche » et TD pour « tourne à droite ». Ce codage, qui s'apparente à la production d'algorithmes simples, se rapproche ainsi d'une programmation que l'on pourrait retrouver dans des logiciels comme Géo Tortue ou Scratch.

CALCUL MENTAL

❶ **Trouver le complément d'un nombre à 100.**
Dire : « *10 ; 70 ; 48 ; 37 ; 75 ; 82 ; 19.* »
L'élève écrit le complément.

❷ **Trouver le complément d'un nombre à 1 000.**
Dire : « *200 ; 400 ; 700 ; 750 ; 450 ; 580 ; 630 ; 120 ; 270 ; 489.* »
L'élève écrit le complément.

Activités préparatoires

1. Effectuer des déplacements simples sur les cases d'un quadrillage. (15 min)

Matériel par groupe de deux : fiche d'activité SITE COMPAGNON

Consigne 1 :« *Observez ce quadrillage. Que voyez-vous ? Est-il le même que celui qu'on avait déjà vu ?*»

Il s'agit d'un quadrillage, qui ressemble plus à un tableau. Les élèves doivent ainsi repérer :

- les lettres sur les bandes horizontales, qui sont des lignes comme dans un tableau (il est important de noter qu'ici le mot « ligne »ne désigne plus une droite comme pour le codage de nœuds) ;
- les chiffres dans les colonnes.

Placer un élément figuratif (une étoile, par exemple) dans une case. Ces éléments sont placés dans une case qui correspond à une ligne et à une colonne. Faire repérer le nom de la ligne et celui de la colonne. Dire par exemple :« *L'étoile est dans la case qui correspond à la ligne A et à la colonne 5.* » Cette case sera codée A5 ou (A5). On ne repère plus des nœuds ici, mais des cases.

Écrire au tableau la convention établie (lettre/chiffre) : A5.

Consigne 2 : « *Voici le déplacement qu'effectue une coccinelle sur le quadrillage. On va écrire ensemble son programme de déplacement, puis on codera son trajet en cherchant les cases par où elle se déplace.* »

Laisser les élèves observer le déplacement sur le quadrillage qui sera vidéoprojeté. Faire échanger par deux.

Demander quelle est la case de départ (F4), puis quelle est la case d'arrivée (A8).

Arriver collectivement au programme suivant, qui sera écrit au tableau :

« Avance de 3. Tourne à droite. Avance de 4. Tourne à gauche. Avance de 2. »

Demander, par deux, d'écrire les cases dans lesquelles la coccinelle passe lors de son trajet :

F4 ; E4 ; D4 ; C4 ; C5 ; C6 ; C7 ; C8 ; B8 ; A8.

2. Introduire un codage de programmation de déplacement (20 min)

Matériel par groupe de deux : fiche d'activité SITE COMPAGNON et une figurine ou un pion orienté.

Consigne 1 : « *Placez une figurine sur un nœud de ce quadrillage : c'est le lapin. Le lapin va se déplacer sur les lignes et vous devez tracer son trajet en suivant le programme de déplacement : "Avance de 5. Tourne à droite. Avance de 2. Tourne à gauche. Avance de 3".* »

La figurine servira à représenter le « lapin » qui se déplace.

Laisser les élèves réaliser le trajet. L'orientation du lapin de départ est importante. Bien rappeler que les actions doivent être réalisées par rapport à la position orientée du lapin.

Lors de la correction, dire que l'on va écrire maintenant ce programme avec un codage particulier, « *comme on ferait sur un ordinateur avec un programme* ».

L'action « Avance de » s'écrira « Av ». L'action « tourne à gauche » s'écrira « TG ». L'action « tourne à droite » s'écrira « TD ».

Demander aux élèves de réécrire le programme de déplacement avec le nouveau codage de programmation.

Consigne 2 : « *Voici un programme de déplacement d'un robot avec le nouveau codage. Tracez le déplacement du robot :*

Av 4 TG

Av 3 TD

Av 4. »

Faire lire le programme de manière collective, puis laisser terminer de manière individuelle.

3. Coder collectivement un déplacement sur quadrillage en utilisant un codage de programmation (15 min)

Matériel collectif : fiche d'activité SITE COMPAGNON (éventuellement vidéprojetée).

Consigne : *« Voici le trajet suivi par un robot. Observez son trajet, puis nous le décrirons ensemble, en utilisant le nouveau codage de programmation. »*
Laisser réfléchir les élèves par deux sur les actions que fait le robot. Décrire collectivement le trajet du robot. Insister sur les changements d'orientation.
Dire qu'à chaque fois que le robot se déplace sur un carreau, on dira qu'il a fait un pas.

Travail sur le fichier

1 Écrire un programme à partir d'un déplacement donné sur les cases d'un quadrillage.
Laisser observer la situation et vidéoprojeter si possible l'écran. Faire observer le quadrillage, avec le codage au niveau des lignes (de A à F) et celui des colonnes (numérotées de 1 à 10). Faire repérer le point de départ de la tortue et son arrivée (la case avec l'arbre), puis faire observer le trajet case par case en orange. Faire lire la case d'arrivée et celle de départ. Collectivement, bien faire correspondre et associer les premières étapes du trajet avec les étapes du programme. Noter qu'il ne faut pas compter la case de départ. La case D3 est celle où la tortue arrive après avoir avancé de 2 et la case où elle va tourner à droite.
Bien faire repérer l'orientation de la tortue et analyser chaque étape du déplacement.
Laisser les élèves compléter le programme, puis le codage du trajet.

Aide proposée : disposer d'une figurine que les élèves pourront déplacer sur le quadrillage.

2 Tracer le déplacement d'un robot à partir d'un programme et écrire un programme à partir d'un déplacement donné en utilisant un codage de programmation.
Faire observer la situation en la vidéoprojetant. Faire repérer les deux animaux. Les élèves doivent tracer le trajet du lièvre et écrire le programme de déplacement du renard.
Faire observer plus particulièrement la représentation de l'écran d'ordinateur, avec les trois codages.
Bien rappeler que les changements d'orientation se font par rapport au personnage.
Pour le déplacement du lièvre, barrer au crayon à papier les actions au fur et à mesure du déplacement.

3 Terminer le programme de déplacement en utilisant un codage de programmation et la valeur d'un pas donné.
Dans le quadrillage proposé, les élèves doivent bien comprendre que la valeur d'un pas vaut 10, c'est-à-dire que chaque côté du carreau vaut dix pas. La lecture de la bulle de Méticulo le précise également : entre le point rouge (départ du pingouin) et le point vert, il y a cinq carreaux ; chaque carreau valant 10 pas, le pingouin aura donc fait 50 pas. Établir le lien avec la première étape du programme écrit (« Av 50 TD ») : le pingouin avance de 50 pas, puis va tourner à droite.
Collectivement, faire d'abord décrire oralement le parcours du pingouin, en insistant bien sur le fait qu'un carreau correspond à 10 pas.

Aide proposée : demander de préciser, pour chaque segment de déplacement, la valeur en nombre de pas.

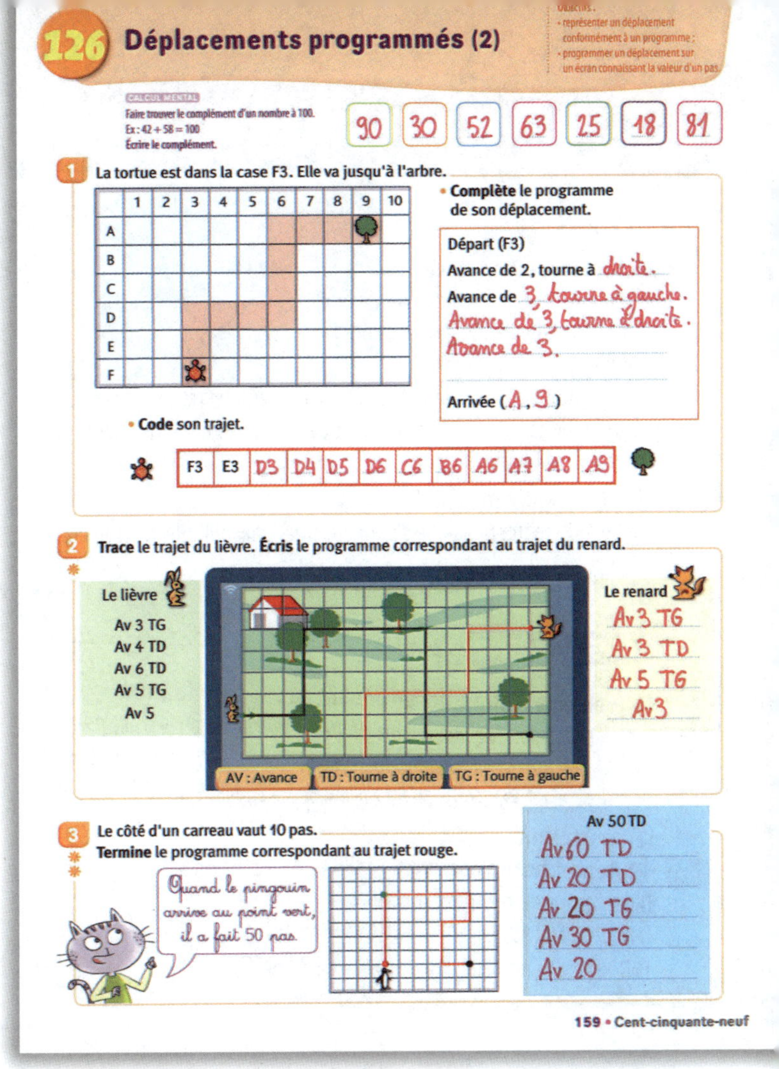
126 Déplacements programmés (2)

Objectifs :
- représenter un déplacement conformément à un programme ;
- programmer un déplacement sur un écran connaissant la valeur d'un pas.

CALCUL MENTAL
Faire trouver le complément d'un nombre à 100.
Ex : 42 + 58 = 100
Écrire le complément.

90 30 52 63 25 18 81

1 La tortue est dans la case F3. Elle va jusqu'à l'arbre.

• **Complète** le programme de son déplacement.

Départ (F3)
Avance de 2, tourne à droite.
Avance de 3, tourne à gauche.
Avance de 3, tourne à droite.
Avance de 3.
Arrivée (A, 9)

• **Code** son trajet.

F3	E3	D3	D4	D5	D6	C6	B6	A6	A7	A8	A9

2 **Trace** le trajet du lièvre. **Écris** le programme correspondant au trajet du renard.

Le lièvre
Av 3 TG
Av 4 TD
Av 6 TD
Av 5 TG
Av 5

Le renard
Av 3 TG
Av 3 TD
Av 5 TG
Av 3

AV : Avance | TD : Tourne à droite | TG : Tourne à gauche

3 Le côté d'un carreau vaut 10 pas.
Termine le programme correspondant au trajet rouge.

Quand le pingouin arrive au point vert, il a fait 50 pas.

Av 50 TD
Av 60 TD
Av 20 TD
Av 20 TG
Av 30 TG
Av 20

159 • Cent-cinquante-neuf

Faisons le point

• Nous avons tracé des déplacements à partir d'un programme. Il fallait obéir aux changements de direction.
• Nous avons aussi écrit des programmes de déplacement avec un codage.
• Pour un programme, il fallait aussi respecter la valeur du pas qui était donnée.

Pistes d'activités supplémentaires

Soutien

• Déplacer sur un quadrillage une figurine en respectant le programme demandé ou faire verbaliser les déplacements.
• Demander de réécrire les programmes de déplacement de la fiche 94 en utilisant le codage de programmation.
• Déplacer sur un quadrillage une figurine en respectant le programme demandé.

Approfondissement

• Dans l'exercice 2, demander d'écrire le programme de déplacement du renard en sens inverse (trajet retour).
• Demander de réécrire des programmes de déplacements de l'exercice 3 avec un carreau valant 10 pas.
• Utiliser des logiciels de programmation adaptés sur ordinateur (Géo Tortue), Scratch).

le défi

Prolongement. Réécrire le programme de déplacement de l'exercice 3, mais en changeant la valeur du côté d'un carreau : un carreau vaut 7 pas.

127 Calculs multiplicatifs (2)

Programme 2016
- Calculer avec des nombres entiers.
- Élaborer ou choisir des stratégies de calcul.
  - » Propriétés implicites des opérations.
  - » Propriétés de la numération.
- Calcul mental : calculer mentalement pour obtenir un résultat exact.
- Calcul en ligne : calculer en utilisant des écritures en ligne (additives, soustractives, multiplicatives, mixtes).

Objectif spécifique de la séance
Comparer différentes procédures pour effectuer une multiplication en ligne.

Information didactique
Le développement des compétences en calcul réfléchi nécessite d'exploiter les diverses façons d'effectuer un même calcul. L'élève doit percevoir très tôt qu'il existe différents cheminements possibles pour atteindre un même résultat et il doit apprendre à choisir les procédures les plus efficaces en fonction du calcul qu'il a à effectuer. Le calcul doit donc être précédé d'un **temps d'analyse, qui va déterminer le choix de la méthode qu'il doit pouvoir justifier**.
Dans cette fiche, cette démarche est illustrée par un calcul multiplicatif pour lequel on présente trois procédures. L'élève peut prendre appui sur les propriétés implicites de la multiplication.

CALCUL MENTAL

❶ Problème : retrancher un produit ou une somme à 100.
Dire : *« Louna possède une somme de 100 €. Que lui reste-t-il si elle paie dans le magasin avec 4 billets de 10 € ? 4 billets de 20 € ? 1 billet de 50 € et 1 billet de 20 € ? 3 billets de 20 € ? 2 billets de 5 € ? 2 billets de 50 € ? »*
L'élève écrit ce qui lui reste.

❷ Retrancher un nombre de 1 000.
Dire : *« Que reste-t-il dans une cuve de 1 000 L, si l'on enlève 100 L ? 300 L ? 600 L ? 550 L ? 850 L ? 170 L ? 920 L ? 430 L ? 143 L ? »*
L'élève écrit ce qui reste dans la cuve. (Travail par deux.)

Activité préparatoire

Effectuer un produit de différentes manières par un calcul réfléchi

40 min

L'enseignant écrit une multiplication au tableau : 24 × 5.

Consigne : *« Pour nous aider à effectuer cette multiplication, nous allons décomposer le nombre 24. Pouvez-vous me proposer des décompositions de ce nombre ? »*

On retiendra quatre décompositions :

20 + 4 ; 12 × 2 ; 8 × 3 ; 6 × 4.

▸ À partir de la décomposition de 24 en 20 + 4.
Laisser effectuer le calcul par deux, puis effectuer la correction au tableau avec toute la classe. Un groupe vient expliquer son calcul : « On a remplacé 24 par 20 + 4. On a d'abord multiplié 20 par 5, ça fait 100 ; puis on a multiplié 4 par 5, ça fait 20. Après, on a ajouté 100 à 20, ça fait 120. »
Résumer la procédure avec la classe : *« 24 × 4, c'est 5 fois 20 plus 5 fois 4. »*
On peut aboutir à plusieurs présentations

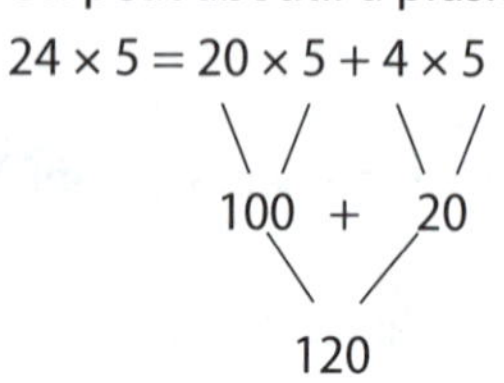

20 × 5 = 100
4 × 5 = 20
24 × 5 = 120

▸ À partir de la décomposition de 24 en 12 × 2.
Laisser chercher par deux et effectuer le calcul sur l'ardoise. Demander de faire un arbre de calcul pour montrer comment on a associé les nombres pour rendre le calcul plus facile.

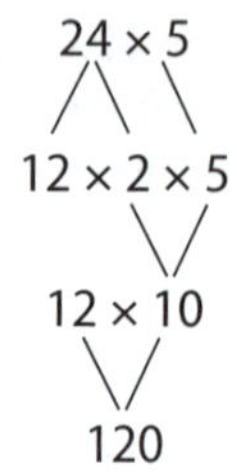

Ici, on a choisi l'association 2 × 5 = 10. Faire venir un élève au tableau pour expliquer son calcul.

▸ À partir de la décomposition de 24 en 8 × 3.
Laisser chercher par deux et effectuer le calcul sur l'ardoise. Demander de faire un arbre de calcul pour montrer comment on a associé les nombres pour rendre le calcul plus facile.

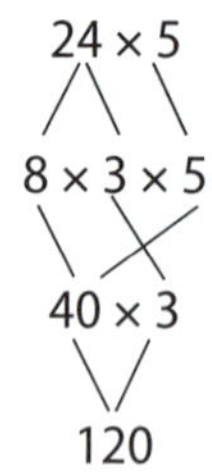

Attirer l'attention sur le fait qu'un produit peut faciliter le calcul plus qu'un autre : on calcule plus facilement 8 × 5 = 40 puis 40 × 3 = 120 que 8 × 15.
Analyser les obstacles rencontrés par certains et voir d'où viennent les difficultés et les erreurs.

▸ À partir de la décomposition de 24 en 6 × 4.
Laisser chercher par deux et effectuer le calcul sur l'ardoise. Demander de faire un arbre de calcul afin de montrer comment on a associé les nombres pour rendre le calcul plus facile.
Ici, l'association des facteurs 4 × 5 facilite sans doute un peu plus le calcul que l'association 6 × 5.

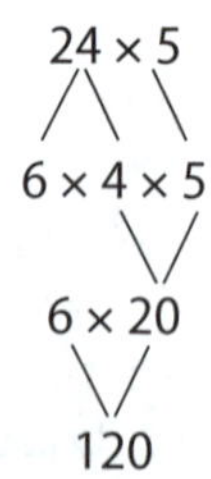

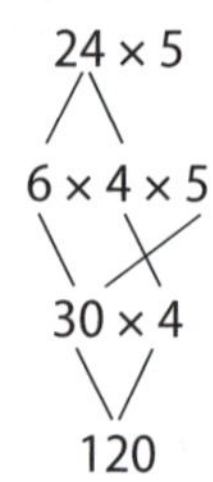

Travail sur le fichier

1 Faire prendre conscience à l'élève de la variété des procédures possibles pour effectuer un même calcul.
On peut analyser la 1re méthode avec la classe entière. Faire effectuer les calculs sur le même modèle, individuellement ou par deux ; puis corriger avant de passer au travail sur la 2e méthode.

• Dans la 1re méthode, on a décomposé un des facteurs sous la forme d'une écriture multiplicative. Cela mène à un produit de trois nombres avec lesquels on va trouver des associations qui vont faciliter le calcul du produit initial. Ici, on va rechercher l'association 5 × 2, qui nous fait passer par la multiplication par 10, bien maitrisée des élèves.

5 × 68 = 5 × 2 × 34 = 10 × 34 = 340 ;

5 × 46 = 5 × 2 × 23 = 10 × 23 = 230, etc.

Obstacles possibles :

• La décomposition du nombre à deux chiffres, qui nous amène ici à calculer une moitié.

• Le fait que le changement dans la forme du produit aboutisse au même résultat.

Aide proposée : vérifier avec la calculette, pour montrer que les résultats sont bien les mêmes malgré le changement du nombre des facteurs.

• La 2e méthode s'appuie sur la distributivité de la multiplication par rapport à l'addition.

Lire la bulle de la petite fille. Analyser le premier calcul et continuer sur le même modèle.

Aide proposée : à l'oral, passer par des formulations du type « 5 fois 27, c'est 5 fois 20 plus 5 fois 7 » avant de noter le développement à l'écrit.

• Dans la 3e méthode, le calcul s'appuie sur les unités de numération.

Lire la bulle. On multiplie chacune des unités de numération (dizaines et unités). Une conversion est nécessaire à la fin lorsque le produit est supérieur à 9.

5 × 24, c'est 5 fois 2 d + 5 fois 4 u = 10 d + 20 u = 12 d = 120.

Obstacle possible : la conversion des unités en dizaines en fin de calcul et l'écriture finale.

2 Calculer en ligne le produit d'un nombre à un chiffre par un nombre à trois chiffres en s'appuyant sur les unités de numération.

Analyser le calcul de gauche avec la classe. Demander aux élèves de dire s'ils n'ont pas compris et à quel niveau reprendre l'analyse, si nécessaire.

S'assurer de la maitrise de la décomposition d'un nombre à trois chiffres en unités de numération.

234, c'est 2 centaines (2 c), 3 dizaines (3 d), 4 unités (4 u).

4 fois 234, c'est 4 fois 2 c (8 c) plus 4 fois 3 d (12 d) plus 4 fois 4 u (16 u), soit 8 c + 12 d + 16 u.

À ce niveau, des conversions sont nécessaires :

16 u, c'est 1 d + 6 u ; 12 d, c'est 1 c + 2 d.

Analyser le 3e niveau de l'arbre et terminer la recomposition.

9 c 3 d 6 u = 936. Vérifier avec la calculette. Laisser compléter le produit de droite individuellement, en binôme ou éventuellement effectuer ce calcul en collectif.

Obstacle possible : la recomposition du résultat, qui passe par plusieurs conversions.

Aide proposée : différencier le travail. L'enseignant effectue le calcul avec toute la classe ou certains élèves.

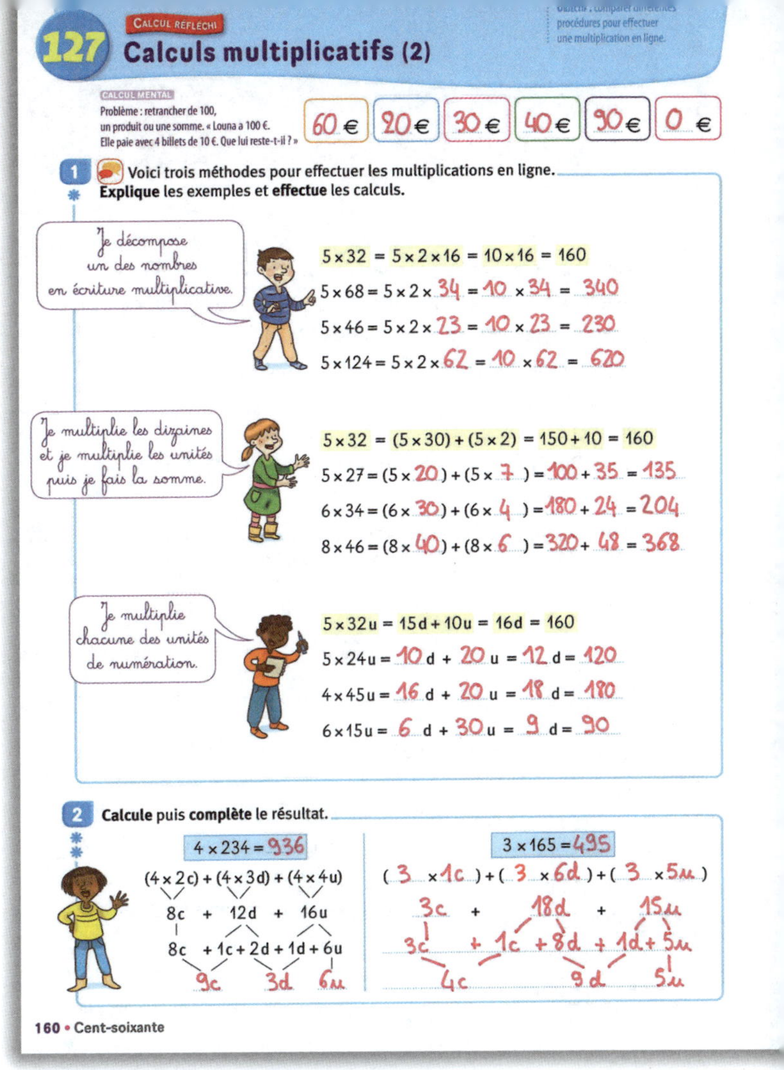
Calcul réfléchi

127 Calculs multiplicatifs (2)

procédures pour effectuer une multiplication en ligne.

Calcul mental

Problème : retrancher de 100, un produit ou une somme. « Louna a 100 €. Elle paie avec 4 billets de 10 €. Que lui reste-t-il ? »

60 € | 20 € | 30 € | 40 € | 90 € | 0 €

1 Voici trois méthodes pour effectuer les multiplications en ligne. **Explique** les exemples et **effectue** les calculs.

Je décompose un des nombres en écriture multiplicative.

5 × 32 = 5 × 2 × 16 = 10 × 16 = 160

5 × 68 = 5 × 2 × 34 = 10 × 34 = 340

5 × 46 = 5 × 2 × 23 = 10 × 23 = 230

5 × 124 = 5 × 2 × 62 = 10 × 62 = 620

Je multiplie les dizaines et je multiplie les unités puis je fais la somme.

5 × 32 = (5 × 30) + (5 × 2) = 150 + 10 = 160

5 × 27 = (5 × 20) + (5 × 7) = 100 + 35 = 135

6 × 34 = (6 × 30) + (6 × 4) = 180 + 24 = 204

8 × 46 = (8 × 40) + (8 × 6) = 320 + 48 = 368

Je multiplie chacune des unités de numération.

5 × 32u = 15d + 10u = 16d = 160

5 × 24u = 10 d + 20 u = 12 d = 120

4 × 45u = 16 d + 20 u = 18 d = 180

6 × 15u = 6 d + 30 u = 9 d = 90

2 Calcule puis **complète** le résultat.

4 × 234 = 936

(4 × 2c) + (4 × 3d) + (4 × 4u)

8c + 12d + 16u

8c + 1c + 2d + 1d + 6u

9c 3d 6u

3 × 165 = 495

(3 × 1c) + (3 × 6d) + (3 × 5u)

3c + 18d + 15u

3c + 1c + 8d + 1d + 5u

4c 9d 5u

160 • Cent-soixante

Faisons le point

• Nous avons vu qu'il y a plusieurs manières d'effectuer un calcul et, qu'à la fin, on obtient le même résultat.

• Nous avons effectué une multiplication en ligne par un calcul réfléchi, de trois façons différentes.

• Dans la dernière méthode, nous avons travaillé avec les unités de numération.

Pistes d'activités supplémentaires

Soutien

• Effectuer rapidement :

5 × 2 × 14 ; 5 × 2 × 19 ; 5 × 9 × 2 ;

5 × 17 × 2 ; 18 × 5 × 2 ; 2 × 13 × 50.

• Calculer les moitiés :

26 : 2 ; 42 : 2 ; 34 : 2 ; 66 : 2 ; 52 : 2.

• Décomposer les nombres en dizaines et unités :

36 = 30 + … ; 48 = … + … ; 54 = … + … ;

125 = … + … ; 105 = … + …

• Calculer en faisant les transformations nécessaires :

2 d + 10 u ; 4 d 24 u ; 2 d 36 u ; 2 c 14 d ; 3 c 21 d 5 u.

Approfondissement

• Calculer en faisant les transformations nécessaires :

2 c 5 d 27 u ; 3 c 12 d 25 u ; 2 m 12 c 15 d 23 u.

• Calcule avec la méthode de la petite fille de l'exercice 1 :

4 × 428 ; 6 × 234.

1 défi

Quel est ce nombre ? 15 d 12 c 27 u 2 m.

128 Sport à l'école

Programme 2016
- Organisation et gestion des données.
  - » Exploiter des données numériques pour répondre à des questions.
  - » Présenter et organiser des mesures sous forme de tableaux.
- Encadrer une grandeur par deux nombres entiers d'unités.
- Comparer des longueurs.
- Comparer des durées.
- Résoudre des problèmes impliquant des longueurs, des durées.

Objectifs spécifiques de la séance
- Exploiter des informations relatives à une situation d'EPS.
- Noter et ranger les performances à partir d'un barème.

Information didactique
Cette fiche se situe à un croisement entre les enseignements de mathématiques et d'EPS.
Le programme 2016 de mathématiques du cycle 2 précise d'ailleurs que « le travail sur les grandeurs et leur mesure permet des mises en relation fécondes avec d'autres enseignements : Questionner le monde (longueurs, masses, durées), Éducation physique et sportive (durées, longueurs) [...] Les connaissances sur les nombres et le calcul se développent en relation étroite avec celles portant sur les grandeurs. »
Cette fiche porte aussi largement sur l'organisation et la gestion de données et sur le traitement de l'information. Elle est consacrée à la mesure des grandeurs, plus particulièrement la comparaison et le rangement de mesures de longueurs et de durées.

CALCUL MENTAL

❶ Problème : ajouter ou enlever des centimètres à 1 mètre.
Dire : « *Ahmed saute 1 m en hauteur. Calcule la hauteur des sauts de ses camarades. Marie saute 10 cm de moins, Chloé 5 cm de moins, Julie 1 cm de plus, Tom 10 cm de plus, John 40 cm de moins et Sophie 12 cm de moins.* »
L'élève écrit la hauteur franchie par chaque enfant.

❷ Problème : ajouter ou enlever des centimètres à 2 mètres.
Dire : « *Dans une séance de saut en longueur, le maitre fixe un repère à 2 m. Voici les longueurs franchies par 8 élèves. Indique combien ils ont sauté en plus ou en moins par rapport au repère. Léa : 1 m 80 cm ; Luc : 2 m 5 cm ; John 3 m 10 cm ; Adrien : 90 cm ; Aïcha : 1 m 75 cm ; Lou : 3 m 27 cm ; Alice 1m 55 cm ; Théo : 1m 99 cm.* »
L'élève écrit l'écart sous la forme – X cm ou + X cm.

Activités préparatoires

1. Exploiter des informations relatives à une situation d'EPS en comparant des mesures — 20 min

▶ Écrire le tableau de performances dans un concours scolaire de lancer de poids.

	Lucie	Malik	Pierre	Lola	Nolan
1er essai	13 m	21 m	12 m	15 m	16 m
2e essai	19 m	20 m	14 m	20 m	20 m
3e essai	16 m	22 m	15 m	18 m	21 m

Consigne 1 : « *Par groupes de deux ou trois, vous allez relever la meilleure performance de chaque enfant. Ensuite, vous donnerez le résultat de cette épreuve en rangeant les enfants du 1er au 5e.* »
Corriger en confrontant les résultats et les explicitations des différentes procédures.
Le « classement » sera le suivant : Malik (22 m) ; Nolan (21 m) ; Lola (20 m) ; Lucie (19 m) ; Pierre (15 m).

▶ Proposer une deuxième situation dans un contexte analogue.
Écrire ou distribuer le tableau de performances dans un concours scolaire de course à pied.

	Lucie	Malik	Pierre	Lola	Nolan
1re manche	2 025 m	1 700 m	1 764 m	1 345 m	1 800 m
2e manche	1 980 m	1 645 m	1 690 m	1 660 m	1 880 m
3e manche	1 960 m	1 885 m	1 700 m	1 580 m	1 873 m

Consigne 2 : « *Ces cinq élèves ont fait à présent une course à pied en trois manches. Il fallait parcourir la plus grande distance en 10 minutes. Vous allez relever la meilleure performance de chaque enfant. Ensuite, vous donnerez le résultat de cette épreuve en rangeant les enfants du 1er au 5e, en prenant en compte uniquement la meilleure performance des trois.* »
Corriger en confrontant les résultats et les explicitations des différentes procédures.
Le classement sera le suivant : Lucie (2 025 m) ; Malik (1 885 m) ; Nolan (1 880 m) ; Pierre (1 764 m) ; Lola (1 660 m).

2. Noter et ranger des performances en fonction d'un barème — 10 min

Matériel par groupe de deux : les deux tableaux de l'activité précédente et un tableau de résultats.

Consigne : « *Les organisateurs du concours scolaire veulent établir un classement du biathlon (course à pied et lancer de poids). Pour chaque élève, en fonction de son classement dans chaque épreuve, vous affecterez des points : cinq points pour la 1re place, quatre points pour la 2e, ..., un point pour la 5e place. Ainsi, vous obtiendrez le classement final du concours.* ».
Faire remplir le tableau par groupes de deux.

	Lucie	Malik	Pierre	Lola	Nolan
Lancer de poids	... points	... points	... points	... points	... points
Course à pied	... points	... points	... points	... points	... points
Total					
Classement général					

Travail sur le fichier

Expliquer la situation et l'organisation de cette séance d'EPS. Si possible, vidéoprojeter les trois tableaux pour faciliter les échanges au sein de la classe.
Laisser découvrir individuellement, puis placer les élèves par groupe de deux en demandant à chaque binôme d'analyser plus particulièrement un tableau pour pouvoir le présenter à la classe et expliquer comment on s'en sert.

Par exemple :
- 1re ligne du tableau du saut en longueur : « L < 1 m → 1 point » signifie que, pour tous les sauts inférieurs à 1 m, on obtient un point ;
- 2e ligne du tableau : « 1 m < L < 1 m 30 → 2 points » signifie que, pour tous les sauts d'une longueur située entre 1 m et 1 m 30, on obtient deux points, etc.
L'enseignant peut alors proposer des longueurs. Les groupes devront écrire le nombre de points obtenus sur l'ardoise après avoir situé cette longueur et appliqué le barème de l'épreuve (ex. : pour 1 m 50, situé entre 1 m 40 et 1 m 60, on écrira quatre points).
Faire de même pour les deux autres tableaux, le repérage des durées étant sans doute le plus complexe.

1 Déterminer les points des élèves par lecture de tableaux de points et de performances obtenues.
Faire compléter les points obtenus dans les trois épreuves par Sabine, Lilou et et Malo, puis calculer le total des points de chacun d'eux.

Obstacles possibles :
- La compréhension de la situation.
- Situer une mesure par rapport à un encadrement.
- L'utilisation d'un barème.

2 Ranger des longueurs et des durées.
S'assurer que les élèves ont bien compris la tâche. On veut établir un rangement des élèves dans chacune des trois épreuves. Pour cela, il faut comparer et ranger leurs performances dans l'ordre décroissant des longueurs, mais dans l'ordre croissant des durées, car la 1re est celle qui a mis le moins de temps.
En observant le tableau final, on pourra remarquer chacun de ses trois enfants a été une fois 1er, une fois 2e et une fois 3e.

Obstacles possibles :
- Le rangement des durées.
- Le placement dans le tableau des prénoms et des performances.

Faisons le point

- Nous avons vu qu'on pouvait faire des mathématiques en EPS.
- Nous avons comparé des performances de saut en longueur, de cross et de lancers de balle.
- Nous avons appris à utiliser un tableau avec un barème.
- Nous avons ensuite rangé les trois enfants selon le nombre de points qu'ils avaient obtenus en tout, puis nous les avons rangés dans chaque discipline.

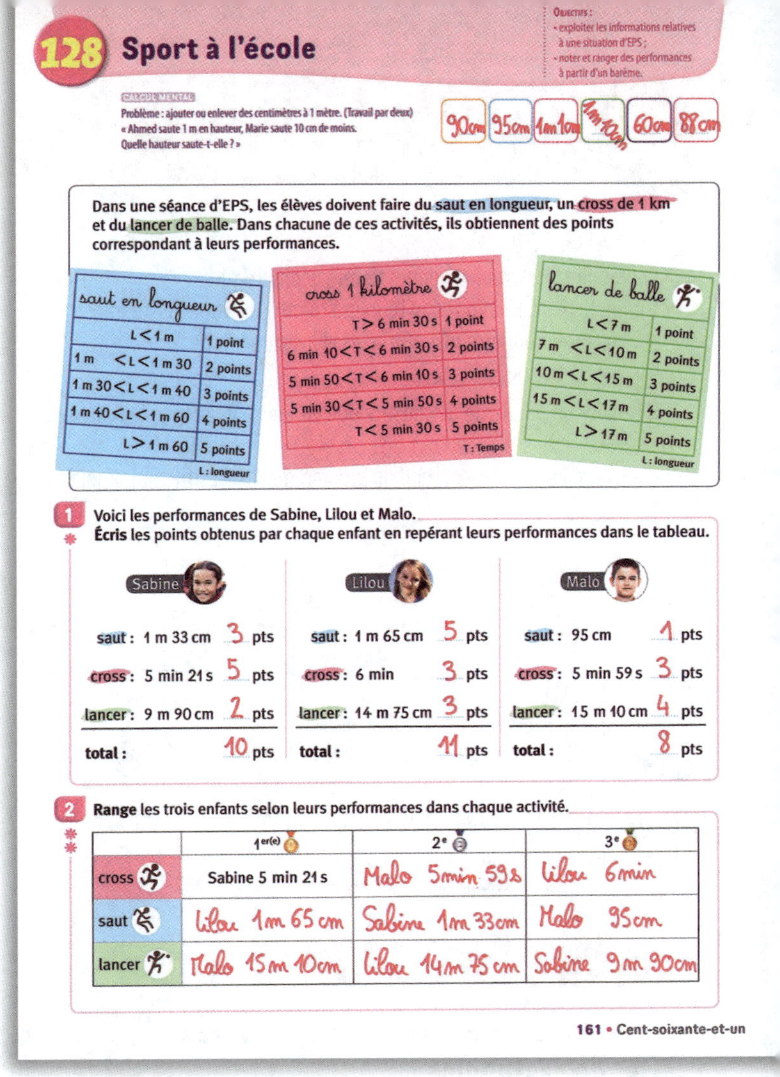

128 Sport à l'école

Objectifs :
- exploiter les informations relatives à une situation d'EPS ;
- noter et ranger des performances à partir d'un barème.

CALCUL MENTAL
Problème : ajouter ou enlever des centimètres à 1 mètre. (Travail par deux)
« Ahmed saute 1 m en hauteur, Marie saute 10 cm de moins. Quelle hauteur saute-t-elle ? »

90 cm | 95 cm | 1 m 10 | 1 m 10 cm | 60 cm | 88 cm

Dans une séance d'EPS, les élèves doivent faire du saut en longueur, un cross de 1 km et du lancer de balle. Dans chacune de ces activités, ils obtiennent des points correspondant à leurs performances.

saut en longueur

L < 1 m	1 point
1 m < L < 1 m 30	2 points
1 m 30 < L < 1 m 40	3 points
1 m 40 < L < 1 m 60	4 points
L > 1 m 60	5 points

L : longueur

cross 1 kilomètre

T > 6 min 30 s	1 point
6 min 10 < T < 6 min 30 s	2 points
5 min 50 < T < 6 min 10 s	3 points
5 min 30 < T < 5 min 50 s	4 points
T < 5 min 30 s	5 points

T : Temps

lancer de balle

L < 7 m	1 point
7 m < L < 10 m	2 points
10 m < L < 15 m	3 points
15 m < L < 17 m	4 points
L > 17 m	5 points

L : longueur

1 Voici les performances de Sabine, Lilou et Malo.
Écris les points obtenus par chaque enfant en repérant leurs performances dans le tableau.

Sabine		Lilou		Malo	
saut : 1 m 33 cm	3 pts	saut : 1 m 65 cm	5 pts	saut : 95 cm	1 pts
cross : 5 min 21 s	5 pts	cross : 6 min	3 pts	cross : 5 min 59 s	3 pts
lancer : 9 m 90 cm	2 pts	lancer : 14 m 75 cm	3 pts	lancer : 15 m 10 cm	4 pts
total :	10 pts	total :	11 pts	total :	8 pts

2 **Range** les trois enfants selon leurs performances dans chaque activité.

	1er(e)	2e	3e
cross	Sabine 5 min 21 s	Malo 5 min 59 s	Lilou 6 min
saut	Lilou 1 m 65 cm	Sabine 1 m 33 cm	Malo 95 cm
lancer	Malo 15 m 10 cm	Lilou 14 m 75 cm	Sabine 9 m 90 cm

161 • Cent-soixante-et-un

Pistes d'activités supplémentaires

Soutien
- Proposer d'autres longueurs et d'autres temps et leur faire attribuer les points correspondant à la performance.
- Faire ranger des distances :
15 m ; 14 m 90 ; 12 m 50 ; 13 m 09 ; 11 m 98.
- Faire ranger des durées :
4 min ; 3 min 59 ; 2 min 30 ; 1 min 45.
- En EPS, organiser un concours de saut en longueur, de lancer ou autre par équipe. Donner aux élèves un barème pour inscrire les points. À la fin, comparer les totaux obtenus par chaque équipe.
- Observer des documents avec des résultats d'épreuves sportives et des classements.
- Travailler à partir des résultats du cross des écoles.

PROBLÈMES

129 Reproduire et construire des figures

Exercices différenciés – Espace et géométrie 15 à 18

Programme 2016
- Reproduire, construire quelques figures géométriques.
- Utiliser la règle, le compas ou l'équerre comme instruments de tracé.
  » Lien entre propriétés géométriques et instruments de tracé.

Objectifs spécifiques de la séance
- Résoudre un problème de construction en utilisant la règle, le compas et l'équerre.
- Construire une figure à partir d'un programme de construction simple.

Information didactique
Au cycle 2, l'essentiel des activités a concerné l'observation, la description et la reproduction d'objets ou de figures simples. En fin de cycle, les compétences géométriques acquises doivent être mobilisées dans des problèmes de reproduction de figures, éventuellement à partir d'éléments déjà fournis de la figure à reproduire qu'il s'agit alors de compléter. Ces problèmes donnent l'occasion de dégager et de travailler les propriétés et les relations géométriques du programme. Les élèves doivent aussi être capables de construire des figures à partir de programmes de construction simples (réaliser, compléter et rédiger un programme de construction étant une compétence de cycle 3). En fin de cycle 2, **les élèves doivent être capables de reproduire et de construire quelques figures géométriques.**

CALCUL MENTAL
Calculer la moitié d'un nombre pair.
❶ Dire : « *40 ; 68 ; 124 ; 100 ; 260 ; 50 ; 54 ; 204.* »
L'élève écrit la moitié.
❷ Dire : « *70 ; 76 ; 700 ; 760 ; 90 ; 94 ; 900 ; 300 ; 330 ; 250.* »
L'élève écrit la moitié.

Activités préparatoires

1. Terminer la construction de carrés et de rectangles — 10 min

Matériel individuel : fiche d'activité SITE COMPAGNON, règle graduée et équerre.

Consigne : « *Voici trois quadrilatères. Ils ne sont pas totalement tracés ; des parties de côtés ont été effacées. Vous devez terminer les tracés.* »

Les figures pourront être reproduites au tableau ou vidéoprojetées.

Analyser les figures collectivement au TNI. Faire rappeler ce qu'est un quadrilatère.

Faire observer que chaque quadrilatère à compléter présente au moins un angle droit, c'est-à-dire deux côtés ou des parties de côtés qui se « coupent » en formant un angle droit. Il suffira de prolonger ces deux parties de côtés et les deux autres parties de côtés pour obtenir le quadrilatère. On aura ainsi les quatre côtés tracés.

Faire terminer les tracés. Préciser que, dans un premier temps, les prolongements pourront dépasser les sommets du quadrilatère : les élèves pourront ensuite rectifier en gommant la partie tracée qui ne « fait pas partie » du côté.

Demander de préciser la nature des quadrilatères obtenus ; faire vérifier les longueurs et les angles droits en utilisant les instruments de géométrie, après avoir fait rappeler les propriétés du carré et du rectangle.

2. Reproduire un assemblage — 15 min

Matériel individuel : fiche d'activité SITE COMPAGNON, règle graduée, compas.

Consigne 1 : « *Vous allez reproduire cet assemblage. Comment allez-vous procéder ?* »

Collectivement, commencer par décrire la figure qui est à reproduire au tableau (ou vidéoprojetée). Faire repérer le carré (le repasser en vert) et le demi-cercle.

Demander la longueur du côté du carré (4 cm).

Consigne 2 : « *Que faut-il savoir pour reproduire le demi-cercle ?* » (il faut connaitre son centre et son rayon) ; « *Quel est son centre ?* » (c'est le point marqué en rouge sur un côté du carré) ; « *Comment est situé ce point sur ce côté ?* » (c'est le milieu du côté : demander de le vérifier).

Faire reproduire la figure à partir du point rouge mentionné.

3. Construire une figure à partir d'un programme de construction — 15 min

Matériel individuel : règle graduée, compas.

Consigne 1 : « *Je vais écrire un texte au tableau. Lisez-le silencieusement, puis vous me direz de quoi parle ce texte.* »
"Trace un segment de 5 cm.
Trace le cercle qui a pour diamètre ce segment.
Place un point sur ce cercle.
Joins les extrémités du diamètre et ce point."

Les élèves doivent reconnaitre que le texte permet de construire une figure. Il donne des consignes de construction. Bien faire repérer les trois étapes qui correspondent chacune à une action à faire.

Consigne 2 : « *Est-ce que le texte précise les instruments géométriques dont on a besoin ?* » (la réponse est non).

Analyser collectivement chaque étape. Pour tracer le segment, on a besoin de la règle graduée. Pour tracer le cercle on a besoin du compas, mais on ne connait pas le centre du cercle : il faut le repérer en mesurant le milieu du diamètre.

Faire tracer la figurer. Demander aux élèves de reconnaitre la figure obtenue. C'est un triangle avec un angle droit, c'est donc un triangle rectangle.

Travail sur le fichier

1 Terminer la construction de quadrilatères particuliers et les reconnaitre.

Laisser observer la situation de manière individuelle, puis passer à l'analyse collective des deux figures, qui sont masquées en partie par une tache. La consigne précise qu'il s'agit de deux quadrilatères. Lors de l'analyse, ne pas dire le nom géométrique des quadrilatères, mais parler du quadrilatère A (celui d'en haut) et du quadrilatère B (celui d'en bas).

La figure A (pour sa partie non cachée) montre la présence de deux angles droits et de côtés opposés de dimensions différentes. En prolongeant les côtés ou une partie de côtés déjà tracés, les élèves obtiendront un rectangle (on pourra demander de vérifier ses propriétés avec l'équerre et la règle graduée). La figure B peut être obtenue de la même manière : c'est un carré. Laisser les élèves terminer les tracés.

Obstacle possible : manque de méthode dans le repérage et les prolongements de côtés.

Aide proposée : reprendre l'activité préparatoire 1.

2 Reproduire une figure en repérant les angles droits et le milieu d'un segment.

La figure à reproduire est constituée d'un rectangle, d'un triangle rectangle et d'un demi-cercle. Ces trois figures de base constituent une figure complexe que l'on peut appeler un assemblage. L'analyser collectivement. Faire nommer les figures connues (pour le triangle rectangle et le rectangle, demander les dimensions), faire repérer les angles droits marqués. Bien insister sur deux points particuliers :

- le point rouge (un sommet du rectangle), qui marquera le début de la reproduction ;
- le point marqué sur une des deux longueurs du rectangle : il est le milieu de cette longueur mais aussi le centre du demi-cercle.

Être vigilant dans l'emploi du vocabulaire utilisé, qui doit être précis. Demander aux élèves les instruments dont ils auront besoin : l'équerre pour construire les angles droits ; la règle graduée pour mesurer les longueurs et tracer les segments ; le compas pour tracer le demi-cercle.

Noter que la règle en tant qu'instrument de mesure peut être remplacée pour certains reports de segment par le compas (voir la fiche 118).

Passer à la reproduction individuelle. Le papier calque du fichier peut servir pour vérifier la qualité de la reproduction.

Aide proposée : proposer une partie du rectangle déjà reproduite.

3 Construire une figure à partir de son programme de construction.

Laisser découvrir la situation. Faire lire le programme, qui pourra être vidéoprojeté. Repérer les trois étapes de la construction à effectuer :

- construire le cercle à partir du diamètre, ce qui passera d'abord par le repérage du milieu du segment vert (ce sera le centre du cercle) ;
- construire le deuxième diamètre (perpendiculaire au premier) : l'absence de précision sur le lieu de « coupe » du premier diamètre peut perturber les élèves ;
- joindre les points.

Le quadrilatère obtenu sera un carré.

Aide proposée : préciser que le 2e diamètre doit passer aussi par le centre du cercle.

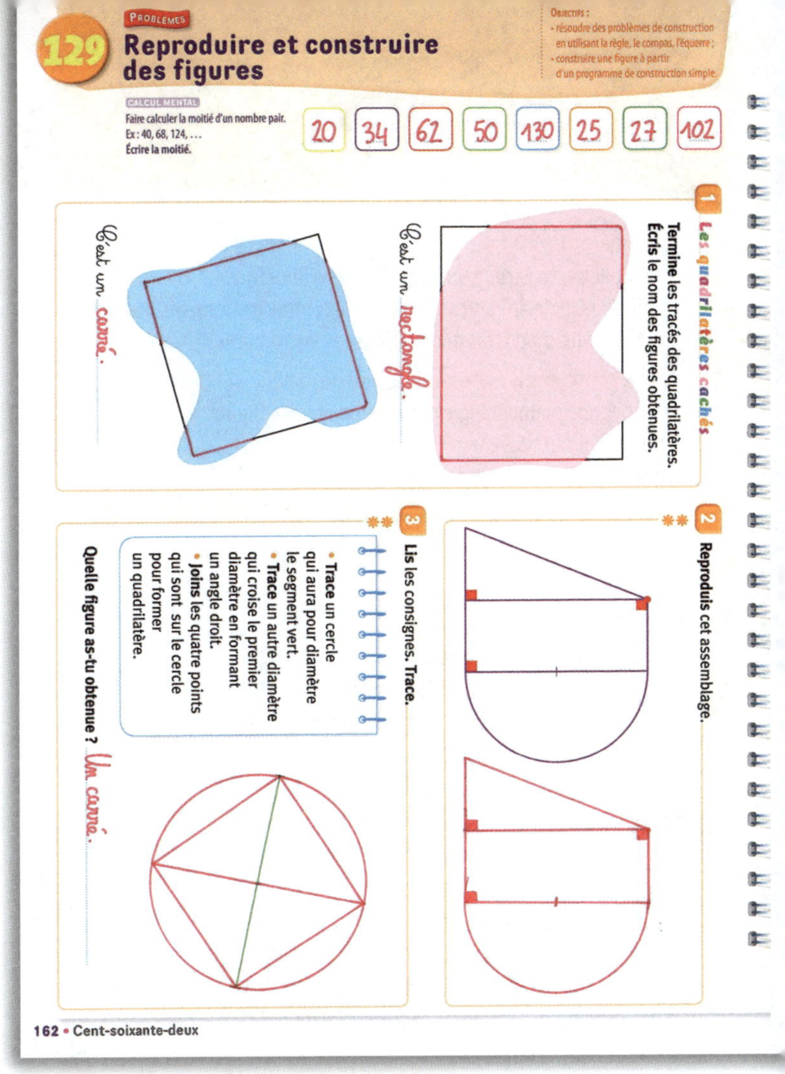
PROBLÈMES 129 Reproduire et construire des figures

Objectifs : • résoudre des problèmes de construction en utilisant la règle, le compas, l'équerre ; • construire une figure à partir d'un programme de construction simple.

CALCUL MENTAL Faire calculer la moitié d'un nombre pair. Ex : 40, 68, 124, … Écrire la moitié.

20 34 62 50 130 25 27 102

1 Les quadrilatères cachés. Termine les tracés des quadrilatères. Écris le nom des figures obtenues.

C'est un rectangle.

C'est un carré.

2 Reproduis cet assemblage.

3 Lis les consignes. Trace.
• Trace un cercle qui aura pour diamètre le segment vert.
• Trace un autre diamètre qui croise le premier diamètre en formant un angle droit.
• Joins les quatre points qui sont sur le cercle pour former un quadrilatère.

Quelle figure as-tu obtenue ? Un carré.

162 • Cent-soixante-deux

Faisons le point

- Nous avons terminé la construction de deux quadrilatères, puis nous les avons nommés.
- Nous avons reproduit un assemblage en utilisant la règle, le compas et l'équerre. Nous avons bien repéré les angles droits et les longueurs.
- Nous avons aussi construit un carré à partir d'un texte en suivant les indications de construction.

Pistes d'activités supplémentaires

Soutien

- Demander de construire des figures de base (carré, rectangle, triangle rectangle) sur papier pointé, puis sur papier uni.
- Tracer la figure à partir des consignes suivantes :

Trace un rectangle de 6 cm de longueur et de 4 cm de largeur.

Trace les milieux des deux largeurs.

Trace deux cercles : chaque cercle aura pour centre le milieu d'une largeur du rectangle et pour rayon 2 cm.

Approfondissement

- Reproduire la figure de l'exercice 2 en prenant comme dimensions du rectangle 4 cm et 10 cm.
- Reproduire la figure de l'exercice 2 avec le compas et la règle, *mais sans mesurer avec la règle*.
- Tracer l'assemblage à partir des consignes suivantes :

Trace un rectangle de 5 cm de longueur et de 3 cm de largeur.

Trace quatre carrés à l'extérieur du rectangle : chaque carré a pour longueur un côté du rectangle.

PROBLÈMES

130 Analyser une figure pour la reproduire

• Exercices différenciés – Espace et géométrie 15 à 18

Programme 2016

- Reproduire, construire quelques figures géométriques.
- Utiliser la règle, le compas ou l'équerre comme instruments de tracé.
  » Lien entre propriétés géométriques et instruments de tracé.

Objectif spécifique de la séance

Dégager une méthodologie pour reproduire une figure :
- phase d'observation,
- puis description à l'oral ou à l'écrit.

Information didactique

La fiche précédente a permis aux élèves de reproduire et de construire des figures. Les formes proposées étaient simples et prenaient appui sur des figures de base (rectangle, carré, cercle). Dans cette fiche, **il s'agit d'aller plus loin dans la reproduction de figures plus complexes,** notamment par la présence de cercles ou de parties de cercle, nécessitant au préalable une analyse plus importante. En effet, le cercle est déterminé par des éléments parfois non directement accessibles ou visibles ; il peut être construit soit par la connaissance de son centre et son rayon, soit à partir de son diamètre. Cela nécessite chez l'élève une observation prenant appui sur les objets géométriques et sur leurs propriétés. Cette fiche vise à déterminer une **méthodologie de travail** avant de passer à la reproduction en elle-même de la figure.

CALCUL MENTAL

Problème : ajouter une durée.

❶ Dire : « *Une consultation chez le médecin dure un quart d'heure (15 min). À quelle heure se termine la consultation si elle débute à 17 h 15 ? 18 h 00 ? 16 h 30 ? 17 h 10 ? 17 h 05 ?* »
L'élève écrit l'heure de la fin.

❷ Dire : « *- Pour aller d'un village A à un village B, une voiture met 25 min. Pour aller de B au village C, elle met 30 min. La voiture a-t-elle mis plus ou moins d'1 h pour aller de A à C ?*
- Pierre met 45 min pour faire le tour du circuit, Jules met 20 min de plus. Combien de temps a mis Jules pour faire le tour ?
- Martine commence de tondre sa pelouse à 10 h 50. Elle tond pendant 1 h 20 min. À quelle heure se termine sa tonte ? »
L'élève écrit la réponse.

Activités préparatoires

1. Observer une figure complexe et dégager collectivement une méthodologie pour la reproduire

25 min

Matériel individuel : fiche d'activité SITE COMPAGNON, règle graduée et compas.

Consigne 1 : « *Voici une figure. Nous allons la reproduire, mais dans un premier temps, nous allons l'analyser pour voir comment faire pour la reproduire.* »
La figure sera reproduite au tableau ou vidéoprojetée, mais les élèves disposeront aussi de la fiche d'activité avec la figure à reproduire.
Demander dans un premier temps d'observer individuellement la figure, puis demander d'échanger par deux sur la façon de procéder. Passer à l'analyse collective de manière guidée.
Consigne 2 : « *Quelles sont les figures que l'on connait et qui composent la figure à reproduire ?* » Il y a trois types figures de base : un rectangle, deux cercles et un quadrilatère.
Pour aider à la reproduction, le rectangle est déjà reproduit. Demander de préciser sa longueur (8 cm) et sa largeur (3 cm).
S'intéresser aux deux cercles : ils semblent de la même taille. Demander quels sont les éléments qu'il faut connaitre pour construire un cercle (son centre et son rayon). Demander quel est le centre du cercle de gauche (le sommet en haut à gauche du rectangle marqué par un point rouge), son rayon (le faire mesurer : 3 cm). On peut aussi observer que la largeur du rectangle est un rayon du cercle. Procéder de même pour le deuxième cercle.
S'intéresser au quadrilatère (en rouge) : demander de donner des précisions sur ses côtés : les montrer. Demander de repérer les quatre sommets : deux sont également des sommets du rectangle et les deux autres sont les points d'intersection entre chaque cercle et une longueur du rectangle.
▶ Refaire formuler la démarche aux élèves : il faut reconnaitre les figures de base, partir d'une figure, repérer ce qui permet de construire chaque figure : reconnaitre les sommets ou les points particuliers, connaitre les mesures de longueurs….
On peut présenter un film de reproduction de la figure qui va représenter les étapes successives de la construction.
Dans un dernier temps, faire terminer la figure.

2. S'exercer à construire des arcs de cercle

10 min

Matériel individuel : fiche d'activité SITE COMPAGNON, règle graduée et compas.

Consigne : « *Vous allez poursuivre le tracé des arcs de cercle. Ils ont tous le même centre et chacun doit passer par un des points rouges.* »
Expliquer ce qu'est un arc de cercle : c'est une partie de cercle. Comme pour le cercle, les arcs de cercle ont un centre (qui sera le point où on positionnera la pointe sèche du compas) et un rayon.
Faire observer la partie à terminer : faire remarquer le centre commun des arcs de cercle (point rouge à l'intersection des deux lignes) et les autres points rouges par lesquels passeront les arcs de cercle.
Laisser les élèves poursuivre les constructions. L'enseignant veillera à la qualité du geste de tracé et au positionnement des doigts des élèves sur le compas.

Travail sur le fichier

1 Observer puis décrire une figure en vue de la reproduire.
La figure sera reproduite ou vidéoprojetée pour une analyse collective, selon la méthodologie dégagée lors des activités préparatoires. Demander quelles sont les figures de base qui composent cette figure. Il y a deux cercles (chacun a une couleur différente de façon à rendre le repérage plus facile) et un quadrilatère (en orange). Passer à une analyse plus fine de ces figures de bases et aux positions relatives de chacune :
- le cercle bleu a pour centre le point C et a un rayon de 2,5 cm ;

- le cercle violet a pour centre le point O et un rayon de 2,5 cm également ;
- les sommets du quadrilatère orange sont les points O et C et les deux points d'intersection des deux cercles.

Le compas pourra servir à confirmer le centre et le rayon de chacun des deux cercles.

Le début de la reproduction est amorcé par la droite qui passe par les points O et C, qui sont déjà positionnés. Laisser les élèves terminer les tracés.

Obstacle possible : manque de méthode dans le repérage et l'identification des figures.

Aide proposée : tracer un des deux cercles.

2 Reproduire une figure à partir de la méthodologie de travail mise en place.

La figure à reproduire est constituée d'un carré dans lequel est représentée une rosace (figure géométrique symétrique composée de courbes ou d'arcs de cercles). Passer à l'analyse collective à partir de la figure visualisée au tableau. Faire repérer les quatre demi-cercles (si besoin, les faire repasser de couleurs différentes). Il faut trouver leur centre, faire repérer les quatre points rouges et les attribuer à chaque demi-cercle. Chaque demi-cercle a le même rayon (2,5 cm) ; on peut aussi dire que chaque demi-cercle a pour diamètre un des côtés du carré. Laisser les élèves terminer la construction à partir du carré déjà reproduit et des quatre milieux déjà positionnés.

Aide proposée : tracer collectivement un premier demi-cercle.

3 Reproduire une figure à partir de la méthodologie de travail mise en place.

La figure à compléter ressemble à celle de l'exercice précédent : des parties de cercle constituent une forme de rosace, à l'intérieur d'un carré. Le carré est déjà reproduit. L'analyse de la figure et la lecture de la bulle permettront de savoir que les points rouges (qui sont en fait les quatre sommets du carré) correspondent aux centres respectifs des arcs de cercle. L'analyse de la partie de figure reproduite permet d'observer que chaque arc de cercle a pour centre un sommet du carré et a pour extrémité deux autres sommets du carré ; la longueur du côté du carré est le rayon de cet arc.

Dans cet exercice, il est donc important de bien observer la figure à reproduire mais aussi le début de la construction, qui donne de manière plus repérable les éléments, pour construire les trois autres arcs de cercle.

Faisons le point

- Nous avons appris à reproduire des figures en suivant une méthode :
  - on observe d'abord la figure globale ;
  - on repère les figures de base que l'on connait ;
  - on repère les liens qu'il y a entre ces figures de base.
- Nous avons reproduit des figures où il y avait des demi-cercles ou des arcs de cercle.
- Pour les reproduire, il fallait repérer pour chaque partie de cercle son centre et son rayon.

MÉMO-MATHS **« Je sais analyser une figure », page 18.**

Pistes d'activités supplémentaires

Pour toute la classe

- Par deux : chaque élève trace une figure avec un cercle et un carré (ou un rectangle), puis chacun va décrire sa figure pour que l'autre puisse la reproduire, sans la voir. Comparer les deux constructions pour chacun.
- Reproduire la figure des exercices 2 et 3 sans l'aide du début de la reproduction.
- Reproduire la figure de l'exercice 1 en modifiant la distance entre les points O et C : prendre 5 cm.
- Reproduire la figure suivante à partir d'un rectangle de 6 cm sur 3 cm.

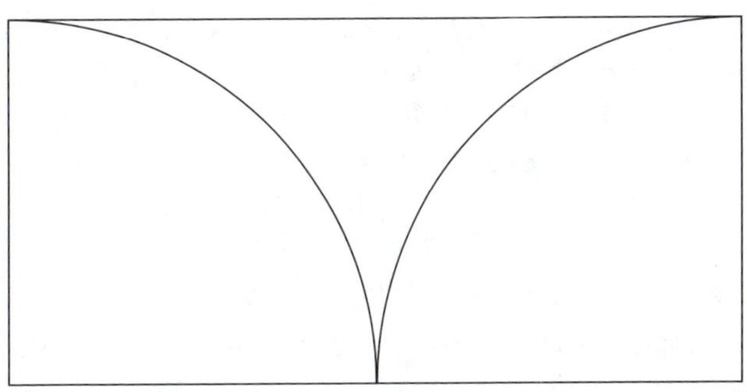

131 Choisir un moyen de calcul adapté

Programme 2016
- Élaborer ou choisir des stratégies de calcul.

Objectif spécifique de la séance
Choisir le moyen de calcul approprié en fonction du calcul à effectuer (calcul mental, calcul posé, utilisation de la calculette).

Information didactique
Lorsque l'élève a compris le sens d'un problème et déterminé les opérations qui le conduiront au résultat, il lui reste à effectuer ces opérations en choisissant le moyen le plus approprié. Concernant la calculette, nous conseillons de la considérer comme un dernier recours et d'essayer, dans un premier temps, de faire certains calculs de tête, de façon exacte si c'est possible, ou simplement approchée pour avoir rapidement un ordre de grandeur. Les opérations simples seront ensuite faites « à la main ».
La calculette devient utile lorsque les opérations sont difficiles ou nombreuses et que l'on veut se concentrer sur la démarche.

CALCUL MENTAL

❶ **Problème : calculer une durée.**
Dire : « *Alex a rendez-vous à 9 h 15 chez une amie. Combien de minutes a-t-il de retard s'il arrive à 9 h 20 ? à 9 h 30 ? à 9 h 16 ? à 9 h 25 ? à 10 h ?* »
Si nécessaire montrer les deux positions sur l'horloge.
L'élève écrit la durée du retard.

❷ **Calculer une durée.**
Dire : « *Yasmine doit prendre le train à 10 h 00. Combien a-t-elle d'avance si elle arrive sur le quai de la gare à 9 h 50 ? à 9 h 59 ? à 9 h 45 ? à 8 h 50 ? à 9 h 48 ? à 9 h 15 ? à 9 h 59 min 30 s ?* »
L'élève note l'avance de Yasmine.

Activité préparatoire

Choisir le moyen le plus adapté pour faire un calcul

30 min

Matériel individuel : opérations copiées au tableau, fiche d'activité SITE COMPAGNON, calculette.

Consigne : « *Vous avez trois sortes d'opérations. Pour chacune de ces opérations, il faut choisir le moyen qui convient le mieux pour l'effectuer. Vous avez le choix entre trois moyens :*

- le calcul mental : vous devez le choisir en priorité si vous pouvez faire un calcul directement de tête. Si vous le choisissez, vous écrirez la lettre M dans la case ;

- le calcul posé. Vous le choisirez si vous ne pouvez pas faire ce calcul de tête et si vous savez faire l'opération posée. Si vous le choisissez, vous écrirez la lettre P dans la case ;

- le calcul avec la calculette. Vous le choisirez si vous ne pouvez pas faire ce calcul posé, si l'opération est trop difficile. Si vous le choisissez, vous écrirez la lettre C dans la case. »

Laisser les élèves travailler de façon individuelle.

Dans la phase collective de correction, faire porter la réflexion sur l'ensemble des opérations.

En classant ces opérations en trois catégories, repérer les opérations qui ont été faites de tête, celles qui ont été posées et celles qui ont nécessité l'utilisation de la calculette.

Constater que, globalement, ce sont les mêmes pour toute la classe. Cependant, il peut y avoir quelques cas particuliers. Les relever et analyser ces réponses différentes.

Échanger autour de ces choix pour voir s'ils étaient judicieux.

Certains élèves, qui ont choisi les moyens P ou C, auront peut-être des résultats erronés.

Aboutir à l'idée qu'avant de faire un calcul, il faut l'analyser pour « voir » quel moyen est le plus rapide. Par exemple, les opérations de type « × 10 » ou « × 100 » ne doivent jamais être « posées ».

Habituer les élèves à ce type d'attitude, qui consiste à éviter de poser systématiquement une opération lorsqu'il est évident qu'elle peut être effectuée de tête.

Opérations effectuées mentalement	Opérations posées	Opérations avec calculette
500 + 100 = 600	136 × 4	795 × 38
12 × 2 = 24	287 + 142	7 903 – 2 497
43 × 100 = 4 300	396 – 153	8 723 – 7 089
485 – 85 = 400		
400 + 30 + 6 = 436		
16 × 2 × 5 = 160		

Remarquer que certaines opérations qui sont à effectuer avec la calculette pourraient être effectuées à la main, mais que le risque d'erreur est plus grand.

Travail sur le fichier

1 Sensibiliser les élèves au choix du moyen de calcul en fonction du calcul à effectuer.

Lire la consigne. Demander à un ou deux élèves de résumer ce qui nous est dit dans la présentation.

On demandera d'indiquer, pour chaque opération, le moyen choisi pour la calculer avant d'effectuer le calcul. Cela oblige et habitue à passer par un temps d'analyse.

Préciser que le calcul avec la calculette est réservé pour les calculs les plus difficiles.

Calcul mental : 200 + 300 + 100 ; 438 – 100.

Calcul posé : 21 × 13 ; 642 – 237.

Calculette : 687 × 28 ; 1 776 : 37.

Obstacle possible : la compréhension de la tâche.

Aide proposée : partir de calculs pour lesquels le choix est évident. Par exemple, pour le calcul de tête : 10 + 10 ; 100 + 20 ; pour la calculette : 489 × 678 ; pour le calcul posé (le choix est parfois moins évident) : 175 + 212 + 17.

2 Indiquer le moyen utilisé pour effectuer un calcul.

Laisser découvrir les trois problèmes puis faire lire les textes à haute voix par quelques élèves. Demander s'il y a quelque chose qui n'est pas compris, puis laisser effectuer individuellement.

Les élèves doivent disposer d'une calculette.

Nombre de places libres : 525 – 297 = 228 **P**

Masse de ciment reçue : 35 kg × 10 = 350 kg **M**

Masse totale du chargement : 125 kg × 79 = 9 875 kg **C**

Obstacles possibles :

- Comme l'opération 525 – 297 est une soustraction à double retenue, elle pourra être effectuée par certains avec la calculette.
- Le sens des opérations dans les problèmes.

3 Continuer la suite « multiplier par 2 » jusqu'au 14e rang en utilisant le plus souvent possible le calcul mental.

S'assurer que tous les élèves ont compris la tâche. On va essayer de calculer le plus « longtemps » possible de tête.

1 ; 2 ; 4 ; 8 ; 16 ; 32 ; 64 ; 128 ; 256 ; 512 ; 1 024 ; 2 048 ; 4 096 ; 8 192.

Observer les différentes attitudes. Certains élèves utiliseront très vite la calculette parce qu'ils ont peur de se tromper ; d'autres voudront calculer trop longtemps mentalement et feront des erreurs. D'autres enfin alterneront « calcul de tête » et « calculette » suivant la difficulté du calcul, les produits les plus difficiles pouvant être 128 × 2 = 256 ; 256 × 2 = 512 ; 2 048 × 2 = 4 096 et 4 096 × 2 = 8 192.

Obstacle possible : l'analyse des calculs et le bon choix en rapport avec ses compétences.

La petite question

6 × 100 = 600 ; 6 × 600 = 3 600 ; 50 – 1 = 49 ; 3 600 + 49 = 3 649.
Ou bien : 6 × 6 = 36 ; 36 × 100 = 3 600 ; 3 600 + 49 = 3 649.
Écriture du calcul : (6 × 6 × 100) + (50 – 1) = 3 649.

Faisons le point

- Nous avons vu que parfois, on pouvait effectuer des calculs de tête, que parfois, il fallait poser l'opération et que d'autres fois, on était obligés d'effectuer les calculs avec la calculette.
- Nous avons vu que, chaque fois que c'était possible, il fallait faire les calculs de tête.

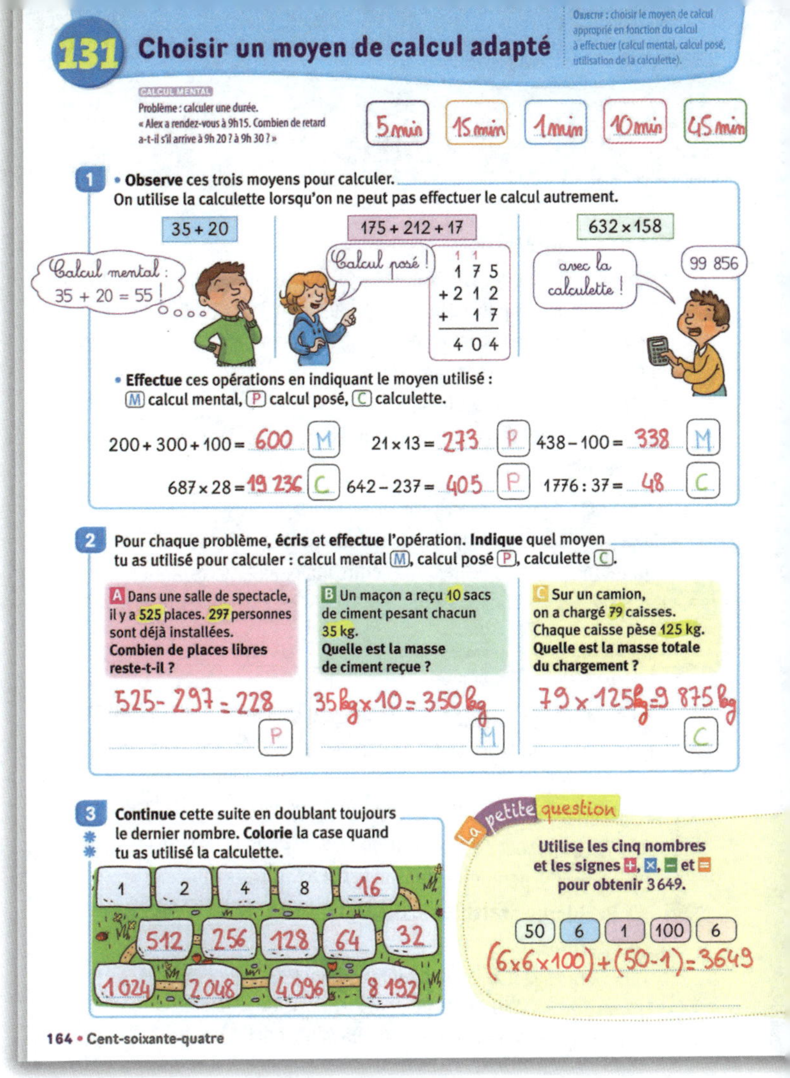

131 Choisir un moyen de calcul adapté

Objectif : choisir le moyen de calcul approprié en fonction du calcul à effectuer (calcul mental, calcul posé, utilisation de la calculette).

CALCUL MENTAL
Problème : calculer une durée.
« Alex a rendez-vous à 9h15. Combien de retard a-t-il s'il arrive à 9h 20 ? à 9h 30 ? »
5 min | 15 min | 1 min | 10 min | 45 min

1 • Observe ces trois moyens pour calculer.
On utilise la calculette lorsqu'on ne peut pas effectuer le calcul autrement.

35 + 20 — Calcul mental : 35 + 20 = 55 !
175 + 212 + 17 — Calcul posé ! 175 + 212 + 17 = 404
632 × 158 — avec la calculette ! 99 856

• Effectue ces opérations en indiquant le moyen utilisé : M calcul mental, P calcul posé, C calculette.

200 + 300 + 100 = 600 M | 21 × 13 = 273 P | 438 – 100 = 338 M
687 × 28 = 19 236 C | 642 – 237 = 405 P | 1776 : 37 = 48 C

2 Pour chaque problème, écris et effectue l'opération. Indique quel moyen tu as utilisé pour calculer : calcul mental M, calcul posé P, calculette C.

A Dans une salle de spectacle, il y a 525 places. 297 personnes sont déjà installées. **Combien de places libres reste-t-il ?**
525 - 297 = 228 P

B Un maçon a reçu 10 sacs de ciment pesant chacun 35 kg. **Quelle est la masse de ciment reçue ?**
35 kg × 10 = 350 kg M

C Sur un camion, on a chargé 79 caisses. Chaque caisse pèse 125 kg. **Quelle est la masse totale du chargement ?**
79 × 125 kg = 9 875 kg C

3 **Continue** cette suite en doublant toujours le dernier nombre. **Colorie** la case quand tu as utilisé la calculette.
1 ; 2 ; 4 ; 8 ; 16 ; 32 ; 64 ; 128 ; 256 ; 512 ; 1 024 ; 2 048 ; 4 096 ; 8 192

La petite question
Utilise les cinq nombres et les signes +, ×, – et = pour obtenir 3 649.
50 | 6 | 1 | 100 | 6
(6 × 6 × 100) + (50 - 1) = 3649

164 • Cent-soixante-quatre

Pistes d'activités supplémentaires

Pour toute la classe

- Bien faire constater dans des temps de calcul mental que, souvent, le calcul « de tête » est plus rapide et plus sûr qu'un calcul posé, voire qu'un calcul avec la calculette (avec laquelle on peut faire des erreurs de frappe). Un groupe d'enfants compte de tête, un autre groupe fait le calcul posé et un troisième groupe utilise la calculette.
Exemples de calculs proposés :
100 + 200 ;
500 + 80 ;
100 – 80 ;
100 – 300 ;
45 × 10 ;
21 × 100 ;
35 × 2 ;
154 + 50.
- Proposer des problèmes à résoudre en calcul mental.
- Écrire la suite « multiplier toujours par 3 » à partir de 1 jusqu'au 9e rang. Calculer les premiers nombres de la suite « de tête » et les suivants par un calcul posé, puis vérifier les résultats avec la calculette.
- Calcul mental. Écrire la suite « diviser toujours par 2 » de 10 000 à 625.
- Calcul mental. Écrire la suite « diviser toujours par 2 » de 8 000 à 125.

132 Durées : année, siècle, millénaire

Programme 2016

- Associer un nombre entier à une position sur une demi-droite graduée, ainsi qu'à la distance de ce point à l'origine.
- Dans des cas simples, représenter une grandeur par une longueur, notamment sur une demi-droite graduée.
- Comparer, estimer des durées.
  » Unités de mesures usuelles des durées : année, siècle, millénaire .
  » Relations entre ces unités.

Objectifs spécifiques de la séance

- Se repérer dans un temps long en utilisant le siècle et le millénaire.
- Connaitre et utiliser les relations entre millénaire, siècle, année.

Information didactique

Se situer dans le temps étant une compétence transversale, nous sommes ici au croisement entre les enseignements « Mathématiques » (les durées, dans le domaine « Grandeurs et mesures) et « Questionner le monde » (se situer dans le temps, dans le domaine « Questionner l'espace et le temps »).
Cette fiche offre une première ouverture sur le repérage dans un temps long en y associant les nouvelles unités correspondantes : le siècle et le millénaire. Au CE2, les élèves vont commencer à utiliser une frise historique, sur laquelle on peut situer quelques événements, personnages et périodes de l'histoire en repérant les dates et les durées.

CALCUL MENTAL

❶ Problème : calculer le périmètre d'un carré, d'un rectangle.
Dire : « *- Quel est le périmètre d'un terrain carré de 50 m de côté ? de 62 m de côté ? de 65 m de côté ?*
- Quel est le périmètre d'un terrain rectangulaire de 35 m de longueur et de 25 m de largeur ? de 32 m de longueur et de 18 m de largeur ? »
L'élève écrit le périmètre. (Travail par deux.)

❷ Problème : calculer le côté d'un carré connaissant son périmètre.
Dire : « *Quelle est la longueur du côté d'un carré dont le périmètre est de 12 cm ? 20 cm ? 40 cm ? 1 m ? 1 m 20 cm ? 2 m ? 2 m 60 cm ?* »
L'élève écrit la longueur du côté. (Travail par deux.)

Activités préparatoires

1. Introduire la notion de siècle et de millénaire

5 à 10 min

Consigne 1 : « *Vous avez déjà entendu parler de l'histoire de la France. Est-ce que certains parmi vous peuvent me citer une période de l'Histoire ? des grands personnages de l'Histoire ? de grandes guerres qui ont eu lieu dans l'Histoire ?* »

Tous ces événements et ces périodes se sont déroulés dans le passé, dans un passé assez lointain, parfois même très lointain.

Consigne 2 : « *Est-ce que vous connaissez le nom d'une unité qui sert à mesurer les longues durées en histoire ? une unité plus grande qu'une année ?* »

Pour mesurer les durées et situer les dates en histoire, on utilise « le siècle ». Le siècle a une durée de 100 ans. On dira que la période du Moyen Âge a duré 10 siècles. Rattacher l'idée de siècle à l'idée que l'être humain peut vivre jusqu'à 100 ans (longévité). On peut comparer avec la longévité de différentes espèces animales.

On utilise aussi « le millénaire », qui est une unité 10 fois plus grande que le siècle. Le millénaire a une durée de 10 siècles, donc de 1 000 ans.

Écrire au tableau :

1 siècle = 100 ans et 1 millénaire = 10 siècles = 1 000 ans.

2. Compléter une frise chronologique

5 à 10 min

Matériel individuel : fiche d'activité SITE COMPAGNON

Si possible, vidéoprojeter la fiche d'activité.

La frise chronologique est une bande qui représente le temps. Elle se lit de gauche à droite et elle se termine par une flèche car le temps continue, il ne s'arrête pas.

Elle est graduée de 100 en 100. L'intervalle entre deux graduations consécutives représente une durée de 100 ans ou 1 siècle.

Placer les quatre dates sur cette frise. Repasser en rouge le siècle dans lequel nous vivons.

Demander combien de siècles se sont écoulés entre la naissance de Jésus Christ et l'an 2000.

Travail sur le fichier

1 Découvrir le siècle et le millénaire, unités de mesure des longues durées.

Recopier ou vidéoprojeter l'exercice.

Lire l'affiche qui présente les deux nouvelles unités de durée et leurs relations.

Observer la portion de frise du temps. Dire que cette bande graduée représente la partie du temps qui va du début de notre ère à l'an 1600.

Observer la graduation de la bande, de 100 ans en 100 ans. En partant des données du texte, faire colorier la partie de la bande représentant la durée de la période du Moyen Âge (de 500 à 1500, soit une durée d'environ 1 000 ans).

Constater que cette durée couvre 10 intervalles de 100 ans, soit 10 siècles ou un millénaire.

Obstacles possibles :

- La graduation de la frise, avec le risque de penser qu'il n'y a rien avant l'an 0.
- L'absence de la représentation du temps au-delà de 1600.

2 Associer un phénomène naturel à une durée de plusieurs millénaires. Effectuer des transformations entre années, siècles et millénaires.

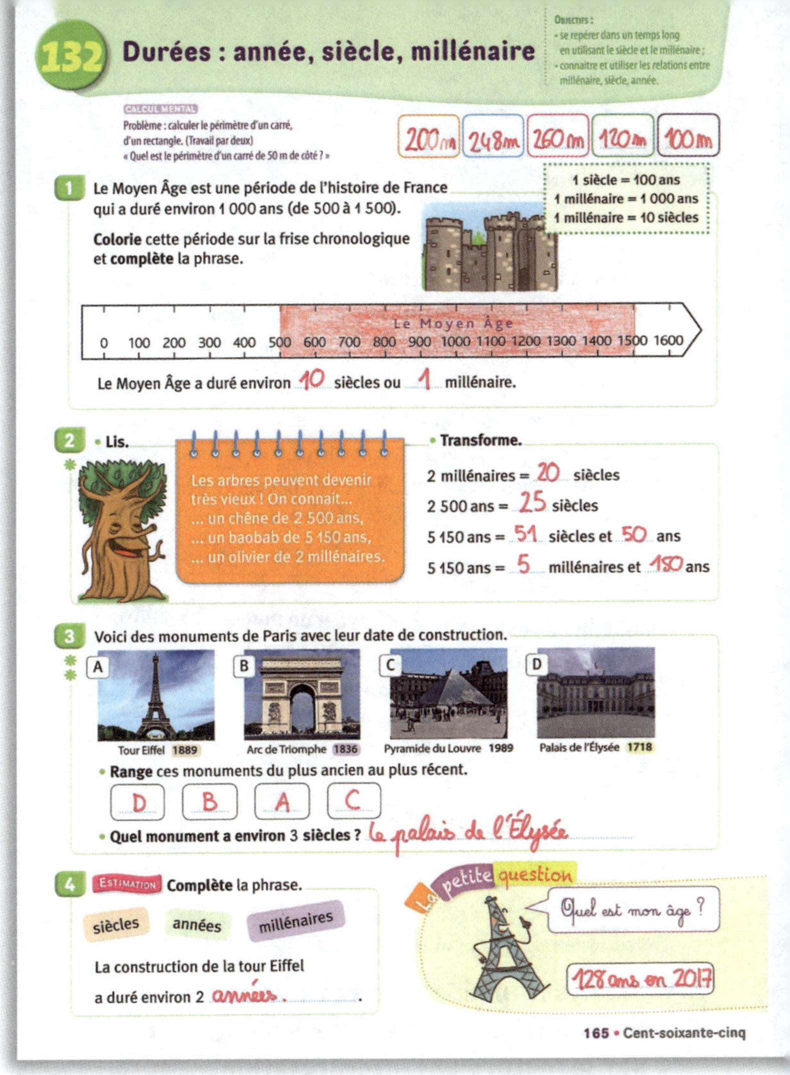
132 Durées : année, siècle, millénaire

OBJECTIFS :
- se repérer dans un temps long en utilisant le siècle et le millénaire ;
- connaitre et utiliser les relations entre millénaire, siècle, année.

CALCUL MENTAL
Problème : calculer le périmètre d'un carré, d'un rectangle. (Travail par deux)
« Quel est le périmètre d'un carré de 50 m de côté ? »

200 m | 248 m | 260 m | 120 m | 100 m

1 Le Moyen Âge est une période de l'histoire de France qui a duré environ 1 000 ans (de 500 à 1 500).

1 siècle = 100 ans
1 millénaire = 1 000 ans
1 millénaire = 10 siècles

Colorie cette période sur la frise chronologique et **complète** la phrase.

Le Moyen Âge
0 100 200 300 400 500 600 700 800 900 1000 1100 1200 1300 1400 1500 1600

Le Moyen Âge a duré environ 10 siècles ou 1 millénaire.

2 • Lis.

Les arbres peuvent devenir très vieux ! On connait...
... un chêne de 2 500 ans,
... un baobab de 5 150 ans,
... un olivier de 2 millénaires.

• **Transforme.**

2 millénaires = 20 siècles
2 500 ans = 25 siècles
5 150 ans = 51 siècles et 50 ans
5 150 ans = 5 millénaires et 150 ans

3 Voici des monuments de Paris avec leur date de construction.

A Tour Eiffel 1889
B Arc de Triomphe 1836
C Pyramide du Louvre 1989
D Palais de l'Élysée 1718

• **Range** ces monuments du plus ancien au plus récent.

D | B | A | C

• **Quel monument a environ 3 siècles ?** le palais de l'Élysée

4 ESTIMATION **Complète** la phrase.

siècles | années | millénaires

La construction de la tour Eiffel a duré environ 2 années.

La petite question
Quel est mon âge ?
128 ans en 2017

165 • Cent-soixante-cinq

Lire l'affiche et constater que des arbres peuvent vivre très longtemps. Faire effectuer les transformations en s'appuyant sur l'affiche de l'exercice 1.

Un millénaire, c'est 10 siècles, donc deux millénaires, c'est 20 siècles.

2 500, c'est 25 centaines, donc 2 500 ans, c'est 25 fois 100 ans, donc c'est 25 siècles.

5 150 = 51 c + 50 u, donc 5 150 ans, c'est 51 siècles et 50 ans.

5 150 = 5 m + 150 u, donc 5 150 ans, c'est cinq millénaires et 150 ans.

Obstacle possible : l'application des relations entre les unités de numération et des unités de durées peu courantes.

3 Ranger des dates de la plus ancienne à la plus récente.

Lire les noms et les dates de construction de ces quatre monuments parisiens. Échanger autour de ces monuments.

Faire effectuer le rangement, en précisant bien que l'on doit ranger les monuments du plus ancien au plus récent.

Corriger en constatant que l'on va du nombre le plus petit vers le plus grand.

Le monument qui a trois siècles a un âge de 300 ans. Pour retrouver sa date de construction, il faut retrancher environ trois siècles à la date actuelle.

2017 – 300 = 1717. C'est le palais de l'Élysée.

Obstacles possibles :
- La taille des nombres et l'ordre du rangement.
- La gestion du retrait « d'environ 3 siècles ».

Aides proposées :
- Faire ranger des dates d'une période très récentes (ex. : 2010 ; 2000 ; 2005 ; 1995 ; 2016) et constater que c'est la date la plus ancienne qui est représentée par le plus petit nombre.
- Dans l'exercice, commencer par écrire à droite la date du monument le plus récent.

4 Estimer une durée.

Cet exercice est difficile car les élèves n'ont pas de point de repère. On peut cependant éliminer la durée de construction de 2 000 ans et plutôt choisir une durée de deux ans. Faire vérifier cette durée sur un dictionnaire ou tout autre document.

La petite question

Il faut calculer l'écart entre la date de construction et la date actuelle. Par exemple, pour 2017 : 1 889 + 128 = 2 017 ou 2017 – 1 889 = 128 ans.

Faisons le point

- Nous avons travaillé sur le temps long de l'histoire.
- Nous avons découvert deux nouvelles unités : le siècle et le millénaire.
- Nous avons vu qu'un siècle c'était 100 ans et qu'un millénaire, c'était 1 000 ans.
- Nous avons rangé des dates de la plus ancienne à la plus récente.

MÉMO-MATHS **« Je connais l'année, le siècle, le millénaire », page 19.**

Pistes d'activités supplémentaires

- Construire une frise du temps historique par groupe de quatre.
  Faire en sorte que soit représentée une partie du temps avant le début de l'ère.
  Fixer une longueur qui représentera un siècle.
  Faire placer quelques dates et des périodes de l'histoire qui ont pu être abordées dans l'enseignement « Questionner le monde ».
- Tracer une flèche du temps graduée de 100 en 100 au tableau et faire placer des dates.
- Faire ranger des personnages à partir de leur date de naissance, du plus éloigné au plus proche de nous dans le temps.
  Clovis : 466 ; Louis XIV : 1638 ; Jean de la Fontaine : 1621 ; Louis Pasteur : 1822 ; Léonard de Vinci : 1513 ; Victor Hugo : 1 802 ; François Ier : 1494 ; Charles de Gaulle : 1890 ; Christophe Colomb : 1451 ; Henri IV : 1553.
- Transformer en siècles et années :
  1 450 ans ; 268 ans ; 3 000 ans ; 159 ans ; 1 200 ans.

133 Graphiques

Programme 2016
- Organisation et gestion des données.
  » Exploiter des données numériques pour répondre à des questions.
  » Modes de représentation de données numériques : tableaux, graphiques simples, etc.

Objectifs spécifiques de la séance
- Exploiter les données lues sur un graphique.
- Relever des données pour construire un graphique à partir de ces données.

Information didactique
La représentation graphique d'une relation entre variables est un moyen visuel incomparable pour analyser le phénomène impliqué. Les procédés utilisés sont nombreux et varient selon le type de correspondance étudié et la lecture souhaitée : graphiques cartésiens, diagrammes en rectangles, en bâtons, représentations circulaires (« camemberts »)...
Le **tracé d'un graphique cartésien suppose un choix judicieux des unités** afin d'obtenir la meilleure lisibilité possible.

CALCUL MENTAL

Multiplier un nombre à 2 chiffres par un nombre à 1 chiffre.

❶ Donner un exemple : 5 × 12 = 5 × 10 + 5 × 2 = 50 + 10 = 60.
Dire : *« 5 × 13 ; 5 × 14 ; 3 × 16 ; 6 × 13 ; 7 × 15 ; 9 × 12. »*
L'élève écrit le produit. (Travail par deux.)

❷ Dire : *« 8 × 13 ; 9 × 15 ; 8 × 16 ; 7 × 19 ; 5 × 24 ; 6 × 26 ; 7 × 22 ; 6 × 32 ; ... »*
L'élève écrit le produit. (Travail par deux.)

Activité préparatoire

- **Analyser un document ; réactiver les connaissances et les savoir-faire sur la lecture et l'interprétation d'un graphique** — 20 min

Matériel individuel : fiche d'activité SITE COMPAGNON

La fiche d'activité représente l'évolution de la population française sur une période de 1 000 ans, de l'an 1000 à l'an 2000. Proposer le document individuellement, mais aussi collectivement en le vidéoprojetant.

▶ Guider le questionnement.

• *« Que voyez-vous sur ce document ? »*

L'enseignant écrit au tableau les différents éléments qui composent le document :
- le titre (le lire) ;
- une courbe (la montrer et la repasser en rouge) :
- deux axes : l'axe horizontal des dates et l'axe vertical de la population.

Dire que les nombres sur l'axe vertical sont exprimés en millions d'habitants (ils sont arrondis au million). Les nombres sur l'axe horizontal sont des dates notées de 100 ans en 100 ans, de l'an 1000 jusqu'à l'an 2000, c'est-à-dire durant un millénaire.

▶ Donner du sens au graphique.

• *« Que signifie cette courbe ? »* Accepter les différentes propositions pour arriver à une réponse claire et compréhensible.

• *« La courbe monte, descend, remonte... À quoi correspond ce mouvement ? »* (réponse : lorsque la courbe monte, la population augmente ; lorsqu'elle descend, la population diminue).

• *« À quelle date correspond le point le plus haut de la courbe ? »* (réponse : à une population de 60 millions d'habitants, pour l'année 2000).

• *« En quelle année la population était-elle de 30 millions ? »* (réponse sur l'ardoise : 1800).

• *« Combien y avait-il d'habitants en France en 1900 ? »* (réponse : 40 millions).

• *« De combien de millions d'habitants la population de la France a-t-elle augmenté en 1 millénaire ? »* (réponse : de 50 millions d'habitants).

Travail sur le fichier

1 Lire et construire des graphiques de relevé de températures.

Si possible, vidéoprojeter. Laisser lire le texte individuellement.

Faire observer le graphique et procéder à une analyse collective. On observe les deux axes avec les flèches : l'axe vertical sur lequel sont inscrites les températures (un carreau pour 1 °C) ; l'axe horizontal avec les jours (une ligne pour chaque jour).

Faire expliquer ce que représente le point le plus « haut » de la courbe. Il se trouve au croisement (intersection) de la ligne du jeudi et de la ligne horizontale des 13 °C. Il désigne la température du jeudi matin. En reliant tous les points rouges, on obtient la courbe des températures du matin durant une semaine.

Répondre individuellement aux questions à partir de la lecture du graphique. Corriger collectivement aussitôt.

Demander de construire, en vert, le graphique des températures à midi à partir du tableau des relevés.

Constater que, pour construire la courbe, on place d'abord les points que l'on relie ensuite.

Conclure en remarquant que le graphique, comme le tableau, est un moyen de présenter un ensemble de données, de renseignements. Faire comparer ces deux outils. Dire que l'on aurait pu aussi faire un diagramme en bâtons.

Demander de comparer les deux courbes.

2 Exploiter les données lues sur un graphique.

Si possible, vidéoprojeter cette courbe pour une gestion efficace des échanges au niveau du groupe classe. Demander d'observer le graphique, puis de l'analyser par deux afin qu'un ou deux binômes viennent ensuite le présenter au tableau à toute la classe.

Noter la présence des deux axes :
- l'axe horizontal des durées, qui sont notées en mois jusqu'à 12 mois, chaque mois étant représenté par un carreau ;

- l'axe vertical des poids (en kg), gradué de 2 kg à 8 kg, chaque kg étant représenté par un carreau ;
- la courbe tracée en rouge.

Signaler la présence de sept points sur cette courbe. Demander d'expliquer ce que représentent ces points : « Chaque point représente le poids de Tomy à un certain âge. Donc chaque point nous donne deux renseignements. » Ici, le premier point nous indique qu'à 3 mois, Tomy pesait 4 kg.

Remarquer, pour chaque point, la présence de deux lignes de pointillés qui rejoignent les deux axes et qui facilitent la lecture de l'âge et du poids de Tomy.

Constater finalement que la courbe nous indique l'évolution du poids de Tomy de sa naissance jusqu'à l'âge de 1 an.

Laisser ensuite les élèves compléter le tableau et les phrases à partir de la lecture des renseignements fournis par la courbe.

Obstacles possibles :

• La lecture de certains poids situés entre 2 kg successifs et la désignation de ces poids.

Exemple : à 12 mois, Tomy pèse 7 kg et la moitié de 1 kg, donc 7 kg et 1 demi kg. Il faut savoir que 1 kg = 1 000 g, donc 1 demi kg = 500 g. Le poids de Tomy s'écrit 7 kg 500 g.

• La lecture d'un graphique.

Aides proposées : pour chaque point, faire énoncer une phrase qui fournit les deux renseignements : « À 3 mois, Tomy pèse 4 kg ».

Faisons le point

- Nous avons observé des graphiques avec des courbes.
- Pour construire une courbe, il faut deux axes.
- Sur les graphiques que nous avons étudiés, l'axe horizontal était l'axe du temps et indiquait des jours ou des mois ; l'axe vertical indiquait des températures et, pour l'autre graphique, des poids.
- Chaque point du graphique fournit deux renseignements.
- Pour construire une courbe, on place d'abord les points et on les relie pour former une ligne.

MÉMO-MATHS **« Je sais lire un graphique », p. 19.**

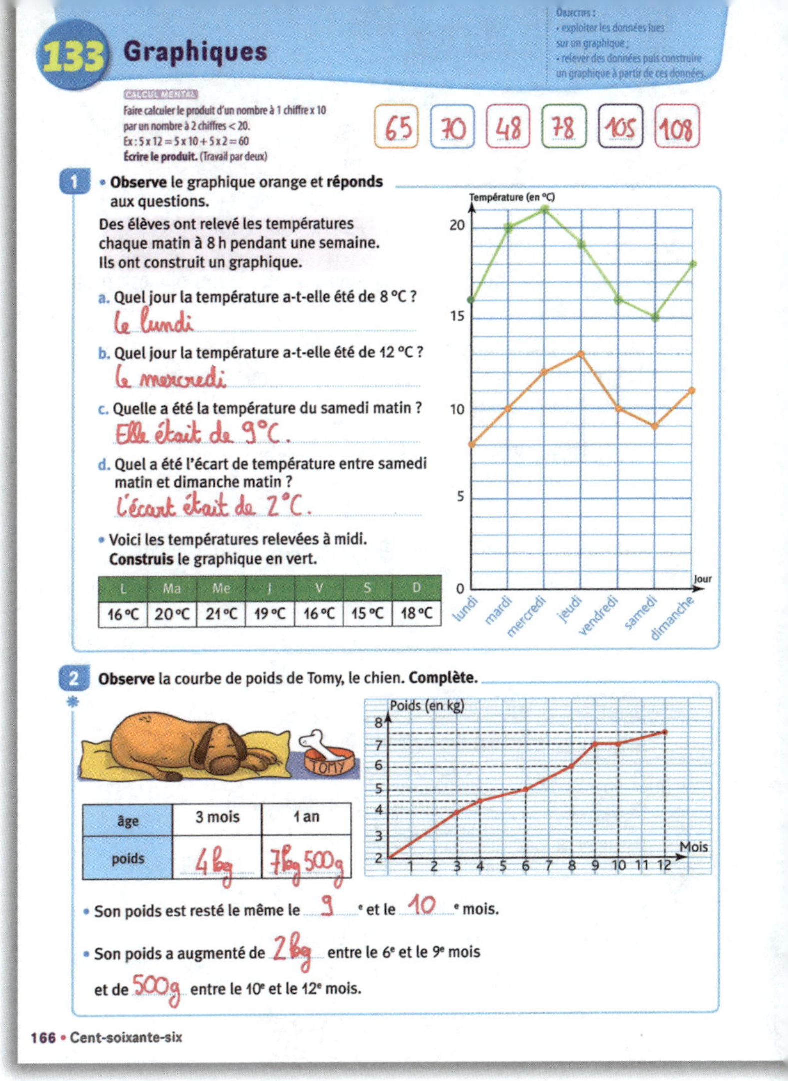
133 Graphiques

Objectifs :
- exploiter les données lues sur un graphique ;
- relever des données puis construire un graphique à partir de ces données.

CALCUL MENTAL
Faire calculer le produit d'un nombre à 1 chiffre x 10 par un nombre à 2 chiffres < 20.
Ex : 5 x 12 = 5 x 10 + 5 x 2 = 60
Écrire le produit. (Travail par deux)

65 | 70 | 48 | 78 | 105 | 108

1 • **Observe** le graphique orange et **réponds** aux questions.
Des élèves ont relevé les températures chaque matin à 8 h pendant une semaine. Ils ont construit un graphique.

a. Quel jour la température a-t-elle été de 8 °C ? Le lundi
b. Quel jour la température a-t-elle été de 12 °C ? Le mercredi
c. Quelle a été la température du samedi matin ? Elle était de 9 °C.
d. Quel a été l'écart de température entre samedi matin et dimanche matin ? L'écart était de 2 °C.

• Voici les températures relevées à midi. **Construis** le graphique en vert.

L	Ma	Me	J	V	S	D
16 °C	20 °C	21 °C	19 °C	16 °C	15 °C	18 °C

2 **Observe** la courbe de poids de Tomy, le chien. **Complète.**

âge	3 mois	1 an
poids	4 kg	7 kg 500 g

• Son poids est resté le même le 9e et le 10e mois.
• Son poids a augmenté de 2 kg entre le 6e et le 9e mois et de 500 g entre le 10e et le 12e mois.

166 • Cent-soixante-six

Pistes d'activités supplémentaires

Pour toute la classe

• Reproduire la courbe de poids de Tomy sur le cahier à réglure Seyès.

• Organiser un travail de groupe pour recueillir de l'information sur des graphiques variés.

Par groupe, fournir un document comportant un graphique (courbe, diagramme en rectangles ou en bâtons) avec la possibilité de les présenter agrandis au tableau.

Voici quelques pistes possibles : trafic routier à un endroit donné sur une certaine période (six mois par exemple) ; nombre de personnes fréquentant un musée, une piscine… chaque jour de la semaine ; courbe de croissance d'une personne ou d'un animal ; etc.

Laisser chaque groupe analyser son document en lui indiquant qu'il aura à le présenter à la classe. Lors de la présentation, il serait souhaitable de projeter les documents. Vérifier la compréhension en faisant recueillir de l'information sur ces documents.

• Travailler à partir d'un carnet de santé anonyme.

Les élèves pourront chercher quelle était la taille et le poids de cet enfant à 2 ans, à 5 ans, à 8 ans ; à quel moment il a le plus grandi ; à quel moment il a pris le plus de poids.

Tracer le diagramme correspondant à la courbe de poids et la courbe de croissance de la naissance à 8 ou 9 ans (en général, les courbes sont tracées sur les carnets de santé). Les élèves pourront comparer les similitudes entre ces deux types de représentation (courbe et diagramme) et établir lequel est le plus lisible.

PROBLÈMES

134 Construire des pavages et des frises

Exercices différenciés – Espace et géométrie 15 à 18

Programme 2016

- Reproduire des figures ou des assemblages de figures planes sur papier quadrillé ou uni.
- Utiliser la règle, le compas ou l'équerre comme instruments de tracé.
  » Lien entre propriétés géométriques et instruments de tracé.

Objectif spécifique de la séance

Réinvestir les compétences d'analyse et de construction de figures pour obtenir un pavage ou une frise.

Information didactique

Les frises et les pavages sont des éléments décoratifs qui apparaissent dans l'art de presque toutes les civilisations (frises égyptiennes, frises grecques...).

La frise est constituée d'un motif de base qui se répète par translation : c'est la répétition d'un même motif indéfiniment dans une seule direction.

Paver le plan, c'est le recouvrir sans trou ni chevauchement par un motif de base. Une technique simple pour paver une surface consiste à partir d'un rectangle que l'on va transformer géométriquement, ce qui permettra d'obtenir le motif de base du pavage.

En mathématiques, on distingue 7 types de frises selon les transformations représentées et 17 types de pavages. **Les activités liées à la construction de frises et de pavages vont permettre de réinvestir les connaissances géométriques** vues durant cette année.

CALCUL MENTAL

Calculer la moitié d'un nombre pair.

❶ Écrire : « $36 + 15 + 4$; $73 + 28 + 7$; $48 + 34 + 2$; $36 + 15 + 5$; $37 + 69 + 13$; $75 + 48 + 25 + 2$; $43 + 280 + 60 + 57 + 20$. »
L'élève écrit la somme. (Travail par deux.)

❷ Écrire : « $12 + 15 + 8$; $33 + 29 + 17$; $16 + 29 + 11$; $30 + 120 + 170 + 80$; $47 + 3 + 75 + 25$; $238 + 37 + 13 + 12 + 50$; ... »
L'élève écrit la somme. (Travail par deux.)

Activités préparatoires

1. Réaliser un pavage à partir de la transformation d'un rectangle — 20 min

Matériel par groupe de deux : fiche d'activité SITE COMPAGNON, règle graduée, ciseaux.

Consigne : « *Nous allons réaliser des pavages avec ce motif.* »

▶ Montrer le motif le base. Expliquer aux élèves ce que veut dire « pavage » : c'est recouvrir entièrement une surface avec un même motif.

Dire qu'il ne doit pas rester de « trous » et que les motifs ne doivent pas se superposer. On peut, par exemple, illustrer cela par le sol de la classe, le pavage d'une terrasse, d'un trottoir...

Demander aux élèves de décrire le motif.

Demander de reproduire le motif de base sur du papier pointé : par deux, en construire entre sept et dix. Les découper soigneusement, en particulier au niveau des passages « en creux » ou « en bosse ».

Les élèves doivent ensuite utiliser les pièces découpées pour paver une surface.

Bien faire observer l'emboitement de chaque motif avec ceux d'à côté.

Il peut être utile de disposer de feuilles de deux couleurs différentes, sur lesquelles sera photocopié le maillage pointé. Chaque groupe disposera ainsi de motifs identiques de deux couleurs différentes ; il pourra être demandé de paver en alternant la couleur des motifs.

▶ Dans un deuxième temps, il peut être demandé de paver sur le papier pointé avec le même motif, qui ne sera plus découpé, mais reproduit.

Bien vérifier que c'est le même motif qui est reproduit correctement chaque fois. Laisser colorier les motifs selon deux couleurs.

2. Poursuivre la construction d'une frise — 15 min

Matériel individuel : fiche d'activité SITE COMPAGNON, règle, compas.

Consigne : « *Voici le début d'une frise, il va falloir poursuivre sa construction.* »

Expliquer ce qu'est une frise : on a un motif géométrique, qui est reproduit à l'intérieur d'une bande.

Analyser collectivement le motif de base : il est formé d'un demi-cercle et d'un triangle.

Le motif reproduit doit être le même chaque fois et doit être déplacé en respectant toujours le même rythme, la même distance à l'intérieur de la bande.

Laisser les élèves poursuivre les constructions. L'enseignant veillera à la qualité des tracés et pourra demander de colorier les éléments de la frise

Travail sur le fichier

1 Construire un pavage à partir d'un motif régulier.

Laisser découvrir l'ensemble de la situation. Collectivement, passer à son analyse.

Commencer par décrire la partie droite. Il y a deux motifs de pavage déjà tracés : ils sont identiques (seule la couleur est différente). On va poursuivre le pavage en traçant ce motif, qui va couvrir la surface du quadrillage ; chaque motif va parfaitement s'emboiter avec le motif qui est à côté. Il y a quatre autres motifs à construire, un a déjà sa silhouette de tracée.

S'intéresser à présent au motif et à sa construction (partie gauche). Faire observer les étapes de transformation du carré : il va subir deux transformations successives. Ces deux transformations se font avec la même technique. Elle consiste à déplacer une partie (un élément) du carré. Dans le 1er cas, un triangle est déplacé (étape 2) ; dans le 2e cas, il s'agit un demi-cercle (de diamètre, un côté du carré). La partie que l'on enlève au carré est ajoutée à un autre endroit ; ben faire observer que la partie enlevée correspond à la partie ajoutée (elles sont superposables). Ces deux transformations vont donc permettre que les motifs s'emboitent exactement. Bien faire repérer chaque point rouge, qui désigne le centre du demi-cercle du motif à reproduire.

Laisser les élèves terminer le pavage et colorier les motifs en alternant les deux couleurs, les motifs étant ainsi mieux visualisables.

Obstacle possible : la reproduction du motif.

Aides proposées :

- Décalquer le motif de base et vérifier les constructions.
- Reproduire le motif de base et l'utiliser en tant que gabarit.

2 Analyser une frise et poursuivre sa construction.

Les élèves doivent terminer deux frises. Chacune a un motif de base différent et la bande (espace dans lequel se construit la frise) est de nature différente (bande unie pour la 1re, bande quadrillée pour la 2e).

Passer à l'analyse de chacune d'elles. La 1re frise est constituée de deux demi-cercles de même rayon, qui s'entrecroisent. Faire repérer les milieux de chaque demi-cercle, que l'on va retrouver régulièrement sur chaque ligne de la bande.

Analyser aussi les couleurs des zones : chaque partie des demi-cercles est en bleu ; les deux parties qui s'entrecroisent sont en rose, de même que les espaces entre chaque paire de demi-cercle.

La 2e frise peut sembler plus difficile, car une partie du motif vert est « coupée ». Le motif de base est constitué de la figure violette faite de carreaux ou de demi-carreaux. Chaque partie de la frise entre deux motifs violets consécutifs sera coloriée en vert.

Obstacle possible : sur chaque ligne, positionner tous les trois carreaux un point qui matérialisera les positions successives du motif de base.

Faisons le point

- Nous avons appris à paver un quadrillage à partir d'un motif qui s'emboitait régulièrement.
- Nous avons terminé des frises : il fallait analyser le motif de base et le reproduire régulièrement, en respectant sa forme et les couleurs.

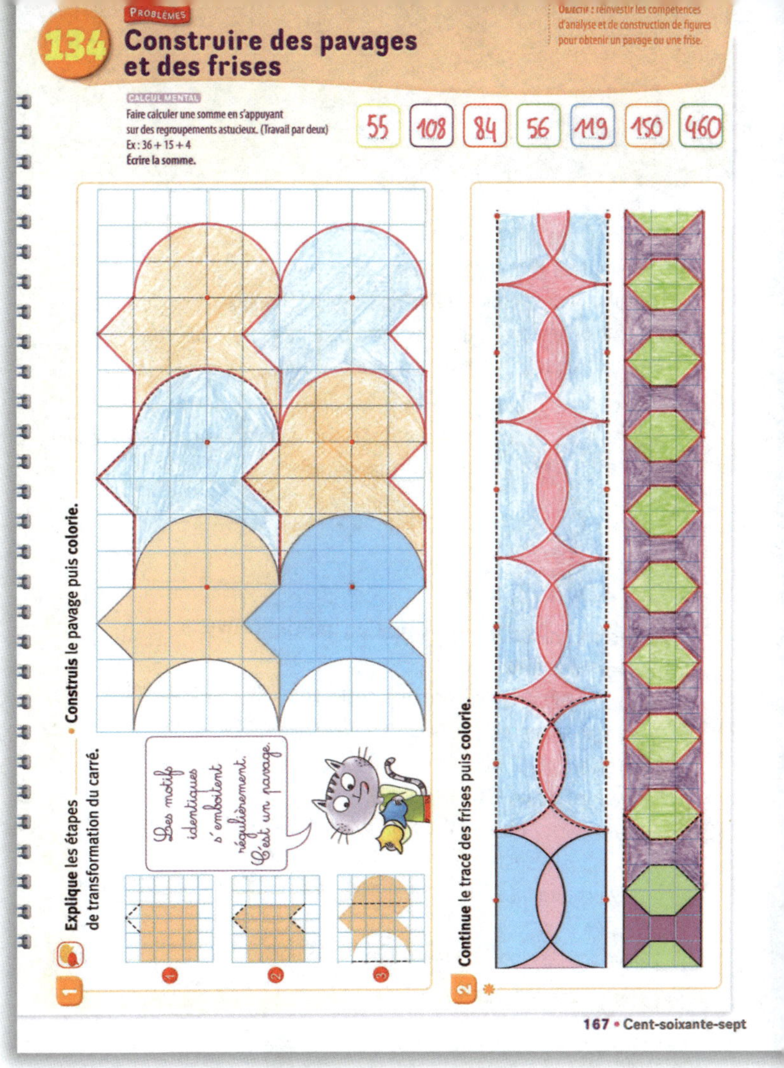

Pistes d'activités supplémentaires

Pour toute la classe

- Paver une surface à partir d'un motif simple (qui sera reproduit et découpé).
- Terminer et colorier les frises en bas de page.
- Inventer un motif de frise et poursuivre sa construction.

le défi

Par deux

Demander de construire un motif à partir de deux transformations d'un carré (voir exercice 1) et l'utiliser pour paver une surface quadrillée.

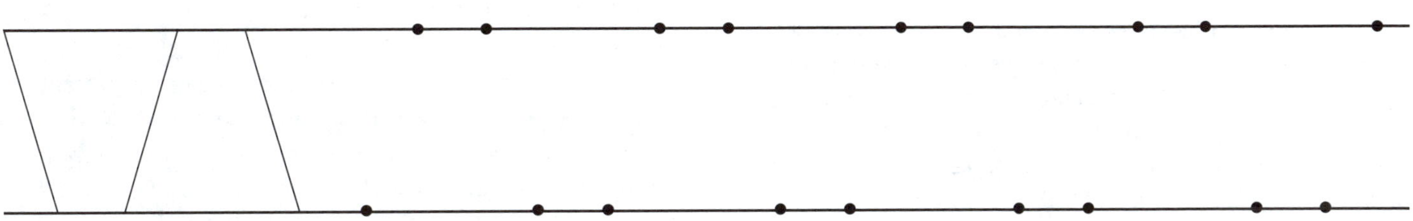

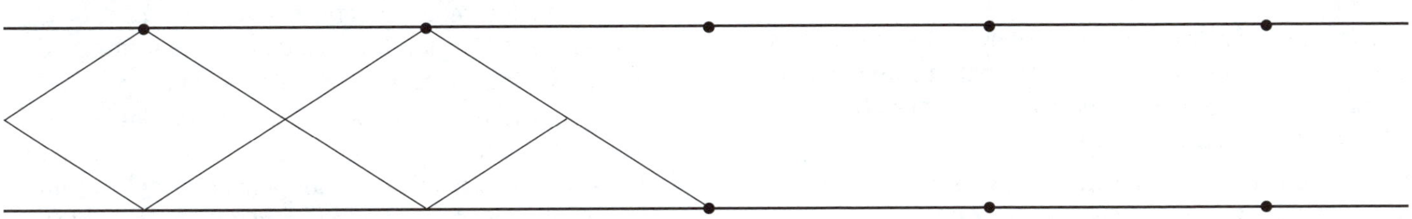

135 Calculer des durées

Exercices différenciés – Grandeurs et mesures 11 et 12

Programme 2016
- Organisation et gestion des données.
  - » Exploiter des données numériques pour répondre à des questions.
  - » Mode de représentation de données numériques : tableaux.
- Résoudre des problèmes impliquant des durées.

Objectifs spécifiques de la séance
- S'appuyer sur un document fournissant des horaires pour calculer des durées.
- Utiliser un schéma pour calculer une durée.

Information didactique

La lecture de documents relève de compétences transversales du traitement de l'information telles que lire un texte, un graphique, un schéma, un plan, une carte ou un tableau. La présentation aux élèves de documents complexes les oblige à un travail d'organisation et de sélection, tandis que dans un énoncé « traditionnel », ils utilisent automatiquement tous les nombres présents et risquent de choisir au hasard l'opération qui doit leur donner la solution. Lorsque le nombre de données est important, l'élève s'implique dans la recherche et comprend mieux le mécanisme lié au problème posé.

CALCUL MENTAL

Problème : résoudre une situation multiplicative (proportionnalité)

❶ Dire : « *Toutes les billes de Youri sont identiques. 2 billes pèsent 10 g. Quelle est la masse d'une bille ? de 3 billes ? de 4 billes ? de 7 billes ? de 10 billes ? de 12 billes ?* »

L'élève écrit la masse totale.

❷ Dire : « *- 2 classeurs coutent 6 €. Combien coutent 4 classeurs ? 1 classeur ? 10 classeurs ?*

- 2 livrets coutent 10 €. Pierre a payé 30 €. Combien a-t-il acheté de livrets ? »

L'élève écrit la réponse. (Travail par deux.)

Activité préparatoire

• Résoudre des problèmes impliquant des durées

30 à 40 min

Matériel par groupe de deux : fiche d'activité SITE COMPAGNON

Distribuer la fiche d'activité avec les trois problèmes suivants.

Problème 1 : « Le magasin de sport ouvre à 10 h et ferme à midi le matin. Quelle est la durée d'ouverture le matin ? »

Problème 2 : « Jade est entrée chez le dentiste à 11 h 10 min. Elle en est sortie à 11 h 45 min. Combien de temps est-elle restée chez le dentiste ? »

Problème 3 : « Pour un voyage scolaire, le car est parti à 6 h 35 min. Il est arrivé à 9 h à destination. Quelle était la durée du voyage ? »

Consigne : « *Par deux, vous avez à résoudre ces trois problèmes. Pour chaque problème, on doit voir clairement la méthode que vous avez utilisée. Vous devez écrire l'opération que vous avez faite. Si vous vous êtes appuyés sur un schéma, il faut le faire apparaitre. Ensuite, vous devez être capable d'expliquer votre solution au tableau devant la classe.* »

L'enseignant pourra circuler dans la classe pour apporter de l'aide aux élèves en difficulté.

Pendant la phase de correction collective, faire exprimer les résultats obtenus, les écrire au tableau, comparer puis demander à quelques élèves de venir exposer leurs résultats et leur démarche, leur raisonnement.

Pour chaque problème, aboutir à un schéma clair qui sera validé et que chacun reproduira sur son cahier.

Problème 1 : Le calcul porte sur des heures entières.
Midi, c'est 12 h.
De 10 h pour aller à 12 h : 10 h + 2 h = 12 h.
Le magasin est ouvert deux heures le matin.

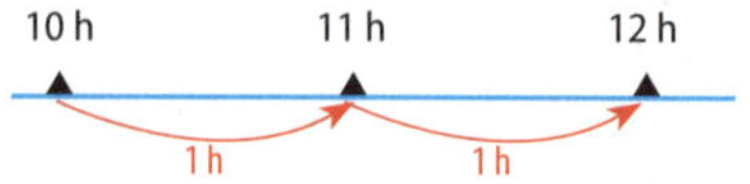

Problème 2 : Le calcul porte sur des minutes.
10 min + 35 min = 45 min ;
de 11 h 10 min à 11 h 45 min.
Jade est restée 35 min chez le dentiste.

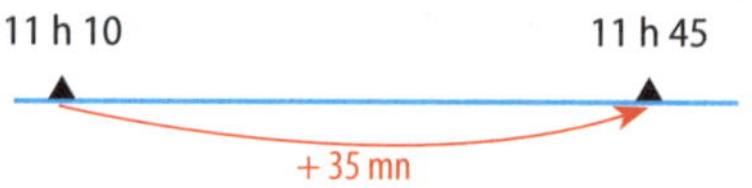

Problème 3 : Le calcul porte sur des heures et des minutes.
On complète : de 6 h 35 min à 7 h → 25 min
de 7 h à 9 h → 2 h
Durée du voyage : 2 h + 25 min = 2 h 25 min.

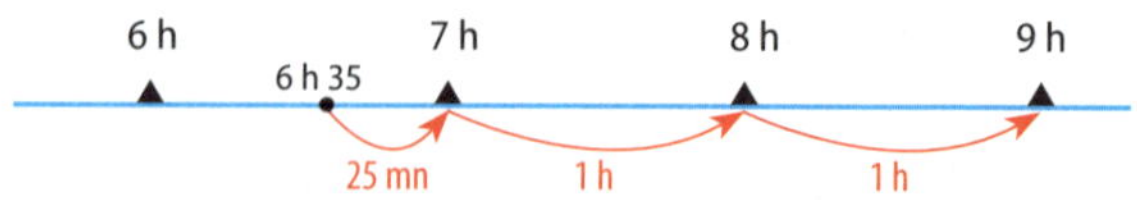

Travail sur le fichier

1 Lire et exploiter les données d'un tableau d'horaires de train.

Par deux, observer le tableau et essayer de comprendre à quoi il sert et comment on s'en sert.

Confronter collectivement les analyses.

Dans la colonne de gauche sont indiquées les gares où passent les trains. Repérer sur une carte la ligne de train Paris-Nevers.

Dire : « *Chacune des trois colonnes concerne un train (qui porte un numéro), avec ses horaires de passage dans les gares. Un seul de ces trois trains s'arrête dans toutes les gares.* »

Laisser les élèves, seuls ou par deux, répondre aux questions. Les deux premières réponses s'obtiennent par lecture directe, en repérant à chaque fois les deux données concernées, la réponse étant fournie par la case d'intersection.

Les deux autres réponses passent par un calcul sur les durées. Pour la 3e, il faut trouver le complément de 7 h à 8 h 50. Pour la 4e, demander la signification de « arriver en retard » : un train qui arrive en retard arrive plus tard que l'heure prévue.

Il faut ajouter à l'heure prévue la durée du retard.
Ici 13 h 45 min + 5 min = 13 h 50 min.

Obstacle possible : le fonctionnement de ce tableau (sens de déplacement des trains, signification des différents horaires, gares d'arrêt ou non).

2 Calculer l'écart entre deux heures à l'aide d'un schéma.
Il faut trouver l'écart entre 9 h 30 et 11 h 25.
Observer et faire expliquer la méthode de calcul de Nalou. Lire la bulle. Elle nous dit qu'elle a fait des « sauts de puce ».
Comme le calcul est difficile, Nalou avance par étapes.
Elle effectue son calcul en quatre étapes. Faire repérer chaque étape et noter le calcul correspondant :
- de 9 h 30 à 10 h → 30 min ;
- de 10 h à 11 h → 1 h (de plus) ;
- de 11 h à 11 h 20 → 20 min (de plus) ;
- de 11 h 20 à 11 h 25 → 5 min (de plus).

Pour trouver la durée totale du trajet, il faut additionner tous les écarts :
30 min + 1 h + 20 min + 5 min = 1 h 55 min.

Obstacle possible : la différenciation entre les heures de départ et d'arrivée du train, qui désignent des instants, et les tranches de durée que l'on va additionner pour recomposer la durée totale (écoulée entre les heures de départ et d'arrivée).

3 Calculer la durée d'un trajet, puis transformer en heures et minutes une désignation de cette durée en minutes.
Demander à chaque élève, pour le train n° 5 905, de repérer l'heure de départ de Paris et l'heure d'arrivée à Gien.
Laisser résoudre le problème en invitant les élèves à procéder comme Nalou en s'aidant d'un schéma avec « des sauts de puces ».
Il faut trouver la durée qui s'est écoulée entre 11 h 15 (l'heure du départ) et 12 h 43 (l'heure d'arrivée) :
- de 11 h 15 à 12 h 00 → 45 min ;
- de 12 h à 12 h 43 → 43 min.

La durée totale du trajet est : 45 min + 43 min = 88 min ;
88 min = 60 min + 28 min = 1 h 28 min.

Obstacles possibles :
- Fixer les différentes étapes.
- Compléter une heure avec des minutes à l'heure entière immédiatement supérieure, c'est-à-dire compléter le nombre de minutes à 60.
- La construction du schéma.

Faisons le point

- Nous avons travaillé à partir d'un tableau d'horaires de trains.
- Dans ce tableau, on nous donnait les numéros des trains et leurs heures d'arrêt dans les gares.
- Nous avons calculé la durée d'un trajet d'une gare à l'autre.
- Pour trouver la durée entre l'heure de départ et l'heure d'arrivée, nous nous sommes aidés d'un schéma et nous avons fait un calcul par étapes.

MÉMO-MATHS **« Je sais calculer des durées en faisant un schéma », page 19.**

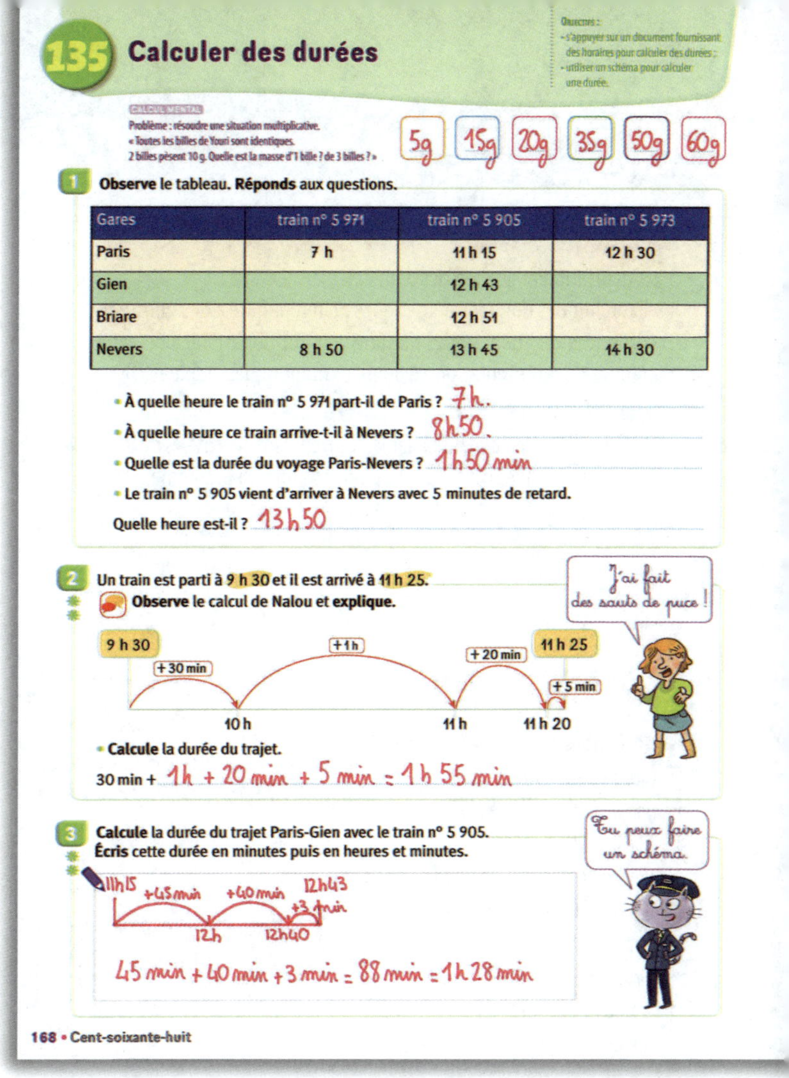

135 Calculer des durées

Objectifs :
- s'appuyer sur un document fournissant des horaires pour calculer des durées ;
- utiliser un schéma pour calculer une durée.

CALCUL MENTAL
Problème : résoudre une situation multiplicative.
« Toutes les billes de Youri sont identiques.
2 billes pèsent 10 g. Quelle est la masse d'1 bille ? de 3 billes ? »

5g 15g 20g 35g 50g 60g

1 **Observe** le tableau. **Réponds** aux questions.

Gares	train n° 5 971	train n° 5 905	train n° 5 973
Paris	7 h	11 h 15	12 h 30
Gien		12 h 43	
Briare		12 h 51	
Nevers	8 h 50	13 h 45	14 h 30

- À quelle heure le train n° 5 971 part-il de Paris ? 7h.
- À quelle heure ce train arrive-t-il à Nevers ? 8h50.
- Quelle est la durée du voyage Paris-Nevers ? 1h50 min
- Le train n° 5 905 vient d'arriver à Nevers avec 5 minutes de retard.

Quelle heure est-il ? 13h50

2 Un train est parti à 9 h 30 et il est arrivé à 11 h 25.
Observe le calcul de Nalou et **explique**.

- **Calcule** la durée du trajet.

30 min + 1h + 20 min + 5 min = 1 h 55 min

3 **Calcule** la durée du trajet Paris-Gien avec le train n° 5 905.
Écris cette durée en minutes puis en heures et minutes.

45 min + 40 min + 3 min = 88 min = 1h 28 min

168 • Cent-soixante-huit

Pistes d'activités supplémentaires

Pour toute la classe

- Utiliser un schéma pour calculer les durées suivantes :
de 9 h à 11 h 30 ;
de 6 h 30 à 10 h ;
de 11 h 15 à 13 h 25 ;
de 8 h 05 à 11 h 40.
- Noa et Elliott ont rendez-vous à midi. Noa arrive à 11 h 45 et Elliott arrive à 12 h 10.
Lequel est en avance ? de combien de minutes ?
Lequel est en retard ? de combien de minutes ?
Combien de minutes celui qui est en avance doit-il attendre celui qui est en retard ?
- Exploitation du tableau de l'exercice 1.
- Calculer la durée du trajet Paris-Nevers avec le train n° 5 905.
- Comparer les durées des trajets Paris-Nevers avec ces trois trains. Ranger ces durées de la plus courte à la plus longue.

le défi

Une coureuse à pied termine sa course. Elle franchit la ligne d'arrivée à 11 h 30.
Elle a couru pendant 1 h 45. À quelle heure a-t-elle pris le départ ?

136 Tableaux (2)

Exercices différenciés – Problèmes 1 et 2

Programme 2016

- Organisation et gestion des données.
  - » Exploiter des données numériques pour répondre à des questions.
  - » Présenter et organiser des mesures sous forme de tableaux.
  - » Modes de représentation de données numériques : tableaux.

Objectifs spécifiques de la séance

- Organiser des données dans un tableau en repérant des critères de classement.
- Utiliser les données d'un tableau pour résoudre un problème.

Information didactique

Il existe différentes façons de communiquer une information. Lorsque le nombre de données est important, la présentation qui en est faite doit répondre à un souci de clarté et de concision. Le tableau est alors une façon économique de procéder.

La présentation des données en tableau à double entrée, qui permet d'introduire de façon claire des résultats dépendant de deux paramètres, est un des moyens utilisés dans cette fiche.

Dans un premier temps, l'élève doit être capable de lire un tableau pour exploiter les données qu'il présente. Ensuite (c'est le cas dans cette fiche), il sera invité à placer des données dans un tableau, voire à présenter et organiser des données fournies (dans un document par exemple) sous forme de tableau.

CALCUL MENTAL

❶ Problème : compléter à 1 000.

Dire : « *Je demande au marchand 1 kg de raisin. Quelle masse de raisin doit-il ajouter s'il a déjà mis sur la balance 500 g ? 800 g ? 700 g ? 200 g ? 750 g ? 820 g ?* »

L'élève écrit le complément.

❷ Problème : compléter à 10 000.

Dire : « *Dans une course de 10 000 m, quelle distance en m reste-t-il à parcourir à une coureuse qui a déjà effectué 5 000 m ? 8 000 m ? 9 500 m ? 2 000 m ? 7 500 m ? 8 700 m ? 2 800 m ? 1 500 m ? …* »

L'élève écrit le complément.

Activité préparatoire

• Revoir le fonctionnement d'un tableau à double entrée

30 min

Matériel individuel : fiche d'activité SITE COMPAGNON

▶ Laisser un temps de lecture silencieuse afin que chacun puisse s'approprier le document.

▶ Guider le questionnement.

- « *Je vous ai distribué un document. De quel type de document s'agit-il ? Est-ce qu'il s'agit d'un texte ? d'une image ? d'un graphique ?* » (Un tableau.)

- « *Nous allons essayer de comprendre le fonctionnement de ce tableau. De quoi est formé ce tableau ?* » (De cases, de lignes, de colonnes…)

- « *Combien voyez-vous de lignes ? Qu'indique chaque ligne ?* » (La 1re ligne, à l'intérieur du tableau, correspond au pont de Saint-Nazaire ; la 2e ligne correspond au pont du Gard.)

- « *Observons les colonnes. Dans la 1re colonne sont indiquées les dates de construction des ponts. Qu'indique la 2e colonne ?* » (la longueur de chaque pont) ; « *Qu'indique la 4e colonne ?* » (Leur fonction ; préciser ici le sens du mot « rôle ».)

- « *La case est au croisement d'une ligne et d'une colonne. À quoi correspond chaque case ?* » (La case « aqueduc » est au croisement de la ligne « Pont du Gard » et de la colonne « fonction », ce qui signifie qu'une des fonctions du pont du Gard était de conduire l'eau vers la ville de Nîmes.)

▶ Faire lire le nom de tous les ponts et les situer sur la carte de France (Saint-Nazaire : à l'embouchure de la Loire ; le pont du Gard : dans le sud de la France, près de la ville de Nîmes sur la rivière du Gardon ; le pont Valentré : dans la ville de Cahors, dans le sud-ouest de la France, sur le Lot ; le viaduc de Garabit : dans le Massif central, construit par Gustave Eiffel.)

Faire lire tous les critères écrits dans les colonnes et expliquer si besoin (matériaux, rôle…).

Situer, sur la frise chronologique de la classe, le siècle qui correspond à la construction de chaque pont.

▶ Dans un deuxième temps, répondre aux questions posées par écrit (individuellement, à deux, ou en collectif).

Travail sur le fichier

1 Placer dans un tableau les renseignements fournis par un document.

Vidéoprojeter les deux textes et le tableau. Laisser lire les deux textes silencieusement puis à voix haute par quelques élèves. Cet exercice peut être effectué en binôme.

Observer le tableau et constater qu'il est incomplet. Laisser compléter et passer à une correction en complétant un tableau case par case collectivement et en justifiant toujours le placement des informations.

Placer en premier le nom du « bateau-pousseur » sous « la péniche » en tête de la 2e ligne.

Placer ensuite les critères manquant en tête des colonnes. Ils seront déduits du contenu des cases déjà renseignées (par exemple, le critère à placer en tête de la 4e colonne correspond à l'information déjà placée : « de 10 à 15 km par heure » ; il s'agit de la vitesse).

Placer ensuite les informations qui seront recueillies dans les deux documents.

Vérifier en faisant fonctionner le tableau.

Obstacle possible : la compréhension de la tâche à effectuer.

2 Utiliser les données d'un tableau pour résoudre un problème.

Observer le tableau puis l'analyser collectivement.

Lire la première question.

Nous disposons de deux renseignements : « il y a trois personnes » et « la somme payée est de 31 € ». Laisser procéder les élèves par essais-erreurs.

En s'appuyant sur un ordre de grandeur, on s'aperçoit qu'il ne peut pas y avoir trois adultes, car la dépense serait alors supérieure à 36 €.

Obstacles possibles :
- Le passage par la méthode essais-erreurs.
- Le calcul des sommes.

Pour la 2e question, il faut ajouter à l'heure de départ la durée de la promenade.

Obstacle possible : la conversion des minutes, qui fait passer l'affichage de l'heure de 15 h 60 min à 16 h 00.

Faisons le point

- Nous avons utilisé les renseignements fournis par un tableau pour résoudre des problèmes.
- Nous avons complété un tableau à partir des renseignements fournis par un document.

MÉMO-MATHS **« Je sais présenter des renseignements dans un tableau », p. 19.**

Pistes d'activités supplémentaires

Pour toute la classe

À partir d'une activité de l'enseignement « Questionner le monde », inscrire dans un tableau à double entrée, les renseignements donnés sur les quatre grands fleuves français.

Exemple de texte à exploiter :

« La Seine prend sa source sur le plateau de Langres, à 471 m d'altitude. C'est un fleuve de plaine, lent et régulier. La Seine a 776 km de longueur et se jette dans la Manche par un estuaire. Elle traverse de grandes villes comme Troyes, Paris, Rouen. Ses principaux affluents sont l'Aube, la Marne et l'Oise.

La Loire prend sa source au mont Gerbier-de-Jonc, à 1 408 m d'altitude. C'est le plus long fleuve de France (1 020 km). Son débit est irrégulier. La Loire se jette dans l'océan Atlantique par un estuaire. Elle passe à Orléans et Nantes. Ses principaux affluents sont l'Allier, le Cher, l'Indre et la Vienne.

La Garonne est un fleuve rapide, irrégulier. Elle prend sa source au val d'Aran, à 1 870m d'altitude. Elle a 650 km de longueur et traverse Toulouse et Bordeaux. Elle se jette dans l'océan Atlantique. Ses principaux affluents sont le Tarn, le Lot, la Dordogne.

Le Rhône est un fleuve montagnard très fougueux. Il prend sa source à 1 750 m d'altitude au mont Saint-Gothard, en Suisse, et parcourt 812 km avant de se jeter dans la mer Méditerranée par un delta. Il traverse Genève, Lyon et Valence. Ses principaux affluents sont la Saône, l'Isère et la Durance. »

On pourra faire un tableau à double entrée, comportant quatre colonnes (une par fleuve) et un nombre de lignes correspondant au nombre de critères retenus : source, longueur, mer ou océan où se jette le fleuve, forme de l'embouchure, villes traversées, affluents, etc.

136 Tableaux (2)

Objectifs :
- organiser des données dans un tableau en repérant les critères de classement ;
- utiliser les données d'un tableau pour résoudre un problème.

CALCUL MENTAL

Problème : compléter à 1 000.
« Je demande au marchand 1 kg de raisin. Quelle masse doit-il ajouter s'il a déjà mis sur la balance 500 g ? 800 g ? »

500g | 200g | 300g | 800g | 250g | 180g

1 **Classe** tous les renseignements fournis par les textes dans un tableau.

La péniche

Une péniche peut transporter une charge de 160 tonnes de marchandises.
Sa longueur est de 35 m et sa largeur près de 6 m. Elle avance à une vitesse de 4 km par heure.
Son enfoncement dans l'eau est de 1 m 60.

Le bateau pousseur

Un bateau pousseur avec les barges peut mesurer 180 m de long et 12 m de large.
Il a un enfoncement dans l'eau de 4 m.
Sa vitesse varie de 10 à 15 km par heure.
Il peut transporter 15 000 t de marchandises.

	longueur	largeur	charge	vitesse	enfoncement dans l'eau
péniche	35 m	6 m	160 t	4 km par heure	1 m 60 cm
bateau pousseur	180 m	12 m	15 000 t	de 10 à 15 km par heure	4 m

2 **Lis** le tableau et **réponds** aux questions.

Bateaux-mouches sur la Seine			
Départ-arrivée : Pont de l'Alma (rive droite)			
Durée	1 h 15 min		
Tarifs	adultes	12 € 50	
	enfants de 4 à 12 ans	6 €	
	enfants moins de 4 ans	gratuit	

- **Trois touristes font une promenade en bateau. Ils ont payé 31 €. À quoi correspond ce prix ?**
  À deux tickets adultes et une entrée enfant.
- **Le bateau part à 14 h 45 min. À quelle heure seront-ils de retour ?**
  14 h 45 min + 1 h 15 min = 16 h
  Ils seront de retour à 16 h.

PROBLÈMES

137 Problèmes variés et mesures de grandeurs (2)

Exercices différenciés – Problèmes 7 et 8

Programme 2016

- Résoudre des problèmes impliquant des longueurs, des contenances et des durées.
- Résoudre des problèmes impliquant des conversions simples d'une unité usuelle à une autre.
- Convertir avant de calculer si nécessaire.

Objectif spécifique de la séance

Résoudre des problèmes de typologie variée, faisant intervenir différentes grandeurs (masse, longueur, contenance, durée).

Information didactique

Dans cette fiche, tous les problèmes concernent la mesure des grandeurs (important domaine de l'utilisation des nombres). La mesure des grandeurs, qui fait appel à différents domaines des mathématiques et qui intervient dans bien d'autres disciplines, traduit le rôle d'outils joués par le nombre et le calcul numérique. Elle permet d'utiliser ces outils mathématiques dans des situations vécues, qui sont l'occasion de relier les nombres avec le réel, consolidant ainsi de nombreuses notions.

CALCUL MENTAL

Vérifier des comparaisons

❶ Dire ou écrire : « • *750 > 690* • *5 × 6 < 6 × 5* • *1 956 = 19 c 5 d 6 u* • *1 885 < 1 900* • *8 × 7 = 54* • *9 m 7 d 4 u = 974* • *6 + 4 + 9 + 3 ≠ 3 + 9 + 4 + 6* • *9 × 20 = 180.* »
L'élève répond par vrai (V) ou faux (F). (Travail par deux.)

❷ Dire ou écrire : « • *4 509 = 9 u 45 c* • *4 × 1 000 + 2 × 100 + 6 × 10 = 4 260* • *6 × 2 × 5 > 2 × 5 × 6* • *72 : 9 = 8* • *5 × 45 ≠ 200 + 25* • *34 + 19 = (34 + 20) – 1* • *17 + 17 + 17 + 17 = 17 × 4* • *17 + 17 + 17 + 17 = 10 × 4 + 7 × 4.* »
L'élève répond par vrai (V) ou faux (F). (Travail par deux.)

Activités préparatoires

1. Cerner les grandeurs et les unités concernées dans des problèmes

20 min

Matériel individuel : fiche d'activité SITE COMPAGNON

Consigne : « *Vous allez lire chaque problème et, dans chacun de ces problèmes, souligner les nombres qui sont "accompagnés" d'une unité de mesure.* »

Dans une phase de correction collective, l'enseignant demande aux élèves de lui indiquer les données qu'ils ont soulignées et les recopie au tableau, en faisant rappeler la « famille de mesure » à laquelle elles appartiennent.

Problème 1 : 3 200 m ; 2 km (mesures de longueur)
Problème 2 : 980 g ; 1 kg 50 g (mesures de masse)
Problème 3 : 1 L 50 cL ; 20 cL (mesures de contenance)
Problème 4 : 8 € 30 ; 10 € (prix)
Problème 5 : 10 h ; 15 min (heures et durées)
Problème 6 : 1 dm 2 cm 5 mm ; 125 mm (mesures de longueur)

2. Ranger des unités de mesure dans l'ordre croissant

15 min

Matériel par groupe de deux : fiche d'activité SITE COMPAGNON

Consigne 1 : « *Vous allez lire les abréviations d'unités que je vais écrire au tableau.* »

Écrire des abréviations d'unités au tableau (ex. : m ; km ; h ; € ; L ; cm ; cL t ; s…)

Les élèves les lisent.

Consigne 2 : « *Maintenant, je vais vous dire des noms d'unités. Vous devrez écrire les abréviations de ces unités sur votre ardoise.* »

▶ Distribuer ensuite la fiche d'activité. Laisser effectuer les rangements, puis corriger.

Travail sur le fichier

1 Résoudre un problème impliquant des masses.

Laisser découvrir la situation individuellement, puis poser des questions pour l'éclairer.

« *Où se passe cette scène ? Que fait le vétérinaire ? Qu'est-ce que l'on nous demande de chercher ?* »

Faire lire la bulle qui nous indique la méthode à suivre pour trouver les réponses.

Chaque masse indiquée dans le tableau est la masse d'un lionceau + la masse de la corbeille.

Laisser ensuite résoudre le problème puis corriger.

Repérer les erreurs de raisonnement :
- l'élève ajoute 500 g au lieu de les retrancher ;
- l'élève recopie la masse indiquée dans le tableau sans rien changer.

Obstacles possibles :
- Le raisonnement mal compris.
- Le calcul de 2 kg 200 g – 500 g.

Aides proposées :
- Passer par une manipulation avec la balance à plateaux.
- Décomposer le calcul :

2 kg 200 g – 500 g = (2 kg 200 g – 200 g) – 300 g = 2 kg – 300 g
= 1 kg 700 g.

Ou 2 kg 200 g = 2 200 g ; 2 200 g – 500 g = 1 700 g = 1 kg 700 g.

2 Additionner des mesures de longueur pour calculer le périmètre d'un polygone.

Rappeler ce qu'est le périmètre d'une figure (notion non exigible en CE2).

Laisser effectuer les calculs sur le cahier de recherche en constatant qu'on nous demande d'exprimer les périmètres en dm, cm, mm.

Lors de la correction on peut écrire l'opération en ligne.

5 cm 5 mm + 3 cm 5 mm + 2 cm + 2 cm 5 mm + 2 cm 2 mm
= 14 cm 17 mm
= 15 cm 7 mm = 1 dm 5 cm 7 mm

6 cm 1 mm + 2 cm 9 mm + 5 cm 8 mm
= 13 cm 18 mm = 1d m 3 cm 8 mm

On peut aussi adopter une disposition en colonnes en effectuant séparément addition des mm et addition des cm.

Obstacles possibles :
- La longueur des calculs.
- Les transformations d'unités.

3 Harmoniser les unités de deux mesures pour les comparer.
33 cL × 3 = 99 cL.
Kenji a acheté 99 cL de jus de fruits.
1 L = 100 cL.
Sacha a 1 cL de jus de fruits de plus que Sacha.

4 Utiliser la relation 1 année = 365 jours pour résoudre un problème.
Lire la bulle. Si l'année n'est pas bissextile, c'est une année ordinaire.
Une année ordinaire dure 365 jours.
À la fin de la journée du 10 avril, 100 jours se sont déjà écoulés.
Il reste encore 365 jours – 100 jours = 265 jours avant que l'année ne soit terminée.

Faisons le point

- Nous avons résolu des problèmes sur les masses, les longueurs, les contenances et les durées.
- Nous avons revu les unités des différentes familles d'unités de mesure.
- Dans nos problèmes, nous avons dû faire des transformations d'unités.

Pistes d'activités supplémentaires

Pour toute la classe
- Résoudre les problèmes de la fiche de l'activité préparatoire 1.
- Expliquer par un calcul pourquoi on peut dire que le 10 avril est le 100e jour de l'année.
- Problème 1 : Joachim pèse 35 kg. Il se pèse avec son chien. Le pèse-personne indique 42 kg. Quel est le poids du chien de Joachim ?
- Problème 2 : Pour remplir un récipient de 3 L, combien faut-il verser de bouteilles de 50 cL ? de bouteilles de 75 cL ?

PROBLÈMES

137 Problèmes variés et mesures de grandeurs (2)

Objectif : résoudre des problèmes de typologie variée, faisant intervenir différentes grandeurs (masse, longueur, contenance, durée).

CALCUL MENTAL
Faire vérifier des comparaisons. (Travail par deux)
Ex : 750 > 690 ? / 5 x 6 < 6 x 5 ? / 1956 = 19c5d6u ?
Écrire V (vrai) ou F (faux).
V F V V F F F V

1 Quatre lionceaux sont nés au zoo.
Pour les peser, la vétérinaire les a mis dans une corbeille. La corbeille vide pèse 500 g.

- **Retrouve** la masse de chaque lionceau.

	masse du lionceau et de la corbeille
Tania	1 kg 900 g
Gina	1 kg 800 g
Gipsy	2 kg 500 g
Roméo	2 kg 200 g

Tania pèse 1 kg 400 g.
Gina pèse 1 kg 300 g.
Gipsy pèse 2 kg.
Roméo pèse 1 kg 700 g.

2 **Calcule** le périmètre de chaque figure. **Écris**-le dans le tableau.

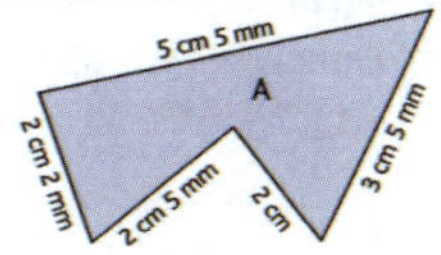

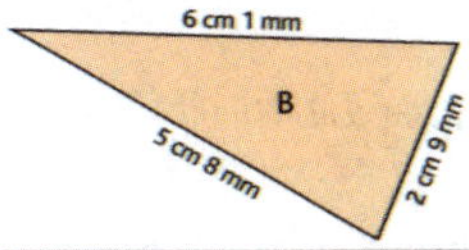

	périmètre en dm, cm, mm
A	1 dm 5 cm 7 mm
B	1 dm 4 cm 8 mm

3 Kenji a acheté trois petites bouteilles de jus de fruits de 33 cL chacune et Sacha un bouteille de 1 L.
« C'est presque pareil », dit Kenji.
« J'en ai plus que toi ! » dit Sacha.

Cherche sur ton cahier.

Quelle quantité de jus de fruits Sacha a-t-il en plus ?
Il a 1 cL de plus.

4 **Une année ordinaire, le 10 avril est le 100e jour de l'année.**
Combien de jours reste-t-il après le 10 avril pour terminer l'année ?
365 - 100 = 265
Il reste 265 jours pour terminer l'année.

170 • Cent-soixante-dix

1 défi

Par groupe de trois ou quatre
On veut trouver la masse totale des quatre lionceaux réunis.
Voici le calcul de Tina :
« 1 kg 900 g + 1 kg 800 g + 2 kg 500 g + 2 kg 200 g = 6 kg 2 400 g
= 8 kg 400 g.
Puis 8 kg 400 g – 2 kg = 6 kg 400 g. »
Essaie d'expliquer son calcul. Pourquoi Tina enlève-t-elle 2 kg ?

138 Le camping

Programme 2016

- Organisation et gestion des données.
  » Exploiter des données numériques pour répondre à des questions.
- Résoudre des problèmes impliquant des longueurs et des prix.

Objectif spécifique de la séance

Utiliser des compétences acquises tout au long de l'année pour répondre à des questions se rapportant à une situation complexe.

Information didactique

Cette dernière fiche, à travers un contexte évoquant la fin de l'année et les vacances, présente une situation globale et complexe, qui s'appuie sur la capacité des élèves à utiliser l'information présentée sur différents supports (carte routière simplifiée, tableau de tarifs, affichages d'un compteur kilométrique…).

L'utilisation de la calculette peut se justifier, compte tenu du nombre et de la longueur des opérations, ainsi que du champ numérique qui « sort » parfois des programmes du cycle 2 (nombres supérieurs à 10 000).

Dans cette fiche, **nous privilégierons la prise d'informations et leur traitement plutôt que les calculs.** Ainsi, ce contexte justifie parfaitement la mise en place d'un travail en binôme, facilitant les échanges, la coopération et la mobilisation des connaissances vues.

CALCUL MENTAL

Problème : sens des opérations.

Dire : « *- Lucie a dépensé 26 € au marché et 14 € à la librairie. Combien a-t-elle dépensé en tout ?*
- Tom achète deux maillots à 23 € l'un. Il paie avec un billet de 50 €. Combien le caissier doit-il lui rendre ?
- Dans un paquet de 20 billes, toutes les billes sont identiques. Paul pèse 5 billes. La masse est de 50 g. Combien pèsent les 20 billes ?
- Dans sa remorque, un producteur de pommes a placé 2 sacs de 50 kg de pommes et 2 sacs de 20 kg. Quelle masse totale de pommes est transportée dans la remorque ?
- Combien peut-on faire de ruban de 5 m dans un rouleau de 35 m ?
- Lisa part en promenade à 9 h 30. Elle est de retour à 10 h 15. Quelle est a durée de sa promenade ? »
L'élève écrit la réponse.

Activités préparatoires

1. Situer quelques villes de France par rapport à la mer

20 min

Matériel individuel : fiche d'activité SITE COMPAGNON

▶ En liaison avec « Questionner le monde », travailler sur la carte de France et les mers et océan qui la bordent.

Accrocher la carte murale de la France de façon à ce qu'elle soit visible de tous ou vidéoprojeter une carte.

Consigne 1 : « *Pouvez-vous situer approximativement sur la carte l'endroit où nous sommes ?* »

L'enseignant met une pastille sur l'endroit qui a été retenu.

Consigne 2 : « *Maintenant, nous allons repérer les mers ou océans qui bordent notre pays.* » (la Manche et la mer du Nord au nord ; l'océan Atlantique à l'ouest ; la mer Méditerranée au sud ; aucune mer à l'est).

Consigne 3 : « *Essayons de trouver quelle mer ou quel océan est le plus proche de nous à vol d'oiseau.* »

Dans certains cas, la réponse pourra être donnée directement. Dans d'autres, il faudra procéder à cette comparaison sur la carte avec la grande règle plate, une ficelle ou une bande de papier.

▶ Travailler ensuite avec la fiche d'activité pour situer quelques villes françaises par rapport aux mers.

2. Relever quelques distances entre des grandes villes à partir d'une carte routière

10 min

Matériel : carte routière vidéoprojetée au tableau.

Voici quelques pistes d'exploitation de la carte :
- lire la légende ;
- citer quelques villes ou bourgades ;
- repérer des routes et des trajets pour aller d'une ville à une autre ville ;
- repérer les distances ;
- calculer un trajet entre deux villes (ajouts de deux ou trois distances intermédiaires) ;
- calculer l'écart entre deux trajets.

Travail sur le fichier

1 Calculer des distances à partir d'un document.

• Laisser les élèves découvrir la situation proposée, individuellement puis en binôme. Demander à la classe de quoi il s'agit et essayer de résumer la situation.

« Il s'agit d'une famille qui habite la ville de Moulins et qui part faire du camping à Montpellier.

La famille est composée des deux parents, d'une petite fille (Anna) et d'un chien. »

Demander : « *Qu'est-ce que l'on nous demande dans la première question ?* »

« On nous demande de retrouver l'itinéraire qu'ils ont emprunté pour se rendre de Moulins à Montpellier. Pour cela, on dispose de deux sortes d'informations :
- l'affichage du compteur kilométrique de leur véhicule au départ et à l'arrivée ;
- une carte routière avec les distances entre les villes qui se trouvent sur différents itinéraires possibles. »

• Faire calculer la distance parcourue à partir des affichages du compteur.

Lire la bulle et prendre la calculette. Il faut calculer la différence entre les deux nombres :

72 886 – 72 423 = 463 km.

Obstacle possible : raisonnement difficile pour certains.

Aide proposée : travailler avec de petits nombres. Par exemple « Faouzia va voir son amie Jules avec son vélo neuf. Au départ, le compteur de son vélo indique 30 km. Lorsqu'elle arrive chez Jules, le compteur indique 35 km.

La distance parcourue est de 5 km. Pour trouver cette distance, on peut faire une addition à trou 30 + 5 = 35 (recherche du complément) ou une soustraction 35 – 30 = 5 (recherche de la différence) : « J'enlève à l'affichage total le nombre de km qui avaient déjà été parcourus avant que Tom parte chez Jules. »

• Faire retrouver l'itinéraire qui a été pris.
À l'aide de la carte, par deux et avec une seule calculette (un élève dicte les nombres, l'autre les tape), calculer les distances correspondant à chacun des trois itinéraires.
On pourra faire deux fois les calculs pour vérifier en changeant les rôles.

Obstacle possible : la méthode pour « entrer » les données correctement avec la calculette (nombreuses données).

2 Calculer une dépense à partir de la lecture de l'affichage de tarifs.
Lire et analyser l'affichage des tarifs. Il nous renseigne sur le prix à payer par journée pour chacun des éléments de la famille qui est composée de deux adultes (les parents), d'un enfant (Anna) et d'un animal domestique (le chien) et pour l'emplacement de la tente.
20 € + (8 € × 2) + 5 € + 2 € = 43 €.
La somme à payer pour 10 jours sera de 43 € × 10 = 430 €.

Obstacles possibles :
• L'exploitation de l'information fournie par l'affichage.
• L'illustration du tarif adulte par deux personnages, qui pourrait faire penser que 8 € est le prix pour deux et pourrait expliquer que certains élèves ne multiplient pas 8 € par 2.

Faisons le point

• Nous avons travaillé sur une seule situation (« Anna va au camping avec sa famille »), mais nous avions plusieurs problèmes à résoudre, qui portaient sur :
- la distance parcourue et l'itinéraire suivi pour se rendre au camping ;
- le prix à payer par la famille pour rester dans le camping.
• Pour répondre, nous avons dû prendre les informations sur des documents (cartes, affichage de tarif).
• Comme les calculs étaient compliqués, nous avons utilisé notre calculette.

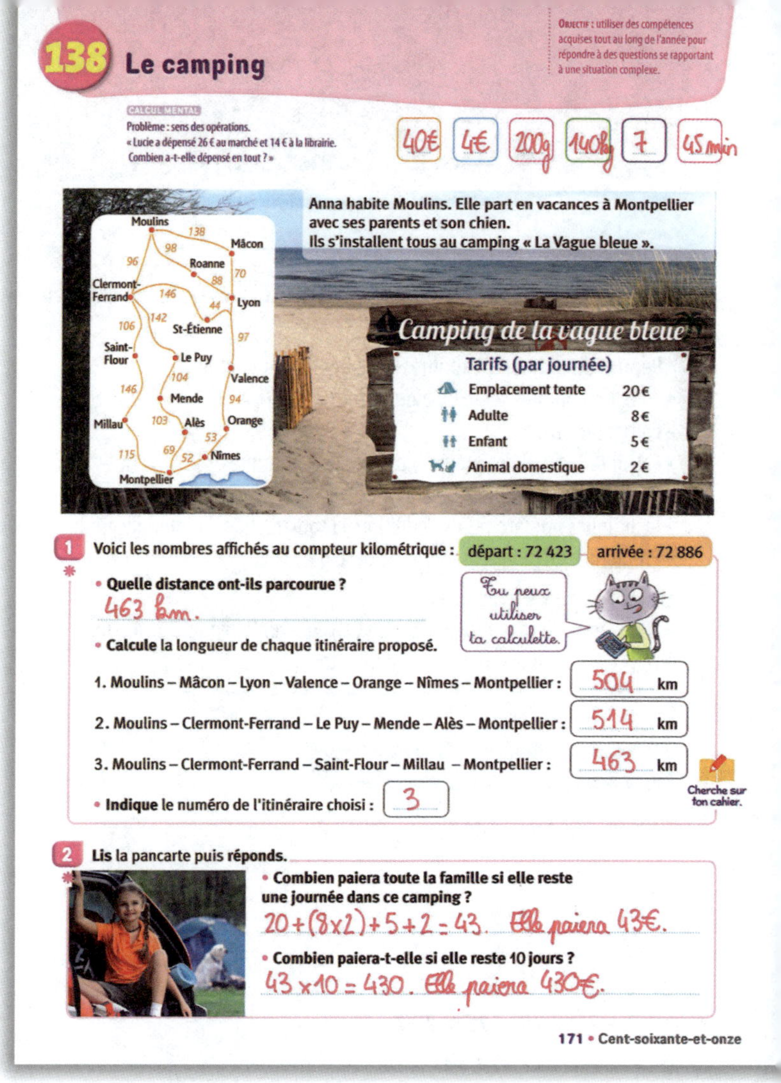
138 Le camping

OBJECTIF : utiliser des compétences acquises tout au long de l'année pour répondre à des questions se rapportant à une situation complexe.

CALCUL MENTAL
Problème : sens des opérations.
« Lucie a dépensé 26 € au marché et 14 € à la librairie. Combien a-t-elle dépensé en tout ? »

40€ | 4€ | 200g | 140kg | 7 | 45 min

Anna habite Moulins. Elle part en vacances à Montpellier avec ses parents et son chien.
Ils s'installent tous au camping « La Vague bleue ».

1 Voici les nombres affichés au compteur kilométrique : départ : 72 423 arrivée : 72 886
• **Quelle distance ont-ils parcouru ?** 463 km.
• **Calcule** la longueur de chaque itinéraire proposé.
1. Moulins – Mâcon – Lyon – Valence – Orange – Nîmes – Montpellier : 504 km
2. Moulins – Clermont-Ferrand – Le Puy – Mende – Alès – Montpellier : 514 km
3. Moulins – Clermont-Ferrand – Saint-Flour – Millau – Montpellier : 463 km
• **Indique** le numéro de l'itinéraire choisi : 3

Tu peux utiliser ta calculette.

Cherche sur ton cahier.

2 **Lis** la pancarte puis **réponds.**
• **Combien paiera toute la famille si elle reste une journée dans ce camping ?**
20 + (8 × 2) + 5 + 2 = 43. Elle paiera 43 €.
• **Combien paiera-t-elle si elle reste 10 jours ?**
43 × 10 = 430. Elle paiera 430 €.

171 • Cent-soixante-et-onze

Pistes d'activités supplémentaires

Pour toute la classe
• Calculer la dépense pour une famille de deux parents, trois enfants et deux animaux domestiques durant 15 jours.
• Si la famille avait pris l'itinéraire n° 2, quel aurait été l'affichage du compteur kilométrique à l'arrivée à Montpellier ?
• Pour rentrer à la maison, la famille d'Anna emprunte l'itinéraire n° 1. Calculer la distance parcourue aller-retour.

Je m'entraine +

→ Fichier élève, pp. 172-173

Ces deux pages d'exercices peuvent être utilisées de façon différenciée pour consolider les acquis et mieux préparer l'entrée au cycle supérieur.

Nombres et calculs
- Reprise des nombres exprimés en unités de numération.
- Suite de nombres selon un algorithme.
- Comparaisons.
- Calcul réfléchi, regroupement astucieux de nombres.
- Révision des multiples. Encadrement.
- Techniques opératoires de l'addition, la soustraction, la multiplication.
- Problèmes de groupements et de partage.

Grandeurs et mesures
- Transformer une grandeur donnée dans une unité en une autre unité : cL en L ; cL en dL ; dL en cL ; heure en minute…
- Comparer des longueurs exprimées dans des unités différentes.
- Problèmes portant sur des longueurs, des capacités.
- Problèmes faisant intervenir le calendrier (les jours), les durées (heures et minutes).

Espace et géométrie
- Analyser et reproduire une figure en tenant compte des contraintes : mesures, angles droits, prolongement…
- Écrire un programme de construction : consignes écrites et ordonnées permettant de réaliser la figure.

Nombres et calculs

1 **a.** 50 + 38 + 50 = 138
b. 15 + 19 + 5 = 39
c. 39 + 47 + 1 = 87
d. 25 + 18 + 25 = 68
e. 78 + 15 + 2 + 5 = 100
f. 80 + 75 + 20 + 25 = 200
g. 9 + 37 + 3 + 1 = 50
h. 378 + 500 + 500 = 1 378

2 **a.** 36 + 99 = (36 + 100) – 1 = 135
b. 88 + 98 = (88 + 100) – 2 = 186
c. 175 + 90 = (175 + 100) – 10 = 265
d. 678 + 997 = (678 + 1 000) – 3 = 1 675
e. 354 + 990 = (354 + 1 000) – 10 = 1 344

3 **a.** 500 + 32 > 50 + 20
b. (9 × 100) + 7 > (7 × 100) + 9
c. 45 × 10 < 450 + 1
d. 24 × 20 < 42 × 20

4 On enlève toujours 10 : 349 • 339 • 329 • 319 • 309 • 299.
On enlève toujours 100 : 1 360 • 1 260 • 1 160 • 1 060 • 960 • 860.

5 **a.** 5 × 2 × 4 = 40
b. 50 × 2 × 9 = 900
c. 25 × 8 × 4 = 800
d. 20 × 5 × 6 = 600
e. 5 × 12 × 2 = 120
f. 250 × 4 × 3 = 3 000

6 **a.** 13 × 7 = 10 × 7 + 3 × 7 = 70 + 21 = 91
b. 19 × 5 = 10 × 5 + 9 × 5 = 50 + 45 = 95
c. 24 × 3 = 20 × 3 + 4 × 3 = 60 + 12 = 72
d. 27 × 5 = 20 × 5 + 7 × 5 = 100 + 35 = 135
e. 43 × 8 = 40 × 8 + 3 × 8 = 320 + 24 = 344
f. 136 × 4 = 100 × 4 + 30 × 4 + 6 × 4 = 400 + 120 + 24 = 544

7 A = 300 • B = 100 • C = 250 • D = 1

8
a. 4 m = 4 000 **b.** 5 c = 500 **c.** 3 d = 30
d. 15 c = 1 500 **e.** 25 d = 250 **f.** 3 m 5 c = 3 500
g. 2 m 4 d = 2 040 **h.** 35 c 51 u = 3 551 **i.** 5 m 5 u = 5 005

9 **a.** 32 < 36 < 40 **b.** 40 < 45 < 48
c. 8 < 14 < 16 **d.** 56 < 60 < 64
e. 72 < 75 < 80 **f.** 16 < 20 < 24

10 **a.** 7 × 3 < 24 < 7 × 4 **b.** 7 × 6 < 45 < 7 × 7
c. 7 × 8 < 60 < 7 × 9 **d.** 7 × 7 < 54 < 7 × 8

11

```
a.    1 1
      2 6 4
    + 3 4 2
    + 1 0 5
    -------
      7 1 1

b.    3 2 1 1
    +     4 7
    + 5 4 3 0
    ---------
      8 6 8 8

c.    1 1 1
      6 4 0 2
    +     2 9
    +   7 9 6
    ---------
      7 2 2 7

d.    2   2
        8 1 7
    + 3 8 0 7
    +   8 2 7
    ---------
      5 4 5 1
```

12

```
a.    7 6 ₁1
    - 3 2 4
        1
    -------
      4 3 7

b.    6 8 0 3
    - 4 1 9 9
        1 1
    ---------
      2 6 4 4

c.    7 4 8 0
    - 2 6 5 3
      1   1
    ---------
      4 8 2 7

d.    8 4 0 0
        1 1 1
    -   8 0 5
      1 1 1
    ---------
      7 5 9 5
```

13 **a.** 26 × 4 = 104 **b.** 16 × 8 = 128 **c.** 32 × 7 = 224
d. 36 × 6 = 216 **e.** 49 × 3 = 147 **f.** 78 × 4 = 312

14 On vérifiera les calculs posés.
518 × 7 = 3 626 59 × 14 = 826
37 × 24 = 888 48 × 53 = 2 544

15 À deux PROBLÈME • Basile prend 6 comprimés par jour pendant 12 jours.
12 × 6 = 72. Il va prendre 72 comprimés en tout.
• 3 × 20 = 60 et 4 × 20 = 80
Le pharmacien doit lui donner 4 tubes de 20 comprimés.

16 Le défi

9 × 5 = 45 ; Carole distribue 45 gâteaux.

25 + 20 = 45 (ou) 45 – 25 = 20.

Dans le deuxième paquet, il y avait 20 gâteaux.

Grandeurs et mesures

17 **en cL :** 2 L = 200 cL • 2 dL = 20 cL • 3 dL 5 cL = 35 cL

en dL : 2 L = 20 cL • 1 L 3 dL = 13 dL • 50 dL = 5 dL

• 300 cL = 3 dL

en L et cL : 125 cL = 1 L 25 cL • 230 cL = 2 L 30 cL

• 15 dL = 1 L 50 cL

18 **a.** 5 km = 5 000 m

b. 1 km > 750 m

c. 1 km 200 m > 130 m

d. 1 m 50 cm = 150 cm

e. 75 cm < 1 m

f. 1 dm 3 cm 4 mm < 15 cm

19 **a.** 2 h = 120 min

b. 1 h 20 min = 80 min

c. 1 h 40 min = 100 min

d. 1 h 70 min = 130 min

20 9 kg • 8 kg 500 g • 8 kg • 7 kg 500 g • 7 kg •

6 kg 500 g • 6 kg • 5 kg 500 g

21 PROBLÈME 6 400 km – 5 500 km = 900 km

La différence de longueur entre le Mississippi et l'Amazone est 900 km.

22 PROBLÈME Monsieur Duval a acheté 27 journaux (cout : 27 €) et 4 revues durant ce mois (cout : 4 × 5 € = 20 €).

27 € + 20 € = 47 €.

Il a dépensé 47 €.

23 PROBLÈME 12 cL × 5 = 60 cL

15 cL × 6 = 90 cL

90 cL + 60 cL = 150 cL = 1 L 50 cL

Cette bouteille contenait 1 L et demi.

24 PROBLÈME 1 h + 1 h + 30 min = 2 h 30 min

2 h 30 min + 30 min = 3 h.

Le temps consacré à la lecture sera 30 minutes.

Espace et géométrie

25 Reproduire une figure : partir du rectangle qu'il faut tracer sur du papier uni.

Respecter les dimensions : 8 cm sur 2 cm.

Observer les prolongements pour tracer les côtés du triangle.

26 Tracer le rectangle (8 cm sur 4 cm). Repérer le milieu de chaque côté. Tracer les demi-cercles qui ont pour centre le milieu des largeurs.

27 À deux

- Trace un carré de 5 cm de côté.
- Place le milieu de chaque côté.
- Joins les milieux des côtés opposés.
- Trace le cercle qui a pour centre le point de croisement des deux segments et qui passe par les milieux.

Corrigé de la frise

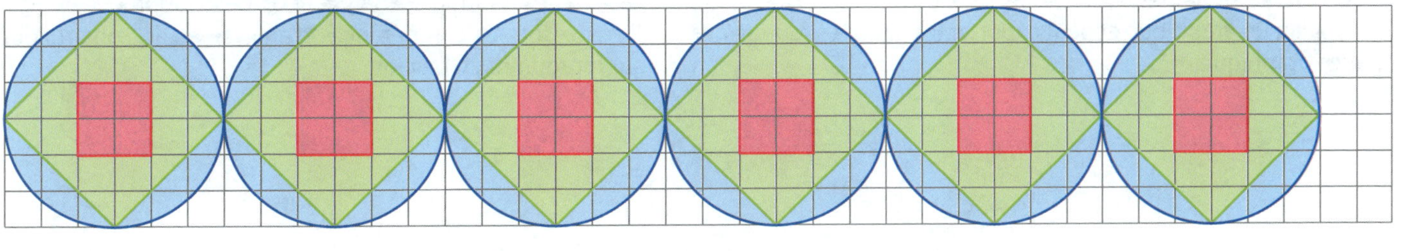

Synthèse des apprentissages Période 5

Nombres et calculs

• Dans cette période, l'élève continue l'approche de la division euclidienne dans des situations de partage.

• Il produit des écritures du type : $a = (b \times q) + r$ avec $r < b$.

• Il utilise les propriétés de la multiplication (associativité/commutativité) dans des calculs.

• Il développe des procédures adaptées pour obtenir le quotient et le reste d'une division par 50 ou par 25.

• Il apprend à calculer de manière approchée.

• Il revoit et consolide les compétences concernant le calcul et la numération.

• Il compare différentes procédures pour effectuer une multiplication en ligne.

• Il choisit, en fonction du calcul à effectuer, le moyen le plus adapté.

➤ En résolution de problèmes

• L'élève résout des problèmes dans des situations de partage ou de groupements sur des collections.

• Il applique ses compétences dans des situations faisant intervenir des grandeurs (contenances, longueurs…).

• Il contrôle la vraisemblance d'un résultat (choix de l'unité, de l'opération, ordre de grandeur).

• Il utilise les données d'un tableau pour résoudre un problème.

• Il analyse des solutions et les réponses proposées à un problème ; il peut identifier les erreurs et les corriger.

• Il résout des problèmes de typologie variée faisant intervenir différentes grandeurs.

➤ Organisation et gestion des données

• L'élève exploite les informations relatives à une situation et effectue des rangements à partir des données.

• Il sait lire un graphique et peut exporter les données fournies par ce graphique.

• Il organise des données dans un tableau à double entrée pour résoudre un problème.

• Il utilise des compétences acquises pour répondre à des questions dans une situation complexe.

Grandeurs et mesures

• L'élève calcule des durées à partir d'horaires fournis en utilisant un schéma.

• Il découvre de nouvelles unités de mesure : le centilitre (cL) et le décilitre (dL).

• Il utilise les relations 1 L = 100 cL et 1 L = 10 dL.

• Il reporte, avec le compas ou une bande report, des longueurs sur une droite.

• Il se repère dans un temps long en utilisant le siècle et le millénaire.

• Il utilise la relation 1 siècle = 100 ans.

Espace et géométrie

• L'élève se repère sur le plan et utilise un vocabulaire lié à la géographie : premier plan, deuxième plan…

• Il situe les éléments d'un paysage par rapport aux points cardinaux.

• Il représente un déplacement en suivant un programme.

• Il décrit un programme à partir d'un déplacement donné.

• Il résout des problèmes de construction en utilisant les outils appropriés.

• Il construit une figure à partir d'un programme de construction.

• Il observe une méthodologie pour reproduire une figure : phases d'observation, d'analyse et de description.

• Il réinvestit ses compétences d'analyse et de construction pour reproduire un pavage.

Je prépare l'évaluation (5)

→ Fichier élève, p. 174-175

Programme 2016

- **Nombres et calculs**
  - Tables de la multiplication. → Exercice 1
  - Interpréter les noms des nombres à l'aide des unités de numération et des écritures arithmétiques. → Exercice 3
  - Vérifier la vraisemblance d'un résultat, notamment en estimant son ordre de grandeur. → Exercice 4
  - Calculer mentalement pour obtenir un résultat exact. → Exercice 5
  - Consolider la connaissance de la structure des nombres. → Exercices 6 7
  - Valeur des chiffres en fonction de leur rang dans l'écriture d'un nombre (principe de position). → Exercice 6
  - Calculer en utilisant des écritures en ligne additives, multiplicatives. → Exercice 8
  - Problèmes relevant des structures multiplicatives, de partages ou de groupements (multiplication/division). → Exercice 9
  - Mettre en œuvre un algorithme de calcul posé pour l'addition, la soustraction, la multiplication. → Exercice 10
  - Modes de représentation de données numériques : tableaux, graphiques simples, etc. → Exercice 14
- **Grandeurs et mesures**
  - Résoudre des problèmes impliquant des conversions simples. → Exercice 11
  - Comparer, mesurer, estimer des durées. → Exercice 12
- **Espace et géométrie**
  - Vocabulaire permettant de définir les déplacements. → Exercice 13
  - Reproduire des assemblages de figures sur papier uni. → Exercice 15

CALCUL MENTAL
Évaluation : voir le guide pédagogique.

25	250	3 m	100	48	8	8	7 cm

1 Complète le tableau multiplicatif.

×	6	7	8
5	30	35	40
6	36	42	48
9	54	63	72

2 Relie.

1 siècle — 100 ans
1 millénaire — 1000 ans
2 millénaires — 2000 ans
2 siècles — 200 ans
1 millénaire et 2 siècles — 1200 ans

3 Coche les écritures qui sont égales à 3856.

- 3000 + 856 ☒
- (3 × 100) + 856 ☐
- 38 c 56 u ☒
- 3 m 856 u ☒
- (38 × 100) + 56 ☒
- 3850 + 6 ☒
- 3 + 856 ☐

4 Écris le résultat à la place qui convient en t'appuyant sur l'ordre de grandeur.

197 × 4 = 788
1200 − 599 = 601
605 − 195 = 410

601 | 410 | 788

5 Complète les écritures.

Écritures de 100	Écritures de 1000
20 × 5	250 × 4
50 × 2	2 × 500
4 × 25	200 × 5

6 Complète les phrases.

Dans 576, le chiffre des dizaines est 7.
Dans 576, le nombre des dizaines est 57.

7 Décompose : complète les écritures.

576 = (5 × 100) + 76
576 = (57 × 10) + 6
2 538 = (25 × 100) + 38

8 Calcule en suivant l'exemple.

32 u × 5 = 15 d + 10 u = 160 u
24 u × 5 = 10 d + 20 u = 120 u

9 PROBLÈME On a 360 savons.
Combien de boites de 50 savons peut-on remplir ?

On peut remplir 7 boites et il restera 10 savons.

10 Pose et effectue les opérations.
Écris le résultat.

758 + 2308 + 57 = 3 123
2632 − 1552 = 1080
43 × 135 = 5 805

11 PROBLÈME Lola a une ficelle qui mesure 3 m 50 cm. Elle en utilise 80 cm pour emballer un colis et 124 cm pour faire des bracelets.
Quelle longueur de ficelle lui reste-t-il ?

80 cm + 124 cm = 204 cm
3 m 50 cm = 350 cm
350 cm − 204 cm = 146 cm = 1 m 46 cm
Il reste 1 m 46 cm de ficelle.

12 PROBLÈME Un train est parti à 8 h 40 et est arrivé à 10 h 25.
Quelle est la durée du trajet ?

8 h 40 — 9 h — 10 h — 10 h 25

+ 20 min + 1 h + 25 min

20 min + 1 h + 25 min = 1 h 45 min
Le trajet dure 1 h 45 min.

13 ► **Trace** le trajet. ▲ **Écris** le programme.

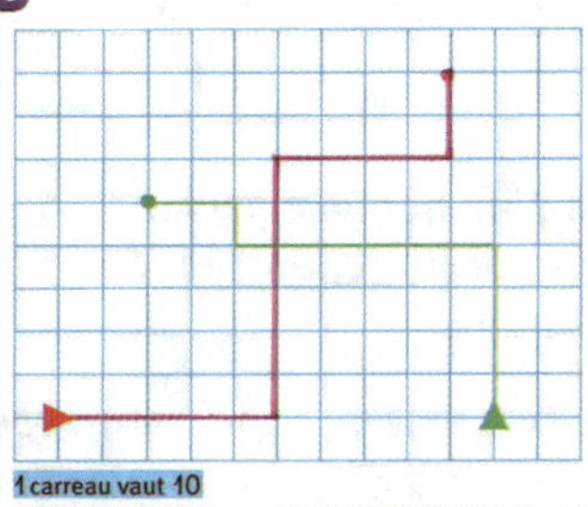

1 carreau vaut 10

►	▲
► Av 50 TG	▲ Av 40 TG
Av 60 TD	Av 60 TD
Av 40 TG	Av 10 TG
Av 20 TG	Av 20

14 Voici le poids d'Anna de sa naissance à l'âge de 7 ans. **Complète** les phrases.

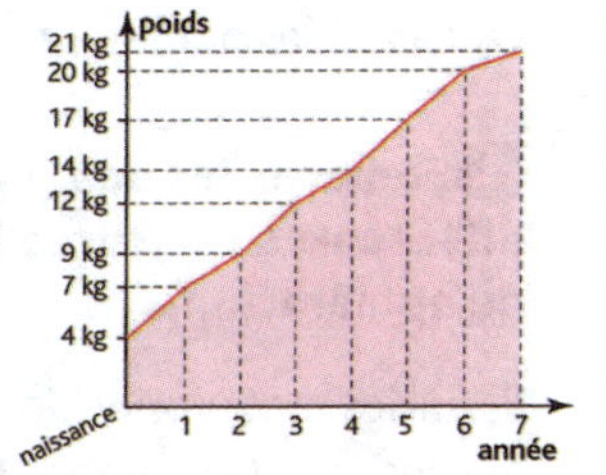

Anna pesait 14 kg à l'âge de 4 ans.
À 6 ans, elle pesait 20 kg.
Entre 4 et 5 ans,
son poids a augmenté de 3 kg

15 Reproduis la figure.

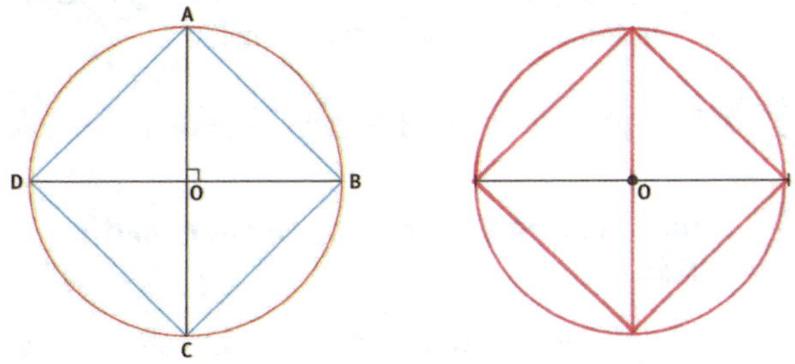

CALCUL MENTAL

❶ **Calculs :** combien pour aller de 75 à 100 ? pour aller de 750 à 1 000 ?
❷ **Calculs :** 1 m 50 cm + 1 m 50 cm.
❸ **Problèmes.**
- Mme Martin a 4 billets de 20 € et 2 billets de 10 € dans son portemonnaie. Quelle somme possède-t-elle ?
- Quel est le périmètre d'un jardin carré de 12 m de côté ?
- Anna a acheté 2 raquettes qui coutent 21€ l'une. Il paie avec un billet de 50€. Combien doit lui rendre le vendeur ?
- Combien peut-on remplir de petits sacs de 5 kg avec un grand sac de pommes de 4 kg ?
- Ali mesure 1 m 25 cm et Lila mesure 1 m 18 cm. Quelle est leur différence de taille ?

1 Compléter un tableau pour évaluer les produits mémorisés.

Les tables de multiplication de 3, 4 et 5 ont déjà été abordées et évaluées lors de la période 2. Il s'agit donc de prolonger ces apprentissages (révision de la table de 5, approfondissement des tables de 6 et 9) en testant leur bonne maitrise pour les apprentissages futurs.

Obstacle possible : mémorisation des produits des tables de 7, 8 et 9.

2 Connaitre les relations entre siècle, millénaire et année.

Les élèves ont appris à se situer dans un passé et un futur proche en fréquentant les divisions sociales du temps : année, mois, jour, minute, seconde. Ils doivent à présent se familiariser avec un passé et un futur plus lointain, en utilisant de nouvelles unités de temps : les siècles et les millénaires. Cet apprentissage pourra être mené en parallèle avec l'enseignement « Questionner le monde », afin de contextualiser les notions à acquérir.
Dans cet exercice, l'élève va réinvestir les relations :

1 siècle = 100 ans et 1 millénaire = 1 000 ans,

en reliant les durées identiques.

3 Repérer les désignations d'un nombre parmi différentes écritures (somme, produit, unités de numération).

Parmi les sept propositions, les élèves doivent reconnaitre celles qui désignent le nombre 3 856 et les cocher. Deux sont erronées : $(3 \times 100) + 856$ et $(3 + 856)$.
Demander aux élèves de lire chaque proposition, ce qui permettra de valider certaines écritures de façon explicite ($3\,000 + 856$ ou $3\,850 + 6$).

Obstacle possible : le nombre et la variété des écritures.
Remédiation proposée : laisser utiliser le cahier de recherche pour faire des calculs et noter le résultat de chacune de ces écritures.

• Activité de manipulation 8

4 Calculer de manière approchée pour vérifier un résultat.

Les élèves vont devoir effectuer un calcul approché pour pouvoir placer le résultat correct sans passer par le calcul exact. Il s'agit de repérer parmi chaque résultat proposé celui qui correspond à la valeur approchée de chaque calcul.

Par exemple, on va rechercher le calcul approché de (197×4), soit (200×4), c'est-à-dire 800.
Le résultat qui convient est celui qui est le plus proche de 800, c'est-à-dire 788.

Obstacle possible : vérifier la vraisemblance d'un résultat par un calcul approché.

• Exercices différenciés 23 et 24

5 Connaitre les décompositions multiplicatives de 100 et 1 000.

Cet exercice permet de valider la maitrise de calculs automatisés.

6 Mettre en évidence la structure des nombres.

La distinction entre « chiffre de » et « nombre de » dans la composition des nombres se fait progressivement. Les élèves doivent avoir compris que la valeur représentée par un chiffre dépend de sa position dans le codage du nombre.
Ainsi, dans 576, le chiffre des dizaines est 7 alors que le nombre de dizaines est 57.
Pour le nombre des dizaines, le recours aux unités de numération peut s'avérer intéressant. Dans notre exemple, 576 peut être décomposé en 57 d et 6 u.

Remédiation proposée : revenir à la manipulation

7 Compléter une décomposition qui s'appuie sur la structure des nombres.

L'élève doit être capable de décomposer les nombres de façon additive (en utilisant les unités de numération) :
$576 = 500 + 76 = 5\text{ c} + 76\text{ u}$
$576 = 570 + 6 = 57\text{ d} + 6\text{ u}$.
Il doit ensuite déduire les décompositions faisant intervenir des écritures multiplicatives :

$576 = (5 \times 100) + 76$ $576 = (57 \times 10) + 6$.

Obstacle possible : le repérage du nombre de dizaines, de centaines dans un nombre.

• Activité de manipulation 8

• Exercices différenciés – Nombres 15 et 16

8 Décomposer en unités de numération pour calculer en ligne.

32 unités sont égales à 3 dizaines et 2 unités.
Ainsi $32\text{ u} \times 5 = (3\text{ d} + 2\text{ u}) \times 5$;
en utilisant la distributivité, on obtient : $15\text{ d} + 10\text{ u}$.
On obtient enfin $150\text{ u} + 10\text{ u} = 160$.

9 Déterminer un quotient dans une situation de division-groupement.

Il s'agit d'une situation de division-groupement. On recherche le nombre de boites contenant 50 savons : c'est la recherche du quotient. Laisser utiliser le cahier de recherche.
Plusieurs procédures pourront être mises en œuvre (voir fiche 119).

Obstacle possible : la taille des nombres.

Remédiations proposées :

- Proposer des situations semblables avec des nombres plus petits.
- Revisiter la fiche 119.

• Exercices différenciés – Problèmes 11 et 12

10 Poser et effectuer des additions, soustractions et multiplications.

Les différentes opérations sont à effectuer sur le cahier de recherche. L'élève n'aura plus qu'à inscrire le résultat sur le fichier. Veiller à ce que l'élève calcule la multiplication posée en plaçant les deux facteurs dans cet ordre : 135 × 43.

Obstacles possibles :

- Maitrise de la technique posée (pour l'addition : place des nombres, respect des colonnes, présence de trois nombres différents à deux, trois ou quatre chiffres ; pour la multiplication : la gestion des retenues).
- La capacité à vérifier un résultat (recomptage, vraisemblance).

• Exercices différenciés – Calculs 7 et 8, 11 à 14

11 Résoudre un problème impliquant des longueurs et pouvant nécessiter des conversions entre mètre et centimètre.

L'élève doit résoudre un problème issu d'une situation de la vie quotidienne. Il doit d'abord rechercher la longueur de ficelle utilisée (80 cm + 104 cm = 204 cm).

Ensuite, en utilisant la relation 1 m = 100 cm, deux solutions s'offrent à lui :

- convertir la longueur de la ficelle en cm : 3 m 50 cm = 350 cm ;
- ou convertir la longueur de ficelle utilisée en m et cm :

204 cm = 2 m 4 cm.

Il n'aura plus qu'à calculer la différence entre les deux nombres :

350 cm – 204 cm = 146 cm

ou 3 m 50 cm – 2 m 4 cm = 1 m 46 cm.

On acceptera les deux réponses (1 m 46 cm ou 146 cm).

• Exercices différenciés – Grandeurs et mesures 5 et 6

12 Utiliser un schéma pour calculer une durée.

L'élève doit calculer la durée d'un trajet : ce calcul ne peut pas être fait de façon directe en utilisant la soustraction. Il va donc devoir procéder par bonds successifs en trois étapes, ce que propose le schéma mis à disposition : de 8 h 40 à 9 h, de 9 h à 10 h, et de 10 h à 10 h 25.

L'élève est guidé dans sa démarche grâce aux flèches matérialisant chaque bond, et aux unités (soit en minutes (min), soit en heures (h)), qui balisent les étapes du calcul.

Il faut enfin additionner les trois nombres trouvés, en associant les minutes (20 min + 25 min soit 45 min), pour obtenir le résultat de 1 h 45 min.

Remédiation possible : travailler avec des écarts qui ne nécessitent que deux étapes de calculs.

13 Tracer un déplacement à partir d'un programme et écrire un programme à partir d'un déplacement donné en utilisant un codage de programmation.

Les élèves doivent, dans un premier temps, tracer à partir du programme proposé le déplacement à partir de la flèche rouge (bien noter son orientation : tournée vers la droite).

La première étape consiste à avancer de 50 pas (noter que le côté d'un carreau vaut 50 pas).

Dans un deuxième temps, il s'agit d'écrire le programme du trajet vert à partir de la flèche verte tournée vers le haut.

Faire verbaliser les élèves sur les programmes peut constituer une aide.

• Exercices différenciés – Espace et géométrie 19 et 20

14 Exploiter les données lues sur un graphique.

L'axe horizontal représente les années et l'axe vertical le poids de l'enfant. Par une lecture horizontale et/ou verticale de ce graphique, les élèves vont pouvoir compléter le texte.

Pour la 3e question, l'élève doit rechercher un écart de poids entre deux années consécutives. Il devra faire une double lecture (« poids à 4 ans » et « poids à 5 ans ») pour calculer la différence entre ces deux données (soit 17 kg – 14 kg).

Remédiation proposée : vidéoprojeter le graphique et poser ou faire poser d'autres questions.

15 Analyser une figure puis la reproduire.

L'analyse de la figure doit permettre de repérer un cercle de centre O et un carré dont les quatre sommets sont sur le cercle. Chaque point est une extrémité d'un des deux diamètres, qui sont tracés et qui se coupent en formant un angle droit. Le début de la figure à reproduire est déjà amorcée par la reproduction d'un diamètre et du centre du cercle, ce qui devrait constituer une aide.

Dans une phase de correction, demander à quelques élèves de venir présenter à la classe les étapes de leur construction.

• Exercices différenciés – Espace et géométrie 15 à 19

Évaluations

Vous trouverez ci-après les **cinq évaluations photocopiables**, correspondant aux cinq périodes de l'année. Chacune de ces évaluations aura été préparée avec la fiche « **Je prépare l'évaluation** » du fichier élève.

Énoncés des activités de calcul mental des évaluations

Évaluation 1

- **Calculer :** 8 + 5 ; 13 – 4 ; 5 fois 8.
- **Écrire un nombre sous la dictée :** 605.
- **Problèmes variés :**

– *« Combien de barres de 10 cubes peut-on faire avec 46 cubes ? »*

– *« Dans une boite, on place 5 balles. Combien de boites peut-on remplir avec 20 balles ? »*

– *« Pierre va à la librairie avec 20 €. Il achète un agenda à 7 €. Quelle somme a-t-il en sortant de la librairie ? »*

– *« Lise a acheté 3 petites voitures à 6 €, 8 €, 4 €. Combien a-t-elle dépensé ? »*

Évaluation 2

- **Calculer :** 40 + 20 ; 56 + 7 ; 425 – 100 ; moitié de 80.
- **Problèmes variés :**

– *« Luc a 2 billets de 10 € et 3 billets de 5 €. Quelle somme possède-t-il ? »*

– *« Un automobiliste doit parcourir 100 km. Il a déjà parcouru 40 km. Quelle distance lui reste-t-il à parcourir ? »*

– *« Aïcha a acheté 4 albums à 6 € l'un. Quelle somme va-t-elle payer ? »*

– *« Pour payer 8 €, Léa donne un billet de 20 €. Combien la marchande doit-elle lui rendre ? »*

Évaluation 3

- **Écrire un nombre sous la dictée :** 4609.
- **Calculer :** 13 – 5 ; 234 + 300 ; ajouter 2 centaines à 1 341 ; 34 + 23 ; combien de fois 4 dans 24 ?
- **Problèmes variés :**

– *« Il faut 10 min à Théo pour se rendre à la piscine. À quelle heure arrivera-t-il à la piscine s'il part de chez lui à 9 h 15 ? »*

– *« Paul demande 1 kg de cerises ; le marchand a déjà placé 600 g de cerises sur la balance. Quelle masse de cerises doit-il encore rajouter ? »*

Évaluation 4

- **Calculer :** double de 34 ; 15 + 25 ; 56 – 12 ; 32 + 99.
- **Situer :** quelle est la dizaine la plus proche de 58 ?
- **Problèmes variés :**

– *« Dans une citerne, il y a 1 700 L d'eau. Pour la remplir il faut encore rajouter 300 L. Combien y a-t-il d'eau dans cette citerne lorsqu'elle est pleine ? »*

– *« Deux balles identiques pèsent ensemble 100 g. Quelle est la masse d'une balle ? »*

– *« Sur le gâteau d'anniversaire, une grosse bougie vaut 10 ans et une petite bougie 1 an.*
Quel est l'âge d'une personne qui a sur son gâteau 7 petites bougies et 3 grosses ? »

Évaluation 5

- **Calculer :** combien pour aller de 85 à 100 ? pour aller de 850 à 1000 ? 1 kg 500 g + 1 kg 500 g.
- **Problèmes variés :**

– *« Quel est le périmètre d'un jardin carré de 25 m de côté ? »*

– *« Mme Dupré a 4 billets de 20 € et 4 billets de 5 € dans son portemonnaie. Quelle somme possède-t-elle ? »*

– *« Boris a acheté 2 livres qui coutent 22 € l'un. Il paie avec un billet de 50 €. Combien doit lui rendre le libraire ? »*

– *« Combien de cageots de 5 melons peut-on remplir avec 35 melons ? »*

– *« Ahmed mesure 1 m 30 cm et Lara mesure 1 m 18 cm. Quelle est leur différence de taille ? »*

Évaluation 1

Nom : ....

CALCUL MENTAL

....	....	....	....	....	....	....	....

1 **Complète** le tableau.

318	300 + 18	....	300 + 10 + 8	3c + 1d + 8u
276	....	270 + 6	....	....
....	....	....	400 + 50 + 3	....

2 **Relie.**

six-cent-vingt-huit •   • 380

quatre-cent-trente-sept •   • 628

trois-cent-quatre-vingt •   • 437

3 **Effectue** les opérations.

378 + 100 = ...   400 − 10 = ...

289 + 1 = ...   400 − 1 = ...

199 + 1 = ...   400 − 100 = ...

4 **Pose** et **effectue** les additions.

386 + 239

418 + 287 + 35

317 + 76 + 143

5 **Calcule** en regroupant.

16 + 5 + 4 = ...

27 + 6 + 3 = ...

8 + 23 + 7 + 42 = ...

45 + 28 + 5 + 2 = ...

6 **Transforme** l'addition en multiplication.
Écris le résultat.

4 + 4 + 4 + 4 + 4 = ... × .... = ...

6 + 6 + 6 = ... × .... = ...

11 + 11 + 11 + 11 = ... × .... = ...

20 + 20 + 20 = ... × .... = ...

7 **Écris** la somme.

.... € et .... centimes

8 **Barre** les écritures qui ne représentent pas le nombre de carreaux.

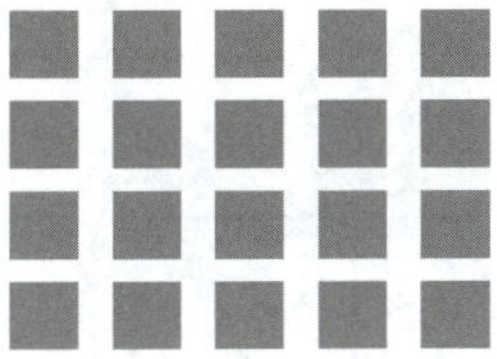

4×5 — $4 + 4 + 4 + 4 + 4$ — 20 — $5 + 5 + 5 + 5$ — $5 + 4$ — 5×4 — 10 — 9

9 PROBLÈME

Au premier arrêt du bus, 17 personnes descendent, il en reste 15 dans le bus.
Combien de personnes y avait-il au départ dans le bus ?

....

....

....

....

10 PROBLÈME

Dans un paquet de 85 stylos, il en reste 23.
Combien de stylos ont été vendus ?

....

....

....

....

11 **Quelle est la longueur de ce segment ? Écris vrai ou faux.**

- Ce segment mesure 4 cm. ....
- Ce segment mesure moins de 5 cm. ....
- Ce segment mesure 4 cm 3 mm. ....

12 **Retrouve** de quels polygones il s'agit.

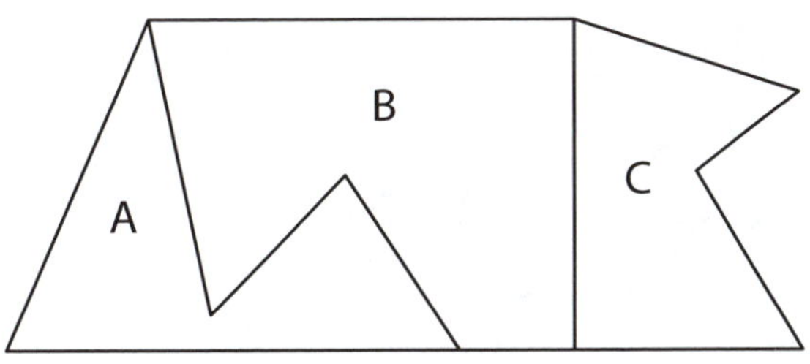

- Ce polygone a 5 sommets et 1 angle droit. ....
- Ce polygone a 2 angles droits. ....

13 • **Quel point est le milieu de ce segment ?**

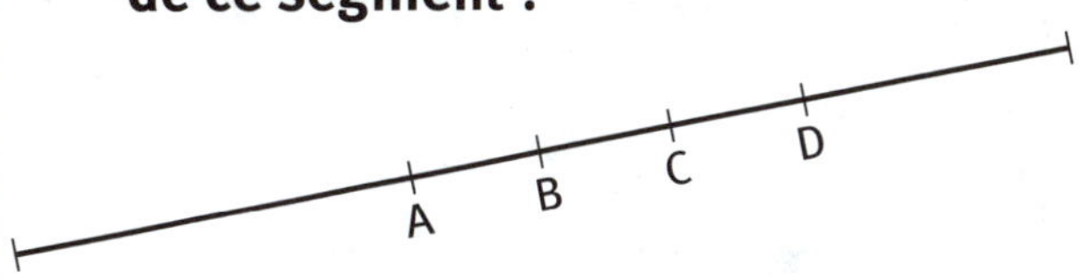

Le point .... est le milieu du segment.

• **Place** le milieu de ce segment.

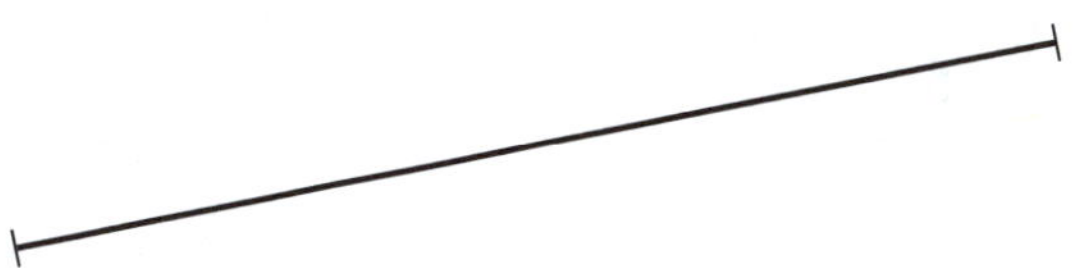

Évaluation 2

Nom : ....

CALCUL MENTAL

....	....	....	....	....	....	....	....

1 **Complète** les suites.

278	279	....	....
....	....	700	701
....	....	....	2 010

2 **Complète** les écritures de 1000.

1000

200 + ...

500 + ...

700 + ...

400 + ...

900 + ...

3 **Complète** les égalités.

2 749 = 2 000 + 700 + 40 + 9

3 625 = ...

4 056 = ...

(3 × 1000) + (2 × 100) + 7 = ...

(6 × 1000) + 504 = ...

4 **Effectue** les opérations.

$$\begin{array}{r} 2\,3\,5\,8 \\ +\quad 7\,5\,2 \\ +\,1\,0\,9\,7 \\ \hline \end{array} \qquad \begin{array}{r} 3\,8\,9\,6 \\ -\,1\,5\,3\,4 \\ \hline \end{array} \qquad \begin{array}{r} 7\,4 \\ \times\quad 3 \\ \hline \end{array}$$

5 **Range** les nombres dans l'ordre croissant.

2 088 — 739 — 1 502 — 3 001

....

6 **Écris** les nombres en lettres.

deux — huit — cent — trente — mille

1130 ....

2008 ....

8102 ....

7 **Complète** le tableau multiplicatif.

×	5	8	6	9
5	....	....	....	....
3	....	....	....	....
4	....	....	....	....

8 Pour mesurer la longueur d'une baguette de bois, Julie a reporté **6 fois** sa règle de **36 cm**. **Quelle est la longueur de cette baguette ?**
Écris la réponse en **m** et **cm**.

....

....

9 Ce diagramme représente le nombre d'élèves des cinq écoles de la ville.
Réponds aux questions.

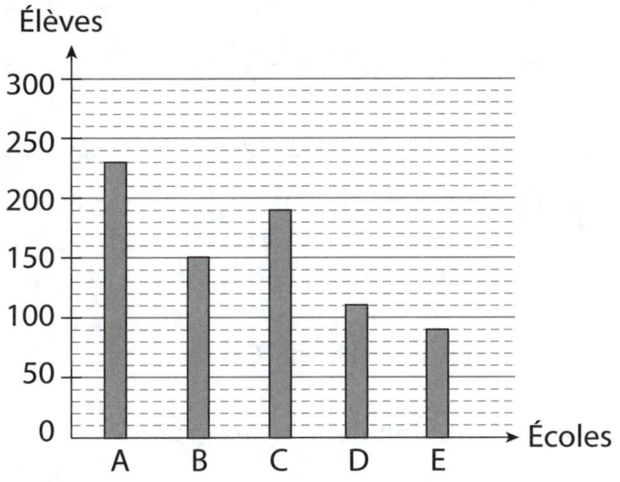

- Quelle école a plus de 200 élèves ? ....
- Quelle école a moins de 100 élèves ? ....
- Quelle école a 110 élèves ? ....
- Quelle école a 190 élèves ? ....

10 • C'est le matin. **Écris** l'heure sous chaque réveil.

....

• La séance de maths a commencé à 10 h 05 min et s'est terminée à 11 h.
Combien de temps a duré cette séance ?

La séance a duré .... *min.*

11 **Trace** l'axe de symétrie de chaque figure s'il y en a un.

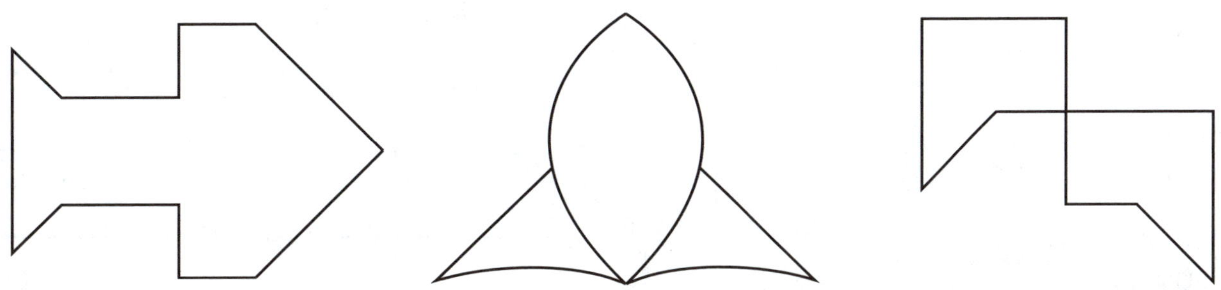

12 • **Trace** un carré de 4 cm de côté.

• **Trace** un rectangle de 5 cm 5 mm de longueur et 3 cm de largeur.

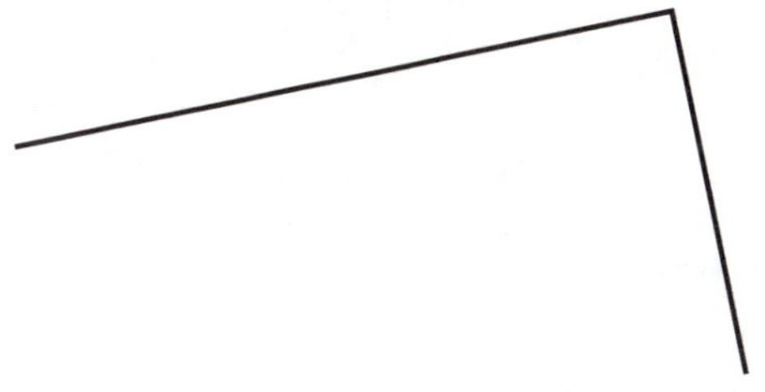

Évaluation 3

Nom : ....

CALCUL MENTAL

....

1 Calcule.

5 × 3 = ...	20 × 3 = ...
4 × 6 = ...	40 × 2 = ...
7 × 5 = ...	80 × 3 = ...

2 Combien de fois ?

Combien de fois 5 dans 30 ? ....

Combien de fois 6 dans 24 ? ....

Combien de fois 9 dans 18 ? ....

Combien de fois 8 dans 32 ? ....

3 Complète les désignations de 1200.

1200

double de ....

1000 + ...

1500 − ....

12 × ....

.... m c

.... deux-cents

4 Effectue les transformations.

180 = ... d	1200 = ... c
2430 = ... d	2800 = ... c
3800 = ... d	3000 = ... c

5 Continue les suites.

On ajoute 10.	2465	....	....
On ajoute 100.	2465	....	....
On ajoute 1000.	2465	....	....

6 Range les nombres dans l'ordre décroissant.

1580 | 2701 | 1508 | 1720

....

7 Effectue les calculs.

(100 × 9) + 32 = ...

(24 × 100) + 49 = ...

(7 × 1000) + (6 × 100) + 21 = ...

(4 × 1000) + (8 × 100) + (3 × 10) = ...

(1000 × 5) + (100 × 3) + 7 = ...

8 Effectue la multiplication.

```
      4  8  7
  ×         5
  ___________
         .  .   ← 5 × 7
      .  .  .   ← 5 × 80
   .  .  .  .   ← 5 × 400
  ___________
   .  .  .  .
```

9 **Pose** et **effectue** les opérations. **Vérifie** avec ta calculette.

2905 – 584

3628 – 1278

47 × 4

246 × 3

10 PROBLÈME

Pour aller au stade, Anna doit parcourir 1200 m. Elle a déjà parcouru 1 km.
Quelle distance lui reste-t-il à parcourir ?

....

....

....

11 PROBLÈME

Elliot doit ranger 385 savons dans des boites de 10.
Combien de boites pourra-t-il remplir ?
Combien de savons restera-t-il ?

....

....

....

12 **Place** deux points alignés avec les autres points.

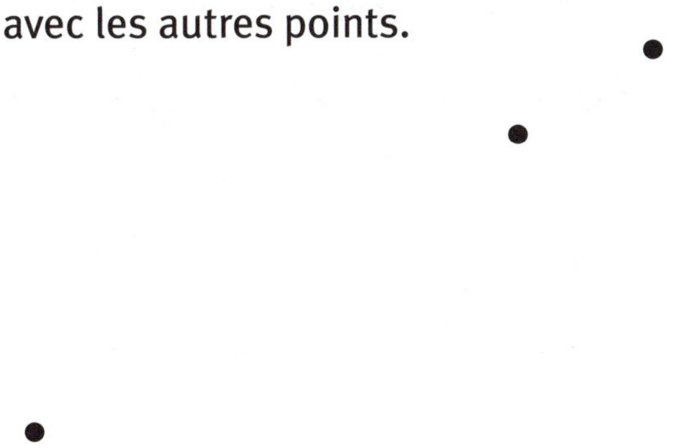

13 **Reproduis** la figure.

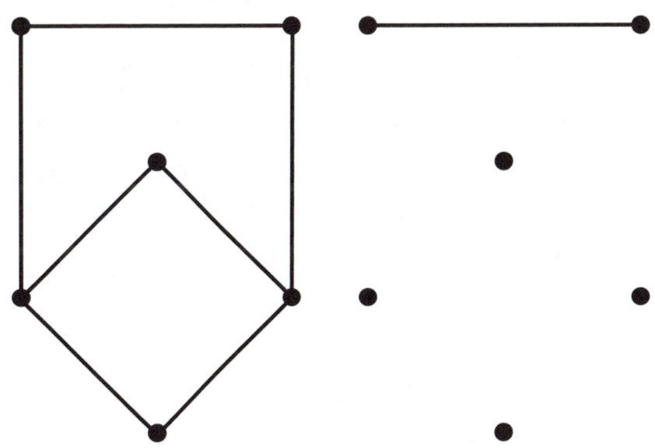

14 **Complète** le dessin pour qu'il soit symétrique par rapport à l'axe en pointillés.

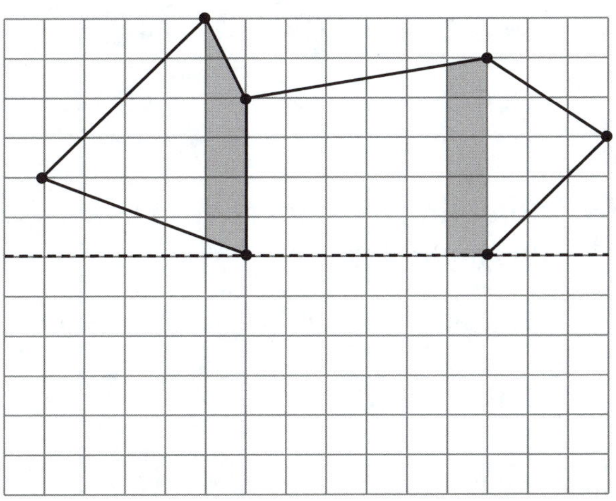

15 **Complète** la description de ce solide.

Ce solide a 6 faces : .... faces carrées et .... faces rectangulaires.
En tout, il a .... sommets et .... arêtes. C'est un ....

Évaluation 4

Nom : ....

CALCUL MENTAL

....	....	....	....	....	....	....	....

1 **Effectue** la multiplication.

	6	7
×	1	5

← .... × ....

← .... × ....

2 **Calcule** ces divisions exactes.

68 : 2

60 : 2 = ...

8 : 2 = ...

68 : 2 = ...

246 : 2

200 : 2 = ...

40 : 2 = ...

6 : 2 = ...

246 : 2 = ...

3 **Encadre** les nombres par les centaines les plus proches.

.... < 786 < ....

.... < 3 658 < ....

4 **Compare** et **écris** les signes >, < ou =.

3 451 .... 3 500 + 41

2 780 .... 2 930

3 000 + 40 + 200 .... 32 c + 4 d

5 **Place** les nombres sur la ligne numérique.

3 815 4 530 3 320

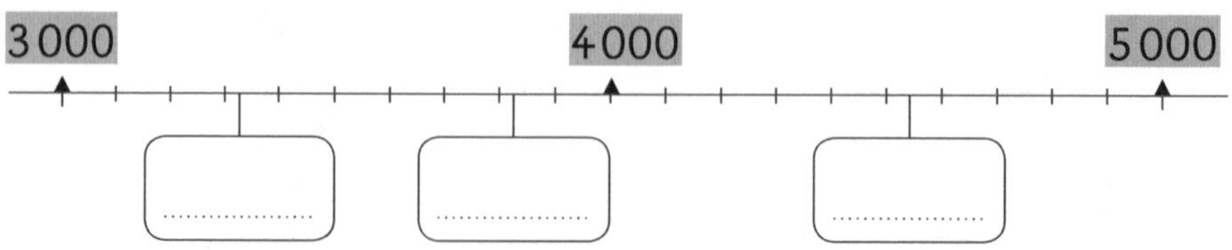

6 **Complète** les phrases.

3 280 c'est .... milliers et .... unités.

2 730 m c'est .... km et .... m.

3 180 g c'est .... kg et .... g.

7 **Relie** le prix à son ordre de grandeur.

399 € •	• 40 €
39 € 80 •	• 4 €
3 € 90 •	• 400 €

8 **Calcule** en décomposant.

34 × 40

34 × 4 × ....

.... × ....

....

9 **Complète** en t'aidant de la ligne des multiples.

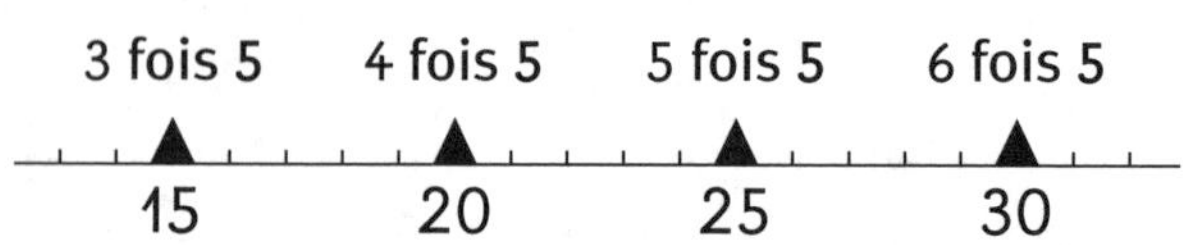

22 = (5 × ....) + ... 34 = (5 × ....) + ...

10 PROBLÈME **Dans une ficelle de 42 cm de longueur, combien peut-on découper de petits morceaux de 5 cm ?**

42 = (5 × ....) + ...

On peut découper ....

....

et il restera ....

11 PROBLÈME On doit emballer 50 verres et on en met 6 par carton.

- **Combien de cartons seront remplis ?**
- **Combien de verres restera-t-il ?**

....

....

....

....

12 • **Trace** le déplacement du mobile ▲.

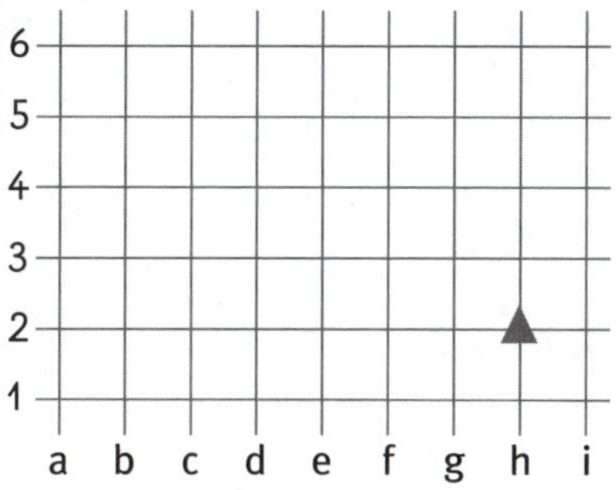

Départ (h ; 2)
Avance de 4
Tourne à gauche
Avance de 5
Tourne à gauche
Avance de 4
Arrivée (c ; 2)

• **Écris** le programme du mobile ◄.

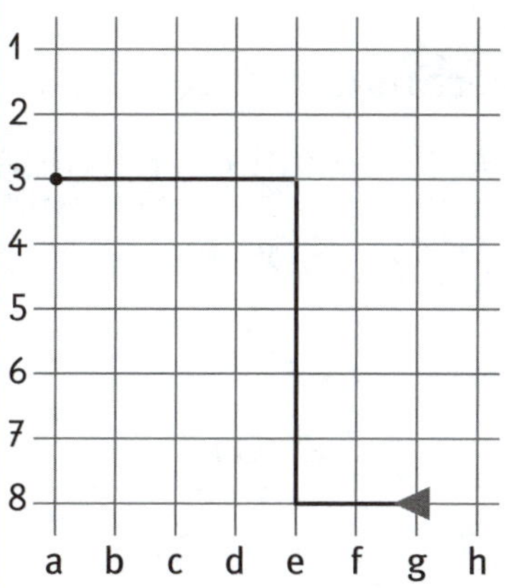

Départ (...... ; ......)

....

....

....

....

....

....

Arrivée (...... ; ......)

13 **Complète** les phrases et le diagramme.

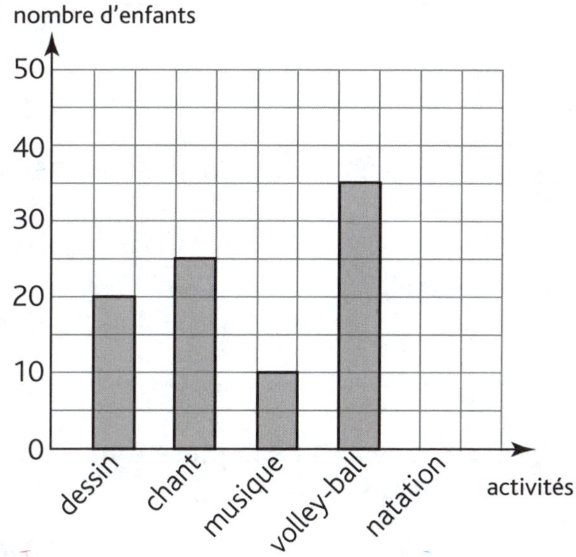

- .... enfants vont en dessin.
- .... enfants vont en chant.
- .... enfants vont au volley-ball.
- .... enfants vont en musique.
- 45 enfants vont en natation.

14 **Explique** pourquoi ce patron n'est pas un patron de cube.

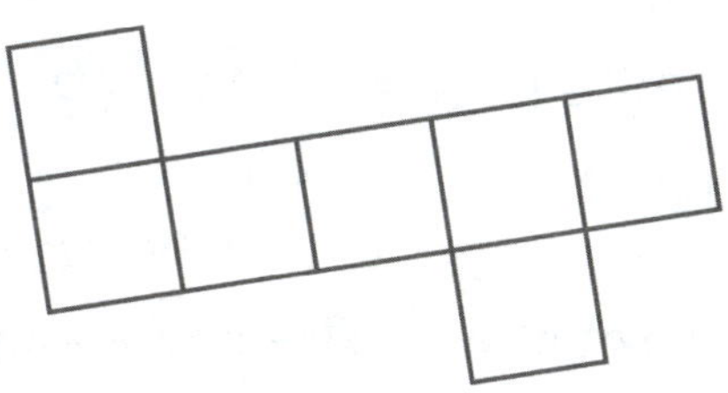

....

....

15 **Trace** un cercle qui a pour centre le point O et 4 cm de diamètre.

O
×

Évaluation 5

Nom : ....

CALCUL MENTAL

....	....	....	....	....	....	....	....

1 **Complète** le tableau multiplicatif.

×	6	5	8
4	....	....	....
5	....	....	....
7	....	....	....

2 **Complète** les phrases avec les mots **siècles** ou **millénaires.**

2000 ans c'est 2 ....

400 ans c'est 4 ....

1500 ans c'est 1 ....

et 5 ....

3 **Barre** les écritures qui ne sont pas égales à 4578.

4578

578 + 4000 | (45 × 10) + 78 | 4 m 5 c 7 d 8 u

457 + 8 | 45 c 78 u | (45 × 100) + 78 | 45 d + 78 u

4 **Écris** le résultat à la place qui convient sans poser l'opération.

286 × 3 = ...

2459 − 1398 = ...

987 + 991 = ...

1061 | 858 | 1978

5 **Complète** les écritures.

Écritures de 100	Écritures de 1000
25 ×	500 × ....
.... × 2	250 × ....
20 ×	200 × ....

6 **Complète** les phrases.

Dans 859, le chiffre des dizaines est ....

Dans 859, le nombre des dizaines est ....

7 **Complète** les écritures.

8492 = ... + 92

8492 = (84 × ....) + 92

8492 = (8 × ....) + 492

8 **Calcule** en suivant l'exemple.

28 u × 3 = 6 d + 24 u = 84 u

32 u × 4 = ... + ... = ...

9 PROBLÈME On a 420 assiettes à emballer.
Combien de cartons de 60 assiettes peut-on remplir ?

....

....

10 **Pose** et **effectue** les opérations. **Recopie** le résultat.

Cherche sur ton cahier.

2407 + 768 + 1256 = ...

3625 − 1284 = ...

11 PROBLÈME Alain doit peindre une planche qui mesure 4 m 20 cm.
Il a peint 180 m ce matin et 65 cm ce soir.
Quelle longueur lui reste-t-il à peindre ?

....

....

....

12 PROBLÈME La leçon de géographie a débuté à 13 h 50 et s'est terminée à 15 h 10.
Quelle est la durée de la leçon ?

+ .... min + ... h + ... min

....

....

13 ◀ **Trace** le trajet. ▷ **Écris** le programme.

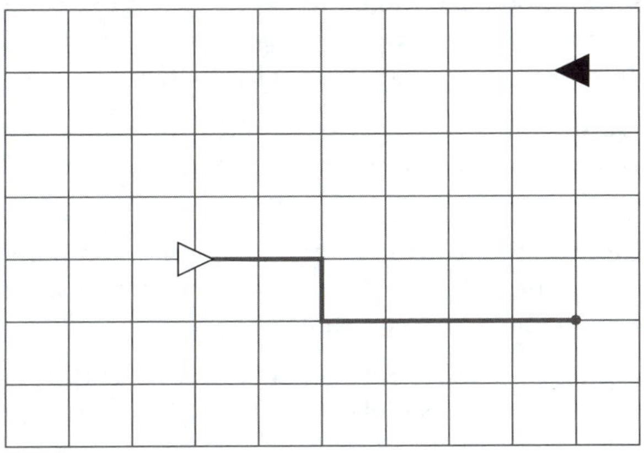

1 carreau vaut 10

◀ Av 80 TG	▷ ....
Av 50 TG	....
Av 30	....

14 **Observe** le graphique.
Complète les phrases.

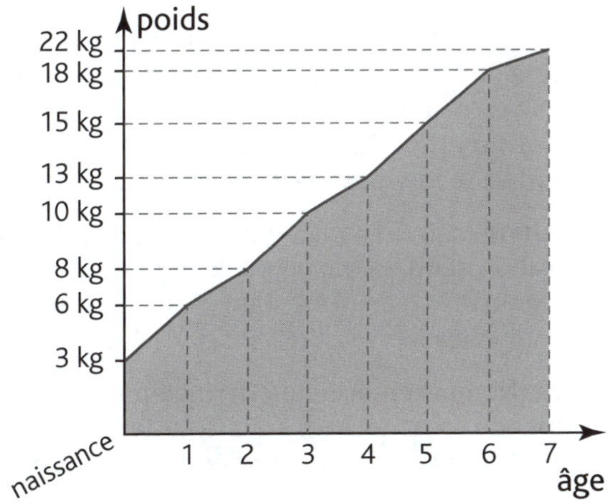

À 3 ans, Lilou pesait ....

Elle pesait 15 kg à ....

Son poids a augmenté de 4 kg

entre .... et .... ans.

15 **Reproduis** cette figure. **Utilise** l'équerre et le compas.

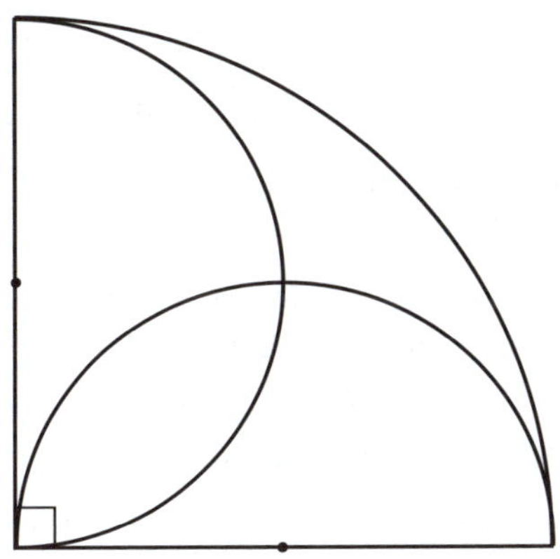

Lexique

Abscisse (n.f.) **:** La première des deux coordonnées rectilignes, en général horizontale (axe des *x*), grâce auxquelles on définit la position d'un point sur un plan.

Algorithme (n.m.) **:** Ensemble d'opérations permettant le traitement d'une catégorie de problèmes. C'est une suite d'opérations ou de règles à appliquer dans un ordre donné. Il peut s'appliquer au système de numération décimale (exemple : algorithme de la suite écrite des nombres) et à l'ensemble des règles opératoires (exemple : algorithme de la technique de l'addition).

Angle (n.m.) **:** La figure formée par deux demi-droites issues d'un même point est appelée « secteur angulaire », le terme « angle » étant réservé à la classe d'équivalence des secteurs angulaires superposables, qui conduit à la mesure. Cette distinction ne se fera pas à l'école élémentaire.

Associativité (n.f.) **:** Propriété possédée par l'addition et la multiplication et qui se traduit par les égalités :
pour l'addition $(a + b) + c = a + (b + c)$
pour la multiplication $(a \times b) \times c = a \times (b \times c)$

Base (n.f.) **:** Nombre entier naturel *n* strictement supérieur à 1, qui permet de coder tous les entiers. Le codage nécessitera *n* chiffres. Notre système de numération est à base dix et utilise dix chiffres de 0 à 9.

Cardinal (n.m.) **:** Le cardinal d'un ensemble fini est le nombre de ses éléments. Entre deux ensembles de même cardinal, on peut établir une « correspondance terme à terme ».

Cardinal (adj.) **:** Qui exprime une quantité.

Chiffre (n.m.) **:** Symbole utilisé pour écrire les nombres dans un système de numération. Dans notre système, nous utilisons les chiffres « arabes » de 0 à 9. Il convient de ne pas confondre « chiffre » et « nombre ».

Chronologie (n.m.) **:** Succession des événements dans le temps. La chronologie traduit l'aspect linéaire du temps.

Classement (n.m.) **:** Répartition des éléments d'un ensemble en classes d'équivalence en utilisant une propriété qui se traduit généralement à l'aide du mot « même » : « classer », c'est mettre ensemble des objets qui ont la même couleur, la même taille, la même forme...

Codage (n.m.) **:** Transformation d'un message en groupes de signes, de lettres, de chiffres.

Collection (n.f.) **:** Réunion d'objets choisis en fonction d'une propriété commune. En mathématiques, le mot « collection » est remplacé par le mot « ensemble ».

Commutativité (n.f.) **:** Propriété possédée par l'addition et la multiplication et qui se traduit par les égalités :
pour l'addition $a + b = b + a$
pour la multiplication $a \times b = b \times a$

Complémentation (n.f.) **:** Opération qui consiste à compléter une partie d'une collection pour obtenir la collection entière. Ex. : compléter à 10 une collection de 6 objets.

Constellation (n.f.) **:** Disposition caractéristique des éléments d'une collection permettant de connaître leur nombre d'un simple coup d'œil (4 en carré, 5 en quinconce...).

Convexe (adj.) **:** Un polygone est dit « convexe » lorsqu'il se trouve entièrement du même côté de l'un quelconque de ses côtés prolongés. Triangles, carrés, rectangles, losanges,... sont des polygones convexes. Un polygone non convexe est dit « concave ». Une étoile est un polygone concave.

Coordonnée (n.f.) **:** Quantité permettant de déterminer la position d'un point dans un repère. Dans le plan, on utilise deux coordonnées : l'abscisse et l'ordonnée.

Couple (n.m.) **:** Ensemble de deux éléments d'un ensemble E pris dans un ordre déterminé. Le couple (a,b) est différent du couple (b,a).

Dénombrement (n.m.) **:** Détermination du nombre d'éléments d'une collection. Le dénombrement peut se faire par comptage, surcomptage, *subitizing*...

Diagramme (n.m.) **:** Représentation graphique de l'état d'un phénomène ou de ses variations (diagramme en bâtons, en rectangles, circulaire...).

Différence (n.f.) **:** Résultat de la soustraction entre deux nombres.

Distributivité (n.f.) **:** Sur les ensembles de nombres, la multiplication est distributive par rapport à l'addition. C'est-à-dire que l'on a : $a \times (b + c) = (a \times b) + (a \times c)$

Division euclidienne : Effectuer la division euclidienne de l'entier *a* par l'entier *b*, c'est déterniner les deux entiers *q* et *r* tels que :

$$a = b \times q + r \text{ avec } r < b$$

Ex : diviser 344 par 51

$$344 = 51 \times 6 + 38 \text{ et } 38 < 51$$

$q = 6$, $r = 38$

Durée (n.f.) **:** Intervalle de temps mesurable.

Encadrement (n.m.) **:** L'encadrement d'un nombre *n* est un couple de nombres $(a\,;\,b)$ tel que $a < n < b$.

Expert (procédé) (adj.) **:** Méthode classique, parfaitement mise au point pour résoudre un problème particulier.

Facteur (n.m.) **:** Élément d'un produit.
Le produit $2 \times 5 \times 7$ comporte trois facteurs.

Figure (n.f.) **:** Dessin ou schéma permettant de représenter certains êtres mathématiques, utilisé surtout en géométrie.

Gabarit (n.m.) **:** Modèle ou patron servant à tracer ou à vérifier (à reporter un angle, par exemple).

Grandeur mesurable (n.f.) **:** Quantité physique à laquelle on peut faire correspondre une valeur numérique qui est sa mesure. Les longueurs, les masses, les contenances, les durées, les prix sont des grandeurs mesurables.

Instant (n.m.) **:** Moment précis dans le temps (date).

Isométrie (n.f.) **:** Transformation géométrique qui conserve les longueurs.

Itération (n.f.) **:** Procédé de calcul comportant une même séquence d'instructions, répétée jusqu'à l'obtention du résultat souhaité.
Ex : multiplication par 2, conduisant à la suite a, $2a$, $4a$, $8a$, ...

Maquette (n.f.) **:** Représentation, à échelle réduite, d'un objet, d'un ensemble de bâtiments,...

Masse (n.f.) **:** Grandeur mesurée par le kilogramme (kg). Le poids, qui est une force s'exerçant sur la masse, est mesuré en newton (N).

Multiple (n.m.) **:** Un nombre entier a est multiple du nombre entier b s'il existe un nombre entier $n \geq 1$ tel que :

$$a = b \times n$$

Ex : 12 est multiple de 1, 2, 3, 4, 6 et 12.
On dit aussi que 1, 2, 3, ... sont des diviseurs de 12.

Nombre (n.m.) **:** Élément permettant de dénombrer des collections ou de mesurer des grandeurs. Les nombres utilisés au cycle 2 sont les entiers naturels. Les fractions et les nombres décimaux seront étudiés au cycle 3.

Numération (n.f.) **:** Procédé utilisé pour écrire les nombres (numération écrite) ou pour les prononcer (numération parlée).

Ordinal (adj.) **:** Qui indique le rang d'un élément dans un ensemble.

Ordonnée (n.f.) **:** La deuxième des deux coordonnées rectilignes, en général verticale (axe des y), grâce auxquelles on définit la position d'un point sur un plan.

Paire (n.f.) **:** Ensemble de deux éléments d'un ensemble E. Ces éléments ne sont pas rangés. La paire $\{a,b\}$ est égale à la paire $\{b,a\}$.

Perspective (n.f.) **:** Ensemble de conventions permettant de représenter, sur une feuille, une figure de l'espace à trois dimensions. Dans la perspective cavalière, le parallélisme et la propriété du milieu sont conservés.

Polyèdre (n.m.) **:** Solide de l'espace limité par des faces planes se coupant deux à deux suivant des arêtes. Les points communs à plusieurs arêtes sont les sommets.

Polygone (n.m.) **:** Ligne fermée, constituée d'une suite de segments.

Procédure (n.f.) **:** Suite d'opérations permettant d'effectuer un travail déterminé.

Produit (n.m.) **:** Image d'un couple dans une multiplication.
Ex : l'image du couple (4,9) est le produit 36.

Produit cartésien : Le produit cartésien de deux ensembles E et F est l'ensemble des couples (a,b), a appartenant à E et b appartenant à F.

Rangement (n.m.) **:** Opération consistant à disposer, de façon croissante ou décroissante, les éléments d'un ensemble muni d'une relation d'ordre.

Repère (n.m.) **:** Ensemble d'éléments fixes par rapport auxquels on situe les points du plan ou de l'espace. Le repère cartésien se compose de deux ou de trois axes par rapport auxquels un point est défini par ses coordonnées.

Sexagésimal (adj.) **:** La numération sexagésimale est à base 60. Elle est utilisée pour mesurer les temps et les angles.

Solide (n.m.) **:** Portion d'espace limitée par une surface (polyèdre, boule, cylindre...).

Somme (n.f.) **:** Résultat de l'addition de deux nombres.

Spiralaire (démarche) (n.f.) **:** Conduite de l'enseignement consistant à revenir souvent sur les notions introduites en les enrichissant progressivement (image de la spirale, rencontrée plusieurs fois par les rayons vecteurs).

Subitizing (n.m.) **:** Perception globale et immédiate d'une collection qui peut être facilitée par la disposition des éléments en « constellation ».

Surcomptage (n.m.) **:** Dénombrement d'une collection en comptant, à partir d'un nombre d'éléments connu jusqu'à épuisement de tous les autres éléments de la collection.

Symétrie (axiale) (n.f.) **:** Deux figures planes sont symétriques par rapport à une droite D si l'on peut les superposer par pliage de la feuille le long de D.

Système métrique : Système décimal d'unités de mesures, obligatoire en France depuis 1840. Ses unités (m, kg, s) se retrouvent dans le système international (SI) adopté dans plus de cent pays.

Terme (n.m.) **:** Nom donné à chacun des éléments d'une suite ou d'une expression. On parle des termes d'une somme et des facteurs d'un produit.

Topologie (n.f.) **:** Branche des mathématiques étudiant, en particulier, les notions de voisinage et de continuité. Quelques notions simples de topologie (sur, sous, dedans, à droite...) permettent à l'enfant de structurer l'espace.

Transformation géométrique : Application qui permet de mettre en relation les points du plan. C'est une sorte de « règle » qui permet de trouver l'image de n'importe quel point du plan. Dans une transformation :
- tout point du plan a une image ;
- tout point du plan est l'image d'un point.
Les transformations les plus connues sont la translation, la symétrie axiale, la symétrie centrale et la rotation, ainsi que l'homothétie.

Transitivité (n.f.) **:** Propriété d'une relation binaire telle que, si les couples (a, b) et (b, c) vérifient la relation, il en est de même pour le couple (a, c). Dans les ensembles de nombres, l'égalité et la relation « plus grand que » ou « plus petit que » sont transitives.
En effet : si $a < b$ et $b < c$, alors $a < c$.

Unité de mesure (n.f.) **:** Grandeur particulière utilisée pour mesurer une grandeur de même espèce. Les unités du Système International sont le mètre (m) pour les longueurs et le kilogramme (kg) pour les masses.

Valeur approchée : Les valeurs approchées d'un entier n, à une unité près, sont le précédent (valeur par défaut) et le suivant (valeur par excès).

Variable didactique (n.f.) **:** Paramètre ou élément d'une situation pédagogique que l'enseignant peut modifier afin de simplifier ou complexifier la tâche de l'élève, pour provoquer des procédures ou des types de réponses différentes.

Notes

Notes

Notes

Notes

Crédits photographiques
Pièces et billets de banque : © Banque centrale européenne.

Coordination éditoriale : Alice Fragonard
Conception maquette : Isabelle Aubourg
Conception couverture : Domitille Pautonnier
Illustration de la couverture et des évaluations : Céline Bouvier
Mise en page : Typo-Virgule
Schémas : Typo-Virgule, Laurent Blondel
Fabrication : Patricia Poinsard

Achevé d'imprimer par l'Imprimerie de Champagne à Langres — France
N° d'éditeur : 10220319 — Novembre 2016